의사소통장애

M. N. Hegde 저

성철재 · 이숙향 · 윤규철 · 김선희 · 김수진 · 이윤경
이혜란 · 김재옥 · 이은경 · 권미선 · 김민정 · 허승덕 공역

INTRODUCTION TO
COMMUNICATIVE
DISORDERS(4th ed.)

학지사

Introduction to Communicative Disorders(4th edition)
by M. N. Hegde

역자 서문

언어병리학(Speech-Language Pathology)은 말장애(Speech Disorders)와 언어장애(Language Disorders)로 구분되는 의사소통장애의 진단, 예방, 치료와 관련된 전반적인 이론 및 임상에 대한 학문이다. 언어학, 심리학, 통계학, 해부학, 생리학 등의 기초 분야와 이비인후과, 구강악안면외과, 신경외과, 소아과, 재활의학과 등의 전문 의학 분야, 그리고 음성공학 등의 기술적 부문 등이 상호 통합적으로 기능한다.

시대가 요구하는 융·복합 학문의 성격을 강하게 띠고 있으며, 어느 정도 사회와 경제가 안정된 국가들이 추구하는 복지사회 구현과 밀접한 관련이 있어 앞으로의 발전 잠재력이 큰 분야다. 미국의 경우에는 교수 40명 이상의 대규모 학과로 운영되는 곳이 많다. 우리나라는 현재 전국적으로 40여 곳의 종합대학 및 전문대학에 설립되어 인재를 양성하고 음성장애(목 쉰 소리), 조음장애, 언어발달장애, 유창성장애(말더듬, 말빠름), 신경언어장애(실어증, 뇌성마비), 청각장애 등에 대한 진단평가 및 치료과정을 공부한다.

2002년도에 이 책의 2판 번역본이 나온 뒤 원저자의 3판 개정판이 나왔고, 이어서 4판까지 나오게 되었다. 다양한 분야의 많은 학자가 필진으로 참여한 2판 번역 작업 때와는 달리 이번 4판 번역에서는 가급적 전공 분야와 밀접한 적은 수의 학자들로 번역진을 구성하였다.

초판에서부터 일관되게 견지하고 있는 이 책의 가장 주된 특징은, 언어병리학의 각 영역에 대하여 초보 입문자가 매우 이해하기 쉽게 집필되었다는 것이다. 학문에 처음 입문하는 사람이 큰 무리 없이 이해할 수 있는 입문서를 쓴다는 것은 학문적 능력만으로는 어려운 일이다. 독자의 입장에서 쉬운 문체를 구사한다는 것은 그만큼 독자를 배려했다는 것이며, 저자가 이 학문의 다양한 분야를 한아름으로 잘 꿰고 있다는 방증이다.

이번 4판에서 두드러진 특징은, 저자가 지적한 대로 그 전에 없던 새로운 내용들을 도입한 것이다. 2장의 문화와 의사소통에서는 다문화사회인 미국을 예로 들어 다중언어 사용, 이중언어 사용, 방언 등과 관련된 사실의 기술과 다양하게 변용되어 사용되는 영어의 현 상황을 조명하고 있다. 10장의 의료언어병리학에서는 뇌손상, 치매, 그리고 삼킴장애를 포함하고 있으며, 12장에서는 아동의 읽기와 쓰기 능력, 즉 문식성(literacy)과 관련된 언어장애를 다루고 있다. 또한 13장과 14장 두 장에 나누어 할애된 것에서도 알 수 있듯이 청각학, 청각재활 분야가 확장 기술되었다.

4판의 번역에 참여한 분들이 각각 담당한 부분은 다음과 같다. 서문 및 저자 소개(성철재), 1장(이숙향), 2장(윤규철), 3장(김선희), 4장(성철재), 5장(김수진), 6장(이윤경), 7장(이혜란), 8장(김재옥), 9장(이은경), 10장(권미선), 11장(김민정), 12장(윤규철), 13장(허승덕), 14장(허승덕), 15장(김선희).

이 책의 3판 개정 이후 그 개정판의 번역 작업을 하기 위한 새로운 모임이 2008년도에 만들어졌고, 작업을 진행하던 중 원저자의 4판 개정이 다시 완료되어 지금 선보이는 번역본으로 모습을 갖추게 되었다. 역자마다 자신이 맡은 부분에 최대한 정성을 기울였고, 전체적으로 통일성을 갖추기 위하여 노력을 했으나 모자란 부분이 눈에 띌지도 모르겠다. 이러한 부분에 대해서는 독자들의 아낌없는 충고를 기대한다.

마지막으로 출판을 맡아 주신 학지사의 김진환 사장님과 저작권 계약 관련 업무 등으로 수고를 아끼지 않으신 서한나 님, 그리고 편집을 총괄해 주신 편집부 김순호 부장님과 모든 학지사 편집부 식구들께 감사의 인사를 드린다.

2011년
성철재

저자 서문

사회적 행위는 근본적으로 상호 간의 의사소통이라고 할 수 있다. 의사소통한다는 것은 보살펴 주고, 나누고, 서로 관계를 맺는 것이다. 사람의 일생이 그 자체로 풍부하고 다양할 수 있는 것은 우리의 동료인 인류와 의사소통할 수 있는 능력이 있기 때문이다. 그 의사소통의 능력을 방해받는 개인이 있다면 사회적 · 정서적으로 고립될 수밖에 없다. 현대사회에서 의사소통 능력이 손상되면 심각한 개인적 · 사회적 · 교육적 그리고 직업적인 어려움이 뒤따른다. 따라서 사람들 사이의 의사소통과 의사소통장애는 우리 모두에게 해당되는 주요한 교과목이 아닐 수 없다.

이 책은 의사소통과학과 의사소통장애의 직업 두 분야 모두에 있어 개론서라 할 만하다. 의사소통과학과 의사소통장애가 자신의 전문 분야로 적합한지 알아보고자 하는 학생뿐만 아니라, 이미 그 분야를 전공하고 있는 학생 모두를 위한 책이다. 의사소통장애와 관련된 직업은 청각, 말, 언어, 그리고 그 외 의사소통의 또 다른 형태와 관련된 다양한 학문에 근거를 두고 있다. 이 책은 이러한 다양한 분야가 어떻게 성장하여 주요한 학문 분야와 건강관리 직업으로 발전하게 되었는지를 보여 준다.

의사소통장애(분야)는 매우 빠르게 성장하는 학문이고 직업 분야다. 학제 간 교류에 기반을 두기 때문에 물리학, 생물학, 심리학, 언어학, 의약학, 사회학 그리고 철학 등 다양한 분야와 결합되어 있고, 이는 이 분야를 흥미 있게 만드는 이유가 된다.

또한 언어치료전문가 혹은 청각전문가들이 개인의 끊어진 존재감의 고리(의사소통의 능력)를 다시 복원하는 데 도움을 주기 때문에 흥미롭기도 하다. 도전적이기도 하면서, 동시에 보상이 큰 직업 분야인 것이다. 이 책이 입문 단계의 학생들에게 이 매력적인 학문과 직업의 운치를 느낄 수 있게 한다면 소기의 목적을 달성한 것이라 생각한다. 또한 이 책 때문에 학생들이 의사소통장애를 전공하고 싶어진다면 더 기쁜 일일 것이다.

1991년에 처음 출판된 이래, 1995년에 재판이 나왔고, 2001년에 3판이 나왔는데, 많은 교수와 강사들이 책이 다루는 범위와 글쓰기 형식에 대하여 다양한 평가를 해주었다. 그것은 놀라울 정도로 긍정적인 평가였고, 미국 전 지역에서 매우 다양한 교수와 강사들로부터 왔다. 그들은 여러 차례 이 책이 최근의 지식을 반영하고 있으며, 주제 및 화제에 광범위하면서도 일관적이라고 말하였다. 책의 깔끔한 구성과 중언부언하지 않는 간단명료한 글쓰기 방식 때문에 이 책이 효율적인 교육 수단이 되었다는 것도 말해 주었다. 이와 같은 책의 특성은 교수들이 이 책을 자신들의 강의에 첫 번째 교재로 채택하는 이유가 된다고 하였다. 이번 4판도 이러한 특성을 그대로 유지하면서 더욱 향상시켰다.

저자는 이번 4판의 전 영역에 걸쳐 범위를 가다듬고 개선하기 위해 수정 · 보완을 하였으며 최대한 정보를 최근의 것으로 채워 넣었다. 실습 범위의 최근 변화를 반영하기 위해 아동의 읽기 · 쓰기 기능과 읽기 · 쓰기 중재에서의 언어치료전문가의 역할에 관련된 새로운 장(chapter)을 추가하였다. 광범위하게 개정된 의료와 관련된 장은 삼킴(연하)과 그에 관련된 장애가 포함된다. 청각학과 청각재활에 관련된 부분도 크게 증가되었다(3판에서 한 개 장이던 것이 두 개 장으로 확장되었다).

이 책을 출간하는 데 있어 Misericordia 대학교의 언어병리학과 교수인 Glen Tellis 박사께 고맙다는 인사를 드리고 싶다. 이 책의 전체 디자인 작업에 전문적인 도움을 주었다. 그리고 같은 대학교 같은 학과의 Cari Tellis 박사께도 고맙다는 말을 전한다. 책에 포함된 다양한 사진을 제공해 주었다. 또한 원고를 읽어 준 많은 분들께 고맙다는 말을 전하며 프레즈노 지역의 캘리포니아 주립대학교(California State University, Fresno)의 임상청각사이자 강사인 Cynthia Cavazos에게도 고맙다는 인사말을 전한다. 그녀는 13, 14장을 검토한 뒤 유용한 의견을 제시해 주었다. 다음 분들에게 특별하게 고맙다는 말씀을 드리고 싶다. 탁월한 편집 실력을 보여 준 Dolly Jackson 양, 그리고 4판을 내면서 진행된 다양한 개정과 새로운 내용에 대해 친절하고 유능하게, 또 신속하게 도움을 준 PRO-ED의 선임편집자인 Beth Rowan과 관리 편집자 Sue

Carter 양에게 고마움을 전한다.

마지막으로, 늘 그렇듯이 나의 아내 Prema에게 고맙다는 말을 남긴다. 그녀는 나의 과학적이고 전문적인 글쓰기 작업에 대해 지속적인 헌신과 격려를 아끼지 않았다.

>> 차 례

03 언어치료전문가와 청각전문가 프로파일 97

04 말-언어의 해부학과 생리학 117

05 조음음운장애 159

06 언어 습득과 아동기 언어장애 213

07 유창성과 유창성장애 267

08 음성 및 그와 관련된 장애 315

09 구개열과 의사소통장애 365

10 의료언어병리학 395

11 언어병리학에서 특수한 주제 471

12 문식성과 언어치료전문가 509

13 청각학: 청각과 청각질환 545

15 청각학적 재활과 교육 593

14 교육과 관련 단체 633

01

Introduction to Communicative Disorders

의사소통과 장애

인간과 동물의 의사소통

언어와 의사소통

의사소통과 사회적 생존

인간의 의사소통에 관한 연구

의사소통장애

의사소통장애의 분류

의사소통장애의 발생률

의사소통장애의 영향

의사소통은 인간이 생명체로서 그리고 사회 구성원으로서 생존해 나가는 데 필수적인 요소로, 흔히 '정보의 교환'이라고 말한다(비록 이 정의가 역동적인 인간의 상호작용의 본질을 다 포착해 주지는 못하지만). 전문적으로 말하자면, 정보는 세포 간, 신체의 부분 간, 개인 간 그리고 집단 간에 교환된다. 신경 자극은 세포 곳곳을 돌아다닌다. 신체 부분, 즉 눈과 귀는 자신을 자극하는 환경에 대해 대뇌에 알려 주고 대뇌는 다시 신체의 주변 기관에 적절한 행동을 명령함으로써 신체 기관과 소통한다. 이러한 생물학적 소통은 거의 전기 화학적 작용이고, 우리가 특히 관심을 두고 있는 것은 개인 간, 그리고 집단 간에 벌어지는 의사소통이다.

인간과 동물의 의사소통

인간의 의사소통은 사람들 간에 일어나는 사회적인 상호작용이다. 이런 의미에서 의사소통은 사회적인 사건이다. 즉, 의사소통은 다른 사람에게 영향을 미치는 행위다. 다른 사람에게 영향을 미치지 않는 의사소통은 의사소통이라고 할 수 없다. **의사소통**(communication)은 사회적 맥락에서만 영향을 미치기 때문에 참여자들의 행동에 영향을 미치는 사회적 행위의 한 형태라고 정의할 수 있다.

대부분(전부는 아니더라도)의 유기체는 사회적 의사소통을 한다. 하등동물부터 고등동물까지 모든 동물이 의사소통을 한다. 그러나 동물의 의사소통은 생존에 필요한 것으로서 근본적으로는 본능적인 반응이다. 벌들은 다양한 유형의 움직임을 통해 동료 벌들에게 자신이 발견한 꽃가루의 거리, 방향, 양, 질 등을 알려 준다. 야생동물은 움직임과 소리 지르기, 그리고 몸짓을 통해 위험이 닥쳤음을 무리에게 알린다. 개미와 같은 하등동물은 음식의 위치에 관한 정보를 교환한다. 개와 고양이는 배고픔이나 목마름을 주인에게 호소하기도 한다.

이처럼 동물의 의사소통이 본능적이기는 하지만, 동물에 따라 한정된 사회적 의사소통의 학습도 가능하다는 것을 연구가들이 보여 주었다. 예를 들면, 침팬지들은 수화 형태(미국 수화에서와 같은)로 표현되는 단어들을 배웠고, 단어를 나타내는 플라스틱 토큰을 사용하는 법도 배웠다. 심지어(비록 제한적이긴 하지만) 침팬지들이 플라스틱 토큰 같은 기호들을 조합하여 단문 표현을 만들어 낼 수 있다는 증거도 있다. 그럼에도 불구하고 현재까지의 연구들은 동물들이 인간처럼 학습한 것들을 재조합하여 무한하게 다양한 메시지를 만들어 낼 수 있다는 것을 보여 주지는 못했다. 게다가 분명히, 인간을 제외한 유기체들은 구어를 사용하지 못한다. 그들의 후두와 말소리 산출 기제는 유연하고 복잡한 형태의 구어를 학습할 수 있을 정도로 진화하지 못했다. 동물은 이러한 기제를 통제하는 신경 (뇌) 조직 또한 인간 뇌의 복잡한 능력을 따라가지 못한다.

인간은 가장 정교하고 복잡하며 자유자재로 응용 가능한 창조적인 구어 의사소통 수단을 가지고 있다. 인간은 보다 복잡한 신경생리학적 기제를 가지고 있기 때문에 매우 수준 높은 구어 의사소통이 가능하다. 호흡과 발성 기관들, 뇌, 그리고 말초신경을 포함한 고도로 유연한 조직을 통해서 인간은 구어 의사소통 수단을 만들어 냈다. 그러한 조직은 말 또는 다른 형태의 복잡한 의사소통 수단(예, 수화)을 만들어 내는 환경의 영향에도 민감하다.

언어와 의사소통

인간의 의사소통을 원활하게 해주는 것은 바로 언어(language)로, 구어, 몸짓, 기호, 그 외 모든 유형의 의사소통을 포함한다. 언어는 언어학적 측면 또는 행동적 측면에서 정의할 수 있는데, 언어학적(linguistic) 측면에서 보면 **언어**는 의사소통에 사용되는 부호와 기호의 체계를 말한다. 한편 행동적(behavioral) 측면에서의 **언어**란 언어 공동체에서 형성·유지되어 온 사회적 행동이다. 이 정의들은 이후 구체적으로 논의하기로 하고 여기서는 언어를 상호작용(의사소통)의 한 방편으로, 그리고 사회적 행동의 한 형태로써 살펴보기로 한다.

사람들은 언어를 말이나 글을 사용하는 의사소통으로 이해하고 있다. 말을 이용한 언어를 구어(oral language)라고도 하는데, 앞에서 정의했듯이 언어는 반드시 구어일 필요는 없다. 구어는 단어를 이용해서 말로 하는 것이고, 비구어는 몸짓이나 부호 또는 두 가지 모두를 이용해서 표현하는 것이다. 말을 이용한 언어라면 무엇이든 구어의 예가 될 수 있다. 미국 수화는 비구어의 한 예다. 몸짓이나 기호체계를 이용한 의사소통 또한 비구어라고 할 수 있다. 보통 우리 인간만의 업적으로 간주되는 사회적 상호작용, 문화, 예술, 과학은 대부분 인간 언어의 복잡성과 다양성의 결과라 할 수 있다.

동물의 의사소통 방식과는 달리 인간 언어, 좀 더 정확히 말하면 인간의 언어적 행동들은 생물학적 생존의 필요와는 무관하다. 오페라 가수가 생존을 위해 노래한다는 해부학적 구조들과 그것들이 어떻게 말을 산출하는 데 일조하는지에 대해서는 제4장을 참고하라.

것은 은유적인 표현일 따름이다. 인간은 생물학적으로 생존하기 위해서 노래하거나 말할 필요는 없다. 그러나 말을 하는 데 사용되는 정교한 신경생리학적 조직은 생물학적 생존과 관련이 있다. 예를 들어, 폐에서 공기가 공급되는 것이 구어에 필수적이지만 폐의 일차적 기능은 생물학적인 것이다. 이와 유사하게, 성대 진동이 정상적인 구어에 필수적이지만, 성대는 우선적으로 생물학적 기능(예, 폐로 가는 기도를 보호하는 기능)을 할 수 있도록 진화되었다. 생물학적 기능이 완전히 갖추어졌거나 심각한 장애가 없을 때 가장 효율적으로 말할 수 있는 것이다. 가령 숨쉬기를 할 수 없다면 말하는 것은 생각할 수도 없다.

언어적 행동을 통한 의사소통은 생물학적 생존이라는 구속에서 벗어난 후에야 사회적 · 문화적 · 예술적 · 과학적 성취를 이루는 강력한 도구가 되었다. 언어는 본능적인, 그리고 생물학적인 필요에만 연관된 것이 아니기 때문에 창조성을 갖는다. 인간은 언어라는 진기한 매개체를 시와 희곡, 또는 여러 문학에 사용함으로써 특별한 형태의 문화를 만들어 냈다.

의사소통과 사회적 생존

복잡한 형태의 의사소통은—그것이 구두언어든 비구두언어든—현대사회에서 크나큰 중요성을 띠게 되어 **사회적 생존**(social survival)의 필수 요소가 되었다. 인간은 효율적인 의사소통 기술 없이 유기체로서 생존할 수는 있어도 사회적 인간으로 성공하기에는 어려움이 있다. 그런 사람들은 구두언어(oral language) 또는 비구두언어로 인한 성취의 성공 및 만족감을 맛보지 못한다. 어떤 형태의 의사소통이건 의사소통이 어려우면 사회적으로 고립된다.

사회가 점점 복잡화 · 조직화되고, 한 사회 내에서 또는 사회 간에 상호 관련을 맺게 되면서 효율적인 의사소통은 한층 더 중요해지고 있다. 심지어 언어와 의사소통은 일상적인 직업적 성공이나 생존에서조차 핵심 요소가 되었다. 현대사회의 진보된 기술은 의사소통에 새로운 의미의 중요성을 부여하였다. 지속적인 그리고 신속한 정보 교환은 현대사회의 초석이 되었다. 우리는 인터넷상에서 지구 반대편에 있는 사람들과 즉각적인 의사소통과 정보 교환이 가능하다. 컴퓨터를 이용한 정보의 저장, 복구 및 전달 기술은 새로운 의사소통의 시대를 열었다. 이러한 새 시대는 개인에게 보다 빈번하게, 보다 빠르게, 그리고 보다 효율적인 의사소통을 요구하고 있다. 이러한 기술

덕분에 의사소통에 장애가 있는 사람들이 새로운 형태의 도움을 받고 있다. 컴퓨터화된 의사소통 수단은 이제 심각한 신체적 장애가 있는 사람이 이전보다 더 효율적으로, 그리고 보다 원활하게 의사소통을 할 수 있도록 도와준다.

인간의 의사소통에 관한 연구

인간의 의사소통에 관한 과학적 연구는 비교적 근래의 일이다. 사실상 의사소통장애에 대한 관심은 의사소통의 행동, 체계 그리고 과정에 관한 보다 집중적인 연구 수행을 촉진하는 데 큰 몫을 하였다.

학자들은 의사소통의 복잡성 때문에 그것을 여러 측면 또는 구성 요소로 나누어서 분석하였는데, 불행히도 그와 같은 복잡성은 이론상의 불일치를 초래하였다. 언어를 어떻게 분석할 것인가, 그리고 어떤 구성 요소를 강조할 것인가에 대해 학자들의 견해가 다양하게 나타났기 때문이다. 이론상의 불일치를 보이는 또 다른 이유는 다양한 학문 분야가 언어 또는 의사소통을 연구 대상으로 삼기 때문이다. 예를 들어, 철학자, 언어학자, 심리학자, 생물학자, 신경학자, 공학자, 사회학자, 인류학자, 문학

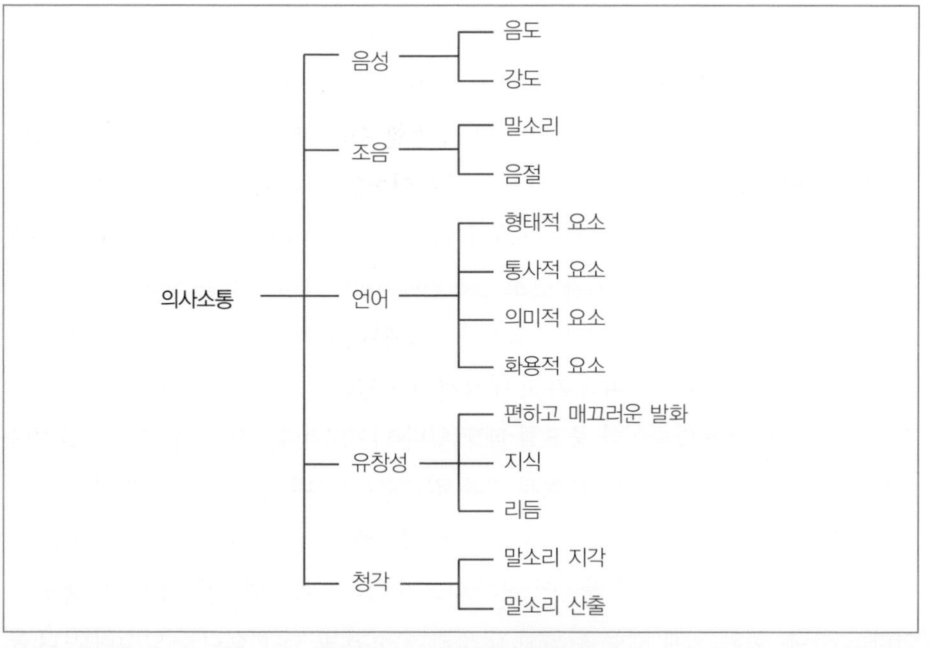

[그림 1-1] 의사소통의 구성 요소

가, 언어병리학자, 그 외 전문직 종사자들이 모두 의사소통 연구에 관심을 갖고 있다. 이처럼 다양한 학문적 훈련과 견해는 대조적인 관점을 낳을 수밖에 없다.

나중에 다룰 의사소통장애의 이해를 돕기 위해 의사소통의 기본 구성 요소를 기술하면, 음성(voice), 조음(articulation), 언어(language), 유창성(fluency), 청각(hearing)의 다섯 가지로서 각각에 해당되는 장애가 있다. 의사소통의 구성 요소는 [그림 1-1]에 제시되어 있다.

음 성

음성은 구두(oral)로 의사소통을 할 때 반드시 필요하다. 음성이 없다면 음성을 필요로 하지 않는 속삭임 소리로만 구어적 의사소통이 가능하다. 많은 동물이 소리를 낼 수 있지만 인간만이 의사소통에 쓰이는 다양한 음성을 낼 수 있는 것은 역동적인 음성 기제를 가지고 있기 때문이다. 음성이 없다면 그것은 기호나 부호의 형태를 띨 수밖에 없다.

구두로 의사소통하는 데 기반이 되는 가장 중요한 구조는 **후두**(larynx)다. 후두는 목 부분에 있는 것으로 한 쌍의 얇은 근육과 조직으로 된 **성대**(vocal folds)를 포함하는데, 폐에서 나온 공기가 성대를 지나가면 진동을 하게 된다.

성대의 진동은 음성의 근원이 된다. 폐는 성대가 떨리는 데 필요한 힘을 제공해 주고, 떨리는 성대는 개폐운동을 하게 된다. 성대가 일정하게 개폐를 할 때 듣기에 편하고 정상적인 음성이 나온다. 이에 비해 불규칙적인 개폐는 듣기에 불편하고 장애가 있는 음성으로 들린다.

인간의 음성은 여러 가지 미학적인 효과 외에도 의사소통에서 변화를 가능하게 해주는 능력이 있다. 소리의 음도와 강도는 개인에 따라, 그리고 같은 사람이라도 발화 환경에 따라 차이를 보인다. 인간의 음성은 발화된 단어의 의미 외에 또 다른 의미도 전달한다. 즉, 음성 자체가 여러 가지 메시지를 가지고 있다. 말을 할 때 사용하는 어조(tone)는 말의 내용만큼이나 중요할 때도 있다(더 중요하지는 않다 하더라도). 음성은 분노, 적의, 실망, 기쁨, 열정, 사랑과 같은 감정을 나타내는 단어를 쓰지 않고도 그 감정들을 표현할 수 있다.

목, 입, 코의 구조는 후두가 만들어 낸 소리를 수정하는데, 그 과정을 **공명**(resonance)이라고 한다. 혀와 입과 같은 다양한 구조는 수정된 후두의 소리를 말소리로 **조음**(articulate)한다. 조음 과정을 거치지 않은 소리는 말소리라고 할 수 없으며 그저 성대가 떨리고 있는 의미 없는 소리일 뿐이다.

조 음

조음(articulation)은 움직임을 뜻한다. 발화의 맥락에서 보면 조음은 발음기관을 움직여 말소리를 만들어 내는 것이다. 연구개, 혀, 입술과 같은 발음기관의 여러 구조들은 서로 붙거나 떨어지거나 모습을 바꾸면서 말소리를 낸다.

말소리와 단어 형성에 사용되는 소리의 유형에 관해 연구하는 분야를 **음운론**(phonology)이라고 한다. 음운론은 언어학자와 언어병리학자의 영역에 모두 해당되는 것으로 비교적 새로운 용어다. 과거에는 말소리와 그에 대한 분류, 산출 그리고 지각에 관한 많은 정보를 서로 밀접하게 연관되어 있는 음성학(phonetics)과 조음이라는 전문용어로 분류하였다. 일반적으로 말해서 **음성학**은 말소리의 산출, 지각 및 분류에 관해 다루며, 음운론은 소리의 유형을 지배하는 보다 광범위한 규칙과 과정, 소리의 습득과 사용, 그리고 소리 체계에 기초가 되는 지식에 관심을 둔다. 소리가 어떻게 언어의 기저가 되는 패턴으로 형성되는지에 대해 보다 포괄적인 관심을 두는 까닭에 음운론은 언어 연구의 한 부분이 된다. 개별적인 말소리의 조음에 관한 이전의 연구는 언어의 연구와 이러한 직접적인 관련을 가지고 있지 않았다.

전문가들은 다양한 말소리를 기술하기 위해 음성(phone)과 음소(phoneme)라는 용어를 사용한다. **음성**은 개개의 말소리다. 예를 들면, 화자가 한 번 산출한 /k/는 음성이라고 한다. 그러나 같은 화자가 같은 말소리를 한 번에 여러 번 산출한다면 비록 모두 /k/로 지각되긴 하지만 각각의 산출된 소리는 조금씩 다르다. 이런 음성의 중복 산출, 즉 한 무리(group)의 말소리가 음소다. 음소는 의미를 만든다. 즉, 한 단어에서 음소를 바꾸면 종종 다른 뜻이 된다. 예를 들면, 'kit'과 'bit' 두 단어를 보자. 다른 음소는 같은데, 철자 'k'와 'b'가 나타내는 서로 다른 첫 음소 때문에 의미가 달라진다.

음소는 서로 연결되어 음절과 단어가 된다. **음절**(syllable)은 모음이거나 자음과 결합된 모음이다. 음절이 'Tom'처럼 초성자음과 종성자음으로 구성되면 중간모음은 핵이 된다. 초성자음은 음절을 풀어 주고(release) 종성자음은 음절을 가둔다(arrest). 각 언어마다 단어를 만들기 위해 음소가 결합할 때 제약이 따른다. 어떤 언어에 나타나는 특정 결합이 다른 언어에서는 드물게 나타나거나 아예 나타나지 않을 수 있다. 이처럼 음소가 한 언어에서 어떻게 결합되는가를 살펴 음운론 학자들은 음소결합규칙을 설정한다.

음소는 음절과 단어를 만들어 내는 요소로서, 말의 근간이 된다고 할 수 있다. 즉, 좁은 의미에서 **말**(speech)이란 음소의 산출이며, 조음된 소리 및 음절이 말을 구성한다.

언 어

이 장의 앞에서 언어를 기호와 부호의 체계 또는 사회적 행동의 한 형태로 정의한 바 있다. 그러한 정의는 구어적 의사소통이나 비구어적 의사소통 모두에 적용된다. 말소리가 산출되어 의미가 부여된 한 단계 높은 단어와 문장으로 될 때 그것을 **구두언어**라고 한다. 비구두언어로 잘 알려진 미국 수화는 구두언어의 구성에서처럼 수신호가 상위의 의사소통 체계로 구성된 것이다. 구두언어든 비구두언어든 언어는 말보다 더 광범위하고 추상적인 체계다. 구두언어를 산출하지 않으면서도 말소리를 조음할 수는 있지만 말소리를 조음하지 않고는 구두언어를 산출할 수 없다. 그러므로 말은 구두언어의 필수 요소다.

언어는 표현적일 수도 있고 수용적일 수도 있다. **표현언어**(expressive language)는 산출되는(produced) 언어이며, 따라서 말하는 행위는 표현적이다. **수용언어**(receptive

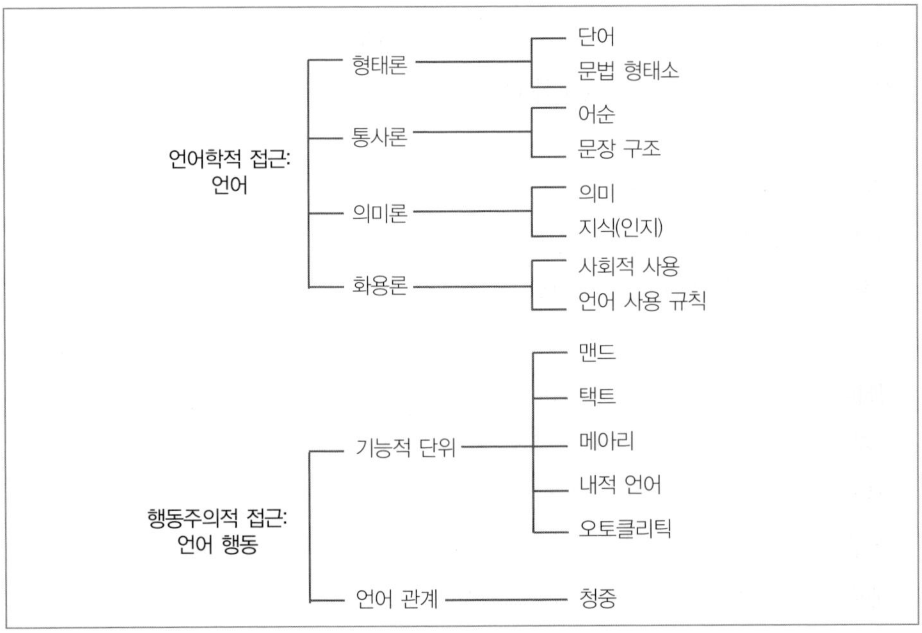

[그림 1-2] 언어 연구의 접근방식

language)는 이해되는(understood) 언어이며, 따라서 듣는 행위는 수용적이다. 기본적으로 표현언어는 산출 능력과 관련 있으며 수용언어는 듣고 이해하는 능력과 관련 있다.

특별히 명시하지 않는 한, 이 책의 주요 관심사는 구두언어다. 앞에서도 살펴보았듯이 많은 분야의 전문가들이 구어에 대해 연구해 왔다. 언어병리학자들은 최근에 그 대열에 합류했다. 언어의 연구에는 여러 가지 접근방식이 있다. 그러나 여기서는 언어병리학에 직접적인 영향을 미치는 언어학적 · 행동주의적 접근방식에 국한하였다. 이 두 접근방식의 주요 요소들은 [그림 1-2]에 제시되어 있다.

언어에 대한 언어학적 접근

언어학(linguistics)은 언어와 언어의 구조 및 그 구조를 지배하는 규칙에 관한 학문이다. **언어학자**(linguist)들은 언어학 전공자들을 일컫는다.

보편적으로 모두가 받아들일 만한 언어에 관한 언어학적 정의는 없다고 할 수 있다. 앞에서 언어가 기호나 부호의 체계라고 한 것은 언어학적 정의다. 언어학자에 따르면 기호나 부호 체계는 사물과 사건, 그리고 관계를 나타낼 수 있다. 언어공동체 사회는 (비록 사람들이 함께 자신들 언어의 부호를 선택했다는 데 대한 근거는 없지만) 기호나 부호를 자의적으로 선택한다. 언어의 단어나 수화의 수신호나 몸짓은 단지 그 언어공동체가 오랫동안 서로 동의해 왔기 때문에 특정한 의미가 있다. 예를 들면, 'apple' 이 영어에서 사과를 지칭하는 것에는 필연적인 이유가 없다. 언어학자는 또 언어를 정신적 혹은 인지적 규칙의 체계라고 설명한다. 그 규칙들은 그 언어에서 사회적으로 용인되는 문장을 만들도록 해준다.

언어학자들은 언어의 여러 구성 요소를 설명해 왔다. 음운적 요소 외에 형태적 요소, 통사적 요소, 의미적 요소 그리고 화용적 요소가 있는데, 이들 대부분의 요소는 각각 특정 분야를 연구한다. 예를 들어, 형태론은 형태적 요소를 연구한다. 각각의 요소를 간단히 살펴보면 다음과 같다.

형태론 **형태론**(morphology)은 구조(structures)에 관해 연구한다. 생물학자나 해부학자는 형태학이라는 용어를 신체의 각 부위와 조직의 형성 방식을 기술할 때 사용한다. 언어학에서 형태론은 단어의 구조에 관한 연구다. 형태론은 형태소라고 불리는 좀 더 기본적인 요소로부터 어떻게 단어가 만들어지는지를 보여 준다. 형태론은 문법의 한 분야다.

형태소(morpheme)란 최소의 의미 단위다. 각각의 형태소는 서로 다른 의미를 가짐으로써 구별된다. 형태소는 단어를 형성하는 데 쓰이며 각각 그 형태가 다르다. 단어는 최소한 하나의 형태소로 구성되며, 두 개 혹은 그 이상의 형태소로 구성될 수도 있다. 가령 'book'과 같은 단어는 하나의 형태소로 되어 있다. 그것을 더 작은 의미 있는 단위로 쪼갤 수 없기 때문이다. 'books'는 두 개의 형태소로 되어 있다. 즉, 'book'과 복수형을 나타내는 굴절어미 's'가 결합되어 있다. 음운론에서 's'를 하나의 음소로 간주하지만 그것이 단어에 첨가되거나 삭제될 때 단어의 의미를 바꾸므로 형태소라고 볼 수 있다. 복수 굴절어미 's'는 둘 이상(more than one)을 뜻하므로 형태소다. 마찬가지로 'go'는 단일 형태소이며 'going'은 두 개의 형태소로 구성된 단어다. 현재 진행형 어미 'ing'는 'go'에 붙어서 단어 전체의 의미를 바꾸기 때문이다.

언어에서 보다 긴 단어, 복잡한 단어, 다른 의미를 가진 단어는 여러 다른 형태소를 결합하여 만드는데, 이런 결합은 임의적인 것이 아니라 유형이 있다. 의미를 가지며 더 작은 부분으로 쪼개질 수 없고 다른 형태소가 첨가되는 단어를 **기저형태소**(base morpheme) 혹은 **어근형태소**(root morpheme)라고 부른다. 이 기저형태소 앞 또는 뒤에 형태소들이 첨가될 수 있으며, 이때 첨가되는 형태소들은 두 부류로 나뉜다.

기저형태소 앞에 더해지는 형태소를 **접두사**(prefix)라고 하며 기저형태소에 붙어 형태소의 수를 증가시킨다. 예를 들어, 'pre'라는 형태소는 영어에서 자주 사용되는 접두사다. 'prearranged'라는 단어는 'pre' 'arrange'와 과거 굴절접사 'ed'의 형태소로 이루어져 있다. 또한 매우 자주 쓰이는 접두사 'under'를 보면, 'understate'는 두 개의 형태소, 'understated'는 세 개의 형태소로 이루어져 있다. 이 외에도 많은 접두사가 여러 기저형태소와 결합한다. 〈표 1-1〉은 기저형태소, 접두사 그리고 이 둘이 결합된 여러 예를 보여 주고 있다.

〈표 1-1〉 영어 접두사 예

접두사	기저형태소	결합된 형태
anti	establishment social	*anti*establishment *anti*social
re	view form	*re*view *re*form
un	equal employment	*un*equal *un*employments

〈표 1-2〉 영어 접미사 예

접미사	기저형태소	결합된 형태
ize	memory modern	memor*ize* modern*ize*
ly	slow wise	slow*ly* wise*ly*
ism	native social	nativ*ism* social*ism*

기저형태소(단어)의 끝에 붙는 형태소를 **접미사**(suffix)라고 하며, 접미사 또한 단어에서 형태소의 수를 증가시킨다. 접미사의 예로 현재진행형 'ing' 로서 'do(doing)' 와 'walk(walking)' 등 동사에 붙어 단어 길이를 늘이고 의미를 변화시킨다. 〈표 1-2〉는 기저형태소, 접미사 그리고 이 둘이 결합된 여러 예를 보여 준다.

형태소는 독립(free)과 의존(bound)으로 나뉜다. **독립형태소**는 홀로 쓰여 의미를 나타낼 수 있다. 모든 기저형 혹은 어근은 독립형태소다. 'cat' 'man' 'child' 'go' 'bad' 'good' 'host' 등으로, 그것은 의미가 달라지지 않는 한 더 작은 단위로 쪼갤 수 없다. 이 단어들의 일부만 발음해 보라. 그러면 왜 이 단어들이 의미를 파괴하지 않고는 더 이상 쪼개질 수 없는지 알게 될 것이다.

의존형태소는 홀로 쓰여서는 의미를 나타내지 못한다. 반드시 자립형태소에 붙어야만 의미를 갖는다. 예를 들어, 과거시제 굴절접미사 'ed' 는 독립형태소에 붙어야만 한다. 'ed' 만 발음하면 독립형태소에 붙었을 때의 의미를 가질 수 없다. 대부분의 의존형태소는 문법의 작은 요소다. 그래서 의존형태소를 **문법형태소**(grammatical morpheme)라고 부르기도 한다. 의존형태소는 대부분 길이가 짧은 문법 요소들이다. 다음은 문법형태소의 예다.

ing	현재진행(*coming, going*)
s	규칙 복수 형태소(*books, cats*)
's	소유접사(*man's, lady's*)
s	3인칭 단수형 동사어미(*smiles, begs*)
ed	규칙 과거시제(*walked, combed*)

예에서 보듯이 형태소는 단어 구조를 변형시켜 의미를 바꾼다. 형태론은 그러한 변형 규칙을 기술한 것이다. 즉, 형태론은 어떠한 형태소 결합이 가능한가를 보여 준다. 소리(음소)와 음절은 형태소를 이루는 단위이므로 형태론은 음운론과 밀접한 관련이 있다. 그리고 형태론은 의미에 관한 연구(의미론)와도 관련이 있는데, 형태소의 변화는 단어의 의미를 바꾸기 때문이다. 따라서 언어의 서로 다른 구성 요소들이 밀접하게 연관되어 있다는 사실을 기억해 두어야 한다. 이렇게 다른 구성 요소들로 나누는 이유는, 언어의 분석을 단순화시키기 위해서다.

통사론 통사론(syntax)의 기본 의미는 합치거나 결합시킨다는 것이다. 언어에서 통사론은 형태론과 함께 문법의 두 분야를 이룬다. 언어 연구에서 **통사론**은 의미 있는 문장을 만들기 위해 단어를 배열하는 것으로, 문장 내의 단어 순서와 전체적인 구조를 말한다.

통사론은 한 무리의 규칙이다. 이 규칙에 따라 특정 언어에서 문장을 만들기 위해 단어가 연결되는 방식과 순서가 결정된다. 몇몇의 통사규칙이 여러 언어에 적용되기도 하지만 한 언어의 통사규칙 전체가 다른 언어에 적용되지는 못한다. 적어도 모든 언어는 그 언어 나름의 방식으로 단어를 결합하여 구와 문장을 만든다.

단어가 다양한 방식으로 배열되고 재배열될 수 있다는 이유에서 언어는 창조적이라고 할 수 있다. 각 언어의 통사론은 임의적이고 무의미한 어순을 허용하지 않는다. 예를 들어, 다음 예문에서 각각의 단어는 의미 있는 것이지만 그저 나열해 놓는 것으로는 의미가 없다.

"didn't was going he he to said come but."

이를 재배열하면 의미 있는 문장이 된다.

"He said he was going to come, but didn't."
(그는 오겠다고 했지만 오지 않았다.)

언어학자들이 통사규칙을 만들어 내지는 않는다. 그들은 다만 사람들이 문장을 만들기 위해서 단어를 정렬하는 것을 보고 규칙을 찾아낼 뿐이다. 한 언어에서 허용하는 어순이란 처음에는 자의적인 면이 있다. 그러나 곧 자의적이던 어순이 사회의 관습이 되어 그 언어를 배우는 화자들이 학습하게 된다. 오랫동안 지켜 오던 어순에서 지나치게 벗어나면 사람들은 당황할 것이다. 그러므로 관습적인 어순 또한 그 언어의 통사규칙이 된다.

1950년대 Noam Chomsky가 제안한 혁신적인 통사 이론은 언어 연구에 몇 가지 새로운 개념을 도입했다. 그의 이론은 또한 매우 오래된 개념을 되살렸고 언어학뿐 아니라 언어병리학에도 중대한 영향을 미쳤다.

Chomsky의 이론은 **변형 생성문법 이론** 또는 **지배와 결속 이론**으로 알려져 있다.

Chomsky는 전통적인 기술언어학적 접근방식을 부적합하다고 비판하면서 새로운 언어 이론을 제시하였다(1957, 1965). 그는 통사 구조를 언어의 본질로 보았다. 그리고 언어는 인간 정신의 산물이라고 생각하였다. 그래서 모든 언어에 적용될 수 있는 보편적인 문법규칙을 제시하였으며, 그런 규칙들에 대한 지식은 사람이 태어날 때부터 가지고 있다고 하였다.

그는 또한 언어 능력(language competence)과 언어 수행(language performance)을 구분하였다. **언어 능력**은 선천적으로 가지고 있는 보편 문법에 관한 완전한 지식으로 모든 언어에 적용된다고 하였다. 그러한 지식은 이미 태어날 때부터 가지고 있는 것이다. 만약 그렇지 않다면 한정된 정신 능력을 가진 아동이 매우 복잡한 부호와 규칙의 체계인 언어를 습득할 수 없을 것이라고 하였다.

언어 수행은 실제로 언어를 산출하는 것이다. 비록 화자가 문법규칙에 관한 완전한 지식을 가지고 있다고 하여도 피로하다거나 심란할 때는 말을 제대로 하지 못한다. Chomsky는 언어 산출에 그다지 관심을 두지는 않았다. 그의 이론은 주로 언어 능력에 초점이 맞추어져 있는데, 문법에 관한 지식이 언어 이해의 관건이라고 보았기 때문이다.

Chomsky가 도입한 또 다른 개념으로 언어의 표층 구조와 심층 구조가 있다. **표층 구조**(Surface Structure: **S-Structure**)는 통사규칙에 따라 단어를 실제로 배열한 것이다. 우리가 실제로 보고 듣는 문장이나 구를 생각할 수 있다. 이러한 표층 구조의 기저에 추상적인 **심층 구조**(Deep Structure: **D-Structure**)가 있는데, 그것은 문장 형성의 규칙에 관한 내용을 담고 있다.

언어에 이 두 가지 구조가 있다면 이들은 어떻게 관련되어 있을까? Chomsky는 문법적 변형이라는 개념을 제시하였다. 변형은 심층 구조와 표층 구조를 연결하여 다양한 문장을 만들어 낸다. 여기서 **변형**(transformation)은 문장을 바꾸기 위해서 화자가 단어를 배열하고 재배열하는 과정이다. 의미를 바꾸기 위해 단어의 삭제, 대치, 첨가, 재배열과 같은 문법적 변형을 사용한다. 다음 예문을 보자.

The boy kicked the ball. 소년이 공을 찼다.
Who kicked the ball? (의문 변형) 누가 공을 찼니?
Did the boy kick the ball? (또 다른 의문 변형) 그 소년이 공을 찼니?
The ball was not kicked by the boy. (부정 변형) 그 공은 소년이 차지 않았다.
The ball was kicked by the boy. (수동 변형) 그 공은 소년이 찼다.

각각의 예는 다른 종류의 문장을 만들기 위해 첨가, 삭제, 대치, 재배열과 같은 변형을 사용하고 있다. 언어의 창조적 성질을 잘 보여 주는 예로써, Chomsky는 이러한 문장의 창조적 변형이 언어의 본질이라고 보았다. 따라서 그의 이론은 문법의 **변형생성 이론**(transformational generative theory)이라고 불린다. 그는 문법규칙과 변형에 대한 지식을 이용하여 화자가 무한히 다양한 문장을 생성해 낸다고 보았다.

Chomsky의 이론(1957, 1965, 1981)은 주기적으로 수정되기는 하였지만, 언어는 특별한 언어학적 능력에 의한 것이며 문법이 언어의 본질이라는 기본 가정 자체는 계속 유지되었다. 그는 더 나아가 언어 발달은 학습에 기인한 것이 아니라고 보았다. 언어의 본질, 즉 보편 문법의 규칙에 관한 지식이 선천적이므로 언어 발달은 대부분 선천적인 기제에 기인한다고 보았다.

의미론 **의미론**(semantics)은 언어의 의미에 관한 학문이다. **의미적 요소**(semantic component)는 단어, 구, 문장이 전달하는 의미에 대해 다룬다. 의미를 연구하는 전문가들인 **의미론학자**(semanticist)들은 의미가 언어와 의사소통의 본질이라고 본다. 의미 있는 문장이라도 청자가 그것을 이해하지 못하면 의사소통은 단절된다.

의미론과 관련된 가장 까다롭고 서로 연관된 두 가지 문제는 '의미란 무엇인가' 와 '의미를 어디서 찾는가' 다. 의미는 언어의 내용인가, 언어의 지시 대상물인가, 개념인가, 인지 과정인가, 혹은 기술할 수 없는 정신적 사건인가?

언어병리학에서 요즘 인기 있는 이론에 따르면, 언어의 구조 혹은 형태는 내용을 가지며 그것이 바로 의미다. 예를 들어, 구조를 가진 단어는 그 안에 의미를 가지고 있다. 마찬가지로 구와 문장 같은 다른 구조들도 그 안에 의미를 지닌다는 것이다. 이 이론을 **내용의미이론**(content theory)이라고 한다. 이 이론의 한 가지 문제점은, 가령 단어와 같은 언어의 구조가 자체의 의미를 갖고 있다면 우리가 개별적인 단어의 의미를 알고 있는 한 발화의 의미를 모두 이해할 수 있다는 뜻이 된다는 것이다. 그러나 대부분 청자가 각각의 단어가 뜻하는 바를 모두 알고 있어도 발화의 의미를 이해하지 못할 수도 있다. 월요일 아침 학교에서 친구가 당신에게 "너 어젯밤 무슨 일 있었니?"라고 묻는다면 아마도 당황할 것이다. 친구가 말한 개별 단어의 뜻은 알지만 그 질문의 의미를 모르기 때문이다.

몇몇 이론가들은 단어의 의미가 그것이 지시하는 사물, 사람 혹은 사건이라고 말한다. 이 이론에 따르면 '의자'라는 단어의 의미는 '의자'라는 사물을 말한다. 이것을 **지시의미이론**(referent theory of meaning)이라고 한다. 한편, 뚜렷한 지시물을 가지고 있지 않은 단어('sure' 'perhaps' 'but'과 같은 단어)들을 예로 들면서 이 이론에 반박하는 사람들도 있다. 결국 이 이론은 구상적인 단어에서는 훌륭하게 적용되지만 추상적인 단어의 의미는 잘 설명하지 못한다.

또 다른 이론은 우리가 말하고 있는 개념 안에 의미가 있다고 한다. 이 이론에 따르면 '의자'의 의미는 '의자'라는 물체가 아니라 어떤 사람이 의자에 대해 가지고 있는 개념을 말한다. 이 기본 입장에는 약간의 이견들이 있다. 그중 한 견해는 의미란 **인지과정**(cognitive process)이라는 입장이다. 즉, 의미란 청자 혹은 독자가 가지는 정신적 이미지, 개념, 생각의 총체라는 것이다. 이 이론들은 의미를 사적인 정신적 사건 또는 인지 과정으로 보고 있기 때문에 객관적인 연구가 어렵다는 문제가 있다.

의미에 관한 어떤 이론도 완전히 만족스러운 것은 없는 것 같다. 각각의 이론은 의미의 특정 부분은 설명해 주지만, 완전하게 설명하지는 못한다. 이 책의 후반부에서는 행동주의 학자들이 어떻게 의미를 설명하는지 제시하였다.

아동의 언어 습득을 연구하는 언어학자들은 아동이 습득하는 의미들을 분류하였다. 이러한 의미적 범주 혹은 관계(Gleason, 2001; McLaughlin 2006)는 바로 의미의 대조를 보이는 기본 단위를 말한다. 의미의 서로 다른 단위는 단어, 구, 문장으로 표현된다. 예를 들어, '내 모자'라는 말을 배웠다면 소유(possession)라는 개념을 이해한 것이고, 개체의 이름을 단순히 말할 수 있다면 명명(nomination)이라는 개념을 이해했으며, '아빠 잔디 깎아'라는 문장을 말할 수 있다면 행위자(자르는 행위의 주체, agent) 개념을 습득한 것이다. 이처럼 아동 언어를 연구하는 사람들은 아동이 다양한 개념을 습득하는 순서를 연구해 왔다.

화용론　과거에는 언어를 사회적 상황을 고려하지 않고 분석하였다. 한 언어의 문법은 사람들이 평상시 어떻게 말하는가와는 별 상관없이 기술될 수 있다. 문법규칙은 고정되고 형식적이며, 그 규칙은 누가, 무엇을, 왜, 어떠한 상황에서 말하는지에 대해서는 관여하지 않는다. 그러나 언어를 사회적 상호작용에서 도구로 사용한다고 생각하는 사람들은 이러한 관점을 비판하였다.

화용론(pragmatics)이란 사회적 상황에서 언어의 사용을 지배하는 규칙에 관한 학문이다. 따라서 화용론은 언어의 구조보다는 **기능**(function)과 사용에 중점을 둔다. 사람들은 언어로 무엇을 하는가? 사회적 맥락은 말의 내용에 어떻게 영향을 미치는가? 아동은 무엇을 말하고 언제 말할지를 어떻게 배우는가? 아동은 발화를 한 뒤에 무슨 의도를 가지고 있는가? 발화를 의도 혹은 다른 사람에게 미치는 영향에 따라서 어떻게 분류할 것인가? 대화에서 차례를 지키면서 말하는 것과 대화의 주제를 유지하는 것, 이야기하는 것과 같은 의사소통의 사회적 기술은 어떻게 학습되는가? 등이 화용론자들이 답하고자 하는 질문들이다.

단일화된 화용론에 대한 이론은 없다. 초기 이론에서는 모든 발화가 **화행**(speech act)이어서 발화가 청자에게 영향을 미치고, 따라서 말하는 것이 곧 행하는 것이라는 주장이 있었다(Austin, 1962; Searle, 1969). 또한 형태소나 단어, 문장이 아닌 화행이 의사소통의 기본 단위라고 가정하였다.

화용론자들은 언어의 구조보다 언어의 사용 또는 기능이 더 중요하다는 점에 일반적으로 일치된 견해를 보이지만 언어 기능의 종류나 수에 관해서는 의견이 분분하다. 한 이론에 따르면 언어는 도구적 · 조정적 그리고 상호작용의 기능을 가진다(Halliday, 1975). 우리는 **도구적**(instrumental) 기능을 통해 원하는 바를 얻는다. 우리의 욕구를 만족시키기 위한 요청은 대부분 도구적이다(예, "물 좀 마실 수 있을까요?"). **조정적**(regulatory) 기능을 통해 다른 사람에게 우리가 그들이 하기를 원하는 무언가를 시킨다. 명령을 내릴 때(예, "내가 말한 대로 해.") 우리는 언어의 조정적 기능을 이용하는 것이다. 그리고 **상호작용**(interactional) 기능을 통해 다른 사람을 사회적 작용에 참여시킨다(예, "오늘 오후에 테니스 치자.").

화용론자들은 아동이 언어를 특정한 사회적 맥락 속에서 습득한다고 하였다. 심지어 발화의 의미를 이해하기 위해서는 그것의 물리적 · 사회적 맥락을 알 필요가 있다. 예를 들어, 엎질러진 우유를 가리키며 '우유'라고 말하는 아동의 의도는 병에 담긴 우유를 가리키며 '우유'라고 말하는 아동의 의도와 극명한 차이가 있다.

최근에 화용론은 대화의 규칙을 연구하기도 한다. 화자는 차례를 지키면서 번갈아 말하는 규칙을 지켜서 다른 화자의 대화에 끼어들지 않으며 시선을 맞추고 대화의 주제를 유지한다. 이런 규칙들을 위배할 경우 화용론상의 언어장애가 나타난다.

언어행동이론

심리학자들은 언어학자들과는 다른 언어 이론을 제안하였다. 언어학 이론이 다양한 것처럼 심리학 이론도 매우 다양하다. 이 절에서는 비언어학적인 관점에서 본 언어 연구의 한 예로 언어에 대한 심리학적 접근 가운데 한 가지 이론만을 설명하고자 한다.

행동주의 심리학자 B. F. Skinner(1957)는 비언어학적 이론을 주창하였다. Skinner는 정신적 혹은 인지적 체계로서의 언어에는 관심이 없었다. 그러한 관점이 언어 연구라는 주제에 대한 실험적 연구를 사전에 차단해 버린다고 여겼기 때문이다. 따라서 그는 언어를 언어 행동으로 재구성함으로써 (많은 동물뿐 아니라) 모든 인간 관련 현상을 이해하는 데 가장 적합하다고 여기는 자연과학적 접근방식으로 연구가 가능하도록 하였다.

대부분, 언어 행동(verbal behavior)에 대한 Skinner의 관점과 언어에 대한 화용적 관점(pragmatic view of language)은 입장이 같다고 할 수 있다.

Skinner(1957)는 **언어 행동**(verbal behavior)을 언어공동체 사회의 행동에 의해 유지되는 사회적 행동의 한 형태로 보았다. 그는 언어를 음소, 형태소, 음절, 단어, 구, 문장과 같은 구조적 단위로 분석하지 않고, 언어 행동의 기능적 단위를 분석하였다. **기능적 단위**(functional unity)란 언어 응답들로 이루어지며, 그것들은 모두 유사한 환경에서 일어나고 유사한 결과를 갖는다. 하나의 기능적 단위는 유사한 원인들을 가지고 있고 그에 대한 반응 또한 청자에게 유사한 효과를 준다. 이후 기술될 기능적 단위의 예들을 보면 이런 점들이 더욱 명백해질 것이다.

결과는 언어 행동을 결정짓는다 언어 행동의 경우, **결과**(consequence)란 청자가 말하는 내용이나 행동을 가리킨다. 결과의 하나로 강화제(reinforcer)가 있다. **강화제**란 반응 뒤에 오는 사건이며 후에 같은 자극을 주었을 때 그 반응이 더 많이 나타나도록 해 준다. 또 다른 결과에는 처벌제(punisher)가 있다. **처벌제**란 반응 뒤에 오는 사건이며 후에 같은 자극을 주었을 때 그 반응이 더 적게 나타나도록 해 준다. 기능적 단위(한 부류의 언어 반응들)에 따라 결과는 달라질 수 있다. 예를 들면, 한 십대 청소년이 예전에 자신에게 주의를 기울여 준 친구들 앞에서는 으스댄다. 으스대는 행동이 친구들로부터 강화적 결과를 낳았기 때문이다. 따라서 친구들 앞에서는 보다 더 자주 으스대게 된다. 그러나 그의 행동을 무시했던(즉, 처벌했던) 부모 앞에서는 으스대지 않는다. 으스대는 행동이 부모로부터는 다른 결과를 낳았기 때문이며, 부모 앞에서는 으스대는 일이 적어진다.

언어 행동은 사회적 자극하에 생산된다. 물론 대부분의 경우 명시적인 발화 행동은 청중(audience)이라는 존재가 필요하다. **청중**이란 Skinner(1957)의 분석에서는 화자와 청자 간의 관계를 말하며, 그 청중은 발화의 무대가 된다.

기능적 단위 모든 기능적 단위는 **언어 조작**(verbal operant)이라고도 한다. 이는 어떤 특정 조건에서 학습되고 그와 유사한 조건에서 이루어지는 언어 행동과는 다르다. 모든 기능적 단위는 그 원인에 의해 분석된다. 예를 들어, **맨드**(mand)는 결핍과 필요로 유발되는 언어 행동의 기능적 단위(언어 조작)다. 어떤 경우에는 목마름이나 배고픔과 같은 생리적 욕구가 말을 자극한다(예, "너 먹을 것 좀 있니?"). 사회적 필요 또한 말을 자극한다(예, "여기서 도심까지 어떻게 가나요?"). 이러한 생리적 · 사회적 욕구는 다양한 요청, 명령, 요구를 유발한다. Skinner는 그것을 맨드라고 불렀는데, 청자가 음식을 주거나 요구한 것을 들어줌으로써 강화된다.

일반적으로 물리적 대상이나 사건이 발화를 자극한다. 이런 종류의 언어 반응을 **택트**(tact)라고 하는데, 화자 주변의 사물이나 사건에 대해 묘사하고 설명한다. 택트는 사회적으로 강화된다. 미소, 허가를 의미하는 끄덕임 및 청자의 이와 유사한 말 등이 모두 택트를 강화한다. 예를 들어, 누가 "정말 멋있는 일몰이군!" 이라고 하면 다른 사람들은 미소를 짓거나 "정말 끝내준다!" 라고 말할 것이다.

맨드와 택트에 관한 정의를 제대로 이해하면, 원인과 결과라는 기능적 단위들이 Skinner의 언어 행동 분석의 기본이라는 점이 명백해질 것이다. 맨드에는 여러 종류가 있으며 그것들은 ① 무엇인가 필요할 때 일어나고, ② 유사하게 강화된다는 점에서 기능적 단위다. 예를 들어, "뭐 좀 마실 수 있을까요?" 나 "뭐 좀 먹을 수 있을까요?" 는 맨드다. 둘 다 화자가 마실 것 또는 먹을 것을 받으면 강화된다. 마찬가지로 "의자 두 개가 있습니다." 나 "저기 원숭이가 가네요." 는 주변의 사물이나 사건에 의해 유발되고 청자의 사회적 반응으로 강화된다. 이는 각각의 기능적 단위가 다양한 반응을 포함하고 있다는 예가 된다.

Skinner가 설명한 또 다른 기능적 단위에는 메아리, 내적 언어, 오토클리틱이 있다. **메아리**(echoic)는 다른 사람의 발화가 자극이 되어 흉내 낸 구두 반응을 말한다. 메아리의 강화는 자극과 반응 사이의 밀접한 유사성에 근거한다. 언어장애를 가진 아동을 가르치는 임상가는 목표가 되는 반응을 보여 주고 이것을 아동이 흉내 내도록 한다. 임상가는 아동의 흉내가 최소한 임상가가 모델링한 반응에 가까운 경우에만 강화를 준다.

일단 말을 시작하면 계속해 나갈 것이라는 사실을 우리는 알고 있다. 특별한 동기나 물리적인 자극 없이 어떻게 그러한 계속적인 발화가 가능할까? 그러한 발화의 원인은 발화 그 자체다. 이전의 언어 반응이 잇따르는 언어 반응을 자극한다. 어떤 이유에서건 말을 했다면 그 사실이 계속 말을 하게 한다. 이렇게 유도된 언어 반응을 내적 언어(intraverbals)라고 한다. 다시 말해서 **내적 언어**는 화자 자신의 언어 반응이 자극이 되어 잇따르는 모든 언어 반응을 가리킨다. 우리 대화의 대부분은 택트와 내적 언어로 이루어져 있다.

Skinner는 문법이 말을 배우는 데 제일 먼저 나타난다고 해서, 또는 문법이 매우 중요하다고 해서 문법을 언어 행동의 기본이 된다고는 생각하지 않는다. 아동은 언어 행동의 다른 면을 배우고 나서야 문법적 형태소를 배운다. 통사의 문제도 아동이 배열할 단어들을 습득해야만 나타난다. 그러므로 맨드와 택트 같은 기본적인 언어 행동보다 문법이 중요하지는 않다. 문법과 그와 관련된 반응들을 Skinner는 오토클리틱(autoclitic)이라고 하였다. **오토클리틱**이란 일차적인 언어 행동의 원인을 명확히 알려주는 데 도움이 되는 이차적인 언어 행동이다. 이런 의미에서 Skinner의 문법에 관한 해석은 언어학자들과 상당히 다르다.

Skinner의 오토클리틱에 관한 정의를 이해하기 위해서는 문법 요소가 무엇을 하는가에 대해 질문해야 한다. 왜 우리는 복수의 'S', 소유의 'S', 혹은 조동사 'is'와 같은 문법 요소를 사용하는가? 그것은 화자를 위해서인가, 청자를 위해서인가? 다시 말해서 누가 문법 요소를 필요로 하는가? 다음의 발화에서 밑줄 친 요소는 어떤 기능을 하는가?

> I see two book<u>s</u> <u>on</u> <u>the</u> table.
> Mommy'<u>s</u> hat.

밑줄 친 부분 복수와 소유 굴절어미 'S', 전치사 'on' 그리고 관사 'the'는 전통언어이론에서는 문법형태소로 기술되고 행동주의적 분석에서는 오토클리틱으로 기술되고 있다. 이러한 오토클리틱은 화자의 말을 유도하는 자극 상황의 특정 양상을 가리킨다. 첫 번째 문장에서 복수의 'S'를 사용함으로써 화자는 청자에게 두 권 이상의 책을 말하고 있다는 것을 알려 주며, 전치사 'on'을 사용함으로써 책과 책상의 관계를 가리키고, 관사 'the'를 사용해서 여러 테이블 중 어떤 특정한 테이블이 반응을 유도하는 자극임을 알려 준다. 두 번째 문장에서 아동은 어머니(mommy)와 모자(hat)의 관계를 명시하고 있다. 즉, 소유의 'S'는 청자에게 언어 반응에 대한 자극이 어머니와 어머니의 모자를 포함한다는 사실을 알려 주고 있다.

오토클리틱이 화자로 하여금 특정한 언어 반응을 촉진하는 자극을 청자들에게 명확하게 해 준다는 사실을 앞의 예들이 잘 보여 준다. 문법은 화자의 이익을 위한 것이 아니라 청자의 이익을 위한 것이다. 이런 까닭으로 언어장애가 있는 화자들은 문법 요소가 생략된 자신의 말을 청자가 완전히 이해하지 못할 때 종종 놀라게 된다. 그들은 자신이 말하는 바를 잘 알고 있지만 청자에게는 그들의 의도(또는 반응을 유도하는 자극)가 명확하게 전달되지 않는 것이다.

행동주의 분석에서의 의미 Skinner(1957)는 언어학자들이 주장하는 '의미가 지시물(지시되는 것)이나 화자의 마음에 있다.'는 개념에 반대한다. 그는 사람들은 대화할 때 의미를 전달하지 않으며, 언어란 화자가 청자에게 의미를 전달하는 양동이가 아니라고 주장한다. 청자는 화자가 말하는 모든 단어의 뜻을 알고 있다고 해도 화자가 말하고자 하는 바를 이해하지 못할 수도 있다. 이것은 단어 자체가 의미를 가지고 있는 것은 아니라는 뜻이다. 언어 행동 분석은 화자가 하는 말의 의미는 언어 행동의 원인에 있는 것으로 본다. 청자는 화자가 하는 말의 원인을 모르면 화자를 이해하지 못한다(Hegde, 2008). 예를 들어, 여러분의 친구가 화요일 아침에 학교에서 만나자마자 "왜 어제 회의에 안 왔어?"라고 묻는다면, 비록 이 문장의 개별 단어의 의미는 안다고 해도 이 질문을 이해하지 못할 수 있다. 참석해야 할 회의가 있는 것을 몰랐다면, 친구의 질문을 이해하지 못하고 "무슨 회의?"라고 물을 것이다. 그 친구가 "어제 꼭 참석해야 하는 진료소 소장과의 회의가 있었다."라는 말을 했다면 질문을 바로 이해했을 것이다. 친구의 질문의 원인은 사건으로서의 회의(와 회의 불참)다. 회의가 있었다는 것을 모르는 상태에서는 친구의 질문에 당황할 수밖에 없다. 언어 행동 분석에서 의미란, 구조나 실재 그 자체가 아니라 말하는 내용과 말하는 이유 간의 인과관계다(Hegde, 2008). 언어 연구에 대한 언어학적 접근과 행동주의적 접근 간 비교 요약은 〈읽을거리 1-1〉을 참조하라.

유창성

정상적인 음성과 말, 언어의 습득만으로는 효율적인 의사소통이 제대로 이루어지지 않는다. 효율적인 의사소통에는 유창성(fluency)이 필요하다. 유창성은 말과 언어의 공통적인 특징이다. 어떤 말을 할 때 자연스러우면서 매끄럽게 하기도 하고 머뭇

읽을거리 1-1

두 가지 상이한 언어 이론의 요약

[언어학적 접근]
- 언어학자는 주로 언어의 구조에 대해서 연구한다.
- 언어는 기호, 부호 그리고 의사소통에 사용되는 규칙의 정신적 체계로 정의된다.
- 언어는 음소적 · 형태적 · 통사적 · 의미적 · 화용적 요소로 나눌 수 있다.
- 음운적 요소는 말소리와 그 체계에 관한 것이다.
- 형태적 요소는 단어의 구조와 문법형태소에 관한 것이다.
- 통사적 요소는 어순과 문장 구조에 관한 것이며, 의미론은 언어의 의미에 관한 것이다.
- 화용적 요소는 사회적 맥락에서의 언어 사용에 관한 것이다.

[행동주의적 접근]
- 행동주의학자들은 주로 언어의 구조보다는 원인–결과(기능적) 단위에 관해 관심을 가진다. 그들은 언어를 언어 행동으로 정의한다.
- 언어 행동이란 언어공동체 구성원에 의해 형성되고 유지되는 사회적 행동 형태의 하나로 정의된다.
- 언어 행동은 맨드와 택트 같은 기능적 단위로 구분되며, 이는 상이한 여러 요소에 의해 나타난다. 기능적 단위에 속하는 반응은 그 반응 뒤에 오는 유사한 결과들에 의해 강화된다.
- 기능적 단위는 내적(동기적) 혹은 외적 자극과 그 뒤에 나타나는 결과라는 특정한 조건하에 학습된다.
- 문법은 기능적 단위에 비해 그리 중요한 것은 아니며, 그러한 일차적 중요한 반응들의 이유 또는 원인을 명확히 알려 주는 데 도움을 준다.

거리면서 틀리기도 하는데 후자의 경우에는 유창성이 부족하다는 인상을 줄 수 있다. 그러나 유창하게 말하는지 아닌지는 화자가 계속해서 말을 할 때 가장 잘 알 수 있다. 이런 의미에서 언어 산출이 단순한 음성 산출보다 유창성을 더 잘 나타내는 좋은 지표가 된다.

유창성이란 편하게, 부드럽게, 물 흐르듯이, 그리고 노력을 크게 들이지 않고 발화하는 것을 말한다. 유창한 발화는 청자에게 리듬감 있게 흐른다는 인상을 준다. 유창한 발화가 화자의 입장에서는 노력이 적게 들고 덜 버벅거리며, 근육의 긴장이 적어

편하게 느껴진다. 유창성은 의사소통을 용이하게 한다. 유창하지 못한 발화가 반드시 언어 능력이 부족하다는 것을 뜻하지는 않지만, 의미가 통하는 문장을 유창하게 발화할 경우는 거의 대부분 화자의 언어 능력이 뛰어나다는 것을 나타낸다.

발화가 유창하지 않다고 해서 반드시 말하는 사람의 지식이 부족한 것은 아니다. 유창성에 장애가 있는 사람들, 즉 말을 더듬는 사람이나 외국어를 잘 하지 못하는 사람들의 경우 지식은 있어도 말이 유창하지 않을 수 있다. 그러나 특정 주제에 대해 유창하게 발화하면 지식이 높다고 볼 수 있다. 주제에 대해 지식이 거의 없는 사람보다 그 주제에 대해 더 많이 알고 있는 사람이 좀 더 유창하게 말할 수 있는 것이다. 지식이 유창한 발화를 이끌어 낼 수는 있지만 유창한 발화를 하기 위해 지식이 꼭 있어야 하는 것은 아니다. 적어도 발화의 길이가 짧은 경우에는 그렇다. 어떤 사람들은 지식이 많지 않은데도 유창하게 말한다. 그러나 길고, 사리에 맞고, 그리고 유창하게 대화를 하기 위해서는 그 주제에 대해 상당한 지식이 필요하다.

행동주의적 언어 분석(Skinner, 1957)에서 주장하는 바와 같이 말이 더 많은 말을 하도록 자극하기 때문에 유창한 발화는 계속 자연스럽게 이어진다. 흘러가는 듯한 유창한 발화에서는 한 단어가 다른 단어를 유도하고 한 문장이 다른 문장을 유도하며, 한 생각이 다른 생각을 자극한다. 이전의 발화가 다음 발화를 일으켜 발화는 사슬처럼 연결된다. 잘 짜인 발화에서 모든 단어와 문장은 다음 단어와 문장의 자극이 된다. 이렇게 되면 발화 혹은 화자는 각 부분을 매끄럽고 부드럽게 넘길 수 있다.

유창한 발화의 사슬 같은 특징은 발화의 내적 언어의 특징에 기인한다. 내적 언어란 언어의 행동주의적 언어 분석에서 보았듯이 화자 자신의 언어 행동이 원인이 되어 또 다른 언어 행동을 유발하는 것이다. "한 단어가 다른 단어를 유도한다."라고 했을 때 우리는 내적 언어의 흐름을 말하고 있는 것이다. 그러므로 여러 요인 가운데 발화를 유창하게 하는 것은 내적 언어다.

유창성은 운율이라고 불리는 의사소통의 또 다른 면과도 밀접히 연관되어 있다. **운율**(prosody)은 연속적인 발화의 속도, 음조, 강도, 강세, 억양, 리듬의 변화를 일컫는다. 운율은 음성과 유창성 모두의 특징이다. 음조나 강도의 변이가 적은 발화는 단조롭게 들린다. 마찬가지로 멈칫거리거나 유창하지 않거나 지나치게 느리거나 빠른 발화는 정상적인 유창한 리듬을 가지고 있지 않은 것이다.

청 각

청각은 의사소통에서 매우 중요하다. 청각이 말이나 언어의 구성 요소는 아니지만 정상적으로 습득된 의사소통에 필수적이다. 그러므로 청각은 말과 언어와 밀접하게 연관되어 있다.

인간의 청각기관에는 귀, 청신경 그리고 뇌가 포함된다. 귀는 외이, 중이, 내이의 세 부분으로 나뉜다. 외이는 다시 눈에 보이는 이개(안경을 걸칠 수 있게 된 부분)와 외이도로 구분되며 외이도는 고막에 이르는데, 고막은 중이의 첫 번째 구조물이다.

귀에 대한 보다 자세한 해부는 제13장을 참고하라.

음파는 외이도를 통해 들어와서 고막을 친다. 고막이 떨리면 중이에 있는 세 개의 작은 뼈에 소리가 전달된다. 내이는 액체로 가득 차 있고 달팽이관이라고 불리는 중요한 구조물을 가지고 있다. 중이에 있는 뼈의 진동은 내이의 액체를 움직인다. 이러한 움직임이 달팽이관 안에 있는 구조물을 자극하고, 소리를 내이에서 뇌로 옮겨 주는 역할을 하는 신경(뇌신경 8번)이 이런 자극을 포착한다. 마지막으로 뇌는 소리의 의미를 해석한다.

정상적인 청각은 말과 언어 행동의 습득에 필수적이다. 아동은 자신들이 들은 언어를 습득한다. 따라서 정상적인 청각은 언어 지각에 중요하다. 만약 발화를 아동이 지각하지 못한다면 발화의 습득은 어려울 것이다. 그렇게 되면(즉, 이해되지 않는다면) 어느 연령대에서도 의사소통은 힘들다. 정상적인 청각은 또한 자신의 말을 모니터하는 데에도 중요하다. 우리는 우리가 말한 것을 들으면서 말하는 방식과 내용을 수정한다. 다시 말해서 청각은 우리의 발화 수행에 대해 피드백을 준다. 이러한 피드백에 근거해서 발화를 수정해 나가는 것이다.

청각학에 대한 자세한 내용은 제13장과 제14장을 참고하라.

의사소통장애

인간의 의사소통과 언어의 기본을 알아보았으니 이제 의사소통장애를 알아보도록 한다. 의사소통장애에 관해서는 크게 두 영역으로 나눌 수 있다. 즉, 언어병리학과 청각학이라는 두 개의 전문적 영역이다. **언어병리학**(speech–language pathology)은 인간의 의사소통과 장애, 장애에 대한 진단과 치료에 관해 연구하고 이해하는 학문이다. 또 다른 전문 영역인 **청각학**(audiology)은 정상적 · 비정상적 청각과 청각장애인의 재활을 연구하고 이해하는 학문이다. 구두 의사소통과 청각의 상호작용으로 두 분야는 밀접하게 연관되어 있다.

아주 어린 아동을 제외하고 의사소통장애를 가진 사람은 스스로 문제가 있다는 것을 알고 있으며, 때로는 어떤 문제를 가지고 있는지 알고 있기도 한다. 어떤 이는 말을 더듬는 문제를 가지고 있다고 하고, 어떤 이는 음성문제를 가지고 있다고 한다. 또 부모는 아동이 듣지 못한다든지 소리를 정확하게 내지 못한다든지 문장으로 말을 하지 못한다는 등의 문제를 가지고 있다고 알려 준다.

모든 언어병리학자들이 동의할 만한 의사소통장애에 대한 정의는 없다. 오랫동안 언어치료전문가들은 Van Riper(1978)의 정의를 그대로 써 왔다. Van Riper는 **장애언어**(disordered speech)란 다른 사람의 말과 달라 이로 인해 다른 사람의 주목을 받고 의사소통이 방해되고, 종종 청자나 화자에게 곤혹스러움을 주는 것이라고 했다. Van Riper의 정의는 정상 발화에서의 이탈과 효율적인 의사소통을 방해하는 점에 강조를 두고 있다. 따라서 화자뿐만 아니라 청자 역시 부정적인 영향을 받는다.

Van Riper의 정의는 널리 쓰이고 있기는 하지만 언어장애가 어떻게 의사소통에 방해가 되는지 혹은 화자나 청자가 어떻게 어려움을 겪는지에 대해 객관적으로 판단하기는 어렵다. 또한 어떻게, 언제 발화가 남의 주목을 끄는지를 판단할 수도 없다. 더욱이 얼마나 자주, 그리고 얼마나 남의 주목을 끌어야 결함이 있다고 진단을 내릴지도 명시하기 어렵다. 매우 훌륭한 발화도 남의 주목을 끌 수 있다는 점은 문제를 더 복잡하게 만든다.

많은 언어치료전문가들은 의사소통장애를 일반적인 용어로 기술하고자 하고 특정한 장애는 가능한 한 구체적으로 설명하고자 한다. 일반적으로 의사소통장애를 가진 사람은 자신이 말하고 싶어 하는 것을 말할 수 없거나 자신이 말하고자 하는 것을 완전하게 말할 수 없다. 또 자신이 원하는 것을 자신이 원하는 만큼 즉각적으로, 유창하게 말하지 못한다. 이때 청자는 그들이 말한 전부 혹은 일부를 알아들을 수 없다. 청자는 결함이 있거나 이해하기 어려운 발화에 어떻게 반응해야 할지 모를 수 있다. 대부분의 청자들은 당황하게 되고 몇몇은 부정적인 반응을 보이기도 한다. 어떤 청자는 의사소통장애를 가진 사람을 피해 버린다. 의사소통장애를 가진 화자는 이런 이유로 좌절감을 느끼고 당황하며, 심지어 수치심을 느끼기도 한다. 이전에 의사소통을 효율적이고 즉각적으로, 그리고 완전하게 하지 못했던 기억 때문에 다음에 말을 할 때 걱정이 앞선다. 따라서 어떤 장애인들은 말을 해야 할 상황과 사람들 간의 관계를 피하려고 한다.

보다 구체적으로 말하자면, 언어치료전문가들은 문제가 되는 특정 국면을 지적함으로써 의사소통장애를 기술한다. 예를 들어, 언어치료전문가는 음성에 문제가 있는지, 유창성에 문제가 있는지 등의 진단을 내린다. 이러한 의사소통장애 분류를 통해 각각의 특정 장애에 대해 관심을 가질 수 있다.

의사소통장애의 분류

의사소통장애는 알려지거나 추정되는 원인들 및 발생 시기 또는 의사소통의 구성 요소들(음성, 조음, 언어, 유창성, 청각)에 근거해서 분류된다.

알려지거나 추정되는 원인들에 의한 장애의 분류는 병인학적(etiological)인 분류다. **병인학**(etiology)이란 질병과 장애의 원인을 연구하는 학문으로서, 신체의 질병은 종종 병인학에 근거해서 분류된다. 병인학적 측면에서는 의사소통장애를 크게 두 가지로 구분한다. 첫째는 기질적인 것이고, 둘째는 기능적인 것이다.

기질적 의사소통장애(organic disorders of communication)는 발화 기제가 신경생리적으로 손상되어 발생하는 것으로 알려져 있다. 예를 들어, 뇌졸중에 걸려서 좌뇌가 손상된 사람은 언어 능력의 일부분 혹은 대부분을 잃어버린다. 실어증(aphasia)이라고 불리는 이 증상이 뇌손상으로 인한 의사소통장애의 직접적인 결과다. 그와 유사하게 출생 시부터 청각장애거나 구개열이었거나 혹은 어린 시절에 뇌에 부상을 입은 아동에게서 의사소통장애가 나타나는 경우가 많다. 이러한 신체적인 손상에 의한 의사소통장애를 기질적(organic) 혹은 신경성(neurogenic) 의사소통장애라고 분류한다.

기능적 의사소통장애(functional disorders of communication)는 뚜렷이 드러나는 기질적 혹은 신경성 원인이 없는 경우다. 이러한 장애는 **특발성**(idiopathic)이라고 분류되며, 원인을 알 수 없다. 이러한 기능적 장애의 원인은 잘못된 학습, 환경, 습관, 감정적 문제 혹은 다른 알려지지 않은 원인에 기인하는 것으로 추정된다. 기능적 장애 분류는 부정적 증거에 근거하며, 기질적 장애가 발견되지 않는 경우에 기능적 또는 특발성이라고 부른다. 특정 비기질적 원인에 대한 단정적인 근거가 없는 때가 많다. 기능적 의사소통장애를 보이는 사람은 육체적으로는 건강하며 신경체계도 정상이고 발화 기제에도 결함이 없다. 그럼에도 불구하고 의사소통장애를 가지고 있다. 예를 들어, 말을 더듬는 대부분의 사람은 심각한 기질적 이상을 보이지 않는다. 이와 유사하게 말소리 산출이나 언어 학습에 문제가 있는 많은 아동은 그러한 문제를 설명할 수 있는 기질적 이상이 없다.

기질적 · 기능적으로 의사소통장애를 분류하는 것이 전적으로 만족스러운 것은 아니다. 이 분류방식은 병인학에 근거한 것이고 대개의 장애에서, 특히 기능적 장애에서는 원인을 결정하기가 힘들다. 대부분의 경우 언어치료전문가들은 말더듬과 조음장애 혹은 언어상의 문제를 일으킨 원인을 단정짓지 못한다. 기질적 문제가 발견되지 않았다고 해서 그러한 문제가 없다는 말은 아니다. 기질적 원인을 알아내는 방법에 문제가 있을 수도 있기 때문이다. 중요한 것은 어떤 것이 어떤 장애의 원인이 아니라고 말하는 것이 그 장애의 원인을 밝히는 것과는 다르다는 것이다. 기능적 의사소통장애를 진단한 다음에도 언어치료전문가들은 여전히 그 원인을 알지 못한다. 기능적 장애가 습관이나 혹은 감정상의 장애에 기인한다는 생각은 너무나 모호해서 유용성이 없다.

특정한 장애의 원인이 항상 밝혀지는 것은 아니지만 언어병리학자들은 모든 의사소통장애에는 원인이 있다고 믿으면서 여러 가지 원인을 제시하고 있다. 그러나 현재까지의 연구들은 다수의 사람에게 해당되는 일반적인 장애의 원인에 대해서는 말할 수 있지만 특정 개인에게 발생하는 특수한 장애에 대해서는 명확히 규명하지 못하고 있다.

발병 시기에 따른 분류는 다시 선천성(congnenital)과 후천성(acquired)으로 나뉜다. **선천성 장애**(congenital disorder)는 출생 당시나 출생 후 얼마 되지 않아서 발견된다. 신생아는 말을 못하기 때문에 다수의 말-언어장애가 출생 당시나 출생 후 얼마 지나지 않은 시점에서는 발견되지 않는다. 그러나 의사소통장애를 유발하거나 혹은 의사소통장애와 관련된 여러 다른 요인들은 발견할 수 있다. 여기에는 출생 당시의 결함, 신체적 기형, 뇌손상, 정신지체 등을 일으키는 유전적 증후군이 포함된다. 구개열은 말-언어장애를 일으키는 또 다른 선천적 요인이다. 마찬가지로 청각장애도 선천적이어서 청각장애의 징후는 신생아 시기에도 발견된다.

정상적인 소통이 가능했던 사람에게서 나타나는 의사소통장애를 **후천적**(acquired) 의사소통장애라고 한다. 일부 아동과 성인은 정상적인 의사소통을 하다가 어떠한 이유 때문에 장애를 겪게 된다. 이미 언급한 바와 같이 정상적으로 말하는 성인이 뇌졸중 때문에 의사소통 능력을 잃을 수 있다. 정상적으로 말을 하던 아동도 5세나 7세가 될 무렵 말을 더듬게 될 수도 있다. 나이 든 사람은 청력을 손실하여 의사소통장애를 보일 수도 있다. 이와 같이 후천적인 의사소통장애를 보이는 사람은 장애 발생 이전에는 정상적인 의사소통이 가능했던 사람이다.

장애를 선천적인 것과 후천적인 것으로 분류하는 이 방법 또한 치료 계획을 세우는 데 충분히 도움이 될 정도로 장애를 상세하게 분류한 것은 아니다. 언어치료전문가들은 단순히 선천적 장애인가 후천적 장애인가가 아니라 환자가 어떤 종류의 장애를 가지고 있는가를 알아야 한다. 선천적 혹은 후천적 의사소통장애는 음성과 유창성뿐만 아니라 말, 언어, 또는 두 가지 모두에 영향을 미친다. 따라서 환자에 대한 치료 계획을 세우기 위해서 언어치료전문가는 장애를 보다 자세하게 진단하고 그 특성을 기술해야 한다. 이는 장애의 원인을 파악하기 위해서다.

이전에 기술한 의사소통의 요소에 따른 분류는 [그림 1-3]과 같다. 음성, 조음, 언어, 유창성, 청각의 다섯 부문 중에 하나 혹은 모든 부문에 장애가 있을 수 있다. 따라서 음성장애, 조음장애, 언어장애, 유창성장애, 청각장애가 있을 수 있으며, 이러한 분류방식은 병인을 밝히는 것이 아니라 증상을 기술하는(descriptive) 것이다. 이를 이용하여 언어치료전문가들은 장애가 나타나는 의사소통의 특정 부문을 살펴 환자가 겪는 문제의 종류를 기술한다.

잠재적인 혹은 실제적인 원인이 알려진 경우에는 언어치료전문가들은 이러한 분류방식을 이용하여 그 원인을 진단할 수도 있다. 그리고 증거가 그것을 뒷받침할 경우, 해당 사례에 대한 가능한 원인을 진단할 수 있다. 이와 같은 의사소통 요소에 근거한 분류가 언어병리학에서 가장 널리 쓰이는 방법이기 때문에 이 책에서는 그 분류를 이용할 것이다.

책의 후속 장에서는 음성, 조음, 언어, 유창성, 청각 장애에 대해 자세하게 기술해 놓았다. 따라서 여기에서는 각 장애에 대한 대표적인 예를 들어 간략하게 그것들의

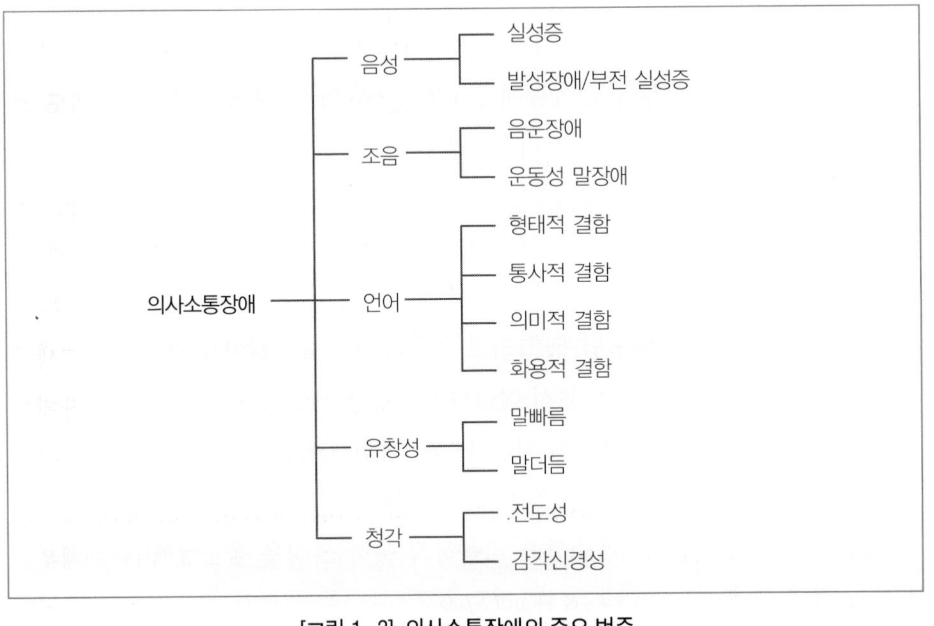

[그림 1-3] 의사소통장애의 주요 범주

다양한 특성을 보여 주도록 하겠다.

음성장애

음성장애와 치료에 대한 내용은 제8장을 참고하라.

의사소통의 기본적인 요소로서 정상적이고 건강한 음성은 사회적으로 용인되는 구두 의사소통에 필수적이다. 질병 때문에 음성 기제가 정상적으로 작동하지 않거나 또는 개개인이 음성 기제를 적절히 사용하지 않을 때 그것을 음성장애라고 한다. 음성장애의 극단적인 경우가 **실성증**(aphonia), 다시 말해 음성의 완전 소실이다. 실성증인 사람은 속삭임으로 의사소통을 한다. 실성증이 기능적일 때도 있는데, 이 경우에는 후두에 구조적 결함이 없으며, 감정적 · 정신적 충격으로 갑작스레 발병할 수 있다. 성대마비로 실성증이 발병하는 경우도 있는데, 이 경우는 기질적인 문제다.

발성장애/부전실성증(dysponia)은 음성장애의 모든 종류를 포함하며 음성의 여러 국면에 영향을 미친다. 예를 들어, 부전실성증이 음도에 영향을 끼쳐 남자가 유별나게 높은 음도로 말을 하는 경우다. 또 음성의 강도에 영향을 주어 너무 약한 소리로 말을 함으로써 사회적인 또는 직업상의 필요를 충족시키지 못하는 경우다. 한편, 부전실성증이 음성의 질에 영향을 끼치기도 한다. 이런 경우의 음성은 목쉰 소리(hoarse)나, 숨 새는 소리(breathy), 또는 거친 소리(harsh voice)로 난다. 음성의 질적인 면에서의 여러 장애는 대개 화자가 과도하게 성대를 사용한 경우에 나타난다. 말을 지나치게 많이 하거나, 소리를 많이 지르거나, 응원을 하거나, 비명을 지르는 행동은 성대결절과 이와 관련된 음성문제를 일으키는 일차적 성대 남용 행동들이다. **성대결절**(vocal nodules)은 주로 아동에게서 발견되는데, 성대에 생기는 조그마한 혹으로 숨 새는 소리 및 목쉰(거친) 소리를 유발한다.

조음장애(음운장애)

대부분의 아동은 모국어를 쉽게, 그리고 특별히 가르치지 않아도 자연스럽게 배운다. 그러나 일부 아동은 그것이 몹시 어려워 좌절감을 느낄 수도 있다. 의사소통장애 가운데 가장 빈번하게 치료 대상이 되는 경우가 학령기 아동의 조음장애다.

조음장애란 모국어의 특정한 음소를 제대로 발음하지 못하는 경우를 말한다. 일련의 패턴 또는 군을 이루는 음소들을 조음하지 못하는 것은 **음운장애**(phonological disorder)라고 한다(Peña-Brooks & Hegde, 2007).

조음장애는 청자에게는 심각한 문제다. 여러 개의 음소를 잘못 발음하는 아동의 말은 청자가 이해하기가 어렵다. 어떤 아동들은 특히 아주 어렸을 때에 잘못된 발음으로도 자유롭게 이야기한다. 그러한 경우에 청자는 그 아동이 무엇을 말하는지를 계속 추측해야 한다. 예를 들어, 'Come back' 대신에 'Tum ba' 라고 하거나 'Give me some gum' 대신에 'Gi me um dum' 이라고 한다면, 당연히 청자는 그러한 아동의 말을 이해하기 어렵다.

조음장애와 치료에 대한 내용은 제5장을 참고하라.

대부분 아동의 말장애 또는 조음장애가 기능적인 것인 반면, 특히 정상적으로 말하던 성인의 장애는 신경상의 문제가 일반적이다. 그러한 장애를 **운동성 말장애**(motor speech disorder)라고 한다. 운동성(motor)이라고 표현한 것은 신경이 손상되어 조음기관이 제대로 움직이지 않는 경우다. 이 경우 발화 시 입술, 혀, 턱 그리고 연구개를 신속하고 정확하게 움직일 수 없다. 운동성 말장애를 가진 사람은 언어에 심각한 문제를 보이지 않을 수도 있다. 즉, 문법적으로 정확한 문장을 구성할 수 있다. 그러나 조음기관을 원하는 대로 움직이기 어렵기 때문에 생각하는 대로 정확히 산출할 수 없다.

성인의 신경성 언어장애에 대한 내용은 제10장을 참고하라.

언어장애

아동기에 언어 습득에 실패하거나 성인기에 언어를 잃는 것은 삶에 전반적으로 영향을 미친다. 아동에게서 발견되는 언어장애는 정상적인 의사소통을 했던 성인에게서 발견되는 언어장애와 여러 면에서 다르다.

아동의 언어장애

아동의 언어 습득상의 어려움을 **언어장애**(language disorder)라고 한다. 가장 극단적인 경우, 아동은 어떠한 구어도 습득하지 못한다. 그렇게 되면 말을 전혀 하지 않는다. 그러나 이처럼 언어 습득에 완전히 실패하는 경우는 매우 드물며, 언어를 습득하는 데 어려움을 느끼는 아동들 대부분은 어느 정도의 언어는 습득하지만 같은 연령의 다른 아동에 비해 습득하는 속도에서 차이가 나타난다. 또한 보다 복잡한 언어 특징을 배우는 시점에서 몇몇 아동은 언어 습득에 별 진전을 보이지 못한다.

어린 아동의 언어 문제는 초기에 발견할 수도 있다. 옹알이나 첫 습득 단어를 말하는 것이 늦거나, 단어들을 연결해서 구를 만들고 문법에 맞게 문장을 만드는 것이 늦을 수 있다. 언어장애를 가진 아동의 언어 문제는 형태, 통사, 의미, 화용적인 면에 바로 나타난다. 이런 아동은 기본적이며 구상적인 단어로만 구성된 간단한 어휘력을 가진 채 여러 의미를 갖고 있는 단어의 한두 가지 의미만 배울 수도 있다. 예를 들어, 'food'는 저녁 식사만을 뜻한다든지 'cat'은 집에서 기르는 고양이만을 뜻한다고 알 수도 있다(Hegde & Maul, 2006).

몇몇 형태의 문장을 배운 다음에도 아동은 다양한 문법적 형태소를 제대로 사용하지 못할 수 있다. 사용하는 문장이 간단하거나 **전보체**(telegraphic)일 수 있는데, 관사나 전치사('in', 'on') 그리고 접속사('and', 'but') 같은 문법적 요소가 전보체에서는 생략된다. 이러한 발화는 가장 중요한 단어인 명사와 동사는 사용하는 반면, 상대적으로 덜 중요한 요소는 생략한다. 예를 들어, 언어장애가 있는 아동이 "Mommy is coming." 대신에 "Mommy come."과 같은 표현을 쓰고 "I am sick." 대신에 "Me sick."과 같은 표현을 쓰는 것을 흔히 들을 수 있다.

아동의 언어 습득과 장애에 대한 내용은 제6장을 참고하라.

언어장애가 있는 아동은 사회적 접촉 상황을 회피하는 경향이 있다. 자신이 이미 잘 알고 있는 언어조차도 사용하지 않는 등 말을 하더라도 습득한 언어를 적절히 사용하지 못한다. 언제, 무엇을, 누구에게 말해야 할지 잘 모른다. 다시 말해서 언어의 사회적 사용법을 배우지 못한다. 대화를 하면서 눈을 계속 피하기도 한다. 또한 갑자기 대화의 주제를 바꾼다거나 으레 남의 말을 가로챈다.

언어장애를 가진 많은 아동은 다른 면에서는 건강하며 정상적이다. 그러나 때때로 언어장애는 정신지체, 청력손실, 뇌손상 또는 정신분열이나 자폐증과 같은 행동장애와 관련이 있다.

어렸을 때 언어장애가 나타난 많은 아동이 학교에 들어가서 학습상에 문제가 있을 것이라고 예측할 수 있다. 모든 학교의 학습이 언어에 기초를 두고 있으므로 언어장애가 있는 아동은 읽기나 쓰기에 어려움을 느낀다. 또한 추상적인 수학적·과학적 개념을 익히는 데에도 어려움을 겪을 수 있다. 학교에서 언어장애가 있는 아동들은 고립감을 느끼기도 한다.

성인의 언어장애

아동기의 언어장애는 성인기까지 지속되기도 한다. 정신지체나 선천적 청각장애를 가진 사람들은 평생 구두언어 문제를 가지고 있다. 그러나 여러 가지 이유로 많은 사람들이 성인이 된 이후에 언어장애를 겪기도 한다. 그들은 언어를 정상적으로 습득해서 거의 평생을 의사소통에 문제가 없던 사람들이다. 그러다가 어떤 계기로 갑자기, 아주 극적으로 언어 기술을 상실한다. 또는 언어 기술이 오랜 기간에 걸쳐 서서히 상실되기도 한다.

성인에게 갑작스럽게 나타나는 언어 문제에는 여러 가지 원인이 있다. 대부분은 뇌손상, 특히 언어기능을 담당하는 뇌의 좌반구의 손상과 관련이 있다. 앞에서도 말했듯이 성인의 언어장애 원인 가운데 가장 흔한 것은 **뇌졸중**(stroke)이다. 뇌졸중은 뇌의 곳곳에 미치는 혈액의 흐름을 막는다. 일단의 뇌세포가 혈액을 공급받지 못하면 산소 부족으로 세포는 죽어 버린다. 다른 원인으로는 뇌에 종양이 생기거나 뇌가 부상을 입는 것이다. 좌반구가 손상되면 언어의 손실, 즉 **실어증**(aphasia)이라고 알려진 언어장애를 겪는다. 그러나 대부분의 실어증 환자가 발화를 전혀 하지 못하는 것은 아니고 개인에 따라 정도의 차이가 있다. 어떤 실어증 환자는 유창하게 얘기할 수 있으나 말의 내용이 전혀 이치에 맞지 않는다. 대부분의 실어증 환자는 말하고, 알아듣고, 쓰는 데 어려움을 느낀다.

성인의 언어 상실은 특히 고령의 성인에게 나타나는 여러 신경질환에 기인한다. 신경체계가 점진적으로 나빠지는 질환을 일반적으로 **치매**(dementia)라고 부르는데, 알츠하이머병은 치매의 한 종류다. 이러한 신경질환의 발생과 진행은 천천히 진행되다가 궁극적으로 환자는 완전히 혼란스러워하고 최근의 사건에 대한 기억을 많이 잃어버린다. 환자는 보통 시간, 장소, 사람에 대해 혼동을 겪는다. 말기능과 언어기능은 급속도로 나빠져서 완전히 의사소통을 못하게 된다.

성인의 신경성 언어장애에 대한 내용은 제10장을 참고하라.

유창성장애

음성, 조음, 언어를 정상적으로 습득한 사람도 유창성장애(fluency disorder) 문제를 겪을 수 있다. 유창성장애를 가진 사람은 말하고자 하는 바를 정확하게 알고 있지만 그것을 유창하게 말하지는 못한다.

유창성장애에는 적어도 두 가지 종류가 있다. 말빠름장애와 말더듬증이다. **말빠름장애**(cluttering)는 말은 빠르나 조음이 제대로 되지 않는 경우로, 생각이 잘 정돈되지 않았을 때 나타난다. 물론 사람들마다 말하는 속도는 다르다. 느리게 혹은 빠르게 말하는 사람이 있지만 어느 정도는 빠른 말도 모두 알아들을 수 있다. 그러나 속도가 비정상적으로 빠를 때는 조음되는 소리의 정확성이 결여된다. 그러면 말이 불명확해지는데, 그것을 말빠름장애라고 한다.

말더듬증은 더 잘 알려져 있고 유창성장애에서 가장 많이 연구되는 것이다. **말더듬증**(stuttering)은 지나치게 말을 많이 더듬거나 혹은 지나치게 긴 시간 비유창성이 나타나는 것으로, 종종 긴장을 하거나 애를 쓰는 등의 태도와 함께 나타난다. 말을 더듬는 증세를 보이는 사람은 단어의 한 부분을 반복하거나("t-t-t-t-time") 단어 전체를 반복하기도 한다("How, how, how are you today?"). 또는 소리를 길게 늘일 수도 있다("ssssssSaturday"). 그리고 'uh', 'um' 등 감탄사를 많이 사용하기도 한다. 말더듬증을 보이는 사람은 말 중간에 긴 공백을 두기도 한다. 단어를 말하려고 애를 쓰고 과도하게 근육을 긴장시키거나 손과 발을 움직이며, 눈살을 찌푸리고 눈을 빠르게 깜빡이고 입술을 오므리는 등 얼굴을 찡그린다.

유창성장애와 치료에 대한 내용은 제7장을 참고하라.

말더듬은 이른 아동기에 시작되며 유전적인 경향이 있다. 여성보다는 남성이 더 영향을 받으며 제대로 치료받지 못하면 더듬거리는 증상이 성인기까지 지속되는 경우가 많다. 전문적인 도움 없이 말더듬을 극복하는 경우도 더러 있다. 심각하게 말을 더듬는 사람은 정서적 문제를 겪을 수 있다. 더듬거리는 사람은 다른 사람과의 사회적 접촉을 회피하고 자신이 발음하기 어려워하는 단어를 꺼리며, 그다지 많은 말을 필요로 하지 않는 직업을 선택하는 등 이런 모든 행동에 대해 불만스러워한다.

청각장애

청각이 말과 언어 행동의 습득에 필수적인 요소임을 앞에서 언급한 바 있다. 청각 손상이 의사소통장애의 원인이 되는 경우는 빈번하다.

청각손상에는 전도성과 감각신경성의 두 가지 유형이 있다. **전도성**(conductive) 난청은 외이 또는 중이에서 내이까지의 소리의 전달에 문제가 생긴 경우다. 아동의 전도성 난청의 원인은 주로 중이가 감기나 알레르기 또는 다른 이유로 감염되어 생기는 **중이염**(otitis media, middle ear infection)이다. 그렇게 되면 소리가 내이까지 효율적으로 전달되지 못한다. 또한 전도성 난청은 중이의 작은 뼈들 위에 자라난 부드러운 골조직 때문에 이 뼈들이 정상적으로 진동을 하지 못하는 이경화증(otosclerosis)이 그 원인이 되기도 한다. 따라서 소리가 내이로 제대로 전달되지 못한다. 전도성 난청은 간혹 외이 또는 고막에 이르는 이도의 선천적 기형 때문에 생기기도 한다. 이도가 완전히 막히거나 통로가 너무 좁아져서 고막을 때리는 소리를 차단하거나 그 양이 급격히 줄어들 수 있다.

감각신경성(sensorineural) 난청으로 인한 청력손실은 내이 또는 소리를 뇌로 전달해 주는 청신경 중 한 가지 혹은 두 가지가 모두 손상된 경우다. 이는 대부분은 선천적이고, 가끔 유전적인 경우도 있다. 원인은 출생 전에 태아의 청각 메커니즘이 치명적인 손상을 입었기 때문이다. 산모의 풍진과 유행성 이하선염 같은 질병이 아동의 청력손실의 원인으로 알려져 있다. 분만이 지연되거나 난산이면 아기가 무산소증(산소 부족, anoxia)을 겪을 수 있는데, 이것이 청각 메커니즘에 손상을 주어 감각신경성 청력손실이 나타날 수 있다.

정상적인 청력으로 의사소통에 지장이 없는 아동들에게도 감각신경성 청력손실이 생길 수 있다. 즉, 유행성 이하선염, 홍역, 수두와 같은 바이러스성 질병이 감각신경성 청각장애를 유발할 수 있다.

성인이나 노인들의 경우 청각의 민감성이 떨어지는 경우가 있는데, 이 역시 감각신경성 난청 때문이다. 이런 유형의 청력손실은 노인성 난청(presbycusis)으로 알려져 있으며, 저주파의 소리보다 고주파의 소리에 더 심한 경향이 있다.

종류와 상관없이 이러한 장애가 의사소통에 영향을 미치는 정도는 손실의 정도에 따라 다르다. 청력손실은 미약한 것에서부터 심각한 수준까지 있다. 아동기에는 비록 정도가 미약하더라도 전도성 난청이 있으면 말과 언어 습득이 지체될 수 있다. 말과 언어 습득이 지나치게 늦어지는 것은 만성적인 전도성 난청과 관련이 있는 것으로 여겨져 왔다. 다행히 중이염과 이경화증은 의학치료나 수술로 완치될 수 있다. 따라서 초기에 치료하면 전도성 난청이 말과 언어 행동의 습득에 지속적인 영향을 주는 것을 막을 수 있다.

청각손실과 그 재활과 관련하여 청각전문가들이 하는 역할에 대한 내용은 제13장과 제14장을 참고하라.

감각신경성 난청으로 인한 청력손실은 전도성 난청보다 훨씬 좋지 않다. 따라서 전도성 난청에 비해 감각신경성 난청은 의사소통에 보다 심각한 문제를 야기하며 선천적 감각신경성 손상은 말과 언어 습득에 지대한 영향을 미친다. 그러한 손상을 가진 아동은 말소리를 배우는 데 어려움을 겪게 되며 조음상의 오류가 많이 발생한다. 또한 말소리를 왜곡 또는 대치하거나 생략한다. 그리고 정상적인 억양과 리듬이 나타나지 않으며 음도가 다소 높으면서, 대부분의 경우 언어 습득이 지연된다. 중도 및 고도 난청 아동들은 구어보다 수신호나 몸짓을 더 쉽게 배운다. 또한 어휘가 한정된 탓에 문장 구조나 문법에 어려움을 겪는 경향이 있다.

청각과 그 장애에 대한 내용은 제13장과 제14장을 참고하라.

심각한 청력손실은 말소리 산출과 지각(남들이 말하는 것 이해하기) 모두에 영향을 미친다. 자신의 말과 언어, 음성을 모니터하기 어렵기 때문에 의사소통이 한정되어 결국 사회적으로 고립된다.

의사소통장애의 발생률

통계치를 접하기 전에는 문제가 얼마나 심각한지 잘 모른다. 미국에서 얼마나 많은 사람들이 의사소통장애를 가지고 있을까? 전체 인구를 대상으로 모든 종류의 의사소통장애를 망라하는 단일 연구가 없는 상태이므로 이 질문에 대해 정확하게 대답할 수는 없다. 따라서 의사소통장애의 발생률에 관한 보고는 잠정적일 수밖에 없다. 그러나 대부분의 전문가들은 일반 사람들이 생각하는 것보다 의사소통장애가 훨씬 널리 퍼져 있다고 믿고 있다.

미국에서 적어도 전체 인구의 17%가 의사소통장애를 가지고 있다고 추정된다. 이것은 보수적인 추정치일 수도 있다. 학령기 아동에게 나타나는 두 번째로 흔한 장애는 의사소통장애다. 특수교육 서비스를 받고 있는 학령기 아동 가운데 42% 이상이 학습장애자로 분류되고, 25% 정도가 말 또는 언어장애자로 분류된다(American Speech-Language-Hearing Association, 2008a, 2008b). 특수교육 서비스를 받기 위한 기준이 다르기 때문에 다소 덜 심각한 의사소통장애를 가진 아동들은 서비스를 받지 못하고 있을 수도 있다. 따라서 서비스를 받고 있는 아동의 수에 근거한 발생률에 대한 자료는 정확하지 않을 수 있다.

의사소통장애는 또 다른 장애가 있는 아동들에게 더 많이 나타난다. 장애아동 중 26% 이상의 아동이 의사소통장애를 가지고 있고(American Speech-Language-Hearing Association, 2008a, 2008b), 장애아동 중 2% 정도가 청각장애를 가지고 있다. 미국의 정신지체를 가진 6백만 명 정도의 아동 대부분이 말 또는 언어 문제를 갖고 있다. 의사소통장애와 관련된 다른 장애로는 자폐, 뇌성마비 그리고 여러 유전성 증후군(예, 다운 증후군)이 있다.

특정한 의사소통장애의 발생률에 대한 추산치를 완전히 신뢰할 수는 없다. 그리고 모든 장애의 수치가 추정치에 다 반영된 것도 아니다. 학령기 아동의 약 3% 정도가 조음장애를 가지고 있고, 4%가 말더듬 증상을 보인다(Bloodstein, 1995; Peña-Brooks & Hegde, 2007). 전체 인구의 1% 정도는 말더듬증을 보인다. 전체 인구의 3~10% 정도가 음성장애를 보이며, 학령기 또는 그 이상의 아동에게서는 그 수치가 더 높을 것이다. 학령기 아동의 6~23%가 한때 거친 음성을 보인다. 12~13%의 아동이 언어장애를 보인다(Hegde & Maul, 2006). 아동이 성장하면서 언어장애 발생률은 감소한다. 조음음운장애 발생률에 대한 추정치는 아직 없지만 공립학교 언어치료전문가가 가장 많이 담당하는 장애다. 한편 노인의 5~10%에서 언어장애가 나타나는데 대부분 신경상의 문제(예, 뇌졸중과 치매)다(American Speech-Language-Hearing Association, 2008a, 2008b). 노인의 수가 증가함에 따라, 노화와 관련된 의사소통장애 발생률은 더 높아질 것이다. 2040년이 되면 미국에는 노인이 6,500만 명이 될 것이다. 따라서 청력손실이나 뇌졸중과 퇴행성 뇌질환(예, 알츠하이머)에 기인한 의사소통장애 같은 문제는 앞으로 수십 년간 상당히 늘어날 전망이다.

전체 인구의 약 11% 정도가 청력손실을 보이며 이들 중 많은 사람이 말, 음성 또는 언어장애를 보인다. 청력손실 발생률은 연령대가 높아질수록 증가하여 고령층에서 가장 높다. 18세 미만의 1~2%만이 청력손실을 보이는 반면, 70세 이상의 노인은 32% 정도가 청력손실을 보인다(American Speech-Language-Hearing Association, 2008a, 2008b).

발생률(prevalence)이란 특정 장애를 가지고 있는 사람의 수(또는 그 백분율)를 말한다. 특정 장애의 발생률은 주로 언어치료기관이나 교육시설에서 치료를 받는 사람들의 수에 근거하는데, 불행히도 언어치료전문가나 청각전문가들로부터 적절한 도움을 받지 못하는 사람들이 많다. 그러한 사람들의 언어장애 발생률의 수치는 추정치를 훨씬 능가한다. 정신질환자들과 감옥에 수감된 사람들의 의사소통장애가 여기에 해당된다. 또 다른 경우는 양로원이나 시설 등에 있는 고령층의 성인들이다. 한 조사에 따르면, 양로원에 있는 노인들의 60% 정도가 의사소통장애를 가지고 있다고 한다(Mueller & Peters, 1981). 그들 중 21% 정도가 음성장애를 가지고 있고, 19%는 조음장애(운동성 말장애를 포함)가, 11%는 실어증이 있으며, 9%는 청력손실을 보인다. 또 70~79세에 이르는 연령층의 70%가 청력손실을 보인다는 조사도 있다(Ventry & Weinstein, 1983).

발생가능률(incidence)이라는 용어는 발생률과 대조적으로, 어떤 특정한 기간에 발병할 가능성이 있는 새로운 사례의 수를 의미한다. 이미 장애를 가지고 있는 사람은 이 계산에서 제외된다.

의사소통장애의 영향

의사소통은 사회적 삶에 필수적인 요소이므로 의사소통의 심각한 장애는 개인에게 지대한 영향을 미친다. 아동의 사회적 · 정서적 · 교육적인 면에 미치는 영향 또한 상당하다. 의사소통과 마찬가지로 의사소통장애 또한 상호작용을 한다. 장애를 가진 화자와 장애가 없는 청자 모두 장애에 영향을 받는다.

의사소통장애 아동

말을 더듬기 시작하거나 발음을 제대로 하지 못하는 아주 어린 아동들은 자신에게 말 문제가 있다는 사실을 알지 못한다. 그러나 얼마 지나지 않아 알게 되는데, 성인이나 아동들이 장애가 있는 아동의 비정상적인 대화에 반응을 보이기 때문이다. 그렇게 되면 아동은 자신의 말하는 방식에 문제가 있다고 깨닫기 시작한다.

그것을 알게 되면서 깊은 좌절, 창피함, 쑥스러움, 사회적 위축, 자기회의, 행동 기피, 수치심 그리고 여러 가지 감정적 반응을 나타낸다. 언어장애가 있는 아동들은 다른 아동들의 놀림거리가 되기 쉽다. 앞에서 노골적으로 놀리지 않더라도 많은 아동들 심지어 성인들도 그들의 부정적 반응을 숨기지 못한다. 다른 사람들이 "재는 말을 제대로 못해."라고 생각하기 때문에 의사소통장애가 있는 아동은 말할 기회를 상실한다. 말을 제대로 못한다는 것이 "전혀 말을 못한다."라고 해석되는 경우가 있기 때문이다.

많은 사람은 의사소통장애를 가진 아동이 정상적으로 말을 하는 아동들보다 능력이 떨어진다고 생각한다. 장애아동들은 낯선 사람이나 이웃, 선생님 또는 다른 사람들의 이러한 암시적 또는 명시적인 생각을 감지하게 된다. 선생님들은 의사소통장애가 있는 아동에게 기대하는 바가 적을 수도 있다. 결국 의사소통장애 아동의 부모도 자신의 장애아동이 정상아동만큼 성취할 수 없을 것이라고 생각하게 되며, 마침내 장애아동 스스로 정상아동보다 능력이 떨어진다고 생각해 버린다.

간혹 사람들의 호의가 아동들의 발전에 그다지 도움이 되지 않을 때도 있다. 예를 들어, 더듬거리는 학생에게 대답할 기회나 발표할 기회를 주지 않는 선생님은 그 아동의 쑥스러움을 잠깐 덜어 줄 뿐이다. 그러나 그 아동은 아마도 소외감을 느낄 것이며 대답이나 발표 등의 과제를 점점 더 두려워하게 될 것이다. 말을 더듬는 아동이 힘들어한다고 해서 발표 도중에 선생님이 갑자기 중단시킨다면 더 심한 정서적인 손상이 야기될 수도 있다.

발음을 제대로 하지 못하거나 언어 능력이 부족한 아동들은 지극히 단순한 욕구를 충족시키는 데조차도 좌절감을 느낄 수 있다. 부모 또한 자신의 장애아동이 무엇을 원하는지 정확하게 알지 못해 좌절하게 될 것이다. 언어장애가 있는 아동은 계속 울고 칭얼거리기도 한다. 그들은 사물을 가리키고 몸짓을 하거나 그들이 원하는 곳으로 부모를 끌고 가기도 한다. 그러나 이러한 시도가 제대로 받아들여지지 않을 때—그런 경우가 자주 있게 되는데—그들에겐 다른 방도가 없다. 언어장애 아동의 부모는 자녀가 원하는 것을 알아차리려고 하는 과정에서 자신과 아동 모두 지친다고 말하며, 그러한 시도가 끝내 무의미할 때도 있다고 한다.

아동이 성장해 감에 따라 제때 완전히 치료되지 않은 의사소통장애는 점점 더 큰 부담이 된다. 언어 문제로 학교교육이 미루어지고, 어떤 경우에는 그러한 지연이 정당화되지도 않는다. 심각한 언어장애는 학교교육을 미루는 데 정당한 이유가 되지만 대부분 조음 문제나 더듬거리는 문제로 교육을 미루기는 어렵다. 이러한 장애를 가진 아동 중 대다수가 정상적인 혹은 그 이상의 지적 능력을 가지고 있다. 그런데도 조음을 제대로 하지 못하거나 더듬거리는 아동은 1학년 때부터 또는 그 이후 학년에서 뒤처지게 된다. 그러한 행동 때문에 받는 부정적인 피드백이 아동의 정서적 반응을 배가시키고 의사소통 문제만으로 다른 사람보다 뒤떨어진다는 생각을 하게 된다.

의사소통장애 성인

의사소통장애를 가지고 있는 아동이 겪는 사회적 문제는 청소년기나 성인기까지 이어진다. 장애를 가진 청년은 추가적인 문제에 직면하게 된다. 그 문제의 대부분은 사회적 · 교육적 · 직업적인 문제에서 발생한다. 성년기에는 이성과의 관계에서도 특별한 문제가 발생한다. 남자의 음성이 고음인 경우 미성숙해 보이며, 개인적으로나 사회적으로 여성들의 호감을 받지 못한다. 혀짧은 소리를 하는 경우도 비슷하다. 말을 더듬는 사람은 의사소통의 실패 경험 때문에 모든 사회적 교류에 쏟는 노력을 완전히 그만둘 수 있다.

의사소통에 문제가 있는 청년들은 교육이나 직업상의 선택에서 딜레마를 겪는다. 직업의 선택이 교육 프로그램의 선택을 좌우하기 때문에 두 가지는 밀접한 관계가 있다. 의사소통에 문제가 있는 사람은 그들이 원하는 직업에 종사할 수 없을 것이라고 생각하게 된다. 예를 들어, 말더듬증이 있는 대학교 3학년 학생은 라디오 아나운서가 되고 싶지만 방송과 매스컴 강의를 듣는 것을 두려워했다. 대신에 그는 철학을 전공하기로 했다. 그가 생각하기에 철학자는 조용히 사고하므로 철학은 자신의 장애에 호의적일 것이라고 본 것이다. 또 다른 젊은 여성 역시 말을 더듬었는데 선생님이 되고 싶어 했다. 그러나 학급에서 아동들에게 말을 하는 자신을 생각조차 할 수 없었다. 경도의 조음 문제가 있는 고등학교 상급생은 외과의사가 되고 싶었지만 자신의 언어 문제가 해결될 때까지 의대에서 자신을 받아 줄지 확신을 할 수 없었다. 또한 가수가 되고 싶어 했던 한 여성은 자주 목이 쉬어서 자신의 선택이 올바른 것인지에 대해 회의를 느끼기도 했다.

의사소통장애를 가진 성인들은 결국 다양한 교육 프로그램에 참여하게 된다. 그 시점에서 이미 완전히 장애를 해결한 사람도 있고, 어느 정도 진전을 보인 사람도 있으며, 여전히 같은 문제를 가지고 있는 사람도 있다. 치료를 받지 않은 사람들 중에도 자신의 처음 결정을 그대로 밀고 나가 모든 난관을 극복하고 성공을 하기도 한다. 또는 자신이 처음 선택했던 영역이든 아니든 대학 교육을 마치기도 한다.

대부분의 경우 장애를 가지고 있으면서도 계속 문제가 될 그런 직업을 선택한다. 한 번은 28세의 여성을 치료한 적이 있다. 이 여성은 말을 더듬었고 한 보험회사의 본사에서 근무했다. 부서에서 하는 일은 보험 관련 고객의 문의 전화를 접수하는 것이었다. 말을 상당히 심각하게 더듬는 그 여성은 화난 소비자들로부터 전국적으로 하루에도 백 통이 넘는 전화를 받았다. 다음은 그녀가 말한 자신의 업무에 대한 이야기다.

> 내가 수신자 부담 전화를 받아야 하는 전날 밤에는 잠을 제대로 잘 수 없어요. 출근하는 날 아침은 배가 아프지요. 내가 만약 첫 전화에서 더듬으면 하루 종일 더듬을 거라는 걸 나는 알지요. 그들은 이미 우리 서비스에 대해 불만을 가지고 있기 때문에 내가 말을 더듬으면 더 도움이 되지 않지요. 그러나 나는 고등학교 졸업장을 받기 전에는 다른 직업을 알아볼 수도 없습니다.

정상적인 의사소통 기술을 가지고 있다가 갑자기 상실하는 성인은 훨씬 더 당혹스러운 경험을 하게 된다. 예를 들어, 뇌졸중 환자가 이 부류에 속한다. 이들은 장차 오랜 세월 생산적인 일을 할 것이라고 계획했을 사람들이다. 하지만 심각한 뇌졸중은 이러한 기대를 하룻밤에 바꾸어 놓는다. 처음의 충격 이후에 환자들은 그들의 꿈이 사라져 버린 것 이상을 깨닫게 된다. 그들은 고통스럽게도 전혀 말을 할 수 없다거나 자신들이 무슨 말을 해도 다른 사람들이 이해하지 못한다는 것을 알게 된다. 이 환자들이 겪는 절망감과 슬픔은 엄청난데, 이 병을 극복한 한 의사의 사례가 그것을 말해 준다.

> 병원 침대에 누워서 나는 어떻게 될 것인가에 대해 생각했어요. 손자들이 나를 보러 왔을 때 그 아이들의 이름이 기억나지 않았어요. 하루는 울고 있는 아내에게 나는 괜찮을 거라고 얘기해 주려고 했어요. "여보, 앞으로 나아질 거요."라고 말하려고 아무리 애를 써도 제대로 할 수가 없었어요. 아내가 나중에 얘기하길, 그때 나는 계

속 우물거리며 알아들을 수 없는 말을 했다고 하더군요. 내가 말을 하려고 하면 더욱 악화될 뿐이었어요. 나의 그런 웅얼거림이 오히려 아내를 더욱 슬프게 한다는 것을 알지 못했어요. 그리고 내가 전혀 말이 안 되는 얘기를 하고 있는 줄도 몰랐죠.

후두암으로 성대를 제거하면 음성을 잃어버리게 된다. 이들은 자신의 음성을 영원히 잃어버린다는 것을 아는 순간 바로 엄청난 심리적 충격을 받는다. 8장에서 살펴보겠지만 그들은 다른 대체적인 의사소통방식을 배우게 된다. 그렇지만 처음에는 남은 인생을 말을 하지 못하고 살아야 한다는 참을 수 없는 고통에 빠져 버린다.

아동에게든 성인에게든 의사소통장애는 의사소통을 통해 다른 사람들에게 다가가는 능력을 급격하게 감퇴시키기 때문에 이들에게 지대한 영향을 미친다. 만지는 것과 보는 것처럼 듣기를 포함한 의사소통은 일종의 접촉이다. 의사소통은 더 멀리 도달할 수 있기 때문에 다른 접촉양식보다 더 강력하다. 이런 이유로 의사소통장애는 사람들에게 심각한 영향을 미치는 것이다.

요 약

- 의사소통은 사회적인 행동이다. 사람들 간의 상호작용을 수반하며 사회적 생존에 필수적이다.
- 언어는 의사소통에 사용되는 부호와 기호의 체계이며, 언어공동체 사회에서 형성되고 유지되는 사회적인 행동이다.
- 의사소통에 관한 연구는 음성, 조음, 언어, 유창성 그리고 청각의 다섯 가지 요소로 이루어진다.
- 언어학자는 언어를 구조에 관하여 분석하며, 그 구조에는 형태적 · 통사적 · 의미적 · 화용적 요소가 있다.
- 행동주의 과학자들은 기능적(구조적과는 반대되는) 단위로 언어를 분석한다. 그 단위에는 맨드, 택트, 메아리, 내적 언어, 오토클리틱이 있다.
- 의사소통장애에는 조음(음운)장애, 음성장애, 유창성장애(예, 말더듬증), 언어장애 그리고 청각장애가 있다. 기능적 의사소통장애는 기질적 요인과는 관련이 없다. 의사소통장애는 선천적이거나 후천적이다.
- 의사소통장애는 아동과 성인 모두에게 흔히 나타난다. 정신지체, 자폐, 뇌졸중, 신경성 질환과 같은 다양한 임상적 요인과 관련이 있다.
- 아동이나 성인의 의사소통장애는 생활의 모든 면에 영향을 미친다.

연구문제

본문을 공부한 후 다음 질문에 답해 보십시오. 잘 모르는 질문이면 본문을 다시 한 번 읽어 보십시오. 여러 분의 답과 본문의 내용을 비교하고 여러분이 전문용어를 사용했는지도 확인하십시오.

1. 의사소통이란 무엇인가? 인간의 의사소통과 동물의 의사소통은 어떻게 다른가?
2. 의사소통과 언어를 구분해 보시오.
3. 의사소통의 네 가지 주요 측면에는 무엇이 있는가?
4. 언어는 어떻게 연구하는가? 언어 연구의 두 가지 주요한 접근방식은 무엇인가?
5. Chomsky의 통사 이론을 간단히 설명하시오. 언어 능력과 언어 수행, 그리고 표면 구조와 심층 구조, 그리고 문법적 변형을 구분하시오.
6. 언어 행동은 무엇이며, 언어의 행동적 분석에서 사용되는 기능적 단위는 무엇인가?
7. 언어의 언어학적 분석과 행동주의적 분석을 비교하시오.
8. 의사소통장애는 어떻게 분류되는가? 각각의 범주를 정의하시오.
9. 운동성 말장애란 무엇인가?
10. 언어장애를 설명하시오. 전보체 말은 무엇인가?
11. 실어증은 무엇이며 원인은 무엇인가?
12. 말더듬증과 말빠름장애를 구분하시오.
13. 전도성 난청과 감각신경성 난청을 구분하시오.
14. 특수교육을 받고 있는 아동의 몇 퍼센트 정도가 말장애 또는 언어장애를 가지고 있는가?
15. 의사소통장애가 아동에게 미치는 영향에 대해서 설명하시오.

참고문헌

American Speech-Language-Hearing Association (2008a). *Incidence and prevalence of communication disorders and hearing loss in children: 2008 edition.* http://www.asha.org. Accessed on July 5, 2008.

American Speech-Language-Hearing Association (2008b). *Incidence and prevalence of speech, voice, and language disorders in adults in the United States: 2008 edition.* http://www.asha.org. Accessed on July 5, 2008.

Austin, J. (1962). *How to do things with words.* Cambridge, MA: Harvard University Press.

Bloodstein, O. (1995). *A handbook on stuttering* (5th ed.). Clifton Park, NY: Cengage Delmar

Learning.

Chomsky, N. (1957). *Syntactic structures.* The Hague, The Netherlands: Mouton.

Chomsky, N. (1965). *Aspects of a theory of syntax.* Cambridge, MA: MIT Press.

Chomsky, N. (1981). *Lectures on government and blinding.* Dordrecht, Holland: Doris.

Gleason, J. B. (2001). *The development of language* (5th ed.). New York: Macmillan.

Halliday, M. A. K. (1975). *Learning how to mean.* London: Edward Arnold.

Hegde, M. N. (2008). Meaning in behavioral analysis. *The Journal of Speech-Language Pathology and Applied Behavior Analysis,* 2.4-3.1, 1-24.

Hegde, M. N., & Maul, C. A. (2006). *Language disorders in children: An evidence-based approach to assessment and treatment.* Boston, NY: Allyn and Bacon.

McLaughlin, S. (2006). *Introduction to language development* (2nd ed.). Clifton Park, NY: Cengage Delmar Learning.

Mueller, P. B., & Peters, B. M. (1981). Needs and services in geriatric speech-language pathology and audiology. *Asha, 23,* 627-632.

Peña-Brooks, A., & Hedge, M. N. (2007). *Assessment and treatment of articulation and phonological disorders in children* (2nd ed.). Austin, TX: PRO-ED.

Searle, J. (1969). *Speech acts: An essay in the philosophy of language.* Cambridge, MA: Harvard University Press.

Skinner, B. F. (1957). *Verbal behavior.* New York: Appleton-Century-Crofts.

Van Riper, C. (1978). *Speech correction: Principles and methods* (6th ed.). Englewood Cliffs, NJ: Prentice Hall.

Ventry, I. M., & Weinstain, B. (1983). Identification of elderly people with hearing loss. *Asha, 25,* 37-42.

02

Introduction to Communicative Disorders

문화와 의사소통: 다양성과 장애

언어와 문화

다문화사회인 미국

다중언어사회인 미국

제1영어 방언

제2영어 방언

미국 원주민의 언어

이중언어 사용

차이와 장애

방언과 언어치료전문가

지양해야 할 오해와 고정관념

말과 언어와 의사소통의 방식 등이 문화의 일부라는 것은 자명한 사실이다. 하지만 의사소통장애(communication disorder)를 개인의 문화적 배경을 고려하여 이해해야 한다는 사실은 그리 자명하지 않을 수도 있다. 만일 어떤 사람의 말이나 언어의 표현방식이 좀 다르다고 해서 의사소통장애가 있다고 판단하는 것은 타당하지 않다는 것이다. 다시 말하면, 차이(difference)와 장애(disorder)는 같은 말이 아니다. 이 장에서는 이러한 구별에 대하여 다루고 있다. 이러한 구별은 인간 사회의 문화적 다양성에서 기인한다. 따라서 이 장은 문화와 의사소통의 관계를 다루고 있기도 하다. 의사소통장애 전문가들은 문화와 의사소통 사이의 복잡한 관계와 문화적 다양성에서 비롯된 언어적 다양성의 영향을 받게 된다. 차이와 장애의 임상적 구분에 대한 예가 〈읽을거리 2-1〉에 제시되어 있다.

읽을거리 2-1 문화적 관행과 의사소통방식

캘리포니아 중부에 위치한 어느 마을 초등학교의 언어치료전문가인 Sandra Davis는 이런 이야기를 한 적이 있다.

마을에는 아시아계 이주민들이 많이 정착해 살고 있습니다. 대부분 라오스(Laos)나 베트남(Vietnam) 출신이지요. 우리 학교에도 아시아 학생이 많습니다. 당면한 큰 문제는 언어 문제죠. 라오스나 베트남 언어를 할 수 있는 교사나 언어치료전문가가 없습니다. 게다가 아동이나 부모는 아예 영어를 못하거나 아주 조금밖에 못하고요. 그래도 교사들은 그 아동들을 가르쳐야 하고, 또한 언어치료전문가들은 언어장애가 있을지도 모르는 아동들을 치료해야 합니다. 영어를 조금밖에 모르는 아동들에게 언어장애가 있는지 어떻게 알죠?

학급 교사들 중에는 자신들 생각에 의사소통장애가 있는 것 같다고 생각되는 아동들의 진단과 치료를 위해 언어치료전문가들에게 의뢰하는 경우가 종종 있어요. 어느 날 어떤 교사가 의사소통장애가 있다며 7세의 라오스 아동을 의뢰한 경우가 있었어요. 교사와 얘기해 보니 다음과 같은 이유로 의뢰를 했더군요.

1. 아동이 영어는 조금 하는데, 말수가 적다.
2. 아동에게 말을 할 때 말하는 상대방을 쳐다보지 않는다.
3. 눈길을 피하며 '예' 아니면 '아니요'로 대답한다.
4. 말을 할 때 문장 구조가 자주 틀린다.

영어와 라오스 언어를 둘 다 할 수 있는 통역인의 도움을 받아 그 아동의 언어 수행 능력을 평가해 봤습니다. 그랬더니 그 아동은 그저 영어가 부족한 것뿐이었어요. 아직 영어를 배우고 있는 상태였던 거죠. 따라서 영어를 할 때 실수가 많았던 것이었고요. 제가 볼 때, 그 아동은 라오스 언어를 유창하고 또 적절하게 구사할 수 있었고, 모국어 구사에 어떤 부족함이 있다는 증거를 찾을 수 없었어요.

아시아계 가족에 대한 선행 연구와 제 연구를 통해서 배운 사실은, 어린 아동들은 선생님의 질문에 대답할 때 말을 많이 하지 않고 또 선생님을 똑바로 쳐다보지 않는 것이 정상적이라는 것이죠. 선생님 혹은 부모님처럼 윗사람들에게 말할 때 간결하게 요점만 대답하도록 배운다는 것입니다.

의뢰한 선생님께 이러한 사실을 알려드리고 의사소통에서의 문화적 차이에 대한 얘기를 했습니다. 그 아동에게 필요한 것은 언어치료가 아니라 영어 공부라고 알려드렸죠. 그 아동은 의사소통장애가 있었던 것이 아니라, 그저 영어 원어민 아동들과 다를 뿐이었죠.

언어와 문화

인간의 구술행위(verbal behavior)인 언어는 인간사회의 한 양상인 동시에 문화적 관행(cultural practice)을 대를 이어 전수하는 메커니즘이기도 하다. 부모들은 (커가면서 선생님들은) 가족이나 사회적 · 정치적 전통 등에 대한 이야기를 하면서—그 사회에서 적절한 행동이나 부적절한 행동이 무엇인지에 대한 설명과 함께—아동들에게 구술적 관행뿐 아니라 문화적 관행을 형성시키는 데 도움을 준다.

문화와 언어는 여러 면에서 연관되어 있다. 대체로 유사한 문화를 공유하는 사람들일지라도 서로 다른 언어를 구사할 수 있는데, 같은 문화적 배경을 가진 한 나라 안에서도 여러 가지 언어가 존재한다. 같은 언어를 구사하는 사람들도 문화적 관행이 일부 다를 수 있다. 또 같은 언어라 할지라도 말하는 사람들의 사회계층, 지리적 위치나 인종적 배경과 같은 요소들로 인해서 언어상의 변화가 생긴다.

언어를 이해하려면, 즉 언어의 용법, 다양성, 언어장애를 이해하려면, 그 언어의 문화적 배경을 폭넓게 이해해야 한다. 어렸을 때 아동들은 가족이라는 구조적 틀 안에서 언어를 습득하게 되는데, 가족은 문화의 기본 단위가 된다. 성장하면서 아동들은 자신들이 습득한 언어를 좀 더 폭넓은 사회적 · 교육적 배경을 통해서 다듬어 간다. 이러한 폭넓은 배경을 통해서 문화는 의사소통에 더욱 큰 영향을 미치게 된다. 가정의 분위기(family background)도 아동이 의사소통방식을 익히는 데 영향을 미친다. 예를 들어, 대부분의 아시아계 미국 가족의 경우에는 아동이 부모나 선생님 같은 성인들과 대화할 때 경청을 많이 하고 말은 적게 하도록 가르친다. 또한 유럽계 미국 가족의 경우와는 달리, 아동들이 없는 데서 성인들끼리의 대화를 하지 않는다. 특히 아시아계 미국 가족 중 대가족의 경우에는 아동들의 언어 발달에 부모보다 형제자매가 더 많은 도움을 주는 경향이 있다. 문화마다 발화 행위(act of talking)에 대한 가치 기준도 다르다. 미국 원주민이나 아시아 문화권에서는 침묵을 가치 있게 여기지만, 유럽과 미국 문화권에서의 침묵은 할 말이 없다고 해석되기도 한다.

언어의 변화(variation)나 일탈(deviation)은 상황에 따라 다르다. 즉, 한 문화에서 허용 가능한 것이 다른 문화에서는 허용되지 않을 수 있다. 〈읽을거리 2-1〉에서 언급하였던 라오스 소년의 이야기는 이러한 문화적 차이를 잘 설명해 준다. 이 같은 이유로 의사소통장애 전문가들은 의사소통 및 그와 관련된 장애를 화자가 속한 문화라는 배경 속에서 연구해 왔던 것이다.

다문화사회인 미국

사회에 따라 문화적 관행이 다른 사회보다 좀 더 동질적인 경우가 있다. 예를 들어, 일본은 영국이나 캐나다, 인도나 미국에 비해서 더 동질적이라고 할 수 있다. 그럼에도 불구하고 전 세계 대부분의 나라는 다문화적(multicultural)이다. 대부분의 사회는 다양한 문화적 관행이 혼재되어 있다. 여러 다른 언어를 사용하는 나라나 혹은 역사적으로 고립된 지역에서는 이러한 다양성(diversity)이 중요하다. 또한 서로 다른 여러 종교, 인종, 민족이 다양성을 나타내는 이유다. 다른 나라에서 이주해 온 사람들이 사는 나라들의 경우 다양성이 큰데, 가장 좋은 예가 바로 미국이다.

미국으로 이주해 오는 여러 민족은 자신들의 문화적 관행을 잃어버리고 미국이라는 '도가니(melting pot)' 속에서 단일한 문화적 집단으로 변화해 간다고 오랫동안 믿어 왔다. 다른 나라로 이주하는 사람들이 여러 면에서 변화한다는 것은 사실이다. 새롭게 정착하는 나라의 사회적 · 경제적 · 정치적 관행 등 많은 것을 배우게 되지만, 그렇다고 이러한 도가니가 단일문화를 만들어 내는 것은 아니다. 비록 집 밖에서 어쩔 수 없이 그 나라의 주류 언어를 사용해야 하는 상황에서도 말이다. 언어적 · 민족적 배경이 다른 사람들도 자신들의 고유한 문화적 관행의 일부는 유지하며, 사람들마다 그 정도 또한 다르다. 따라서 도가니라는 개념이 있긴 하지만, 미국은 여전히 다문화국가다.

지난 수십 년 동안에 미국 인구 분포의 다양성은 빠르게 증가해 왔다. 이러한 변화의 정도도 미국의 주마다 다르다. 이민의 유형이 변화하면서 현재 미국의 인구 분포는 과거와는 상당히 다르며, 앞으로 수십 년 동안 더욱 다양해질 전망이다. 1940년대에는 이민자의 70%가 유럽 출신이었지만, 1990년대에는 그 비율이 단지 15%에 불과했다. 이 시기에 이민자의 37%가 아시아 출신이었으며, 44%는 라틴아메리카와 카리브 해 연안 출신이었다. 미국 인구 분포에서 15% 가까이 히스패닉이나 라틴계이며, 4.4%는 아시아계다. 2000년 인구조사 자료에 의하면 미국 거주민의 11.1%가 외국 태생이었다(U.S. Census Bureau, 2009). 이러한 추세대로라면 미국 내 비백인계 인구는 2050년까지 계속 증가할 것이다. 캘리포니아 주는 그때쯤이면 비백인계 인구가 대다수가 될 것이다. 따라서 이러한 인구통계학적 변화는 이 사람들과 이들의 의사소통방식을 다루는 직업에도 큰 영향을 미칠 듯하다.

캘리포니아, 뉴욕, 텍사스, 일리노이 주는 비백인계 인구 점유율이 높다.

다중언어사회인 미국

대부분의 나라는 다중언어적(multilingual)이다. 실제로 다문화성(multiculturalism)과 다중언어성(multilingualism)은 공존한다. 캐나다, 스위스, 인도와 같은 나라가 둘 혹은 그 이상의 언어를 사용한다는 것은 널리 알려져 있으며, 어느 나라나 그 나라의 언어에는 방언이 존재한다.

사람들은 대개 미국이라는 나라가 영어라는 단일한 언어를 사용하는 **단일언어** 국가(unilingual country)라고 생각한다. 이렇게 믿는 이유는, 미국이 하나의 공식언어(official language)를 사용하고 또한 대부분의 사람이 영어만을 구사하기 때문이다. 이중언어 혹은 다중언어를 사용하는 대부분의 나라는 둘 혹은 그 이상의 공식언어를 사용하며, 정부문서도 모든 공식언어로 작성되기도 한다. 또한 전체 아동에게 제2언어(second language)를 가르칠 수도 있다. 미국에서는 모국어가 영어가 아닌 사람들만 제2언어를 배우며, 학업이나 사회생활을 위한 필수 요건이다. 모국어가 영어인 아동들은 원할 경우에 제2언어를 배울 수 있다. 하지만 이처럼 공식언어가 하나임에도 불구하고 미국은 다중언어적인 사회다.

두 언어를 말하는 사람들을 **이중언어** 사용자(bilingual)라고 하며, 두 언어 이상을 할 줄 아는 사람을 **다중언어** 사용자(multilingual 혹은 polyglot)라고 한다. 미국통계청

(U.S. Census Bureau, 2009)은 2020년까지 미국 내 히스패닉계 인구 비율이 전체 인구의 18%, 그리고 아시아계는 7.1%가 되리라고 예상한다. 이들은 대체로 이중언어나 다중언어를 구사하는 사람들이기 때문에 이러한 인구통계학적 변화로 인해 언어적 다양성은 더욱 증가될 것이다.

서로 다른 여러 문화적 관행이 있는 나라와 사회를 다문화국가 혹은 다문화사회라 하는데, 거의 모든 사회를 다문화사회라고 할 수 있다. 한 조사에 의하면 전 세계 인구의 절반 정도가 이중언어 사용자이고 이들 중 많은 사람이 다중언어 사용자라고 한다(Reich, 1986). 18%의 미국인이 가정에서 영어 외의 언어를 사용한다고 조사되었는데, 이는 4천 2백만 명의 미국인이 이중언어를 구사한다는 것이고, 이들 중 일부는 다중언어를 구사한다고 볼 수 있다. 이 인구 중 거의 반 정도가 영어를 잘 하지 못하며, 전혀 못하기도 한다. 대략 2천만 명 정도의 사람들이 영어가 유창하지 않다는 조사가 있다(U.S. Census Bureau, 2009).

미국 공립학교에서의 언어 소수집단 아동

백인들이 캘리포니아 주의 언어 소수집단이 되면, 대부분의 특징도 변하게 될 것이다.

영어가 유창하지 못한 미국 내 성인과 아동 대부분이 스페인어, 아시아 언어, 혹은 미국 원주민 언어를 사용한다. 미국 인구의 대부분이 영어를 사용하기 때문에, 영어 외의 언어를 사용하는 사람들을 **언어 소수집단**(language minority)이라고 한다. 소수집단이라는 용어는 비교가 되는 다른 집단에 비해 수적으로 적다는 의미지만, 또한 부정적인 의미도 있기 때문에 사용을 자제해야 한다(Battle, 2002). 소수집단이라고 해서 반드시 불리한 처지를 의미하는 것은 아니다. 한 지역에서 수적으로 소수집단인 사람들이 다른 지역에서는 다수집단이 될 수도 있기 때문이다. 역사적으로 보면, 소수집단으로서의 지위가 어느 정도는 민족적 · 정치적 · 경제적 · 사회적 이유로 결정되기도 한다. 예외가 있긴 하지만 대부분의 사회에서 소수집단은 정치적 · 경제적인 힘이 없거나 사회적 지위가 낮은 특징을 보인다.

언어 소수집단에 속하는 공립학교 아동들의 수는 괄목할 만한 증가를 보였다. 1979~2006년 공립학교에 다니는 5~17세의 언어 소수집단 아동의 수가 380만 명에서 1천 80만 명으로 증가한 것이다. 2006년에 이르러서는 언어 소수집단의 아동들이 이 연령대에서 차지하는 비율이 20%나 되었다. 같은 연령대에서 영어를 잘 하지 못하는 아동들의 수가 1979년 3%에서 2000년 6%로 증가를 보인 것이다. 2000년 이후로 이 비율은 계속 유지되고 있다. 가정에서 영어를 사용하지 않는 대부분의 아동

(72%인 780만 명)이 스페인어를 사용하며(National Center for Educational Satistics: NCES, 2008), 영어 구사력이 충분하지 않은 아동들의 대부분은 캘리포니아, 뉴욕, 텍사스 주에 살고 있다.

미국 내 학급 교사들이나 언어치료전문가들은 이러한 아동들에게 충분한 서비스를 할 준비가 제대로 되어 있지 않다. 교사들은 학생들이 알아듣지 못하는 언어로 수업을 진행하는 상황을 맞게 되었다. 미국 내 대부분의 언어치료전문가들은 영어 구사만 가능하기 때문에, 단순히 영어를 못하는 아동들과 영어든 모국어든 의사소통장애를 갖고 있는 아동들을 가려내야 하는 어려운 임무에 대면하게 된 것이다. 이에 맞추어 최근 들어 언어학자와 교육자, 특수교육자, 언어치료전문가와 연방정부, 주 정부 기관들은 이중언어 교육과 임상진료(clinical service)에 관심을 갖게 되었다.

언어와 방언

서로 다른 민족이나 지리적으로 다른 지역에 사는 사람들은 영어를 구사하는 방식에 변화(variation)가 생기는데, 이 또한 중요한 쟁점이 된다. 어떠한 언어도 그 언어를 구사하는 집단의 구성원들이 똑같은 방식으로 말하는 경우는 없다. 언어 사용 방식은 사람마다 또 지역마다 다르다. 이처럼 언어의 변화된 형태를 **방언**(dialect)이라고 하는데, 이는 악센트와는 구분해야 한다. 악센트(accent)란 말소리를 발성할 때의 차이점이나 리듬의 차이에 국한된 개념인데, 본질적으로 음운론적이고 운율적인 현상이라고 할 수 있다(Shriberg & Kent, 2003; Small, 2005). 반면에 방언이란 좀 더 넓은 개념으로 한 집단에 포함된 하위집단의 언어 관행에 나타나는 음운론, 형태론, 의미론, 화용론적인 차이를 말한다. 예를 들어, 한 언어집단의 하위집단들에서, 같은 단어인데도 다른 의미를 지닌 경우나 다른 단어들인데도 같은 의미를 지닌 경우는 방언의 문제이지 악센트의 문제가 아니다. 언어치료전문가들이 방언에 대하여 관심을 가지는 이유는, 정상적인 언어의 변화와 언어장애를 구별해야 하기 때문이다.

우선 모국어가 영어인 사람들의 모국어 영어(native English) 방언을 먼저 이야기하고자 하는데, 여기에는 미국 영어(American English) 방언과 아프리카 미국 영어(African American English: AAE) 방언 같은 외국계 영어 방언이 속한다. 그다음 모국어인 제1언어(primary language)가 달라서 생기는 영어 방언에 대해서 이야기하고, 이어서 미국 원주민의 영어에 대하여 이야기하고자 한다. 이 장의 마지막에서는 이중언어 사용(bilingualism)에 대한 토론과 함께, 방언의 문제인지 의사소통장애인지에 대해 이야기하고자 한다.

제1영어 방언

제1영어 방언이란 영어를 제1언어나 유일한 언어로 사용하는 사람들이 구사하는 영어 방언을 말한다.

영어가 다른 언어보다 국제적인 것은 이미 널리 알려져 있다. 영어는 전 세계적으로 과학이나 상업적인 교류의 수단으로 이용되고 있으며, 많은 국가에서 제1언어, 즉 모국어로서 또한 제2언어로서 사용한다. 따라서 영어에는 많은 방언이 존재하고, 이 중 제1영어 방언도 있고 제2영어 방언, 즉 비모국어(non-native) 영어 방언도 있다. 영어를 제2언어로 사용하는 대부분의 사람이 영어 방언을 구사한다는 것은 이해하기 쉽다. 하지만 영어를 모국어로 사용하는 사람들의 영어에도 영어 방언이 존재한다는 사실은 쉽게 이해되지 않을 수도 있다. 이 책에서는 이렇게 영어 모국어 화자들이 구사하는 영어 방언을 제1영어 방언(primary English dialect)이라고 부르기로 한다.

제2영어 방언이란 제1언어가 영어가 아닌 사람들이 구사하는 영어 방언을 가리킨다.

언어에 방언이 존재한다는 것은 언어에 공통된 규칙이 있어도 그 언어를 말로 구사하는 방법이 동일하지만은 않다는 강력한 증거다. 같은 언어집단의 하위집단이라 해도 각 언어는 조금씩 다르게 구사될 수 있다. 이러한 차이는 동일한 언어가 서로 다른 국가에서 사용될 때에 좀 더 확실하게 나타날 수 있는데, 영어가 좋은 예다. 영국, 미국, 캐나다, 호주, 뉴질랜드 등의 나라에서 영어가 다르다는 것은 주지의 사실이다. 널리 알려진 Oxford Advanced Learner' s Dictionary(2005)에서조차 영어를 복수형으로 표시하는데, 이는 영어의 종류가 많지만 모두 여러 문화적 배경에서 형성된 정당한 언어이기 때문이다. 하지만 서로 다른 형태의 영어를 구사하는 사람들도 서로를 이해할 수는 있다. 비록 서로의 언어에 대한 인내심이 필요하기도 하고 때때로 서로의 언어에 대해 놀라기도 하고 흥미롭기도 하지만 말이다. 더욱 중요한 것은 영어를 사용하는 많은 나라 안에서도 영어는 다르다는 사실이다. 앞에 정의하였듯이, 언어의 이러한 변화를 그 언어의 방언이라고 한다. 다른 모든 영어와 마찬가지로 미국 영어도 몇 가지 방언이 있다. 이 중에 하나로 이상화된 형태의 방언을 표준 미국 영어(Standard American English: SAE)라고 하는데, 이 방언을 구사하는 사람도 있고 출판이나 공영방송, 정부 간 의사소통에 이용하기도 한다. 하지만 이렇게 널리 이용한다 해서 영어를 제대로 구사하는 방식이 미국 영어든 그 외의 방언이든 오직 하나

밖에 없다는 의미는 아니다. 어떤 방언이 다른 방언들보다 뛰어나다고 생각하는 사람들이 있을 수는 있지만, 언어학자나 언어청각학자들은 표준 영어라는 것은 환상(myth)이라고 믿고 있다(Shriberg & Kent, 2003; Small 2005).

방언 간의 차이는 상호 연관된 요소들로 야기되는데, 이 요소에는 지리적 위치, 사회경제적 수준, 발화 상황, 어느 하위집단에 속하느냐와 이중언어 사용, 인종 혹은 민족 등이 포함된다.

지리적 위치가 방언에 미치는 영향

미국 방언들의 차이를 유발하는 주요 요소는 지리적 위치다. 서로 다른 지역에 거주하는 사람들은 언어 사용이나 발화에 변화가 생긴다. 이러한 어체(speaking style)의 변화가 생기는 주요 원인은 유동성이 결여되거나 사회적으로 고립되는 경우다. 미국 영어 방언의 분류는 여러 가지가 있다. 좀 더 세분화되고 자세한 분류일수록 방언의 수가 많고, 개략적인 분류일수록 방언의 수가 적다. 예를 들면, 개략적인 분류에 따른 방언의 수는 네 개에 불과하다(Edwards, 2002).

- 동부 미국 영어(Eastern American English): 동부 해안지방의 주들(뉴잉글랜드 주들과 뉴욕시)에서 사용되는 영어
- 일반 미국 영어(General American English): 중부와 서부 주들에서 사용되는 영어로서 표준 미국 영어라고도 불림
- 남부 미국 영어(Southern American English): 애팔래치아(Appalachian) 지역을 포함한 모든 남부 주들에서 사용되며, 미국 영어 방언 중 가장 널리 알려짐
- 아프리카 미국 영어(African American English): 주로 남부 주들에서 사용되지만 미국 전역에 산재하기도 함

한편 좀 더 세분화된 분류에 따르면 미국 영어의 주요 방언은 열 가지라고 하는데, 다음과 같은 지리적 위치에 근거하고 있다. 즉, 동부 뉴잉글랜드(Eastern New England), 뉴욕시(New York City), 서부 펜실베이니아(Western Pennsylvania), 중부 대서양 연안(Middle Atlantic), 애팔래치아 지역(Appalachian), 미국 남부(Southern United States), 미국 중부의 중앙부(Central Midland), 중북부(North Central), 남서부(Southwest) 그리고 북서부(Northwest)다(Nist, 1996). [그림 2-1]에 해당 지역이 표시되어 있다.

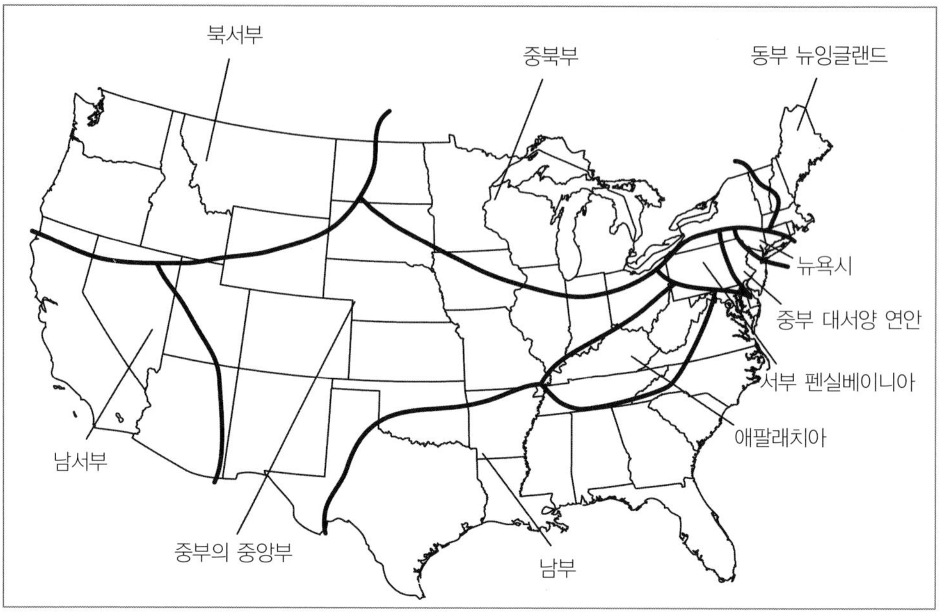

[그림 2-1] 미국 영어의 주요 방언

미국 영어 방언에서 음운론상—구체적으로 말하면 악센트—의 가장 큰 특징은 몇몇 모음의 발화방식의 차이라고 할 수 있고, 자음 발화에서도 약간의 차이가 발견된다(Shriberg & Kent, 2003; Small 2005). 예를 들어, 미국 몇몇 지역에서는 (caught에 있는) 모음 /ɔ/를 fall에 있는 /a/ 비슷하게 발음한다. 결과적으로 'caught' 'kat' 처럼 발음되고 'dawn' 은 (Don)의 /dan/ 같이 발음된다(Small, 2005). 남부 방언에서 (*it*의) 모음 /I/는 (eat의) /i/로 바뀌어 'pin' 은 'peen' 과 비슷하게 발음된다. 동부 방언에서 (map의) 모음 /æ/가 (mop의) /a/로 바뀌어 'half' (/hæf/)가 /haf/로 발음되기도 한다.

/r/ 발화의 변화를 보면 미국 방언에서 자음의 차이도 존재한다는 것을 알 수 있다. 남부 방언 화자들은 특정 환경에서 자음 /r/을 탈락시키기도 한다. 그래서 'car' 의 발음이 /ca:/처럼 되어(: 기호에서 알 수 있듯이) 모음이 약간 길어진다. 그리고 'farmer' 가 /fa:mə/로 발음된다. 동부 방언 화자들도 특정 환경에서 /r/을 탈락시켜, 'here' 를 /hIə/로 발음하는 경향이 있다.

단어 용법의 차이를 보면 미국의 지역 방언을 구별하기 쉽다. 예를 들면, 미국 동부에서 사용되는 'soda' 라는 단어는 중서부에서는 'pop' 으로, 일부 남부 주에서는 'coke' 로 사용되는데, 또 다른 지역에서는 'tonic' 이라는 단어로 사용되기도 한다.

'skillet'는 지역에 따라 'frying pan'으로 쓰이기도 한다. 마찬가지로 방언들 사이에는 통사론적 차이도 있다. 예를 들면, "Are you coming over?"라는 문장에서 대명사 'you'는 일부 미국 영어 방언에서는 'youse'나 'you all'로 바뀔 수 있다(Shriberg & Kent, 2003).

미국 영어 방언 간의 차이는 동부에서 서부로 갈수록 줄어든다. 중부나 서부 대부분의 주에서 사용하는 방언들은 아프리카 미국 영어(AAE)를 포함한 동부 연안과 남부 지역의 방언들보다는 서로 유사하다고 할 수 있다(Tiffany & Carrell, 1977). 그래서 중부와 서부에 있는 주에서 사용하는 방언을 종종 일반 미국 영어(General American English)라고도 하며, 라디오나 전국 텔레비전 방송에서 가장 자주 접하게 되는 방언이다.

사회경제적 수준이 방언에 미치는 영향

미국에서 사회경제적 수준에 기초한 방언의 차이는 영국이나 다른 나라들보다 적기는 하지만 차이점은 있다. 바람직한 일은 아니지만, 개인이 사용하는 방언을 바탕으로 그 사람의 사회·문화적 배경에 대하여 (주로 부정적인) 판단을 하기도 한다.

사회경제적 요소에는 가족이나 집단의 사회적 계층, 교육, 직업 그리고 소득 수준이 있다. 사회계층이 다르면 지역적으로도 나누어지곤 한다. 즉, 부유한 사람들과 가난한 사람들은 거주하는 도시나 지역이 서로 다른 경향이 있다. 이러한 요소는 인종이나 민족과 연관성이 있다. 역사적으로 낮은 사회경제적 지위를 지녀 온 특정 인종들의 경우 도시나 지역의 열악한 곳에 거주해 오고 있다.

뚜렷한 사회경제적 계층이 존재하는 사회에서는 계층에 따라 방언적 차이도 심하다. 노동자 계층과 상류 계층의 방언은 미국에서보다 영국에서 그 차이가 더 크다. 어떤 사회에서는 사회경제적 지위가 낮은 계층의 사람이 높은 계층의 사람들이 사용하는 방언을 대체로 사용하지 않거나 아예 금지되어 있는 경우도 있다. 하인이 주인의 방언을 쓰면 안 된다는 것이다(Edwards, 1976).

방언에 대한 사회경제적 계층에 근거한 개방적이면서도 저급한 견해는, 사회경제적 지위가 낮은 사람을 교육하는 데 중요한 것은 상류층의 방언을 습득하는 것이라는 견해다. 실제로 George Bernard Shaw의 희곡 〈Pygmalion〉과 이를 기초로 만들어지고 유명해진 뮤지컬인 〈My Fair Lady〉 (Lerner & Loewe, 1956)를 보면, 교육도 잘 받고 경제적으로도 풍요한 사람들의 방언이 그 사회의 표준이라는 것이 분명하게 나온다.

거리에서 꽃을 파는 가난하고 배우지 못한 Eliza Doolittle이라는 소녀를 만나자, 해박한 음성학 교수인 Henry Higgins는 그녀가 구사하는 방언에 대하여 다음과 같은 편견을 내비친다(Lerner & Loewe, 1956, p. 109).

> Look at her - a pris' ner of the gutters,
> 비천한 죄수인 그녀를 보라,
> Condemned by ev' ry syllable she utters.
> 내뱉는 한마디 한마디마다 죄를 짓는구나.
> By right she should be taken out and hung,
> 끌고 나가 교수형을 시키는 게 마땅하다.
> For the cold - blooded murder of the English tongue!
> 저 영어의 냉혈 살인자는.

발화 상황이 방언에 미치는 영향

언어의 형태는 발화 상황에 따라 변할 수 있다. 어떠한 방언이든 간에, 발화 상황마다 똑같은 방식으로 말하는 화자는 없다. 이러한 변화는 엄밀히 말해 방언이라 할 수 없지만, 방언과 마찬가지로 언어 사용의 다양성에 기여하게 된다.

발화 상황(speaking situation)이란 일반적인 용어로서 청자와 화제, 화자와 청자 사이의 관계와 다른 요소들을 포함한다. 발화 상황에 따라 변화하는 언어 사용을 **위상어**(register)라고 한다. 어떤 언어(그리고 특정 방언)를 구사하는 화자는 대체로 몇 가지의 위상어를 습득하게 된다. 제6장 '언어 습득과 아동기 언어장애'에서 볼 수 있듯이, 이 중 하나의 위상어를 **엄마말**(motherese)이라고 하는데, 이는 엄마들이 어린아이들에게 구사하는 위상어를 말한다. 엄마들은 어린아이들에게 말할 때 언어를 주로 단순화하고, 높은 어조로 말하면서 어조의 변화도 크게 하고, 반복하여 말하면서 말도 부드럽게 한다.

엄마말에 대한 자세한 내용은 제6장을 참고하라.

상황과 관련된 언어 변화의 다른 예는 형식적(formal) 위상어와 일상적(informal) 위상어가 있다. 화자들은 특정 상황에서 이야기할 때는 형식을 갖추고 좀 더 공손하게, 그리고 좀 더 조리 있게 언어를 구사한다. 일요일 아침 교회에서 만난 두 사람 사이의 대화와 이들이 오후에 맥주를 마시며 축구를 보면서 하는 대화를 비교하면 눈에 띄게 다를 것이다. 또 화자들은 상황에 따라 조금 덜 형식적이고 좀 더 친근하게, 그리고 조금 덜 조리 있게 이야기하기도 한다. 구직 면접 상황에서 구사하는 여성의 언어는 집에서 남편에게 구사하는 언어와는 많이 다를 것이고, 아동들이 선생님에게 하는 말은 친구들 사이에서 하는 말과는 다를 것이다.

하위집단 소속이 방언에 미치는 영향

어느 하위집단에 속하느냐도 언어 변화의 기초가 된다. 언어 변화를 야기하는 중요한 하위집단 소속 변수는 바로 화자의 연령과 성별이다.

뒷받침할 만한 연구가 많지는 않지만, 연령 집단에 따라 언어 사용이 변화한다고 알려져 있다. 노인들의 언어는 젊은이들이나 청소년, 아동의 언어와는 다를 것이다. 청자들은 녹음된 음성언어 표본을 들어보고 화자의 나이를 분간할 수 있다. 대부분의 십대 청소년은 65세의 노인처럼 말하지 않는다. 사용하는 어휘나 문법, 음성 특징(vocal characteristics)이 연령 집단별로 다르게 나타난다.

또래집단(peer-group) 소속도 화자의 언어 변화에 영향을 미치는 요소인데, 십대 화자들에게 두드러진 경향이 있다. 이 요소는 연령과 밀접하게 연관되어 있지만, 독특한 십대들의 방언을 형성하는 데 또래 압력(peer pressure)이 별도의 역할을 하는 것으로 보인다. 결속력이 강한 청소년집단은 **십대방언**(teenlect)이라 불릴 정도의 특징적 방언을 지니고 있다. 부모들은 이러한 방언을 이해하지 못하기도 한다. 십대들은 활발히 신조어를 만들어 내고, 또 기존 어휘의 의미를 변화시킨다. 그 결과 십대들이 무슨 말을 하는지 부모가 알아내려고 노력해도 도무지 알 수 없는 경우가 많다. 십대방언은 항상 있지만, 모두 오래 지속되는 것은 아니다. 그러한 방언들은 패션의 유행과 같아서 새로운 종류의 십대방언이 이전의 방언을 계속해서 대체하게 된다.

갱(gang)들의 언어도 하위집단 소속에 근거한 방언의 예로 볼 수 있다.

화자의 성별이 언어 변화에 미치는 영향에 대해서는 많은 연구가 시행되었으며, 언어 사용에 남녀가 체계적으로 다르다는 점에 대해서는 어느 정도 증명이 되었다. 어떤 학자는 **성별방언**(genderlect)이라는 용어를 제안하여 화자의 성별이 미치는 특징적 유형을 묘사하기도 했다(Kramer, 1974). 제8장에서 다루겠지만 여성의 음성이 남성의 음성보다 음이 높다. 이는 주로 남성의 후두 구조가 여성보다 크기 때문이다. 하지만 사회적 성역할(gender role)이 이러한 어조 변화에 어느 정도 영향을 미친다는 것을 완전히 배제할 수는 없을 것이다. 여성은 이야기할 때 어조 변화의 범위가 더 크다. 이러한 변화는 종종 감정적 경험에서 미묘한 차이를 표현하기도 하는데, 남성들은 이러한 것을 잘 표현하지 않는다(Wardhaugh, 1976).

의사소통을 할 때 성별에 따른 차이점은 단어의 선택, 문장 구조 그리고 화용론적 특성에서 찾아볼 수 있다(Lakoff, 1975). 남성은 여성보다 의사소통에 좀 더 직접적인 경향이 있다. 남성은 여성보다 좀 더 말을 가로막고, 좀 더 단정적이고, (때로 위협적으로 보이려고) 눈을 똑바로 바라보고, 주도권을 잡겠다는 몸짓을 하는 경향이 있다. 여성은 남성보다 비언어적 단서에 더 민감하다. 여성이 대화 상대자나 감정에 집중한다면 남성은 대화 주제나 쟁점에 집중한다. 이러한 성별에 따른 차이점은 여성들이 자주 사용하는 단어나 어구를 보면 가장 두드러지게 나타난다. 〈읽을거리 2-2〉에 보면 그 예가 제시되어 있다.

의사소통에서 성별에 따른 차이는 어렸을 때부터 나타난다. 어린 소년 소녀들의 언어 사용에 이미 차이점이 보인다는 것이다. 예를 들어, 놀이 상황에서 엄마 역할을 하는 아동은 좀 더 공손한 표현("Aren' t you tired, honey?")을 구사하는 반면, 같은

읽을거리 2-2 여성이 남성보다 더 자주 애용하는 단어나 어구

여성은 남성보다 다음과 같은 것을 더 사용하는 경향이 있다.

- 공손하고 완곡한 표현(Oh, dear! My goodness!)
- 강조어로 불리는 단어들(so, quite, vastly, such)
- 일부 형용사(adorable, lovely, cute)
- 공손한 말
- 다양하고 일상적이지 않은 색채 용어(magenta, charteuse)
- 문장의 특정 단어를 강조하는 장치-소위 발화에 있어서의 이탤릭체
- 끼워 넣는 말(kinda, sorta)
- 부가의문문(isn' t it, don' t you think?)
- 축약되지 않는 온전한 형태의 단어(fightin 대신에 fighting)
- 농담 수가 적음
- 문장 구조를 제대로 갖춘 문장(Lakoff, 1975)

이러한 차이점들은 성별 차이에 대한 고정관념일 수도 있고, 또한 지난 수십 년 동안의 차이가 변화된 남성, 여성의 역할에 따라 점차 줄어들고 있을 수도 있다. 하지만 성별에 따른 차이와 고정관념의 일부는 실제로 존재하는 것으로 보인다(Warren & McCloskey, 1993).

아동이 아빠 역할을 하는 경우에는 좀 더 직접적이고 권위적인 표현("Go to bed now.")을 구사한다. 부모와 선생님도 남자아이와 여자아이에게 말할 때 각각 다르게 말했다(McLaughlin, 2006). 여자아이들에게 말할 때는 좀 더 상냥한 표현("Will you please…….")을 사용하는 데 반해, 남자아이들에게는 좀 더 직접적인 표현("Pick it up.")을 사용한다는 것이다. 이러한 차이들은 남성과 여성의 사회적 역할에 대한 전통적인 인식과 어우러져 언어 사용에서의 성별에 따른 차이를 만들어 내는 것으로 볼 수도 있다. 또한 남성과 여성의 사회적 역할이 변화되면 발화상의 차이도 줄어들 것으로 예상할 수 있다.

아프리카 미국 영어

미국 영어의 변화된 형태 중 하나로서 그동안 많은 과학적 · 정치적 · 법적 관심을 받아 온 영어가 바로 **아프리카 미국 영어**(African American English: AAE)다(van Keulen, Weddington, & DeBose, 1998). **흑인 영어**(Black English: BE), **흑인 영어 방언**(Black English Vernacular), **흑인 방언**(Black Dialect) 그리고 **에보닉스**(Ebonics)로 알려져 있기도 하며, 대다수의 미국 영어 화자들이 사용하는 **표준 미국 영어**(Standard American English: SAE)와 비교되곤 한다. 현재 AAE는 모국어 영어 방언이다. 이 방언이 스페인어나 중국어 같은 다른 언어의 영향으로 나타난 것이 아니기 때문인데, 이 방언은 다중언어적인 환경에서 유래한 것일 수도 있다. 즉, 미국으로 옮겨 온 초기 아프리카인들이 구사하던 아프리카 모국어가 이 새로운 영어 방언 발달에 영향을 준 것일 수도 있기 때문이다. 어쨌든 이 방언은 이제는 많은 아프리카계 아동들에게 모국어 영어 방언으로 전수되고 있다.

AAE는 아프리카계 미국인들이 주로 사용하지만, 다른 인종들도 이 방언의 일부를 사용한다. 남부 쪽의 사회경제적 지위가 낮은 농촌 백인들의 다수가 AAE의 몇몇 표현들을 사용하기도 하고, 사회경제적 지위가 높은 지식인 중에도 사용하는 사람이 있다. 보고에 의하면 Eisenhower 대통령도 "How long you been out?"라는 전형적인 흑인 영어 표현을 구사했다고 한다(Williamson, 1972). 더불어 한 가지 주목할 사항은 모든 아프리카계 미국인들이 AAE를 사용하는 것은 아니라는 것이다. AAE를 구사하는 사람들 다수가 동시에 SAE도 습득한 상태다. 이 말은 이러한 화자들이 발화 상황에 따라 부호 변환(code-switch)을 한다는 것이다. AAE를 사용하는 회사에서는 그 방언을 쓰고, 그렇지 않은 곳에서는 SAE를 쓸 수도 있다는 말이다.

아프리카계 미국 문학을 보면 아프리카 미국 영어와 그 문화에 대한 정보를 많이 알 수 있다. 특히, James Baldwin, Maya Angelou, Zora Neale Hurston과 Toni Morrison의 작품을 참고하라.

과거에는 학술적으로나 일반적으로 AAE는 SAE의 퇴보한 형태라는 견해가 지배적이었다. 그러나 AAE를 학문적으로 연구해 본 결과 타당하지 않은 견해라고 밝혀졌다. SAE에서의 경우와 마찬가지로 AAE로부터도 구조와 용법에서 규칙을 찾아낼 수 있다. 예를 들면, AAE에서는 "I have not seen no one."과 같은 이중부정을 사용한다. 이는 실수가 아니라 다음과 같은 AAE 규칙에 비추어 볼 때 예측 가능한 용법이다. 즉, "(someone이나 something 같은) 부정형은 동사와 함께 부정될 수 있다. …… 이것은 (청자도 알고 있는 상황이라면) 분명히 규칙이며 러시아어의 경우와 꽤 유사하다."(Warren & McCloskey, 1993, p. 222). 마찬가지로 AAE 표현인 "He be working."이나 "He working."도 규칙에 따라 정당화된다. 조동사 be는 영속적이고 계속적인 상태를 표현하기 위해 쓰이고, 이것이 생략될 경우 그 상태가 일시적이라는 것을 나타낸다. 예를 들면, 어떤 사람이 계속해서 그 일을 하고 있다면 AAE 표현으로 "He be working."이라 하고, 취업하지 않고 일시적으로 일을 하고 있다면 "He working."이란 표현을 쓴다. 이러한 구분은 논리적이면서 복잡한데 SAE에는 존재하지 않는 것이다(Warren & McCloskey, 1993).

본질적으로 AAE 용법상의 변화는 우연한 실수가 아니라 체계와 형태가 있는 용법이라는 것이다. 남부 방언이나 동부 방언 혹은 그 외의 방언을 지적·생물학적인 이유로 생겨난 것이라고 생각하지 않듯이, AAE도 마찬가지다. AAE는 역사적·사회적·문화적 영향력의 산물인 것이다. 모든 언어와 방언은 바로 그러한 경우이며, 그 점은 SAE도 같다(Dillard, 1972; Taylor, 1983, 1986).

반드시 기억해야 할 점은 AAE와 SAE가 완전히 다르지는 않다는 점이다. AAE와 SAE는 음운론, 형태론, 통사론, 화용론적 규칙 대부분이 같다. 자연히 AAE와 SAE가 어떻게 다른지(혹은 뉴욕 방언이 남부 방언과 어떻게 다른지)는 실용적인 이유에서뿐 아니라 학술적으로도 관심의 대상이다. AAE의 특성은 영어의 모든 측면에서 발견되지만, 음운론적·문법적인 차이가 두드러진다. AAE의 몇몇 주요 특징은 〈읽을거리 2-3〉에 요약되어 있다.

AAE에 대한 설명은 많은 문헌에 잘 나와 있다(Dillard, 1972; Kamhi, Pollack, & Harris, 1996; Peña-Brooks & Hedge, 2007; Roseberry-McKibbin, 2002; van Keulen, Weddington, & DeBose, 1998). 아프리카계 미국 아동들의 의사소통장애를 진단·치료하기 위해서 언어치료전문가는 AAE의 독특한 특징과 아프리카계 미국인의 문화를 잘 알고 있어야 한다.

읽을거리 2-3 아프리카 미국 영어의 음운론적 · 문법적 주요 특징

[음소 생략]

- /d/의 생략, 예) don' t: "I' on' t know."
- /w/의 생략, 예) was: "He' as, too!"
- /l/의 생략, 예) always: "a' ways"
- 자음군에서의 생략어말 /t/의 생략, 예) test: "tes"
  /k/의 생략, 예) desk: "des"

[음소 대치]

- /θ/를 /f/로 대용, 예) nothing : "nofin"
- /ð/를 /d/로 대용, 예) that : "dat"
- /ŋ/를 /n/으로 대용, 예) walking : "walkin"
- /θ/를 /v/로 대용, 예) smooth : "smoov"

[문법 요소 생략]

- 수량사가 쓰이면 복수형 s 생략: "Give me ten dollar."
- 불규칙 과거동사 사용하지 않음: "He come yesterday."
- 규칙 과거동사 굴절접사 ed 생략: "I pack up already!"
- 어순이 소유를 암시하면 소유격 굴절접사 s 생략: "Bring baby bottle."
- be 동사 활용형 (is 혹은 are 등) 생략: "She a nice lady!" 혹은 "They going to a movie."

[문법적 대치와 다른 특징]

- 복수형 대신 현재 단수형 사용: "You is a smart man!"
- 복수형 대신 과거형 was 사용: "You was helping me!"
- 명사 뒤 대명사 사용: "Uncle, he hungry."
- 미래시제를 나타내기 위해 gonna 사용: (He is going to go 대신에) "He gonna go."
- 미래시제(will+be)의 will 생략: (She will be home later 대신에) "She be home later."
- 이중부정의 사용과 ain' t를 haven' t, hasn' t, am not, isn' t, don' t, didn' t를 대신 사용: (I don' t have any 대신에) "I ain' t got none."
- 조동사의 이중사용: (I might be able to do it 대신에) "I might could do it."
- does 대신 do의 사용: "She do funny things."

여러 문헌에서 수집한 자료이며, 다음 문헌도 포함된다. *Multicultural Students with Special Needs* (2nd ed.), Celeste Roseberry-McKibbin Oceanside, CA: Academic Communication Associates. Copyright 2002 by Academic Communication Associates.

전 세계의 제1 영어 방언

제1영어 방언 혹은 모국어 영어 방언의 다양성을 제대로 알아보기 위해서는 언어로 하는 세계일주 여행을 해야 할 것이다. 이 여행을 하고 나면 영어를 구사하는 방식이 한 가지로 정해져 있다는 오해를 완전히 떨쳐버릴 수 있을 것인데, 이는 영어밖에 할 줄 모르는 화자들에게도 마찬가지다. 역사적으로 보면, 모국어 영어 방언은 영국에서 유래되었다. 영국 이주민들이 미국, 캐나다, 호주, 남아프리카, 뉴질랜드로 퍼져 가면서 새로운 모국어 영어 방언이 나타나게 되었다.

『The story of English』(McCrum, Cran, & MacNeil, 1992)를 읽어 보면 영어가 전 세계에 어떻게 퍼지고 뿌리내리게 되었는지에 관한 재미있는 역사를 제대로 살펴볼 수 있다.

원조 영국 영어 방언 이외의 영어 방언은 어느 것이든지 한때 비웃음의 대상이 되었다는 것은 역사적으로 재미있는 사실이다. 1776년의 미국 영어 방언은 영국 영어와 매우 유사했다. 하지만 유럽의 여러 지역 출신 사람들이 미국에 도착하여 다른 인종(미국 원주민들, 후에는 아프리카계 미국인들)과 밀접한 접촉을 하자 새로운 영어 방언이 북아메리카에 나타나기 시작했다(McCrum, Cran, & MacNeil, 1992). 결국, 미국 영어는 다문화적이고 다인종적인 이민자 사회에 그 뿌리를 두고 있는 것이다. 믿을 만한 문헌에 의하면, 현재의 의미로 사용되고 있는 '이민자' 라는 단어는 1789년 미국에서 생겼다(McCrum et al., 1992). 20세기 후반에 전 세계로부터의 이민이 증가함에 따라 미국 영어라는 뿌리는 많은 새로운 가지를 얻게 되었다. 하지만 이렇게 새로운 가지가 증가하는 것은 새삼스러운 일은 아니었다. 새로운 나라를 형성하기 위한 역사적인 흐름의 연속이었을 뿐이다.

미국 영어가 이러한 변화를 겪으면서, 영국인뿐 아니라 심지어 많은 미국인도 미국 영어가 영국 영어에 비해 열등하다고 생각했다. 마찬가지로 영국 영어가 캐나다, 호주, 뉴질랜드, 남아프리카 영어보다 우수하다는 생각도 오랫동안 존재해 왔다(McCrum et al., 1992). 하지만 이 모든 모국어 영어 방언은 자신만의 독특한 특징이 있다. 가장 두드러진 특징은 음운론적인 차이 혹은 악센트지만 각각의 영어 방언이 갖고 있는 단어, 구, 속어 등 다른 표현들도 이것 못지않게 중요하다.

일반 미국 영어(General American English)가 있듯이 **일반 캐나다 영어**(General Canadian English) 방언도 존재한다. 퀘백(Quebec) 서부 지역에 널리 퍼져 있는 이 방언은 도시 중산층의 말을 기초로 하면서 농촌 지역에 많은 변이형이 존재하는데, 표준 캐나다 영어와는 확실하게 구별된다. 도시 중산층의 캐나다 영어는 지역별로 상당히 변화가 적은 편이다(McCrum et al., 1992). 온타리오(Ontario), 매니토바(Manitoba), 앨버타(Alberta)와 같이 지역적으로 다양한 위치에서 사용되는 방언들의 차이는 거의 없다.

일반 캐나다 영어의 발달은 주로 미국 독립을 반대한 영국 보수당원들(British loyalist)의 영향을 받았는데(미국인들은 Tories, 즉 토리당원이라 불렀다), 이들은 미국 독립전쟁 후 미국을 떠나 지금의 캐나다 온타리오 지역으로 도주했다(McCrum et al., 1992). 하지만 캐나다 영어는 캐나다 프랑스어의 막대한 영향과 미국 원주민 언어의 영향도 일부 받은 산물이라고 할 수 있다. 그리고 미국 영어와 비교해 보면, 캐나다 영어는 영국 영어의 어휘가 여전히 많다(예를 들면, faucet, suspenders, oatmeal 대신에 각각 tap, braces, porridge를 쓴다). 그러나 영국인들 일부는 캐나다 영어가 안타깝게도 미국화되어 있다고 생각한다(McCrum et al., 1992). 한 가지 재미있는 사실은 캐나다 영어에는 단어 철자나 발음에 미국 영어와 영국 영어의 특징이 모두 존재한다는 것이다. 캐나다 영어의 'colour' 는 영국식인데, 'center' 는 (영국식은 'centre' 인데) 미국식이다(McCrum et al., 1992). 또한 'progress' 나 'new' 는 영국식으로 발음하는데, 'schedule' 이나 'tomato' 는 미국식으로 발음한다. 캐나다 영어 모음 발음의 두드러진 특징은 이중모음 'ou' 의 발음이 'oa' 처럼 바뀐다는 것이다(예를 들면, 단어 'out' 이 'oat' 처럼 발음된다).

1700년대 후반에서 1800년대 중반에 걸쳐 대영제국이 호주, 뉴질랜드, 인도, 남아프리카, 싱가포르, 홍콩 등으로 팽창함에 따라 이들 지역에서 새로운 형태의 영어가 탄생했다. 이주민들의 언어적 배경을 포함한 여러 요소들과 현지 원주민들이 갖고 있던 언어들의 영향으로, 현재 이들 나라에서 사용하는 영어 방언들이 형성되었다. 인도, 싱가포르, 홍콩의 영어 방언은 현지 언어의 영향을 상당히 많이 받았다. 반면에 호주, 뉴질랜드, 남아프리카의 영어 방언은 유사점이 많은데, 이는 그곳으로 이주해 간 영국인, 스코틀랜드인, 아일랜드인들이 비슷한 배경과 세대의 사람들이었기 때문이다(McCrum et al., 1992).

호주 영어(Australian English)의 원조는 영국 남부와 동부 지방에서 사용하는 영국 영어였다. 초기에 호주에 정착한 사람들은 영국에서 추방된 죄수들이었다. 이들 중 일부는 스코틀랜드나 아일랜드 출신이었지만, 대부분은 영국 남부와 동부 출신이었다. 이들 죄수들의 언어는 은어(flash language)라고도 불리며, 호주 원주민들의 영어 방언에 이 언어의 특징이 남아 있기도 하다. 초기에는 유럽인들과 호주 원주민들의 접촉으로 영어가 원주민 언어와 섞이는 일종의 혼합어(pidgin)가 형성되었다. 심지어 오늘날에도 호주 영어는 식물, 조류, 동물, 지명 이름 등 호주 원주민 언어에서 많은 단어를 차용하고 있다.

호주 영어가 진화하자 미국의 영향도 서서히 스며들었다. 19세기 중반, 호주에 금광 유행이 불어닥치자 캘리포니아 사람들이 호주로 들어왔고 그와 함께 미국 어투(linguistic Americanism)도 유입되었다. 그래서 현재의 호주 영어는 캐나다 영어와 마찬가지로 영국 영어와 미국 영어의 단어와 어구가 한데 섞여 있다. 예를 들면, 호주 사람들은 건물의 위아래층으로 이동할 때 타는 엘리베이터를 'elevator' 나 'lift' 라고 하고, 수도꼭지는 'faucet' 이 아니라 'tap' , 승용차에 넣는 휘발류는 'gas' 가 아니라 'petrol' , 고속도로는 'motorway' 가 아니라 'freeway' 라고 한다.

광활하고 다양한 호주에는 방언이 있긴 하지만, 호주 영어는 영국이나 미국에서 사용하는 영어보다 변이가 덜하고 일정한 편이다. 어떤 학자들은 호주 영어를 **광역**(broad), **보편**(general), **교양**(cultivated)의 세 가지 유형으로 나눈다. 호주 인구의 1/3이 광역 유형의 호주 영어를 쓰고, 반 정도는 보편 유형을, 그리고 소수가 교양 유형을 쓴다고 하는데, 교양 유형은 영국 영어와 비슷하다. 하지만 호주 방언은 영국 영어의 방언처럼 사회계층이나 직업에 크게 좌우되지 않고, 미국 영어 방언처럼 지역적 차이에 근거하고 있지도 않다(McCrum et al., 1992).

1970년대 초반 호주가 유럽 남동부 국가와 아시아 국가의 이민자들에게 문호를 개방한 이후, 호주 영어는 새로운 이민자들의 언어로부터 영향을 받았다. 소위 신호주인(new Australian)이라 불리는 이들은 터키, 유고슬라비아, 이탈리아, 인도 대륙 출신이었다. 이들이 사용하는 모국어의 영향으로 새로운 형태의 호주 영어 악센트가 생겨날 것이다.

뉴질랜드 영어(New Zealand English)의 원조도 영국에서 온 도시 노동자 계층의 영어다. 따라서 뉴질랜드 영어와 호주 영어는 공통점이 있고, 대다수의 미국인이 뉴질랜드 악센트와 호주나 영국의 악센트를 구분하는 데 어려움을 겪는다. 뉴질랜드 영어 악센트는 영국 영어 악센트와 유사하긴 하지만, 호주 영어 방언의 세 가지 유형(광역, 보편, 교양)과 공통점이 있다. 뉴질랜드 영어는 'when' 'why' 나 'wheat' 같은 단어의 'wh' 를 강조하는 경향이 있고, /r/의 경우는 뉴질랜드 남섬(South Island)에 사는 스코틀랜드 계열의 사람들은 굴리는 경향이 있지만 대체로 묵음이다(McCrum et al., 1992). 일부 뉴질랜드 사람들은 원조 영국 영어 악센트와 가까운 악센트를 지니고 있기도 하다. 또한 뉴질랜드 영어는 호주 영어보다 속어적 표현이 적다.

뉴질랜드 영어에는 원주민 중 주류인 마오리족(Maori)의 언어에서 차용한 단어들이 있다. 뉴질랜드 원주민의 언어는 호주 원주민의 언어와는 다르다. 예를 들면, 마오리족 언어는 타히티(Tahiti), 사모아(Samoa), 하와이(Hawaii)에서 사용되는 폴리네시아 언어들(Polynesian languages)과 연관되어 있다. 그러나 호주의 경우와 마찬가지로, 영국에서 온 정착민들은 마땅한 단어가 영어에 없는 경우 마오리 언어에서 식물, 동물, 꽃, 지명 등의 단어를 차용했다. 뉴질랜드 영어에는 많은 호주 영어 단어들이 있긴 하지만, 선택을 해야 할 경우 뉴질랜드인들은 호주식 표현보다는 영국식 표현을 더 선호했다.

남아프리카 영어(South African English)는 모국어 영어 방언의 하나로서 다른 지역(예를 들면, 영국, 호주, 뉴질랜드나 미국)의 영어와는 다르다. 남아프리카 영어는 주로 정착민들의 모국어인 영국 영어에 의해 형성되었다. 하지만 남아프리카 영어는 아프리카 원주민 언어들의 영향을 받았고, 'Afrikaans' (공용 네덜란드어)라 불리는 변형된 네덜란드어의 영향도 받았는데, 이 언어도 아프리카 원주민 언어들의 영향을 많이 받았었다. 반투어(Bantu)는 아프리카계 남아프리카인 대다수가 사용하는 언어인데, 남아프리카에서 사용되는 영어와 네덜란드어에 모두 영향을 끼쳤다. 반투어는 사실 스와힐리어(Swahili)를 포함한 언어집단을 가리킨다. 남아프리카에서 사용하는 아프리카어에는 소토어(Sotho), 응우니어(Nguni), 벤다어(Venda), 총가어(Tsonga)가 있다.

모국어 방언(native dialect) 외에도 영어에는 비모국어 방언(non-native dialect)이 많은데, 이는 이중언어 사용 때문이다. 제2언어로 영어를 배우면 새로운 방언이 생긴다. 다중언어사회나 다문화사회에서는 이러한 제2차 방언을 이해하는 것이 언어치료전문가가 되기 위한 필수 요건이다.

제2영어 방언

전술한 바와 같이 미국, 캐나다, 영국, 호주, 뉴질랜드 등은 영어 이외에 다른 언어를 사용하지 않는 제1(모국어)영어 방언 국가다. 반면 영어를 제2언어로 사용하는 나라도 많이 있다. 이와 같이 화자의 제2언어로서 배워서 사용하는 영어 방언을 제2영어(secondary) 방언이라고 한다. 제2영어 방언은 어떤 영어든 영어의 변화된 형태를 말하며, 주로 화자의 제1언어의 영향을 받는데 제1언어는 영어 이외의 언어가 된다.

미국에서는 많은 민족문화집단(ethnocultural group)들이 제2언어로 영어를 사용한다. 이들의 영어 방언은 주로 자신들의 제1언어의 영향을 받게 된다. 따라서 제2영어 방언을 야기하는 제1언어의 수만큼 제2영어 방언이 존재한다.

미국 영어를 비모국어 방언으로 사용하면서 **스페인어**(Spanish)가 제1언어인 사람들의 수는 상당하다. 그들을 종종 **히스패닉**(Hispanic)이라고 일컫는데, 중요한 사실은 히스패닉이라는 용어가 특정 인종이나 민족을 지칭하는 말이 아니고, (스페인어라는) 언어적 배경을 가리킨다는 것이다. 히스패닉은 인종적·지리적으로 다양한 집단이다. 히스패닉은 피부색도 다양하고 북부, 중부, 남부 아메리카뿐 아니라 유럽에도 거주하고 있다. 미국에서 히스패닉은 그 수가 증가하고 있는 주요 소수집단이다. 2000년 미국 내 히스패닉 인구는 3천5백3십만 명, 즉 총인구의 12.0%였지만, 2030년이면 총인구의 15.5%인 7천3백만 명으로 증가하고, 2050년이면 총인구의 24.4%인 1억 2백6십만 명이 될 것으로 예상하고 있다(U. S. Census Bureau, 2009).

스페인어 소설가인 Gabriel García Márquez나 히스패닉계 미국 작가인 Julia Alvarez, Rudolfo Anaya, Sandra Cisneros, Oscar Hijuelos의 유명한 문학작품을 읽어 보라.

스페인어는 이제 미국에서 두 번째로 흔하게 접할 수 있는 언어다. 언어학자들은 화자들의 지리적 분포를 기준으로 미국 내에 여섯 개의 주요 스페인어 방언을 구분하고 있다. 즉, 멕시코·미국 남서부, 중앙 아메리카, 카리브 해, 라틴아메리카(Highland), 칠레, 남부 파라과이·우루과이·아르헨티나 스페인 등이다. 출신 국가에 따라 더 많은 종류의 방언이 존재한다. 미국에서 가장 흔한 것은 멕시코나 카리브 해(특히 쿠바), 푸에르토리코에서 유래된 스페인 방언이다.

히스패닉계의 제2미국 영어 방언은 특정 히스패닉 집단이 사용하는 스페인어의 영향을 받는다. 미국에서 의사소통장애를 진단하고 치료하고자 하는 언어치료전문가는 자신의 히스패닉 환자가 구사하는 스페인어가 구체적으로 어떤 종류인지 파악해야 한다. 또한 임상가들도 스페인어의 일반적인 음운론적·형태론적·통사론적·화용론적 특성을 이해할 필요가 있다. 영어와 스페인어의 기본 차이를 이해하고자 하는 언어치료전문가들은 다음의 문헌을 참고하기 바란다(Comrie, 1990; Goldstein, 2004; Kayser, 1995, 1998; Langdon & Cheng, 1992; Peña-Brooks & Hedge, 2007; Perez, 1994; Roseberry-McKibbin, 2002; Yavas & Goldstein, 1998; Zuniga, 1992).

가정에서 제1언어로 스페인어를 사용하고 영어를 제2언어로 익혀 사용하는 아동은 소위 스페인어 영향을 받은 영어(Spanish-influenced English)라고 할 수 있는 영어 방언을 구사한다. 이 영어 방언은 다른 영어 방언과 구분되는 문법적 특징도 있지만, 음운론적 특징으로 구별하기가 제일 쉽다. 이러한 특징은 Peña-Brooks & Hedge(2007)나 Roseberry-McKibbin(2002)에 자세하게 요약되어 있다. 〈읽을거리 2-4〉에 스페인어 영향을 받은 영어의 특징 몇 가지를 소개하였다.

읽을거리 2-4

스페인어 영향을 받은 영어의 음운론적 · 문법적 특성

[음운론적 특성]

- /t/, /d/, /n/이 치음화가 되기도 한다(즉, 혀끝을 윗턱 앞니 뒷부분에 대고 발음한다).
- 단어 끝 자음이 무성음화가 되기도 한다(예, doze가 dose처럼 발음된다).
- /v/ 대신에 /b/를 쓰기도 한다(예, very가 berry처럼 발음된다).
- 파열음의 기음이 사라지기도 한다(즉, 파열음 발음 시 기음이 거의 없다).
- /ʃ/ 대신에 /tʃ/를 쓰기도 한다(예, Shirley가 Chirley처럼 발음된다).
- /ð/(th 유성음) 대신에 /d/를 쓰기도 한다(예, this가 dis처럼 발음된다).
- /θ/(th 무성음) 대신에 /t/를 쓰기도 한다(예, think가 tink처럼 발음된다).
- 어두의 자음군 앞에 schwa 소리를 넣기도 한다(예, skate, spend가 eskate, espend로 발음된다).
- 어두의 /h/는 묵음이 되기도 한다(예, hold가 old로 발음된다).
- /ʤ/ 대신에 /j/를 쓰기도 한다(예, Julie, joke가 yuli, yoke로 발음된다).
- /s/의 조음 위치가 (스페인어의 /s/처럼) 전방으로 이동되기도 한다.
- 어말 몇몇 자음이 생략되기도 한다(이는 스페인어에서 자음 /s/, /n/, /r/, /l/만이 어말 위치에 사용되기 때문이다).

[문법적 특성]

- 조동사는 생략된 채, 명사 뒤에 형용사가 올 수 있다(예, The house green).
- 소유격 굴절접사 s 생략 가능(예, My mom hat is yellow).
- 과거시제 굴절접사 ed 생략 가능(예, We walk yesterday).
- 이중부정 사용 가능(예, I don' t have no more).
- 동사 바로 뒤에 부사 사용 가능(예, He drives very fast his motorcycle).

여러 문헌에서 수집한 자료이며, 다음 문헌도 포함된다. Multicultural Students with Special Needs (2nd ed.), Celeste Roseberry-McKibbin Oceanside, CA: Academic Communication Associates. Copyright 2002 by Academic Communication Associates.

아시아계 미국인(Asian American)들은 미국에서 그 수가 증가하고 있는 또 다른 언어 소수집단이다. 아시아 출신 1세대 이민자들의 영어 방언은 아시아 모국어의 다양성이 크기 때문에 그 변화 양상도 엄청나다. 인도, 파키스탄, 방글라데시, 스리랑카,

중국, 태국, 말레이시아, 인도네시아, 대만, 한국, 일본에서 이주한 이민자들은 다양한 문화적 · 언어적 배경을 가진 집단을 형성하고 있다. 아시아 언어는 매우 다양하기 때문에, 어느 한 가지의 문헌만 참고해서는 그 언어의 독특하고 특징적인 사항을 모두 알 수 없다. 따라서 임상가들은 여러 문헌을 참고해야 한다(Cheng, 1991, 1995; Peña-Brooks & Hedge, 2007; Roseberry-McKibbin, 2002; Shekar & Hedge, 1996).

Salman Rushdie, V. S. V. S. Naipaul, Amy Tan, David Mas Masumoto, Arundhati Roy, Jhumpa Lahiri 같이 영어로 글을 쓰는 아시아 작가들의 문학작품을 읽어 보라.

많은 아시아 국가들은 다중언어사회다. 예를 들어, 인도의 경우 주요 언어는 15개 정도가 존재하지만, 거의 180여 개의 언어와 700여 개의 방언이 사용되고 있다. 인도에서 영어는 주된 제2언어이며 보조적인 공식언어로 사용된다. 인도 아대륙의 언어들은 크게 두 어족(lingusitic family)으로 분류되는데, 인도-유럽어족(Indo-European)과 드라비다어족(Dravidian)이다. 두 어족의 언어들은 서로 자유롭게 차용해 왔다. 인도의 언어들은 영어에 비하면 표음식(phonetic) 철자를 갖고 있는데, 각 알파벳 기호가 특정 소리를 나타낸다. 따라서 영어처럼 언어에 존재하는 소리보다 적은 수의 알파벳 기호를 갖고 있고, 또 같은 기호가 여러 소리를 표시하는 음성 체계는 이들 아시아계 인도 화자들에게는 어렵다.

중국어에는 두 개의 주요 방언이 있는데, 광동화(Cantonese)와 보통화(Mandarin)다. 말로는 두 방언 사이에 의사소통이 되지 않지만, 글로는 의사소통이 된다. 이는 알파벳 형식의 글자 체계 대신에 공통된 그림기호 체제(graphic symbol system)를 갖고 있기 때문이다. 또한 중국어에는 자음군이 없기 때문에 중국 화자들이 영어를 할 때 자음군의 소리를 생략하는 경향이 있다. 이들은 영어 단어의 어말 자음 역시 생략하곤 하는데(예, office를 offi로, fish를 fi로), 이는 중국 방언들은 어말 자음이 거의 없기 때문이다.

미국 원주민의 언어

미국과 아메리카 대륙 전체에는 미국 원주민(native American)이 풍부한 언어 변이의 역사를 지닌 집단을 이루고 있다. 미국 내에 거주하는 미국 원주민은 민족문화적 소수집단을 형성하고 있으며, 약 2백5십만 명의 사람들이 미국 서부에 집중되어 있다(U.S. Census Bureau, 2009). 그들은 500여 개 이상의 부족으로 구성되어 있으며, 각기 자신들만의 독특한 문화적 · 언어적 유산을 간직하고 있다.

미국 원주민의 언어는 매우 다양하다. 이들 언어들은 캐나다의 최북단에서 남아메리카의 최남단에 이르는 지역에 퍼져 있다. 약 800여 개의 미국 원주민 언어가 확인되었는데, 전문가들에 의하면 북아메리카에서만 약 200여 개가 사용되고 있다고 추산한다(Highwater, 1975). 지리적 분포가 광범위하기 때문에 미국 원주민 언어의 대다수는 서로 연관성이 없다. 게다가 연구도 부실해서 언어학적인 분류는 논쟁의 여지가 많다고 할 수 있다. 적게는 세 가지부터 많게는 수백 가지로 분류되는 실정이다(Bright, 1984; Chtpbell, 1997; Highwater, 1975; Peña-Brooks & Hedge, 2007).

불행하게도 미국 원주민의 언어가 젊은 세대로 전수되는 현상이 급격하게 쇠퇴하고 있다. 그 결과, 많은 수의 미국 원주민 언어가 이제는 사멸된 상태고, 더욱 많은 수의 언어가 사멸 직전의 위기에 처해 있다. 몇몇 미국 원주민 언어들은 화자들의 수가 열 명도 안 된다. 자신들의 언어를 구사할 수 있는 젊은 미국 원주민은 이중언어 사용자인 경우가 있다. 미국이나 캐나다에 있는 이들은 영어를 구사하고, 중앙아메리카나 남아메리카에 있는 이들은 스페인어를 구사하는 것이다.

미국 원주민 작가들이 쓴 모음집을 읽어 보라. 예를 들어, Janet Witalec이 편집한 『Smoke Rising: Native North American Literary Companion』과 같은 모음집은 다른 유명한 미국 원주민 작가들의 작품 자료가 되기도 한다. 이러한 작가들 일부를 나열하자면 캐나다 출신의 최초 미국 원주민 여류 소설가인 Jeannette Armstrong, 미국 도서상 수상자인 Mary Brave Bird, 최초로 퓰리처상을 받은 미국 출신의 미국 원주민 소설가인 N. Scott Momaday가 있다.

미국 원주민 언어는 그 다양성 때문에 그들의 언어학적 특성을 기술하는 것이 어려운 경우도 있다. 지면 관계상 미국 원주민 언어들을 개별적으로 영어와 비교하는 것은 불가능할 것이다. 게다가 미국 원주민 언어는 상당한 변화를 겪고 있다. 예를 들면, 블랙풋(Blackfoot) 부족의 언어는 연장자들이 사용하는 고블랙풋(Old Blackfoot)어와 젊은이들이 사용하는 신블랙풋(New Blackfoot)어가 있는데, 아직도 변화를 겪고 있는 중이다.

말소리 수가 적은 미국 원주민 언어도 있다. 예를 들면, 아라와크어(Arawakan language)는 음소가 17개뿐이다(Peña-Brooks & Hedge, 2007). 미국 원주민 언어의 특징 중에는 영어와 뚜렷한 차이를 보이는 점이 있다. 예를 들면, 미국 원주민 언어의 모음은 비음화가 가능하며, 일부 모음은 (속삭일 경우) 무성음이 되기도 하고, 동일 모음이라도 길어지거나 짧아질 경우 의미의 차이를 암시하기도 한다. 또한 /k/와 /q/는 대조 분포로 의미의 차이를 암시하기도 하며, 대체로 기식음을 동반하는 영어의 일부 자음은 기식음이 없어지기도 한다(예, /pt/와 /k/).

이중언어 사용

이중언어 사용은 언어 변이의 주요 요인이다. 이중언어 사용자들은 대부분 자신들의 제2언어를 흔히 악센트라고 알려진 방언의 형태로 구사하는 경향이 있다. 이러한 악센트가 잘 나타나는 경우는 제2언어 습득이 동시적(simultaneous)이 아니라 연차적

(sequential)인 경우인데, 그럼에도 불구하고 많은 아동이 제2언어를 모국어처럼 구사하기도 한다. 제2언어 습득이 늦어질수록 이중언어 사용으로 인한 악센트가 생길 가능성은 높아진다.

악센트라는 용어는 오해의 소지가 있다. 모국어 화자들 대부분은 악센트가 없다고 생각하기 쉽기 때문이다. 모든 화자는 악센트를 갖고 있다. 단지 대다수를 구성하는 사람들의 악센트 사이에서 소수 사람들의 악센트가 귀에 더 잘 들릴 뿐인 것이다. 방언이 좀 더 정확한 용어라고 볼 수 있는데, 이는 말소리 발성의 차이뿐 아니라 어휘 사용, 문법 등 언어의 다른 면에서의 차이도 의미하기 때문이다. 일반적으로 제1언어 혹은 모국어는 제2언어의 습득과 발화에 영향을 미친다고 본다. 제2언어 화자들은 제2언어를 말할 때 자신들의 모국어 말소리나 강세 패턴을 일부 이용하기도 한다. 또한 제2언어를 말하면서 제1언어에 존재하지 않는 말소리를 생략하거나 잘못 발음하기도 한다. 모국어에 없는 제2언어의 문법 요소가 생략될 수도 있고, 통사적 실수를 범하기도 한다.

이중언어 화자들은 비슷한 처지의 이중언어 사용자들 사이에서 모국어와 제2언어 사이를 오락가락하기도 한다. 동일 대화 내에서 일어나는 이러한 언어 변환을 **부호 변환**(code switching)이라고 한다. 이는 동일 언어 내의 방언들 사이의 변환에도 적용된다. 예를 들어, 아프리카계 미국인의 경우 AAE 방언에서 SAE 방언으로 갔다가 다시 AAE로 돌아올 수도 있다. 또 텍사스 주 출신인 경우에는 SAE 방언과 남부 방언 사이를 오락가락할 수도 있다.

이중언어 화자들은 특히 격식을 차리지 않는 대화를 할 때 두 언어를 혼용하는 경향이 있다. 이 역시 비슷한 처지의 이중언어 화자들과 있을 경우 더 잘 발생한다. 이러한 **언어 혼용**(language mixing)은 한 문장 안에 두 언어의 어휘가 섞이기도 하고, 또는 각 문장을 다른 언어로 말하기도 한다. 대화 화제에 따라 선호하는 언어가 다르기도 하다. 예를 들어, 학교에서 제2언어로 배우는 이중언어 아동은 개인적이고 사적인 화제는 제1언어로 이야기하고 학업과 관련된 화제는 제2언어로 이야기한다.

이중언어 사용 아동

사람들은 이중언어를 사용하는 아동은 둘 중 어느 언어도 제대로 배우지 못할 것이라고 오랫동안 생각해 왔다. 하지만 일부의 연구만이 그러한 주장을 뒷받침하고 있을 뿐이다. 두 살 때 이중언어 아동의 언어 습득 속도는 정상보다 약간 느리기는 하지만, 결국에는 제1언어 실력이 단일언어 아동과 비슷해진다(Goldstein, 2004; Kayser, 1995; Reich, 1986). 전체적으로 보면 이중언어 아동의 언어 습득 과정은 단일언어 아동과 비슷하다는 것이다.

어머니와 아버지가 서로 다른 언어를 자주 사용하는 경우, 그 자녀는 이중언어 사용자가 된다. 또한 부모가 사용하는 두 언어 중에 하나는 거주 지역에서 쓰이는 언어가 되기도 한다. 예를 들어, 어머니가 영어를, 아버지가 독일어를 사용하고, 가족이 영어를 쓰는 지역에 사는 경우가 이에 해당한다.

부모가 하나의 언어를 사용하지만 이 언어와 다른 언어를 사용하는 사회환경에 처해 있을 경우도 자녀는 이중언어 사용자가 되기도 한다. 예를 들어, 최근 라오스나 베트남에서 미국으로 이주해 온 많은 이민자의 아동이 이 경우에 해당한다. 부모가 영어를 잘하건 못하건 간에, 그들의 자녀는 영어와 모국어에 동시에 노출될 것이다.

한편 청소년이나 성인도 고등학교나 대학교에서 외국어로 정식 교육을 받을 경우 이중언어 사용자가 되기도 한다. 나이가 들어 교육기관을 통해 외국어를 배우는 것과 가정에서 어린아이들이 이중언어를 습득하는 것은 차이가 있다. 따라서 외국어로 배우는 경우에는 자신의 제1언어를 자연스럽게 습득했을 것이다. 이 장에서는 이러한 내용에 대해서는 다루지 않았다.

아동의 동시적 · 연차적 이중언어 사용

아동은 두 가지 언어를 동시에 습득할 수도 있고(**동시적 이중언어 사용,** simultaneous bilingualism), 차례차례 배울 수도 있다(**연차적 이중언어 사용,** sequential bilingualism). 동시적 이중언어 사용 초기 단계에서, 아동은 두 언어의 말소리가 다른데도 자신들이 두 언어에 접하고 있다는 것을 인식하지 못하는 듯하다(Goldstein, 2004; Kayser, 1995; Reich, 1986). 부모 각자가 자신의 언어로만 이야기하는 경우, 아동이 두 언어를 배우는 속도가 조금 빠른 것으로 보인다.

부모가 두 언어 사이를 오가는 변환을 하고, 이 중 한 언어가 주어진 환경에서 주가 되는 언어라면, 언어 혼용이 발생한다(McLaughlin, 2006). 이 같은 경우 아동의 문장에는 두 언어의 단어가 모두 존재한다. 주가 되는 언어의 단어들이 그렇지 못한 언어의 문장에 더 자주 사용된다. 또한 아동은 주가 되지 못하는 언어의 어려운 단어를 피하는 경향이 있고, 주가 되는 언어의 유사한 단어로 대신하기도 한다. 한 언어를 구사할 때 다른 언어의 리듬과 악센트를 사용하기도 한다(Reich, 1986). 통사적인 측면에서도 유사한 혼용이 일어날 수 있다. 아동은 두 언어를 사용할 때, 처음에는 한 언어의 어순과 문장 구조를 이용한다. 또 두 언어가 혼용되어 두 언어에서 발견되지 않는 통사 구조가 생기기도 한다.

이중언어 사용 아동들은 2세까지는 사물이나 사건에 해당하는 한 가지 단어만 갖고 있는 것으로 보인다. 해당 단어는 둘 중 하나의 언어에서 온 것이다. 같은 사물에 대해서 두 언어의 단어를 모두 배운다 해도, 곧 둘 중 한 단어를 잊어버리고 만다. 그러나 2세 이후가 되면, 자신들이 두 언어에 접해 있다는 사실을 인식하고 이때는 두 단어를 모두 익혀 보유하게 된다. 예를 들어, 엄마의 언어로 어떤 대상에 대한 단어를 배우면, 아빠의 언어로는 무엇이라고 하는지 물어보기도 하는 것이다.

동시적으로 이중언어 사용을 하는 아동들은 결국 두 언어를 완전하게 구분할 수 있다. 각 언어의 리듬과 악센트에 맞게 말을 하고, 단어나 문법 구조를 혼용하는 경우도 거의 없다. 둘 중 하나의 언어가 더 유창할 수는 있지만, 두 언어 모두 별개의 시스템으로 구사하는 데 문제가 없다. 발화 상황에 따라 한 언어에서 다른 언어로도 변환이 가능하다.

동시적 아니면 연차적 이중언어 사용의 구분은 임의적이다. 연차적 이중언어 사용의 경우, 아동이 어느 정도 단일언어만 사용하다가 3세 이후에야 제2언어를 배울 수도 있다(Goldstein, 2004; Kayser, 1995; McLaughlin, 2006; Reich, 1986).

한 연구에 의하면, 아동들은 새로운 환경에서 제2언어를 상당히 효율적으로 습득한다고 한다. 단일언어를 사용하던 3세 말레이시아 아동은 독일어를 아주 빨리 습득해서 4세 때에는 독일어를 모국어로 사용하는 비슷한 나이의 원어민과 그 유창함이 비슷해졌다고 한다. 6세 헝가리 아동은 10개월만에 프랑스어를 배워서 비슷한 나이의 원어민과 그 유창함이 비슷해졌다고도 한다. 이처럼 제2언어를 빠르게 습득한 사례는 몇 가지 더 알려져 있다(Reich, 1986). 하지만 그 아동들이 보통의 아동이 아니라 언어적으로 상당한 재능을 지닌 아동이었을 가능성도 무시할 수는 없다. 그렇지만 많은 전문가는 대부분 7세가 안 되었을 경우 자연스러운 언어 환경에서 해당 제2언어를 성공적으로 습득할 수 있다고 본다.

제2언어를 연차적으로 습득하는 아동들의 경우와 단일언어를 사용하던 아동이 같은 언어를 학습하는 경우를 비교할 때 과연 같은 방식일까? 전문가들의 의견은 분분하지만, 연차적인 제2언어 습득과 단일언어 아동들의 습득이 유사하다는 증거가 더 많다. 유년기 초기에는 제2언어를 배우는 학습 단계 및 순서가 단일언어 아동들과 동일하다고 한다(Hamers & Blanc, 1989; McLaughlin, 2006; Reich, 1986).

차이와 장애

전통적인 언어 분석, 즉 말소리 조합의 엄격한 규칙들인 음운론, 단어 형성의 형태론, 어순과 문장 구조인 통사론, 단어 의미인 의미론 등은 사람들에게 오해를 불러오기도 했다. 언어를 규격화하고 발화하는 데 단지 하나의 표준적인 규칙만이 존재한다고 생각하는 오류를 범한 것이다. 이러한 규칙은 이론적으로 이상적인 형태, 즉 그 언어의 표준과 관련되어 있다. 이상적이라고 생각되는 표준어는 지역적으로 혜택을 받은 계층의 사람들이 사용하는 것이기도 하다. 예를 들어, 영국에서는 런던에서 사용하는 영어를 영국 영어의 표준이라고 생각한다. 표준어는 대다수이거나, 권력을 가진 사람들, 특정 인종, 교육을 더 잘 받은 사람들 아니면 부유한 사람들이 사용하는 것일 수도 있다. 표준어라는 개념은 이러한 요소와 그 외 다른 요소가 함께 작용하여 생겨나기도 한다. 즉, 미국에서는 이러한 작용으로 미국 영어를 구사하는 표준적인 방식이 있을 것이라고 흔히들 생각하는 것이다.

표준어가 존재한다는 말이 표준어가 아닌 언어의 변이형들은 비정상적이고 달갑지 않은 퇴보된 형태라는 오해를 불러일으킬 수 있다. 이러한 근거 없는 생각은 주로 표준어로 간주되는 언어를 사용하는 사람들이 가지고 있을 가능성이 크다. 안타깝게도 일부 언어학자들이나 각 분야의 학자, 문인, 정부 관료, 교육자, 심지어 언어치료 전문가도 언어의 변이형은 올바른 표준형을 벗어난 바람직하지 못한 형태라는 생각을 가지고 있다.

특정 방언을 사용하는 사람들은 사회적 · 교육적 · 직업적 장벽에 가로막힐 수도 있다. 역사적으로 볼 때 미국 백인 중류층의 방언이 표준이었으며, 이를 기준으로 다른 방언들을 평가해 왔다. 인종과 무관하게 가난하고 교육 수준이 낮은 미국인과 교육이나 경제 수준에 상관없이 비백인계 사람들은 줄곧 부정적인 평가를 받아 왔다. 학교나 대학교의 교육자들조차 소위 표준어를 선호하는 편견을 가지고 있었다. 표준어를 사용하지 않는 사람들에 대해서는 말솜씨나 논리적 사고 능력이 부족하고, 학교에서 공부를 잘할 수 없다고 생각했다(Labov, 1970). 직장에서는 표준어를 구사하지 못하는 사람을 고용하지 않으려고도 한다. 그래서 이러한 사람들은 표준어를 구사하는 사람들에 비해 임시직이나 보수가 낮은 직책에 종사할 가능성이 더 많다(Terrell & Terrell, 1983).

법률 소송 사례

1970년대에 들어서면서, 방언이나 이중언어 사용에 대하여 정부나 일반 사람들, 교육계나 관련 전문가들의 의식이 바뀌기 시작하였다. 이러한 변화를 이끄는 데에 대표적인 역할을 한 것은 캘리포니아와 미시간 주에서 있었던 두 건의 법률 소송이었다(Taylor, 1986). 첫 번째 사례는, Lau 대 Nichols라고 알려진 소송인데, 샌프란시스코 차이나타운의 거주민들이 영어를 잘 못하는 자신의 아이들이 교육상 차별을 받고 있다고 주장하였다. 학생들이 교육의 매개체인 영어를 배우거나 이해하는 데 영어밖에 못하는 교사들이 도움이 되지 않는다는 것이었다. 부모들은 법원이 판결을 통해 학교에서 이중언어를 사용하는 교사를 채용해 영어를 가르치는 데 특별한 도움을 주도록 명령을 내려주기를 원했다. 이들의 주장은 1964년 제정된 「공민권법(Civil Rights Act)」의 조항 VI에 근거한 것이었는데 내용은 다음과 같다.

> 어떤 미국인도 인종, 피부색, 출신 국가 때문에 연방정부의 재정보조를 받는 프로그램이나 활동에 참여하지 못하거나, 차별을 받거나 혜택을 거절당해서는 안 된다.

학교 측에서는 모든 학생에게 똑같은 교실과 교과서, 교과과정을 제공했기 때문에 이 조항을 준수하고 있다고 맞섰다. 1974년 1월 21일 미국 대법원은 차이나타운 거주민들의 손을 들어 주었고, 영어를 못하는 학생들에게 적절한 교육을 제공하지 못한 학교 측이 조항을 위반하고 있다고 판결하였다.

두 번째 사례는, 미시간 주 앤아버(Ann Arbor) 시의 마틴 루터 킹 주니어 학교에 다니는 학생들의 아프리카계 미국인 부모들이 학교를 상대로 소송을 한 사건이다. 이들은 교사들이 AAE를 인정하지 않아서 학업 성적을 잘 받는 데 문제가 있었다고 주장하였다(Taylor, 1986). 부모들이 요구한 것은 AAE로 수업을 해달라는 것은 아니었고, 단지 교사들이 학생들의 방언을 좀 더 세심하게 이해해 달라는 것이었다. 이들의 주장은 「미국법(U.S. Code)」 20조 1703(f)항에 근거한 것이었는데 내용은 다음과 같다.

> 주 정부는 인종이나 피부색, 성별, 출신 국가 때문에 개인의 균등한 교육 기회를 빼앗아서는 안 된다. ……(f) 학생들이 교육 프로그램에 균등하게 참여하는 것을 저해하는 언어장벽이 있을 경우, 교육기관은 이를 극복하기 위한 적절한 조치를 취해야 한다.

1979년 7월 12일 미시간 주 동부 법원은 앤아버 시의 학교가 「미국법」 20조 107(f)항을 위반했다고 판결했고, 법원은 학교로 하여금 교사들이 AAE에 대한 이해를 높일 수 있는 조치를 취하도록 요구하였다. 그 결과 학교는 새로운 프로그램을 개발하였고 이 프로그램 중 일부분을 할애하여 교사들이 재직 중에 언어의 변이 현상인 방언과 AAE의 역사와 특징 등을 배우도록 하였다. 법조계를 비롯한 관련 분야 전문가들은 이러한 사례가 방언적인 변이, 특히 AAE를 법적으로 인정한 획기적인 사례라고 보고 있다(Bountress, 1987).

다양한 언어적 · 문화적 배경을 지닌 아동들, 또 의사소통장애를 포함한 다양한 장애를 가진 아동들의 균등한 교육 기회 보장을 장려하기 위한 여러 법령을 제정하는 데에는 미국 의회의 역할이 컸다. 주요 입법 사례를 보면, 1968년 「이중언어 교육법령(Bilingual Education Act)」, 1975년 「장애아 교육법령(Education for All Handicapped Children Act)」과 그 후속 법령인 「장애인 교육법령(Individuals with Disabilities Education Act)」과 1976년 「이중언어 교육법령(Bilingual Education Act)」 등이 있다. 그 밖에도 여러 법령과 연방 정부 및 주 정부의 법규들은 미국 내 이러한 긍정적인 변화를 도모하였다.

방언과 언어치료전문가

과거에는 언어 변이에 관한 과학적인 정보가 없었기 때문에 언어치료전문가들도 언어 차이가 언어장애와 다르다는 사실을 깨닫지 못했을 수도 있다. 그래서 일부 언어치료전문가들은 말하는 방식이 다르다는 이유로 이를 언어장애로 진단하기도 했을 것이다(Taylor, 1986). 그러다가 언어 변이에 관한 학술적 정보, 방언적 변화가 가지고 있는 체계적이고 유형화된 특성, 그리고 문화나 의사소통, 민족성 사이의 관계가 밝혀지면서, 의사소통장애 전문가들은 다원론적 미국 사회의 언어와 문화, 민족 사이의 관계를 새로운 관점에서 살펴보기 시작했다. 관련 전문가들도 언어 차이와 언어장애의 문제를 재검토하고 임상적인 쟁점을 문화라는 폭넓은 맥락에서 보았다.

미국 언어청각협회(American Speech-Language-Hearing Association: ASHA)는 문화적으로나 언어적으로나 다양한 사람들 사이에 존재하는 언어 차이를 이해하는 데 도움을 주는 많은 일을 해오고 있다. 이중언어 사용, 다문화주의 그리고 영어의 방언적 변화 등에 대한 교육을 장려하고 있으며, 언어치료전문가나 청각전문가를 양성하는 대학들이 문화와 의사소통 그리고 이들의 변이는 서로 연관되어 있고 방언이 표준형에서 벗어난 형태가 아니라는 사실을 널리 퍼뜨리도록 하기 위해 노력하고 있다. 또한 다문화주의, 이중언어 사용 그리고 이중언어 사용 아동들에 대한 전문적이고 교육적인 요구사항에 관한 충분한 정보를 교육기관들이 제공할 수 있도록 하고 있다. 실제로 일부 대학에서는 이중언어-이중문화 쟁점에 대한 특별 과정을 개설하고 있기도 하다.

사회적 방언에 대한 미국 언어청각협회의 입장

미국 언어청각협회는 두 가지 입장에 관한 성명서를 발표하였는데, 첫째는 사회적 방언(social dialect)에 관한 입장이고, 둘째는 소수집단의 의사소통장애 임상치료에 관한 입장이다. 미국 언어청각협회 회원인 언어치료전문가들은 모든 언어의 장애를 진단·치료할 때 이 지침을 따라야 한다.

사회적 방언에 관한 입장에서, "미국 언어청각협회는 영어의 어떤 방언도 언어장애나 병리적 언어 형태로 보지 않는다."고 밝히고 있다(ASHA, 1987, p. 45). 언어치료전문가들은 AAE를 포함한 미국 영어 방언들과 (스페인어나 아시아 언어들 같은) 다른 나라 언어에 영향을 받은 영어를 알아야 한다. 특정 방언을 사용하는 화자의 경우, 그 방언 체제 내에서 장애가 있지 않는 한 임상치료 대상으로 볼 수 없다. 예를 들어, AAE를 사용하는 아동의 경우, 단지 그 아동이 AAE를 사용한다고 해서 치료 대상으로 볼 수 없고, AAE를 사용하는 범위 내에서 의사소통장애가 있을 때만 치료 대상이 된다. 결론적으로 자신이 속한 사회의 언어를 습득하지 못할 때 치료의 대상이 되는 것이지, 자신이 속하지 않은 다른 사회의 언어를 습득하지 못했다고 해서 치료 대상이 될 수는 없다.

소수 방언 화자들이 대다수가 사용하는 방언을 배우는 것도 선택에 의해 자발적으로 해야 하는 것이지 배움을 강요해서는 안 된다.

미국 언어청각협회 성명서에는 소수 방언(minority dialect)의 화자들이 정부, 업계, 대중매체, 과학이나 예술 분야와 관련된 방언을 배우고자 하는 욕구도 인정하고 있다(ASHA, 1987). 이러한 경우, 특정 방언 화자가 대다수가 사용하는 방언(혹은, 언어 소수집단을 포함한 특정 집단의 방언)을 배우고자 할 수도 있다. 이때 언어치료전문가들은 이들에 대한 선택적인 치료가 가능하다. 즉, 교사들이나 다른 전문가들에게 방언적 변이나 변형에 대한 자문가의 역할을 할 수 있는 것이다. 그러나 이 경우에도 우선순위는 의사소통장애를 겪는 사람들을 치료하는 것이다.

미국 언어청각협회는 또한 의사소통장애가 있는 소수집단의 임상치료 요구도 인정하고 있다(ASHA, 1985). 현재 미국 내에 3백5십만 명 이상의 소수 언어 화자들이 의사소통장애를 가지고 있는 것으로 추산하는데, 이는 이중언어 사용과는 무관하다. 안타깝게도 이중언어에 능통한 언어치료전문가는 많지 않다. 대부분의 언어치료전문가는 단일언어 사용자로서 영어만 구사한다. 따라서 소수 언어 화자들의 의사소통장애를 진단 · 치료하는 문제는 현재 만족할 만한 해결책이 없는 심각한 상태다.

임상치료에 대한 미국 언어청각협회의 권고 사항

미국 언어청각협회는 제2영어 방언을 사용하는 이중언어 사용자들에게 임상치료를 할 경우 몇 가지 권고사항을 제시하고 있다. 영어가 유창한 이중언어 사용자들은, 언어치료전문가나 청각전문가가 영어를 사용해서 영어 사용이나 장애를 판단하고, 장애가 있다면 치료를 할 수 있다. 그러나 언어장애인지 아니면 화자의 모국어 영향으로 영어 방언에 변이가 생긴 것인지를 구분하기 위해, 언어치료전문가는 그 환자의 모국어 규칙의 기초를 파악하고 있어야 한다. 또한 임상가는 환자에게 불리한(즉, 차별적인) 절차로 진단을 수행해서도 안 된다. 예를 들어, 언어 테스트를 할 때에도 문화적으로 특이한 항목을 사용하게 되면 이는 아동의 문화적 배경과 다르기 때문에 낯설게 느낄 수 있으며, 따라서 이러한 방식은 진단에 사용하지 말아야 한다.

영어가 유창하지 못하고 대신 다른 언어를 더 잘하는 사람들에게는 그들의 (영어가 아닌) 모국어로 임상치료를 해야 한다. 다시 말하면, 소수 언어(minority language)로 진단 · 치료를 받아야 한다는 것이다. 따라서 임상가는 소수 언어에도 능통해야 하고, 이중언어 사용자들의 언어 습득이나 장애에 관한 지식이 있어야 한다. 또한 비차별적 절차를 거쳐 소수 언어를 진단할 수 있어야 한다. 단일언어를 사용하는 대부분의 언어치료전문가들은 이러한 사람들에 대한 진단 · 치료를 제대로 할 수 없다.

마지막으로 일부 환자들은 이중언어를 사용하긴 하지만, 둘 다 유창하지 못한 경우가 있다. 말 그대로 의사소통장애가 있는 사람들이다. 이들은 두 언어 모두를 이용해 진단해야 한다. 따라서 임상가도 두 언어를 모두 알고 있어야 한다. 진단을 해보면 영어가 두 언어 중에서 우세한 것으로 밝혀지는 경우도 있다. 그렇다면 영어로 치료를 할 수도 있다. 물론 영어 이외의 모국어가 우세한 환자는 그 언어로 치료를 해야 한다.

요약해 보면 영어에 질환이 있고 치료도 영어로 해야 하는 경우, 대부분의 임상가들이 환자에게 도움을 줄 수 있다. 하지만 이때에도 문화적 차이라든가 방언적 변이,

문화의식을 갖춘 비차별적 절차를 이용하는 등 어느 정도의 지식이 필요하다. 소수 언어에 장애가 있을 경우에는 이중언어를 사용하는 언어치료전문가만이 적합한 의료행위를 할 수 있다. 단일언어만 사용하는 언어치료전문가라면 어쩔 수 없이 통·번역가의 도움을 받아야 한다. 이처럼 임상가는 소수 언어 화자의 편익을 우선적으로 고려해야 하며, 필요한 의료 행위를 수행할 수 없는 경우에는 다른 기관이나 임상가에게 도움을 요청해야 한다.

이중언어를 사용하는 언어치료전문가 수요가 많고, 또한 증가하리라 예상된다.

현재 문화적으로 다양한 배경을 지닌 사람들이 의료 행위의 혜택을 충분하게 받고 있지 못한 상황이다. 이러한 혜택은 영어와 환자의 모국어 모두에 능통한 이중언어 임상가들에게서 받을 수 있다. 미국 언어청각협회는 이중언어를 구사하는 다양한 소수 민족 사람들이 보다 많이 언어치료전문가의 길로 들어서서, 의사소통장애가 있는 이중언어 사용 소수민족 사람들이 보다 양질의 치료를 받을 수 있도록 노력하고 있다.

지양해야 할 오해와 고정관념

어느 분야건 전문가들과 지식인들이라면 인간과 문화에 대한 고정관념을 지양해야 한다. 언어치료전문가들과 청각전문가들도 사람을 상대로 의료 행위를 하기 때문에 치료 대상인 사람에 대한 깊은 이해가 필요하다. 즉, 전문가라면 자신이 대하는 다양한 문화적 배경을 가진 사람들에 대한 올바른 정보를 익혀야 한다는 것을 의미한다. 문화와 문화적 차이에 대해 지나친 태도를 취하면 오히려 사람들 사이의 유사점을 놓치기 쉽다. 사람들 간의 차이를 아는 것만큼 유사점을 파악하는 것도 중요하다는 것이다. 민족이나 문화, 지리적 배경이 다르다고 해서 행동양식에 공통점이 전혀 없을 것이라 예측해서도 안 된다. 최근에는 문화의 다양성을 이해하는 데에 초점을 맞추고 있는데, 그것이야말로 진정한 출발점이라 생각하기 때문이다. 결국은 **다문화현상학**(science of multiculturalism)이라는 학문을 통해 의사소통 문제를 진단·치료하는 데 중요한 문화적 (혹은 그 외의) 요소와 중요하지 않은 요소를 가려낼 수 있다.

다문화현상학이 확립될 때까지 임상가들은 사람과 문화 또 의사소통 유형에 관한 고정관념을 지양해야 한다. 문화를 이해하지 못하거나 아니면 사람 사이의 차이를 피상적으로만 이해한다면, 사람과 문화에 대한 고정관념이 생길 것이다. 지양해야 할 고정관념은 〈표 2-1〉에 요약되어 있다.

〈표 2-1〉 다양한 문화적 · 민족적 배경을 지닌 사람들에 대한 잘못된 고정관념

고정관념	보다 정확한 표현
민족이나 문화적 배경이 다른 사람들은 완전히 다른 사람들이다.	민족이나 문화적 배경이 다른 사람들은 유사한 면도 있고 다른 면도 있다.
특정 문화나 민족집단에 속하는 사람들은 비슷하다.	특정 문화나 민족집단에 속하는 사람들 사이에는 상당한 개인차가 있다. 즉, 집단 전체에 해당 사항이 개인에게 적용되지 않을 수도 있다. 예를 들면, 아프리카계 미국인이라고 모두 가난한 것은 아니고, AAE를 사용하지도 않는다. 일부 백인들의 경우 AAE의 표현을 구사하기도 한다. 또 아시아계 미국인 모두가 수학을 잘하는 것은 아니고, 다 말수가 적은 것도 아니다. 일부 백인들은 이들보다 말수가 더 적기도 하다.
다문화(multicultural)나 다양성(diversity)은 비백인계에만 해당하는 용어다.	다문화나 다양성이라는 용어는 특정 집단에만 해당되는 것이 아니라, 유럽계 미국 문화를 포함한 다중문화를 지닌 사회를 가리킨다.
학술적으로 토론을 하거나 보고를 할 때, 관련자들의 문화적 · 민족적 배경은 반드시 밝혀야 한다.	문화적 · 민족적 정보는 이해를 위하여 꼭 필요할 경우에만 밝혀야 한다.
어떤 문화적 집단에 속하는 사람들은 본국에 있을 때나 외국으로 이주해서 살 때나 똑같다.	다른 나라로 이주하는 사람들은 변화의 정도가 다양하며, 어느 정도는 모두 변한다고 할 수 있다. 하지만 변하지 않고 똑같은 경우는 거의 없다.
문화적 · 민족적 집단에 속하는 사람들은 각각 나름대로의 치료방식이 요구된다.	그럴 수도 있고, 그렇지 않을 수도 있다. 통제된 실험 연구를 통해 서로 다른 문화집단에 속하는 사람들을 살펴보는 것만으로 그 정도를 알 수 있다.

요 약

- 공동체의 구술행위(언어)와 문화적 관행은 서로 연결되어 있다. 즉, 개인의 의사소통 유형을 이해하려면, 그 사람의 문화적 배경을 이해해야 한다.
- 언어 사용은 동일 언어를 사용하는 인구집단의 하위집단 종류에 따라 변화한다.
- 언어의 변이형을 방언이라고 하는데, 언어장애와 혼동하지 말아야 한다. 악센트는 음운론적 · 운율적 특징을 지칭하는 말이지만, 방언은 모든 언어 변이를 지칭한다.
- 사실상 모든 언어가 방언적 변이를 보이는데 특정 소수민족이나 소수문화의 방언을 부정적으로 평가하는 이유는 언어를 사용하는 올바른 방법이 한 가지뿐이라는 잘못된 생각을 갖고 있기 때문이다.
- 미국 영어에는 아프리카 미국 영어를 포함해 제1방언들이 존재한다.

- 미국 내에 존재하는 여러 제2영어 방언들은 모두 이중언어 사용으로 생겨난 것들이고, 제2방언은 각 언어 소수집단이 사용하는 제1언어의 영향을 받는다.
- 제1방언 혹은 제2방언의 변이는 의사소통장애 진단의 근거가 될 수 없는 이유는 차이를 장애로 볼 수 없기(a difference is not a disorder) 때문이다.
- 어떤 방언을 사용하는 사람들이 다른 방언을 자발적으로 배우고자 할 때, 언어치료전문가들이 그 것을 도와줄 수 있다.
- 다문화, 다중민족, 다중언어 사회에서 연령에 관계없이 모든 사람을 제대로 치료하기 위해서는, 임상가들이 각 환자의 문화적 · 민족적 · 언어적 배경과 변이를 충분히 이해해야 한다.
- 이중언어를 사용하는 사람들의 의사소통장애를 진단 · 치료하고자 하는 언어치료전문가는 마찬가지로 이중언어를 사용할 줄 알아야 한다.
- 특정 방언을 사용하는 사람의 장애를 진단 · 치료하고자 하는 언어치료전문가는 그 방언을 알아야 한다. 즉, AAE를 사용하는 사람의 장애를 치료하기 위해서는 임상가도 AAE를 알아야 한다.

연구문제

1. 언어 차이와 언어장애를 구분해 보시오.
2. 학자들은 미합중국을 단일언어 사회라고 생각하는가?
3. 동시적 이중언어 사용과 연차적 이중언어 사용을 구분해 보시오.
4. 이중언어를 사용하는 아동은 몇 살에 자신이 두 언어를 접하고 있다는 사실을 깨닫는가?
5. 방언이 무엇인지 정의해 보시오.
6. 언어의 방언들이 생겨나는 데 기여하는 변수를 최소 세 가지 나열해 보시오.
7. 여성들이 사용하는 말의 주요 특징을 요약해 보시오.
8. 전 세계에서 사용되고 있는 영어에 대한 총평을 해 보시오.
9. 제1영어 방언과 제2영어 방언을 구분해 보시오.
10. 아프리카 미국 영어의 특징을 나열해 보시오.
11. 스페인어 영향을 받은 영어의 주요 음운론적 특징을 설명해 보시오.
12. 이중언어 사용과 아프리카 미국 영어와 관련해 제시된 법률 소송 사례를 요약해 보시오.
13. 사회적 방언에 대한 미국 언어청각협회의 입장은 어떠한지 설명해 보시오.
14. 소수 언어 화자들의 의사소통장애에 대한 미국 언어청각협회의 입장을 설명해 보시오.
15. 방언적 차이에 대한 선택적 치료라는 말은 무슨 의미인가? 미국 언어청각협회는 임상가들이 이러한 서비스를 제공하는 것을 인정하는가?

참고문헌

American Speech–Language–Hearing Association. (1985, June). Clinical management of communicatively handicapped minority language populations. *Asha*, pp. 29-32.

American Speech–Language–Hearing Association. (1987, January). Social dialect position paper. *Asha*, pp. 45-48.

Battle, D. E. (Ed.). (2002). *Communication disorders in multicultural populations* (3rd ed.). Boston: Butterworth-Heinemann.

Bountress, N. G. (1987). The Ann Arbor decision in retrospect. *Asha, 29*, 55-57.

Bright, W. (Ed.). (1984). *American Indian linguistics and literature.* Berlin: Mouton de Gruyter.

Campbell, L. (1997). *American Indian languages: The historical linguistics of Native America.* New York: Oxford University Press.

Cheng, L. L. (1991). *Assessing Asian language performance* (2nd ed.). Ocean Side, CA: Academic Communication Associates.

Cheng, L. L. (1995) *Integrating language and learning for inclusion: An Asian Pacific focus.* San Diego, CA: Singular.

Comrie, B. (Ed.). (1990). *The world's major languages.* New York: Oxford University Press.

Dillard, J. L. (1972). *Black English.* New York: Random House.

Edwards, A. D. (1976). *Language in culture and class.* London: Heinemann Educational Books.

Edwards, H. T. (2002). *Applied phonetics: The sounds of American English* (3rd ed.). Clifton Park, NY: Cengage Learning.

English. (2005). In Oxford advanced learner' s dictionary. Oxford, England: Oxford University Press.

Goldstein, B. A. (2004). *Bilingual language development and disorders in Spanish-English speaking children.* Baltimore: Brookes.

Hamers, J. F., & Blanc, M. H. (1989). *Bilinguality and bilingualism.* Cambridge: Cambridge University Press.

Highwater, J. (1975). *Indian America.* New York: David McKay.

Kamhi, A. G., Pollock, K. E., & Harris, J. L. (1996). *Communication development and disorders in African American children.* Baltimore: Brookes.

Kayser, H. (1995). *Bilingual speech-language pathology: An Hispanic focus.* San Diego, CA: Singular.

Kayser, H. (1998). Hispanic cultures and language. In D. E. Battle (Ed.), *Communication disorders in multicultural populations* (pp. 157-195). Boston: Butterworth-Heinemann.

Kramer, C. (1974). Women' s speech: Separate but unequal? *Quarterly Journal of Speech, 60*, 14-24.

Labov, W. (1970). Stages in the acquisition of standard English. In H. Hungerford, J. Robinson, & J. Sledd (Eds.), *English linguistics*. Atlanta, GA: Scott Foresman.

Lakoff, R. (1975). *Language and woman's place*. New York: Harper Colophon Books.

Langdon, H. W., & Cheng, L. L. (Eds.). (1992). *Hispanic children and adults with communication disorders*. Gaithersburg, MD: Aspen.

Lerner, A., & Loewe, F. (1956). *My fair lady*. New York: Chappell & Co.

McCrum, R., Cran, W., & MacNeil, R. (1992). *The story of English*. New York: Penguin.

McLaughlin, S. (2006). *Introduction to language development* (2nd ed.). Clifton Park, NY: Cengage Learning.

National Center for Educational Statistics (NCES). (2008). Indicator 7: Language minority school-age children. Retrieved July 2, 2008, from http://www.nces.ed.gov/programs/ioe/2008/section1/indicator.07.asp

Nist, J. (1966). *A structural history of English*. New York: St. Martin' s Press.

Peña-Brooks, A., & Hegde, M. N. (2007). *Assessment and treatment of articulation and phonological disorders in children* (2nd ed.). Austin, TX: PRO-ED.

Perez, E. (1994). Phonological differences among speakers of Spanish-infl uenced English. In J. E. Bernthal & N. W. Bankson (Eds.), *Child phonology: Characteristics, assessment, and intervention with special populations* (pp. 245-254). New York: Thieme.

Reich, P. A. (1986). *Language development*. Englewood Cliffs, NJ: Prentice Hall.

Roseberry-McKibbin, C. (2002). *Multicultural students with special needs* (2nd ed.). Oceanside, CA: Academic Communication Associates.

Shekar, S., & Hegde, M. N. (1996). Cultural and linguistic diversity among Asian Indians: A case of Indian English. *Topics in Language Disorders, 16*(4), 54-64.

Shriberg, L. D., & Kent, R. D. (2003). *Clinical phonetics* (3rd ed.). Boston: MA: Allyn & Bacon.

Small, L. H. (2005). *Fundamentals of phonetics* (2nd ed.). Boston: Allyn & Bacon.

Taylor, O. (1983). Black English: An agenda for the 1980s. In J. Chambers (Ed.), *Black English: Educational equality and the law*. Ann Arbor, MI: Karoma Press.

Taylor, O. (Ed.). (1986). *Nature of communication disorders in culturally and linguistically diverse populations*. Boston: Little, Brown.

Terrell, S., & Terrell, F. (1983). Effects of speaking Black English upon employment opportunities. *Asha, 25*, 27-29.

Tiffany, W. R., & Carrell, J. (1977). *Phonetics: Theory and application to speech improvement.* New York: McGraw-Hill.

U.S. Census Bureau. (2009). *Statistical abstract of the United States.* Washington, DC: Unites States Printing Press. May also be retrieved from http://www.census.gov

Van Keulen, J. E., Weddington, G. T., & DeBose, C. E. (1998). *Speech, language learning and the African American child.* Needham Heights, MA: Allyn & Bacon.

Warren, A. R., & McCloskey, L. A. (1993). Pragmatics: Language in social contexts. In J. B. Gleason (Ed.), *The development of language* (pp. 195-237). New York: Macmillan.

Williamson, J. (1972). A look at Black English. *The Crisis, 78*, 169-185.

Yavas, M., & Goldstein, B. (1998). Phonological assessment and treatment of bilingual speakers. *American Journal of Speech-Language Pathology, 7*, 49-60.

Zuniga, M. E. (1992). Families with Latino roots. In E. W. Lynch & M. J. Hanson (Eds.), *Developing cross-cultural competence* (pp. 151-178). Baltimore: Brookes.

03

Introduction to
Communicative
Disorders

언어치료전문가와 청각전문가 프로파일

언어치료전문가

청각전문가

이 책에서는 의사소통에 관한 학문과 의사소통장애 및 의사소통장애자를 지원하는 전문가를 소개하고 있다. 인간의 의사소통을 연구하는 학문은 **말-언어**(speech-language)를 다루는 학문 분야와 **청각**(hearing)을 다루는 학문 분야로 이루어진다. 말을 연구하는 **음성과학**(speech science)은 말의 해부학적-생리학적 기초, 말소리의 형성과 산출, 말의 지각과 이해를 다루며, **언어과학**(language science)은 의사소통의 구어적 혹은 비구어적 체계를 연구한다. **청각과학**(hearing science)은 청각과 관련된 해부학과 생리학, 청각에 대한 지각과 이해 및 의사소통과의 관계를 다루고 있다.

음성-언어과학과 청각과학은 의사소통장애 전문가에게 지식 기반을 제공한다. **의사소통장애**(communicative disorders)와 밀접한 관련이 있는 학문 분야로는 언어병리학과 청각학이 있다.

이 장에서 인간의 의사소통과 의사소통장애에 관한 지식을 창출하고 의사소통장애를 가진 아동과 성인에게 도움을 주는 과학자와 전문가에 대하여 소개하고자 한다.

언어치료전문가

언어병리학(speech-languag pathology)은 인간의 구어 및 비구어 의사소통장애와 평가 및 치료를 다루는 전문과학 분야다. 언어병리학자는 말 그대로 언어, 언어장애 및 언어장애의 평가와 치료를 연구하는 전문가다.

Pamela Benson, MA, CCC-SLP: 언어치료전문가, 허드슨 학군

미국에서 언어병리전문가의 규모는 미국 공립학교에서 근무하는 수많은 언어치료전문가 때문에 다른 나라의 경우보다 많다.

허드슨(Hudson) 타운에 있는 워싱턴 초등학교에서 언어치료전문가로 3년 동안 근무하고 있는 Pamela Benson은 28세의 창의적인 공립학교 언어치료전문가다.

다른 사람들에게 도움을 줄 수 있는 전문가의 꿈을 가졌던 Pamela는 고등학생 때 직업교육 시간에 한 대학교의 의사소통장애학과와 언어청각 클리닉을 방문한 이후 혼자서 언어청각 클리닉에 들어가 치료과정을 관찰하였으며, 의사소통장애학과 교수들과 대화를 나누었다. 이후 지역 초등학교에서 언어치료전문가가 하는 일을 살펴보면서 그들이 하는 일에 매료되었다. 그녀는 이러한 경험을 통해 자신이 전공하고자 하는 일이 다른 사람을 돕는 일이란 것을 알게 되었다.

그녀는 의사소통장애에 관한 학사학위를 받은 후 대학원에 진학하여 언어병리학 석사학위를 받았고, 미국 언어청각협회(ASHA) **언어치료전문가 자격증**(Certificate of Clinical Competence in Speech-Language Pathology: CCC-SLP)을 취득하였다. 대학원을 졸업하자마자 허드슨 학군의 언어치료전문가 제의를 받은 그녀는 교육현장에서 아동들과 함께 일하기를 원했기 때문에 그 제의를 수락하였다. 곧이어 학군 내 두 개의 학교를 배정받았고, 각각 비슷하게 시간을 할애하여 일하고 있다.

Pamela는 자신의 임무를 다음과 같이 설명하였다.

> 학기 초에 도움이 필요한 아동들을 가려내어 의사소통장애가 있는 아동의 치료계획을 세운다. 또한 부모나 학급교사, 특수교육전문가가 의뢰하는 아동들을 치료한다.

치료 요구 의뢰가 들어오면 Pamela는 아동의 의사소통 행위를 평가하여 치료의 필요성 여부를 판단한다. 치료가 필요하다고 결정한 후에는 그 아동을 위한 치료 프로그램을 개발한다.

Pamela는 대부분의 경우 아동을 소그룹으로 나누어 치료하는데, 가능한 한 의사소통장애 유형이 비슷한 아동을 같은 그룹으로 구성한다. 그녀는 "나는 세 명의 아동을 치료하고 있으며, 그들 모두 네 개의 말소리에서 같은 오류를 나타낸다. 또 다른 그룹은 아동 모두가 말더듬이이다."라고 말하였다. 일주일에 한 번 치료를 받는 아동도 있고, 두 번씩 치료를 받는 아동도 있다.

그녀가 치료하는 아동의 대부분은 언어장애나 조음장애를 가지고 있다. 언어장애나 조음장애는 대부분의 공립학교 언어치료전문가가 담당하는 전형적인 장애다. 그러나 말더듬 아동과 음성장애 아동이 치료를 받는 경우도 가끔 발생한다.

미국에서는 오래전부터 주로 공립학교에서 언어치료 서비스가 실시되어 왔는데, 이는 1975년 「모든 장애아동을 위한 교육법」(공법 94-142호)을 제정하였기 때문이다. 동 법률은 1986년 「모든 장애아동을 위한 교육법 개정법률」(공법 99-457)에 의해 개정되었고, 1990년에 「장애인의 교육법(IDEA)」(공법 101-476)으로 명칭이 변경되었다. 이 법률들은 영아와 유아를 포함하여 장애아동과 부모가 적절한 특수교육 서비스를 받도록 규정하고 있는 바 특수교육 서비스에는 의사소통장애 아동을 위한 언어 및 청각 서비스를 포함한다. 1990년에 미 의회는 청각장애인에게 수화해설자와 특수의사전달장치의 지원 및 공공건물과 화장실에 대한 적절한 접근 이용을 강제하는

「장애미국인법(ADA)」(공법 101-336)을 제정하였다.

Pamela는 다음과 같이 설명하였다.

> 나는 법에 따라 치료 아동에 대한 개별화 교육계획(Individualized Education Plan: IEP)을 작성하며, IEP에 아동의 현재 의사소통 수준과 목표 수준 및 치료 절차와 수행시간 계획 등을 명시한다. 또한 치료 프로그램 효과의 평가방법도 기록하며, 치료 목표와 절차를 객관적으로 기록하고자 노력한다.

임상가는 2세 이하의 아동의 경우에 맞춤형 **가족치료 서비스 계획**(IFSP)을 작성한다.

또한 그녀는 "치료 프로그램이 종료된 후 아동의 의사소통 행동이 개선되었다는 것만을 기록하는 것이 아니라 그 증거까지 제시하여야 한다."라고 설명하였다.

Pamela는 매 학기 말 자신이 치료했던 아동의 부모에게 상황보고서를 우송하고, 필요시 부모와 협의를 한다. 의사소통에 문제가 있는 아동이 있으면 교사는 Pamela에게 전문적인 도움을 요청하며, 그녀는 치료 아동의 담당교사와 긴밀하게 협조한다. 또한 의사소통장애 아동을 담당하는 특수교육전문가와도 협조한다. 그녀는 다음과 같이 설명하였다.

> 내가 제한된 언어 능력을 가진 아동의 어휘를 증대시키고 그가 문법적으로 정확한 문장을 말하도록 가르치면 아동의 학업성적이 향상되고 사회생활이 놀랍게 개선되는데, 교사와 가족 모두가 이 변화를 인지할 수 있다. 정말 보람을 느낀다.

Marge Hickson, MA, CCC-SLP: 언어치료전문가, 라발 지역병원, 언어청각학과

36세의 Marge Hickson은 병원의 언어치료전문가다. 공립학교에서 5년 동안 근무하였던 마지는 라발(Lavall) 지역병원에 언어치료전문가 채용공고가 났을 때 직업에 변화를 가지고자 이곳으로 옮기게 되었다.

Marge는 병원의 언어청각 학과에서 전임으로 일하는 6명의 언어치료전문가 중 한 사람이다. 언어청각 학과에는 2명의 청각전문가도 있다. Marge와 동료들은 주로 의사소통장애가 있는 성인들을 치료한다. 언어청각과는 재활의학과와 밀접한 관계가 있다. Marge는 다음과 같이 설명하였다.

> 재활의학과는 두뇌 손상을 입은 환자를 포함하여 신체장애를 가진 많은 환자를 치료하는 곳이다. 또한 아동 및 외과적 장애가 있는 사람들을 치료한다. 뇌성마비 아동도 이곳에서 치료를 받는다. 나는 언어치료전문가의 도움을 필요로 하는 모든 환자를 치료한다.

교통사고나 산업재해 또는 기타 사고에 의하여 머리에 손상을 입은 환자는 의사소통장애가 나타나며 환자의 재활 과정은 느리면서도 어렵다. Marge는 오래전부터 뇌졸중 상태였고 현재 실어증을 앓고 있는 환자도 돌본다. Marge는 이러한 환자들이 물리치료를 받을 수 있게 되면 바로 언어치료를 시작하는데, "실어증 환자의 치료가 나에게는 가장 도전적이면서 동시에 가장 보람이 있는 일이다."라고 말하였다.

뇌손상에 의한 급작스러운 언어상실인 실어증은 감정적으로 쇠약하게 하는 의사소통장애다. 뇌손상과 관련된 의사소통장애는 제10장을 참고하라.

환자가 아직 언어치료를 받을 상태가 아닐 때에도 그녀는 환자의 의사소통장애와 치료에 의한 개선 전망에 대하여 가족들과 상담한다. Marge는 다음과 같이 설명하였다.

> 뇌졸중 환자들의 가족은 환자보다 더 슬퍼하고, 복잡한 신체적 문제와 언어문제에 대하여 혼란스러워한다. 마비와 갑작스러운 언어 상실이 가장 심각한 문제로 보인다. 뇌졸중과 뇌손상 그리고 의사소통 간의 관계에 대한 상담을 하면서 환자의 장애를 이해하는 데 도움을 준다. 내가 가족들에게 언어치료가 가능하고 그것이 도움이 된다고 말하면 그들은 당면한 문제를 더 잘 해결할 수 있게 된다.

치료의 초기단계에서 Marge는 다른 치료사와 마찬가지로 대부분의 실어증 환자를 개별적으로 치료한다. 개별 치료의 예는 [그림 3-1]과 같다. 그 후 단계부터는 보다 나은 사회적 의사소통을 촉진하기 위해 실어증 환자를 집단으로 치료할 수 있다.

제10장에서는 심각한 장애를 가진 사람들의 의사소통을 지원하는 전자 및 기타 장치를 설명한다.

문장을 만들 수는 있으나 구강 근육을 움직여 말을 할 수 없는, 신체적 장애가 심각한 환자들에게 Marge는 비구어적 의사소통 수단을 사용한다. 비구어적 의사소통 수단 중의 하나가 단어를 배열하여 다른 사람과 의사소통을 할 수 있게 해주는 전자 의사소통 판(electronic communication board)이다. 또한 전자 의사소통 단어와 개념을 나타내는 부호가 부착되어 환자가 문장을 만들기 위하여 그 부호들을 연속적으로 작동할 수도 있다. Marge는 다음과 같이 설명하였다.

[그림 3-1] 실어증 환자가 언어치료를 받고 있다.

치료 과정이 느리더라도 몇 가지 문장이라도 조합하는 능력이 생긴다면 환자에게 희망을 줄 수 있다. 현재 나는 의사소통장애를 가진 사람들을 위한 컴퓨터 프로그램을 사용하고 있다. 환자들은 올바른 키를 눌러서 저장된 단어와 구(句)를 화면에 불러오는 방법을 배운다. 흥미로운 분야로서, 급속한 기술발달이 이루어질 것으로 기대한다.

Jean Tyson, MA, CCC-SLP: 언어치료전문가, 타이슨 언어장애 클리닉

32세의 Jean Tyson은 중 · 소도시 중서부 지역에 언어 클리닉을 운영하고 있으며, 클리닉을 열기 전에 주립병원 언어청각과에서 5년 동안 근무했다.

대부분의 주립병원에는 정신질환과 정신지체를 가진 환자를 위한 언어청각과가 있으며, 입원환자뿐 아니라 그 지역 외래환자들도 이용한다. Jean은 주립병원의 언어치료전문가로서 정신 혹은 행동에 문제가 있는 사람과 의사소통장애를 가진 사람들을 치료하였다.

정신질환 환자나 정신지체 환자는 말과 언어에서 여러 가지 문제를 보이기 때문에 주립병원의 언어치료전문가는 해당 환자를 위한 언어치료 프로그램을 개발한다. 또한 정신과 의사, 심리학자, 정신과 간호사, 사회사업가 등 여러 분야 전문가로 구성된 치료 팀의 일원이기도 하다. 팀이 함께 환자의 문제를 평가하고 치료 프로그램을 개발하며, 각 전문가들은 이에 따라 치료 프로그램을 실행한다.

종합병원에서 5년 동안 환자들을 치료한 후에 Jean은 변화가 필요하다고 생각했다. Jean이 거주하고 있는 지역에는 개인이 운영하는 언어청각 클리닉이 없었으며, 그녀는 언어청각 분야에서 사설 치료실이 가장 빠르게 발전하고 있다는 것을 느끼고 있었다. 여러 중 · 소도시나 대도시에서 언어치료전문가들이 사설 치료실을 개원하는 추세였으며, 더구나 그녀의 주변 지역에서는 의사소통장애가 있는 성인들이 적절한 서비스를 받을 수 없는 실정이었다. 결국 그녀는 두 개의 방을 임대하고 한 명의 접수원을 고용하여 그 지역에서 최초로 사설 언어 치료실을 열게 되었다.

그녀는 다음과 같이 설명하였다.

> 나는 언어치료전문가의 사업적인 측면을 잘 몰랐다. 그러나 일단 사설 치료실을 시작하면 빨리 배우게 된다. 2년 동안 혼자 치료실을 운영하였는데, 점차 언어장애자가 증가하면서 다른 언어치료전문가를 고용하게 되었다. 사업이 번창하여 더 많은 전문가를 고용하였고, 현재 6명의 전임 언어치료전문가와 여러 명의 시간제 언어치료전문가들이 나의 치료실에서 일하고 있다.

Jean은 동료 언어치료전문가들과 함께 의사소통에 문제가 있는 성인과 아동을 치료한다. [그림 3-2]는 성인과 아동의 전형적인 언어장애 치료 장면을 보여 준다.

Jean은 치료실의 책임자로서 접수원 외에 관리사원을 고용하였으며, 이들 두 사람의 행정업무와 언어치료전문가들의 과업을 총괄한다.

[그림 3-2] 아동과 성인이 언어장애 치료를 받고 있다.

Jean은 치료실의 마케팅을 책임지고 있다. 그녀는 자신의 치료실로 환자를 보내주는 의사들과 편지와 전화로 연락을 유지한다. 그녀는 다음과 같이 설명하였다.

> 나는 지역병원, 요양원 및 다른 의료기관을 상대로 전문적인 언어치료를 제공하는 계약을 유지하는 일이 가장 중요하다. 지역의 주요 병원, 요양원, 가정보건소 및 기타 보호시설기관에서는 언어치료전문가를 고용할 수 없는 형편이다. 따라서 외부 치료실이 환자에게 서비스를 제공하는 것이 더 실용적이다. 나는 이 지역의 여러 기관과 계약을 맺고 있다.

Jean은 또한 기본의료보험(HMO)을 포함하여 건강보험을 제공하는 보험회사와도 계약을 맺고 있다. 건강보험회사와 기본의료보험은 언어치료와 청각 서비스에 대한 보험 상품이 있는데, Jean은 이러한 보험에 가입한 사람들에게 언어치료 서비스를 제공하는 계약을 체결하였다.

Jean의 치료실은 이렇게 바쁘게 움직이고 있다. 그녀는 다음과 같이 설명하였다.

> 나의 목표는 환자들에게 최상의 서비스를 제공하며, 나의 사업을 성심껏 관리하고, 나의 치료실에서 일하는 언어치료전문가들에게 활력이 넘치는 작업환경을 제공하는 데 있다. 내가 경영하고 있는 치료실은 의사소통장애를 가진 많은 아동과 성인에게 치료 서비스를 제공하고 있다. 나는 우리의 서비스가 지역사회에 가치 있는 일이라고 생각하며, 내 직업에 도전과 보람을 느낀다. 개인 언어치료전문가로서 나는 일하는 시간과 적합한 목표를 스스로 설정하며, 도전 또한 스스로 선택한다. 사설 치료실을 운영하는 것은 고객의 흐름, 현금수지 상황 및 경비에 항상 관심을 가져야 하는 등 쉬운 일이 아니다. 하지만 무엇보다 중요한 것은 치료실에서 일하는 동료들에 대한 관심과 그들이 환자에게 제공하는 서비스의 질이다. 개인사업이나 치료실 운영에서 가장 어려운 측면은 사람 관리다. 그러나 나는 이 모든 것이 매우 흥미롭다.

Lena Fisk, MA, CCC-SLP: 임상감독자, 노던 주립 대학

Lena Fisk는 대학 언어청각 클리닉의 임상감독자인데, 공립학교의 언어치료전문가나 사설 치료실의 언어치료사와는 다른 종류의 직업이다. 그녀는 이 직업을 갖기

전에 지역병원에 있는 언어청각과의 언어치료전문가로 일했다. 대학 분위기를 더 좋아하였던 그녀는 대학 언어청각 클리닉의 임상감독자 자리가 비었을 때 지원을 하여 채용되었다.

언어병리학과 학부생이나 대학원생들은 자격과 면허를 지닌 언어치료전문가의 지도를 받으면서 다양한 의사소통장애를 가진 사람들을 치료하여야 한다. 학생들은 언어치료전문가 자격 조건을 갖추기 위해 올바른 지도하에 충분한 임상경험을 습득하여야 한다. 따라서 대학의 언어청각 클리닉은 전문적인 자격을 갖춘 언어치료전문가가 필요하다. 이들은 학생들이 클리닉에서 평가와 치료기법 등 다양한 임상적 절차를 습득할 수 있도록 지도한다. 레나는 다음과 같이 지적하였다.

제15장에서는 언어치료전문가와 청각전문가로서 일하기 위해 필요한 면허증, 자격증 및 기타 여러 증명서에 대해 설명하고 있다.

> 의사소통장애가 있는 사람을 치료한 경험이 없는 학부생과 대학원생들을 대상으로 그들이 전문적이고 유능한 임상가가 되도록 지도하는 일은 도전적이라 할 수 있다. 첫 학기 학생들은 임상실습 과목 등록에 필요한 학업 요건을 충족하여야 한다. 교과목의 수강을 통하여 학생들은 의사소통장애의 평가와 치료에 관한 기초적 정보를 수집하지만 경험은 전혀 없는 상태다. 많은 학생이 클리닉에서 어떻게 치료를 해야 하는지에 관심을 가지며, 지도와 감독을 받으면 대부분이 잘하지만, 처음에는 서툴 수밖에 없다. 나는 학생들과 대화하고, 그들이 치료해야 할 언어장애자들에 관한 정보를 검토하며, 그러한 환자를 위한 치료계획을 개발하는 데 많은 시간을 보낸다.

Lena는 자신의 학생들이 환자들을 치료할 때 언어청각 클리닉에 함께 있다. 대학 클리닉에는 일방경(one-way mirror)이 설치되어 있다. 치료실 내부에서는 벽에 걸린 거울만 보이지만 치료실 밖에서는 감독자가 거울을 통해 치료실 안의 진행상황을 관찰할 수 있다. 또한 감독자는 치료실에 설치된 오디오의 마이크로폰을 통해 학생 임상가와 환자의 대화를 들을 수 있다. [그림 3-3]과 같이 감독자는 학생 임상가가 환자를 치료하는 과정을 지켜볼 수 있다. Lena는 다음과 같이 설명하였다.

> 나는 항상 거울을 통해 보고 헤드폰으로 들은 것에 대해 결정을 내려야 한다. 나는 학생 임상가가 입증된 치료계획에 따르고 있는지 확인해야 한다. 학생 임상가가 환자에게 하는 말을 주의하여 듣고, 학생과 환자 간의 상호작용을 면밀히 관찰한다. 학생이 전문가답게 행동하고 있는지와 학생의 행동이 효과적인지를 관찰한다. 또한 환자가 계속하여 불안을 느끼는지 환자의 행동을 살피고, 환자의 의

[그림 3-3] 임상감독자가 환자를 치료하고 있는 학생 임상가를 관찰하고 있다.

사소통 행동이 변화하는지, 학생이 환자의 반응을 기록하여 이러한 변화를 문서로 기록하는지를 본다. 이러한 것들이 환자를 치료하고 있는 학생 임상가를 관찰하면서 내가 하는 작업이다.

치료사가 준수해야 할 미국 언어청각협회의 윤리기준은 제15장을 참고하라.

학생 임상가들은 환자의 상태, 치료 절차, 수정 사항 및 치료 진행 보고서에 관해 토론하기 위해 필요할 때마다 Lena를 만난다. 임상실습을 통하여 학생은 평가보고서, 치료계획서 및 치료진행 보고서의 작성법을 배운다. 학생은 환자나 그 가족들과 전문용어로 대화하는 법을 배운다. 또한 치료 절차와 예상되는 치료 효과 및 필요시 다른 전문가(청각전문가, 의사, 심리전문가, 물리치료사, 특수교육전문가, 사회사업가)의 도움을 받아야 하는 서비스에 대하여 환자나 환자의 가족에게 상담해 주는 기술을 습득한다. 학생 임상가들은 임상기록을 보관하고, 보관한 기록과 제공된 서비스에 관해 비밀을 유지하는 방법을 배운다. 이처럼 학생 임상가를 포함하여 모든 임상 전문가들은 그들의 서비스를 제공받은 사람의 비밀을 유지할 책임이 있다. 임상가는 환자의 신분을 비전문적 맥락에서 언급하거나 사적으로 언급해서는 안 된다. 학생들은 윤리적 · 효과적인 전문 서비스 제공방법을 배운다.

임상실습을 함으로써 학생들은 면허와 자격증 등을 취득하기 위해 필요한 임상

요건을 충족한다. 임상감독자는 학생에게 전문적 기술을 가르치는 데 중요한 역할을 수행한다. Lena는 다음과 같이 설명하였다.

> 의사소통장애자를 다루는 데 전혀 경험이 없는 학생들을 받아 교육시킨 뒤 이들이 떠날 때는 전문가가 된다. 나는 배우려는 열망을 가진 학생이 자신감과 능력을 가진 전문가로 변화하는 과정을 본다. 내 눈앞에서 이루어지는 이러한 변화에 일조한다는 것을 매우 감사하게 생각한다.

Joseph Smiley, PhD, CCC-SLP: 의사소통장애학과 교수, 핸슨 주립대학

임상감독자 외에도 대학의 의사소통장애학과 교수진의 일원으로 언어병리학자와 청각학자가 있다. 학교교육과 임상실습을 한 사람이 할 수도 있고, 각각 다른 사람이 할 수도 있다.

Joseph Smiley는 언어청각학 학사학위와 언어병리학 석사학위를 받은 후 종합병원에서 언어치료전문가로 3년 동안 근무하였다. 그는 성인 언어장애인 실어증 환자 치료 팀의 일원이었으며, 실어증에 관해 좀 더 공부하고자 언어병리학 박사학위를 취득하기로 결정했다. 대부분의 박사학위는 연구학위로서, 박사과정 학생들은 선택한 분야의 전문성을 높이기 위해 보다 고급과목을 수강하고, 중요한 문제에 관하여 연구를 하며, 연구를 기초로 하여 학위 논문을 쓴다.

박사학위는 대학에서 강의하는 데 반드시 필요하다. Joseph은 실어증 치료에 대한 연구로 박사학위를 취득하였다. 이후 교수로 임용되어 언어청각기관의 해부학과 생리학, 실어증 그리고 신경언어장애와 같은 과목을 가르쳤다. 현재는 실어증 환자를 담당하는 학생 임상가들도 지도한다.

Joseph은 다음과 같이 설명하였다.

> 나는 가르치는 것을 좋아한다. 실어증은 의사소통장애 중에서 흥미 있고 도전적인 분야다. 학생들을 가르치면서 유창하게 의사소통을 하던 사람이 갑자기 언어를 잃어버리는 실어증 환자의 이야기를 듣고 감정의 동요가 없는 학생을 본적이 없다. 실어증과 실어증의 다양성이 뇌와 말-언어 기능 간의 모호한 관계를 설명해준다. 학생들은 뇌와 언어 간의 관계에 대한 기본연구와 응용연구에 매료된다.

실어증 및 이와 관련된 의사소통장애에 대해서는 제10장을 참고하라.

Joseph은 학과목 강의와 연구에 많은 시간을 할애하고 있다. 주요관심사가 실어증 환자의 치료인 그는 연구에 관해서 다음과 같이 말하였다.

> 나는 실어증 환자의 효과적인 치료 프로그램을 개발하고 싶다. 문제는 여러 종류의 실어증이 있다는 점이다. 똑같은 치료 절차가 모든 종류의 실어증에 효과적인지는 알 수 없다. 지난 몇 년간 단일 치료 프로그램(single treatment program)이 여러 종류의 실어증 환자에게 효과적인지를 파악하는 연구에 매진하였다. 아직 결과는 알 수 없으며, 결론을 내리기 전에 다양한 환자를 대상으로 검증을 해야 한다.

Joseph은 연구자료의 수집을 도와줄 대학원생 연구보조자 몇 사람을 고용하였으며, 그의 감독하에 연구보조자들은 그가 고안한 실험적 치료절차를 실어증 환자에게 적용하였다. Joseph은 "이것이 나의 학생들에게 유용한 경험이 될 것이다. 그들은 환자를 치료하는 동안 실어증에 관하여 배운다. 즉, 학생들은 실제 경험을 통해 연구방법과 치료과정을 배운다."라고 말했다.

Joseph은 교육, 연구, 임상감독 외에도 학생들에게 교육 및 임상 프로그램에 관해 조언을 한다.

> 학생들에게 조언을 하는 것이 나의 가장 중요한 임무다. 의사소통장애를 전공하는 학생들은 필요 과목, 수강하여야 하는 과목의 순서, 임상실습 등에 관해 궁금한 점이 많을 것이다. 그들에게 해답을 제공하고 그들이 교육 프로그램을 계획하도록 도우며, 올바르게 접근하고 있다는 확신을 주는 것이 나의 일이다. 나는 학생들이 복잡한 학과과목과 임상실습의 과정을 마치고 각자의 교육목표와 직업상의 목표를 달성하도록 돕는 이 일을 좋아한다 .

Jennifer Johnson, PhD, CCC-SLP: 연구원, 웨스턴 연구실

앞에서 설명한 것처럼 대부분의 언어치료전문가들은 다양한 환경에서 일하고 있다. 대학에서 학생들을 가르치고 감독하는 사람도 있으며 대학이나 전문적인 연구실험실에서 연구원으로 일하는 사람도 있다.

Jennifer Johnson은 다른 임상가들처럼 직접 치료하지 않고 의사소통장애인을 돕고 싶었다. 그녀는 연구를 통해 새로운 지식을 창출하는 것으로 그들을 돕고자 했다. 대학원생 시절에는 정부의 지원을 받는 대규모 말더듬 평가와 치료를 위한 연구에 연구보조자로 일했다. 그녀는 언어병리학에 관한 연구방법과 접근방법에 관해 많은 것을 배우게 되었고, 연구과정에 매료되었다. 그때 직접 환자를 치료하지 않더라도 연구를 통해 많은 사람에게 도움을 줄 수 있다는 것을 깨달았다. 예를 들어, 말더듬에 관하여 새로운 치료방법을 개발하는 연구원은 그러한 기법을 직접 사용하는 임상가들을 통해 말더듬 환자를 도울 수 있다. 따라서 치료에 관한 연구는 많은 사람을 도와줄 수 있는 효과적인 도구가 된다.

또한 연구는 기본적인 과학정보의 창출을 위해 필요하다. 말과 언어가 무엇이고, 이들이 어떻게 산출되며, 언어가 어떻게 습득되고 말소리와 언어 습득 과정에 장애가 어떻게 발생하는지가 모두 연구 대상이다. 의사소통장애의 성질뿐 아니라 원인도 이해해야 하며, 의사소통장애와 함께 정상적 의사소통의 특성도 파악해야 한다. 이러한 모든 것이 연구원들의 임무다.

의사소통과 의사소통장애를 연구하는 학자들 중 임상경험이 전혀 없는 경우도 있다. 이들은 언어장애자를 치료하지 않고 그 치료를 돕기 위한 문제의 해답을 찾는 데 몰두한다. 이에 비해 임상경험을 바탕으로 치료와 연구를 동시에 하는 학자도 있다. Jennifer는 치료와 연구를 동시에 하는 연구원 중 한 사람이다. 그녀는 석사과정에서 임상가로서 훈련을 받았고 박사과정에서 연구자로 훈련받았다.

Jennifer는 정부보조로 말더듬 환자의 가족력과 치료기간과의 관계에 대한 연구를 진행하고 있다. 그녀는 말더듬 친척이 있는 말더듬 환자가 그렇지 않은 말더듬 환자보다 치료기간이 더 길게 소요되는지에 대해 연구 중이다. 그녀는 다음과 같이 설명하였다.

> 말더듬 환자의 치료기간은 모두 다르다. 그러나 무엇이 이러한 치료 결과의 차이를 유발하는지는 알 수 없다. 내 생각으로는 말더듬과 관련된 가족력과 치료 결과 간의 관계를 조사하는 것이 연구의 출발점이라고 본다.

연구에 몰두하고 있는 Jennifer는 다음과 같이 말한다.

> 나는 24시간 연구에 매진하고 있으며, 연구 결과의 아주 조그만 부분까지 내게는 매우 흥미롭다. 나는 내 지시를 받는 4명의 학자와 한 팀으로 일하며 연구를

함께 계획한다. 우리는 말더듬 환자 중 가족력이 있는 말더듬이와 그렇지 않은 말더듬이를 찾아 그들을 동일한 방법으로 치료하고 있다. 이것은 장기간의 연구 프로젝트이며 해답을 찾기 위한 신중한 자료 수집에 수년이 걸릴 것이다.

다른 직업 환경에 있는 언어치료전문가

언어치료전문가들은 공립학교, 병원과 클리닉, 정신질환를 가진 사람들을 위한 주립병원, 사설 치료실, 대학 및 연구실 외에도 여러 가지 환경에서 근무한다. 여기에는 재향군인병원, 재활기관, 발달장애인 개인기관이 포함된다. 재향군인병원에서 언어치료전문가들은 노인에게 흔히 나타날 수 있는 의사소통장애자들을 진단하고 치료한다. 이러한 장애에는 실어증, 신경 손상과 신경 퇴화 질병으로 인한 언어장애가 포함된다(예를 들어, 알츠하이머병). 전쟁 중에는 뇌손상과 이와 관련된 의사소통장애를 가진 참전군인이 증가한다.

재활기관에서 일하는 언어치료전문가는 말과 언어에 영향을 끼치는 다양한 종류의 신체장애자를 주로 치료한다. 예를 들면, 두뇌 손상 환자와 뇌성마비 아동들이 이에 속한다. 발달장애 시설에서 근무하는 언어치료전문가는 그곳에 거주하는 언어장애자를 위한 치료 프로그램을 개발한다.

끝으로 사설 치료실을 운영하는 언어치료전문가들은 요양원, 보호시설 그리고 양로원 등과 연계하여 치료 계약을 맺는다. 그들은 또한 가정건강 요양기관과 계약을 맺어 치료실에 올 수 없는 환자의 집을 방문하여 치료한다.

청각전문가

청각학(audiology)은 청각장애와 청각장애인의 재활을 연구하는 분야다. 이를 다루는 전문가인 **청각전문가**(audiologist)는 청각과 청각장애, 청각손상에 대한 평가, 청각장애자들의 재활을 연구하는 전문가다.

Dianne Harris, MA, CCC-A: 청각전문가, 아동병원, 언어청각 클리닉

Dianne Harris는 청각장애를 전공한 청각전문가다. 그녀는 청각학 석사학위를 받았으며, 미국 언어청각협회의 **청각전문가 자격증**(Certificate of Clinical Competence in Audiology: CCC-A)을 가지고 있다. 또한 청각임상을 할 수 있는 주 정부의 면허도 가지고 있다. Dianne은 아동병원의 언어청각 클리닉에서 2년째 근무 중이다.

그녀가 대학을 졸업했을 때 몇 가지 직업을 선택을 할 수 있었다. 다른 청각전문가와 같이 개인병원에서 일할 수 있었고, 그녀가 사는 동네의 이비인후과에서 청각전문가를 구하고 있었다. 또한 사설 언어청각 치료실에서도 청각전문가를 구하고 있었다. 그러나 아동을 좋아했기 때문에 결국 아동병원을 택하였다. 그녀는 "나는 어린 아동과 아기들의 청력을 검사하는 것이 즐겁다. 어린 아동일수록 청력검사가 어렵지만 나는 그러한 도전을 좋아한다."라고 말하였다.

청각 및 청각장애 그리고 청각전문가의 역할에 대해서는 제13장과 제14장을 참고하라.

Dianne은 대부분의 시간을 아동들과 함께 보냈는데, 치료실에서 상담하는 아동의 연령은 출생 직후에서부터 21세까지 있었다. 그녀는 아동들에게 특별한 관심이 있었기 때문에 유아와 어린 아동을 대상으로 치료하였고, 치료실에 있는 다른 두 명의 청각전문가들은 좀 더 큰 아동들을 치료하였다. 그녀는 현재 치료실 책임자를 포함하여 5명의 임상가와 일하고 있다.

Dianne은 청각장애아동의 부모와 상담하는 데 많은 시간을 할애하였다. 그녀는 다음과 같이 설명하였다.

> 나는 청각장애아동을 둔다는 것이 어떠한 의미를 갖는지를 설명하는 데 많은 시간을 할애한다. 나는 이러한 일을 좋아하는데, 어려우면서도 아주 섬세하고 전문적인 방법으로 이 일을 다루어야 한다는 것을 안다. 아주 어린 아동의 부모는 아동의 청력손실을 의심하기는 하지만 이를 받아들일 준비가 되어 있지 않다.

부모가 아동의 청력손실을 받아들이면, Dianne은 여러 가지 재활방법에 대해 설명한다. 또한 보청기와 언어치료, 부호언어와 다른 의사소통 수단, 아동의 교육적 요구 및 이와 관련된 문제들을 협의한다.

Dianne은 보청기를 통한 증폭으로 효과를 볼 수 있는 아동들을 대상으로 완벽한 보청기 평가를 실시한 다음, 아동에게 맞는 보청기를 선택해 준다. Dianne은 아동이 보청기를 사용하는 것을 세밀하게 관찰하고, 청각장애아동에게 특별히 요구되는 사항을 학교교사와 상담한다. 예를 들어, 청각장애아동은 앞자리에 앉아야 한다거나 이야기를 할 때 아동을 정면으로 보아야 한다고 교사에게 제의한다. 아동이 말하는 사람을 정면으로 보면서 **구화**(lipreading)에 의해 아동이 말을 이해하게 된다. 구화는

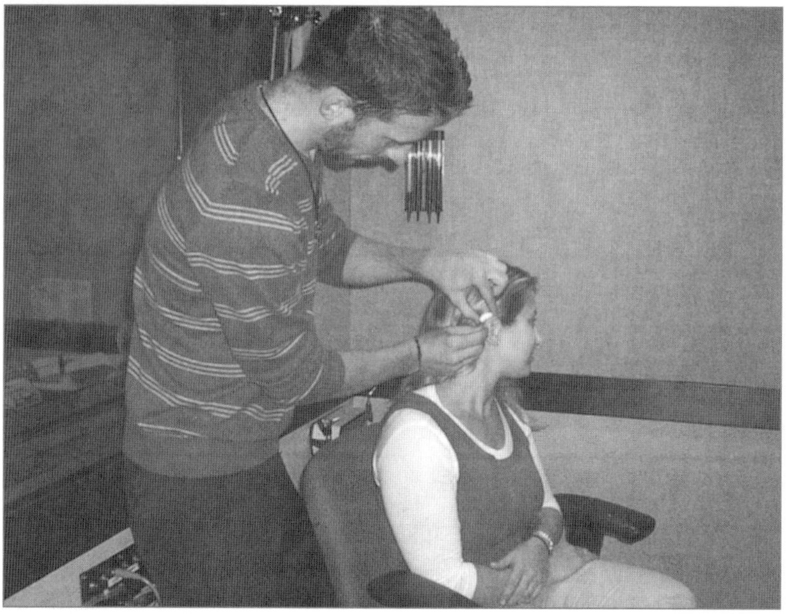

[그림 3-4] 청각전문가가 보청기를 끼워 주고 있다.

입의 움직임을 보아 말을 이해하는 것을 말한다. [그림 3-4]는 청각전문가가 청각장애인에게 보청기를 끼워 주는 모습이다.

Dianne은 "나는 주로 아동들을 치료하고 있기 때문에 아동의 가족구성원이나 교육체계와 밀접한 관계를 맺고 있다. 나는 청각장애아동의 특별한 요구가 충족되도록 다른 사람들을 만나는 것을 좋아한다."라고 말했다.

Cheryl Logon, MA, CCC-A: 청각전문가, 로건청각센터

Cheryl Logon은 사설 치료실을 운영하는 청각전문가다. Cheryl은 청각학 석사학위를 받은 후 5년 동안 이비인후과에서 근무하였다. 그 이후에는 이비인후과에서 의뢰한 환자들의 청력을 평가하는 일을 담당하였다. 그녀는 아동과 성인 모두의 청력을 평가하며, 환자에게 가장 잘 맞는 보청기를 결정하기 위한 '보청기평가'도 실시한다. Cheryl은 다음과 같이 설명하였다.

> 나는 항상 나만의 치료실을 갖고 싶어했다. 그러나 치료실을 열기 전에 직업적인 경험이 필요하였다. 5년 동안 개인병원에서 일한 후 치료실을 여는 것이 좋

다고 생각했다. 도전적인 일이지만 이 일을 무척 좋아한다.

Cheryl은 치료실이 제대로 자리를 잡기 위해서는 시간이 걸리고 인내가 필요하며 힘든 일이라는 것을 알고 있었다. 사설 치료실이 성공하기 위해서는 사업적인 측면을 알고 있어야 하며, 세금과 회계 그리고 전문가와 직원을 관리해야 한다. 무엇보다도 치료실이 성공하기 위해서는 환자를 의뢰하는 기관들을 구축해 놓아야 한다. 즉, Cheryl의 치료실에 환자를 의뢰할 의사들과 다른 전문가들을 알고 있어야 한다는 뜻이다. 그녀는 "전화번호부에서 나의 이름만 보고 찾아온 환자들도 많지만 환자의 대부분은 의사, 특히 이비인후과에서 의뢰한 사람들이다."라고 말한다. 그녀는 환자를 보내 주는 전문가들과 지속적으로 연락해야 하며, 청력평가의 결과와 그녀가 제시한 권고사항을 그들에게 알려 주고 있다.

[그림 3-5]는 전형적인 청력검사 상황이다. 검사가 이루어지는 방음실, 청각전문가가 사용하는 전자식 청력검사기 및 보호자의 도움을 받아 검사를 받는 아동을 볼 수 있다.

사설 치료실의 청각전문가들은 청각장애인에게 보청기를 제공할 수 있으나 이를 위해서는 주(州)가 인정하는 자격이 필요하다. Cheryl은 자격증이 있기 때문에 적절한 보청기를 선택하여 맞추어 주는 일도 한다. 그녀는 여러 모델의 보청기를 제조회

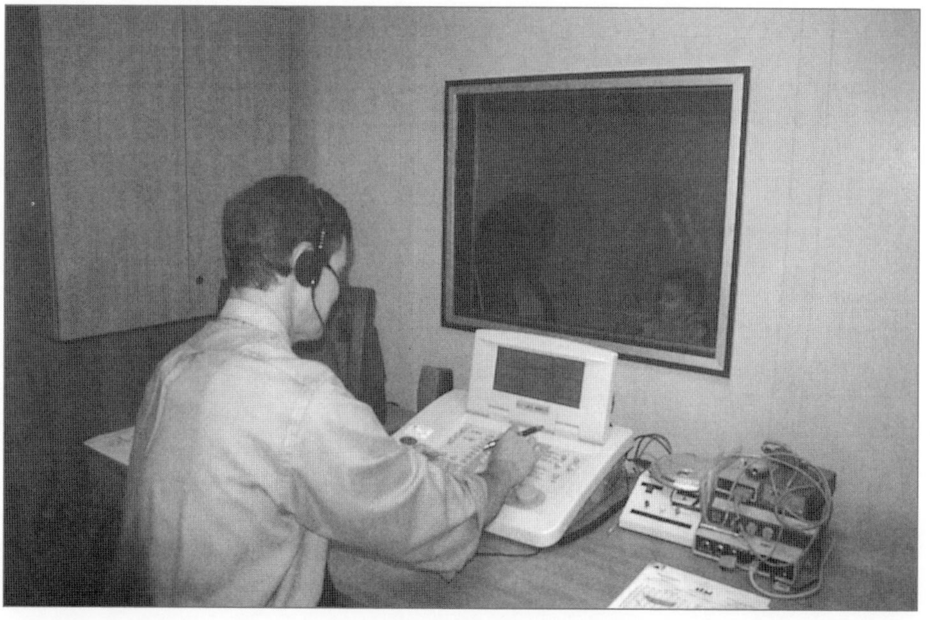

[그림 3-5] 청각전문가가 아동의 청력을 검사하고 있다.

사로부터 직접 구매하는데, 이는 그녀가 환자에게 적절한 보청기를 제공하기 위해서다. 그녀는 여러 종류의 보청기를 환자에게 시도해 보고 나서 소리를 지각하고 말소리를 이해하는 데 가장 적절한 보청기를 결정해 준다.

2년 정도 혼자서 청각전문가로 일해 온 그녀는 사무실을 확장하고, 그 지역의 병원과 환자에게 청각 서비스를 제공하는 두 가지 계약을 체결하였다. 이를 위해 한 명의 청각전문가를 고용하였고, 언어 서비스가 필요한 환자들은 그 지역의 언어치료실에 의뢰하고 있다.

다른 직업 환경에서 일하는 청각전문가

청각전문가는 병원과 사설 치료실 외에도 대학에서 강의를 하거나 임상감독을 하거나 또는 연구원으로 일한다. 이들은 대학의 언어치료전문가들과 유사한 일을 한다. 또한 청각전문가는 군인의 청력을 검사하기 위해 군대에서 일할 수도 있는데, 그들은 청각과 말소리 지각에 관하여 다양한 연구를 한다.

한편 산업현장에서 근무하는 청각전문가도 있다. 많은 산업현장에 있는 근로자들은 위험한 수준의 소음에 노출되어 있으며, 고도의 소음 속에 끊임없이 노출됨으로써 청력이 손실될 수 있다. 또한 소음은 피로를 유발하고 효율성을 감소시킨다. 소음 속에서 일하는 근로자들은 사고의 위험이 크다. 따라서 연방법과 주 법률은 근로자의 청력을 보호하기 위해 고용주가 적절한 조치를 취하도록 요구하고 있다. 연방법에 따르면, 소음이 있는 작업 환경 때문에 청력이 손실된 근로자는 보상을 청구할 수 있다. 따라서 고용주는 근로자의 청력을 정기적으로 검사하고 소음에 의한 청력손실 위험을 감소시키기 위해 필요한 조치를 취해야 한다. 이때 근로자의 청력을 정기적으로 검사하고 청력보호 프로그램과 같이 소음에 노출된 사람의 청력을 보호하는 절차를 제시하는 사람이 산업 청각전문가다. 이런 절차는 청력보호 프로그램의 한 부분이다.

산업 청각전문가는 특정 업체와 계약을 맺고 일을 한다. 그들은 근로자의 청력을 평가하는 데 필요한 장비를 적재한 수송 수단을 갖추고, 그 장비를 청력검사가 실시되는 산업현장까지 운반한다. 가능하다면 청력검사는 신규직원을 채용할 때와 정기적으로 청력을 검사할 때 이루어진다. 청각전문가는 청력손실의 위험을 줄이기 위해 귀마개나 다른 도구를 추천해 주기도 한다.

요 약

- 언어치료전문가, 청각전문가, 언어청각학자들은 인간의 의사소통장애에 관한 치료와 연구를 전공한 사람들이다.
- 언어청각학자들은 연구실과 대학 학과에서 근무한다.
- 언어치료전문가와 청각전문가는 다양한 직업 환경에서 근무하며, 이는 [그림 3-6]에 제시되어 있다.

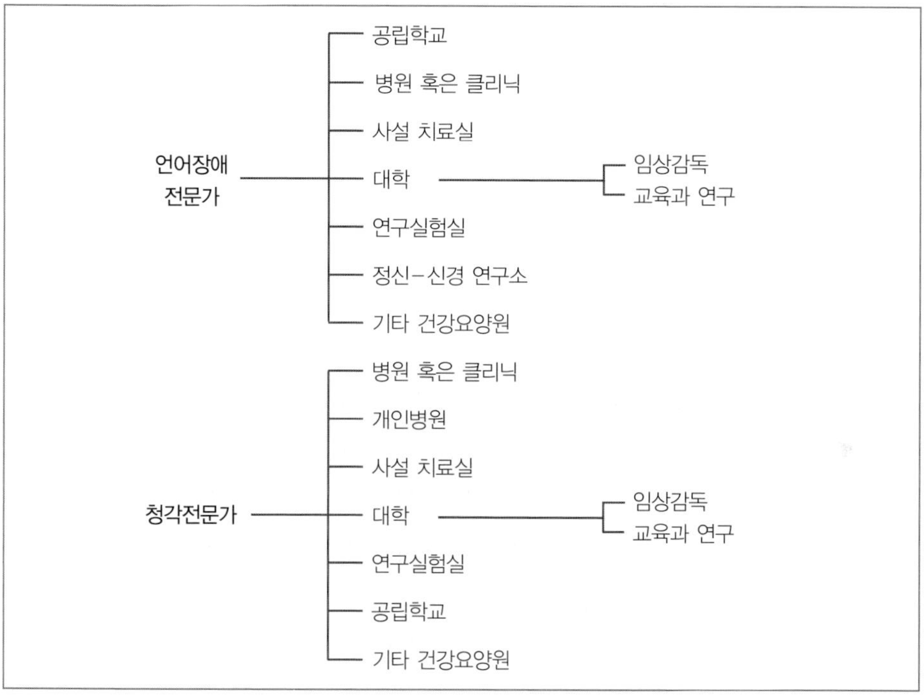

[그림 3-6] 언어치료전문가와 청각전문가의 직업 환경

연구문제

1. 청각학, 음성과학, 언어과학 및 언어병리학의 개념을 명확히 정의하고, 차이를 설명하시오.
2. 미국에서 언어치료전문가 자격증은 누가 발행하는가?
3. 미국에서 언어치료 서비스가 주로 공립학교에서 제공되어 온 이유를 법률적 측면에서 설명하시오.
4. 언어치료 서비스를 요구하는 두 가지 환경에서 언어치료전문가의 역할을 설명하시오.
5. 청각전문 서비스를 요구하는 두 가지 환경에서 청각전문가의 역할을 설명하시오.

참고문헌

Americans with Disabilities Act of 1990, 42 U.S.C. §12101 *et seq.* (1990) (Session law # is P.L. 101-33; acronym is ADA)

Education for All Handicapped Children Act of 1975, 20 U.S.C. §1400 *et seq.* (1975) (amended 1986) (Session law # is P.L. 99-457)

Individuals with Disabilities Education Act of 1990, 20 U.S.C. §1400 *et seq.* (1990) (Session law # is P.L. 101-476; acronym is IDEA)

04

Introduction to Communicative Disorders

말-언어의 해부학과 생리학

말소리 산출의 구조적 기제

호흡기관

발성기관

조음기관

신경계

언어치료전문가에게 요구되는 자격증, 수련증명서 그리고 면허증에 대해서는 제15장을 참고하라.

신경학적 문제에 대한 더 많은 정보는 제10장을 참고하라.

Tammy Speeks는 로스앤젤레스에서 사설 언어장애 클리닉을 운영하고 있다. 그녀는 언어병리학 석사학위를 소지하고 있으며 미국 언어청각협회에서 언어치료전문가 자격증을 취득하였다. 또한 수련과정을 인정하는 자격면허를 캘리포니아 주로부터 받았다. 그녀는 다른 두 명의 임상가들과 같이 클리닉에서 일하고 있다.

월요일 오후 Tammy는 자신의 사무실에 앉아서 우편물을 읽고 있다. 클리닉을 찾아오는 대부분의 성인과 아동들은 다른 의사나 전문가에게서 의뢰를 받아 온다. 1차 진료를 담당한 의사들은 의뢰서에 의사소통장애나 의사소통장애의 원인이 될지도 모르는 의학적 문제를 한두 가지 언급해 놓는다. 오늘 Tammy는 몇 장의 의뢰서를 받았는데, 문제가 있는 사람들에 대한 간결한 설명이 기록되어 있었다.

- 신경전문의: 신경계의 장애를 진단하고 치료하는 의학전문가
- 파킨슨병: 신경계의 퇴행성 질환
- 운동기능 감소증: 근육운동의 범위와 힘이 축소되는 것
- 추체외계: 운동통제에 관여하는 신경계의 한 부분

• 신경전문의로부터의 의뢰서

언어평가를 통해 언어치료가 필요할지를 결정하기 위해 귀하에게 65세의 Ben Tilley 씨를 의뢰합니다. Ben은 파킨슨병으로 진단되었습니다. 신경학적 진찰의 결과로는 뚜렷한 운동기능 감소증의 소견을 보입니다. 추체외계의 손상이 있으며 조음은 거의 뚜렷하지 않습니다. 그는 지나치게 작은 소리로 말하고 매우 짧은 어구를 사용합니다. 말은 단조롭고 음성은 숨 새는 소리를 냅니다. 파킨슨병이 조음부, 호흡부 그리고 발성부에 영향을 주고 있는 것이 분명합니다. 귀하의 도움에 감사드리며 Ben의 평가결과를 알려 주시기 바랍니다.

- 후두전문의: 목과 관련된 질병을 진단하고 치료하는 의학전문가
- 내시경: 성대 진찰에 사용되는 기구
- 성대결절: 성대에 자라며 음성에 영향을 주는 작은 결절

• 후두전문의로부터의 의뢰서

32세 여성 Melinda Baily 씨의 음성을 평가하고 싶습니다. 도심 뮤지컬 극단의 대표 가수였는데 쉰 음성으로 제게 왔습니다. 목이 쉰 지는 오래되었는데, 지난 몇 주간 한층 더 나빠진 상태였고, 내시경 검사로 양측 성대결절이 있다는 사실을 알아냈습니다. 저는 Melinda 씨가 음성치료로 효과를 얻을 수 있다고 믿고 있습니다. 몇 주간의 음성치료 후에 그녀의 성대를 내시경으로 다시 진찰해 보고자 합니다.

- 구강외과전문의: 입 구조에 대한 외과수술을 실시하는 의학전문가

• 구강외과전문의로부터의 의뢰서

음성평가를 위해 4세 아동 James Redding을 의뢰합니다. James는 경구개와 연구개에 양측성 구개열을 가지고 있습니다. 구개열은 보-바르딜-킬너(Veau-Wardill-Kilner) 수술을 통해 봉합되었습니다. 방사선 촬영으로 연인두 기제가 정

상적으로 움직이고 있는 것을 확인했지만 James의 음성은 과대비성을 내고 있습니다. 언어치료 프로그램이 과대비성을 감소시키고 연인두 기능의 효율성 향상에 도움이 되리라 믿습니다. 귀하의 권고를 기대합니다.

- 구개열: 입천장의 갈라짐(천공)을 말하며 다양한 수술 절차로 치료됨
- 영화 방사선 촬영술: 방사선 사진들을 동영상으로 보여 줌

• 가정의학전문의로부터의 의뢰서

62세 Thomas Tanner 씨의 언어평가를 부탁드립니다. Tanner 씨는 대략 3주 전에 뇌졸중 증상이 있었고, 그 결과 우측 편마비가 일어났습니다. 자신의 생각을 말로 표현하는 데 많은 어려움이 있습니다. 신경학적으로 평가해 본 결과 뇌의 운동 언어영역에 손상을 입은 것으로 보입니다. 그의 신체 상태는 현저하게 향상되었습니다. 지금 그에게는 언어재활이 필요하다고 믿습니다. 귀하의 언어치료를 위한 보고 및 권고를 기대합니다.

신경학적 문제 혹은 질병과 관련된 의사소통에 관련된 세부사항은 제10장을 참고하라.

- 뇌졸중: 혈액의 공급이 중단되어 뇌가 손상된 경우
- 실어증: 뇌졸중과 다른 원인 때문에 언어 문제가 생긴 경우
- 편마비: 몸의 절반이 마비되는 경우

• 청각전문가로부터의 의뢰서

만 10세 소년 Timothy Noll을 언어평가를 위해 보냅니다. 청각평가를 해 본 결과 감각신경성 난청이라고 판단됩니다. 그의 청력검사 결과 보고서를 동봉합니다. Timothy는 청력역치를 향상시키는 양측용 보청기를 착용하고 있습니다. 보청기를 착용했을 때와 착용하지 않았을 때의 역치도 청력도에 제시되어 있습니다. 저는 Timothy에게 집중적인 언어훈련 프로그램이 필요하다고 생각합니다. 귀하의 평가와 권고를 크게 기대하는 바입니다.

청각장애 혹은 청각전문가와 관련된 세부사항은 제13장을 참고하라.

현 단계에서 이런 의뢰 편지들을 소개하는 이유는 전문 기술적 요소—특히 말하기와 듣기의 해부학과 생리학—의 학습이 필요하다는 것을 강조하기 위해서다. 해부학, 생리학 그리고 관련된 전문 기술적 문제를 논의한다는 점에서 이 의뢰서들은 독자들보다는 언어치료전문가나 청각전문가들에게 더욱 중요하다. 이후에 전개되는 여러 장에서 독자들은 이 의뢰서에 언급된 장애와 질병에 대해 좀 더 알게 될 것이다.

이 장에서 우리는 듣기와 말하기를 가능하게 하는 신체 기제에 대해 간략하게 살펴보겠다. 말하기와 듣기의 일반적인 해부학과 생리학 및 말하기와 관련된 해부학과 생리학에 대한 좀 더 자세한 논의는 이 장의 마지막에 제시한 참고문헌, Bhatnagar(2008), Calvin & Ojemann(1980), Kent(1998), Ornstein & Thompson(1984), Seikel, King, & Drumright(2005), Smith(1984), Thompson(1984), Webster(1999) 그리고 Zemlin(1998)에서 찾을 수 있다. 의사소통장애를 전공하는 학생들은 말, 언어, 청각에 관련된 해부학, 생리

- 청각전문가: 청력과 청력장애에 관한 전문가
- 감각신경성 난청: 내이나 청각신경 부분이 손상을 입은 것
- 청력도: 청각 역치를 그래프로 나타낸 것

학 그리고 신경학 강좌를 듣게 될 것이다.

전반적으로 말하기는 걷기와 같다고 할 수 있다. 둘 다 신체 기제를 필요로 한다. 몸의 여러 구조는 이와 같은 신체 기제를 제공하는데, 다양한 뼈, 근육, 막, 힘줄, 연골 그리고 신경은 말소리 산출에 관여한다.

말소리 산출의 구조적 기제

말하기의 주요 구조는 호흡부, 발성부 그리고 조음부로 구성된다. 말소리 산출에 수반되는 기관으로는 공명기관과 중추신경계 그리고 청각기관이 있다. 공명기관은 비록 말소리 산출기관은 아니지만 발성기관에서 만들어진 원음을 의미 있게 수정하는 역할을 한다. 신경계, 특히 뇌는 서로 다른 구조의 모든 활동을 우리가 언어라 부르는 더 심오한 활동으로 통합하는 데 큰 공헌을 한다. 말소리 산출을 인지하게 하고 그 규칙적 조정을 도와주는 중요한 기제는 청각기관이다. [그림 4-1]은 말, 언어 그리고 듣기의 주요 구조를 보여 준다. 간략한 설명을 위해 말소리 산출에 수반되는 신경은 그림에 포함하지 않았다.

사람이 말을 할 때는 가슴, 복부, 목 그리고 입 안에 있는 다양한 구조가 작용한다.

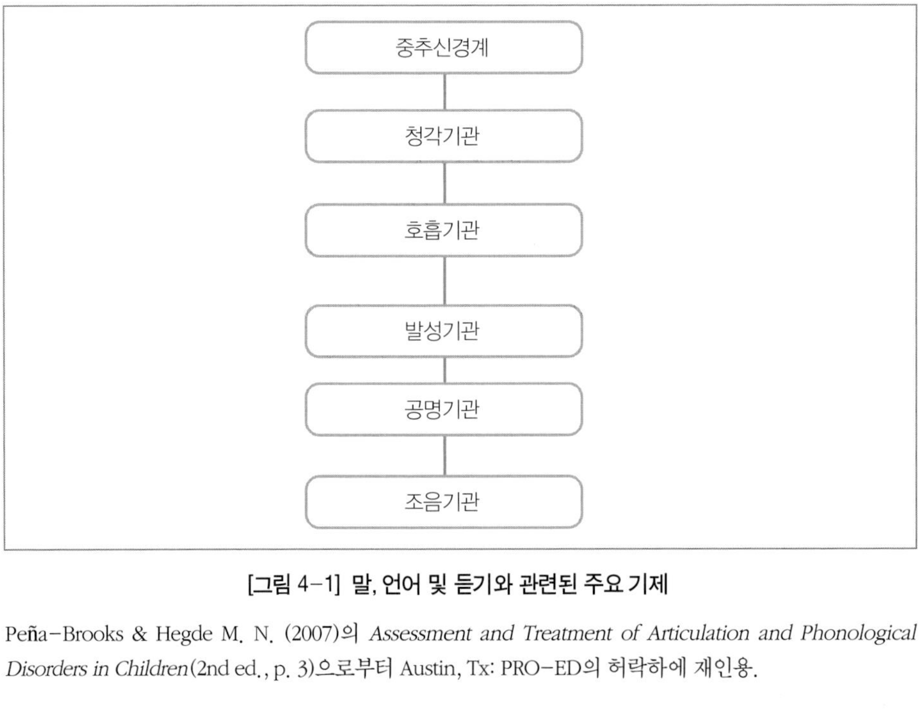

[그림 4-1] 말, 언어 및 듣기와 관련된 주요 기제

Peña-Brooks & Hegde M. N. (2007)의 *Assessment and Treatment of Articulation and Phonological Disorders in Children*(2nd ed., p. 3)으로부터 Austin, Tx: PRO-ED의 허락하에 재인용.

- 성대: 목에 있는 얇은 근육의 일부로서 소리를 내는 데 사용
- 구개: 입천장을 말하며 앞부분은 딱딱하고 뒷부분은 부드럽게 되어 있음
- 강(cavity)은 일정한 구조물을 담고 있는 그릇과 같은 역할을 함

뇌는 이 복잡한 활동을 조절한다. 듣기 기제는 화자가 말하는 것을 스스로 알 수 있게 도와주고 자신이 무엇을 말했는지 모니터할 수 있도록 해 준다. 화자는 호흡하면서 들이마신 공기를 이용하여 성대를 울림으로써 음성을 생성한다. 주로 혀, 치아 그리고 연구개와 경구개가 성대에서 생성된 소리를 인식할 수 있는 말소리로 만들어 준다. 목, 입, 코의 강(cavity)들은 후두에서 생성된 소리의 음질을 변화시킨다. 그래서 음성은 나이, 성별 그리고 의사소통 상황에 적합한 소리가 된다.

호흡기관

말하기 위해 공기가 필요하다는 것은 누구나 아는 사실이다. 사람들이 숨이 찰 때는 말하는 것이 어렵다. 예를 들면, 아마추어 오페라 가수가 숨이 차서 엉뚱한 시점에서 노래를 쉬는 경우가 있다. 말에 사용되는 공기는 폐에서 나온다. 우리는 숨을 들이쉬고(들숨, inhalation) 내쉬는데(날숨, exhalation) 보통 날숨으로 말을 한다. 들숨과 날숨 그리고 말하기는 서로 복잡하게 연관되어 있다. **흉곽**(rib cage 혹은 thoracic cage), **횡격막**(diaphragm) 그리고 **폐**(lung)를 포함한 몇몇 구조들이 이 작용을 돕는다. 신경체계로 통제되는 많은 근육은 숨쉬기와 말하기를 가능하게 한다.

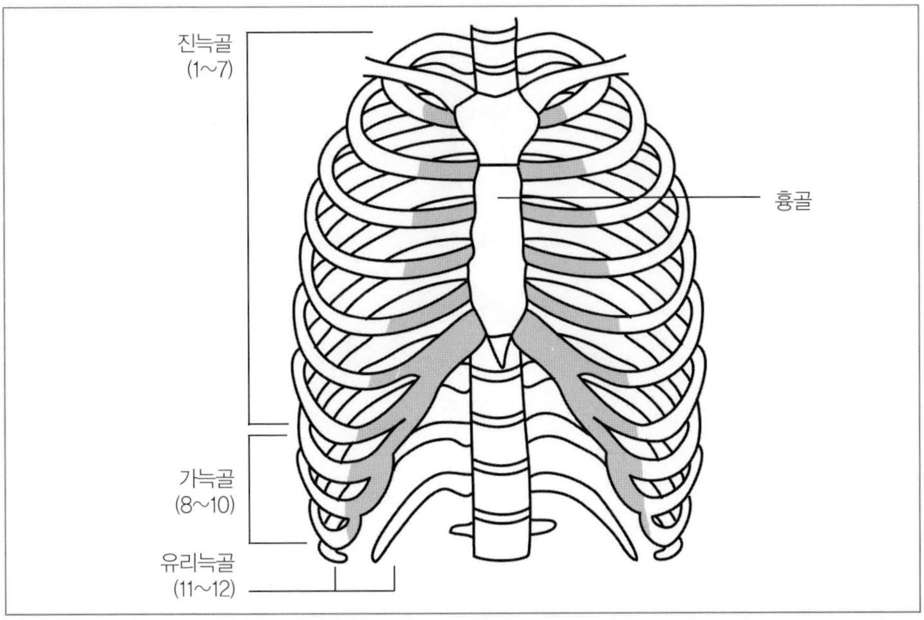

[그림 4-2] 흉곽

흉곽은 호흡기관의 주요 구조물로써 보통 가슴(chest)이라 불리는데, 원기둥 같은 구조를 형성하는 12쌍의 갈비뼈(ribs)로 구성되어 있다. 모든 갈비뼈는 척추의 뒤쪽으로 붙어 있다. 위쪽의 7쌍은 직접적으로 혹은 간접적으로 흉골(sternum; the breast bone)의 정면 쪽에 붙어 있으며 이들을 **진늑골**(true ribs)이라 부른다. 그다음 세 쌍(8, 9, 10번)은 흉골에 붙어 있기는 하지만 **온흉골대**(common cartilaginous band)와 함께 붙어 있어서 이들을 **가늑골**(false ribs)이라 부른다. 가장 아래쪽에 있는 두 쌍(11, 12번)의 갈비뼈는 흉골에 붙어 있지 않아서 **유리늑골**(floating ribs)이라 부른다. 흉곽은 심장과 폐를 포함한 생명 유지에 필수적인 기관들을 보호한다. [그림 4-2]는 흉곽의 구조를 보여 준다.

흉곽의 밑에는 **횡격막**(diaphragm)이 있다. 횡격막은 원형 천장 같은 모양을 한 두꺼운 근육이며 흉부와 위를 구분해 준다. 폐가 횡격막 위에 얹혀 있기 때문에 횡격막은 호흡에 중요한 역할을 한다. [그림 4-3]은 폐와 횡격막을 나타낸다.

원뿔 모양을 한 폐는 상하 기도를 포함하는 **호흡기관**(pulmonary system)의 일부분이다. 상(上) 기도는 입, 코 그리고 목의 위쪽 부분이다. 약 20개의 연골 고리로 형성된 관인 **기관**(trachea)은 하(下) 기도의 출발점이기도 하다.

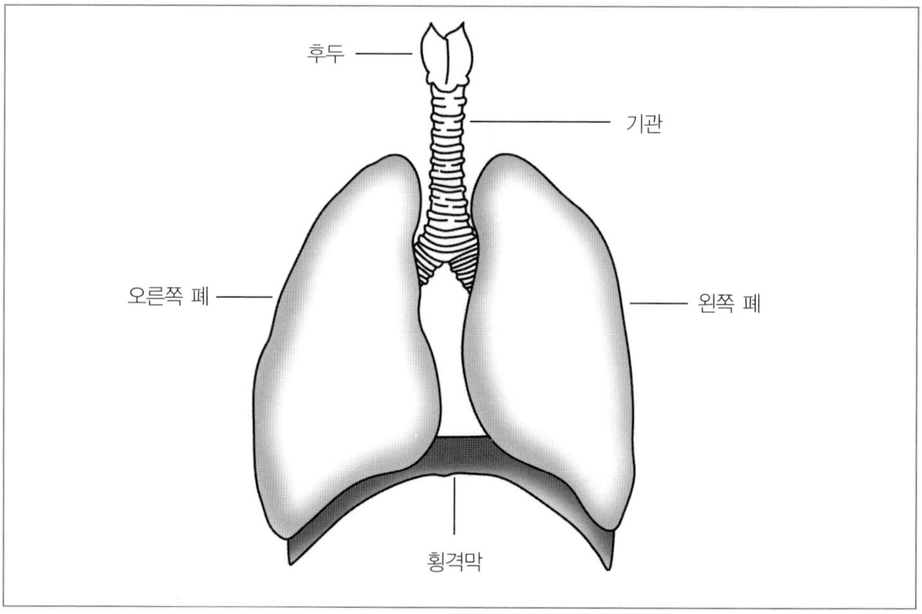

[그림 4-3] 폐와 횡격막

횡격막 외에 갈비뼈 사이의 **근육**(늑간근, intercostal muscles)과 목, 가슴, 위의 몇몇 근육들이 호흡하는 동안 움직인다.

숨을 들이마실 때 피에 산소를 공급받고, 숨을 내쉴 때는 축적된 이산화탄소를 배출한다. 과도한 양의 이산화탄소 때문에 산소가 필요해지면 뇌간에서 **연수**(medulla oblongata)라 불리는 기관이 호흡 근육에 자극을 보낸다. 성인은 보통 1분에 약 12번 호흡한다. 이 횟수는 특별한 연습으로 줄일 수 있다. 어린 아동의 1분당 호흡빈도는 일반적으로 더 높고 유아는 1분에 약 60번 또는 그 이상이다.

들숨과 날숨은 호흡의 규칙적 순환을 만들어 낸다. 들숨은 산소와 이산화탄소가 교환되는 폐로 공기를 공급하고, 횡격막과 호흡에 사용되는 다른 근육들의 작용을 통해서 공기가 안으로 들어오고 흉강과 흉강 안의 폐가 팽창한다. 이렇게 되면 폐 안의 압력은 바깥쪽보다 낮아 진다. 따라서 열린 후두 밸브를 통해 공기가 폐로 이동하고 폐 안과 바깥의 압력은 같아진다. 곧 그 근육들은 흉강의 부피를 줄이기 위해 수축하며 폐 안의 압력을 높인다. 결과적으로 공기는 밖으로 나간다(날숨). 이러한 방법으로 들숨과 날숨의 순환은 자동적으로 계속된다.

말소리의 산출은 공기가 이동하여 성대를 진동시킬 때 가능하다. 호흡은 그러한 공기를 공급하는 과정이다. 그러나 말은 호흡 순환 주기를 조정한다. 말은 보통 날숨으로 만들어지기 때문에 말하는 동안의 날숨은 말이 없는 동안이나 들숨의 경우보다 긴 경향이 있다. 더 오래 그리고 더 크게 발화하기 위해서는 보통 때보다 더 깊이 숨을 들이마셔야 한다. 조용히 호흡할 때와 비교해 보면 발화하는 동안의 호흡은 그에 맞추어 더욱 의식적으로 제어되고 조정된다. 그러한 조정은 빠르고 지속적이다.

언어장애와 음성장애에서 가장 빈번하게 발견되는 호흡의 문제는 말하기에 필요한 적절한 호흡을 하지 못하는 것이다. 이는 (신경의 손상으로) 호흡근육의 신경 조절이 잘 안 되기 때문이다. 신경전문의가 말-언어평가를 위해 보낸 Tilley 씨의 경우, 호흡 문제는 파킨슨병에 기인한 뇌손상이 원인이다. 적절하지 못한 호흡 유형은 어떤 특정의 신경생리학적 설명으로 이해할 수 없는 학습 패턴에 기인한다. 따라서 호흡의 불규칙은 기질적인 동시에 기능적인 의사소통장애와 관련되어 있다. 이유가 무엇이든, 불규칙한 호흡 패턴은 언어의 리듬과 억양 못지않게 말소리의 크기에도 영향을 미친다.

〈읽을거리 4-1〉의 말소리와 언어의 산출에 관련된 호흡문제에 대한 내용을 참고하기 바란다.

읽을거리 4-1

손상된 호흡 유형이 말과 언어에 어떻게 영향을 미치는가

- 손상된 호흡 패턴은 기능적 의사소통장애뿐만 아니라 신경 관련 의사소통장애에서도 발견될 수 있다.
- 호흡 패턴에 문제가 생기면 다음과 같은 영향을 미친다.
  - 음성에 문제가 생긴다(예를 들면, 약한 날숨이 강한 음성을 만들지 못하기 때문에 아주 낮은 소리로 말하는 경우).
  - 구절의 길이에 영향을 받는다(예를 들어, 지속적인 말을 하기 위한 날숨의 공급이 어려우므로 말을 잘게 끊어서 하는 경우).
  - 말의 리듬과 운율에 영향을 받는다(예를 들면, 부드러운 호흡이 이루어지지 않음으로써 말의 변동이 심하거나 부자연스러운 리듬으로 이어지는 경우).
  - 유창성에 영향을 받는다(예를 들면, 말을 더듬는 사람은 들숨으로 말을 하려고도 한다. 이들은 또한 호흡을 위해 멈추지 않은 채 지속적으로 한정된 날숨의 양으로 말을 계속하고자 한다).
- 언어치료전문가들은 비정상의 호흡 패턴에 기인한 의사소통장애를 치료할 때, 우선 대상자들에게 말을 하기 전에 충분한 호흡을 통해 공기를 확보하도록 지도해야 하고, 그다음 말을 하는 동안 지속적이고 부드럽게 날숨을 유지하는 방법을 가르쳐야 한다.

발성기관

말에 필요한 공기를 공급하는 폐와 더불어 일반적으로 소리통이라고 알려진 후두는 화자의 **발성**(phonate, 음성을 생성하는)을 돕는다.

- 성문하압: 성대 아래쪽에서 형성되는 공기압
- 연골(cartilages): 질긴 연결 조직

후두는 판막이며 기본적으로 열고 닫는 기능을 한다. 말소리에 필요한 다른 모든 구조들처럼 후두부의 판막 역시 일차적으로 생물학적 기능을 수행한다. 우선 음식물과 다른 물질들이 폐로 들어가지 못하도록 후두 판막은 기관으로 들어오는 입구를 막는다. 우연히 기관으로 들어간 외부물질을 밖으로 빼내는 반사적인 기침도 여기서 이루어진다. 마지막으로 후두의 판막이 닫혀 아래쪽에 공기의 압력을 형성할 수도 있다. **성문하압**(subglottal pressure)으로 불리는 이 압력은, 배설이나 분만과 같은 생물학적 행위와 무거운 물건을 들어 올리는 등의 동작에 필수적이다.

후두는 근육, 막, 연골들로 구성된다. 후두는 목의 앞부분에 있는 기관의 맨 꼭대기에 있고, 턱 아래에 떠 있는 U자 모양의 **설골**(hyoid bone)에 매달려 있다. 하지만 설골은 후두의 주요 구성 요소는 아니며, 혀와 두개골, 후두, 턱의 다양한 근육이 설골에 붙어 있다. 후두의 주요 구조는 [그림 4-4]와 같다.

몇 가지 연골들이 후두의 틀을 만든다. 나비 모양의 비교적 큰 **갑상연골**(thyroid cartilage)은 후두의 옆과 앞 벽이 된다. 후두연골 중에서 **윤상연골**(cricoid cartilage)은 가장 중요한데, 기관(trachea)의 맨 꼭대기 고리다. 윤상연골은 갑상연골과 한 쌍의 **피열연골**(arytenoid cartilage)에 연결되어 있다. 피열연골은 두 개의 작은 피라미드 형태의 연골이다. 피열연골은 원운동 및 활주형 움직임을 가능하게 하는 **윤상피열 관절**(cricoarytenoid joint)을 통해 윤상연골과 연결되어 있다. 성대는 피열연골에 붙어 있어서 피열연골의 움직임에 따라 열리거나 닫힌다. 윤상피열 관절은 [그림 4-5]에서 볼 수 있다.

후두 부위에는 다양한 근육이 존재하지만 여기서는 일부만 다루고자 한다. 이 근육들을 이용하여 **발성**(phonate: produce voice)에 필요한 움직임과 조정을 할 수 있다. 성대를 짧게 하거나 늘일 수 있고 긴장시키거나 이완시킬 수 있으며 근육의 움직임으로 성대를 모으거나 벌릴 수도 있다. 이러한 모든 움직임은 말소리의 산출과 다양한 음성을 내는 데 중요하다.

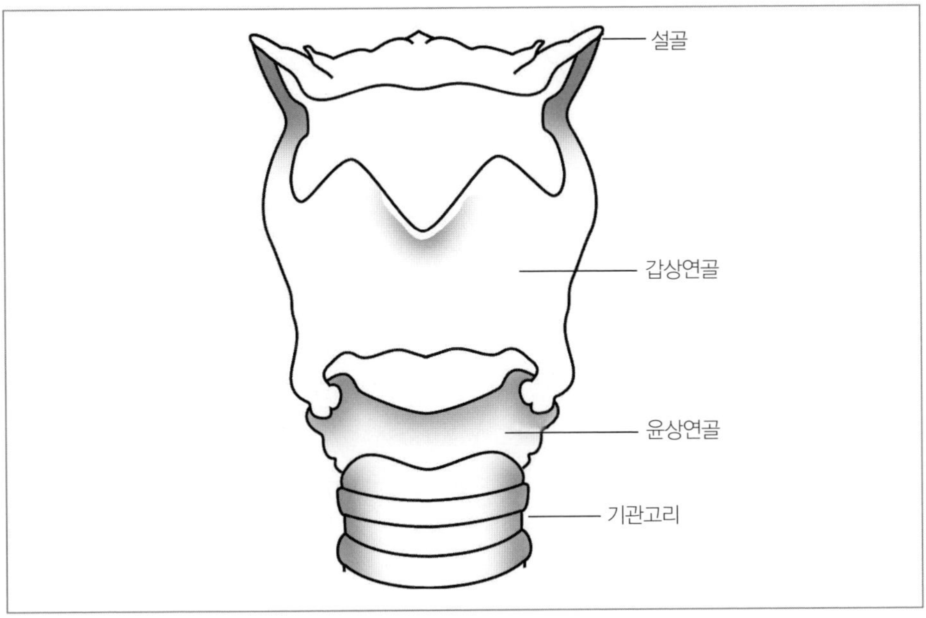

[그림 4-4] 후두의 주요 구조

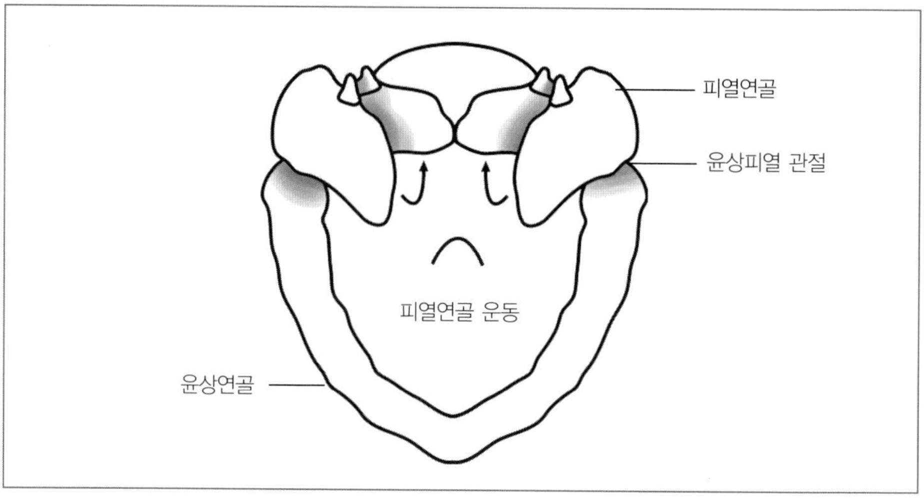

[그림 4-5] 윤상피열 관절

진동하고 소리를 산출하는 기본적인 구조는 **갑상피열근**(thyroarytenoid muscle)으로 알려진 한 쌍의 근육이라는 것을 기억해야 한다. 그 이름에서 나타나듯이 갑상피열근은 갑상연골과 피열연골에 붙어 있다. 갑상피열근은 내갑상피열근과 외갑상피열근의 두 개의 근 뭉치로 나뉘는데, 내갑상피열근은 진동하고 소리를 산출하는 갑상피열근의 가장 중요한 부분이다. 그래서 **성대**(vocal folds, vocal cords) 또는 **성대근**(vocalis muscle)으로 알려져 있다. 성대는 [그림 4-6]을 참조하라.

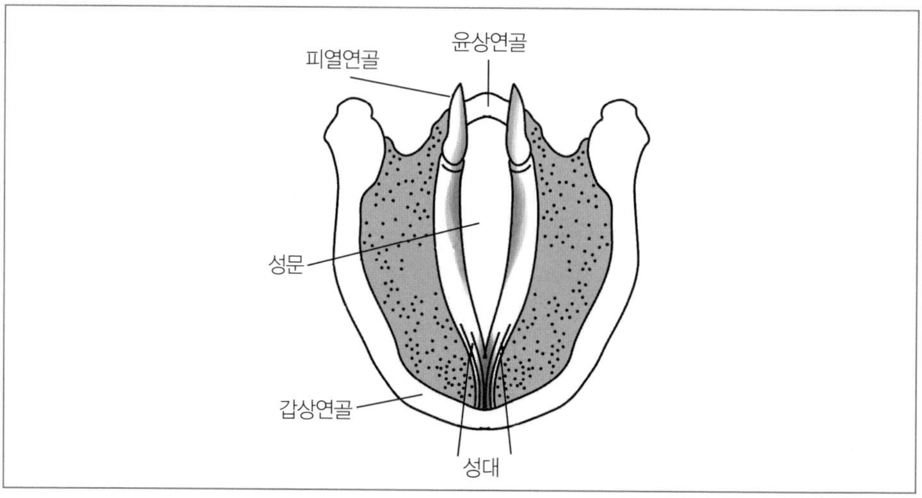

[그림 4-6] 성대

성대를 모으는 근육과 벌리는 근육은 서로 반대 방향(antagonism)으로 움직인다. 닫혔거나 거의 닫힌 성대는 내전된(adducted) 것이고 벌어진 성대는 외전된(abducted) 것이다. 이런 결과를 만들어 내는 근육들은 내전근(성대를 모으는)이거나 외전근(성대를 벌리는)이다.

성대를 모으는 두 쌍의 근육(내전근)은 **측윤상피열근**(lateral cricoarytenoid muscle)과 **피열간근**(interarytenoid muscle)이다. 두 근육은 서로 조화롭게 움직이고 **후윤상피열근**(posterior cricoarytenoid muscle)이라 불리는 주된 성대 외전근과 반대로 움직인다.

성대를 이완시키거나 수축시키는 근육은 **윤상갑상근**(crycothyroid)이다. 이 근육은 윤상연골과 갑상연골에 붙어 있다. 물론 성대(갑상피열근) 스스로 이완되거나 수축할 수 있는데, 이때는 얇아지거나 두꺼워진다. 성대가 외전되었을 때는 작은 공간이 생긴다. 이 공간을 성문(glottis)이라 한다. 해부학자가 성대 사이의 이 공간을 설명하고자, '열린 공간은 성문이 닫힐 때 닫히고 성문이 열릴 때 열린다(The opening is closed when the glottis is closed and the opening is open when the glottis is open)' 라는 어색한 표현을 사용하기도 하였다. 중요한 사실은 성문을 해부학적 구조와 혼동하지 말아야 한다는 것이다. 오히려 성문은 성대의 다양한 동작과 함께 변화하는 공간을 말한다.

지금까지 기술한 근육들은(갑상피열근, 윤상갑상근, 후윤상피열근, 측윤상피열근, 피열간근) 후두 내에서 연결되어 있는 것으로서 **후두의 내근**(intrinsic muscles)으로 알려져 있다. 이 근육들은 발성에 직접적으로 관련된다. 그러나 후두 외에 적어도 하나 이상의 다른 조직에 연결된 **후두외근**(extrinsic muscles of the larynx)이 있는데, 이는 후두 구조가 제자리에 있도록 돕는다. 이 근육들의 움직임은 후두를 더 낮추거나 높일 수 있어서 간접적으로 소리의 산출에 영향을 미친다.

발 성

성대는 말을 하는 데, 특히 대화체의 말을 하는 데 필요한 빠르고 즉각적인 변화를 수행할 수 있다. 이런 빠른 작용은 성대에 매우 많은 신경이 연결되어 있고 해부학적 구조가 상당히 탄력적이기 때문에 가능하다. 성대는 빠르거나 느리게 진동할 수 있다. 또 빨리 혹은 느리게, 그리고 큰 힘이나 적은 힘으로도 열리거나 닫힐 수 있다. 완전히 닫힐 수도 있고 부분적으로 닫힐 수도 있으며 혹은 아주 조금 열려 있을 수도 있다. 어떤 어중간한 모양이라도 만들어 낼 수 있기 때문에 성대 사이 공간(성문)의 모양은 다양하다. 성대는 짧아져서 두꺼워질 수도 있고 늘어나서 얇아질 수도 있다. 또한 수축되거나 이완될 수 있다. 본질적으로 성대의 움직임은 한쪽 끝에서 다른 쪽 끝에까지 이른다. 이 탄력성 때문에 성악과 같이 훌륭하고 독특한, 인간 능력으로만 가능한 음성의 아름다움과 그 다양성을 즐길 수 있다. [그림 4-7]은 조용히 숨 쉴 때 강제적 들숨, 정상 발성 그리고 속삭일 때의 성대 모양을 보여 준다. 말을 안 하는 동안 성대는 열려 있고 성문은 V자 모양이 된다. 발성을 하기 위해서는 성대가 진동해야 하고 성대가 붙지 않으면 진동할 수 없다. 성대는 일차적으로 피열간근의 움직임으로 닫히며, 이 피열간근은 두 개의 피열연골을 모이게 한다.

성대가 닫힐 때 공기의 흐름이 멈추는데, 이것은 성문 아래의 공기 압력을 만든다. 이 성문하압은 성문 위의 압력보다 높다. 결국 성대는 떨면서 열리기 시작한다. 열림은 성대의 밑에서 꼭대기로 이동한다. 이것이 열림단계다. 성대 꼭대기까지 성문이 열리면 아래 부분은 닫히기 시작한다. 닫히는 과정도 성대의 밑에서 시작해 꼭대기로 움직인다. 성대는 닫힌 채로 잠깐 멈추는데(폐쇄단계), 이 폐쇄는 다시 열림과 닫힘의 주기를 시작하는 성문하압을 만드는 원인이 된다.

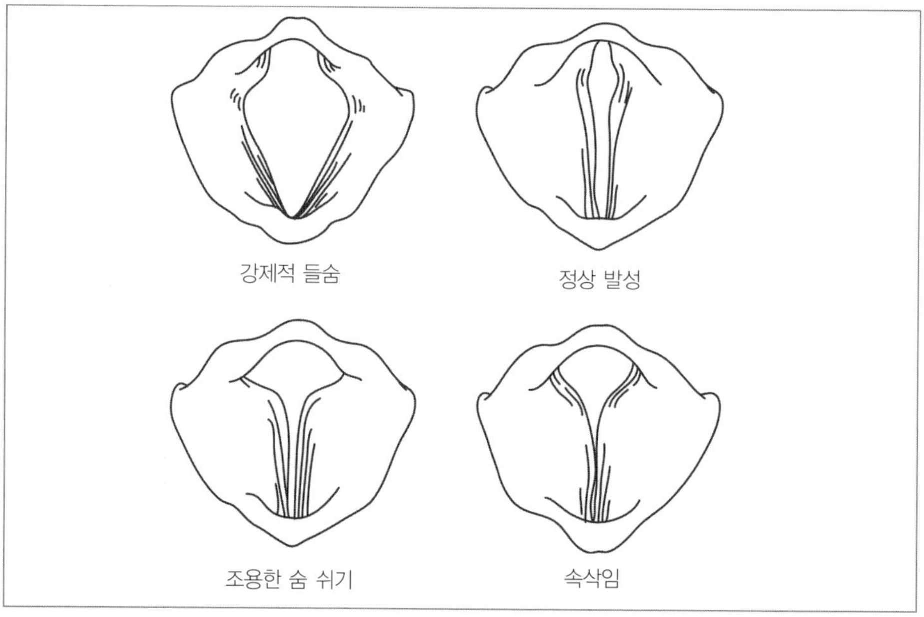

[그림 4-7] 다양한 기능을 수행할 때의 성대 모습

성대의 열림이 성문하압과의 관계로 설명되는 반면, 닫힘은 부분적으로 **베르누이 효과**(Bernoulli effect)에 근거하여 설명할 수 있다. 이 이론에 따르면, 다른 물리적 현상에서도 기체나 액체가 좁아진 통로를 통과할 때 **속도**(velocity)는 증가하고 **압력**(pressure)은 감소한다. 발성의 경우 공기가 폐에서 후두 쪽으로 이동할 때 공기는 좁게 열린 성대를 통과해서 이동한다.

Daniel Bernoulli는 기체와 액체의 운동학적 이론을 발전시킨 스위스의 과학자다.

그 결과 공기의 속도가 증가하고 성대 가장자리 사이의 압력은 감소한다. 성대 사이의 낮아진 압력은 성대를 서로 끌어당긴다(따라서 성대 아래의 증가된 압력이 성대를 떼어 놓는 반면, 성대 가장자리 사이 압력의 급강하는 성대를 끌어당긴다).

- 속도: 움직임의 빠르기
- 압력: 특정 영역에 퍼져 있는 힘

성대의 열림과 닫힘의 원인이 되는 또 다른 요소는 탄성(elasticity)이다. 성대는 힘에 저항할 만큼 충분히 튼튼하기 때문에 성대 아래의 공기 압력을 높일 수 있다. 또한 처음 위치로 돌아갈 만큼 탄성이 충분해서 다시 닫히게 된다. 따라서 성대의 움직임을 제대로 설명하려면 공기 압력의 생성, 압력 간의 차이(양과 음의) 그리고 근육의 탄력성을 모두 고려해야 한다. 이런 발성에 대한 설명을 **근탄성-공기역학 이론**(myoelastic-aerodynamic theory)이라고 부른다.

후두에서 만들어진 소리는 실제 귀에 들리는 말소리와는 다르다. 성문 위에 위치한 구조 혹은 공명강(목 상부, 입)이 소리를 변형시킨다. 즉, 후두에서 만들어진 소리가 언어의 말소리로 조음되는 것이다.

음성의 음도와 크기

음성의 두 가지 중요한 특성으로 음도(pitch)와 크기(강도: loudness)를 들 수 있다. 음도와 크기는 지각적(perceptual) 혹은 심리적(psychological)인 관점에서 기술할 수 있다. 두 용어는 감각인데, 이 감각들은 특정의 물리적 · 생리적 요소와 관련되어 있다.

성대는 보통 규칙적으로 움직이며, 이 움직임은 같은 패턴을 반복한다. 성문하압의 양, 근육을 움직이고자 하는 정도, 그리고 공기가 이동하는 속도는 진동의 유형을 결정한다. 이 유형들의 차이는 결국 음도와 크기의 차이를 만든다.

음성의 음도는 일차적으로 성대 진동 주파수에 의해 결정된다. 진동의 주파수는 Hertz(Hz)로 측정된다. 가령, 100Hz는 1초에 100번 진동한다는 뜻이다. 성대 진동의 주파수가 높아질수록 음도도 높아진다. 성대가 진동하는 일정한 비율을 **기본주파수**(fundamental frequency)라고 하는데, 이는 사람마다 다른 물리적인 변수다. 성대 진동 기본주파수의 차이는 심리적인 변수인 음도의 차이로 지각된다.

음도는 성대의 진동수(물리적 요소)와 성대의 질량, 긴장도 그리고 탄성(생리적 요소)으로 결정된다.

남자가 여자보다 낮은 음도를 낸다는 것은 상식이다. 이는 여자의 성대 진동 기본주파수가 약 225Hz인 반면, 남자의 성대 진동 기본주파수는 약 125Hz이기 때문이다. 성별에 상관없이 어린 아동들은 대개 주파수가 높다. 아동들의 기본주파수는 400Hz 정도다. 기본주파수는 나이에 따라 변하며, 이 변화는 남자가 더 심하다. 이것은 후두의 근육 조직 그리고 연골의 성장과 관련이 있다.

성대의 **탄성**, **긴장**(tension) 그리고 **크기**(mass)는 성대 진동의 기본주파수를 결정한다. 길고 두꺼운 성대는 낮은 주파수로 진동하기 때문에 남성의 음도는 여성에 비해 일반적으로 낮다. 반면에 얇고 짧은 성대는 높은 주파수로 진동한다. 따라서 여성의 음도는 남성에 비해 높다. 하지만 길고 두꺼운 성대를 가진 사람이 성대를 팽팽하고 길게 하면 기본주파수(음도)가 증가한다. 팽팽해진 성대는 긴장하고 긴장된 성대는 더 높은 주파수로 진동하며 높은 음도를 낸다.

마치 확성기 스피커의 '진동막'이 큰 소리를 바깥으로 보내기 위해 팽창하여 부풀어 오르듯이, 성대도 큰 소리를 만들어 내기 위해 부풀어 올라 더 큰 힘으로 움직인다.

음성과 관련된 나머지 감각인 음성의 크기 또한 물리적 · 생리적 조건에 의해서 변화된다. 음성의 크기는 성문하압의 정도로 결정된다. 그러나 높은 공기 압력을 만들기 위해 성대는 더 단단히 압축되어야 한다. 그러므로 성대 압축의 정도는 소리의 크기를 결정하는 한 요소가 된다. 큰 소리로 말해야 할 경우 더 많은 공기를 흡입하고 약간 더 힘 있게 내쉬어야 한다. 강한 날숨을 얻기 위해서는 별도의 성문하압을 만들도록 성대가 평소보다 더 압축되어야 한다.

음의 크기를 결정하는 서로 관련된 두 생리적 요소는 성대 진동의 **세기**(intensity)와 **진폭**(amplitude)이다. 성문하압이 클수록 발성의 세기도 커진다. 세기란 성대의 개폐에 작용되는 힘(force) 혹은 강도(vigor)다. 발성이 강한 세기로 된다는 것은 진동 진폭의 증가를 말하는데, 이때 진폭은 성대가 움직이는 정도를 말한다. 움직임의 정도가 클수록 진폭은 증가한다. 진폭이 크다는 것은 성대 개폐의 폭이 넓다는 것이다. 따라서 음의 크기는 성대 진동이 증가된 성문하압, 증가된 세기 그리고 증가된 진폭에 의해 느껴지는 감각이다.

음 질

앞에서 언급했듯이 후두에서 만들어진 소리는 말소리(혹은 노래)와 전혀 다르다. 후두 위 기관들과 공명강들은 후두음을 크게 변화시켜서 궁극적으로 깊고, 풍부하며 다채로운 말소리 특성으로 들리게 한다. 이들 목과 입의 강들은 소리를 공명시키고 소리의 특성을 변화시킨다. **공명**(resonance)은 소리가 통과하는 구조물에 의해 소리가 수정되는 것을 일컫는다. 공명체는 소리를 생성하지 않고 단지 원래 소리의 특성에 영향만 줄 뿐이다. 성대 진동의 방식 또한 지각되는 음질에 영향을 미친다. 말소리의 주파수, 세기와 비교하여 음질은 말소리 산출에서 좀 더 주관적인 양상이다.

음질은 우리가 지금까지 논의한 많은 요인의 영향을 받는다. 성대의 크기, 길이, 긴장도와 성대 사이의 압축 정도, 성문하압 그리고 성대 진동의 주파수, 세기, 진폭이 음질에 영향을 준다. 또 다른 요인은 성대를 이루는 두 갑상피열근의 물리적 대칭이다. 만약 한 쌍의 성대근이 대칭적이지 않으면 조화롭게 진동하지 않는다. 예를 들어, 만약 한쪽 근이 다른 쪽보다 굵으면 진동 횟수가 달라져서 음질에 영향을 줄 것이다.

이렇게 나타나는 음질에는 **숨 새는 소리**(breathy voice), **거친 소리**(harsh voice) 그리고 **목쉰 소리**(hoarse voice) 등이 있다. 과다한 **비성성**(nasality) 또한 음질과 관련이 있지만 이는 공명의 문제로 설명할 수 있다. 숨 새는 소리는 성대가 완전히 닫히지 못할 때 생긴다. 예를 들어, 성대결절은 성대의 양면이 완전하게 닫히는 것을 막기도 한다. 성대가 닫히지 못함으로써 공기가 새어 나가고 소리의 마찰 소음을 더한다. 이러한 종류의 소리가 숨 새는 소리로 지각된다.

거친 소리는 주로 성대의 불규칙한 진동에 기인한다. 불규칙하고 비주기적인 진동에서는 진동의 지속시간, 세기 또는 그 두 요소가 모두 갑자기 변화할 수 있다. 또한 성대가 과도하게 긴장한 채 너무 강하게 압축될 것이다.

숨 새는 소리와 거친 소리가 모두 나타날 경우 목쉰 소리로 기술된다. 따라서 목쉰 소리는 성문을 통한 과도한 공기 유출과 불규칙한 성대 진동의 결과로 나타난다. 그러나 이 소리의 주된 특성은 숨 새는 소리 혹은 거친 소리가 된다.

비성은 비강공명이 부가되는 경우의 소리를 말한다. 비강공명은 코를 통해 소리가 통과하는 경우에 소리에 부가되는 특성이다. 비음(영어의 m, n, ng)은 비성성(nasality)이 수반된다. 비음이 아닌 말소리(영어의 다른 모든 소리)는 비강공명이 지각되지 않아야 한다. 비강공명 그 자체는 비정상이 아니라는 사실을 알고 있어야 한다. 비음이 아닐 때 비강공명이 있는 경우가 비정상이며, 그 경우 **과대비성**(hypernasality)이라 부른다.

비성성은 성대의 움직임과 상관이 없기 때문에 소리의 특성이라기보다는 공명의 특성에 해당한다. 그것은 후두에서 만들어진 소리가 목과 입의 강을 통과할 때의 문제다.

정상에서 이탈한 음질은 후두 질환의 신호가 될 수 있기 때문에 진지하게 다루어야 한다. 언어치료전문가인 Tammy에게 의뢰된 Baily 여사는 성대결절이 있었다. 결

읽을거리 4-2 **후두 병리와 음성장애**

- 후두병리는 목과 후두 부분의 외상과 감염, 암 그리고 다른 질병으로 야기된다.
- 감염은 부종을 낳고 그 결과 음성장애로 이어진다. 치료가 되면 정상 음성으로 돌아갈 수 있다.
- 후두암은 후두의 외과적인 절제가 필요하다. 후두가 절제되면 인공후두를 사용하거나 식도 기류를 이용하여 발성하는 학습을 할 수 있다.
- 후두병리는 신경이 잘못되어 초래될 수도 있다.
- 가장 흔한 문제는 성대마비일 것이다.
- 마비가 아니라면, 성대가 적절한 발성을 하기에 너무 약한 경우다.
- 후두병리는 적절하지 않은 (성대) 행동 유형으로 초래될 수 있다.
- 성대 남용의 사례 중 비명 지르기, 소리 지르기 그리고 과다하게 말하기는 성대 결절과 그 외 다른 문제 등 조직의 변형을 초래할 수 있다.
- 성대 남용으로 인한 발성의 문제는 성대를 적절하게 사용함으로써 고칠 수 있다.

절은 음성을 쉬게 한다. 〈읽을거리 4-2〉는 후두병리와 음성장애에 대한 내용이다. 후두음은 아직 말소리가 아니며, 후두음을 인식 가능한 말소리로 바꾸는 데는 부가적인 수정이 필요하다. 이러한 수정 과정을 조음(articulation)이라 하고 조음기관(articulators)이 담당한다.

조음기관

성대결절과 다른 종류의 음성과 관련된 병리현상 및 그에 따른 음성장애는 제7장을 참고하라.

조음(articulation)은 여러 의미를 가지고 있다. 해부학에서는 움직일 수 있는 부분들의 연결을 의미한다. 말의 경우에는 말소리를 생성하는 기관들의 움직임을 의미한다. 일상적인 언어뿐만 아니라 음성과학과 병리학에서도 조음은 또한 어떤 것을 분명하게 말하는 행위를 의미한다. 이 절에서 조음이라는 단어는 상호 연결된 해부학적 기관들의 움직임뿐만 아니라 이러한 움직임으로 생성되는 말소리의 산출도 의미한다.

후두에서 생성되고 공명 구조에서 변형된 소리는 혀와 입을 포함한 여러 구조물에 의해 말소리로 만들어진다. 이러한 말소리 만들기가 조음이다.

후두에서 생성된 소리는 총체적으로 **인두**(pharynx) 또는 성도라고 알려진 목과 입

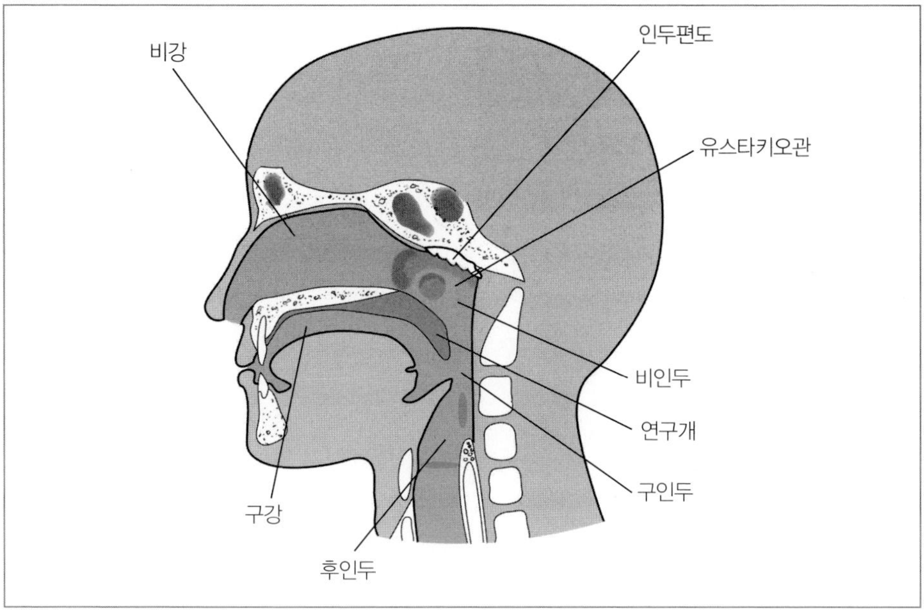

[그림 4-8] 공명강 및 관련 구조

McKibbin C. R., & Hegde M. N. (2006). *An Advanced Review of Speech–Language Pathology Preparation for PRAXIS and Comprehesive Examination*(2nd ed, p. 22), Austin: Texas: PRO-ED의 허락하에 재인용.

의 공명강을 통해 이동한다. 인두는 후인두, 구인두, 비인두의 세 영역으로 나뉜다.

후인두(laryngopharynx)는 후두의 바로 위에서 시작해서 혀의 기저부에서 끝난다. 후인두에 연결된 **구인두**(oropharynx)는 연구개까지 확장되어 다시 **비인두**(nasopharynx)에 연결된다. 비인두는 두 비강이 시작되는 곳에서 끝난다. 이들 공명강들은 [그림 4-8]에 제시되어 있다.

후인두와 구인두는 후두가 생성하는 소리에 공명을 더한다. 그러나 앞에서 언급한 것처럼 비인두는 단지 비음에만 확연하게 공명을 첨가한다. 비강은 보통 비음이 아닌 말소리를 생성하는 동안에는 닫혀 있다. 연구개와 목을 둘러싼 근육들은 이런 비강이 닫히도록 한다. 연구개를 포함해서 혀와 입술 등 움직이는 부분들은 말소리를 조음하는 데 중요한 역할을 한다.

연구개

velum으로 알려진 **연구개**(soft palate)는 구인두와 비인두의 연결부에 있는 유연한

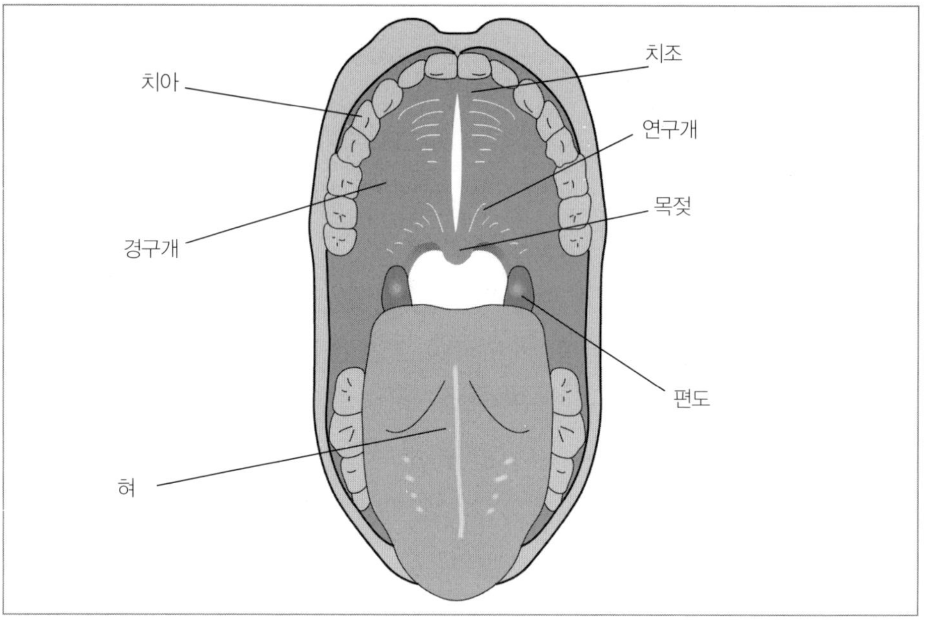

[그림 4-9] 구강의 주요 구조

McKibbin C. R. & Hegde M. N. (2006). *An Advanced Review of Speech-Language Pathology Preparation for PRAXIS and Comprehesive Examination*(2nd ed., p. 23), Austin: Texas: PRO-ED의 허락하에 재인용.

근육 조직이다. 입의 뒷부분에 위치하며 입천장인 **경구개**(hard palate)에 걸려 있다. 연구개의 끝인 작은 원뿔 모양의 구조는 **목젖**(uvula)이라 부른다. [그림 4-9]는 연구개를 포함한 구강의 주요 구조를 보여 준다.

연구개는 내리고 올릴 수 있는 동적인 구조의 근육이다. 연구개가 내려오면 비강은 열리고 코를 통한 호흡이 가능해진다. 연구개가 올라갈 때는 구강으로부터 비강을 차단시킨다. 이 과정에서 인두 근육 또한 연구개의 근육들과 만나기 위해 안으로 움직인다. 괄약근처럼 비강 입구는 그때 닫힌다. 발성된 소리는 오직 입을 통해서만 방출되고 비음에는 바람직한 비강 공명이 부가되지 않는다.

부적절한 연구개로 인한 현상 및 결과는 제8장과 제9장을 참고하라.

만약 연구개 근육의 크기가 적당하지 않으면 비강은 항상 어느 정도 열린 상태로 있어야 한다. 이때, 화자의 말은 과도하게 비성이 되는데, 이는 그렇지 않아야 할 때에 비강을 통해 소리 에너지가 방출되기 때문이다. 결과적으로 화자가 코를 통해 말하는 것처럼 들린다. 이런 상태는 종종 구개열 환자에게서 관찰되는데, 이 장의 처음 부분에 기술된 4세 아동 James의 경우다.

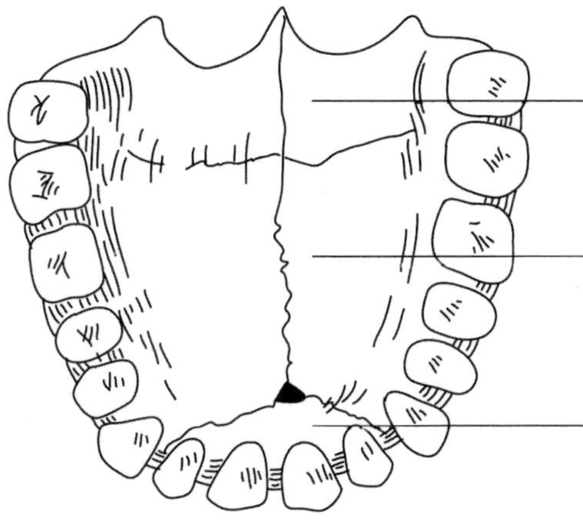

[그림 4-10] 경구개

경구개

입의 지붕이자 코의 바닥을 경구개라고 한다. **경구개**의 주된 부분은 **상악골**(maxillae, 단수형 maxilla)이라 불리는 한 쌍의 뼈로 이루어져 있다.

상악골의 앞부분은 **전상악골**(premaxilla)이라 부르고, **절치**(incisors)라 알려져 있는 네 개의 전방 윗니를 포함한다. 태아 때 전상악골은 분리된 구조로 성장하다가 결국 상악골과 융합한다.

경구개의 대부분을 형성하는 상악골 부분은 **구개돌기**(palatine process) 혹은 **구개골**(palatine bone)이라고 한다. 상악골의 구개돌기는 태아단계에서 중간선을 기준으로 성장하고 그 선을 향하여 융합하는 두 조각의 뼈로 이루어져 있다. [그림 4-10]은 융합된 구개골, 상악골 그리고 전상악골을 보여 준다.

구개와 입술의 파열에 대해서는 제9장을 참고하라.

유전적인 이유와 유해한 환경 때문에 전상악골과 상악골이 융합하지 않을 수도 있다. 마찬가지로 구개돌기 또한 중간선에서 융합하는 데 실패할 수 있다. 이 경우 **구개열**(clefts of the palate)이 나타난다. 후설 쪽에서 상악골은 구개골(상악골의 일부분이고 구개돌기는 아니다)과 합해지며, 연구개는 구개골에 붙어 있다.

턱

턱(jaw)은 얼굴의 중요한 뼈다. 턱의 해부학적 이름은 **하악골**(mandible)이다. 아래쪽 치아군들을 수용하고 입의 바닥을 형성한다. 성인의 턱은 두 뼈가 융합한 결과지만 하나의 뼈로 본다. 융합선은 턱의 중간 지점이다.

치아를 포함하는 하악골 부분은 치조궁(mandible)이라 한다. 턱의 두 악궁은 근육과 건으로 측두골(temporal bone)에 매달려 있어서 그 관절은 **측두하악 관절**(temporomandibular joint)로 알려져 있다.

일련의 근육들은 턱을 열고 닫을 수 있게 도와준다. 음식을 씹는 데 필요한 운동 또한 근육 때문에 가능하다. 비록 턱의 주요 임무가 음식을 씹는 것이라 하더라도, 아랫니를 담고 있고 혀와 아랫입술을 위한 구조물로써 그 기능을 수행하며 구강의 일부분이기 때문에 말하는 데 중요한 요소가 된다.

치 아

이미 언급했듯이 턱의 상악궁은 상악골의 일부분이고 하악궁은 하악골의 일부분이다. 상악골과 하악골 모두에서, 치아(teeth)가 자라나는 부분을 **치조돌기**(alveolar process)라고 부른다. 그들의 주요 기능은 **저작**(mastication; 혹은 씹기 chewing)이지만 치아는 특정 말소리를 만드는 데 도움을 주기도 한다. 예를 들면, 'f'와 'v' 소리를

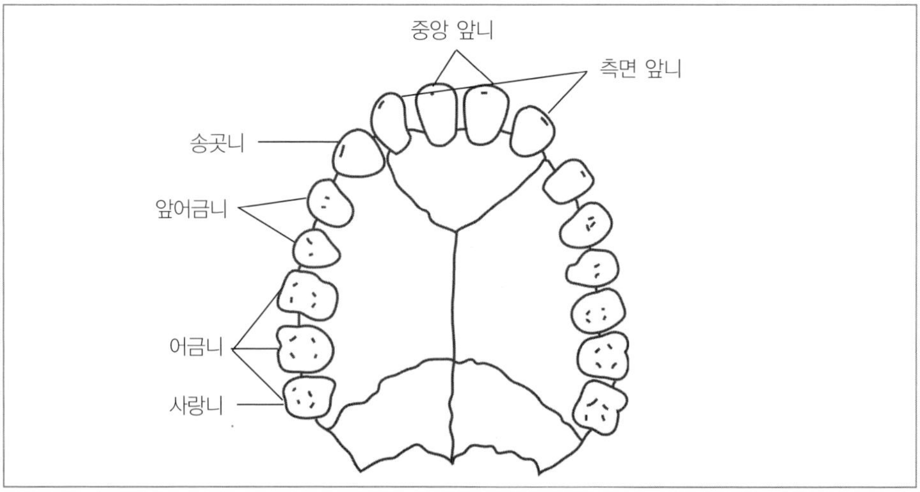

[그림 4-11] 치아

내는 데는 치아와 입술이 접촉한다. 그러므로 치아도 조음기관이다.

[그림 4-11]과 같이 각 치아는 해부학적 명칭을 가지고 있다. 아기 때 생겨서 가족들이 기쁨으로 축복했던 유치는 **젖니**(deciduous teeth)라고 한다. 아기들은 정상적으로 각 악궁에 10개씩 20개의 젖니가 있다. 10개 중에 4개는 앞니(incisors), 2개는 송곳니(canines), 그리고 4개는 어금니(molars)다. 성인은 상하 악궁에 각각 16개씩 32개의 치아가 있다. 16개 중에 4개는 앞니, 2개는 송곳니, 4개는 앞어금니(premolars), 그리고 6개는 어금니다. 젖니의 악궁에는 앞어금니 혹은 사랑니(third molar)가 없다.

상하 악궁이 서로 만나는 방법을 **교합**(occlusion)이라고 부른다. 2개의 악궁 안에 있는 개개의 치아가 적절하게 일렬로 정렬되어 있고, 위와 아래의 악궁이 꽤 대칭적으로 만난다면 정상의 교합을 이룬 것이다. 위아래 턱뼈의 모양과 크기의 이탈 및 각 치아의 개별 위치에서의 이탈은 제1, 2 혹은 3형으로 분류되는 부정교합을 만든다. 정상교합과 제2, 3형의 **부정교합**(malocclusion)이 [그림 4-12]에 나타나 있다.

치교정학(orthodontics) 분야의 전문의는 치아 구조의 잘못된 배열을 연구하고 치료한다.

제1형 부정교합(Class I malocclusion)에서는 몇 개 치아만 제외하고 두 악궁은 정상적으로 정렬되어 있다. **제2형 부정교합**(Class II malocclusion)에서는 위턱은 내밀어져 있고 아래턱은 뒤쪽으로 물러나 있거나 안으로 들어가 있다. **제3형 부정교합**(Class III malocclusion)은 위턱이 안으로 들어가 있고 아래턱이 튀어나온 상태다. 부정교합의 유형별로 비정상의 정도는 상당히 다양하다.

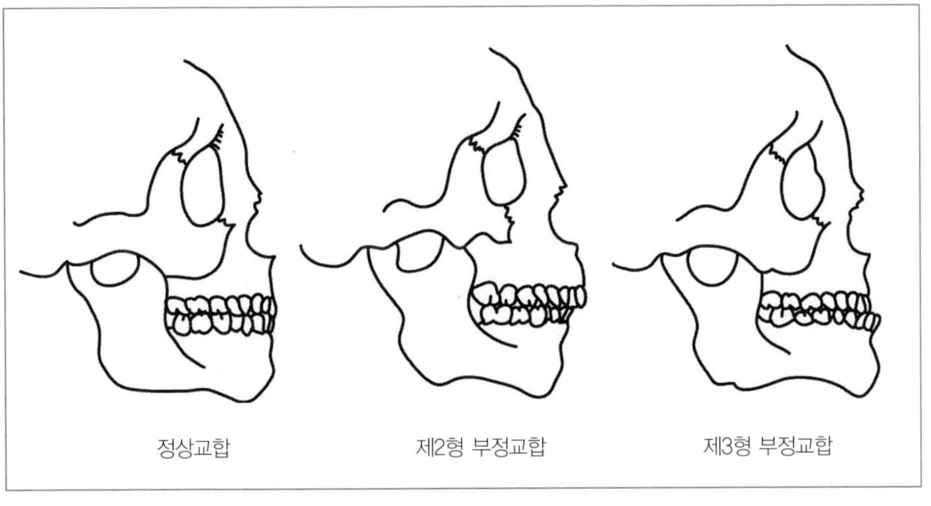

[그림 4-12] 정상 및 부정 교합

혀

혀(tongue)의 생물학적 기능은 맛을 감지하거나, 더 잘 씹고 삼키기 위해 음식을 입 속에서 움직이는 것 등이다. 이에 비해 혀의 비생물학적 기능은 말소리 산출에 중요한 역할을 한다는 것이다.

해부학적으로 혀는 혀끝(tip), 혓날(blade), 혓몸(dorsum) 그리고 혀뿌리(root)로 구분된다. 가장 얇고 유동적인 부분인 혀끝은 조음에 중요한 역할을 하며, 좁은 모양을 하고 있다(그리고 비해부학적 의미에서는 흔히 말하듯 날카로운 모양을 하고 있다). 혓날은 혀끝 옆의 일부분을 가리킨다. 가만히 있을 때 혓날은 치조 바로 밑에 놓여 있다. 혓몸은 혀의 넓은 부분으로 경구개와 연구개 둘 다와 접해 있다. 혀의 아주 뒷부분은 그 뿌리를 포함한다.

말소리와 그 산출 과정에 대해서는 제5장을 참고하라.

신경이 충분히 뻗어 있기 때문에 혀의 종적, 횡적, 수직적 근섬유는 빠른 움직임을 만들 수 있다. 이들 근육의 움직임 때문에 혀는 길게 할 수도, 짧게 할 수도, 말아 올릴 수도, 아래로 늘어뜨릴 수도, 그리고 평평하게 할 수도 있다. 이런 움직임은 구강의 크기를 바꾸고 소리의 공명 특성을 변화시킨다.

모든 말소리가 성대의 진동을 필요로 하는 것은 아니다. 성대 진동을 필요로 하는 소리는 유성음이며, 성대의 진동 없이 생성된 소리는 무성음이다.

종종 언어, 혹은 말과 동일시되기 때문에 일상적인 단어에서 혀는 매우 중요하게 인식된다. 영어에서 '모국어(mother tongue)' '독설(sharp tongue)' 등과 같은 표현을 생각해 볼 수 있다. 혀는 주요 조음기관이다. 공기의 흐름을 멈출 수도 있고 파열의 방법으로 공기를 방출할 수도 있다. 예를 들면, 무성음 't' 혹은 'k'와 유성음 'd' 혹은 'g'는 이 방법으로 만들어진다. 또한 공기 흐름을 압축할 수 있어서 쉿 하는 소리나 마찰 소음을 만들 수 있다. 무성음 's'와 유성음 'z'가 이 방법으로 만들어진다. 공기의 흐름을 멈춘 다음 마찰 소음과 함께 공기를 방출시킬 수도 있다. 'chalk'에서의 'ch'와 'job'에서의 'j'는 이 방법으로 만들어진다. 물론 그런 소음과 소리들은 다른 구강 구조의 도움도 있어야 한다.

입술과 볼

입술(lips)과 볼(cheeks)의 근육은 얼굴 근육 조직의 한 부분이다. 해부학적으로 미소와 웃음은 입술과 다른 얼굴 근육의 복합적인 수축의 결과다. 분노, 불만, 만족, 기쁨, 절망 그리고 많은 다른 복잡한 정서 또한 얼굴의 다양한 근육의 서로 다른 수축으로 표현될 수 있다.

입술은 입의 **구륜근**(orbicularis oris)으로 이루어져 있다. 턱과 볼의 몇몇 근육들은 구륜근에 연결되어 있다. 그들은 한데 어울려 입술을 다양하게 움직인다.

볼의 대부분을 차지하는 크고 평평한 근육은 **볼근**(buccinator)이라 한다. 그 안쪽 면은 점액질의 막으로 덮여 있다. 얼굴과 입술의 다른 근육과 함께 볼근은 몇몇 말소리의 조음을 돕는다. 말소리는 복화술가가 하는 것처럼 연습을 통해 입술을 최소한 움직여서 조음될 수 있다. 그러나 대부분의 정상적인 경우, 입술은 **양순음**(labial sounds)을 조음하는 데 중요한 역할을 한다. 예를 들면, 'p' 혹은 'b'를 조음하는 데 위아래 입술이 모두 사용된다. 입술은 짧은 시간에 닫히는데, 잠시 공기의 흐름을 멈추었다가 다시 그 공기를 방출하기 위해 연다. 입술 폐쇄는 구강 안(intraoral, within-the-mouth)의 공기 압력을 형성하고 연이어 파열의 방식으로 방출된다. 입의 구륜근, 볼근 그리고 다른 얼굴 근육들은 그런 말소리 산출 과정에 참여한다. 이 모든 부분이 중추신경계의 조절로 동작한다.

조음과 관련된 해부학적 구조에서의 큰 변형은 제5장에서 기술될 조음음운장애와 관련되어 있다. 〈읽을거리 4-3〉의 치료 관련 내용을 참고하라.

신경계

우리가 말이라 부르는 잘 조화된 복합 활동은 호흡, 발성 그리고 조음 기제에 의해 가능하다. 이러한 구조들이 움직이기 위해서는 신경 자극이 필요하고, 그것은 신경계(nervous system)에서 생성된다.

신경계는 양방향으로 난 왕복 통로다. 뇌로부터 말초신경계와 여러 기관으로 신경 자극을 전달하기도 하고 자극을 이들 신경계와 기관으로부터 다시 중추 조절기로 나르기도 한다. 뇌는 또한 의사소통 내용을 조절, 통합, 공식화한다. 즉, 모든 일을 일어날 수 있게 하는 여러 가지 복잡한 활동의 실행처다.

신 경

중추신경계는 **뉴런**(neuron)이라 불리는 수십억 개의 신경세포로 이루어진다. [그림 4-13]에서 보는 바와 같이 뉴런은 **세포체**(cell body), **수상돌기**(dendrites), **축색**(axon)의 세 부분으로 구성된다. 세포체의 중심은 핵(nucleus)이며, 세포체는 막으로 싸여

읽을거리 4-3

말소리 산출 문제와 관련된 해부학과 생리학

- 말소리 산출은 몇몇 해부학적 · 생리학적 시스템의 상호 조정 · 협력의 노력과 관련된 문제다. 폐에서부터의 기류, 성대의 진동, 발성된 소리의 공명 그리고 조음체(예를 들면, 연구개, 혀, 입술 등)들의 운동이 마지막 결과물(즉, 말소리의 정확한 산출)을 만드는 데 필수적이다.
- 조음장애가 있는 모든 아동에게 기질장애가 있는 것은 아니지만, 모든 해부학적, 생리학적인 결함뿐만 아니라, 신경적(기질적, organic)인 문제도 말소리 산출과 관련될 수 있다. 다음과 같은 예를 고려해 보라.
  - 경구개와 연구개에 파열(cleft)이 있을 경우 아동이 특정한 말소리 산출 학습에 어려움을 겪는다. 발성된 공기는 코로 빠져 나가면서 말소리는 과비성(hypernasal)이 된다. 아동은 조음을 수정하여 비성도를 줄이려고 노력하지만 또 다른 부수적 말소리 문제를 야기한다.
  - 비강 통로에 해부학적인 문제 혹은 다른 종류의 방해물이 있다면 말소리는 과소비성(hyponasal)이 될 수 있는데, 비음에서의 비강공명이 거의 없거나 완전히 없어진다.
  - 치아의 심각한 부정교합은 특정 말소리 조음에 문제를 일으킨다.
  - 말소리에 관련된 근기능(functioning of muscles)에 영향을 주는 신경 손상은 마비말장애(dysarthria)를 일으키는데 호흡, 발성 그리고 조음까지 모두 영향받는 운동(motor)장애의 한 유형이다.

있다. 수상돌기와 축색은 자극을 주고 받는 기능을 맡고 있는데 세포체의 돌기라고 볼 수 있다. 다른 곳에서 생성되는 신경 자극은 수상돌기가 받아들이고 뉴런 안에서 생기는 자극은 축색이 밖으로 내보낸다. 신경 자극은 세포체로 향하거나 아니면 세포체에서 흘러나온다. 이때 세포체를 향한 정보의 흐름을 **구심성**(afferent), 세포에서 흘러나오는 정보의 흐름을 **원심성**(efferent)이라고 한다. 즉, 뇌로 정보를 보내는 것은 구심성, 뇌에서 나오는 것은 원심성이다. 신경은 **활동 전위**(action potential)라고 알려져 있는 전기적 자극을 전도함으로써 정보를 전달한다.

많은 신경섬유(축색), 특히 말초신경계에서의 신경섬유와 중추신경계의 더 큰 축색은 하얀 수초(myelin sheath)가 둘러싸고 있다. 수초라고 불리는 이 절연초에는 자극 전달을 쉽게 하기 위해서 세포 사이의 교점에 단락(break)이 있다. 뇌세포는 수초가

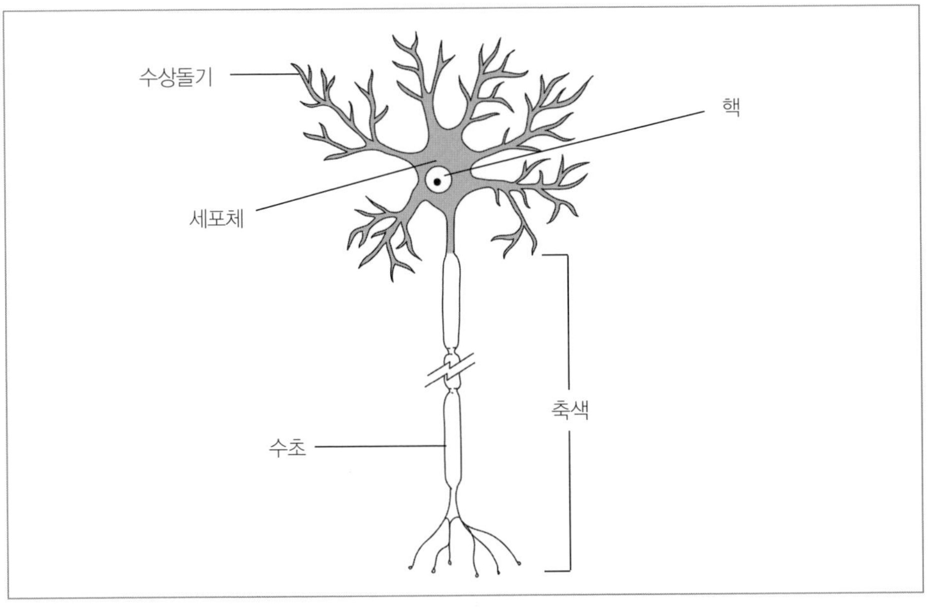

[그림 4-13] 신경

없기 때문에 회색으로 보인다. 수초로 둘러싸인 뉴런은 싸여 있지 않은 것보다 더 빨리 정보를 전달할 수 있다.

섬유 형태로 배열된 뉴런의 집합을 신경으로 규정하는 데 반해 **신경계**는 어떤 구조적 · 공간적 · 기능적인 원리에 따르는 신경들의 조직을 말한다. 말초신경계, 중추신경계, 그리고 자율신경계를 총괄하여 신경계라고 한다.

말초신경계

두개골과 척추 바깥의 신경 집합은 **말초신경계**(peripheral nervous system)를 형성한다. 이 신경들은 말초 감각기관에서 생성된 **감각**(sensory) 자극을 뇌로 전달한다. 말초신경은 뇌에서 생성된 **운동**(motor) 자극을 몸에 있는 근육과 선(glands)으로 나른다.

말초신경계는 뇌신경(cranial nerves), 척수신경(spinal nerves) 그리고 말초자율신경(peripheral autonomic nerves)의 세 가지 집합으로 되어 있다. 이 중 뇌신경은 좀 더 직접적으로 말과 언어와 듣기에 관여한다.

뇌신경

뇌가 차지하고 있는 동일 구조 공간 속으로 신경이 들어가거나 그 속에서 나오기 때문에 **뇌신경**(cranial nerves)으로 불린다. 뇌신경은 두개골의 밑에 있는 **대후두공**(foramina)이라 불리는 구멍을 통해 빠져나가는데 척수의 꼭대기 부분과 뇌간(brainstem)의 서로 다른 층위에서 각각 빠져나온다. 결과적으로 뇌신경은 두개골에서 나오는 수직적인 순서에 따라 번호가 매겨져 있다. 그것들은 다양한 감각기관과 머리와 목의 근육을 연결한다. 〈표 4-1〉은 뇌신경과 그것의 고유번호 그리고 이름과 기능을 기록하고 있다.

몇몇 뇌신경들은 감각기관에서 뇌로 감각 정보를 전달한다. 그래서 **감각신경**(sensory nerve)이라 불린다. 또 근육을 움직이게 하기 위해 뇌에서 근육으로 신경 자극을 전달하는 뇌신경을 **운동신경**(motor[movement-related] nerve)이라 한다. 두 가지를 동시에 하는 뇌신경도 있는데, 운동 자극뿐만 아니라 감각도 전달하기 때문에 이를 **혼합신경**(mixed nerve)이라고 부른다.

로마 숫자로 지정된 12쌍의 뇌신경이 있다. 〈표 4-1〉에서 알 수 있는 것처럼 뇌신경 중 5쌍은 말하기, 듣기와 관련이 없다. 뇌신경 I은 후각과 관련되어 있고 뇌신경 II, III, IV, VI은 눈의 움직임과 시력에 관련되어 있다. 뇌신경 V, VII, VIII, IX, X, XI, XII의 일곱 개가 대부분 말하기와 관련되며, 말하기와 듣기에 매우 중요한 기능을 한다.

〈표 4-1〉 뇌신경과 그 기능

신경 번호 (Nerve No.)	이름	기능
I	후신경	후각(감각)
II	시신경	시력(운동)
III	동안신경	눈 움직임(운동)
IV	활차신경	눈 움직임(운동)
V	삼차신경	얼굴(감각), 턱(운동)
VI	외전신경	눈 움직임(운동)
VII	안면신경	혀(감각), 얼굴(운동)
VIII	전정청신경	청각과 균형(감각)
IX	설인신경	혀, 인두(감각), 인두(운동)
X	미주신경	후두, 호흡, 심장, 위장(감각, 운동)
XI	부신경	어깨, 팔, 목 움직임(운동)
XII	설하신경	주로 혀 움직임(운동)

- 삼차신경(Trigeminal Nerve, V). 감각신경이며 운동신경인 삼차신경은 세 개의 가지를 가진 가장 큰 뇌신경이며, 이마, 눈, 코, 윗입술, 턱, 혀, 뺨 등 얼굴의 여러 조직과 관련이 있다.
- 안면신경(Facial Nerve, VII). 감각신경이면서 운동신경이다. 감각신경으로서는 부분적으로 미각을 책임지고 있으며, 운동신경으로서는 여러 가지 안면 움직임과 이마의 찡그림, 입 굳게 닫기, 입술의 오므림, 그리고 뺨의 움직임 등 다양한 표현을 조절한다. 이 신경이 손상되면 거의 표정이 없는 가면 같은 모습의 얼굴을 갖게 된다.
- 전정청신경(Vestibular Acoustic Nerve, VIII). 균형 감각에 관련된 전정(vestibular)신경과 뇌에 감각 **정보**(소리)를 나르는 **청**(acoustic)신경을 가지고 있다.
- 설인신경(Glossopharyngeal Nerve, IX). 감각, 운동 그리고 자율신경섬유를 포함한 혼합 신경으로 인두(운동신경)와 혀(감각)에 신경 자극을 전달한다. 운동신경 부분은 인두 안의 근 움직임의 조정을 돕고, 이러한 움직임은 말소리 산출에 관여한다.
- 미주신경(Vagus Nerve, X). 유주(wandering, 'vagus')신경이라고도 한다. 왜냐하면 가슴 및 위장까지 돌아다니기 때문이다. 또한 감각, 운동 그리고 자율신경섬유를 가진 혼합 신경이며 심장, 폐, 소화기관의 운동신경이다. 그리고 후두, 목(혀의 기초부를 포함하는), 외이와 관련된 감각신경이다. **회귀후두신경**(recurrent laryngeal nerve)인 미주신경의 가지는 말을 하는 데 중요한 역할을 한다. 그것의 오른쪽과 왼쪽 가지는 윤상갑상근을 제외한 후두의 나머지 내재 근육을 통제한다. 회귀신경은 갑상연골을 수술할 때 손상을 입을 수 있는데, 보통 성대의 전체적 혹은 국부적 마비를 초래한다. 마비의 정도에 따라 음성을 생산할 수 없게 되거나 만약 할 수 있더라도 쉰 소리밖에 낼 수 없다.
- 부신경(Accesory Nerve, XI). 운동신경이지만 다른 뇌신경과 다르다. 뇌와 척수에서 출발하기 때문에 뇌신경이면서 또한 척수신경이다. 주요 기능은 인두와 연구개의 몇몇 근육을 조정하는 것이다. 또한 머리와 어깨 움직임에도 관련된다.
- 설하신경(Hypoglossal Nerve, XII). 혀의 운동신경이다. 혀 아래를 지나가며 혀의 움직임의 대부분을 조절한다.

척수신경

말초신경체계의 척수신경(spinal nerves)은 자율신경체계와 밀접하게 관련되어 있다. 이들은 의식적 지식이나 노력이 많이 들지 않는 다양한 신체 행동을 조절한다.

척수신경은 31쌍이 있으며, 구심성(등쪽)과 원심성(배 앞쪽)이라는 두 개의 뿌리를 통해서 붙어 있다. 척수신경은 감각신경, 운동신경, 혹은 혼합신경일 수 있으며 몸 전체에 크고 작은 다양한 근육에 연결되어 있다. 또한 호흡과 같은 자동기능을 조절함으로써 간접적으로 말과 연관된다.

자율신경

우리가 살고 있는 물리적 환경은 감각적인 자극들로 가득 차 있다. 우리는 살기 위해, 적응하기 위해, 변화하기 위해, 그리고 즐기기 위해 이런 환경과 접촉할 수밖에 없다. 대체로 신경계는 환경에 적응하기 위한 수단이다. 그러나 우리의 신체에는 지배와 통제를 필요로 하는 빠르게 작용하는 내부 환경도 있다. **자율신경계**(autonomic nervous system)는 이 내부 환경을 통제한다. **교감**(sympathetic)과 **부교감**(parasympathetic)부로 나뉘는 이 신경계는 몸속의 부드러운 근육과 호르몬을 분비하는 다양한 선들에 퍼져 있다.

교감신경은 몸에 긴장을 가하여 전시 체제를 갖추게 하는 반면, 부교감신경은 몸을 이완시킨다.

교감과 부교감 신경 가지들의 활동은 상반된 모습을 보인다. 교감신경은 일반적으로 몸의 상태를 전시 체제로 바꿔 우리가 위험에 대처할 수 있도록 한다. 즉, 적과 싸울 수 있게 혹은 위험한 상황에서 피할 수 있게 도와준다. 교감신경 가지들은 심박률을 증가시키고, 혈압을 상승시키고, 동공을 수축시키며, (달릴 때의 다리와 같이) 말초적인 신체 구조에 피의 흐름을 증가시킨다. 교감부의 활동으로 우리는 감정적인 자극을 받는다. 부교감신경은 각성된 몸을 상대적으로 이완된 상태로 되돌리는 기능을 한다. 부교감신경 가지들은 우리가 달리고 난 후나 혹은 싸움에서 이긴(혹은 진) 후에 작용한다. 심박률을 저하시키고, 혈압을 낮추고, 위 속의 활동을 증가시키며, 일반적으로 신체를 이완시킨다. 부교감부의 활동으로 우리는 고요하고 이완된 느낌을 갖는다.

자율신경계는 발화 근육을 직접적으로 지배하지 않는다. 그러나 감정적으로 각성되고 이완된 상태는 말의 유창성, 발화 속도, 음질 그리고 의사소통의 잘 알려지지 않은 다른 측면에 현저하게 영향을 미친다. 신체 근육의 이완, 특히 말과 관련된 근육의 이완은 유창성과 음성 문제의 치료에 포함되기도 한다. 흥분과 이완 상태에서의 어떤 이의 말, 언어 그리고 음성의 차이점을 생각해 보라. 흥분했을 때 말은 아마도 평상시보다 더 크고 빠를 것이고, 이완되었을 때 말은 평상시보다 더 부드럽고 느릴 것이다. 이런 흥분과 이완 상태를 조절함으로써 자율신경계는 발화에 간접적으로 영향력을 발휘한다.

중추신경계

매우 진화되고 복합적인 중추신경계(central nervous system)는 인간이 생각하고, 말하고, 쓰고, 그림을 그리고, 노래하고, 춤추는 것을 가능하게 만들었다. 또한 동물의 세계와는 다른 인간의 세계와 환경을 창조할 수 있도록 하였다. 더욱 중요하게는 상상력, 호기심, 창의성, 음악, 예술, 건축, 시, 수학, 과학과 같은 독특한 세계의 창조를 가능하게 만들었다. 많은 신경과학자들은 우리 자신을 연구하고 우리의 행동뿐 아니라 우리의 몸까지 이해하려고 노력하는 것이 뇌 때문이라고 믿는다(Calvin & Ojemann, 1980).

뇌가 이러한 일을 하기 위해서는 아마도 주변 환경으로부터의 어떤 도움을 필요로 했을 것이다. 결국 뇌를 비롯하여 신경계는 유기체들이 그들의 환경에서 가능한 한 효과적이고 성공적으로 살며 일하도록 해 주는 기구라고 볼 수 있다. 뇌는 그 자체로 어떠한 일을 수행하는 자율적인 기관이 아니다. 환경으로부터 자극을 받지 않으면 그만큼의 일을 하지 않는다. 가끔 뇌신경과학자는 뇌에서의 변화가 행동에서의 변화를 초래한다고 본다. 그러나 실질적으로는 행동의 변화가 뇌의 구조와 기능을 변화시킨다.

말초신경계는 뇌가 환경에 관한 정보를 모으는 수단이다. 그러고 나서 뇌는 여러 가지 적절한 행동들을 유도하는 다양한 신경 자극을 보낸다. 말초신경계와 기관은 갖가지 정보를 주고받으며 경우에 따라서는 행동에 대한 지시를 요구한다. 따라서 정보를 통합하고 명령을 내리는 중앙조정기구가 필요한데, 그 역할을 뇌가 담당하고 있다.

중추신경계는 뇌와 **척수**(spinal cord)를 모두 포함한다. [그림 4-14]는 **뇌**와 척수의 일반적인 도해를 보여 준다. 말, 언어 그리고 듣기에 관한 중심적인 조정기능을 이해하기 위해서는 뇌를 집중적으로 살펴보아야 하므로 척수에 관해 간단하게 기술하고자 한다.

척수

척수는 척추의 척추관 안에 있는 긴 구조다. 골격근을 향하는 정보와 지각기관으로부터의 정보가 이 기둥(척수)을 통과하여 지나간다. 척수는 뇌로 들어가거나 나오는 정보를 전달하는 신경다발(경로)이다. 이 경로는 연결조직으로 되어 있는 튜브 모양의 구조 속에서 보호받는다. 척수는 수막 내벽(meningeal linings)으로 불리는 얇은 막으로 싸여 있다.

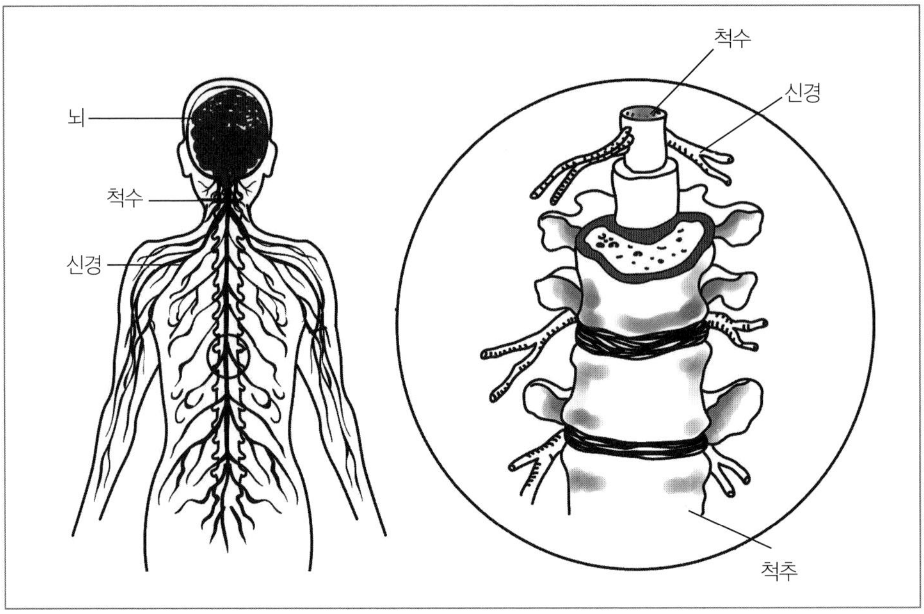

[그림 4-14] 뇌와 척수

이미 말했듯이 척수신경 쌍들은 척추의 양쪽으로 가지를 뻗어 신체의 대부분에 닿아 있다. 또한 척수는 뇌로부터, 그리고 뇌로의 운동자극과 지각자극을 모두 전달한다. 척수의 윗부분은 뇌간으로 알려진 뇌의 아랫부분까지 이어진다.

뇌

뇌가 말소리 산출 운동을 적절히 조절하지 못해서 생기는 말소리 장애에 대해서는 제10장을 참고하라.

뇌는 말, 언어, 듣기 그리고 인간에게서 발견되는 모든 '고등' 행동을 위한 가장 중요한 구조다. 두개골의 두개골 강에 자리 잡고 있으며, 뇌간, 소뇌, 대뇌 세 개의 주요 부분이 있다.

뇌간 뇌간은 일차적으로 연수, 뇌교, 중뇌, 간뇌 그리고 망상체로 구성된다(어떤 신경학자들은 뇌간의 구조로 연수와 뇌교만을 논한다). 연수는 두개골로 들어가는 척수의 가장 윗부분이고, 뇌교와 중뇌는 연수 위에 있다. 뇌간은 [그림 4-15]에 제시되어 있다.

연수(medulla)는 호흡과 신체의 다른 생명기능을 조절한다. 뇌의 운동중추에서 다양한 근육들로 명령을 전달하는 신경이 있는데, 이런 통로들을 **추체로**(pyramidal

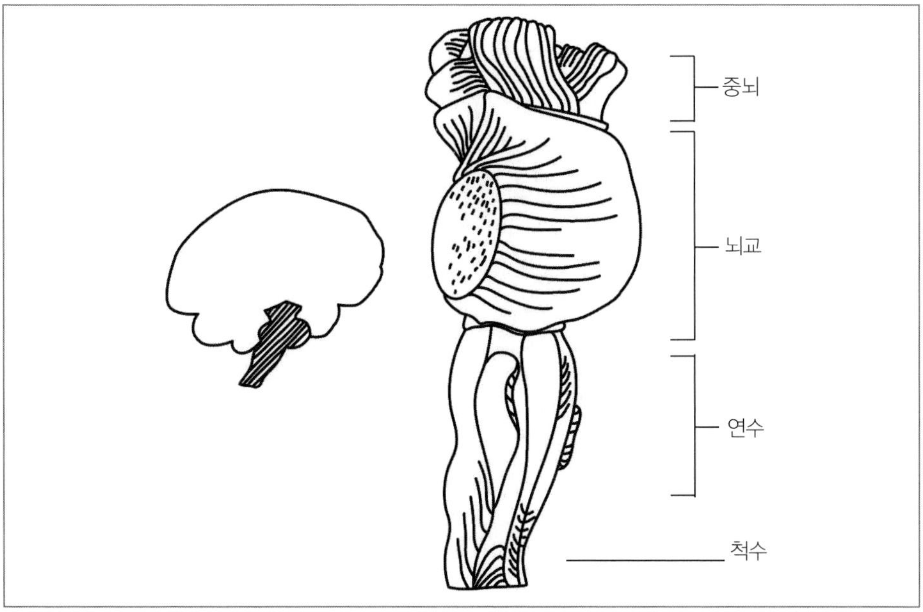

[그림 4-15] 뇌간의 구조

tracts)라고 한다. 추체로에서 신경 자극을 공급받는 일부 근육은 말하기와 관련되어 있다. 추체로는 모든 종류의 움직임을 조절하는 주요 구조로서 말소리 산출에 중요한 역할을 한다.

연수에서 뇌의 오른쪽과 왼쪽에서 나온 많은 추체로들이 각각 반대 방향으로 교차된다. 이런 이유로 신체의 왼쪽은 오른쪽 뇌에 의해 주로 지배되고 신체의 오른쪽은 왼쪽 뇌에 의해 지배된다. **뇌교**(pons)는 다리(bridge)를 의미하긴 하지만 둥글고 부푼 모습을 띠며 소뇌(대뇌가 아니다) 두 개의 반쪽을 연결한다. 또한 뇌의 다른 부분으로 신경섬유를 보낸다.

중뇌(midbrain)는 폭이 좁은 구조를 갖고 있고 또 다른 학명인 'mesencephalon'으로 불린다. 뇌교 위에 놓여 있는 이 중뇌는 이름이 암시하듯 다른 뇌 구조들의 가운데에 자리 잡고 있다. 중뇌는 뇌의 상위 중추를 하위 중추와 연결한다. 시각과 청각 교체 지점(중계 지점)도 중뇌에서 찾을 수 있다.

기저신경절 운동신경 자극의 통합을 돕는 뇌 속의 심층 구조들은 **기저신경절**(basal ganglia)이라 불리며 [그림 4-16]에 제시되어 있다. 기저신경절은 운동신경의 움직임을 간접적으로 지배하는 **추체외계**의 한 부분이다(추체계는 움직임을 보다 직접

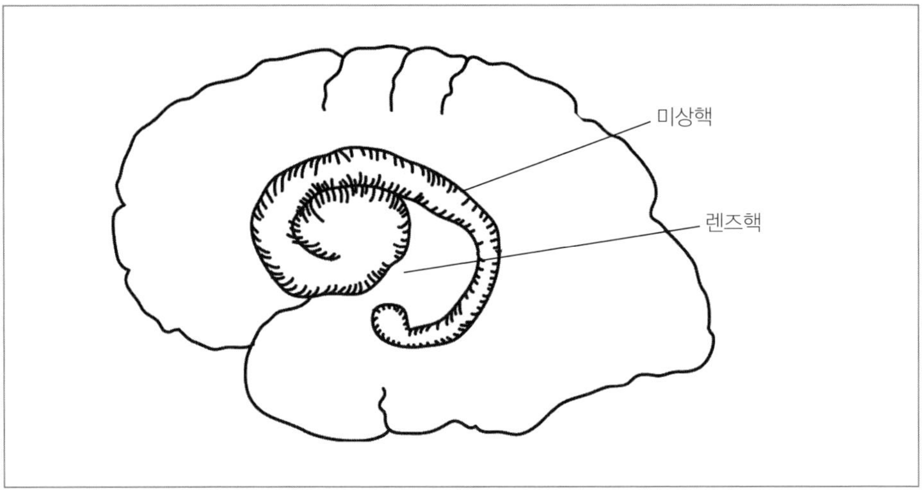

[그림 4-16] 뇌에서 기저신경절의 위치

적으로 지배한다). 두 체계 모두 신체의 다양한 자발적 움직임을 지배한다. 그런 만큼 두 체계 모두 말소리 산출과 관련된다. Tammy에게 의뢰된 Tilley 씨는 추체외계, 그 중에서도 특히 기저신경절이 손상되었다. 이 손상은 진행성 신경장애인 파킨슨병 환자에게서 자주 발견된다.

소뇌 **소뇌**(cerebellum)는 중추신경계의 주요 구조물이다. [그림 4-17]에 제시된 것처럼 소뇌는 뇌간 바로 뒤, 대뇌 아래에 놓여 있다. 소뇌 위에 놓인 뇌의 일부분은 대뇌 반구의 후두엽으로 알려져 있다.

소뇌는 움직임에 관여하는 주요 구조로서 그 기능은 말하기에 영향을 준다. 평형(균형)감각을 유지하고, 몸의 자세를 조절하며, 조화로운 운동신경 움직임을 조정한다. 그런 움직임들은 즉각적인 발화를 위해 필수적이기 때문에 소뇌의 활동은 말하기에 중요하다. 그러나 소뇌가 일차적인 운동 통합 중추는 아니다. 뇌 안의 다른 중추로부터 신경 자극을 받아서 그 자극들을 조정하는 것을 돕는다.

운동실조형 마비말장애에 관한 더 자세한 내용은 제10장을 참고하라.

소뇌의 손상은 뇌성 마비를 가진 몇몇의 아동들과 소뇌의 손상으로 고통받았던 성인들에게서 찾을 수 있는 **운동실조**(ataxia)라 불리는 신경학적 병의 원인이 된다. 균형을 유지하지 못하는 것과 비정상적으로 걸음을 걷는 것 등의 주요한 신경학적 증상이 나타난다. 환자는 운동실조형 **마비말장애**(ataxic dysarthria)라고 불리는 말장애를 보이기 쉽다.

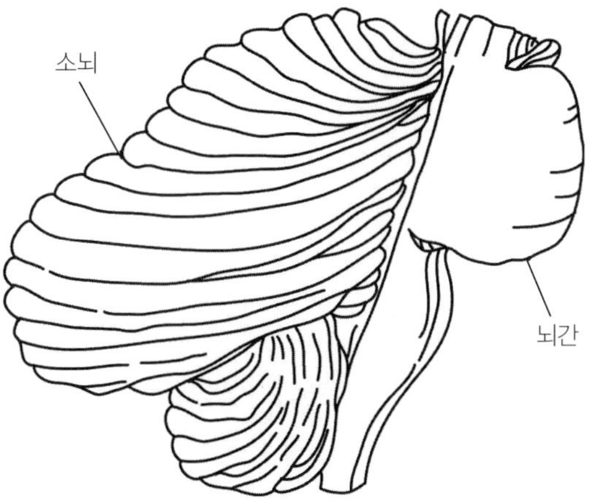

[그림 4-17] 소뇌

대뇌 말, 언어 그리고 듣기에서 **대뇌**(cerebrum; cerebral cortex)는 중추신경계의 구조 중 가장 중요하다. 대뇌는 인간의 뇌를 유인원의 뇌와 구별 짓는 가장 복잡하고 광대한 신경계의 복합 구조다. 대뇌는 중추신경계 구조 중에서 가장 크다.

대뇌는 그 위에 회색 세포가 있는 반면, 척수와 뇌간은 내부에 회색 세포가 있다. 이것이 뇌가 **회질**(gray matter)로 알려져 있는 이유다. 피질은 뇌의 가장 바깥 표면을 포함하지만, 사실은 연속된 여섯 개의 층으로 배열되어 있다. 각 층은 서로 다른 유형의 세포로 구성되어 있고, 표면에는 주름이 있다. 왜냐하면 다소 좁은 공간에 더 많은 조직을 수용하기 위해 접혀 있기 때문이다. 무수히 많은 신경세포들이 이 구조 안에 빽빽이 차 있고, 수많은 융기와 골의 형태로 접혀 있다. 피질의 융기된 부분을 **회**(gyrus)라고 하며 피질은 많은 회들(gyri)로 이루어져 있다. 피질의 골짜기들 중 일부는 얕지만 나머지는 좀 더 깊기도 하다. 얕은 골은 **구**(sulcus)이며 뇌 표면에는 많은 구들(sulci)이 있다. 더 깊은 골짜기들은 구들에 비해 수적으로 더 적으며 **열구**(fissure)라고 불린다.

열구는 또한 대뇌를 크게 분할하는 경계가 된다. 종단 열구(longitudinal fissure)는 대뇌를 좌우 반구로 나눈다. **롤랜도 열구**(fissure of Rolando)는 뇌의 앞 부분을 형성한다. **측열구**(lateral fissure) 혹은 **실비우스 열구**(fissure of Sylvius)는 뇌의 앞쪽 하단에 위치하여 측두엽의 한 부분이 된다.

대뇌 피질의 엽 엽(lobe)은 대뇌 피질의 특정 영역을 말한다. 각각의 반구 안에는 전두엽, 두정엽, 측두엽 그리고 후두엽의 네 개의 엽이 있다. 대부분 이 명칭들은 그들이 맞닿아 있는 두개골을 따라 지어진 것으로 그 구획들은 기능에 기초하여 분류된 것이 아니다. 뇌는 통합된 구조이고 뇌 활동의 대부분이 상호 연결되어 있긴 하지만 그럼에도 불구하고 각 엽은 각각 주된 기능이 있다. 대뇌 피질의 엽들은 [그림 4-18]에 제시되어 있다.

후두엽(occipital lobe)은 소뇌 바로 위, 두정엽의 뒤쪽 그리고 머리 뒤쪽 하단에 위치하고 있다. 일차적으로 시각(vision)에 관련되어 있으며 시각피질(visual cortex)로 알려져 있다. 그러므로 비록 의사소통의 특정 부분에서 중요하다고 해도, 발화와 듣기에 직접적인 관련을 맺고 있지는 않다. 예를 들면, 수신호(manual signs)를 이용하여 소통을 하는 사람에게 시각 피드백은 매우 중요하다. 청각장애인은 손동작(수신호)을 보고 그 기호 언어를 이해한다. 구두 의사소통에서 중요한 부분인 눈 접촉을 유지하는 것 또한 시각을 필요로 한다.

두정엽(parietal lobe)은 일차 **신체**(somatic) 감각 영역으로 분류된다. 고통, 촉감, 온도, 압박과 같은 신체의 감각을 모두 관장하기 때문이다. 그러한 감각들은 체성 감각(somesthetic)이라고 한다. 두정엽에서 두 곳의 특정 지역, 즉 맨 가장자리의 회와 각회(angular gyrus)를 포함하고 둘러싼 지역들은 말하기와 언어에 연관되어 있다. 예를 들면, 읽기, 쓰기 그리고 단어 찾기에 관련된 문제들은 각회가 손상된 사람들에게서

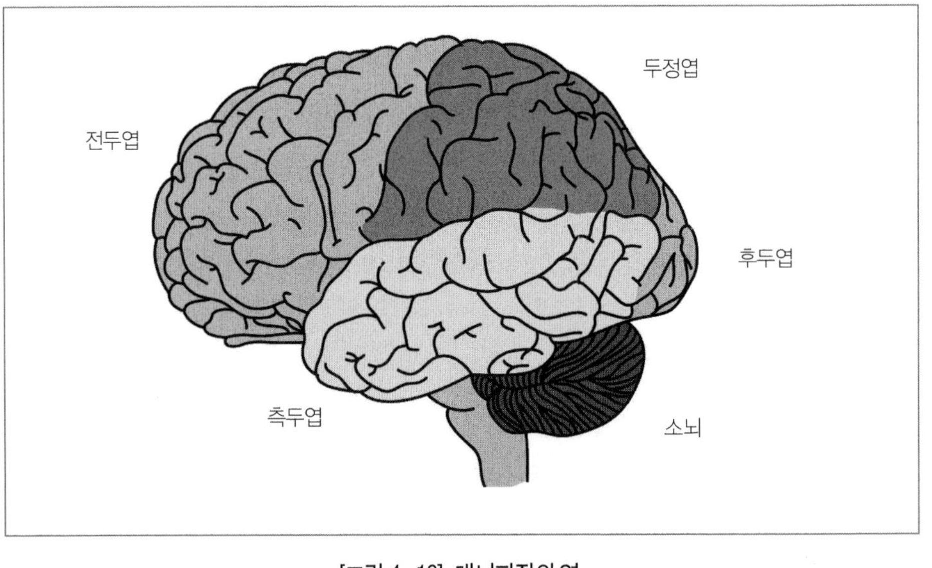

[그림 4-18] 대뇌피질의 엽

Scientific Learning Corp.에서 그림 제공.

발견되어 왔다.

측두엽(temporal lobe)에는 말하기, 언어 그리고 듣기에 중요한 구조 및 영역들이 있다. 주먹 쥔 손의 엄지손가락같이 생긴 측두엽은 두개골의 측두골(temporal bone; 머리의 양쪽 측면)을 따라 이름이 지어졌다. 측두엽은 두정엽과 전두엽 아래 그리고 후두엽의 앞쪽에 자리 잡고 있다.

청각과 관련된 해부, 생리학 그리고 신경학을 참고하려면 제13장을 참고하라.

측두엽에는 말하기와 듣기에 중요한 두 구조가 있다. 첫째, 청신경으로부터 소리 자극을 받아들이는 1차 청각피질(primary auditory cortex)이다. 청각피질은 귀가 들은 것을 처리하고 들은 소리와 함께 소리 자극의 의미를 결정한다고 보고 있다.

베르니케 실어증에 대해서는 제10장을 참고하라.

측두엽의 또 다른 중요한 구조는 19세기 독일의 유명한 신경학자인 Carl Wernicke의 이름을 따서 지어졌다. Wernicke는 좌측두엽의 첫 번째 뇌회의 한 영역이 언어를 이해하는 데 관여한다는 것을 발견했다. 현재는 **베르니케 영역**(Wernicke's area)이 언어를 이해하고 공식화하는 부분을 책임진다고 보고 있다. 베르니케 영역의 손상은 그 이름을 딴 실어증(aphasia)으로 불린다. 베르니케 실어증 환자는 유창하게 말은 하지만 그 말이 그리 의미 있는 것은 아니다.

전두엽(frontal lobe)은 말소리 산출에 특별히 중요한 영역들을 포함하고 있다. 네 개의 엽 중 가장 크며, 이마의 뒤쪽에 위치한다. 그 경계는 뒤쪽으로 롤랜도 열구(central sulcus), 아래쪽으로 실비우스 열구(lateral cerebral fissure)와 닿아 있다. 전두엽의 특정 영역은 말소리 산출 및 동작을 조절한다.

전두엽의 주요 영역은 **운동피질**(primary motor cortex)로 불리는데, **브로카 영역**(Broca's area)을 포함한다. 뇌의 주요한 언어와 듣기 영역들이 다른 부위들과 함께 [그림 4-19]에 제시되어 있다.

운동피질은 대부분의 신체 근육들과 특정한 관계를 맺고 있으며, 추체계의 도움으로 중추는 움직임을 통제한다. 1차 운동피질의 특정 영역이 자극을 받으면 손이나 입술의 움직임 같은 특정 운동 반응이 나타난다는 사실이 밝혀졌다. 신경외과의사들은 뇌수술을 하기 전에 그러한 직접적인 뇌 자극의 결과들을 연구해 왔다(Calvin & Ojemann, 1980). 어떤 종류의 행동이 어떤 대뇌 영역과 직접적으로 관련되어 있는지를 알아내기 위해 수술 전에 간질병 환자들의 노출된 뇌 영역을 전기적으로 자극했다. 이러한 '대응(mapping)' 기술들은 다리 및 다른 신체 구조와 비교하였을 때, 더 넓은 뇌의 영역이 입술, 턱, 혀 및 후두를 통제한다. 이는 말과 관련된 구조들에 대해 대뇌 피질의 통제가 (더) 중요함을 시사한다. 손 또한 상대적으로 넓은 영역에서 통제한다.

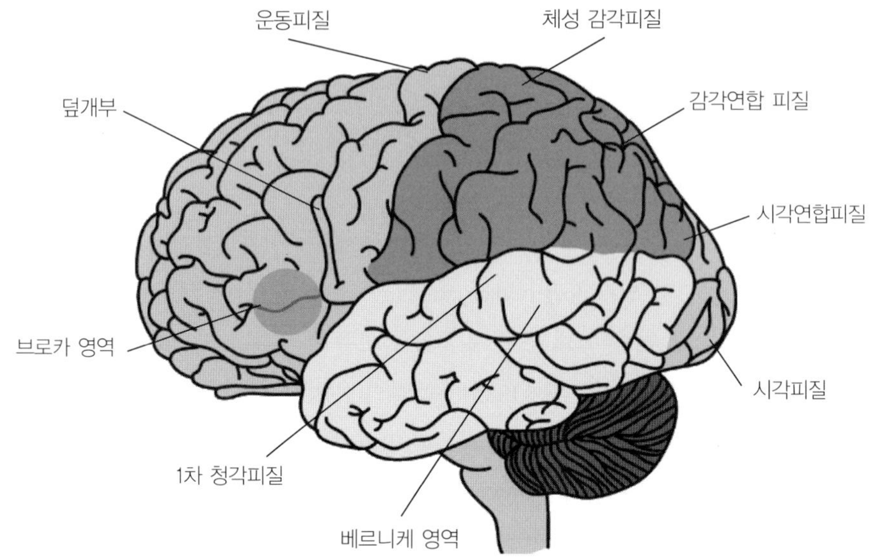

[그림 4-19] 말소리에 중요한 운동피질, 브로카 영역, 베르니케 영역 그리고 1차 청각피질

Scientific Learing Corp에서 그림 제공.

뇌의 손상에 의한 언어장애에 관련된 더 많은 정보를 얻기 위해서는 제10장을 참고하라.

브로카 실어증에 대한 정보를 더 얻기 위해서는 제10장을 참고하라.

발견자인 19세기 프랑스의 신경학자 겸 인류학자의 이름(Paul Broca)을 따서 지은 브로카 영역은 중요한 **운동성 말 중추**(motor speech center)다. 실어증 환자의 뇌를 해부한 후 Broca는 전두엽 피질의 한 영역이 손상되었다고 보고했다. 이후 뇌의 좌반구 세 번째 뇌회에 자리 잡고 있는 그 지역은 브로카 영역으로 알려지게 되었다. 뇌의 특정 영역이 특정 기능을 수행한다는 엄격한 기능국부주의는 현재 지나치게 단순화된 신경학으로 간주되고 있지만, 다수의 사람에게서 관찰된 임상 증거는 뇌의 좌반구가 말소리 산출을 통제한다는 점을 보여 준다. 예를 들면, 브로카 영역의 손상은 운동성 말장애를 초래하고, 브로카 실어증이라고 알려진 유형의 실어증이 나타난다. 이 유형의 환자들은 탈문법이 심한 전보체 말투(agrammatical telegraphic speech)로 천천히, 그리고 끊어지듯이 말한다.

뇌의 대부분의 구조적 경계 표식과 분할들은 자의적이다. 뇌의 엽들과 그 외 나머지 구조들은 서로 연결되어 있으며 통합된 단위다. 뇌의 상호 연결 통로는 감각 입력을 통합하는 데 도움을 주며 협응운동을 실행시킨다. 사실상 일의 통합을 위해 뇌의 서로 다른 부분을 연결하는 전문화된 신경섬유가 있다. 예를 들면, **연합섬유**(association fibers)는 반구 안에 있는 영역들을 연결한다. **교합섬유**(commissural fiber)

는 두 반구의 상응하는 영역들을 연결한다. 기저부에서 두 반구는 뇌량(corpus callosum)이라고 알려져 있는 두꺼운 신경섬유 묶음으로 연결된다. 마지막으로 뇌간과 척수로부터 나오고 들어가는, 그리고 다른 한편으로 피질의 감각, 운동 영역들로부터 나오는 경로들을 형성하는 **투사섬유**(projection fibers)가 있다.

추체로와 추체외로 앞서 지적한 바와 같이, 뇌의 전두엽은 말소리 산출을 조절하는 브로카 영역뿐만 아니라 움직임을 제어하는 1차 운동 영역을 포함한다. 이런 조직들과 그 밖의 다른 대뇌 조직들은 두 신경로에 의해 말소리 산출에 필요한 근육 및 다양한 근육과 연결되어 있다. 뇌에서 생성된 자극을 이 근육들로 전달하는 신경로를 추체로(pyramidal)와 추체외로(extrapyramidal pathways) 혹은 추체계와 추체외계라 부른다.

추체계(pyramidal system)는 대뇌의 운동피질에서 일차적으로 시작하여 어떤 방해도 받지 않고 뇌간과 척수까지 이르는 신경섬유 다발이다[이것이 추체계를 직접계(direct system)라고 하는 이유다]. 모든 종류의 수의적인 움직임을 위한 자극을 전달하는 일차적인 신경로라 할 수 있다. 추체계는 각기 다른 속(束, tracts)을 갖고 있는데, 이들 중 몇몇은 말소리에 특히 더 중요한 영향을 끼친다. 추체계의 어떤 부위(束, tracts)에 손상을 입으면 후두, 인두, 연구개, 입술 그리고 안면에 마비가 올 수 있다. 10장에서 설명하겠지만, 많은 종류의 운동성 말장애는 이런 마비들의 결과다.

추체계는 직접로, 추체외계는 간접로라고도 불린다.

'간접로(indirect system)' 라고도 불리는 **추체외계**(extrapyramidal system)의 신경섬유들은 대뇌피질에 그 근원이 흩어져 있다. 신경섬유들은 감각에서 최종 도착점까지 복합적인 신경 연접들이 교체되며 연결되는 간접적인 통로를 택한다[간접계(indirect system)라고 불리는 이유다]. 이 간접로는 뇌교, 소뇌, 기저신경절까지 내려간다. 뇌교와 소뇌는 앞서 설명하였고, 기저신경절은 [그림 4-16]에서 보았듯이 간접 운동로의 주된 조직이다. 이것들은 피질층의 바로 아래와 뇌간의 바로 위에 위치하고 있다.

이미 언급했듯이 기저신경절은 운동피질로부터 자극을 받고, 그 정보를 운동피질에 되돌려 준다. 기저신경절은 운동 패턴의 계획을 돕고 간접 운동계의 다른 조직들과 함께 근육의 긴장과 자세 유지를 돕는다고 알려져 있다. 이 추체외계가 손상되면, 환자는 비정상적인 근육의 긴장과 자세 및 불수의적 움직임을 나타낸다(떨림).

추체계와 추체외계의 운동섬유들은 둘 다 대뇌피질에서 시작한다. 뇌간과 척수핵(spinal cord nuclei)에 연결된 두 신경계의 신경섬유들은 **상측운동신경**(upper motoneurons)이라 부른다. 이는 **하측운동신경**(lower motoneurons)과 구별되는데, 뇌간과 척수에 근원을 두고 있는 신경로로서, 다른 여러 근육과 연결되어 있다. 상측운동신경이나 하측 운동신경 둘 중 하나라도 병소가 있으면 마비가 올 수 있다. 상측운동신경에 병소가 있으면 **경직성 마비**(spastic paralysis)라고 알려진 일종의 마비 증상이 나타난다. 이 경우 근육이 너무 굳어 있거나 심하게 긴장되어 있다. 반면, 하측 운동신경에 병소가 있으면 **이완성 마비**(flaccid paralysis)가 야기된다. 이 경우는 근육이 긴장하지 못하여 너무 약하고 힘이 없다. 두 종류의 마비 모두 말소리 산출에 영향을 준다.

뇌의 보호장치와 층 뇌는 외부로부터의 충격과 상처를 경감하기 위해 철저하게 보호받고 있다. 두개골이라 불리는 강한 뼈 구조 안에 들어가 감싸져 있다. 두개골(skull)은 단일한 구조물이 아니다. 하나의 구조로 통합되는, 분리된 얼굴과 머리뼈 조각들로 구성되어 있다. 몇 가지 다른 뼈들과 함께(예를 들면, 코와 구개를 지탱하는 데 힘을 보태는 비골과 구개골), 두개골은 전두골, 측두골, 두정골 그리고 후두골로 되어 있으며, 이들은 이미 기술한 뇌의 네 가지 엽의 이름과 관련되어 있다. 척수 또한 척추골 기둥(bony verterbral column)의 보호를 받는다.

뇌는 뇌 속을 흐르는 **뇌척수액**(cerebrospinal fluid)으로 가득 찬 **뇌실**(ventricle)이라 불리는 많은 작은 공간을 가지고 있다. 두개골의 뼈와 함께 유동액으로 가득 찬 강들은 외부의 충격으로부터 뇌를 보호하는 데 도움을 준다. 뇌척수액은 뇌가 받는 충격을 약화시킬 뿐 아니라 뇌내압을 조절하고, 신경 조직에 영양을 공급한다. 두개골과 함께 유동액으로 차 있는 강들은 외부 충격으로부터 뇌를 보호하는 데 도움을 준다.

뇌는 **뇌막**(meninges)이라 불리는 막들의 층으로 덮여 있다. 가장 질긴 바깥의 막은 경뇌막(dura mater, tough mother), 중간막은 거미망막(arachnoid, spider web) 그리고 뇌 표면과 접촉하고 있는 가장 내부의 막은 연뇌막(pia mater, tender mother)이라 불린다. 이러한 뇌막들을 파괴하는 감염(뇌막염, meningitis)은 두뇌의 손상을 초래할 수 있다.

대뇌 혈액 공급 망으로 연결된 동맥들이 심장으로부터 뇌로 혈액을 공급한다. 뇌가 얼마나 대식가(big eater)인지 〈읽을거리 4-4〉를 살펴보라. 뇌가 정상적으로 기능하기 위해서는 많은 혈액이 필요하다. **경동맥**(carotid arteries)과 **척추동맥**(vertebral arteries)은 뇌로 혈액을 공급하는 주요 공급자다. 이 동맥들은 두개골 하부와 경막(dura mater)을 통해서 뇌로 들어간다. 외경동맥(external carotid artery)은 얼굴, 목, 입

읽을거리 4-4 뇌는 대식가!

- 뇌의 무게는 성인 체중의 2% 정도 나간다. 그러나 뇌의 정상 기능을 위해서는 몸 전체 혈액의 17%를 필요로 한다.
- 뇌는 몸 전체 산소의 25%를 소비한다.
- 뇌는 신체에서 매우 약한 부위다.
- 뇌 기능을 위해 지속적인 혈액 공급이 매우 중요하다.
- 뇌에 혈액 공급이 중단되면 10초 내에 의식을 잃는다.
- 뇌의 전기 작용은 혈액 공급이 중단되고 20초 후에 멈춘다.
- 뇌의 혈액 공급이 중단되고 4~6분 뒤에는 항구적인 손상을 입는다.
- 특정 뇌 영역에 대한 가장 보편적인 혈액 공급 중단의 원인인 뇌졸중이 아마도 언어장애의 중대한 원인이 될 것이다.

의 근육과 두개골의 측면, 그리고 경막에 혈액을 공급한다. 주요 혈액 공급원은 내경동맥(internal carotid artery)이다. 내경동맥은 더 작은 분지로 갈라지면서 뇌의 다양한 부분에 혈액을 공급한다. 내경동맥은 다음 두 개의 분지인 **전대뇌동맥**(anterior cerebral artery)과 **중대뇌동맥**(middle cerebral artery)은 말–언어 기능에 특히 중요하다. 전대뇌동맥은 운동 중추가 있는 전두엽에 혈액을 공급한다.

중대뇌동맥은 뇌의 안쪽으로 이동하고 다시 다른 가지들로 나뉘면서 대부분의 뇌세포에 혈액을 공급한다. 다양한 분지들은 전두엽을 포함한 뇌의 엽들에 혈액을 공급한다. 결과적으로 중대뇌동맥은 운동, 말하기와 언어에 관련된 뇌 구조들을 포함하는 부분에 혈액을 공급한다. 브로카 영역과 베르니케 영역 둘 다 중대뇌동맥으로부터 혈액을 공급받는다. 종종 뇌졸중에 의해서 야기되는 이 동맥의 손상은 언어장애인 실어증을 야기할 수 있다.

척추동맥의 다양한 가지들 중 어떤 부분은 척수에 혈액을 공급한다. 좌우 척추동맥은 서로 결합하여 기저동맥(basilar artery)을 형성하는데, 뇌교의 하단 부분이다. 뇌교의 상부에서 이 단일한 동맥은 다시 갈라져서 두 개의 후대뇌동맥(posterior cerebral arteries)이 되는데, 측두엽과 후두엽에 혈액을 공급한다.

요 약

- 네 개의 생물학적 기반의 기능체계가 말과 언어를 배우고, 형성하고, 산출하는 것을 가능하게 한다. 이는 호흡, 발성, 조음 그리고 신경체계다.
- 폐기능인 호흡은 말소리 산출을 위한 힘을 제공한다. 호흡에 중요한 근육은 흉곽 아래의 횡격막이다. 다른 근육들, 특히 늑간 근육도 호흡에 중요한 작용을 한다. 날숨은 성대를 움직이게 한다.
- 성대는 후두의 한 부분으로 설골에 매달려 있으며, 근육, 연골, 막들을 포함한다. 성대 근육(vocalis muscle)은 성대를 형성하며 피열연골에 붙어 있고 다양한 움직임을 가능하게 한다.
- 근탄성-공기역학 이론은 다음과 같다. 성대가 닫히면 아래에 있는 공기 압력이 성대 위의 압력보다 더 높아지고 결과적으로 성대가 열리기 시작한다. 그 결과 성대 근육이 떨린다. 공기가 열린 성대 사이를 통해 빠져나갈 때 성대 근육 사이의 압력이 감소하면서 결과적으로 두 성대 근육을 모이게 한다. 성대의 탄성 또한 두 성대 근육을 닫히게 한다.
- 성대 진동의 주파수는 Hertz(Hz)라고 부르는 초당 주기로 측정한다. 음성의 음도는 주파수에 달려 있고, 크기는 성대하압의 양에 달려 있다.
- 음질은 성대가 완전히 닫히지 않아서 공기가 새어 나갈 때 숨 새는(breathy) 소리로 나온다. 성대의 불규칙한 진동에 기인하여 거칠게 느껴질 때는 거친(harsh) 소리로 표현한다. 음성이 숨이 새기도 하고 거칠기도 할 때는 목쉰(hoarse) 소리라고 한다.
- 공명은 후두 위 구조에 의해 후두에서 만들어진 소리의 음색이 수정되는 것이다. 후인두(laryngopharynx), 구인두(oropharynx) 그리고 비인두(nasopharynx)는 어떤 음색을 둔화시키거나 증가시킨다.
- 구강과 비강에 의해 변형된 성대 소리는 조음(articulation) 과정을 거쳐 말소리로 구체화된다. 이 작업을 이루는 조음기관은 연구개, 경구개, 턱, 혀, 입술, 볼 등이다.
- 신경계는 말초신경계와 중추신경계를 포함한다. 말초신경계 중 뇌신경은 척수신경보다 말과 청각에 더 중요하다.
- 뇌는 말소리 산출과 언어 형성을 조절한다. 또한 청각 및 발화된 언어에 대한 해석을 한다.
- 뇌간은 연수, 뇌교 그리고 중뇌를 포함한다. 운동 자극을 통합 조절하는 소뇌는 뇌간의 뒤, 대뇌의 아래에 위치한다.
- 대뇌는 대뇌 피질이다. 대뇌는 회라고 부르는 솟은 부분과 구나 열로 불리는 들어간 부분으로 되어 있다. 피질은 네 부분으로 나뉜다. 전두엽은 말소리 조음 등 운동과 관련되어 있다. 이 부분은 일차 운동 영역과 브로카의 말소리 산출 영역을 포함한다. 측두엽은 1차 청각 영역과 베르니케의 말 이해 영역을 포함한다. 후두엽은 시각과 관련이 있고, 두정엽은 체성 감각과 관련되어 있다.
- 뇌는 두개골, 뇌척수액 그리고 뇌막으로 잘 보호되어 있다.
- 뇌는 복잡하게 연결된 동맥을 통하여 혈액을 공급받는다.

연구문제

1. 의사소통의 장애를 이해하기 위해 말하기의 생리학과 해부학을 공부해야 하는 이유를 설명하시오.
2. 말하기에 관련된 주요 구조 기제를 설명하시오?
3. 호흡기관을 전반적으로 제시하고 말소리 산출에서의 중요성을 설명하시오.
4. 후두의 생물학적 기능을 설명하시오.
5. 발성기관을 기술하시오(성대 포함). 그리고 발성부가 호흡기관과 어떻게 상호작용을 하는지 설명하시오.
6. 발성의 근탄성-공기역학 이론을 간단히 기술하시오.
7. 음성의 음도와 크기의 물리적 기초를 기술하시오. 그리고 어떤 생리작용이 음도와 말소리 크기에서의 차이점을 만들어 내는지 설명하시오.
8. 공명이란 무엇인가? 어떤 해부 구조가 공명을 이해하는 데 중요한지 설명하시오.
9. 과대비성과 과소비성을 구분하시오. 그리고 어떤 해부학적 구조가 이들을 이해하는 데 중요한지 설명하시오.
10. 구심성(afferent)과 원심성(efferent)이라는 용어의 의미를 구분하시오.
11. 두개골 신경(뇌신경)은 무엇인가? 말하기에서 이들이 왜 중요한지 설명하시오.
12. 뇌간의 주요 구조들과 그들의 기능을 기술하시오.
13. 기저신경절의 기능을 기술하시오.
14. 소뇌의 기능을 기술하시오.
15. 뇌의 네 가지 엽에 대해 간단히 기술하고 말과 언어에 가장 중요한 영역을 말해 보시오.

참고문헌

Bhatnagar, S. C. (2008). *Neurocscience for the study of communicative disorders* (3rd ed.). Baltimore, MD: Lippincott Williams & Wilkins.

Calvin, W. H., & Ojemann, G. A. (1980). *Inside the brain*. New York: New American Library.

Kent, R. (1998). *The speech sciences*. Clifton Park, NY: Cengage Learning.

Ornstein, R., & Thompson, R. F. (1984). *The amazing brain*. Boston: Houghton Mifflin.

Roseberry-McKibbin, C., & Hegde, M. N. (2006). *An advaced review of speech-language pathology: preparation for PRAXIS and comprehensive examination* (2nd ed.). Austin, TX: PRO-ED.

Seikel, J. A., King, D. W., & Drumright, D. G. (2005). *Anatomy and Physiology for speech, language, and hearing* (3rd ed.). Clifton Park, NY: Cengage Learning.

Smith, A. (1984). *The mind.* New York: Viking Penguin.

Webster, D. B. (1999). *Neuroscience of communication* (2nd ed.) San Diego: Singular.

Zemlin, W. R. (1988). *Speech and hering science* (4th ed.). Needham Heights, MA: Allyn & Bacon.

05

Introduction to Communicative Disorders

조음음운장애

유아의 언어지각 실험
부적절한 알파, 베타
소리, 음소, 이음
말소리의 분류
말소리 산출과 소리 패턴의 습득
말명료도
조음음운장애
조음음운장애의 기술
조음음운장애의 잠재적 원인
조음 선별
조음음운장애의 평가
문화 인종 요인과 관련된 조음 평가
조음음운장애의 치료

구어의 기본 단위, 언어 의사소통의 체계는 '말'이다. 결국, '말'은 기본 단위인 '말소리(speech sound)'로 분류될 수 있다. 말소리는 단어를 형성하는 데 필수적인 음절을 구성하는 요소다. 구어 낱말이 문장으로 구성될 때, 구어(oral language)가 만들어진다.

이 장은 말소리에 관한 것이다. 영어의 기초 말소리 체계, 영어 말소리의 분류, 어떻게 아동이 발화를 배우는가, 그리고 이러한 과정에서 어떤 문제들이 나타나는가에 대해 다룬다. 아동이 언어를 발화하고 습득하는 데 생기는 문제들을 조음음운장애라고 한다. 이 장은 언어병리학자들이 이러한 장애를 치료하는 데 사용하는 방법들을 간략히 기술하고 있다.

유아의 언어지각 실험

Lisa와 John 그리고 그들의 아들, Timmy는 중서부 소도시에 살고 있다. 어느 날 그들은 지역신문에서 연구 과제를 위해 유아 피험자를 구하는 광고를 보게 되었다. Lisa와 John은 심리학 전공 학부생으로 다수의 실험에 관여하고 있었기 때문에 이 광고에서 본 연구에 관심이 생겼다. 그래서 7개월 된 Timmy가 언어지각 실험에 참여하게 되었다.

어느 한 대학교의 음성 과학자 Jean Simon 박사는 어린 아동들의 언어지각에 대한 몇 가지 재미있는 연구를 진행중이었다. 4~6개월 아기들이 말과 소리의 차이점을 이해하는가? 4개월 된 아기가 /p/, /b/, /s/ 그리고 /z/의 소리를 다르게 들을 수 있는가? 아기들이 특정한 순서에서의 말소리 차이점을 구별하는가? 이러한 질문은 말 과학자들, 그리고 우리가 어떻게 소리를 듣고, 어떻게 발화를 배우는가에 대한 차이점을 알고 싶어 하는 임상가들에게 가장 흥미로운 질문이다. 첫 번째 질문은 언어지각에 관한 것이고 두 번째는 말소리의 발화에 관한 것으로서 사이먼 박사의 연구는 언어지각과 관련되어 있다.

실험에 참여하기로 한 날 Lisa는 Timmy를 대학의 연구실로 데려갔다. Lisa와 John은 전에 Simon 박사를 만난 적이 있었다. Simon 박사는 Timmy를 관찰했고 실험에 적합하다고 판단했다. Timmy는 듣기에 문제가 없었고, 신체적으로 건강했다. 또한 정상 발달을 하고 있었다. Simon 박사는 부모에게 실험에 대해 충분히 설명해 주었다. 연방법과 대학 내규에 따르면, 인간 피험자(혹은 피험자 아동의 부모)는 반드시 실험의 종류에 대해서 알아야 하고 실험에 대해서 자발적으로 참여한다는 동의를 해야 한다. Lisa와 John은 사전에 이러한 서류에 서명을 하였다. 그들은 또한 언제라도 아들을 대상으로 한 실험을 중단시킬 수 있었다.

실험실에서 Simon 박사는 박사과정 실험 조교, Steve를 Lisa에게 소개했다. 박사는 Timmy의 기분이 좋을 때 실험을 진행하기 위해 곧바로 실험을 시작하고자 했다. Lisa와 Timmy는 양방향 거울로 구분된 두 개의 방으로 들어갔다. [그림 5-1]과 같이 실험실에는 두 개의 의자, 둥근 탁자, 비디오카메라(C), 스피커 그리고 스피커 앞에

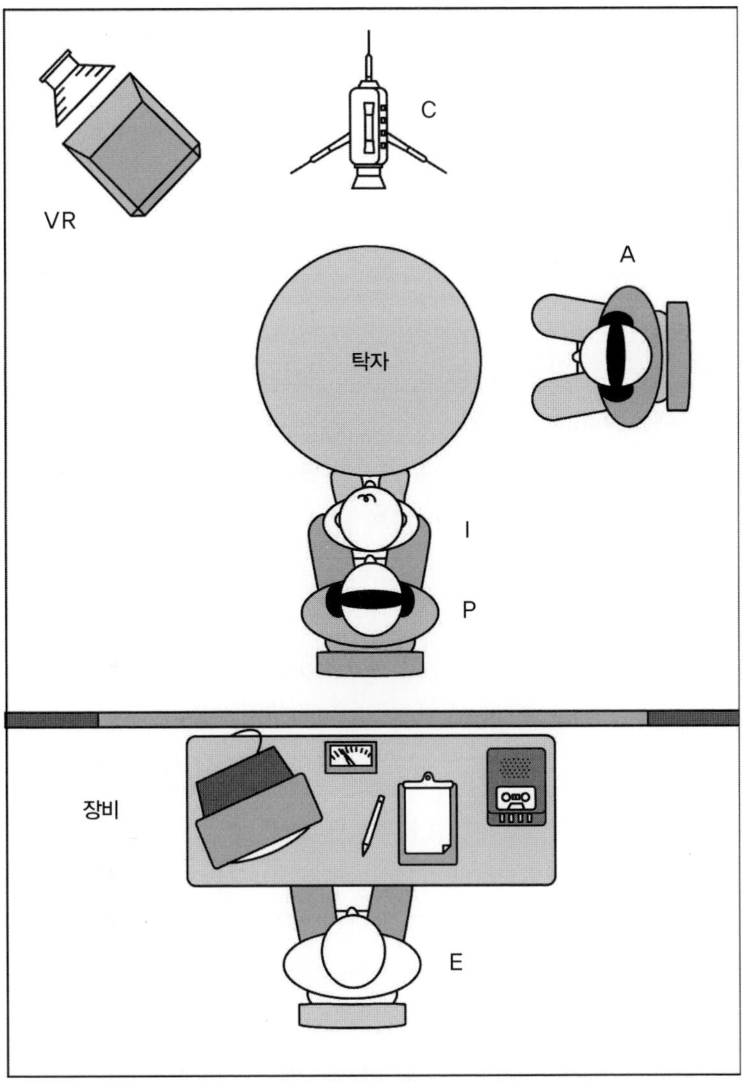

[그림 5-1] 시각적 강화를 이용한 고개 돌리기 실험

'재미있는 청각평가용 유리상자(smoked Plexiglas box)' 가 있었다. Steve(A)는 장난감들이 들어 있는 가방을 가지고 있었다. Lisa는 Timmy(I)가 앞을 바로 볼 수 있게 무릎에 안아서 의자(P)에 앉았다. 그녀는 실험이 진행되는 동안 조용한 음악을 들을 수 있게 헤드폰을 썼다. Steve(A)도 Lisa의 오른쪽 옆에 앉아서 헤드폰을 쓰고 같은 음악을 듣게 했다. Lisa의 왼쪽에는 스피커와 유리상자(VR)를 두었다. Simon 박사(E)는 양방향 거울을 통해 그들을 볼 수 있는 통제실로 들어가서 실험에 쓰이는 음악을 통제할 수 있는 전기 장비 앞의 의자에 앉았다.

Steve는 가방에서 인형을 꺼내 Timmy 앞에서 움직이기 시작했다. Timmy는 Steve의 움직임을 좋아했다. 실험이 진행되는 동안, Steve는 다른 장난감들을 움직여서 Timmy의 관심을 끌었다. 곧 Simon 박사는 실험 시작 버튼을 눌렀고 테이프가 재생되기 시작했다. 다양한 음절들이 테이프 녹음기의 두 채널에 녹음되어 있었다. **논리 장치**(logic device)라 불리는 전기 장치가 실험실의 스피커를 통해 다양한 말 자극을 들려주기 시작했다.

Timmy는 스피커를 통해 'va' 소리를 듣기 시작했다. 그 음절은 일단 매 초마다 반복되었다. Timmy는 무의미 음절 'va-va' 소리보다 인형에 더 관심을 가졌다. Timmy가 계속 장난감을 보고 있을 때, 논리 장치가 자극을 'sa' (sa-sa)로 바꾸어 4초 동안 들려주었다. 그때 Timmy가 고개를 돌려서 왼쪽의 스피커가 있는 방향을 쳐다보았다. 즉시, Steve와 Simon 박사는 아동이 올바른 반응을 했다는 것을 나타내는 논리 장치의 버튼을 눌렀고, 스피커 앞 유리상자의 불이 켜졌다. 티미는 박스 안의 원숭이가 춤추고 심벌즈를 치는 것을 재미있게 보았다. 박스의 불은 2초 동안 켜진 후 다시 어두워졌다. 논리 장치의 자극을 'va' 로 바꾸자, Timmy의 관심은 다시 Steve의 움직임으로 옮겨 갔다. 잠시 후 자극을 다시 'sa' 로 바꾸었고 Timmy는 방금 전처럼 반응을 강화시켰던 박스로 시선을 돌렸다.

'va' 를 제시한 것은 **통제 자극**(control trials-같은 음절 제시)이었고, 'sa' 를 제시한 것은 **변화자극**(change trials-새로운 음절 제시)이었다. 몇 가지 통제와 변환 실험으로 Timmy가 신뢰성 있게 말 자극의 변화에 반응한다는 것을 확신할 수 있었다. 연구자들은 Timmy가 고개를 오직 통제 자극이 아닌 변화자극에서만 돌림으로써 'va' 와 'sa' 의 차이를 변별한다고 결론 내릴 수 있게 되었다. 실험은 이러한 방식으로 계속되었다. Simon 박사는 실험의 결론을 내리기 전에 'sa-za' 와 'sa-sha' 같은 음절 쌍을 제시했다. Lisa와 Steve 그리고 Simon 박사는 Timmy가 협조적인 태도를 보이고, 말 음절 쌍을 잘 변별하자 기뻐했다.

Simon 박사가 사용한 실험 절차는 '시각적 강화를 이용한 **고개 돌리기 패러다임**(visually reinforced head turn paradigm)'이다. 실제로 이 같은 실험방법은 몇몇의 과학자들이 수행한 실험에 기초를 두고 있다(Kuhl, 1987). 이러한 도움과 다른 몇몇의 방법들로 우리는 유아들이 다양한 말 자극과 변별을 가르치기 어려운 다른 특정 자극쌍을 구별한다는 것을 알게 되었다(Jusczyk & Luce, 2002; Peña-Brooks & Hegde, 2007).

- 1~4개월 된 유아는 pa와 ba, va와 sa 그리고 sha의 차이점은 알지만 sa와 za는 변별하지 못한다.
- 1~4개월이 조금 지난 유아는 모음 u와 i 그리고 a와 i의 차이점을 안다.
- 2개월 된 유아는 ba와 ga의 차이점을 안다.
- 2~3개월 된 유아는 ra와 la의 차이점을 안다.
- 6~8개월 된 유아는 sa와 za의 차이점은 알지만 fi와 ti 혹은 fa와 ta는 변별하지 못한다.

1세 미만의 유아들에게 나타난 흥미로운 점은 자기 모국어에서 사용하지 않는 소리를 구별할 줄 안다는 것이다(Jusczyk & Luce, 2002). 그러나 이러한 학습 능력은 12개월 즈음에 감소하기 시작한다. 모국어 말소리에 대한 경험이 늘어나면서, 아동은 사용되지 않는 소리의 차이를 구별하는 능력이 점차 사라지는 것이다.

부적절한 알파, 베타

알파벳(alphabet)이란 용어는 그리스어 알파벳의 첫 번째 문자 '알파(alpha)'와 두 번째 문자 '베타(beta)'에서 온 것이다. 많은 언어에서 알파벳의 각 문자는 소리를 나타낸다. 그러나 이것은 영어의 경우에 최소한의 사실(minimally true)이라 할 수 있다. 왜냐하면 구어체 영어 소리는 알파벳을 나타내는 데 알파벳 문자에 충실하지 않기 때문이다. 예를 들면, 스페인어와 몇몇의 아시아 언어의 소리들은 문자에 더 충실하다.

영어 알파벳과 소리는 완벽하게 조화를 이루지 않는다. 왜냐하면 알파벳이 구어 소리의 변화 속도를 따라가지 못하기 때문이다. 새로운 소리가 말에서 생겨났을 때 새로운 문자는 만들어지지 않았다. 유럽에서 인쇄가 대중화되었을 때 알파벳이 표준화되었는데, 인쇄기는 늘 변하는 알파벳과 단어의 철자에 대처할 수 없었다. 만약 철자가 확정되어야 한다면, 알파벳 또한 확정되어야만 한다. 당연히 정해진 알파벳은 말소리에서의 변화에 민감하지 못했다. 시간이 지남에 따라, 영어 알파벳과 소리의 불일치는 커져 갔다(Tizard, 1980). 수세기가 지난 지금, 여전히 똑같은 스물여섯 개의 문자를 쓰고 있지만 영어에는 마흔여섯 가지 이상의 소리가 있다. 그럼에도 불구하고 우리는 운이 좋은 것일지도 모른다. 이후로 알파벳과 소리의 불일치는 점점 더 커져갈 것이기 때문이다. 소리는 계속해서 변화하고 있다.

부적절한 알파벳 문제는 아동이 소리 내어 읽기 시작할 때 분명해진다. 읽기에서 소리는 단어에 사용된 철자와 일치되어야 한다. 문제는 여기서 시작된다. 왜냐하면 똑같은 소리는 다른 많은 방식으로 쓰이기 때문이다. 〈표 5-1〉은 소리 혹은 음소에 다양하게 쓰인 철자의 예를 보여 주고 있다. 이 시점에서 제1장을 상기해 보면, 말소리는 음소라고 하며, 이것은 두 개의 사선(/ /) 사이에 나타낸다.

〈표 5-1〉 같은 소리를 내는 영어 소리에 사용할 수 있는 대체 철자들의 예

/i/ 소리는 even에서의 e처럼 쓰일 수 있지만 또한 다음의 예처럼 쓰일 수 있다.

ee (seen)	eo (people)
ea (read)	oe (amoeba)
ei (deceive)	ae (Caesar)
ie (field)	ey (key)
i (ravine)	

모음 /u/는 최소한 열세 가지의 철자들이 있다. 다음의 예들이 어떻게 다른지 생각해 보자.

u (rule)	ough (through)
oo (boot)	ous (rendezvous)
ew (knew)	ieu (lieu)
ue (due)	oe (shoe)
ou (group)	eu (maneuver)
ui (fruit)	

자음 소리도 또한 다른 식으로 쓰일 수 있다. 하나의 예를 살펴보자.

/s/:

s (six)	ps (psalm)
ss (miss)	st (listen)
sc (scene)	x (fox)
c (circle)	z (quartz)

* 이 장의 다음 부분에서 국제음성기호(IPA 기호)들이 소리를 나타내는 데 사용되었다. (다음 장에서는 IPA 기호가 소리를 나타내고 있다.)

〈표 5-2〉 국제음성기호(IPA)

IPA 기호	예	IPA 기호	예
/p/	pot	/ʃ/	shine
/b/	bat	/ʒ/	vision
/m/	mat	/θ/	thin
/n/	net	/ð/	then
/ŋ/	sing	/tʃ/	chin
/d/	dime	/ʤ/	jane
/t/	time	/v/	van
/g/	gum	/w/	wine
/k/	Kim	/l/	lean
/f/	fun	/j/	yawn
/s/	sun	/h/	hen
/z/	Zen	/r/	run
/a/	fall	/ɛ/	bet
/æ/	fat	/e/	late
/ɔ/	fought	/o/	overcoat
/ə/	atop	/ʊ/	put
/ʌ/	upset	/u/	boot
/I/	infect	/ɝ/	shirt
/i/	eat	/ɚ/	later
/eI/	main		
/aI/	lime		
/oʊ/	dome		
/aʊ/	how		
/ I/	boy		
/Iʊ/	fuse		

이것은 같은 소리가 다른 철자로 존재한다는 문제에 한정되지 않는다. 언어의 소리를 나타내는 충분한 문자가 없다는 말이다. 설상가상으로 부적절한 알파벳은 일부 의미 없는 문자들도 포함하고 있다. c와 q 모두 불필요하고 무의미하다. c는 종종 /k/ 혹은 /s/ 그리고 q는 /k/로 가장된다. 비록 k, c 그리고 q 세 가지의 문자가 단독으로 /k/ 소리를 나타내기에 충분치 않지만, 위 소리들은 또한 c와 k(luck), 두 개의 c(account), c와 h(echo) 그리고 k와 h(khaki)로 철자화된다.

대부분의 언어는 비슷한 문제를 가지고 있다. 그러므로 전문가들은 일련의 다른 방식으로 대부분의 소리를 적절하게 나타낼 수 있는 음성기호를 만들어 냈다. 이 체계를 국제음성기호(IPA)라고 한다. 이는 〈표 5-2〉에 제시되어 있다. IPA에서 각각의 기호는 단지 하나의 소리만을 의미하며, c 혹은 q가 포함되어 있지 않다는 것에 주목해야 한다. 이중모음은 두 개의 모음 조합이기 때문에 두 개의 기호로 표현되어 있다.

소리, 음소, 이음

제1장에서 설명하였듯이 전문가들이 말과 언어의 차이를 구별하였다. 언어는 의사소통에 사용되는 추상적인 기호 체계다. **언어**는 말보다 더 큰 체계다. 언어는 의미, 문법 그리고 사회적 사용의 규칙을 내포하고 있다. 좁은 의미로 정의하자면, **말**은 말소리의 산출이라 할 수 있고, 조금 더 넓게 정의하자면 말은 언어의 실제적 산출이라고 할 수 있다.

말을 연구함에 있어, 우리는 소리를 분석하고, 소리 간의 관계를 분석할 수 있고, 음절과 단어를 형성하는 방식도 분석할 수 있다. 언어에서 낱말을 만들어 내는 데 사용되는 말소리 체계와 패턴들을 과학적으로 연구하는 것이 **음운론**이다.

비록 말과 언어를 나누어 분석할지라도, 이 둘은 구어 의사소통(verbal communication)이라고 하는 한 사건의 양면이라 할 수 있다. 말은 언어의 한 요소다. 말소리 혹은 음소는 말의 개별적인 요소다. 음소는 말소리 변이 형태의 한 집단(class)에 주어진 추상적 이름이다. 음소는 의미에 차이를 가져온다. 그러므로 음소는 의미에 영향을 주는 소리의 가장 작은 단위라고 묘사된다. 단어 'pat'과 'bat'은 서로 다른 초성을 가지고 있기 때문에 의미가 다르다. 하지만 두 단어의 종성과 가운데 모음은 똑같다.

한 개의 음소는 유일하고 불변하는 실체가 아니다. 그렇기 때문에 음소는 소리의 동족 혹은 집단이라고 규정된다. 개별 소리 /k/는 한 음소지만 발화한 화자에 따라 다른 언어적 맥락을 표현하고, 그 소리는 서로 같지 않다. 이러한 음소의 변이를 '이음'이라고 부른다. 그러나 이러한 변이에도 불구하고 음소는 개별 발화에서 미묘한 의미차에 상관없이 /k/가 항상 /k/로 여겨지는 것처럼 항상 똑같이 인식된다. 예를 들면, key의 /k/는 같은 소리로 더 후방에서 발화되는 cool에서의 /k/보다 조금 더 전방에서 산출된다. 훈련된 귀는 이 두 소리를 다르게 구별하지만, 대부분의 청자는 /k/ 소리의 이음을 구별할 수 없다. 본질적으로 음소는 맥락, 화자 그리고 발화 시점에 따라 변하지만 대부분의 청자는 그러한 변이를 인식조차 하지 못한다.

음소는 **음성**(phonetic)과 다르다. **음소**는 소리의 추상적인 체계를 나타내는 반면, 음성은 구체적 소리의 구체적 발화를 의미한다. 예를 들면, /g/의 이상적(idealized)이고 추상적인 표현은 음소라 한다. 음소의 표시는 두 개의 사선 표시 사이에 놓인다(예, /g/). 구체적 화자가 산출한 실제 /g/는 음성이라 한다. 음성 산출은 대괄호([ ]) 안에 표시한다. 따라서 사선 안에 쓴 소리는 일반적이고 추상적인 소리의 종류를 말하며(음소 표시), 대괄호 안에 쓴 소리는 화자가 발화한 구체적 소리를 나타낸다(음성 표시).

특별히 많은 음소를 가지고 있는 언어가 있다. 영어는 마흔여섯 가지의 비교적 많은 음소를 가지고 있다. 이와 대조적으로 스페인어는 단지 스물여섯 가지의 음소뿐이다. 특정 음소는 대부분의 언어에서 나타날 수 있지만 몇몇의 음소들은 어떤 특정 언어에서만 독특하게 나타난다.

음성은 말소리보다 조금 더 기술적인 용어라 할 수 있지만, 그럼에도 불구하고 의미는 같다. 그러므로 이 장에서는 '말소리'와 '음성'이 번갈아 사용될 것이다.

말소리의 분류

말소리는 다양한 방법으로 분류된다. 말소리는 산출과 관련된 해부학적 요인을 토대로 분류되거나 각 소리의 음향적 · 공기 역학적 특성을 기초로 분류될 수 있다. 전통적 · 비전통적 분류 체계 모두 공존한다.

전통적 분류

말소리의 전통적 분류는 모음, 자음, 조음방법, 조음장소, 유성성 등으로 나뉜다. 확실히 자리를 잡았다고 볼 수 있는 이 전통적 분류는 말소리 산출과 관련된 해부학적 구조를 고려한 형태다.

모음

모음을 산출할 때는 성대가 모두 진동한다. 모음은 대체로 구강도(oral tract) 모양을 바꾸어 만든다. 구강도(대략 입)는 자음보다 모음을 산출할 때 더 많이 개방된다. 그러나 성도강 모양의 차이 때문에 모음 소리는 서로 다르다.

혀와 턱은 성도강의 형태를 바꾸는 주요 기관이다. 혀는 앞뒤로 움직이고 혀의 끝을 올리거나 내릴 수 있다. 혓몸을 툭 튀어나오게 하거나 평평하게 만들 수도 있다. 턱의 다른 움직임은 구강 개방의 정도를 넓게 하거나 좁힐 수 있다. 이러한 움직임과 그 밖의 다른 움직임으로 계속해서 구강의 형태를 변화시킨다.

모음은 모음을 산출하기 위해 필요한 혀의 위치에 따라서 분류된다. 구강에서 전설, 중설, 후설, 고, 중 그리고 저 모음은 혀의 상대적 위치를 말한다. 이러한 위치를 서로 조합하여 산출한다. 예를 들면, 몇몇의 모음은 전설, 고모음으로 산출되고, 몇몇 모음은 후설, 저모음으로 산출된다. [그림 5-2]는 각각의 모음이 산출되는 다양한 혀의 위치를 표현하고 있다.

입술 역시 모음의 조음에 기여한다. 입술은 몇 개의 모음 산출 시 원순화되며(예, /u/와 /o/), 그 외에는 원순화 없이 발화된다.

두 개의 모음을 조합하면 **이중모음**이 된다. 이중모음은 성도 형태를 계속해서 변화시켜 산출한다. 'Buy'와 'why'에서 나는 /ai/ 소리와 'day'와 'stay'의 /ei/는 이중모음이다.

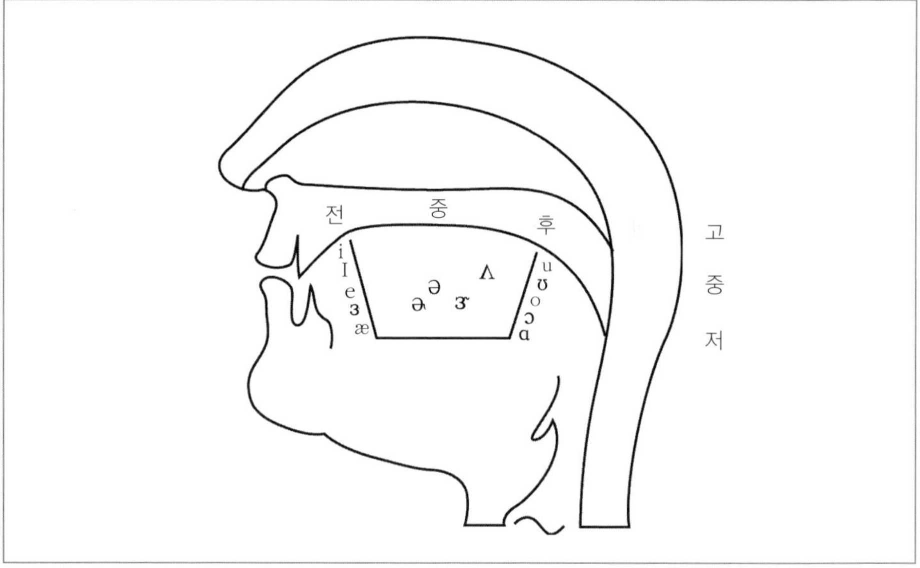

[그림 5-2] 모음 사각도

자음

모음이 구강을 개방하면서 산출하는 반면, 자음은 구강을 수축하면서 산출한다. 자음과 모음의 조합을 **음절**이라고 한다(예, sa 또는 si).

자음을 분류하는 세 가지 전통적인 기준은 조음방법, 조음장소, 유성성이다. 조음방법은 수축의 정도 혹은 형태로, 조음장소는 수축시키는 장소로, 유성성은 자음 산출에서의 성대 진동의 유무로 설명할 수 있다. 〈표 5-3〉은 자음 발화 시 조음방법, 조음장소 그리고 유성성에 따른 영어 자음의 분류를 보여 준다.

조음방법

조음방법에 따라 자음을 분류하면 폐쇄음(stops), 마찰음(fricatives), 파찰음(afficates), 활음(glides), 유음(liquids) 그리고 비음의 여섯 가지 범주로 나눌 수 있다.

폐쇄음은 공기의 흐름이 완전히 막힌 채로 산출된다. 공기 압력은 구강 안에서 형성되고 작은 폭발처럼 방출된다. 이 방법은 **파열**이라고도 하며, 폐쇄음은 또한 **폐쇄-파열음**(stop-plosives)으로 알려져 있다. /p/를 과장되게 산출하면 폐쇄-파열음이 어떤 것인지 알 수 있다. /p/, /b/, /t/, /d/, /k/, /g/가 폐쇄-파열음에 속한다.

마찰음은 구강을 심하게 수축하면서 공기를 통과시켜 산출한다. 쉿 쉿(hissing) 거리거나 마찰(friction) 유형이므로 마찰음이라고 한다. /s/ 혹은 /f/를 연장 발음해 보면 마찰음의 개념을 알 수 있다. /f/, /v/, /θ/(think의 무성 th), /ð/ (them의 유성 th), /s/, /z/, /ʃ/ (shoe의 sh), /ʒ/ (beige의 ge), /h/가 마찰음이다.

〈표 5-3〉 영어 자음의 분류

	산출 방법						
조음장소	비음	폐쇄음	마찰음	파찰음	유음	활음	설측음
양순음	ⓜ	pⓑ				ⓦ	
순치음			fⓥ				
설치음			θⓓ				
설치경음	ⓝ	tⓓ	sⓩ		ⓛ		ⓛ
설경구개음			ʃⓩ	tʃⓓ	ⓡ	ⓙ	
설연구개음	ⓝ	kⓖ					
성문음			h				

파찰음은 파열음과 마찰음의 조합이다. /tʃ/(chair의 ch), /ʤ/(jump의 ju) 등의 소리가 파찰음이다. 파찰음은 /tʃ/ 소리를 내고 공기의 흐름을 막은 뒤 수축된 좁은 공간을 통해서 나는 소리다.

활음은 조음기관의 형태를 점진적으로 바꾸면서 산출한다. /w/(wine의 w)와 /j/(yes의 y)가 활음이다.

유음은 자음 중 구강에서 제약을 가장 적게 받으면서 나오는 소리다. 그러므로 유음은 모음과 더 비슷하다. /r/과 /l/, 이 두 소리가 유음이다. 유음은 **반모음**이라고도 한다. 두 소리 중 /l/은 혀의 양 측면 주변에서 공기가 나오면서 산출되기 때문에 **설측음**(lateral)이라고도 한다.

비음은 연인두(velopharyngeal port)가 열린 상태에서 후두를 지나면서 비강을 통해서 산출되는 소리다. 결과적으로 비강 공명음은 비음이라 할 수 있다. 영어에서 세 가지의 비음은 /n/, /m/, /ŋ/ (coming의 ng)이다.

조음장소

자음은 또한 소리를 형성하는 주요한 조음기관을 기반으로 분류한다. 그러므로 조음방법으로 분류된 여섯 가지 소리들은 조음장소에 근거해서 다시 분류된다. 일곱 가지의 범주는 양순음(bilabial), 순치음(labiodental), 치음(dental), 치경음(alveolar), 경구개음(palatal), 연구개음(velar), 성문음(glottal)이다. [그림 5-3]에서와 같이 구강 내에서 각각의 소리는 다른 장소에서 산출된다.

양순음은 양 입술에서 산출된다. /p/, /b/, /m/, /w/의 네 가지 소리가 양순음이다. 이 중 /p/와 /b/는 폐쇄음이고, /m/은 비음이고 /w/는 활음이다.

순치음은 입술과 이에서 산출된다. /f/와 /v/만 순치음이고, 모두 마찰음이다.

치음은 **설치음**(linguadentals)이라고도 하며 혀가 윗니와 닿으면서 산출된다. /θ/(think의 무성 th), /ð/ (them의 유성 th) 두 소리만이 치음이고, 모두 마찰음이다.

치경음은 **설치경음**(lingua-alveolar)이라고도 하며, 혀의 끝이 윗니 바로 뒤에 위치한 치경부에 닿으면서 산출된다. /t/, /d/, /s/, /z/, /n/, /l/의 여섯 가지 소리가 치경음이다. 이 중에 처음 두 소리는 폐쇄음, 다음 두 소리는 마찰음, 다섯 번째 소리는 비음, 그리고 여섯 번째가 유음이다.

경구개음은 **설경구개음**(linguapalatal)이라고도 하며, 혀가 경구개와 접촉하면서 산출되는 소리다. 혀의 접촉 부분은 치경부의 뒤쪽에 위치한다. /ʃ/(ship), /ʒ/(rouge), /tʃ/(chalk), /ʤ/(orange), /r/ 그리고 /j/(you의 y)의 여섯 가지 소리가 경구개음이다.

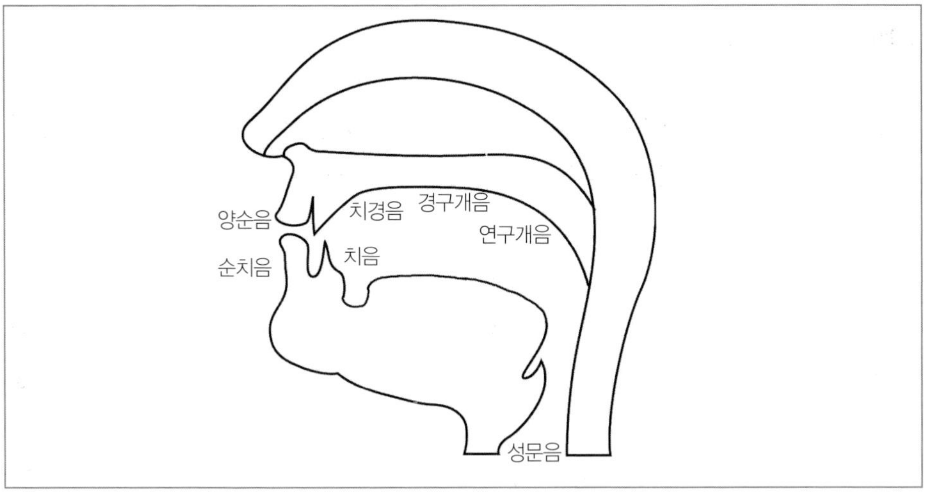

[그림 5-3] 영어 자음의 조음장소

연구개음은 **설연구개음**(linguavelar)이라고도 하며 혀의 뒤쪽이 연구개에 접촉하면서 산출되는 소리다. /k/, /g/, /ŋ/의 세 가지 소리가 연구개음이다.

성문음은 성대를 열고 공기를 통과시킬 때 마찰이 생기면서 산출되는 소리다. 그러므로 성문음 또한 마찰음이라 한다. 보통 /h/만 성문음으로 분류된다. 그러나 성대의 갑작스러운 폐쇄로 공기가 멈춘 뒤 파열음으로 방출되면 /ʔ/로 표시되는 또 하나의 성문음이 산출된다. 성문음 /ʔ/는 'oh oh!' 그리고 'huh huh' 와 같은 감탄사에서 가장 많이 들린다.

유성성

성대의 움직임을 근거로 한 말소리의 분류 기준을 **유성성**이라고 한다. 모든 소리가 성대 진동을 필요로 하는 것은 아니다. 수축된 좁은 공간으로 공기가 나오면서 생기는 소음이 말소리를 형성할 수 있다. 이 경우 성대 진동이 없을 수 있고, 이에 따라 소리는 유성 혹은 무성이 될 수도 있다. 소리의 근원은 유성음에서 나오는 성대 진동이다. 즉, 무성음에서 나오는 소리는 소음이라 할 수 있다. 대부분의 유성음 그리고 무성음은 쌍으로 형성된다. 다음의 자음 쌍에서 첫 번째는 유성음이고 두 번째는 무성음이다(예를 들면, /z/와 /s/, /d/와 /t/, /b/와 /p/, /g/와 /k/, /v/와 /f/, /ð/와/θ/, /ʤ/와 /tʃ/). 자음은 유성음 혹은 무성음이 될 수 있지만, 모든 모음은 유성음이다(단, 속삭이는 소리는 제외된다).

비전통적 분류

말소리를 분류하는 비전통적 방법 중 한 가지는 **변별자질**을 기초로 한 것이다. 변별자질을 제안한 언어학자들은 음소가 말의 기초 단위가 아니라고 믿었다. 그들은 음소가 변별자질의 한 집합이라고 제안했다. 변별자질은 어떤 것을 다른 것과 구별시켜 주는 음소의 독특한 특징이다(Chomsky & Halle, 1968; Fant & Halle, 1952).

변별자질 이론에 따르면, 자질은 음소에 있을 수도 없을 수도 있다. 그러므로 이 체계를 **이분법**(binary)이라 한다. 음소는 만약 자질이 있으면 양(+)의 값을 주고 자질이 없으면 음(−)의 값을 줄 수 있다. 예를 들면, 유성성은 변별자질이다. 소리는 유성음 혹은 무성음이므로 유성음일 때 양의 값을 받거나, 무성음일 때 음의 값을 받는다. **말소리**는 자음 혹은 모음이므로 자음 변별자질에서, 만일 소리가 자음이라면 양의 값을 받고 **자음**이 아니라면 음의 값을 받는다. 모음 변별자질에서, 만일 소리가 모음이거나 모음과 유사하면 양의 값을 받고, 자음이라면 음의 값을 받는다. Chomsky와 Halle(1968)는 영어 자음 변별자질을 〈표 5−4〉와 같이 제시했다. 변별자질 접근법은 조음장애 치료에 영향을 주었다. 이 장 후반부에서 언급하겠지만, 임상가는 때때로 조음장애 아동들에게 없는 변별자질을 가르친다.

변별자질 접근법은 조음방법, 조음장소, 유성성의 전통적 분류와 크게 다르지는 않다. 비록 이진법 개념과 모든 음소에 걸쳐 자질을 적용하는 방법이 다르기는 하지만 〈표 5−4〉에 제시된 대부분의 변별자질은 전통적 분류에 기반하여 대응된다.

말소리 산출과 소리 패턴의 습득

언어지각 실험에서 보여 준 바와 같이, 유아는 들리는 말소리를 변별하는 것에 능숙하다. 하지만 말소리를 산출하는 것은 어떤가? 우리가 말소리의 정상 습득 패턴을 알아낼 수 있을까? 배우기가 더 쉬운 소리가 있는가? 이러한 질문에 답하는 것은 우리가 말을 이해하고 언어를 배우고 의사소통장애를 치료하는 데 도움이 된다.

〈표 5-4〉 Chomsky-Halle의 영어 자음 변별자질

	w	f	v	θ	ð	t	d	s	z	n	l	ʃ	ʒ	j	r	tʃ	ʤ	k	g	ŋ	h	p	b	m
유성성	+	−	+	−	+	−	+	−	+	+	+	−	+	+	+	−	+	−	+	+	−	−	+	+
자음성	−	+	+	+	+	+	+	+	+	+	+	+	+	−	+	+	+	+	+	+	−	+	+	+
전방성	+	+	+	+	+	+	+	+	+	+	+	−	−	−	−	−	−	−	−	−	−	+	+	+
설정성	−	−	−	+	+	+	+	+	+	+	+	+	+	−	+	+	+	−	−	−	−	−	−	−
지속성	+	+	+	+	+	−	−	+	+	−	+	+	+	+	+	−	−	−	−	−	+	−	−	−
고설성	−	−	−	−	−	−	−	−	−	−	−	+	+	+	−	+	+	+	+	+	−	−	−	−
저설성	−	−	−	−	−	−	−	−	−	−	−	−	−	−	−	−	−	−	−	−	+	−	−	−
후설성	−	−	−	−	−	−	−	−	−	−	−	−	−	−	−	−	−	+	+	+	−	−	−	−
비음성	−	−	−	−	−	−	−	−	−	+	−	−	−	−	−	−	−	−	−	+	−	−	−	+
조찰성	−	+	+	−	−	−	−	+	+	−	−	+	+	−	−	+	+	−	−	−	−	−	−	−
모음	−	−	−	−	−	−	−	−	−	−	+	−	−	−	+	−	−	−	−	−	−	−	−	−

말소리의 습득

신생아의 울음이 의미가 있다고 해도, 말로 하는 의사소통은 태어나서 수개월 지난 후에 시작된다. 3개월 된 유아는 목울림 소리 혹은 **쿠잉**(cooing)이라 부르는 다양한 모음 소리를 낸다. 그러나 학자들은 후기 **옹알이**(babbling)라고 하는 행동에 더 많은 관심을 가진다. 왜냐하면 후기 옹알이가 말소리 산출과 관련된다고 보기 때문이다. 유아들이 옹알이를 시작하는 시기는 5~7개월이다. 배불리 먹고, 씻고, 기분 좋게 누워 있는 아기들은 성대에서 여러 가지 소리를 낸다. 더 다양한 모음을 산출하게 되면 반복되는 모음이 있다. '바-바' '마-마' 그리고 '가-가' 같은 소리들이 종종 들릴 것이다. 유아의 옹알이는 인지할 수 있는 말소리로 구성되어 있다. 주변 언어 환경에서 들리는 소리들로 더 자주 옹알이를 하게 된다. 이러한 이유 및 또 다른 여러 이유들로, 이제 일반적으로 후기 옹알이와 말소리 습득이 관련되어 있다고 믿는다.

말소리 습득에는 두 가지 종류의 연구가 있다. 첫 번째 연구의 목표는 조음의 규준을 설정하는 것이다. 규준은 아동의 대표집단의 전형적인 행동 수준이다. 연구의 주된 질문은 어떤 연령대에 각 말소리를 습득하느냐다. 이를 위해 **횡단연구방법**을 사

용한다. 각 연령대의 아동집단을 표집한 다음 아동의 말을 다양한 검사자극과 자발적 대화를 통해 수집한다. 그렇게 하면 연령대 별로 대부분의 아동이 습득해야 할 특정 소리들이 결정된다. 이때 각 연령대의 아동이 익혀야 할 소리 세트가 바로 규준이 된다. 이 방법의 변형으로 어떤 학자들은 말소리 군(class)의 습득에 초점을 맞추고 있다. 예를 들면, 아동의 '마찰음군 습득'을 연구할 수도 있다.

두 번째 연구의 목표는 학습 과정을 관찰하는 것이다. 이를 위해서는 장기간에 한 명 혹은 소수의 아동을 연구하는 **종단연구방법**을 사용한다. 말소리 학습 발달 과정을 추적하기 위해 일정한 간격을 두고 자주 말 표본을 녹음한다. 한 명 혹은 몇 명을 대상으로 하는 이 연구로 규준을 만들 수는 없다. 규준은 많은 아동을 평가해서 확립해야 하기 때문이다. 하지만 이런 연구는 소리 습득의 다양한 단계와 과정을 이해하는 데 도움이 된다. 말소리 습득에 대한 이 두 가지 종류의 연구 결과는 다음과 같이 요약할 수 있다(Peña-Brooks & Hegde, 2007).

- 자음보다 모음이 먼저 습득된다. 3세 이전에 (전부는 아닐지라도) 대부분의 모음을 산출한다.
- 자음 중에 비음(/m/, /n/, /ŋ/)이 가장 빨리 습득된다. 대체적으로 3~4세에 습득된다.
- 폐쇄음은 마찰음보다 먼저 습득된다. 대부분의 폐쇄음은 3~4, 5세에 습득된다. 폐쇄음 중에서는 /p/가 가장 빨리 습득될 수 있다.
- 활음(/w/와 /j/)도 마찰음보다 빨리 습득된다. 활음은 2~4세에 습득된다.
- 유음(/r/와 /l/)은 비교적 늦게(3~5세) 습득된다.
- 마찰음과 파찰음은 폐쇄음과 비음보다 늦게 습득된다. 마찰음 /f/는 다른 마찰음보다 빨리 습득된다(3세경). 마찰음 /θ/, /ð/, /ʤ/, /z/는 늦게 습득된다(3~6세).
- 자음군(예, train의 tr)은 대부분의 다른 소리보다 늦게 습득된다.

규준을 위해 임상가들은 대부분 횡단연구를 사용한다. Poole(1934), Prather, Hedrick과 Kern(1975), Sander(1972), Templin(1975), Wellman, Case, Mengurt와 Bradbury(1931)의 연구 결과는 폭넓게 사용할 수 있는 규준을 제시했다. Sander는 몇몇의 출판된 연구를 재분석했다. 후속 연구로 Art와 Goodban(1976), Preisser, Hodson 그리고 Paden(1988), Smit, Hand, Freilinger, Bernthal와 Bird(1990), Stoel-Gammon(1985)도 규준을 제시했다. 자주 인용되는 규준은 〈표 5-5〉와 같다.

연구방법에 차이가 있기 때문에 아동의 말소리 습득 연령이 완전히 일치하지는 않는다. 예를 들면, 어떤 학자들은 특정한 연령대 아동의 90%가 정확도 소리를 산출할 때 말소리가 습득된다고 하는 반면, 또 다른 학자들은 단지 75%의 정확도를 지녀도 말소리가 습득된다고 하였다. 최근 연구들에서는 과거 연구들에 비해 어린 연령대의 아동이 말소리를 습득한다고 발표하고 있다.

규준은 통계적 평균에 기초하고 많은 아동 집단에게 적용한다. 규준은 광범위한 지표로 유용하며, 개별 아동의 수행력을 예상하는 데는 아주 약간의 도움만 줄 수 있다. 연구들은 아동별로 조음 능력이 상당히 다르다는 것을 보여 준다. 어떤 아동은 대부분의 말소리를 2세 혹은 3세 때 모두 산출하지만 어떤 아동은 6세 혹은 심지

〈표 5-5〉 아동의 음소 습득 연령 연구 결과 요약

음소	Wellman et al. (1931)	Poole (1934)	Templin (1957)	Sander (1972)	Prather et al. (1975)
m	3~0	3~6	3~0	2세 이전	2~0
n	3~0	4~6	3~0	2세 이전	2~0
h	3~0	3~6	3~0	2세 이전	2~0
p	4~0	3~6	3~0	2세 이전	2~0
f	3~0	5~6	3~0	3~0	2~4
w	3~0	3~6	3~0	2세 이전	2~8
b	3~0	3~6	4~0	2세 이전	2~8
ŋ		4~6	3~0	2~0	2~0
j	4~0	4~6	3~6	3~0	2~4
k	4~0	4~6	4~0	2~0	2~4
g	4~0	4~6	4~0	2~0	2~4
l	4~0	6~6	6~0	2~0	2~4
d	5~0	4~6	4~0	2~0	2~4
t	5~0	4~6	6~0	2~0	2~8
s	5~0	7~6	4~6	3~0	3~0
r	5~0	7~6	4~0	3~0	3~4
tʃ	5~0		4~6	4~0	3~8
v	5~0	6~6	6~0	4~0	4~0
z	5~0	7~6	7~0	4~0	4~0
ʒ		6~6	7~0	6~0	4~0
θ		7~6	6~0	5~0	4~0
ʤ			7~0	4~0	4~0
ʃ		6~6	4~6	4~0	3~8
ð		6~6	7~0	5~0	4~0

어 7세 때까지 계속해서 다양한 소리를 습득한다. 그러나 일반적으로는 마지막으로 습득되는 마찰음과 파찰음이 가장 빈번하게 오조음된다.

말소리 패턴의 습득

최근 관심은 단일 음소의 습득에서 소리 패턴의 습득과 그 패턴의 기저 과정으로 옮겨 갔다. 연구자들은 정상 발달 아동의 오조음은 임의적인 오류가 아니라 어떤 패턴이 있다고 믿는다. 아동의 오류가 성인 모델의 정확한 조음을 단순화하는 한 방법이라고 보는 것이다. 아동이 성인 말소리를 단순화하는 것을 **음운 변동**(phonological processes)이라 한다. 예를 들면, 정상 발달 아동은 성인의 비강세 음절을 생략할 수 있다. 아동은 'pajama' 대신 'jama'로 말할지도 모른다. 왜냐하면 'pa' 음절은 대게 성인 발화에서 강조되지 않기 때문이다. 이것은 **비강세 음절 탈락 변동**(unstressed syllable deletion process)의 예다. 아동은 비강세 음절을 생략함으로써 성인의 낱말 산출을 단순화시킨다. 비강세 음절은 말에서 두드러지지 않기 때문에 배우는 데 어려움을 겪는 듯하다.

연구자들은 장애뿐 아니라 정상 아동의 말 분석을 통해서도 많은 음운 변동을 알게 되었다. 그러나 후반부에 언급하겠지만, 음운 변동에서 그것이 정상적으로 없어져야 할 나이 이상으로 지속된다면 장애가 된다. 음운 변동은 오조음 분석에서 가장 일반적으로 사용되는 것으로써, 이 장 후반부에 다시 논의할 것이다.

말명료도

모든 청자가 이해할 수 있는 정확한 말소리 산출의 간단한 지표로 말명료도가 있다. 말명료도는 청자가 화자의 말하는 소리를 이해할 수 있는 정도를 말한다. 명료도는 말소리 오류 개수와 직접적인 관계가 있다. 오류가 많으면 많을수록 명료도는 낮아지게 된다. 아동이 언어의 소리를 점진적으로 습득함에 따라 말명료도는 향상된다. 〈읽을거리 5-1〉을 보면 아동의 명료도가 연령대에 따라 어떻게 변하는지 알 수 있다.

말명료도를 더 넓은 개념에서 보면, 화자를 이해하는 것과 똑같지는 않다. 화자가 구사하는 언어의 난이도 때문에 이해를 못하는 경우도 있기 때문이다. 예를 들면, 화자는 청자가 알지 못하는 단어 혹은 구문 구조를 사용할 수 있다. 말명료도 문제는 단지 말소리 오류로 이해가 어려운 경우에만 제한적으로 적용된다.

읽을거리 5-1 아동의 명료도는?

아동의 명료도 수준은 상당히 다르다. 대개 아주 어린 아이들보다 조금 큰 아이들의 명료도가 좋기는 하지만, 같은 연령대에서도 개인차가 크다. 일반적으로 말하기를 배웠을지라도 4세 아동이 6세 아동보다 명료도가 좋을 수 있다.

명료도는 아동의 말 표본에서 낯선 성인이 이해할 수 있는 낱말들의 백분율로 측정할 수 있다. 아동이 모든 소리를 정확하게 산출하지 못해도 아동이 말하고 있는 주제의 맥락과 지식에 따라 명료도를 향상시킬 수 있다. 가족 구성원은 보통 낯선 사람들이 이해하는 것보다 훨씬 더 잘 이해한다. 일반적인 기준은 다음과 같다.

- 19~24개월의 명료도는 25~50%다.
- 2~3세의 명료도는 50~75%다.
- 4~5세의 명료도는 75~90%다.
- 5세 혹은 그 이상의 명료도는 90~100%다.

조음음운장애

David는 미네소타 남부 지역의 작은 마을에 있는 우리 옆집에 산다. 그는 5세 아동으로 형과 여동생이 있다. 대부분의 시간을 뒤뜰에서 놀면서 보내고, 친구가 없을 때는 개와 놀기도 한다. David는 나와 나의 아내를 마주치면 말을 걸곤 했다.

어느 청명한 가을 오후에 나는 정말로 하기 싫어하는 일인 잔디를 깎으려 하고 있었다. 그때 David가 뒤뜰에서 소리쳤다.

"안녕 기리, 오늘 기분이 어때?"
"Hi, Giwi, How aw you?" (Hi, Giri, how are you?)
"난 좋아, 넌 어떠니 데이비드?"
"I am fine, David, how about you?" I said.
"좋아요. 그거 알아요?" 데이비드*가 물었다.
"Goo. You know wha?" asked David. (Good. You know what?)
"뭐?"
"What?"

"우리 엄마가 새 강아지를 사 줬어요!"

"My Mom ga me a new gogy."

"너희 엄마가 새 강아지를 사 줬어?"

"Oh! Your Mom got you a new dog?"

"응. 이름이 무엇인 줄 알아요?" 데이비드는 내가 모른다는 것을 잘 알면서도 문제를 냈다.

"Ya. You know hisl name?" quizzed David, knowing well that I did not.

"아니, 알려줘." 내가 말했다.

"No, tell me." I said.

"강아지 이름은 덤피(검피)예요."

"Hisl name isl Dumpy." (His name is Gumpy.)

"덤피라고?" 내가 물었다.

"Is it Dumpy?" I asked.

"아니요!" 데이비드가 화가 난 듯 말했다. "덤피가 아니고 (잠시 멈춘 뒤 천천히 말하며) 덤피(검피)."

"No!" David protested in an annoyed tone. "Not Dumpy (pausing for a moment and slowing down his speech), Dumpy."

"아! 검피라고?"

"Oh! You call him Gumpy?"

"네!" 데이비드가 자랑스러운 웃음을 지으며 말했다.

"Ya!" he said, with a proud smile on his face.

"좋은 이름이다. 언제 검피를 데려왔니?" 데이비드에게 물었다.

"I like the name. When did you get him?" I asked David.

"어제요."

"Yeterday." (Yesterday.)

"어디서 검피를 발견했니?" 내가 물었다.

"Where did you find Gumpy?" I asked.

"토미의 집에서요."

---

* 역주: 조음장애 아동의 실제 사례로 데이비드는 어말종성 탈락과 유음의 활음화, 자음군 축약, 연구개음의 전방화 등의 특징을 보이고 있다.

"In Tommy hou." (In Tommy's house.)

"토미는 검피를 키우기 싫어했니?"

"He didn't want to keep Gumpy anymore?"

"토미네 가족은 다른 곳으로 이사를 갔어요."

"They ha to moo sa pe." (They had to move some place.)

"그래서 강아지를 너한테 준 거야?"

"So they gave the dog to you?"

"네."

"Yu." (Yup.)

"검피한테 네가 밥을 주니?"

"Do you feed Gumpy?"

"네, 개 사료를 한 컵씩 줘요."

"Yeah. I gave him a cu a goggy foo." (Yeah. I gave him a cup of doggie food.)

"검피가 널 좋아하니?"

"Does he like you?"

"네, 절 좋아해요."

"Yeah. He ike me." (Yeah. he likes me.)

"검피는 착한 강아지니?"

"Is Gumpy a good dog?"

"착해요. 근데 그거 아세요? 검피가 오늘 아침에 도망치려고 했어요."

"He is goo, ba you know wha? He tied to wun away dis monin." (He is good, but you know what? He tried to run away this morning.)

"정말이니? 검피는 분명 너와 네 집을 좋아할 거야. 도망가지 않을 거란다."

"Is that right? I bet he likes you and your home now. He is not going to run away."

"저도 그렇게 생각해요!" 데이비드가 말했다.

"I tink so!" said David. (I think so.)

그때 또 다른 이야기를 이어갔고, 우리는 잔디 깎기에 너무 늦어 버렸다고 생각할 만큼 오랫동안 이야기를 했다.

David는 조음장애가 있었고, 캘리포니아 클로비스에서 이사를 온 새 이웃집 아동 Jason도 조음장애가 있었다.

4세인 Jason은 6세인 누나 Amanda와 부모님과 길 건너편에서 살고 있었다. Jason은 나의 아내 Prema와는 특별한 친구 사이로 우리 집을 자주 방문했다. Jason은 이야기하는 것을 좋아했고, 식탁에 앉아 약간의 쿠키와 우유 한 잔을 먹곤 했다.

어느 더운 여름 저녁에 우리가 집안일을 하고 있을 때 노크 소리를 들었다. 물론, Jason이었다.

"안녕, 프레마. 안녕, 기리. 안녕, 마누."

"Hi, Pwema. Hi, Giwi. Hi, Manu." He said. (Hi, Prema. Hi, Giri. Hi, Manu.)

"안녕, 제이슨*." 우리 셋이 답했다.

The three of us said, "Hi, Jason."

"오늘 기분이 어떠니?" 우리 아들 마누가 물어보았다.

Our son Manu asked, "How are you doing today?"

"좋아요." 제이슨이 답했다. 제이슨은 곧장 프레마가 서류 정리를 하고 있는 책상으로 갔다. 의자에 앉은 뒤 기분 좋은 대화를 시작했다.

"Pine" (Fine), he said. He directly went to the dining table where Prema was going through her paperwork. He settled himself on a chair and began his delightful conversation.

"뭐하고 있어요, 프레마?" 제이슨이 물었다.

"What aa you doowin, Pwema?" he asked. (What are you doing, Prema?)

"나한테 온 청구서들을 보고 있단다."

"I am going through these bills that I have to pay."

"아! 우리 엄마도 그거 해요."

"Oh. My mom d da, too." (Oh, my mom does that, too.)

"아, 그래?" 프레마가 말했다.

"Oh, yeah?" said Prema.

"네. 엄마가 청구서를 볼 때면 s로 시작하는 단어를 많이 써요, 뭔지 아시죠?"

"Yup. My mom say a lot of es word, you know da, wigh, when si look e da bill." (My mom says a lot of es word, you know that, right, when she looks at the bills.)

---

* 역주: 제이슨도 조음장애 아동으로 비강세 음절탈락, 유음의 활음화, 마찰음의 파열음화, 어말종성 탈락 등의 오류 특징을 보이고 있다.

프레마는 말없이 제이슨을 보며 웃었다.

Prema just smiled at him.

"그거 알아요?" 제이슨이 물었다.

"You know wha?" asked Jason. (You know what?)

"뭐?"

"What?"

"저 벌써 저녁을 먹었어요."

"I awedy ee my dinnew." (I already ate my dinner.)

"아, 그랬니? 착한 아이구나."

"Oh, you did? That's a good boy."

"다 먹었어요."

"I ee all a ii." (I ate all of it.)

"잘했다."

"Very good."

"야채도 먹었어요."

"I ee vetab, too." (I ate vegetables, too.)

"어떤 야채를 먹었니?"

"What kind of vegetables did you eat?"

"당근하고 콩이요."

"I ee cawa and bee." (I ate carrots and beans.)

"당근하고 콩. 잘했구나. 또 무엇을 먹었니?"

"Carrots and beans. Good for you. What else did you eat?"

"고기도 먹었어요."

"I ha su mea." (I had some meat.)

"어떤 고기?"

"What kind of meat?"

"까먹었어요."

"I foga." (I forgot.)

"너무 빨리 까먹는구나!"

"You forget so soon!"

"네. 감자도 먹었어요."

"Yeah. I ha su tato, too." (Yeah. I had some potatoes, too.)

"감자도? 아주 맛있는 저녁을 먹은 거 같구나."

"Potatoes, too? Looks like you had a good dinner!"

"네. 접시도 치웠어요."

"Yeah. I kween u da pwe." (Yeah. I cleaned up the plate.)

"접시도 치웠어? 엄마가 분명 좋아하셨을 거야."

"You cleaned up the plate? I bet your mom was happy about that!"

"네. 우유도 다 마셨어요."

"Yeah. I dwan aa da mi, too." (Yeah. I drank all the milk, too.)

"우유는 너한테 아주 좋단다."

"Milk is good for you."

"알아요. 우유는 좋아요 몸에."

"I know. Ee da a baee gu." (I know. It does a body good.)

"응 뭐라고? 좋아요 몸에?"

"What is that? It does a body good?"

"네. 텔레비전에서 하는 말 있잖아요."

"Yeah. You know wha de say on TE." (Yeah. You know what they say on TV.)

"그래, 나도 알고 있단다."

"Yes, I know."

"접시도 치우고 잔도 치웠어요."

"I kween u da pwe, kween u da gwa." (I cleaned up the plate, cleaned up the glass.)

"네가 자랑스럽구나, 제이슨."

"I am so proud of you, Jason."

"엄마가 저녁을 다 먹으면 쿠키를 먹어도 된다고 하셨어요."

"My mom say OK to ea cooee when you pini you dinnew."

"엄마가 저녁을 다 먹으면 쿠키를 먹어도 된다고 하셨다고?"

"Your mom says it is OK to eat cookies when you finish your dinner?"

"네. 아이스크림도 먹어도 된다고 하셨어요!" 제이슨은 점점 더 열정적으로 변했다.

"Yeah. Se say OK to ea ieem, too!" (She says OK to eat ice cream, too!)

Jason's enthusiasm was on the rise.

"마누도 저녁을 다 먹으면 가끔 아이스크림을 먹는단다."

"Manu sometimes eats ice cream after he finishes his dinner."

"사탕도 조금 괜찮다고 했어요!"

"Yeah. Su cany ee OK, too!"

"사탕도 조금 괜찮다고 하셨어? 저녁 먹은 접시를 치우면 무엇이든 다 먹을 수 있는 것 같구나."

"Some candy is OK, too! Looks like you can eat anything after you have cleaned up your dinner plate."

"지금 마누한테 쿠키를 주실 건가요?"

"Aa you goin to gee su cooee to Manu now?" (Are you going to give some cookies to Manu now?)

"마누한테 물어볼 거란다. 마누가 먹고 싶어 하면 너희 둘이 같이 먹으면 되고, 마누가 먹기 싫다고 해도 넌 먹을 수 있단다."

"I will ask him. If he wants, both of you can have some. If he doesn' t, you can still have some."

"전 접시를 치웠어요!"

"kween u d pwe!" (I cleaned up the plate!)

곧이어 Jason은 쿠키를 먹고 우유를 마시기 시작했다.

David와 Jason은 건강하고, 유쾌하고, 장난기 많고 수다스러운 아동이었다. 그들은 대부분의 또래 아동과 같았다. 지적장애도 없고, 뇌손상의 흔적도 없었으며 말 운동근육의 마비나 약화도 없었다. 즉, 말 운동 구조의 어떤 구조적 문제도 없었다. 두 아동은 언어지체도 없다. 다른 어린 아동들처럼 문법적으로 완벽한 문장을 구사했다. 그들의 부모의 말과 언어도 일반적이었다. 그 두 아동의 가정환경은 교외에 사는 전형적인 중산층이었다. 또한 정상적으로 말하는 형제자매가 있었다. 특정한 말소리 산출에서 겪는 어려움을 제외하고는 모두 보통의 아동이었다.

건강하고 정상적인 아동의 특정한 말소리 산출이 어려운 경우를 **기능적 조음장애**(functional articulation disorder)라고 한다. 앞에서 말했듯이, 기능적 조음장애는 **신경손상**, 근육 약화 혹은 마비 또는 구개열처럼 구조적 문제로 설명할 수 없다. 기능적이라는 용어는 장애를 설명할 수 없고 단지 기질적 원인이 발견되지 않았다는 의미다. 기능적 조음장애가 학습된 행동이라 추정하는 임상가도 있지만 이런 가정을 하지 않는 임상가들은 원인 미상이라 생각한다.

조음음운장애의 기술

조음 오류를 설명하는 방법으로 비교적 간단한 것도 있고, 새로 나온 것도 있다. 여기서는 조음 오류를 설명하는 몇 가지 중요한 방법을 간단히 살펴볼 것이다.

개별 오류 기술

임상가들은 개별 소리 오류들을 결정하기 위해 산출된 각 음소를 듣고 그것이 정확한지 아닌지 판단한다. 그런 다음 오류는 유형에 따라 나눈다. 이 접근법은 네 가지 오류 유형, 즉 탈락, 대치, 왜곡 그리고 첨가로 설명한다. 첨가에 비해 나머지 세 유형은 자주 나타난다.

탈락은 낱말에 필요한 소리가 없어진 것을 말한다. 예를 들면, 아동이 car 대신 'ka' 혹은 boot 대신에 'boo' 를 말하면 /r/와 /t/를 각각 생략한 것이다. 이때 탈락된 소리는 단어의 마지막 자리에 있다. David와 Jason은 모두 몇 가지 탈락을 보인다. 예를 들면, David는 단어의 마지막 자리에 있는 /d/와 /t/를 생략하면서 'good' 대신 'goo', 'got' 대신 'ga' 라고 말한다. David가 yesterday를 'yesterday' 라고 말할 때는 중간 위치의 /s/를 생략했다(실제로, st는 무리다). 또 여럿 중에 Jason이 'eat' 를 'ee' 로, 'had' 를 'ha' 로 말하는 것은 낱말의 마지막 종성 탈락을 보여 준다.

대치는 목표 소리가 아닌 잘못된 소리의 산출을 포함한다. 'Radio' 를 'wadio' 혹은 'soup' 을 'toup' 으로 말하는 사람은 /r/를 /w/로, /s/를 /t/로 대치하는 것이다. 예를 들면, David는 'think' 를 'tink' 로, 'doggie' 를 'goggy' 로 말했다. 그는 /θ/를 /t/로, /d/를 /g/로 대치한 것이다. 이와 비슷하게 Jason은 fine을 'pine' 으로, 'clean' 을 'kween' 으로 말했다. 다른 단어에서도 그는 /f/ (어두)를 /p/로, /l/ (어중)를 /w/로 대치했다.

왜곡은 정상 산출된 것과 일치하지 않는 부정확한 소리를 산출하는 것이다. 청자는 일반적으로 왜곡된 소리가 무엇을 의미하는지 알 수 있다. 예를 들면, 'soup' 의 /s/가 'slushy' 의 /s/로 산출되는 것이 왜곡이다. /s/ 왜곡 변이음으로 자주 관찰되는 것 중에 하나가 혀의 양 옆으로 기류가 빠지는 것이다. 이 경우에, /s/는 /l/와 다소 비슷한 소리로 시작된다. David는 /s/ 소리를 왜곡했다. 그는 'his' 를 'hisl' 로 말했다. /s/ 외에도 /r/, /l/, /z/, /ʃ/, /tʃ/는 자주 왜곡되는 소리들이다.

첨가는 낱말에 없는 소리가 더해질 때 일어난다. 예를 들면, 'cup'을 'cuppa'라고 말하는 아동은 단어 끝에 다른 소리를 첨가하고 있는 것이다. 또한 첨가는 slow를 'sallow'로 말할 때처럼 단어 가운데에서 나타날 수도 있다.

개별 오류를 기술하는 접근은 오조음 하나하나를 분석한다. 산출된 각 소리는 정조음, 왜곡, 대치 혹은 탈락으로 판단하고 첨가가 있는지를 살핀다. 마지막으로, 임상가는 낱말 안(어두, 어중, 어말)에서 오조음된 소리 위치를 알아내는데, David와 Jason의 오조음은 다음과 같이 요약할 수 있다.

David의 조음 오류 요약

탈락: 어말 /d/, /t/, /p/, /s/, /v/, /m/

대치: 어말 /r/를 /w/로, 어두 /d/를 /g/로, 어두 /θ/를 /t/로

왜곡: 어말 /s/

Jason의 조음 오류 요약

탈락: 어말 /r/, /t/, /s/, /m/, /p/, /l/, /k/, /d/, /ʃ/, /v/
어중 /r/, /v/, /k/

대치: 어두 /r/를 /w/로, /f/를 /p/로, /ð/를 /d/로, /l/를 /w/로, /ʃ/를 /s/로
어중 /r/를 /w/로, /l/를 /w/로
어말 /r/를 /w/로

음소 하나하나의 개별 오류를 설명하는 방법에서는 오조음의 전체적인 패턴을 보지 않는다. 이 접근에서는 오조음된 소리가 유성성 혹은 마찰 소음처럼 어떤 특성을 공유한다고 해도 애써 찾아볼 필요가 없다. 대부분의 임상가들은 이 분석방법이 조음 오류 종류가 적은 대상에게 잘 맞는다고 생각한다. 많은 소리를 오조음하는 대상에게는 전체 오류 패턴 분석이 더 적합할 수 있다. 그런 경우 임상가는 오류 패턴을 찾는 방법 중 하나를 사용한다.

말소리 산출 방법에 기초한 패턴 분석

말소리 오류 패턴을 찾는 방법 중 오래된 것으로 소리가 산출되는 유형에 따른 분석방법이 있다. 앞에서 언급한 것처럼, 말소리는 조음장소, 조음방법 그리고 유성성

의 유무에 따라 분류된다. 따라서 **장소-방법-유성성 접근법**(place-manner-voice approach)이 오류 패턴을 알아내는 데 사용될 수 있다. 예를 들면, 다음과 같은 오류가 있는 아동을 살펴보자.

> fan을 'ban' 으로, five를 'bive' 로, fun을 'bun' 으로
> fad를 'bad' 로, paid를 'baid' 로, panda를 'banda' 로
> time을 'dime' 으로, tell을 'dell' 로, table을 'dable' 로
> can을 'gan' 으로, come을 'gum' 으로, kid를 'gid' 로

이 오류들은 패턴이 있다. 임상가는 이러한 오류를 모두 설명할 수 있는 기본 원칙을 찾을 수 있다. 아동은 /f/와 /p/ 대신에 /b/를, /t/ 대신에 /d/, /k/ 대신에 /g/를 사용한다. /f/, /p/, /t/, /k/는 무성음인 데 반해, /b/, /d/, /g/는 유성음이다. 그러므로 아동의 오류 패턴은 무성음을 유성음으로 대치한다는 것이다. 확실히 이 패턴은 말소리의 유성성 자질에 기초한 것이다.

아동이 다음 두 오류 범주를 범한다고 가정해 보자.

> radio를 'wadio' 로, lamp를 'wamp' 로, yellow를 'yewo' 로
> vase를 'base' 로, value를 'balue' 로, vote를 'bote' 로, think를 'tink' 로, thumb를 'tum' 으로
> thanks를 'tanks' 로, soup를 'toup' 으로, say를 'tay' 로, some을 'tome' 으로
> fine을 'pine' 으로, feel을 'peel' 로, four를 'pour' 로

이때는 두 가지 오류 패턴이 나타난다. 첫 번째 범주의 오류는 아동이 유음을 활음으로 대치한다는 것이다. /r/와 /l/가 유음이고, /w/와 /j/(yellow의 y 소리)는 활음이다. 두 번째 범주의 오류는 아동이 마찰음을 폐쇄음으로 대치하는 것이다. /b/, /t/와 /p/는 폐쇄음인데 /v/, /ʃ/, /s/와 /f/는 마찰음이다. 이 두 가지 패턴은 말소리 산출의 방법에 따른 것이다.

만약 아동이 다음과 같은 추가적 오류를 보인다면, 조음장소에 따른 패턴이라 할 수 있다.

> them을 'dem' 으로, this를 'dis' 로, there를 'dere' 로

이러한 오류는 /ð/가 설치음이지만 /d/는 치경음이기 때문에 아동이 설치음을 치경음으로 대치하는 것을 보여 준다. 앞서 언급한 다른 대치도 또한 조음장소에 따른 패턴으로 분류할 수 있다. 예를 들면, /f/를 /p/로, /v/를 /b/로 대치한 것은 순치음(/f/와 /v/)을 양순음(/p/와 /b/)으로 대치한 것이다.

변별자질에 따른 패턴

말소리의 변별자질은 오조음 배열에서 패턴을 발견하는 또 다른 방법을 제시해 준다. 미리 언급한 것처럼 변별자질은 소리를 구별하는 중요한 요소다. 일반적으로 임상가들은 말소리 대조 요소들에 따른 패턴을 찾기 위해 Chomsky와 Halle(1968)의 변별자질을 사용한다(〈표 5-4〉 참조).

아동이 다음의 오류를 범한다고 가정해 보자.

fine을 'pine' 으로, fool을 'pool' 로, follow를 'pollow' 로
vase를 'base' 로, veal을 'beal' 로, vain을 'bain' 으로
soap를 'toap' 으로, sun을 'tun' 으로, sale을 'tale' 로
/s/, /ʃ/(sh), /tʃ/(ch), /ʒ/와 /ʤ/의 탈락

아동은 /f/를 /p/로, /v/를 /b/로, /s/를 /t/로 대치한다. 다른 소리로 대치하는 목표 소리는 모두 치찰성(stridency)이라는 공통 자질을 가지고 있다. 그러므로 세 종류의 대치와 다섯 가지의 탈락을, 임상가는 패턴으로 결과를 요약할 수 있다. 다음과 같은 "아동은 치찰성이라는 변별자질을 습득하지 못했다." 라는

또 다른 예를 살펴보자.

come을 'tum' 으로, cup을 'tup' 으로, cake를 'tate' 로
gum을 'dum' 으로, game을 'dame' 으로, gas를 'das' 로
sang을 'san' 으로, bang을 'ban' 으로, long을 'lon' 으로

아동은 /k/를 /t/로, /g/를 /d/로 그리고 /ŋ/을 /n/으로 대치한다. Chomsky-Halle 체제에 따르면, 목표음은 모두 후방음이다. 아동은 후방음 대신 전방음을 사용한 것이다. 이 패턴을 보면 아동이 아직 후방음을 습득하지 못한 것을 알 수 있다. 즉, 아동

이 전방과 후방의 대조 자질을 구별하지 못한다는 것이다.

다음은 다른 자질 문제를 지닌 아동의 마지막 예다.

> nice를 'dice'로, note를 'dote'로, nap을 'dap'으로
> mother를 'buther'로, mice를 'bice'로, make를 'bake'로
> hung를 'hug'로, lung를 'lug'로, wrong을 'wong'으로

이 아동은 /n/를 /d/로, /m/를 /b/로, 그리고 /ŋ/을 /g/로 대치한다. 목표음은 비음인데 무비음으로 대치되고 있다. 이 경우, 임상가는 아동이 비음 혹은 비음과 무비음 사이의 대조를 습득하지 못했다고 결론을 내릴 수 있다.

변별자질법은 일군의 소리가 갖는 공통적 특성을 이해할 수 있게 해 준다. 또한 특정 자질로 소리를 대조할 수 있게 도와준다. 공통적인 소리끼리 묶어 한 유목(class)을 만드는데, 같은 유목 안의 소리들은 특정 자질을 공유하기 때문에 유사하다. 반면에 같은 유목에 속하지 않는 소리는 공통 자질이 없기 때문에 대조가 된다.

항상 적용되는 것은 아니지만 이론적으로는 아동이 몇 가지 소리들을 오조음할 때 공통적인 변별자질을 가지고 있다는 것이고, 그 소리 모두를 가르칠 필요가 없다고 가정할 수 있다(Peña-Brooks & Hegde, 2007). 몇 가지 소리가 학습되면, 같은 부류 안에 있는 다른 소리는 별도의 훈련 없이 산출된다고 예상할 수 있다. 예를 들면, 아동이 /f/, /v/, /s/, /ʃ/(sh), /tʃ/(ch), /ʒ/ 그리고 /ʤ/ (Jane의 j)—Chomsky-Halle 체제(〈표 5-4〉 참조)에서 자음으로 모두 분류—를 정확히 산출하지 못한다면, 전통적 분석을 사용하는 임상가는 일곱 가지의 목표음이 습득되어야 한다고 하는 반면에, 변별자질 분석을 사용하는 임상가는 일곱 가지의 소리 중 단지 몇 가지만 가르쳐도 충분하다고 생각한다. 예를 들면, /f/, /v/ 그리고 /ʃ/를 습득한 아동은 추가 훈련 없이 남은 네 가지의 자음을 습득할 수 있다고 본다.

훈련된 음소를 따라 훈련하지 않은 음소가 산출되는 것을 **일반화** 혹은 **전이된 산출**(generalization or generalized production)이라 한다. 몇몇 연구에서 일부 훈련하지 않은 소리로 훈련 효과가 전이되는 것을 보여 주기는 하였지만(Bernthal & Bankson, 2004; Peña-Brooks & Hegde, 2007) 더 많은 연구가 필요하다. 변별자질 대조가 자질 부류 안에서 산출이 전이되는지 실험적으로 모두 검증된 것은 아니기 때문이다.

음운 패턴

오류 패턴의 최근 연구들은 음운 변동 분석에 기초한다. 오류 패턴은 이 분석에서 음운 변동 혹은 아동의 음운 지식 부족으로 설명된다. 앞서 언급했듯이 음운 변동 분석에서 아동의 오류는 더 복잡한 성인의 조음 반응을 단순화하는 것으로 본다. 예를 들면, 낱말에서 소리를 생략하는 것이 그 단어를 더 단순화해서 말하는 것이다. 어려운 소리 산출을 단순화하는 방법(혹은 패턴)으로는 여러 가지 **음운 변동**이 있다. 예를 들면, 몇몇의 마지막 혹은 처음 자음을 생략하는 아동은 **자음 탈락 변동**(consonant deletion process)을 보인다고 할 수 있다.

많은 음운론자와 임상가는 음운 변동이 아동의 어려운 조음 반응을 단순화하는 데 사용하는 규칙이라고 본다. 예를 들면, 종성 탈락 변동을 하는 경우 아동이 낱말의 종성 탈락 단순화와 같은 규칙을 사용한다고 생각할 수 있다. 종성 산출에 실패하는 아동이 종성 탈락 규칙(final consonant rule)을 따르기 때문이라는 증거는 거의 없다. 아동들이 음운 변동 규칙을 알고 있다는 증거는 없는 것이다(Peña-Brooks & Hegde, 2007). 즉, 음운론자와 임상가가 아동의 반응 패턴으로부터 규칙을 도출한 것으로서 아동의 오조음이 패턴을 보여 준다는 것이지, 아동 스스로 음운 규칙을 사용하고 있다는 의미는 아니다.

음운 변동 분석은 임상가가 아동이 보이는 오조음의 논리 그리고 패턴을 찾는 데 도움을 준다.

다양한 조음 오류를 조직화할 수 있도록 도와주었던 많은 음운 변동이 조음음운장애를 요약하고 설명하는 데 기여해 왔다(Hodson, 1986a; Ingram, 1981; Peña-Brooks & Hegde, 2007; Shriberg & Kwiatkowski, 1980; Weiner, 1984). 그 예는 다음과 같다.

- 어말 종성 탈락: 종성이 탈락된다. boat를 'bo' 로, beep을 'bee' 로, hide를 'hi' 로, house를 'hau' 로, book을 'bu' 로
- 어두 초성 탈락: 초성이 탈락된다. pot을 'ot' 으로, bus를 'us' 로, deep을 'eep' 으로, sink를 'ink' 로, top을 'op' 으로
- 자음군 축약: 자음군의 하나 혹은 그 이상이 탈락된다. blue를 'bu' 로, strong을 'tong' 으로, steep을 'teep' 으로
- 전방화: 후방에서 산출될 소리가 전방에서 산출되는 소리로 대치된다. 경구개음과 연구개음이 치경음으로 대치된다. chalk를 'tak' 으로, sheep을 'seep' 으로, come을 'tum' 으로
- 탈비음화: 비음이 구강음으로 대치된다. man을 'mad' 로, mother를 'bother' 로

- 반복: 목표 단어의 음절이 반복된다. bottle을 'baba' 로, dog를 'dada' 로, television을 'tata' 로
- 비강세 음절 탈락: tomato를 'medo' 로, telephone을 'tephone' 으로, elephant를 'ephent' 로
- 삽입: 비강세 모음, 대개 schwa /ə/를 부적절하게 삽입한다.

임상적으로 문제가 있는 아동을 확인하기 위해 임상가는 먼저 음운 변동에 따라서 오류 분류 체계를 정하고, 다음으로 아동의 말에서 명확한 변동의 종류를 결정한다. 보통 말소리 산출이 발달하는 아동의 음운 변동은 특정 나이가 되면 사라진다. 이것은 오류가 감소하고 말소리의 습득이 점진적으로 향상된다는 뜻이다. 음운 변동이 사라져야만 하는 습득 연령을 지나서도 지속되면 치료가 필요한 임상적 문제다. <읽을거리 5-2>에 일부 음운 변동이 정상적으로 없어져야 하는 연령대를 제시했다.

읽을거리 5-2 3세경 사라지는 음운 변동

다음 음운 변동은 3세경에 없어지는 것으로 예상된다. 그러므로 2세 아동의 말에서 이런 오류를 발견하는 것은 음운장애로 진단내리지 않고, 3세 이상의 아동에게 관찰될 때만 장애라 할 수 있다.

- 종성 탈락(예, books를 'boo' 로, dog를 'da' 로)
- 비강세 음절 탈락(예, banana를 'nana' 로, elephant를 'efant' 로)
- 반복(예, bottle을 'baba' 로, water를 'wawa' 로)
- 탈비음화(예, my를 'by' 로, name을 'dame' 으로)
- 파찰음화(예, sun을 'chun' 으로, sone을 'chu' 로)

5세경 사라지는 음운 변동

다음 변동은 5세경에 사라진다. 그러므로 5세 이하의 아동이 범하는 경우에는 장애라 하지 않는다.

- 종성 무성음화(예, bed를 'bet' 으로, big을 'bik' 으로)
- 자음군 축약(예, spray를 'spay' 로, squint를 'quint' 로)

8세 혹은 9세경 사라지는 음운 변동

다음 변동은 8세 혹은 9세경에 사라질 수 있다.

- 삽입(예, spoon을 'sapoon' 으로, cup을 'cuppa' 로)
- 자음군 대치(예, frog를 'pag' 로, stove를 'bov' 로)

이 치료 접근법은 개별 음소의 오류 대신 제거해야 하는 잘못된 음운 변동에 초점을 맞춘다. 예를 들면, 만약 아동이 많은 종성을 생략한다면 그 오류는 종성 탈락 변동으로 분류된다. 임상가의 목표는 이 음운 변동을 없애는 것이다. 어말에서 몇 개의 탈락 자음을 가르치면 다른 종성으로도 일반화되어 산출시킨다고 가정하는데, 이는 임상의 치료연구에서 완벽하게 검증되지 않았다.

일부 음운 변동은 같은 양상을 다른 분석방법으로 다르게 설명된 새로운 이름일 수 있다. 예를 들면, 기존의 생략(omission)은 탈락 변동(deletion process)으로 바뀌고, 대치는 전방화 변동으로 바뀌었다. 개별 음소 훈련 없이 음운 변동이 제거될 수 없다는 것을 기억해야 한다. 중요한 임상적 질문은 일부 음소에 대한 개별적 치료가 훈련하지 않은 다른 소리 산출에 영향을 주는가의 유무다. 이때 훈련하지 않은 다른 소리는 일부라도 개념적으로 유사한 요소가 있는 음소다. 이 중요한 질문에 완벽하게 답하기 위해서는 더 많은 연구가 필요하다.

조음음운장애의 잠재적 원인

조음장애의 증상을 기술하는 것이 원인을 찾는 것보다는 쉽다. 수십 년간의 연구에서도 대부분 말소리 산출 문제와 관련된 믿을 만한 원인을 찾을 수 없었다. 그럼에도 불구하고 연구들은 목적을 가지고 계속되어 왔다. 이제 우리는 조음문제와 상관이 있는 것으로 나타난 많은 요인이 실제 원인이 아니며 전혀 관계가 없다는 것을 안다.

과거에는 많은 요인이 잠재적으로 아동의 조음음운장애의 원인이 될 수 있다는 가정하에 연구가 되었다. 일부 주요 요인을 간략히 살펴보자.

지 능

한때 낮은 지능이 조음장애의 원인으로 간주되기도 했다. 그러나 몇몇 연구에서 정상 지능을 지닌 아동 또한 말소리를 습득하는 데 어려움을 겪는다는 것을 보여 주었다. 실제로 언어청각 클리닉에서 조음 문제에 대한 치료를 받고 있는 많은 아동이 정상 지능을 가지고 있었다.

그러나 조음 문제를 지닌 대다수의 아동이 제한된 지적 능력과는 관련이 없다고 해도, 심각한 지적 능력은 흔히 조음 문제와 관련된다. 지적장애를 지닌 대부분의 아동이 많은 조음 오류를 나타낸다.

성

일반적으로 여아가 남아보다 조음 능력이 조금 우세하다는 일부 증거가 있다. 그러나 그 증거는 미약하고, 보고된 성별로 나타난 차이는 작거나 무시할 수 있는 수준이다(Bernthal & Bankson, 2004; Peña-Brooks & Hegde, 2007). 그런데 여아보다는 많은 남아가 조음음운장애를 가지고 있는 경향이 있다. 언어청각 클리닉에서 조음음운장애를 치료받는 대다수가 남아다.

사회경제적 지위

연구들은 사회경제적 지위가 조음장애의 원인에 확실한 요소는 아니라고 발표했다(Bernthal & Bankson, 2004; Peña-Brooks & Hegde, 2007). 하지만 낮은 사회경제적 계층의 아동이 상위 계층보다 더 많은 문제를 보인다. 일부 연구에서는 낮은 계층의 아동이 상위 계층 아동보다 더 많은 조음 오류가 있었다고 보고하고 있다.

출생 순서와 형제자매 지위

첫 아이나 외동은 형제자매가 있는 아동보다 조음 능력이 더 좋다는 결과가 있다(Bernthal & Bankson, 2004; Peña-Brooks & Hegde, 2007). 형제자매 사이에 나이 차이는 또한 영향을 준다. 나이 차이가 많을수록, 어린 아동의 조음이 더 좋았다. 이것은 형제자매 각각의 나이 차가 거의 없을 때, 나이가 조금 많은 형제자매가 어린 아동에게 잘못된 조음 모델이 될 수 있음을 보여 준 것이다.

언어 발달

말은 언어의 일부이기 때문에 연구자들은 언어 발달과 조음장애와의 관계를 검증했다. 연구 결과는 심각한 조음장애를 지닌 아동의 언어 발달이 다소 지체된다는 것이다. 아동은 복잡한 문장 구조를 사용하는 데 유창성이 떨어질 수 있다. 그러나 경도의 조음장애가 있는 아동은 언어 지체나 장애를 보이지 않을 수 있는 반면, 언어장애를 지닌 대부분의 아동은 조음 혹은 음운 장애를 보인다.

운동기술

말소리 산출은 운동 과제이기 때문에, 말소리 산출의 문제는 일반적 혹은 구어 운동기술의 결함을 나타내는 것이기도 하다. 일반적 운동기술(예를 들면, 걸음걸이, 조절된 대근육 혹은 소근육 운동)과의 관련성에 대한 연구에서는 의미 있는 것을 찾지 못했다. 말 관련 운동기술의 연구에서도 오조음을 하는 아동이 음절 반복 과제에서 느릴 수 있다는 것을 제외하고는 의미 있는 것을 찾지 못했다.

화자가 선택된 음절(예, pa-ta-ka)을 반복하는 속도를 교대운동속도(diadochokinetic rate)라 한다. 대부분의 임상가가 조음장애를 평가할 때 교대운동검사를 실시한다. 그러나 조음장애의 병인에서 말의 속도가 느려지는 것의 의의는 명확하지 않다. 말 속도가 장애의 결과일 수 있으나 원인은 아니다.

청각적 변별

말소리들 간의 차이를 정확하게 듣고 이해하는 것이 **청각적 변별**(auditory discrimination)이다. 과거의 많은 연구는 아동이 말소리의 차이를 구별해서 들을 수 없기 때문에 오조음을 하는 가능성을 염두에 두었다. 만일 아동이 /s/와 /z/의 차이를 구분하여 들을 수 없다면, 그 아동이 /z/를 /s/로 대치하는 것은 청각적 변별 능력의 부족 때문일 수 있다.

오조음을 하는 아동의 청각적 변별 능력에 대한 연구 결과들은 일관성이 없다. 오조음을 하는 몇몇 아동은 청각 변별 검사에서 낮은 점수를 받은 반면에 정상 범주에 속한 아동도 있다. 청각적 변별과 조음과의 관계는 아주 확실하게 나타나지는 않았다.

구강 구조

입술, 치아, 혀 그리고 경구개, 연구개는 모두 말소리 산출과 연관되어 있다. 말소리의 전통적 분류(예를 들면, 양순음, 순치음, 설치경음)는 구강 구조의 중요성을 말해 준다. 그러나 오조음을 하는 대부분의 아동은 정상적인 입술, 치아, 혀 그리고 구개를 가지고 있다. 그러므로 대다수의 경우 구조적 이상으로 오조음이 설명될 수 없다.

극히 일부의 경우에서는 **설소대 단축증**(ankyloglossia)으로 알려진 **짧은 설소대**(tongue-tie)가 오조음의 기질적 원인이 될 수도 있다. 보통은 혀끝이 자유롭게 움직인다. 이 움직임은 /t/와 /d/ 같은 소리를 만드는 데 필요하다. 그러나 만약 혀 밑과 입 안을 연결하는 설소대가 너무 짧으면 혀끝이 움직이는 범위가 줄어든다. 설소대 단축증은 설소대가 혀끝에 너무 밀접하게 붙어 있는 경우다. 과거에는 현재보다 혀끝의 움직임을 자유롭게 하기 위해 설소대를 잘라 내는 것이 흔한 일이었다. 하지만 연구 결과를 보면 설소대 단축증이 오조음의 원인은 아니라고 했다. 설소대 단축증이 아주 심한 경우에만 조음에 영향을 미치고, 그런 경우는 극히 드물다.

구개열은 얼굴 특정 부위의 뼈가 태아와 배아 시기에 함께 자라나지 않아서 발생한다. 구개열과 의사소통장애의 연관성은 제9장을 참고하라.

비록 오조음을 하는 대부분의 아동이 중대한 기질적 결함을 보이지는 않지만, 기질적 결함이 있으면 조음장애와 연관된다. 예를 들면, 구개와 입술에 파열이 있는 아동은 다양한 종류의 오조음을 보인다. 구강 구조 변이와 치아 이상도 흔히 함께 나타난다.

일부 아동은 구개열 없이 치아가 기형일 수 있다. 이들은 이가 없거나 두 치조궁(dental arches)이 어긋날 수 있다. 위쪽 앞니는 몇몇 말소리(예, /f/, /v/, /s/, /z/) 산출에 중요하다. 그럼에도 불구하고 앞니가 빠졌을 때 목표 음소의 조음 문제의 원인이 될 수도 혹은 아닐 수도 있다. 일부 아동이 목표 음소를 오조음할 수 있지만, 제대로 발음하는 아동도 있다.

여러 연구에서 조음에서의 **부정교합**의 영향에 대해 알아보았다. 부정교합은 위아래 치조궁이 어긋나 있는 문제다. 제1형 부정교합은, 일부 이들이 잘못 배열되었지만 치조궁 자체는 제대로 배치된 것을 말한다. 제2형 부정교합은, 위턱이 돌출되고 아래턱이 들어간 것을 말한다. 제3형 부정교합은, 위턱이 들어가고 아래턱이 돌출된 것이다. 물론 편차의 정도는 같은 분류 안에서도 다양하다.

연구 결과를 보면 조음과 부정교합이 밀접하게 관련되어 있지는 않았다. 심각한 부정교합인 사람들에게는 문제점이 나타날 수 있지만 부정교합을 진단받았다고 해서 조음 문제를 가지고 있지는 않다.

기질적 문제의 영향이 관찰되지는 않지만 조음에 영향을 미칠 수 있는 기질적 문제가 있을 때, 보통 아동이 **보상조음**(compensatory response)을 배운다고 할 수 있다. 중요한 것은 아동이 어떻게 해서든 목표 음소를 산출하기 위해 비정상적 방법을 터득한다는 것이다. 보상조음을 해내지 못하면 조음 문제를 보인다. 이것은 치아가 빠지거나 부정교합, 그리고 구강의 이동성 및 혀 크기의 변형이 있는 경우에 해당되는 듯하다. 구순열의 외과적 수술로 윗입술이 뻣뻣하게 된 사람들 중 일부는 조음장애가 있을 수도 있고 없을 수도 있다. 다양한 종류의 질병으로, 혀의 일부를 제거한 사람도 있다. 이러한 수술을 받은 사람 중 극히 일부가 조음 문제를 보일 수 있다.

청력손실

청각장애는 말과 언어에 생기는 여러 가지 문제의 원인이 된다. 중등도 이상의 청각장애가 있는 아동과 성인에게서 흔히 다양한 종류의 조음 문제가 나타난다. 농으로 태어난 사람은 말소리를 산출하는 데 상당한 어려움을 겪는다. 청력손실이 심각한 사람은 다른 사람의 말을 듣는 것뿐만 아니라 자신의 말소리 산출을 모니터하는 것도 어렵다. 또한 청력손실이 경미한 사람도 그가 듣는 소리는 왜곡될 수 있다.

청각장애와 청각장애로 인한 의사소통에 대한 영향은 제13장을 참고하라.

청각장애를 지닌 사람은 어두와 어말 위치에서 자음을 생략하는 경향이 있다. /s/와 /z/의 생략도 흔하게 보인다. 또한 무성음을 유성음으로, 구강 자음을 비음으로 대치하고, 특히 마찰음을 포함한 많은 소리를 왜곡한다.

신경학적 문제

조음 오류를 지닌 많은 아동이 심각한 신경학적 문제를 보이지는 않지만, 다양한 종류의 신경 손상은 조음과 다른 의사소통 문제의 원인이 되기도 한다. 이러한 문제들은 아동보다 성인에게 흔히 나타난다. 그러나 신경 손상으로 인한 의사소통장애는 기능적 조음장애와는 다르다.

다양한 질병과 사고는 말소리 산출과 연관된 중추신경계의 일부를 손상시킬 수 있다. 말과 관련된 근육을 통제하는 다양한 신경이나 뇌의 일부(예를 들면, 운동피질)가 손상되면 말소리 산출에 영향을 끼친다. 그런 경우에 근육은 말소리 산출에 필요한 복합적이고 빠른 운동을 실행할 수 없다. 중추 혹은 말초신경 손상은 **마비말장애**라 불리는 말장애의 원인이 된다. 신경계가 손상되면 근육은 마비, 약화가 오고 협응 능력이 떨어진다. 이런 사람은 말소리를 적절히 조음하지 못한다. 따라서 그들의 말을 이해하기가 어렵다. 마비말장애는 조음 문제뿐만 아니라 음성의 질이 저하되고, 단조로운 음도(monotonous pitch), 가변적인 말속도, 과비성 등의 문

마비말장애와 신경학적 문제로 인한 기타 의사소통장애는 제10장을 참고하라.

제가 나타난다.

말실행증에 대한 더 자세한 정보는 제10장을 참고하라.

또 다른 신경학적인 원인으로 조음 문제가 나타나는 말장애로는 **말실행증**(apraxia of speech)이 있다. 중추신경계의 손상이 말실행증의 원인이 된다. 그러나 말초신경의 손상이 없기 때문에 근육의 약화나 마비는 나타나지 않는다. 뇌손상이 원할하게 조음하는 데 필요한 정확한 운동을 어렵게 하기 때문에 말실행증은 운동 프로그래밍 장애(motor programming disorder)라고 한다. 말실행증인 사람은 일관되지 않은 조음 오류를 많이 범하게 된다. 때로는 조음 오류 없이 말할 수도 있다. 또 조음자의 정확한 위치를 혼동할 수 있으며, 말소리 산출에 필요한 운동도 부정확해 보인다. 이렇게 조음하고자 하는 노력은 모색 혹은 **탐색행동**(groping)이라고도 한다. 화자가 말을 하려고 할 때마다 다른 종류의 오류를 보인다. 이러한 증상과 여러 특성을 근거로 하면, 아동의 기능적 조음장애는 신경학적 문제를 지닌 성인에게 흔히 보이는 말실행증과는 쉽게 구분된다.

조음 오류를 보이는 일부 아동은 말실행증을 나타낼 수도 있다. 즉, 일부 아동의 조음장애는 말 운동 프로그램을 어렵게 하는 뇌손상 때문일 수 있다. 이런 조음장애를 **아동기 말실행증**(Childhood Apraxia of Speech: CAS)이라 한다. 말실행증이 있는 성인처럼 CAS가 있는 아동도 특정 말을 할 때 시행착오처럼 보이는 탐색 행동을 보일 수 있다. 아동은 말소리 산출을 위해 필요한 운동을 할 수 있지만, 산출해야 하는 상황에서 운동의 어려움을 겪는다. 그러나 이러한 아동은 심각한 신경병리학적 증거를 보이지는 않는다. 그 결과, 많은 임상가가 CAS의 존재를 믿지만 진단 범주는 다소 논란의 여지가 있다(American speech–Language–Hearing Association, 2007; Hall, Jordan, & Robin, 1993; Peña–Brooks & Hegde, 2007).

혀 내밀기

최근 삼킴과 조음 관계에 많은 관심을 갖게 되었는데, 비정상적인 삼킴의 한 패턴으로 **혀 내밀기**(tongue thrust)가 있다.

치과 교정전문의는 혀 내밀기가 치열 상태에 악영향을 준다고 보면서 그에 관심을 갖는다. 치과 교정전문의가 위 치조궁을 후방화시키려고 하면 혀 내밀기는 위 치조궁을 전방화시킨다. 일부 언어치료전문가들은 혀 내밀기가 조음장애와 잠재적 연관성[특히 혀짤배기소리(frontal lisp) /s/와 /z/의 왜곡]이 있다고 보면서 관심을 드러낸다.

정상적인 삼킴을 할 때, 혀끝은 앞니 뒤쪽에 있는 잇몸 안쪽 부분인 치경부에 맞닿는다. 그때 혓몸은 액체나 딱딱한 것을 입 뒤쪽과 목 위로 민다. 그때부터 삼킴은 주로 반사적이 된다. 비정상적인 삼킴을 하는 동안(삼킴장애) 혀끝은 앞니, 종종 위 중앙 앞니를 밀어내야 하지만 혀끝은 위아래 이 사이에 돌출될 수 있다. 따라서 아랫입술과 접촉하게 된다. 또한 말을 산출하는 동안, 혀는 앞니에 맞닿아 어느 정도 힘을 쓸 수 있다. 심지어 쉴 때도 혀는 입의 앞쪽으로 더 이동할 수 있다. 젖병 사용과 엄지손가락 빨기가 혀 내밀기의 원인으로 꼽히기도 했지만, 혀 내밀기에 관해 만족할 만한 설명은 아직 없다.

비정상적 삼킴(삼킴장애)이 조음 문제를 초래하는지 여부, 또한 이를 치료하는 것이 언어치료전문가가 해야 할 일인지에 대한 논란이 있다. 치과 교정전문의는 종종 혀 내밀기 치료를 목적으로 한 **근기능 요법**(myofunctional therapy)을 위해 삼킴 문제(deviant swallow)가 있는 아동을 언어치료전문가에게 의뢰한다. 일부 **언어치료전문가**들이 근기능 요법을 하고는 있지만, 별도의 근기능 요법 치료사도 있다. 치과 교정전문의는 치료가 필요한 조음장애가 있을 경우에만 언어치료전문가에게 의뢰한다. 한 편 일부 언어치료전문가는 조음장애와 함께 혀 내밀기도 치료한다. 따라서 삼킴장애와 말장애의 정확한 관계를 밝히는 연구가 필요하다.

비록 장애의 원인을 밝히는 것이 임상과학자들에게 중요한 과제지만, 언어치료전문가는 과학자들이 그들의 과제를 완벽히 끝낼 때까지 기다릴 수는 없다. 따라서 아동이 말소리 산출 문제로 도움이 필요할 때, 그들은 아동이 가지고 있는 문제에 대한 철저한 평가를 한 다음 그 결과에 따라 치료 프로그램을 설계한다. 조음장애의 원인이 불분명할지라도 다행히 아동이 올바르게 말을 산출할 수 있도록 조음 치료를 할 수는 있다. 경구개와 연구개 파열처럼 그 어떤 명백한 기질적 장애라도, 치료에 앞서 외과적으로 처치하거나 혹은 언어치료와 병행할 수 있다.

철저한 조음 평가는 시간이 꽤 소요된다. 그러므로 임상가는 문제가 있어 보일 때 정상 범위라고 할 수 있는 경우와 심화 평가가 필요한 경우를 결정하기 위해 우선 선별검사를 해야 한다.

조음 선별

선별은 환자의 평가를 상세히 해야 하는지 아닌지를 결정하는 데 도움을 주는 간단한 절차다. 선별 절차를 통과한 사람들은 연령대에 적절한 조음 능력을 가지고 있다고 판단되지만, 통과하지 못한 사람들은 심화 평가를 실시해야 한다. 공립학교에서 임상가는 유치원과 초등학교 저학년 아동을 위한 정례적 선별검사를 한다. 또한 조음뿐만 아니라 언어, 발성, 유창성에 대한 선별검사도 실시한다.

조음 선별에는 여러 가지 절차가 있다. 만약 아동이 수다스럽다면, 차후 분석을 위해 간단한 대화 샘플을 녹음한다. 임상가는 대안으로 그림 자료를 통해 말소리 산출 검사를 실시할 수 있다. 모든 위치에서 /s/, /z/, /ʃ/, /tʃ/, /ʤ/, /r/, /l/, /θ/, /f/, /v/, /t/, /k/, /g/의 산출을 검사해야 하는데, 이는 아동이 흔히 이런 음소들을 오조음하기 때문이다. 또한 표준화된 선별검사나 전체(full-length) 조음 평가 검사의 일부를 시행할 수도 있다.

오조음된 음소는 발달 규준으로 비교한다. 만약 아동의 오류 음소가 바르게 산출되어야 하는 소리라고 판단되면, 심화 평가 대상자가 된다. 아동의 연령대에 따라 어떤 오류 음소들은 심각하다고 생각하지 않아도 된다. 아동이 다양한 방언을 구사하는 경우나 영어 외에 다른 모국어(예를 들면, 스페인어) 영향을 받고, 영어를 하는 경우라면 아동이 다른 형태의 영어를 구사하는 것으로 여기고 조음장애가 없다고 판단할 수 있다.

조음음운장애의 평가

아동이 조음 치료를 위해 의뢰되었을 때, 임상가가 첫 번째로 할 일은 임상적인 문제의 유무를 판별하는 것이다. 그다음에는 문제가 있다면 어떤 특징을 가지고 있는지 판단해야 한다. 임상적 문제를 확인하고 기술하는 과정을 평가라고 한다. 선별검사를 통과하지 못한 아동은 오류의 유형과 수 그리고 패턴을 알아내기 위해 철저한 검사를 실시한다. 또한 구강 구조의 중대한 기질적 장애가 있다거나 신경학적 손상의 징후도 보인다면 잘 기록해야 한다. 환자의 행동, 건강 그리고 발달에 대해 전반적으로 파악할 수 있도록 사례력도 잘 기록해 두어야 한다. 임상가는 특히 말과 언어 발달에 관심을 가지게 된다. 마지막으로 환자의 청력도 검사해야 한다. 〈표 5-6〉은 조음 평가 내용을 보여 주고 있다.

〈표 5-6〉 의사소통장애의 평가: 조음장애

① 환자, 가족의 사례력과 장애
② 환자, 가족 구성원과의 면담
③ 구강 안면 검사
④ 청력검사
⑤ 말과 언어의 표집
⑥ 조음의 측정과 평가
ⓐ 대화 표집
ⓑ 표준화된 조음 검사 실시
ⓒ 개별 오류, 유형, 낱말 내 위치 분석
ⓓ 오조음 패턴 분석
⑦ 의뢰
⑧ 보고서 작성

주) 조음평가의 고유 절차들은 굵은 글씨로 표기.

사례력

의사소통장애 평가의 첫 번째 단계는 사례력을 기록하는 것이다. 사례력을 통해 임상가는 문제가 언제 시작되었는지, 대상자와 가족이 그 문제에 대해서 어떻게 생각하는지, 문제가 변하는지 아니면 현 수준을 유지하는지, 그리고 대상자가 치료를 받은 적이 있었는지 알 수 있다. 이에 더해 아동의 일반적 건강 상태와 가족에 대한 정보를 알 수 있다. 언어, 신체, 사회성 그리고 행동 발달에 관한 정보도 얻는다.

사례력이 조음장애의 원인을 밝히는 경우는 거의 없지만, 잠재적으로 뇌손상이 올 수 있는 사고, 부상, 질병 등이 있었음을 알려 줄 수는 있다. 아동의 학교와 사회생활에 영향을 주는 말장애의 효과와 학업수행 능력에 대해서도 연구해야 한다. 이때 가족 구성원들이 많은 정보를 줄 수 있다. 일반적으로 임상가는 부모나 환자가 사례력 기록지를 작성하게 한 후, 더 상세한 정보를 얻기 위해 면담을 실시한다.

구강안면검사

임상가는 조음장애의 원인이 될 수 있는 중대한 기질적 문제를 배제하기 위해 환자의 안면과 구강 구조를 검사한다. 환자의 일반적인 구강 구조의 대칭(균형)을 기록한다. 그리고 다양한 과제를 실시하여 입술과 혀의 형태와 운동성을 살펴본다. 만약 치아가 빠져 있거나 부정교합이 있다면 상세하게 기록한다. 이 검사를 통해 점막에 덮인 구개가 개방된 점막하(submucous) 구개열을 발견할 수도 있다. 이런 유형의 파열은 발견되지 않을 수도 있다. 연구개의 운동성은 구강음을 산출하는 동안 연인두를 닫기 위해 뒤로 움직이고 올릴 수 있는지를 확인하기 위한 검사다. 이러한 절차로 **구강안면검사**(orofacial examination)를 실시하는데, 이를 **구강기관검사**(oral-peripheral examination)라고도 한다.

청력검사

청력검사와 평가 절차는 제13장을 참고하라.

대상자의 청력은 간단한 청력검사만으로 확인된다. 다른 선별검사처럼 청력검사는 청력의 실제 한계를 판단하지 않고, 단지 청력이 정상 범주에 있는지를 판단하거나 환자가 상세한 청력검사를 할 필요가 있는지 알아본다. 청력검사에 실패한 환자는 보다 정밀한 청력 평가를 위해 청각사에게 의뢰한다.

말소리 산출 평가

말언어 표집, 개별 음소를 평가하는 표준화 검사, 음운 변동의 평가도구는 조음장애와 관련된 주요 정보원이다. 말언어를 표집할 때는 임상가가 아동에게 말을 걸어 아동이 많은 음소가 포함된 대화를 하도록 하여 녹음한다. 대화는 말소리 산출을 평가하는 자연스러운 수단이다.

몇몇 상품화된 표준화 검사로 개별 음소 산출을 평가할 수 있다. 이 중 Templin-Darley Tests of Articulation(Templin & Darley, 1969), Goldman-Fristoe Test of Articulation-2nd ed. (Goldman & Fristoe, 2000), Fisher-Logemann Test of Articulation Competence(Fisher & Logemann, 1971), Deep Test of Articulation(McDonald, 1964b), Arizona Articulation Proficiency Scale-3nd ed. (Fudala, 2000), Photo Articulation Test-2nd ed. (Pendergast, Dickey, Selmar, & Soder, 1997) 들이 잘 알려져 있고, 흔히 사용되는 검사다.

대부분의 조음검사는 그림으로 자극을 제시하고 이름을 산출하도록 한다. 이런 방법으로 산출된 낱말들은 어두, 어중, 어말에서 모든 영어 음소가 나올 수 있도록 선정되어 있다. 개별 음소뿐 아니라 자음군(예, stop, strike, bread, sleek)도 검사한다. 연속적 발화에서 말소리 산출을 평가하기 위해 환자들에게 읽어 준 간단한 이야기를 다시 말하게 하는 검사도 있다.

변별자질, 음운 변동 그리고 음운지식은 대화 샘플로 평가하기도 한다. 몇몇 검사 혹은 평가 계획(프로토콜)은 음운 변동을 평가할 수 있다. 이 중에, Assessment of Phonological Processes–rev. ed. (Hodson, 1986a, 1986b)가 영어와 스페인어 버전으로 사용 가능하다. 음운 변동 분석을 위한 검사와 프로토콜은 Bankson–Bernthal Test of Phonology(Bankson & Bernthal, 1990), Khan–Lewis Phonological Analysis–2nd ed. (Khan & Lewis, 2002), Phonological Process Analysis(Weiner, 1979)와 Natural Process Analysis(Shriberg & Kwiatkowski, 1980) 등이 있다. 말 샘플을 입력하면 음운 변동을 분석하는 컴퓨터 프로그램도 있다(Hodson, 1986c; Masterson & Bernhardt, 2001; Weiner, 1984).

자극반응도검사

자극반응도검사에서 임상가는 아동의 오조음을 올바르게 산출하고 아동이 따라하도록 한다.

아동이 임상가의 산출을 제대로 따라하면 **자극반응도**가 있다고 한다. 많은 임상가들이 자극반응도가 있는 소리는 가르치기 쉬워야 한다고 생각하며, 이것이 치료의 시작점이 된다.

의뢰서 작성과 평가보고서 쓰기

임상가는 평가 후에 반드시 모든 자료에서 얻은 정보를 평가해야 하고 치료를 위한 의뢰서를 작성한다. 사례력과 면담자료, 구강 안면 검사 결과 그리고 환자의 표준화 검사 수행력과 대화 샘플링 등을 검토한다. 산출된 각 음소의 정오를 판단하고, 만약 오조음이면 생략, 왜곡, 대치 그리고 첨가에 따라 오류 유형을 판별한다. 마지막으로 아동의 오류가 많으면 음운 접근이나 변별자질을 기초로 한 오류 패턴 분석을 기록한다.

그 후 평가보고서는 사례력, 검사 결과 그리고 또 다른 관찰 내용을 요약해서 작성한다. 일반적으로 보고서에는 현재 조음장애 수준과 치료를 위한 제안 내용이 담겨 있다.

문화, 인종 요인과 관련된 조음 평가

조음장애의 평가는 대상의 문화, 인종 요인과 같은 배경에 세심한 주의를 요한다. 문화와 인종 요소는 말과 언어에 큰 영향을 미친다. 어느 집단의 규범에서는 일탈행동처럼 보이는 것이 다른 집단에서는 문화적 관행이 될 수 있다. 의사소통 영역에도 마찬가지로 한 문화에서는 장애처럼 보이는 것이 또 다른 문화에 가서는 장애가 아닐 수 있다.

문화, 인종 요소와 이중언어 구사 능력이 의사소통과 의사소통장애에 끼치는 영향은 제2장을 참고하라.

영어에서 다른 방언, 다양성 그리고 다른 형태를 구사하는 아동(혹은 성인)의 조음을 평가할 때, 임상가는 형태나 다양성에 따른 말소리 산출 패턴을 수용해야 한다. 예를 들면, 표준 미국식 영어 말소리와 비교하면, 아프리카계 미국인은 특정 말소리를 다르게 발화한다. 그러나 이러한 차이만으로 조음장애라고 할 수 없다. 이 차이점은 아프리카계 미국 영어의 말소리 산출 규칙으로 보아야 한다. 아동이 아프리카계 미국인 영어에서 수용되는 규칙과 일치하지 않는 오조음을 산출할 때만 조음장애를 갖고 있다고 할 수 있다.

이와 유사하게 모국어가 영어가 아닌 아동(혹은 성인)은 영어 말소리를 다르게 산출할 수 있다. 그런 화자의 영어 말소리는 모국어에서 영향을 받은 것이다. 예를 들면, 모국어가 스페인어인 이중언어를 구사하는 아동은 특정 영어 말소리를 낼 때 영어가 모국어인 아동의 발화와는 다르게 산출될 수 있다. 이것 역시 조음장애의 원인으로 진단할 수 없다. 이렇게 말소리를 다양하게 구사하는 아동에 대한 정확한 평가는 모국어의 영향을 고려해야 한다. 이중언어 아동은 영어의 음운 규칙과 모국어의 음운 규칙에 일치하지 않는 말소리 패턴을 보일 때만 조음장애라고 해야 한다.

조음음운장애의 치료

조음장애를 치료하는 방법으로 여러 가지 접근법이 있다. 이 장에서 모든 주요 접근법을 기술하기는 불가능하다. 그러므로 선정된 치료 특성에 관한 일부 상세 내용과 치료 과정의 개요를 소개하고자 한다. 일부 변형된 것과 특정 접근법들도 언급하였다.

조음 치료 프로그램의 주요 요소는 ① 목표 반응 선정, ② 자극 재료 개발, ③ 시작점 결정, ④ 치료 절차 시행, ⑤ 산출 일반화와 추후 평가 등이다.

목표 반응 선정

조음 치료의 마지막 목표는 모든 대화 상황에서 오조음된 음소를 바르게 산출하는 것이다. 대부분의 치료 프로그램에서, 이 목표는 **수행 기준**(criterion of performance)이라고 한다. 예를 들면, 임상가는 집이나 치료실 외 다른 상황에서 목표 음소 산출의 정확도를 90%로 설정할 수 있다.

수행 기준을 충족하는 환자는 치료 목표를 달성한 것이다.

이것은 단지 몇 개의 오조음만 있을 때, 대화를 할 때 90%의 정확도로 바르게 말하는 목표를 세울 수 있다. 환자가 다수의 오조음을 갖고 있다면 앞서 언급한 것처럼 하나 혹은 그 이상의 패턴을 치료 목표로 할 수 있다. 예를 들면, 말소리 산출 방법에 근거하여 올바른 유성음 산출을 목표로 할 수 있다. 변별자질 접근의 경우, 흔히 생략하거나 잘 사용하지 않는 자질이 치료 목표가 된다. 오류 패턴이 음운 변동에 따른 것이라면, 치료 목표는 잘못된(faulty) 변동을 제거하는 것이다. 예를 들면, 어말에서 여러 자음을 산출하지 않는 아동의 치료 목표는 종성 탈락 변동의 제거가 된다. 물론 이것은 종성의 산출을 가르치는 것이 목표라고 하는 것과 같은 뜻이다.

자극 재료 개발

임상가는 목표 행동을 선정한 후 치료 회기에 사용할 적절한 자극 재료를 찾는다. 자극 재료로는 그림 혹은 사물, 임상가의 목표음 산출 모델링, 그것들을 어떻게 산출하는가에 대한 설명, 조음기관의 적절한 움직임을 만들기 위한 조음 지시법 등이 있다. 대상자가 적어도 목표 음소를 산출하려고 시도하기 전에 자극사건(stimulus events)을 제시하기 때문에 이를 선행사건(antecedent events)이라고도 한다.

첫 치료 회기에서 임상가는 환자에게 목표음을 유도하기 위해 선정된 그림의 이름을 말하도록 한다. 예를 들면, 어두에서 목표음 /s/를 가르칠 때, soup, soap 그리고 sock 같은 낱말을 보여 주는 15~20가지의 그림을 선택한다. 현장에서 가능하다면, 그림 대신 사물을 사용할 수도 있다.

소리를 전혀 산출할 수 없는 아동이라면 추가적인 도움이 필요하다. 이런 경우에, 정반응 **모델링**(modeling)은 흔히 사용하는 추가적 선행사건이다. 아동에게 그림을 말해 보라고 한 다음 바로 답을 말해 버림으로써 아동이 정반응을 모방할 수 있도록 한다. 예를 들면, "이게 뭐니?" 하고 말한 다음 동시에 "비누 해야지." 하는 것이다. 낱말 산출 시 임상가는 목표음만 특별히 강조할 수 있다.

조음 치료의 전통적 접근법은 목표음 산출을 유도하기 위한 효과적 자극으로 상세한 설명과 시연을 강조하는 방법인데, 이를 **음소 배치법**(phonetic placement method)이라고도 한다. 이 방법에서 임상가는 어떻게 목표음이 바르게 산출되는지 설명해 준다. 거울 앞에서 혀의 위치, 입술 모양, 연구개의 움직임, 구개 개방도(턱 움직임) 그리고 이와 입술의 관련성 등을 보여 줄 수 있다. 이 외에도 차트, 도표, 혀, 구개, 이 그리고 입술의 다양한 접촉을 보여 주는 플라스틱 모형으로 특정 소리를 산출해 보이기도 한다.

어떤 경우에는, 임상가가 목표음을 올바르게 산출하기 위해 **조음지시법**(manual guidance)을 사용할 수 있다. 조음지시법에서 임상가는 손가락을 사용하여 조음기관의 형태를 만든다. 예를 들면, /f/ 산출을 위해 부드럽게 아래 입술을 위 치조궁 아래로 밀어 놓고 아동이 부드럽게 입술을 물고 기류를 내보낼 때까지 그대로 있는다. 조음기관의 조음지시법을 기초로 한 이 치료법은 **근육운동지각방법**(moto-kinesthetic method)이라고도 한다. 임상가는 직접 조음기관을 움직이고, 환자는 운동 지각 피드백을 받아들이는 것이다. 근육운동지각 피드백은 아동이 조음기관의 움직임과 위치를 인식할 수 있게 한다.

시작점 결정

임상가가 환자를 위해 그림, 단어, 자극 재료 등을 개발하면 치료 준비가 된 것이다. 그러나 치료 과정의 실제 시작점과 방법은 임상가 별로 다르다. 다음에서는 세 가지 접근방법을 소개한다.

청각적 변별 혹은 산출

일부 임상가는 아동이 목표음을 모방하거나 산출하도록 하지 않고 목표음과 오류음 사이의 차이점을 아동이 듣고 구별하는 것으로 치료를 시작한다. 앞에 언급한 것처럼 이것은 'radio'를 'wadio'로 말하는 아동이 /w/와 /r/ 사이의 청각적 변별을 못할 수 있다는 가정에서 수행된다.

청각적 변별 훈련은 아동에게 낱말 쌍을 들려 주며 실시한다. 예를 들면, 임상가가

'radio' 혹은 'wadio', 'run' 혹은 'wun', 'road' 혹은 'woad' 등을 말하는 것이다. 아동에게 /r/로 시작하는 단어를 들었을 때는 왼손을 들고, /w/로 시작하는 단어를 들었을 때 오른손을 들게 한다. 이런 방법으로, 아동은 /r/와 /w/ 사이의 청각적 변별을 배우게 된다. 이때 아동이 목표음의 오류음과 정반응을 구별할 때까지 목표음 산출 훈련을 하지 않는 것이 중요하다. 청각적 훈련을 여러 치료 회기에 걸쳐 실시하는 것을 추천하는 전문가들도 있다(Van Riper & Emerick, 1984; Winitz, 1984).

그러나 산출 훈련 전에 청각적 변별 훈련이 필요하지 않다고 생각하는 임상가들도 있다. 그들은 아동에게 처음부터 목표음을 산출하거나 모방하도록 한다. 목표음을 유도하기 위해, 필요에 따라 모델링을 시작으로 지시법(instructions), 시연법(demonstrations), 그리고 조음 지시법을 사용할 수 있다. 산출 훈련이 산출과 청각적 변별 모두를 가르치기에 충분하다는 증거가 있는 반면, 변별 훈련은 단지 변별만 가르치고 산출은 가르치지 못한다는 보고가 있다(Williams & McReynolds, 1975).

소리, 음절 혹은 단어

변별 훈련을 시행하든 하지 않든 간에 산출 훈련의 첫 번째 단계는 소리, 음절, 혹은 단어에서 시작된다. 많은 임상가가 어떤 방식으로든 목표 반응을 단순화시킨다. 가장 확실한 단순화 방법은 음소를 따로 가르치는 것이다. 물론 폐쇄파열음(/p/와 /b/)은 따로 가르칠 수 없으므로, 이 경우에는 짧은 /ɑ/ 음소가 첨가된다.

거의 모든 의사소통 양식은 더 단순화한 것으로 학습되고, 그런 다음 조금 더 복잡한 형태를 배우게 된다.

대부분 전통적 조음 치료 접근법은 음소 수준에서 산출하는 것으로 치료를 시작한다. 간혹 음절이 더 자연스러운 말소리 산출 단위이기 때문에 음절 수준에서 시작하기도 한다. 감각운동기법(sensory-motor approach; McDonald, 1964a)으로 알려진 치료 프로그램은 항상 음절 수준에서 시작한다. 이 접근법에서 임상가는 우선 환자가 목표음을 바르게 산출한 음절 문맥을 찾아내야 한다. 예를 들면, 일반적으로 /s/를 오조음하는 아동이 'watchsun' (두 단어인 watch와 sun은 그들이 마치 한 단어인 것처럼 산출된다)의 문맥 안에서는 정조음할 수 있다. 목표음은 이렇게 새롭게 만들어진 음절 문맥 안에서 훈련시킨다.

또 다른 임상가들은 낱말 수준에서 훈련을 시작한다. **짝자극기법**(paired-stimuli approach)으로 알려진 치료 프로그램에서, 임상가는 먼저 오류 음소가 정조음되는 열쇠낱말을 찾는다(Weston & Irwin, 1985). 만약 한 낱말도 찾을 수 없다면, 정조음할 수 있는 한 낱말을 가르친 다음 열쇠낱말을 만들어 낸다. 그 후 열쇠낱말을 다른 열 개의 훈련낱말과 짝짓는다. 아동에게 먼저 열쇠낱말을 산출하게 한 다음 훈련낱말을 말하게 한다. 예를 들면, 목표음 /f/를 가르칠 때, 아동이 정조음할 수 있는 열쇠낱말이 'fan' 이라면 'fan' 다음에 'fight' 를 말하게 한다. 처음엔 아동이 /f/를 생략할 수 있다. 다음으로, 다시 'fan'을 말하게 하고 이후 또 다른 훈련 단어인 'four' 를 말하게 한다. 이런 식으로, 열쇠낱말은 각각 선택된 훈련낱말과 짝을 이루면, 아동은 곧 훈련낱말에서 목표음을 산출하기 시작한다.

대부분의 임상가는 대상자가 필요로 할 때만 더 쉬운 수준을 사용한다. 음소 수준에서 시작해야 하는 아동이 있는 반면, 음절 수준에서 시작해도 되는 아동이 있다. 만약 아동이 쌍자극기법에서처럼 낱말 수준에서는 반응할 수 있다면 더 좋다. 왜냐하면 궁극적으로 목표음은 반드시 낱말과 대화 수준에서 정조음되어야 하기 때문이다.

단일 혹은 다중 음소 목표

많은 음소를 오조음하는 아동은 소리를 그룹으로 묶더라도 치료 목표가 여러 개 필요하다. 임상가에 따라 초기에 단일음소 혹은 다중음소에 집중할 수 있다. 우선, 일부 임상가들은 다중음소가 환자를 혼란스럽게 할 수도 있기 때문에 단일음소에 초점을 맞추려고 한다.

그러나 몇몇 임상가는 다중음소 치료가 덜 지루하고 빠른 향상을 보인다고 믿기 때문에 한 번에 여러 음소를 치료한다. 이런 접근법을 **다중음소기법**(multiple-phoneme approach)이라 하는데, 사례에 따라 유용할 수도 있다(Bradley, 1989; McCabe & Bradley, 1975). 이 기법에서 임상가는 주어진 회기에 여러 음소를 치료할 수 있다. 처음에는 모든 소리를 독립음소 수준에서 훈련하다가 점차 음소는 음절, 단어, 구 혹은 문장, 읽기, 대화 수준으로 진행된다. 다중음소기법은 다수의 오조음이 나타나는 아동을 치료하는 데 효과적이다.

치료 순서

조음 치료는 아동별로 적합하게 개별화된 일반적 순서를 따른다. 많은 목표음은 음소, 음절, 낱말, 구 그리고 문장 순으로 치료한다. 아동이 음소를 습득함에 따라 치료 과제는 더 복잡해지고 더 자연스러워진다. 치료는 단일음소, 음절 혹은 낱말 모방으로 시작해서 대화 수준으로 종결된다.

각 훈련단계는 수행기준이 필요할 수 있다. 예를 들면, 단어 수준에서 90%의 정확도가 나오면 다음 단계인 구 단계로 이동해야 한다. 기준에 따르기 위해서는 산출 정확도를 각 회기마다 측정해야 하고, 이런 평가는 임상가의 **책임감**을 보여 준다.

측정 결과는 치료 효과를 나타낸다.

치료 절차 시행

치료 프로그램은 서로 다르지만 대부분 정반응을 가르치기 위해 몇 가지 행동수정 원리를 사용한다(Baker & Ryan, 1971; Bradley, 1989; McCabe & Bradle, 1975; McLean, 1970; Mowrer, 1989; Weston & Irwin, 1985). 모델링과 정적강화 같은 행동수정 원리는 조음장애를 치료하는 데 효과가 있었다(Pena-Brooks & Hegde, 2007).

임상가는 목표음을 산출하려는 시도를 즉시 평가한 다음, 즉각적이고 적절한 피드백을 아동에게 준다. 정반응에 주어진 피드백은 정조음 빈도수를 높이는데, 이를 정적강화(Positive reinforcement)라 한다. 칭찬은 흔하게 사용되는 **정적강화제**(Positive reinforcer)다. '정말 훌륭해!' '잘했어!' '좋았어!'와 같이 칭찬의 표현은 강력한 강화제가 될 수 있다. 그러나 실질적인 강화제가 필요할 때도 있다. 정반응을 한 아동에게 별이나 스티커와 같은 작은 선물로 교환할 수 있는 토큰을 줄 수 있는데, 이런 강화제의 양은 점차 줄여 나가도록 한다.

오조음에 대해서는 다른 종류의 피드백을 준다. 이것을 오반응 비율을 줄이려는 **교정 피드백**(corrective feedback)이라고 한다(Hegde, 1998). **타임아웃**과 반응비용은 오반응 횟수를 줄이기 위해 흔히 사용되고 있다. 타임아웃은 임상가가 오반응에 즉각적으로 '멈춰'라고 말한 다음 아동에게 5초에서 10초 동안 눈길을 주지 않는다. 그 후 다시 시선을 맞추고 훈련을 계속하는 방법이다. **반응비용**(response cost)은 잘못된 반응을 하면 아동이 정반응으로 얻은 강화제를 잃는 방법이다. 이런 원치 않는 반응의 빈도를 줄이는 절차(반응축소절차)를 통해 오조음 산출의 비율을 줄이게 된다(Hegde, 1998). 임상가가 정반응에 대해 정적강화를 하는 한, 반응축소절차가 부정적이거나 바람직하지 않은 결과를 초래하지는 않는다.

산출 일반화와 추후 평가

마지막 치료 목표는 어떠한 체계적인 피드백이 주어지지 않았을 때도 일상생활에서 발할 때 정확하게 말소리를 산출하는 것이다. 치료 기간 중, 임상가는 주기적으로 아동에게 훈련되지 않은 새 목표 음소를 산출시켜 보고, 어떠한 피드백도 없이 간단한 대화를 녹음할 수 있다. **중간 평가**(probes)로 알려진 이 절차는 집과 학교 같은 자연스러운 환경에서 말을 할 때처럼 훈련하지 않은 낱말과 문장에서 훈련된 음소의 산출을 평가하는 데 도움이 된다. 임상가의 피드백이 없을 때(예, 정적강화 혹은 교정 피드백) 목표 행동을 산출하면 산출이 **일반화**(generalized production)되었다고 본다.

치료가 진행됨에 따라, 임상가가 있을 때 정반응은 안정화된다. 왜냐하면 임상가가 반응을 강화시키기 때문이다. 만약 부모, 형제자매, 친구들 그리고 다른 사람들이 집과 치료실 외 상황에서 정반응을 강화시키면, 정반응은 더 잘 산출되고 유지된다. 그러므로 반응유지전략(response maintenance strategies) 중 하나는 가족 구성원이 집이나 다른 환경에서 목표음을 바르게 산출하는 것을 강화하는 것이다.

또 다른 유지전략은 자기감시기술을 가르치는 것이다. 아동 스스로 목표 음소를 바르게 혹은 틀리게 산출한 횟수를 세도록 하면 자기감시기술이 매우 촉진된다. 자신의 산출을 모니터할 수 있을 때 치료 성과는 더 잘 유지된다.

치료가 끝난 뒤에는 정조음이 유지되는지 평가하기 위해 **추후 평가**(followed up)를 한다. 첫 번째 추후 평가는 종결하고 석 달 후에 실시하며, 자주 하는 것은 아니다. 유지 회기에서는 대화 샘플을 녹음하고, 미리 습득했던 음소의 정반응률을 분석한다. 표준화 검사 또한 시행한다. 만약 일 년 혹은 그 이상 올바른 조음을 유지한다면, 추후 조치는 필요없다. 만약 추후 평가에서 오반응 빈도가 증가되면, 추가로 치료 회기가 필요하다. 이것을 **지원치료**(booster treatment)라고 하며, 대개 이전에 효과적이었던 절차로 진행한다.

요 약

- 유아는 다른 말소리에 다르게 반응하도록 실험적으로 훈련시킬 수 있다. 영유아는 그들 언어에 존재하지 않는 소리를 변별할 수 있지만 곧 그 능력을 잃어버린다.
- 말은 말소리의 산출인 반면에 언어는 말소리 산출을 포함하는 더 폭넓은 기술이다.
- 음소는 말소리의 부류고 음소 산출 과정에서 변형된 것을 이음이라 한다. 음소는 소리의 추상적인 부류인 반면에 음성은 음소의 실제적 발화를 의미한다.
- 자음과 모음은 말소리의 두 주요 부류다. 또한 조음방법, 조음장소, 발성 유형 그리고 변별자질로 분류할 수 있다.
- 아동은 보통 7세 전에 모국어의 대부분 음소를 습득한다.
- 말소리 산출의 오류를 조음장애라 한다. 만약 오류가 많고 오류에 패턴이 있으면 음운장애로 분류될 수 있다. 말소리의 오류 패턴을 음운 변동이라 한다. 어떤 기질적 · 병리적 장애가 없는 조음 오

류는 기능적 장애라 한다.

- 구강 구조, 청각장애 그리고 지적장애 등 심각한 문제가 조음장애와 관련이 있기는 하지만, 건강하고 정상적인 많은 아동도 말소리 습득에 어려움을 겪는다.
- 조음장애의 치료는 모델링, 시각 자료, 올바른 산출을 위한 여러 가지 조치, 그리고 적절한 피드백을 이용하여 개별 음소 혹은 음소군이 훈련되는 다양한 절차가 있다.
- 치료는 음소, 음절, 혹은 낱말 수준에서 시작되고 자연스러운 환경에서 나타나는 대화 수준에서 목표 음소가 올바로 산출될 때 종결된다.
- 유지를 촉진하기 위해, 가족 구성원과 다른 사람들이 집이나 다른 장소에서 정조음을 할 수 있게 강화시키는 훈련을 받는다.

연구문제

1. 말소리 지각과 말소리 산출을 구별하시오.
2. 조음장애 혹은 음운장애를 정의하시오.
3. 자음 대 모음 산출의 차이를 기술하시오.
4. 전통적으로 어떻게 말소리를 분류하는가? 이 분류의 근거를 기술하시오.
5. 변별자질을 정의하고, 적어도 두 가지 예를 드시오.
6. 말소리 습득 연구에서 횡단연구와 종단연구를 설명하시오.
7. 음운 변동은 무엇인지 설명하고, 두 가지 예를 드시오.
8. 기능적 조음장애에 대해 설명하시오.
9. 마비말장애는 무엇인지 그리고 특징을 설명하시오.
10. 조음 선별과 평가를 구별하시오.
11. 조음장애를 평가하는 절차를 기술하시오.
12. 왜 아프리카계 미국인 아동이 특정 말소리를 다르게 말하는데도 불구하고 조음장애를 가지고 있지 않다고 하는지 설명하시오.
13. 음소 배치법에 대해 정의하시오.
14. 짝자극기법에 대해 간략히 설명하시오.
15. 치료 회기 중 임상가가 아동에게 줄 수 있는 두 가지 피드백은 무엇인지 기술하시오.

참고문헌

Art, P. B., & Goodban, M. J. (1976). A comparative study of articulation acquisition as based on a study of 240 normals, age three to six. *Language, Speech, and Hearing Services in Schools, 7*, 173-180.

American Speech–Language–Hearing Association. (2007). *Childhood apraxia of speech* [Position Statement]. Available from www.asha.org/policy

Baker, R. D., & Ryan, B. P. (1971). *Programmed conditioning of articulation.* Monterey, CA: Monterey Learning Systems.

Bankson, N. W., & Bernthal, J. B. (1990). *Bankson-Bernthal test of phonology.* Chicago: Riverside.

Bernthal, J. E., & Bankson, N. W. (2004). *Articulation and phonological disorders* (5th ed.). Needham Heights, MA: Allyn & Bacon.

Bradley, D. P. (1989). A systematic multiple-phoneme approach. In N. A. Craighead, P. W. Newman, & W. Secord (Eds.), *Assessment and remediation of articulatory and phonological disorders* (2nd ed., pp. 305-322). Columbus, OH: Merrill.

Chompsky, N., & Halle, M. (1968). *The sound pattern of English.* New York: Harper & Row.

Fisher, H. B., & Logemann, J. A. (1971). *The Fisher–Logemann test of articulation competence.* Boston: Houghton Mifflin.

Fudala, J. B. (2000). *The Arizona articulation proficiency scale* (3rd ed.). Los Angeles: Western Psychological Services.

Goldman, R., & Fristoe, M. (2000). *Goldman-Fristoe test of articulation* (2nd ed.). Circle Pines, MN: American Guidance Service.

Hall, P. K., Jordan, L. S., & Robin, D. A. (1993). *Developmental apraxia of speech.* Austin, TX: PRO-ED.

Hegde, M. N. (1998). *Treatment procedures in communicative disorders* (3rd ed.). Austin, TX: PRO-ED.

Hodson, B. W. (1986a). *The assessment of phonological processes* (rev. ed.). Austin, TX: PRO-ED.

Hodson, B. W. (1986b). *Assessment of phonological processes-Spanish.* San Diego, CA: Los Amigos Associates.

Hodson, B. W. (1986c). *Computer analysis of phonological processes.* Stonington, IL: Phono-Comp.

Ingram, D. (1981). *Procedures for the phonological analysis of children's language.*

Baltimore: University Park Press.

Jakobson, R., Fant, G., & Halle, M. (1952). *Preliminaries to speech analysis* (2nd ed.). Cambridge, MA: MIT Press.

Jusczyk, P. W., & Luce, P. A. (2002). Speech perception and spoken word recognition: Past and present. *Ear & Hearing, 23*(1), 2-40.

Khan, L., & Lewis, N. (2002). *Khan-Lewis phonological analysis* (2nd ed.). Circle Pines, MN: American Guidance Service.

Kuhl, P. (1987). Perception of speech and sound in early infancy. In P. Salapatek & L. Cohen (Eds.), *Handbook of infant perception: From perception to cognition* (Vol. 2). New York: Academic Press.

Masterson, J., & Bernhardt, B. (2001). *Computerized articulation and phonology evaluation.* Austin, TX: PRO-ED.

McCabe, R. B., & Bradley, D. P. (1975). Systematic multiple phonemic approach to articulation therapy. *Acta Symbolica, 6,* 2-18.

McDonald, E. T. (1964a). *Articulation testing and treatment: A sensory-motor approach.* Pittsburgh, PA: Stanwix House.

McDonald, E. T. (1964b). *A deep test of articulation.* Pittsburgh, PA: Stanwix House.

McLean, J. E. (1970). Extending stimulus control of phoneme articulation by operant techniques. *Asha Monographs, 14,* 24-47.

Mowrer, D. (1989). The behavioral approach to treatment. In N. A. Creaghead, P. W. Newman, & W. Second (Eds.), *Assessment and remediation of articulatory and phonological disorders* (2nd ed., pp. 159-192). Columbus, OH: Merrill.

Peña-Brooks, A., & Hegde, M. N. (2007). *Assessment and treatment of articulation and phonological disorders in children* (2nd ed.). Austin, TX: PRO-ED.

Pendergast, K., Dickey, S., Selmar, J., & Soder, A. (1997). *Photo articulation test* (2nd ed.). Austin, TX: PRO-ED.

Poole, I. (1934). Genetic development of articulation of consonant sounds in speech. *Elementary English Review, 11,* 159-161.

Prather, E. M., Hedrick, D. L., & Kern, C. (1975). Articulation development in children aged two to four years. *Journal of Speech and Hearing Disorders, 40,* 179-191.

Preisser, D. A., Hodson, B. W., & Paden, E. (1988). The developmental phonology: 18-24 months. *Journal of Speech and Hearing Disorders, 53,* 125-130.

Sander, E. (1972). When are speech sounds learned? *Journal of Speech and Hearing Disorders, 37,* 55-63.

Shriberg, L., & Kwiatkowski, J. (1980). *Natural process analysis.* New York: Wiley.

Smit, A. B., Hand, J. J., Freilinger, J. J., Bernthal, J. E., & Bird, A. (1990). The Iowa articulation norms project and its Nebraska replication. *Journal of Speech and Hearing Research, 26,* 486-500.

Stoel-Gammon, C. (1985). Phonetic inventories, 15-24 months: A longitudinal study. *Journal of Speech and Hearing Research, 28,* 505-512.

Templin, M. (1957). *Certain language skills in children: Their development and interrelationships* (Institute of Child Welfare Monograph No. 26). Minneapolis: University of Minnesota Press.

Templin, M., & Darley, F. L. (1969). *The Templin-Darley tests of articulation.* Iowa City: Bureau of Educational Research and Services, University of Iowa.

Tizard, W. (1980). *Webster's new world dictionary of the American language.* New York: IDG Books Worldwide.

Van Riper, C., & Emerick, L. (1984). *Speech correction: An introduction to speech pathology and audiology.* Englewood Cliffs, NJ: Prentice Hall.

Weiner, F. (1979). *Phonological process analysis.* Baltimore: University Park Press.

Weiner, F. (1984). *Process analysis by computer* [Computer program]. State College, PA: Parrot Software.

Wellman, B., Case, I., Mengurt, I., & Bradbury, D. (1931). *Speech sounds of young children.* University of Iowa studies in child welfare. Iowa City: University of Iowa.

Weston, A. J., & Irwin, J. V. (1985). Paired-stimuli treatment. In P. W. Newman, N. A. Creaghead, & W. Second (Eds.), *Assessment and remediation of articulation and phonological disorders* (pp. 337-368). Columbus, OH: Merrill.

Williams, G., & McReynolds, L. V. (1975). The relationship between discrimination and articulation training in children with misarticulations. *Journal of Speech and Hearing Research, 18,* 401-412.

Winitz, H. (1984). Auditory considerations in articulation training. In H. Winitz (Ed.), *Treating articulation disorders: For clinicians by clinicians.* Baltimore, MD: University Park Press.

06

Introduction to Communicative Disorders

언어 습득과 아동기 언어장애

말소리들은 구어의 가장 기본적인 구조로, 말소리가 결합되어 낱말이나 문장을 만든다. 구어 의사소통 능력을 위해서는 언어(language)라는 복잡하고 구조화된 일련의 기술 습득을 요구한다. 얼마나 많은 아동이 이러한 기술을 쉽게 습득하며, 어느 정도의 아동이 습득에 어려움을 보이는지는 흥미로운 연구 주제가 되어 왔다. 〈읽을거리 6-1〉에 두 아동의 이야기를 제시하였다. 이 이야기는 정상적인 언어 발달을 보이는 아동과 그렇지 않은 아동 간의 차이를 보여 준다.

읽을거리 6-1

두 아동에게 그림을 보여 주면서 『세상에 용이란 없다』라는 이야기를 들려주었다. 그런 다음 같은 그림을 보면서 방금 들었던 이야기를 다시 이야기해 보도록 했다(두 아동의 나이에 주목할 것).

Erika, 만 5세

Billy는 어느 날 아침 일어나 자기 방에서 작은 용을 보았어요. 그는 엄마에게 그 용에 대해 말했어요. 그러나 엄마는 "세상에 용이란 없단다."라고 말했어요. 빌리가 아침을 먹기 시작했을 때 용이 식탁 위에 앉았어요. 그 용이 팬케이크를 모두 먹었어요. 엄마는 용을 믿지 않았기 때문에 아무 말도 하지 않았아요. 용은 점점 커졌어요. 용은 금방 집을 가득 채웠어요. 용은 배가 고프자 제과점 트럭을 따라갔어요. 보세요, 용이 집을 옮기고 있어요! Billy의 아빠가 점심을 먹으러 집에 왔을 때 집은 거기에 없었어요! 아빠는 집을 찾으러 갔어요. 여기 아빠가 집을 찾았어요! Billy와 엄마는 이층 창문에서 손을 흔들고 있어요. 그들은 용의 머리와 목을 밟고 아래로 내려왔어요. 아빠는 "무슨 일이니?"라고 물었어요. Billy는 "용이 그랬어요."라고 말했어요. Billy가 용의 머리를 쓰다듬었어요. 그러자 용은 아기 고양이처럼 작아졌어요. 엄마는 이 크기의 용이면 괜찮다고 말했어요.

Erick, 만 9세

Billy는 방에서 용 봐요. 엄마는 용 없다 말해요. 용이 팬케이크를 먹었어요. 용이 커요. 용이 집 옮겨요. 용 배고파요. 아빠가 "집은 어디 있니?"라고 말해요. 아빠가 집 찾아요. 아빠가 여기서 집 찾아요. 아빠가 "무슨 일이니?" 말해요. Billy는 "용." 하고 말해요. 용 작아요.

대부분의 아동은 Erika처럼 5, 6세에 모국어의 기본적인 구조를 습득한다. 이 시기에 아동들은 자신에게 필요하며, 때로는 성인들을 놀라게 할 만한 낱말 실력을 갖춘다. 더 복합적이고 추상적인 언어 기술은 계속 학습해 가야 하지만, 대부분의 6세 아동들은 문법적으로 완전한 문장을 산출한다. 또한 대화에 참여할 수 있으며 대부분의 사회적인 상황에서 적절하게 언어를 사용한다. 이들은 정상 혹은 그 이상의 언어 능력을 가진 아동들로서 이 장의 주제이기도 하다.

마찬가지로 우리 주위에는 Erick처럼 완전한 언어 능력을 습득하지 못한 아동들이 있다. 그중 일부는 말을 하지 못하고 끊임없이 재잘대는 친구들의 말을 듣기만 한다. 또한 일부는 소수의 낱말을 산출하기는 하지만 이를 구나 문장으로 결합하지 못하거나 단순하거나 불완전한 문장을 사용한다. 다양한 문법적 형태소를 생략하고, 낱말의 의미를 정확히 알지 못하며, 다른 사람들의 이야기를 이해하지 못하는 경우도 있다. 대화에 참여하지 못하거나 자신들의 경험을 잘 구조화하여 표현하지 못하며, 속담이나 관용어, 은유나 직유와 같은 언어의 추상적 요소를 이해하거나 표현하는 데 어려움을 갖기도 한다. 이러한 제한된 언어 기술로 인하여 읽기와 쓰기 기술에 문제를 보일 수 있으며, 학업 문제를 경험할 수도 있다. 이 모두 언어장애 아동들에 대해 설명한 것이며, 이 역시 이 장에서 다루는 주요 주제다.

읽을거리 6-2 아동의 언어 습득은 어떻게 연구되는가

언어병리학과 대학원에 재학 중인 Susan과 언어 학습에 대한 연구를 수행 중인 Logos 교수는 아동의 언어 발달을 연구하기 위하여 2주에 한 번씩 네 명의 영유아 집에 방문하였다. 그들은 캠코더와 성능이 좋은 녹음기 그리고 각 영유아별로 관찰공책을 준비하였다. 각 영유아별 방문은 매회 약 45분이 소요되었다.

Logos 교수는 지난 3개월 동안 자료를 수집하여 왔으며, 앞으로 약 2년 이상 연구를 계속할 계획이다. 교수는 연구 시작 당시 16개월, 22개월, 24개월, 26개월이었던 영유아 네 명을 연구대상으로 선택하였다. 당시 네 명의 영유아들은 모두 한 낱말을 산출할 수 있는 정도였다. 영유아들은 모두 부모가 있었으며, 엄마들은 모두 전업주부였다.

화요일 아침에 Susan과 Logos 교수는 미니밴에 도구들을 싣고 Matt의 집으로 향했다. 29개월인 Matt는 연구대상 중 가장 나이가 많은 영유아였다. Matt의 어머니인 Tanner 부인은 Logos 교수가 부탁한 대로 거실에 매트의 장난감 몇 개와 큰 그림이 있는 유아용 책을 준비해 두었다. Susan과 Logos 교수는 빠르게 비디오카메라와 녹음기를 설치하였다. Susan과 Matt의 어머니는 Matt와 거실 바닥에 앉아 대화를 시작했으며 매트가 말을 하도록 자극을 주었다. 그들은 대화를 시작하기 위해 그림과 장난감을 사용하였으며 Matt가 말을 하도록 유도하기 위해 Matt에게 질문하거나 Matt의 질문에 답을 하는 등 다양한 행동을 수행하기도 했다. 예를 들어, Susan은 인형 하나를 가지고 걷게 하고는 매트에게 이 인형이 무엇을 하고 있는지 물었다. "걸어(Walking)."라고 Matt는 대답했다. 테너 부인이 컵을 들고 마시는 흉내를 내는 것을 보고 수전이 "엄마가 뭐 하니?"라고 묻자 매트는 "엄마 마셔(Mommy drinking)."라고 대답했다. 구두 두 켤레가 그려진 그림을 보고는 "구두(boots)."라고 말했으며 책에서 뭔가를 보고 이해가 안 될 때 "이거 뭐야(What dat)?"라고 물었다. 엄마가 남자 인형 하나를 가지고 뛰는 흉내를 내다가 몇 초 후에 멈추고는 "얘가 뭘 했지?"라고 묻자, 매트는 "얘 달렸어(He runned)."라고 대답했다.

Susan과 Tanner 부인이 Matt가 여러 가지 말을 하도록 유도하는 동안 Logos 교수는 Matt가 말한 내용을 관찰공책에 모두 기록했다. 가끔은 Matt가 보고 있는 것과 Matt에게 한 질문도 받아 적었다. Logos 교수는 비디오카메라가 세 사람을 제대로 찍고 있는지 확인했으며 때로는 Matt에게 직접 질문하기도 했다.

이러한 과정은 약 40분이 소요되었다. Matt는 사물과 행동을 표현하고 질문에 대답하며 Susan과 엄마가 한 행동들에 대해 여러 가지 질문을 하는 등 말을 많이 하였다. Logos 교수는 매트로부터 좋은 언어 표본을 얻었다고 생각하였다.

Susan과 Logos 교수가 다음으로 방문한 곳은 Jenny의 집이었다. 19개월 된 제니 Tomas는 네 명의 연구대상자 중 나이는 가장 어렸으나 언어 발달은 가장 빨랐다. 이미 친숙해진 Susan과 Logos 교수가 도착했을 때 제니는 그들을 맞을 준비가 되어 있었다. 그들이 집에 들어서자마자 Jenny는 "커피 드실래요(Like some coffee)?"라고 말했고 Logos 교수는 "그래, 줘."라고 대답했다. Jenny는 Susan에게 "언니는요(What about you)?"라고 물었으며 수전이 "아니, 괜찮아."라고 대답하자 제니는 토마스 부인에게 "엄마 한 잔만(Only one cup, Mom)."이라고 말했다.

Jenny는 대부분의 자기 또래 영유아들보다 많은 낱말을 사용했으며 이미 단순한 문장으로 말하고 있었다. Susan이 작은 장난감 트럭을 상자에 넣고 Jenny에게 "트럭이 어디에 있니?"라고 묻자, 제니는 "상자 안에 있어요(It' s in the box)."라고 대답했다. Jenny가 장난감 블록을 가지고 놀고 있을 때, 엄마가 "지금 뭐 하고 있니?"라고 묻자 "안 보여요? 블록을 가지고 놀고 있잖아요. 집을 짓고 있어요(Can' t you see? I am playing with blocks. I am building a house)."라고 말했다.

Jenny는 대명사(I, me, you)와 전치사(in, on, under), 규칙형 복수(blocks), 현재진행형(playing), 연결동사("The boy is walking."에서 is), 관사(a, the) 그리고 그 밖에도 많은 문법 요소들을 사용할 수 있었다. 제니는 이 대부분의 문법 요소들을 지난 달경부터 사용하기 시작했다.

Susan과 Logos 교수는 Jenny가 말하는 내용을 30분쯤 녹화한 후 점심식사를 했다. 그들은 오후 1시에 세 번째 연구대상인 네이트를, 그리고 2시엔 마지막 연구대상인 Kathy의 집을 방문했다.

다음 날 아침 9시에 수전은 Logos 교수의 연구실에 갔다. Susan은 Logos 교수가 찍은 비디오와 기록 내용을 살펴보면서 이전 자료들이 저장되어 있는 컴퓨터에 영유아들이 말한 내용을 하나도 빠짐없이 입력하였다. Logos 교수는 이후에 Susan의 도움을 받아 그 자료들을 분석할 것이다.

언어 습득 연구

〈읽을거리 6-2〉에 분명하게 제시되어 있는 것처럼 아동의 언어 발달은 동일한 아동들을 시간 경과에 따라 반복적으로 관찰함으로써 연구할 수 있다. Logos 교수와 수전은 네 명의 영유아들을 대상으로 언어 습득에 대해 연구하였다. 두 사람은 2주에 한 번씩 영유아들의 언어 표본을 수집하여 컴퓨터에 저장하였다. Logos 교수는 2년 이상 그 영유아들을 관찰할 계획이다. 수전과 Logos 교수는 언어 습득을 촉진하기 위한 행동은 하지 않았으며 그저 영유아들이 말한 내용을 관찰하고 기록하였다. 이것이 언어 습득 연구를 위한 **종단적 방법**(longitudinal method)이다. 종단적 방법은 적은 수의 아동들을 긴 기간 동안 지속적으로 관찰하는 것이다. 때로는 한 명의 아동만을 수개월 혹은 수년 동안 관찰하기도 한다. 기록된 언어 표본들은 아동들이 새로운 언어 반응들을 산출하기 시작하는 시기와 다양한 언어 반응의 산출 순서 및 전반적 언어 습득 형태를 살펴보기 위해 분석된다.

종단적 방법은 많은 비용과 시간이 요구되나 아동에 대한 자세한 정보를 제공한다.

Logos 교수는 이전에는 다른 방식으로 언어 습득을 연구했었다. 그는 2~3세 6개월에 속하는 60명의 영유아들을 2세, 2세 6개월, 3세, 3세 6개월의 네 집단으로 나누고 각 집단별로 20명씩 표집하여 연구하였다. 각 영유아는 1회만 방문하여 10분 동안의 대화 내용을 기록하였다. 그리고 표준화된 언어 발달 검사도 실시하였다. 대화 표본과 검사 결과는 2~3세 6개월까지의 언어 습득을 분석하는 데 사용하였다. 이처럼 로고스 교수는 24개월 영유아가 시간 경과에 따라 언어 발달 과정에서 어떤 변화를 보이는지 시간을 두고 지켜본 것이 아니라, 각각의 연령층에 속한 유아들을 통해 언어 발달 과정을 연구하였다. 이처럼 서로 다른 연령층에 속하는 여러 명의 연구대상자를 상대적으로 짧은 기간 동시에 연구하는 방법을 **횡단적 방법**(cross-sectional

횡단적 방법은 종단적 방법에 비해 시간이나 비용이 적게 드나 시간에 따른 변화를 연구하기에는 적합하지 않다.

method)이라 한다.

연구자들은 종단적 혹은 횡단적 방법을 이용하여 특정 언어 행위가 습득되는 연령과 순서를 연구한다. 그러나 언어 습득이라는 용어는 너무나 포괄적이다. 정확히 '무엇을' 습득하는가? 연구자들이 언어 습득의 다양한 측면을 연구하고 있기 때문에 이 질문에 대해서는 무수히 많은 답이 있을 수 있다. 대부분의 연구자는 일반적으로 구어 전 행동, 의미 자질, 문법 구조, 화용적 측면(예, 대화 및 내러티브 기술) 등을 포함한 다양한 언어학적 구성 요소 측면을 연구한다.

언어는 규칙에 대한 정신적 또는 인지적 체계라고 **언어학적**으로 정의할 수 있다. 이 체계는 사물이나 사건 그리고 그들 간의 관계를 표상하는 부호나 상징으로 구성된다. 반면, **행동주의적**인 측면에서는 언어를 언어적 공동체에 의해 형성되고 유지되는 언어적 행동으로 정의한다.

초기 언어 습득

초기 언어 습득 연구는 대부분 취학 전 시기부터 초등학교 저학년까지의 어린 아동들의 언어 습득에 관심을 갖는다. 그동안 대부분의 언어 습득 연구들은 어린 아동들을 대상으로 하였으나, 최근에는 고등학생까지 포함한 고학년 학생의 후기 언어 습득에 대해서도 연구자들이 관심을 갖고 연구를 진행하고 있다(Larson & McKinley, 2003; Nippold, 2007). 어린 아동들과 나이가 많은 아동들 간에는 중요한 차이가 존재하며, 이러한 차이는 두 아동 연령 집단에서의 언어장애 특성에서도 드러날 수 있다.

일반적으로 나이가 많은 학생과 비교하였을 때, 취학 전 아동과 초등학교 저학년 학생들의 언어 발달은 더 빠르고 분명하게 진행된다. 그들은 언어의 기본적인 구조를 상대적으로 빠른 속도로 학습한다. 언어의 기초를 이미 습득한 나이가 많은 학생, 특히 고등학생들은 추상적이며 보다 발전된 언어 형태를 약간은 느린 속도로 학습한다. 다음에서는 먼저 초기 언어 습득에 대해서 살펴본 다음, 후기 언어 습득에 대해 요약해서 제시하고자 한다.

구어 전 행동의 습득

언어에 대한 정의와 설명은 제1장을 참고하라.

구어 전 행동(preverbal behaviors)은 낱말과 구를 산출하기 이전의 행동을 말한다. 영아는 물론 신생아조차도 발성(vocal)을 많이 한다. 영아의 울음소리는 강력한 의사소통 수단이다. 더 나이 많은 아동들도 언어를 습득하지 못한 경우 자신을 표현하기 위해 자주 울거나 우는 소리를 낸다. 그러나 영아의 울음은 대부분 고통이나 배고픔, 불편함에 대한 반사 반응이며 그 의사소통의 효과는 제한된다.

옹알이는 가장 중요한 구어 전 행동이다. 배불리 먹고 뽀송뽀송한 기저귀를 하고 행복하게 누워 있는 4개월 된 아기는 다양한 소리를 내면서 많은 시간을 보낸다. 이것을 **옹알이**(babbling)라고 한다. 아기는 대개 '바바바바' 혹은 '나나나나'와 같이 자음과 모음을 연속적으로 조합해서 산출한다. 부모와 아기 간의 반응고리가 주로 이 시기에 관찰된다. 예를 들어, 엄마가 '바바바바' 하면 아기는 그것을 흉내 낸다. 그러면 엄마는 아기가 내는 소리를 따라 하고 아기는 다시 그것을 반복한다. 엄마는 아기의 관심과 발성에 의해 강화되며, 아기도 동일하게 엄마의 관심과 발성을 통해 강화를 받는다(LaRocca, 2001). 한 관찰 연구에서, 엄마는 자기 아기의 발성에 대해 약 70% 반응해 주며, 일반적으로 아기가 말소리와 유사한 소리들을 산출하였을 때 더 특별하게 반응하였다고 보고하였다(Gross-Louis, West, Goldstein, & King, 2006). 실험연구의 결과는 사회적 강화를 받는 경우 옹알이가 증가한다고 보고하였다. 예를 들어, 아기가 옹알이를 하자마자 엄마가 부드럽게 간질여 주거나, 미소지어 주거나, 또는 안아 주는 경우 옹알이가 증가한다(Schumaker & Sherman, 1978). 부모가 좀 늦게 강화해 주는 경우에도 아기의 발성은 증가할 수 있다(Reeve, Reeve, Brown, Brown, & Poulson, 1992).

옹알이는 4~10개월 사이에 증가하며 점점 복잡해지고 다양해진다. 새로운 소리가 옹알이에서 나타나기도 하고, 후기에 산출되는 옹알이에는 말소리와 유사한 소리들이 많이 나타난다. 아기는 처음에 양순파열음(/p/, /b/)을 산출하며 간혹 마찰음(/f/, /s/)을 산출하게 된다. 연구 결과들은 옹알이와 초기 말·언어 산출이 밀접하게 관련된다고 제안한다(McLaughlin, 2006; Owens, 2008; Sachs, 2001).

생후 1년이 될 무렵 대부분의 아기들은 다양한 수단으로 의사소통을 하게 된다. 아기들이 내는 잡음과 소리, 몸짓, 눈맞춤 등에는 부모를 향한 많은 메시지가 담겨 있다. 아기들은 원하는 물건을 손으로 가리키기도 한다. 걸을 수 있게 되면 요구를 표현하기 위해 부모를 이끌기도 한다. 예를 들어, 엄마 손을 잡고 장난감 상자가 있는 곳으로 가서 원하는 장난감을 꺼내 달라고 한다.

첫 낱말

개인차가 있기는 하나 아기들은 대체로 12개월 정도가 되면 첫 낱말을 산출한다. 아기들이 산출한 낱말들은 아기들이 접하고 있는 세계의 사물이나 사건과 관련되는데, 대개는 장난감이나 동물, 음식 등의 이름이다(McLaughlin, 2006; Owens, 2008). 아동들이 학습한 몇 개의 낱말에는 'mama'와 'dada'와 같은 낱말이나 그

수가 적지만 동사나 행동을 나타내는 낱말들(give, do)도 첫 낱말 50개 안에 포함된다. 아기들은 발음이 쉬운 낱말이나 움직이는 동물이나 사물의 이름을 빨리 배운다. 예를 들어, dog(개), cat(고양이), car(차), choo choo(칙칙폭폭) 등의 낱말은 kitchen(부엌)이나 sofa(소파)보다 일찍 습득한다. 개인차는 있지만 대부분 18개월이 되면 50개 정도의 낱말을 산출할 수 있게 된다.

두 낱말 발화

18개월 정도가 되면 대부분의 아동은 이미 알고 있는 낱말들을 조합해서 두 낱말로 이루어진 구를 산출하기 시작한다. 두 낱말 발화는 의미 있는 문장을 만들기 위하여 적절한 순서로 낱말을 배열하는 **통사**(syntax) 능력이 발달하기 시작하였음을 알리는 신호다.

두 낱말 발화의 예: "더 높이(more high)." "아빠 구두(Daddy shoe)." "다 없어(all gone)." "엄마 와(Mommy come)." "안 젖어(no wet)." "저기 고양이(there kitty)." "멍멍이 봐(see doggie)."

어린 아동들이 산출한 두 낱말은 성인들의 언어 표현과는 다를 수 있으며, 성인들이 잘 사용하지 않는 표현이 산출될 수도 있다. 일반적으로 두 낱말 발화에서는 특정 문법자질이 빠지기도 한다. 예를 들어, 'Mommy hat'과 'Daddy shoe'는 **소유격 형태소**('s)가 빠져 있다. 하나 이상의 문법적 자질이 빠져 있으므로 두 낱말로 된 구를 문법적으로 완전한 문장으로 보기 어렵다. 이때 아동들이 만든 구는 여러 가지 문장으로 해석될 수 있기 때문에 어떠한 문법적 자질이 빠졌는지를 정확하게 유추해 내는 것은 불가능하다. 예를 들어, 'Mommy eat'은 'Mommy eats(엄마는 먹는다).'나 'Mommy is eating(엄마가 먹고 있다).' 혹은 또 다른 문장으로 해석될 수 있다.

아동들이 산출한 애매모호한 표현들은 **맥락**(context)에 기초하여 그 의미를 이해할 수 있다. 예를 들어, 엄마가 식사를 하고 있을 때 "엄마가 뭐 하고 있니?"라는 질문에 "엄마 먹어(Mommy eat)."라고 대답했다면, 이는 "엄마가 먹고 있어(Mommy is eating)."라고 해석할 수 있다. 발화가 산출된 상황은 일반적으로 의미를 이해하는 단서를 제공한다.

필요한 문법적 요소가 결여된 말을 **전보체 말**(telegraphic speech)이라고 한다. 이는 전보 용어처럼 의사소통에 필수적이지 않은 말, 즉 대부분 문법적 자질들은 생략해 버린 형태다. 아동은 명사나 형용사, 동사는 사용하지만 관사(a, the)나 접속사(and, but), 굴절형태소(소유격 's, 과거형 시제 -ed)는 사용하지 않는다. 아동들이 다양한 문법적 자질을 습득할수록 문장은 전보식 표현에서 탈피하게 된다. 또한 문장의 길이도 길어지면서 점점 복잡한 문법자질이 문장에 나타난다.

문법형태소의 습득

1장에서 정의했듯이 **형태소**는 언어의 가장 작은 의미 단위를 말한다. 모든 낱말은 형태소다. 형태소에는 자립형태소와 의존형태소(문법형태소)의 두 종류가 있다. 또한 대부분의 낱말은 단일형태소다. 형태소 중에서 혼자서도 쓰일 수 있으며, 의미를 전달할 수 있는 형태소를 **자립형태소**라고 한다. 자립형태소는 대부분 활용되지 않는 낱말들이다. 예를 들어, '고양이(cat)'라는 낱말은 단일형태소(복수형 s로 굴절되지 않음)이며, 단독으로도 의미를 표현한다. 이 낱말은 그 의미를 손상시키지 않고는 더 작은 요소로 나눌 수 없다.

자립형태소와 결합하여 의미를 변화시키지만 혼자서는 의미를 전달하지 못하는 형태소를 **문법형태소**라 한다. 예를 들어, 규칙형 복수 s는 문법형태소로 cat에 붙으면 의미를 변화시키지만(cat이 복수형 cats가 됨), 단독으로는 의미를 표현하지 못한다. 현재진행형 ing도 문법형태소로 혼자서는 아무런 의미를 갖지 못한다. ing가 walk와 같은 낱말에 덧붙여지는 경우 그 시제가 현재진행 형태로 바뀐다. 영어의 다른 문법형태소들에는 과거형 시제 –ed(walk vs. walked), 소유격 's(Mommy vs. Mommy's), 관사 a와 the 그리고 전치사(in, on, under)다. 이러한 문법형태소는 의존형태소(bound morpheme)라 하기도 한다. 전부는 아니지만 대다수의 문법형태소는 자립형태소를 변화시킨다. 예를 들어, 의존형태소 ing는 본동사를 활용시키지만 전치사 in 또는 on은 다른 낱말을 활용시키지 않는다.

브라운(Brown, 1973)은 문법형태소의 습득에 대한, 널리 알려진 연구를 수행하였다. 이 장의 앞에서 언급했던 솔 로고스의 연구는 브라운의 연구 절차를 적용한 것이다. 브라운은 아담, 이브, 사라 세 아동을 대상으로 하여 14개의 문법형태소의 발달을 추적하기 위해 약 3년 동안 연구하였다. 가장 어린 이브는 18개월이었고, 아담과 사라는 27개월이었다. 그러나 세 아동의 언어 산출 수준은 같았는데, 이는 나이만으로 언어 발달을 설명하는 것이 얼마나 위험한가를 보여 준다. 브라운은 2주에 한 번씩 세 아동의 집을 방문해서 언어 표본을 수집한 다음 발달 상태를 분석하였다.

브라운(1973)은 아동의 언어 변화를 측정할 때 평균 발화 길이(Mean Length of Utterance: MLU)라는 개념을 사용하였다. 평균 발화 길이는 여러 발화의 평균 길이로 문법형태소와 자립형태소 두 가지 모두로 측정된다. 예를 들어, "Mommy come!"이라는 말은 두 개 모두 낱말인, 두 개의 자립형태소로 이루어져 있으나 "Mommy's hat."은 세 개의 형태소(두 개의 자립형태소 Mommy와 hat 그리고 독립적으로 사용할 수 없는 문법형태소 소유격 's)로 이루어져 있다. 평균 발화 길이는 아동의 언어 습득과 언어 행위를 측정하기 위해 광범위하게 사용된다. 즉, 같은 평균 발화 길이를 보이는 두 아동은 동일한 언어 습득 수준에 있다고 볼 수 있다.

브라운의 분석에 의하면, 아동들은 대체로 동일한 순서에 따라 형태소를 습득하였다. 예를 들어, 이들은 모두 현재진행형 ing를 가장 먼저 습득했고, 다음으로 전치사 in과 on을 습득했다. 그러고 나서 규칙형 복수 굴절, 불규칙 과거시제 그리고 다른 형태소들이 습득되었다. 14개 형태소의 평균적인 습득 순서와 그 예는 〈표 6-1〉에 제시되어 있다.

De Villiers와 de Villiers(1973)의 횡단적 연구 결과도 Brown(1973)이 연구한 14개의 형태소에 대해 완전히 일치하지는 않지만 유사한 습득 순서를 제시하였다. 많은 연구자들은 Brown이 설명한 문법형태소의 습득 순서가 대부분의 정상 발달 아동에게서 전형적

〈표 6-1〉 세 아동의 14개 문법형태소의 평균 습득 순서(Brown, 1973)

습득 순서	형태소	예	숙달 연령 (개월 수)
1	현재 진행형 (ing)	Daddy com*ing*	19~28
2/3	전치사 (in, on)	car *in* box Book *on* table	27~30
4	규칙형 복수	My book*s*	24~33
5	불규칙 과거	came, went, sat, broke	25~46
6	소유격	Daddy'*s* hat	26~40
7	비축약형 연결동사	It is!	27~39
8	관사	I want *a* cookie. Give me *the* ball.	28~46
9	규칙형 과거 (-ed)	I pour*ed* the milk.	26~48
10	규칙형 3인칭 단수 (s)	Daddy cook*s*.	26~48
11	불규칙 3인칭 단수	Does, ha*s*.	28~50
12	비축약형 조동사	He *was* painting.	29~48
13	축약형 연결동사	He *is* nice. or He'*s* nice.	29~49
14	비축약형 조동사	Mommy *is* coming. or Mommy'*s* coming.	30~50

으로 발견된다는 결론을 내렸다. 또한 이러한 습득 순서는 Brown이나 다른 연구자들이 1970년대와 1980년대에 주장한 것처럼 아동들의 개인적 특성에 따라서는 물론 환경적 자극에 따라서 달라지지 않는다고 하였다. 후속 연구들은 어린 아동들에게 보다 진전된 문법적 자질을 가르침으로써 습득 순서를 변화시킬 수 있다고 제시하였다(Hegde, 1993). 부모가 아동들에게 언어를 가르치는 다양한 전략을 사용한다면, 일반적으로 알려진 언어 습득 순서는 달라질 수도 있을 것이다.

복잡한 언어 형태의 습득

일반적으로 초기에 습득된 형태소는 문법적으로나 의미론적으로 나중에 습득되는 것보다 단순하다. 관사나 연결동사, 조동사 등 보다 복잡한 문법형태소를 습득함에 따라 아동들의 발화도 더 길어지고 복잡해진다.

나중에 습득된 형태소는 보다 복잡한 발화에 사용된다. 예를 들어, 조동사 is는 단순한 낱말들의 결합에는 사용될 수 없으며("He is!" 에서처럼 강조 형태의 주장적 사용은 제외) "The boy is running."과 같은 문법적으로 완전한 문장의 일부로 사용된다. 명사(girl, boy, dog)나 동사(running, walking)를 제대로 산출할 수 없는 아동에게는 조동사 is가 필요하지 않다. 그러므로 조동사를 바르게 산출할 수 있는 아동은 이미 간단한 형태의 문장을 사용하고 있다.

관사와 조동사, 연결동사, 현재진행형 ing, 전치사, 규칙형 과거시제 등은 아동들이 다양한 문장을 산출할 수 있게 한다. 아동들은 이후의 언어 습득 단계에서 부정문과 의문문을 포함한 다른 문장 형태를 산출하기 시작한다.

아프리카계 미국 영어에서 이중 부정이나 중복 부정은 주로 성인에 의해 사용되는 것으로 받아들여진다.

언어학적으로, 부정문은 부정이라는 의미적 개념을 포함한다. 완전한 형태의 부정문을 표현하기 이전에도 아동들은 "No!"라고 말함으로써 부정이라는 개념을 표현해 왔다. 부정의 문장 형태는 여러 단계로 나타난다. 처음에 아동들은 주로 다른 낱말에 no를 덧붙인다(No car, Not mommy, No go). 다음 단계에서 구나 문장에 부정어를 삽입하기 시작한다. 아동들은 "He no like it."과 "I no want milk."와 같은 발화를 산출한다. 조동사에 숙달되면 "Boy in not running." "Kitty is not eating." 등 문법적으로 올바른 부정문을 정확하게 산출하기 시작한다. 이와 같은 형태의 부정문 대부분은 취학 전에 숙달되지만 보다 복잡한 형태는 아동이 초등학교에 들어갈 때까지도 습득되지 않는다. 초등학교 이후에 습득되는 형태에는 비한정적 부정어 형태들(nobody, no one, none, nothing)이 포함된다. 다수의 초등학생들은 여전히 "I don't want none." 혹은 "Nobody don't like me."라고 말한다.

문법적으로 의문문의 종류는 다양하다. 그중의 하나는 문법적으로는 의문문의 형태를 갖추지 못하고, 단지 억양의 변화를 통해 의문문으로 표현된 것이다. 예를 들어, "You are smart."라는 평서문은 억양을 올림으로써(문장의 끝을 올림으로써) 의문문으로 바뀔 수 있다. 아동들은 이런 형태의 의문문을 자주 사용한다("No cookie?" "Mommy gone?"). 가장 빈번히 사용되는 의문문은 what, why, when, who, whose, which, where, how 등과 같은 'wh-' 의문문이다. wh- 의문문은 조동사가 필요하며, 반드시 wh- 낱말로 문장이 시작된다.

어린 아동들이 산출한 초기 의문문은 조동사를 포함하지 않는다. 그들은 "What is that?"이라는 문장 대신 "What dat?"과 같은 문장을 자주 말한다. 다음 단계에서는 평서문이나 why로 시작하는 의문문을 산출하는 경향을 보인다. "Why she is crying?"이나 "Where we are going?"과 같은 형태들이 이때 산출된다. 일반적으로 when이나 how, why보다는 what, where, who를 먼저 배운다. 즉, what, where, who 의문문이 when, how, why 의문문보다 의미론적으로 간단하다는 가설을 세울 수 있다.

초등학교 1학년이 될 무렵 대부분의 아동들은 주요 문법형태소와 문장 구조를 습득한다. 또한 보다 복잡한 형태의 문장을 이해하고 산출하기 시작한다. 그러나 복잡하고 자주 접하기 힘든 문장 형태들은 6, 7세가 되어서야 완전히 숙달된다. 아동들은 초기 학령기를 통해 새롭고 더 발전된 문장 형태들을 지속적으로 학습한다.

화용 습득

화용은 언어의 사회적 사용에 대해 연구한다는 사실을 기억하라.

아동들이 낱말과 구, 문법, 다양한 형태의 문장들을 학습하는 것만으로는 충분하지 않다. 아동들은 사회적 상황에서 다른 사람들에게 영향을 미치기 위해 언어를 산출하는 것도 배워야 한다. 1장에서 언어의 화용적 측면(사회적 의사소통)에 대해 설명하였다.

초기 단계에서는 아기의 의사소통은 **비의도적**(unintentional)일 수 있다. 의도(intention)는 화자의 정신적 상태로, 다른 사람에 대한 효과를 의미한다. 의도는 관찰할 수 없지만, 효과는 관찰할 수 있다. 아기는 처음엔 자신의 행동이 양육자의 행동에 영향을 미칠 수 있다는 것을 아직 학습하지 못했기 때문에 양육자의 행동에 영향을 미칠 의도가 없는 것으로 볼 수 있다. 예를 들어, 기저귀가 젖어서 울 때, 양육자가 당연히 알아서 기저귀를 갈아 주는 것이지, 아기가 기저귀를 갈아 달라는 의도로

우는 것이 아니다. 그러나 똑같이 울더라도 주의를 끌기 위해 우는 것은 의도적인(intentional) 행위일 수 있다. 즉, 아기는 과거에 우는 행동을 통해 양육자의 관심을 유도했었기 때문에 울게 된다. 일반적으로 **사회적 의사소통**(social communication)은 다른 사람에게 효과를 산출한다는 점에서 의도적이다. 가끔은 비구어적이기도 한 단순한 형태의 사회적 의사소통이 아기들에게서 발견되기도 한다. 아기는 3주가 되면 사회적 미소를 보이기 시작하는데 이와 같은 미소와 몸짓, 그 밖의 비구어적 행동은 양육자에게 효과를 갖는 의도적인 의사소통을 위한 초기 시도 중의 하나라고 할 수 있다.

8~10개월 사이의 아기들은 다른 사람들에게 다양한 효과를 미치기 위해 행동과 말소리를 산출함으로써 보다 확실하게 의도적 의사소통의 증거를 보이기 시작한다. 이처럼 아동이 다른 사람에게 산출한 발화의 다양한 효과를 화용 분석에서는 언어의 **기능**이라고 한다. 화용적인 측면에서 볼 때 기능은 대체로 목적이나 의도와 동일하며, 타인에 대한 발화 효과를 의미한다. 예를 들어, 발화는 타인으로부터 다양한 도움을 얻기 위해 사용되는데 이를 언어의 **도구적**(instrumental) 기능이라 한다("그것이 갖고 싶어."). 아동들은 양육자가 과거에 아동의 요구를 받아 주었었기 때문에 양육자로부터 무언가를 얻기 위해 요구하기를 하게 된다. 말을 통해 아동은 다른 사람의 행동을 조절하고 통제하게 되는데 이를 언어의 **통제적**(regulatory) 기능이라 한다("그만해!"). 연구 결과, 도구적 기능과 통제적 기능은 초기에 발달한다는 것이 밝혀졌다(McLaughlin, 2006; Owens, 2008). 아동들은 연습을 통해 말이 사건이나 사물을 통제하거나 조절하는 강력한 도구라는 것을 빠르게 학습한다.

전문가들은 **대화**(dialogue)와 **담화**(discourse)를 포함한, 화용적으로 복잡한 언어 행동이 어떻게 발달하는지를 연구해 왔다. 대화에는 **차례 주고받기**(turn taking)라는 것이 있는데, 이는 여러 해에 걸쳐 발전하는 대화 기술이다. 대화차례 주고받기는 말을 해야 할 때와 상대방의 말을 들어야 할 때를 포함한다. 의사소통이란 일련의 연속된 행위로 이루어진다. 이 일련의 과정에는 두 명 이상의 사람이 포함되어야 하며, 그 속에서 자신이 언제 말을 해야 하고 언제 대화 상대자가 말하는 것을 들어야 하는지를 알아야 한다. 18~24개월이 되면 대부분의 아동들은 대화에서 차례 주고받기를 할 수 있게 된다. 그러나 좀 더 정교한 대화차례 주고받기는 5~6세가 되어야 가능해진다.

좀 더 확장된 대화에서는 대화차례 주고받기뿐만 아니라, 사회적으로 수용될 수 있는 시간 동안 같은 주제로 대화를 계속할 수 있는 **주제 유지**(topic maintenance) 능력도 필요하다. 이러한 화용적 기술을 학습하지 못한 아동은 갑자기 대화의 주제를 바꿔 버리거나, 관련이 없는 말로 주제를 전환하기도 한다. 대부분 3세 아동들은 대화의 주제를 자주 바꾸기는 하지만 어느 정도는 대화 주제를 유지할 수 있으며, 4~5세 아동들은 좀 더 긴 시간 동안 대화 주제를 유지할 수 있게 된다.

아동은 학교에 들어가면서 그 밖에 다른 많은 화용적인 기술들을 계속 배우게 되며, 이러한 모든 기술은 아동들이 다양한 사회적 맥락에서 적절하게 말하는 경험들이 더 많아짐에 따라 더욱더 발전하게 된다(Gleason & Ratner, 2009; Huilt & Howard, 2006; McLaughlin, 2006).

언어 습득의 개인차

연구자들이 아동들의 언어 습득 단계와 형태를 규명해 오고 있지만, 언어 습득의 주요 특성은 아동들이 서로 다르다는 점이다. 즉, 아동별로 각기 구별되는 언어 습득의 특성을 보인다는 것이다.

이러한 개인차는 언어의 특정 측면을 습득하는 데에서뿐만 아니라, 언어 습득 속도에서도 명백히 드러난다. 정상 범위에 속하는 아동들 중에서도 어떤 아동들은 다른 아동들보다 발달 속도가 느린 반면, 어떤 아동들은 또래들보다 낱말을 더 명료하게 사용하고 어떤 아동들은 몸짓을 많이 사용한다. 또래들에 비해 빠르게 낱말을 조합하여 문장을 구사하기 시작하는 아동들이 있는 반면, 오랫동안 한 낱말로 된 문장만을 말하는 아동도 있고, 일부 아동들은 어순 오류를 더 많이 보이기도 한다.

일부 아동들은 다른 아동들과 비교하였을 때 더 쉽게, 더 많이, 또는 더 자주 말을 한다. 특히 말이 명료하거나 혹은 정교할 수도 있을 것이다. 본질적으로 언어 사용에서 성인이 보이는 개인차는 아동에게서도 관찰된다.

5세 정도까지 아동 언어 습득의 주요 발달지표들을 〈표 6-2〉에 제시하였다. 이는 언어 습득의 개인차를 고려해서 이해해야만 한다. 즉, 발달지표는 아동 집단에게 일반적으로 적용하여야 하며, 아동 개개인의 측면에서는 필수불가결한 사항은 아니다.

〈표 6-2〉 아동의 언어 습득에서 나타나는 주요 언어 행위

연령대	전형적인 언어 행동
0~1개월	소리에 놀람 반사를 보임. 사람의 음성을 듣고 조용해짐
2~3개월	목울림 소리(cooing)와 모음 몇 개를 발성함. 말에 반응을 보임. 옹알이(babbling)
4~6개월	여러 음절의 옹알이. 소리를 흉내 냄. 음도와 강도에 변화 보임
7~9개월	몇 개의 낱말과 간단한 요구를 이해함. 말소리 모방이 증가. 'mama' 혹은 'dada' 라고 말하거나 모방함
10~12개월	'안 돼' 라는 말을 이해함. 요구에 반응을 보임. 자기 이름에 반응을 보임. 하나 이상의 낱말을 산출함
13~15개월	5~10개의 낱말(주로 명사)을 산출함. 정확하게 가리키기 반응
16~18개월	간단한 지시를 따름. 두 낱말 구(句) 산출. 20개 이상의 낱말을 산출
19~22개월	2단계 지시에 반응. 50개의 한 낱말 산출. '나' 와 '내꺼' 산출
2.0~2.6세	'네/아니요' 질문에 반응. 매일 접하는 사물 이름 대기. 구와 불완전한 문장을 산출. 현재진행, 전치사, 규칙형 복수, 부정어 'no' 혹은 'not' 을 사용
3.0~3.6세	서너 개의 낱말로 이루어진 문장 산출. 소유격과 몇 가지 형태의 의문문 부정어 can' t와 don' t를 사용. why, who, whose, how many의 의미를 이해함. 대부분의 문법형태소 초기 산출
3.6~5.0세	관사, 다양한 시제, 연결동사, 3인칭 단수, 그 밖의 문법형태소에 숙달됨. 문법적으로 완전한 문장 산출

후기 언어 습득

후기 언어 습득은 청소년을 포함한 나이가 많은 아동의 언어 학습을 말한다. 언어 학습에 대한 대부분의 초기 연구자들은 주로 0세에서 5, 6세 사이의 어린 아동들을 대상으로 연구하였으며, 나이가 많은 아동들과 젊은 성인들의 언어 기술들은 최근에 들어서야 연구되기 시작하였다(Larson & McKinley, 2003; Nippold, 2007). 이러한 연구들은 언어 학습이 생애 전반에 걸쳐 진행되며, 예전에 생각해 온 것처럼 6세경에 완성되는 것이 아니라는 것을 보여 준다.

나이가 많은 아동들의 언어 학습 과정은 어린 아동들에게서 밝혀진 사실들과 몇 가지 방식으로 비교된다. 일반적으로 나이가 어린 아동들의 언어 학습은 상대적으로 빠르게 이루어지기 때문에 나이에 따라서는 물론, 개월에 따른 변화조차도 쉽게 관찰된다. 어린 아동들의 언어 기술은 26~30개월 사이에 큰 변화를 보인다. 반면, 나이가 많은 아동들은 언어 발달이 좀 더 점진적이고, 느린 속도로 진행된다. 때문에 짧은 기

간에 변화 정도를 관찰하기는 어려우며, 차이를 관찰하기 위해서는 연령 차이를 크게 하여야 한다. 13세 아동의 언어 기술은 14세나 15세 아동과 유의하게 다르지 않을 수 있다.

취학 전 아동들이 학습한 언어 양상은 학령기 아동들이 학습한 언어 양상과는 다르다. 어린 아동들은 기본적인 언어 기술, 즉 일반적인 낱말들이나 단순하고 빈번하게 사용되는 언어 구조, 전형적으로 사용되는 문법적 자질, 기본적인 대화 기술 그리고 필수적인 담화 기술 등을 중심으로 학습한다. 반면, 이러한 기술들을 이미 학습한 나이가 많은 아동들은 보다 복잡하고 학문적인 낱말, 자주 산출되지는 않으면서 구조적으로는 더 복잡한 문장 형태, 비전형적인 문법형태소 그리고 더 진전된 사회적 및 학업적 담화 기술을 습득하기 시작한다.

언어의 학습 자원 역시 아동들이 나이가 들어감에 따라 변화한다. 취학 전 아동들

〈표 6-3〉 어린 아동들과 나이가 많은 아동들의 언어 학습 특성 비교

어린 아동	나이가 많은 아동
언어 학습이 빠르게 이루어진다. 언어 기술 증가 정도가 더 쉽게 측정된다.	언어 기술 발달이 점진적으로 진행된다. 언어 기술 증가 정도가 상대적으로 미미하다.
각 연령 단계마다 언어적 변화가 나타난다. 심지어 6개월을 단계로 하여도 변화가 관찰된다(예, 2세와 2.6세 간의 차이).	언어 변화는 폭넓은 연령 간에서 관찰된다(예, 8세와 12세 사이에서는 관찰되나 8세와 9세 사이에서는 관찰되지 않음).
언어의 기본 구조에서 유의한 변화가 있다. (예, 필수적인 낱말, 단문 형태, 문법형태소)	복잡한 구문이나 복문 구조, 은유나 속담, 숙어, 직유, 유추 그리고 언어적 추론 등의 추상적인 언어 형태와 같이 고급한 언어 기술에서 미미한 변화가 관찰된다.
대부분 기본적인 언어 기술을 학습한다.	상위 언어 기술을 학습(예, 문법규칙에 대해 설명하기와 같이 언어에 대해 말하기)한다.
기초적인 담화 기술을 습득한다.	담화 기술이 더 많이 발달된다.
더 기본적인 사회적 의사소통 기능을 보인다.	학습과 과학적인 의사소통 능력이 발달된다.
의사소통 형태가 가족의 발화 패턴에 제한되는 경우가 있다.	의사소통 형태가 또래의 영향을 받는다(예, 은어 사용, 언어규칙 변환).
언어 학습이 대부분 가족의 발화 패턴이나 가정환경의 영향을 받는다. 언어 행동이 별로 특별하지 않다.	언어 학습이 독서나 학교와 같은 교육환경의 영향을 받는다. 언어 행동이 더 특별해질 수 있다.
발화에서 사회적인 관점들이 제한된다.	발화에서 사회적인 관점들이 증가하며, 다른 사람에 대한 의견이나 논점들을 표현한다.
초기 문해 발달에서 구어 기술들이 중요한 역할을 담당한다.	읽기와 쓰기 발달의 중요성이 더 커진다.

은 가족의 언어 자극과 그들이 들려준 이야기로부터 언어 기술들을 학습한다. 반면에 학령기 아동들은 독서나 교사들을 통한 교수와 가정 이외에서 이루어진 또래들과의 상호작용으로부터 새로운 어휘들을 습득한다.

〈표 6-3〉에는 어린 아동들과 나이가 많은 아동들에게서 관찰된 언어 학습에서의 주요 차이점을 요약하여 제시하였다.

나이가 많은 아동의 어휘 습득

나이가 많은 아동들은 새롭고, 복잡하며, 학문적인 낱말들을 학습할 뿐 아니라 취학 전부터 이미 알고 있던 낱말들의 중의적인 의미를 이해하기 시작한다. 예를 들어, 취학 전 아동들은 차갑다(cold)와 달콤하다(sweet)라는 낱말들을 단지 온도나 맛과 같은 물리적인 속성을 묘사하는 것으로만 정확하게 산출할 수 있다. 그러나 학령기에는 그 낱말들의 추상적 또는 은유적인 의미를 학습하기 시작한다. 차갑다(cold)와 달콤하다(sweet)라는 어휘 역시 사람의 정서적이거나 행동적인 속성을 표현하는 것임[예, "이 사람은 냉정해(This person is cold)." "그 사람은 친절하다(That person is sweet)."]을 이해할 수 있게 된다.

학령기 아동의 주된 과업은 추상적이고, 복합적이며, 과학적이고 학문적인 낱말들을 습득하는 것이다. 교사로부터의 직접적인 교수나 독서 그리고 사전 찾기 등을 통해 새로운 낱말을 습득하고, 더불어 **형태소 분석**이라는 방법을 통해 낱말의 구성 요소들을 분석함으로써 낱말의 새롭고 복합적인 의미들을 학습한다. 예를 들어, 예시하다(exemplify)와 같은 낱말을 접한 아동은 의미를 파악하기 위하여 '예시(example)' 라는 기본적인 낱말과 '~하다(ify)' 와 같은 접미사를 분석한다. 나이가 많은 아동들은 흔하지 않은 전치사와 접미사까지 점차 습득함으로써 새로운 낱말들을 만들어 내고 이해할 수 있게 된다. 예를 들어, 그들은 'counter' 와 같은 전치사[반대(counterargument) 또는 시계 반대 방향(counterclockwise)과 같은 낱말을 유도]나 'ism' 과 같은 접미사[행동주의(behaviorism) 또는 상징주의(symbolism)와 같은 낱말을 유도]가 새로운 낱말을 만들어 내는 방식을 학습한다. 또한 '운동장(schoolyard)' 이나 '등뼈(backbone)' 와 같은 복합어를 듣고, 두 개의 다른 낱말들이 복합어를 형성한다는 사실을 발견함으로써 의미를 이해한다. 낱말들이 구어 또는 문어로 사용된 문맥을 살펴 새로운 낱말의 의미를 이해할 수도 있다(Nippold, 2007).

나이가 많은 아동의 구문 및 문법형태소 습득

초등학생과 고등학생들의 구문 복잡성은 대부분 완전한 문장에서의 평균 낱말 수를 통해 측정한다. 긴 문장은 더 많은 낱말을 포함하며, 더 긴 문장일수록 더 높은 수준의 구문 기술들을 필요로 하기 때문이다. 선행 연구들은 저학년에서 고학년으로 올라감에 따라 평균 낱말 길이에서 점진적인 변화가 있었다고 보고하고 있다. 예를 들어, 1학년 아동들(6~7세)은 평균적으로 일곱 개의 낱말을 포함하는 반면, 12학년 아동들(17~18세)은 열한 개 이상의 낱말을 포함할 수 있다. 또한 9학년 아동의 쓰기 자료들은 문장당 약 아홉 개의 낱말들을 포함하는 반면, 12학년 학생들의 자료에서는 약 열세 개의 낱말들을 포함하였다(Loban, 1976).

문장 길이는 여러 종류의 언어 표현에 따라 어느 정도는 달라진다. 예를 들어, 7세 아동들의 경우 대화 자료에서는 발화당 약 여섯 개의 형태소(낱말과 접미사 또는 접두사를 따로 측정)를 산출하지만, 이야기 말하기나 개인적 경험 말하기에서는 발화당 형태소를 7개 이상 산출한다. 13세 아동은 대화 자료에서는 발화당 약 일곱 개의 형태소를 산출하지만 이야기 말하기에서는 아홉 개 이상의 형태소를 산출한다(Leadholm & Miller, 1992). 쓰기에서도 문장 길이는 쓰기의 장르에 따라 달라질 수 있다. 일반적으로 특정 주제에 대해 독자들을 설득하는 것을 목적으로 하는 주장글에서는 단순하게 개인적인 경험을 묘사하기 위한 글보다 더 긴 문장을 사용한다(Nippold, 2007).

나이가 많은 아동의 구문적 복잡성 역시 다른 방식으로 증가할 수 있다. 예를 들어, 고학년 아동은 저학년 아동들에 비해 비일상적인 구문 유형(저빈도 구문 구조)을 더 많이 사용한다. 저빈도 구문 구조 중 하나는 뒤에 명사구가 뒤따르는 명사, 즉 동격의 사용이다. 예를 들어, '오타와, 그 캐나다 수도는 아름다운 도시다(Ottawa, the capital of Canada is a beautiful city).' 라는 문장에서 캐나다 수도(the capital of Canada)는 오타와(Ottawa)를 말하며, 동격을 이룬다. 또 다른 저빈도 문장의 예로는 '~와 같은(such as)' 을 사용한 문장(예, Southeast Asian countries such as Thailand, Vietnam, Malaysia, and Indonesia are good travel destinations)에서 관찰되는 주어정교화(elaborate subjects)다. 동격이나 다른 유사한 저빈도 문장들은 학년이 올라가면서 점점 더 많이 사용된다(Nippold, 2007).

나이가 많은 아동이 산출한 복잡하고 긴 문장에서는 기본 문장을 연결하거나 확장하는 데 쓰이는 접속사의 사용이 나타난다. 종속접속사는 주절과 종속절을 연결해 준다. when, although, unless와 같은 종속접속사들은 문장의 길이를 확장시킨다. "빨리 답을 하지 못하면, 이 시험에서 A를 받을 수 없을 거야(Unless you respond rapidly, you cannot get an A on this test)." 라는 문장은 '빨리 답을 하지 못하면(unless you respond rapidly)' 이라는 종속절과 '이 시험에서 A를 받을 수 없을 거야(you cannot get an A on this test)' 라는 주절로 구성된다. 문장의 길이를 확장하는 접속사로는 대등접속사(예, and, but, or, so)와 관계접속사(예, both…and, either…or, neither…nor)가 있다. 초등학교와 중·고등학교 학생들은 이러한 접속사를 사용하여 문장을 확장시키는 기술들을 점진적으로 습득해 간다.

나이가 많은 아동의 대화 및 내러티브 기술

유치원이나 초등학교 저학년 아동들도 다른 사람들과 대화는 가능하지만 복잡하고 정교한 대화 기술들은 시간이 좀 더 경과된 이후에 습득되며, 성인들도 계속해서 정교한 대화 기술들을 습득해 간다. 대화 및 내러티브는 두 가지의 중요한 사회적 의사소통 기술이며, 습득하는 데 시간이 필요하다. 대화가 두 명 이상의 사람들 간에 이루어지는 구어 행동이라면, 내러티브는 상대적으로 산출 시 흐름에 방해받지 않는 구어 행동이라고 볼 수 있다. **대화**는 두 사람 이상이 구어적으로 주고받는 행동이며, **내러티브**는 청자의 질문이나 언급을 통해 때때로 산출에 방해를 받는 경우가 있기는 하지만 본질적으로 독백의 형식으로 산출된다. 사람들은 대화 상황에서 개인적인 경험을 묘사하거나 이야기를 말하는 경우가 있기 때문에 일부 내러티브가 정상적인 대화의 일부분으로 포함될 수 있다(Nippold, 2007).

초등학교와 중·고등학교 학생들은 다양한 대화 기술에서 지속적으로 향상을 보인다. 예를 들어, 아동들은 나이가 들어감에 따라 더 많은 대화 경험을 갖게 되며, 다음과 같은 경향을 보인다.

- 다른 사람과 더 확장된 대화를 할 수 있다.
- 대화를 더 자주 자발적으로 시작한다.
- 동일 주제로 더 긴 대화를 할 수 있다(주제 유지).
- 자신들이 산출한 내용을 뒷받침하기 위해 사실이나 관찰된 내용을 부연해서 말한다.
- 논의 중에 주제와 관련된 표현들이 더욱더 많아진다.
- 대화 중 자연스럽게 주제를 변경할 수 있다.

• 대화에 참여한 다른 사람들의 생각이나 느낌들을 고려할 수 있다.
• 두 가지 다른 입장을 지지하는 표현을 할 수 있다.

대화 기술에서 나이가 많은 아동들, 특히 청소년들에게 나타나는 일반적인 경향은 사회화가 이루어짐에 따라 또래와의 대화에 더 많은 시간을 할애하게 된다는 것이다. 청소년기에 또래와의 대화와 성인과의 대화 간에 갖는 차이는 커진다. 성인과의 대화와 비교할 때, 청소년 사이의 대화에서는 질문이 더 많고, 주제 전환이나 이전 주제로 돌아가는 행동이 더 빈번하게 나타나며, 대화 상대자를 즐겁게 하는 내용이 많다.

내러티브는 대화보다 더 복잡한 기술이다. 내러티브를 잘 산출하기 위해서는 이야기 배경, 시간적 순서, 등장인물, 등장인물의 느낌이나 생각, 시작과 끝맺기 등과 관련된 지식이 필요하다. 내러티브를 산출하기 위해서는 내러티브에 대한 학업적 요구나 작문 능력 그리고 부분적으로는 향상된 읽기 기술이 필요하기 때문에 주로 학령기에 접어들어 향상된다. 읽기를 잘하는 아동들은 일반적으로 이야기나 경험 역시 잘 산출한다(Klecan-Acker & Conway, 1997). Nippold(2007)는 학년의 증가에 따른 아동들의 변화를 다음과 같이 요약하였다.

• 점진적으로 더 길고 더 복잡한 이야기를 산출한다.
• 내러티브를 더 잘 구조화하여 산출한다.
• 더 많은 에피소드가 포함된 내러티브를 산출한다.
• 순서를 혼동하지 않고 여러 하위 구조들을 하나로 구성할 수 있다.
• 등장인물의 반응, 생각 그리고 감정을 더욱 정확하게 묘사한다.
• 결속적 묘사들이 더 많아지며, 더 긴 문장이나 접속사로 결합된 절들을 더 많이 산출한다.
• 대화 상대자를 대화에 참여시키며 즐겁게 해 준다.

〈표 6-4〉 나이 많은 아동의 후기 언어 습득 요약

연령 범위	전형적인 언어 기술
5~6세	다음과 같은 표현들이 가능해진다. • 현재, 과거, 미래형 • 문장에서 조동사 have와 접속사 if 산출 • 모든 전치사 • 비한정적 대명사(예, any, anything, every, both, few, many) • 최상급 est(예, smartest) • 일부 부사형 접미사(예, ly) • 반대어(예, hard-soft, fat-thin) "~하다면 어떻게 될까?(what happens if...?)" 라는 질문에 답변이 가능하다. 수동태 문장을 이해한다. 성인과의 대화에 참여한다. 대화에서 주제를 개시하고 대화차례 주고받기가 가능하다. 긴 이야기를 말할 수 있게 된다. 다른 사람이 자신들의 말을 이해하지 못하는 경우 정교화해서 말한다. 비슷한(alike), 같은(same) 그리고 다른(different)을 구별한다. 어제-내일, 더-덜, 조금-많이, 많은-적은, 대부분-소수의, 전-후, 지금-나중과 같은 개념을 이해한다.
6~7세	다음과 같은 표현들을 산출하거나 사용이 증가한다. • 대부분의 형태소 • 재귀대명사(예, himself, myself) • 완료 시제 표현(예, have, had) • 내포문(예, The girl who bought the dress went to the party.) • 불규칙 비교격(good, better, best) • 진행형(동사에 ing 결합 예, fish-fishing) • 초기 파생형태소(예, 동사를 명사로 전환: catch-catcher) 2만~2만 6천 개의 낱말을 이해한다. 제시된 문자 모델을 보고 알파벳과 숫자를 베껴 쓸 수 있다. 알파벳을 나열한다. 대문자의 이름을 말한다. 소문자와 대문자를 짝지을 수 있다. 100까지 셀 수 있다.
7~8세	다음과 같은 표현들을 산출하거나 사용이 증가한다. • 일부 복잡한 문장들 • 대부분의 지시어(예, here, there, this, that) • 일부 비유어 • 대부분의 불규칙 동사 형태. 일부 불규칙 과거형에서는 오류를 보이기도 함 • 최상급(biggest, prettiest)과 형용사 농담과 수수께끼를 사실적으로 이해한다.

(계속)

<table>
<tr><td></td><td>대화 기술에서 다음과 같은 향상을 보인다.
• 더 정교한 묘사
• 주제 유지
• 시작, 중간 그리고 끝이 있는 이야기를 적절한 순서로 산출하기(storytelling) 다시 말하기(retelling)
• 적절한 담화 코드와 스타일(예, 친구와의 비공식적인 형식, 성인과의 공식적인 형식)
• 주제 전환 언급(예, "난 이제 다른 이야기를 하고 싶은데……")
• 구체적인 주제에 대해 대화를 더 잘, 그리고 길게 유지(8세경까지)

간접적인 요구와 힌트를 이해한다.</td></tr>
<tr><td>9~10세</td><td>다음과 같은 대화 기술들에서 지속적인 향상을 보인다.
• 더 일관된 대화 주제 개시
• 대화 주제를 몇 차례의 대화차례 주고받기 동안 유지
• 내러티브에서 이야기 문법의 주요 요소를 포함
• 이야기 구조와 하위 구조를 연계하여 이야기 산출
• 대화 중단 인식, 발화 수정

친구와 협상할 수 있다.
듣는 사람을 고려하여 어느 정도는 공손한 표현을 사용하기 시작한다.
논리적인 삼단논법은 이해하지만, 비논리적인 논법은 이해하지 못한다.
일반적인 은유, 속담, 숙어를 설명한다.
쉬운 종속접속사(예, because, before)와 접속부사(예, also, then)를 이해하기 시작한다.</td></tr>
<tr><td>9~10세</td><td>다음과 같은 대화기술들에서 지속적인 향상을 보인다.
• 더 일관된 대화 주제 개시
• 대화 주제를 몇 차례의 대화차례 주고받기 동안 유지
• 내러티브에서 이야기 문법의 주요 요소를 포함
• 이야기 구조와 하위 구조를 연계하여 이야기 산출
• 대화 중단 인식, 발화 수정

친구와 협상할 수 있다.
듣는 사람을 고려하여 어느 정도는 공손한 표현을 사용하기 시작한다.
논리적인 삼단논법은 이해하지만, 비논리적인 논법은 이해하지 못한다.
일반적인 은유, 속담, 숙어를 설명한다.
쉬운 종속접속사(예, because, before)와 접속부사(예, also, then)를 이해하기 시작한다.</td></tr>
<tr><td>11~12세</td><td>추상적인 주제에 대한 대화를 유지한다.
접속사 and로 연결된 문장으로 대부분의 내러티브를 산출하기 시작한다.
개인적 경험을 이야기하는 것과 비교하였을 때, 무언가를 설명할 때 더 복잡하고 긴 문장을 산출한다.
because, before, so that 그리고 since와 같은 접속사를 정확하게 이해하고 산출하기 시작한다.</td></tr>
<tr><td>13~15세</td><td>약 3만 개의 낱말 의미를 안다(15세경).
중의적 문장을 포함한 농담을 이해한다.
누군가를 설득하기 위하여 다양한 주장을 편다.
게임 규칙을 완전하게 설명한다.</td></tr>
</table>

(계속)

	형태론적 지식을 기반으로 하여 어려운 낱말의 철자를 안다. 전문적인 자료들을 읽고 이해한다. 길고 결속력이 있는 글을 쓴다. 다음과 같은 언어 형식이나 내용을 이해하고 표현한다. • 속어 • 비꼬는 말 • 일부 추상적인 속담 • 어려운 종속접속사(예, even though, so that)와 부사(예, furthermore, nevertheless)
16~18세	비꼬는 말이나 이중적 의미의 표현들을 이해하고 표현한다. 좀 더 추상적인 은유를 이해하고 표현한다. 대화 상대자가 자신과는 다른 관점을 가질 수도 있음을 이해한다.

출처: M. A. Nippold, 2007, *Later Language Development* (3rd ed.), Austin, TX: PRO-ED 외 다양한 자료를 참조함.

언어 습득 이론

언어 습득에 대해 아직 연구해야 할 부분은 많긴 하나 연구자들은 언어 습득 과정을 통해 무엇이 학습되었는지에 대해서는 잘 알고 있다. 언어 습득 이론이 적지 않음에도 불구하고 '어떻게' 언어가 습득되는가는 그렇게 명확히 밝혀지지 않았다. 여기서는 그러한 기존의 이론들을 자세히 다루지 않을 것이므로, 관심 있는 독자들은 다른 자료들(Gleason & Ratner, 2009; Hulit & Howard, 2006; McLaughlin, 2006; Moerk, 1983, 1992; Owens, 2008)을 참고하기 바란다. 다음에서는 언어 습득 이론 중 생득주의와 행동주의의 두 가지 서로 다른 관점에 대해 개략적으로 살펴보고자 한다.

생득주의적 관점

인간만이 언어를 통해 사회적으로 의사소통한다. 동물 역시 의사소통을 하지만 인간에 비해 매우 제한적이다. 동물들은 움직임, 자세, 제한된 발성 반응들을 통해 의사소통을 한다. 동물, 특히 침팬지는 일부 놀라운 의사소통 형식을 학습하였지만 '언어' 라는 낱말이 사용될 수 있는 구어, 수화 그리고 다른 상징적 의사소통의 가장 복합적인 형식은 오직 인간에게서만 발견되었다. 모든 언어는 일부 그 언어만의 독특한 특성을 가지나, 동시에 모든 언어에 공통된 보편적 특징들을 공유하고 있다. 예를 들어, 낱말의 형성과 조합의 법칙들은 모든 언어에 공통된 것들이다.

일반적으로 어린 아동들은 언어를 빨리 습득한다고 알려져 있다. 초기 5~6년 이내에 아동들은 매우 복잡하고 추상적인 의사소통 체계의 기본 구조와 기능들을 습득한다. 습득에 개인차는 있으나, 대부분의 아동들은 유사한 과정을 거치며 언어를 습득하게 된다. 또한 아동들이 말하는 것을 학습하기 위하여 별도의 체계적인 교육을 받을 필요가 없다는 사실도 밝혀졌다. 이러한 논의는 널리 알려진 언어 습득 이론인 생득주의 이론에 따른 것이다.

현대의 생득주의 이론은 고대 철학인 **생득설**(nativism)을 바탕으로 하기 때문에 몇 가지 고대 사상들을 기초로 한다. 일례로 고대 그리스의 사상가들은 생득설을 기초로 인간의 지식을 설명하였으며 인간의 지식은 아이가 태어날 때 이미 가지고 태어나는 선천적인 것이라고 주장하였다. 생득주의에서는 특정 형태의 지식들이 학습을 통해 습득되는 것은 아니라고 가정하였다.

변형생성문법을 주장했던 언어학자 Chomsky는 언어 연구 분야에서 생득설을 부흥시킨 인물이다. Chomsky(1968)는 언어란 환경 자극이나 강화 또는 교수에 의해서 습득되는 것이 아니며, 아동은 태어날 때 이미 언어 습득에 필요한 지식을 가지고 태어난다고 주장하였다. 앞에서 설명했듯이 Chomsky는 언어 능력(competence)과 언어 수행(performance)에 차이를 두었다. 그는 언어 능력이 보편적인 문법규칙들에 대한 지식을 포함하는 것으로, 선천적인 것이라고 하였다. 언어 능력을 통해 아동은 부모, 형제, 또는 다른 양육자의 도움 없이 언어를 습득할 수 있다.

Chomsky의 언어 이론에 대해서는 1장을 참고하라.

Chomsky(1968)의 이러한 생각은 빠른 속도로 널리 알려졌으며 수많은 언어 습득 전문가들이 생득설에 기초한 다양한 의견들을 제안하였다. 그들 중 하나가 아동들이 **언어 습득 장치**(Language Acquisition Device: LAD)라고 불리는 **선천적인 기제**를 가지고 태어난다는 것이다. 언어 습득 장치는 모든 아동이 가지고 있는 생물학적 구성 요소 중 하나이며, 언어의 보편적인 규칙들을 포함하고 있기 때문에 일반적으로 언어와 관련된 많은 내용을 담고 있다. 환경은 아동이 접하는 언어의 특정 규칙에 대한 정보를 제공한다. 언어 습득 장치는 보편적인 규칙과 특정 규칙을 통합함으로써 아동들이 비교적 짧은 기간 내에 언어를 습득할 수 있도록 돕는다(Bohannon & Bonvillian, 2001; Owens, 2008).

생득설에 대한 또 다른 변형은 **인지 이론**(cognitive theory)이다. **인지**(cognition)는 지식과 기억, 시지각 및 청지각과 같은 정신적 과정을 포함한다. 인지 이론은 언어 습득이 인지와 일반적인 지적 과정에 의해 이루어진다고 설명한다. 만일 아동이 사물들과 사건들에 대한 비언어적인 지식을 먼저 발달시키지 못한다면 그것들을 표현하기 위한 낱말을 학습하지 못할 것이다. 다시 말해 아동은 낱말을 표현하기 전에 반드시 개념을 먼저 습득해야 한다. 예를 들어, '개'나 '세모'가 무엇인지 모르는 아동은 그 낱말을 산출하지 못할 것이다. 이 이론에 따르면, 지식이 먼저 습득되어야 그 다음에 언어가 나타난다는 것이다.

인지 이론 역시 다양하다. 어떤 학자들은 언어가 인지에 선행된다고 주장한다. 즉, 개념은 언어를 통해 획득되므로 언어가 먼저 습득된 후 언어를 통해 지식을 익힌다는 것이다. 어떤 학자들은 인지와 언어가 서로 상호작용을 한다고 주장한다. 이 이론에 의하면 개념은 언어를 통해 습득되며 동시에 언어 학습은 비언어적 개념에 의해 영향을 받는다. 본질적으로 학자들은 언어와 인지의 관계에 대한 모든 가능성을 제기하였다(McLaughlin, 2006; Owens, 2008). 현재로서는 어떠한 관점도 과학적 증거에 의해 완벽하게 뒷받침되지 못하며, 모든 관점은 여전히 논쟁거리로 남아 있다.

행동주의적 관점

언어학자나 다른 연구자들이 언어를 인간 행동에 대한 자연 과학자의 관점에서는 동의하기 어려운 정신과정으로 설명하기 때문에 행동주의에서는 '언어'의 습득에 대해서는 설명하지 않는다. Skinner(1957)나 다른 행동주의자들은 정신체계가 습득되는 것이 아닐 뿐 아니라 과학적 용어로 설명할 수도 없는 것이라 생각한다. 따라서 Skinner는 언어학자들이 언어라고 생각하는 것 대신 행동의 형식—다른 사람에게 효과를 산출하기 위하여 어떻게 말하며, 다른 사람의 말에 의해 어떻게 영향을 받는가—으로 생각할 것을 제안하였다. 따라서 행동주의자들은 '언어'가 아닌 '언어 행동'의 습득에 대해 설명한다. 제1장에서 살펴보았듯이 과학적 분석은 인과적 관계를 발견하고자 하기 때문에 언어적 행동을 구조가 아닌 원인에 따라 분류한다. Skinner는 다양한 언어적 행동들은 다양한 원인을 갖는다고 제안하였다. 서로 다른 여러 가지 언어적 행동들[예, 반향, 요구(mand), 접촉(tact), 자동접속(auto-clitics), 언어내적(intraverbals)]은 적절한 자극 조건이나 사회적 결과를 통해 습득된다(Skinner, 1957; Winokur, 1976).

행동주의자들은 언어적 행동들이 습득되는 발달 순서에는 특별한 관심을 갖지 않는다. 그들은 그러한 행동이 습득되는 순서보다는 행동의 원인을 규명하는 것이 더 중요하다고 생각한다. 여러 종류의 언어 행동이 습득되는 나이보다는 어떤 상황에서 그러한 행동들이 학습되는지 알아내는 데 주력한다. 만약 조건이 달라진다면(조건은 환경적 사건이므로 달라질 수 있다) 순서는 자동적으로 달라질 것이다. 따라서 언어 규

요구(mands), 접촉(tacts) 등은 언어 행동의 기능적 단위다.

준도 불변하는 것이 아니며, 아동이 말하는 것을 학습한 조건의 체계적 변화에 따라 규준도 달라진다.

행동주의자들은 선천적 매커니즘이 아닌 **학습**이 언어적 행동을 습득하는 데 가장 큰 역할을 수행한다고 생각한다. 그들은 아동들이 Chomsky나 다른 언어학자가 LAD로 제안한 선천적 언어 습득 장치를 선천적으로 가지고 태어난다는 경험적 증거가 없다고 주장한다. 또한 아동이나 일반 성인이 해당 지식을 설명할 수 있는 경우에도 아동이 보편 문법 규칙에 대한 지식을 갖고 있다고 믿기는 어렵다고 하였다. 사람들은 특정한 학습을 통해서 문법의 규칙에 대한 지식을 습득하며, 선천적 메커니즘에 의해 자연적으로 '부여받은' 것이라고 확신할 만한 증거가 없다는 것이다. 행동주의자들은 아동이 문법적으로 정확한 문장을 산출한다는 이유만으로 그 아동이 문법 규칙들을 '안다' 고 할 수는 없다고 주장한다.

특정 방식으로 행동하는 사람들은 그 행동을 통해 유추될 수 있는 규칙들을 알 필요가 없다. 모든 경험으로부터 이러한 생각을 설명해 줄 수 있는 예를 찾을 수 있다. 자전거 타는 것을 학습한 아동이 운동이나 중력의 법칙(또는 물리적 법칙)을 알 필요가 없다. 아동이 자전거를 타는 모습을 관찰한 물리학자들은 자전거 타는 행동 패턴을 통해서 특정 물리적 법칙을 유추하고 설명할 수 있다. 이와 유사하게 화자들이 말하는 것을 관찰함으로써 언어학자들이 유추한 패턴과 규칙들을 반드시 화자들이 머리에 담고 있을 필요는 없다.

행동주의 이론은 언어 행동이 학습된 것이며, 가정된 선천적 기제보다 아동의 환경 내에서의 사건이 더 중요하다고 본다. 아동들은 자신들이 경험한 언어만 학습한다. 영어에만 노출된 아동은 자신이 전혀 들어보지 못한 언어는 습득하지 못한다. 또한 사회적 박탈은 언어의 박탈을 초래하는데, 이는 Skinner가 주장한 것처럼 언어가 사회적 행동 형식임을 보여 준다. 행동주의자나 언어치료사들은 실험연구나 임상 치료 회기를 통해서 모든 유형의 언어 행동이 경험을 통해 증가될 수도 있고 감소될 수도 있음을 보여 주었다. 예를 들어, 사회적 강화는 옹알이와 낱말 혹은 구 그리고 문법적 자질 산출 등을 증가시킨다. 언어장애 아동에게 조음과 언어 기술을 가르치는 일반적인 방법 중 하나가 올바른 반응을 시범 보이고 아동이 바르게 산출하는 경우 강화하는 방법이다.

언어 습득에 대한 최근 연구는 환경이 아동 언어 습득에 많은 영향을 미치지는 않는다는 생득주의적 입장에 의문을 제기하고 있다. 예를 들어, 엄마-아동 상호작용에 대한 연구들은 부모나 형, 누나 그리고 성인들이 일반적으로 아동의 언어 습득에 많은 도움을 준다는 사실을 보여 준다(Moerk, 1983, 1992). 엄마(그 외 양육자)가 어린 아동과 말할 때는 나이가 많은 아동이나 성인과 말할 때와는 다르게 말한다는 것이 밝혀졌다(McLaughlin, 2006). 어린 아동에게 하는 말은 그 특징이 뚜렷하므로 엄마말(motherese)이라고 구분하여 부른다. 어린 아동에게 말할 때 엄마는 다음과 같이 말한다.

- 단순하고 구체적인 낱말
- 큰 음도 변화
- 높은 음도의 음성
- 짧고 단순한 문장
- 느린 말 속도
- 유창한 말
- 발음이 분명한 말

아동들이 자신들에게 들려준 단순한 형태의 언어를 습득하면, 엄마의 말은 더 복잡한 언어 기술을 가르치기 위해 달라진다. 말의 속도가 빨라지고, 음도 변화가 감소하며, 낱말은 더 복잡해지고, 문장은 더 길어지며, 주의 깊게 발음하는 태도도 감소하고 이전만큼 눈에 띄게 유창하게 말하지도 않는다. 또한 엄마는 추상적 개념이나 관계에 대해 더 많이 말하기 시작한다. 그 결과 아동 역시 더 복잡한 언어 반응을 산출하기 시작하는데 이는 종종 아동들의 발달 단계를 잘못 이해하게 하기도 한다.

심리언어학자들은 일반적으로 부모나 양육자들이 정확한 언어 행동을 강화하지 않거나 혹은 부정확한 구어 행동에 대해 정확하게 피드백을 하지 않는다고 가정한다. 하지만 아동 언어 관련 문헌(Moerk, 1983, 1992)과 언어치료에 대한 임상적 문헌(Hegde, 1998) 모두 항상 그러한 것은 아님을 보여 준다. 성인은 물론 아동의 적절한 구어 행동을 유지하고 증가시키기 위해 강화가 일반적으로 충분히 제공되었다. 대부분의 경우 요구(예, 음식이나 마실 것에 대한 요구) 행동은 양육자에 의해 촉진되고 효과적으로 강화된다. 아동이 "우유 마시고 싶어."라고 말하면 양육자는 우유를 준다. 이는 아동의 요구에 대한 강화가 된다. 아동이 놀이를 하는 동안 자기가 본 것을 묘사하면 부모는 그 표현을 수용해 준다. 엄마가 아동의 옹알이를 따라 하면, 아기 역시 엄마의 구어 표현을 좀 더 지속적으로 모방한다. 그러면 엄마는 만져 주기, 미소 짓기, 안아 주기 등의 여러 행동으로 아기의 옹알이를 강화한다.

적절하지 않은 구어 행동을 수정해 주는 피드백 역시 언어학자들이 생각하는 것보다 더 일반적으로 관찰된다. 부모들은 아동들이 비문법적인 발화를 산출하면 생략한 문법형태소를 더해서 확장해 준다. 예를 들어, 아동이 "The boy running."이라고 말하면, 양육자는 "Yes! The boy is running."이라고 아동이 생략한 문법형태소 'is'를 추가하여 확장해 줄 수 있다. 부모는 아동의 발화를 확장해 줄 때나 확장해 주지 않을 때에도 아동의 문법적 오류를 자주, 규칙적으로 수정해 준다. 아동은 양육자가 확장해 주고 문법적으로 더 정확하게 산출해 준 발화를 모방하는 경향을 보인다(Bohannon & Bonvillian, 2001; Moerk, 1996). 또한 영아와 취학 전 아동들은 일반 성인들의 발화보다 엄마말에 더 관심을 보인다. 그 결과 엄마와 아동들은 서로 강화를 주고받는 관계를 맺게 된다. 아동이 엄마의 더 정확한 발화를 모방할 때 엄마는 강화되며, 아동은 엄마를 모방하면서 강화를 받는다. 엄마말에 대한 연구는 상호작용 형태가 아동의 행동은 물론 양육자의 행동을 결정짓는 데 중요한 역할을 담당한다는 사실을 보여 준다.

언어장애

제한된 언어 기술은 언어장애의 주요 특징이다. 언어장애 아동들은 언어의 다양한 영역에서 또래보다 뒤처진 언어 습득 능력을 보인다. 〈읽을거리 6-3〉에서 제시된 Todd의 이야기를 통해서 아동들이 구어 행동에서 경험할 수 있는 다양한 언어 문제를 살펴볼 수 있었을 것이다. 예를 들어, Todd는 또래의 다른 아동들처럼 말하지 않았다. 두 살 반인데도 몇 개의 낱말만 산출했으며, 낱말들을 조합하여 구나 문장을 만들지 못했다. 원하는 것을 손으로 가리키거나 몸짓으로 표현하는 등 자주 비언어적 방법으로 의사소통하였다. 사람들이 이해하지 못하면 징징대거나 울었다. Todd가 사용하는 낱말 중 몇몇은 정확히 발음되지 않아서 가족들만 이해할 수 있었다. 신체적으로는 건강하였으나 언어 습득은 정상 속도로 이루어지지 않았다.

언어치료사의 검사 결과 Todd의 구강 구조(입술, 혀, 이, 연구개, 경구개)는 정상이었다. Todd는 청력검사에서도 정상적인 평가 결과를 보였다. 지적장애나 신경계 손상의 징후도 없었다. 신체적으로는 정상적 성장을 보이고 있으나, 그의 언어 능력은 매우 제한된 상태였다.

읽을거리 6-3 한 엄마가 아들의 언어장애를 설명한 글

Bateson 부인(Mrs. Bateson)이 아들 Todd를 대학 내의 언어청각 클리닉에 데려왔을 때 Todd의 나이는 2세 6개월이었다. 아래에 Bateson 부인과 언어치료사(SLP)가 Todd의 의사소통 문제점뿐만 아니라 언어장애를 보이고 있는 다른 아동들이 보이는 문제점에 대해 나눈 대화가 제시되어 있다.

언어치료사: Todd의 언어 문제에 대해 설명해 주세요.

Bateson 부인: Todd는 말을 늦게 시작했어요. 딸 Lani와 비교해 보면 Todd는 거의 말을 하지 않아요. Todd는 갖고 싶은 게 있으면 소리를 내거나, 물건을 손으로 가리키거나, 아니면 울어요. 뭐가 먹고 싶거나 마시고 싶으면 내 손을 잡고 부엌이나 냉장고 앞으로 가기도 해요. 자기가 뭘 원하는지 내가 알아차리지 못하면 Todd는 막 화를 내죠. Todd와 저 둘 다 힘들어요.

언어치료사: Todd가 할 수 있는 말이 있습니까?

Bateson 부인: 몇 개밖에 없어요. "엄마(Mommy)."라는 말은 분명하게 할 수 있어요. 또 아빠(Daddy)를 "빠빠(Dada)."로 Lani는 "아니(aani).", 우유(milk)는 "우(mi).", 물(water)은 "무(wawa).", 공(ball)은 "고(ba)." 그리고 강아지(doggie)는 "아지(aggie)."로 말해요. 그 밖에도 몇 개가 더 있지만 그다지 일관성 있게 사용하지는 않아요.

언어치료사: Todd가 낱말을 조합하여 구를 만들기도 합니까? 예를 들어, "Mommy here."나 "Daddy come."과 같은 구를 사용한 적이 있습니까?

Bateson 부인: 아니요. 한 낱말만 말해요.

언어치료사: Todd가 말한 걸 다른 사람들이 이해합니까?

Bateson 부인: 그 애 말을 이해하는 사람이 많지는 않아요. 하지만 전 이해해요.

언어치료사: 언제 옹알이를 시작했습니까? "바바."나 "다다."와 같이 아기들이 내는 소리 말입니다.

Bateson 부인: 예. 옹알이가 뭔지 저도 알아요. 아동 발달 수업을 들은 적이 있거든요. 수업 시간에 언어 발달 단계에 대해 토론했었어요. Todd는 11개월이 되기 전까지 옹알이를 별로 하지 않은 것 같아요. 딸애는 5개월이 되었을 때 이미 옹알이를 많이 했어요.

언어치료사: Todd는 언제 도움 없이 혼자 앉고, 서고, 걸었습니까?

Bateson 부인: 다른 아동들과 비슷한 시기였던 것 같아요. 7개월이 되어 앉았고, 10~11개월쯤에 섰고, 1년이 조금 지나 걷기 시작했죠. Todd가 그런 면에서는 많이 뒤처지진 않은 것 같아요.

언어치료사: Todd의 건강 상태는 어떻습니까? 크게 아팠던 적이 있습니까?

Bateson 부인: Todd는 건강한 아이에요. 아팠던 적은 없어요. 가끔씩 감기에 걸려 콧물을 흘리는 정도였는데 심각하지는 않았어요.

언어치료사: Todd가 소리는 들을 수 있는 것 같습니까?

Bateson 부인: 네, 들을 수 있는 것 같아요. 이름을 부르면 돌아보거든요. 그 애에게 굳이 크게 말할 필요는 없어요. 집 주변에서 나는 소리나 소음에 반응을 보이기도 하지요.

언어치료사: Todd는 엄마가 하는 말을 이해합니까?

Bateson 부인: 그 애는 말하는 것보다는 이해하는 것을 더 잘해요. "이리 와." "가자." "밥 먹자." "아빠 어디 있지?" "이거 누나 가져다줘."와 같은 말은 이해해요. 제가 시키는 대로 하기 때문에 전 그 애가 말은 못하지만 이해는 한다고 생각해요.

언어치료사: 알겠습니다. 아마 제가 나중에 질문을 더 드리게 될 겁니다. 자, 이제 Todd와 시간을 좀 보내기로 합시다. 그 애가 말하는 것을 관찰하고 언어 표본을 기록해야 하거든요. 부인과 제가 여기에 있는 그림과 사물, 장난감을 사용해서 Todd의 표현을 유도할 것입니다. 전 또 Todd의 청력과 구강을 검사할 것이고 다른 몇 가지 검사도 해 볼 것입니다. 모든 절차가 끝난 후에 다시 이야기를 나누도록 하겠습니다.

언어장애 아동에 대한 기술

언어지체, 언어장애, 언어손상, 언어 문제는 기술적인 측면에서는 용어들을 구분하여 정의할 수 있으나 이 책에서는 같은 의미로 사용한다.

제한된 언어 능력을 언어지체(language delay) 혹은 언어장애(language disorders), 언어손상(language impairment) 또는 언어 문제(language problem)라고 한다. 언어장애는 그 정도가 다양하여 일부 아동들은 다른 아동들에 비해 장애가 더 심하기도 하다. 앞에서 간단하게 살펴보았듯이, 어떤 아동들은 언어장애가 뇌성마비나 청각장애 등의 신체나 감각장애와 연합되어 나타날 수 있다. 어떤 아동은 Todd처럼 거의 대부분의 다른 측면에서는 정상이면서도 언어 문제를 보이기도 한다. 이러한 아동들을 **단순언어장애**(Specific Language Impairment: SLI)라고 한다. 단순언어장애 외에는 동반된 장애나 임상적 조건과 관련지어 지적장애를 동반한 언어장애, 청각장애를 동반한 언어장애 등으로 기술된다. 제한된 언어 능력을 가진 학령기 아동은 **언어학습장애**(language learning disabled) 혹은 간단히 **학습장애**(learning disabled)로 고려할 수 있다.

언어 문제를 보이는 아동들은 다양한 그룹으로 구분되며, 많은 잠재적 원인들이 언어장애를 유발할 수 있다. 단순언어장애나 지적장애를 동반한 언어장애와 같은 동일한 진단 분류 내에서도 개인차가 현저하다.

이러한 모든 측면에서의 다양성과 개인차를 고려해 볼 때, 언어장애를 가진 아동들은 다음과 같은 주요 문제점을 나타낸다고 정리할 수 있다(Hegde & Maul, 2006).

- 제한된 구어 이해 기술
- 듣기 이해 능력 부족
- 낱말 의미 및 일반적 의미에 대한 제한된 이해 능력
- 제한된 표현 언어 기술
- 언어의 형태론적 요소의 제한된 사용 또는 사용 부족
- 문장 구조 사용 제한(제한된 구문 사용)
- 언어의 부적절한 사용
- 학습한 언어 사용 결함
- 제한된 대화 기술
- 경험 말하기에서 제한된 기술

더불어 다음과 같은 문제점을 나타내는 아동도 있다.

- 제한된 인지 기술
- 후기 학습 문제(읽기 및 쓰기 문제)
- 일부 비정상적 언어 형태

언어장애 아동의 특징

언어 문제는 일반적으로 언어의 의미론적 · 통사론적 · 형태론적 · 화용론적 측면에 따라 열거하고 분류한다. 언어장애는 이러한 언어적 측면 중 일부 혹은 전부에서 문제를 보일 수 있다. 대부분의 언어장애 아동들은 여러 영역이나 기술에 문제를 보인다. 따라서 언어장애를 더 잘 이해하기 위해서는 의미론적 · 형태론적 · 통사론적 · 화용론적 측면에서 아동들이 보이는 특정 문제점들을 살펴보아야 한다(Hegde & Maul, 2006; Leonard, 1998; Paul, 2001; Reed, 2005).

음운장애는 제5장을 참고하라.

의미론적 문제

낱말과 낱말 의미 습득에서의 지체는 언어장애의 초기 징후다. 언어장애 아동들은 2세나 3세가 될 때까지도 초기 몇 낱말을 산출하지 못할 수 있다. Mama, doggie, kitty, nighty-night과 같은 낱말을 산출할 수 있게 된 후에도 새로운 낱말을 습득하는 속도는 매우 느릴 수 있다. 즉, 아동의 어휘 발달은 정상적인 속도로 이루어지지 않는다. 학습한 낱말을 쉽게 사용하지 못할 수도 있으며, 낱말을 기억하는 데에 어려움을 가질 수 있다.

의미 영역에서의 문제는 언어장애 아동들이 학습하는 낱말의 유형에서도 드러난다. 언어장애 아동은 복잡하고 자주 사용되지 않는 낱말보다는 단순하고 자주 사용되는 낱말을 더 빠르게 학습하며 추상적인 낱말보다는 구체적인 낱말을 더 쉽게 습득한다. 아동의 어휘력은 몇몇 사물의 이름(ball, kitty, truck)이나 사람(Mommy, Daddy)에 한정되고, 추상적인 낱말(good, bad, nice, yesterday, holiday)은 아직 습득하지 못하였을 수도 있다.

언어장애 아동은 구어로 산출된 낱말의 의미를 이해하지 못할 수 있다. 많은 이론가들은 의미론적 문제는 인지 문제 때문이라고 생각한다. 즉, 아동이 낱말 의미의 기저에 깔려 있는 개념을 학습하는 데 어려움을 가질 수도 있다는 것이다.

형태론적 문제

언어의 형태론적인 측면을 포함한 언어 구조에 대해서는 제1장을 참고하라.

형태론적 측면은 의미를 변화시키기 위해 낱말을 형성하거나 수정하는 다양한 방법을 말한다. 여기에는 복수형과 소유격 변화, 관사 a와 the, 규칙형 과거시제(walked에서의 -ed) 등의 많은 문법형태소를 포함한다.

언어의 형태론적 측면에서의 습득 문제는 아동기 언어장애에서 나타내는 주요 양상이다. 언어장애 아동들은 문법형태소를 첨가하지 않고 문장이나 낱말을 계속 사용한다. 다음에 제시한 만 5세 아동의 말을 살펴보자.

- "Give me two block." (복수형 s 생략)
- "Daddy coming home." (조동사 is 생략)
- "Book on table." (정관사 the 생략)
- "Mommy hat." (소유격 변화 's 생략)
- "Yesterday I walk home." (과거시제 ed 생략)
- "He goed." (불규칙 동사 went를 써야 하는 곳에서 규칙형 과거시제 ed를 부적절하게

사용)

- "He happy." (연결동사 is 생략)
- "Me going." (부적절한 대명사 사용)

형태소가 생략되면 발화는 문법적으로 불완전해진다. 발화는 전보체 형태를 띤다. 가장 핵심 낱말들만 사용되고 어떤 문법 요소들은 생략되므로, 이런 종류의 말을 전보체라고 한다.

통사론적 문제

낱말을 의미 있는 문장 구조로 배열하는 것을 통사라 한다. 통사론적 문제는 문장을 구성하는 데 어려움을 갖는 것으로 문법적으로 부적절한 형식으로 표현된다. 언어장애 아동은 짧거나 불완전한 문장으로 말하며, 어순을 부정확하게 산출할 수 있다. 문장의 다양성이 결여되어 단문, 능동문, 평서문만이 산출되기도 한다. (수동태와 같은) 복잡하거나 일상적이지 않은 형태의 문장은 아주 늦게 습득하거나 아니면 습득하지 못할 수도 있다.

통사론적 문제는 구어를 이해하는 데에서 더욱 확연히 드러난다. 언어장애 아동은 보다 길며 일반적이지 않은 형태의 문장을 이해하는 데 어려움을 가질 수 있다.

화용론적 문제

언어의 화용론적 측면은 사회적 맥락에서 적절하게 언어를 사용하는 것을 말한다. 따라서 화용론적 문제는 언어 사용에서의 문제라고 할 수 있다. 언어장애 아동은 여러 가지 언어 구조를 습득하였다 하더라도 그것을 사회적 상황에서 적절하게 사용하지 못하는 경우가 있다. 제한된 언어를 습득한 아동은 그 언어를 전혀 사용하지 못하거나 사용하더라도 부적절하게 사용할 수 있다.

언어장애 아동은 대화를 개시하기보다는 질문에 대답만 하는 경향을 보인다. 다른 사람이 대화를 시작한 경우에도 빈약한 대화 기술을 보일 뿐이다. 예를 들어, 토론 주제를 유지하지 못할 수 있으며, 주제와 무관한 이야기로 화자의 말을 끊거나 대화에서 말 차례를 갖지 못할 수도 있다. 아동은 상대방이 자신의 말을 이해하지 못한다는 사실을 알지 못하거나 상대방이 이해하지 못할 때 어떤 식으로 말을 수정해야 할지 모를 수도 있다. 그 결과 잘못된 발화만을 계속 반복할 수 있다. 이러한 것들이 화용론적 문제로 설명될 수 있다. 다음에 제시한 언어치료사와 언어장애가 있는 만 7세 남아의 대화 내용을 살펴보자.

언어치료사: 오늘 학교 갔니?

아동: 네. (Yes.)

언어치료사: 학교에서 뭐 했니?

아동: (어깨만 움츠린다.)

언어치료사: 특별한 일은 없었니?

아동: 놀아요. (We play.)

언어치료사: 매일 쉬는 시간에 놀지 않니?

아동: 네. (Yeah.)

언어치료사: 새로운 걸 배웠니?

아동: (어깨만 움츠린다.)

언어치료사: 선생님이……

아동: 있잖아요, 나는 신을 새로 샀어요. (You know what? I got new shoe.)

언어치료사: 언제 샀니?

아동: 뭘 사요? (Buy what?)

위의 예에서 볼 수 있는 것처럼, 아동은 특정 형태소를 사용하지 않았다. 과거시제(played 대신에 play를 사용)와 복수형 형태소(shoes 대신 shoe를 사용)를 빠뜨렸다. 화용론적 관점에서 볼 때, 아동은 두 개의 질문에 답을 하지 못했다. 아마 '특별한 일'이라는 구를 이해하지 못했을 수도 있다. 아동은 대화의 주제를 유지하지 못했으며 언어치료사의 말 중간에 끼어들어 새로운 주제(신발에 관한 이야기)를 개시하였다. 그러나 자신이 개시한 새로운 주제를 곧 잊어버렸다.

관련 연구들은 이 밖에도 많은 화용론적 문제를 발견하였다. 언어장애 아동은 이야기를 하는 데에도 어려움을 겪는다. 〈읽을거리 6-1〉에서 살펴보았던 Erick과 Erika의 이야기 내용을 비교해 보라. 만 5세인 Erika의 이야기는 순서에 맞고 논리적으로 일관성을 보인 반면, 만 9세인 Erick의 이야기는 세부 내용과 일련의 사건들이 결여되어 있다. Erick은 사건의 진행 없이 제한된 낱말들로 이루어져 있는 지나치게 간결한 이야기를 산출하였다. 이 또한 화용론적 문제다.

언어장애의 잠재적 원인 및 관련 문제

〈읽을거리 6-3〉의 Todd와 같이 많은 언어장애 아동들은 다른 영역에서는 정상적인 특성을 보인다. 이러한 아동들은 단순언어장애(SLI)로 명명된다. 학령기에 접어들어 언어치료사에게 의뢰된 대부분의 아동들은 SLI다. SLI의 원인은 완전하게 밝혀져 있지 않으나 유전적 문제가 의심되곤 한다.

유전적 요인

일부 연구 결과는 유전적 요인이 언어장애를 유발할 수도 있다고 제안한다. 예를 들어, 가계 연구는 가족 중에 언어장애 아동이 있는 경우 그 가족 중 다른 아동들, 특히 언어장애 아동들의 남자 형제들은 언어 문제를 보일 위험이 높다고 보고하고 있다(Choudhury & Benasich, 2003; Tomblin, 1989; Tomblin & Buckwalter, 1998). 쌍생아 연구에서는 일란성 쌍생아 중 한 명이 언어장애를 가질 때 다른 쌍생아 역시 동일한 장애를 가질 가능성이 높다고 보고하였다(Bishop, North, & Donlan, 1995; Tomblin & Buckwalter, 1998).

다른 영역에서는 정상 발달을 보이는 언어장애 아동들은 언어 능력이 낮은 수준이기는 하나 정상 언어 범위에 속할 수 있다. 다른 모든 기술과 마찬가지로 언어 기술도 다양한 분포를 보이며, 일부는 다른 사람들보다 높은 기술을 보일 수도 있다(Leonard, 1998). 따라서 일부 아동의 제한된 언어 수행을 나타내는 비율은 해당 모집단의 정상적인 유전적 분포에 따른 것일 수 있다.

관련된 임상적 조건

많은 임상적 조건이 언어장애와 관련될 수 있다. 제한된 언어 기술은 이러한 조건들로 진단될 수 있는데, 예를 들어 많은 **유전성 증후군**들은 다양한 장애 수준의 언어장애를 동반할 수 있다. 일부 증후군의 경우 언어장애가 매우 심할 수 있으며, 이는 해당 증후군 특징 중 일부인 지적장애 때문일 수 있다. 유전적 조건을 가지고 태어난 아동의 말·언어 수행에 대한 새로운 정보가 지속적으로 보고되고 있다. 제11장에서 유전적 요인과 환경적 요인에 의한 일부 증후군들을 자세하게 소개할 것이다.

정상적인 지적 수준의 아동들도 제한된 언어 기술을 보일 수 있지만, 일반적으로 **지적장애** 아동들은 언어장애를 갖는다. 지적장애와 관련된 언어장애 역시 제11장에서 설명할 것이다.

지적장애(intellectual disabilities)라는 용어는 정신지체(mental retardation)의 새로운 용어이다.

청력이 정상이라고 해서 언어장애가 예방되는 것은 아니지만, 심한 **청각장애**를 갖는 아동들은 언어 문제를 보이는 경향이 있다. 특히 농아(聾啞)들은 구어 습득에 큰 어려움을 겪는다. 이 아동들은 수화를 더 자연스럽게 습득한다. 구어를 학습하는 경우에도 조음 오류, 문법형태소 생략 그리고 제한된 통사 기술을 보이는 경우가 많다. 청각장애와 그들의 의사소통 문제에 대해서는 제13장에서 더 자세히 소개할 것이다.

대부분의 언어장애 아동은 **자폐성장애** 아동들이 보이는 심각한 정서 또는 행동상의 문제는 보이지 않는다. 자폐성장애 아동들의 매우 제한되고 일상적이지 않으며, 때로는 괴상하기까지 한 언어 행동은 자폐성장애의 진단 요소가 될 수도 있다. 자폐성장애와 그 외의 **자폐범주성장애**는 제11장에서 설명할 것이다.

신경학적 손상도 언어장애와 관련된 임상적 조건이 된다. 예를 들어, **뇌성마비** 아동들은 언어 발달이 지체된다. 이 아동들은 출생 전, 출생 시, 또는 출생 후 기간에 뇌손상을 경험하였을 수 있다. **뇌손상**을 가지고 태어난 아동들은 언어 기술 습득이 느리다. 또한 뇌손상은 자동차나 다른 유형의 사고, 아동학대, 신경독극물(예, 납 중독) 때문에 발생할 수도 있다. 초기 아동기에 뇌손상이 발생하면, 이미 습득한 언어 기술의 일부를 손실할 수 있으며, 이후의 언어 습득에서 지체를 보인다. 뇌성마비에 대한 더 자세한 설명은 제11장에서 소개할 것이며, 외상성 뇌손상은 제10장에서 다룰 것이다.

마지막으로 많은 언어장애 아동들이 정상적인 환경에 있지만, 일부 **환경적 요인** 역시 언어 문제를 유발할 수 있다. 최근에 언어장애 아동의 잠재적 원인으로 **사회적 고립, 아동학대** 또는 **방치**가 주목되고 있다. 언어는 사회적 행동이기 때문에 언어를 습득하기 위해서는 아동이 애정, 사랑, 친밀함, 협력적인 가족, 사회 그리고 개인적인 관계들을 경험해야 한다는 것은 합리적인 생각이라고 볼 수 있다. **신체적** 또는 **사회적 고립**은 언어 습득에 필요한 대인 접촉의 기회를 감소시킨다. 사회적으로 완전히 고립되어 인간 언어를 듣지 못한 아동은 언어를 습득할 수 없다. '벽장 속 아동'이나 늑대나 원숭이에게 길러졌다고 알려진 아동들이 비구어적인 상태로 발견되었다는 보고도 있다. 그러나 연구자들이 그러한 아동들에 대해 많이 연구하지 않았기 때문에 언어나 사회적 발달에서 고립 효과에 대한 신뢰할 만한 자료들은 아직 부족하다.

사회적으로 완전히 고립되지는 않았지만 사회적 접촉 경험이 부족한 아동들도 일반 아동들에 비해 언어 습득 속도가 느릴 수 있다. 그러한 아동들을 **사회적 박탈**이라고 한다. 오랜 질병으로 자주 입원을 하는 아동들은 언어 습득이 어느 정도 느릴 수 있다. 일부 연구들은 학대와 방치 아동들, 그중에서도 특히 방치된 아동들은 언어 지체의 문제에 직면할 수 있다는 가능성을 제기하였다(Fox, Long, & Langlois, 1988).

지적장애, 청각장애, 자폐성장애 그리고 유사한 조건들이 언어장애의 원인이 될 수 있다고 결론 내릴 수 있다. 그러나 이들은 대략적인 원인으로, 언어장애 아동들이 지적장애, 청각장애, 또는 자폐성장애를 갖지 않을 수도 있으며, 반대로 지적장애나 청각장애 또는 자폐성장애 아동들도 정상적으로 언어를 습득할 수 있다. 또한 이러한 문제가 없는 아동들이 언어를 정상적으로 습득하지 못할 수도 있기 때문에 확신하기가 어렵다. 더 중요한 사실은 제한된 지적 기술이나 청각장애 또는 자폐성장애를 갖는 아동들은 그에 중복해서 언어장애를 갖는다는 것이다. 이러한 조건과 언어장애는 공존한다. 때문에 그 결과로부터 원인을, 특히 관련된 선천적인 기질이나 유전적인 문제들을 분리하는 것은 어렵다. 따라서 지적장애와 유사 문제들을 언어장애의 원인이 아니라 동반 장애로 보는 것이 더 적절하다.

언어장애의 평가

말을 많이 하지 않는 자녀에 대해 부모가 도움을 요청할 때, 언어치료사는 그 아동의 언어 행동을 평가해야 한다. 언어 평가는 (1) 임상적 문제가 있는지, 그리고 만약 있다면 (2) 문제의 특성과 정도는 어떠한지, 그리고 (3) 아동과 가족에게 어떠한 치료와 도움이 필요한지 등을 결정하기 위해 언어장애 아동의 언어 행동을 관찰하고 측정하는 과정을 말한다.

언어장애 평가를 〈표 6-5〉에 개괄적으로 제시하였다. 이 표에 의하면 의사소통장애의 유형을 평가하기 위해 사례 정보, 청력선별검사, 구강안면검사가 실시되어야 하며, 아동의 언어에 대해 가능한 한 많은 정보를 얻기 위해 구체적인 절차가 고안되어야 한다(Hegde & Maul, 2006; Hegde & Pomaville, 2008; Reed, 2005; Roseberry-McKibbin, 2007).

〈표 6-5〉 의사소통장애의 평가: 언어장애

1. 대상 아동, 가족 그리고 장애에 대한 사례력
2. 대상자 및 가족과의 면담
3. 구강 안면 검사
4. 청력 선별검사
5. **언어 행동 측정**
   a. **언어와 말 표본 표집**
   b. **표준화된 언어 검사 실시**
   c. **가정에서의 언어 표본 수집**
   d. **대상 아동에게 특별한 언어 측정 절차 실시**
6. 권고사항
7. 보고서 작성

주) 언어평가에 관한 절차는 진한 글씨로 표시함.

사례정보와 면담

언어장애의 가능성이 있는 아동들은 소아과 의사나 교사, 심리전문가 그리고 기타 전문가들로부터 언어치료실에 의뢰된다. 자녀를 걱정하는 부모가 직접 아동을 데리고 언어치료실에 갈 수도 있다.

사례정보와 면담을 통해 언어치료사는 아동의 출생, 신체적 · 사회적 · 행동적 발달, 교육 경험, 의사소통 등에 대한 정보를 얻는다. 특히 언어치료사는 아동의 말 · 언어 발달과 이들의 언어문제가 자폐성장애, 지적장애, 청각장애, 유전적 증후군, 구개열 등과 같은 문제들과 함께 나타나는가에 관심을 가져야 한다.

면담은 언어치료사가 아동의 부모가 친숙해지고, 부모가 아동의 의사소통 문제를 어떻게 받아들이고 있으며, 어떤 식으로 반응하는지 알아보는 데 그 목적이 있다. 예를 들어, 언어치료사는 아동과 부모가 서로 어떤 방식으로 의사소통을 하는지 알고자 한다. 아동과 부모가 말 또는 몸짓 그리고 손짓을 사용하는가? 아동이 들은 것을 이해하는가? 부모들은 아동이 산출한 내용을 이해하지 못하였을 때 어떻게 하는가? 언어치료사는 이와 같은 질문에 대한 답을 찾아야 한다.

언어의 관찰과 측정

면담 후에 언어치료사는 아동의 행동을 관찰할 수 있도록 일방경이 설치된 곳의 관찰실에서 아동을 관찰한다. 오디오를 통해 아동과 가족들 간의 대화를 들을 수도 있다. 많은 경우 문법적으로 불완전한 한 낱말로 된 말이나 구 혹은 문장을 듣게 될 수 있다. 대부분의 시간 동안 아동이 말을 하지 않을 수도 있으며 아동과 부모가 의사소통을 하기 위해 몸짓이나 손짓을 사용할 수도 있다. 형제자매가 대상 아동 대신 평가를 위해 제시된 질문에 대답하는 경우도 있으며 아동이 의사소통을 시도하기도 전에 부모가 아동이 원하는 것을 알아차려 해결해 줄 수도 있다. 언어치료사는 이러한 모든 정보를 통해 표준화된 검사와 같은 공식적 평가와 다른 절차를 사용한 평가 계획을 수립한다.

표준화 검사(standardized test)는 아동의 언어 능력이 나이에 비해 뒤처져 있는가를 평가하는 데 자주 사용되며 표현언어와 수용언어 기술을 포함한 다양한 측면의 언어 수행을 표집한다. **표현언어 기술**은 언어 산출을 가리키는 반면, **수용언어 능력**은 상대방의 말(구어)을 이해하는 것을 가리킨다.

어떤 검사는 규칙형 복수(cups, bags)와 현재진행형 'ing(coming, going)'와 같은 문법형태소의 사용에 초점을 두고 있다. 이러한 검사 중의 하나인 *Test for Examining Expressive Morphology*(Shipley, Stone, & Sue, 1983)는 형태소의 사용을 유도하기 위해 그림 자극을 사용한다. 예를 들어, 검사자는 책 한 권이 있는 그림을 가리키며 "Here is one book."이라고 말한 다음 책 두 권이 있는 그림을 가리키며 "Here are two……."라고 말해서 아동이 "books."라고 말하도록 유도한다.

다른 검사들도 수용언어와 표현언어의 다양한 측면을 평가할 수 있다. 예를 들어, Carrow의 *Carrow Elicited Language Inventory*(Carrow-Woolfolk, 1974)는 아동이 다양한 형태의 문장(예, 수동태나 능동태 문장)과 다양한 문법형태소를 얼마나 잘 모방할 수 있는가를 검사한다. 또 다른 검사인 *Test for Auditory Comprehension of Language*(Carrow-Woolfolk, 1999)는 아동이 특정 형태소와 통사 구조를 얼마나 잘 이해하는가를 측정한다. *Test of Early Language Development*(Hresko, Reid, & Hammill, 1999)는 수용언어와 표현언어로 나누어 구어 능력의 전반적 점수를 측정한다.

아동의 낱말 의미 이해력을 평가하기 위해 자주 사용되는 검사는 *Peabody Picture Vocabulary Test-Revised*(Dunn & Dunn, 1981)다. 검사는 한 장의 카드에 그려진 네 개의 그림으로 이루어져 있으며, 아동이 요구된 항목을 네 개의 보기 그림 중에서 정확히 가리키면 구어로 제시된 낱말을 이해하였다고 판단한다. *Comprehensive Receptive and Expressive Vocabulary Test-Second Edition*(Wallace & Hammill, 2002)은 또 다른 수용 및 표현 어휘 검사다.

표준화 검사는 사용하기 편하지만 어느 정도의 제한점이 있다. 즉, 검사 상황에서 문법 요소를 구사하지 못한 아동이 집에서의 일상 대화에서는 산출하는 경우가 종종 있다. 아동이 특정 문장 유형을 모방은 하나 대화 중에는 해당 유형의 문장을 산출할 만큼 충분히 습득하지 못하였을 수도 있다. 또한 대부분의 검사는 아동들에게 주어진 문장 구조를 모방하거나 산출할 수 있는 기회를 단지 한두 번만 제공한다. 이러한 제한점으로 인하여 언어치료사 역시 언어 표집 등의 다른 절차들을 병행해서 사용해야 한다.

언어 표집

언어 표집(language sampling)은 언어장애 아동 진단에 중요한 측정 절차로 보통의 대화 상황에서 가능하다면 대화체를 사용해서 사람들이 산출하는 언어를 기록하는 절차를 말한다. 언어치료사와 아동의 가족 구성원들은 아동과 이야기를 나누고 아동의 말을 들으면서 시간을 보낸다.

언어 표본을 얻을 때 언어치료사의 주요 임무는 아동이 가능한 한 자유롭고 자연스럽게 말하도록 자극하는 것이다. 이를 위해 언어치료사는 장난감이나 책, 그림 등 여러 가지 물건을 사용한다. 부모나 형제자매들은 언어치료사와 협력하여 아동의 대화를 유도할 수 있다. 또한 가족들을 아동과의 대화에 참여시키고 언어치료사는 그들의 상호작용을 단지 관찰만 할 수도 있다. 발화 자료 표집을 위해 아동에게 책이나 그림을 보거나 장난감을 가지고 놀기, 사물 조작하기와 말하기를 촉진할 수도 있다. 언어치료사는 아동에게 이야기를 들려주고 그것을 그대로 다시 이야기해 보라고 하거나 이야기에 대한 질문을 던지기도 한다.

아동이 언어치료사와 함께 있으면서 더 많은 이야기를 하게 되면 둘 사이의 대화가 시작되는 것이다. 언어치료사는 아동에게 학교, 집에서 키우는 애완동물, 친구들, 만화영화, 생일파티, 좋아하는 놀이 등에 관해 질문을 하거나 부모와 아동 간의 대화를 듣기만 할 수도 있다.

언어치료사는 후에 아동의 반응을 보다 심도 있게 분석하기 위해 녹음기와 캠코더를 이용해 언어 표본을 기록한다. 아동이 말하기 전과 후, 그리고 말하는 동안에 보이는 행동도 기록한다. 아동이 산출하는 말의 대부분은 상황과 맥락을 알고 있는 경우에만 그 의미를 정확하게 파악할 수 있다. 예를 들어, 아동은 "블록"이라는 말을 "블록을 주세요." "이 블록을 보세요." 혹은 "블록을 가지고 놀고 있어요."라는 의미로 표현한 것일 수 있다. 아동의 음성만을 녹음하는 경우 그 정확한 의미를 이해하는 데 어려움이 있을 수 있다. 아동이 "블록."이라고 말하면서 블록을 잡으려고 손을 내밀고, 언어치료사가 건네주는 블록을 받은 후 "고맙습니다."라고 말하는 장면이 비디오에 기록되었다면, 아동의 말이 블록을 달라는 요구였음을 알 수 있을 것이다.

기타 절차

그 외 다른 절차를 포함한 전반적인 언어 평가 절차는 언어장애나 의사소통장애를 야기하는 여러 문제점들을 제외하기 위해 계획된다(Hegde, 2008a; Hegde & Pomaville, 2008). 예를 들어, **구강안면검사**(orofacial examination)는 아동의 구강 구조가 정상인지 확인하는 절차다. 아동이 청력선별검사를 문제가 없는 경우 청력손실은 언어장애 조건에서 제외되고, 청력검사에서 문제가 있었던 아동은 보다 정밀한 평가를 위해 청각전문가에게 의뢰한다.

청력선별검사는 더 자세한 검사가 필요한지를 결정하기 위해 간단히 실시하는 검사다.

언어장애와 관련이 있는 몇몇 다른 요인들도 언어치료사나 다른 전문가들에 의해 평가된다. 예를 들어, 지적장애와 자폐성장애는 임상심리전문가에 의해, 신체적 장애 및 신경 계통의 장애를 가진 아동은 해당 전문의에 의해 진단된다.

청각이나 청각장애에 대한 더 자세한 내용은 제13장과 제14장을 참고하라.

평가 보고서

언어치료사는 가능한 한 많은 정보를 수집한 다음, 이를 분석하여 평가 보고서를 작성한다. 이 보고서에는 아동에게 문제가 있는지와, 그리고 문제가 있는 경우 그 특성이나 문제의 정도에 대해 서술하고, 그러한 문제들을 어떤 방식으로 해결해야 할 것인지에 대한 권고사항을 제시한다.

언어치료사는 사례정보와 표준화된 검사, 언어 표본, 청력선별검사, 구강구조검사 그리고 다른 전문가들로부터의 보고서 내용을 종합하여 아동의 능력과 잠재력의 정도를 파악하며, 모든 정보를 충분히 고려한 후에 진단을 내린다.

아동이 표준화 검사에서 얻은 점수는 나이를 기반으로 한 규준에 근거하여 평가된다. 아동의 검사 결과가 기준보다 낮을 때 아동의 언어 행동은 정상 범위 아래에 있다고 간주된다.

언어 표본은 아동이 학습한 언어 구조가 무엇이며, 습득해야 함에도 불구하고 아직 습득하지 못한 언어 구조는 무엇인지 파악하기 위해 분석한다. 아동이 산출한 문법형태소, 어순, 문형 그리고 그와 관련된 양상들도 기술한다. 치료의 목표가 될 수 있는 생략된 구성 요소들도 찾아내며, 구어에 대한 이해 능력도 측정한다.

화용론적 분석은 아동이 학습한 언어를 어떻게 사용하는가를 평가할 수 있게 한다. 아동이 어느 정도 언어 능력을 갖고 있음에도 불구하고 표현을 하려 하지 않을 수 있다. 말을 하는 경우에도 한 가지 주제를 유지하거나 대화 차례를 주고받지 못하며 눈맞춤을 유지하지 못할 수도 있다. 사용된 언어가 상황이나 시간, 대화 상대에 적절하지 않는 경우도 있다. 이러한 모든 관찰 내용을 평가 보고서에 요약한다.

마지막으로 보고서에는 치료에 대한 권고사항과 예후도 서술한다. 예후에는 치료를 받았을 경우와 받지 않은 경우에 장애가 어떻게 진행되어 갈 것인가를 서술한다. 예를 들어, 언어장애로 1학년 과정에서 유급한 아동의 경우, 9개월 이상 체계적인 언어치료를 받는다면 정상적으로 1학년 과정에 이를 수 있으나, 치료를 받지 않는 경우 아동은 유급 상태에 계속 머물러 있을 것이라고 서술할 수 있다.

언어장애의 치료

언어장애 아동의 치료는 다음과 같은 세 가지 중요한 이유로 다양한 모험의 과정이라 할 수 있다. 첫째, 여러 언어치료 목표에 따라 다양한 접근들이 제안되어 왔다. 언어치료사들은 문법규칙, 의미적 개념, 언어 산출, 화용 규칙 그리고 인지 처리 등을 가르치는 것이 중요하다고 강조해 왔다.

둘째, 여러 치료 접근들은 각기 다양한 치료 절차를 제시하였다. 치료 과정이 철저히 혹은 느슨하게 구조화되어야 하는가? 언어치료사가 자극을 통제해야 하는가, 아니면 아동이 통제하도록 하는가? 언어치료사는 아동이 정확한 반응을 보일 때 체계적으로 강화해야 하는가, 아니면 그냥 두어야 하는가? 이러한 질문에 대해 전문가들은 다양한 의견을 제시하였으며, 그 결과 다양한 언어치료 접근들이 존재하게 되었다.

셋째, 언어장애 아동들 간에도 다양한 차이가 존재한다. 아동들마다 장애의 정도가 매우 다르고, 그에 따라 치료법도 약간의 차이가 있다. 언어장애가 경한 아동은 심한 아동과 언어치료에서도 차이를 갖는다. 청각장애를 동반한 언어장애 아동은 추가적인 치료 절차가 필요하다.

이처럼 목표 행동과 치료적 접근법은 다양하지만 그럼에도 불구하고 일반적으로 적용 가능한 원리 및 치료 절차가 제기되었다(Hegde, 1998, 2008b; Paul, 2001; Reed, 2005). 많은 치료 절차들이 사용되고 있기는 하나, 실험적으로 검증되고 그 효과가 밝혀진 것은 소수에 불과하다. 따라서 다음에서는 연구를 통해 지지된 일반적인 치료 절차와 원칙들에 대해 개관하도록 하겠다.

치료 목표 설정

가능한 범위에서 일상생활에서 정상적인 대화를 할 수 있게 하는 것이 언어치료의 궁극적 목표다. 아동은 대화를 이해하고 참여하여야 하며 학업적 요구를 충족할 수 있어야 한다. 따라서 아동은 적당한 어휘력과 정확한 문장 구조, 형태소의 정확한 산출 능력 등을 갖추어야 하며, 단어와 문장의 의미를 이해할 수 있어야 한다. 또한 학습한 언어를 다양한 사회적 상황에서 적절하게 사용할 수 있어야 한다(Hegde, 1998, 2006a, 2006b; Hegde & Maul, 2006). 일부 언어장애 아동은 강도 높은 훈련에도 불구하고 정상적인 언어 기능을 습득하지 못하는 경우가 있다. 하지만 언어치료사는 결코 언어치료의 궁극적 목표를 잊어서는 안 된다. 궁극적 목표는 언어장애 아동들이 자신의 의사소통 잠재력을 최대한 실현시키는 데 있는 것이다.

언어치료 목표를 선택할 때 가장 중요한 것은 **유용성**이다. 사회적 맥락에 유용한 언어 기술은 기능적 치료 목표로 알려져 있다. 모든 언어 행동은 나름대로의 유용성이 있겠으나 그중 일부는 다른 언어 행동보다 더 유용하고 즉각적인 가치가 있다. 예를 들어, '파란색' 이나 '천장' 이라는 말을 할 수 있는 것보다는 '우유' 나 '엄마' 라는 말을 할 수 있는 것이 어린 아동에게는 더 유용할 것이다. 아동들은 형제자매나 애완동물, 장난감, 음식 등의 이름을 많이 사용하는 경향을 보인다. 따라서 그러한 기능적 목표를 가르치는 것은 아동의 사회적 의사소통 능력을 즉각적으로 향상시킬 것이다. 기능적 언어 행동은 집에서 더 많이 산출되고, 더 오래 유지되는 경향이 있다.

치료 순서

언어치료의 궁극적인 목표는 일련의 치료를 통해 실현된다. 언어를 전혀 학습하지 못한 아동은 낱말 수준에서 시작해야만 한다. 비구어 아동은 발성(a나 m 소리 같은)이 치료의 첫 번째 목표가 될 것이다. 일단 발성이 이루어지고 나면 다음으로는 의미 있는 단순하고 기능적인 낱말이 치료의 목표가 된다. 그리고 그다음 단계에서는 학습한 단어들을 단순한 구로 결합하게 한다. 예를 들어, '엄마' '모자' '차' '큰' 등을 배운 아동은 이러한 낱말들로 이루어진 구, 즉 '엄마 모자.' '엄마 와.' '큰 차.' 와 같은 구의 산출을 치료 목표로 한다.

아동이 구를 익히고 나면 언어치료사는 단순한 문장을 다음 목표로 정한다. 문장을 익히기 위해 아동은 다양한 문법 특성을 학습해야 한다. 예를 들어, '엄마 모자(Mommy hat).' 는 문법적으로 맞는 문장, 즉 '엄마의 모자(Mommy's hat.)' 로 확장되어야 할 것이다. 이 경우 언어치료사는 소유격 s 사용을 가르쳐야 한다. '큰 차.' 라는 구는 '이것은 큰 차야.' 혹은 '그게 내 차야.' 라는 문장으로 확장될 수 있다. 이러한 확장은 문법형태소와 어순을 학습한 후에야 가능하다.

단순한 문장을 학습한 후에는 보다 복잡한 문장을 배우게 된다. 단문 형태의 능동태 평서문("이건 차야." "그 사람은 남자야.")을 완전히 습득한 아동에게는 의문문("이게 뭐야?" "그 사람은 누구야?" 등)을 교수할 수 있다. 보다 복잡한 형태의 문장은 다음 단계의 치료 목표가 된다.

아동은 치료 회기를 통해 학습한 언어를 자발적인 대화 상황에서 사용할 수도 있고 사용하지 않을 수도 있다. 그러므로 항상 일상적인 대화 상황에서의 산출이 항상 최종 목표가 된다. 이 단계에서는 아동이 앞의 단계에서 학습한 특정 언어 구조를 대화에서 사용하도록 촉진된다. 한 가지 대화 주제를 유지하는 것, 대화차례 주고받기, 사건이나 경험을 이야기하는 것 등의 화용론적 언어 능력도 이 단계에서 교수된다. 이러한 복합적인 치료 단계가 적절하게 이루어지지 않으면, 아동은 언어를 화용적(사회적)으로 산출하지 못할 수도 있다.

몇 가지 기본 치료 절차

목표 행동을 선택한 후 언어치료사는 아동의 목표 반응을 유도하기 위한 그림이나 사물, 장난감 등과 같은 치료 자료들을 준비한다. 낱말을 전혀 산출하지 못하는 3세 아동에게 정해진 몇 개의 낱말을 가르치는 것이 목표라고 가정해 보자. 언어치료사는 아동용 가구들이 놓인 작은 방에서 치료를 시작한다. 아동과 언어치료사는 작은 테이블을 두고 마주 앉거나 혹은 나란히 앉는다. 그러고 나서 언어치료사는 아동에게 선택한 기능적 목표에 대한 그림(예, 엄마, 우유, 과자)을 보여 주고 목표 낱말 '엄마' 를 가르치기 시작한다.

낱말이나 구를 산출하지 못하는 언어장애 아동들도 대다수는 언어치료사가 모방하도록 시범을 보이면 모방할 수 있다. 이 점을 이용해서 언어치료사는 아동에게서 모방을 유도할 정확한 반응을 먼저 **시범** 보인다. 예를 들어, 엄마라는 낱말을 가르치기 위해 언어치료사는 엄마 그림을 아동 앞에 놓고 "누구야?"라고 질문한 다음, 즉시 "'엄마' 라고 말해 봐."라고 말하여 정확한 반응을 시범 보인다. 아동이 "엄마."라고 말하면 "최고!" 혹은 "아주 잘했어!"라고 하며 바로 칭찬해 준다. 이 같은 즉각적인 칭찬을 **언어적 강화**라고 하고 정확한 목표 반응을 유도하기 위해 제공된 기회는 **시도**(trial)라고 한다. 대부분의 언어 목표 반응은 수없이 반복되는 시도 끝에 도달한다 (Hegde, 1998, 2006a, 2006b; Hegde & Maul, 2006).

시범(modeling)은 조음, 언어, 음성, 유창성 그리고 다른 의사소통장애 치료에서 사용되는 일반적인 절차다.

정확한 반응을 시범 보였는데도 아동이 아무 말도 하지 않는다면 언어치료사는 다음 시도로 진행한다. 앞의 절차에서처럼 그림을 아동 앞에 다시 갖다 놓고 같은 질문을 한 다음 정확한 반응을 시범 보인다. 만약 아동이 '엄마'를 "몰라요."나 "여자."와 같이 완전히 잘못 산출하면 언어치료사는 대부분 "아니야." 혹은 "틀렸어."라고 말한다. 이 같은 언어적인 부정이 아동의 틀린 대답을 감소시키는 경우를 **교정적 피드백**(corrective feedback) 혹은 언어적 처벌이라고 한다. 여기서 처벌이라는 용어는 일상 대화에서의 처벌과는 의미가 다르다. 이 맥락에서 **처벌**은 잘못된 행동에 대한 즉각적 결과를 조절함으로써 선택된 행동의 빈도를 감소시키기 위해 고안된 방법이다 (Hegde, 1998; Hegde & Maul, 2006).

아동이 시범 보인 반응을 특정 빈도의 시도에서 지속적으로 모방하기 시작하면, 언어치료사는 시범 보이는 것을 중단한다. 아동에게 그림을 보여 주고 질문한 다음 반응할 시간을 몇 초간 준다. 이처럼 모방이 아닌 질문이나 사건과 같은 보다 자연스러운 자극에 의해 산출된 목표 반응을 **유도 반응**(evoked responses)이라 한다. 예를 들어, 치료사의 "누구야?"라는 질문에 대해 시범 없이도 "엄마."라고 대답하였으면 아동의 정확한 반응은 시범을 통해서가 아니라 유도된 것이다. 앞에서처럼 유도된 절차에 대한 정확한 반응은 강화하고 틀린 반응에 대해서는 교정적 피드백을 제공한다.

목표 낱말에 대한 유도 반응의 정답률이 일정 수준—주로 90%—에 도달하면 언어치료사는 새로운 낱말을 훈련한다. 아동이 특정 빈도의 낱말을 신뢰성 있게 학습하면 언어치료사는 두 낱말구에 대한 훈련을 시작하고 그다음 문장과 대화로 치료를 진행한다.

대개 진전된 단계의 치료는 덜 구조회된 형식을 갖는다. 덜 형식적이기 때문에 개인 간의 자연스러운 대화에 더욱 가깝다. 이즈음에서는 아동에게 제공하는 강화의 양도 감소시켜 주기적으로 칭찬만 제공한다. 아동이 매일의 일상적 상황에서 특정 언어 구조를 산출하였다고 해서 분명하게 강화되지는 않기 때문이다. 치료의 마지막 단계에서는 실제 대화 상황과 유사한 환경을 조성하는 것이 화용론적 언어 사용 능력을 향상시킬 것이다.

가족 및 주변 사람의 역할

아동의 언어장애를 성공적으로 치료하기 위해서는 그 아동과 접촉하는 많은 사람의 협력이 필요하다. 대부분의 언어장애 아동은 잘 통제된 치료실 안이나 언어치료사가 확인을 해 주는 상황에서는 학습한 것을 산출한다. 그러나 동일한 아동이 집이나 학교 등 상황이 바뀌면 말을 하지 않을 수도 있다. 아동이 배운 것을 자연스러운 사회적 상황에서 사용하도록 하려면 **일반화**(generalization) 및 **유지 절차**(maintenance procedure)라는 부가적 절차를 수행해야 한다(Hegde, 1998; Hegde & Maul, 2006). 일반화는 정적이거나 교정적 피드백 없이 새로운 환경에서 새로운 기술을 산출하는 것을 의미하며 유지는 새로(임상적으로) 학습한 기술을 시간이나 상황에 따라 지속하는 것이다.

일반화 및 유지 절차의 기본 논리는 간단하다. 언어치료사와 치료 상황은 아동이 언어 수행을 하도록 도움을 주지만 집이나 학교 그리고 그 외 상황은 아동이 그러한 상황에서 새로운 반응을 배우지 않았기 때문에 도움을 제공하지 않는다. 또한 언어치료사와는 달리 집이나 다른 상황에서는 사람들이 아동이 새로 습득한 기술을 지지(강화)해 주지 않을 수 있다. 따라서 언어치료사는 모든 상황으로 반응을 일반화시키기 위해서 어떤 방식으로든 일상적인 상황이나 주변 사람들을 치료의 일부로 포함되도록 하여야 한다. 또한 아동이 언어치료사의 도움 없이도 습득한 기술들을 유지할 수 있도록 자기 감독(self-monitoring) 기술을 교수할 수도 있다. 이러한 기술을 습득한다면 집이나 다른 상황에서도 새롭게 학습한 기술을 사용하고 유지할 수 있게 될 것이다(Hegde, 1998; Hegde & Maul, 2006)

언어치료사는 아동의 반응을 일반화하고 지속시키기 위해 몇 가지 단계를 거친다. 가장 중요한 단계는 아동의 가족과 친구, 교사 등을 아동의 치료 과정에 참여시키는 것이다. 처음에 부모에게는 치료 과정을 관찰하도록 권장한다. 언어치료사는 적당한 시기에 부모에게 자극을 제시하고 목표 반응을 유도하기 위한 질문을 하게 한 후 정확한 반응에 대해서는 강화하도록 요구한다. 또한 부모들이 아동을 대화에 참여시키도록 촉진한다. 또한 부모에게 강화해 주어야 할 언어 목표가 무엇인지 설명해 주고 그 행동을 집에서 보였을 때 어떤 식으로 강화해야 하는지 가르쳐 준다.

아동의 형제자매와 친구, 교사 역시 비슷하게 훈련한다. 형이나 누나는 아동이 새로 배운 언어 행동을 견고히 하는 데 효과적으로 활용될 수 있다. 교사들도 아동이 배운 언어를 사용하도록 하는 방법을 안다면 아동이 학습한 언어를 학교에서 사용하게 하는 데 도움이 될 것이다. 이와 같은 단계들을 적용한다면 아동은 언어치료실뿐만 아니라 다양한 장소에서 새로 학습한 언어를 사용하게 될 것이다.

자기 감독 기술 교수는 아마도 언어치료사가 아동에게 교수한 내용을 오랜 시간 동안 유지하도록 촉진하는 가장 의미 있는 전략 중 하나일 것이다. 취학 전 연령의 아주 어린 아동들에게도 자신의 언어(그리고 다른 의사소통 행동)를 감독(monitor)하도록 교수할 수 있을 것이다. 자기 감독을 할 수 있는 아동은 자신이 스스로의 언어치료사가 될 수 있으므로 언어치료사의 존재 여부에 의존하지 않는 효과적인 절차가 될 수 있다. 자기 감독 기술 교수는 언어치료사가 먼저 아동에게 해당 기술을 정확하게 혹은 부정확하게 산출하는지를 평가하는 것부터 가르치는 것으로 시작한다. 예를 들어, 아동이 "two cup이 아니라 two cups라고 말했어요."라고 말하게 하여 자기 반응을 평가하게 한다. 이는 아동이 자신의 표현을 감독하게 하는 하나의 방법이다. 언어치료사는 "정확하게 말했니?" "왜 그게 정확하니?" "네가 말한 것에서 틀린 점이 뭐니?"와 같이 말해서 자기 감독을 촉진할 수도 있다. 아동들에게 자신의 반응의 정확성을 측정하게 할 수도 있다. 예를 들어, 언어치료사는 아동에게 종이를 주고 자신이 정확하게 산출한 것에는 1점, 틀리게 산출한 것에는 0점을 주라고 할 수 있다. 언어치료사가 같은 방식으로 아동의 반응을 측정한다면 아동은 빠르게 자신의 반응을 측정하는 것을 배울 수 있을 것이다.

언어치료사가 취할 수 있는 또 하나의 중요한 단계는 치료가 행해지는 장소를 체계적으로 변화시키는 것이다. 아동이 언어치료사와 대화를 나눌 정도가 되면 치료 장소를 작고 규격화된 치료실이 아닌 보다 자연스러운 상황으로 변화시킨다. 언어치료사가 아동을 식당이나 가게에 데리고 가서 아동이 음식을 주문하거나 점원과 이야기를 하게 할 수도 있다. 언어치료사가 아동의 집을 방문하여 가족의 대화에 참여할 수도 있다. 이때 언어치료사는 아동과 가족 간의 대화를 관찰하고 좀 더 나은 대화를 위해 몇 가지 제안을 할 수도 있다. 이와 같은 방법은 대개 아동이 학습한 언어를 사회적 상황에서 사용하도록 하는 데 효과가 크다.

절차의 변형

지금까지 살펴본 치료 절차는 언어장애 치료에 대한 행동주의적 접근법이라 할 수 있다. 행동주의적 접근법은 매우 광범위하게 연구되어 왔으며 언어장애 아동이 다양한 언어 기술을 습득하는 데에 효과적인 것으로 보고되고 있다. 이 접근법은 시범, 강화, 교정적 피드백, 새로운 행동의 체계적 조성 등의 절차를 따른다(Hegde, 1998; 2008b; Hedge & Maul, 2006).

일반적으로 행동주의적 접근법은 나머지 접근법들에 비해 좀 더 구조화되어 있다. 한 가지 예외는 좀 덜 구조화된 절차를 사용하는 **우연적 교수**(incidental teaching) 절차다. 우연적 교수는 의사소통이 자연스럽게 발생하는 기회를 사용해서 언어를 가르치는 방법이다(Hart & Risley, 1982). 우연적 교수 방법을 사용하는 언어치료사는 목표 반응을 유도하기 위해 체계적으로 시도 기회를 마련하는 대신에 아동이 흥미 있는 주제를 꺼낼 때까지 기다린다. 따라서 이는 이야기를 통해 언어를 가르치는 방법이라고 할 수 있다. 아동이 뭔가를 말하면 언어치료사는 관심을 보이고 더 많은 정보를 요구한다. 이러한 요구를 통해 대개 아동이 자신이 한 말을 정교화하게 한다. 언어치료사 역시 아동이 한 말을 정교화할 수 있다. 언어치료사가 정교화한 표현은 모방하라고 요구하지 않아도 아동이 모방할 수 있다.

아동에게는 언어를 정교화할 수 있는 많은 기회를 제공한다. 실제로 부모가 종종 아동의 말을 반복하고 정교화한다는 연구 결과가 보고되고 있다. 이러한 정교화를 **확장**(expansions)이라고 한다. 예를 들어, 아동이 자기 신발을 가리키며 "엄마, 신."이라고 말하면, 엄마는 "그래, 그건 너의 새 신이지. '내 새 신'이라고 말해 볼래?"라고 말하면서 아동이 한 말을 확장한다. 아동은 처음보다는 정교화되고 길며, 문법적으로 보다 정확한 발화인 "내 새 신."을 모방할 것이다. 이와 같은 확장은 언어장애 아동뿐만 아니라 일반 아동이 복잡한 형태의 언어를 학습하는 데에 도움이 될 수 있을 것이다.

또 다른 형태의 언어치료는 아동이 무엇을 말하는가가 아니라 아동이 사물과 사건에 대해 무엇을 알고 있는가를 강조한다. 이러한 접근법은 일반적으로 **인지적** 혹은 **의미적 접근**이라 불리는데, 이는 언어 산출의 기저에 깔린 개념을 가르치는 데 치중한다. 이 접근법은 언어 습득에 기본이 되는 것으로 여겨지는 정신적 혹은 인지적 처리 과정을 중요시한다. 적어도 언어 훈련의 초기 단계에서는 아동에게 낱말이나 구 혹은 문장을 모방하거나 산출하도록 요구하지 않는다. 대신 아동에게 사물이나 신체적 활동에 대한 정보를 가르칠 목적으로 아동들이 해당 사물을 탐색하게 하고 신체적 활동에 아동을 참여시킨다. 예를 들어, 언어치료사는 '자동차'라는 낱말을 가르치는 대신 아동이 장난감 자동차를 가지고 놀거나 조작하게 한다. 언어치료사는 자동차를 가지고 아동에게 다양한 종류의 동작을 시범 보이고 자동차의 모양이나 색깔을 묘사한다. 아동은 이러한 경험을 통해 장난감 자동차가 무엇인지 알게 될 것이다. 아동이 자동차 대해 습득한 지식은 추가 훈련을 통해서 '자동차'라는 말을 산출하는 데 기초가 된다.

중복장애를 위한 고려

지금까지 개략적으로 살펴본 일반적인 치료 절차는 개별 아동에게 적합하도록 수정될 수 있다. 특히 중복장애 아동에게는 특별한 고려가 필요할 것이다.

중복장애가 없는 언어장애 아동에게 언어치료가 유일한 치료 및 교육적 접근은 아니지만, 일차적인 관심사로 고려할 수 있다. 그러나 특별한 고려가 필요한 중복장애 아동들의 경우에 언어치료사는 그들에게 필요한 모든 요구사항을 고려해야 한다. 이 아동들 중의 대다수는 다른 전문가의 도움이 필요하다. 언어치료사는 아동에게 필요한 여러 가지 요구들이 충족되고 있는지 살펴보아야 한다.

예를 들어, **지적장애** 아동은 정신적 · 행동적 · 인지적 능력을 평가할 임상심리전문가가 요구된다. 또한 대부분 다양한 특수교육 프로그램을 받아야 한다. 언어치료사는 지적장애 아동의 교육적 배치를 위한 간학문적(interdisciplinary) 팀의 일원으로 참여해야 한다. 언어치료사는 지적장애 아동에게 언어를 가르치는 과정에서 아동의 행동 잠재력을 고려해야 한다. 그러나 대부분의 언어치료사는 아동의 잠재력을 고려하지 않고, 진전을 보이지 않을 때까지 점진적으로 복잡한 언어를 가르쳐 나가는 방법을 선호한다.

자폐성장애 아동 역시 심리전문가나 정신과 전문의, 간호사, 사회복지사, 특수교사 등으로 구성된 간학문적 팀의 도움이 필요하다. 언어치료사는 이러한 치료 팀에서 일하면서 주로 자폐성장애 아동에게 의사소통 기술을 가르친다. 그러나 자폐성장애 아동에게 언어를 가르치는 것은 매우 어렵다. 언어치료 회기에서 위축된 행동을 보이는 자폐성장애 아동들에게 동기를 부여하기 위해서는 음식이나 음료수 같은 강력한 강화물이 자주 이용된다. 관련 연구들은 치료 상황에서 교수한 언어 행동을 실제 상황으로 일반화시키는 것이 가장 어려운 문제라고 보고하고 있다. 자폐성장애 아동은 극도로 **자극 의존적**(stimulus-bound)인데, 이는 특정 상황에서 학습한 행동이 그 상황에만 국한되어 나타난다는 것을 의미한다. 다른 상황에서는 그러한 행동을 보이지 않을 수 있다. 그러므로 아동이 다양한 상황에서 언어를 산출하도록 하기 위해서는 다양한 상황에서 치료가 이루어져야 할 것이다.

청각장애와 청각재활은 제13장과 제14장을 참고하라.

청각장애 아동에게도 특별한 고려가 요구된다. 대부분의 청각장애 아동은 소리를 증폭시켜 주면 잘 들을 수 있다. 보청기는 아동들이 말소리를 이해하는 데 도움이 되며, 자신의 말에 대해 자기 감독을 가능하게 하여 말 산출 능력을 향상시킨다. 언어치료사는 집단 치료에서는 여러 개의 헤드폰이 부착된 증폭기로 이루어진 **탁상용 청취 훈련기**(desktop auditory trainers)를 사용할 수도 있다. 언어치료사가 말하는 내용이 증폭기에 입력되면 아동들은 헤드폰을 통해 증폭된 언어치료사의 말을 듣게 된다.

마지막으로 **지체장애**(physical disabilities) 아동들 역시 특별히 신경 써야 한다. 이 아동들은 언어치료와 더불어 언어치료사, 물리치료사, 작업치료사, 그 외 재활훈련과 관련된 사람들의 도움이 필요하다. 뇌성마비와 같이 심한 지체장애 아동은 구어를 학습하지 못할 수도 있다. 예를 들어, 성대와 말소리 산출을 위한 근육의 마비는 말 산출을 불가능하게 만든다. 이런 경우 보완대체의사소통(AAC)으로 설명되는 비구어적 의사소통 수단을 가르쳐야 한다. 미국 수화는 농아나 심한 지적 장애 아동에게 가르치는 비구어적 의사소통 수단 중에 가장 많이 알려진 것이다. 그 외에도 화자가 자신이 말하고 싶은 낱말을 보드 위에 나열하거나 미리 마련된 메시지를 손으로 가리켜서 표현하게 하는 의사소통판이 있다. 또한 정교한 컴퓨터 프로그램도 비구어 수준의 사람들이 다른 사람들과의 의사소통을 가능하게 하고 있다.

보완대체의사소통은 제11장을 참고하라.

요 약

- 아동의 언어 발달을 연구하는 방법에는 종단적 방법과 횡단적 방법이 있다. 종단적 방법은 한 명의 아동 또는 소수의 아동을 수개월 또는 수년 동안 반복적으로 관찰하는 방법이며, 횡단적 방법은 다양한 연령의 많은 아동을 선택해서 한 번에 관찰하는 방법이다.
- 개인차가 크며 언어 영역별로 학습 단계가 중복되긴 하지만, 아동들은 대체로 낱말, 다양한 형태론적 자질, 구 그리고 문장 형태를 학습한다. 옹알이는 언어 발달 초기에 나타나는 신호 중 하나이며, 대부분의 기본적인 언어 양상들은 아동들이 1학년 정도가 되면 숙달된다. 아동이 속담이나 숙어, 그리고 은유와 같이 복잡하고 추상적인 언어 형식들을 숙달하는 것은 1학년 이상이 되어야 가능하다.
- 생득론적 이론은 언어 습득이 대부분 선천적 기제에 의해 이루어진다고 주장하는 반면, 행동주의적 이론은 자신이 속한 구어 공동체의 영향으로 언어가 습득된다고 주장한다.
- 언어장애라는 용어는 아동이 직면하는 사회적이고 학업적인 요구와 이후에 직면할 수도 있는 직

업적 요구들에 대처하는 데 도움이 되지 않는 제한된 언어 기술을 말한다. 제한된 어휘, 문법형태소의 생략, 제한된 문장 형식, 사회적 의사소통의 손상 그리고 구어 이해 결함 등이 언어장애를 진단하는 근거가 된다.

- 언어 영역 이외에서 유의미한 동반 문제들을 갖지 않는 언어장애를 단순언어장애라고 한다. 언어장애는 유전적 증후군, 지적장애, 청각장애, 자폐성장애 그리고 신경학적 장애를 포함한 다양한 요인을 동반할 수 있다.
- 아동의 언어 기술은 자연적인 언어 표본이나 표준화 검사를 사용하여 평가된다.
- 언어치료는 기능적인 언어 목표와 목표 기술을 유도하기 위한 다양한 자극(사물과 그림 포함)의 선택으로 시작한다. 시범, 촉진, 정적강화 그리고 교정적 피드백과 같은 행동주의적 전략들은 낱말, 형태론적 자질, 다양한 문장 구조, 대화 기술, 내러티브 등을 가르치는 데 효과적이다.
- 아동의 가족 구성원이나 교사 그리고 친구들을 치료에 포함시키는 것은 아동이 새로 습득한 언어 기술을 일반화하고 유지하는 데 중요하다.

연구문제

1. 언어 습득은 어떤 방법을 통해 연구되는가? 연구에서 사용되는 두 가지 방법을 비교하여 설명하시오.
2. 아동이 언어 습득하는 각각의 단계들을 개괄적으로 설명하시오.
3. 엄마말(motherese)이란 무엇인가? 엄마말의 주요 특징을 설명하시오.
4. 전보체 말(telegraphic speech)의 특성을 설명하시오.
5. 문법형태소란 무엇인가? 예를 들어 보시오. '모자(hat)'와 '책들(books)'이라는 낱말의 형태소가 각각 몇 개인지 제시하시오.
6. 아동이 부정문을 습득하는 단계를 설명하시오.
7. 의사소통 기능이 무엇인지 설명하고, 예를 두 가지 제시하시오.
8. 의미론(semantics), 화용론(pragmatics), 형태론(morphology), 통사론(syntax)을 정의하시오.
9. 대화와 관련되는 화용론적 기술을 두 가지 이상 설명하시오.
10. 언어 습득 이론 중 생득론과 행동주의 이론을 비교하시오.
11. 언어장애란 무엇이며 언어장애를 어떻게 진단하는지 설명하시오.
12. 언어 평가 절차를 간략하게 설명하시오.
13. 언어치료에서 목표 행동을 선택하는 원칙을 서술하시오.
14. 기본적인 언어치료 절차를 설명하시오.
15. 아동의 언어치료에 가족이나 다른 사람을 포함시키는 것이 중요한 이유를 설명하시오.

참고문헌

Bishop, D. V., North, T., & Donlan, C. (1995). Nonword repetition as a behavioral marker for inherited language impairment: Evidence from a twin study. *Psychology and Psychiatry, 36,* 1-13.

Bohannon, J. N., Ⅲ., Bonvillian, J. D. (2001). Theoretical approaches to language acquisition. In J. Gleason (Ed.), *The development of language* (5th ed., pp. 254-315). Needham Heights, MA: Allyn & Bacon.

Brown, R. (1973). *A first language: Early stages.* Cambridge, MA: Harvard University Press.

Carrow-Woolfolk, E. (1974). *The Carrow elicited language inventory.* Hingham, MA: Teaching Resources.

Carrow-Woolfolk, E. (1999). *Test for auditory comprehension of language* (3rd ed.). Austin, TX: PRO-ED.

Chomsky, N. (1968). *Aspects of the theory of syntax.* Cambridge, MA: MIT Press.

Choudhury, N., & Benasich, A. A. (2003). A family aggregation study: The influence of family history and other risk factors on language development. *Journal of Speech, Language, and Hearing Research, 46,* 262-272.

de Villiers, J. G., & de Villiers, P. A. (1973). A cross-sectional study of grammatical morphemes in child speech. *Journal of Psycholinguistic Research, 2,* 267-278.

Dunn, L., & Dunn, L. (1981). *Peabody picture vocabulary test* (Rev. ed.). Circle Pines, MN: American Guidance Service.

Fox, L., Long S. H., & Langlois, A. (1988). Patterns of language comprehension deficits in abused and neglected children. *Journal of Speech and Hearing Disorders, 53,* 239-244.

Gleason, J. B., & Ratner, N. B. (2009). *The development of language* (7th ed.). Boston: Allyn & Bacon.

Gross-Louis, J., West, M. J., Goldstein, M. H., & King, A. P. (2006). Mothers provide differential feedback to infants' prelinguistic sounds. *International Journal of Behavioral Development, 30*(6), 509-516.

Hart, B. M., & Risley, T. R. (1982). *How to use incidental teaching for elaborating language.* Lawrence, KS: H & H Enterprises.

Hegde, M. N. (1993). *Experimental manipulation of the sequence of morphologic acquisition.* Paper presented in a symposium on experimental analysis of language acquisition at the National Convention of Association for Behavior Analysis, Chicago.

Hegde, M. N. (1998). *Treatment procedures in communicative disorders* (3rd ed.). Austin,

TX: PRO-ED.

Hegde, M. N. (2006a). *Treatment protocols for language disorders in children, Vol. I: Essential morphologic skills.* San Diego, CA: Plural.

Hegde, M. N. (2006b). *Treatment protocols for language disorders in children, Vol. II: Social communication.* San Diego, CA: Plural.

Hegde, M. N. (2008a). *Hegde's pocketguide to assessment in speech–language pathology* (2nd ed.). San Diego, CA: Singular.

Hegde, M. N. (2008b). *Hegde's pocketguide to treatment in speech–language pathology* (2nd ed.). San Diego, CA: Singular.

Hegde, M. N., & Maul, C. A. (2006). *Language disorders in children: An evidence-based approach to assessment and treatment.* Boston: Allyn & Bacon.

Hegde, M. N., & Pomaville, F. (2008). *Assessment of communication disorders in children: Resources and protocols.* San Diego, CA: Plural.

Hresko, W. P., Reid, D. K., & Hammill, D. D. (1999). *Test of early language development* (3rd ed.). Austin, TX: PRO-ED.

Hulit, L. M., & Howard, M. R. (2006). *Born to talk: An introduction to speech and language development* (4th ed.). Boston: Allyn & Bacon.

Klecan–Acker, J. S., & Conway, T. H. (1997). A Study of the relationship of storytelling ability and reading comprehension in fourth and sixth grade African American children. *European Journal of Disorders of Communication, 32,* 109-125.

LaRocca, Y. (2001). *Two-way direction of influence in mother-infant interaction as denoted by concurrent reciprocal learning processes.* ProQuest Dissertations & Theses (document ID: 726100321). Retrieved from http://www.proquest,umi.com

Larson, V., & McKinley, N. (2003). *Communication solutions for older students* (2nd ed.). Eau Claire, WI: Thinking Publications.

Leadholm, B. J., & Miller, J. F. (1992). *Language sample analysis: The Wisconsin guide.* Madison: The Wisconsin Department of Public Instruction.

Leonard, L. L. (1998). *Children with specific language impairment.* Cambridge, MA: MIT Press.

Loban, W. (1976). *Language development: Kindergarten through grade twelve* (Research Report No. 18). Urbana, IL: National Council of Teachers of English.

McLaughlin, S. (2006). *Introduction to language development* (2nd ed.). San Diego, CA: Singular.

Moerk, E. (1983). *The mother of Eve–As a first language teacher.* Norwood, NJ: Ablex.

Moerk, E. (1992). *A first language taught and learned.* Baltimore: Brookes.

Nippold, M. (2007). *Later language development*: School–age and adolescent years (3rd ed.). Austin, TX: PRO–ED.

Owens, R. E. (2008). *Language development: An introduction* (7th ed.). Boston: Allyn & Bacon.

Paul, R (2001). *Language disorders from infancy through adolescence* (2nd ed.). St. Louis, MO: Mosby.

Reed, V. (2005). *An introduction to children with language disorders* (3rd ed.). New York: Macmillan.

Reeve, L., Reeve, K. F., Brown, A. K., Brown, J. L., & Poulson, L. (1992). Effects of delayed reinforcement on infant vocalization rate. *Journal of the Experimental Analysis of Behavior, 58*, 1–8.

Roseberry–McKibbin, C. (2007). *Languaage disorders in children: A multicultural and case perspective*. Boston: Allyn & Bacon.

Sachs, J. (2001). The emergence of intentional communication. In J. Gleason (Ed.), *The development of language* (5th ed., pp. 40-69). Needham Heights, MA: Allyn & Bacon.

Schumaker, J. B., & Sherman, J. A. (1978). Parent as intervention agent. In R. L. Schiefelbusch (Ed.), *Language intervention strategies* (pp. 237-316). Baltimore: University Park Press.

Shipley, K. G., Stone, T., & Sue, M. (1983). *Test for examining expressive morphology*. Austin, TX: PRO–ED.

Skinner, B. F. (1957). *Verbal behavior*. New York: Appleton–Century–Crofts.

Tomblin, J. B. (1989). Familial concentration of developmetal language impairment. *Journal of Speech and Hearing Disorders, 54*, 287-295.

Tomblin, J. B. & Buckwalter, P. R. (1998). Heritability of poor language achievement among twins. *Journal of Speech, Language, and Hearing Research, 41*, 188-199.

Wallace, G., & Hammill, D. D. (2002). *Comprehensive receptive and expressive vocabulary test* (2nd ed.). Austin. TX: PRO–ED.

Winokur, S. (1976). *A primer of verbal behavior: An operant view*. Englewood Cliffs, NJ: Prentice Hall.

07

Introduction to Communicative Disorders

유창성과 유창성장애

아동의 말더듬 이야기

말더듬의 기본적인 특성

더듬는 사람이 우리에게 말하는 것

말더듬 발생률

말더듬 이론

말더듬 평가

말더듬 치료

말빠름증

적절한 사회적 의사소통을 위해 말소리 및 언어 구조의 학습이 필수적이지만 그것만으로는 충분하지 않다. 언어 사용상의 유창성도 필요하다. 만약 언어가 술술 이어지면서 리듬 있게 유창하지 못하다면 의사소통에 어려움을 겪는다. 유창한 의사소통의 방해는 유창성 문제를 야기하는데, 이 중 가장 흔한 것이 말더듬이다. 말더듬과 말빠름증은 모두 유창하고 효율적인 의사소통을 방해할 뿐만 아니라 많은 개인적·사회적인 문제를 야기한다. 이 두 유창성장애가 이 장의 주제인데, 이 중 말더듬에 보다 초점을 맞추었다.

아동의 말더듬 이야기

Brian은 말을 더듬는 5세 남아였다. 부모인 Thomas 씨 부부는 아동을 언어청각 클리닉에 데리고 갔다. 유창성장애, 즉 말더듬은 반복, 연장, 침묵 기간, 삽입어, 과도한 근육 노력 등을 포함하는 말이다. 다음의 부모-임상가 대화는 몇몇 말더듬에 관한 기본적인 정보를 요약하고 있다.

임상가: 언제 처음으로 Brian의 말에 문제가 있는 것 같다고 생각하셨습니까?

Thomas 부인: 한 달 전쯤 어느 토요일 아침이었어요. Brian이 말을 많이 반복하는 것을 발견했습니다. 아이에게 그날 점심으로 먹고 싶은 것을 말해 보라고 했었던 걸로 기억해요. Brian은 "난 점심으로 핫도그가 먹고 싶어요."를 말하고 싶어 했는데, 이것을 말하는 데 많은 어려움을 겪었어요.

임상가: 정확히 아이가 어떻게 했나요?

Thomas 부인: 글쎄요, "난난난난난 하하하하핫도그가 머머머먹고 싶어요, 엄마." 라고 말하더군요. 말하려고 너무 애를 쓰고 있었어요. 제가 보기에 말이 나오게끔 하려고 굉장히 애쓰는 행동을 하고 있었죠.

임상가: 이전에 Brian이 말할 때 그런 문제를 보인 적이 없었나요?

Thomas 씨: 제 아내는 들어본 적이 없었지만 저는 들은 적이 있어요. 두 달 전쯤인가 Brian에게 이야기책을 읽어 줄 때 제가 말하는 중간에 끼어들어 이야기에 대해 질문을 하고 싶어 했어요. 그때 Brian이 정확히 뭐라고 말했는지는 기억나지 않지만 말을 많이 반복했던 것으로 기억해요. 주기적으로 Brian이 말을 약간 많이 더듬기는 했지만, 저는 '그러다 말겠지' 하고 생각했어요. 한 번은 Brian이 저에게 "며며며몇시에요, 아빠?"라고 물었어요.

임상가: 반복이 증가하는 것 같나요?

Thomas 씨: 그런 것 같아요. 지난 약 한 달 동안 문제가 좀 더 심각해졌어요. 반복이 늘어나고 더 자주 막히고 있어요. 이제 막혔다가 풀리는 데까지 시간이 더 걸리고, 빠져 나오려는 행동을 한 후에야 풀리고 있어요.

임상가: 막힌다는 게 어떤 거지요?

Thomas 부인: 입과 얼굴을 보면 무언가를 말하려고 무척 노력하는 것처럼 보이지만 나오는 말은 없어요. 입술이 떨리고 간혹 입술이 벌어지기도 하지만 입술을 꽉 다문 채 있기도 하죠. 무언가 말하려고 애는 쓰는데 아무 말도 안 나오는 거죠. 이게 저한테 가장 두려운 거예요.

임상가: 처음 반복하는 것이나 반복이 증가하는 것을 알아차렸을 당시 특별한 일이 있었나요?

Thomas 씨: 아니요, 그렇지 않았어요. 그냥 집에서 일상적으로 벌어지는 일들이었어요.

임상가: 최근에 아이가 아팠나요?

Thomas 부인: 아니요, Brian은 늘 건강했어요.

임상가: Brian을 임신했을 때 어머니 건강은 어떠셨나요?

Thomas 부인: 임신 중 건강은 좋았고, 정상적으로 분만했어요. 아이도 건강했고요. 말더듬이 있기까지는 특별한 문제를 발견하지 못했어요.

임상가: 말-언어 발달은 어땠나요? 걱정할 만한 일이 있었나요?

Thomas 부인: 아니요, 사실 Brian은 네 살 터울의 형 Chad 보다 더 빨리 말을 시작했어요. Brian이 말이 꽤 빠르다고 생각했지요. 아이는 늘 말수가 많았고 새로운 단어를 빨리 배웠어요.

임상가: 그러니까 말더듬을 발견하시기 전까지는 모두 정상이었군요.

Thomas 씨: 우리가 놓친 게 있을지는 모르겠지만 우리 생각에는 그래요.

임상가: Brian의 말더듬으로 다시 돌아가 봅시다. 두 분에 따르면 아이가 많이 더듬는다고 하셨죠. 말소리를 연장하나요? 아이가 "ㅅ-------아탕 ㅅ-------아 주세요."처럼 말하는 것을 들어본 적이 있나요? 저는 /ㅅ/ 을 두 단어에서 연장시켰습니다. Brian이 이렇게 하나요?

Thomas 부인: 아, 네 그래요. 늘 그래요. 오늘 아침 새 반찬을 먹으면서 "맛있어요, 엄마."라고 말했는데 /아/를 연장했어요. "마아---."처럼 말했어요.

임상가: Brian이 단어나 구를 반복하나요? "나나나 가질래."나 "하게하게하게 해

줘요." 나 "그 친구 그 친구가 올 거예요." 처럼 말하나요?

Thomas 씨: 네, 아이가 그렇게 말하는 것을 들어본 적이 있어요. 가끔 다음 단어로 넘어가기 전에 단어나 구절을 수차례 반복해요. 어제 아이가 형에게 "도대체 왜 도대체 왜 도대체 왜 도대체 왜 그그그래?" 라고 말하는 것을 들었어요.

임상가: '어' 나 '음' 처럼 삽입어라고 부르는 것을 아이가 하나요? 아시다시피 대부분의 사람들도 하지만 Brian이 얼마나 많이 하는지 궁금합니다.

Thomas 부인: Brian이 삽입어를 많이 쓰는 것 같아요. 사실 Brian이 하는 '어' 나 '음' 때문에 미치겠어요.

임상가: '글쎄' 나 '좋아' 같은 단어나, '너도 알잖아' '내 말은' '무슨 말인지 알겠지' 같은 구절을 삽입하는 것은 어떤가요?

Thomas 부인: 가끔 사용해요. 하지만 그보다는 '음' 과 '어' 를 더 자주 들어요.

임상가: Brian이 더듬을 때 얼굴을 찡그리는 등의 행동을 보이나요? 더듬는 사람 중 일부는 눈을 깜빡이거나 코와 이마를 찡긋거리거나, 입술을 오므리거나, 팔을 흔들거나, 다리를 움직입니다. Brian이 이러한 행동을 하나요?

Thomas 부인: 네, 몇 가지를 해요. 눈을 깜빡이는 것과 이마와 코를 찡그리는 것을 본 적이 있어요. 더듬을 때 손과 발도 움직이고요. 심하게 막힐 때면 입이 비뚤어져요. 더듬을 때 다른 쪽을 쳐다보기도 합니다.

임상가: Brian이 늘 더듬나요, 아니면 가끔씩 더듬나요?

Thomas 씨: 매번 달라요. 어떤 날은 몇 번만 더듬고 어떤 날은 하는 말마다 거의 더듬기도 해요. 아침에는 비교적 유창하지만 오후에는 자기 이름을 말할 때에도 애를 써야 해요. 이게 당혹스럽더라고요. 다른 아이들도 그런가요?

임상가: 네, 그렇습니다. 말더듬의 기본적인 특징이 상황에 따라 변한다는 거예요. 복잡하고 낯선 주제를 말할 때 더 더듬을 수 있어요. 주고받는 대화의 속도가 빨라서 침묵해야 할 때 더듬는 사람들이 힘들어합니다. 혼자서 소리 내어 읽거나 독백을 할 때에는 더 유창하고요. 말더듬은 대화 상대에 따라서도 달라집니다. 애완동물이나 아기에게 말할 때는 매우 유창하기도 합니다. 많은 성인 말더듬의 경우 아랫사람에게는 유창성이 증가하는 반면에 상사 앞에서는 유창성이 급격히 떨어집니다. Brian이 어떤 사람에게는 더 더듬고 어떤 사람에게는 덜 더듬나요?

Thomas 씨: 세 살짜리 여동생 Michelle에게 말할 때는 비교적 유창해요. 저하고 말할 때 가장 힘들어하고, 엄마한테는 좀 덜해요. 형한테 말할 때는 보통이고요.

Thomas 부인: 낯선 사람이나 새로운 장소에서 말할 때 말더듬이 가장 심해요. 어느 날인가 Brian을 형네 학교에 데리고 갔어요. 선생님 중 한 명이 Brian에게 말을 걸었는데 말하려고 할 때마다 모든 단어에서 막혔어요. 안타깝게도 이름을 말하지 못했어요. 제 가슴이 찢어지는 것 같았어요. 이웃집 아이들에게 말할 때에도 말더듬이 심해요.

임상가: 더듬는 사람들 중 많은 사람이 특정한 단어를 피해요. 나이가 든 아동과 성인은 어려운 말 대신 다른 말을 사용하죠. 혹시 브라이언이 피하는 단어를 아시나요?

Thomas 부인: 그런 것 같아요. 하루는 Brian이 형 친구인 'John'의 이름을 말하지 않았어요. Brian은 "형 친구가 전화했어."라고 계속 말했지만 누구인지는 말하지 않았어요. 형이 네 번가량 "누군데?"라고 묻자 그제야 Brian이 "J J J John."이라고 말하면서 아주 심하게 더듬었어요. 말이 나오지 않아서 최근에 아이가 사람들에게 "안녕"이라고 인사하는 것을 들어보지 못했어요. 아이의 문제와 관련해서 궁금한 것이 또 있는데, 아이가 노래를 부를 때는 문제를 보이지 않는다는 거예요. 이것도 일반적인 것인가요?

임상가: 네, 그래요! 대부분 말을 더듬는 사람들은 노래를 부를 때는 어렵지 않아요.

Thomas 씨: 놀랍군요! Brian이 자주 더듬는 특정 단어가 있기는 하지만 같은 단어를 유창하게도 말할 수 있어요. 이것도 말더듬의 특징인 것 같네요.

임상가: 네, 그것도 맞아요. 단어를 더듬는 것은 확률의 문제예요. 말더듬은 다른 단어보다는 특정 몇몇 단어에서 더 자주 나타나죠. 하지만 말더듬의 가능성이 가장 높은 단어도 때로는 유창하게 말합니다. 따라서 단어를 말할 수 없는 것은 이상하지 않습니다. 부모님도 잘 아시다시피 Brian은 가끔 더듬는 모든 단어를 유창하게 말할 수 있습니다. 아이는 무엇을 말해야 하는지 정확하게 알지만 간혹 부드럽고 수월하게 그것을 말할 수 없을 따름이죠.

Thomas 부인: 말이 되네요.

임상가: 가족력에 대해서 조금 이야기를 나누고 싶네요. 가족 중에 말 장애력이 있나요? 양가 가족 중 말 문제가 있는 분이 계시나요?

Thomas 씨: 제가 어렸을 때 말을 더듬었어요. 제 아버지는 더듬지 않으셨던 것 같은데 삼촌 한 분은 더듬었던 것 같아요.

임상가: 더듬기 시작했을 때 얼마나 심했는지 아시나요?

Thomas 씨: 확실치는 않지만 네 살쯤 더듬기 시작했던 것 같아요. 초등학교 때에도 많이 어려워했던 기억이 있는 것으로 봐서는 좀 심했던 것 같습니다. 친구들 앞에서 막히는 것 때문에 놀림을 받는 게 괴로웠고 좌절했거든요.

임상가: 치료를 받으셨나요? 치료 내용은 어땠는지 기억나시나요?

Thomas 씨: 언어치료전문가에게 치료를 받기는 했는데 아주 정기적이지는 않았어요. 치료사가 어떻게 했는지는 잘 기억나지 않습니다.

임상가: 말더듬이 언제 없어졌나요? 지금까지 안 더듬으셨는데…….

Thomas 씨: 이제는 더듬지 않아요. 중학교 때 말더듬이 최고조였던 것 같습니다. 고등학교 때 가서는 달라졌어요. 치료를 받지 않았는데도 유창해지기 시작했어요. 대학교에 가서는 말 문제가 덜 눈에 띄었고, 몇 년 후에는 사라졌습니다. 이런 경우가 흔한가요?

임상가: 어느 정도는요. 어떤 말더듬의 경우는 언제라도 말더듬을 회복할 수도 있습니다만 회복은 학령 전에 좀 더 자주 나타납니다. 아동기 초기에 더듬기 시작한 여자 아이들은 같은 연령대의 남자 아이들보다 더 많이 회복을 합니다. 어떤 전문가들은 훨씬 더 높다고 생각하기는 하지만 대략 30%의 말더듬이 전문가의 큰 도움 없이 회복합니다. 이것을 자발적인 회복(spontaneous recovery)이라고 합니다. Thomas 부인의 가족은 어떻지요?

Thomas 부인: 저희 가족 중에서는 더듬은 사람이 없는 것 같습니다. 하지만 확실하지는 않아요. 신문에서 읽었는데, 말더듬은 가계 유전이 있다는데, 사실인가요?

임상가: 어느 정도는 그렇습니다. 말더듬는 사람의 혈족은 더듬지 않는 사람에 비하여 말더듬의 확률이 더 높습니다. 이것을 말더듬의 가계 출현율(familial incidence)이라고 합니다. 하지만 높은 가계 출현율은 성비(gender ratio)와도 관련이 됩니다. 여성보다 남성 말더듬이 더 많아요.

Thomas 부인: 네, 그것이 궁금했었어요. 평생 살아오면서 더듬는 여성은 한 명밖에 못 보았는데 남성은 많았거든요. 그게 가계 출현율과 어떻게 관련되나요?

임상가: 가계 출현율은 가족 내에서 말을 더듬는 한 명 이상의 성에 관련되어 있어요. 만약 가족 중 남성이 더듬으면 그 가족의 가계 출현율은 일반적인 인구 통계보다 높은 출현율을 보일 수 있죠. 하지만 가족 중 여성이 더듬으면 가계 출현율은 더 높을 수 있습니다. 이 말은 여성이 말을 덜 더듬기는

하지만 더듬는 여성은 가족 구성원에게 최대한의 유전적 위험을 부과한다는 것입니다. 사실 말을 더듬는 여성의 남자 형제나 아들은 말더듬이 전달될 위험이 매우 높습니다. 말을 더듬는 남성이나 여성의 여자 형제나 딸은 그만큼은 아니죠. 모든 경우 중 말을 더듬는 엄마의 아들이 발달성 말더듬을 나타낼 위험이 가장 높습니다.

Thomas 씨: 말더듬이 유전적인 성향이 있다는 것을 말하는 건가요?

임상가: 어떤 유전자가 손상된 것인지 어떻게 전달되는지는 모르지만 일부 전문가들은 말더듬이 적어도 특정 수에서는 유전적으로 전달된다고 믿습니다. 그렇지만 말을 더듬는 모든 사람이 더듬는 친척이 있는 것은 아니라는 것을 기억해야 합니다. 따라서 말더듬이 모두 유전 때문이라 결론을 내릴 수는 없어요. 대부분의 전문가는 유전과 환경이 발달성 말더듬에 작용한다고 봅니다.

Thomas 부인: 만약 유전이라면 치료가 더 어려운가요?

임상가: 아니요, 그것을 입증할 만한 자료는 없습니다. 연구 결과에 따르면 거의 모든 더듬는 아동과 성인이 치료를 함으로써 개선이 되고 많은 경우 상당한 정도로 향상이 됩니다. 초기에 말더듬을 치료하는 것이 특히 중요한데, Brian을 일찍 데려오셔서 기쁩니다.

Thomas 씨: Brian과 우리에게는 좋은 소식이군요.

말더듬의 기본적인 특성

Thomas 씨 부부와 언어치료전문가 사이의 대화에 말더듬의 많은 특징이 나와 있다. 다음에 이어질 내용은 이러한 몇몇 특징을 요약한 것이다.

말더듬의 형태: 비유창성

말더듬은 특정한 비유창성 유형, 일반적으로 과도한 비유창성의 양, 혹은 과도한 비유창성의 지속 시간이 특징인 유창성장애다. 물론 이 특징들이 모두 결합되어 나타날 수 있다. 덧붙여 말더듬은 **수반된 움직임**(associated motor behaviors)이 특징일 수 있는데, 이에는 말할 때 근육을 과도하게 움직이는 것, 얼굴을 찡그리는 것, 손과

〈표 7-1〉 유창한 발화를 방해하는 주요 비유창성 유형

비유창성 유형	예
반복	
단어 부분 반복(Part-word repetitions)	"ㅁㅁㅁ몇 시야?"
단어 전체 반복(Whole-word repetitions)	"뭐뭐뭐 하고 있어?"
구절 반복(Phrase repetitions)	"나 하고 나 하고 나 하고 싶어요."
연장	
말소리/음절 연장(Sound/syllable prolongations)	"ㅎ……아게 해 주세요."
들리지 않는 연장(Silent prolongations)	소리 없이 말하려고 애 쓰는 시도
삽입어	
말소리/음절 삽입(Sound/syllable interjections)	"음…… 음 아침에 문제가 있었어요."
단어 전체 삽입(Whole-word interjections)	"내가 그러니까(well) 아침에 문제가 있었어요."
구절 삽입(Phrase interjections)	"내가 너도 알잖아(you know) 아침에 문제가 있었어."
들리지 않는 침묵	단어와 문장 사이의 긴 침묵: "나는 (침묵) 가게에 갈 거야."
단어 쪼개짐	단어 사이의 침묵: "멋 (침묵) 지다."

발의 움직임이 포함된다. 특정한 단어나 상황을 회피하는 경향 등 몇몇 다른 특징들은 단어를 말하기 시작하는 데의 어려움 때문일 수 있다. 결국 이러한 경향들이 말더듬 문제의 일부가 된다.

비유창성(dysfluencies)이라는 용어는 수월하고 힘들이지 않으며 부드러운 말의 흐름을 방해하는 많은 형태를 의미한다. 즉, 비유창성은 유창성을 막는 행동이라고 할 수 있다. Brian은 단어 부분 반복('ㅅㅅㅅ시간', 'ㄱㄱㄱ가고'), 단어 전체 반복('나나나나'), 구 반복('도대체 왜 도대체 왜 도대체 왜 도대체 왜'), 말소리 연장(ㅅㅅㅅ……사탕), 말소리 · 음절 · 단어 · 구절의 삽입(어, 음, 글쎄, 무슨 말인지 알겠지)과 같은 몇몇 종류의 비유창성 형태를 보였다. 더듬는 사람은 그 외에도 다른 유형의 비유창성을 보인다. 〈표 7-1〉을 보면 주요 비유창성 유형과 그 예가 나와 있다.

말더듬의 위치

말더듬의 **위치**(loci)는 말더듬이 전형적으로 관찰되는 말 연속상에서의 위치를 뜻

한다. 말더듬 혹은 비유창성은 발화에서 무작위로 분포하지 않는다. 예를 들면, 말더듬은 구나 문장의 처음 단어에서 좀 더 쉽게 나타난다. 첫 번째 및 앞쪽 단어들이 문장의 뒤쪽 단어들보다 더 반복되기가 쉽다. 예를 들면, "하하하하게 해 주세요."를 더 자주 듣게 되지 "하게 해 주주주세요."는 아니다. 마찬가지로 첫 음절이 마지막 음절보다 반복되기가 더 쉽다. 예를 들면, "아아아아마도 맞을 거야."라는 말을 "아마도도도 맞을 거야."보다 흔히 들을 수 있다.

어떤 사람들은 주로 모음에서만 더듬기도 하지만, 말더듬은 모음보다는 자음에서 더 흔하다. 또한 짧은 단어보다는 긴 단어에서 더 어려움을 보이고, 자주 사용하는 단어는 그렇지 않은 단어보다 덜 더듬는다. 더 길고 덜 사용하는 단어는 말하기가 어렵기 때문에 좀 더 많이 더듬는다고 가정되어 왔다(Bloodstein, 1995).

말더듬의 진단

약식으로 살펴본다 하더라도 〈표 7-1〉에 나열된 대부분의 비유창성 유형은 정상 화자에게서도 쉽게 관찰된다. 정상적으로 유창한 말도 완벽하게 유창하지는 않다. 아마도 항상 100% 유창한 사람은 없을 것이다. '어'와 '음'과 같은 비유창성이나 단어와 구 반복은 전부는 아니지만 대부분의 사람의 말에서 나타난다. 다양한 길이의 쉼(pauses) 또한 흔한데, 특히 언어기술이 계속 발달 중인 어린 아동들에게서 그렇다. 상대적으로 덜 나타나기는 하지만 대부분 화자의 일상적인 말에서도 단어 부분 반복이나 말소리 연장을 관찰할 수 있다. 그렇다면 비유창성에 기초하여 더듬는 사람과 정상 화자를 어떻게 구별할 것인가? 이는 여전히 어려운 문제이며, 몇몇 답이 제시되어 왔다.

다음의 세 가지 가정에 근거하여 더듬는 사람과 그렇지 않은 사람을 구분할 수 있다. 첫째, 모든 비유창성 조합의 빈도, 둘째 특정 비유창성 유형의 출현, 셋째 비유창성 지속 시간이 그것이다. 임상가는 이 세 가지 기준 중 한두 가지를 고려하게 되는데, 이에 관해서는 〈표 7-2〉에 요약되어 있다.

모든 비유창성 유형의 조합 빈도

정상 화자와 더듬는 사람 모두 비유창한 정도(빈도) 측면에서는 상당한 변이가 있다(Conture, 2001). 정상 화자는 발화 상황, 논의하는 주제, 관련된 청자의 종류, 피로 수준, 주제에 대한 지식 정도 등에 따라 비유창성이 달라진다. 익숙한 주제에 대하여 말할 때, 이완된 상태일 때, 청자가 공감적이고 동의하는 자세로 들을 때 화자는

〈표 7-2〉 말더듬 진단을 위한 세 가지 주요 기준

비유창성	구체적 측정	수 량	권고 사항
모든 비유창성 유형의 조합 빈도	말 표본에서 모든 유형의 비유창성을 측정	5% 이상인 경우	말더듬 진단
특정 비유창성 유형의 출현	단어의 부분 반복과 말소리 연장만 측정	3% 이상인 경우	말더듬 진단
비유창성 지속 시간	주로 말소리 연장만 측정, 필요한 경우 다른 것도 포함	1초 이상인 경우	말더듬 진단

더 유창하게 말한다. 반대로 말하는 주제에 대하여 잘 알지 못할 때, 위협을 받거나 스트레스 상황에 있을 때, 청자가 비공감적이거나 적대적일 때, 피로할 때 화자는 유창하지 못하다.

정상 화자의 비유창한 정도에서 보이는 변이성은 더듬는 사람에게서도 보인다. 그러나 더듬는 사람의 비유창성은 그 이상으로 나날이 그리고 발화 상황마다 변동한다. 평균적으로 더듬는 사람은 말하는 단어의 10%가량을 더듬는다(Bloodstein, 1995). 따라서 10% 이상의 비유창성 빈도는 확실히 비정상적인 것이며, 말더듬으로 진단하는 기준이 된다.

비유창한 정상 화자가 어떤지 그리고 말더듬으로 진단하는 데 필요한 비유창성 최소 수준(평균이 아니라)이 얼마인지 정확하게 판단하는 데 어려움이 있기 때문에, 전문가들은 다양한 정도의 비유창성에 대하여 청자가 어떻게 반응하는지 알아보고자 노력해 왔다. 결국 만약 사회가 특정 정도의 비유창성을 용인한다면 그 정도는 정상으로 판별될 수 있다. 연구자들은 다양한 정도의 비유창성이 포함된 말 표본을 일반인이 듣고 그 말이 비정상인지, 말더듬인지, 정상인지, 유창한지 등등에 관하여 판단하게 하였다. 그 결과, 일반적으로 말한 단어의 5% 이상인 경우 비정상적이거나 더듬는다고 판단한다(Bloodstein, 1995; Van Riper, 1982). 따라서 어떤 임상가들은 5% 이상의 비유창성 기준을 이용하여 더듬는 사람과 그렇지 않은 사람을 구별한다. 이 기준을 사용하는 경우 청자는 삽입어나 단어 반복과 같은 일반적인 비유창성 유형이 과도하게 나타나는 경우 말 표본이 부정적으로 판단되기 때문에 모든 유형의 비유창성을 계산한다(Hegde & Hartman, 1979a; 1979b). 그다음에 말하거나 읽은 총 단어 수를 계산하여 이 두 수치로부터 비유창성의 백분율을 구한다.

특정 비유창성 유형의 출현

어떤 임상가는 정상적인 말과 더듬은 말을 비유창성 정도가 아니라 유형으로 구분해야 한다고 말한다. 모든 비유창성 유형이 정상 화자에게서 나타나지만, 어떤 비유창성 유형은 자주 나타나지 않는다. 예를 들면, 단어의 부분 반복과 말소리 연장은 삽입어와 단어나 구 반복처럼 자주 나타나지 않는다. 그러나 이러한 비유창성 유형은 더듬는 사람의 말에서는 빈번하다(Van Riper, 1982). 따라서 어떤 임상가는 단어의 부분 반복과 말소리 연장에 근거해서만 말더듬을 구분한다.

비유창성 유형에 근거한 말더듬 진단은 양적인 기준이 명확하지 않다. 단어의 부분 반복이나 연장의 출현만으로도 충분히 말더듬 진단이 가능하다. 이 비유창성 정도의 5%와 같은 양적(빈도) 기준에 충족될 필요는 없다.

대부분의 전문가는 단어의 부분 반복과 연장이 근육의 긴장이나 분투(struggle)와 더 연합되기 쉽다고 생각한다. 단어 반복이나 삽입어는 종종 근육의 분투나 긴장 없이 나타난다. 사실, 어떤 임상가는 특정 유형의 비유창성과 연합되는 비정상적인 호흡 패턴(예, 들숨 시 말하려는 시도)과 더불어 긴장과 분투를 매우 중요하게 생각한다. 따라서 만약 긴장이나 분투와 함께 나타난다면 어떤 비유창성 유형도 말더듬이 된다. 예를 들면, 아동이 "뭐뭐뭐 하고 있어?"라고 말하는데 '뭐'를 반복하는 동안 얼굴을 찡그리거나, 긴장하거나, 애를 쓰는 행동을 보인다면 단어 반복을 말더듬으로 계산할 수도 있다.

비유창성의 지속 시간

또 다른 임상가는 말더듬을 과도한 비유창성 지속 시간에 근거하여 정의한다. 비유창성이 매우 짧아서 전문가만이 알아차릴 수 있거나, 아주 길어서 누구나 인식할 수 있기도 하다. 따라서 화자의 비유창성이 비정상적인 지속 시간을 유지하는지 고려하고, 대부분의 임상가는 1초 이상을 말더듬으로 진단한다(Van Riper, 1982).

지속 시간 기준은 빈도 기준과 함께 사용되거나 그렇지 않을 수 있다. 지속 시간이 매우 짧을 때에는 빈도가 말더듬의 진단에 중요하고, 지속 시간이 지나치게 길면 비유창성 빈도는 무시될 수도 있다. 중요한 것은 지속 시간이 짧지만 빈도가 높은 경우, 혹은 지속 시간이 길지만 빈도가 낮은 경우에도 말더듬으로 진단할 수 있다는 것이다.

세 가지 기준의 조합 사용

임상가는 세 가지 기준을 말더듬의 진단에 사용할 수 있다. 한 가지 기준에서 벗어나면, 화자가 말더듬인지 평가하기 위하여 다른 기준을 적용한다. 예를 들면, 만약 화자의 비유창성이(모든 유형을 포함하여 계산하는 경우) 말한 단어의 5%를 초과한다면 말더듬으로 진단된다. 만약 화자의 전체 말더듬 비율이 모든 비유창성 유형을 포함하여 계산하는 경우 5% 기준에 충족되지 않는다면 특정한 비유창성 유형이 나타나는지 주목한다. 화자의 비유창성이 주로 단어의 부분을 반복하는 것이거나 말소리를 연장하는 것이라면 비유창성 빈도가 5% 미만이라 하더라도 말더듬으로 진단된다. 만약 이 두 기준이 모두 적용되지 않는다면 세 번째 기준을 적용한다. 즉, 만약 화자의 비유창성 지속 시간이 지나치게 길면 말더듬으로 진단된다.

연합된 행동

특정 종류 및 특징의 비유창성과 더불어 몇몇 연합된 행동들도 말더듬의 특징이 될 수 있다. 앞서 언급하였듯이 연합된 운동 행동과 말 그리고 발화 상황 및 특정 단어에 대한 회피는 말더듬 문제의 일부가 될 수 있다.

운동 행동

특정한 사람이 특정한 행동 패턴을 보이기는 하지만, 말더듬에 연합된 운동 행동의 유형은 다양하며 더듬는 사람에 따라 각각 다르다. 대다수의 연합된 운동 행동은 안면에서 관찰된다. 대부분의 말더듬 성인은 눈을 깜빡이거나 이마와 코를 찡그리는 경향이 있다. 어떤 사람은 눈을 꽉 감고, 어떤 사람은 입술을 오므리는데 입술이 떨리거나 진동한다. 어떤 사람은 /p/나 /b/ 같이 양 입술을 붙이는 소리로 시작되는 단어를 말할 때에도 입을 크게 벌린다. 어떤 사람은 소리내지 않으면서도 입이 열리고 닫히는 것이 반복되어 여러 가지 소리가 난다. 또한 혀를 툭 떨어뜨리거나 턱을 꽉 닫아서 머리가 흔들리는 사람도 있다. 내가 본 환자 중에는 이를 갈거나, 혀를 찼다. 심한 말더듬을 보였던 10세 남아는 천천히 몸을 구부려 얼굴이 무릎에 닿기도 했다. 한 35세 말더듬 환자는 더듬을 때마다 목을 흔들었다. 또 더듬는 동안에 천천히 고개를 어깨까지 움직이기도 했다.

손과 다리의 움직임도 말더듬과 연합될 수 있다. 한 말더듬 남성의 경우 팔을 매우 거칠게 갑자기 움직여 그가 말할 때면 부인이 일정한 거리를 유지해야 할 정도였다. 대개는 팔을 비틀기만 한다. 어떤 사람은 탁자나 자기 몸을 두드리는데, 이 리듬이 보다 유창하게 하는 것 같다. 어떤 사람은 주먹을 꽉 쥔다. 한 말더듬 여성은 신발로 바닥을 거칠게 비벼댔다. 그녀는 우스갯소리로 자기의 말더듬이 카펫의 구멍을 만드는 것 같다고 말하였다. 또 다리를 꼼지락거리고 발가락을 움직이거나 허벅지에 힘을 주기도 한다.

말과 연합된 근육의 긴장 또한 중요하다. 대부분의 더듬는 사람은 목, 턱, 가슴, 어깨 그리고 위의 근육이 비유창한 말을 하는 동안 긴장된다고 한다. 앞서 언급한 대부분의 안면 움직임은 말 근육에서의 과도한 긴장과 연합되어 있다. 어떤 경우 긴장이 몸 전체에서 느껴질 수도 있다.

어떤 경우 연합운동 행동이 가장 주의를 끄는 일탈 행동일 수 있다.

특정 호흡 이상이 말더듬과 연합될 수도 있다. 앞서 말하였듯이, 더듬는 사람은 들숨에 말을 하려고도 한다. 정상 화자들은 말하면서 자주 멈추었다가 숨을 쉬는 반면, 말더듬 화자는 숨을 내쉬었음에도 불구하고 계속 말하려고(더듬는 것을) 할 수 있다. 말더듬과 이러한 문제가 연합된 사람은 폐에 있는 마지막 공기까지 쥐어짜 내려는 듯한 인상을 준다. 어떤 말더듬 화자는 발화 도중에 불필요하게 멈추었다가 들숨을 쉰다. 더듬는 사람의 호흡 패턴은 더듬는 동안에는 고르지 못하며 불규칙적이다.

이러한 연합된 운동 행동은 우연적인 강화 때문에 나타난다고 볼 수 있다. 어떤 사람이 "What t-t-t-t-t-……"이라고 말하며 좌절하여 팔을 흔들었는데, 팔을 흔들자 나머지 발화인 "……time are you coming."을 완성하게 된다. 이때 팔을 흔드는 것은 혐오자극인 말더듬에서 해방시켜 우연하게 강화가 된다. 따라서 다음에 더듬을 때 그는 팔을 흔들기 쉽다. 또한 눈꺼풀을 꽉 감는 것이 심한 말더듬으로부터의 해방과 우연히 함께 나타날 수도 있다. 그러므로 처음에는 많은 연합된 운동 행동이 우연히 말더듬의 종료와 동시에 나타나다가 결국에는 말더듬의 일부가 된다. 그러나 연합된 운동 행동이 더듬는 사람의 유창한 말에 직접적으로 도움이 되는 경우는 없다.

날숨에 관해 이야기한 제4장을 참고하라.

연합된 운동 행동이 말더듬의 진단에 핵심은 아니다. 모든 더듬는 화자에게서 연합 행동이 두드러지지는 않는다. 이는 생활 연령이나 더듬은 횟수와 반드시 관련되지는 않는다. 더듬은 지 불과 몇 개월이 지나지 않은 5세 아동이 일련의 이상한 운동 행동을 보일 수 있고, 더듬은 지 45년이 된 50세 성인이 경미한 연합된 운동 행동을 몇 가지만 보일 수도 있는 것이다. 전형적으로 연합된 운동 행동은 비유창하고 긴장된 말을 하는 동안에만 나타난다. 따라서 연합된 운동 행동은 말더듬 진단에 필수 요소는 아니다. 그러나 일단 나타나면(과장된 움직임 및 근육 긴장으로) 실제 말더듬으로 진단한다.

부정적인 정서 및 회피 행동

더듬는 사람은 특정한 정서 및 심각한 발화의 어려움 때문에 행동의 결과를 경험하게 된다. 반복과 연장을 보이기 시작한 한 3세 아동은 자기 말의 어려움을 인식하지 못할 수 있지만, 이는 오래가지 않는다. 그 아동은 표현하고자 애를 쓰면서 좌절을 겪는다. 그리고 점차 혹은 갑자기 말과 연합된 자신만의 분투와 긴장을 인식하게 된다. 부모는 적어도 잠시 동안은 '아무렇지 않은 듯' 대응하여 특별한 반응을 보이지 않을 수 있다. 그러나 말더듬 아동과 함께 노는 아동은 무언가 말을 할 것이다. 자신의 발화 문제를 해결할 준비가 되지 않은 아동에게 다른 사람의 반응은 발화 문제를 악화시킨다. 더듬는 사람에게서 발달하는 부정적인 감정과 결과적인 회피 행동은 말 문제에 대한 인식에서 비롯될 수 있다.

부모와 주변 성인들이 아동의 어려움에 대하여 반응하지 않고 무한정 미룰 수는 없다. 반응이 비판적이거나 부정적일 때만 아동이 고통스럽게 받아들이는 것은 아니다. 정중하고, 친절하고, 좋은 의도의 반응도 자신의 어려움을 인식하게 할 수 있고, 이미 인식하고 있는 것을 좀 더 아프고 고통스럽게 만들 수도 있다. 무언가를 말하기 위해서 애쓰는 아동을 돕고자 어떤 성인은 아동의 말을 예상하고 대신 해 준다. 또 어떤 성인은 더듬는 아동에게서 정중하게 눈을 돌릴 수도 있다. 또 아동에게 도움이 된다고 생각하며 "깊게 들이 쉬고 말해." 혹은 "말하기 전에 하고 싶은 말을 생각해 보렴."과 같이 제안하기도 한다. 이러한 반응 때문에 아동은 자신의 발화 문제와 연합된 유쾌하지 않은 감정을 강화시키게 된다.

더듬는 아동은 다른 사람들의 인내심 없고 노골적으로 무례한 반응에 직면하기 쉽다. 어떤 부모는 아동이 비유창한 것에 대해 비판하기도 하며, 아동이 더 열심히 해서 유창성을 유지하도록 압박할 수도 있다. 아동들의 놀림, 낯선 사람들의 놀라는 듯한 눈초리, 혹은 조바심 등은 상황을 악화시킨다.

특정한 단어 혹은 발화 상황에서 말더듬이 반복되면 결국 그 단어나 상황은 회피하게 된다. 더듬는 사람마다 보다 말하기 힘든 단어가 있다. 내가 치료하였던 한 환자는 '페퍼로니'를 말할 때 매우 어려워 해서 절대로 자기가 좋아하는 페퍼로니 피자를 주문하지 않았으며, 대신 싫어하는 버섯 피자를 주문하였다. 한 22세 된 여성 안내원은 수화기를 들 때마다 "네?"라고 말하였는데, 이유인즉 "여보세요?"나 회사의 이름을 말할 때 긴 무음 휴지를 보여 어떤 사람들은 기다리다가 끊어버리기 때문이었다. 한 10세 남아는 자기의 성을 말하기 어려워했다. 이 아동은 벗어날 수 있다고 생각할 때마다 가짜 이름을 대었다. 문제 커플의 의사소통을 상담해 주는 한 목사는 '의사소통' 혹은 '의사소통하다'라고 말할 때면 늘 심하게 더듬었다. 어느 일요일 아침 설교 중 그는 '성찬식'이라고 말하면서 심하게 막혔다. 그래서 회피해 버렸다. 목사는 의사소통 대신에 '말하다(talk)'나 '표현하다(express)'로 대치하였고, 성찬식 대신에 주님의 저녁(Lord's supper)으로 대치하였다. 그러나 그는 자신의 회피와 단어의 대치 때문에 행복을 느끼지 못했다. 회피하는 단어를 매우 사용하고 싶어 했다.

에두르기(circumloution)는 더듬는 사람이 사용하는 또 다른 전략이다. 이들은 청자가 자신이 회피하는 단어를 대신 말할 때까지 둘러서 말하다가 그 단어가 나오면 열심히 맞장구친다. 한 15세인 말더듬 학생은 "우리 아빠의 아내가 곧 데리러 올 거예요."라고 말해서 언어치료전문가를 놀라게 했다. "그 사람이 너의 어머니(mother)지?"라고 묻자 "네, 알다시피 그 말은 'm' 단어잖아요!"라며 학생이 활짝 웃었다. 두 딸을 둔 한 엄마는 자녀를 이야기할 때, '우리 막내 딸' 또는 '우리 첫째 딸'이라고 말하였다. 청자가 "제니를 말하는 거지요?" 혹은 "지니를 말하는 거지요?"라고 물으면 그 엄마는 "그래요." 혹은 "아니요."라고 대답하였다. 나의 한 의뢰인이 6월과 7월에 심하게 더듬었는데, 4월에 "유럽에서 5월 다음 달과 다다음 달을 보낼 거예요."라고 말하면서 자신의 휴가를 알렸다. 휴가 중 유럽 어디에서 보낼 것인지 물었을 때는 나의 유럽 지리 지식이 총동원되어야 했다. "첫 번째로 오스트리아에 가요. 그다음에 오스트리아의 동쪽에 있는 나라에 갈 거고요. 그다음에 서쪽에 있는……."

에두르기는 정밀한 단어 사용 지식이 부족해서나 간접적인(외교적인) 방식으로 말할 필요 때문일 수 있다.

더듬는 사람은 의식적으로 많은 발화 상황을 피한다. 이러한 회피는 아주 오래된 것이다. 그 유래는 자신을 '느린 말 그리고 느린 혀'라고 묘사하였던 말더듬 모세(Moses)까지 거슬러 올라간다. 하느님이 자신에게 말했던 것을 이스라엘 백성에게 전해야 했을 때, 모세는 애론을 자신의 연설자로 뽑았다. 모세의 예와 비슷하게, 큰 제조업체 회사의 한 중역은 전화로 말하는 상황을 모두 회피하여, 자기 대신에 전화를 받을 비서를 고용하였다. 비서는 그 중역 옆에 앉아서 외국어를 통역하듯이 양쪽에 전화 내용을 중계하였다.

한 35세 여성은 레스토랑에서 음식을 주문하는 것을 꺼려하여 혼자서는 거의 외식을 하지 않았다. 그리고 23세 대학생은 공개 발표가 필수인 과목은 절대 수강하지 않았다. 수강 전에 미리 강사를 만나 발표 과제가 없는지 혹은 리포트로 대체가 가능한지 확인하였다. 어떤 말더듬 청년은 다른 사람에게 길을 묻느니 차라리 길을 잃어버리는 것을 택하였는데, 처음으로 로스앤젤레스를 방문하였던 어느 저녁에 레스토랑을 찾다가 길을 잃었다. 두 시간 동안 주변을 헤맨 후 바로 근처에 레스토랑이 있었다는 것을 알았다. 더 말할 필요도 없이 그는 회피 행동 때문에 배고픈 채로 밤까지 깨어 있었던 것이다.

일반적으로 더듬는 사람은 낯선 사람, 공식적인 청중, 서비스를 제공하는 곳이나 물건을 파는 곳의 점원, 전화기, 식당 그리고 자기소개하기 혹은 다른 사람 소개하기 등을 회피하는 경향이 있다. 이러한 발화 상황을 피할 수 없는 경우 단어 회피나 에두르기 같은 방식의 다른 전략을 적용한다.

연합된 운동 행동과 마찬가지로 단어 및 상황 회피는 말더듬의 진단에 필수는 아니다. 이것들은 말더듬의 결과다. 특정 상황에서 더듬지 않는다면 그 상황에 대한 회피를 배우지는 않았을 것이다. 따라서 말더듬이 먼저고 회피 반응이 그다음이다. 그러나 발화 상황의 회피와 다른 증상이 같이 나타나면 말더듬으로 확실히 진단받게 된다.

실제로 더듬는 모든 사람이 말더듬과 연합된 고통스러운 경험을 보고한다. 정서 반응은 나이가 들어감에 따라, 특히 말더듬의 중증도가 높아짐에 따라 더 심해질 수 있다. 특정 단어와 발화 상황에서 일관적으로 더듬으면 그 단어 및 발화 상황에 대해 걱정하고 염려하게 된다. 전문가들은 이러한 걱정과 염려가 회피 행동의 원인이 된다고 본다. 이러한 감정을 유발하는 단어나 상황을 회피하면서 그 감정을 감소시키다 보면 이것이 회피 반응을 강화시켜서 오히려 문제가 지속된다.

대부분의 말더듬 성인은 더듬기 전에 어느 정도 말더듬을 예측할 수 있다. 소리 내어 읽는 동안 미리 검색하여 어려운 말이 있는지를 살핀다. 이런 단어가 있을 때 긴장이 증가한다. 대화의 경우 더듬는 사람은 끊임없이 특정 어려운 단어를 말하는 것을 피할 수 없다고 생각한다. 본인의 개인 경험에 근거하여 말더듬에 대해 알기 쉽게 책을 쓴 한 저자는 "내가 입을 열 때마다 말하고자 하는 문장에 앞서 머릿속으로 미리 훑어보면서 더듬을 것 같은 단어가 있는지 살핀다."라고 하였다(Jonas, 1977, pp. 3-4). 이러한 현상은 **예기**(anticipation) 혹은 **예측**(expectancy)이라고 알려져 있는데, 이는 회피 행동의 이유가 된다. 만약 어떤 상황에서 말더듬 문제가 예측되면, 더듬는 사람은 그것을 피하고자 노력할 것이다. 과거에 그 상황에서 말하는 데 어려움을 겪었다면, 미래의 동일한 상황에서도 같은 문제를 예측하게 된다.

더듬는 사람이 우리에게 말하는 것

대부분의 더듬는 사람은 자신의 말더듬을 통제할 수 없는 사건으로 묘사한다. 그 사람들에게는 말더듬이 어쩔 수 없이 일어나 버리는 사건인 것이다. 이들은 더듬을 때 자신의 말 기제를 변화시키지 못한다. 다음의 두 가지 극단적인 예를 살펴보도록 하자. 첫 번째는 미국 작가 John Updike가 쓴 것이고, 두 번째는 앞서 언급했던 Jonas가 쓴 것이다.

> 그렇지 않다는 것이 확실함에도 불구하고 나는 다른 사람에게 나의 말더듬이 눈에 띄지 않고 오직 나만이 의식하고 있는 것이라고 상상하고 싶었다. 즉, 말하고 있는 동안 얼굴 앞에 유리창이 갑자기 나타나 가로막거나 목구멍에 무언가가 들어 있는 것을 나만이 의식하는 것 말이다. 내가 많은 단어를 알고 있다는 것은 의심의 여지가 없기 때문에, 이는 러시아워 때 터널 입구에서 교통 체증이 빚어져 차들이 서로 막혀 빠져나오지 못하는 것과 같다(Updike, 1987, p. 19).

> 몇몇 더듬는 사람은 막힌 상태를 끝내기 위해 애쓰는 과정에서 심하게 흥분하여 발작을 일으키는 간질환처럼 보인다. 이마에 식은땀이 나고, 헐떡이고, 동공이 커지고, 입술이 떨리고, 꼭두각시처럼 갑자기 팔을 움직이고, 사방으로 침을 튀긴다. 글자 그대로 혀에서 단어가 떨어지도록 노력하는 것 같다. 왜 과거에 이들이 마귀에 씌었다고 생각했는지 알 수 있을 것 같다. 만성적인 말더듬은 자신에 대해 묘사할 때 외계인이 자신의 몸을 통제하는 것 같다고 말하기도 한다(Jonas, 1977, p. 7).

더듬는 한 잡역부가 나에게 "누군가 내 혀끝에 효과 좋은 아교를 한 방울 떨어뜨려 놓은 것 같아요. 혀가 입천장에 붙어서 떨어지지 않아요."라고 말했다. 또한 더듬는 사람들은 막힘에서 빠져나오려고 노력하면 할수록 풀려나기가 더 어려워진다. 그러나 왜 자신이 어떤 단어에서는 꽉 막히고, 또 왜 갑자기 그 상태에서 풀리는지에 대해서 궁금해한다. 이들은 그 어떤 것도 자신이 주체가 되지 못한다.

일반적으로 말더듬 환자는 대부분의 청자가 자신의 말에 호의적이지 않게 반응한다고 믿는다. 비록 극소수의 사람들이 더듬는 사람에게 매우 무례하게 행동하지만, 단 한 번 그러한 경우를 당하더라도 그 경험을 잊지 못하고 다른 청자들도 그럴 것이라고 일반화해 버린다. 때로 참을성 없는 사람은 더듬는 사람과 전화하다가 대화 도중에 전화를 끊는다. 한 주유소 종업원은 더듬는 사람에게 "무엇을 하고 싶은지 알게 되면 다시 오세요."라고 말한다. 어떤 선생님은 아동이 끝없이 반복할 때 눈을 굴린다. 피곤하고 화가 난 아버지가 더듬는 자녀에게 "말을 해보라고!"라며 채근한다. 이런 반응은 더듬는 사람들이 생각하는 것처럼 그렇게 흔하지 않다. 간혹 성인이 아닌 일부 아동이 부정적으로 반응하고 말하여 더듬는 아동에게 상처를 주기도 한다. 나는 치료 후 매우 유창해진 4세 남아가 치료에 처음 참여하게 된 5세 여아에게 "말을 뱉으라고!"라고 말하는 것을 보았다. 그러자 여자 아동은 얼른 그 남자 아동에게서 떨어져서 나에게 향했다.

많은 더듬는 사람은 청자가 인내심을 가지고 다른 대화 상대처럼 자신을 대해 주기 바란다. 〈읽을거리 7-1〉에 더듬는 사람과 어떻게 상호작용해야 하는지 제시하였다.

읽을거리 7-1 말더듬는 사람과 어떻게 상호작용해야 하는가?

대부분은 더듬는 아동이나 성인과 말하는 동안 이들을 돕고자 하며 예의 바르게 행동한다. 그러나 어떻게 상호작용해야 하는지 잘 모르는 사람도 있고, 자신은 도움이 된다고 생각하지만 서툰 사람도 있어 더듬는 사람의 입장에서는 화가 나고 굴욕감을 느끼게 된다. 많은 더듬는 사람은 자신과의 대화 상대자가 다음처럼 해 주기 바란다.

- 다른 사람에게 그러하듯이 정상적으로 말해 주기를 바란다.
- 문장을 대신 말해 주거나 단어를 대신 말해 주지 않기를 바란다. 그 대신에 인내심을 갖고 들어주기를 바란다.
- 오랫동안 비유창하게 말할 때 고개를 돌리지 않기를 바란다. 똑바로 바라보는 것이 도움이 되지는 않지만 정상적일 때처럼 바라보기를 바란다.
- "말하기 전에 무엇을 말하고 싶은지 생각해 보세요."라고 말하지 않기를 바란다. 더듬는 것은 생각이 혼란스럽거나 생각이 부족한 것은 아니기 때문이다. 무엇을 말하고자 하는지 정확히 알고 있지만 그 순간에 말을 할 수 없을 뿐이다.
- "말하기 전에 긴장을 푸세요."라고 계속적으로 제안하지 않기를 바란다. 말할 때 긴장이 증가하는 것은 그 자체가 문제의 일부다.
- "말하기 전에 깊게 숨을 들이쉬세요."라고 하지 않기를 바란다. 언어치료전문가와 유창성을 유지하기 위하여 기류를 어떻게 유지해야 하는지에 관해 늘 연습하고 있다.

말더듬 발생률

말더듬은 전 세계 모든 사회에서 나타나는 것이다. 일부 연구에 따르면 말더듬이 특정 사회집단에서 더 많이 나타날 수 있으나, 말더듬이 전혀 나타나지 않는 사회집단이 있다고 보기는 어렵다(Bloodstein, 1987; Van Riper, 1982). 미국에서는 대략 전 인구의 1%가 말을 더듬는다. 미국 인구를 약 2억 8천만 명으로 추정할 때 더듬는 사람은 280만 명이 넘는다고 할 수 있다.

말더듬은 일반 인구집단에 비하여 학령기 아동에게서 많이 나타나는데, 약 4%의 학령기 아동이 말을 더듬는다. 또한 학령전 아동에게서는 더 많이 나타난다. 아동기 초기 말더듬은 시간이 지나면서 변한다. 며칠이나 몇 주 동안 말을 더듬다가 갑자기 더듬지 않게 되거나 점차 잦아들 수도 있다. 어떤 경우는 그렇게 잦아든 후 다시 말더듬이 나타나지 않는다. 또 어떤 경우에는 말더듬이 다시 심하게 나타나기도 한다. 말더듬 아동의 1/4이 6개월 이하의 짧은 기간만 더듬고, 앞서 언급하였듯이 처음 더듬기 시작한 나이에 따라 대략 1/3이 전문가의 도움 없이 말더듬에서 벗어난다.

말더듬은 모든 계층에서 보인다. 영재뿐만 아니라 정신지체가 있는 사람에게서도 나타난다. 철학자, 정치가, 왕족, 작가 그리고 과학자들도 말을 더듬는 사람이 있다. 〈읽을거리 7-2〉를 보면 과거 및 현대의 유명인 중 더듬는 사람을 나열하였다.

말더듬 발생률 성비는 잘 알려져 있다. 말더듬는 여성이 한 명이라면 남성은 대략 네 명이 더듬는다(4대 1의 비율). 이미 말한 것처럼 남아보다 여아가 더 잘 회복되는 경향이 있다. 이를 설명하기 위하여 지금까지 많은 가설이 있었는데, 환경 요소와 유전 요소가 제시되었다. 한 초기 환경 가설에 따르면 남아에 대한 언어 능력의 기대가 더 높아 부모의 압력이 더 과도해진다는 견해가 있다. 현재에는 유전 요소의 역할에 관한 가설이 많은 과학자에게 더욱 선호되고 있다. 이 가설에 따르면 부분적으로 말더듬은 유전되는 장애일 수 있다(Kidd, 1984).

유전 가설은 다른 자료를 통해서도 뒷받침되고 있다. 앞에서 언급했듯이 말더듬은 한 가계 내에서 전달되는 경향이 있으나 그 자체만으로 유전 가설이 설명되는 것은 아니다. 가계 내에서 말장애를 유발하는 환경적인 변인을 공유할 수도 있다. 그러나 여러 다른 것과 함께 생각할 때 유전 가설이 뒷받침된다.

말더듬의 발생률에 대한 유전 가설의 또 다른 근거로 일란성 쌍생아 일치율이 있

읽을거리 7-2 말을 더듬었던 유명한 사람들

- 말더듬은 피할 수도 없고 그 누구를 멈추게 할 수도 없다. 모세와 더불어 그리스의 철학자 Aristotel, 그리스의 연설가 Demosthenes는 말을 더 듬었을 수 있다.
- 왕족도 말더듬을 피하지는 못하였다. 왕도 더듬을 수 있으며 영국의 George 6세, 프랑스의 Louis 2세, 모나코의 왕자 Albert도 더듬었다.
- 유명한 연설가나 정치가도 말더듬에서 벗어날 수는 없다. 영국의 수상 Winston Churchill, 미국의 정치가 Frank Wolf(하원의원)와 Joseph Bidon(부통령)도 더듬었다.
- 유명한 과학자 중 Erasmus Dawin과 손자 Charles Dawin, 그리고 물리학자 Isaac Newton경도 더듬었다.
- 배우 중에는 지미 스튜어트, 마릴린 먼로, 제임스 얼 존스, 사뮤엘 잭슨, 브루스 윌리스, 줄리아 로버트와 에릭 로버트도 더듬었다.
- 작가 중 미국의 소설가 서머셋 모험과 루이스 캐롤, 그리고 앞서 언급된 존 업다이크가 더듬었다고 종종 인용된다. 가수 중에서는 멜 틸리스와 칼 시몬이 말더듬이다.
- 스포츠 영웅 중 골프 챔피언 타이거 우즈, 농구 스타 케년 말틴, 시카고 불스의 스타 밥 러브, 미네소타 바이킹의 풋볼 스타 팻 윌리엄스, 그리고 하키 스타 데이브 테일러가 현재 더듬고 있거나 예전에 더듬었다.
- 방송인 중 ABC 뉴스의 존 스토셀이 자신과 다른 사람의 말더듬 문제에 대하여 보도한 것으로 널리 알려졌다.
- 경제인 중에서는 존 스컬리(애플 컴퓨터사의 공동 경영자), 잭 윌치(제너럴 일렉트릭의 이전 사장), 왈터 애너버그(티비 가이드의 출판사 대표)가 말을 더듬었던 유명한 사람에 해당한다.
- 덜 알려져 있지만 더듬는 여러 사람이 정부, 과학, 교육, 문화 분야에서 의미 있는 공헌을 해왔다. 말더듬의 연구와 치료에 개척자 역할을 하였던 언어병리학자도 자신의 말더듬 때문에 이 학문에 입문하였다. 웬델 존스와 찰스 반 라이퍼가 이러한 경우에 해당한다. 현재에도 많은 말더듬을 전공하는 언어병리학자가 말을 더듬는다.
- 미국 언어청각협회(American Speech-Language-Hearing Association: ASHA)는 의사소통장애가 있는 사람에 대해 서비스를 주창하였던 사람들을 기리고 있다. 말을 더듬었던 애니 글렌의 이름을 따서 상에 붙였다. 이 여성은 우주인이자 전직 미국 상원의원이었던 존 글렌의 부인이다. 2008년 미국 언어청각협회에서는 줄리 앤드류가 수상했다. 8장의 〈읽을거리 8-4〉를 보면 줄리 앤드류의 이야기와 왜 이 여성이 애니 글렌상을 수상했는지 나와 있다.

말더듬 협회의 웹사이트(http://www.stutteringhelp.org)에 가 보면 말을 더듬고 있거나 더듬었던 유명한 사람의 목록이 나와 있다.

다. 같은 장애나 질병 혹은 특징이 일란성 쌍생아 양쪽에게서 발견되면 그 쌍생아는 **일치**(concordant)한다고 볼 수 있다. 쌍생아 중 한쪽만 관련되면 특정 장애나 질병 혹은 특징에 대해서 **불일치**(discordant)한다고 볼 수 있다. 만약 한 장애가 일란성 쌍생아에서 높은 일치율을 보인다면 그 장애는 유전적 소인을 가진다고 볼 수 있다. 일란성 쌍생아는 하나의 수정란(두 태아를 형성하기 위해 둘로 쪼개진다)으로부터 형성되었기 때문에 유전적으로 동일하다. 그러나 이란성 쌍생아는 두 개의 서로 다른 수정란으로부터 생긴 것이기 때문에 일반적인 형제자매만큼만 유전적으로 유사하다.

말더듬이 몇몇 일란성 쌍생아에서는 일치하였으나 모든 경우는 아니라고 밝혀졌다(Bloodstein, 1995; Yairi & Ambrose, 2005). 이는 유전과 환경 양쪽 모두 말더듬의 병인으로써 중요하다는 증거다. 어떤 일란성 쌍생아 중 한 명은 더듬고 나머지는 더듬지 않는다면 이는 환경 변수가 중요하다는 의미다. 또한 더욱 중요한 사실로 말더듬이 일치하는 일란성 쌍생아들 대부분이 동일한 환경에서 성장했다는 점을 들 수 있다. 따라서 환경 변수의 영향이 배제될 수 없다. 처음부터 다른 환경에서 성장한 말더듬이 일치하는 일란성 쌍생아가 있다면 유전 가설을 강력하게 뒷받침할 수 있겠지만 그런 자료는 없다.

환경의 역할을 지지하는 것으로 더듬는 이란성 쌍생아들도 일반 형제자매들보다는 더 높은 일치율을 보인다는 점을 들 수 있다. 유전적인 측면을 고려하면 이란성 쌍생아가 일반 형제자매보다도 일치율이 더 높을 필요는 없다. 유전적인 측면과 상관없이 쌍생아는 일반 형제자매보다 더 유사하게 반응할 수 있고, 말더듬을 포함하여 서로의 행동을 배우는 경향이 있다.

말더듬 발생률 관련 자료는 유전과 환경이 모두 말더듬의 병인으로써 일정 역할을 하고 있음을 보여 준다. 대부분의 전문가는 유전 요소가 말더듬의 소인이 된다고 믿는다. 특정 환경에서 이러한 유전적 소인을 가진 사람이 그렇지 않은 사람보다 더듬기가 쉽다. 그 외 자료와 이론은 다음 절에서 소개할 것이다.

말더듬 이론

유전적 설명 외에도 말더듬을 설명하는 여러 이론이 있다. 이에 대한 자세한 논의는 다른 출처에서도 살필 수 있다(Bloodstein, 1987; Curlee & Siegel, 1997; Van Riper, 1982). 여기에서는 두 가지 주요 이론에 대해 간략하게 설명할 것이다. 하나는 신경생리학적인 변수와 관련된 것이고, 또 다른 하나는 환경적 사건과 관련된 것이다.

말더듬의 신경생리학적 측면

고대로부터 철학자, 의학전문가 등은 말더듬에 대하여 기질적 혹은 **신경생리학적인** 원인을 가정하였다. 이 견해의 핵심은 말을 더듬는 사람은 어떤 방식으로든 하나 이상의 신체 구조나 체계에 결함이 있다는 것이다. 이 관점에 따르면, 말더듬은 환경적 요소 때문이 아니라 불완전한 신경생리학적 구조나 기능 혹은 이 두 가지 모두 때문에 나타나는 것이다.

역사적으로 발화와 전혀 관련 없는 기관을 포함한 여러 신체기관이나 체계가 말더듬의 원인일 것이라고 의심되어 왔다(Van Riper, 1982). 그리스의 철학자 Aristotle는 너무 두껍고 둔한 혀가 말더듬을 일으킨다고 보았다. 현대 의학의 아버지인 Hippocrates는 건조한 혀가 원인이라고 생각했다. 고대 로마시대의 의사 Celsus는 약한 혀가 원인이라고 보았다. 모든 사람이 혀가 말더듬의 원인이라고 생각하던 시절, 2세기 그리스의 의사 Galen은 차갑고 습한 혀가 말더듬의 주범이라고 제안했다. 17세기 영국의 철학자 Francis Bacon은 언 혀가 원인이라고 보았다. 그 당시 Bacon의 치료가 더듬는 사람에게 환영을 받았는지는 알려져 있지 않지만, 그는 치료를 위하여 차가운 혀를 녹이기 위한 뜨거운 포도주를 추천했다. 몇몇 더듬는 사람들이 뜨거운 포도주 치료 후 일시적으로 유창성을 경험했다 해도 그리 놀라운 일은 아닐 것이다.

프러시아의 외과 의사였던 요한 Johann Friedrich Dieffenbach도 혀의 문제가 원인이라고 보았다. 그는 혀가 너무 커서 말더듬이 생긴다고 생각했다. 치료는 직접적이고 즉각적이었는데, 혀의 일부분을 수술로 절제했다. 일부 더듬는 사람이 혀의 여러 부분을 수술로 절제하였는데, 수술 후 일부 환자가 사망하면서 이러한 치료는 사실상 그만두었다(Van Riper, 1973). 말더듬과 관련된다고 여겨지는 또 다른 신체기관으로는 설골(위쪽 인후에 있는 U자 모양의 뼈), 목젖, 편도, 경구개 그리고 뇌가 있다.

현대의 신경생리학적 이론은 발화 기제와 발화 운동을 통제하는 뇌에 관한 대규모 연구에 기초하고 있다. 말은 정교하게 조절되는 활동이기 때문에 유창한 말을 위해서는 신경, 근육 그리고 뇌가 정상적이고 정확하게 기능해야 한다. 따라서 연구자들은 구조나 기능 혹은 양쪽 모두가 비정상적인지를 살피기 위해 말소리 산출과 조절의 모든 측면을 관찰하였다.

후두의 기능장애

최근 연구자들은 후두의 작용으로 말더듬이 나타난다고 생각했다(Bloodstein, 1995). 목 안에 있는 후두 기제는 혀의 기저부에 있는 설골에 의해서 일시 정지되며, 이에는 음성을 만들기 위해 진동하는 성대가 포함된다는 것을 기억해야 한다. 후두는 주로 제10번 뇌신경으로 통제되는 근육 구조다. 더듬는 사람이 갑자기 말하는 것을 멈추고 음절을 빠르게 반복하거나 소리를 길게 연장하여 발성할 때는 성대가 비정상적으로 움직이고 있다고 추론할 수 있다.

일부 연구에서는 더듬을 때와 유창하게 말할 때 후두 활동을 직접 **굴곡후두경**(fiberoptic scope)을 통해 관찰하였는데, 이는 얇고 휘기 쉬운 튜브로 코나 입을 통해 후두로 삽입한다. 연구자는 후두를 환하게 비추어 후두의 움직임을 볼 수 있다. 다른 연구에서는 후두 근육의 전기적 활동을 **근전도검사**(electromyography)를 통해 기록하였다. 또한 후두 활동을 움직이는 엑스레이 사진으로 찍는 **방사선영화촬영술**(cineradiography)로도 연구가 진행되었다. 전통적인 정지 엑스레이와 달리 방사선영화촬영술을 이용하면 구조의 움직임을 연구할 수 있다.

굴곡후두경은 내시경(endoscopes)으로 알려져 있는데 제8장을 참고하라.

이러한 연구를 통하여 더듬는 동안 후두 근육이 긴장하고 과도하게 움직이는 것을 알 수 있었다. 대립되는 근육쌍이 동시에 작용할 수 있다. 예를 들면, 성대를 열고 닫는 근육이 동시에 작용하여 말이 막히거나 방해를 받는 결과가 초래되었다. 성대는 일반적으로 규칙적이고 주기적인 방식으로 진동한다. 그러나 말을 더듬을 때에는 불규칙적이고 비주기적으로 진동한다. 더듬는 사람은 성대가 매우 단단히 폐쇄되어 발성과 말이 막히는 경향이 있다(Bloodstein, 1995). 말더듬을 비정상적인 후두의 움직임과 구분하는 것은 불가능하기 때문에 앞에 기술된 후두의 비정상적인 움직임은 말더듬의 특징이지 원인은 아니다. 임상적으로 유창하다고 판단된 말에서는 이러한 비정상적인 특징이 나타나지 않는다.

뇌와 발화 기제

발화 기제를 통제하는 것은 뇌이기 때문에 말더듬은 뇌의 불완전한 구조나 기능에서 기인할 수 있다. 몇몇 연구에서 뇌의 기능과 말더듬 사이의 관계를 조사해 왔다.

대부분의 더듬는 사람이 왼손잡이로 태어나서 오른손을 사용하도록 강요받았다는 것은 적절하지 않다고 본다.

일련의 연구에서 대부분의 더듬는 사람은 뇌의 한쪽 반구가 언어를 완전히 통제하지 못하거나 오른쪽 뇌에서 언어를 처리할 수 있다고 제안했다. 대부분의 정상 화자는 어느 손을 사용하든 상관없이 왼쪽 뇌가 언어를 지배한다. 우반구는 음악과 비언어적인 활동을 지배한다. **대뇌반구**(cerebral hemisphreres)로 알려져 있는 두 뇌반구는 많은 면에서 동일하지만 좌반구가 약간 큰데, 전문가들은 좌반구가 통제하는 말과 언어의 중요성과 복잡성 때문이라고 믿고 있다. 소수의 경우 우반구가 언어를 지배할 수도 있다. 그렇지만 어떤 경우든 양 반구 중 어느 한쪽이 언어를 지배한다. 그러나 어떤 이유로 하나의 반구가 언어를 지배하지 않는다면 양 반구가 서로 엇갈리게 기능을 조절하려고 할 수 있어 말더듬을 유발할 수 있다(Bloodstein, 1987; Van Riper, 1982).

어떤 손을 사용하느냐는 언어의 뇌반구 우세의 확실한 징후가 아니다.

1920년대 Orton과 Travis가 이러한 이론을 제안하였다. 이후 Travis(1931)가 요약하여 제시하였던 것처럼, 이 이론에서는 더듬는 사람의 뇌는 어느 한쪽 반구가 언어를 지배하지 않는다고 말한다. 이론은 미국과 다른 나라에서 여러 해 동안 성행하였으며, 이후 다른 이론이 나오면서 폐기되었다.

근래에 들어 뇌와 말소리 산출을 연구하는 새로운 방법이 개발되었다. 예를 들어, 뇌의 전기적 활동을 기록하는 **뇌파검사법**(electroencephlographic method)을 이용한 연구에서는 더듬지 않는 화자와 달리 더듬는 사람은 언어에 '적절하지 않을 수 있는' 하나의 반구, 즉 우반구에서 비언어적인 것뿐만 아니라 언어적인 것까지 처리할 수 있다고 제시하였다.

다른 전문가들은 얼굴과 구강 구조에 대해 움직이는 방사선영화촬영술을 이용하여 연구한 결과 더듬는 사람은 유창한 말에서조차 정상 화자보다 발화 관련 움직임이 더 느리다는 점을 알 수 있었다. 더듬는 사람은 턱, 입술, 혀의 움직임이 협응되지 않는다. 이러한 모든 관찰 결과에 기초할 때, 더듬는 사람의 뇌는 부드럽고 효율적이고 협응된 방식으로 발화 활동을 개시하고 조절하지 않을 수 있다는 점이 드러났다. 아마도 이들의 신경계는 불안정할지도 모른다(Zimmermann, 1980).

많은 증거에 따르면 더듬는 사람이 치명적인 신경생리학적 손상을 보이지는 않는다. 다만, 매우 미세한 신경생리학적 손상이 말더듬 문제를 보이는 일부 화자에게서만 나타났다. 대부분의 신경생리학적인 연구에서 말더듬의 원인을 찾아내지는 못했다. 예컨대, 느리고 협응되지 않은 발화 활동은 말더듬을 유발하는 것이 아니며, 오히려 그러한 활동은 말더듬 그 자체다. 따라서 많은 신경생리학적 연구가 유창한 말더듬은 말과 관련된 신경과 근육 행동을 기술하는 데 그치며 더듬는 사람이 왜 그렇게 행동하는가를 지적하지는 않는다.

청각 기제 손상

또 다른 말더듬에 대한 기질적인 이론으로는, 더듬는 사람은 청각 기제가 손상되었을 수도 있다는 점이다. 더듬는 사람은 헤드폰을 쓰고 귀를 소음으로 **덮었을**(masked)

때 유의하게 더 유창해질 수 있다. 약간 늦게 자신의 말을 귀에 들려주었을 때에도 유창성이 증가할 수 있다. 이러한 **지연 청각 역입**(delayed auditory feedback)은 기계로 제시되며 말더듬 치료에 이용되어 왔다. 이러한 두 종류의 연구 결과에 따르면 아마도 자신의 말소리 산출을 해석하고 통제하는 뇌 부위가 손상되었다고 가정할 수 있다. 대다수의 더듬는 사람은 정상 청력을 가지고 있으며 가정된 청각 문제는 귀에서의 문제가 아니라 청각과 관련된 뇌 부위에 있다는 점에 주의해야 한다.

청각 손상 이론에 따르면 더듬는 사람은 구조적으로 자신의 말을 처리하는 것이 지연된다고 한다(Bloodstein, 1995). 이러한 이유로 말을 지연하여 역입하는 경우에 보다 유창해지는 것이다. 왜냐하면 지연 역입으로 구조적인 지연이 맞추어질 수 있기 때문이다. 그러나 지연 청각 역입하에서는 발화 속도가 유의하게 낮아진다는 점이 비판점으로 제시되어 왔다. 더듬는 사람이 천천히 말하면(지연 청각이 있든 없든 간에) 유창성이 증진된다고 알려져 있다. 따라서 지연 청각 역입의 효과는 발화 속도 때문일 수도 있다.

말더듬과 환경 요인

지금까지 우리는 유전, 뇌, 신경 그리고 발화 기제가 잠재적으로 문제가 있어 말더듬의 부분적인 이유가 되고 있음을 살펴보았다. 다른 이론적 측면에서는 말더듬을 환경 변수에 기초해서 설명하려고 노력해 왔다. 인간의 행동과 장애에 관해서는 타고난 특성과 양육의(nature-nurture) 논쟁이 계속 되어 왔다. 행동은 유전적이고 신경생리학적인 요인에 의해서 결정되는가? 혹은 환경적 요인에 의해서 조형되는가? 이 질문은 말더듬에도 논쟁거리가 되었다.

많은 관찰 결과에 따르면 말더듬은 환경 자극이나 사건에 따라 다양하게 나타난다. 예를 들면, 청중이 많을수록 말더듬의 빈도가 더 높아진다. 말더듬을 증가시키거나 감소시키는 자극은 다음에도 같은 효과를 내는 경향이 있다. 예를 들면, 한 연구에서 보면 테두리에 색이 있는 페이지에서 말더듬의 빈도가 높았는데, 이후 다시 실험을 하였을 때에도 참여자들은 색이 있는 페이지에서 또다시 더 많이 더듬었다. 소리 내어 읽기에서 처음 읽을 때 더듬었던 단어들을 지우고 다시 읽도록 한 경우 지워진 단어 옆의 단어들을 더듬는 경향을 보였다(Bloodstein, 1995).

청자에 따라 말더듬이 다르게 나타난다는 것은 이미 언급되었다. 어떤 사람은 아동에게는 유창하게 말하지만 성인에게는 말하자마자 첫 단어부터 바로 더듬는다. 패스트푸드점까지 걸어갈 때는 비교적 유창하게 말하던 어떤 사람이 막상 음식점에 들어가서는 주문을 할 수 없다. 이런 저런 증거에 기초할 때 환경이 말더듬 빈도에 영향을 미친다는 사실은 의심의 여지가 없다(Bloodstein, 1995). 말더듬에 대한 많은 환경적 이론이 있는데 그중 몇 가지만 여기에서 소개하겠다.

진단기인론

환경에 기초해서 말더듬을 설명하는 이론으로 유명한 **진단기인론**(diagnosogenic theory)은 미국의 초기 말더듬 연구자였던 Wendell Johnson이 제안하였다. 그는 말더듬이 부모의 진단에서 비롯되며, 말더듬은 아동의 입이 아니라 청자의 귀에 있다고 하였다(Johnson & Associates, 1959). 존슨은 연구를 통해 모든 사람이 비유창한 측면이 있으며 말더듬 화자가 반드시 더 유창하지 못한 것은 아니라고 확신했다. 부모가 유창성에 대해 더 높은 기준을 가지고 있거나 모든 아동이 비유창성을 보인다는 것을 이해하지 못하는 경우, 자녀가 대부분의 다른 아동처럼 우연히 말을 반복하고 삽입어를 사용하며 고쳐 말하고 말을 연장하는 등 정상적으로 말하는 것에 대하여 더듬는다고 진단한다.

만약 과도한 양의 비유창성이나 특정 유형의 비유창성이 말더듬이 아니라면, 그것은 무엇인가? 부모가 존재하지도 않는 문제를 진단한다면 그래서 어떻다는 것인가? Johnson은 자신이 말더듬이라 너무 큰 고통을 받았기 때문에 말더듬을 아무것도 아닌 일에 야단법석을 떠는 것이라고 생각하였다. 그에게 말더듬 문제는 진단을 잘못 내린 결과일 뿐이었다. Johnson의 이론에 따르면 그러한 잘못된 진단 때문에 아동이 자신의 말에 무언가 잘못된 것이 있다고 믿게 된다고 본다. 그리고 그 아동은 부모가 문제 삼는 것, 즉 비유창성 혹은 Johnson이 선호하는 용어인 **정상적 비유창성**(normal nonfluencies)에서 벗어나기 위해 노력한다. 아동이 정상적 비유창성을 회피하기 위해 하는 행동이 말더듬이다. 본질적으로 말더듬은 비유창성과 혼동되어서는 안 된다. 말더듬은 한 아동이 더듬지 않기 위해서 취하는 모든 행동을 말한다. 즉, 얼굴 찌푸림, 팔 휘젓기, 발 두드리기, 긴장된 움직임, 단어와 발화 상황 회피 등이 바로 그것이다. Johnson에 따르면 연합된 운동 행동과 회피 반응이라고 기술된 것들이 말더듬이다.

Johnson의 이론은 한 가지 중요한 가정에 기초한다. 즉, 더듬는 아동이 더듬지 않는 아동보다 비유창성을 더 많이 보이지는 않는다는 것이다. 불행히도 Johnson의 자료와 다른 연구자의 자료를 살펴볼 때 이러한 가정은 옳지 않았다(Bloodstein, 1995).

더듬는 대부분의 아동 및 성인은 그렇지 않은 경우보다 훨씬 더 비유창성을 많이 나타냈다. 부모는 대개 근육 긴장과 노력이 동반되는 비유창성의 양과 길이가 증가할 때 말더듬으로 진단한다.

Johnson 이론의 또 다른 유형으로, 아동이 말을 어려운 것이라고 믿어 말더듬이 나타난다고 보는 이론이 있다. Bloodstein(1984, 1995)이 제안한 **예기투쟁 이론**(anticipatory struggle theory)에서는 말더듬 그 자체는 긴장에 대한 반응이며 그로 인해 말이 분절되는 것이라고 설명한다. 아동은 여러 가지 이유로 말이 어려운 것이라는 믿음을 가질 수 있다. 예를 들면, 언어 습득이나 조음에 문제가 있는 아동 중 일부는 나중에 말더듬이 나타난다. 언어나 말소리 산출(조음)을 배우는 데 문제가 있으면 의사 전달에 압박감이 더해져 말이 어려운 것이라는 믿음이 서서히 주입되기 쉽다. 이러한 믿음 때문에 아동은 특정 단어를 말할 때마다 매번 고생을 할 것이라고 예상하게 되어, 안간힘을 쓰기 시작한다. 아동은 쉽게 말하기 위하여 단어를 분절한다. 전체 단어를 말할 수 있든 없든 간에 단어를 한 번에 말하는 것이 너무나 어렵다고 보아 그 단어를 쪼개서 말하는 것이다. 그와 같은 분절이 말더듬이다.

또한 Johnson은 말더듬이라는 말조차 없기 때문에 아메리카 원주민들은 더듬지 않는다고 가정했으나, 자료에 따르면 원주민들도 말을 더듬었으며 말더듬과 관련된 단어를 많이 가지고 있다.

말에서 예상되는 분투와 분절이 비유창성의 형태로 나타난다는 Bloodstein의 이론은 말더듬에 대한 많은 관찰 결과와도 맥을 같이한다(Bloodstein, 1995). 그렇지만 말이 어렵다는 것을 아동이 어떻게 믿게 되는지 완전히 이해하기 위해서는 더 많은 연구가 필요하다. 많은 말더듬 아동이 이러한 믿음을 주입할 수 있는 여타 종류의 의사소통 문제를 보이지는 않는다.

조건화와 학습에 기초한 이론

더듬는 사람이 일부 단어나 발화 상황에서는 유창하지만, 때에 따라서 그렇지 않다는 점은 아마도 그들이 그렇게 행동하도록 조건화되었다고 볼 수 있다. 따라서 몇몇 이론에서는 조건화와 학습에 기초하여 말더듬을 설명하기도 한다.

일부 이론가는 말더듬이란 **학습된 회피 행동**(learned avoidance behavior)이라고 주장해 왔다. 예를 들면, Wischner(1950)는 유창하지 않은 말에 대하여 부모가 부정적으로 평가하기 때문에 아동이 자신의 말에 대해 걱정하기 시작한다고 주장하였다. 이러한 걱정은 특정 분절음이나 단어, 발화 행위 그리고 발화 상황이 조건화되며, 결국 '말더듬'이라고 불리는 회피 행동을 유발한다. 이 이론은 본질적으로 존슨의 이론(Johnson & Associates, 1959)과 유사하며, 아동의 말에 대한 부모의 부정적 반응이 문제의 시작이 된다. Wischner의 이론에서 주된 문제점은, 걱정과 회피(말더듬)에 이르게 하는 정상적이지만 유창하지 않은 말에 대한 부모의 부정적 반응을 입증하기 어렵다는 것이다.

또 다른 학습 이론에 기초한 견해로서 B. F. Skinner(1953)의 조작적 조건화에 기초한 것이 있다. 특정 결과가 배치되어 행동이 증가하거나 감소하는 것을 조작(operant)이라고 한다. **조작**은 강화제(reinforcer)라 불리는 결과로 만들어지고 유지되며 증가하고, 벌(punisher)이나 혐오자극(aversive stimuli)이라고 불리는 것에 의해 감소하는 의도적이고 목적이 있는 행동이다. **강화제**란 반응 후에 따라오게 되었을 때 그 반응의 빈도를 증가시키는 사건을 말한다. **벌**이란 반응 후에 따라오게 되었을 때 그 반응의 빈도를 감소시키는 사건을 말한다. 강화 반응과 연합되는 사람, 대상, 물리적 환경 등의 자극을 **변별자극**(discriminative stimuli: SD)이라고 한다. 반응은 이 변별자극이 있을 때 더 많이 나타난다. 벌과 연합되어 반응을 감소시키는 사람, 사물, 물리적 환경 등의 자극은 **S-델타**(S△)라고 한다.

말더듬에 대한 조작 이론은 말더듬이 강화에 의해 증가하고 벌에 의해 감소할 수 있다는 실험에 기초한다(Bloodstein, 1995; Hegde, 1995). 몇몇 실험에서 '안돼' 나 '틀렸어' 와 같은 언어적 벌이 말더듬의 빈도를 줄이는 데 사용되었다. 어떤 연구에서는 전기쇼크가 이용되었다. 하지만 쇼크 상태에서는 말더듬이 증가하기도 하고 감소하기도 하였으며 아무런 변화를 보이지 않는 경우도 있었다. 또 다른 연구에서는 말더듬을 감소시키기 위하여 소음을 이용하기도 하였다. 중요한 점은 조작적 행동처럼 말더듬이 여러 가지 자극으로 증가 혹은 감소한다는 것이다.

말더듬의 빈도가 실험적 방법에 따라 변화할 수 있지만, 말더듬이 조작적 행동이라는 주장을 뒷받침하기 위해서는 증거가 더 필요하다. 어떻게 말더듬 행동이 만들어지고 강화되는지, 그리고 혐오 행동이 어떻게 유지되는지 명확하지 않다.

또 다른 조건화 이론인 **이원 이론**(two-factor theroy)에서는 비유창성의 유형별로 각기 다른 원인을 가지고 있다고 설명한다(Brutten & Shoemaker, 1967). 이 견해에 따르면 단어 부분 반복과 소리 연장만이 말더듬이라고 본다. 단어 반복이나 삽입어 등 다른 유형의 비유창성은 말더듬이 아니다. 또 앞서 정의된 말더듬은 고전적으로 조건화된 걱정에서 기인한 것이며, 여타 유형의 비유창성은 조작적으로 조건화된 행동이라고 본다. 이 이론에서 말하는 두 가지 요소란 말더듬과 말더듬이 아닌 여타 비유창성에 이르게 하는 두 유형의 조건화를 말한다.

고전적 조건화(classical conditioning)는 러시아의 생리학자 Pavlov가 연구한 것처럼, 한 자극(가령, 걱정 반응을 당연히 유발시키는 벌과 같은 것)이 다른 자극(가령, 걱정을 일으키지 않는 발화 상황)과 쌍이 되었을 때 나타난다. 만일 벌이 발화 상황과 자주 짝지어져 나타나게 되면 발화 상황 자체가 걱정을 불러일으킨다. 이원 이론에서는 더듬는 사람이 발화 상황에서 걱정을 경험하도록 조건화되었다고 말한다. 이러한 걱정은 유창성의 붕괴를 가져오며, 이는 단어의 일부가 반복되거나 소리가 연장되는 형태로 나타난다.

쇼크(보통 쇼크는 걱정을 발생시킨다고 여긴다)가 뒤이어 따라올 때 단어 부분 반복과 소리 연장이 늘어나거나 혹은 변화가 없다는 연구 결과가 있다. 앞서 언급하였듯이, 모든 유형의 비유창성은 타임아웃(time-out)이나 반응비용(response cost)과 같은 벌이 동반되면 감소한다. 타임아웃과 반응비용에 대해서는 뒷부분에서 설명할 것이다. 1960년대 및 1970년대에 말더듬이 늘어났다고 보고하는 연구에서는 대부분 전기쇼크를 사용하였다. 그 후 연구자들은 실험에서 쇼크의 사용을 꺼리게 되었다. 하지만 이러한 이견을 좁히기 위해서는 더 많은 연구가 필요하다.

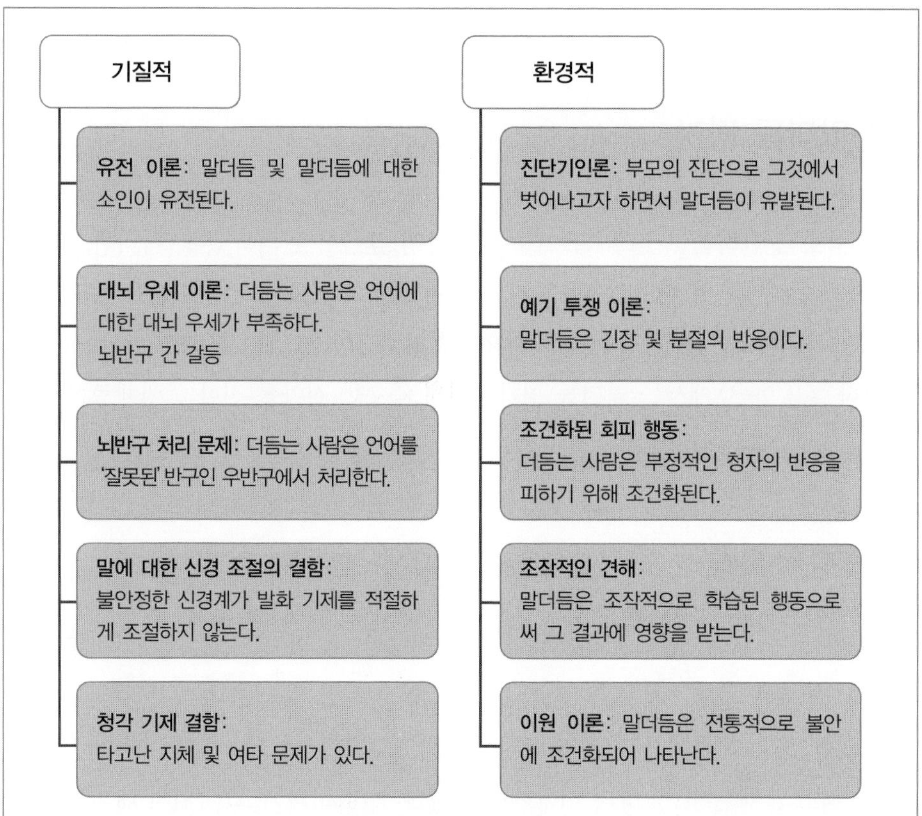

[그림 7-1] 말더듬 이론 요약

[그림 7-1]은 말더듬을 설명하는 두 가지 접근법(기질적인 것과 환경적인 것)에 대한 요약이다. 말더듬을 완벽하게 설명하는 유일한 이론이 없다는 점은 분명하다. 대부분의 이론에서는 말더듬의 특정 측면을 조망한다. 신경생리학적 요인 및 환경 요인을 모두 고려하는 이론이 어느 하나만을 고수하는 것보다는 좀 더 타당한 것 같다. 그러나 말더듬에 영향을 미친다고 알려진 모든 요인에 근거하여 말더듬의 모든 측면을 설명하는 완전히 통합된 이론은 아직 나오지 않았다. 이러한 이론을 제안하기 위해서는 많은 실험 연구가 이루어져야 한다. 그럼에도 불구하고 말더듬의 잠재적인 원인에 대한 많은 연구 결과가 있다.

말더듬은 아마도 다양한 원인을 가지고 있는 것 같다. 기질과 환경 요인이 말더듬의 발생과 유지에 영향을 미친다. 따라서 어떤 사람은 유전적 소인으로 말더듬에 취약하다고 가정한다. 또한 신경계의 불안정성, 즉 발화 행동을 실행하는 뇌에서 나타나는 잠재적인 문제가 이러한 유전적 취약성의 일부가 될 수도 있다. 압력, 조건화, 갈등과 같은 특정 환경적 요인이 작용하는 적절한(그러나 긍정적이지 않은) 환경하에서 말더듬이 나타나기 쉬운 것으로 보인다.

말더듬 평가

말더듬을 진단하는 서로 다른 기준에 대하여 앞에서 논의하였다. 이러한 기준이 적용되기 위해서는 언어치료전문가가 환자에 대해 정보를 모으고 말더듬 및 관련된 행동을 측정해야 한다. 이처럼 정보를 수집하고 측정하는 과정을 평가(assessment)라고 한다. 〈표 7-3〉에서는 말더듬 평가에서의 특수한 절차를 진한 글씨체로 제시하였다.

사례력과 면담

임상가는 사례력을 살피고 환자와 부모를 면담함으로써 환자 및 환자의 말더듬을 이해하도록 노력한다. 말더듬의 시작, 진행 그리고 시간 및 상황에 따른 말더듬의 변이에 대한 정보를 얻는다. 환자의 교육, 직업 그리고 삶에 말더듬이 어떠한 영향을 미쳤는지도 알아본다. 이 장의 시작에서 임상가와 Brian의 부모 사이의 대화는 임상 면담의 일례를 보여 준다. 성인일 경우에는 환자 자신이 대부분의 정보를 제공한다.

〈표 7-3〉 의사소통장애 평가: 유창성

① 환자, 가족 및 장애의 이력
② 환자 및 가족 구성원 면담
③ 구강 안면검사
④ 청력 선별
⑤ 말-언어 표집
⑥ 말더듬 및 관련 행동 평가
ⓐ 대화 중 비유창성 측정
ⓑ 낭독 중 비유창성 측정
ⓒ 가정 및 기타 상황에서 비유창성 측정
ⓓ 연합된 운동 행동 및 정서 평가
ⓔ 단어 및 발화 상황 회피 평가
ⓕ 발화 속도 측정
⑦ 권고 사항
⑧ 보고서 작성

주) 말더듬 평가에 특수한 절차는 진한 글씨로 표시함

말더듬의 측정

평가의 주요 목적은 비유창성의 유형과 빈도를 관찰하는 것이다. 아울러 임상가는 더듬는 사람의 연합된 운동 행동과 회피, 정성적인 반응을 기록한다(Hegde, 2008a, 2008b).

환자가 책을 읽을 만한 나이인 경우, 비유창성의 유형과 빈도는 일상 대화나 소리 내어 읽기 두 가지를 통하여 측정된다. 또한 가능하다면 임상가는 환자의 전화 통화나 다른 성인과의 대화도 관찰한다. 이러한 과정은 추후의 분석을 위하여 오디오나 비디오로 기록하기도 한다. 집에서 테이프에 녹음한 대화 표본을 얻을 수도 있다.

비유창성의 전체 수와 유형은 비유창성 백분율을 구하는 데 도움이 된다. 임상가는 이를 위해 녹음된 발화 표본에서 단어 혹은 음절수를 계산한다. 비유창성의 전체 수를 말한 단어(혹은 음절) 수로 나눈 다음 100을 곱한다. 그러면 비유창성 백분율이 구해진다. 예를 들면, Brian은 925 단어를 말했고, 그중 173 단어를 유창하지 않게 말하여 18.7%의 비유창성 비율을 보였다(173÷925×100=18.7). 그리고 모든 유형의 비유창성과 각각의 빈도 및 전체 빈도에 대한 요약을 준비한다.

사례력 및 면담은 부정적인 정서 및 회피 반응을 측정하는 데 가장 흔히 사용된다. 임상가는 환자와 부모에게 일반적인 발화 및 발화 상황에서 대상자가 경험하는 부정적인 정서 반응에 대하여 질문할 수 있다. 나이가 든 아동과 성인은 대개 전형적으로 자신이 피하는 단어와 상황 그리고 사람들의 목록을 작성할 수 있다. 또 임상가는 몇몇 표준화된 검사도구를 이용하여 성인 및 아동의 부정적인 정서와 회피 반응을 평가할 수 있다. 이러한 검사도구 중 하나로 말더듬 아동용 행동 평가도구(Behavior Assessment Battery for Children Who Stutter)가 있는데, 이것은 부정적인 정서, 회피 반응, 말 손상 등 말더듬의 모든 측면을 평가하는 데 이용되는 포괄적인 검사도구다.

〈표 7-4〉는 임상가가 환자의 비유창성 유형과 빈도에 관하여 준비한 요약의 예를 보여 주고 있다. 이러한 유형의 요약문은 **평가보고서**(assessment report)의 일부가 되는데, 평가보고서에는 사례력 및 여타 다른 관련 정보가 포함된다. 여기에 제시된 비유창성 비율은 이 장의 시작 부분에서 기술한 Brian의 것이다. 연합된 운동 행동과 회피 반응에 대한 요약문에 주목하라. 몇몇 임상가들은 이와 같은 요약문 외에 관찰된 말더듬이 경미한지, 보통인지, 중증인지, 아니면 아주 중증인지를 평가할 것이다.

〈표 7-4〉 Brian의 말더듬 평가 요약

비유창성 유형	빈 도
단어 부분 반복	26
단어 전체 반복	16
구 반복	18
무음 연장	24
말소리 연장	31
말소리/음절 삽입어	19
단어 삽입어	8
구 삽입어	11
단어 쪼개짐	7
무음 쉼	13
모든 유형 총계	173
말한 단어 수	925
비유창성 백분율	18.7

주) 연합된 운동 행동에는 눈 깜빡임, 눈썹 찌푸림, 오른발로 바닥 비비기, 눈 맞춤 소실, 전반적인 안면 긴장이 있다. Brian은 낯선 사람과 나이 든 아동에게 말하는 것을 피하고 있으며 /ㅅ/, /ㅁ/, /ㄷ/, /ㅂ/, /ㅋ/ 소리로 시작하는 단어에서 어려움을 보인다.

말더듬 치료

말더듬의 긴 역사만큼이나 아주 많은 치료 방법이 있어 왔다. 그중 몇몇은 위험하면서도 대부분 별 효과가 없었지만 그 당시에는 각각 효험이 있는 치료법으로 받아들였다. 과거에는 더듬는 사람의 혀의 일부를 잘라 내거나 말더듬의 원인이 된다고

〈표 7-5〉 주요 말더듬 치료 절차

접근법	특정 기법 및 목표	추천 이유
심리적	• 무의식적이고 억눌린 갈등을 해소하기 위한 심리 분석 • 말더듬 바탕에 있는 심리 문제를 해소하기 위한 심리 치료 • 부정적인 감정 및 태도를 수정하기 위한 상담	• 전통적으로 나이가 든 아동이나 성인에게 추천됨 • 임상 효과를 지지할 만한 실험적인 증거가 필요함
유창한 말더듬	• 말더듬 수정기법을 통한 더 부드럽고 수월한 말더듬 • 연합된 운동 행동 및 회피 반응의 감소 • 전반적으로 다소 비정상적이거나 다소 심한 말더듬 • 상담을 통해 남게 되는 말더듬에 대한 인정	• 전통적으로 나이가 든 아동이나 성인에게 추천됨 • 임상 효과를 지지할 만한 실험적인 증거가 필요함
유창성 조형	• 모음 연장을 통해 발화 속도를 느리게 하고 발성(음성)을 지속시켜 유창성 기술을 가르침 • 유창한 말을 유지하기 위하여 좀 더 나은 기류 관리방법을 가르치도록 함 • 수월하고 부드럽게 조음기를 접촉시키고 음성을 부드럽게 시작하며 말하도록 함	• 나이가 든 아동이나 성인에게 추천됨 • 효과가 일부 입증됨 • 자연스럽지 않게 들리는 말이 유발됨. 말더듬의 재발이 흔함
유창성 강화	• 말로 하는 칭찬으로 유창한 말에 대하여 정적으로 강화함 • 유창한 말소리 산출을 모델링해 줌으로써 말더듬에 대하여 간헐적으로 교정함 • 말로 하는 칭찬과 함께 토큰도 사용함(그러나 말더듬에 대해서는 토큰을 회수하지 않음)	• 학령 전 및 초등학교 저학년 아동에게 추천됨 • 효과가 일부 입증됨 • 청소년이나 성인에게는 적절하지 않음
직접적 말더듬 감소	• 쉬었다가 말하기(Pause-and-talk, 환자에게 말을 더듬은 후 말을 멈추고 5초 후 다시 말하도록 함) • 반응비용(resposne cost, 유창하게 말할 때 대상자에게 토큰을 주고 더듬을 때마다 토큰을 회수함. 남는 토큰은 회기가 끝 무렵 작은 선물로 교환됨)	• 쉬었다가 말하기는 나이가 든 아동과 성인에게 추천됨. 효과가 좋음 • 반응비용은 학령전기 및 초등학교 저학년 아동에게 추천됨. 효과가 좋음

생각되는 '나쁜 피'를 짜내기 위해 여과기를 환자에게 꽂기도 하는 등 여러 가지 방법을 총 동원하여 시도하였다.

언어치료전문가들이 행하는 최근의 전문적인 말더듬 치료에는 몇 가지 과정이 있다(Conture, 2001; Culatta & Goldberg, 1995; Curlee, 1999; Hegde, 2007, 2008c; Onslow, 1993). 여기에서는 말더듬 치료라는 다양하고, 때로는 이견이 분분한 주제에 대해 전반적인 이해를 돕기 위하여 다섯 가지 접근법을 설명하고 있다(〈표 7-5〉 참조). 심리적 방법, 유창한 말더듬, 유창성 조형, 유창성 강화 그리고 직접 말더듬 치료가 그 예다.

심리적 치료방법

더듬는 사람을 치료하기 위한 심리적 방법에는 **정신분석**(psychoanalysis), **심리치료**(psychotherapy), 그리고 **상담**(counseling) 등이 있다. 이는 심리 및 감정 문제를 치료하는 방법이다. 정신분석은 심리치료의 특별한 형태로써 노이로제에 대한 프로이트의 이론에 바탕을 두고 있다. 따라서 모든 심리치료전문가가 정신분석가는 아니다. 많은 심리치료전문가들은 감정 및 심리적 이상을 치료하기 위하여 정신분석 이외의 방법을 이용한다. 비록 일반적으로는 심리치료가 더 강도 높고 장기적이기는 하지만, 상담과 비프로이트 방식의 심리치료는 비슷하다. 상담에 비하여 심리치료는 더 심각하다고 생각되는 문제를 다루는 데 사용된다.

정신분석이나 **심리치료**를 통한 말더듬 치료에서는 개인적 · 감정적 · 대인관계상의 문제에 관해 심리치료사와 이야기하는 것이 포함된다. 정신분석에서 강조하는 것은 개인에게 억압되었다고 생각되는 무의식적인 성욕이다. 심리치료에서 강조하는 것은 그 속성상 무의식적이거나 성적인 혹은 그렇지 않을 수도 있는 감정적 갈등이다. 이 두 경우 모두 심리적 갈등이 문제가 되는 행동의 근원이며 환자는 심리치료사의 도움으로 이러한 갈등을 해소하여 자신의 행동을 변화시켜야 한다고 생각한다.

말더듬의 감소에 정신분석이나 심리치료의 효과가 보고된 바는 없다. 심리치료는 거의 전적으로 감정, 느낌 그리고 심리적 갈등에만 초점을 맞추기 때문에 말더듬을 대치할 유창한 발화 기술을 직접적으로 가르치지는 않는다. 심리치료를 받은 말더듬 대상자는 아마도 여전히 말을 유창하게 하는 방법을 모를 수 있으며, 대개 말더듬이 지속된다.

일반적인 의미에서 상담은 모든 언어장애 치료의 일부가 된다. 상담은 아마도 환자의 의사소통 문제에 대한 논의, 그리고 해야 할 것, 가능한 치료의 종류, 회복 가능성의 정도에 관해 논의하는 것으로 구성될 것이다. 보다 기술적인 의미에서 **상담**은 문제를 줄이고 없애기 위하여 일정한 심리적 방법을 사용한다. 따라서 이러한 맥락에서 상담은 말더듬만을 치료하기 위해 심리적 방법을 사용하는 치료를 말하며, 여러 종류의 언어장애에 대한 정보를 제공하기 위한 것은 아니다.

상담가(counselor)는 환자의 문제를 이해하고 해석하며 잠재적인 해결책을 기꺼이 제공하려는 공감적인 청자다. 심리치료사는 환자가 다른 관점에서 문제를 볼 수 있도록 도와주고, 그럼으로써 더 객관적으로 문제를 분석할 수 있도록 격려해 준다. 예를 들면, 대부분의 청자가 예의 없고 참을성이 없다고 생각하는 말더듬는 사람의 경우 상담을 통해 그 문제를 보다 객관적으로 볼 수 있도록 유도한다. 그러면 그 사람은 아마도 청자에 대한 자신의 느낌과 생각이 전반적으로 과장되어 있었다는 결론을 내릴 것이다.

상담만으로 말더듬이 줄었다는 증거가 없기 때문에 전적으로 이 방법만 사용하는 임상가는 거의 없다(Bloodstein, 1995; Hegde, 1985). 상담을 신뢰하는 임상가는 상담과 더불어 직접 유창하게 말하는 기술을 가르치는 다른 방법을 병행한다.

상담은 다른 방법과 함께 사용될 때 효과적이다. 그러나 이 경우 상담의 진정한 가치를 평가하기 어렵다. 상담만을 전적으로 사용한 경우에는 말더듬이 전혀 줄지 않았다는 점을 알고 있기 때문에 말더듬의 개선은 전적으로 다른 방법 때문일 수도 있다.

유창한 말더듬

미국의 말더듬 치료 분야의 개척자인 Van Riper(1973; 1982)는 반드시 유창한 말이 아니라 '유창한 말더듬'을 가르치고자 하는 방법을 확립하였다. Van Riper의 절차에는 여러 가지 전략이 포함되어 있다. 복합적인 절차에 깔린 그의 기본적인 생각은 정상적인 유창성이 대부분의 말더듬는 사람들이 지향하는 목표는 아닐 것이라는 점이다. 대부분의 더듬는 사람은 어느 정도의 도움만 기대하지, 더듬지 않는 사람들처럼 유창한 화자가 되는 것이 목표가 아닐 수 있다.

Van Riper(1973; 1982)는 더듬는 사람의 삶이 대부분 강박적인 반복, 끝없는 말소리 연장, 통제할 수 없는 막힘, 심각한 분투, 어쩔 수 없는 회피, 일그러진 얼굴 때문에 어려워진다고 믿는다. 비유창성 그 자체보다 이들을 비정상적으로 만드는 것은 바로 이러한 행동들이다. 더듬지 않는 많은 사람도 비유창성을 보인다. 그러나 그들은 이러한 종류의 비정상적인 행동을 보이지는 않는다. 그러므로 만일 더듬는 사람이 덜 비정상적으로 말할 수 있다면, 그의 말은 아마도 사회적으로 더 용납되며, 개인적인 삶이 더 나아질 수 있을 것이다. 이 경우 여전히 정상 화자보다는 유창함이 덜 하겠지만, 이들의 말이 사회적으로 주목을 받아 고통스럽지는 않을 것이다.

따라서 Van Riper가 제안하는 치료의 주요 목적은 덜 비정상적이 되도록 말더듬의 형태를 바꾸는 것이다. 그는 이 목표를 '유창한 말더듬'이라고 불렀다. Van Riper는 더듬는 사람들이 근육의 긴장을 줄이고 이상한 얼굴 표정, 손발의 움직임 그리고 이와 유사한 비정상적인 행동을 하지 않고 말하도록 가르쳤다. Van Riper는 소리 연장과 반복을 없앨 수 없는 경우 더듬는 사람이 편안하게 큰 노력을 들이지 않고 반복하고 연장하도록 가르쳤다. 또한 더 이완되고 덜 비정상적인 자세를 취하게 하여 더듬는 사람이 두려워하는 단어에 다르게 접근하도록 했다. 이렇듯 말더듬의 형태를 변화시키는 다른 방법을 적용함으로써 더듬는 사람이 말을 훨씬 더 유창하게, 그리고 사회적으로 더 용납될 수 있는 방법으로 더듬을 수 있도록 격려하였다.

Van Riper의 치료는 더듬는 사람이 자신의 문제를 이해하고 이에 대처하며 변화시키는 데 도움을 주는 많은 간접적인 절차에도 사용된다. 그의 치료 절차 중에는 상담과 심리치료가 포함되었는데, 말더듬의 형태와 함께 더듬는 사람이 가지고 있는 잘못된 태도와 부정적인 감정을 수정할 수 있을 것이라고 믿었기 때문이다.

Van Riper의 치료는 많은 사람을 도와왔다. 그럼에도 불구하고 비평가들은 유창한 말더듬이 정상적인 혹은 거의 정상적으로 유창한 말에 비해서는 부족하다는 점을 지적하였다. 만일 정상적으로 유창한 말이 치료의 목표가 아니라면 아무리 기술적으로는 가능하다 할지라도 결코 정상적으로 유창한 말에 도달할 수 없다고 보아 다른 언어치료사들은 정상적으로 유창한 말을 가르치는 방법을 발전시켜 왔다(Hegde, 2008c). 정상 혹은 거의 정상에 가까운 유창성을 목표로 삼는 치료 과정은 다음 절에 제시될 것이다.

유창성 조형

현재 많은 언어치료사는 유창성이 몇 가지 구성 요소로 이루어진다고 보는데, 더듬지 않는 말을 이끌어 내기 위해서는 그 각각의 요소를 가르쳐야 한다고 했다. 그 구성 요소는 개별적으로 가르치고 합쳐서 대화에서 연습할 수 있다. 따라서 Van Riper의 기술과는 달리 거의 정상 수준까지 비유창성 빈도를 줄이고자 한다. 다시 말해 유창한 말더듬(덜 비정상적인 말더듬) 대신 정상적인 유창한 말소리를 연습하는 것이 치료의 목표다. 이러한 치료 유형은 **유창성 조형**(fluency shaping)으로도 알려져 있다.

유창한 말을 유도하기 위하여 언어치료사는 유창성을 유지하는 데 필요한 몇 가지 구체적인 기술을 가르친다. 이러한 기술을 배우고 연습하면서 대상자는 훨씬 유창하게 말하게 된다. 많은 경우 언어치료사는 다음의 기술을 일부 혹은 전부를 가르침으로써 정상적인 유창한 말이 되게 할 수 있다. 즉, 기류 조절, 말소리의 부드러운 시작, 발화 속도 늦추기 그리고 조음기관의 부드러운 접촉 등이다.

기류 조절(modified airflow)은 충분히 공기를 들이마시고 말하기 전에 숨을 조금 내쉰 후 말 전체를 조절하여 충분히 날숨을 유지하는 것이다. 이러한 방법으로 말더듬과 관련된 여러 가지 비정상적인 호흡을 대치하도록 가르친다. 앞서 언급했듯이, 더듬는 사람 중에는 말하기 전에 숨을 쉬어야 한다는 것을 잊어버리는 경우가 있다. 이들은 두 단어를 말하기도 전에 이미 공기를 다 써 버리고 만다. 또 어떤 경우는 말을 시작하기도 전에 더듬어 날숨을 낭비해 버린다. 또 숨을 들이마시는 동안 말을 하려고 하기도 한다. 어떤 사람은 숨을 들이마시자마자 성대를 닫아 버려 공기가 흘러나오지 못해 말하려는 동안 공기가 폐에 갇힌다. 그러므로 이러한 모든 문제를 해결하기 위하여 언어치료사는 말하기 전에 환자가 들숨을 쉰 후 날숨을 조금 내쉬도록 가르친다. 날숨이 시작된 직후에 발화가 시작되고 호흡 조절이 고르게 발화 내내 유지되었을 때 말소리는 훨씬 부드럽고 유창해진다.

말소리의 부드러운 시작(gentle initiation of sound)은 말더듬의 기회를 줄이는 데 좀 더 도움이 된다. 일부 말더듬 유형은 후두 수준에서 소리가 갑작스럽게 개시되기 때문에 발생한다. 성대 관련 근육 구조가 긴장되면서 성대가 갑작스럽게 작동되어 말의 시작이 긴장된다. 이러한 문제를 줄이기 위하여 언어치료사는 더듬는 사람이 말을 부드럽고 편안하게 시작하도록 가르친다.

발화 속도 늦추기(slower rate of speech)를 가르칠 때 언어치료사는 환자가 음절을 늘려서 말소리를 연장하도록 한다(주로 첫 자음 이후에 오는 모음을 연장하게 한다). 음절이 길어지면 빠르고 덜컹거리는 말더듬 행동이 보통 없어진다. 비록 그 시점에서는 말이 정상적이지는 않지만, 더듬는 사람은 이러한 방식을 사용하여 오랫동안 지속되어 온 말더듬을 없앨 수 있다. 말소리 늘이기는 극단적으로 매우 느리며 단음조다. 이후에 임상가는 평균 발화 속도에 가까우면서도 유창하고 정상적인 소리를 낼 때까지 단계적으로 도와준다.

대부분의 언어치료사는 설명, 모델링, 정적 강화를 이용하여 발화 속도 늦추기를 가르친다. 그러나 유창성을 강화하기 위하여 기구를 사용할 수도 있다. 가장 흔히 사용되는 도구는 **지연 청각 역입기**(delayed auditory feedback devices)다. 이 기기는 환자의 말을 짧은 시간 지연시킨 후 자신의 귀에 역입시킨다. 그러면 에코 효과와 유사한 작용이 나타난다. 이러한 결과로 속도가 느려지고 말더듬이 감소한다. 점차 지연되는 정도를 줄여 나가고, 유창성이 안정화되면 지연 청각 역입을 소거한다.

마지막으로 **조음기관의 부드러운 접촉**(soft contacts of articulators)을 가르치는 것은 말을 더 이완되게 하여 긴장되고 비유창한 발화를 없애 준다. 대부분의 더듬는 사람이 경구개나 연구개에 자신의 혀를 꽉 대거나 입술을 너무 꽉 다문다. 만약 혀와 입천장과 입술 사이의 접촉이 부드럽다면, 발화는 훨씬 편하고 부드럽고 유창하고 정상적인 소리가 될 것이다. 치료는 보통 한 단어 혹은 두 단어에서 시작한다. 목표 유창성 기술이 더 숙달되면 환자가 문장을 말할 때까지 길이를 점차 늘려 간다. 궁극적인 목표는 대화에서 목표 행동이 나타나는 것이다.

대화에서 말더듬이 잠시 없어졌을 때, 언어치료사는 정상적으로 속도, 리듬, 억양을 고치기 시작한다. 단계적으로 발화 속도(분당 발화 수)를 높여 가면 결국 거의 정상적인 속도로 말하면서도 유창성을 유지할 수 있다. 일반적으로 발화 속도가 정상이 되면 억양이나 리듬도 정상이 된다.

성인과 아동 모두에게 동일한 기본 치료 과정이 적용된다. 그러나 더듬는 사람마다 독특한 비정상적인 발화 행동을 보이는 경향이 있다. 따라서 임상가는 조심스럽게 각 환자마다 개별적인 목표를 선정해야 한다. 어떤 환자는 적정한 기류 사용에 특히 역점을 두어야 하고, 어떤 환자는 발화 속도를 천천히 하는 것이 효과적일 수 있다. 따라서 치료 목표와 절차는 개별 환자에게 맞게 수정해야 한다.

유창성 조형 절차에는 두 가지 중요한 문제점이 있다. 첫째는 대개 유창성 유지를 위하여 발화 속도를 느리게 할 필요가 있기 때문에, 느린 발화 속도와 기류 관리로 다소 자연스럽지 못한 말소리가 나타나는 것이다. 발화 속도가 느려지면 단음조가 되고 주의가 산만해질 수 있기 때문에 종종 환자가 이를 받아들이지 않는다. 불행하게도 보다 자연스럽게 들리도록 발화 속도를 높이면 말더듬이 되살아난다. 두 번째 문제는 유창성을 유지하는 것이 어렵다는 점이다. 이 문제를 극복하기 위하여 유창성 조형기법으로 치료해 온 환자는 몇 년마다 정기적인 촉진 치료가 필요할 수 있다.

유창성 강화

학령기 이전의 어린 아동과 학령 전기 아동에게 효과적인 단순한 기법으로 **유창성 강화**(fluency reinforcement)가 있다(Hegde, 2008b). 이 절차에서 언어치료사는 자연스러운 상황에서 아동과 대화하면서 아동이 유창하게 말할 때마다 말로 칭찬을 해 준다. 말 칭찬과 함께 언어치료사는 유창한 말에 대하여 토큰을 줄 수 있으며, 아동이 치료가 끝나고 토큰과 선물을 교환하게 한다.

아동이 더듬을 때 언어치료사는 아무것도 하지 않는다(무시한다). 이러한 절차의 변이 형태로 언어치료사는 간헐적으로 아동이 비유창하게 말한 것을 유창하게 모델링해 준다. 아동이 언어치료사를 모방할 필요는 없지만 늘 유창한 말에 대한 정적 강화에 강조점을 두도록 한다. 단순한 말 칭찬만으로는 나이가 든 아동과 성인에게는 효과적이지 않을 수 있다. 이들은 앞서 설명한 유창성 조형이나 다음에 이야기할 직접적인 말더듬 감소 전략 중 하나가 필요할 것이다.

직접적 말더듬 감소 전략

상담, 유창한 말더듬, 유창성 조형은 모두 말더듬을 간접적으로 감소시키고자 하는 것이다. 상담은 정서적인 반응을 목표로 한다. 부정적인 정서 반응을 감소시키는 것은 간접적으로 말더듬을 감소시키는 결과를 낳는다. 유창한 말더듬 접근법에서는 말더듬의 비정상성을 감소시키는 것이 목표이며, 말더듬의 빈도를 감소시키고자 하지는 않는다. 유창성 조형은 다른 발화 패턴(느린 발화 속도)을 가르쳐 말더듬을 간접적으로 감소시킨다. 이러한 절차와는 대조적으로 기술적으로 말더듬을 직접 감소시키는 방법이 있다.

직접 말더듬 감소 전략에서는 언어치료사가 직접적으로 말더듬을 멈추게 하기 위해 어떤 조치를 취하여 말더듬을 없애거나 빈도를 감소시킨다. 그 두 가지 주요한 전략으로 쉬고 말하기(pause-and-talk)와 반응비용이 있다. 치료 연구에 따르면 두 가지 행동 절차는 효과가 있었다(Hegde, 2007; 2008c). 유창성 조형보다 덜 사용되지만 쉬고 말하기와 반응비용은 몇 가지 장점이 있다. 가장 큰 장점은 발화 속도를 느리게 하지 않으면서도 말더듬을 감소시킨다는 점이다. 말소리는 처음부터 유창하면서도 자연스럽게 들린다.

쉬고 말하기

쉬고 말하기는 말더듬 직후에 짧은 기간 강제적으로 멈추는 행위다. 행동과학에서는 타임아웃이라고 한다. 말더듬이 관찰되자마자 언어치료사는 "멈추세요."라고 말하거나 혹은 시각적인 신호(예, 빨간 불)를 주고 5초간 눈 맞춤을 피한다. 환자는 즉각적으로 말하는 것을 멈춘다. 그런 다음 언어치료사는 눈 맞춤을 재개하고 환자가 다시 말하게 한다. 이러한 방법으로 발화 속도에 영향을 주지 않고 말더듬을 줄일 수 있다(Ahlander & Hegde, 2000).

쉬고 말하기는 처음부터 대화에서 제시될 수 있다. 유창성 조형처럼 단어나 구 수준에서 치료를 시작하여 문장과 대화로 나아갈 필요는 없다. 따라서 이 전략이 보다 효과적이다. 발화 속도가 느려지고, 기류를 관리하고, 발성의 시작을 부드럽게 하는 것은 이 치료 절차에서의 목표가 아니다. 따라서 환자의 말에는 정상적인 리듬과 속도가 유지된다. 쉬고 말하기를 뒷받침해 주는 실험적인 증거는 충분하다. 이 전략은 나이가 든 아동이나 성인에게 가장 유용하며, 학령 전기 아동의 경우 최선의 선택은 아니다.

반응비용

반응비용(response cost)은 환자가 유창하게 말할 때마다 토큰을 주고 더듬을 때는 토큰을 뺏는다. 환자의 입장에서 보면 더듬는 순간 강화제를 지불해야 하기 때문에 이렇게 이름을 붙였다. 치료 회기 끝 무렵에 환자는 남아 있는 토큰과 작은 선물, 즉 지원 강화(back-up reinforcer)를 교환하게 된다. 이 방법은 각각의 회기 끝 무렵에 작은 선물로 강화되는 것이 가능한 어린 아동에게 매우 효과적이다. 이 방법 또한 발화 속도에 부정적으로 영향을 미치지 않으면서 말더듬을 감소시킨다(hlander & Hegde, 2000; Hegde, 2004, 2007). [그림 7-2]는 유창한 말소리 산출 이후 토큰을 받는 아동의 모습이다.

반응비용는 특히 학령기 이전 아동과 학령 전기 아동에게 유용하다. 언어치료사는 이야기책, 장난감, 치료실에서의 활동을 이용하여 이 방법으로 대화할 수 있다. 쉬고 말하기와 비슷하게 반응비용은 대화 수준에서 시작할 수 있다. 아동은 발화 속도를 늦추거나 기류를 유지할 필요가 없다. 40명의 학령기 이전 아동이 참여한 대단위 실험 연구에서 이 방법을 이용하여 비유창성이 정상 수준으로 감소하고 시간이 지난 후에도 유창성이 유지되는 효과가 입증되었다(Hegde, 2004).

반응비용은 유창한 말에 대한 토큰 제시와 비유창한 말에 대한 토큰 수거가 관련됨을 주목해야 한다. 앞서 설명한 유창성 강화 절차에서는 유창한 말에 대해 토큰을

[그림 7-2] 언어치료사가 아동에게 토큰을 줌으로써 유창성을 강화한다.

주지만 아동이 비유창할 때 토큰을 수거하지는 않는다. 단순한 유창성 강화 절차에서는 반응비용이 없는 것이다.

일반화와 유지

현재 치료 절차에서 보이는 주요한 문제는, 치료실 내에서는 유창하게 말하는 것이 쉽지만 치료실 밖에서 유창성을 유지하는 것이 어렵다는 점이다. 이것이 **일반화**(generalization)와 **유지**(maintenance)의 문제다. 일반화는 임상에서 얻은 유창한 발화가 집이나 사무실 그리고 학교에서 이루어질 때 확립된다. 치료실에서는 유창하지만 다른 환경에서는 그렇지 못한 경우는 일반화가 이루어지지 않은 것이다. 또한 언어치료사가 없어도 유창성이 지속된다면 유지를 보인다고 할 수 있다.

언어치료사는 환자가 유창성을 일반화하고 유지하는지 확인하기 위하여 몇 가지 단계를 밟는다. 예를 들면, 치료의 마지막 단계에서 환자를 치료실 밖 일상적인 환경으로 데리고 갈 수도 있다. 언어치료사와 환자가 함께 걸으면서 대화를 나눌 수도 있고, 같이 음식점에 가서 환자가 음식을 주문할 수도 있다. 전화로 말하는 동안에 새로 배운 유창성 기술을 연습할 수도 있다. 이처럼 환자가 이전에는 피했던 대부분의 발화 상황을 점진적으로 직면할 수 있도록 해 준다.

아동의 유창성 유지를 촉진하기 위해서는 부모가 집에서 아동에게 치료 절차를 사용할 수 있도록 훈련해야 한다. 예를 들면, 유창성 조형(유창한 말) 접근법에서는 부모가 집에서 아동에게 느린 속도와 적절한 숨 조절의 사용을 강화할 수 있도록 훈련해야 한다. 쉬고 말하기와 반응비용의 경우에는 부모가 집에서 비공식적인 치료를 지속하도록 해야 한다. 성인이라면 배우자나 자녀, 혹은 다른 가족들이 집에서 유창성을 강화하도록 훈련해야 한다. 환자는 자신의 말더듬과 유창성을 스스로 점검할 수 있도록 배워야 한다. 예를 들면, 성인 환자에게 말더듬 직후 멈추고 몇 초간 말하는 것을 중지하도록 가르칠 수 있다. 아동의 경우는 말더듬 직후 멈추고 발화 속도를 느리게 하여 유창성을 유지하게 할 수 있다.

대부분의 말더듬 치료 연구에서는 치료 프로그램의 종결 후 유의한 치료 효과가 있었다. 많은 더듬는 사람이 정상적이거나 거의 정상에 가까운 유창성으로 말할 가능성이 높아진 것이다. 치료는 일찍 시작하는 것이 특히 중요하다. 어떤 연령의 아동이건 간에 말더듬은 치료될 수 있으며, 조기 중재는 매우 효과적이고 문제가 장기적으로 지속되는 것을 막을 수 있기 때문에 중요하다(Onslow, 1993). 요컨대, 말더듬 치료는 과거보다 지금이 훨씬 더 효과적이다.

의사소통장애에 대하여 알게 된 사람은 말을 더듬는 사랑하는 가족을 돕기 위해서 조치를 취할 수 있다. 〈읽을거리 7-3〉은 도움을 주기 위해 무엇을 해야 하는지 제시하고 있다.

말빠름증

또 다른 유창성장애의 하나로 말빠름증(cluttering)이 있다. 지금은 바뀌고 있지만 역사적으로 이 장애는 미국에서 큰 관심을 받지 못했다. 말빠름증에 관한 초기 문헌의 대다수는 독일에서 진행되었다. 독일에서는 7~8세 아동의 1.8%가 말빠름증을 보인다고 보고되었다(Bloodstein, 1995).

말빠름증은 유창성의 손상, 빠르지만 장애를 보이는 조음 그리고 비조직화된 사고와 언어 산출이 동반될 수 있는 복합적인 의사소통장애다(Daly & Burnett, 1999; Myers & St. Louis, 1992). 말빠름증은 말더듬과 함께 나타나는 경우가 많다. 말빠름증의 말에

읽을거리 7-3 말더듬과 그에 대해 할 수 있는 것

- 말을 막 더듬기 시작한 아동은 전형적으로 비유창성의 수가 증가한다. 이 경우 긴장이나 분투는 보일 수도 있고 그렇지 않을 수도 있다. 대부분 단어의 부분 반복, 말소리 연장, 단어 반복, 삽입어 사용 및 여타 비유창성 유형을 보일 것이다.
- 아동이나 성인이 더듬는 것 같다고 생각되면 이미 말더듬 사람일 것이다.
- 말더듬이 의심되면 언어치료전문가에게 자문을 구한다. 특히 말더듬 치료를 전문으로 하는 치료사를 알아본다.
- 과거에 한동안 말더듬이 사라졌다 하더라도 앞으로 말더듬이 없을 것으로 가정해서는 안 된다. 전문가를 포함한 많은 사람이 흔히 말하듯, 어린 아동이 보이는 말더듬은 무시하면 사라질 것이라는 충고는 듣지 않아야 한다.
- "숨을 깊게 들이쉬고 말하라." 혹은 "말하기 전에 생각하라."와 같은 충고나 아동을 비평하는 말을 삼간다. 이러한 충고들은 도움이 되지 않는다.
- 조기치료가 청소년기나 성인기의 치료보다 더 효과적임을 기억한다.
- 말더듬의 가족력에 주목하고, 가족의 말더듬이 사라졌다고 해서 치료의 효과를 판단하는 근거가 되어서는 안 된다는 것을 인식한다.
- 성인이 예전에 치료에 성공적이지 않았다 하더라도 현재의 치료에서는 도움을 받을 수 있다.
- 말더듬 치료는 초등학교, 병원, 대학 부설 클리닉, 사설 치료실에서 가능하다.
- 말더듬 및 여타 의사소통장애에 대한 정보 및 가능한 서비스에 대하여 알고 싶다면 미국 언어청각협회의 웹사이트(http://www.asha.org)에 가 본다.

서 보이는 리듬은 일정하지 않고 변동이 많다. 말빠름증을 보이는 사람은 음도나 강세에 큰 변화가 없기 때문에 종종 단음조를 보인다. 주로 조음 오류가 많아서 말이 불분명하다. 그러나 대다수의 경우 천천히 말할 때는 정확하게 말소리를 조음할 수 있지만, 느린 속도로 말을 할 수가 없다. 말빠름증을 보이는 사람이 무언가를 말하려 한다고 청자가 생각할 때 이미 그 사람은 전체 문장을 끝낼 것이며, 종종 많은 음절을 삼켜 버리고 말 것이다. 단어나 음절은 **전보식이다**(축약되거나 생략됨). 예를 들면, 'parliamentarian' 이라는 단어를 'pamerian' 으로 발음할 수 있고, 'Japanese' 가 'Japese' 로 발음된다. 텔레비전 광고에서 아주 빨리 말하는데도 모든 말소리와 음절이 조음되기 때문에 명료한 말을 들어보았을 수 있다. 반면 말빠름증을 보이는 사람의 빠른 말은 주로 음절을 탈락시키고 여타 조음 오류가 있기 때문에 명료하지 않다. 또한 속도가 정상이거나 혹은 정상보다 느리지만 조음장애 때문에 불명확한 경우도 있다.

말빠름증을 보이는 사람은 **두음 전환**(spoonersims), 즉 문장에 있는 말소리를 비의도적으로 바꾸어 말하는 경향이 있다. 예를 들면, "Many people think so."라고 말하는 대신 "Many Thinkle peep so."라고 말할 수 있다(Simkins, 1973).

어떤 경우는 말더듬도 보인다. 그러나 말더듬으로 진단되지 않았다 하더라도 말빠름증의 말에는 비유창성이 많다. 이들은 단어나 구를 반복하고, '그리고' '음' '어' 등의 삽입어가 많다. 일부 전문가들은 사고와 언어가 연계되지 못해서 말을 더듬게 된다고 본다. 이 문제는 종종 **중추언어 불균형**(central language imbalance)으로 기술된다. 말빠름증을 보이는 사람은 자신이 주도하는 말에서, 그리고 이해하지 못한 청자가 요구할 때에도 많이 더듬는다. 이들은 서둘러서 말하지만 자신의 말을 이해시키기 전까지 수차례 더듬어야 하기 때문에 무언가를 말하는 데 시간이 더 걸린다.

말빠름증을 보이는 사람은 말더듬을 보이는 사람과는 달리 자신의 말 문제에 관심을 보이지 않는다고 한다. 이들은 다른 사람이 자신의 말을 이해하지 못한다는 사실을 놀라워한다. 결국에는 말빠름증을 보이는 사람들 대부분이 청자의 부정적인 반응을 인식하게 되지만, 자신의 말을 점검하는 데에는 매우 어려움을 보인다. 이들에게 느리게 말하고 잘 조절하는 것이 보다 유창하고 명료하다는 것을 예로 보여 준다 하더라도 스스로 말빠름증을 쉽게 멈추지는 못한다. 이런 것 때문에 종종 자신의 문제를 인식하지 못하는 듯한 인상을 주게 된다.

말빠름증의 원인은 알려지지 않고 있다. 일부 연구자들은 말빠름증이 유전되는 말-언어장애라고 추정해 왔다(Daly & Burnett, 1999; Myers & St. Louis, 1992; Weiss, 1964). 또 다른 연구자들은 말빠름증이 말을 포함한 모든 움직임(운동 행동) 측면에 영향을 주는 경미한 뇌손상 때문이라고 추정해 왔다. 아직까지는 어떤 이론도 완전히 입증되지는 못한 상태다.

말빠름증의 치료에 관한 연구는 부족하다. 말더듬과 같이 말빠름증을 보이는 사람도 나타나는 문제의 수와 조합이 매우 다양하다. 많은 임상가는 다양한 말더듬 치료기법을 변형하여 말빠름증을 치료하는 데 적용해 왔다. 말의 속도를 줄이는 것은 대개 유창성과 더불어 말의 명료도를 증진시킨다. 말빠름증 치료의 핵심문제는 치료효과가 일반화되거나 유지되지 않는다는 점이다. 말더듬에서 유창성을 일반화시킨다고 알려진 기법들이 말빠름증을 보이는 사람에게는 효과적이지 않을 수 있다. 말빠름증을 보이는 사람에 대한 효과적인 치료, 일반화, 유지 전략을 알아내기 위해서는 보다 많은 연구가 필요하다.

요 약

- 말더듬은 지나치게 자주 혹은 긴 시간 비유창성을 보이는 것이 특징적인 유창성장애의 형태다. 비유창성에는 단어의 부분 반복, 단어 전체 반복, 구 반복, 말소리 및 음절의 연장, 무음 연장, 다양한 종류의 삽입어 사용, 쉼, 단어 쪼개짐 등이 있다. 임상적으로 의미가 있는 비유창한 말은 근육의 긴장 및 분투, 부정적인 감정 그리고 발화 및 발화 상황에 대한 회피가 결합된 것일 수 있다.
- 말더듬은 아동기 초기에 시작되며 가계 유전의 경향이 있다. 모든 사회집단에서 말더듬이 나타나며 여성보다는 남성에게 더 자주 나타난다. 일란성 쌍생아 중 한 명이 더듬는 경우 나머지 한 명도 더듬게 될 위험이 높다. 여러 가지 요인을 고려할 때 말더듬은 유전적인 원인이 있다고도 볼 수 있다.
- 말더듬에 대한 많은 가설 혹은 이론이 있을 수 있지만, 어떤 것도 전반적인 지지를 받지는 못하고 있다.
- 말더듬은 언어의 대뇌 우세가 부족하기 때문일 수 있다.
- 더듬는 사람의 경우 전형적으로 좌뇌에서 처리되는 것과는 반대로 우뇌에서 언어가 처리되는 듯하다.
- 더듬는 사람은 언어 기제의 운동 조절에 손상이 있을 수 있다.
- 더듬는 사람은 중추 청각 처리가 손상되었을 수 있다.
- 어떤 이유에서건 아동의 말에 대한 부모의 처벌이 말더듬을 유발할 수 있다.
- 말더듬은 학습된 혹은 조건화된 행동으로 유발될 수 있다.
- 말더듬은 깊이 내재된 심리적 갈등 때문일 수 있다.
- 말더듬은 성인의 경우에는 효과적으로 조절될 수 있으며, 아동의 경우는 효과적으로 치료될 수 있다. 취학 전에 조기치료하는 것이 말더듬을 없애는 데 도움이 된다.
- 임상 평가의 주요 과업은 대화와 낭독 시 보이는 비유창성의 유형 및 빈도 측정, 그리고 연합된 운동 행동, 부정적인 정서 반응, 회피 행동을 측정하는 것이다.
- 말더듬에 대한 몇 가지 치료 접근법이 있다. 일부 초창기 접근법에는 정신분석, 심리치료, 상담 등이 있다. 일반적으로 이러한 방법들은 말을 더듬는 사람들에게 유창한 말을 가르치는 데에는 효과적이지 않다. 전통적인 접근법에는 유창한 말더듬 방법(fluent stuttering method), 즉 더듬는 사람에게 덜 긴장되고 덜 애쓰는 방식으로 말하는 것을 가르쳐 말더듬의 비정상적인 측면을 감소시키는 방법이 있다. 보다 최근에 개발된 방법으로 유창성 조형과 직접적 말더듬 감소 전략(쉬고 말하기 및 반응비용)이 있다.
- 유창성의 일반화 및 유지를 촉진하기 위해서, 임상가는 되도록 비공식적인 상황으로 치료를 진행해 나간다. 부모, 배우자, 형제, 친구 등을 훈련시켜서 많은 상황에서 유창성을 강화하도록 한다.
- 말빠름증은 말의 속도가 지나치게 빨라져서 조음상의 붕괴, 사고 및 언어의 비조직화 등을 일으

키는 것이 특징적인 또 다른 유형의 유창성장애다. 말빠름증을 보이는 사람의 말은 알아듣기가 어렵다. 어떤 사람들은 이 장애가 유전이 된다고 보며, 또 어떤 사람들은 뇌손상의 결과라고 보기도 한다.

연구문제

1. 말더듬이란 무엇인가? 어떻게 진단하는지 기술하시오.
2. 비유창성의 여러 유형에 대하여 설명하고, 각각의 유형에 대하여 예를 제시하시오.
3. 10세 된 아동의 비유창성 비율이 말한 단어의 22%다. 이 아동은 말을 더듬는 것인가 혹은 그렇지 않은가? 그 이유는 무엇인지 기술하시오.
4. 일치율(concordance rate)이란 무엇인가? 말더듬과 어떻게 관련되는지 설명하시오.
5. 말더듬과 연합된 운동 행동에 대하여 설명하시오. 이것이 말더듬의 진단에 필수적인가?
6. 말더듬의 회피 반응에 대하여 설명하시오. 이것이 말더듬의 진단에 필수적인가?
7. 말더듬는 사람들은 자신의 말더듬에 대하여 어떻게 설명하는지 기술하시오.
8. 말더듬과 연합이 된 후두 및 호흡 기능 부전에 대하여 설명하시오.
9. 말더듬 이론을 적어도 두 개 이상 비교 및 대조하여 보시오.
10. 말더듬 평가의 주요 목적을 설명하시오.
11. 말더듬 치료에서 유창한 말더듬 및 유창성 조형 접근법을 구별하여 설명하시오.
12. 직접적 말더듬 감소 전략이란 무엇인가? 그 절차에 대하여 설명하시오.
13. 임상가가 유창성의 일반화 및 유지의 촉진을 도울 수 있는 방법에 대해 설명하시오.
14. 당신의 가족 중에서 말을 더듬는 사람이 있다면, 그를 돕기 위해 어떤 조치를 취할 것인지 기술하시오.
15. 말빠름증에 대해 설명하시오.

참고문헌

Ahlander, E., & Hegde, M. N. (2000, April). *An experimental analysis of time-out and response cost in treating stuttering*. Paper presented at the National Treatment Efficacy Research Conference, Vanderbilt University, Nashville, TN.

Bloodstein, O. (1984). Stuttering as an anticipatory struggle disorder. In R. F. Curlee & W. H. Perkins (Eds.), *The nature and treatment of stuttering* (pp. 171-186). San Diego, CA: College-Hill Press.

Bloodstein, O. (1995). *A handbook on stuttering* (5th ed.). Clifton Park, NY: Cengage Learning.

Brutten, E. G., & Shoemaker, D. J. (1967). *Modification of stuttering. Englewood Cliffs*, NJ: Prentice Hall.

Brutten, E. G., & Vanryckeghem, M. (2007). *Behavior assessment battery for children who stutter*. San Diego, CA: Plural.

Conture, E. G. (2001). *Stuttering: Its nature, diagnosis, and treatment*. Boston: Allyn & Bacon.

Culatta, R., & Goldberg, S. A. (1995). *Stuttering therapy: An integrated approach to theory and practice*. Boston: Allyn & Bacon.

Curlee, R. (1999). *Stuttering and related disorders of fluency* (2nd ed.). New York: Thieme.

Curlee, R., & Siegel, G. (1997). *Nature and treatment of stuttering* (2nd ed.). Needham Heights, MA: Allyn & Bacon.

Daly, D. A., & Burnett, M. L. (1999). Cluttering: Traditional views and new perspectives. In R. F. Curlee (Ed.), *Stuttering and related disorders of fluency* (2nd ed., pp. 222-254). New York: Thieme.

Hegde, M. N. (1985). Treatment of f uency disorders: State of the art. In J. M. Costello (Ed.), *Speech disorders in adults: Recent advances* (pp. 155-188). San Diego, CA: College-Hill Press.

Hegde, M. N. (1995). Measurement and explanation of stuttering: A retrospective appreciation of Gene Brutten' s contribution. *Journal of Fluency Disorders, 20*, 205-230.

Hegde, M. N. (2004, July). *Treating stuttering in preschool and school-age children with response cost*. Paper presented at the ASHA CID4 Leadership Conference, Portland, OR.

Hegde, M. N. (2007). *Treatment protocols for stuttering*. San Diego, CA: Plural.

Hegde, M. N. (2008a). *Hegde' s pocketguide to communication disorders*. Clifton Park, NY: Cengage Learning.

Hegde, M. N. (2008b). *Hegde's pocketguide to assessment in speech-language pathology* (3rd ed.). Clifton Park, NY: Cengage Learning.

Hegde, M. N. (2008c). *Hegde's pocketguide to treatment in speech-language pathology* (3rd ed.). Clifton Park, NY: Cengage Learning.

Hegde, M. N., & Hartman, D. E. (1979a). Factors affecting judgments of fluency: I. Interjections. *Journal of Fluency Disorders, 4*, 1-11.

Hegde, M. N., & Hartman, D. E. (1979b). Factors affecting judgments of fluency: II. Word repetitions. *Journal of Fluency Disorders, 4*, 13-22.

Johnson, W., & Associates. (1959). *The onset of stuttering*. Minneapolis: University of

Minnesota Press.

Jonas, G. (1977). *Stuttering: A disorder of many theories.* New York: Farrar, Straus & Giroux.

Myers, F. L., & St. Louis, K. O. (1992). *Cluttering: A clinical perspective.* Kibworth, England: Far Communications.

Onslow, M. (1993). *Behavioral management of stuttering.* San Diego, CA: Singular.

Simkins, L. (1973). Cluttering. In B. B. Lahey (Ed.), *The modification of language behavior* (pp. 178-217). Springfield, IL: Thomas.

Skinner, B. F. (1953). *Science and human behavior.* New York: Free Press.

Travis, L. (1931). *Speech pathology.* New York: Appleton.

Updike, J. (1987). Getting the words out. Asha, *29*, 19-20.

Van Riper, C. (1973). *The treatment of stuttering.* Englewood Cliffs, NJ: Prentice Hall.

Van Riper, C. (1982). *The nature of stuttering* (2nd ed.). Englewood Cliffs, NJ: Prentice Hall.

Weiss, D. A. (1964). *Cluttering.* Englewood Cliffs, NJ: Prentice Hall.

Wischner, G. J. (1950). Stuttering behavior and learning: A preliminary theoretical formulation. *Journal of Speech and Hearing Disorders, 15*, 324-335.

Yairi, E., & Ambrose, N. G. (2005). *Early childhood stuttering.* Austin, TX: PRO-ED.

Zimmermann, G. N. (1980). Stuttering: A disorder of movement. *Journal of Speech and Hearing Research, 23*, 122-136.

08

Introduction to Communicative Disorders

음성 및 그와 관련된 장애

Nathan, 말수가 많은 아이
음성, 말소리
음성장애의 유병률
무성증
발성장애
음성장애의 유발 원인
연축성 발성장애
음성장애의 평가
음성 남용의 치료

말소리, 언어 구조 그리고 유창하게 말하는 것이 정상적으로 발달하였다 하더라도 음성의 문제는 여전히 있을 수 있다. 말소리는 언어의 기본이 되며, 음성은 말소리의 기본이 된다. 음성은 말소리를 산출하는 데 필수 요소이기 때문이다. 음성이 존재하지 않고는 의사소통이 이루어질 수 없을 것이다. 어쨌든 말, 언어 그리고 유창성을 포함한 의사소통의 여러 다른 측면이 정상 범주 내에 있다 하더라도 음성의 어떤 측면은 비정상적이거나 불쾌하게 들릴 수 있다. 다시 말해, 말이 유창한 사람도 음성장애가 있을 수 있다는 것이다. 이 장에서는 이러한 음성장애와 함께 음성의 정상적인 측면과 음성의 생성 원리를 살펴보고자 한다.

Nathan, 말수가 많은 아이

〈읽을거리 8-1〉에서 제시된 트럼펫을 부는 백조 Louis의 이야기가 우화라면, Nathan의 이야기는 음성 문제가 있는 아동이나 성인의 전형적인 모습이라고 할 수 있다. Louis가 말을 할 수 없었던 반면 Nathan은 잠시도 조용히 할 수 없었다.

읽을거리 8-1 루이스, 트럼펫을 부는 백조

『샬롯의 거미집(Charlotte' s Web)』과 『스튜어트 리틀(Stuart Little)』 등 현대 고전작가, E. B. White(1970)는 『백조의 나팔(Trumpet of Swan)』이라는 우화를 통해 의사소통의 본질과 의사소통의 불가능에서 오는 고뇌를 잘 표현하고 있다.

Louis는 다섯 마리 아기 백조들 중 하나였다. 거의 모든 면에서 다른 형제들과 같았으나 한 가지가 달랐다. 태어날 때부터 목소리를 낼 수 없었던 것이다(White 1970, p. 35). Louis의 부모는 신체적 결함이 있는 아기 때문에 심한 고민에 빠져 있었고, 아기 백조가 여자 백조의 마음을 사로잡을 때 사용하는 "코-호"라는 소리를 낼 수 있을지 혹은 아프거나 즐거울 때 어떻게 소리를 낼지 걱정이 되었다. 하루는 아버지 백조가 Louis를 한적한 곳으로 데려가 Louis가 어떤 소리를 낼 수 있는지 살펴보았다. 그러나 Louis는 아무리 애를 써도 소리를 전혀 낼 수가 없었다. 낙담한 아버지 백조가 "얘는 벙어리인 것 같아."(p. 40)라는 말을 하자 Louis는 울고만 싶었다. 이 흥미진진한 이야기의 뒷부분에서는 Louis가 트럼펫을 부는 방법을 배우면서 말장애를 어떻게 극복해 나가는지를 보여 준다. 결국 아기 백조는 "Beautiful Dreamer, Wake onto Me."를 트럼펫으로 불고 사랑하는 연인의 마음을 사로잡을 수 있었다.

이비인후과 전문의가 4세인 Nathan에게 음성 치료를 받으라고 권하여 간호사인 Nathan의 젊은 엄마는 그를 언어청각 클리닉에 데리고 왔다. 엄마와 Nathan이 치료실에 들어갔을 때 Nathan은 약간 긴장하고 두려워 하는 듯했지만 최대한 씩씩하고 명랑한 모습을 보이려 애쓰고 있었다. Nathan은 나이에 비해 몸집이 작고 말랐다. "안녕? Nathan." 이라는 인사에 대해 Nathan은 긴장된 상태로 미소를 지었지만 이내 약간 크고 거친 음성으로 "네." 라고 대답하였다.

귀, 코, 인두 의료치료사를 이비인후과 전문의 (otorhinolaryngologists)라고 한다.

임상가와 엄마가 Nathan의 음성 문제에 대해 이야기를 나누는 동안, Nathan은 잠시도 의자에 가만히 앉아 있지 못했다. 끊임없이 몸을 흔들거나 자세를 바꾸고 옆 테이블 위에 놓인 유아책도 흘끗 쳐다보곤 하였다. 그리고 드문드문 배치되어 있는 가구들과 작은 치료실을 주의 깊게 살펴보고 있었다. 그러더니 갑자기 임상가와 엄마의 대화를 가로막으며 "엄마, 여기는 주사바늘이 없어요." 라고 소리쳤다. Nathan의 음성에서 일종의 안도감이 엿보였다.

엄마는 자신이나 남편도 Nathan의 음성에 뭔가 이상이 있을 거라고는 생각해 본 적이 없다고 하였다. 가족주치의의 권유로 나탄을 이비인후과전문의에게 데리고 갔고, 그 전문의는 Nathan의 음성을 듣고 후두를 검사한 후, Nathan의 엄마에게 나탄의 목쉰 소리는 성대에 생긴 작은 결절 때문이라고 설명해 주었다. 그리고 Nathan이 음성 평가와 치료를 받아야 한다고 하였다.

Nathan의 엄마는 Nathan의 말솜씨가 뛰어나다고 하였다. Nathan은 말을 일찍부터 하기 시작하였으며 쉬지 않고 말을 한다고 하였다. 임상가가 보기에도 나탄은 만 4세라기보다는 만 10세에 가까운 언변을 구사했다. Nathan은 길고 복잡한 문장들을 사용하여 말을 하지만, 정작 문제는 집에서도 끊임없이 말을 한다는 것이었다. 혼자 놀거나 다른 아이들과 놀 때도 말을 했다. 매일 밤마다 그날 있었던 일들을 꼼꼼히 짚어 가면서 혼잣말을 하다가 잠이 들었다. Nathan은 자기 이야기를 들어줄 사람이 굳이 필요하지 않았다. 본인이야말로 자신의 이야기를 가장 주의 깊게 항상 들어주는 사람이었기 때문이다. 욕실에서는 자신에게 무언가를 가르치고, 놀이터에서는 다른 아이들에게 소리치고, 그의 남다른 언어 능력으로 누나도 가르치려고 했으며, 엄마에게 종일 말을 했다. 심지어 갓 태어난 남동생에게도 끊임없이 말을 했다. 이른 오후쯤 Nathan의 엄마는 Nathan에게 제발 조용히 하라며 달래고, 늦은 오후가 될 때까지 계속해서 말을 그만하라고 얘기하다가 저녁이 되면 혼자서 계속 말하도록 내버려 두었다.

말을 너무 많이 한다는 것만이 문제는 아니었다. Nathan은 레슬러(wrestler)장난감을 갖고 놀기를 좋아했다. 이 놀이를 하는 동안 Nathan은 크고 거칠고 강한 음성으로 말했다. 가슴이 튀어나오고 목 근육은 긴장된 상태로 승자와 패자를 큰소리로 알리고, 반칙을 한 사람들을 꾸짖으며, 승자들은 칭찬하고 패자들에게는 창피를 주고, 가상의 관중들을 흥분시키곤 했다. 나무, 꽃, 벌, 나비, 집에서 기르는 두 마리의 개와 네 마리의 새끼 고양이들에게도 크고 떠들썩한 음성으로 말했다. Nathan은 계속해서 말을 하여 많은 사촌들, 친할머니와 외할머니 그리고 '말은 은이고 침묵은 금'이라고 믿고 있는 친할아버지조차 지치게 만들었다. 사람들은 Nathan의 비정상적인 말 습관 때문에 친할아버지가 평소의 모습과는 다르게 이런 생각을 갖게 되신 거라고 생각했다.

이렇게 수다스럽고 긴장이 심한 상태로 말하는 습관이 양쪽 성대에 결절을 만들었다. 그의 음성은 매우 목쉰 소리다. 이렇게 쉰 음성이 지속되었기 때문에 Nathan의 부모들도 정상적인 음성을 들어본 적이 거의 없었다. 그래서 Nathan의 거친 음성을 정상적인 음성이라고 생각했던 것이다.

트럼펫을 부는 아기 백조나 Nathan의 경우는 두 종류의 음성 문제를 보여 준다. 소리를 산출할 수 없는 경우와 음성이나 말을 지나치게 사용하는 경우다. 트럼펫을 부는 아기 백조처럼 선천적인 원인과는 다르게 암과 같은 질환으로 후두를 제거하는 수술을 함으로써 음성을 상실할 수도 있다. 이러한 문제들 그리고 다른 음성 문제들을 살펴보고자 한다.

음성, 말소리

말소리의 모든 영역에서 아마도 음성이 가장 미학적일 것이다. 음성으로 아름다운 음악을 만들 수 있으며, 음성은 의사소통에서 감정적인 색채와도 가장 밀접하게 연관되어 있다. 음성을 통해 화가 났는지 행복한지를 알 수 있다. 화자는 화가 났거나 행복하다는 감정을 굳이 말로 표현할 필요가 없다. 마찬가지로 청자들도 음성에서 암시되는 감정 메시지를 이해한다. 음성을 통해 메시지를 숨길 수도 있고, 말로 전달되는 것과는 다른 메시지를 전달할 수도 있다. 가령 어떤 이가 어느 파티에 초대되기는 했지만 초대하는 사람의 음색에서 우리는 그 사람이 반갑게 초대된 것은 아니라는 것을 알 수 있다. 따라서 음성은 말로 표현되는 것 이상을 전달해 주기도 한다.

음성은 개인마다 독특하여 지문처럼 그 사람의 개별성(individuality)을 나타낸다. 신생아의 학습 초기 반응은 엄마의 음성을 인지하는 것이다. 아마도 음성의 개별성 때문일 것이다. 성인 또한 음성만 듣고 누구인지 판별할 수 있다.

말소리 특징의 여러 측면 중에서 음성을 통해 화자의 기분을 파악할 수 있다. 음색과 음질에 따라 듣기 좋거나 나쁘거나 혹은 관심을 유발하거나 관심을 끌지 못할 수도 있다. 음성이 너무 거칠거나 시끄럽거나 너무 고음이거나 저음이거나 혹은 너무 크거나 너무 작게 들릴 수 있다. 이런 모든 문제는 그다지 좋지 않은 음성이라는 느낌을 가져온다.

몇몇 예외가 있기는 하지만 언어 능력이 현저하게 낮은 사람이 경험하는 의사소통의 어려움과 음성장애로 인한 어려움이 반드시 동일하지는 않다. 그럼에도 불구하고 음성 문제로 신체적 · 정신적 어려움을 경험하기도 한다. 음성장애가 단지 청자가 듣기에 좋지 않을 수도 있지만 음성 문제를 경험하는 사람 대부분이 개인적 · 사회적 그리고 때로는 의학적 합병증 등의 많은 어려움을 함께 경험한다.

여러 음성장애는 신체적(또는 의학적) 문제들과 관련되어 있다. 음성 문제가 치료되지 않을 경우 이러한 신체적 문제들은 악화될 수 있다. 성대결절과 같은 신체적 문제들과 그에 따른 음성 문제들은 불편하게 맞물려 있다. 하나가 악화되면 다른 것이 더 심각한 문제로 대두된다.

여러 업무 환경에서 듣기 좋지 못한 음성을 갖고 있는 근로자들은 한 직장에 오래 근무하지 못하기도 한다. 목쉰 소리를 가진 판매원은 판매 실적이 낮을 수 있다. 물론 가수의 경우는 의심의 여지도 없다. 어떤 업무는 일관되게 말을 하기 위해 변하지 않는 음성이 필요하다. 상대적으로 오랜 기간 말하거나 노래를 하는 사람은 음성을 일정하게 유지해야 한다. 교사, 목사, 라디오 아나운서, 텔레비전 기자, 응원 단원, 운동 감독, 가수, 경매자, 연예인 그리고 캠페인을 하는 정치인들은 힘들고 오랫동안 일을 수행해도 변하지 않는 음성을 갖고 있어야 그 일을 지속해 나갈 수 있다. 이 같은 직업은 듣기 좋은 음성이 필요하기도 하다.

공교롭게도 듣기 좋은 음성과 적합한 음성을 필요로 하는 직업은 건강한 음성을 위협하는 문제들과 맞물려 있다. 그러한 직업에 종사하는 사람들이 음성장애를 더 많이 경험하게 된다.

음성은 발성기전(phonatory mechanism)이라 불리는 상당히 정교하고 민감한 구조인 성대를 포함한 후두에 의해 형성되는 복잡한 현상으로 소리가 생성되기 위해 양쪽 성대가 근접하면서(열렸다 닫히면서) 진동한다. 이러한 기전의 기본 요소와 그에

읽을거리 8-2 발성의 해부 및 생리에 대한 요약

- 후두(larynx)는 생리적 밸브로 기관의 맨 윗부분에 위치한다. 후두는 기관의 입구를 막음으로써 폐로 음식물이나 액체가 유입되는 것을 방지한다.
- 후두는 목뿔뼈(설골, hyoid bone)에 연결되어 있고, 반지연골(윤상연골, cricoid), 방패연골(갑상연골, thyroid), 모뿔연골(피열연골, arytenoid)이라 불리는 연골들로 구성된다. 이 연골들은 후두의 움직임과 미세한 조정에 관여한다.
- 기관의 맨 위에 위치하는 반지연골은 뒷면이 넓고 양 옆과 앞면은 좁은 형태를 지닌다. 방패연골은 후두연골 중 가장 큰 연골로 앞면에 후두융기(Adam's apple)로 알려진 튀어나온 부분이 있다. 방패연골과 반지연골은 반지방패관절(윤상갑상관절, cricothyroid joint)을 이루며 서로 연결되어 있기 때문에 두 연골은 앞뒤로 움직일 수 있다.
- 성대(vocal folds)는 두 개의 작은 피라미드 모양의 모뿔연골에 부착되어 있으며, 결과적으로 반지모뿔 관절(윤상피열 관절, cricoarytenoid joint)을 통해 반지연골과도 연결되어 있다. 이 관절을 통해 음성과 말소리를 산출하는 데 중요한 회전과 미끄러짐 운동을 할 수 있다.
- 음성을 산출하기 위해 진동하는 성대는 방패모뿔근(갑상피열근, thyroarytenoid)이라 불리는 쌍을 이루는 얇은 근육이다. 이 근육은 방패연골과 모뿔연골에 부착된다.
- 공기 압력과 성대의 탄력성으로 양쪽 성대가 가까워졌다 멀어졌다를 반복하면서 진동한다. 가쪽반지모뿔근(외측윤상피열근, lateral cricoarytenoid)과 모뿔사이근(피열간근, interarytenoid)에 의해 양쪽 성대가 내전하고, 뒤반지모뿔근(후윤상피열근, posterior cricoarytenoid)에 의해 성대가 외전한다. 반지방패근(윤상갑상근, cricothyroid)의 움직임으로 성대의 길이가 늘어나거나 줄어든다.
- 음성 산출에 대해 제4장에 자세하게 설명하였다.

대한 설명은 이미 제4장에서 기술하였으며, 〈읽을거리 8-2〉에서는 발성의 해부 및 생리학적 측면을 요약하였다.

음성장애의 유병률

얼마나 많은 성인과 아동이 음성장애를 지니고 있을까? 아동들이 주로 보이는 음성장애의 유병률에 대한 연구는 있어 왔지만 그 연구 결과가 항상 일관되지는 않았다. 음성 문제를 보이는 아동의 수는 예측하건대 전체 아동의 3~10% 정도가 된다(Boone, McFarlane, Von Berg, & Zraick, 2009; Case, 2002; Lecoq & Drape, 1996). 한 조사 연구에 따르면 학교 언어치료전문가들에게 음성 문제로 치료받고 있는 아동이 전체 아동의 2~4% 정도라고 한다(Davis & Harris, 1992). 음성장애로 치료를 받는 아동의 대부분이 음성 남용(예를 들면, 과도한 수다와 큰 소리로 말하기)으로 목쉰 소리를 낸다.

성인의 음성장애 유병률에 대한 연구들도 신뢰할 만하지 못하다. 전체적으로 아동과 성인을 포함하여 대략 4% 정도가 음성장애를 갖고 있지 않을까 추측된다(Boone, 2009). 경미하거나 일시적인 음성 문제를 지니고 있는 일부 사람들은 음성 치료가 필요하지 않을 수도 있지만 많은 사람이 음성 치료를 받는다.

음성장애의 분류

음성장애는 여러 방식으로 분류된다. 그중 하나로, 기질적 음성장애와 기능적 음성장애로 나누는 분류 방식이 있다. 이 분류는 실제 존재하거나 예측되는 장애의 원인에 근거하는데, 병인적(etiologic, 원인에 근거한) 분류라고도 한다.

기질적 음성장애(organic voice disorders)는 발성기전에 작용하는 구조물의 일탈이나 변화와 관련이 있다. 이러한 장애들은 신체의 질병 때문에 야기될 수 있다. 추후에 언급될 성대마비나 후두암 또는 성대결절은 구조적 일탈 혹은 변화의 예들이다.

기능적 음성장애(functional voice disorders)는 성대나 주변 구조물의 조직 변화와는 관련이 없는 장애다. 생리적 혹은 신경계의 손상 없이 갑작스럽게 음성을 상실한 경우 기능적 무성증(기능적 발성불능, functional aphonia)이라고 한다. 기질적 병변이 없는 상태에서 매우 고음의 소리를 내는 남성의 경우 기능적 음성장애를 갖고 있다고 할 수 있다.

일부 언어치료전문가는 실제로 조직의 변화와 관련된 특정 음성장애를 기능적 음성장애라고 한다. 그 이유는 이러한 조직의 변화가 잘못된 행동으로 유발되었기 때문이다. 가령 성대결절과 관련된 목쉰 소리는 기능적 음성장애라고 할 수 있다. 왜냐하면 음성을 남용하는 행위(예, 소리지르기, 고함치기)로 결절이 발생했기 때문이다. 그러나 이 경우에 주지해야 할 것은, 음성장애(목쉰 소리)는 성대의 구조적 변화(성대결절)로 초래되었기 때문에 명백하게 기질적 음성장애라고 분류되어야 한다. 즉, 성대결절이 발성 습관에서 기인한다 하더라도 결절로 인한 목쉰 소리는 기능적 음성장애라고 할 수는 없다.

음성장애를 단순하게 분류하는 방법은 음성 자체의 여러 변수를 고려하는 것이다. 제4장에서 밝힌 바와 같이 음성과 관련된 변수들은 다음과 같다.

- 음도(Pitch): 음도는 지각적인 평가임에도 불구하고 음도는 성대가 진동하는 주파수의 변화에 따라 달라진다. 성대 진동의 주파수가 높을수록 그 음성에서 인지되는 음도는 높아진다. 개인별로 성대가 진동하는 평균적인 횟수가 있는데, 이를 기본주파수(fundamental frequency)라고 하며, 개인에게는 습관적 주파수(habitual freguency)다. 성대의 질량(mass), 긴장도(tension) 그리고 탄력성(elasticity)에 따라 기본주파수가 결정된다. 낮은 주파수에서는 성대의 질량이 증가하고, 이완되며, 덜 잡아당겨진 상태에서 성대가 진동하지만, 높은 주파수에서는 두께가 얇고, 긴장되며 잡아당겨진 상태에서 성대가 진동한다.
- 크기(loudness): 음성에 관한 또 다른 지각적인 평가인 소리의 크기는 소리 신호의 강도에 따라 결정된다. 소리의 강도는 진동하는 물체가 공기입자(또는 물입자, 다른 소리 매개체)를 움직이는 범위에 따라 다르다. 공기입자의 움직임은 진폭(amplitude)이라고 하는데, 진폭이 크면 클수록 소리의 크기는 더 커진다.
- 음질(voice quality): 정상적인 음성은 건강하고, 듣기 좋으며, 부드러운 음질을 갖는 반면, 비정상적인 소리는 숨 새는 소리나 거친 소리 또는 목쉰 소리를 갖는다. 숨 새는 소리(기식음, breathy voice)는 발성하는 동안 양쪽 성대가 접촉해야 하는 적정치보다 덜 닫힌 상태에서 발생하며, 약간 벌어진 성대 사이로 공기가 빠져나가면서 성대 진동으로 생성된 소리에 잡음이 더해진다. 거친 소리(harsh voice)는 불쾌한, 거친, 그리고 '귀에 거슬리는' 소리 등으로 다양하게 표현된다. 거친 소리는 성대의 과도한 긴장에서 기인한다. 목쉰 소리(hoarse voice)는 거친 소리와 숨 새는 소리를 합친 것으로 목쉰 소리나 숨 새는 소리 모두 개인의 독특한 특징으로 여겨지기도 한다.
- 공명(resonance): 성대와 같은 구조는 소리를 산출하고, 공명은 소리가 통과하는 다

른 구조물들에 의해 소리가 변형되는 것이다. 즉, 공명은 후두에서 생성된 소리에 다른 특성을 더하는 것이다. 후두 생성음은 목이나 입의 구조물에 따라 변형된다. 공명이 주로 입의 구조물에 의해 결정되는 것을 구강공명(oral resonance)이라고 하며, 공명이 주로 코에 의해 결정되는 것을 비강공명(nasal resonance)이라고 한다. 구강음에 과도하게 비강공명이 결합된 경우 과대비성(콧소리과다증, hypernasality)이라고 하며, 비음에 비강공명이 적은 경우를 과소비성(콧소리과소증, hyponasality)이라고 한다. 두 가지 모두 임상적으로 문제가 된다.

이러한 음성의 변수들이 음성장애를 분류하는 데 기초가 될 때 음성장애는 크게 무성증이나 발성장애로 분류할 수 있다. 무성증(발성불능, aphonia)은 음성이 산출되지 않는 것이고, 발성장애(dysphonia)는 여러 종류의 음성장애를 포괄한다. 그리고 공명장애는 다른 영역으로 분류된다.

무성증

무성증은 음성 상실을 말한다. 무성증 환자들은 전형적으로 속삭이듯이 말을 한다. 말을 하는 동안 성대가 외전(열린 상태)된다. 그 결과 발성작용이 없고 소리가 산출되지 않는다. 성대가 마비되지 않았다면 음성의 상실된 증상이 오래 지속되지는 않는다. 가끔 어떤 사람은 숨 새는 소리나 거친 소리 혹은 약한 소리이긴 하지만 음성을 산출하며 말할 수 있다. 이러한 경우 환자의 문제는 무성증과 발성장애(발성부전) 증상이 번갈아서 오는 것일 수 있다. 완전히 음성이 상실되는 경우는 드물다. 이 경우는 무언증(muteness)이라고 하며, 신경변성질환(예를 들면, AIDS, 치매)의 말기단계에 있는 환자들에게 나타난다.

무성증에는 적어도 크게 두 가지 유형이 있다. 하나는 행동적 또는 심리적 장애로, 환경적 요인에서 기인한다고 추정되며, 기능적 무성증(기능적 발성불능, functional aphonia)이라 한다. 이러한 유형은 상대적으로 독립된 장애로 존재할 수 있다. 다른 유형으로는 신체적인 원인에서 기인하는 기질적(organic) 또는 신경계(neurological) 장애일 수 있다.

기능적 무성증

기능적 무성증(functional aphonia)은 정의한 바와 같이 기질적인 원인이 없는 경우다. 성대와 성대를 지배하는 신경 분포가 정상이고, 후두 검사를 통해 어떠한 병리적 소견도 발견되지 않는다. 그러나 음성을 산출하지는 못한다. 이러한 유형의 무성증은 때때로 히스테리성 무성증(hysterical aphonia) 또는 심인성 무성증(psychogenic aphonia)이라 하며, 프로이트 이론의 신경증에서 기인한다. 프로이트 학설에 따르면, 무성증은 무의식적 심리 갈등에서 비롯된 심리장애로 설명할 수 있다. 또한 발성장애는 신경계나 다른 구조적인 문제가 없는 행동장애로 설명되기도 한다.

기능적 무성증을 경험하는 사람은 속삭이는 소리, 몸짓 또는 얼굴 표정으로 의사소통을 할 수 있다. 이러한 사람이 기침, 웃기, 목청 가다듬기를 할 때는 소리를 낼 수 있어 음성 산출이 가능하지만 지속적으로 말소리를 낼 수는 없다.

대부분의 경우 기능적 음성장애는 갑작스럽게 시작되는데, 스트레스를 심하게 받으면 갑작스럽게 음성을 상실할 수 있다. 가령, 어떤 사람이 법정에서 증언을 하거나 전투하는 상황에서 갑자기 음성을 상실하기도 한다. 또 다른 경우에 기능적 무성증은 신체적인 원인에서 기인하기도 한다. 가령, 심한 감기나 상부호흡기질환, 뇌수막염이나 여타 질병을 앓고 난 후 그 질병이 회복된 다음 음성을 상실하기도 한다. 또한 기능적 무성증이 기질적 무성증에서 시작되기도 한다. 예를 들면, 후두 질환이나 후두 수술을 시행하고 처음에 발성을 금지하거나 의사의 권고에 따라 며칠간 완전히 말을 하지 않는 상태를 유지한 경우에 무성증이 나타나기도 한다. 이 경우의 무성증은 명확히 기질적인 원인에서 시작된 것으로 회복을 위한 자발적인 노력이 필요하다. 어쨌든 후두질환이 효과적으로 치료되거나 완전 침묵이 더 이상 필요하지 않은 후에도 무성증이 지속된다면, 이 단계의 무성증은 기능적 무성증이라고 할 수 있다.

기능적 무성증은 행동(조건부의)장애다. 일차적으로 무성증은 부적강화로 작용한다. 예를 들면, 무성증으로 스트레스가 많은 발표 상황을 모면한 아동의 경우 부적강화를 받은 것이다. 무성증이 아동으로부터 혐오자극(발표 상황)을 종료한 것이다. 전투 중 갑자기 음성을 상실하게 된 군인은 군병원으로 재빠르게 호송될 수 있다. 이것은 또 다른 부적강화의 예다(스트레스가 많은 전투 상황의 종료). 법정에서 갑자기 음성을 상실한 사람은 추가 증언을 하지 않아도 된다. 다시 말해, 이 또한 부적강화를 받은 것이다. 이렇듯 무성증이 스트레스가 많은 상황을 성공적으로 회피하기 위한 전략으로 사용될 수 있다. 무성증 환자가 안전하거나 편안한 환경에서 속삭이듯이 의사소통을 시작한다면, 타인으로부터 받는 관심으로 인해 무성증을 긍정적으로 강화시켜 오랜 기간 이러한 현상을 유지시키도록 한다.

기질적인 요인이 없는 무성증은 상담과 심리치료 혹은 행동치료를 하기도 한다. 무의식적 심리갈등 때문에 발생한다는 이유로 기능성 무성증이 심인성이라고 믿는 임상가들은 대상자들을 상담이나 심리치료를 통해서 치료하고 싶어 한다. 치료받는 동안 대상자들은 자신과 자신의 문제에 대해서 자유롭게 말하도록 격려를 받는다. 동정적인 청자의 도움으로 환자들이 그들의 심리적 갈등을 해결한다고 생각한다. 또한 일단 무의식적인 심리 문제들이 해결되면 음성 문제는 사라진다고 생각한다. 적절한 훈련을 받은 언어치료사들도 이러한 방법으로 무성증 환자를 치료할 수 있다.

반면 행동치료사들은 기능적 무성증을 포함한 모든 종류의 행동장애가 무의식적인 힘에 의해 발생한다고는 생각하지 않는다. 대부분의 행동장애가 잘못된 학습과 상황 때문에 일어난다고 믿는다. 그래서 이들은 잘못된 행동을 개선함으로써 무성증과 같은 장애를 치료하려는 경향이 있다. 이런 유형의 치료는 무성증이 전형적으로 생겼는지 아니면 강화의 결과물(예를 들면, 이전 사례와 같은 혐오자극을 회피한 것)인지에 대한 상황 분석이 필요하다. 대부분의 기능적 무성증 환자들은 때때로 음성을 산출할 수 있다. 환자가 음성을 산출할 때마다 임상가는 체계적으로 이런 행동을 강화시킴으로써 말하는 소리를 내는 기간과 횟수를 늘려 무성증 증상을 없앨 수 있다. 행동분석과 치료훈련을 받은 언어치료사들은 기능적 무성증 환자를 이러한 방식으로 치료하려는 경향이 있다.

기질적 무성증

기질적 무성증(organic aphonia)은 후두 구조가 손상 또는 상처를 받거나 후두 구조를 상실함으로써 초래된다. 기질적인 무성증은 특정 신체질환과 연관되어 일시적으로 나타날 수 있다. 가령, 환자들이 일시적인 후두질환으로 소리를 낼 수 없거나 소리를 낼 때 통증이 있어 그 질환이 치유될 때까지 말을 하지 않으려는 경향이 있다. 일시적으로 후두의 물리적 상처나 기관지 감염이 심한 경우에는 정상적인 발성이 어렵다. 이러한 기질적인 문제가 해결되면 음성은 회복된다. 앞에서 언급한 바와 같이 신체적 질환이 치료되거나 상처가 회복된 후에도 무성증이 지속된다면 기능적 무성증으로 간주해야 한다. 어쨌든 무성증이 신체적인 원인에서 기인하는 한 기질적 또는 신경적 무성증이 된다.

상대적으로 영구적인 기질적 무성증은 후두절제술(laryngectomy)과 관련이 있다. 후두절제술은 암과 같은 생존을 위협하는 질환으로 후두를 수술로 제거하는 것을 말한다. 이 수술을 받은 환자는 자연스럽거나 정상적인 음성을 산출하는 기전을 더 이상 갖지 못한다. 이러한 환자들은 말소리 산출에 도움을 주는 인공후두기를 사용할 수 있다. 또한 식도를 이용하여 말을 산출하는 방법을 배울 수도 있다. 이에 대한 설명은 암에 관한 부분에서 설명하고자 한다.

신경적 무성증(neurological aphonia)은 성대의 신경 조절 손상에 의한 것으로 양쪽 성대 자체는 이상이 없지만 성대를 지배하는 신경 조절의 손상으로 성대마비가 초래될 수 있다. 가령, 후두를 지배하는 신경의 가지인 미주신경(X번 뇌신경, vagus nerve 또는 cranial nerve X)의 병변으로 무성증이나 다양한 종류의 발성장애가 초래될 수 있다. X번 뇌신경의 병변으로 일측성 성대마비(한쪽 성대의 마비)가 초래될 수 있으며, 여러 종류의 수술을 시행하는 동안 이 신경의 가지(branch)가 손상되어 성대마비가 초래될 수 있다. 또한 성대마비는 여러 종류의 말장애와 관련이 있다. 이러한 장애는 말운동장애의 일종인 **마비말장애**(dysarthria)를 포함한다.

마비말장애에 대한 더 많은 정보는 제10장을 참고하라/

일측성 성대마비와 관련된 무성증이나 발성장애를 치료하는 의학시술 중의 하나로 테플론을 마비된 성대에 주입하여 성대의 질량을 증대시키는 방법이 있다. 이 시술이 성공하면 정상 성대가 질량이 증대(그러나 움직일 수는 없다)된 성대와 접촉하여 음성을 산출할 수 있다.

발성장애

앞에서 언급한 바와 같이 발성장애는 음성장애의 일종이며, 발성장애에는 여러 독특한 유형들이 있다. 발성장애 중 가장 흔한 유형으로는 크기, 음도, 음질, 공명과 관련된 장애들이다.

크기 장애

소리 크기는 개인에 따라, 그리고 말하는 상황에 따라 차이가 있다. 지나친 고성으로 성대결절이나 성대용종과 같은 음성 문제처럼 심각한 문제가 발생하지 않는 한, 큰 음성 때문에 전문가의 도움을 구하는 사람은 극히 드물다. 오히려 소리 크기를 이유로 도움을 받으려는 대부분이 음성이 너무 작은 경우다.

크기의 문제와 음도의 문제는 대개 개별적으로 나타나는 음성장애다. 가령, 숨이 새고 목쉰 소리는 일반적으로 음도가 낮다. 후두의 병변으로 충분히 큰 음성을 산출할 수 없다. 그러나 일부 크기나 음도와 관련된 장애들은 서로 독립적이지 못하다.

많은 임상가는 다른 장애와 관련 없이 약한 음성이 나오는 것은 심리적인 문제에서 초래된다고 생각한다. 가령, 임상적으로 우울증상이 있는 환자들은 조용한 상황에서조차도 알아들을 수 없을 정도로 작게 말한다. 두려움에 사로잡혔거나 심리적으로 충격을 받은 사람들 역시 매우 작은 소리로 말하기도 한다. 그러나 어떤 사람들은 습관적으로 말을 작게 하며 사람들이 자신의 말을 알아듣기 어려워한다는 사실에 놀라기도 한다. 또한 조용한 음성은 문화적인 이유로 조용한 음성을 산출하기도 한다. 어떤 집단의 사람들은 보다 작게 말하기도 하며 어떤 집단에서는 적당한 크기라고 인식되는 음성이 다른 집단에서는 불쾌할 정도로 큰 소리로 여겨지기도 한다.

부적절한 소리 크기 문제의 대부분의 경우는 쉽게 치료될 수 있다. 말하는 동안 충분한 공기 압력을 유지하도록 가르치고 체계적으로 점점 더 큰 소리를 내게 함으로써 문제를 제거하거나 최소화할 수 있다.

음도장애

대표적인 음도장애는 화자의 연령과 성별을 고려하여 지나치게 높거나 낮은 음도를 보이는 경우다. 앞에서 언급한 대로 평균 남성의 음도는 평균 여성의 음도보다 낮다. 아동의 음도는 일반적으로 성인보다 높다. 남성이 지나치게 높은 음도를 보이거나 여성이 지나치게 낮은 음도를 보일 때 비정상이거나 바람직하지 못한 것으로 간주된다.

남성의 고음(high-pitched male voice)은 여성의 저음에 비해 언어청각 클리닉에서 더 자주 접할 수 있다. 아마도 남성의 전형적인 음도의 변화가 여성의 경우보다 좀 더 심하기 때문일 것이다.

7세가 되기 전에는 남아와 여아의 기본주파수는 차이가 별로 없다. 1세나 2세경 남아와 여아 모두 약 400Hz의 **발화기본주파수**(speaking fundamental frequency)를 가지며, 340~470Hz 사이의 음역을 갖는다. 그리고 7세까지 남아와 여아의 발화 기본주파수는 거의 유사하다. 7세경에 모든 아동은 약 260Hz의 기본주파수를 가지며, 음역은 220~310Hz 사이에 있다. 남아와 여아의 음도는 8세 경부터 달라지기 시작하는데, 남아의 발화기본주파수(250Hz)는 여아의 발화기본주파수(255Hz)보다 5Hz가 낮다. 이때부터 계속해서 남아의 발화기본주파수가 여아에 비해 급격히 낮아지게 된다(Wilson, 1987). 사춘기에 이르러서는 한꺼번에 급격히 낮아진다. 12세경, 남성과 여성의 발화기본주파수의 차이는 단지 10Hz인데 반해(남성, 230Hz; 여성, 240Hz), 13세나 14세에는 50Hz의 차이를 보인다(남자, 175Hz; 여자, 225Hz). 1~18세에 이르기까지 여성의 발화기본주파수는 약 50% 정도 낮아지나(400Hz에서 205Hz로 감소) 남성은 약 70% 정도 낮아진다(400Hz에서 125Hz로 감소).

앞에서 언급한 바와 같이 후두 구조가 더 두껍고 커지면 음도는 낮아지고, 후두 구조가 더 얇고 작아지면 음도는 높아진다. 아동의 연령이 증가함에 따라 후두의 질량과 크기가 증가함으로써 음도는 낮아진다. 남성 후두의 크기와 부피는 여성의 경우보다 비례적으로 더 크다. 따라서 남성의 음도는 여성의 음도보다 크게 변화하며, 이러한 변화는 여러 해에 걸쳐 일어난다. 변화의 비율은 아동마다 개인차를 보이는데 때로는 급격하게 또는 점진적으로 나타난다. 낮은 음도를 갖게 되는 과정에서 음도 일탈이 일어나며, 이때 어떤 남아들은 당황하거나 짜증을 내기도 한다.

남성이 높은 음도를 갖게 된 경우 이와 관련된 생리학적 근거는 없다. 보통 이 증상은 후두 전체가 성장하지 못한 것이 아니라 후두가 정상적으로 자란 후에도 높은 음도가 지속되는 것이다. 따라서 지속적인 높은 음도(가성, 假聲)는 종종 기능적인 것으로 여겨진다. 이것은 과거의 강화된 음성 행동에 의한 것이다.

가성이 지속되는 원인으로 가장 많이 거론되는 것은 ① 일부 소년들이 변화를 거부하고, ② 자신들이 익숙해져 있는 음도를 계속 사용하며, ③ 새로운 음도가 자신의 이미지나 성격과 어울리지 않는다고 생각하고, ④ 자신들이 곧 수행해야 할 성인으로서의 역할에 대한 불안감 때문에, ⑤ 높은 음도로 말하는 습관이 지속된다는 것이다. 이는 상식적인 경험에 의한 것으로 과학적으로 타당성이 증명된 설명은 아니다.

남성의 고음은 일반적으로 치료가 쉽다. 임상가는 우선 대상자가 음도를 점점 낮추면서 1음절 소리나 단어를 말하게 하면서 음도를 다양하게 변화시키도록 한다. 그리고 적절한 음도를 시범으로 들려준 다음 모방하게 한다. 대상자는 자신의 한계 음도보다 낮은 음도를 산출할 때 강화를 받는다. 점진적이고 신중하게 계획된 단계를 거치면서 임상가는 대상자에게 음도 수준을 낮추며 말하는 방법을 가르친다. 결국 대상자는 자신에게 적절하다고 판단되는 음도 수준에 도달한다. 그 후 대상자는 그 수준의 음도로 체계적인 발화 연습을 하여 자신의 발화를 강화한다. 단계를 서서히 낮추는 방법과 마찬가지로 임상가는 단순한 수준의 소리와 단어로부터 구, 절, 대화와 같은 더 복잡한 단계로 발화의 길이를 늘려간다. 대부분의 경우 임상가는 환자가 치료실 밖의 상황에서 더 낮은 음도의 음성을 사용하도록 특별한 절차를 고안하기도 한다. 임상가는 환자의 부모, 형제, 친구, 동료 및 배우자에게 대상자가 새로운 음도를 사용하도록 상기시키고 지원하도록 훈련한다.

여성이 고음을 계속 사용하는 경우가 있기는 하지만 드물다. 앞에서 언급한 바와 같이 사춘기 여성의 음도는 남자에 비해 그 변화가 심하지 않기 때문에 여성의 경우 정상 음도보다 높은 경우는 남성의 경우처럼 눈에 띄지 않는다. 그러나 지나치게 높은 음도를 보이는 여성의 음성은 두드러지게 나타날 수 있어 음성치료가 필요할 수 있다. 치료 절차는 고음도 남성의 경우와 동일하다.

호르몬 변화로 나타나는 음도장애는 남성보다 여성이 빈번하다. 월경, 폐경 그리고 여성 음성의 남성화는 음도 변화와 모두 관련이 있다. 대부분의 경우 월경 전이나 월경 중의 음도 변화는 큰 문제가 되지 않는다. 그러나 직업가수에게는 이와 같은 변화가 고통스러운 일이다. 이 현상은 월경 전 여성호르몬인 에스트로겐과 프로게스테론의 분비 감소로 성대가 두꺼워져 발생한다고 알려져 있다. 그 결과 음도가 낮아지고 목쉰 소리도 유발된다.

일부 여성의 기본주파수는 폐경기 즈음에 낮아진다. 폐경기는 남성호르몬인 안드로겐의 증가와 관련이 있고, 안드로겐은 성대를 두껍게 하여 음도를 낮춘다.

남성호르몬을 함유하는 약물은 때로 암 치료에 사용되기도 한다. 가령, 자궁암의 치료에 테스토스테론을 사용하기도 한다. 이런 약물은 여성을 남성화하는 작용이 있어 때로 치료 후 성대가 두꺼워져 음도가 낮아지기도 한다. 약물 복용에 의한 음도의 변화는 되돌릴 수 없다.

음질장애

음도와 크기는 주파수나 강도와 같은 물리적인 척도와 관련이 있는 반면, 음질은 음파와 다른 많은 복잡한 요인들과 관련이 있으며 이들 중 일부는 측정이 어렵다. 그럼에도 불구하고 우리는 모두 음도와 크기 외에 다양한 음질을 지각한다. 음질은 종종 성대질환과 음성장애로 정상에서 벗어난 상태를 시사하기 때문에 임상적으로 매우 중요하다.

일반적으로 말해서, 정상적인 음성을 산출하기 위해서는 정상적인 후두 구조, 올바른 발성 습관, 적절한 기류의 사용, 정상적인 구강과 비강 그리고 건강한 신체 등의 모든 조건이 필요하다. 전반적으로 허약한 건강 상태, 후두질환, 발성기전의 오용, 적합하지 못한 기류의 사용 그리고 비정상적인 구강과 비강은 음질의 문제를 초래할 수 있다. 주된 세 가지 음질의 문제는 숨 새는 소리, 거친 소리, 목쉰 소리다.

숨 새는 소리

숨 새는 소리(기식음, breathiness)는 성대가 약간 벌어진 상태에서 발성할 때 초래된다. 물론 발성하기 위해서 양쪽 성대가 서로 접촉해야 하지만 완전하게 접촉하지 않을 때 숨 새는 소리가 발생한다. 성대의 진동으로 산출된 소리에 성문을 통해 빠져나가는 공기에 의한 잡음이 더해진다. 이러한 공기의 유출로 생성된 잡음이 숨 새는 소리로 들린다. 극단적인 경우에는 성대 진동음은 들리지 않고 공기가 빠져나가는 소리만 들릴 수도 있다.

숨 새는 소리는 일부 화자에게 관찰되는 음질의 일탈현상 중의 하나다. 숨 새는 소리가 아주 심하지 않다면 오히려 그 사람의 독특한 음성으로 인지될 수도 있다. 어떤 사람은 습관적으로 약간 숨 새는 소리로 말하기도 한다. 이러한 음성 때문에 사회적으로 보상을 받을 수도 있다. 그러나 잡음을 유발해 주의를 산만하게 하거나 듣기 싫은 음성을 초래할 정도의 과도한 공기 유출은 임상적으로 심각한 숨 새는 소리다. 숨 새는 소리는 속삭이는 소리처럼 들리기도 한다.

만약 숨 새는 소리가 습관에 의한 것이 아니라면, 여러 임상적인 요인에서 기인할 수 있다. 성대마비를 유발하는 신경의 문제와 그로 인한 성대 접촉의 이상은 성인의 숨 새는 소리를 초래하는 흔한 원인이다. 더불어 성대부종(edema, 감염이나 성대남용으로 인한 성대의 부기), 성대결절, 암의 증식이나 성대용종도 숨 새는 소리를 유발할 수 있다. 한쪽 성대 혹은 양쪽 성대에 자란 증식물(가령, 결절)은 성대의 접촉을 어렵게 만들어 숨 새는 소리를 유발한다.

습관적인 숨 새는 소리는 행동기법으로 치료가 가능하다. 대상자는 숨 새는 음질을 감소시키기 위해 성대를 접촉시키는 훈련을 할 수 있다. 만약 주기적으로 괴성을 지르거나 소리를 지르는 성대 남용과 같은 행위 때문에 발생한 성대결절로 숨 새는 소리가 나타났다면, 이러한 행동을 수정해야 한다. 음성치료로 결절의 크기를 줄이거나 결절을 완전히 제거할 수 있다. 그러고 나면 음질은 정상으로 되돌아온다.

거친 소리

거친 소리(harshness)는 듣기 싫은 소리, 소란스러운 소리, 귀에 거슬리는 소리, 금속성 소리, 쇠를 긁는 듯한 소리, 걸걸한 소리 등으로 다양하게 표현된다. 거친 소리는 과도한 근육의 긴장 및 사용과 관련이 있다. 성대가 너무 강하게 접촉하면 기류가 갑작스럽게 빠져나가고, 성대가 스펙트럼을 따라 비주기적으로 진동한다(불규칙한 진동). 더불어 갑자기 음성을 내고 과도한 성대 접촉을 보일 수도 있다. 그 결과 거칠고 듣기 싫은 소리가 생성된다. 거친 소리는 크거나 작은 음성에서도 나타날 수 있지만 주로 음도가 낮고 약한 음성과 관련이 있다(Boone et al., 2009; Case, 2002).

거친 소리의 원인에는 성대의 신경 조절에 영향을 미치는 신경계 질환도 포함된다. 예를 들면, 일측성 뇌간의 뇌졸중이나 다발성 대뇌반구 뇌졸중으로 유발되는 신경계 장애인 경직성 마비말장애(spastic dysarthria)와 관련되어 거친 소리가 나타난다. 경직성 마비말장애 환자에게 나타나는 거친 소리는 긴장하거나 쥐어짜는 듯한 음성, 낮은 음도, 음도 일탈을 동반할 수도 있다(Duffy, 2005). 거친 소리의 다른 원인으로는 결절이나 암종의 증식으로 성대 질량과 탄력성이 변화되는 성대의 구조적인 변화가 있다(Deem & Miller, 2000).

강하게 성대를 접촉하거나 갑작스럽게 음성을 내서 거친 소리가 발생하는 것처럼 음성 산출의 방법을 어떻게 학습했는지와도 관련이 있다. 일반적으로 학습된 행동에 의해 후두와 인두가 긴장하게 된다.

음성치료는 성대 남용으로 인한 일부 구조적인 문제(예를 들면, 성대결절)로 초래된 거친 소리를 제거하는 데 효과적이다. 또한 음성치료는 과도한 성대 접촉과 갑작스러운 음성의 시작과 같은 잘못된 음성 행동을 수정하는 데 효과적이기도 하다. 음성치료 대상자들은 가볍고 부드럽게 음성을 시작하는 것을 학습함으로써 거친 소리를 제거할 수 있다.

목쉰 소리

거친 소리와 숨 새는 소리를 합쳐 **목쉰 소리**(hoarseness)라고 한다. 목쉰 소리는 주로 감기 증상이 동반되지만 심각한 후두의 병변을 알리는 신호일 수 있다. 어떤 경우에는 숨 새는 소리가 목쉰 소리의 주 요인이 되기도 하지만 어떤 경우에는 거친 소리가 목쉰 소리의 주 요인이 되기도 한다. 성대가 너무 느슨하게 접촉한다면 숨 새는 소리가 주된 요인이 되고, 성대가 너무 단단히 조인다면 거친 소리가 주된 요인이 된다. 목쉰 소리는 불규칙한 성대 진동으로 초래된다. 이런 경우 화자의 기본주파수는 임의로 변한다. 목쉰 소리의 음도는 일반적으로 낮다.

목쉰 소리의 유발 원인은 숨 새는 소리와 거친 소리를 발생시키는 원인 모두 해당된다. 후두염은 목쉰 소리의 주된 원인이다. 신경계 질환과 성대의 이상 증식도 성대의 진동방식을 변화시켜 목쉰 소리를 유발한다. 예를 들면, X번 뇌신경(미주신경)의 병변으로 목쉰 소리가 발생하기도 한다(주로 숨 새는 소리). 성대결절이나 용종과 같은 이상 증식도 목쉰 소리와 관련이 있다. 습관적으로 긴장된 음성의 행동양식도 목쉰 소리를 유발할 수 있다. 질환에 따라 성대가 정상보다 덜 닫히거나 너무 강하게 닫힌 경우에 발생한다.

목쉰 소리의 치료는 개인의 질환 종류에 따라 달라진다. 일반적으로 숨 새는 소리와 거친 소리를 함께 줄이는 음성치료 접근방법이 효과적이다. 치료는 주된 증상(숨 새는 소리 또는 거친 소리)에 초점을 맞춘다.

공명장애

공명(resonance)이란 소리가 이동하면서 통과하는 구조물들에 의해 바뀌는 현상이다. 성대를 중심으로 아래와 위에 있는 공명 구조는 후두에서 나온 음색을 변화시킨다. 공명에 영향을 미치는 요소들은 많지만 여기에서는 구강 구조와 비강 구조, 그리고 그에 상응하는 공명의 특성에 초점을 맞추고자 한다.

공명과 관련된 음성장애는 바람직한 공명현상이 결여되거나 불충분한 공명, 혹은 부적절한 공명 때문에 발생하며, 이러한 문제들은 구강공명과 비강공명 모두에서 들을 수 있다.

구강공명 장애

구강공명장애는 비강공명장애만큼 잘 정의되어 있지 않다. 구강공명의 문제는 주로 발성하는 동안 혀의 위치와 턱의 움직임(입의 개방)의 정도와 관련이 있다. 혀의 위치와 턱의 움직임은 구강공명에 적은 영향을 미치는 다른 요소들과 결합하여 구강

공명과 구강공명의 왜곡에 가장 큰 영향을 미친다.

혀는 구강 내에서 가장 큰 구조물이다. 따라서 혀의 움직임으로 구강의 모양과 크기는 계속해서 변화된다. 구강의 모양과 크기는 공명 자질을 결정하는 가장 중요한 요소가 되므로 혀의 움직임에 따른 변화는 구강공명에 가장 직접적인 영향을 미친다.

발화하는 동안 혀가 구강의 앞쪽에 있을 경우 그에 따른 공명은 음성이 가늘다(thin)라고 표현되며, 화자가 미성숙하다는 인상을 준다(Boone, 2009). 이와 같은 구강공명은 아기 말투처럼 들리고 성인이 이러한 말투를 쓰면 쉽게 눈에 띈다. 즉, 가는 공명은 혀가 전방으로 이동하여 감소된 구강공명을 말하며, 입술과 턱의 움직임이 제한될 때 야기된다.

또한 발화하는 동안 혀가 뒤로 당겨져 구강 뒷부분에서 불룩해지면 구강의 용적이 줄어들기 때문에 구강공명의 문제를 일으킬 수 있다. 이는 **맹관공명**(盲管空明 cul-de-sac resonance, 자루의 바닥)이라고 알려져 있으며, 구강의 뒷부분이 부분적으로 닫혀 있고 앞은 열려 있기 때문에 나타나는 현상이다. 이 경우 후두에서 생성된 음파가 혀를 통해 구강에 도달하는 것이 방해를 받아 음성과 공명이 왜곡된다. 신경장애나 청각장애가 있는 사람들은 종종 혀의 조절이 어렵다. 또한 기관의 이상이 없는 사람도 혀를 구강의 뒤쪽으로 가져가는 습관이 있는 경우 맹관공명을 보인다.

또 다른 구강공명의 문제는 거의 입을 열지 않고 말할 때 생긴다. 치아를 꽉 다문 채 말하는 사람은 후두에서 생성된 소리를 공명하는 공명강의 면적이 상당히 축소되고, 그 결과 구강공명이 감소한다.

언어치료사는 대부분의 구강공명 문제를 치료할 수 있다. 혀가 지나치게 후방으로 위치한 경우 혀의 정상적인 위치와 움직임에 대해 알려 주고, 맹관공명의 경우 혀를 보다 앞으로 보내는 방법과 움직임에 대해 가르친다.

비강공명 장애

비강공명과 그와 관련된 문제는 대부분의 경우 구강과 비강을 연결하거나 분리하는 연인두기전(velopharyngeal mechanism)의 문제로 초래된다. 이 기전에는 여러 종류의 움직임이 관여하는데, 가령 연구개(여린입천장, velum)는 인두후벽(posterior pharyngeal wall)과 닿기 위해 위와 뒤로 움직인다. 인두후벽 또한 연구개와 닿기 위해 앞으로 움직일 수 있다. 인두벽의 양 측면도 조임근(sphincter)처럼 수축할 수 있다. 이러한 모든 움직임을 통해 연인두 문이 닫히고 구강음의 비강공명을 줄이거나 제거

연인두기전에 관한 더 많은 정보는 제4장과 제9장을 참고하라.

하는 역할을 한다.

그러나 구강음이라고 여겨지는 많은 모음도 약간의 비강공명을 포함할 수 있다. 청자가 이러한 비강공명을 인지하거나 인지할 수 없다고 하더라도 기계로는 측정이 가능하다. 따라서 비음이 아닌 소리에서 비강공명이 부족하다고 할 때는 단지 공명 현상이 구강에서 이루어지고 비강공명은 잘 나타나지 않는다는 것을 의미한다.

과대비성 과도한 비음을 보이는 사람은 코를 통해서 말하는 것처럼 들린다. **과대비성**(콧소리과다증, hypernasality)은 구강음을 산출하는 동안 연인두기전이 코로 열린 길을 차단하지 못할 때 생긴다. 이와 같이 적절한 폐쇄를 하지 못하는 이유는 여러 가지가 있지만 대부분의 경우 기질적인 이유로 발생한다. 그 결과 기류와 소리가 코를 통해 계속해서 빠져나가 구강음에 불필요한 비강공명이 합쳐지게 된다.

구개열과 그와 관련된 의사소통장애에 대한 더 많은 정보는 제9장을 참고하라.

구개열(입천장 갈림증, cleft palate)은 과대비성의 주된 원인이 된다. 입천장 뼈가 융합되지 않으면 구강과 비강이 항상 연결된 상태로 있다. 구개열을 치료받지 않은 사람들은 심한 과대비성을 보인다. 그 결과 구개열이 있는 사람들의 말에서는 비음과 구강음을 구분하기가 어렵다.

연인두폐쇄부전(velopharyngeal inadequacy)은 과대비성의 또 다른 원인이다. 연구개의 파열을 포함한 여러 이유로 연구개의 근육다발이 감소한다. 따라서 연인두기전이 충분히 폐쇄되지 않는다.

아데노이드 절제술(adenoidectomy)이나 **편도 절제술**(tonsillectomy)도 과대비성을 유발할 수 있다. 특히 아동의 연인두기전이 처음에 충분한 근육다발을 갖지 못했을 때 생긴다. 아데노이드와 편도는 부적절한 연인두기전을 보상하는 기능이 있는데, 이러한 근육들이 수술로 제거될 때 그 전에는 두드러지지 않았던 연인두기전의 부족 현상이 드러날 수 있다.

연구개마비(입천장마비, paralysis of the velum)는 과대비성을 유발하는 또 다른 기질적 원인으로, 마비현상이 전체적일 수도 있고 부분적일 수도 있다. 물론 마비된 연구개는 연인두의 폐쇄기능을 수행할 수 없다. 연구개마비는 뇌성마비, 뇌졸중 및 다른 신경병리 증세와 관련이 있다.

청각과 청각장애에 대한 더 많은 정보는 제13장을 참고하라.

농(귀먹음, deafness)도 과대비성과 관련이 있다. 청각장애가 있는 대부분의 사람은 적절한 연인두기전을 지니고 있으나 발화를 하는 동안 그 기전을 효과적으로 사용하지 못한다. 청각장애가 있는 사람들은 자신의 음성을 듣는 데 어려움이 있기 때문에 자신의 말에서 비음의 정도를 모니터하기 어렵다. 그 결과 과대비성이나 과소비성이 초래된다. 그들의 비음은 구강음으로 또는 구강음은 비음으로 들릴 수 있다.

과대비성은 흔히 어떤 형태로든 기질적인 결함과 관련되어 있지만 그러한 결함이 없는 경우에도 발생할 수 있다. 이런 경우는 흔히 기능적이라고 분류하며, **기능적 과대비성**(functional hypernasality)이라고 한다. 만약 과대비성이 심하지 않다면 단지 개인의 특징적인 음성이 되기도 한다. 그러나 지나치게 심할 경우에는 음성치료가 요구된다. 음성치료를 시작하기 전에 구개열 등의 기질적인 병변이 있는 경우에는 수술이나 다른 의학적 치료가 선행되어야 한다. 그러나 이러한 의학적 치료로는 과대비성을 완전히 제거할 수 없으므로 음성치료가 필요하다.

과대비성을 줄이기 위한 기술에는 여러 가지가 있다. 가령, 환자가 입을 더 크게 벌리거나 구강 내에서 혀의 위치를 보다 뒤쪽으로 보내는 것이 좋다. 또한 음성을 약간 크게 내거나 보다 낮은 음도를 산출할 수도 있다. 대부분 이와 같은 치료나 다른 시술을 통해서 과대비성을 줄일 수 있다.

바이오피드백(biofeedback)도 과대비성을 효과적으로 치료할 수 있다. 이 과정은 환자가 말하는 동안 구강공명과 비강공명의 정도를 바로 보여 주는 전자장비를 사용한다. 이러한 시각적 제시 방법으로 환자에게 즉각적인 피드백을 제공함으로써 비강공명을 보다 쉽게 감소시킬 수 있다.

과소비성 비음을 산출할 때 비강공명이 부족하거나 부적절한 비강공명이 이루어지는 경우를 **과소비성**[콧소리과소증(hyponasality), 무비음성(denasality)]이라고 한다. 일시적인 과소비성은 종종 감기나 알레르기 증상과 관련이 있으며, 이 경우는 음성치료가 필요하지 않다.

구조적으로 폐쇄가 있거나 청각장애에서 기인한 과소비성은 보다 심각한 유형에 속한다. 가령 비강 통로가 비강폴립, 종양, 또는 비강 안의 다른 종류의 종양에 의해 완전히 혹은 부분적으로 막힐 수 있다.

청각장애인은 과대비성을 보일 때와 동일한 이유로 과소비성을 보인다. 청각장애인은 자신의 말과 음성을 모니터할 수 없기 때문에 비강공명이 없거나 잘못 산출하는 특징이 있다.

대부분의 경우 의학적 접근, 수술적 치료 및 음성치료를 복합적으로 사용하여 치료해야 한다. 무비음성을 초래하는 기질적 종양이나 폐쇄의 경우 의학적 접근과 수술이 필요하다. 청각장애인의 무비음성은 말치료와 음성치료의 총체적인 프로그램으로 치료할 수 있다. 대부분 비음의 존재 여부에 대해 기기를 통한 기계적인 피드백이나 언어치료사가 말로 즉각적인 피드백을 제공하면 바람직한 공명을 이루는 데 도움이 될 것이다.

음성장애의 유발 원인

음성장애는 기질적 · 신경적 · 행동적 원인에서 기인한다. 다시 말해 음성장애의 형태는 물리적 또는 기능적으로 분류된다. 청각장애, 신경계장애, 후두손상, 후두감염이나 암을 포함한 후두의 여러 질환, 내분비계(호르몬)의 변화 등을 포함한 다양한 물리적 조건들이 음성장애를 유발한다. 또한 화자가 지니고 있는 발성 습관의 유형에 따라서도 음성장애를 유발하는 후두의 병변을 초래할 수 있다.

엄격히 말하면 매우 소수의 음성장애만이 기능적 장애라고 한다. 앞에서 언급한 바와 같이, 사회적인 강화로 기능적 무성증이 초래되기도 한다. 문화적 요인이나 개인력도 기능적 음성장애와 연관될 수 있다. 이제부터는 음성장애를 유발하는 일반적인 물리적 요인이나 행동적 요인에 대해 간단하게 살펴보고자 한다.

성대마비

앞에서 살펴본 바와 같이 성대마비는 무성증(음성과 말을 산출할 수 없는 능력)을 유발할 수 있다. 마비가 된 양쪽 성대가 서로 닫힐 수만 있다면 어떻게든 음성이 산출되기도 한다. 이와 유사하게 한쪽 성대가 마비(일측 성대마비, unilateral paralysis)되고 마비된 쪽 성대가 정상 성대로부터 너무 멀리 떨어져 있지만 않다면 음성 산출은 가능하다. 그러나 두 경우 모두 산출되는 음성은 정상적이지 않다.

양쪽 성대가 마비된 경우(양측 성대마비, bilateral paralysis) 호흡과 삼킴에 일차적으로 관심을 기울여야 한다. 만약 양쪽 성대가 많이 벌어진 상태에서 마비가 되었다면 기도가 닫히지 않기 때문에 음식물을 안전하게 삼킬 수 없다. 혹은 양쪽 성대가 너무 가까워진 상태에서 마비가 되었다면 호흡이 곤란할 수 있다. 두 경우 모두 음성은 호흡이나 삼킴만큼 위급한 상태는 아니다.

일측 성대마비에서는 양쪽 성대가 충분히 닫히지 못해 발성을 하는 동안 기류가 새어나와 숨 새는 소리가 난다. 목쉰 소리나 오랫동안 발성을 유지하기 어렵거나 소리의 크기가 감소하고, 크기를 조절하기 어려우며, 음도 일탈을 포함한 여러 음성문제가 나타난다.

일측 성대마비로 나타나는 음성장애는 음질을 향상시키는 데 초점을 둔 행동적 음성치료로 수정이 가능하다(Boone et al., 2005). 마비된 성대에 테프론을 주입하는 의학적 치료 또한 가능하다.

암

후두는 암이 발생하기 쉬운 부위다. 후두암은 여성보다는 남성이 더 빈번하게 발견된다. 미국에서는 매년 약 4천 명이 후두암으로 수술을 받는다고 한다. 후두암은 전체 암의 3~5%를 차지한다(Boone et al., 2009). 흡연은 후두암에 치명적인 요인이며, 흡연이 과음과 병행될 때 후두암의 발병률은 증가한다. 〈읽을거리 8-3〉은 후두암을 경험한 한 남성의 이야기를 보여 주고 있다.

악성암은 한쪽 또는 양쪽 성대에 자랄 수 있다. 이에 대한 초기 증상은 목쉰 소리다. 대상자는 삼키기 어렵거나 목의 통증을 호소할 수 있다. 음질의 변화에 적절하게 주의를 기울인다면 초기에 암을 진단하고 치료할 수 있다.

읽을거리 8-3 후두암을 경험한 62세 남성의 이야기

의사가 나에게 후두암이 있다고 말했을 때 내 음성이나 말소리에 대해 바로 생각하지 못했다. 나는 내 말소리가 어떠한 영향을 받을지 몰랐다. 그때 내가 생각할 수 있었던 것은 "왜 내가?"라는 것과 "왜 내가 담배를 피웠을까?" 하는 것뿐이었다. 그리고 의사는 나에게 곧 수술을 해야 하며, 이미 3일 내로 수술이 예정되어 있다고 말했다. 그러나 의사가 이 수술이 내 음성에 어떤 영향을 미칠지에 대해 설명했을 때—즉, 내가 음성을 잃을 것이라는 말—나는 몇 년 전 아내의 갑작스러운 사망 이후 처음으로 울고 싶었다. 눈치 빠른 의사는 나를 얼마 동안 혼자 있도록 놔두었다. 그때 나는 내 운명에 대해 곰곰이 생각했고, 내 아내가 내 곁에 없어서 이런 나를 보지 못한다고 생각하니 마음이 편했지만, 한편으로는 아내가 내 손을 잡아줄 수 없다는 것이 슬펐다. 나는 무엇을 해야 할지 몰랐다. 내가 수술을 받고 음성이 사라진 채 조용히 살아야만 하는가? 혹은 수술을 거부하고 말을 할 수 있는 사람으로 죽을 것인가? 물론 의사는 나에게 말소리를 낼 수 있는 방법들을 배울 수 있다고는 했지만 그것을 진지하게 받아들이지 않았다. 음성을 잃게 된다는 생각이 임박해 있는 죽음보다 더 고통스러웠다.

후두절제술(laryngectomy)는 수술명이며 후두절제자(laryngectomee)는 이 수술을 받은 사람이다.

대부분의 암과 마찬가지로 후두암은 수술, 항암요법, 방사선요법으로 치료가 가능하다. 이러한 의학적 치료들은 언어치료사의 도움이 필요하다. 예를 들면, 후두의 병변을 부분적으로 또는 완전히 제거하였다고 하자. **후두절제술**(laryngectomy)이라 알려진 수술로 환자는 소리 생성의 정상적인 기전을 상실하게 된다. 성대와 그 주위 구조가 제거되면 폐에서 공기가 전달되는 통로인 기관이 목과 입에서 분리된다. 따라서 의사는 목 아래 부분에 **기공**(stoma)이라고 하는 구멍을 만들어 기관과 연결한다. 그러면 환자는 여생을 이 구멍을 통해서 호흡해야 한다. [그림 8-1]에 수술(후두절제술) 전과 후의 후두와 그와 관련된 구조가 제시되어 있다.

"더 살 수 있다는 것은 좋지요. 하지만 수술을 한 것이 올바른 결정이었다고 느끼게 된 것은 제가 소리를 다시 얻게 되고 나서입니다." 〈읽을거리 8-3〉에서 제시된 62세 후두암 환자의 말이다. 그는 수술 후에 음성치료를 받았다. 식도를 통해 말하는 것을 배운 것이다.

후두절제술을 받은 환자는 일반적으로 성대의 도움 없이 음성과 말소리를 산출하는 방법을 연습하기 위해 언어치료사에게 의뢰된다. 종합적인 치료를 제공하는 의학센터에서 그들은 후두암 환자들에게 재활치료 초기부터 관여한다. 수술 전에는 수술이 음성과 말소리 산출에 미치는 결과에 대해 환자 및 가족들과 상담을 한다. 또한

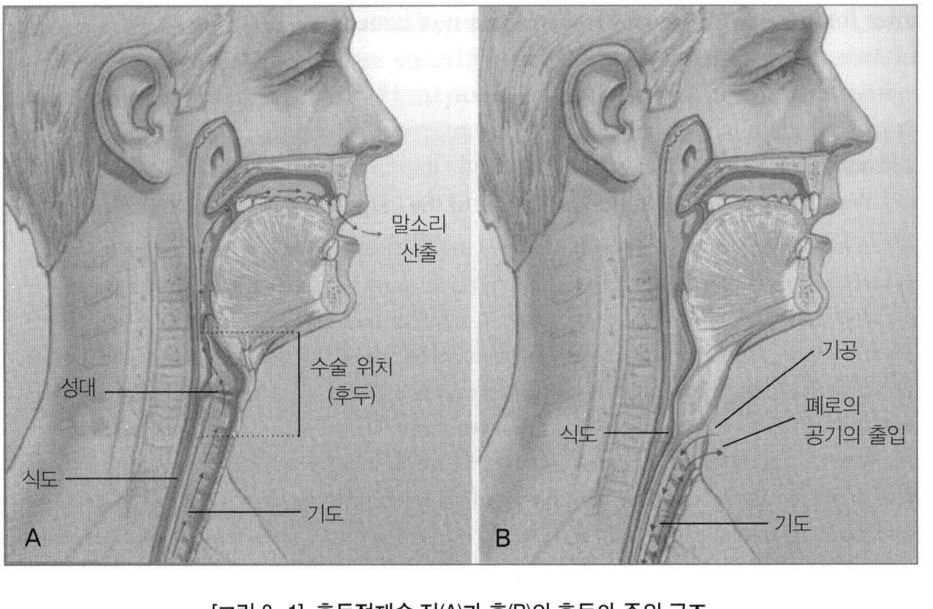

[그림 8-1] 후두절제술 전(A)과 후(B)의 후두와 주위 구조

*출처: InHealth Techonologies, a Division of Helix Medical, LLC.의 허락하에 사용함.

수술 후에는 음성과 말소리를 생성하는 대체 방법들을 설명함으로써 걱정을 덜어주기도 한다.

후두절제술(total laryngectomy)을 받은 환자 역시 말하는 것을 다시 배울 수 있다. 환자는 새로운 음원(sound source)이 필요한데, 고려할 수 있는 대체 음원에는 세 가지가 있다. 손에 들고 다니는 전자기구인 인공 후두, 훈련을 통해 진동이 가능한 식도 그리고 목의 구조를 외과적 수술로 바꾸는 수술적 변형과 소리 생성을 위해 신체에 부착하는 삽입장치 등이다.

인공 후두(artificial larynx)는 소리를 생성하는 기계장치다. 여러 종류가 있는데 그중 하나가 **기체 후두**(pneumatic larynx)다. 이것은 내부에 진동기가 들어 있는 휘어진 튜브로, 환자는 호흡을 위해 목 아래 부분에 외과적인 수술로 만든 구멍인 기문에 이 튜브 한쪽을 끼운다. 그리고 다른 한쪽은 입 안에 넣는다. 내쉰 공기가 진동기를 통과할 때 소리가 나고 이것이 입으로 전달된다. 그다음 이 소리는 일반적인 방법으로 말소리로 전환된다.

보다 더 일반적인 기구는 [그림 8-2]에 제시되어 있는 전자기구다. 이 **전자 후두**(electronic larynx)는 기체 후두보다 간편하다. 시중에 여러 모델이 있지만 손에 들고 쓰는 것이 흔히 사용된다. 어떤 것은 작은 손전등과 유사하다. 모든 전자 후두에서

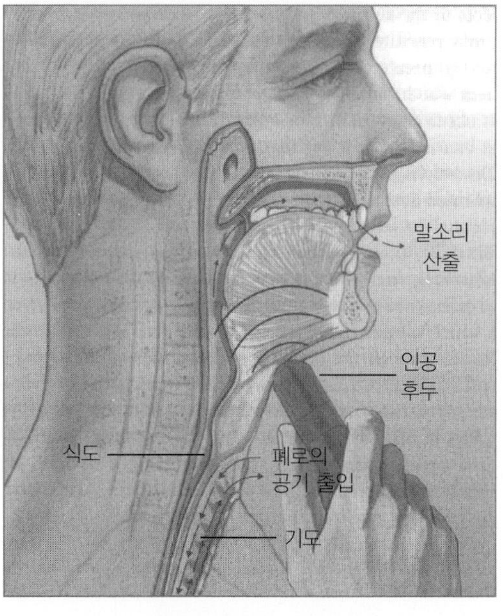

[그림 8-2] 전자 인공 후두

*출처: 이미지는 InHealth Techonologies, a Division of Helix Medical, LLC.의 허락하에 사용함.

생성되는 소리는 기계음이다. 이 기구의 진동 부분을 목에 대고 엄지손가락으로 기구를 켠다. 진동기에 의해 생성된 소리는 입으로 전달되고 일반적인 방법으로 말소리를 조음하면 된다.

전자 후두의 도움으로 생성되는 말소리는 다소 단조롭다. 어떤 기구는 화자가 음도를 변화시킬 수 있어 보다 정상적인 말소리를 산출할 수 있다. 언어치료사의 도움으로 잘 훈련된 화자는 전자 후두를 이용해 명료한 말소리를 산출할 수 있다.

음식물이 위에 도달하면서 통과하는 탄력성 있는 튜브인 **식도**(esophagus) 또한 음원이 된다. 우선 이 근육 튜브에 공기를 불어넣고 분출식으로 공기를 내보냄으로써 소리를 만들어 낸다. 분출되는 소리가 말소리가 되는 것이다. 이러한 방법으로 산출된 말소리를 **식도발성**(esophageal speech)이라고 한다.

후두절제술을 받은 환자들 중 식도발성을 배우기 어렵다고 여기는 사람도 있다. 그러나 식도발성법을 배울 수 있는 환자들은 놀랍게도 말을 잘할 수 있으며, 사람들은 그들의 말을 쉽게 이해한다. 식도발성을 배우기 위해서는 우선 인두 내로 공기를 불어넣는 법을 학습해야 한다. 이것은 다음의 두 방법 중 하나로 해결할 수 있다. 첫 번째는 **주입법**(injection method)으로, /t/나 /p/ 발음 때처럼 공기를 입 안에 가두고 이 공기를 식도 안으로 밀어 넣는다. 공기가 방출되면서 식도의 부드러운 조직들이 진동하여 소리를 낸다. 조음되지 않은 상태에서는 트림 소리같지만, 말소리로 조음되면 더 이상 트림 소리같이 들리지 않는다.

두 번째 방법은 **흡입법**(inhalation method)으로, 환자가 식도를 열거나 느슨하게 하고 빨리 숨을 들이마시도록 훈련을 한다. 들이마신 공기는 식도를 통과하여 식도 조직들을 진동시킨다. 그 진동 소리가 말소리로 조음된다.

수술적 변형(surgical modification)과 **삽입장치**(implanted devices) 또한 음원이 될 수 있다. 모든 삽입장치가 일종의 수술을 필요로 하지만 어떤 수술적 처치는 삽입장치를 필요로 하지 않는 경우도 있다. 이 수술적 처치는 소리 생성을 돕는 기전을 만들기 위해 목의 기존 구조들을 변화시킨다. 한 방법으로, 기도와 인두를 환자의 피부로 만든 튜브에 연결한다. 그러면 공기가 그곳을 지나면서 튜브가 진동하는 것이다. 그러나 지금까지 이러한 시도는 그다지 성공하지 못했다.

최근에는 보철장치를 함께 삽입하는 수술을 더 많이 하고 있으며, 성공률도 높다. 이러한 방법 중 하나로 **Blom-Singer 기관식도천자**(Blom-Singer tracheoesophageal puncture)가 있으며, 이는 기도와 식도에 연결하는 구멍을 뚫은 션트나 터널을 일컫는 것으로, 기도와 식도를 나누는 벽에 구멍을 만들기 때문에 붙은 이름이다. 이 관

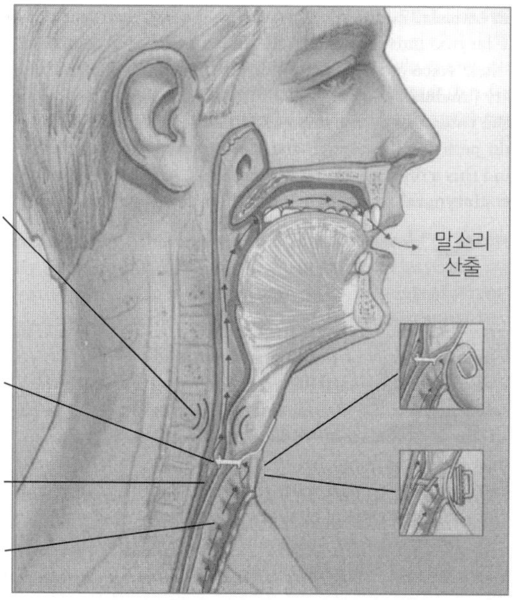

[그림 8-3] Blom-Singer 기관식도 음성보철장치의 삽입

*출처: InHealth Techonologies, a Division of Helix Medical, LLC의 허락하에 사용함.

을 열린 상태로 유지하기 위해 [그림 8-3]에 있는 **Blom-Singer 기관식도 음성보철장치**(Blom-Singer voice prosthesis)를 관 안에 끼워 넣는다. 작은 플라스틱 튜브인 이 장치는 양 끝이 뚫려 있는데, 액체와 음식물이 기도로 흘러 들어가는 것을 방지한다. 기공이 닫힐 때 기도에서 식도로 날숨이 전달되고 이것이 식도를 진동시켜 소리가 생성된다. 그리고 환자는 이 소리를 말소리로 변환시키면 된다.

후두절제술을 받은 많은 환자는 수술과 보철장치 혹은 그런 도움 없이도 식도발성을 배운다. 식도발성에 능숙한 사람들은 상당히 길고 또렷하게 말을 할 수 있다. 그러나 **무후두 화자**(alaryngeal speakers, 후두가 없는 화자) 대부분은 상대적으로 짧은 어구와 문장을 사용한다. 이들은 특징적으로 목쉰 소리의 음질을 갖는다. 더불어 음도의 변화가 적으며 음성 강도(크기) 역시 한계가 있다. 대부분의 수술 및 보철장치를 이용하여 말하는 동안 한쪽 손으로는 기공을 막아야 한다. 대부분의 보철장치는 정기적으로 빼내어 세척해야 한다. 어떤 환자들에게는 이것이 어렵고 귀찮은 일일 수도 있다. 그럼에도 불구하고 적절한 재활 훈련과 가족의 도움으로 대부분의 무후두 화자들은 일상생활에서 의사소통을 잘하고 있다.

유두종

성대를 포함한 후두 구조에 자라나는 이상 증식으로 **유두종**(papilloma)이 있다. 어떤 유두종들은 딱딱한 사마귀 모양인데 이 유두종이 성대를 덮을 수 있다. 또 어떤 유두종들은 부드럽고 사마귀처럼 보이지 않는다. [그림 8-4]는 성대의 대부분을 덮은 사마귀 모양의 유두종을 보여 주고 있다.

유두종은 성인보다 아동에서 더 자주 발견된다. 생식기의 무사마귀(뾰족콘딜로마, condyloma acuminatum)를 갖고 있는 산모에게서 출생한 아동들은 출생 시 후두에 유두종이 있을 수 있다. 유두종은 암과는 다르지만 암과 구별하기 위해 조직검사를 시행할 필요가 있다. 사람들은 유두종이 바이러스에 의해 생긴다고 생각하지만 확실하지는 않다.

유두종은 증식 속도가 빠르고 성문의 많은 부분을 덮는 경향이 있어 심각한 호흡 문제를 야기하면 생명을 위협할 수 있다. 유두종이 있는 대상자의 음성은 숨 새고 목쉰 소리로 들린다. 언어치료사는 유두종의 초기 증상을 발견하여 전문의에게 의뢰해야 한다.

유두종은 일반적으로 수술로 치료한다. 전통적인 치료방법은 사마귀 모양으로 증식한 유두종을 잘라내는 것이었다. 최근에는 초음파 및 레이저를 이용한 수술이 시행되고 있다. 불행히도 유두종은 재발하기 쉬워 반복적인 수술이 필요하기도 하다. 일부 아동들은 몇 달 내에 무려 15번 이상의 수술을 받았다는 보고가 있다. 반복된 수술로 성대는 약해지고 상처 조직들이 생겨 환자의 음성에 영향을 미친다. 그러나 유두종 표본에서 추출되어 개발된 백신으로 이러한 재발을 예방할 수 있다(Boone et

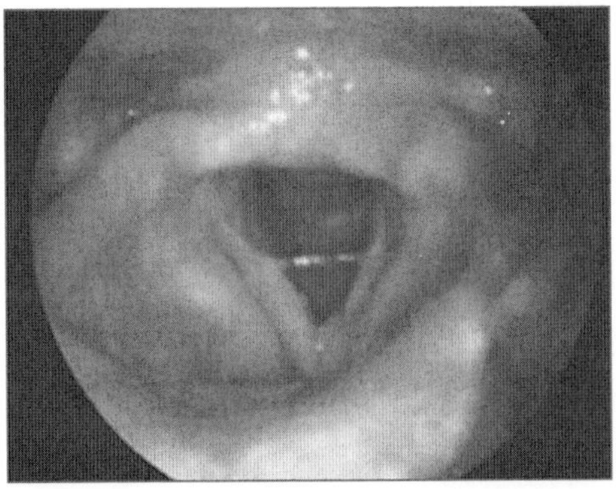

[그림 8-4] 성대의 유두종

*출처: Educating Patients with Voice Disorders by C.M. Sapienza, E. Silverman, J. Wingate, & S. Collins, 2007, Austin, TX: PRO-ED. PRO-ED, Inc.의 허락하에 재인쇄함.

al., 2009; Wilson, 1987).

수술치료 후에 음성치료로 환자를 도울 수 있다. 음성치료로 유두종의 재발을 막을 수는 없지만 환자가 약해지고 상처가 생긴 성대 기전을 최대한 사용할 수 있도록 도와준다.

후두외상

성인보다는 아동에게서 더 자주 관찰되는 **후두외상**(laryngeal trauma)은 후두와 관련된 많은 종류의 손상을 말한다. 후두외상을 유발하는 가장 흔한 요인은 자동차 사고, 스노모바일이나 오토바이 사고다. 목을 졸리거나 총탄에 의해 상처를 입어도 후두가 손상된다. 어린 아동들은 작은 장난감, 핀, 유리조각, 달걀껍데기 등 날카로운 사물을 삼킬 때 후두외상을 입는다. 스포츠와 관련된 다양한 사고들로 후두 연골이 골절되거나 후두가 으스러지고 신경 전달이 손상될 수 있다.

후두의 수술적 복원

후두외상을 입은 대상자들은 즉시 후두기관을 복원하는 수술을 받는다. 어떤 대상자들은 수술이 성공하여 음성을 되찾기도 하지만 때로는 수술에서 회복된 후에 음성치료가 필요할 수도 있다. 음성치료는 대상자 개인, 후두외상의 특성, 음성에 초래된 문제에 따라 달라진다. 음성치료의 효과는 잔존해 있는 후두기관이나 수술로 회복된 후두기관의 효율성에 따라 달라진다.

후두횡격막

성대는 보통 얇은 막으로 덮여 있다. 때로 이 막이 성대 사이를 가로질러 양쪽 성대 사이의 열린 부위 일부 또는 대부분을 막아 버린다. 이렇게 성대 사이를 가로질러 자라난 막을 후두횡격막(laryngeal web)이라 한다. [그림 8-5]에 불완전하게 닫힌 후두횡격막이 제시되어 있다.

후두횡격막은 출생 직후 바로 관찰되기도 하는데, 이 경우 선천적인 것으로 간주된다. 또한 사고로 손상되었거나 수술로 외상을 입었을 때에도 성대의 가장자리에 후두횡격막이 생길 수 있다. 후두횡격막의 치료는 수술로 제거하는 것이다. 이 수술 후에 대부분의 대상자는 음성치료가 필요하다.

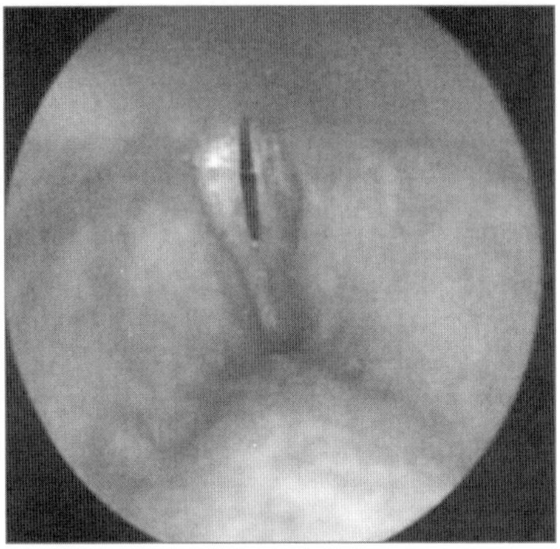

[그림 8-5] 후두횡격막

* 출처: Cari Tellis의 사진을 인용.

음성 남용 습관

음성을 남용하여 후두의 기질적인 변화를 초래하는 습관적인 행동은 음성장애를 유발하는 흔한 원인 중 하나다. 정교한 음성기관은 적절하게 사용될 때 정상적으로 작용하지만 이를 남용하면 매우 예민하게 반응하고, 다양한 음성 문제를 초래한다.

음성을 남용하는 방법에는 여러 가지가 있다. 앞에서 언급한 Nathan의 이야기처럼 말이 많은 아동은 어린 시절에 음성기관을 남용하는 것이 습관이 된다. 이러한 습관은 청소년기 또는 아마도 성인기까지 지속될 수 있다. 음성을 남용하는 습관에는 '외침, 고함, 응원하기, 말하기, 기침, 헛기침' 을 과도하게 하는 것들이 있다. 긴장한 상태에서 과도하게 소리를 지르고 갑작스럽게 소리를 내는 것(과도한 성대 접촉, glottal attack) 또한 음성 남용에 해당한다. 더불어 적합하지 않은 크기나 음도로 말하는 것도 음성 남용이다.

많은 음성 남용 습관은 성대에 물리적인 손상을 주어 물리적 병변을 초래한다. 음성을 남용하는 습관으로 생기는 음성 문제는 후두에 물리적인 손상이나 조직의 변화를 유발한다.

음성을 남용하는 습관의 대부분은 과도한 근육의 사용, 긴장 그리고 성대를 자극하는 것과 관련이 있다. 예를 들면, 크게 외치거나 고함치거나 응원을 할 때는 지나치게 후두를 사용하고 긴장을 한다. 많은 고등학교의 응원단장들이 만성적으로 목쉰 소리를 보이는 것은 성대의 긴장과 자극 때문이다. 성대의 긴장과 자극이 계속되면 성대 구조의 변화가 일어나기 시작한다. 그래서 성대결절이나 성대 근육과 성대 관절 부위의 손상을 입게 된다. 응원단장의 활동 프로그램에 따라 반복적으로 연습하면서 과도하게 열광하고 큰 소리를 내는 행동들은 말할 것도 없이 성대에 치명적인 영향을 미친다.

말을 한다는 것은 의사소통을 하기 위한 것이지만 앞서 Nathan의 경우처럼 지나치게 말을 많이 하는 것은 의사소통의 역할도 하지 못할 뿐만 아니라 성대의 건강을 위협하기도 한다. 지나치게 오랫동안 과도하게 말을 함으로써 성대결절이 나타나는 것이다. 지속적으로 지나치게 큰 소리나 부적절한 음도로 말을 하면 후두의 병변을 초래하는 위험요인은 더 커진다. 과도하게 말하는 것처럼 과도하게 노래할 경우, 특히 비정상적인 높은 음도로 노래를 부르는 것도 성대 질환과 음성장애를 초래한다.

말을 할 때 주변에 소음이 있으면 비정상적으로 큰 소리를 낸다. 다시 말해 우리는 시끄러운 환경에서 말할 때 자동적으로 음성의 강도를 높이게 된다. 시끄러운 곳에서 일하는 사람은 큰 소리로 말하는 습관이 생길 가능성이 높다. 앞에서 설명하였듯이 큰 소리(증가된 음성 강도)로 말하기 위해서는 성문하압과 근육의 노력이 더 많이 요구된다. 성대를 진동시키기 위해 필요한 근육의 노력이 증가되면 결절이 유발될 수 있다.

사람들이 일하는 많은 환경에서는 소음이 반드시 생긴다. 예를 들어, 대부분의 술집과 나이트클럽들은 시끄럽다. 그런 환경에서 일하는 사람들은 더 크게 그리고 더 높은 음도로 말하는 경향이 있다. 소음이 많은 기계를 작동하는 사람들 역시 더 크고 높은 음도로 말을 한다. 동력 송풍기와 잔디를 깎는 기계를 사용하는 전문정원사들과 다양한 공장과 건설현장에서 일하는 사람들도 크고 높은 음성을 내게 되어 음성적 스트레스와 질환이 발생한다.

청각과 청각장애에 대한 더 많은 정보는 제13장을 참고하라.

만성적 감기와 헛기침은 폭발적으로 소리를 내거나 갑작스럽게 소리를 내는 것과 마찬가지로 성대에 상처를 입힌다. 지나치게 웃거나 울 때도 역시 성대에 변화를 초래할 수 있다. 이러한 모든 습관은 후두를 휴지 상태에서 격렬하고 갑작스럽게 변화시킨다. 즉, 후두종양과 성대결절은 갑자기 소리를 내거나 기침을 지속적으로 하는 사람들에게서 발생한다.

음성 남용으로 초래되는 음성장애의 유형은 이러한 습관에 의해 야기되는 구조적인 병변들에 의해 구분된다. 일반적으로 목쉰 소리는 음성 남용 습관과 밀접하게 관련되어 있다. 다음에 기술된 음성장애와 관련된 많은 구조적인 변화는 음성을 남용하는 습관에서 기인한 것들이다.

성대결절

성대결절(vocal nodule)이란 성대와 성대 주위의 세포로부터 돌출된 작은 결절을 말한다. 성대결절은 초기에는 다소 붉거나 분홍색을 띠지만 나중에는 섬유질의 성격을 갖게 되면서 희거나 회색을 띤다. 성대결절은 일측성(성대의 한쪽에만 나타남)일 수 있으나 일반적으로 양측성이다. 양측성일 경우 두 결절이 양쪽 성대가 마주보는 부위에 위치한다. 성대결절은 성대의 앞부분과 성대를 세 부분으로 나누어 중간 부분이 만나는 지점에 주로 발생한다. 증상 초기에는 결절이 뚜렷이 나타나고, 후기에는 주위 세포조직의 염증 때문에 보다 확산된다. [그림 8-6]은 양측 성대결절을 보여 주고 있다.

성대결절은 놀이터에서 고함을 지르거나 비명을 지르는 아동들과 운동시합에서 자신의 팀을 열심히 응원하거나 상대팀에 큰 소리로 야유하는 성인들에게서 자주 발생한다. 양쪽 성대 사이의 빈번한 마찰로 초래되는데, 이러한 마찰은 기쁘거나 야유를 외칠 때 생긴다.

지속적으로 강하게 음성을 사용하는 전문인들도 성대결절이 생기기 쉽다. 교사, 목사, 가수는 특히 성대결절이 생기기 쉬운 직업이다. 이 때문에 성대결절은 가수결절(singer's nodes 또는 screamer's nodes)이라고도 알려져 있다.

성대결절은 성대의 질량을 증가시켜 성대의 진동 속도를 늦추고 낮은 진동 속도는 음도를 낮춘다. 또한 양쪽 성대가 닫히는 것을 어렵게 만들어 발성하는 동안 공기가 새어 나가게 된다. 이러한 공기 유출은 숨 새는 소리로 들리고, 목쉰 소리 역시 성대결절의 주된 특징이다.

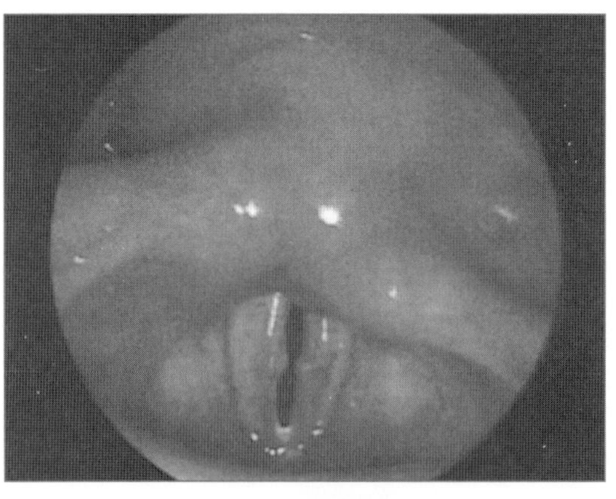

[그림 8-6] 양측성 성대결절

*출처: Cari Tellis의 사진을 인용.

성대결절을 치료하기 위해서는 결절을 제거하는 수술보다는 음성치료가 더 적합하다. 수술을 할 경우 성대에 영구적인 상처를 남겨 음성 효율성이 감소될 수 있다. 일부 가수들은 빠른 시일 내에 결절을 제거하기 위해 수술을 시행하기도 한다. 〈읽을거리 8-4〉에서는 유명한 가수가 성대결절을 제거하기 위해 실시한 수술이

읽을거리 8-4

가수결절과 가수라는 직업: Julie Andrews의 실화

배우이자 가수인 Julie Andrews는 2008년 미국 언어청각협회(American Speech-Language Hearing Assaiation: ASHA)로부터 Annie Glenn 상을 수여받았다. 말을 더듬는 유명한 사람들 중 한 명으로 예전의 우주비행사이자 미국의 상원의원인 John Glenn의 아내인 Annie Glenn(〈읽을거리 7-2〉 참조)의 이름을 붙인 이 상은 의사소통장애를 경험하는 사람들을 대변하는 일을 한 사람에게 수여한다.

고전 연극 〈My Fair Lady〉, 영화 〈Mary Poppins〉와 〈The Sound of Music〉에서 가수이자 연기자로 상을 받은 Julie Andrews는 성대결절을 진단받고 수술로 이를 제거하였다. 그러나 수술 이후 그녀의 성대에는 상흔이 남았고 이는 가수 생활에 악영향을 미쳤다. 그녀는 현재 성대 수술의 상흔으로 나빠진 음성을 재건하기 위한 연구와 치료 개발에 적극 동참하고 있다.

가수라는 직업에 부정적인 영향을 초래한 사례를 보여 주고 있다.

성대결절은 일반적으로 음성 휴식과 음성치료로 회복이 가능하지만 지속적으로 성대를 남용할 경우 결절의 크기가 커지거나 보다 영구적인 결절로 발전한다. 환자가 음성을 남용하는 습관을 고치지 않는 한 결절은 사라지지 않을 수도 있다. 성대결절과 이로 인한 음성 문제를 유발하는 음성 남용의 잘못된 습관을 고치는 것이 언어치료사들의 역할이다. 성대를 남용하는 사람들을 위한 치료기법은 추후에 기술하고자 한다.

성대용종

성대결절과 마찬가지로 **성대용종**(vocal polyp)은 성대를 둘러싸고 있는 조직에서 자라나 돌출하는 일종의 덩어리를 말한다. 성대결절과 성대용종은 성대에서 동일한 지점에 생기는 경향이 있는데, 성대의 앞부분과 세 부분으로 나누어 중간 부분이 만나는 지점에 주로 생긴다. 그러나 성대용종은 성대결절보다는 부드럽고 액체로 차 있거나 혈관 조직을 가질 수 있다. 성대용종은 보통 양측성으로 나타나는 성대결절과 달리 일측성으로 나타난다. [그림 8-7]은 일측성 성대용종을 보여 준다.

성대용종은 성대 근육에 넓게 퍼져 나타나기도 하고 줄기처럼 부착되어 나타나기도 한다. 넓게 퍼져 나타나는 용종을 정착성(sessile) 용종이라 하며, 줄기가 달린 용종을 각성(pedunculated) 용종이라 한다.

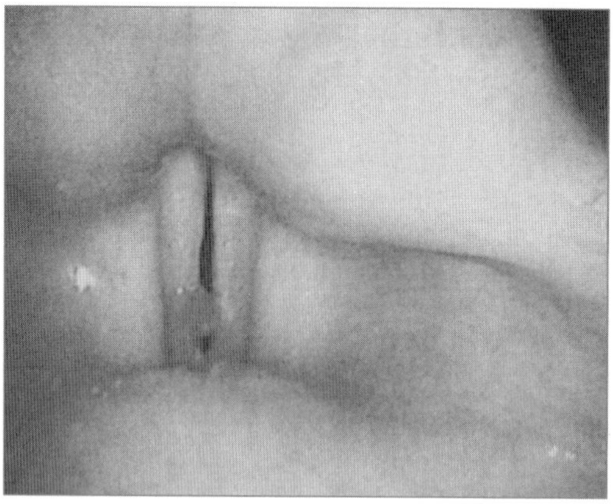

[그림 8-7] 성대용종

*출처: Cari Tellis의 사진을 인용.

보통 성대의 외상으로 점막출혈(성대 내 출혈)이 초래되고, 점막출혈은 다시 종양과 같이 생긴 용종을 유발하는 것으로 알려져 있다. 성대를 남용하는 습관이 고쳐지지 않는 한 일반적으로 성대용종은 더욱 커진다. 용종은 신체의 다른 부분, 즉 코, 호흡기, 소화기 등에서도 발견된다.

성대용종은 아동보다 성인에게 자주 나타나고 아동의 경우에는 성대결절이 더 생기기가 쉽다. 성대용종은 단 한 번 큰 소리를 내거나 고함을 질러도 생길 수 있는 반면, 성대결절은 지속적으로 성대를 남용할 때 생긴다(Boone & McFarlane, 2000). 운동경기에서 고함을 지르는 성인이나 선수에게 소리치는 감독 또는 시끄러운 아동들을 지도하는 교사 등은 특히 성대용종이 발생하기 쉽다.

성대용종 때문에 나타나는 발성상의 특징은 성대결절의 경우와 유사하며, 숨 새는 소리와 목쉰 소리의 특징이 더욱 빈번하게 보인다. 그 외에도 성대용종이 있는 성대는 건강한 성대와는 다른 속도로 진동하기 때문에 이중음성(diplophonia)이 들리기도 한다.

성대용종은 일반적으로 수술로 제거한다. 그러나 대부분의 경우 음성치료가 요구된다. 언어치료사는 우선 성대용종을 유발하는 성대를 남용하는 잘못된 습관을 밝혀낸 후 그것을 바꾸도록 돕는다. 이와 관련된 음성치료기법은 이 장의 뒷부분에서 거론될 것이다.

접촉성 궤양

접촉성 궤양(contact ulcer)은 성대 뒷부분의 한 쪽이나 양쪽에 생기는 궤양이다. 모

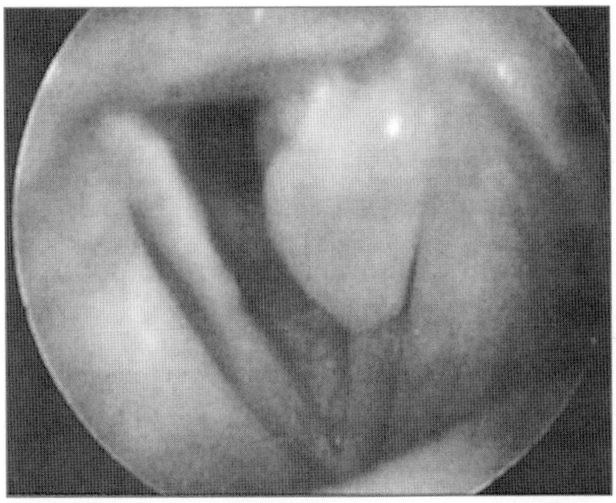

[그림 8-8] 성대의 접촉성 궤양

*출처: Educating Patients with Voice Disorders by C.M. Sapienza, E. Silverman, J. Wingate, & S. Collins, 2007, Austin, TX: PRO-ED. PRO-ED, Inc.의 허락하에 재인쇄함.

뿔연골을 둘러싸고 있는 막은 서로 부딪치기 때문에 특히 상처를 입기 쉽다. 접촉성 궤양은 다른 형태의 외상보다는 빈번하게 발생하지 않으며, 주로 성인에게 나타난다. [그림 8-8]은 접촉성 궤양의 모습을 보여 주고 있다.

지나치게 말하기를 좋아하는 사람은 접촉성 궤양이 생기기 쉽다. 음도는 일반적으로 낮은 편이다. 음성이 반드시 크지는 않지만 숨 새는 소리와 목쉰 소리가 날 수도 있다. 또한 이 증상이 있는 사람은 갑자기 그리고 힘을 주어서 음성을 내기 시작하는 것으로 알려져 있으며(과도한 성대 접촉), 후두외상이 접촉성 궤양을 일으키기도 한다.

접촉성 궤양은 의학적 주의를 필요로 하지만 언어치료사 또한 대상자가 소리를 내기 시작할 때와 사용할 때 잘못된 방법을 사용한다면 이를 수정해 주어야 한다. 대상자는 음성을 부드럽고 조용히 시작하는 방법과 적절한 음도로 말하는 법을 배울 필요가 있다. 접촉성 궤양으로 인한 음성장애를 치료하기 위해서는 음성 남용의 행동을 수정하는 기법이 사용되며 이 장의 뒷부분에 기술되어 있다.

성대비대증

성대는 음성을 남용하는 습관 때문에 두꺼워질 수 있다. **성대비대증**(vocal fold thickening)이 주로 발생하는 위치는 성대결절이나 성대용종이 나타나는 위치와 거의 동일하다. 과도하게 힘을 들여 말하거나 목청을 가다듬거나 그와 유사한 다른 행동으로 성대가 두꺼워질 수 있다. 성대는 서서히 그리고 점진적으로 두꺼워지기 때문에 오래 지속된 음성 남용이 이 증상의 원인으로 여겨지고 있다. 궁극적으로 성대결절이나 성대용종은 두꺼워진 성대에서 나타날 수 있다.

성대비대증일 경우 낮은 음도의 숨 새는 소리가 난다. 성대결절이나 성대용종이 진행함에 따라 음성은 점점 더 목쉰 소리로 변하게 된다. 성대비대증은 음성을 남용하는 습관을 없애면 그 증상이 완화될 수 있다.

외상성 후두염

어떤 사람들은 감기나 알레르기가 원인이 되어 후두염에 걸리기 쉽다. 후두염(laryngitis)은 후두의 막조직에 생기는 염증을 말한다. 후두염에 걸리면 염증 때문에 막조직이 부어오르는 부종 증상이 나타난다. 이러한 기질적 후두염(organic laryngitis)은 성대의 휴식이 도움이 되며 대개 음성치료를 필요로 하지는 않는다. 반면 **외상성 후두염**(traumatic laryngitis)은 성대를 남용하는 행동으로 인해 발생하고 지속적으로 고함을 지르고 울거나 크게 웃는 등의 행동이 원인이 된다고 알려져 있다. 이러한 행동들이 후두 조직을 자극하여 부어오르게 하고, 그 결과 목쉰 소리가 난다. 이 경우 음성치료를 통해 즉시 성대를 쉬게 하고 성대를 남용하는 습관을 바꾸도록 한다.

성대를 남용하는 행동과 관련된 음성장애는 대상자의 행동 습관과 성대의 병리적인 변화 사이의 복잡하고 민감한 관계를 구체적으로 보여 준다. 이와 같은 장애 현상들은 다음과 같은 일련의 원인과 그 결과에 따른 것이다.

- 성대를 남용함으로써
- 후두 조직이 변하고, 이 변화로
- 음성장애가 유발되고, 이것은
- 개인적 · 사회적 · 감정적 · 직업적 문제를 야기하며, 이로 인해
- 스트레스가 쌓이고, 성대에 더 많은 긴장감이 초래된다.

이러한 장애 증상들을 치료하기 위해서는 의학적인 절차와 행동적인 절차를 병행해야 한다. 언어치료사에게 주어진 과제는 성대를 남용하는 행동을 변화시키는 것이다.

연축성 발성장애

연축성 발성장애(spasmodic dysphonia)의 원인에 대해 여러 가지 가정이 있을 수 있다. 이 장애를 유발하는 데는 신경적 · 행동적 원인이 있다고도 하지만 원인을 알 수 없다고도 한다(Duffy, 2005). 또 개인에 따라 원인이 다를 수도 있다. 연축성 발성장애가 무엇이며 그 원인이 무엇인지 명확하게 밝혀지지 않았기 때문에 이 질환에 대해서는 많은 논란이 있어 왔다.

spastic dysphonia는 spasmodic dysphonia의 이전 용어다.

연축성 발성장애는 아동보다는 성인에게 더 빈번하게 나타난다. 가장 심한 형태의 연축성 발성장애는 40세 이상의 사람에게서 나타나지만 십대에서 관찰되기도 한다(Wilson, 1987).

연축성 발성장애 환자들은 성대가 매우 단단하게 조여(내전) 음성이 산출되면서 성대 사이로 지나가는 기류가 방해를 받는다. 결국 외전(성대가 열림)으로 공기가 빠져나가지만 이 또한 매끄럽지 못하다. 즉, 기류와 음성이 매끄럽지 못하고 긴장된 상태가 된다. 이러한 음성은 숨이 막힌 듯한데, 조이거나 쥐어짜는 듯하거나 고르지 못하게 끊어지는 듯하거나 거칠거나 숨 새는 소리가 특징이다. 떨리는 소리가 들리기도 한다(Andrew, 2006; Boone et al., 2009; Case, 2002; Duffy, 2005).

다수의 연축성 발성장애 대상자들은 주로 지나친 내전 현상을 보이는데 몇몇 대상자들은 이와 반대되는 현상을 보인다. 이 경우는 외전 상태에서 발화하는 경우로 이때 성대는 열린 상태가 지속되어 발성이 되지 않는 것을 말한다. 어떤 사람은 과도한 내전과 외전이 동시에 보이기도 한다. 그와 같은 사람들의 음성은 고르지 않고 긴장되어 있으며 숨이 찬 소리를 내고 거칠며 주기적으로 무성음의 특징을 보인다.

연축성 발성장애의 주요 특징 중 하나는 변이성(變異性)이다. 음성과 발화가 때로는 더 악화될 수도 있고 때로는 훨씬 호전되기도 한다. 이따금 발화가 거의 정상에 가까울 수 있다. 혼잣말을 하거나 노래를 부를 때는 별로 지장을 받지 않지만 외부에서 말을 할 때는 많은 영향을 받을 수 있기 때문이다. 애완동물에게 말할 때는 정상이지만 여러 사람 앞에서 말하는 것은 상당히 어려울 수 있다. 대부분의 다른 음성장애는 이와 같이 두드러질 정도로 상황에 따른 변이를 보이지는 않는다.

일반적으로 전통적인 음성치료기법은 연축성 발성장애의 치료에 도움이 되지 못했다. 되돌이후두신경의 일부를 절단하는 비교적 극단적인 방법이 시도되기도 했다. 이 수술은 일측성 성대마비를 초래하며, 마비된 성대는 중간 위치에서 고정되기 때문에 한쪽 성대가 움직일 수 없어 성대가 완전하게 닫히지 못한다. 이로 인해 성대의 완전한 폐쇄가 이루어지지 않아 다소 숨이 찬 소리가 된다. 불행히도 이와 같은 수술 절차도 완전하게 성공하지 못할 수 있다. 일부의 경우 절단된 되돌이후두신경이 재생되어 연축성 발성장애가 재발하기도 한다. 또 한쪽 성대가 마비되어 있어도 연축성 발성장애가 재발할 수도 있다.

대상자의 음성 습관을 수정하는 프로그램은 후두신경 수술을 받은 환자들을 포함해서 모든 경우에 필요할 수 있다. 초기단계에 있는 연축성 발성장애는 이완요법, 성대를 남용하는 습관을 줄이거나 없애기, 호흡요법, 소리의 크기를 줄이고 음도를 바꾸는 기법 등으로 보다 성공적으로 치료될 수 있다.

음성장애의 평가

음성장애가 있는 성인들은 언어청각 클리닉에서 직접 음성치료를 받을 수 있다. 아동들은 학교에서 언어치료사가 시행하는 일상적인 선별 검사를 통해 음성장애가 발견되기도 한다. 많은 경우 전문의, 특히 이비인후과전문의가 음성치료를 권고하기도 한다. 음성장애는 신체병리적인 조건과 많이 관련되기 때문에 이비인후과전문의가 진찰한 후에 음성치료를 시작한다(Jedge, 2008a; Hedge & Promaville, 2008).

의학적 평가

이비인후과전문의의 의학적 평가를 통해 후두질환과 관련하여 음성 문제가 발생하였는지를 결정한다. 이비인후과전문의는 후두의 건강 상태와 기능을 파악하기 위해 여러 방법과 기기를 사용한다. 가령, **후두경검사**(mirror laryngoscopy) 또는 **간접 후두검사**(indirect laryngoscopy)를 실시하면서 작은 거울을 목 내부로 넣어 후두 구조를 살펴본다. 다양한 **방사선**(radiological: X-ray) 기법은 후두 부위의 암이나 성대마비와 같은 상황을 파악하는 데 사용된다.

또한 [그림 8-9]에 제시된 대로 전문의들은 광학섬유로 만들어진 비강내시경(endoscopes) 또는 구강내시경을 사용하여 후두를 관찰한다. 내시경은 가느다란 광학섬유관을 통해 기관에 빛을 비추어 장기들을 살펴볼 수 있다. 내시경은 입(구강내시경)이나 코(비강내시경)를 통해 삽입한다. 내시경으로 음성기관을 영구적으로 기록하고

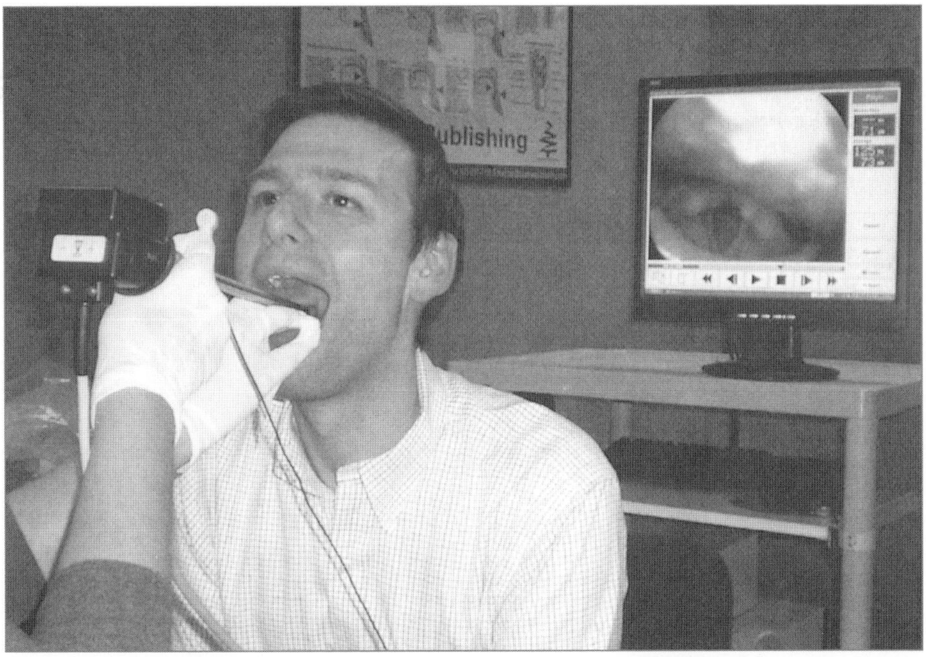

[그림 8-9] 성대의 기관을 살펴보기 위한 구강내시경 검사

*출처: Cari Tellis의 사진을 인용.

성대의 움직임을 모니터를 통해 볼 수 있도록 비디오 녹음장치에 연결한다. 언어치료사도 음성장애를 평가하기 위해 내시경을 사용한다(Boone et al., 2009).

음성 평가

언어치료전문가는 음성과 그 자질 및 대상자가 음성을 어떻게 사용하고 있으며, 대상자의 생활양식이 음성과 그것의 산출에 어떤 영향을 미치는지, 그리고 어떤 행동양식이 음성장애와 관련이 있는지를 평가한다(Case, 2002). 이와 같은 정보는 치료를 계획하는 데 필수 요건이다.

〈표 8-1〉에 음성장애를 평가하는 판단 기준이 제시되어 있다. 언어치료전문가는 우선 장애를 평가하는 데 여러 중요한 변수들을 파악하기 위해 대상자의 병력(病歷)을 확인한다. 가령, 음성 문제가 어떻게 시작되었는지, 음성 문제가 발병했을 때 특정 상황과 관련이 있는지, 대상자의 가족 관계 및 대인 관계는 어떠한지, 그리고 음성장애가 상황에 따라 변화하는지 등을 파악한다. 또한 병력에는 이전의 의학적 치료나 음

〈표 8-1〉 의사소통장애 평가: 음성장애

① 대상자, 가족 및 장애에 대한 병력
② 대상자 및 가족 구성원과의 면담
③ 구강기능 검사
④ 청력 선별 검사
⑤ 말 및 언어 표본 수집
⑥ 음성 행동의 측정 및 평가
ⓐ 호흡
ⓑ 음질
ⓒ 음도 및 크기
ⓓ 공명
ⓔ 근육의 긴장도
ⓕ 장애의 변이성
ⓖ 음성 남용의 행동 유형과 빈도
⑦ 권고사항
⑧ 보고서 작성

주) 음성 평가에 해당하는 절차는 진한 글씨로 표시함.

성치료 및 그 성과, 현재 치료실에 의뢰된 계기 및 전반적인 건강 상태 등을 기록한다.

경험이 많은 임상가는 주관적인 평가를 실시하지만 기기를 이용한 검사는 타당한 자료를 제공받을 수 있다.

언어치료전문가는 병력을 검토한 후 구강 주위에 중요한 기질적 결함이 없는지를 확인하기 위해 구강안면검사를 실시하고, 그 후 청력검사를 시행한다. 그다음으로 대상자의 음성 습관을 평가할 필요가 있다. 음성 행동의 평가는 일반적으로 정해진 방식을 따르지만 특정 장애에 따라 달라질 수 있다. 일차적으로 음성 평가는 대상자의 호흡, 후두의 긴장, 음질, 음도와 크기, 공명, 상황에 따른 변이성 그리고 음성 남용의 유형과 빈도 등에 대한 임상가의 임상적 경험에 의한 판단뿐 아니라 측정을 포함해야 한다(Hedge, 2008a; Hedge & Promaville, 2008).

언어치료전문가는 다양한 기기와 임상적 경험에 의한 판단을 통해 대상자가 음성을 산출하기 위해 어떻게 호흡하는지 평가한다. 가령, 대상자가 호흡을 약하게 할 경우 자주 숨을 들이마시게 되어 음성 산출과 발화를 방해한다. 긴장된 호흡을 할 수도 있다. 이 경우 기류가 비효율적으로 낭비된다. 가령, 성대결절로 기류를 유지하기 어렵고, 기류의 속도는 빨라진다. 연축성 발성장애의 경우는 성대가 긴장하고 수축하기 때문에 기류 속도는 느려진다.

성대의 긴장(vocal tension) 정도는 기기와 청 · 지각적 진단으로 평가한다. 목과 얼굴 근육의 긴장은 대상자가 말을 하는 동안 관찰할 수 있다. 근육 긴장을 측정하는 비교적 단순한 도구로 **근전도 생체 자기제어장치**(electromyographic biofeedback unit)가 있다. 이 기기는 표면전극을 피부에 부착하여 근육의 전기활동을 기록한다. 근육의 전기활동은 근육의 상대적인 긴장을 나타낸다. 이와 같은 생체 자기제어장치는 대상자에게 말하는 동안 사용하는 근육을 이완시키는 방법을 가르치는 데 이용한다.

음질의 평가는 대부분의 음성장애를 평가하는 데 필요하다. 음질의 변화는 종종 기질적 음성 질환의 초기 증상이다. 음성을 듣고 임상적 경험에 의한 음질 평가방법이 가장 많이 사용된다. 음성이 쉬고 거칠고 기식성이 있는가? 음질을 평가하기 위해서는 음성을 듣고 정상 음성과 비정상 음성의 특징을 식별하는 훈련이 필요하다.

숨 새는 소리는 대상자가 말하는 동안 기류가 빠져나가면서 생기는 소음을 듣고 판단한다. 거친 소리는 불쾌하거나 시끄럽고 금속성 소리가 나는 것으로 알 수 있다. 거친 소리는 갑자기, 그리고 한 번의 거센 성대의 접촉으로 시작된다. 목쉰 소리는 숨 새는 소리와 거친 소리가 혼합될 때 들린다.

숨 새는 소리, 거친 소리, 목쉰 소리 등은 **스펙트로그래프**(분광기, spectrograph)를 이용하여 객관적으로 측정할 수 있는데, 스펙트로그래프는 음성 신호를 눈으로 볼 수 있도록 그래프로 나타낸다. 정상이거나 숨이 새거나 거칠거나 목쉰 소리가 산출될 때 스펙트로그래프에 각각 다르게 기록되기 때문에 구분이 가능하다.

음도와 크기는 주관적인 느낌이지만 이들은 각각 성대 진동의 주파수 및 진폭과 관련이 있으며, 주파수와 진폭은 물리적인 결과이므로 객관적으로 측정될 수 있다. 더불어 임상가는 해당 환자가 산출하는 음도와 크기의 적절성을 판단한다.

음도에 관한 주관적인 평가는 환자의 나이와 성별에 맞게 시행한다. 이 장의 앞부분에서 제시한 대로 아동은 성인에 비해, 여성은 남성에 비해 높은 음도를 갖는다. 언어치료전문가는 환자의 발화를 듣고 그 나이와 성별을 고려하면서 음도가 너무 낮은지 혹은 너무 높은지, 아니면 적절한지를 판단한다.

개개인은 **습관적 음도**(habitual pitch)를 갖고 있다. 그러나 음도는 가장 높은 값과 가장 낮은 값이 포함된 음역 내에서 변화한다. 이 음역 내에서 적정 음도(optimal pitch)가 존재하는데, 이는 각자에게 가장 편하고 적당하며 무난한 음도로 판단된다. 음도장애가 있는 사람은 자신의 적정 음도에서 훨씬 벗어난 음도를 보이는 경향이 있다.

[그림 8-10]에 제시된 **Visi-Pitch**와 같이 정교한 기기들은 성대 진동의 주파수를 객관적으로 측정하는 데 사용한다. Visi-Pitch는 컴퓨터 모니터에 주기를 보여 준다.

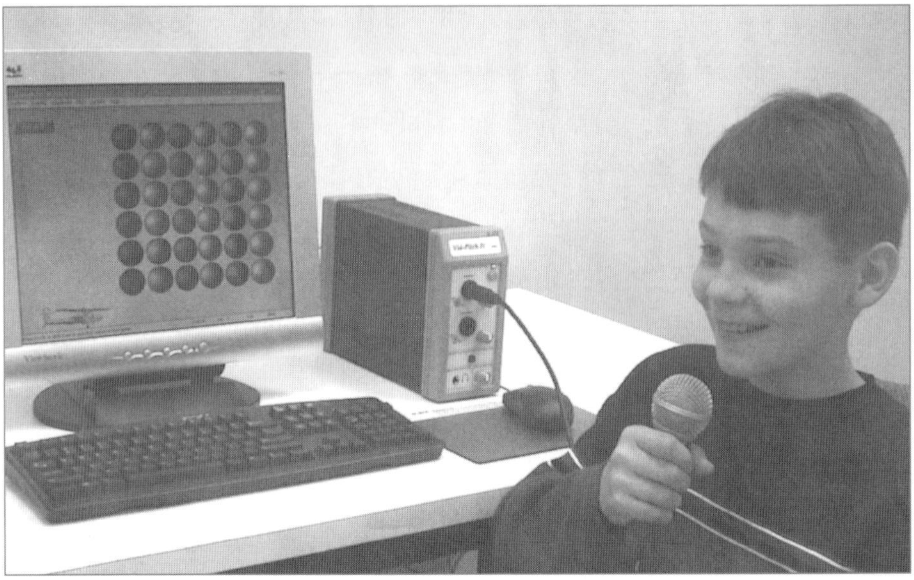

[그림 8-10] 발성 양상을 평가하기 위해 사용되는 Visi-Pitch 기기

*출처: Cari Tellis의 사진을 인용.

또한 주파수 범위와 적정 음도 그리고 습관적 음도를 보여 주며, 그 결과를 인쇄할 수 있다.

크기는 측정하고 판단하기 어려운 자질이다. 여러 상황에서 지나치게 크게 말하는 환자들이 치료실 안에서는 보다 부드럽게 말할 수 있다. 즉, 발화의 크기는 특별한 기준이 없고 상황에 따라 변한다. 우리는 시끄러운 상황에서는 좀 더 크게 말하고 교실이나 교회에서 또는 누군가 잠을 자고 있을 때는 속삭인다. 어떤 모임에서는 조용히 말하다가도 또 다른 어떤 모임에서는 크게 말하기도 하는 것이다.

충분히 큰 소리를 내지 못하는 환자들은 다른 문제가 존재하기도 한다. 치료실을 포함하여 대부분의 경우에 지나치게 작거나 약한 소리를 낸다. 약한 소리가 기질적인 상황 때문에 나타난다면 더 일정한 양상을 보인다. 가령, 성대마비나 파킨슨병을 가진 대상자는 약한 소리로 말한다.

구강공명과 비강공명 또한 임상적 경험에 의한 판단과 기기 모두를 사용해서 평가할 수 있다. 대부분의 언어치료사는 주관적으로 판단한다. 즉, 환자의 녹음된 발화 표본을 통해 구강음에서의 비음(과대비성)을 판단하거나 비음에서 비음공명이 없는지(과소비성)를 판단한다.

하지만 구강공명과 비강공명을 측정하는 데에는 다양한 기기가 사용될 수 있다.

그중 하나인 **비음측정기**(nasometer)가 [그림 8-11]에 제시되어 있다. 비음측정기에는 두 개의 마이크와 비강-구강 분리기가 있어 구강공명과 비강공명의 비율이 나타난다.

음성장애의 **상황에 따른 변이성**(situational variability)은 평가해야 할 중요한 요소다. 음성을 남용하는 행동은 상황에 따라 다르며 그와 같은 행동이 가장 잘 일어날 수 있는 상황을 밝혀야 한다. 대상자나 대상자의 부모는 여러 변이성을 관찰하고 언어치료사에게 보고해야 한다. 예를 들면, 연축성 발성장애 환자는 휴대용 수첩을 지니고 다니면서 비교적 쉽게 음성이 산출되거나 어렵게 음성이 산출되는 경우를 기록할 수 있다. 목쉰 소리가 있는 아동의 부모는 그 아동이 형제들과 함께 수영할 때는 고함을 치거나 소리를 지르지만 부모와 함께 수영할 때는 비교적 조용하다는 사실을 파악할 수 있다.

음성 남용의 경우 치료를 시작하기 전에 **음성을 남용하는 습관의 유형과 빈도**를 측정해야 한다. 대부분의 성인 대상자나 아동 대상자의 부모들은 대상자가 얼마나 자주 가정에서 소리치고, 비명을 지르고, 시끄럽고, 지나치게 말을 많이 하는지 언어치료사가 평가할 수 있도록 도와야 한다. 이러한 습관적인 행동의 발생 빈도를 며칠에 걸쳐 기록함으로써 언어치료사는 기본적으로 음성을 남용하는 습관의 빈도를 파

[그림 8-11] 구강공명과 비강공명을 측정하기 위해 사용되는 비음측정기

*출처: Cari Tellis의 사진을 인용.

악할 수 있다. 예를 들면, 이 장의 앞부분에 기술된 말이 많은 아동 Nathan의 어머니는 그가 잠들기 전에 약 20~35분 동안 그가 말을 많이 했다는 사실을 언어치료전문가에게 말해 주었다.

평가한 자료의 통합

치료를 계획하기 전에 다양한 자료에서 얻은 정보, 언어치료전문가의 임상적 판단, 그리고 다양한 발성 양상에 대한 측정을 통합하고 요약한다. 그리고 수집된 모든 자료를 기술하는 **평가보고서**(evaluation report)를 준비한다. 많은 언어치료전문가들은 대상자의 음성과 그 특징을 측정하고 후에 이를 요약하기 위해 평정척도(rating scale)를 일차적으로 사용한다. 〈표 8-2〉에 평정척도를 사용한 음성 평가가 제시되어 있다.

음성 남용의 치료

다양한 음성장애를 치료하는 기술은 이 장의 앞에서도 언급되었다. 이제 마지막 부분에서는 음성을 남용하는 습관을 치료하는 방법에 대해 기술하고자 한다. 대다수의 음성장애가 음성 남용에서 기인하며, 음성 남용은 성대결절, 성대용종, 외상성 후두염, 성대비대증 그리고 접촉성 궤양 등 많은 기질적 후두병변의 원인이 된다. 이런 경우의 음성장애는 음성 남용의 습관이 변화되기 전에는 조절될 수 없다. 따라서 언어치료전문가들은 그와 같은 습관을 바꾸고 보다 적절한 음성 습관을 가르치기 위해 많은 기술들을 발전시켜 왔다(Andrews, 2006; Boone et al., 2009; Hedge, 2008b). 음성 남용 습관을 바꾸는 기술은 종종 다른 원인 때문에 나타나는 다른 종류의 음성장애를 수정하는 데도 효과적이다. 따라서 음성 남용 치료법을 이해함으로써 음성치료의 핵심을 파악할 수 있다.

언어치료전문가의 평가와 이비인후과전문의의 평가요약 및 권고에 따라 음성 남용 습관을 수정하는 치료단계가 시작된다. Nathan의 경우, 이비인후과 전문의는 “Nathan은 작은 양측 성대결절이 있으며 음성은 만성적으로 쉬어 있다. 음성 남용의 병력이 분명하고 음성평가와 치료를 추천한다.”라고 기록하였다. 의사의 관찰과 Nathan 어머니의 관찰 자료에 따르면 Nathan의 음성은 거의 100% 목쉰 소리였다. Nathan은 지나치게 근육을 긴장시킨 상태로 말했으며 종종 갑작스럽게 말소리를 시

〈표 8-2〉 평정척도에 의한 음성 평가 요약

환 자		나 이		성 별	
임상가		날짜/시간			

중증도					
1. 음질	정상	경도	중등도	심도	극심도
(숨 새는 소리/거친 소리/목쉰 소리)	1	2	3	4	5
대상자의 음성은 대화에서 산출된 발화의 90%에서 목쉰 소리를 보였음					
2. 음도					
(너무 높음/너무 낮음)	1	2	3	4	5
대상자의 음도는 대화에서 산출된 발화의 80%에서 상당히 높다고 판단되었음					
3. 크기					
(너무 강함/너무 약함)	1	2	3	4	5
대상자의 음성은 평가하는 동안 대부분 지나치게 큰 것으로 판단되었음					
4. 비강공명					
(과대비성/과소비성)	1	2	3	4	5
대상자의 음성은 대화에서 산출된 발화의 45%에서 과대비성으로 판단되었음					
5. 구강공명					
(구강공명의 감소)	1	2	3	4	5
대상자는 입을 크게 열지 않고 말했으며 대부분의 발화에서 구강공명이 감소하였음					
6. 근육 긴장					
(과다 긴장/과소 긴장)	1	2	3	4	5
대화하는 동안 대상자의 얼굴, 목과 가슴 근육의 과다 긴장이 관찰되었음					
7. 음성 남용의 습관	1	2	3	4	5
대상자는 큰 소리로 지나치게 말을 많이 하고, 경기를 보면서 큰 소리로 응원하며, 친구와 놀면서 소리를 지르고 괴성을 지르는 등 음성을 남용하는 습관이 지속되어 왔음					
견해 및 권고: 환자는 과도한 근육 긴장과 힘을 들여서 말을 함. 대부분의 경우에서 음성은 지나치게 목쉰 소리였고 과도하고 심각한 음성 남용의 습관이 있음. 그와 같은 음성 남용 습관의 빈도와 심각성을 감소시키기 위해 음성치료를 권고함					

주) 본 의사의 견해는 예시용으로 대상자가 기술된 모든 문제를 보이지 않을 수 있음.

〈표 8-3〉 여러분의 음성을 돌보십시오! 일상생활에 필요한 몇 가지 주의사항

① 가까이 가십시오. 큰 소리로 말하지 마세요. 여러분의 음성은 마이크가 아닙니다.
② 다른 사람의 음성을 삼켜 버리지 마세요. 차례로 이야기합시다.
③ 너무 크지 않게! 너무 작지 않게! 적절하게 호흡을 유지하세요.
④ 시끄러운 장소를 피하세요. 시끄러운 상황에서는 작은 소리로 말하거나 아예 말하지 맙시다.
⑤ 수다를 삼가세요. 침묵으로도 말할 수 있답니다. 다른 사람들이 전화를 사용하도록 합시다.
⑥ 긴장을 푸세요. 목과 가슴의 근육을 잔뜩 긴장한 채로 말하지 맙시다.
⑦ 목을 축이세요. 충분한 물을 마십시다.
⑧ 의사의 말을 경청합시다. 흡연을 하지 말고 과음하지 맙시다. 담배연기가 자욱하고 시끄럽고 먼지가 많은 장소를 피합시다.
⑨ 여러분이 좋아하는 운동 팀을 응원할 때는 수화를 사용하도록 하세요.
⑩ 큰 소리로 건물을 진동시키지 마시오. 기침이나 재채기는 살살 부드럽게 하세요. 가래를 뱉는 빈도수를 줄입시다.
⑪ 여러분은 오토바이가 아니에요. 아동들에게 조용히 놀 수 있는 방법을 가르칩시다.
⑫ 음성 문제와 관련해서 후두전문의와 언어치료사와 상담합시다.

작하곤 했다. 또한 지나치게 시끄럽게 말을 하거나 혼잣말을 하고 다른 아이들과 놀면서는 자주 소리를 지르고 고함을 질러대곤 했다.

언어치료전문가들은 아동과 성인 모두에게 다양하게 나타나는 음성 남용 습관을 수정한다. 음성치료의 중요한 목적 중 하나는 올바른 음성 습관을 갖도록 돕는 것이고, 그중 일부를 〈표 8-3〉에 기술하였으며, 모든 사람이 이러한 행동 습관을 배우고 유지해야 할 것이다. Nathan의 경우 언어치료전문가는 Nathan이 소리를 지르고 고함을 지르는 행동, 놀거나 자는 동안 크게 혼잣말을 하는 행동과 전반적으로 말하는 양을 줄여야 한다고 했다. 그래서 Nathan이 조용히 놀고 되도록 말수를 줄이고 부드럽게 말을 하며, 또 너무 오랫동안 말하지 않고 잠들도록 가르쳐야 했다.

치료의 초기단계에서 아동과 성인 대상자 모두 자신의 후두질환이 무엇이고 어떻게 그것이 시작되었는지에 대한 설명을 듣는다. 가령, 언어치료전문가는 사진과 그림으로 성대와 성대결절을 보여 주고 쉬운 용어를 사용하여 음성 남용이 성대와 성대결절에 미치는 영향에 대해 설명한다. 그리고 개인에게 적합한 음성치료의 목표를 명확하게 기술한다. 대부분의 경우 치료의 목표는 음성을 남용하는 행동의 빈도를 줄이고 성대의 건강과 바람직한 음질을 유지하는 데 도움이 되는 습관을 배우도록 하는 것이다. 많은 환자는 말을 적게 하면서 조용히 말하고, 고함이나 비명 지르기를 하지 않거나 감소시키며, 소음이 많고 연기가 자욱한 방은 피하고, 말할 때 좀 더 이완하는 방법을 연습해야 한다. 뿐만 아니라 흡연량을 줄이거나 금연하고 성대에 수

분을 공급하기 위해 물을 많이 마시며, 성대의 건강을 유지하기 위해 여러 방법을 수행해야 한다.

아동들은 소음이 많은 장난감을 피하고 조용히 놀며, 놀이터에서 소리 지르는 것을 줄이도록 한다. 예를 들면, Nathan의 경우 언어치료전문가는 그가 레슬링 장난감 인형을 가지고 놀 때 시끄럽게 혼잣말을 하지 않도록 가르쳤다. Nathan은 처음에는 조용히 노는 모든 순간마다 칭찬을 받았고 점차 더 오랫동안 조용히 놀았을 때 칭찬받았다. Nathan의 어머니는 집에서 조용하게 노는 것을 강화하도록 훈련받았다. 그가 잠자리에서 혼자 말하지 않도록 하기 위해서 어머니는 Nathan이 이불속으로 들어갈 때 토큰을 주고, Nathan이 잠들기 전에 말을 하지 않으면 다음 날 아침 그 토큰을 작은 선물과 교환할 수 있다고 말해 주었다. 그렇게 하기로 한 첫날, Nathan은 혼잣말을 하지 않고 잠들었다. Nathan은 또한 점차적으로 더 긴 시간 조용히 앉아 있는 것에 대해서도 보상을 받았는데, 이것은 그가 좀처럼 하지 않았던 행동이다. 이와 함께 다른 방법을 통해 Nathan의 목쉰 소리는 감소되었고, 9개월 후 이비인후과전문의에게 진찰을 받은 결과, 성대결절이 없어졌음을 알 수 있었다. 그의 음성은 정상이라고 진단되었다.

음성을 남용하는 습관을 고치기 위해서는 대상자와 가족의 노력이 필요하다. 아동이나 성인 모두 가족 구성원이 음성 남용의 행동을 주시하고 대상자가 그런 행동을 하지 못하도록 해야 한다. 또한 가족 구성원은 대상자가 성대를 올바로 사용할 때마다 재빠르게 긍정적으로 피드백을 해야 한다. 이러한 목표를 달성하기 위해서 언어치료전문가는 대상자의 가족 구성원과 긴밀하게 협력해야 한다.

요 약

- 후두(larynx)는 음성을 산출하는 데 관여하는 주된 구조지만, 성대를 진동시키기 위해 폐에서 공기를 공급받는 것이 필수적이다. 음성은 물리적인 힘(예, 베르누이 효과)뿐 아니라 생리적인 힘에 의해 산출된다. 음질은 음파의 복잡성, 잡음과 공기 누출의 정도, 성대의 긴장도, 후두와 구강 및 비강 구조 등의 여러 요인으로 결정된다.
- 무성증(발성불능, aphonia)과 발성장애(dysphonia)는 음성장애의 중요한 두 영역이다. 무성증은 음성이 산출되지 않는 상태를 말하고, 발성장애는 음성장애의 여러 유형을 말한다. 무성증은 기질적인 원인에서 기인할 수 있지만 행동장애로 볼 수도 있다(긍정적 강화에 의해 학습되고 유지된 경우).

- 발성장애는 음도, 크기, 음질 및 공명장애를 포함한다. 어떤 사람은 음도가 상당히 높거나 낮을 수 있으며, 소리 크기 또한 상당히 크거나 작을 수 있다. 주된 음질 변화로는 거친 소리(harshness, 듣기 싫고 매끄럽지 않은 소리), 숨 새는 소리(기식음, breathiness, 발성 중 공기 누출), 목쉰 소리(hoarseness, 거친 소리와 숨 새는 소리의 혼합)가 있다. 공명(resonance)은 후두에서 생성된 소리가 목이나 구강, 비강에서 변형되는 것을 말한다. 주된 공명장애로는 과대비성(콧소리과다증, hypernasality, 과도하게 부적절한 비강공명)과 과소비성(콧소리과소증, hyponasality, 비음에서 비강공명이 부족한 현상)이 있다.
- 연축성 발성장애(spasmodic dysphonia)는 발성하는 중에 성대를 과도하게 접촉하는 것과 관련된 음성장애로, 그 결과 성대를 긴장하거나 쥐어짜며 과도하게 힘을 주어 발성하게 된다.
- 음성장애의 원인으로 기질적 · 신경적 · 행동적 원인이 있다. 기질적 원인은 성대암, 성대결절, 성대용종, 유두종, 후두염이나 기타 감염, 후두 손상이나 외상, 접촉성 궤양이 포함된다. 신경적 원인으로는 성대마비, 신경계 질환이나 장애로 인해 성대를 조절하는 신경이 손상된 경우를 포함한다. 행동적 원인은 음성 남용(예, 과도하게 말하거나 소리 또는 비명을 지르는 행위), 과도한 흡연이나 음주, 부적절한 음도나 크기로 말하는 습관을 포함한다.
- 음성 평가와 의학적 검사는 모두 음성치료를 실시하기 전에 시행되어야 한다. 음성은 임상적 경험(언어치료사가 음도, 크기, 공명 및 음질 평가)과 기기(음성의 다양한 변수를 측정할 수 있는 컴퓨터화된 기기)의 두 방법 모두를 통해 검사해야 한다.
- 다양한 음성장애는 의학적 시술이나 음성치료 또는 두 가지를 모두 병행하여 치료한다. 음성 남용과 그로 인해 발생한 결절이나 다른 구조적 변화는 수술보다는 음성치료가 더 효과적이다. 음성치료의 주된 목표는 음성 남용의 행동을 변화시키는 것이다.

연구문제

1. 왜 여성의 음도가 남성의 음도보다 높은가?
2. 성대가 늘어나고 긴장도가 높아지면 음도가 높아지는가 아니면 낮아지는가?
3. 크기란 무엇인가? 크기는 무엇에 의해 결정되는지 설명하시오.
4. 화자는 크기를 어떻게 증가시키는지 설명하시오.
5. 거친 소리, 숨 새는 소리, 목쉰 소리를 설명하시오.
6. 공명(resonance)의 정의를 쓰고, 후두에서 생성된 음색과 우리가 듣는 말소리 또는 음성의 관계를 설명하시오.
7. 구강공명과 비강공명을 구분하시오.
8. 과대비성과 과소비성을 구분하시오.

9. 음성장애에 대해 설명하시오. 기질적 음성장애와 기능적 음성장애를 구분하시오.
10. 후두절제술(laryngectomy)과 후두절제 환자(laryngectomee)의 용어를 설명하시오.
11. 인공 후두(artificial larynx)를 간단하게 설명하시오.
12. 식도발성(esophageal speech)은 어떻게 산출되는지 설명하시오.
13. 유두종(papilloma)이란 무엇인가? 유두종이 소리에 어떻게 영향을 미치는지 설명하시오.
14. 후두횡격막(laryngeal web)이란 무엇인지 설명하시오.
15. 음성을 남용하는 행동의 예를 몇 가지 쓰시오.
16. 음성에 영향을 주는 후두질환을 설명하시오.
17. 구강공명의 문제를 유발하는 원인을 설명하시오.
18. 연축성 발성장애를 간단히 기술하시오.
19. 언어치료사는 어떻게 음성장애를 평가하는가? 주요 절차를 나열하시오.
20. 음성 남용의 치료에 대해 간단히 기술하시오.

참고문헌

Andrews, M. (2006). *Manual of voice treatment: Pediatrics to geriatrics* (2nd ed.). Clifton Park, NY: Cengage Learning.

Boone, D. R., McFarlane, S. C., Von Berg, S. L., & Zraick, R. (2009). *The voice and voice therapy* (8th ed.). Boston: Allyn & Bacon.

Case, J. L. (2002). *Clinical management of voice disorders* (4th ed.). Austin, TX: PRO-ED.

Davis, C. N., & Harris, T. B. (1992). Teachers' ability to accurately identify disordered voices. *Language, Speech, and Hearing Services in Schools, 23*, 136-140.

Deem, J. F., & Miller, L. (2000). *Manual of voice therapy* (2nd ed.). Austin, TX: PRO-ED.

Duffy, J. (2005). *Motor speech disorders* (2nd ed.). St. Louis, MO: Elsevier Mosby.

Hegde, M. N. (2008a). *Hegde's pocketguide to assessment in speech–language pathology* (3rd ed.). Clifton Park, NY: Cengage Learning.

Hegde, M. N. (2008b). *Hegde's pocketguide to treatment in speech–language pathology* (3rd ed.). Clifton Park, NY: Cengage Learning.

Hegde, M. N., & Pomaville, F. (2008). *Assessment of communication disorders in children: Resources and protocols*. San Diego, CA: Plural.

Lecoq, M., & Drape, F. (1996). Epidemiological survey of dysphonia in children at primary school. *Revue de Laryngologie Otologie Rhinologie, 117*(4), 323-325.

Raphael, L. J., Borden, G. J., & Harris, K. S. (2007). *Speech science primer: Physiology, acoustics, and perception of speech* (5th ed.). Baltimore: Lippincott Williams & Wilkins.

Sapienza, C. M., Silverman, E., Wingate, J., & Collins, S. (2007). *Educating patients with voice disorders.* Austin, TX: PRO-ED.

White, E. B. (1970). *The trumpet of the swan.* New York: Harper & Row.

Wilson, D. K. (1987). *Voice problems of children* (3rd ed.). Baltimore: Williams & Wilkins.

09

Introduction to Communicative Disorders

구개열과 의사소통장애

구개열의 정의
구개열의 원인
구개열의 유형
구개열과 관련된 다양한 문제
의료 재활
의사소통장애의 평가
의사소통장애의 치료

앞장에서 기술된 전형적인 말과 언어 문제들은, 안면과 구강의 전반적인 구조의 문제에서 비롯되거나 관련되어야 하는 것은 아니다. 많은 음성장애 환자들은 구조적인(후두) 병리가 있지만, 말소리와 언어 구조를 습득하지 못한 대부분의 아동은 정상적인 언어기제를 보인다. 그러나 많은 아동이 안면과 구강 구조의 문제를 가지고 태어나고 그러한 문제로 인해 의사소통장애가 나타난다. 이와 같은 구조적 문제와 그것으로 인한 의사소통장애가 이 장의 주제다.

구순열과 구개열은 두개안면기형(craniofacial anomalies)에 속한다. 두개안면기형이란 얼굴, 입, 머리의 성장과 기능에 영향을 미치는 유전적 또는 선천적 질환이다. 두개(cranium)란 용어는 머리를 의미한다. 얼굴과 입, 머리의 성장에 영향을 미치는 유전적 또는 선천적 질환은 기형(anomalies)을 의미한다. 그러한 기형들이 의사소통장애를 가져올 수 있다. 대부분의 기형은 선천적(아이가 태어날 때 발견되는)이며 선천성 결함으로 분류한다.

구개열의 정의

열(clefts)이란 정상적으로 닫혀 있어야 하는 구조 또는 구조에 틈이 있는 것을 말한다. **구개열**(cleft palate)이란 용어는 연구개와 입천장 뼈가 갈라진 상태를 가리킨다. **구순열**(cleft lip)은 윗입술이 갈라져 있는 것이다. 입술이나 경구개, 연구개의 열이 여

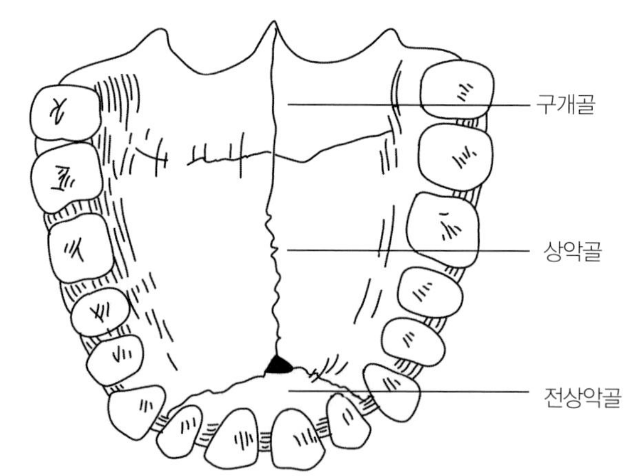

[그림 9-1] 경구개

러 가지 면에서 복합되어 나타날 수 있기 때문에 유형이 많다.

열은 구강 구조물이 올바른 방향으로 이동하여 서로 융합할 수 있도록 충분히 자라지 못했을 때 생긴다. 제4장에서 설명한 것처럼 입천장에 해당하는 경구개는 상악골(maxilla)인 한 쌍의 큰 안면뼈로 구성되어 있다. [그림 9-1]은 상악골과 전상악골(premaxilla, 코 밑에 있는 작은 뼈), 구강 뒤쪽의 구개골(palatine bone)을 나타낸 것이다. 상악골은 발생학적으로는 따로 분리되어 있다가 임신 8주와 9주 사이에 중앙에서 정상적으로 융합한다. 배아의 발달 과정 중에 문제가 생기면 융합이 실패하여 경구개에 열이 생긴다. 이러한 구강 내 열은 코쪽으로 원하지 않는 통로를 만들어 버린다.

연구개를 형성하는 근육 조직 또한 처음에는 두 개로 분리되어 성장하다가(제4장 참조) 구개골이 융합하기 위해 서로 다가설 때 같이 움직인다. 임신 12주 정도에 연구개는 융합한다. 다시 말하면, 배아의 발달 과정에서 붕괴되면 연구개가 분리된 상태로 남게 되어 비강으로 구멍이 만들어진다. 비강의 아랫면은 경구개(상악골)다. 결국 상악골이 융합하지 않으면 구강과 비강이 나뉘지 않는 것이다(Bzoch, 2004; Kummer, 2008; Peterson-Falzone, Hardin-Jones, & Kernell, 2001; Seikel, King, & Drumright, 2005; Shprintzen & Bardach, 1995). [그림 9-2]는 경구개와 연구개의 배아기 발달 과정을 나타낸 것이다.

경구개에 열이 있으면 말을 할 때 구강에서 압력을 형성하지 못하기 때문에 말소리 산출에 영향을 미친다. 경구개의 열을 통해 공기가 코로 빠져 나가고 후두에서 만들어진 소리 또한 코로 나간다. 마치 코로 말하는 것처럼 들리고 실제로도 코로 말하고 있는 것이다.

연구개 열도 비슷한 이유로 말소리 산출에 영향을 미친다. 연막(velum)이라고 불리는 연구개는 점막 조직으로 덮인 근육집단으로 구성되어 있다. 연구개는 **구인두**(oropharynx)와 **비인두**(nasopharynx) 경계 지점인 구강의 뒤쪽에 달려 있다. 구인두와 비인두는 연구개가 있는 구강 뒤쪽에서 연결되어 있다. 연구개와 인두후벽(목 뒤쪽) 사이의 공간을 **연인두문**(velopharyngeal port)이라고 부르는데, 이는 구개열과 관련된 말 문제를 이해하는 데 기억해 두어야 하는 중요한 구조다. 정상적으로는 구강음을 산출할 때 연인두문을 닫아야 한다. 영어에서는 /m/, /n/, /ŋ/(ng) 세 음소를 산출할 때만 연인두문이 열린다. 연구개에 열이 있거나 근육이 충분하지 못하면 구강음을 산출하는 동안 연인두문을 닫는 것이 어려울 수 있다. 결과적으로 말소리가 비성으로 들리게 된다. [그림 9-3]에 정상적으로 연인두 폐쇄를 이루는 것이 제시되어 있다.

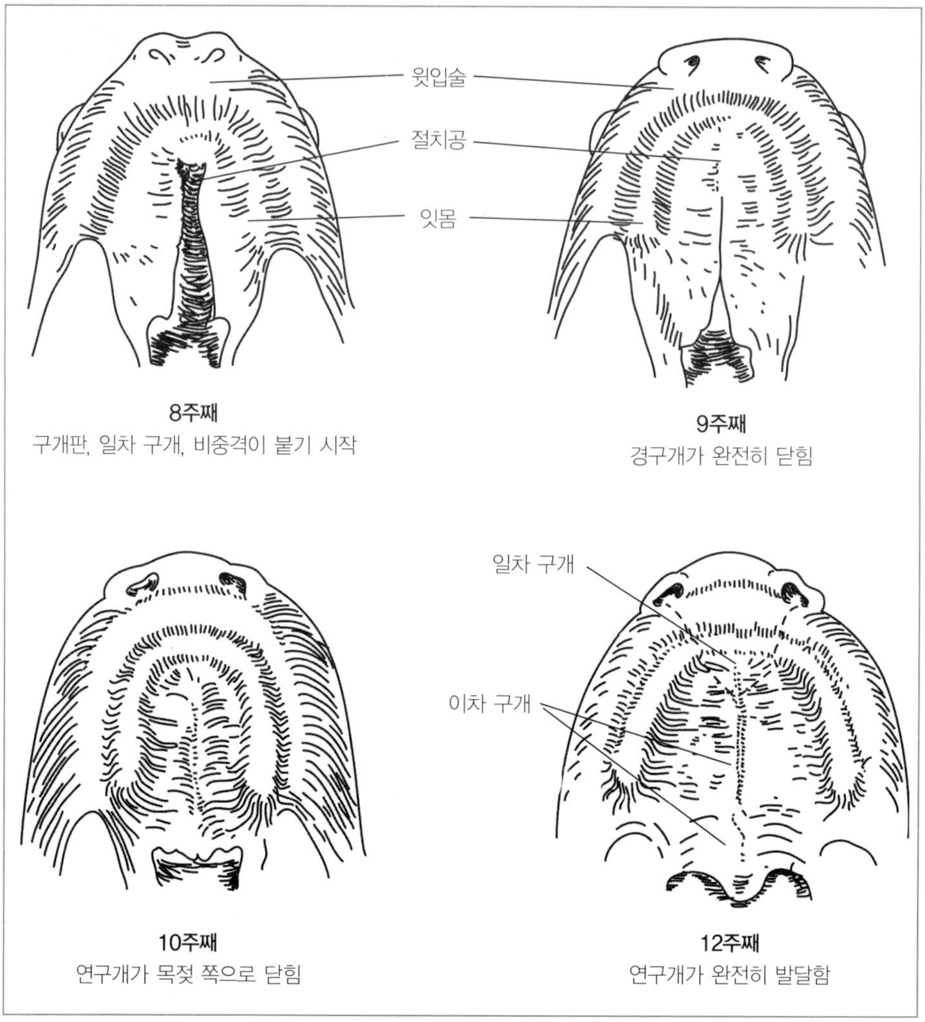

[그림 9-2] 배아기 구개 융합의 주요 단계

*출처: Communicative Disorders Related to Cleft Lip and Palate (5th ed., p. 41), K. R. Bzoch (Ed.), 2004, Austin, TX: PRO-ED. Copyright 2004 by PRO-ED, Inc.의 허락하에 인용함.

구개열의 원인

앞서 언급했듯이 배아의 발달 과정에서 붕괴가 일어나면 열이 생긴다. 동물과 사람에 대한 연구를 통해 발달 과정에서 실패할 수 있는 여러 가지 원인이 제시되어 왔다. 하지만 한 개인에게서 특정 원인이 무엇인지 명확하게 밝혀지지는 않았다. 전문가들은 유전적 요인과 환경적 요인 모두 구개열과 구순열의 원인이 될 수 있다고 생

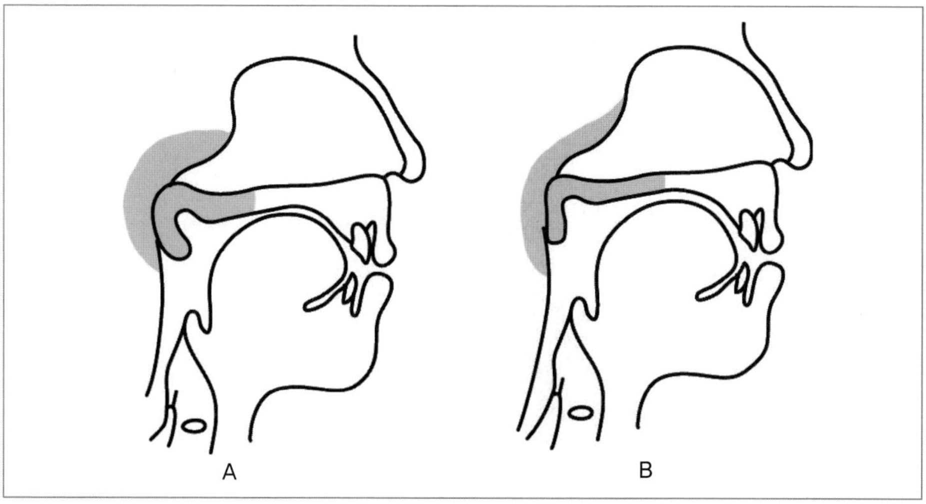

[그림 9-3] 성인 남성(A)과 여성(B)의 전형적인 연인두 폐쇄

*출처: *Communicative Disorders Related to Cleft Lip and Palate* (5th ed., p. 41), K. R. Bzoch (Ed.), 2004, Austin, TX: PRO-ED. Copyright 2004 by PRO-ED, Inc.의 허락하에 인용함.

각한다.

유전적 기형으로 알려진 많은 증후군이 열과 관련되어 있기 때문에 **유전적 요인**(genetic factor)은 열 발생에 있어 중요하다. 열은 얼굴, 머리, 목에 다발적 기형이 있는 400개 이상의 유전적 증후군과 연관되어 있다. 유전적 결함은 전형적으로 유전이 되는 반면, 염색체 결함은 반드시 유전되는 것은 아니지만 열과 같은 선천적 결함을 만들 수 있다. 일반적인 염색체 질환에는 하나의 염색체 또는 한 쌍의 염색체가 없거나(결손), 중복되거나 다른 하나의 염색체가 더해지는 것 등이 있다.

또한 열 발생이 유전적 요인 때문일 가능성은 서로 다른 인종과 종족 집단에서 열과 관련 기형들의 발생률 차이를 보인다는 것에 있다. 미국에서 백인들의 발생률은 출생 465명 중 1명과 1,235명 중 1명 사이로 보통 750명 중 1명으로 인용된다. 미국에서 열의 발생률이 가장 높은 것은 중국계 미국인(약 1,000명 중 4명)이고, 그다음으로 북미 원주민(약 1,000명 중 3명)이다. 일본계 미국인은 1,000명 중 2.4명이다. 가장 낮은 것은 아프리카계 미국인(1,000명 중 2명 이하)이다. 하와이 제도 사람들의 발생률은 비교적 높다.

제2장의 의사소통 장애와 관련되는 인종문화적 변인을 참고하라.

구순열만 있는 경우가 입술과 구개 모두에 열이 있는 경우보다 덜 나타난다. 구순열에서는 왼쪽이 오른쪽보다 더 자주 나타난다. 성별 또한 중요한 요인이다. 전체적으로 열은 남자에게서 더 자주 나타나는데 구개열은 여자에게 구순구개열은 남자에게서 더 많이 나타난다.

환경적 요인(Environmental factors) 또한 중요하다. 유전적 원인은 특정한 경우에는 중요하지만 열 환자의 75% 정도는 유전적 원인으로 밝혀지지 않았다. 일란성 쌍둥이에서도 한 명은 열이 있지만 다른 한 명은 정상일 수 있다. 이러한 차이를 유전적 가설로 설명하기는 어렵다.

환경적 요인들로는 약물과 마약 모두 중요한 원인이 될 수 있는데, 자료가 부족하고 결정적인 증거를 제시하기는 어렵다(Peterson-Falzone et al., 2001). 임신 중 산모의 알코올중독과 흡연도 원인이 될 수 있다(Shprintzen & Goldberg, 1995). 코르티손(cortisone, 부신피질호르몬제), 다이아제팜(diazepam, 신경안정제), 페니토인스 또는 다일랜틴(phenytoins, dilantin, 간질 치료제) 등으로 치료받은 산모에게서 열이 나타났다는 몇 가지 보고들이 있다. 마약으로는 코카인 복용이 유일하게 열 그리고 다른 선천적 기형을 일으킬 수 있는 가능성이 높다고 알려져 있다(Shprintzen & Goldberg, 1995). 산모의 비타민 B-6 부족이 어떤 아동들에게는 열의 또 다른 원인이 될 수 있다. 또한 임신 초기에 **방사선**(radiation)에 노출되는 것도 열을 포함한 여러 형태의 선천성 결함의 원인일 가능성이 제기되어 왔다. 산모가 유행성 이하선염이나 인플루엔자 등의 질환을 일으키는 것에 **감염**(infection)된 것도 열과 관련될 수 있다. 산모의 비만 또한 열과 관련지어 왔다(Kummer, 2008).

이처럼 열은 많은 원인을 가지고 있으며 어떤 것은 유전적이고 어떤 것은 환경적이다. 유전적인 소인과 특정한 환경적 원인이 서로 복합된 결과로 영향을 미쳤을 수 있다. 이것이 일반적으로 받아들이고 있는 관점으로 **다요인적 이론**(multifactor theory) 또는 **상호작용 이론**(interactionist theory)이라고 한다.

구개열의 유형

구강과 안면 열이 나타내는 위치와 범위는 다양하다. 입술에만 나타날 때가 있고 입술과 경구개 모두 나타날 때가 있다. 또한 연구개나 경구개에만 나타날 수 있고 연구개와 경구개 모두 열이 있을 수 있다. 입술, 치조, 경구개, 연구개 모두에 열이 있을 수도 있다. 열의 범위는 무시할 정도로 매우 작을 수도 있고 입술에 홈이 패인 정도지만 심각한 열일 수도 있었을 것이다. 다소 좁거나 넓기도 하다. 구순열은 코의

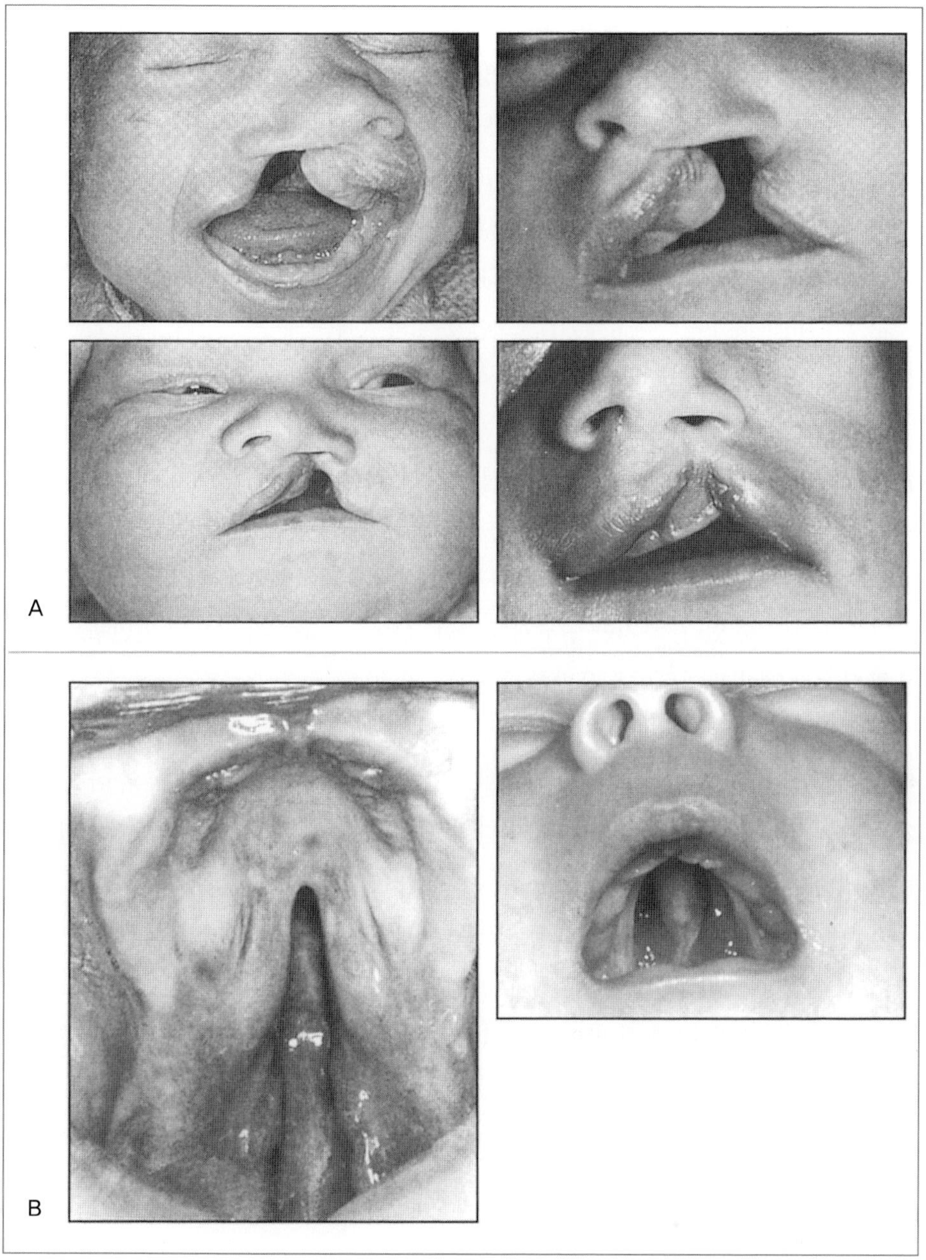

[그림 9-4] 구순열(A)과 경구개열(B)

*출처: (A)는 *Communicative Disorders Related to Cleft Lip and Palate* (p. 41), by K. R. Bzoch (Ed.), 2004, Austin, TX: PRO-ED. Copyright 2004 by PRO-ED, Inc.의 허락 하에 인용함. (B)는 *Cleft Lip and Palate: Interdisciplinary Issues and Treatment* (2nd ed., p. 107), by K. T. Moller and L. E. Glaze (Eds.), 2009, Austin, TX: PRO-ED. Copyright 2009 by PRO-ED, Inc.의 허락하에 인용함.

오른쪽 또는 왼쪽이나 양쪽에서 모두 나타날 수 있다. 한쪽에만 열이 있는 경우를 **편측**(unilateral), 양쪽에 모두 있는 경우를 **양측**(bilateral)이라고 한다.

경구개 열은 중앙 또는 중앙보다 오른쪽이나 왼쪽에 나타날 수 있다. 경구개의 **완전 열**(complete cleft)은 두 개의 구개가(palatal shelves)가 완전히 분리되어 있는 상태다. **불완전 열**(incomplete cleft)은 구개가가 부분적으로 붙어 있는 것이다. 이와 같이 열의 위치와 정도에 따라 그 형태가 다양하므로 열을 분류하는 방법도 다양하다(Stark & Kernahan, 1959; Veau, 1931). [그림 9-4]의 A에는 구순열의 다양한 모습이 제시되어 있고, B에는 경구개 열이 제시되어 있다.

점막하 구개열(submucous cleft)은 경구개, 연구개 또는 경구개와 연구개 모두에 열이 숨겨져 있는 것이다. 구개를 덮고 있는 점막은 정상이기 때문에 구개가 정상처럼 보이지만 정상적인 점막 뒤에는 열이 존재한다. 때로는 **구개수열**(bifid uvula)이라고 불리는 목젖 갈라짐이 열을 암시하기도 한다. 경구개에 점막하 구개열이 있을 때 대개 말소리는 정상일 수 있다. 하지만 연구개에 근육 조직이 충분하지 않으면 연인두문이 충분히 닫히지 않아 과대비성을 유발할 수 있다.

선천적인 구개인두부전(congenital palatopharyngeal incompetence)이란 용어는 연인두 폐쇄를 이루기에 충분하지 않은 연인두 기전을 가리킨다. 어떤 아동은 이러한 조건을 가지고 태어난다. 어떤 종류의 열도 없고 근육 조직도 충분해 보이지만 말소리는 과대비성이 나온다.

임상가들은 자세한 검사를 통해서 비인두가 너무 깊거나 경구개가 너무 짧은 문제들이 선천적인 구개인두부전과 관련될 수 있다는 것을 알아냈다. 때로는 근육은 충분한데 신경이 근육 안에 제대로 들어 있지 않아서 연인두문을 닫지 못하기도 한다.

구개열과 관련된 다양한 문제

아동에게 열이 있으면 아동과 부모 모두에게 여러 가지 문제가 생길 수 있다. 열은 선천적인 것이므로 출생 후 즉시 문제가 시작되며, 부모, 특히 어머니에게 영향이 바로 미친다. 아이 양육, 성장 그리고 말과 언어의 습득과 관련된 다른 문제가 뒤따르게 된다.

아동과 부모

열 아동의 30% 이상이 신체적 또는 지적 문제가 더 나타날 수 있는데, 그 정도는 매우 다양하다(Bzoch, 2004; McWilliams et al., 1990). 어떤 구개열 아동은 물갈퀴 발가락, 기형적인 귀, 다양한 얼굴 기형, 비대칭적인 두개, 다른 두개 기형, 비정상적으로 작은 입(microstomia), 내반족(club foot), 척추뼈 갈림증(spina bifida), 난청, 치아 기형, 다운증후군 같은 지적 문제 등의 신체적 결함이 복합적으로 나타날 수 있다. 복합적 문제를 가진 아동은 사회적으로 고립되고 학습 문제를 겪을 수 있다(Peterson-Falzone et al., 2001).

읽을거리 9-1 선천성 결손증에 대한 부모의 반응

많은 선천성 결손증은 처음으로 아이를 대하는 엄마에게는 충격적인, 전반적 신체 기형으로 보인다. 오랫동안 일을 해오면서 그러한 아기들을 몇 명 출산시킨 의사 친구가 구순구개열 아이를 가진 한 부모의 이야기를 들려주었다.

내가 해야 할 어려운 일 중 하나는 아기가 어떤 선천적인 결손이 있음을 엄마에게 말하는 것이다. 간호사가 산모에게 열이 있는 아기를 보여 주기 전에 준비를 해두도록 하는 것이 중요하다. 하지만 어떤 노력도 산모가 심한 열이 있는 아이를 보는 순간 겪게 될 충격을 없애지는 못한다.

Don과 Donna 부부는 둘 다 30대 중반으로 오랫동안 아기를 원했다. Donna가 임신하고는 아기가 생긴다는 것에 매우 기뻐했다. 임신 기간 동안 Donna는 건강하고 행복했다.

Donna가 예정일이 되어 출산을 하기 위해 병원에 왔다. 그런데 문제가 발생했다. 분만이 계속 지연된 것이다. 아기가 똑바로 자리 잡고 있지 않았다. 나는 위치를 바꿀 수 없었고 당시 아기는 매우 고통스러웠다. 나는 제왕절개로 아기를 분만하기로 결정했다.

조그만 남자 아기를 꺼내어 입을 닦아 주면서 양측성 열이라는 것을 알았다. 코에 붙은 채로 전상악 뼈와 윗입술 부분이 들려붙어 나와 있었다. 잠깐 살펴보았지만 나의 우려가 확실했다. 아기는 경구개와 연구개에 완전 열을 가지고 있었다.

Donna는 물론 내가 일을 끝내는 동안 마취 때문에 잠들어 있었다. 보통 하는 대로 아기를 씻기고 싸 주었다. 간호사에게 Donna가 깨서 아기를 보게 해달라고 하면 바로 나에게 알리도록 했다.

내 첫 번째 임무는 Don에게 안 좋은 소식을 알리는 것이었다. 그에게 아들이고

축하한다고 하며 Donna는 상태가 좋다고 말해 주었다. 그러고 나서 내 사무실에서 잠시 볼 수 있는지 물었다. 사무실로 오는 동안 Don은 "다 괜찮죠?"라고 물었다. 나는 몇 가지 의논할 일이 있다고 말했다.

"Don, 당신 아들은 좋아질 거예요. 하지만 구개열을 가지고 태어나서 아기를 보면 다르게 생각할 수도 있어요."

"선천적인 문제가 있다는 건가요?" 그는 말하고 나서 소리쳤다.

"아니야!" 그는 창백해졌고 고통스러운 얼굴이었다. 곧이어 "이걸 어떻게 Donna에게 말하죠?"라고 물었다. Donna가 아기를 보기 전에 내가 말하겠다고 했다.

나중에 Don에게 아기를 보여 주었다. 대부분의 부모는 아기를 보고 눈을 감지 않는데 Don은 아기를 한 번 보고 바로 고개를 돌렸다. 나는 그의 손을 꽉 잡고 수술하면 고칠 수 있다고 다시 한 번 말했다. 그는 아기의 얼굴을 다시 쳐다보고 또 한참을 보다가 곧 고개를 돌리고 눈을 감았다.

Donna가 겨우 마취에서 반쯤 깨어났을 때 아기를 보게 해 달라고 하여 내가 들어갔다. 내가 "어때요?"라고 물어보자 그녀는 "좋아요, 그런데 내 아기는 어디 있죠?"라고 물었다.

"아들이에요. 다른 방에 있습니다."

"아기를 잠깐 볼 수 있는데 말해 줄 것이 있어요." 그녀는 아기에게 뭔가 잘못된 것이 있음을 느꼈다. 갑자기 정신을 차리고 물었다.

"아기는 괜찮죠, 그렇죠?"

"좋아질 거예요. 그런데 한 가지 문제가 있어요. 아시다시피 어떤 아기들은 태어날 때 신체 일부가 정상적으로 자라지 못한 경우가 있어요. 당신 아들은 윗입술과 입천장에 있는 뼈가 충분히 자라지 못했어요. 뼈에 열린 데가 있는데 구순구개열이라고 합니다."

"구개열. 저도 뭔지 알아요. 왜, 왜 내 아들이!"

그녀는 소리치며 울기 시작했다.

나는 그녀에게 수술로 많은 도움을 받을 수 있고 아기도 정상적인 삶을 누릴 수 있다고 다시 확인시켜 주려고 했지만 그녀가 듣고 있는지 알 수 없었다. 눈물을 참으면서 나를 물끄러미 쳐다보았다. 마침내 간호사가 아기를 데려왔다. 아빠는 간호사를 따라왔다.

Donna는 남편을 쳐다보았고 남편의 얼굴은 자신들의 아기라고 말하고 있었다. 그는 침대 옆에 서서 그녀의 어깨를 감싸주었다. 간호사는 아기를 Donna에게 건넸다. 아내가 아기의 얼굴을 쳐다보는데 눈물이 흐르기 시작했다. 그녀는 아기의 얼굴을 보고 있었다. 그녀는 머리를 저으며 입술을 세게 깨물더니 더 이상 아무 말도 하지 않았다. 몇 분 후에 아기를 간호사에게 건넸다. 우리가 아무 도움도 주지 못하고 지켜보는 동안 Donna는 고개를 돌리고 조용히 울기 시작했다.

〈읽을거리 9-1〉의 가슴 아픈 이야기는 자녀가 구개열이라는 것을 알았을 때 부모가 충격을 받고 믿을 수 없어 하는 첫 반응을 보여 준다. 부모는 심한 안면 기형과 신체적 장애를 처음 대했을 때 어쩔 줄을 모른다. 한 연구자는 부모, 특히 어머니가 출생한 아기보다도 더 응급 상황일 수 있고 부모를 치료해야 한다고 강조하였다. 그 순간 어머니가 환자라는 것이다(Slutsky, 1969, p. 426).

수유 문제

연인두 기제가 불완전하고 경구개가 열려 있으면 빨고 삼키기 위해 음압(말할 때는 양압)을 형성하는 것이 어렵다. 음식이나 음료가 비강으로 빠져 나갈 수 있다. 게다가 윗입술에 기형이 심하여 전상악이 제 위치를 벗어나 코 끝에 달려 있는 경우는 빠는 것이 매우 어렵다. 따라서 모유 수유가 힘들어진다. 먹는 데 시간이 많이 걸리고 자주 중단되기 때문에 아기는 한번 먹을 때 충분한 양을 먹지 못하고 몸무게가 정상적인 속도로 늘지 않을 수 있다. 배가 고픈 아기는 더 자주 울고 보통 휴식을 취하지 못한다.

대부분의 어머니는 적절한 교육을 받아서 주의를 기울여 인내하다 보면 수유 문제를 조정할 수 있다. 수유 시 십자로 뚫려 있는 젖꼭지를 이용하면 문제 없이 먹일 수도 있다.

중이염과 난청

경구개와 연구개에 열이 있는 아동 중 50% 정도가 **중이염**(otitis media)으로 **전도성 난청**(conductive hearing loss)이 생길 수 있다(Bzoch, 2004; McWilliams et al., 1990). 이 질환은 중이 점막에 염증이 생겨 발생한다. 비인두의 중이와 연결되어 있는 이관(eustachian tube)의 기능장애로 기압 조절기능이 안 되고 중이에 모이는 분비물이 배출되지 않으면 중이염이 생길 수 있다(Peterson-Falzone, 1988a, 1988b; Peterson-Falzone et al., 2001). 난청의 정도는 경도 또는 중도이며 난청이 계속 변화하는 양상을 보인다.

청력의 문제는 제13장을 참고하라.

특정 말소리를 정확하게 듣지 못하는 아동은 그 소리를 부정확하게 발음할 수 있다. 또한 언어 습득이 지연될 수도 있다.

치아 문제

치조에 열이 있는 아동들은, 경구개와 연구개에만 열이 있는 경우보다 치아의 문제가 더 많이 나타날 수 있다. 또한 경구개나 연구개 열 아동들은 정상 아동에 비해 치아 문제가 더 많다. 구개 앞쪽(윗입술과 치조)에 열을 수술하지 않은 경우는 당연히 치아 문제가 가장 심하다. 수술을 받았다고 해도 치아 변형이 평균보다 더 많을 수 있다.

가장 흔히 관찰되는 치아 기형은 치아와 잇몸 조직이 충분히 자라지 못하는 **형성부전**(hypoplasia), 반대 교합, 양측성 열인 경우의 전상악 돌출, 과잉치의 성장 등이다. **반대 교합**(cross bite)에서는 한 악궁이 다른 악궁에 비해 더 클 수 있다. 예를 들면, 작은 상악궁이 더 큰 하악궁 안으로 들어간 경우다.

어떤 아동들에게는 부정교합이 치과적 문제에서 가장 중요하다. **부정교합**(malocclusion)이란 윗니, 아랫니와 두 악궁의 배열이 고르지 못한 것이다. 제4장에서 기술된 것처럼 제1, 2, 3유형의 부정교합을 보일 수 있다. 치아 변형과 부정교합이 뚜렷하면 말소리 산출에 방해를 줄 수 있다.

구개열과 관련된 의사소통장애

의사소통 능력은 열과 관련 문제의 중증도에 따라 다양하다.

어떤 열 아동은 거의 문제 없이 말과 언어를 습득하지만 어떤 경우에는 말을 배우는 것이 상당히 지연된다. 그러한 아동은 말소리가 명료하지 않을 수 있다. 아동들에게 나타나는 언어 지연이나 왜곡된 말소리의 정도는 여전히 다양하다.

열의 정도와 지능, 행동, 신체, 감각 결함 등의 유무가 의사소통 문제의 정도에 영향을 준다. 조기에 효율적으로 중재하면 의사소통 능력에 미치는 영향을 줄여 준다.

구개열이 원인이 되는 두 가지 주요한 영향은 잘못된 말소리 산출과 비정상적인 음성의 질이다. 이러한 두 가지 문제가 같이 나타나면, 정상적인 구개를 가진 아동이나 성인들의 말, 음성 문제와는 쉽게 구분되는 뚜렷한 구개열 말소리(cleft palate speech)를 보인다. 어떤 구개열 아동에게는 언어장애가 부가적으로 나타나며, 정도의 차이는 있다.

언어장애

구개열 아동들의 언어 발달에 대한 연구에서 모순적인 증거들이 제시되어 왔다.

어떤 연구는 언어 발달에 있어 지연이 있다고 보고하는 반면, 또 다른 연구는 유의한 문제는 없다고 보고한다(Kummer, 2008). 만일 언어 지연이 있다면, 구개열보다는 다른 변수 때문일 수 있다. 이미 언급했듯이, 열은 난청, 지적 결함과 관련되는 몇 가지 유전적 증후군의 하나다. 인지와 감각(청각) 제한을 가진 구개열 아동이 언어를 배우는 데 어려움이 있다는 것은 예상할 수 있다(Kummer, 2008; Peterson-Falzone et al., 2001).

어떤 구개열 아동은 언어 능력을 배우는 데 정상보다 더 느릴 수 있으나 초기 언어의 어려움은 말소리 산출 문제에서 비롯된다. 구개열 아동은 어휘량이 적고 덜 다양하며 짧고 간단한 구문으로 말한다. 또한 질문을 많이 하지 않고 요청하는 것을 주저하며 질문에 답하는 것이 느릴 수 있고 물건이나 사건, 자신의 정서적 경험 등을 잘 설명하지 않는다(Shames & Rubin, 1979).

대부분의 구개열 아동들은 어느 정도는 자발적으로 말하는 것을 꺼리는 듯하다(Morris, 1962). 어떤 문법적인 오류들이 몇몇 아동들에게 남아 있을 수 있으나 처음 몇 년 동안에 나타나는 대부분의 언어 문제는 아동이 성장하면서 없어진다(Shames & Rubin, 1979). 구개열에 대한 조기 수술은 말과 언어 발달의 장애물을 없애 줄 수 있을 것이다(Kummer, 2008).

언어장애에 대해서는 제6장을 참고하라.

대부분 구개열 아동의 언어 문제는 미미하다. 좀 더 심각한 문제는 말소리 산출과 음성장애다.

말장애

구개열은 말장애를 유발할 수 있는데 결과적으로 듣는 사람으로 하여금 그 말을 이해하기 어렵게 만든다. 많은 말소리가 제대로 산출되지 않으며 단순히 생략되기도 하고 어떤 것은 대치되기도 한다. 전문가들은 구개열로 인한 말장애를 구개열과 관련 없는 말장애와 쉽게 구분해 낼 수 있다.

구개열의 정도와 관련 장애(난청, 지능장애)에 따라 아동은 약간의 말소리 또는 많은 수의 말소리를 잘못 조음한다. 아동에 따른 변수가 있지만 구개열 아동에게서 볼 수 있는 일반적인 조음 오류 패턴은 다음과 같다.

*s*oup의 /s/
*z*ebra의 /z/
*th*ink의 /θ/

*th*ose의 /ð/
*sh*oe의 /ʃ/
bei*g*e의 /ʒ/
*ch*alk의 /tʃ/
*j*ob의 /ʤ/
*f*an의 /f/
*v*an의 /v/
*k*ite의 /k/
*g*irl의 /g/
*l*amp의 /l/
*r*un의 /r/

제5장에서 말소리 산출의 다른 방법에 대한 내용을 참고하라.

기형적인 윗니, 특히 앞니와 부정교합의 문제는 아랫입술과 윗니 사이에 정교한 접촉이 요구되는 말소리 산출을 어렵게 한다. 예를 들면, /f/나 /v/(입술-이, labio-dental)와 같은 말소리다. 기형적인 잇몸도 치조음(/s/, /z/), 치간음(/θ/, /ð/)을 내는 데 어려움을 유발할 수 있다.

경구개나 연구개 열 또는 경구개와 연구개에 모두 열이 있을 때 구강에서 압력(구강 내압)을 형성하는 것이 어렵기 때문에 매우 심각한 오류를 만든다. 많은 말소리 산출 시 천천히 소리가 나오거나 빠르게 파열될 때, 어느 정도의 구강 내압이 필요하다. 서로 다른 말소리를 산출할 때는 서로 다른 위치에서 기류가 멈춘다. 예를 들면, /k/(kite)나 /g/(give)를 산출할 때는 구강 뒤쪽에서 기류가 멈추었다가 갑작스럽게 터진다. /p/(pot)이나 /b/(boat)를 산출할 때는 입술이 단단히 닫힌 상태에서 공기가 모아진다. 구강 안의 압력이 잠시 동안 증가하다가 터지게 되는 것이다. 그 순간 연인두 기제는 비강으로 가는 길을 막아 버린다. 경구개나 연구개에 열이 있으면, 구강과 비강 사이가 조정할 수 없이 바로 연결되어 있거나, 연인두 기제가 불완전하거나, 또는 두 경우 모두에 해당되기 때문에 폐에서 나온 공기가 코를 통해 빠져 나간다. 결과적으로 비강 자음이 아닌 말소리에서 원치 않는 비강공명이 생기게 된다. 예를 들면, 아동의 /p/나 /b/ 소리가 /m/로 들릴 수 있다. Papa가 'mama', Bob이 'mom'이라고 들리는 것이다.

/t/ 소리는 /n/라고 들릴 수 있는데 두 소리 모두 비슷한 혀 위치에서 만들어지기 때문이다. 결국, time은 'nime', tight는 'nine'으로 바뀔 수 있다. /d/도 비슷하게 영

향을 받는다. 아동이 'Daddy' 라고 했는데 'Nanny' 로 들을 수 있다. 'Debbie' 라고 말한 것이 'Nemmie' 라고 들린다. 결국 말소리가 듣는 이에게는 명료하지 않게 들린다.

일반적으로 /n/나 /m/로 들리는 소리는 /s/, /z/, /v/, /f/ 위치에서 나거나 다른 소리들일 수 있다. 즉, *soup*라는 낱말이 'noom' , zero가 'neno' , vote가 'none' , fan이 'man' 과 비슷해진다.

보상조음

아동(또는 성인)은 생리적인 문제 때문에 다른 방법으로 말소리를 산출하려고 시도하게 되는데, 그것을 **보상조음**(compensatory articulation)이라고 한다. 그러한 시도가 모두 성공적이라는 의미는 아니다. 이 말소리들은 여전히 왜곡되거나 다른 오류를 보일 수 있다. 따라서 가장 좋은 것은 자신의 말 구조대로 조음하는 것이다.

흔히 관찰되는 보상조음은 대부분의 말소리를 구강 뒤로 옮겨서 산출하는 것이다(Kummer, 2008; Peterson-Falzone, 1988b). 아동은 기류가 코로 빠지기 전에 말소리를 산출하려고 한다. 이렇게 하기 위해서 아동은 구강 앞쪽에서 나오는 말소리들까지 구강의 뒤쪽에서 산출하려고 한다. 종종, 후두나 인두(목) 위치에서 말소리를 내려고도 한다. 예를 들면, /k/와 /g/를 조음할 때, 혀 뒷부분을 목의 뒤쪽 벽으로 밀면서 산출한다. 어떤 아동들은 /s/와 /t/ 같은 혀끝 소리도 구강의 뒤쪽에서 낸다.

비누출

구개열 아동들의 잘못된 조음과 관련된 또 다른 문제가 **비누출**(nasal emission)이다. 비누출은 비강 자음이 아닌 구강음을 낼 때 코로 공기가 빠져 나가는 것이다. 비누출은 소리가 날 수도 있고 나지 않을 수도 있다. 소리가 나는 비누출은 공기가 코를 통해 빠져 나갈 때 소음이 더해지는 경우다. 아동이 비강 자음이 없는 구문을 산출할 때 콧구멍 밑에 거울을 대어 보면 비누출을 관찰할 수 있다. 코를 통과한 따뜻한 공기가 거울에 김을 서리게 한다.

비강공명이 잘못된 위치에서 나지 않는 경우에는 바람직한 것이지만 비누출은 확실히 잘못된 것이다.

소리가 나는 비누출은 비성(또는 과대비성)과 혼동하지 않도록 한다. 후두에서 생성된 소리의 비강공명이 비성이고, 코 밖으로 나오는 기류로 만들어지는 마찰 소음이 비누출이다.

공명과 음성장애

소리 전반에 포함된 비강공명(과대비성)은 수술받지 않은 구개열 환자의 말소리 특징이다. 연인두폐쇄부전 때문에 바르게 산출된 모음에서도 과대비성이 나온다. 즉, 구개열 환자들이 보이는 많은 잘못된 조음은 공명의 문제와 밀접한 관련이 있다 (Kummer, 2008).

구개열 아동 중 음성장애, 특히 목쉰 소리가 나타나는 비율이 높다(Peterson-Falzone et al., 2001). **목쉰 소리**는 거칠고 바람 새듯이 들리며 성대가 충분히 제대로 닫히지 못하고 성대에 지나친 긴장이 있을 수 있다. 아동이 충분하지 않은 연인두 기제를 보상하려는 노력을 할 때 성대에 지나치게 힘을 주어 성대 병리와 목쉰 소리를 만들게 된다. 어떤 구개열 아동들은 너무 약하게 말을 하는데, 이것은 큰 음성을 내기에 필요한 압력을 형성하지 못하거나 또는 코로 지나치게 공기가 새는 것을 조절하려는 노력일 수 있다. 너무 약한 음성은 단조로운 양상을 띠는데, 구개열 아동 일부에서 관찰되어 왔다.

의료 재활

조기 수술이 시급하지만 대개 의료 재활에는 성형 수술보다 더 많은 것이 포함되어 있다. 아동은 많은 의료 또는 비의료 전문가들로부터 장기간 서비스를 받는다. 의료 재활에 대한 간단한 내용을 제시하면 다음과 같다.

구개열 팀

전문가 팀은 아동 및 그 가족들과 일하게 된다. 아동은 성형외과 의사, 언어치료전문가, 치과의사, 교정과 의사의 서비스 이외에 많은 다른 전문가들의 도움이 필요하다. 청각전문가(귀 전문의)와 청각사는 아동의 귀 질환과 청력 문제를 다룬다. 임상정신과의사는 가족에게 상담을 해 주고 심리평가를 한다. 간호사, 소아과 의사, 사회사업가, 교육전문가들 또한 전반적인 재활 계획에 포함된다.

성형 수술

수술은 아기가 퇴원하기 전에 시작하는 경우도 가끔은 있지만, 몇 년에 걸쳐 이루어진다. 수술을 시행하는 사람은 성형외과 의사지만 중요한 재활 단계에는 팀 전체가 움직인다. 왜냐하면 수술 목적이 열을 막는 것뿐 아니라 더 나은 의사소통 능력을 촉진하는 데 있기 때문이다. 따라서 언어치료전문가는 특히 아동에게 계획된 수술의 유형에 대해 관심을 기울여야 한다.

입술 수술

구순열은 가장 빨리 적정한 시기에 수술을 함으로써 막아줄 수 있다. 아기가 수술이나 마취를 견딜 수 있어야 하므로 대부분의 의사는 일반적인 10의 원칙(rule of 10s)을 따른다. 이 원칙은 입술 수술 전에 아기가 최소 10주는 되어야 하고, 몸무게가 10파운드(4.5kg), 헤모글로빈 수치가 10gm(gm: hemoglobin in grams)이 되어야 한다는 것이다.

입술 수술의 정확한 시기는 아동 개개인의 열의 범위와 몸무게 증가 비율, 전반적인 건강 상태에 달려 있으며, 어떤 아동은 좀 더 빨리 수술적 처치를 받을 수도 있다. 대부분의 경우, 입술 수술은 4~12주 사이에 시행한다(Kummer, 2008). 열을 막아 주는 첫 번째 수술을 **일차 수술**(primary surgery)이라고 부르기도 한다. 나중에 외형과 기능을 더 개선하기 위해 추가적인 **이차 수술**(secondary surgery)이 시행될 수 있다.

구개 수술

구개 수술이 잘 되면 삼킴이 개선되고 중이염과 상기도 감염이 줄어든다. 얼굴과 치아 구조도 점점 대칭이 된다. 무엇보다도 구개 수술로 정상적인 말과 언어를 배울 기회가 향상된다는 것이 가장 중요하다.

의사의 선호도와 열의 범위, 유형에 따라 아동에게 어떤 수술 방법을 적용할지 결정한다.

초기(일차) 구개 수술의 시기는 아동과 의사에 따라 다양하다. 어떤 의사는 구개열을 빨리 막아 주는 것을 선호한다. 조기 수술을 선호하는 의사들은 아동에 따라 6~15개월 사이에 수술을 시행한다. 좀 더 늦게 하는 것을 선호하는 의사들은 15~24개월 사이에 구개열을 막아 준다(Kummer, 2008). 어떤 경우든지 수술을 담당하는 의사들은 가장 좋은 결과를 얻기 위해 몇 가지 수술 방법 중에서 선택한다.

V-Y 후위법(V-Y retroposition)이라고 하는 **Veau-Wardill-Kilner 수술법**은 [그림 9-5]에 묘사되어 있다. 이 방법의 특징은 구개열을 막으면서 구개의 길이가 길어지게 하는 것이다. 만일 길어지지 않는다면 짧은 구개는 연인두 폐쇄에 도움이 되지 않으며 말소리는 과대비성이 된다. 따라서 Veau-Wardill-Kilner 수술법은 구개의 길이를 연장시켜 말소리를 더 좋게 할 수 있다.

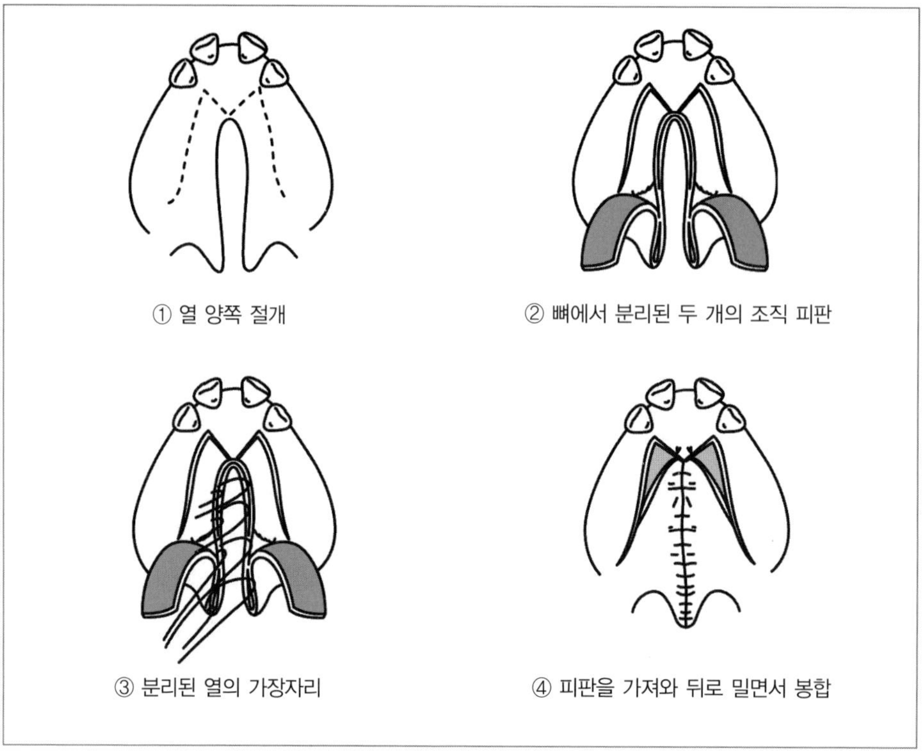

[그림 9-5] Veau-Wardill-Kilner 수술

구개열은 입천장 자체에서 얻은 조직의 피판에 의해 막힌다. 열은 경구개를 덮고 있는 두꺼운 조직층 아래에 있다. [그림 9-5]에서 ① 열의 각 양쪽에 절개선을 가하고, ② 뼈에서 조직의 피판을 떼어 내고, ③ 열 가장자리를 분리되게 하여, ④ 피판을 서로 가져와 뒤로 밀면서 열이 닫히도록 봉합한다.

다른 수술 방법 중 von Langenbeck **수술법**은 구개 길이가 늘어나지 않으며, Schwekendiek **수술법**은 연구개를 먼저 막아 주고 때로는 나중에 경구개를 수술하는 방법이다. 대부분의 의사는 연구개와 경구개를 동시에 막아 준다.

인두 피판

넓고 완전 열이 있는 일부 아동들은 경구개와 연구개에 최상의 수술을 받아도 연구개가 충분하지 않을 수 있다. 이러한 아동들은 비강 자음이 아닌 말소리를 산출할

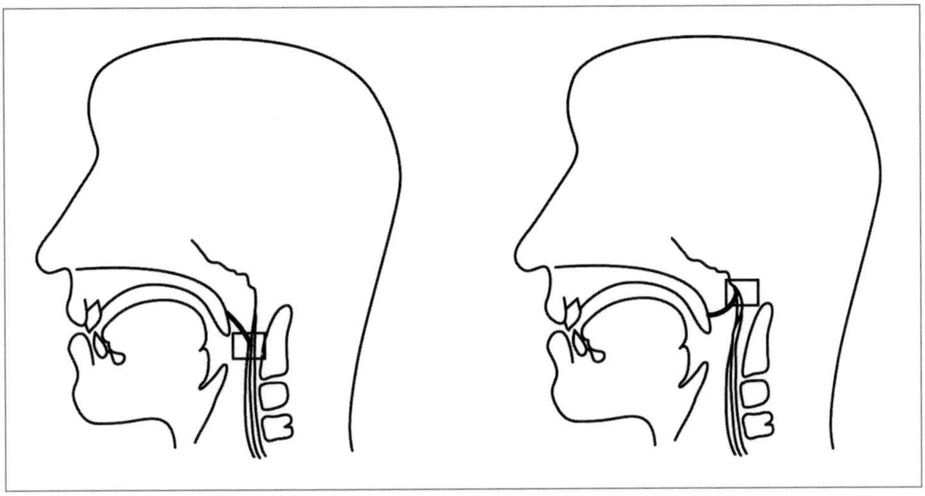

[그림 9-6] 인두 피판 수술

때, 짧은 연구개가 비강문을 닫아 주지 못하기 때문에 말소리는 여전히 과대비성이다. 이들은 **인두 피판술**(pharyngeal flap procedure)이라는 이차 수술의 대상이 된다.

[그림 9-6]에 제시된 인두 피판술을 보면 인두후벽에서 근육 피판을 들어 올린다. 근육과 점막 피판을 자르고 들어 올려서 연구개에 붙인다. 피판은 코로 숨을 쉬고, 배액, 비강 자음 산출이 가능하도록 하기 위해 양쪽으로 열려 있다. 피판의 한쪽 끝은 목 벽에 붙어 있고 다른 한쪽 끝은 연구개에 붙어 있다. 피판은 아래로 옮겨 연구개에 붙도록 하거나([그림 9-6]의 왼쪽) 위로 옮겨([그림 9-6]의 오른쪽) 잘라서 위치시킬 수 있다. 인두 피판은 연구개에 따라 움직이기도 하고 움직이지 않기도 하는데, 피판 조직이 인두측벽의 움직임과 함께 연인두 폐쇄를 도와준다. 이 작용이 말소리의 과대비성을 줄여 주는 것이다.

치과교정술과 보철치료

치과의사는 구개열 아동의 일반적인 치아 문제를 치료한다. 이 아동들은 특히 치과교정의와 보철전문의의 서비스가 필요하다.

치과교정의(orthodontist)는 특수 제작된 장치를 가지고 구강 구조를 변화시킨다. 전문가는 위아래 치열 악궁의 부정교합을 바로 잡고, 비뚤어진 치아를 고르게 하고, 악궁과 구개 범위를 넓히고, 위 · 아래 턱의 전반적인 모양과 기능을 개선시킨다. 이

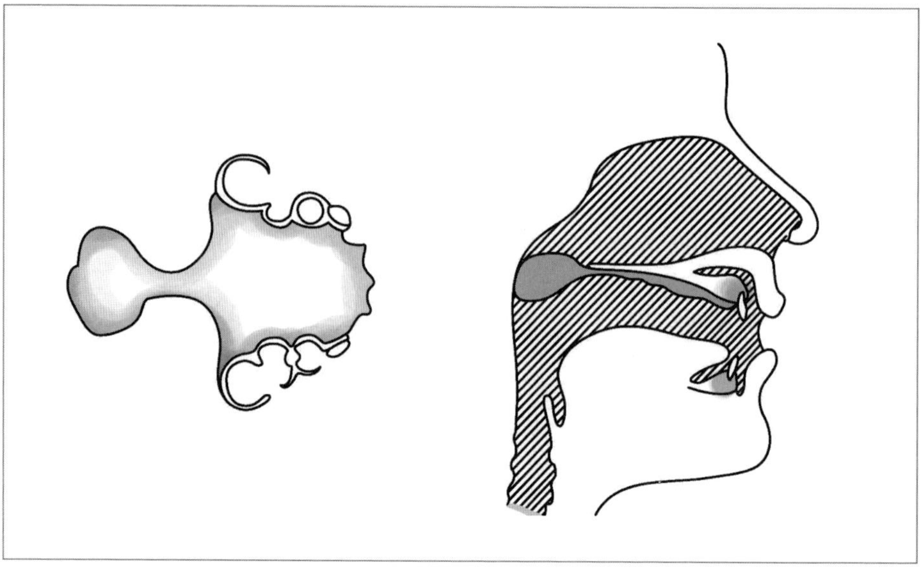

[그림 9-7] 폐쇄장치

러한 목표를 수행하기 위해 철사, 플라스틱 또는 스테인리스강 평판, 확장장치, 교정장치, 외부에 끼우는 보조기 등의 많은 기구를 사용한다.

보철전문의(prosthodontist)는 구강 구조의 기능을 개선시키는 데 도움이 되는 많은 장치를 고안하고 장착할 수 있는 전문가다. 보철전문의는 구강 **보철**(prosthetics) 업무를 담당하는데, 결손이 있거나 기형적인 구조를 보상하는 장치의 개발 및 삽입 등의 일을 한다. 구개에 있는 구멍을 막을 때는 **폐쇄장치**(obturator)가 도움이 되는데, 이것은 인공적으로 만들어진 장치로 자주 쓰인다.

치조에 열이 있는 경우는, 상악궁에 갈라진 부분을 플라스틱 보철장치를 걸쳐서 막아 줄 수 있다. 다른 유형의 폐쇄기는 [그림 9-7]에 제시되었는데 경구개의 열을 막아 주는 평판과 연인두 폐쇄에 도움이 되는 벌브(bulb)가 있다. 연구개가 후상방으로 움직일 때, 인두벽이 수축하면서 벌브가 이 부분들과 닿게 된다.

의사소통장애의 평가

구개열 아동의 치료 전 평가는 지속적으로 이루어진다. 아동이 여러 단계에서 다양한 의료, 치아, 교정, 보철 치료를 받을 때, 언어치료전문가는 말소리 산출의 효

〈표 9-1〉 의사소통장애의 평가: 구개열 말

① 환자, 가족, 장애의 과거력
② 환자, 가족 구성원 또는 환자와 가족 모두에 대한 면담
③ 구강 안면 검사
④ 청력 선별 검사
⑤ 말, 언어 자료 수집
⑥ 평가
ⓐ 언어 문제
ⓑ 조음장애와 명료도
ⓒ 음성과 공명 문제
ⓓ 연인두기능
⑦ 권고사항
⑧ 보고서 작성

주. 진한 글씨는 구개열 아동의 의사소통장애에 특별히 적용되는 것임.

과를 검사하기 위해 평가를 반복한다. 전반적인 평가 과정이 〈표 9-1〉에 제시되어 있다.

말과 언어 평가

구개열 아동의 말과 언어 평가는 일반적으로 제4장과 제5장에 기술된 과정을 따른다. 개별적 배경 정보, 언어와 조음 표준화 검사, 대화의 녹음 표본 등은 아동의 말과 언어 능력에 대해 주요한 정보를 제공한다. 이러한 자료를 근거로 언어치료전문가는 아동이 말소리를 바르게 산출할 수 있는지, 낱말과 구, 문법적으로 바른 구문을 연령에 적절하게 사용하는지 등을 결정할 수 있다.

구개열 환자의 말을 평가하는 데 고안된 몇 가지 특별한 조음검사가 있다. Templin-Darley 조음검사의 하위검사인 Iowa 압력조음검사(Templin & Darley, 1969), Bzoch 조음검사(Bzoch, 2004), Miami 따라하기 능력검사(Jacobs, Philips, & Harrison, 1970) 등이다. 이러한 검사를 통해, 구개열 아동들에게 특히 어려운 말소리 산출을 평가하는 데 도움을 받는다. 앞서 지적했듯이 구개열 환자에게는 구강 호흡 압력이 많이 요구되는 말소리(/p/, /b/, /s/와 그 외 소리들)들이 특히 어렵다.

대화 말 표본과 조음검사에서의 아동의 반응은 구개열 환자의 말명료도를 판단하는 데 사용된다. 대부분의 언어치료전문가들은 이해할 수 있는 낱말, 구, 문장의 비율에 근거하여 명료도를 판단한다. 예를 들면, "아동의 발화 중 50%만 명료하다."고 표현할 수 있다.

음성과 공명 평가

음성과 공명장애 평가는 제8장에 기술되었는데 전기적 기계들을 포함한 많은 기기가 필요하다. 비용 소모가 많은 기기가 없을 때, 언어치료전문가는 목쉰 소리, 거친 소리, 기식성 소리의 출현과 정도, 음도의 적절성, 말의 강도 등을 주관적으로 판단한다.

구개열 환자의 음성과 공명 평가는 연인두 적절성을 알 수 있다는 독특한 측면이 있다. 과대비성의 출현과 정도는 이러한 판단을 내리는 근거가 된다. 전형적으로, 언어치료전문가는 **평정척도**(rating scales)를 이용하여 과대비성이 경도(mild), 중등도(moderate), 심도(severe), 중심도(very severe)인지 판단한다. 제8장에 기술된 비음측정기(Nasometer) 등의 기기들도 비강공명을 객관적으로 측정하는 데 사용할 수 있다.

연인두 기제의 기능을 평가하는 데 몇 가지 방사선 검사들이 도움이 된다. 예를 들면, **방사선영화촬영술**(cineradiography)은 엑스레이를 통해서 촬영된 말 기제의 움직임을 영상으로 볼 수 있다. 필름은 혀, 턱, 연인두 기제의 움직임을 보여 준다. 연관된 검사인 **비디오투시조영술**(videofluoroscopy)은 비디오테이프로 영상이 녹화되어 있다. 연인두 기제가 얼마나 잘 기능하는지 알아보기 위해서는 검사 시 다양한 각도에서 촬영해야 한다.

연인두 기제 평가에 **초음파**(ultrasound)도 도움이 될 수 있다. 초음파의 빛줄기를 인두벽에 보내면 다시 반사되어 기기로 전달된다. 음파를 시각적인 패턴으로 변환해 주는 기기인 오실로스코프(oscilloscope)의 작은 텔레비전 같은 화면에 음파신호가 나타난다. 그러면 인두벽의 움직임이 오실로스코프 화면에 나타난다.

내시경검사법에 대해서는 제8장을 참고하라.

연인두 기제 평가에 사용되는 검사로 **내시경검사법**(endoscopy)도 있다. 작은 튜브를 코나 입으로 삽입하여 연인두 기제와 움직임을 직접 또는 비디오 화면에서 관찰할 수 있다.

청력 평가

구개열 아동에게 난청이 많이 나타나기 때문에 청력 평가는 중요하다. **청각사**

(audiologist)는 정상 청력과 난청을 검사하는 전문가로 아동의 청력을 평가한다. 구개열 팀의 청각사는 주기적으로 청력을 측정하여 아동의 청력을 점검한다. 청각사는 적절한 보청기를 권고 적용하도록 하고 환자의 청력에 맞게 조절해 줄 수 있다. 또한 몇 회의 치료 회기에 말 지각과 관련해서 보청기를 사용할 때 말소리가 어떻게 들리는지 등을 알려 준다. 청각사의 이러한 일들을 **청력 재활**(aural rehabilitation)이라고 한다.

청력 평가와 청각사의 역할은 제13장을 참고하라.

평가보고서

언어치료전문가는 아동에 대한 치료 프로그램을 결정하기 위하여 모든 평가 자료에 대해 검토한다. 각 아동마다 치료에서 강조되는 부분은 조금씩 다르다. 아동에 대한 통합적인 평가서 요약은 초기와 장기간의 치료 목표를 세우는 데 도움이 된다.

의사소통장애의 치료

수술, 치과교정, 보철치료 등은 직접적으로 아동의 말과 언어 습득에 영향을 미친다. 그래서 언어치료전문가는 다른 전문가들과 일하면서 그들이 말과 언어 능력을 향상시키기 위해 어떤 결정을 내릴 때 도움을 준다. 때때로 특정한 치료의 필요성을 알려 주기도 한다. 예를 들면, 과대비성을 줄이기 위해 아동에게 폐쇄장치를 만들어 주도록 요청할 수 있다.

수술적 치료가 조기에 시행되고 발전함으로써 구개열로 인한 의사소통의 부정적인 영향은 줄어든다. 그럼에도 불구하고 대부분의 구개열 수술을 받은 아동들은 수술 이전에 가지고 있던 말 문제들이 지속되는 경향이 있기 때문에 말 훈련이 필요하다. 말 훈련을 받지 않으면 연인두 기제가 회복되어도 아주 적절하게 사용하지 못할 수 있다.

언어장애의 치료

모든 구개열 아동이 언어 문제에 대해 공식적이고 집중적인 치료를 받아야 하는 것은 아니다. 언어가 약간 지연될 때는 언어 자극을 줄 수 있도록 고안된 가정지도 프로그램으로도 수정될 수 있다. 어떤 종류의 가정지도 프로그램이든 본질은 아동의 공식적인 언어치료 과정에 대해서는 제5장을 참고하라.

언어 능력을 반복적으로 확장시키고 강화하는 부모-아동 간의 상호작용을 자주 하는 것이다. 밥을 먹이고 옷을 입히고 놀면서, 부모는 이름을 말해 주고 말을 걸어 준다. 예를 들면, 옷을 입힐 때 아동에게 신발, 양말, 옷, 치마 등의 낱말을 반복적으로 들려준다. 부모는 아동이 옹알이를 하고 낱말과 구문을 산출하면 웃어 주고 만져 주고 또 다른 여러 가지 반응으로 강화해 준다. 또한 낱말을 모델링해 주고 아동이 바르게 산출하거나 비슷하게 소리 내면 강화해 준다. 언어치료전문가는 부모에게 구개열 아동들에게 특히 어려운 말소리를 산출할 수 있도록 자극을 주게 한다. 예를 들면, /k/, /g/, /s/, /z/로 시작하는 낱말들을 종종 촉진시켜 주는데, 산출을 독려하고 강화하도록 하기 위해서다. 만일 아동이 가정 언어 자극 프로그램으로 충분히 호전되지 않으면 치료실에서 공식적인 언어치료를 시작한다.

언어치료전문가는 공식적인 언어치료 프로그램을 적용하기 위해 제5장에 기술된 치료법을 사용한다. 훈련을 위하여 낱말과 구, 문장, 통사적인 것과 형태론적인 요소 등 아동이 산출하지 않는 언어 구조를 선택한다. 그림이나 물건을 이용하여 몇 가지 목표어를 한 번에 연습시키는데, 그림이나 물건을 보여 주고 물어보게 하여 올바른 반응을 들려준 다음 비슷하게 산출하면 칭찬해 준다. 초기에는 단순한 낱말이나 구를 가르치지만 아동이 진전을 보이면 좀 더 복잡한 구조를 목표로 할 수 있다. 아동이 새로 배운 반응들을 가정이나 다른 장소에서 산출하도록 고안된 치료법도 적용한다.

조음장애의 치료

조음장애 치료에 대해서는 제5장을 참고하라.

구개열 아동들의 조음장애 치료는 언어치료전문가의 주된 업무다. 구개열 아동은 조음 치료를 받았을 때가 그렇지 못했을 때보다 더 말을 잘할 수 있다(Peterson-Falzone et al., 2001).

구개열 아동의 조음장애를 치료하는 근본적인 절차는 제5장에 언급된 것과 다르지 않다. 하지만 구개열이 없는 아동에게는 가르칠 필요가 없는 몇 가지 특정한 치료 행위가 있다. 처음에는 선택된 음소를 소리, 음절 또는 낱말을 통해 산출한다. 언어치료전문가는 /p/, /b/, /t/, /d/, /k/, /g/와 같은 파열음과 /f/, /v/, /s/, /z/ 등의 마찰음을 치료 음소로 선택한다. 일반적으로 구강 앞쪽에서 나는 소리를 먼저 가르치고, 구강 뒤쪽에서 나는 소리로 옮겨 간다. 예를 들면, 양순음 /p/와 /b/는 연구개음 /k/와 /g/보다 더 잘 보인다. 아동이 어떻게 양순음이 만들어지는지 볼 수 있으며 이렇게 시각적으로 확인하면 더 빨리 배울 수 있다.

모든 치료단계에서 아동에게 최대한의 시각적 · 청각적 단서를 준다. 언어치료전문가와 아동이 거울을 보며 다양한 소리를 산출하는 동안 혀의 움직임과 혀끝의 위치를 볼 수 있도록 한다. 언어치료전문가는 반복해서 목표 음소의 올바른 산출을 모델링해 주고 아동이 보고 주의 깊게 들으면서 그 소리를 산출해 보도록 한다. 아동이 처음 소리단계에서 목표 음소의 산출을 배우고 나면 음절, 낱말, 문장으로 옮겨 간다.

조음 치료에서 중요한 목표는 아동에게 코 대신 구강으로 기류를 보내도록 가르치는 것이다. /p/나 /b/를 산출하는 동안 어떻게 구강으로 기류가 나가는지 아동에게 보여 준다. 언어치료전문가가 목표 음소를 산출할 때 입 앞에 휴지 조각을 대고 움직이는 것을 보여 주면 아동이 기류의 방향을 이해하는 데 도움이 된다. 아동은 힘을 주지 않고 말소리를 내도록 해야 한다. 조음기관의 부드러운 접촉과 입을 조금 더 벌리도록 하는 것 또한 비강공명을 줄이는 데 도움이 된다.

음성과 공명 문제의 치료

구개열과 관련된 음성 문제는 불완전한 연인두 기제에 대해 보상하려는 노력 때문에 나타난다. 아동이 너무 약하게 말하거나 연인두문을 닫으려고 과도하게 근육에 힘을 주고 있다면 언어치료전문가는 평균 수준의 강도를 쓰게 하고 이완한 상태로 말하도록 가르친다.

음성장애 치료는 제8장을 참고하라.

구개열 아동의 공명 문제는 집중적인 임상적 노력이 요구된다. 입을 좀 더 벌리거나 조음기관 접촉을 부드럽게 하는 등의 앞서 기술된 몇 가지 치료법이 비성을 줄이는 데 도움이 된다. 대부분의 대상자는 과대비성을 조절하기 위해 특정한 방법이 필요하다.

비강 자음이 아닌 구강 자음도 다양한 수준의 비강공명으로 산출한다. 예를 들면, 모음 /a/는 모음 /i/에 비해 비성이 적게 나는 경향이 있다(eat에서 ee 음소). 자음 안에서도 /r/과 /t/ 같은 음소들은 /s/나 /z/에 비해 비성이 적을 수 있다. 그래서 과대비성을 줄일 때, 비성이 적은 음소에서 훈련을 시도하고 비성이 많은 음소로 옮겨 가도록 한다(Sommers, 1983). 이 음소들은 나중에는 낱말이나 구에서 산출되도록 한다. 이러한 접근법은 연인두폐쇄부전이 있는 아동보다는 수술 후에 완전한 연인두 기제를 보이는 아동들에게 더 적합하다.

생체피드백 기기들은 과대비성을 치료하는 데 도움이 될 수 있다. 이러한 기기들은 한 에너지 형식을 다른 형식으로 바꾸어 시각적 또는 청각적 형태로 보여 준다.

예를 들면, 제8장에 기술된 비음측정기는 컴퓨터 화면에 비강공명의 양을 제시하여 즉각적인 피드백을 준다. 비강 또는 구강공명의 목표 수준을 맞춘 다음 환자가 목표에 도달하도록 훈련시킨다.

요 약

- 열은 정상적으로 융합해야 하는 특정 뼈 구조에 틈이 있는 상태를 말한다.
- 경구개(구강의 천정)는 상악골이라고 불리는 한 쌍의 큰 안면 뼈로 구성되어 있는데, 배아 단계에서 융합이 실패할 수 있다. 전상악은 코 바로 밑에 있는 더 작은 뼈로 상악골 앞에 있다. 뒤쪽 끝으로는 상악골이 구개골과 붙어 있다.
- 구개골과 떨어져 있는 뒤쪽 끝에서 연구개가 시작되고 내리거나 올리는 근육집단으로 구성되어 있다. 인두벽의 움직임과 함께 연구개의 움직임은 인두강과 비강을 연결시키기도 하고 분리시키기도 한다.
- 열은 심각한 선천성 결함으로 섭식의 어려움, 중이 질환, 난청, 치아 문제 등과 연관되어 있다.
- 구개열 아동들은 언어 습득이 지연될 수 있고 조음장애와 말명료도 저하를 보인다. 특히 구개열 아동들에게는 구강에서 압력 형성이 요구되는 음소들이 어렵다.
- 불완전한 연인두 기제 때문에 말이 과대비성일 수 있으며 소리가 나지 않는 비누출과 소리나는 비누출이 동반될 수 있다. 어떤 아동은 과대비성을 줄이기 위해 비정상적인 방법으로 말소리를 산출할 수 있다(보상조음).
- 초기(일차) 수술은 열을 막아 주기 위해 가능한 한 일찍 시행한다. 이차 수술은 아동의 외형과 말 구조의 기능을 개선하기 위해 시행한다.
- 입술 수술은 아기가 약 10주 정도 되었을 때 하고 초기 입천장 수술은 조금 더 늦게 한다. 경구개의 열은 경구개로부터 떼어 낸 조직의 피판으로 막고 옮겨서 서로 봉합해 주어 틈을 막아 준다.
- 인두 피판 수술은 인두후벽에서 근육 피판을 들어 올려 연구개에 붙인다. 이 피판은 연인두 폐쇄가 더 잘 되도록 돕는다.
- 치아 기형을 고치는 데 치아 교정 치료가 필요하다.
- 연인두 폐쇄가 더 잘 이루어지도록 하기 위하여 보철장치가 필요할 수 있다.
- 치료 전후와 치료 기간에 말, 언어, 음성, 공명 문제를 여러 차례 평가한다.
- 방사선영화촬영술, 비디오투시조영술, 초음파, 내시경 검사법 등은 연인두 기능을 평가하는 데 사용할 수 있다.
- 언어 문제는 약간 있는 정도가 대부분이고 가정 지도 프로그램을 통해 조절될 수 있다.
- 대부분의 집중 치료는 구개열 아동의 조음과 공명 문제에 초점을 맞추게 된다. 말 훈련은 특히 구

개열 아동들에게 어려운 파열음에 집중한다. 또한 아동은 코쪽이 아니라 구강 밖으로 기류를 보내도록 배운다. 공명 문제를 치료할 때(과대비성) 생체피드백 기기가 사용될 수 있다.

연구문제

1. 선천성 기형이란 무엇인지 기술하시오.
2. 구강 안면과 두개 안면 기형이란 무엇인지 기술하시오.
3. 경구개의 주된 부분은 _______라고 불리는 한 쌍의 뼈로 구성되어 있다.
4. 코 바로 밑에 위치해 있는 작은 뼈를 _______라고 한다.
5. 연구개는 또한 _______라고 알려져 있다.
6. 연인두문의 구조와 기능에 대해 간단히 설명하시오.
7. 안면 구조의 배아 발달에 대해 간단히 설명하시오.
8. 열이란 무엇인지 설명하시오.
9. 사람에게 열이 나타나는 것은 어떤 원인 때문인지 기술하시오.
10. 열은 어떻게 분류하는가? 어떤 유형이 있는지 설명하시오.
11. 선천적인 구개인두부전이란 무엇인지 설명하시오.
12. 다음 용어를 정의하시오.

    생체피드백 기기(biofeedback instruments), 폐색장치(obturator), V-Y 후위법(V-Y retroposition), 일차 수술(primary surgery)

13. 구개열로 태어난 아기의 수유 문제와 해결책을 기술하시오.
14. 구개열 아동들에게 흔히 나타나는 중이 문제의 종류를 쓰시오.
15. 구개열 아동들의 말 문제를 간단히 기술하시오. 그리고 보상조음을 설명하시오.
16. 구개열 아동들에게 나타나는 공명과 음성 문제로 어떤 것들이 있는지 설명하시오.
17. 구순열 수술에서 일차 수술의 시기를 결정하기 위해 의사들이 사용하는 10의 원칙(rule of 10s)은 무엇인지 기술하시오.
18. 구개열 아동들의 입천장 수술의 목표를 설명하고 입천장을 막아 주도록 고안된 수술적 치료법을 기술하시오.
19. 구개열에서 일차(primary) 수술과 이차(secondary) 수술을 구분하여 설명하시오.
20. 수술받은 구개열 아동에게 초기에 가르쳐야 하는 말소리는 어떤 종류인지 기술하시오.

참고문헌

Bzoch, K. R. (Ed.). (2004). *Communicative disorders related to cleft lip and palate* (5th ed.). Austin, TX: PRO-ED.

Jacobs, R. J., Philips, B. J., & Harrison, R. J. (1970). A stimulability test for cleft palate children. *Journal of Speech and Hearing Disorders, 35,* 354-362.

Kummer, A. W. (2008). *Cleft palate and craniofacial anomalies* (2nd ed.). Clifton Park, NY: Delmar Cengage Learning.

McWilliams, B. J., Morris, H. L., & Shelton, R. L. (1990). *Cleft palate speech* (2nd ed.). Philadelphia: Decker.

Morris, H. L. (1962). Communication skills of children with cleft lip and palate. *Journal of Speech and Hearing Research, 5,* 79-90.

Peterson-Falzone, S. (1988a). Speech disorders related to craniofacial structural defects: Part 1. In N. J. Lass, L. V. McReynolds, J. L. Northern, & D. E. Yoder (Eds.), *Handbook of speech, language pathology and audiology* (pp. 442-476). Philadelphia: Decker.

Peterson-Falzone, S. (1988b). Speech disorders related to craniofacial structural defects: Part 2. In N. J. Lass, L. V. McReynolds, J. L. Northern, & D. E. Yoder (Eds.), *Handbook of speech, language pathology and audiology* (pp. 477-547). Philadelphia: Decker.

Peterson-Falzone, S., Hardin-Jones, M. A., & Kernell, M. P. (2001). *Cleft palate speech* (3rd ed.). St. Louis, MO: Mosby.

Seikel, J. A., King, D. W., & Drumright, D. G. (2005). *Anatomy and physiology for speech, language, and hearing* (3rd ed.). Clifton Park, NY: Thomson Delmar Learning.

Shames, G., & Rubin, H. (1979). Psycholinguistic measures of language and speech. In K. Bzoch (Ed.), *Communicative disorders related to cleft lip and palate* (2nd ed., pp. 202-223). Boston: Little, Brown.

Shprintzen, R. J., & Bardach, J. (1995). *Cleft palate speech management: A multidisciplinary approach.* St. Louis, MO: Mosby.

Shprintzen, R. J., & Goldberg, R. (1995). The genetics of clefting and associated syndromes. In R. J. Shprintzen & J. Bardach (Eds.), *Cleft palate speech management: A multidisciplinary approach* (pp. 16-43). St. Louis, MO: Mosby.

Slutsky, H. (1969). Maternal reaction and adjustment to birth and care of the cleft palate child. *Cleft Palate Journal, 6,* 425-427.

Sommers, R. K. (1983). *Articulation disorders.* Englewood Cliffs, NJ: Prentice Hall.

Stark, R. B., & Kernahan, D. A. (1959). A classifi cation of cleft lip and cleft palate based upon newer concepts of embryology. *Cleft Palate Bulletin, 9,* 45-46.

Templin, M. C., & Darley, F. L. (1969). *The Templin.Darley test of articulation* (2nd ed.). Iowa City: University of Iowa, Bureau of Educational Research & Service.

Vanderas, A. P. (1987). Incidence of cleft lip, cleft palate, and cleft lip and palate among races: A review. *Cleft Palate Journal, 25,* 171-183.

Veau, V. (1931). *Division palatine.* Paris: Masson.

10

Introduction to
Communicative
Disorders

의료언어병리학

의료언어병리학의 개요
뇌-언어 관계에 대한 연구
실어증
말운동장애
우뇌손상 증후군
치매
외상 뇌손상
삼킴장애

의료언어병리학의 개요

의료언어병리학은 두 가지 전혀 다른 장애 분야를 다루는 전문 영역이다. 하나는 신경생리학에 기초한 의사소통장애고, 다른 하나는 삼킴장애다.

기능적 조음장애에 대한 자세한 내용은 제5장을, 그리고 아동언어장애에 대한 정보는 제6장을 참고하라.

의료언어병리학에 포함되는 의사소통장애는 신경계에 영향을 미치는 다양한 종류의 질환과 관련이 있다. 의료언어병리학자에게 치료를 받는 사람은 말-언어 진단과 함께 의학적 진단을 받은 사람이다. 이러한 이중 진단은 언어 문제의 바탕에 다른 의학적 질환을 가지고 있지 않은 여타의 의사소통장애와 대조를 이룬다. 의학적 질환이 근본적 원인이 아닌 조음장애와 언어장애는 기능적(기질적이라는 것과는 대조적으로)이라는 말로 묘사된다.

일부 신경학적 장애는, 항상 그런 것은 아니지만 대부분 의학적 상태와 연관된 의사소통장애를 수반한다. 따라서 이러한 장애는 **신경학적인 것에 기초한**(neurologically based) 것 이라는 말로 묘사된다. 이 장에서 설명하는 일부 성인들은 **실어증**(aphasia)이라는 언어장애, 즉 뇌졸중이나 다른 원인에 의해 일반적으로 왼쪽 대뇌반구에 손상이 발생하여 생긴 언어장애나 신경학적 질환에 의한 말장애인 **말운동장애**(motor speech disorders) 중 하나를 가지고 있다. 어떤 사람은 뇌의 오른쪽에 발생한 손상으로 **우뇌손상 중후군**(right hemisphere syndrome)을 보인다. 이러한 손상은 보통 뇌졸중과 종양에 기인한다. 또 어떤 사람들은 퇴행성 뇌질환과 관련이 있고, 의사소통장애, 주의력장애, 그리고 기억장애 등의 **치매**(dementia)라는 이름으로 그룹화된 다양한 상태를 보인다. 또 다른 사람들은 외적으로 발생한 **외상 뇌손상**(traumatic brain injury)으로 의사소통과 인지기능 장애를 보인다. 외상 뇌손상은 어떤 연령에서든 발생할 수 있지만, 의사소통장애의 원인이 되는 의학적 상태는 아동보다는 성인에게서 더 자주 볼 수 있다.

선천적 혹은 초기 뇌손상이 있는 아동은 뇌성마비를 보이는데 이는 제11장에서 설명하고 있다.

의사소통 문제는 아니지만, **삼킴장애**(swallowing disorders)는 **언어치료전문가**(speech-language pathologists: SLPs)의 업무 범위에 속한다. 이 장애 또한 다양한 의학적 질환과 관련이 있으며, 이로 인해 삼킴 기제를 관장하는 신경근육 통제의 손상이 발생한다.

신경생리학적 요인과 관련된 의사소통장애를 이해하기 위해서는 제4장에서 설명하고 있는 말-언어의 신경생리학에 대해 기초적 이해가 중요하다. 제4장과 〈표 10-1〉에서 요약해 놓은 주요 용어에 대한 설명을 살펴보라. 말과 언어의 신경생리학에

〈표 10-1〉 말, 언어, 뇌, 신경 그리고 근육

- **신경계**(nervous system)는 중추와 말초로 나뉜다.
- **중추신경계**(central nervous system)는 뇌(대뇌)와 척수를 포함한다. **대뇌반구**(hemispheres)는 뇌의 양쪽 반구다. 각각의 반구는 그와 반대쪽의 신체를 통제한다. 대뇌반구의 가장 바깥쪽 층은 **피질**(cortex)이라고 하며 등성이와 같은 **이랑**(gyri)과 움푹 들어간 **고랑**(sulci)이 있다. 각 대뇌반구는 네 개의 엽(lobe) 즉 전두엽, 두정엽, 후두엽 그리고 측두엽을 가지고 있다.
- **전두엽**(frontal lobe)은 이마 뒤에 있고, **일차 운동피질**(primary motor cortex)과 **브로카 영역**(Broca' s area)을 포함하고 있는데, 이는 모두 말소리 산출에 중요하다.
- **두정엽**(parietal lobe)은 뒷머리의 아래로 경사진 부분에 위치한다. 여기에는 **일차 감각피질**(primary sensory cortex)이 포함되는데, 이는 신체나 특정 근육집단의 촉각, 압력 그리고 위치에 대한 감각에 중요하다.
- **후두엽**(occipital lobe)은 두정엽 뒤에 있으며 **일차 시각피질**(primary visual cortex)을 포함하고 있다.
- **측두엽**(temporal lobe)은 두정엽과 전두엽 아래에 있다. 여기에는 청각과 언어를 위한 두 주요 영역이 포함된다. 청각에 관여하는 **일차 청각피질**(primary auditory cortex), 그리고 언어 이해에 관여하는 **베르니케 영역**(Wernicke' s area)이 있다.
- **기저핵**(basal ganglia)은 운동 통제와 관련된 한 그룹의 피질하 구조다. 이것들은 뇌의 피질층 바로 아래 있으며 뇌줄기(brainstem) 바로 위에 있다. 이는 추체외 운동 시스템(extrapyramidal motor systeme)의 한 부분이다.
- **뇌줄기**(brainstem)는 대뇌의 꼬리와 같으며 많은 신경 통로를 포함한다. 뇌줄기의 구조들은 호흡, 심박수 그리고 다른 생명 유지에 필요한 부분과 대부분의 신체 자율 활동을 조절한다.
- **소뇌**(cerebellum)는 뇌줄기 뒤에 붙어 있으며 대뇌 밑에 위치한다. 이는 신체의 협응 운동을 지배하는데, 말소리 산출에 필요한 미세하고 복잡한 운동도 포함된다.
- **추체로 시스템**(pyramidal system)은 운동피질에서 일차적으로 시작된 신경섬유다발이며 뇌줄기와 척수로 중단되지 않고 곧장 연결된다(직접 시스템, direct system). 이는 모든 수의적 운동을 위한 자극을 운반하는 일차적 경로다.
- **추체외로 시스템**(extrapyramidal system) 섬유의 기원은 대뇌피질과 그 섬유에 광범위하게 퍼져 있다. 이것들은 다중 시냅스 연결과 중간 도착지를 가지고 있으며, 따라서 최종 도착지까지 간접 경로를 경유한다(간접 시스템, indirect system). **기저핵**이 간접 운동 경로의 주요 구조다. 이는 운동 패턴의 프로그램을 지원한다.
- **말초신경계**(peripheral nervous system)의 일부인, 31쌍의 **척수신경**(spinal nerves)은 척수에 연결되어 있으며, 그중 몇몇은 호흡을 통제한다(따라서 간접적으로 말을 통제한다).
- **뇌신경**(cranial nerves) 또한 말초신경의 일부인데, 이는 말소리 산출에서 보다 직접적인 역할을 한다. 이것들은 말초감각기관으로부터의 감각 자극을 뇌로 전달하거나(**감각신경**, sensory nerves) 또는 뇌로부터의 운동 자극을 근육으로 연결한다(**운동신경**, motor nerves). 일부 신경은 양쪽 기능을 모두 한다(**혼합신경**, mixed nerves). 모두 12쌍의 뇌신경이 있다. 이 중 6쌍, 즉 I, II, III, IV, VI 그리고 VIII은 말소리 산출에 관여하지 않으며(기능들에 대해서는 제4장을 참조하라), 다른 6쌍은 말에 중요한 역할을 한다.
  - **삼차신경**(Trigeminal nerve, V)은 아래턱과 혀의 움직임을 지배한다.
  - **안면신경**(Facial nerve, VII)은 다양한 운동을 조절하는데, 이마에 주름을 만들고, 입을 꽉 다물고, 입의 양쪽 꼬리를 올리고, 볼의 움직임을 포함한 얼굴 표정을 지배한다.
  - **설인신경**(Glossopharyngeal nerve, IX)은 목구멍 근육의 움직임을 지배한다.
  - **미주신경**(vagus nerve, X)은 심장과 폐 그리고 소화기 계통을 포함한 많은 기관에 관여한다. 이 신경의 가지 중 하나는 한 쌍의 되돌이후두신경(recurrent laryngeal nerve)인데 대

부분의 후두내인근(intrinsic muscles)에 관여한다.

- **부신경(accessory nerve, XI)**은 인두와 연구개, 머리 그리고 어깨의 근육을 지배한다.
- **설하신경(hypoglossal nerve, XII)**은 혀의 운동을 지배한다.

대해 더 깊이 이해하고자 한다면 다음과 같은 자료를 읽어 보는 것도 좋다(Bhatnager, 2008; Calvin & Ojemann, 1980; Love & Webb, 2001; Seikel, Douglas, & Drumright, 2005; Webster, 1998; Yorkston, Beukelmann, Strand, & Bell, 1999; Zemlin, 1998).

뇌-언어 관계에 대한 연구

많은 신경과학자가 지적하듯이 뇌에 관련된 가장 획기적인 성과는 언어다. 그러나 어떻게 과학자들은 특정 그룹의 뇌세포가 언어의 특정 측면을 통제한다는 것을 알아낸 것일까?

부검(autopsy)은 뇌의 특정 영역이 어떤 기능을 조절하는지 밝히기 위해 임상과학자들이 사용하는 하나의 방법이다. 가령, 브로카(Broca)와 베르니케(Wernicke)는 그들의 환자가 사망한 후 부검을 통해 특정 언어기능을 통제하는 뇌의 영역을 밝혔다. 이 방법에서는 임상과학자들이 신경학적 질환이 있는 환자의 언어 관련 장애를 세밀하게 기록해 두어야 한다. 환자가 사망하면, 과학자는 조직의 병리학적 변화와 그 위치를 연구하기 위해 뇌를 해부한다. 그런 다음 과학자는 이전에 기록해 둔 언어장애 증상과 손상 혹은 퇴화된 흔적이 있는 뇌의 특정 영역을 관련짓는다.

신경외과학(neurosurgery)은 임상과학자들이 뇌-언어 관계에 대한 연구에 사용하는 또 다른 방법이다. 이 방법은 정보를 제공하는 환자가 아직 살아 있고 앞으로도 더 살아 있을 거라는 희망이 있기 때문에 부검보다 더 신뢰할 수 있고 보다 직접적인 자료를 얻을 수 있다. 대부분 이런 환자들은 대발작(grand mal)이라고 알려져 있는 심한 간질 발작을 앓고 있다. 이러한 발작은 일부 환자들이 뇌수술을 받는 데 장애가 되기도 한다. 수술대에서 신경외과전문의가 두피를 절개하고 세심하게 그것을 접는다. 그리고 수술 톱과 드릴이 두개골의 필요한 부분을 자르고 여는 데 사용된다. 두개골의 제거된 부분은 보관했다가 나중에 다시 제자리에 둔다. 이는 국소마취로 이루어지는데, 두개골과 뇌 조직은 통증에 민감하지 않기 때문이다. 따라서 환자는 완전히 깨어 있으면 아마도 드릴과 톱질의 소음 때문에 좀 불편해질 수 있다. 더 중요한 것은 환자가 수술을 하는 동안 이야기할 수 있고 신체 부위를 움직일 수 있다는 것이다.

신경외과전문의의 과제는 간질 발작을 일으키는 손상된 세포를 뇌에서 제거하는 것이지만, 문제는 이를 말 문제(마비말장애), 언어 문제(실어증) 혹은 마비가 일어나지 않게 해야만 한다는 것이다. 본질적으로 신경외과전문의는 말과 언어 그리고 운동을 조절하는 뇌세포를 제거하기를 원하지 않는다. 따라서 의사는 수술 나이프를 대기 전에 먼저 뇌의 언어 영역을 지도로 그려야 한다.

뇌의 지도화에 대해 알기 쉽게 설명해 놓은 William H. Calvin과 George A. Ojemann(1980)의 『뇌의 내부(inside the brain)』를 읽어 보라.

신경외과전문의는 뇌 영역을 자극하기 위해 전기 자극 도구와 연결된 한 쌍의 얇은 은철사를 사용한다. 이것으로 운동을 조절하는 영역을 자극하면 운동이 유발된다. 가령, 특정 뇌 조직을 자극하면 손 혹은 입술이 움직일 것이다. 그러나 말을 통제하는 영역에 자극을 가하면 말을 산출하지 않는다. 대신에 하고 있던 말이 중단되거나 혼란스럽게 된다. 따라서 환자가 말을 하고 있는 동안 뇌에 자극을 주어야 한다. 가령, 환자는 사물이 나타나는 비디오 화면을 보고 있고, 그 사물의 이름을 말하려고 한다. 그러면 외과전문의는 전두엽과 측두엽의 일정 영역을 자극한다. 환자는 "이건 어……그러니까, ……이게 어……내가 아는 건데. 이게 음……어휴, 안 되네요."라고 한다. 그 환자는 아마도 책과 같은 간단한 단어를 말하려고 했겠지만 그 단어가 생각나지 않는다. 자극이 가해진 영역은 이름대기를 통제하는 것이다. 대뇌피질 영역의 지도화는 이와 같이 진행된다.

뇌영상(brain imaging) 혹은 **스캐닝**(scanning) 방법도 언어와 뇌 사이의 관계를 연구하는 데 유용하다. 이러한 방법은 종양이나 알츠하이머병 그리고 뇌졸중이나 외상 뇌손상으로 인해 손상된 뇌 영역을 포함한 다양한 뇌의 질환을 진단하는 데 사용된다. 영상기술의 종류는 매우 다양하다(Bhatnager, 2008; Hegde, 2006). 이 방법은 모두 뇌 사진을 얻기 위해 머리 주위를 회전하는 카메라를 이용한다. 몇 가지 예를 들어 보면 다음과 같다.

- **컴퓨터 단층촬영**(Computed Tomography: CT scan)은 초기 스캐닝 기술 중 하나다. 이 방법은 뇌(혹은 다른 어떤 구조)의 영상을 구성하기 위해 X-ray 스캐닝 기계가 머리 주변을 회전한다. CT 스캔은 종양과 기타 병리학적 상태를 찾아낼 수 있지만 뇌출혈에서 보이는 것과 같이 최근에 발생한 출혈을 발견하는 데 특히 도움이 된다. CT 스캔은 뇌졸중과 실어증의 진단에 유용하게 사용되어 왔으며 언어와 관련된 뇌 구조를 이해하는 데 도움이 되었다.

- **기능적 뇌자기공명영상**(functional Magnetic Resonance Imaging: fMRI)은 혈액 내의 산소 레벨과 혈류를 측정한다. 이 방법은 엑스레이를 사용하지 않고, 혈류 속에 방사능 물질을 주입하지 않는다. 사람이 언어적 활동과 비언어적 활동을 하고 있을 때, 뇌의 각기 다른 영역이 활동을 할 것이다. 혈류와 혈액 산소의 비정상적 패턴은 뇌졸중과 종양 등을 포함한 뇌의 병리를 나타내는 것이다. 이 방법은 피험자를 침묵하게 했을 때, 단어를 산출하게 했을 때, 문장을 속으로 따라 말하게 했을 때 등에서 활동하는 영역을 측정할 수 있다.
- **국소대뇌혈류**(regional Cerebral Blood Flow: rCBF)는 다른 뇌 영역에 비해 상대적으로 혈액의 흐름이 더 활발한 뇌 영역을 찾아내는 기술이다. 이는 동맥에 주입되거나 환자가 흡입한 방사능 추적자를 이용한다. rCBF 연구에서 일반적으로 언어와 관련이 없다고 생각되는 우대뇌반구라도 말과 언어의 산출 과정에서 활성화될 수 있다는 것을 보여 주었다.
- **양전자방사 단층촬영**(Positron Emission Tomography: PET)은 각각의 뇌 영역의 대사율(metabolic rate)을 평가한다. 환자는 뇌세포 안에서 신진대사 되는 양전자방사 동위원소를 먹는다. 그런 다음 대사율을 측정한다. PET는 정상의 또는 감소된 신진대사를 측정하는데, 감소된 신진대사는 뇌의 병리를 시사한다. 연구들은 언어와 다른 기능이 뇌에서 엄밀하게 국지화되지 않는다는 것을 보여 주었다. 뇌의 한 영역의 손상이 다른, 멀리 떨어진 뇌 영역의 기능에 영향을 미칠 수 있다.

스캐닝과 임상연구 모두를 통해 좌대뇌반구의 전두엽과 측두엽이 언어와 주로 연관이 있다는 것이 거듭 확인되었다. 이 영역 내에서 특정 그룹의 세포들이 언어의 특정 측면에 전문화되어 있을 것이다. 가령, 전두엽의 어떤 영역은 문법을 지배하고, 또 다른 영역은 말소리 산출을 포함한 얼굴의 움직임을 지배한다. 측두두정엽의 어떤 부분은 언어 자료에 대한 단기기억을 지배한다(읽은 것 혹은 몇 분 전에 들은 것을 기억하는 것).

특정 언어기능(이름 대기, 문법, 단기기억)의 영역은 모든 사람에게서 똑같지는 않은데, 이에 대해 언급하고 있는 책은 많지 않다. 개인 간에 비교적 일관적으로 나타나는 유일한 영역은 말소리 산출을 지배하는 전두엽의 뒷부분인 것 같다. 나머지 언어기능은 전두엽과 측두두정엽의 다른 영역에 위치한 것으로 보인다. 실제로 Calvin과 Ojemann(1980, p. 29)은 “언어 국지화의 개인적 패턴은 매우 다양하며 아마도 개개인의 모습만큼이나 다양한 것 같다.”라고 말하였다.

양쪽 대뇌반구와 그 안의 네 개의 엽(lobe)은 구조적으로 비슷하지만 똑같지는 않다. 대부분의 사람은 오른쪽 대뇌반구보다 왼쪽 대뇌반구가 약간 더 크다. 더 큰 부분은 말, 언어 그리고 쓰기와 관련이 있다. 이러한 해부학적인 요인과 뇌졸중 환자들에게 관찰되는 병리적 변화는 대다수의 경우 왼쪽 대뇌반구가 언어에 우세하다는 생각을 뒷받침했다.

최근 뇌 왼쪽-오른쪽의 이분법이 대중적인 혹은 전문적인 글 모두의 주제가 되고 있다. 왼쪽 뇌는 언어와 논리를 지배하고 오른쪽 뇌는 음악 연주, 공간 능력 그리고 감정적 이해를 지배한다는 개념이 널리 알려지게 되었다. 그러나 인간은 머리 양쪽에 관련이 없는 두 개의 뇌를 가지고 있지 않다. 뇌는 세포들의 통합된 네트워크다. 두 대뇌반구는 뇌량(corpus callosum), 연합섬유(associated fibers) 그리고 의사소통을 전달하는 다른 구조들에 의해 연결되어 있다. 어떤 한 영역의 손상은 막대한 영향을 가져올 것이다.

우리는 이제 뇌의 다양한 영역의 손상, 특히 말과 언어를 지배하는 영역과 관련이 있는 뇌 영역의 손상으로 야기되는 언어, 말, 기억, 주의력, 지능 및 관련 문제들로 관심을 돌려 볼 것이다.

실어증

실어증의 가장 흔한 원인인 뇌졸중은 미국에서 매년 50만 명 이상의 사람들에게서 발생한다. 심장질환과 암에 이어 뇌졸중은 미국에서 세 번째 사망 원인이 된다. 즉, 15명의 사망자 중 한 명은 뇌졸중으로 사망한다. 뇌졸중을 앓고 살아남은 약 2백만 명의 사람들이 미국에 살고 있으며, 대략 그중 절반은 실어증을 가지고 있다(American Heart Association, 2005). 뇌졸중은 남성과 여성 모두 비슷한 정도로 발생하는데, 여성이 남성보다 약간 더 뇌졸중이 많은 것은 여성의 수명이 길기 때문이다. 뇌졸중의 발생은 55세 이후 급격히 증가한다. 뇌졸중 생존자의 약 15%는 요양기관이 필요하다(American Heart Association, 2005).

실어증의 발생률은 언어장애를 일으키는 질환의 다양성 때문에 인종문화집단에 따라 다르게 나타난다. 예를 들면, 백인에 비해 아프리카계 미국인은 뇌졸중의 위험요소가 두 배나 높다. 이는 아프리카계 미국인 여성만이 아니라 남성의 경우도 마찬가지다. 뇌졸중으로 인한 사망률 또한 백인보다 아프리카계 미국인이 더 높다. 스페인계 미국인 또한 비스페인계 백인보다 뇌졸중 발생률이 높게 나타난다. 아시아계 미국인들도 뇌졸중의 발생이 평균보다 높은 인종문화집단 중 하나다(Hegde, 2006; Payne, 1997).

〈읽을거리 10-1〉에서 뇌졸중과 그로 인해 실어증이 발생한 의사의 사례를 보여준다.

실어증: 무엇이 실어증이고 무엇이 실어증이 아닌가

실어증을 잘 묘사한 문학작품으로, Arthur Kopit의 희곡 「날개」를 읽어 보라.

실어증은 사회적 의사소통과 참여의 거의 모든 측면에 영향을 미치는 언어장애다. 이는 뇌졸중이나 종양과 같은 신경학적 질환에 의해 새로 발생한 뇌손상 때문에 나타난다.

실어증은 언어의 이해와 구성, 표현에 결함을 보이는 언어장애다. 단어를 기억하거나, 정확한 단어를 말하거나, 올바른 구문 순서에 맞게 말하는 것의 어려움, 문법적으로 말을 하기 어려움, 앞에서 설명한 바와 같은 구두언어 문제와 함께 읽기 쓰기의 어려움 그리고 몸짓을 통한 이해나 표현의 어려움(Benson & Ardila, 1996; Brookshire, 2007; Darley, 1982; Davis, 2000; Hegde, 2006; LaPointe, 2005; Payne, 1997; Simmons-Mackie, 2008) 등을 보인다.

무엇이 실어증이 아닌지 또한 간략하게 설명할 수 있다. 신경학적 원인에 의한 말장애(speech disorder)는 실어증이 아니며, 진행되는 일부 신경학적 질환에서 보이는 지적 능력의 감퇴(치매)를 의미하는 것은 아니다. 일부 신경학적 장애가 있는 환자들에게서 보이는 언어 착란(confused language)이나 함묵증(mutisum)도 아니다(Damasio, 1981; Darley, 1982). 또한 정신분열증 환자의 기괴한 언어도 실어증이 아니다.

실어증의 원인

장애나 질환의 원인은 보통 사건의 연속물이거나 연결고리다. 실어증의 원인은 인과관계 사슬의 훌륭한 실례다. 가령, 직접적인 실어증의 원인은 뇌손상이지만, 뇌손상은 다양한 원인을 가지고 있다. 손상의 원인은 자동차 사고처럼 외적인 것이나, 혹은 **뇌혈관질환**(cerebrovascular accident)이라고 알려진 뇌졸중과 같이 내적인 것일 수 있다. 앞서 언급한 바와 같이 뇌졸중은 실어증의 가장 흔한 원인이다.

뇌졸중 또한 다양한 요인으로 발생한다. 고혈압, 높은 혈중 콜레스테롤 수치 그리고 혈관장애가 뇌졸중의 가장 흔한 원인이다. 혈관장애의 한 종류인 **뇌동맥경화증**

읽을거리 10-1 실어증이 생긴 의사의 이야기

진료소에서 어린 환자들을 치료하느라 눈코 뜰 새 없이 바쁜 하루를 보낸 후, 52세 소아과 의사는 피곤에 지쳐 집으로 돌아왔다. 집으로 오는 길에 그는 컨디션이 좋지 않다는 생각이 들었지만 정확하게 어디가 불편한지 꼭 집어서 말하기는 어려웠다. 그는 스스로에게 너무 피곤해서 그런 거라고 말하며 그런 생각을 떨쳐버렸다. 그는 아침 일찍부터 일을 시작했던 것이 생각났다. 아침 6시에 병원에 있는 환자를 방문해야 했다. 사무실에서 하루 일을 마칠 때까지 그는 전혀 쉬지 못했다. 그가 병원에 입원시킨 다른 아픈 아동을 방문하느라 점심도 건너뛰었다. 너무 배가 고파서 집으로 운전을 하고 오는 동안 그는 뭔가 불안한 감정을 달래기 위해, 스스로에게 허기에 대한 성대한 저녁상과 부인과의 수다, 저녁의 휴식을 위한 편안한 등받이, 그리고 두툼한 석간신문을 처방했다.

그는 부인과 그날 있었던 일에 대해 이야기하며 저녁을 먹었다. 그리고 그릇을 식기세척기에 넣는 것을 도와주었다. 이 일을 하면서 그는 갑자기 컵을 깼는데, 자신이 컵을 식기세척기의 위 칸에 넣는 대신 그것을 타일로 된 주방조리대의 모서리 부분에 부딪쳐 박살을 내고 있는 것을 알았다. 그는 잠시 의아했지만 그냥 사고라고 여기고 넘어갔다.

그러고는 바로 안락의자에 앉아 평정을 되찾고 신문을 읽기 시작했다. 아직 컨디션이 좋지 않다는 생각이 다시 들었고 왜 처방이 효과가 없는지 생각했다. 그는 부인에게 아무 말도 하지 않았는데 왜냐하면 자신의 느낌에 확신이 없었기 때문이다. 그가 신문을 읽을 때 시야가 약간 흐려졌다. 기사에 집중을 할 수 없었다. 그는 좀 의아해하면서 억지로 계속 읽었다. 그리고 부인에게 어떤 말을 하려고 부인이 어디 있는지 둘러보았다. 부인이 보이지 않자 찾으려고 그는 손에 신문을 든 채로 일어났다.

발을 내딛는다고 생각했지만, 신문이 손에서 미끄러져 떨어지고 그는 천천히 바닥으로 쓰러졌다. 그가 쓰러지면서 낸 가벼운 '쿵' 하는 소리를 듣고 부인이 거실로 달려왔고, 부인은 남편이 바닥에 있는 것을 보았다. 그는 분명 약간 고통스러워했지만 그녀가 더 놀란 것은 남편의 멍한 표정이었다.

의사는 뇌졸중이 생긴 것이다.

그는 바로 구급차를 타고 병원으로 향했다. 병원에 도착하기 전에 두 번째 뇌졸중이 있었다고 나중에 들었다. 그는 자신이 입원서류에 제대로 사인을 하지 못하고 두 살배기의 낙서같이 쓰는 것을 보고 놀랐다. 자신의 글씨를 보며, 그는 신경섬유의 연결 조직이 느슨해졌다고 생각했다. 그는 자신을 둘러싸고 있는 부인과 담당의사, 간호사에게 이야기를 하려고 했지만, 그가 할 수 있었던 것은 계속 "제기랄."이라고 반복하는 것뿐이었다. 평생 하지 않았던 심한 욕설이 입 밖으로 마음대로 흘러나오기 시작했다. 간혹 그는 자신이 말하고 있는 욕설들을 알지 못했고, 어떤 때는 자신의 입을 통해 나온 말에 놀라기도 했다. 때로는 자신의 이름이 나 부인의 이름을 기억하지 못했다. 기억이 날 때도 똑바로 말하지 못했다. 뒤죽박죽 엉클어지고 혼란스러워 그의 표현은 의미가 통하지 않았다.

의사는 실어증이었다.

(cerebral arteriosclerosis)은 뇌동맥이 딱딱해지고 두꺼워진 것이다. 동맥의 탄력성이 사라지거나 감소되고 혈관벽이 약해진다. 따라서 혈액의 흐름이 제한된다.

뇌 조직은 혈액 공급이 중단되면 3분 안에 죽는다.

뇌동맥경화증은 여러 원인 중 하나다. 뇌졸중의 직접적인 원인은 다른 요인이다. 가령 실제 뇌졸중은 **색전**(embolus) 때문에 발생할 수 있는데, 핏덩어리(blood clot)나 지방 물질(fatty material), 혹은 혈류에 쐐기 모양의 장애물을 만드는 공기방울(**색전증**, embolism)이 원인이 된다. 돌아다니는 색전이 결국에는 작은 동맥에서 혈액의 흐름을 막는다. 혈액의 공급이 부족하면 뇌세포에 산소의 공급이 중단되고, 이는 뇌의 손상을 초래한다.

뇌졸중의 또 다른 직접적인 원인은 **혈전증**(thrombosis)인데, 그 발단은 핏덩어리다. 고정되어 있는 핏덩어리인 **혈전**(thrombus)은 혈액의 흐름을 막아 뇌졸중을 일으킨다.

동맥류(aneurysm) 또한 뇌졸중의 원인이 되는데, 약화된 동맥의 벽이 꽈리처럼 부풀어 오른 것이다. 그 부분이 결국 터지면, **뇌출혈**(cerebral hemorrhage)을 일으킨다(뇌 안의 출혈). 뇌 안의 출혈에 의한 뇌졸중은 **출혈성 뇌졸중**(hemorrhagic stroke)이라고 한다. 출혈이 발생한 영역의 뇌세포는 혈액과 산소 공급의 부족으로 손상을 입는다.

뇌종양은 실어증의 원인 중 다른 유형에 속한다. 일부 종양은 뇌 자체에 근원이 있는데, 그것을 **일차두강내종양**(primary intracranial tumors)이라고 한다. 다른 종양은 신체의 다른 곳에 그 근원이 있지만 뇌 안으로 전이되고 뇌 조직에 들러붙어 그곳에서 자라기 시작한다. 또한 **간질**(epilepsy), **수막염**(meningitis), **뇌염**(encephalitis) 그리고 **뇌수술 사고**(accidents during brain surgery) 모두 뇌손상을 일으킬 수 있으며, 실어증의 원인이 될 수 있다. 마지막으로 세균이나 바이러스 감염과 같은 다양한 **뇌 감염**(brain infections) 또한 대뇌 병리로 인한 실어증을 발생시킬 수 있다.

뇌졸중은 종종 환자에게 마비를 남길 수 있지만, 모든 실어증 환자가 마비가 있는 것은 아니다. 이 장의 뒤에서 설명하겠지만 베르니케 실어증 환자는 두드러진 신경학적 손상의 징후를 보이지 않을 수도 있다. 이 환자들은 보통 마비가 없다. 마비는 신체의 반대편 대뇌반구의 손상으로 생긴다. 좌대뇌반구의 손상은 신체의 오른쪽에 마비를 가져온다. 모든 오른손잡이와 일부 왼손잡이도 좌뇌가 언어 우세 반구인데, 좌대뇌반구의 손상은 오른쪽 신체의 마비를 가져오며, 실어증을 일으킨다. 우대뇌반구의 손상으로 발생한 실어증은 3%에 지나지 않는다(Calvin & Ojemann, 1980). 이는 우뇌가 언어 우세 반구인 일부의 왼손잡이들이다.

실어증 환자의 의사소통 문제

실어증 환자의 행동은 다양하고 복잡하다. 모든 종류의 장애에 대해 전문적인 이름을 붙인 전문가에게 실어증 환자의 언어는 특히 흥미롭다. 간략하게 설명을 덧붙이겠지만, 실어증 환자가 보이는 대부분의 장애는 전문적인 명칭이 있으며, 말하기, 읽기, 쓰기 그리고 언어를 이해하는 데 두드러지게 나타난다.

말하기 문제

실어증 환자의 대다수는 말을 하고 싶어 한다. 심리적 · 행동적 · 신경학적 원인에 의한 함묵증을 보이는 사람과는 달리 실어증 환자는 자신을 표현하기 위해 많은 노력을 한다. 그러나 그 노력은 다양한 의사소통의 문제를 가중시키는 실수투성이다.

이름 대기 장애 사물이나 대상, 사람의 이름을 말하기 어려운 것을 **이름 대기 장애**(anomia)라고 한다. 이는 실어증 환자들이 당면하는 기본적인 문제다. 실어증에서 회복된 사람들도 종종 자신이 말하고 싶은 것을 알지만 정확한 단어를 찾기가 어렵다고 보고한다. 정확한 단어가 생각나지 않을 때 그들은 어떻게 해서든 그 단어를 생각해 내려고 매우 애를 쓴다. 일부 환자들은 얼굴에 그러한 노력의 흔적이 그대로 나타나서 듣는 사람은 환자가 고갈된 뇌에서 그 단어를 말 그대로 쥐어짜내기 위해 안간힘을 쓴다는 인상을 받는다.

단어를 찾지 못하는 실어증 환자는 둘러말하는 형식으로 그것을 표현하기도 한다. 신발 그림을 보여 주고 이름을 말하게 하는 경우, 환자는 "음…… 이건, 그러니까…… 가죽으로 만들어졌어요. 끈이 달려 있고요. 발에다 신어요……."라고 한다. 그는 자신의 신발을 계속 가리키지만 그 이름을 말하지 못한다.

많은 노력 끝에 나오는 오반응은 환자가 그것이 아니라는 것을 알고 있음에도 계속되기도 한다. '집' 그림을 보여 주었을 때 "모자."라고 말한 환자는 계속 다음과 같이 말했다. "모자, 제기랄. 아니, 모자. 아니, 그게 아닌데. 모자. 아니, 거기서 사람이 살아요. 모자." 그러다 결국 좌절과 당황스러움으로 포기해 버렸다.

착어 단어 대치의 문제를 **착어**(paraphasia)라고 한다. 이는 유창하고 문법에 맞게 말할 수 있는 실어증 환자들에게서 빈번하게 나타나는데, 환자가 기억하지 못하는 단어를 틀린 단어나 이례적인 단어로 쉽게 대치한다. 일부 대치된 단어는 올바른 단어처럼 들린다. 따라서 그런 문제를 **음소 착어**(phonemic paraphasia)라고 한다. 이는 음소적 유사성에 근거한 단어의 대치다. 환자는 부인에게 '키스' 대신에 '히스' 라고 하며 청한다. 또 '주스' 를 원할 때 '루스' 를 달라고 한다. 다른 예를 들자면 '재미' 를 '개미' 로, '부인' 을 '후인' 으로, 그리고 '젓고 있다' 를 '걷고 있다' 로 말하는 것이다.

일부 다른 대치된 단어들은 올바른 단어와 의미적으로 유사하다. 이를 **의미 착어**(verbal paraphasia)라고 한다. 이 경우, 일상적으로 함께 사용되는 경향이 있는 단어들은 혼란을 초래한다. 환자는 짝을 이루는 단어를 잘못 사용한다. 가령, 실어증이 있는 여성이 자신의 남편을 계속 '부인' 이라고 표현한다. 자신의 딸을 '아들' 로 말하는 환자, 손에 펜을 들고 종이를 달라고 할 때 계속 '펜' 을 달라고 하는 환자도 있다. 어떤 때에는 쌍을 이루어 표현되는 두 단어의 순서가 반대로 되기도 한다. '옆길' 이 '길옆' 이 되기도 하고 '워키토키' 가 '토키워키' 로 바뀌기도 한다.

또 다른 종류의 착어는 **신조어**(neologism)라고 하는데, 이는 새로운 단어를 만들어 내는 것으로 실어증 환자의 경우 보통 의미가 없다. 환자는 종종 매우 자신감에 차서 '단어' 를 사용하지만 그 단어는 완전히 환자의 창작물이다. 그것은 존재하지 않는 언어다. 한 실어증 환자는 치료실에 있는 컴퓨터를 보고 '입매쉬' 라고 불렀다. 의자는 '폰티' , 그리고 '펜' 은 '배들' 이었다.

실문법증 일부 실어증 환자의 두드러진 특징인 **실문법증**(agrammatism)은 어떠한 문법적 요소의 생략이다. 관사나 다른 문법적인 단어들이 생략된 전보체 같은 말이다. 실어증 환자는 또한 발화의 의미를 이해하는 데 필수적인 문법적 형태소를 많이 생략한다. 가령, 복수를 나타내는 어미 '들' , 과거시제 어미 '었/았다' , 관사, 접속사 그리고 전치사를 생략할 수 있다. 실문법증 환자는 짧은 구로 이야기하며 그것을 말하기 위해 안간힘을 쓴다. 환자는 비유창하다. 그들의 말은 쉼이나 반복, 수정 그리고 다른 종류의 비유창성으로 가득하다. 틀린 문장으로 말을 하기도 하고, 따라서 언어의 기본 구조에 대한 조절 능력을 잃은 것처럼 보인다. 그들의 말에는 정상적인 억양 패턴이 결여되어 있다.

자르곤 상대적으로 유창하지만 부적절하거나 의미 없는 말은 실어증 문헌에서 **자르곤**(jargon)이라고 한다. 말이 별로 의미가 통하지 않지만, 말의 억양은 정상처럼 들린다. 이는 분절된 실문법증 발화와 반대다. 환자는 쉽게 질문에 대답한다. 말은 정상적인 문법적 배열에 따른다. '문장'은 비교적 길다. 그리고 표현은 매끄럽고 자연스럽게 흘러간다. 그러나 내용은 앞선 질문에 대해 부적절하거나 혹은 완전히 모호하다. 환자에게 "오늘 아침에 뭐 하셨어요?"라고 물었다. 환자는 "좋아요. 다 잘되어 가고 있어요. 그래서 나는 바로 실천해 보기로 했어요."라고 대답한다. 이것은 부적절한 말의 한 예인데, 이는 다른 질문에 대한 대답으로는 의미가 있을 수도 있다. 또 다른 환자의 대답은 의미 없는 다양한 자르곤을 보여 준다. 고향이 어디냐고 물어보았을 때, 63세 여자 환자는 "신발 머리 입어. 좋아요. 이건 뒤 만들어, 하지만 정말 끔찍해요. 이건 그래서 뒤 만들어 아침에 머리 그래서 하실 수 있어요. 해보세요!"

자르곤은 일상어법 안에서 기술적인(왜냐하면 흔히 이해할 수 없는 것이므로) 언어다.

일부 자르곤은 환자가 만들어 낸 신조어인 '단어'와 이해할 수 없는 발화 내용이 뒤섞이기도 한다. "직업이 무엇인가요?"라는 질문에 실어증이 있는 영문학 교수는 이렇게 대답했다. "있잖아요, 내가 하는 일은 반드시 장보러 가는 데 매우 좋지만, 이건 완벽하게 인테킨이에요. 어림도 없죠, 내가 젊은 킨토세 교육에서 하고 싶은 일이라고 해도, 내가 아침에 있었던 문제를 선생님이 상상하시는 대로예요. 이건 선생님과 제가 걱정하는 트랜도네예요."

고정 발화 일부 실어증 환자들, 특히 중증도가 심한 경우는 몇 가지 고정적 표현에 고착되는 것 같다. 환자는 모든 질문에 대해 같은 반응을 보인다. 그 반응은 '예' '아니요' '그래요' 혹은 '알아요' 등이다. 그러나 어떤 경우는 환자의 고정적 표현이 욕설인 경우도 있다. 가족이 당황할 만큼 전에는 전혀 그런 단어를 사용한 적이 없던 환자가 일상적으로 거침없이, 그리고 아무렇지도 않은 얼굴로 어떤 질문에 대해서건 저속한 단어로 대답하기도 한다.

일부 환자는 어떤 상황에서든 의미가 통하지 않는 **신조어 고정 발화**(neologistic stereotypes)를 보이는 경우도 있다.

쓰기와 읽기 문제

실어증 환자는 읽기와 쓰기 그리고 자신이 읽은 내용을 이해하는 데 어려움을 보일 수 있다. 실어증 환자의 쓰기 문제는 **실서증**(agraphia)이라고 한다. 어떤 환자는 전혀 쓰지 못한다. 대부분은 말하기의 경우와 같이 쓰기를 잃어버린 것처럼 보인다. 글자는 형태가 엉망이거나 의미 없는 낙서에 지나지 않는다. 잘 쓰는 손에 마비가 없는 경우에도 쓰기는 실수투성이다. 어떤 환자는 자신이 완벽하게 말할 수 있는 것을 쓰지는 못한다. 또 말하기와 쓰기에서 같은 종류의 오류를 보이는 경우도 있다. 단어를 생략하거나, 신조어나 자르곤을 사용하고, 문법적 기능어들을 빼고, 단어의 배열이 잘못되기도 한다.

일부 환자에의 경우 쓰기 문제는 마비되거나 약화된 오른손 때문인데, 그 환자는 뇌졸중 전에 오른손으로 글을 써 왔다. 쓰기 문제가 심할 때는 환자가 쓴 것을 읽을 수가 없기도 하다.

실어증과 관련된 읽기 문제는 **실독증**(alexia)이라고 한다. 일부 실어증 환자는 매우 단순한 단어를 보고도 인식하지 못한다. 자신이 말을 한 단어를 읽지 못하기도 한다. 읽을 수 있는 경우도, 읽기와 말하기에서 같은 종류의 오류를 범하기도 한다. 환자가 아들이라는 단어를 '딸' 이라고 읽었다면, 짝의 용법에 기초한 혼동일 것이다. 또 어떤 환자가 '말' 이라는 단어를 '루디' 라고 읽었다면 신조어에 해당한다.

실독증(alexia) 혹은 읽기장애(dyslexia)는 모두 읽기의 문제를 일컫는 것이지만, 읽기 능력을 이미 습득한 후에 최근 발생한 대뇌의 병리로 현재 그 능력을 상실한 노인 환자들의 읽기 문제를 말할 때는 실독증이라는 용어가 더 적절하다. 읽기장애라는 용어는 읽기를 배우는 데 어려움이 있는 아동의 읽기 문제를 말하는 데 더 적합하다. 성인의 실독증에서 보이는 대뇌의 문제가 읽기의 문제가 있는 아동들에게는 명확하게 나타나지 않는다.

듣고 이해하기 장애

다른 사람의 말을 이해하지 못하는 것은 실어증과 관련된 중대한 문제다. 이 문제는 환자가 듣기에 매우 집중하는 것처럼 보일 때조차 두드러지게 나타날 수 있다. 일부 환자는 고정 발화('예', '그렇죠')를 보이기도 해서, 말하는 사람은 환자가 자신이 들은 것을 이해했다고 잘못 생각할 수도 있다. 이렇게 불분명하게 위장된 문제는 언어치료전문가가 "성함 좀 말씀해 주세요." 라고 했을 때 환자는 "그렇죠!" 라고 하여 쉽게 들통이 난다.

일부 실어증 환자들은 실어증과는 별개로 특별한 감각장애를 보이기도 한다. 뇌의 감각 영역의 손상은 다양한 종류의 **실인증**(agnosia)을 일으킬 수 있는데, 이는 감각정보의 의미를 이해하는 데 어려움이 있는 것을 말한다. 따라서 실어증이 실인증과 함께 나타날 수 있다. **청각 구어 실인증**(auditory verbal agnosia)의 경우, 환자는 들을 수는 있지만 말한 사물을 보여 주지 않으면 그 단어의 의미를 인식하지 못한다. **시각 실인**

증(visual agnosia)의 경우, 환자는 보는 것만으로는 무엇인지 알지 못한다. 그것이 내는 소리를 듣거나, 혹은 만지고 느껴 봐야 그것이 무엇인지 말할 수 있다.

어떤 사람들은 실어증 환자가 반응을 보이지 않거나 틀린 반응을 하기 때문에 말을 듣고 이해하지 못한다는 인상을 받기도 한다. 그러나 실어증에서 회복된 환자들이 쓴 책을 보면 많은 경우 환자들은 자신에게 한 말을 이해했고, 자신이 올바르게 답을 했다고 생각했기 때문에 왜 그 사람이 자신에게 같은 질문을 바보처럼 반복하는지 의아했다고 한다(Armstrong, 1979; Hodgins, 1964). 그들은 회복이 된 후에야 자신이 질문에 대답을 하지 않았거나 혹은 무의미하고 부적절한 대답을 했다는 것을 깨달았다고 한다.

실어증의 분류

브로카의 1861년 그리고 베르니케의 1874년의 발견으로 서로 다른 유형의 실어증을 생각하기 시작했다. 브로카의 환자는 비유창한 반면, 베르니케의 환자는 유창하지만 말을 이해하는 데 심한 어려움이 있었다. 그 후로 전문가들은 실어증이 단일한 장애인지 혹은 여러 가지 다른 장애인지를 놓고 논쟁을 시작하였다. 현재 실어증을 증상에 따라, 원인에 따라 혹은 양쪽 모두에 따라 분류하는 사람들 가운데 보스턴 분류가 유명한데, 이는 〈표 10-2〉에 요약되어 있다. 이 분류는 크게 유창성 실어증과 비유창성

뇌의 브로카와 베르니케 영역에 대해서는 제4장을 참고하라.

〈표 10-2〉 보스턴 분류에 의한 실어증 유형

유형		특성
비유창성 실어증	브로카 실어증	실문법증, 노력 발화, 짧은 구의 발화, 억양 감소, 비유창함, 실행증 동반, 이해 능력 좋음, 따라 말하기 장애, 대부분 표현(운동) 문제
	연결피질운동 실어증	긴 문장에서도 따라 말하기 능력이 좋은 것을 제외하고는 브로카와 비슷한 유형의 자발화 특성
	전 실어증	모든 언어기능이 영향을 받음, 이해와 표현에 심한 장애, 고정발화, 실어증의 가장 심한 형태
유창성 실어증	베르니케 실어증	유창하지만 의미 없는 발화, 말을 듣고 이해하기의 장애, 자르곤과 신조어, 조음과 억양은 좋음
	전도 실어증	어느 정도 유창함, 이해 능력은 다소 저하됨, 단어와 구의 따라 말하기에 두드러진 어려움
	명칭 실어증	낱말 찾기의 어려움이 두드러짐, 정상에 가까운 언어 능력, 이해 능력 좋음

실어증의 두 범주로 나뉘고, 각 범주는 다시 여러 실어증으로 나뉜다(Goodglass, Kaplan, & Barresi, 2001).

이에 반해 오직 한 종류의 실어증이 있다고 주장하는 임상가들도 있다. 대부분의 실어증 환자는 정도의 차이는 있지만 말하기, 이해하기, 읽기, 쓰기 그리고 몸짓에 일정 부분 모두 장애가 있다(Calvin & Ojemann, 1980; Darley, 1982). 해부학적으로 말소리 산출 영역과 말 이해 영역은 밀접하게 연결되어 있다. 사실상 말하기와 이해하기에 전문화된 뇌세포는 전두엽과 측두엽 모두에서 발견된다. 나아가 어떤 환자는 실어증에 부가적으로 다른 문제를 보이기도 한다. 가령, 실어증 환자가 말소리 산출 근육에 마비나 약화가 있기도 하며, 이는 이 장의 뒷부분에서 설명되는 **마비말장애**(dysarthria)를 가져온다. 실어증은 그러한 환자에게서 다른 증상들을 포함하는 것처럼 보이기도 하지만 그것은 실어증이 아니라 마비말장애의 증상이다.

실어증 환자의 평가

실어증(혹은 다른 어떤 의사소통장애)을 위한 치료 프로그램을 만들기 전에 언어치료 전문가는 반드시 환자의 의사소통 문제를 평가해야 한다. 평가의 구성은 〈표 10-3〉에 제시하였는데, 강조되어 있는 부분은 실어증 환자의 평가에 특화된 것이다.

〈표 10-3〉 의사소통장애의 평가: 실어증

① 환자와 가족 그리고 장애에 대한 병력
② 환자나 가족 혹은 양쪽 모두의 면담
③ 구강 안면 검사
④ 청력 선별 검사
⑤ 말과 언어 표본 수집
⑥ 측정과 평가
- **ⓐ 일반적인 언어 수행**
- **ⓑ 기능적 의사소통**
- **ⓒ 듣고 이해하기**
- **ⓓ 구두언어 표현**
- **ⓔ 읽기와 쓰기 능력**
- **ⓕ 몸짓과 다른 비구어 의사소통**
- **ⓖ 대화기술**
- **ⓗ 언어의 특정 측면(음운론, 의미론, 구문론, 형태론, 화용론)**

⑦ 권고 사항
⑧ 보고서 작성

주) 굵은 글씨는 실어증 평가의 특정 과정.

환자의 병력, 신경학적 혹은 다른 의학적 검사 결과, 환자의 말과 일반 행동에 대한 세심한 관찰, 그리고 환자가 무엇을 말하고 어떻게 말하는지를 듣는 것은 실어증의 특성과 정도를 파악하는 데 중요하다(Davis, 2000; Hegde, 2006; Helm-Estabrooks & Arbert, 2004). 언어치료전문가는 미네소타 실어증 감별진단검사(Minnesota Test for Differential Diagnosis of Aphasia, Schuell, 1965, 1972), 보스톤 실어증 진단검사(Boston diagnostic Aphasia Examination, Goodglass et al., 2001), 의사소통 능력의 포치 지수(Portch Index of Communicative Ability, Porch, 2001), 웨스턴 실어증 검사-개정판(Western Asphasia Battery-Revised) 그리고 일상 의사소통 행동(Communication Activities of Daily Living, Holland, Frattali, & Fromm, 1998) 등 여러 표준화된 검사 중 하나를 사용할 것이다.

대부분의 검사에서 임상가는 환자에게 한 세트의 그림을 보여 준 다음 그 이름을 말하게 하고, 특정 그림을 가리키게 하고, 구나 문장을 따라 말하게 하고, 요일 이름을 모두 말하게 하고, 사물의 기능을 설명하게 하고, 특정 질문에 답하게 하고, 이야기를 읽고 요약하여 몇 줄 정도 쓰도록 한다. 이 외에도 다른 검사들을 통해 임상가는 환자의 듣고 이해하는 능력, 이름 대기 능력, 문법적 · 구문적 자질의 사용, 조음, 읽기와 쓰기 그리고 의사소통의 다른 측면을 평가한다. 일부 검사 결과에 기초하여 실어증의 중증도는 경도(mild), 중등도(moderate), 심도(severe)로 평가할 수 있으며, 뇌 손상 가능성이 있는 영역과 실어증 유형을 제안할 수 있다.

임상가는 표준화된 검사와 언어 표본뿐만 아니라 기능적 평가도구를 사용할 수 있다. **기능적 평가**(functional assessment)는 환자가 병원 직원들과의 상호작용 및 일상생활에서 어떻게 의사소통하는지에 초점을 맞춘다. 몇 가지 기능적 평가도구가 현재 사용되고 있다. 그러한 도구 중의 하나인 '성인 의사소통기술의 기능적 평가(Functional Assessment of Communication Skills for Adults, Frattali, Thompson, Holland, Wohl, & Ferketi, 1995)'는 환자가 사회적 상황에서의 의사소통, 기본적 욕구의 표현, 읽기와 쓰기 그리고 하루 계획을 어떻게 하는지 평가하는 데 도움이 된다. 이러한 접근은 문법적인 정확성을 강조하지 않으며, 실질적인 사회적 맥락에서의 자연적인 의사소통을 다룬다는 점에 주목해야 한다.

평가는 환자가 상실하거나 손상을 입은 말, 언어, 읽기 그리고 쓰기 능력을 밝혀낸다. 또한 평가 결과는 〈표 10-2〉에 요약되어 있는 바와 같이 환자가 특정 유형의 실어증이 있다는 것을 제시해 줄 수 있다. 치료 계획은 실어증 평가의 결과에 따라 세우게 된다.

실어증의 치료

대부분의 실어증 환자의 언어 수행은 언어치료전문가의 큰 도움 없이 어느 정도는 향상된다. 이러한 향상은 **자연회복**(spontaneous recovery)이라고 알려져 있다. 회복 속도는 일반적으로 뇌졸중 후의 처음 몇 주 동안은 빠르고 이후로 점차 느려져 6개월 후에는 눈에 띄지 않을 정도가 된다. 따라서 실어증의 치료는 가능한 한 빨리 시작해야만 한다. 초기부터 시행하는 지속적인 치료는 언어 행동의 회복 속도를 증진시키고 지속적으로 향상되는 데 도움이 된다.

많은 치료법이 실어증 환자의 재활에 이용된다. 자세한 치료의 목표와 절차는 실어증 문헌에 소개되어 있다(Brookshire, 2007; Chapey, 2008; Davis, 2000; Hegde, 2006; Helm-Estabrooks & Albert, 2004; LaPointe, 2005). 여기서는 치료의 몇 가지 근본적인 자질만을 요약한다.

개별화된 치료

평가 결과에 기초하여, 언어치료전문가는 특정 환자를 위한 목표 행동을 선택한다. 가령, 임상가는 대상 환자를 위해 이름 대기 기능을 향상시키는 것이 최선의 선택이라고 결정할 수 있다. 환자는 우선 제시된 그림 세트 중에서 한 장의 그림을 정확하게 가리키는 것을 배우고, 이후에 그것의 이름을 말하는 것을 배운다. 또 어떤 환자의 경우에는 간단한 요구사항을 말하는 것(예, "물 좀 주세요.")과 관련된 기능적 의사소통과 가족 구성원의 이름을 말하는 것이 적절한 목표라고 판단될 수 있다. 구두언어를 이해하는 것(듣고 이해하기)이 주요 목표가 되는 환자도 있다. 핵심은 환자의 주된 증상이 치료 목표의 선택에 기준이 된다는 것이다. 일반적으로 말하면, 브로카 실어증 환자는 좀 더 유창한 구어 산출을 위한 치료가 필요하고 베르니케 실어증 환자는 구두언어를 듣고 이해하는 데 도움이 필요하다.

치료의 목표는 각각의 환자에 따라 달라진다. 그러나 어떤 환자든지 기능적 의사소통(functional communication)—자연스러운 상황에서 효과적인 의사소통—이 실어증 치료의 목표가 된다. 가능한 한 환자의 사회적 고립을 감소시키고 사회 참여를 증가시키는 것이 궁극적인 목표다. 만일 이러한 목표가 환자에게 구어 반응과 몸짓, 쓰기, 사인, 혹은 의사소통 판이나 전자 자판에 있는 메시지를 선택하는 것들을 가르침으로써 달성될 수 있다면 더욱더 좋다. 임상가의 목적은 환자가 최대한의 언어기능을 되찾고 잔존하는 어떤 문제점에 대해서든 보상할 수 있는 새로운 기법을 배우도록 돕는 것이다. 초기에는 개별 치료가 가장 효과적인 선택이다. 일정한 의사소통 행동을 성립한 이후에는 집단 치료가 그러한 행동을 강화시키고 사회적 상호작용을 촉진하기 위해 사용될 수 있다.

행동 치료

가장 효과적인 치료방법은 자극의 선정, 요구되는 반응의 명확한 수행 그리고 환자의 반응에 대해 세밀하게 프로그램화된 영향(긍정적 강화와 수정된 피드백)과 같은 행동 교수방법의 사용이다. 처음에는 치료 회기가 좀 더 구조화되기도 하지만 궁극적으로는 자연스러운 대화가 사회적 · 집단적 상황에서 보다 강조된다.

임상가는 구어 반응을 이끌어 낼 수 있는 자극을 준비한다. 자극에는 사진, 그림, 실제 사물, 혹은 특별히 만들어진 상황 등이 있다. 그다음 환자의 수행에 대한 기초선을 수립한다. **기초선**(baseline)은 환자가 할 수 있는 것이 무엇인지, 치료 없이는 할 수 없는 것이 무엇인지를 측정하는 것이고, 이는 일단 치료가 시작되면 환자가 향상되고 있는지의 여부를 결정하는 데 도움이 된다. 만일 환자가 향상되지 않으면 임상가는 목표 행동이나 치료방법 혹은 둘 다를 바꾼다.

선택된 목표 행동을 각 회기에서 훈련한다. 환자의 청각 인지를 돕기 위해 임상가가 말하는 단어를 환자가 주의 깊게 듣도록 하며 임상가가 모델로 제시한 것을 환자가 모방하도록 한다. 환자의 이름 대기 기능을 향상시키기 위해서 다양한 단서를 제시할 것이다. 이름 대기 반응을 향상시키는 데 도움이 된다고 알려진 단서는 다음과 같다.

- 문장의 일부가 환자에게 단서가 될 수 있다. 임상가는 펜을 보여 주며 다음과 같이 묻는다. "이게 뭐죠? 글씨를 쓰는 _____."
- 목표 단어의 첫소리가 단서가 될 수 있다. 임상가는 공을 보여 주며 다음과 같이 묻는다. "이게 뭐죠? 이건 'ㄱ' 으로 시작해요."
- 단어의 일부를 말하는 것이 단서가 될 수 있다. 임상가는 숟가락을 보여 주며 다음과 같이 묻는다. "이게 뭐죠? 이건 숟가_____."
- 사물에 대한 기능을 설명하는 것이 단서가 될 수 있다. 임상가는 젓가락을 보여 주며 다음과 같이 묻는다. "이게 뭐죠? 이건 반찬을 집어 먹을 때 쓰는 거죠."

이 밖에도 여러 단서가 실어증 환자의 이름 대기 기능을 향상시키는 데 도움이 된다. 어떠한 경우든 환자의 올바른 반응에 대해서는 긍정적으로 강화한다. 임상가는 또한 환자가 주의 깊게 듣는 것, 올바르게 모방한 반응, 치료에 열심인 것 등을 칭찬할 수 있다.

환자를 위한 치료 과제는 점점 더 복잡하게 만들어진다. 예를 들면, 한 단위의 단어를 기억할 수 있거나 질문에 한 단어로 대답할 수 있는 환자는 두 단어 수준의 구를 훈련하는 다음 수준의 치료로 넘어갈 수 있다. '물'이라고 요청할 수 있는 환자는 "물 주세요."나 "주스 좀 주세요."라고 말하도록 하는 것이다. 그다음은 좀 더 복잡한 반응을 연습한다. 그러나 복잡한 언어를 훈련하는 데 임상가는 일상적인 상황에서의 기능적 의사소통이라는 측면을 결코 놓쳐서는 안 된다. 만일 환자가 복잡하고 문법적으로 올바른 언어를 배울 수 없을지라도 환자는 기본적 필요에 대한 의사소통과 간단한 메시지를 표현하는 방법을 배울 수 있는 것이다.

가족과 함께하기

실어증 환자의 **가족상담**(counseling the family)은 치료의 중요한 측면 중 하나다. 실어증은 사람 간의 관계에 심각한 변화를 가져온다. 뇌졸중과 그로 인한 실어증은 환자와 함께 그 가족도 황폐화시킨다. 가족은 환자에게 희망이 있고, 의사와 임상가, 물리치료사 그리고 다른 전문가들이 협력하여 노력함으로써 상당 부분 실어증 환자의 재활이 이루어진다는 것을 알아야 한다.

또한 가족은 환자가 잃어버린 기능을 최대한 되찾기 위한 노력을 하는 데 가족이 큰 힘이 될 수 있다는 것을 이해해야 한다. 실어증 환자는 감정적 지지, 인내 그리고 긍정적인 피드백이 필요하다. 언어치료전문가는 가족이 이러저러한 문제점을 이해하고 해결방법을 찾을 수 있도록 돕는다. 가족과 상담하면서 의사소통을 위해 환자가 노력하는 것을 어떻게 지원하고, 격려하며, 강화하는지 알려 준다.

임상가뿐만 아니라 가족도 재활 전반에 걸쳐 적극적인 역할을 해야 한다. 치료 상황에서 잃었던 의사소통기능을 다시 습득한 환자가 집에서, 그리고 다른 사회 상황에서 그 기능을 발휘하지 못하면 임상가의 도움은 아무 소용이 없다. 따라서 실어증의 의사소통 치료에서 가족과 함께하는 것은 매우 중요한 부분이다.

가족 구성원의 참여는 환자가 다시 사회 상황에 관여하게 되고 말-언어 공동체의 일원이 되도록 하는 데 중요하다. 가족 구성원은 환자가 치료 회기에서 다시 학습한 기능을 일반화하고 유지하는 데 도움을 줄 수 있다. 환자가 안정적으로 올바른 반응을 보이기 시작하면, 임상가는 새롭게 학습한 구어 반응을 집에서 유도하고 강화하도록 가족 구성원을 지도하기도 한다. 가족들은 환자를 대화에 참여시키기 위해, 환자의 요구에 맞추기 위해(가령, 필요하다면 천천히 말하는 것), 그리고 뇌졸중 초기에 잃어버렸던 사회적으로 의사소통할 수 있는 기회를 확장시키기 위해 특별히 노력해야 한다.

말운동장애

신경학적 손상은 중추언어장애인 실어증뿐만 아니라 말장애를 일으킬 수 있다. 말장애는 각기 구별이 되어야 하며, 실어증과도 구별되어야 한다. 중추 혹은 말초 신경계 손상으로 발생한 말장애는 **말운동장애**(motor speech disorders) 혹은 **신경학적 말장애**(neurogenic speech disorders)라고 하며, 말실행증과 마비말장애의 범주가 있다.

실행증

실행증(apraxia)은 근육의 약화나 마비 없이 신체 부위의 순서에 따른 움직임에 문제를 보이는 신경근육장애다. 실행증에는 여러 종류가 있다. 환자가 목구멍이나 연구개, 혀 그리고 볼을 비구어적 목적을 위해 움직이지 못한다면 이를 **구강실행증**(oral apraxia)이라고 한다. 구강실행증 환자는 지시에 따라 혀를 앞으로 내밀거나 입술을 핥지 못한다. 그러나 아이스크림을 먹을 때는 그와 같은 동작을 전혀 어려움 없이 하는데, 이는 근육의 마비나 약화가 없다는 것을 말한다. 그 동작이 가능하고, 근육은 움직일 수 있으며, 동작이 상황에 따라 나타난다. 그러나 구어 지시에 대한 반응으로서의 움직임은 둔하고 혼란스럽다.

어떤 환자는 잘 가라고 손을 흔들어 보라고 하거나 망치를 어떻게 사용하는지 보여 달라고 하는 지시에 따르지 못한다. 그러나 환자 스스로는 그러한 움직임을 실행할 수 있다. 이를 **사지실행증**(limb apraxia)이라고 한다. 이에 비해 **구성실행증**(construction apraxia)을 보이는 환자도 있다. 이들은 블록 디자인과 같은 공간 디자인을 구성하거나 복제할 수 없다. 사람 얼굴이나 시계판, 혹은 집 같은 간단한 그림을 그리는 데 어려움을 보이기도 한다.

성인의 말실행증

실행증은 다른 종류의 운동만이 아니라 말운동에도 영향을 미칠 수 있다. 말소리 산출 근육에 마비나 약화, 혹은 협응장애가 없음에도 말소리 산출에 필요한 운동 패턴을 시작하고 실행하는 데 어려움을 보이는 것을 **말실행증**(apraxia of speech)이라고 한다. 말소리 조음의 심각한 어려움은 이 운동장애의 주된 결과다. 운율(prosody)의 손상도 있을 수 있다(Brookshire, 2007; Croot, 2002; Duffy, 2005; Freed, 2000; Hegde, 2008a; McClain & Foundas, 2004; Ogar, Slama, Dronkers, Amici, & Gorno-Tempini, 2005; Yorkstone et al., 1999).

말실행증의 원인 일반적으로 성인 환자에게 실행증은, 그리고 말실행증은 왼쪽 전두엽의 브로카 영역의 손상과 관련이 있다(Duffy, 2005). 브로카 영역은 중추 운동 프로그래밍 영역으로 생각된다. 말운동 프로그래머가 말에 필요한 다양한 운동 패턴을 계획하고 실행하는 것이라고 가정한다. 이렇게 예정된 프로그래머의 작업이 뇌손상으로 장애가 생기면 환자는 말을 산출하는 데 필요한 조음기관을 적절한 위치에 놓거나 계획에 따라 움직이는 데 어려움을 겪는다. 말운동 프로그래밍 영역에 손상을 일으키는 가장 흔한 원인은 뇌졸중이다. 뇌의 전두엽과 측두엽의 손상은 종종 말실행증을 가져온다. 외적인 힘에 의한 왼쪽 뇌의 외상(예, 자동차 사고나 산업재해에서의 뇌외상), 왼쪽 뇌의 종양, 간질 그리고 뇌수술 사고로 인한 뇌손상 또한 말실행증을 초래할 수 있다. 나아가 일부 퇴행성 신경학적 질환들이 말실행증의 원인이 될 수 있다. 예를 들면, 알츠하이머병은 말실행증과 관련이 있기도 하다.

말실행증과 관련된 말장애 말실행증 환자는 조음기관(혀와 입술)을 정확한 자리에 위치시키는 데 어려움이 있다. 환자는 일정한 순서의 말소리를 산출하는 데 필요한 움직임에 확신이 없다. 조음에 많은 오류를 보이며, 자신의 오류를 인식하고 그것을 수정하기 위한 시도를 계속한다. 반복되는 시도에서 나타나는 오류의 다양성이 말실행증의 중요한 특성이다.

말실행증 환자는 모음보다 자음에서 더 많은 오류를 보인다. 가장 많은 오류는 연속자음(예, drinking에서의 /dr/ 혹은 streets에서의 /str/)이다. 예를 들면, 환자에게 strategy를 말하도록 하면 다음과 같은 반응을 보인다.

"Statir…… Tatar…… Strkeg…… Stratipy…… Satirigy…… 못 하겠어요."

자주 사용하는 음소와 단어는 자주 사용하지 않는 것들에 비해 훨씬 더 정확하게 산출한다. 단어의 말소리들이 순서에 맞지 않게 산출되기도 한다. 예를 들면, '캘리포니아' 라고 말해 보라고 하면 말실행증 환자는 다음과 같이 말한다.

"랄라…… 할라…… 음…… 캘파…… 캘라노…… 캘포파…… 헬프노라…… 못 하겠는데요." 이는 반복되는 시도에서의 서로 다른 오류와 목표 단어의 음소 순서가 빈번히 바뀌는 것을 잘 보여 준다. 복잡하고 긴 단어는 단순하고 짧은 단어보다 더 어렵다(Brookshire, 2007; Croot, 2002; Duffy, 2005; Freed, 2000; Hegde, 2008a; McClain & Foundas, 2004, Ogar et al., 2005; Yorkston et al., 1999).

말실행증 환자는 같은 단어를 다른 환경에서, 특히 자동적인 상황에서는 산출할 수 있다. 그때 환자의 발음은 정확하다. 치료 회기가 끝날 무렵, 지시에 따라서는 '캘리포니아' 를 말하지 못했던 환자가 자연스럽게 아무 문제없이, "내가 캘리포니아를 가지고 그렇게 쩔쩔매다니 정말!" 이라고 한다.

실행증이 동반된 말은 손상된 리듬이나 억양처럼 운율장애(prosodic disorders)에 포함되는 증상 때문에 정상적으로 들리지 않을 수도 있다. 이는 말의 운율이 중단되고 비유창하며 말을 여러 번 시도하기 때문에 비정상적으로 들릴 수도 있는 것이다. 말이 너무 느리고 환자가 단어의 모든 음절에 같은 강세를 둘지도 모른다. 억양이 너무 밋밋하고 말소리가 너무 작을 수도 있다. 정상적인 리듬과 억양은 자연스럽게 흘러가는 말과 관련이 있는데 멈칫멈칫하는 말실행증에는 그러한 흐름이 없다.

순수 말실행증은 다른 종류의 말이나 언어장애를 동반하지 않는다. 그러나 순수 말실행증은 매우 드물고, 대부분 실어증과 함께 나타난다. 이러한 환자들은 언어장애와 말장애를 함께 보이는 것인데 둘 다 신경학적 손상으로 나타난다.

실어증이 없는 말실행증 환자는 언어의 구조를 잘 처리할 수 있으며, 언어의 형태론적 · 구문론적 측면의 문제는 없다. 단어를 말로는 하지 못하는 환자가 쓰는 일은 가능하다. 조음에서의 문제는 실어증 환자들에게서 볼 수 있는 낱말 찾기의 문제 때문이 아니다.

아동 말실행증

성인 환자의 말실행증은 문헌에서 충분히 입증된 다양한 유형의 신경병리학적 요인으로 발생한다. 그러나 아동도 실행증을 보일 수 있는데, 말실행증도 나타날 수 있다(American Speech-Language-Hearing Association, 2007a, 2007b; Hall, Jordan, & Robin, 2007; Hedge, 2008a; Love, 2000; Pena-Brooks & Hegde, 2007). **아동 말실행증**(Childhood Apraxia of Speech: CAS)은 발달성 말실행증(developmental apraxia of speech)이라고도 하지만 최근에는 CAS라는 용어가 더 많이 사용된다. CAS가 존재한다는 것에는 대부

분의 임상가들이 동의하지만, CAS의 모든 증상과 이에 관련된 임상적 상태 및 원인을 완전히 이해하기 위해서는 더 많은 연구가 필요하다.

CAS는 다음의 세 그룹 아동에게서 나타날 수 있다. 첫 번째는 신경학적 문제가 있는 그룹이다. 가령 일련의 머리 손상, 뇌 감염, 자궁 내 뇌졸중이 있는 아동이 말과 언어 기술을 습득하기 시작할 때 CAS를 보일 수 있다. 두 번째는 유전 증후군과 대사성 장애 같은 복잡한 신경행동학적 장애가 있는 그룹이다. 세 번째는 신경학적 혹은 신경행동학적 장애가 발견되지 않았지만 말 증상은 그러한 장애가 있는 아동과 유사한 그룹이다. 마지막 그룹의 CAS는 특발성(idiopathic)이라고 할 수 있는데, 이는 원인을 알 수 없다는 의미다(American Speech-Langauge-Hearing Association, 2007a, 2007b).

근원이 특발성일 때 CAS의 개념은 논란이 되는데, 이는 특발성이란 용어가 말실행증을 일으킨 신경학적 손상이나 질환이 없다는 것을 의미하기 때문이다. CAS가 있는 아동에게 전반적인 둔함이나 운동의 비협응성이 나타나지만 성인 말실행증 환자에게 뚜렷하게 나타나는 지배적인 뇌병리는 나타나지 않기 때문에 이것이 진단을 위한 확실한 근거는 되지 못할 것이다. 이 장애는 일부 가계에서 이어지며 여자보다는 남자 아동에게 더 많이 나타나기 때문에 유전적 영향이 있을 것으로 추정된다. 그러나 독립적으로 관련된 유전자가 발견되지는 않았다. 나아가 CAS를 진단하는 데 필수적인 증상이나 특징에 대해 임상가들의 의견이 일치하지 않으며(Forrest, 2003), CAS를 다른 말장애와 신뢰할 수 있을 정도로 구분할 만한 증상 목록도 없다(Americal Speech-Language-Hearing Association, 2007a, 2007b).

원인에 관계없이, CAS는 근육의 약화나 비정상반사, 혹은 근육 긴장도의 항진과 같은 근경 근육 손상이 없음에도 불구하고 말운동의 정확성이나 일관성에 나타나는 장애라고 정의된다. CAS가 있는 아동의 말의 문제는, 말소리를 산출하기 위해 필요한 조음기관의 순서에 따른 움직임을 계획하고 실행하는 데 장애가 나타나는 것이라고 생각된다(Americal Speech-Language-Hearing Association, 2007a, 2007b).

언어 발달 지체는 CAS의 초기 징후 중 하나일 수 있다. 아동이 말을 하기 시작할 때, CAS 아동은 조음에 많은 오류를 보인다. 따라서 그들의 말명료도는 중등도에서 심도(moderate to severe)로 크게 저하될 것이다. 연속 자음은 CAS 아동들에게 특히 어렵다. 그들은 연속 자음에서 하나 혹은 그 이상의 소리를 생략하기도 한다. 마찰음(예, /s/와 /f/), 파찰음(예, /ʧ/와 /ʤ/), 파열음(예, /p/, /t/와 /k/) 그리고 비음(/m/와 /n/) 또한 잘못 조음될 수 있다. 아동은 말소리를 대치, 생략 또는 왜곡할 것이다.

> 신경 근육 문제와 관련이 없는 조음장애에 대한 자세한 정보는 제5장을 참고하라.

CAS 아동은 다른 조음과 음운장애 아동들에게 자주 나타나지 않는 몇 가지 비전형적이고 일반적이지 않은 음의 순서를 보이기도 한다. 예를 들면, CAS 아동은 다음과 같은 증상을 보인다.

- 무관련 음의 첨가(예, 'cat'을 'clat'이라고 함)
- 말소리의 연장
- 소리와 음절의 반복
- 단어 내의 음의 도치(예, masks를 'maks'라고 하거나 snow를 'soun'이라고 함)
- 글로 쓸 수 없는, 음운이 아닌 소리의 산출
- 모음이나 이중모음의 왜곡

조음장애를 포함하여 부가적으로 CAS 아동의 말에는 정상적인 리듬과 억양이 사라지며, 잘못된 음절에 강세를 주어 말하기도 한다. 비유창성의 빈도가 증가하는 것도 CAS의 특성이다.

아동과 성인의 말실행증의 치료

말실행증 아동과 성인을 위한 치료의 주요 목표는 말소리 산출의 증진과 말명료도를 향상시키는 것이다. 비유창성을 감소시키고, 음성과 공명의 질을 바꾸고, 말의 리듬과 억양을 향상시키는 것은 이차적인 고려 대상이다. 치료를 계획하기 전에 반드시 말과 음성, 공명 그리고 운율의 모든 문제에 대해 상세히 평가하는 것이 필요하다(Duffy, 2005; Freed, 2000; Hegde, 2008b, 2008c). 만약 어떤 성인에게 실어증이 함께 나타난다면 이 또한 평가하고 치료해야 할 대상이다.

대부분의 환자가 말소리 산출의 정확성이 중요한 목표지만, 심한 말명료도의 문제가 있는 환자들은 기능적 의사소통이 더 중요할 수도 있다. 심한 말실행증 환자에게는 일부 조음의 오류가 있어도 환자의 사회적 의사소통 능력을 증진시키는 말명료도의 향상이 훨씬 더 바람직한 목표일 것이다. 극단적으로 말명료도가 낮고 조음치료에 향상을 보이지 않는 소수의 환자를 위해 임상가는 보완대체 의사소통을 고려할 수 있다. 일부 임상가는 기능적 의사소통을 위해 비전자 의사소통 판이나 전자기구(예를 들면, 메시지를 나타내고, 작고 손에 들고 다닐 수 있는 컴퓨터)를 사용할 것이다. 사지실행증이 없는 환자는 수화를 통해 의사소통하는 법을 배울 수도 있다.

보완대체 의사소통에 대한 상세한 설명은 제11장을 참고하라.

말실행증의 행동치료는 훈련을 위해 기능적 단어, 구 그리고 문장을 선택한다. **기**

능적 단어(functional words)는 의료진, 간병인 그리고 가족과의 일상적인 사회 상호작용에 유용한 것을 말한다. 목표가 되는 말소리 산출기능은 처음에는 단순한 것일 수 있다. 환자의 말소리 산출이 조금씩 더 정확해지고 명료도가 높아지면 점차 복잡성을 증가시킨다. 여러 방법을 경험하면서 임상가는 정확한 반응을 촉진시키고 말명료도를 향상시키는 방법을 발견하게 된다. 예를 들면, 말의 속도를 늦추는 것이 오류를 줄이고 말명료도를 향상시킬 수 있으며, 비유창성을 감소시키기도 한다. 대부분의 환자는 초기에 자동적 발화(automatic speech)가 스스로 말하기보다 쉬울 것이므로 이것부터 치료를 시작할 수 있다(예를 들면, "안녕하세요?" "좀 어때요?" "괜찮아요" "감사합니다" 혹은 "안녕히 계세요"). 어떤 환자들에게는 자주 산출되는 말소리가 드문 말소리보다 더 쉬울 수 있다. 대부분의 경우, 단어의 초성이 얼굴에서 더 잘 '보이는' 소리(예를 들면, /b/는 /g/보다 더 잘 보인다)로 이루어진 것이 초기 목표로 바람직하다.

일단 목표 말소리 산출기능이 선택되면, 행동치료는 대개 체계적으로 집중적인 훈련을 시행한다. 올바른 소리의 산출을 촉진하기 위해 임상가는 환자에게 단어를 임상가와 함께 말하게 하거나 모방하도록 모델을 보여 주기도 한다. 임상가는 환자가 생략하는 소리나 음절에 추가적인 강세를 두기도 한다. 그렇게 강조를 하는 것이 생략된 소리나 음절들의 산출에 도움이 될 수 있다. 따라서 환자에 따라 어떤 방법이 효과적인지 우선 결정하고, 이후 반복적으로 훈련한다.

치료를 하는 동안에는 환자에게 다중감각자극(multisensory stimulation)을 제공한다. 환자는 정확하게 조음된 말소리를 듣고, 가능하면 그 조음의 운동을 본다. 그리고 자신이 말소리와 음절을 산출할 때 혀, 입술, 연구개의 위치가 각각 다른 것을 느낀다. 단순한 소리와 단어가 숙달되면 좀 더 어려운 소리와 단어로 진행한다. 더 복잡한 연속 자음의 운동 패턴은 다음 훈련 목표가 된다. 어떤 경우든, 임상가는 정확하거나 좀 더 바람직한 반응에 즉각적으로 강화를 하고, 오류에 대해서는 수정 피드백을 준다. 궁극적으로 치료실에서 그리고 좀 더 자연스러운 상황에서 대화를 하는 동안 환자가 올바른 혹은 향상된 말소리 산출을 하면 강화한다.

마비말장애

마비말장애(dysarthria)는 중추 혹은 말초신경계의 손상(장애)으로 말소리 산출 근육의 마비, 약화, 혹은 협응장애에 의해 발생한 것으로, 말운동장애의 또 다른 그룹이다. 이러한 근육의 장애는 호흡, 발성, 공명, 조음 그리고 말 운율을 포함한 말소리 산

〈표 10-4〉 말소리 산출에 관련된 생리적 구조와 기능 및 마비말장애에서의 문제

생리적 구조	내 용	기능장애
호흡기관	폐와 전반적인 몸의 자세를 조절하는 근육	말을 효과적으로, 그리고 적절한 크기로 산출하기 위해 폐에서부터 후두를 통과하는 공기의 흐름을 조절함
발성기관	후두 영역의 성대 및 그와 관련된 근육	적절한 높이 및 강도(크기)의 음성 산출, 정상적인 음질의 음성
공명기관	목과 코, 입의 공간	후두에서 산출되는 어조가 목과 코, 입의 공간에 의해 일반적으로 수정됨
조음기관	턱, 입술 그리고 혀 근육	말소리의 정확한 산출

출의 모든 측면에 영향을 미친다. 순수 마비말장애에서 보존되는 단 하나의 의사소통 측면은 언어 능력이다. 마비말장애에서 장애를 보이는 말의 다른 측면은 〈표 10-4〉를 참고하라.

앞서 말한 바와 같이 말실행증은 근육기능의 장애 때문이 아니다. 말실행증은 보다 중추적인 말운동의 계획과 프로그래밍의 문제 때문이다. 그러나 마비말장애에서는 중추적인 계획과 프로그래밍의 장애에 대한 확실한 증거는 없다. 대신 명백한 근육의 장애가 있다. 말실행증과 마비말장애는 모두 말운동장애인 반면 실어증은 언어장애다.

실어증, 말실행증 그리고 마비말장애는 모두 그 바탕에 어떤 유형의 신경학적 손상이 있다는 점에서 신경학적 의사소통장애라고 할 수 있다. 신경학적 의사소통장애는 언어장애일 수도 있고(실어증), 혹은 말장애일 수도 있다(말실행증과 마비말장애). 신경학적 말장애와 언어장애의 대조적인 특징에 대해서는 〈표 10-5〉를 참조하라.

마비말장애의 원인

많은 혈관성 그리고 신경학적 질환이 마비말장애의 원인이 된다. 가령, 경미한 뇌졸중이 있었던 환자의 약 25%가 마비말장애를 보였다. 외상 뇌손상 환자는 그보다 많아서 약 30%에서 마비말장애를 보였다. 신경학적 질환들 중에는 **파킨슨병**(Parkinson's Disease: PD)이 마비말장애의 주된 원인이다. 파킨슨병 환자의 약 60%가 마비말장애를 보인다. 또한 다수의 **근육위축가쪽경화증**(Amyotrophic Lateral Sclerosis: ALS) 환자가 마비말장애로 진단된다. ALS는 뇌의 운동신경에 영향을 미치는 퇴행성 신경학적 질환이다. 따라서 말소리 산출에 관여하는 근육 등 다양한 근육이 적절하

〈표 10-5〉 실어증, 말실행증 그리고 마비말장애의 공통점과 차이점

순수 실어증	순수 말실행증	순수 마비말장애
신경학적 언어장애	신경학적 말장애	신경학적 말장애
원인: 다양한 종류의 신경병리, 손상 영역은 대부분 왼쪽 대뇌반구	원인: 다양한 종류의 신경병리, 손상 영역은 보통 왼쪽 대뇌반구	원인: 다양한 종류의 신경병리, 손상 영역은 중추와 말초 신경계 모두
말장애 없음	언어장애 없음	언어장애 없음
말운동 계획과 프로그래밍 손상이 없음	말운동 계획과 프로그래밍 손상이 있음	말운동 계획과 프로그래밍 손상이 없음
말소리 산출 근육의 약화 없음	말소리 산출 근육의 약화 없음	말소리 산출 근육의 약화 있음
이름 대기 문제와 실문법증, 착어와 전보체의 말 혹은 유창하지만 의미가 없는 말, 극소수 존재할 수도 있는 조음 문제는 일관적임, 운율장애는 없음, 일부 듣고 이해하기나 읽고 이해하기 장애, 쓰기 문제는 언어장애와 유사함	이름 대기 문제와 실문법증, 착어와 전보체의 말 혹은 유창하지만 의미 없는 말은 장애 특징이 아님, 운율 문제 있음. 시도와 오류/조음 탐색 행동이 두드러짐, 말의 오류는 일관적이지 않고 복잡한 말의 산출에 더 많은 오류, 듣고 이해하기나 읽고 이해하기의 장애 없음	이름 대기 문제와 실문법증, 착어 없음, 말을 산출하는 모든 측면에 문제를 보임, 호흡 문제, 발성 문제, 조음 문제 그리고 운율 문제가 모두 존재함, 읽기, 쓰기와 듣고 이해하기의 문제는 일반적으로 없음

게 기능하지 못한다(Duffy, 2005).

마비말장애는 대부분의 신경학적 의사소통장애와 마찬가지로 아동이나 청년보다는 노인들에게 더 많이 나타난다. 이는 뇌졸중과 퇴행성 신경학적 질환들이 노인들에게 더 일반적이기 때문이다. 이러한 사실에 한 가지 예외적인 것이 아동의 뇌성마비인데, 이는 마비말장애와 관련이 있다.

뇌졸중, 외상 뇌손상 그리고 퇴행성 신경학적 질환 들은 마비말장애의 원인이 되는데, 이는 말소리 산출 근육의 정상적인 기능에 장애를 가져오기 때문이다(정의와 간략한 설명에 대해서는 〈표 10-1〉을 참고하라). 중추신경계, 말초신경계, 혹은 양쪽 모두의 다음과 같은 영역을 포함한 다양한 부분의 손상은 근육에 영향을 미친다.

- 대뇌피질의 다양한 영역
- 말초 그리고 중추 신경
- 뇌줄기(brainstem)
- 소뇌(cerebellum)

- 기저핵(basal ganglia)
- 추체로(pyramidal pathway)
- 추체외로(extrapyramidal pathway)

신경계가 손상되면 근육의 운동 속도가 감소되고, 운동 범위가 제한된다. 불안정한 근육은 말소리 산출과 정상적인 리듬을 유지하기 어렵게 한다. 또한 말소리 산출 근육의 제한적인 운동은 말의 부정확한 산출을 초래한다. 다음에 설명하는 다른 증상들도 동반된다.

마비말장애의 기본 특징

마비말장애는 의사소통의 모든 측면에 영향을 미친다. 마비말장애 환자는 호흡, 발성, 공명, 조음 그리고 운율(말 속도와 억양)에서 전반적으로 일탈을 보이는 경향이 있다. 특정 유형의 마비말장애(다음 부분에 설명됨) 환자는 일부 영역의 문제가 다른 영역에 비해 두드러지게 나타날 수 있다(Duffy, 2005). 다음의 요약에서와 같이, 마비말장애는 모든 신경생리학적 말 처리 과정과 기능에 영향을 받는다.

- 호흡 문제: 말소리 산출 과정 중 폐에서 입 밖으로 나오는 공기의 흐름이 비효율적이거나 부적절하거나 혹은 오용되는 것을 호흡 문제(respiratory problems)라고 한다. 이는 생존을 위협하는 선천적인 숨쉬기 자체의 문제는 아니다. 강압적인 흡기와 호기, 불규칙적 호흡 속도, 얕거나 빠르거나 혹은 노력적인 호흡, 그리고 말하는 동안 숨이 차는 것은 호흡 근육을 조절하는 신경의 손상 때문에 자주 나타나는 호흡의 문제다. 그와 같은 문제들이 말소리의 크기, 짧은 말 그리고 운율의 변화에 영향을 미칠 수 있다.
- 발성 문제: 음성 산출과 음성의 질의 문제를 발성 문제(phonatory problems)라고 한다. 후두를 조절하는 신경의 손상이 이와 같은 문제를 일으키는데, 여기에는 너무 높거나 너무 낮은 소리, 음도 일탈(pitch breaks), 단조로운 음조(monopitch), 약한 음성, 갑작스러운 크기의 변화 그리고 숨 새는 소리, 거친 소리 혹은 목쉰 소리(숨 새는 소리와 거친 소리가 함께 남)가 포함된다.
- 공명 문제: 공명(resonance)은 목과 코 그리고 입의 공간에 의해 후두의 어조가 수정되는 것인데, 여기에 이상이 발생할 수 있다. 성대에서 산출되는 어조가 앞에서 언급한 공간에서 적절하게 다듬어지지 않을 때 공명 문제가 생긴다. 연인두

(velopharyngeal) 기제(제4장 참조)를 조절하는 신경의 손상은 과대비성(비음이 아닌 음에서의 과도한 비강공명)이나 과소비성(/m/, /n/, /ŋ/의 비음에서 감소된 비강공명)의 원인이 된다.

- 조음 문제: 조음 문제(articulatory problems)는 말소리 산출의 문제다. 마비말장애에서 말소리 산출은 얼굴과 입의 말소리 산출 근육을 조절하는 신경 손상에 영향을 받는다. 말소리 산출 근육의 움직임은 느리고, 약하고, 부정확하고, 다소 불규칙적일 수도 있다. 따라서 말소리의 산출에 영향을 미친다. 조음의 오류는 말실행증에 비해 더 일관적이지만 어느 정도 변이성이 있다. 말소리는 약하게, 생략되어서, 왜곡되어서 혹은 부정확하게 형성되어 산출된다. 자음과 모음 모두 비정상적으로 연장되어 나올 수 있다. 일반적으로 말명료도가 저하되는 정도는 다양하다.
- 운율 문제: 부적절한 속도, 부적절한 이음부에서의 쉼, 너무 빠르거나 너무 느린 말 속도, 음절에 부적절한 강세 혹은 모든 음절에 강세를 둠, 그리고 억양의 감소 등이 운율 문제(prosodic problems)의 예다. 운율 문제는 말소리 산출에 영향을 미치는 호흡 문제뿐만 아니라 근육의 약화나 움직임의 변이성으로 발생한다. 말 속도가 너무 느리거나, 너무 빠르거나, 혹은 비정상적으로 바뀌거나, 말이 부분적으로 급하게 들리기도 한다. 음절에는 부적절하게 강세가 주어지거나 혹은 주어지지 않는다. 말을 하는 도중 부적절한 쉼이 있을 수도 있다.

마비말장애의 유형

신경계의 각 부분의 손상은 서로 다른 유형의 마비말장애를 초래한다. 따라서 마비말장애들(dysarthrias)이라는 복수 형태를 종종 사용한다. 서로 다른 신경병리학적 요인에 따라 서로 다른 증상군이 만들어진다고 할지라도, 마비말장애의 여러 유형은 다수의 공통적인 말의 문제를 보인다. 마비말장애의 주요 유형과 각각의 주된 증상은 다음과 같다(Duffy, 2005; Freed, 2000; Hegde, 2008a, 2008b).

- 실조형 마비말장애: 뇌졸중, 종양 그리고 외상 뇌손상이나 몇몇 다른 요인들에 의한 소뇌손상은 실조증(ataxia)과 실조형 마비말장애(ataxic dysarthria)를 가져온다. **실조증**은 소뇌 시스템의 손상으로 균형 잡기의 어려움(불안정한 걷기와 서기)과 순서에 따른 움직임의 어려움을 말한다. 실조형 마비말장애의 특성은 조음장애, 느린 말 속도, 음절에 과도하고 불균형적인 강세를 줌으로써 생기는 운

율의 문제다. 단조로운 음조(monopitch), 단조로운 음성 크기(monoloudness), 거친 음성(harsh voice) 그리고 '술취한' 음질도 실조형 마비말장애의 특성이다.

- 이완형 마비말장애: 말에 관여하는 근육을 지배하는 뇌신경(예를 들면, 안면근육을 지배하는 안면신경, 혀를 지배하는 설하신경)과 횡격막과 흉곽을 지배하는 척수신경의 손상은 **이완형**(축 늘어진) 근육과 이완형 마비말장애(flaccid dysarthria)의 원인이 될 수 있다. 신체적 외상, 수술적 외상이나 사고, 혈관질환과 뇌간 뇌졸중(brainstem stroke), 소아마비와 AIDS감염, ALS와 같은 퇴행성 신경학적 질환, 그리고 여러 다른 원인으로 뇌신경과 척수신경이 손상될 수 있다. 이완형 마비말장애의 말 증상은 다양한데, 이는 손상을 입은 신경에 따라 다르다. 예를 들면, 안면신경(VII)이 손상되면 말소리의 조음에 장애가 생긴다. 미주신경(X)의 손상은 숨 새는 음성(breathiness), 이중 음성(diplophonia), 음의 높이와 크기의 감소 그리고 일부 과대비성(hypernasality)을 초래하기도 한다.
- 경직형 마비말장애: 추체로와 추체외로계의 손상은 강직된 근육(뻣뻣하고 굳은 근육, 근육 긴장의 증가)과 경직형 마비말장애를 초래한다. 혀를 포함한 안면근육의 약화는 경직형 마비말장애 환자에게 두드러지게 나타날 수 있다. 뇌졸중, 외상 뇌손상 그리고 여러 다른 신경학적 질환이 경직형 마비말장애의 원인이 된다. 경직형 마비말장애 환자는 조음, 발성 그리고 운율의 측면을 포함한 말의 모든 측면에서 장애를 보일 수 있다. 또한 경직형 마비말장애 환자들은 삼킴장애를 동반하기도 한다.
- 과대운동형 마비말장애: 기저핵(basal ganglia)의 손상은 과대운동형 마비말장애와 **과대운동증**(hyperkinesia)의 원인이 되는데, 이는 근육의 과도하고 불수의적인 움직임을 말한다. 이와 같은 움직임에는 틱(tics), 진전(tremors) 그리고 불수의적인 약동[jerks, 근육간대경련(myoclonus)]이 포함된다. 이 유형의 마비말장애는 흔히 신경학적 퇴행성 질환인 **헌팅톤병**(Huntington's disease)과 관련된다. 말장애는 느리고 부정확한 조음, 예측할 수 없는 말의 오류, 말 속도의 변화, 단조로운 음조, 단조로운 음성 크기나 그것의 과도한 변화, 거친 소리, 그리고 간헐적인 과대비성의 특성을 보인다. 말의 증상은 환자의 주된 신경학적 증상에 따라 다양하게 나타난다. 진전, 무작위적이고 불수의적인 움직임(무도병이라고 불림), 불수의적 약동(근육간대경련) 혹은 다른 신경학적 증상들이 이러한 환자들에게 주로 나타난다.
- 과소운동형 마비말장애: 기저핵의 손상으로 초래되는 마비말장애 유형이다. 여러

다른 요인 중에서 신경퇴행성 파킨슨병, 뇌졸중 그리고 외상 뇌손상이 과소운동형 마비말장애의 흔한 원인이다. 주된 신경학적 증상은 **과소운동증**(hypokinesia)인데, 이는 근육 긴장 강직의 증가로 인한 움직임의 감소와 운동 범위의 저하를 말한다. 파킨슨병 환자는 안면과 구강, 팔다리의 진전을 보인다. 음성장애는 목쉰 소리, 숨 새는 소리, 단조로운 음조와 단조로운 음성 크기의 불안정한 음성이 포함된다. 말소리의 부정확한 조음, 일부 나타나는 경미한 과대비성 그리고 불규칙적이거나 빠른 호흡은 이 유형의 마비말장애의 부가적인 특성이다.

- 일측상부운동신경형 마비말장애: 손상이 한쪽 대뇌반구의 운동신경에만 국한될 때, 일측상부운동신경형 마비말장애(Unilateral Upper Motor Neuron dysarthria: UUMN)가 나타난다. UUMN과 관련된 말의 문제는 다른 형태의 마비말장애보다 경미한 편인데, 이는 한쪽 뇌에만 손상이 있을 경우 정상적으로는 양측의 통제를 받는 말소리 산출 근육을 손상되지 않은 다른 한쪽이 계속해서 통제하기 때문이다. 뇌졸중을 포함한 혈관성질환이 UUMN의 주된 원인이다. 상부운동신경의 한쪽에 손상이 있는 환자 중 20%가 발성, 조음 그리고 운율의 문제를 보인다.
- 혼합형 마비말장애: 한 환자에게서 하나 이상의 마비말장애 유형이 나타날 때 혼합형 마비말장애라는 진단을 내린다. 다발 뇌졸중이나 뇌졸중과 함께 파킨슨병이 있는 경우 등 다중 요인이 한 환자에게 하나 이상의 마비말장애 유형이 나타나게 한다. 이완형과 경직형의 조합은 흔하지만 실조형-경직형의 조합은 그보다 빈번하지 않다. 소수의 환자들에게서는 세 가지 유형이 공존하기도 한다. 마비말장애 환자 중 30%는 혼합형이다.

마비말장애는 다양한 원인으로, 그리고 신경계와 말소리 산출에 공히 다양한 영향을 미치는 복잡한 말운동장애다. 마비말장애 환자는 퇴행성 신경학적 질환(예를 들면, 파킨슨병, 헌팅톤병)이 원인이고 최종적으로 치매로 진행되는 경우를 제외하고는 심한 행동학적 또는 지적장애를 보이지 않는다.

마비말장애의 치료

마비말장애의 치료는 신경학적 질환이나 외상과 관련하여 시행된다. 따라서 신경근육 문제에 대한 완전한 평가가 중요하다. 이러한 평가는 환자가 어떠한 유형의 마비말장애를 가지고 있는지 그리고 어떠한 치료방법이 가장 유익할지를 결정하는 데 도움이 된다. 일부 질환(예, 파킨슨병과 헌팅톤병)은 의학적 치료에 한계가 있으며 진행성 질병이다. 따라서 언어치료의 방법이나 치료를 통한 향상의 범위는 여러 요인에 의해 좌우되는데, 여기에는 질환이나 외상의 특성 및 중증도, 의사소통을 개선하겠다는 환자의 의욕이 포함된다. 회복되지 않는 심한 신경학적 질환의 경우 임상가가 달성할 수 있는 최선의 것은 환자가 손상된 말의 기제를 가장 효과적으로 사용할 수 있도록 돕고, 신경 근육의 손상을 보상하는 기술을 가르쳐 주는 것이다. 어떤 경우든지 임상가는 환자와 그 가족을 상담하고 지원해 주어야 한다.

마비말장애 환자를 위한 **특정 언어치료 목표**(specific speech treatment goals)에는 ① 호흡, ② 발성, ③ 공명, ④ 조음 그리고 ⑤ 운율 문제의 개선이 포함된다. 일반적으로 중재의 목표는 효과와 효율성의 증진, 그리고 의사소통의 자연스러움이다. 환자의 말명료도의 향상은 중재의 공통적인 주제다. 환자에게 이러한 노력이 효과가 없거나 적절하지 않다고 판단될 때, 임상가는 비구어적 의사소통방법(제11장 보완대체 의사소통을 참조하라.)을 가르친다.

언어치료와 함께 마비말장애 환자는 **자세** 그리고 근육의 **긴장도**과 **강도**를 향상시키기 위한 운동 처방을 받을 수 있는데, 이러한 운동은 물리치료사의 도움으로 완벽하게 이루어질 수 있다. 과도한 근육의 긴장(과대긴장증, hypertonia)은 이완 훈련으로 치료할 수 있다. 근육의 긴장과 자세, 강도의 향상은 환자에게 유용한 효과(예를 들면, 균형의 향상)가 있지만 말을 향상시키기 위해 이용되지는 않는다.

말소리 산출 근육의 강도를 향상시키기 위한 목적만으로 고안된 비구어적 운동은 효과적이지 않다. 구강 운동 훈련(oral motor exercise)으로 알려져 있는 비구어적 운동은 말소리 산출과 관련이 없다. 예를 들면, 혀와 입술 혹은 뺨의 근육 강도를 향상시키기 위한 운동이 있지만 이러한 운동은 말소리 산출의 향상에는 효과적이지 않다. 따라서 말소리 산출 근육기능의 향상을 목표로 하는 모든 방법은 말소리 산출을 수반한다. 언어치료전문가는 말과 관련된 가장 유용하고도 의학적으로 안전한 자세의 조절을 결정한다. 가령, 목 근육이 약한 환자는 말을 하는 동안 목을 곧게 유지하는 데 도움이 되는 목 고정기를 사용할 수 있다. 이러한 치료는 보통 말에 긍정적인 효과를 보인다.

지시, 시범, 모델링 그리고 즉각적이고 긍정적인 강화를 포함한 행동치료 방법은 환자 개인에게 발견되는 증상들을 수정하는 데 효과적이다. 여러 번의 회기에 걸친 집중적이고 체계적이며 반복적인 시도는 성공에 필수적이다. 모든 환자는 자신의 말소리 산출에 대해 자기평가, 오류의 자기수정, 그리고 지속적인 모니터링 방법을 배워야 한다. 가족과 함께 훈련하고 그들이 환자를 돕도록 교육하는 것은 환자가 치료실에서 습득한 기술을 집에서, 그리고 다른 자연스러운 상황에서 사용하는 데 매우 중요하다.

호흡 문제의 수정 **호흡 문제**(respiratory problems)의 수정은 환자가 충분한 크기의 음성을 내고 긴 문장과 지속적인 발화를 산출하는 데 필수적이다. 폐에서 지속적으로 공기를 공급해 주지 않으면 말을 계속 산출하는 것이 불가능하다. 임상가는 치료 회기에서, 환자가 성대 아래에 좀 더 많은 공기 압력을 형성할 수 있도록 훈련하는데, 말하기 전에 숨을 더 깊게 들이쉬고, 말을 하는 동안 더 길고 더 큰 소리로 발화되도록 통제된 방법으로 숨을 내쉬게 한다. 환자는 또한 모음을 연장하는 훈련을 받을 수 있는데, 이는 점차 범위를 확장시켜 지속적인 발성이 가능하도록 하기 위한 것이다. 조금씩 아주 세심하게 계획된 단계에 따라 환자는 점차 긴 문장을 말할 수 있다.

일부 환자는 말을 하는 동안 밀기, 당기기 혹은 아래로 내려 누르기를 필요로 한다. 그러한 동작은 보통 말을 하는 데 필요한 호흡의 지원을 증가시킨다. 어떤 환자는 호흡의 지원에 도움이 되도록 자세를 변경하기도 한다. 침대나 휠체어를 조절하여 자세를 안정화하고 말을 위한 공기의 공급을 향상시킬 수 있다.

발성 문제의 수정 **발성**(phonation)의 수정은 음성의 산출을 향상시키고, 더 큰 소리로 말하도록 해 주며, 더 긴 발화를 강화시키기 위해 필요하다. 몇 가지 방법은 마비말장애와 관련된 공통적인 음성의 문제를 제거하는 데 도움이 된다. 언어치료전문가는 음성의 산출을 향상시키기 위해 행동치료 방법을 사용하는 반면, 일부 의학적 · 수술적 방법이 사용되기도 한다.

성대가 마비된 사람이 수술을 받을 때, 마비된 성대에 콜라겐을 주입하여 불룩하게 함으로써 정상 성대의 움직임으로 충분히 접촉이 되게 한다. 그러나 만일 문제가 성대의 과도한 내전(너무 세게 닫힘)이라면, 되돌이후두신경절제술(recurrent laryngeal nerve resection)을 사용한다. 이 방법은 한쪽 성대를 마비시키는 것으로, 이를 통해 성대가 너무 세게 내전하는 것을 방지한다. 이완 훈련—행동치료 중 하나—또한 환자가 말을 할 때 성대를 너무 세게 부딪히지 않게 하는 데 도움이 된다.

임상가는 행동치료를 하는 동안, 컴퓨터 바이오피드백 기구를 사용하여 연습할 수 있으며 점차 더 크고 지속적인 음성을 강화시킨다. 그러한 기구가 없을 경우, 임상가는 환자의 더 크고 지속적인 음성에 대한 표본을 제시하고 유도하면서 긍정적으로 강화할 수 있다. 밀고, 들어올리고, 혹은 당기면서 하는 발성은 음성 강도를 초기에 증가시키는 훈련이 된다. 일부 환자는 머리를 한쪽 혹은 다른 쪽으로 돌릴 때 더 나은 음성을 산출하는데, 만일 그렇다면 이와 같은 자세의 수정을 강화시킨다.

공명 문제의 수정 **공명**(resonance) 문제의 수정은 대부분 과대비성을 감소시키는 것으로 구성된다. 과대비성은 (제9장에 자세히 설명되어 있는 바와 같이) 연인두문(velopharyngeal port)의 폐쇄가 부적절할 때 초래된다는 것에 주목해야 한다. 일반적으로 치료에는 연인두 폐쇄를 달성하기 위한 행동 훈련과 보철방법(prosthetic approach)이 모두 포함된다. 심한 과대비성의 경우 경구개(hard palate)에 끼워 넣는 작은 플라스틱 판인 구개올림 보철기구(palatal lift prosthetic device)를 사용할 수 있다. 이 기구의 뒷부분은 연구개(soft palate)로 이어져 비강 통로를 닫을 수 있도록 연구개를 들어 올려 목의 뒷벽에 닿게 하여 과대비성을 감소시킨다. 다른 방법으로는 테플론을 인두벽에 주입하여 불룩하게 만들어서 연인두 폐쇄를 돕는 것이 있다. 심한 연인두폐쇄부전이 있는 구개열 아동에게 종종 사용되는 인두피판(pharyngeal flap) 수술 또한 하나의 방법이 될 수 있다(수술방법에 대한 자세한 설명은 제9장을 참조하라).

공명 문제에 대한 더 자세한 정보는 제8장을 참고하라.

언어치료전문가가 사용하는 간단한 방법은 거울을 이용하는 것인데, 이는 말을 하는 동안 코에서 얼마나 많은 공기가 새어 나와 과대비성이 초래되는지 보기 위해 거울을 콧구멍에 대는 것이다. 거울에 김이 서리는 것은 비성을 말하는 것이다. 환자에게 입을 크게 벌리도록 하는 것이 과대비성에 도움이 되기도 하는데, 입을 크게 벌리게 하면 발성된 소리가 더 많이 입을 통해 나오게 되고, 따라서 구강공명이 증가되어 과대비성이 감소한다.

공명장애의 치료에 대해서는 제8장에서 더 자세하게 논의하였다.

조음 문제의 수정 **조음**(articulation) 문제에 대한 수정은 호흡의 지원을 향상시키고 적절한 발성과 정확한 구강-비강공명을 확립하는 조음 이외의 다른 방법을 통해 달성할 수도 있다. 그렇지만 대부분의 환자는 조음과 말명료도를 향상시키기 위해 특정한 중재가 필요하다.

목표 언어음에 대한 정확한 산출을 보여 주는 임상가의 모델링은 조음 훈련에서 흔히 사용되는 방법이다. 처음에 환자는 목표 음, 음절 그리고 단어를 임상가가 시범을 보일 때 모방할 것이다. 이후에는 임상가의 시범이 끝난 다음 모방할 것이다. 조음 위치(phonetic placement)라고 불리는 교정방법이 조음기관을 올바른 위치로 움직이는 데 심한 어려움을 보이는 환자들에게 도움이 된다. 이와 같은 방법을 사용할 때 임상가는 목표 음절의 산출에 필요한 올바른 운동 패턴을 보여 주기 위해 입술과 혀를 조종한다. 일반적으로 임상가는 처음에는 과제를 단순화시키고 환자가 치료의 각 단계별로 성공해 나갈 수 있도록 과제의 복잡성을 증가시킨다. 일부 환자들은 치료에서 최소 음소 대조를 이루는 단어를 사용하면 매우 효과적이다. 예를 들면, pet과 bet의 두 단어는 하나의 음소만 대조를 이루고 있는데(초성에서), 그 의미는 매우 다르다. 이와 같은 최소 변별쌍(minimal pair)은 두 음소 간의 차별을 향상시키기 위해서 치료에 이용한다.

아동의 조음문제 치료는 제5장을 참고하라.

환자가 천천히 말하게 하는 것도 말명료도를 높이기 위한 훌륭한 기법이다. 단어 사이에 약간의 쉼을 두는 것 또한 말명료도를 향상시킬 수 있다. 환자가 자신의 말속도를 스스로 점검해 보도록 가르치는 것은 자연스러운 상황에서 성공할 수 있는 열쇠가 된다.

운율 문제의 수정 말의 **운율**(prosody) 문제에 대한 수정은 환자의 음도, 크기, 말속도, 그리고 강세(stress)의 변화를 통해 달성된다. 종종 너무 높거나 너무 낮은 음도는 치료 대상이 되지 않는데, 이는 그러한 음도의 문제로 전반적인 말명료도가 영향을 받지 않기 때문이다. 그러나 음도의 문제가 극단적으로 심하다면, 임상가는 환자에게 올바른 음도 시범을 보여 줌으로써 이를 높이거나 낮추도록 한다. 처음에는 환자에게 그것을 따라하게 하고 점차 시범을 줄여 환자가 시범 없이도 올바른 음도의 말을 산출할 수 있도록 한다. Visi-Pitch(제8장 참조)와 같은 일부 컴퓨터 기기가 유용할 수 있다. 이 기기는 컴퓨터 화면에 환자의 현재 음도와 목표 음도를 보여 주고 환자가 점차 목표에 도달하도록 한다.

더 자연스러운 말소리를 촉진하기 위해, 임상가는 환자에게 자연스러운 문법적 단위로 발화를 묶도록 한다. 예를 들면, 환자가 문법적 절과 문장의 끝에 약간의 쉼을 두는 것은 부적절한 발화 연결부에 쉼을 두는 것보다 더 자연스럽게 들린다. 뿐만 아니라 환자에게 적절한 음절에 강세를 두게 하는 방법도 말의 운율을 크게 향상시킨다.

보완대체 의사소통에 대한 더 자세한 정보는 제11장을 참고하라.

보완대체 의사소통 어떤 환자는 언어치료전문가의 최선의 노력에도 불구하고 구어를 통해 전혀 의사소통을 할 수 없다. 이러한 환자들은 보완대체 의사소통방법이 효과적이다. 보완(augmentative)은 환자가 산출할 수 있는 말을 보충해 주고, 대체는 환자가 기능적이고 효과적으로 말을 산출할 수 없으므로 이를 대신하는 것이다.

말을 보완하거나 대체하는 데 다양한 방법을 사용할 수 있다. 무기술(no technology), 몸짓(low-technology), 고기술(high-technology)의 장비들을 선택할 수 있다. 수화, 몸짓, 그리고 표정을 통한 표현은 무기술 의사소통방법으로, 의사소통을 위해 기구가 아니라 신체의 일부만을 사용한다. 의사소통을 위해 비전자 의사소통 판을 사용하는 것도 무기술방법이다. 의사소통 판에는 환자가 가리킬 수 있는 기호와 단어, 구, 혹은 자주 사용되는 문장이 있다.

마비말장애 환자들이 자신의 말이 크게 들리도록 하기 위해 사용하는 작은 휴대용 확성기는 저기술 장비 중 하나다. 말을 생성하는(구어가 거의 혹은 전혀 없는) 정교한 컴퓨터의 사용은 고기술 대체 의사소통의 예다.

마비말장애의 치료는 항상 세심하게 계획되어야 하며, 매 치료 회기마다 진전을 양적으로 측정해야 하고, 언제 치료를 지속하고 언제 중단해야 하는지 결정을 내려야 한다. 왜냐하면 마비말장애는 흔히 무자비하게 진행되는 퇴행성 신경학적 질환과 관련이 있기 때문에 환자와 임상가는 더 이상 치료를 지속하는 것이 효과적이지 않으며 윤리적이지 않은 순간에 직면한다. 진행성 질환이라는 관점에서 환자가 치료에서 진전을 보이는 한도까지, 환자의 필요에 맞게 전략을 바꿀 수도 있다. 예를 들면, 어떤 시점까지는 구어를 통한 의사소통이 유용할 수 있으며, 이후로는 보완대체 형태가 구어 훈련보다 더 나을 수도 있을 것이다.

우뇌손상 증후군

최근까지 뇌의 오른쪽 반구에 대해서는 왼쪽 반구에 비해 잘 알려져 있지 않았다. 좌대뇌반구가 언어를 통제하며 오른쪽보다 조금 더 크다는 사실은 오래전부터 알려져 왔다. 그러나 오른쪽 대뇌반구의 기능에 대해서는 최근까지도 불가사의한 일이었다. 그러나 우대뇌반구에 손상이 있는 환자에 대한 세심한 연구를 통해 우반구의 기능에 대한 풍부한 정보를 얻을 수 있었다. 우대뇌반구의 손상으로 신경학적 · 행동학적 장애를 보이는 것이 **우뇌손상 증후군**(right hemisphere syndrome, Hegde, 2006; Myers, 1999; Tompkins, 1995)이다.

우대뇌반구는 구어, 비구어 행동에 간접적으로 영향을 미치는 다양한 기능을 통제한다. 오른손잡이에서 우대뇌반구는 다음과 같은 기능을 조절한다.

- **주의력(attention)과 지남력(orientation):** 자극에 반응을 할 준비, 환경 속에서 자극으로 주의를 이끎, 과제에 대한 지속적인 주의를 유지함, 장소와 지리적 장소에 대한 지남력
- **시지각(visual perception):** 사람 얼굴의 인식, 자신의 신체상(body image)을 간직하고 있음, 그림 전체에 대한 의미(전체적 지각, holistic perception)를 이해함, 그리기와 베끼기
- **공간 자각(spatial awareness):** 신체의 좌우에 대한 자각 등 공간적 관계를 알고 있음
- **감정적 경험과 표현:** 다른 사람의 감정 표현을 인지함, 자신의 감정을 표현함
- **의사소통의 일부 측면:** 담화의 이해와 산출, 다른 사람이 말한 내포된 다중적·대안적 의미를 이해함, 다른 사람의 말에서 감정적인 어조를 이해함, 말의 운율적 특성을 이해함, 문맥을 이해함, 대화를 하는 동안 말 주고받기(turn taking), 주제 유지(topic maintenance)와 같은 화용적 기술

좌대뇌반구가 문법, 언어 구성, 산출 그리고 이해를 광범위하게 지배하는 것이 사실이지만, 우대뇌반구가 의사소통의 한 측면에 관여한다는 것 또한 분명하다. 우대뇌반구의 손상은 열거된 기능에 모두 영향을 미친다.

우뇌손상 증후군의 원인

우뇌손상 증후군의 원인은 좌대뇌반구에 손상을 일으키는 원인과 유사하다. 뇌혈관질환(뇌졸중)은 우반구(또한 좌반구) 손상의 가장 흔한 원인이다. 우대뇌반구의 종양 또한 뇌졸중보다 흔하지 않지만 중요한 원인이 된다. 뇌의 오른쪽에 영향을 주는 뇌외상은 중요한 원인이 되는 또 다른 요소다. 알츠하이머병을 포함한 다양한 신경학적 질환들도 우뇌손상 증후군을 일으킬 수 있다(Hegde, 2006; Myers, 1999; Tompkins, 1995).

오른쪽 전두엽에 일련의 손상이 있는 사람은 운동장애(예를 들면, 근육 약화나 마비)를 보일 수 있다. 반면, 뇌의 뒤쪽 영역에 일련의 손상이 있는 사람은 운동장애를 보이지 않는다.

우뇌손상 증후군과 관련된 행동장애

우뇌손상 증후군은 사회적 의사소통장애를 비롯한 다양한 행동장애와 관련이 있

다. 일반적으로 우뇌손상 증후군과 관련된 의사소통 문제는 대부분 다른 행동장애 때문이다. 예를 들면, 환자는 주의력 결핍, 지남력장애 그리고 얼굴 인식의 어려움으로 효과적인 의사소통을 할 수 없을 수도 있다.

좌측 무시와 주의력장애

우뇌손상 증후군의 신기한 특성 중 하나는 자신의 신체의 왼쪽 혹은 왼쪽 시야에 있는 것들을 무시하는 경향이 있다는 것이다. 왼쪽에 있는 시각적·청각적 자극 모두 환자의 행동에 일반적으로 보이는 영향을 끼치지는 못한다. 인쇄물의 오른쪽만 읽거나, 왼쪽에 있는 사람이나 물건에 부딪히고, 그림의 오른쪽만 베껴 그리고, 쓰기를 할 때 왼쪽 끝으로 가지 못하고, 마비된 왼쪽 팔이나 다리의 존재를 부인하고, 머리의 오른쪽에만 빗질을 하고, 바지나 재킷의 오른쪽 주머니만 사용하기도 한다. 여러 사람과 대화를 하면서도 우뇌손상 증후군이 있는 환자는 그들의 왼쪽에 있는 사람은 완전히 무시할 것이다. 좌측 시야 무시에 비해 흔하지 않지만 좌측 청각 무시가 있는 환자는 그들의 왼쪽에서 들려오는 소리에 주의를 기울이지 않을 것이다.

주의력장애는 좌측 무시와 연계된다. 환자는 일반적으로 자극에 대해 반응을 할 준비가 되어 있지 않다. 과제에 대한 지속적 주의(sustained attention) 집중에 어려움을 보이고 선택적 주의(selective attention)에도 실패할지 모른다(가령, 제시된 여러 그림 중에서 다른 것을 무시하고 선택된 그림에만 주의를 기울이는 것).

지남력장애

발병 직후에 환자는 심각한 지남력장애를 보일 수 있다. 공간 지남력장애(spatial disorientation)는 한동안 지속적으로 나타나는 공통적인 문제 중 하나다. 예를 들면, 자신의 집으로 가는 길을 찾지 못하거나 혹은 지도를 보지 못할 수도 있다. 또한 지형 지남력장애(geographic disorientation)가 발견되기도 한다. 이러한 문제가 있는 환자는 자신이 실제로 있는 곳이 아닌 다른 도시에 있거나 다른 병원에 있다고 믿을 수도 있다. 몇몇 환자는 복제 유사건망증(reduplicative paramnesia)을 보이기도 하는데, 이는 같은 장소나 사람이 여러 개 존재한다고 믿는 것이다. 예를 들면, 한 여자는 동네에 똑같은 병원이 두 개 있고 자신의 집에 똑같은 남편이 두 명 있다고 믿었다.

얼굴인식장애

얼굴인식장애는 얼굴인식불능증(prosopagnosia)이라고도 알려져 있는데, 친숙한 얼굴을 알아보지 못하는 것이다. 가족의 얼굴을 인식하지 못할 수도 있고, 사진과 이름을 맞추지 못할 수도 있다. 그러나 대개 음성을 들으면 그 사람을 인식할 수 있다. 한편 다른 친숙한 자극을 인지하지 못하는 것으로까지 문제가 확대될 수 있다. 예를 들면, 목수가 자신의 망치를 인식하지 못하거나 작가가 자신이 가장 좋아하던 펜을 인식하지 못하는 경우다.

정서장애

우뇌손상 증후군 환자는 감정을 느끼지만 그것을 표현하는 데, 그리고 다른 사람이 표현한 감정을 이해하는 데 어려움이 있을 수 있다. 즉, 어조나 얼굴 표정으로 자신의 감정을 표현하기가 어렵다. 예를 들면, 어조로 자신의 분노를 표현하는 대신 "내가 당신한테 화가 났어요." 라고 자신의 감정을 말로 하며, 아마도 그 어조에는 화가 나 있는 감정 상태가 전혀 드러나지 않을 것이다. 따라서 다른 사람이 얼굴 표정이나 어조에 담고 있는 감정을 우뇌손상 증후군 환자들이 이해하는 것은 매우 어려울 것으로 추측할 수 있다. 환자는 또한 인쇄된 그림이나 문장에 표현된 감정에 대해 혼란을 느낄 수 있다.

추론과 계획장애

우뇌손상 증후군은 추론, 계획, 정리 그리고 문제 해결력에 영향을 미친다. 우뇌손상 증후군 환자는 휴가나 식사 혹은 파티를 계획하는 데 어려움을 경험할 수 있으며, 체계적인 쇼핑 목록을 작성하는 것이 어려울 수 있다. 그들은 현재 묘사된 상황에서 바로 그 직전의 과거 일이나 미래의 사건을 추론하지 못할 수도 있다. 예를 들면, 개가 몸을 흔들어 물을 털어내고 있는 그림을 보면서 환자는 그 개가 젖어 있었다는 사실을 추론하지 못할 수 있다. 앞뒤가 맞지 않는 말을 들을 때도 불합리하다는 것을 느끼지 못할 뿐만 아니라 비슷하게 터무니없는 이유를 들어 그것을 정당화하려고도 한다.

의사소통장애

우뇌손상 증후군 환자에게 순수한 말·언어장애는 좌대뇌반구 손상 환자들에 비해 자주 나타나지 않는다. 낱말 찾기의 문제, 실문법적 발화, 착어(paraphasia) 그리고 둘러말하기(circumlocution)와 같이 좌대뇌반구 손상 환자에게서 나타나는 특징들이 우뇌손상 증후군 환자에게서는 두드러지지 않는다. 우뇌손상 환자에게서 나타나는 의사소통장애는 대부분 환자의 주의력장애, 지남력장애, 그리고 좌측 무시 때문이다. 예를 들면, 환자는 부적절하고 비정상적인 구어 반응을 보일 수 있는데, 이는 다른 사람이 한 말이나 질문에 주의를 기울이지 않았기 때문일 수 있다. 좌뇌손상 환자와는 달리, 우뇌손상 환자는 부적절한 유머를 사용하거나 두서없는 말을 하기도 한다. 그들은 종종 관계없는 정보와 중요한 정보를 구분하는 데 어려움을 보인다. 예를 들면, 이야기를 할 때 쓸데없는 세부사항에 집중하거나 중요하지 않은 부분에 머물러 실제로 가장 중요한 요점을 놓치기도 한다.

우뇌손상 증후군 환자들은 메시지의 추상적이거나 대안적 혹은 함축적 의미를 이해하지 못하기도 한다. 이러한 환자는 구체적이거나 문자적 의미에 집착하는 경향이 있다. 속담, 관용구 그리고 다른 추상적 언어 표현은 특히 환자가 이해하거나 해석하는 데 어려움을 느낀다. 역설, 풍자, 혹은 해학적인 말에 대해서도 비슷한 문제를 보일 것이다. 그들은 한 범주 안에 있는 개별적인 것들의 이름(예를 들면, 장미, 재스민)을 말할 수 있으나 그 범주의 이름(예, 꽃)을 말하지는 못한다.

우뇌손상 증후군은 대화기술에 매우 광범위한 영향이 있을 수 있다. 예를 들면, 환자는 대화 주제를 유지하는 것이 어렵거나 적절한 대화 주고받기(말하고 듣는 일)를 하지 못할 수도 있다. 눈 맞추기(eye contact)를 유지하지 못하고, 조급한 반응을 보일 수도 있다. 또한 상대방이 자신의 말을 이해하지 못했을 때 자신이 말한 것을 바꾸어 말하지 못할 수도 있다.

부가적으로 말을 듣고 이해하는 일의 어려움과 읽기와 쓰기의 문제가 나타나기도 한다. 예를 들면, 좌측 무시 때문에 해당 페이지의 왼쪽 부분을 무시하고 읽어 자신이 읽은 것이 의미가 통하지 않는다고 불평한다. 또 쓰거나 그릴 때, 종이의 왼쪽 면을 무시하고 오른쪽 면에만 글씨나 그림을 가득 채워 넣는다.

우뇌손상 증후군의 치료

우뇌손상 증후군 환자의 평가에는 체계적인 관찰과 환자에게 일정한 활동(소리 내어 읽기 혹은 그림과 기하학적 모양 베끼기)을 하게 하는 것, 표준화된 검사를 실시하는 것, 그리고 대화기술을 평가하는 것이 있다. 시야 무시, 주의력장애 그리고 의사소통 문제를 평가하는 데 사용하는 특수 검사가 있다(Hegde, 2006, 2008a). 대부분의 경우, 하나 혹은 그 이상의 대화 표본이 앞에서 언급한 대부분의 의사소통의 문제를 보여 줄 것이다.

우뇌손상 증후군 환자의 치료는 장애를 보이는 기능이 목표가 되는데, 이는 중재를 위해 그룹화된다. 예를 들면, 한 그룹의 기능은 주의력장애와 좌측 무시에 관련한 치료를 목표로 하고, 또 다른 그룹의 기능은 적절한 사회적 의사소통에 관련한 치료를 목표로 한다. 임상가는 사회적 의사소통기술을 향상시키는 데 집중하는 경향이 있지만 효과적인 치료를 위해서는 치료 동안 환자의 주의력, 지남력 그리고 좌측 무시에 대해서도 다룰 필요가 있다. 일부 경우는 환자의 신경학적 상태와 함께 전반적인 주의력과 지남력이 향상될 때까지 치료가 연기될 수도 있다.

의사소통장애의 많은 부분이 변동이 심한 환자의 주의력 때문이므로, 임상가는 대부분의 경우 주의력을 향상시키는 방법을 고안한다. 일반적으로 임상가는 의사소통 훈련을 하는 동안 그 안에서 주의력을 다룬다. 예를 들면, 환자에게 특정 주제에 대해 이야기를 하도록 한 다음 환자의 이야기가 그 주제에서 벗어나면 말하는 것을 중단시킨다. 임상가는 환자가 같은 주제에 대해 지속적으로 대화를 하는 것(주제 유지, topic maintenance)에 자주 강화하는 말을 한다. 그러한 전략은 환자가 현재의 주제에 대해 지속적인 주의를 기울이도록 해 준다. 이와 마찬가지로, 임상가는 치료 회기에 자주 촉진(prompt)을 주어 눈 맞추기를 유지하도록 환자의 주의를 끌며(예를 들면, "말씀하시는 동안 제 얼굴을 보세요."), 올바른 반응에 대해 긍정적인 강화를 준다. 환자가 대화를 하는 동안 눈 맞추기의 유지에 숙달될수록 그러한 촉진의 빈도는 감소하게 될 것이다. 자극에 대해 성급하거나 무관련한 혹은 부적절한 반응을 조절하기 위해 임상가는 환자에게 그림이나 다른 종류의 자극을 보여 주기 전에 주의를 준다. 예를 들면, 그림을 보여 주고 환자에게 설명하도록 하기 전에 "제가 그림을 보여드린 다음 몇 가지 질문을 할 거예요. 말씀을 시작하시기 전에 그림을 주의 깊게 살펴보셔야 합니다."라고 말할 수 있다.

작업치료사들은 종종 옷 입기, 머리 빗기, 식사 그리고 산책과 같은 일상적인 활동을 하면서 시각 무시를 치료한다. 언어치료전문가들도 의사소통 훈련과 읽기 쓰기 훈련을 하면서 이와 같은 문제를 다룬다. 임상가는 환자가 책을 읽는 동안 페이지의 왼쪽 부분에 주의를 기울이도록 강조하는데, 그 줄의 맨 끝에 올 때 "왼쪽을 보세요."와 같이 촉진을 줄 수 있다. 인쇄물 페이지의 왼쪽에 밝은 색 테두리를 그리는 것도 무시되는 인쇄물의 왼쪽에 주의를 끄는 방법이 될 것이다. 임상가는 그룹 상호작용에서 자주 환자의 왼쪽에 있는 사람을 가리키면서 "이 사람들을 보세요."라고 촉진을 준다(Hegde, 2006, 2008c; Myers, 1999; Tompkins, 1995).

치 매

치매(dementia)는 심각하면서도 큰 비용이 드는 건강 문제로 주로 노인에게 영향을 미친다. 연령이 증가함에 따라 치매가 발생할 확률은 높아진다. 60세 이하의 경우 치매 유병률은 1%에 지나지 않는 반면, 80세 이상이 되면 최고 30%에 달한다. 65세 이후에는 5년이 지날 때마다 유병률이 두 배가 된다. 남성과 여성 모두 치매에 걸리기 쉽다. 요양원 거주자의 6~20%가 치매가 있는 것으로 조사되었다. 지난 몇 십 년 동안 치매 환자를 돌보는 데, 매년 지출된 국비가 300억 달러였다(Hegde, 2006; 2008a).

엄밀한 의미에서 **치매**는 지적 능력의 퇴화를 의미하며, 행동의 부정적인 변화와 관련된다. 치매는 역전될 수 있거나(일시적인 것) 그렇지 않을 수 있는데(진행성), 양쪽 증상은 모두 매우 비슷하다. **가역성 치매**(reversible dementia)는 지적 능력과 행동의 일시적인 저하고, 그 원인이 치료가 가능한 질환이나 장애다. 장애가 효과적으로 치료되면, 환자의 지적 능력은 향상되고 행동도 정상 혹은 정상에 가까운 수준으로 안정된다. 예를 들면, 비타민 B12 결핍으로 나타난 치매는 치료될 수 있고 눈에 띄게 향상되거나 안정화될 수 있다. 다른 가역성 치매는 약물에 의한 것(예를 들면, 우울증과 조울증의 정신질환), 약물 남용, 납이나 수은 중독, 만성 빈혈, 신장 혹은 간 질환, 내분비 질환(예, 갑상선 결핍) 그리고 성공적으로 치료될 수 있는 다양한 뇌감염에 의한 것이다(Clark & Trojanowski, 2001; Cummings & Benson, 1992; Hegde, 2006, 2008a; Payne, 1997; Srikanth & Nagaraja, 2005). 모든 경우에 치료가 완벽하게 성공적이지는 않는데, 본질적으로 환자의 치매가 호전되었다고 해도 일부 남아 있는 손상(예를 들면, 기억력 문제)이 지속될 수 있다.

대부분의 경우, 치매는 계속 진행하며 호전되지 않는다. **진행성**(progressive) 혹은 **비가역성**(irreversible) 치매는 지속되는 혹은 진행하는 지적 기능과 행동의 퇴행과 관련된 신경학적 증후군이다. 기저의 질환은, 이와 같은 경우 치료가 불가능하며 환자는 점점 악화된다. 진행성 치매의 원인이 되는 신경학적 질환들은 일반적으로 신경퇴행성(neurodegenerative)이라고 일컬어지는데, 뇌와 신경계는 혹독한 변화를 겪으며 보통 환자의 사망으로 끝을 맺는다.

치매와 관련된 질환

치매는 모두 (기억력과 판단력을 포함한) 지적 기능과 행동의 퇴화를 보이지만 그 종류는 다양하다. 치매의 종류가 다양한 것은 기저의 질환이 다르기 때문이다. 그중에서도 일반적으로 다음과 같은 질환과 관련이 있다.

- 알츠하이머병(Alzhiemer's Disease: AD): 진행성 치매의 가장 흔한 형태는 이 질환과 관련된 것인데, 모든 치매 원인의 50%에 달한다. 대부분의 경우, 알츠하이머병은 70세 이상의 연령에서 시작된다. 여성의 평균 수명이 더 길기 때문에 남성보다 여성 환자가 더 많다. 아프리카계 미국 흑인보다 백인에게 알츠하이머병이 더 많이 나타난다(Cummings & Benson, 1992). 다운증후군과 알츠하이머병의 가족력은 위험인자(risk factor)로 알려져 있다. 몇몇 염색체(가령, 염색체 14, 17번 그리고 19번)의 유전자 이상이 알츠하이머병과 관련되어 있다. 알츠하이머병의 원인이 되는 주된 신경병리학은 뇌에서의 신경섬유매듭(neurofibrillary tangles), 신경염 플라크(neuritic plaques) 그리고 신경세포 손실(neuronal loss)이다. 알츠하이머병 환자의 치매는 서서히 진행한다. 초기 단계의 경미한 증상들은 서서히 심해지고 점차 더 쇠약해진다. 주된 증상은 최근 사건과 이전 사건 모두에 대한 기억이 사라지는 것, 전반적인 지적 기능의 퇴화, 안절부절못함과 흥분 또는 과잉행동, 수학과 계산기능의 상실, 장소나 시간 그리고 사람에 대한 지남력장애, 자기 돌봄(예를 들면, 옷 입기, 목욕하기)의 어려움, 헤매고 다님, 요령과 판단, 사회적 적절성이 부족한 활동, 결과적으로 행동의 억제가 안 됨, 어리둥절한 얼굴 표정, 장보기나 요리하기와 같은 일상 유지의 어려움, 종국의 매우 심한 지적 퇴화, 그리고 소변 조절을 완전히 못하는 것이다. 알츠하이머병 및 다른 신경퇴행성 질환과 관련된 신경병리학에 대해서는 〈읽을거리 10-2〉를 참고하라.
- 픽병(Pick's Diease: PiD): 뇌의 전두엽과 측두엽에 영향을 미치며 치매로 진행되는 신경세포질환을 픽병이라고 한다. 질환이 시작되는 연령은 40~60세 사이다. 뇌의 전두엽과 측두엽이 관련되기 때문에 픽병으로 인한 치매는 **전두-측두엽 치매**(fronto-temporal dementia)로 분류된다(Hodges, 2001). 픽병은 알츠하이머병이 아닌 치매의 주된 형태로 간주되며, 염색체 17번의 이상이 원인으로 추정되고 있다. 서서히 진행되는 발병과 함께 픽병 환자는 불특정한 점잖지 못한 언행, 무책임감 그리고 사회적 관습의 무시를 보이며 완전히 다른 사람이 된다. 만일 신

경병리학적 변화가 좌대뇌반구에서 주로 일어난다면 더 심한 언어 퇴행이 두드러지게 나타날 것이며, 우대뇌반구에서 주로 일어난다면 행동의 변화가 더 뚜렷하게 나타날 것이다. 행동이나 언어의 변화 이후 지적 능력의 퇴화가 나타난다. 픽병과 전두-측두엽 치매를 일으키는 뇌의 변화에 대해서는 〈읽을거리 10-2〉를 참고하라.

읽을거리 10-2

치매와 관련된 신경병리학적 상태

치매 환자들에게 나타나는 일부 변화는 건강한 노인들에게서도 발견된다. 그러한 변화가 매우 광범위할 때 치매가 발생한다.

알츠하이머병 환자들에게서 발견되는 뇌의 이상은 신경섬유 매듭(neurofibrillary tangles), 신경염 플라크(neuritic plaques), 그리고 과립공포(granulovacuolar) 변성이다. 신경세포의 세포체, 수상돌기(dendrites), 그리고 축색돌기(axons)는 신경섬유(neurofibrils)라고 하는 필라멘트같이 생긴 구조를 포함하고 있다. 그 섬유가 두터워지고, 꼬이고, 고리 모양이 되는 것을 신경섬유 매듭이라고 한다. 신경염 플라크는 대뇌피질과 피질하 조직의 퇴화된 미세 영역이다. 작은 액상동굴(fluid-filled cavities)로 인한 신경세포 퇴화는 과립공포 변성이라고 한다.

파킨슨병 환자들에게서 나타나는 뇌의 이상은 뇌줄기(brain stem)에 있는 세포핵들(culei)의 퇴화와 신경세포의 소실로 뇌의 앞부분의 고랑들(sulci)이 넓어지는 것, 그리고 선조체에서 도파민 생성이 감소하는 것이다. 신경섬유 매듭, 신경염 플라크는 파킨슨병과 관련이 있기도 하다.

픽병과 전두-측두엽 치매 환자의 뇌는 왼쪽과 오른쪽의 전두엽, 측두엽 혹은 전두엽과 측두엽 모두 세포 퇴화를 보인다. 또한 픽병 환자의 뇌는 픽체(Pick bodies)라고 알려진 세포 내 형성물과 픽세포(Pick cells)라고 하는 부풀고 팽창된 혹은 커진 신경세포가 밀집되어 있다.

헌팅톤병은 기저핵의 신경세포 소실과 주로 관련이 있는데, 이는 운동을 조절하는 뇌의 깊은 곳에 있는 구조다. 뇌의 전전두엽(prefrontal)과 두정엽(parietal lobe)에 일부 위축이 있을 수도 있다. 신경세포 소실은 신경전달물질을 감소시킨다. 따라서 운동은 점검을 받지 못한다.

AIDS 치매에서 퇴화는 피질하의 백질, 기저핵에 두드러지게 나타나고 궁극적으로는 피질층에도 나타난다.

크로이츠펠트 야콥병에서 뇌세포는 연성화되고 스폰지 형태가 된다.

- 헌팅톤병(Huntington' s Disease: HD): 유전질환인 헌팅톤병은 염색체 4번의 이상으로 나타난다. 전형적인 발병 시기는 35~40세로 대부분의 다른 신경퇴행성질환보다 일찍 시작되는데, 일부의 경우 20세 전에 시작되기도 한다. 헌팅톤병의 주요 특징적인 신경학적 증상은 **무도병**(chorea)인데, 이는 팔다리, 목, 머리 그리고 얼굴 근육의 불규칙적이고 경련성의 불수의적 움직임이다. 그리고 기억과 의사소통의 문제가 이어서 나타난다. 헌팅톤병 환자는 행동의 변화(예를 들면, 불평불만, 잔소리, 감정 폭발, 잘못된 우월감)와 우울증, 도취감을 보인다. 질환의 말기에 가면 삼킴장애(dysphagia), 수면장애 그리고 대소변의 실금이 나타난다. 헌팅톤병과 치매를 일으키는 뇌의 변화에 대해서는 〈읽을거리 10-2〉를 참고하라.
- 파킨슨병(Parkinson' s Disease: PD): 여성보다 남성에게 더 많이 나타나는 질환인 PD는 50세 이상에서 100명 중 1명꼴로 나타난다. 평균 발병 연령은 60세다. 유전적 요인이 중요하게 생각되기는 하지만 아직 이 질환 고유의 유전자가 밝혀지지는 않았다. 그러나 농약과 제초제에 노출되는 것, 시골 생활 그리고 우물 물을 마시는 것과 같은 환경적 요인이 관련 요인으로 제안되었다(Hegde, 2006; Olanow, Watts, & Koller, 2001). 주로 운동장애인 파킨슨병은 움직이지 못하거나 느린 수의적 운동, 휴식 시 나타나는 근육의 진전(tremor)이 스트레스 상황에서 더 심해지고 수의적 활동 중에는 사라지며, 근육 긴장의 증가(rigid muscles), 불안정한 걸음과 자세, 움직임 중의 정지(freeze), 그리고 삼킴의 문제와 같은 특징을 보인다. 파킨슨병 환자 중 약 30~40%가 치매가 있다. 파킨슨병과 다른 신경학적 질환과 관련된 치매를 일으키는 뇌의 변화에 대해서는 〈읽을거리 10-2〉를 참고하라.

다른 여러 신경학적 질환들도 치매와 관련되어 다양하게 나타난다. 예를 들면, **크로이츠펠트 야콥병**(Creutzfeldt-Jakob disease)은 바이러스 감염에 의해 발생한다고 생각되는 희귀한 질환이다. 이 질환의 변이가 광우병과 어느 정도 유사하며 소과의 스폰지형 뇌증(bovine spongiform encephalopathy)이라고 불리는데, 이는 소에서 사람으로 전염되었다고 보고 있다. 이 질환은 다른 치매의 원인이 되는 신경학적 질환들보다 더 빠르게 진행된다. **후천성면역결핍증후군**(Acquired immunodeficiency syndrome: AIDS)은 뇌증(대뇌피질 손상)을 일으킨다. AIDS는 말기에 치매의 형태가 되는데, 이를 AIDS 치매 복합체(AIDS dementia complex)라고 한다. 최근 이 질환의 치료에 괄목할 만한 진전이 있었다. 하지만 AIDS 환자들이 향상된 치료 덕분에 오래 살게 되었고, 수명이 연장되면서 AIDS 치매 복합체의 발생이 증가하였다(Larsen, 1998). AIDS 치매 복합체의 신경학적 증상은 보행장애(gait disturbance), 진전, 두통, 발작(seizures), 근육 협응의 부족, 근육의 강직(rigidity)과 전반적 약화, 안면신경 마비 그리고 대변과 소변 조절의 어려움(대소변 실금) 등이다.

젊었을 때 발생한 **외상 뇌손상**(traumatic brain injury)은 나이가 들어 치매가 될 확률을 증가시킬 수 있다. 뇌에 혈액을 공급하는 데 영향을 미치는 **혈관장애**(vascular disorders)는 **혈관성 치매**(vascular dementia)를 일으킬 수 있다. 혈관 장애, 특히 그로 인해 뇌졸중이 반복적으로 발생하는 경우는 뇌의 피질뿐만 아니라 피질하 구조에도 양쪽 반구 모두 광범위한 손상을 초래한다. 가장 높은 발생률을 보이는 알츠하이머병으로 인한 치매에 이어, 혈관성 치매의 발생률은 치매의 유형 중에서 두 번째로 높다.

치매와 관련된 지적 · 행동적 문제

기저의 신경학적 질환은 각각의 증상 복합체에 일부 특유한 자질을 더하지만 서로 다른 원인에 의한 진행성 치매의 형태는 여러 가지 공통적 특징을 공유한다. 연구가 가장 많이 진행된 형태는 알츠하이머 치매이며, 치매에 대한 설명은 보통 알츠하이머병의 증상 특성에 대한 것이다.

일반적으로 진행성 치매 증상은 대부분의 환자에게서 서서히 시작된다. 경미한 기억력의 문제는 가장 초기의 징후인데, 가족 중 일부는 이를 알아채지 못하거나 나이가 든 탓으로 여긴다. 오래된 (먼 과거) 사건에 대한 기억은 새로운 최근의 사건에 대한 것보다 훨씬 손상이 적다. 곧 이어 추론기능의 저하와 판단력 문제가 표면화되고 가족이 더 자주 느끼게 된다. 이후에는 요리나 금전 관리 혹은 고지서 납부와 같은 일상생활의 기능이 퇴화된다. 간혹 시간과 장소에 대한 지남력의 문제가 경미하게 나타난다. 치매 초기의 일부 환자들은 우울증이나 감정의 기복을 보인다.

좀 더 진행된 단계에서는 치매가 생활의 모든 측면에 영향을 미친다. 일상생활에서의 기능장애가 목욕하기, 옷 입기, 개인 위생 그리고 식사에까지 확대된다. 오래된 기억과 최근 사건에 대한 기억도 모두 심하게 저하된다. 지적 능력의 심한 퇴화로 환자는 이성적으로 생각하고, 결정을 내리고, 일상적인 활동을 계획하고, 기초적인 산수 계산과 자기관리 과제들을 수행하지 못하게 된다. 물건이나 사람의 이름을 말하지 못하기도 한다. 또 다른 행동적 변화로는 망상, 환각, 통제되지 않는 감정 폭발, 편집증적 반응(다른 사람이 환자를 해치려고 음모를 꾸민다는 지속적 느낌), 부적절하고 기이한 사회적 행동, 수면장애, 집 밖을 헤매고 다님, 또한 시간, 장소, 사람 그리고 자신에 대한 심각한 지남력장애를 들 수 있다. 근육의 경직, 불안정한 걸음걸이, 자주 넘어짐, 대소변 실금 그리고 삼킴장애가 나타나면서 결국 사망에 이른다.

치매와 관련된 의사소통 문제

치매 환자의 말, 언어장애도 시간이 지나면서 바뀌어 가고 질환이 진행되면서 퇴화된다. 초기에는 경미한 이름 대기 문제를 보이다가 점차 악화된다. 이름 대기 문제는 의미 착어(verbal paraphasia)로 이어지기도 한다. 환자는 다른 사람이 말한 것을 이해하는 데 어려움을 느낄 수도 있다. 유머와 추상적 언어를 이해하는 것은 특히 어려울 수 있다. 그림 설명하기의 문제는 또 다른 치매 초기의 언어 징후다. 그러나 대화 기술은 빨리 퇴화될 수 있는데, 환자는 대화의 주제를 유지하지 못하고 다른 사람이 말한 것을 이해하지 못했을 때 설명을 요구하지 않을 수도 있다. 말소리 산출(언어음의 정확한 조음), 문법 그리고 자동발화(예를 들면, 요일 이름 말하기)는 질환의 초기에는 영향을 미치지 않는다.

착어는 둘러말하기(주변을 맴도는 것)인데, 실어증의 전형적인 증상이기도 하다.

초기의 의사소통 문제들은 질환이 진행됨에 따라 심해지고 새로운 문제가 이어서 나타난다. 점차 어휘들이 줄어들어 마침내 함묵증(mutism)이 되기도 한다. 말의 앞뒤가 안 맞고 부적절해지며, 다른 사람이 한 말을 반복하거나(반향어증, echolalia), 자기 자신의 말을 반복한다(동어 반복증, palilalia). 모든 구어적 · 비구어적 사회의 관습이 퇴화되고, 사람들을 맞이하거나 작별인사를 하고 감사인사를 하는 일이 불가능할 수도 있다. 많은 환자가 약하고 단조로운 음성을 갖게 된다. 필체도 퇴화하여 알아보기 어렵게 된다. 마침내 신경학적 질환이 뇌에 넓게 퍼지면, 말소리 산출까지 영향을 받아 마비말장애가 생길 수 있다. 말기에는 환자가 말이 없어질 것이다(함묵증).

치매 환자의 치료와 재활

치매 환자의 치료와 재활은 여러 협력 전문 분야의 과제다. 여러 분야 중에서 의학, 행동(심리) 그리고 언어병리학자들이 치매 환자의 종합적인 평가에 관여한다. 치매의 확정적인 최종 진단은 반드시 부검을 한 후에야 가능한데, 왜냐하면 비전염성 치매는 혈액이나 소변 분석과 같은 랩검사를 통해서는 신뢰할 만한 진단을 할 수 없기 때문이다. 그러나 관련된 의사소통장애는 말과 언어 표본, 담화의 분석 그리고 환자의 언어 사용에 대한 자세한 분석을 통해 평가된다. 지적 기능 및 전반적인 행동에 대한 평가와 결합시켜 전문가 팀은 치매의 정도를 결정한다.

치매 환자의 재활 혹은 치료는 행동과 기술의 **임상 관리**(clinical management) 프로그램으로 구성되는데, 기저 질환의 진행 경과는 가역적이거나 멈출 수 있는 것이 아니기 때문이다. 그러한 관리에는 상담, 보호자 교육, 의학적 치료, 행동 책략 그리고 의사소통 훈련이 포함될 수 있다.

다수의 경도에서 중등도의 치매 환자는 집에서 돌본다. 따라서 전문가 팀은 환자의 지적 · 행동적 손상과 상태의 지속적인 퇴화를 관리하는 책략에 대해 **보호자 상담과 교육**을 한다. 가족은 그들이 더 이상 환자의 요구를 충족시켜 주지 못하게 될 때 궁극적으로 기관 입소를 고려한다. 보호자는 심각한 감정적 · 재정적 스트레스에 직면하게 되고 상담과 도움을 필요로 한다. 그들은 사랑하는 환자를 돌보기 위해 가차없이 몰아치는 의무에서 벗어나 정기적으로 휴식을 취해야 한다. 그러한 **휴식이 있는 돌봄**(respite care)이 아니면, 보호자들은 심신이 소진되고 쉽게 탈진하며 감염에 대한 면역력이 떨어진다(Litvan, 2001). 치매 환자를 돌보는 데서 오는 스트레스를 잘 관리하는 가족은 2년 정도 환자의 기관 입소를 연기할 수 있다(Doody et al., 2001).

집에서 함께 생활하는 보호자나 기관에 있는 보호자 역시 치매 환자와의 효과적인 상호작용을 위한 훈련이 필요하다. 예를 들면, 보호자는 ① 환자가 소스라치게 놀라는 것을 방지하기 위해 천천히 다가가고, ② 환자와 이야기하기 전에 눈을 맞추어 주의를 집중하게 하고, ③ 말하기 전에 몸을 기울이거나 기대어 환자의 눈높이에 맞추고, ④ 환자의 말을 중단시키지 않으면서 환자의 말을 듣고, ⑤ 명확하고 또렷하게 간단히 이야기하고, ⑥ 한 번에 한 가지씩 질문하고, ⑦ 여유를 갖고, ⑧ 친숙한 대화 주제를 유지하도록 훈련받는다.

앞서 언급한 바와 같이, **의학적 치료**(medical management)는 가역성 치매를 치료하는 데 가장 효과적이다. 예를 들면, 비타민 결핍, 신장질환, 그리고 일종의 내분비장애와 관련된 가역성 치매는 만족스러운 치료가 가능하다. 그러나 진행성 치매의 원인이 되는 질환들은 현재로서는 치료할 수 없지만, 다양한 증상에 대한 의학적 치료는 최근 눈에 띄게 발전하였다.

비가역성(진행성) 치매의 증상에 대한 의학적 치료는 기억 손실의 정도를 막고 지적 기능을 가능하면 질환의 초기 단계 수준으로 향상시키는 것에 집중해 왔다. 콜린계열의 약물군은 뇌에서 메시지의 신경 전달을 향상시키는 것을 돕는데, 그러한 **신경전달체**(neuro-transmitters)는 지적 기능에 약간의 효과가 있었다. 다른 약물로, 도파민의 전구물체인 레보도파(levodopa) 또한 좋은 결과를 보였는데, 특히 파킨슨병 환자의 경우 그러하다(Doody, 2000; Doody et al., 2001). 레보도파는 환자들의 지적 기능뿐만 아니라 운동장애도 향상시켰다. 우울증과 환각, 망상, 과민함과 급격한 기분의 변화 등 많은 정신과적 증상이 약물로 조절될 수 있다.

전문적 기관에서든 집에서든 보호자는 치매 환자의 다양한 이상 행동을 통제할 수 있도록 **행동 책략**(behavioral strategies)을 사용할 필요가 있다. 감정 폭발, 공격적 행동, 환각과 망상, 심한 기억력 문제, 지남력장애, 무수면 흥분 상태 그리고 집에서 나가 헤매고 다니는 것은 보호자가 환자의 안전과 보안, 전반적인 보호를 위해 가장 걱정을 하는 문제들이다. 약물이 어느 정도는 도움이 되지만 보호자는 그러한 이상 행동을 효과적으로 관리하기 위해 그 원인을 이해하고 있어야 한다. 예를 들면, 흥분과 감정 폭발은 소란스러운 환경이나 너무 바쁜 일정, 혹은 수면 부족으로 야기될 수 있다. 이러한 요소들을 조절함으로써 환자의 이상 행동을 감소시키고, 안정 수준을 높이며, 보호자의 스트레스를 줄일 수 있다. 만일 지나친 보호자의 요구가 이상 행동을 유발시킨다면, 그러한 요구를 줄이는 것이 문제 행동을 감소시킬 것이다. 환자가 매우 즐거워하는 활동을 찾아내는 것 또한 문제 행동을 관리하는 데 중요하다. 단순하고 예측 가능한 하루 일정이 많은 환자에게 도움이 된다.

다른 행동 책략은, 최소한 어느 시점까지는 기억 손실이나 지적 능력의 감퇴로 인한 영향을 감소시키는 데 도움이 된다. 한 연구 결과로 규칙적인 운동, 사회적 상호작용(예를 들면, 사회기관이나 레크리에이션 시설의 서비스) 그리고 의사소통을 통한 자극은 행동적 · 지적 퇴행을 늦추는 것으로 나타났다(Mahendra & Arkin, 2003, 2004). 환자에게 자신이 해야 할 일의 목록이나 정해진 일정을 보여 주는 카드, 그날의 활동에 대한 시간과 장소를 알려 주는 게시판을 작성하게 하는 것이 환자의 기억을 향상시킬 수 있을 것이다. 이러한 책략은 환자가 목록과 카드, 게시판을 자주 읽도록 훈련을 하지 않으면 효과가 없다(Bourgeois & Mason, 1996; Turkstra, 2001). 커다란 달력을 환자의 방에 걸고 자기 전에 그 날짜를 지우도록 하면 다음 날 아침 날짜와 요일을 아는 데 도움이 된다.

의사소통 훈련(communication training) 또한 여러 가지 책략을 이용하여 환자가 가능한 한 오래 구어기능을 유지하도록 한다. 식단 조절과 운동을 통해 기억력을 향상시키고, 행동 퇴화를 막고, 신체적 건강을 유지하도록 복합적인 책략을 사용하는 것도 의사소통기술을 유지하는 데 도움이 된다. 초기에 구어 반응이 느려질 때는 환자에게 질문에 대답할 때나 의견을 말할 때 좀 더 시간을 달라고 요구하는 것을 가르친다. 환자는 다른 사람의 말을 이해하지 못했을 때 사용할 수 있는 몸짓이나 얼굴 표정을 익힌다. 또한 말한 사람에게 다시 명확하게 이야기해 줄 것을 요청하도록 배운다. 어떤 사물의 이름을 말할 수 없는 환자는 그 사물을 묘사하거나 그것을 나타내는 몸짓을 사용하도록 한다.

질문을 한 뒤에 자주 촉진을 하는 것이 올바른 구어 반응을 이끌어 내는 데 도움이 된다. 예를 들면, 임상가나 가족 혹은 보호자가 질문을 하고("오늘 10시에 뭐하셨어요?"), 즉시 올바른 반응을 유도한다("목록을 보고 대답해 주세요."). 실어증 환자들에게는 유용한 단서를 제시하는 것이 효과가 있다. 예를 들면, 임상가가 환자에게 사진을 보여 주며 "이 사람이 누구예요?"라고 질문한 다음 바로 "이분이 따님이시죠. 이름이 'J'로 시작해요. 이름이 뭐죠?"라고 한다.

치매의 다양한 단계에 있는 환자에게 보상적 의사소통 책략을 가르치는 것이 재활의 중요한 과제다. 치매의 말기에는 문법적으로 올바른 것이 아니라 효과적인 의사소통이 강조된다. 환자가 어떤 방법이든 실질적이고 효과적으로 의사소통을 하도록 격려한다. 몸짓, 기호 그리고 얼굴 표정 등이 하나의 방법이 될 수 있다.

외상 뇌손상

외상 뇌손상(Traumatic Brain Injury: TBI)은 물리적인 외상이나 외부의 힘에 의해 뇌에 손상이 발생한 것이다. 뇌손상은 개인이 생존을 위해 습득한 기술에 장애를 가져오며 집중적인 의학적 치료가 필요하고, 여러 분야의 장기간 재활치료가 요구된다. 외상 뇌손상은 뇌졸중이나 뇌종양, 신경퇴행성 질환, 감염, 그리고 유전적 상태와 같이 뇌기능에 영향을 미치는 내부적 원인에 의한 것이 아니다. 머리 외상(head trauma)이 항상 외상 뇌손상에 수반되지만 이 두 가지 용어가 동의어는 아니다. 이는 머리 외상은 뇌에 영향을 미칠 수도, 혹은 미치지 않을 수도 있기 때문이다. 머리에 가해진 외상으로 뇌에 손상이 있을 때만 외상 뇌손상이라는 용어가 적용된다.

외상 뇌손상은 심각한 고비용의, 간혹은 치명적일 수 있는 문제이며, 종종 장기간의 건강과 재활의 문제를 야기한다. 미국에서는 한해 250억 달러 그리고 개인당 평생 5백만 달러 이상까지 지출한다(Krause & McArthur, 2000). 외상 뇌손상은 대부분의 경우 즉각적인 치료를 필요로 하는 의학적 응급 상황이다.

여러 자료에 의하면 만 명당 150~367명이 뇌손상을 입는다. 이는 매년 50~100만 명의 미국인이 머리와 뇌에 손상을 입고 있다는 말이 된다. 뇌손상을 입은 사람들 중에서 5만 5,000명은 심한 손상으로 목숨을 잃고, 50만 명이 입원을 하며, 7만 명 이상이 영구적인 장애를 갖게 될 수 있다(Kuaus & McArthur, 2000).

외상 뇌손상의 발생률은 15~19세 사이에서 가장 높다. 여성보다는 남성에게 더 많이 발생하는데, 외상 뇌손상 여성 한 명당 3~5명의 남성 환자가 있다. 또한 남성이 외상 뇌손상으로 인한 사망률이 더 높다. 발생률은 25세 이후로 감소하다가 75세 이후 다시 증가한다. 외상 뇌손상은 교외지역에 사는 사람보다 도시에 사는 사람에게 더 많으며 백인보다 아프리카계 미국인과 히스패닉계에 더 많다(Bigler, 1990; Bigler, Clark, & Farmer, 1997; Hartely, 1995; Hegde, 2006; High, Sander, Struchen, & Hart, 2006; Murdoch & Theodoros, 2000; Silver, McAllister, & Yudofsky, 2005).

외상 뇌손상의 원인

뇌손상을 일으키는 외부 요인 중에서 자동차 사고는 전체 외상 뇌손상의 30~50%에 달하고, 자동차 사고로 당하는 손상 중 70%가 외상 뇌손상이다. 보행자 사고도 외상 뇌손상의 또 다른 주요 원인이다. 사고를 당한 보행자의 15%가 외상 뇌손상으로 어려움을 겪는다. 외상 뇌손상의 다른 원인은 오토바이 사고인데, 머리 손상을 입은 오토바이 운전자의 사망률은 자동차 탑승자보다 더 높다. 자전거 사고 또한 외상 뇌손상에 특히 취약하다. 법적으로 의무화된 헬멧 착용이 오토바이(그리고 자전거) 사고로 인한 사망률을 30%까지 감소시켰다(Cooper & Golfinos, 2000).

연구에 의하면 안전벨트를 잘 착용하면 자동차 사고로 인한 치명적인 머리 손상을 22~54% 감소시킬 수 있다고 한다.

외상 뇌손상의 다른 원인은 낙상 사고인데, 이는 아동과 노인들에게 더 흔하다. 낙상과 함께 아동 학대는 아동 외상 뇌손상의 주요 원인이다. 낙상은 75세 이상의 연령에서 외상 뇌손상의 주요 원인이 된다. 성인은 산업재해나 작업장 사고가 외상 뇌손상의 원인이 된다. 사람 간의 폭력(머리의 총상을 포함하여)이 도시지역에서는 외상 뇌손상의 40%, 시골지역에서는 7%가 된다. 군인들은 전쟁터에서의 위험이 주된 원인이다(Krause & McArthur, 2000).

스포츠나 다른 야외 활동에 참여하는 것이 외상 뇌손상의 원인이 되기도 한다. 외상 뇌손상의 발생은 5~10월 사이에 가장 높은데, 이때 사람들이 야외 활동을 많이 한다. 스포츠와 레크리에이션 활동과 관련된 손상도 외상 뇌손상의 원인이다.

외상 뇌손상의 유형

머리의 외상은 서로 다른 유형의 뇌손상을 초래할 수 있다. 뇌세포에 손상을 주는 두 가지 주요한 상해 유형에는 관통(penetrating)과 비관통(nonpenetrating)이 있다. 관통 손상은 열린-머리 손상(open-head injury)이라고도 하는데, 머리에 열린 상처가 있기 때문이다. 비관통 손상은 닫힌-머리 손상(closed-head injury)이라고도 하며, 두개골에 열상(laceration)이 있을 수는 있지만 머리에 열린 상처는 없다.

관통 뇌손상(penetrating brain injury)은 두개골이 깨지거나 구멍이 난 것인데 뇌수막이 찢어지고 뇌세포가 손상을 입게 되는데, 이러한 손상의 주요 원인은 외부의 사물이 두개골을 꿰뚫은 것이다. 사물이 두개골을 뚫고 지나가 반대편으로 나오거나 혹은 뇌에 박혀 있을 수도 있다. 뇌에 박혀 있는 외부 물질(예를 들면, 유리조각이나 부서진 두개골 조각)은 뇌세포에 손상을 초래할 뿐만 아니라 감염을 일으킬 수도 있다. 총알, 칼에 찔림, 머리 타격 그리고 자동차 사고가 관통 뇌손상의 원인이다.

뇌수막(meninges)은 뇌를 덮고 있는 보호층 막이다.

관통 뇌손상의 사망률은 높다. 여기서 생존한 사람은 뇌내 압력의 증가, 혈압의 심한 동요, 뇌로 가는 그리고 뇌 내부의 혈류 감소, 뇌세포의 파괴, 뇌내 출혈, 부종 그리고 감염과 같은 즉각적인 영향을 받는다. 장기적 영향으로는 기억력 문제, 신체적 장애 그리고 언어 손상 등이 있다.

비관통 뇌손상(nonpenetrating brain injury)은 뇌수막의 손상 없이 뇌에 간접적으로 손상이 발생한 것이다. 두개골이 깨질 수도 있고, 그렇지 않을 수도 있으나 외부 물질이 뇌를 관통하지는 않은 경우다. 비관통 뇌손상의 흔한 원인은 둔기에 머리를 맞은 것, 자동차와 작업장 사고, 학대, 개인 간의 폭력 그리고 낙상 등이 있다.

외부적 힘이 머리에 가해졌을 때 보통 두개골 안에서 뇌의 앞-뒤 운동이 일어난다. 자동차 사고와 같이, 머리가 빠르게 앞쪽에서 뒤쪽으로 움직이면 뇌는 두개골 내부에서 움직이게 된다. 뇌가 두개골 안에서 움직이면 두개골 바닥의 뼈돌기들이 아래 부분의 세포를 긁는다. 두개골 안쪽에서 앞뒤로 부딪치는 것도 뇌에 또 다른 손상을 가져온다. 두개골 내부에서 뇌의 움직임 때문에 손상이 초래되는 것을 **가속-감속 손상**(acceleration-deceleration injury)이라고 한다.

머리가 움직이지 않는 상태에서도 외상을 입을 수 있다. 예를 들면, 바닥에 누워 있는 정비사 머리 위로 자동차의 부속품들이 부서져 떨어질 수 있다. 벽에 기대어 서 있는 사람이나 딱딱한 머리 받침을 하고 앉아 있는 사람도 뇌에 손상이 가해지는 물리적 힘을 받을 수 있다. 머리가 움직이지 않는 상태에서 힘이 가해져 발생한 손상을 **비가속 손상**(nonacceleration injury)이라고 한다.

외상 뇌손상의 영향

장기 재활을 필요로 하는 대다수의 환자들은 비관통 뇌손상 환자들이다. 관통 뇌손상은 응급 의료 상황을 초래하지만 반드시 장기 재활이 필요하지는 않다. 따라서 외상 뇌손상 환자 중 재활에 훨씬 더 많은 노력이 요구되는 것은 비관통 뇌손상이다.

비관통 뇌손상은 신경병리학적 결과를 초래한다. 혈액이 뇌 안이나 여러 뇌막의 층에 고여 있을 수 있는데, 이는 뇌세포를 죽인다. 두개골 안의 압력(뇌내 압력, intercranial pressure)이 증가하기도 하는데, 이는 부분적으로 뇌세포의 부종 때문이다. 호흡 곤란은 뇌에 산소 공급을 저해할 수 있고, 이 또한 뇌세포 사멸의 원인이 된다. 일부 환자들은 경련을 일으킨다.

외상 뇌손상이 원인이 된 다른 영향도 다양하게 나타난다. 외상 뇌손상의 중증도에 따라 환자는 단순히 멍해지거나 자극에 주의를 기울이지 못하거나 정신이 혼미하거나 혼수 상태에 있을 수 있다. **정신이 혼미한**(stupor) 상태에서 통증이나 다른 강한 자극을 제외하고는 반응을 보이지 않는 경우가 있다. 또한 **혼수상태**(comma)에서, 의식이 없고 대부분의 자극에 대해 반응을 보이지 않으며 의식을 되찾지 못하고 사망할 수도 있고, 어떤 환자는 장기간 식물인간 상태로 있기도 한다. 거의 모든 환자는 혼란스럽고 비일관적이며, 구조화되지 못하고, 시간과 장소에 대한 지남력장애가 있으며, 산만하고, 안절부절못하고, 과민하다. 기억력과 추론 능력의 장애는 외상 뇌손상 환자에게 전형적으로 나타난다. 삼킴장애 또한 외상 뇌손상의 결과로 일부 환자들에게 나타난다. 어떤 환자들은 환각과 망상을 경험하고, 무감동과 우울증도 발견된다.

외상 뇌손상과 관련된 의사소통장애는 순수한 언어장애가 아닌데, 언어 문제는 다른 종류의 의사소통 문제만큼 심하지 않다. 예를 들면, 외상 뇌손상 환자의 문법에는 문제가 없을 수 있다. 초기의 의사소통장애와 지속되는 의사소통장애는 다음과 같은 것들이 있다(Hegde, 2008a; Murdoch & Theodoros, 2000; Silver et al., 2005).

- 마비말장애(dysarthria): 말운동장애의 이 형태는 주로 경직(spastic)형으로 양측(뇌의 양쪽) 손상과 소뇌, 뇌줄기, 혹은 말초신경에 영향을 미치는 손상이 원인이다. 부정확한 말소리 산출, 단조로운 억양의 말, 말을 위한 호흡의 지원 감소, 부적절한 말소리 크기, 부적합한 음절 강세, 짧은 어구 그리고 말명료도의 감소가 모두 마비말장애 환자의 말소리 특성이다.

- 언어 착란(confused language): 환자의 말은 문법적으로는 맞을지 모르지만 부적합하고 종잡을 수가 없다.
- 명칭실어(anomia): 사물과 사람의 이름을 말하는 데 어려움을 겪을 수 있는데, 이는 환자에게 사물이나 사람의 이름을 물어볼 때 두드러지게 나타난다.
- 보속적인 구어 반응(perseverative verbal response): 같은 표현을 반복하는데, 이는 종종 잘못되고 부적절한 표현이다.
- 언어 이해의 어려움(difficulty in language comprehension): 이 문제는 듣는 말이 복잡하거나 추상적일 때 특히 심하다.
- 화용 언어 문제(pragmatic language problems): 대화에서 말 주고받기, 대화의 개시 그리고 대화의 주제 유지가 이에 포함되며, 환자는 자신의 경험을 일목요연하게 이야기하는 데 어려움이 있다.
- 장황한 말(rambling speech): 간결하거나 정확하게 말하는 데 어려움이 있으며, 말이 모호하고 간접적일 수 있다.
- 읽기 쓰기의 어려움(reading and writing difficulties): 이러한 문제는 부분적으로 산만함과 주의력 결핍 때문이다.

외상 뇌손상 환자의 치료와 재활

외상 뇌손상 환자는 치료와 재활 프로그램을 시작하기 전에 세밀한 평가를 받는다. 외상 뇌손상의 평가와 치료는 팀으로 이루어지는데 의학전문가, 언어치료전문가, 심리학자, 물리치료사 그리고 다른 전문가들이 포함된다(Hegde, 2008c; High et al., 2006; Murdoch & Theodoros, 2000).

외상 뇌손상 환자의 평가에는 외상 뇌손상 이전의 인지와 의사소통 기능의 수준을 파악하기 위한 자세한 환자 약력이 포함되고, 회복에 대한 의학적 예후를 포함한 의무 기록의 검토, 환자의 현재 의학적 상태 평가, 환자에 대한 체계적인 관찰 그리고 평가도구를 통한 검사가 포함된다. 평가는 지속적인 과정인데, 왜냐하면 외상 뇌손상 환자는 신체적 상태가 호전되면서 변화하기 때문이다. 초기 평가는 의식 상태와 외부환경의 자극과 사건에 대한 반응의 정도를 평가하기 위해 병상에서 이루어진다. 임상가는 간단한 구어 지시(예를 들면, "눈을 뜨세요." "발가락을 움직여 보세요." 혹은 "손을 들어 보세요.")를 하고 반응의 속도와 정확성을 평가한다. 초기와 아급성기(subacute)의 각성(awareness), 주의(attention), 기억(memory), 추론 능력

(reasoning skills) 그리고 의사소통의 평가에 몇 가지 표준화된 검사를 이용할 수 있다(Hegde, 2006, 2008b).

의사소통장애의 평가는 앞에서 나열한 증상들에 초점이 맞추어진다. 임상가는 마비말장애, 언어 착란, 듣고 이해하기의 문제, 이름 대기의 어려움, 화용 언어의 문제 그리고 다른 장애가 있는지를 조사한다. 환자의 일반적인 행동과 의사소통에 대한 종합적인 평가는 여러 전문가가 시행할 전반적인 재활 프로그램의 개발로 연결된다(Hegde, 2006, 2008a).

외상 뇌손상 환자들의 의사소통장애 치료는 우뇌손상 증후군 환자와 비슷한 방법으로 시행된다.

외상 뇌손상 환자의 **치료** 혹은 **재활**은 의학적 치료를 통해 환자의 신체적 상태가 안정되면 시작하는데, 이때 행동적 중재가 실용적이다. 물리치료와 의사소통 훈련은 긴밀하게 이루어진다. 물리치료의 목표는 손상을 입은 신경 근육기능의 향상이다. 궁극적으로 환자를 치료하는 전문가 팀의 관심은 사회적 · 학문적 혹은 직업적 현장에서 공동체 안에 재편입되는 것이다. 치료와 재활의 최종 목표는 외상 뇌손상 환자에게 최선의 사회적 · 교육적 그리고 직업적 참여를 보장하고 보상 책략을 교육시켜서 잔존하는 모든 한계의 영향을 감소시키는 것이다.

외상 뇌손상 환자를 위한 **의사소통 치료**(communication treatment)는 언어치료전문가의 주된 책무다. 행동 중재는 의사소통기술뿐만 아니라 뇌손상으로 영향을 받는 일반적인 행동과 기억기능 그리고 추론기능을 향상시키는 데도 효과적이다(Deaton, 1990; Hegde, 1996, 2008b; Marquardt, Stoll, & Sussman, 1990).

의사소통 치료에서 언어치료전문가는 공간과 시간 그리고 사람에 대한 지남력을 향상시키고, 의사소통 상대방과 상대방을 둘러싼 환경에 주의를 기울이도록 하고, 일상생활과 가족의 이름에 대한 기억력을 향상시키고, 더 나은 이야기 기술과 대화상에서 말 주고받기, 주제 유지하기 그리고 주제를 끄집어내기, 관련이 없거나 부적절한 반응을 감소시키고, 말명료도를 향상시키는 것 등을 목표로 한다. 설정된 모든 치료의 목표는 일상생활에서의 의사소통 향상을 도울 수 있는 기능적인 것이다. 이때 가족은 치료의 협력자가 된다. 가족은 임상가가 일상생활에서 의사소통을 강화시킬 목표를 설정하는 데 도움을 준다. 아동의 경우, 임상가는 아동이 학교로 돌아갔을 때 직면하게 될 학습의 문제를 반드시 염두에 두어야 하며 기능적인 치료 목표에 대한 교사의 제안을 고려해야 한다.

치료의 초기단계에서는, 효과적인 의사소통—조음이나 문법의 정확성이 아니라—이 치료의 주요 목표가 된다. 환자는 가능한 모든 방법을 통해 자신의 기본적인 요구를 전달하도록 촉진을 받는데, 그것은 한 단어나 몸짓, 혹은 기호일 수도 있다. 심한 뇌손상의 경우, 일반적인 메시지가 있는 의사소통 판이 준비될 것이며, 환자는 의사를 전달하기 위해 원하는 메시지를 가리킨다. 환자의 신체적 상태가 호전되면, 임상가는 점차 더 복잡한 말과 언어 기술을 치료 목표로 정한다.

장소와 시간 그리고 사람에 대한 지남력을 향상시키기 위해서는 임상가가 "지금 여기가 어디죠?" 혹은 "지금 몇 시죠?"와 같은 질문을 자주 던져야 한다. 임상가는 올바른 반응에 대한 시범이나 촉진(prompt)을 주고 즉각적으로 이를 강화하는데, 단계적으로 조금씩 시범이나 촉진을 줄여 나간다. 이름 대기 기능을 향상시키기 위해 임상가는 자주 그 사람들의 이름을, 환자를 포함하여 바로 그 환경에서 말한다. 또한 자주 주위의 사건이나 사람들에 대해 환자에게 질문하고, 적절한 반응을 강화한다. 환자에게 가족의 이름을 써 보게 하거나, 가족의 사진과 그 이름이 쓰여 있는 카드를 연결하게 한다. 언어 이해력을 향상시키기 위해서는 환자가 지금 듣게 될 것에 대해 자주 주의를 집중하도록 하는데, 예를 들면 임상가가 "지금부터 어떤 이야기를 해드릴 거예요. 주의 깊게 잘 들어보세요."라고 하는 것이다. 임상가가 이야기를 반복하는 것도 이해에 도움이 될 수 있다.

외상 뇌손상과 관련된 마비말장애에 다른 특별한 치료방법이 있는 것은 아니다. 말과 음성 그리고 공명과 관련된 문제들은 앞에서 마비말장애 부분에 설명했던 것과 같은 방법으로 다룰 수 있다.

임상가는 초기에 치료 과제를 단순화함으로써 작은 향상이라도 긍정적으로 강화하고, 이후 체계적으로 과제의 복잡성을 증가시킨다. 아동의 경우는 학업과 관련된 활동을 치료에 결합시킬 수 있다. 예를 들면, 아동의 학년에 해당하는 책의 자료를 읽고 이해하는 것이 치료의 한 부분이 된다. 학년에 맞는 쓰기 숙제 또한 사용한다.

심한 외상 뇌손상의 경우, 환자는 아무리 재활치료를 해도 완치되지 않고 영향이 남아 있을 수 있다. 그러한 경우 임상가는 환자의 손상을 보상해 주는 다양한 기술을 가르친다. 예를 들면, 잔존하는 기억의 문제를 보상하기 위해 임상가는 환자가 요리하기 등의 활동을 완수하는 데 필요한 내용을 써 놓도록 할 수 있다. 들은 내용을 이해하는 데 어려움이 있는 환자는 다시 말해 달라고 하거나 명확하게 말해 달라고 하는 내용의 질문을 하도록 가르칠 수 있다. 어떤 환자들에게는 활동이나 약속 시간을 알려 주는 전자기구(가령, 알람이 달린 디지털 시계)를 사용하도록 권하기도 한다. 환자가 특별히 필요로 하는 것들에 대해 가족, 교사 그리고 고용 책임자들과 함께하며 그들을 교육하는 것은 외상 뇌손상 재활치료에서 중요한 부분이다.

삼킴장애

삼킴장애는 음식이나 음료수를 삼키는 것의 장애다. 연하장애로도 알려져 있는 삼킴장애는 의사소통장애는 아니다. 그럼에도 언어치료전문가는 여러 종류의 삼킴장애를 가지고 있는 환자를 평가하고 치료하는 전문가로 알려져 있다(Corbin-Lewis, Liss & Sciorrtino, 2005; Groher, 1997; Hixon, Weismer, & Hoit, 2008; Hegde, 2008a; Leonard & Kendall, 2008; Logemann, 1998). 구강, 후두 그리고 인두 구조의 해부와 생리에 대한 언어치료전문가들의 광범위한 지식과 전문성으로 그들은 삼킴장애의 연구와 임상에 중대한 공헌을 해왔다.

삼킴장애를 이해하기 위해서는 입에서부터 위장으로 음식을 먹고 이동시키는 데 관여되는 해부학적 구조와 생리학적 기능에 대한 많은 지식이 필요하다. 임상가는 정상 삼킴과 음식과 음료를 삼키는 데 어려움을 초래하는 다양한 장애에 대해 이해할 필요가 있다.

정상 삼킴: 구조와 기능

단단한 음식이나 액체의 삼킴은 여러 단계의 복잡한 활동으로써, 음식을 씹고, 삼킬 준비를 하고, 삼킴을 시작하고, 음식이 인두를 통과하도록 밀어 넘기고, 그리고 식도를 통해 위장으로 음식이 들어가도록 하는 것들이 있다. 삼킴은 또한 복잡한 신경 근육 시스템 세트를 필요로 하는데, 이 중 한 가지 이상의 장애가 삼킴장애를 초래한다.

말에 관여하는 여러 신경 근육 시스템이 먹고 삼키는 데도 연관된다. 예를 들면, 제4장에서 설명한 입술, 아래턱, 치아와 뺨 그리고 혀를 포함한 구강, 성대, 인두 그리고 연구개와 같은 구조들은 말소리 산출과 삼킴 작용 모두에 관여한다. 물론 이 구조 중 일부는 두 종류의 활동에 관여하는 생리학적 움직임이 다르다. 예를 들면, 근육 그룹의 움직임들은 말소리 산출에서보다 삼킬 때 더 느리고, 삼킴에서 사용되는 근육 강도는 말소리 산출에서 사용될 때보다 더 크다.

언어치료전문가는 말뿐만 아니라 삼킴의 전문가인데, 이는 주로 말과 삼킴에서 공유하는 해부학적 · 생리학적 시스템에 대한 전문성 때문이다. 삼킴장애 관리는 언어병리학에서 하나의 전문적 분야이며 부가적으로 전문지식과 기술을 필요로 한다. 삼킴장애에 전문화된 언어치료전문가는 의료 현장에서 일하며, 일부는 거의 삼킴의 문제가 있는 환자들만 본다. 의료기관에서 일하는 언어치료전문가가 담당한 성인 환자 중 절반은 삼킴장애를 가지고 있다(American Speech-Language-Hearing Association, 2002).

섭식(feeding)과 삼킴(swallowing)은 관련된 활동이지만, 서로 다르다. **섭식**은 본질적으로 음식을 그릇에서 입으로 옮기는 것이다. **자기 섭식**(self-feeding)이나 **보호자 섭식**(caregiver feeding)을 통해 음식이 입안에 들어온다. 반면, **삼킴**은 음식을 입에서 위장으로 옮기는 것인데, 먹는 동작은 입안에 음식이 들어간 것에서부터 시작하여 잘 씹고 음식이 위장까지 도달하는 것으로 끝이 난다. 음식이 혀의 뒷부분을 통과한 이후에는 정상 삼킴의 과정으로 연결된다. 정상 삼킴은 그 단계들이 분리되어 있는 것이 아님에도 종종 다음에서 설명하는 것처럼 서로 다른 단계(혹은 위상)로 표현한다. 그 단계들은 우리가 삼킴 동작과 다른 구조들의 움직임을 이해하는 데 도움이 되지만 어느 정도는 서로 겹쳐진다.

[그림 10-1]에 묘사되어 있듯이, 삼킴의 동작은 네 가지 서로 관련된 단계로 이해할 수 있는데, 구강준비단계(oral preparatory phase), 구강단계(oral phase), 인두단계(pharyngeal phase) 그리고 식도단계(esophageal phase)다. 이 네 가지 삼킴의 단계는 음식이 위장에 도달하면 끝난다. 정상 삼킴은 여러 말초신경과 뇌의 특정 센터에서 조절되고, 삼킴의 단계들은 서로 연관되어 있다.

네 단계의 주요 특징 및 상호 의존성, 그리고 신경 및 대뇌 피질의 조절은 다음과 같다.

- 구강준비단계: 입안에 들어온 음식은 궁극적으로는 삼켜지기 위해 준비가 된다. 삼킬 준비가 된 음식, 특히 고형식(solid)이나 반고형식(semisolid)은 **음식 덩이**(bolus)라고 한다. 구강의 구조, 주로 치아와 혀는 삼키기 위해 음식을 음식 덩이로 만든다. 고형식과 반고형식은 침과 섞이고 저작(씹기)을 거쳐 안전하게 삼킬 수 있는 부드럽고 비교적 매끄러운 음식 덩이로 만들어진다. 음식이 입안에 들어오면, 일련의 동작이 뒤따른다. 입술은 음식을 입안에 물고 씹을 수 있도록 닫히고, 혀는 음식을 침과 섞기 위해 입안에서 여기저기로 움직이며, 또한 음식이 분쇄되도록 치아 표면에 올려놓고, 갈린 음식은 부드러운 음식 덩이로 만들어진다. 음료를 삼킬 때는 씹기가 필요없는데, 음료는 삼킴이 시작되기 전에 잠깐 혀와 구개의 앞쪽(전방) 부분 사이에 놓인다. 삼키기 전에, 어떤 사람들은 음료를 혀 위에 물고 있는 반면, 어떤 사람들은 음료를 구강 바닥에 담고 있다.
- 구강단계: 혀의 움직임은 구강단계의 주된 활동이다. 혀의 앞쪽-뒤쪽 굴림동작

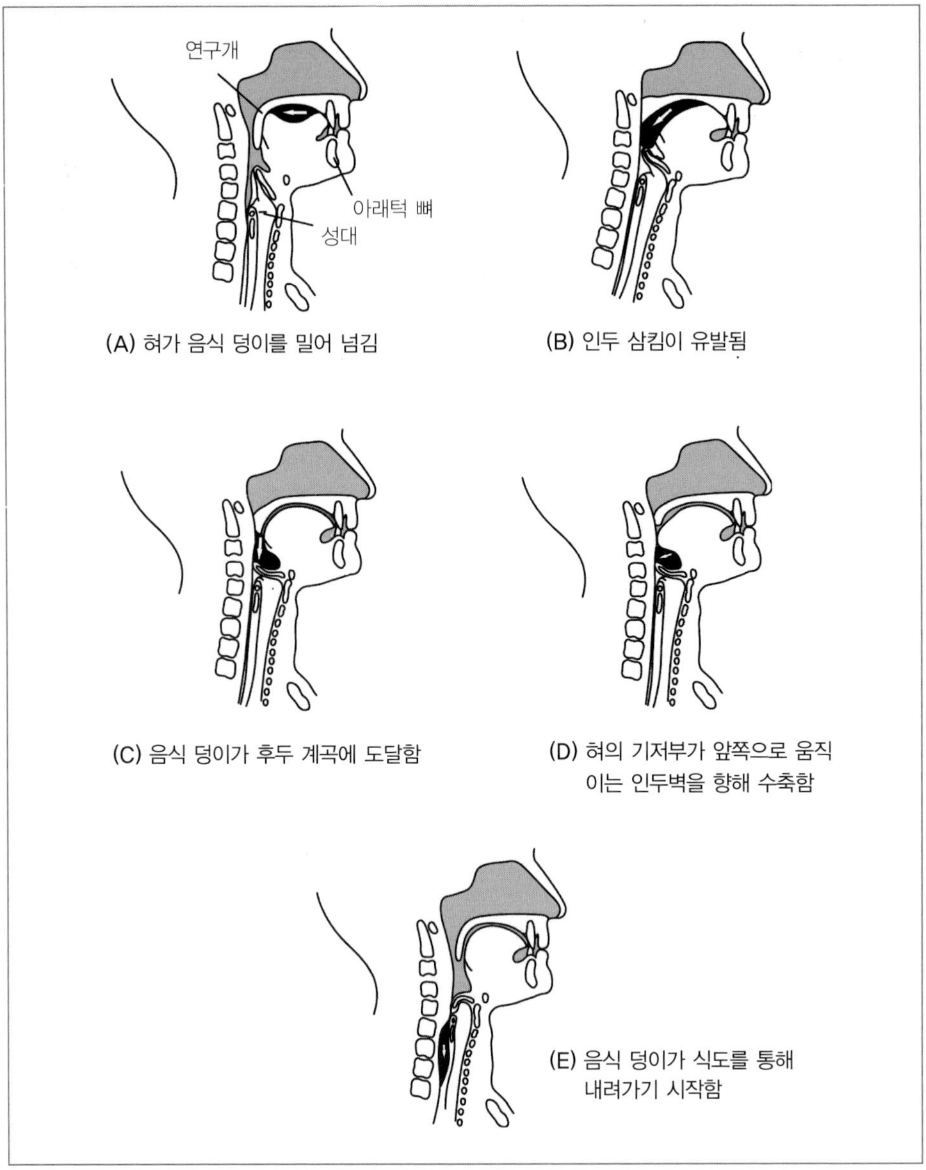

[그림 10-1] 정상 삼킴의 과정

*출처: 삼킴장애의 평가와 치료(p. 28)에서. J.A. Logemann, 1998, Austin, TX: PRO-ED. Copyright 1998 by PRO-ED, Inc.의 허락하에 인용함.

(front-to-back rolling action)은 음식 덩이를 혀의 뒷부분으로 옮긴다. 입술은 닫힌 채로 있고, 혀의 끝과 양옆은 빨아들이는 동작이 일어나도록 치조돌기(alveolar ridge)에 압착된다. 그런 다음 연구개는 상승하여 음식 덩이가 앞쪽구개궁(anterior faucial arch)을 통과할 수 있게 한다. 연구개와 뒤쪽인두벽(posterior pharyngeal wall)은 서로 맞닿아 음식이 비강(nasal cavity)으로 들어가지 않도록 한다. 이 단계는 1~1.5초 안에 완료된다. 뇌신경 V, VII, IX번 그리고 X번이 삼키게 될 음식의 감각 정보(맛과 냄새)를 제공하며, 이와 더불어 뇌신경 XII번이 구강단계뿐만 아니라 구강준비단계와 관련된 근육의 움직임을 조절한다.

- **인두단계**: 인두단계는 음식 덩이가 구개기둥(faucial pillars)에 닿아 이를 통과하기 시작할 때 유발된다. 일단 이 단계가 유발되면, 음식 덩이가 인두를 통과하는 움직임은 거의 반사적이고 자발적으로 통제되지 않는다. 인두의 수축은 음식을 아래로 내려 보내도록 위에서부터 아래로 진행된다. 인두는 음식 덩이가 식도로 들어갈 수 있도록 아래로 짜내려 간다. 안전한 삼킴을 위해 이 단계에서 달성되어야 하는 몇 가지 중요한 기능이 있다. 예를 들면, 연인두(velopharyngeal) 영역은 반드시 닫혀 있어서 인두를 통과하는 음식이 비인두(nasopharynx)로 들어가지 않도록 해야 한다. 호흡은 후두의 상승에 따라 성대가 모아져 공기 통로(기관, trachea)를 닫음으로써 멈추고, 음식은 폐로 들어가지 않게 된다. 후두주름(ventricular folds)과 후두덮개(epiglottis)의 움직임 또한 기관 입구를 닫는 데 도움이 된다. 삼킴의 이 단계는 뇌신경 V, VII, IX번 그리고 X번을 통해 뇌줄기(brainstem)와 대뇌피질 영역에 도달한 음식 덩이에 대한 감각 정보로 유발된다고 본다. 이 단계의 근육 움직임은 뇌신경 IX, X 그리고 XI번이 조절한다.
- **식도단계**: 이 단계는 불수의적이다. 식도의 근육 튜브는 음식을 인두의 맨 아래에서부터 위장으로 옮기는 것을 돕는다. 식도는 후두의 바로 아래부터 시작하여 기관 뒤쪽으로 기관과 나란히 내려가 위장으로 연결된다. 식도는 보통 평평한 상태인데 음식이나 음료가 들어가면 늘어난다. 식도의 두 가지 중요한 구조는 두 개의 조임근—맨 위에 하나, 그리고 아래쪽에(맨 밑에) 하나—이다. 두 개의 조임근은 식도로 음식이 들어가는 것을, 그리고 식도에서 나오는 것을 촉진한다. 식도의 반사적 움직임은 음식 덩이가 위장에 도달할 때까지 점진적으로 튜브의 아래쪽으로 밀어 내린다.
- **단계 간의 상호 관련성과 중복적 특성**: 각각의 단계는 일부 중복되는 기능과 함께 어느 정도 상호 관련성이 있다. 예를 들면, 딱딱한 음식 한 조각을 씹을 때 음식은 구강준비단계에 있다. 음식을 계속 씹는 동안 음식의 일부는 벌써 음식 덩이를 형성하여 혀의 뒤쪽을 향해 움직이기 시작하는데, 이는 구강준비단계와 구강단계가 동시에 일어나는 것을 의미한다. 한 음식 덩이가 구강단계에 접어들었을 때(음식이 혀의 뒷부분으로 움직이기 시작함), 다른 음식 덩이는 인두 영역에 들어

갔을 수도 있는데, 이는 구강단계와 인두단계가 중복되는 것을 말한다.

- **삼킴의 신경 및 대뇌 피질의 통제:** 말을 통제하는 많은 신경들이 삼킴도 통제한다. 입술과 턱, 혀, 연구개, 인두 그리고 후두를 통제하는 뇌신경들이 삼킴과 말 기능 양쪽 모두를 통제한다. 호흡을 조절하는 척수신경 또한 삼키는 동안 호흡을 멈춤으로써 삼킴의 조절에 도움이 된다. 후두뿐만 아니라 식도의 윗부분도 뇌신경 X번 미주신경(vagus nerve)이 통제하는데, 이는 삼키는 동안 기도를 닫고 음식이 들어가도록 상부식도조임근(upper esophageal sphincter)을 열어 준다. 그러나 말과 삼킴의 구조에 함께 관여하는 동일한 뇌신경들이라도 뇌의 다른 영역에 의해 통제되는 것으로 알려져 있다. 따라서 어떤 뇌 영역의 손상은 말에만 혹은 삼킴에만 영향을 미치거나, 말과 삼킴 모두에 영향을 미치기도 한다. 뇌줄기의 어떤 영역(특히 숨뇌, medulla)은 거의 불수의적인 삼킴(인두단계와 식도단계)을 통제한다. 상위 단계에서는, 일차운동피질(primary motor cortex), 전운동피질(premotor cortex), 그리고 일차감각피질(primary sensory cortex)이 보다 수의적인 삼킴의 단계에 필요한 움직임을 시작하고 조절하는 데 관여한다.

삼킴 행동의 발달

임신 12.5주 정도에, 태아는 양수(amniotic fluid)를 삼키기 시작한다. 출생 직후, 신생아는 미숙 빨기(suckling)를 시작하는데, 이는 나중에 빨기(sucking)로 변한다. 신생아는 액체를 입안으로 들어오게 하기 위해 미숙 빨기를 한다. **미숙 빨기**는 혀의 수평적 움직임인데, 액체를 끌어들이기 위해 혀를 앞뒤로 움직인다. 이때 턱의 큰 움직임이 미숙 빨기에 동반되어 나타나는 경향이 있다. 이러한 액체 삼키기 패턴은 6개월 정도 지나면 변화가 일어나는데, 이후 빨기 행동으로 이어진다. **빨기**에서 턱의 움직임 범위는 감소하고, 입술은 더 단단하게 닫히고, 혀는 위아래로(수평적 움직임과 반대인 수직적으로) 움직이기 시작한다.

미숙 빨기는 오직 묽은 액체만 입안으로 빨아들일 수 있다. 반면, 빨기는 농도가 진한 액체나 연식을 입안에 들여올 수 있다. 왜냐하면 그 동작이 구강 내에 외부보다 낮은 압력을 형성하기 때문이다. 모유를 먹든 우유병으로 먹든, 신생아는 숨을 쉬면서 빨기를 하고 그런 다음 삼키기 위해 호흡을 멈춘다. 일반적으로 신생아는 8~12번을 빨고 난 다음 잠깐 쉰다.

이후 삼킴기능의 발달은 아기의 구강과 인두강의 변화 및 성장과 관련이 있다. 삼킴 행동 자체는 관련된 구조의 성장에 영향을 받는데, 이는 그 동작이 근육에 가하게 되는 압력 때문이다. 고형식이나 반고형식을 숟가락으로 먹는 것은 약 6개월 정도가 되면 가능하다. 첫돌쯤 되면 아기는 씹기를 배우는데, 이후 몇 년 동안 씹기의 숙련도는 계속 향상된다. 나이가 더 들면, 아기들은 점점 더 다양한 음식을 먹게 되고 삼킴기능은 곧 성인과 비슷해진다.

성인의 삼킴기능은 오랫동안 안정적이다가 60세경에 변화를 보이기 시작한다. 삼킴기능의 변화 중 일부는 타액 분비의 감소와 미각과 후각이 약해지는 것과 관련이 있을 수 있다. 일반적으로 노화하면 삼킴이 느려진다. 노인의 경우 젊은 사람보다 음식 덩이가 인두를 더 천천히 통과한다. 또한 음식 덩이가 들어가는 데 노인의 상부식도조임근은 더 천천히 열린다. 노인의 경우 음식물의 느린 이동이 흡인(aspiration, 음식물이 기도로 들어가는 것)의 확률을 증가시킬 수 있다.

정상 삼킴과 비정상 삼킴에 영향을 미치는 요인

모든 연령에서, 삼킴 행동에 영향을 미치는 많은 요인이 있다. 몇몇 요인은 구강에서 준비되고 삼키게 되는 음식의 특성과 관련이 있다. 또 다른 요인은 삼킬 때의 자세와 관계된다.

- **삼키는 음식의 특성**: 음식의 농도, 음식의 부피 혹은 양, 음식의 맛과 냄새, 온도는 삼킴에 영향을 미치는 가장 중요한 요소들이다. 음식 농도는 액체부터 고형식까지 다양하다. 일반적으로 액체는 고형식보다 더 빠르게 삼킨다. 고형식의 이미 씹은 부분은 다른 부분을 씹고 있을 동안 인두로 넘어가기도 한다. 음식의 된 정도—음식의 점도(viscosity)로 측정되는—는 삼킴에 영향을 미치는 또 다른 요인이다. 일반적으로 된 음식(점도가 높은 음식)은 묽은 음식(점도가 낮은 음식)에 비해 삼키는 데 더 많은 시간이 걸린다. 또한 된 음식은 그것을 삼킬 수 있는 음식 덩이로 만드는 데 혀의 힘이 더 많이 든다. 음식의 크기 혹은 부피도 삼킴에 영향을 미치는데, 더 큰 음식 덩이를 만드는 데는 혀의 더 많은 힘과 더 활발한 움직임이 요구된다. 또한 큰 음식 덩이는 작은 것에 비해 후두 침습(laryngeal penetration)의 위험성이 더 높다. 음식의 맛과 냄새, 온도는 환자가 음식을 즐길 수 있는 정도를 결정한다. 냄새는 맛에 기여하는 중요한 요소다. 개인의 과거 상황에 따라 어떤 맛의 음식과 냄새는 삼킴을 촉진시키거나 지연시키기도 한다. 찬물을 먹는

데 익숙하지 않은 사람은 차게 한 물을 삼키는 데 어려움을 겪을 수 있다.

- 삼킬 때의 몸의 위치: 몸의 자세나 위치는 삼킴에 영향을 미친다. 상체를 똑바로 세운 자세에서는 얼굴을 아래로 한 자세보다 음료가 인두에 더 빨리 도착한다. 그 두 가지 자세에서 고형식을 먹을 때는 그러한 차이가 두드러지게 나타나지 않는다. 일반적으로 상체를 세운 자세에서 먹고 마시는 것은 누운 자세(등을 대고 반듯이 눕기)에서 먹는 것보다 더 안전할 수 있다.

이 장의 후반부에서 볼 수 있듯이, 자세를 조절하는 것은 일부 환자들의 삼킴장애를 관리하기 위해 고안된 하나의 책략이다. 다양한 머리와 목의 자세는 특정 유형의 근육 약화가 있는 환자에게 더 바람직한 삼킴을 촉진시킬 수 있다.

삼킴장애의 원인

삼킴장애는 여러 종류의 질환과 임상적 상태에 대한 증상인데, 이는 다른 신경생리학적 문제없이는 나타나지 않는다. 삼킴장애를 일으키는 여러 질환과 임상적 상태로는 다음과 같은 것을 볼 수 있다.

- 뇌졸중: 뇌졸중이 삼킴에 관련된 구조의 운동 조절에 영향을 미칠 경우 삼킴장애가 초래된다. 뇌졸중, 특히 뇌줄기와 뇌의 앞쪽(전두엽쪽)에 발생한 뇌졸중은 삼킴에 관여하는 근육의 운동 조절에 영향을 미치고 삼킴장애를 일으킬 수 있다.
- 신경학적 질환과 신경퇴행성 질환: 성대마비를 초래할 수 있는 다양한 신경학적 질환과 파킨슨병, 알츠하이머병, 헌팅톤병, 윌슨병(Wilson's disease), 근육위축가쪽경화증, 다발경화증(multiple sclerosis), 근육퇴행위축(muscular dystrophy)과 같은 퇴행성 신경학적 질환이 삼킴장애의 원인이 될 수 있다. 치매 부분에서 언급한 바와 같이 신경퇴행성 질환들은 치매와 삼킴장애를 초래할 수 있다.
- 종양과 여러 형태의 암: 구강, 후두, 인두(목), 혹은 식도에 자라는 종양은 삼킴장애를 일으킬 수 있다. 암에 대한 수술이나 방사선 치료가 부가적인 원인이 되기도 한다.
- 수술: 뇌와 머리, 목, 두개골 기저, 혀, 턱, 혹은 위창자 수술 또한 삼킴장애를 일으킬 수 있다.
- 화학요법: 두경부암으로 화학요법을 받으면 삼킴과 관련된 근육의 약화로 삼킴

장애가 생길 수 있다. 피로와 함께 구역감과 구토는 삼킴장애가 전혀 없더라도 음식을 잘 섭취하지 못하게 하여 영양실조를 초래할 수 있다.

- 뇌손상: 외부로부터의 외상(앞에서 설명한 외상 뇌손상을 말함) 혹은 소아마비와 뇌성마비와 같은 아동 신경학적 장애로 뇌가 손상되었을 때 삼킴장애가 생길 수 있다.
- 인간면역결핍 바이러스(HIV)와 AIDS: 나중에 AIDS와 AIDS 치매 복합체(이 장의 앞에서 설명함)로 진행되는 HIV 환자는 삼킴 문제를 경험할 수 있다.

삼킴장애에는 다양한 원인이 있으며, 그와 관련된 질병의 말기까지 임상적으로 관리를 받게 된다. 예를 들면, 퇴행성 신경학적 질환의 말기가 되어 치매가 발생할 때까지 삼킴은 특정 책략을 이용하여 향상시킬 수 있다.

삼킴장애

삼킴장애는 삼킴의 단계에 따라 나누어진다. 정상 삼킴의 각 단계와 관련된 전형적인 기능이 손상되었을 수 있다. 치료와 임상적 관리는 장애가 발생한 단계에 따라 달라진다(Hegde, 2008a; 2008b; 2008c).

- 구강준비단계의 장애: 이 단계의 삼킴장애에는 음식을 입안에서 옮길 수 없는 혀의 약화와 턱 운동의 장애로 씹을 수 없는 것이 있다. 이는 씹기장애(disorder of mastication)로 불리기도 한다. 구강준비단계의 다른 장애에는 혀 움직임의 약화로 음식 덩이를 형성하기 어려움, 입술의 약화로 구강 앞쪽(전방)에 음식을 물고 있기 어려움, 음식 덩이가 인두로 들어가기 전에 입안에 담고 있지 못하여 음식 덩이가 덜 형성된 상태로 인두에 들어가고 흡인을 초래함, 인두로 음식 덩이를 옮기기 전에 너무 오래 물고 있는 것 등으로 이 또한 혀의 약화가 원인인 경우가 많다.
- 구강단계의 장애: 혀의 약화와 삼킴 반응이 유발되도록 음식 덩이를 인두로 옮기는 것의 어려움이 이 단계의 주된 문제다. 다른 문제로는 음식 덩이를 조절하기 위한 혀 움직임의 약화, 느림, 비조직화, 음식을 뒤로 밀어 넘기는 대신 입안 앞으로 밀어내는 혀의 전방 운동인 혀 밀어내기(tongue thrust), 입안 바닥, 입천장이나 혀의 표면, 그리고 치아와 볼 사이에 남은 음식 잔여물, 삼킴 반사가 유발

되지 않았는데 음식이 인두로 덜 형성된 상태로 유출되어 흡인이 일어나는 것, 그리고 나누어 삼키기(piecemeal swallow)가 있다.

- 인두단계의 장애: 정상적으로는 음식 덩이가 혀의 기저부(base of the tongue)를 통과하면 삼킴 반응이 유발된다. 인두단계의 장애는 음식 덩이가 인두를, 그리고 궁극적으로는 식도를 통과하도록 삼킴 반응을 유발하는 것의 어려움을 말한다. 다른 문제로는 뇌줄기 손상 환자들에게서 종종 볼 수 있는 삼킴 반사의 지연이나 결여, 음식이 특히 음료가 기도로 들어가는 것, 연인두문의 부적절한 폐쇄로 음식이 비강으로 침습되는 것, 주로 인두 근육의 약화나 마비로 인두의 움직임이 불충분하여 음식 덩이가 인두를 통과할 때 인두벽에 음식이 코팅되는 것, 그리고 흡인을 초래할 수 있는 기도 위의 음식 잔여물을 들 수 있다.
- 식도단계의 장애: 앞서 언급한 바와 같이, 삼킴의 식도단계는 주로 반사적이다(수의적으로 조절할 수 없다). 이 단계의 장애는 다양한 원인으로 초래되는데, 수술, 신경학적 손상, 암에 대한 방사선 치료, 주방세제와 같은 유해한 화학물질을 먹어서 식도에 부식성 손상이 발생한 경우, 식도의 감염, HIV와 AIDS, 식도암 그리고 주변 조직(가령, 폐와 림프 결절)에 생긴 종양 때문에 식도가 압박을 받는 것 등이다. 주된 증상은 식도를 통해 위장으로 내려가는 음식의 움직임이 비효율적으로 이루어진다. 다른 문제로는 음식이 식도에서 인두로 다시 넘어오는 것, 위식도역류장애(Gestroesophageal Reflux Disease: GERD, 하부식도조임근의 약화로 발생함)라고 하는, 음식과 위산이 식도로 환류되는 것이 있다. 때로 가슴통증(heartburn)을 호소하는 환자가 있고, 신물이 넘어오는 것도 위식도역류장애 증상이다. 만일 위산이 후두 영역으로 흘러들어 퍼지면 이를 후두인두역류(laryngopharyngeal reflux: LPR)라고 한다. 이때 성대가 자극이 되고 결국 손상을 입기도 한다.

식도 삼킴은 수의적인 조절이 불가능하기 때문에 이 단계의 장애는 언어치료전문가가 임상적으로 관리하지 않는다. 대신 의학전문가가 치료한다.

삼킴장애의 평가

삼킴장애의 평가는 의학전문가와 언어치료전문가가 팀을 이루어 진행한다. 삼킴 반응의 정확한 평가와 측정은 환자의 삼킴장애를 진단하고 포괄적인 치료 프로그램을 계획하는 데 필수적이다. 어떤 평가방법은 특정 도구를 사용하고 어떤 방법은 사용하지 않지만, 대부분 삼킴에서의 문제를 파악하기 위해 음식이나 음료를 사용한다(Logemann, 1998).

삼킴의 각 단계에서의 장애를 평가하고 삼킴 반응을 측정하는 데 가장 많이 사용되는 도구적 방법은 **비디오투시조영검사**(videofluoroscopy)인데, 이는 환자가 다양한 농도의 음식을 삼킬 때 삼킴 기제를 X-ray 사진으로 찍는 것이다. 이 기법은 적은 양의 방사선(X-ray)을 사용하여 삼킴에 관련된 움직임을 녹화한다. 이 검사에서 언어치료전문가는 삼킴 과정에서 음식 덩이의 움직임을 추적할 수 있게 해주는 조영제인, 바륨 황산염과 혼합된 각기 다른 농도의 고형식과 액체의 삼킴검사를 진행한다. 언어치료전문가가 수행하는 바륨삼킴은 수정된 바륨삼킴검사(modified barium swallow study)라고 한다. 원래대로의 수정되지 않은 바륨삼킴검사는 의사, 특히 소화기내과전문의가 삼킴의 식도단계와 관련된 문제를 진단하기 위해 시행하는 것이다. 언어치료전문가는 불수의적 식도 삼킴을 진단하지 않으며, 구강과 인두 단계의 삼킴장애를 진단하기 위해 수정된 바륨삼킴검사를 이용한다(Logemann, 1998).

수정된 바륨삼킴검사는 언어치료전문가가 시행하는데, 방사선과 전문의나 방사선사가 항상 함께한다. 삼킴검사에 따라 음식의 양(부피)과 농도는 다양하다. 음식 은 묽고 농도가 가장 낮은 물부터 시작해서 과일즙, 푸딩, 그리고 고형식으로 점차 진해지고 농도가 높아진다. 환자가 여러 종류의 음식을 삼킬 때 삼킴반응에 문제가 있는 단계를 평가하기 위해 X-ray 동영상을 촬영한다. 이 평가 결과에 기초하여 치료 프로그램이 만들어진다.

삼킴장애의 임상적 관리

삼킴장애의 치료 또한 팀의 노력이 필요하다. 그러나 대부분의 의료 현장에서 언어치료전문가가 삼킴의 구강 및 인두 단계 장애의 치료를 책임진다. 삼킴의 식도단계의 장애는 약물 혹은 수술적 접근을 필요로 하며, 따라서 의사가 관리한다.

삼킴장애의 치료에는 다양한 기법이 있다. 치료의 주된 목표는 ① 환자가 음식과 음료를 안전하게 삼키고, ② 환자가 필요한 영양분을 얻는 것이다. 안전하게 삼키지 못하는 환자는 당연히 음식물을 충분히 섭취하지 못하고, 몸무게가 감소하며, 부가적인 건강 문제가 발생할 수 있다.

언어치료전문가가 시행하는 치료기법은 크게 간접 치료(indirect treatment), 직접 치료(direct treatment) 그리고 보상 치료(compensatory treatment)로 나누어 볼 수 있다. 또한 의학적 치료방법이 적용될 수 있는데, 특히 식도단계의 삼킴장애가 있는 환자의 경우 해당된다(Logemann, 1998). **간접 치료**에서는 음식물을 사용하지 않는데, 이는 다양한 구강 운동 훈련(oral-motor exercise)을 통해 삼킴에 관련된 근육을 강화시키기 위한 것이다.

- 삼킬 때 혀의 움직임을 향상시키기 위해 임상가는 혀 움직임의 범위와 힘을 강화시키기 위해 훈련을 시킬 수 있다. 환자에게 혀의 뒷부분을 가능한 한 높이 올리고 한동안 그 상태를 유지한 다음 내리도록 한다.
- 씹는 동안 턱의 움직임을 향상시키기 위해 환자에게 턱을 가능한 한 크게 벌리고 원을 그리듯 돌리도록 한다. 입술 운동은 씹는 동안 음식을 입안에 물고 있을 수 있도록 입술 닫기를 강화하는 훈련을 한다. 가령, 입술을 세게 오므리고 그 자세를 유지하는데, 점차 유지하고 있는 시간을 늘려 간다. 그러한 훈련을 하는 동안 환자는 음식을 삼키지 않는다. 계획한 훈련을 마치면 언어치료전문가가 삼킴이 향상되었는지 평가하기 위해 음식을 사용할 수 있다.

직접 치료에서는, 더 안전한 삼킴을 촉진하기 위해 음식물을 사용한다. 삼킴의 각 단계에서 장애는 각기 다른 기법을 필요로 한다. 언어치료전문가는 삼킴을 평가하기 위해 그리고 안전한 삼킴방법을 강화하기 위해 기법에 따라 다른 농도와 양의 음식을 사용한다. 다음은 직접 치료의 예다.

- **저작(씹기)장애**의 치료에서, 임상가는 환자에게 씹는 근육의 강도가 더 큰 쪽의 입안에 음식을 두도록 교육한다. 또한 환자에게 근육이 더 강한 쪽으로 머리를 기울이도록 하여 음식이 그쪽으로 가도록 하기도 한다. 환자는 약한 쪽의 볼을 손으로 가볍게 밀어서 압력을 증가시키는 것도 배운다.
- **구강준비단계**의 장애에 대한 치료에서, 임상가는 환자에게 머리를 앞으로 숙여서 삼킬 준비가 될 때까지 음식을 입안 앞쪽에 물고 있다가 머리를 뒤로 기울여 삼킴을 촉진하는 방법을 교육한다. 어떤 환자는 음식에 대한 입안 한쪽의 감각이 저하되어 있을 수 있다. 그러한 경우, 임상가는 입안에서 가장 예민하게 느끼는 쪽에 음식을 두도록 교육한다.
- **구강단계**의 장애에 대한 치료에서, 임상가는 환자에게 삼킴을 시작하기 전에 음

식을 혀의 뒤쪽에 두도록 교육한다. 중력의 힘으로 음식이 구강에서 인두강으로 움직이도록 환자에게 고개를 뒤로 기울이도록 교육한다. 또한 환자에게 혀를 치조돌기(alveolar ridge)에 대고 위쪽으로, 그리고 뒤쪽으로 움직여 삼킴을 시작하게 함으로써 음식을 인두를 향해 뒤로 밀어 넘기는 것을 교육할 수 있다.

- **인두단계**의 장애에 대한 치료에서, 임상가는 지연되거나 결여된 삼킴반사를 보상하기 위해 삼킴 작용 중에 머리를 앞으로 숙이도록 교육한다. 한 번에 삼키는 음식의 양을 제한하는 것도 흡인 가능성을 감소시키는 데 도움이 된다. 어떤 환자에게는 고형식을 삼킨 다음 액체를 삼키게 하여 인두를 깨끗이 씻어 내는 데 도움이 되게 한다. 또 삼킨 후에 매번 헛기침을 하도록 교육할 수도 있다.

삼킴의 **의학적 관리**에서는 약물과 수술방법이 모두 사용된다. 삼킴을 향상시키고 흡인을 최소화하기 위한 여러 가지 수술방법이 고안되었지만 다음의 몇 가지가 주목된다.

- **다양한 튜브 급식 방법**: 환자가 먹기 위해 여러 방법으로 노력을 했음에도 불구하고 구강 급식이 어려울 때, 위장에 구멍을 만들고 그 안으로 튜브를 삽입하는 수술적 방법이 최선의 선택이 될 수 있다. 이 방법을 **위창냄술**(gastrostomy, G-tube)이라고 한다. 음식을 갈아서 튜브 안으로 직접 넣어 환자에게 급식을 하는 것이다. 그러면 음식은 위장 안으로 직접 전달되는데, 이 방법은 환자가 30일 이상 구강 식사를 할 수 없을 것으로 예상될 때 사용한다. 수술을 통해 식도에 만든 구멍을 통해 급식 튜브가 삽입되는 것은 **식도창냄술**(esophagostomy)이라고 한다. 창자에 튜브가 삽입되는 것은 **빈창자창냄술**(jejunostomy)이라고 한다. 튜브가 코를 통해 인두, 식도를 거쳐 위장으로 들어가게 할 수도 있는데, 이 방법은 **코위**(nasogastric) (튜브)**급식**이라고 한다. 다른 튜브 급식 방법으로는 인두에 구멍을 만들고 식도를 통해 위장으로 창자를 삽입하는 것이다. 이는 **인두창냄술**(pharyngostomy)이라고 한다.
- **갑상 성형술**(thyroplasty) 혹은 **후두중앙화 성형술**(medialization laryngoplasty)은 마비된 성대를 수술을 통해 좀 더 가운데로 위치시킴으로써 양쪽 성대가 삼킴 작용 중 기도를 닫기 위해 근접할 수 있게 한다. 한쪽 성대가 건강한 쪽 성대와 떨어진 위치에 마비되어 있는 환자는 삼킴을 위해 성대를 닫을 수 없다. 마비되었더라도 중앙으로 재위치된 성대는 후두 폐쇄를 도와 흡인을 방지한다.

- 삼킴 작용 중 성대의 근접을 향상시키기 위해 고안된 또 다른 수술방법으로는, 성대에, 혹은 암으로 후두를 부분적으로 제거하고 남은 성대 부분에 테플론을 주입하는 것이다. 테플론은 후두 근육의 부피를 증가시켜서 성대 폐쇄를 더 향상시켜 흡인의 가능성을 감소시킨다.

구강 · 인두 단계의 삼킴장애를 향상시키기 위해 사용되는 특정 약물이 있는 것은 아니다. 그러나 신경퇴행성 질환 환자에게 처방되는 일부 약물이 질환의 초기단계에 삼킴을 향상시킬 수 있다. 예를 들면, 삼킴장애가 동반된 파킨슨병 환자는 특정 약물이 효과가 있을 수도 있다.

요 약

- 의료언어병리학은 신경생리학에 기초한 장애를 다루는데, 이는 삼킴장애를 제외하고는 모두 의사소통장애다.
- 실어증은 사회적 의사소통과 참여의 거의 모든 측면에 영향을 미치는 언어장애인데, 이는 뇌졸중이나 종양과 같은 신경학적 질환에 의해 새로 발생한 뇌손상이 원인이 된다. 실어증은 유창하거나 비유창할 수 있으며, 브로카 실어증(비유창하며 실문법증이 있는)과 베르니케 실어증(유창하지만 내용이 없는) 등 몇 개의 하위 유형으로 나뉜다.
- 중추 혹은 말초 신경계의 손상으로 발생한 말장애를 말운동장애(motor speech disroders)라고 한다. 말운동장애는 크게 두 가지 범주가 있는데, 말실행증과 마비말장애다.
- 실행증은 근육 약화나 마비가 없이 신체 부분의 순서에 따른 운동에 문제를 보이는 신경근육장애다. 말소리 산출을 위해 필요한 운동 패턴을 시작하고 실행하는 데 어려움이 있으며, 그것이 말소리 산출 근육의 마비나 약화, 협응장애로 인한 것이 아닐 때 말실행증(Apraxia Of Speech: AOS)이라고 한다. 성인 환자의 경우 일반적인 실행증과 특히 AOS는 좌대뇌반구의 뇌졸중, 외상 뇌손상, 그리고 종양과 관련이 있다. 아동의 경우도 말실행증으로 진단될 수 있는데(발달성 말실행증, childhood apraxia of speech), 진단을 내릴 명백한 특징이 없기 때문에 이는 다소 논란이 되고 있다.
- 마비말장애는 호흡, 발성, 공명, 조음 그리고 말 운율을 포함한 말소리 산출의 모든 측면에 영향을 미치는 중추 혹은 말초 신경계의 손상(장애)으로 발생하며, 이로 인한 말소리 산출 근육의 마비, 약화 혹은 협응장애가 원인이 되어 나타나는 말운동장애의 또 다른 유형이다. 뇌졸중, 외상 뇌손상 그리고 파킨슨병과 같은 신경퇴행성 질환이 마비말장애를 일으킬 수 있다. 마비말장애의 주요 유형은 실조형, 이완형, 경직형, 과대운동형, 과소운동형, 일측상부운동신경형, 그리고 혼합형 마비

말장애다.

- 우뇌손상 증후군은 우대뇌반구의 손상 후에 나타나는 신경학적 · 행동적 장애의 집합체이고, 원인은 뇌졸중, 종양 그리고 뇌의 오른쪽에 발생한 외상손상이다. 지남력장애, 주의력장애, 기억력장애, 좌측 무시, 친숙한 얼굴을 인식하지 못함, 감정을 표현하거나 인식하는 것의 어려움, 추론 · 계획 · 구조화 기능의 장애 그리고 부적절하고, 장황하며, 작화적인(confabulated) 구어 반응이 이 증후군의 특성이다.
- 치매는 지적 기능의 감퇴와 관련된 행동의 부정적인 변화를 말한다. 치매는 가역성일 수도 있고 그렇지 않을 수도 있는데, 가역성인 것은 치료가 가능한 어떤 감염과 관련된 것인 반면, 비가역성인 것은 알츠하이머병, 픽병, 헌팅톤병 그리고 파킨슨병 등의 다양한 신경퇴행성 질환과 관련된 것이다. 일반적인 행동과 기억, 추론 그리고 판단과 같은 지적 기능의 퇴화는 치매의 주요 특성이다. 의사소통장애는 이름 대기의 문제, 점차적으로 감소하는 어휘력, 대화기술의 장애를 보이며, 결국에는 함묵증이 된다.
- 외상 뇌손상(TBI)은 외적인 힘에 의해 발생한 뇌의 손상 후에 나타나는 증상들의 집합체다. 원인으로는 자동차 사고, 낙상, 산업체 혹은 작업장 사고, 아동 학대 그리고 개인 간의 폭력(예, 머리의 총상) 등이다. 외상 뇌손상의 두 가지 주요 유형은 관통(penetrating)과 비관통(nonpenetrating)이다. 외상 뇌손상의 신경행동학적 영향은 다양하며 혼미(stupor) 혹은 혼수상태(coma), 기억력 문제를 포함한 인지장애 그리고 마비말장애, 언어 착란, 이름 대기 장애, 보속적 구어 반응, 언어 이해력 장애, 그리고 화용언어 문제(예를 들면, 대화의 말 주고받기, 대화의 개시, 대화의 주제를 유지하는 것의 어려움) 등이 있다. 읽기와 쓰기의 어려움도 나타날 수 있다.
- 삼킴장애는 음식이나 음료를 삼키는 데에 있어서의 장애다. 언어치료전문가는 다양한 삼킴장애 환자를 평가하고 치료하는 전문가로 알려져 있다. 정상 삼킴은 단계별로 이루어지는데, 구강준비단계는 구강 안에 들어온 음식물을 삼킬 준비를 하는 것이고, 구강단계는 삼키기 위해 음식 덩이를 준비하는 혀의 움직임이 주된 일이며, 인두단계는 음식 덩이가 구개기둥에 닿아 이를 통과하기 시작할 때 유발되고, 식도단계는 불수의적이다. 이와 같은 삼킴의 단계 중 하나 이상의 단계에서 장애가 발생할 수 있다. 언어치료전문가는 간접 치료, 직접 치료 그리고 보상 치료를 이용하여 구강준비단계, 구강단계, 인두단계의 장애를 치료한다. 식도단계의 장애는 의학적인 접근이 필수적이며, 이는 의학전문가가 시행한다.

연구문제

1. 실어증이란 무엇인가? 실어증의 언어 특성에 대해 간략히 설명하시오.
2. 다음의 용어들을 정의하시오.

> 이름 대기 장애(anomia), 착어(paraphasia), 실문법증(agrammatism), 자르곤(jargon), 고정발화(verbal stereotypes), 실서증(agraphia), 실독증(alexia), 실인증(agnosia).

3. 브로카 실어증과 베르니케 실어증의 차이점을 설명하시오.
4. 다음의 용어들을 정의하시오.

> 동맥경화증(arteriosclerosis), 색전증(embolus), 혈전증(thrombosis), 동맥류(aneurysm), 뇌출혈(cerebral hemorrhage).

5. 말(신경)운동장애란 무엇이며, 이는 실어증과 어떻게 다른지 설명하시오.
6. 주요 특성과 기저를 이루는 신경생리학적 측면에서 실행증과 마비말장애를 구분하여 정의하시오.
7. 마비말장애의 원인에는 어떤 것들이 있는지 설명하시오.
8. 우대뇌반구의 기능들을 나열하시오.
9. 좌대뇌반구 손상 환자들에게서 나타나는 의사소통의 문제를 우대뇌반구 손상 증후군 환자들에게서 나타나는 문제와 비교하시오.
10. 치매를 정의하고 그 유형에 대해 설명하시오.
11. 알츠하이머병 치매의 신경병리학을 명시하시오.
12. 관통 뇌손상과 비관통 뇌손상을 구분하시오.
13. 외상 뇌손상에서의 의사소통장애는 순순한 언어학적 장애가 아니라는 말의 의미를 설명하시오.
14. 정상 삼킴의 단계를 기술하시오.
15. 여러 가지 삼킴장애에 대해 간략히 설명하고, 누가(예, 언어치료전문가 혹은 의사) 그러한 유형의 장애를 치료하는지 명시하시오.

참고문헌

American Heart Association. (2005). *Heart diseases and stroke statistics: 2005 update.* Dalas, TX: Author. Available online at: http://www.strokeassociation.org

American Speech-Language-Hearing Association. (2002). SLPs in healthcare settings: Survey results. *ASHA Leader, 7, 8.*

American Speech-Language-Hearing Association. (2007a). *Childhood apraxia of speech*

[Position Statement]. Available from www.asha.org/policy.

American Speech-Language-Hearing Association. (2007b). *Childhood apraxia of speech* [Technical Report]. Available www.asha.org/policy.

Armstrong, A. O. (1979). *Cry Babel.* Garden City, NY: Doubleday.

Benson, D. F., & Ardila, A. (1996). *Aphasia: A clinical perspective.* New York: Oxford University Press.

Bhatnagar, S. C. (2008). *Neuroscience for the study of communicative disorders* (3rd ed.). Baltimore: Lippincott Williams & Wilkins.

Bigler, E. D. (Ed.). (1990). *Traumatic brain injury.* Austin, TX: PRO-ED.

Bigler, E. D., Clark, E., & Farmer, J. E. (Eds.). (1997). *Childhood traumatic brain injury: Diagnosis, assessment, and treatment.* Austin, TX: PRO-ED.

Brookshire, R. (2007). *An introduction to neurogenic communication disorders* (7th ed.). St. Louis, MO: Mosby.

Bourgeois, M., & Mason, L. (1996). Memory wallet intervention in an adult day care setting. *Behavioral Interventions, 11,* 3-18.

Calvin, W, H., & Ojemann, G. A. (1980). *Inside the brain.* New York: New American Library.

Chapey, R. (Ed.). (2008). *Language intervention strategies in adult aphasia* (5th ed.). Baltimore: Williams & Wilkins.

Clark, C. M., & Trojanowski, J. Q. (2001). *Neurodegenerative dementias.* New York: McGraw-Hill.

Cooper, P. R., & Golfinos, J. G. (2000). *Head injury* (4th ed.). New York: McGRaw-Hill.

Corbin- Lewis, K., Liss, J. M., & Sciortino, K. L. (2005). *Clinical anatomy and physiology of the swallowing mechanism.* Clifton Park, NY: Thomson Delmar Learning.

Croot, K. (2002). Diagnosis of AOS: Definition and criteria. *Seminars in Speech and Language, 23*(4), 267-279.

Cummings, J. L., & Benson, F. D. (1992). *Dementia: A clinical approach.* Newton, MA: Butterworth-Heinemann.

Damasio, H. (1981). Cerebral localization of the aphasias. In M. T. Sarno (Ed.), *Acquired aphasia* (pp. 27-50). New York: Academic Press.

Darley, F. L. (1982). *Aphasia.* Philadelphia: Saunders.

Davis, G. A. (2000). *Aphasiology: Disorders and clinical practice.* Needham Heights, MA: Allyn & Bacon.

Deaton, A. V. (1990). Behavioral change strategies for children and adolescents with traumatic brain injury. In E. D. Bigler (Ed.), *Traumatic brain iujury* (pp. 231-249). Austin, TX:

PRO-ED.

Doody, R. S. (2000). Treatment strategies in Alzheimer's disease. In C. M. Clark & J. Q. Trojunowski (Eds.), *Neurodegenerative dementias* (pp. 115-116). New York: McGraw-Hill.

Doody, R. S., Stevens, J. C., Beck, C., Dubinsky, R. M., Kyle, J. A., Gwyther, L., et al. (2001). Practice parameter: Management of dementia (an evidence-based review): Report of the Quality Standards Subcommittee of the American Academy of Neurology. *Neurology, 56*, 1154-1166.

Duffy, J. R. (2005). *Motor speech disorders: Substrates, differential diagnosis, and management* (2nd ed.). St. Louis, MO: Mosby.

Forrest, K. (2003). Diagnostic criteria of developmental apraxia of speech used by clinical speech-language pathologists. *American Journal of Speech-Language Pathology, 12*, 376-380.

Frattali, C. M., Thompson, C. K., Holland, A. L., Wohl, C. B., & Ferketi, M. M. (1995). *Functional assesment of communication skills for adults (ASHA FACS).* Rockvile, MD: American Speech-Language-Hearing Association.

Freed, D. B. (2000). *Motor speech disorders: Diagnosis and treatment.* Albany, NY: Thomson Delmar.

Goodglass, H., Kaplan, E., & Barresi, B. (2001). *The Boston diagnostic aphasia examination* (3rd ed.). Austin, TX: PRO-ED.

Groher, M. E. (1997). *Dysphagia.* Boston: Butterworth-Heinemann.

Hall, P. K., Jordan, L. S., & Robin, D. A. (2007). *Developmental apraxia of speech: Theory and clinical practice* (2nd ed.). Austin, TX: PRO-ED.

Hartley, L. L. (1995). *Cognitive-communicative abilities following brain injury.* San Diego, CA: Singular.

Hedge, M. N. (2006). *A coursebook on aphasia and other neurogenic language disorders* (3rd ed.). Albany, NY: Delmar Thomson.

Hedge, M. N. (2008a). *Hegde's pocketguide to communication disorders.* Albany, NY: Thomson Delmar Learning.

Hedge, M. N. (2008b). *Hegde's pocketguide to assessment in speech-language pathology* (3rd ed.). Albany, NY: Thomson Delmar Learning.

Hedge, M. N. (2008c). *Hegde's pocketguide to treatment in speech-language pathology* (3rd ed.). Albany, NY: Thonson Delmar Learning.

Helm-Estabrookes, N., & Albert, M. L. (2004). *A manual of aphasia and aphasia therapy* (2nd ed.). Austin, TX: PRO-ED.

High, W. M., Sander, A. M., Struchen, M. A., & Hart, K. A. (2006). *Rehabilitation for traumatic brain injury.* New York: Oxford University Press.

Hixon, T. J., Weismer, G., & Hoit, J. D. (2008). *Preclinical speech science: Anatomy, Physiology, acoustics, preception.* San Diego, CA: Plural.

Hodges, J. R. (2001). Frontotemporal dementia (Pick's disease): Clinical features and assessment. *Neurology, 56*(Suppl 4), S6-S9.

Hodgins, E. (1964). *Eposode: A report on the accident inside my skull.* New York: Atheneum.

Holland, A. L., Frattali, C. M., & Fromm, D. (1988). *Communication activities of daily living* (2nd ed.). Austin, TX: PRO-ED.

Kertesz, A. (2006). *Western aphasia battery* (Rev. ed.). San Antonio, TX: Psych Corp.

Krause, K. K., & McArthur, D. L. (2000). Epidemiology of brain injury. In P. R. Cooper & J. G. Golfinos (Eds.), *Head injury* (4th ed., pp. 1-26).

LaPointe, L. L. (Ed.). (2005). *Aphasia and related neurogenic language disorders* (3rd ed.). New York: Thieme Medical.

Larsen, C. R. (1998). *HIV-1 and communication disorders: What speech and hearing professionals need to know.* San Diego, CA: Singular.

Leonard, R., & Kendall, K. (Eds.) (2008). *Dysphagia assessment and treatment planning: A team approach* (2nd ed.). San Diego, CA: Plural.

Litvan, I. (2001). Therapy and management of frontal lobe dementia patients. *Neurology, 56*(Suppl 4), S41-S44.

Logemann, J. A. (1998). *Evaluation and treatment of swallowing disorders.* Austin, TX: PRO-ED.

Love, R. J. (2000). *Childhood motor disability.* New York: Macmillan.

Love, R. J., & Webb, W. G. (2001). *Neurology for the speech-language pathologist* (4th ed.). Boston: Butterworth-Heinemann.

Mahendra, N., & Arkin, S. M. (2003). Effects of four years of exercise, language, and social interventions on Alzheimer discourse. *Journal of Communication Disorders, 36,* 395-422.

Mahendra, N., & Arkin, S. M. (2004). Exercise and volunteer work: Context for AD language interventions. *Seminar in Speech and Language, 25*(2), 151-167.

Marquardt, T. P., Stoll, J., & Sussman, H. (1990). Disorders of communication in traumatic brain injury. In E. D. Bigler (Ed.), *Traumatic brain injury* (pp. 181-205). Austin, TX: PRO-ED.

McClain, M., & Foundas, A. (2004). Apraxia. *Current Neurology and Neuroscience Reports, 4*(6), 471-476.

Murdoch, B. E., & Theodoros, D. G. (2000). *Traumatic brain injury: Associated speech, language, and swallowing disorders.* Clifron Park, NY: Cengage Thomson Learning.

Myers, P. S. (1999). *Right hemisphere damage.* San Diego, CA: Singular.

Ogar, J., Slama, H., Dronkers, N., Amici, S., & Gorno-Tempini, M. L. (2005). Apraxia of speech: An overview. *Neurocase: Case Studies in Neuropsychology, Neuropsychiatry, and Behavioral Neurology, 11*(6), 427-432.

Olanow, C. W., Watts, R. L., & Koller, W. (2001). An algorithm(decision tree) for the management of Parkinson's disease. *Neurology, 56*(Suppl 5), S1-S8.

Payne, J. C. (1997). *Adult neurogenic communication disorders: Assessment and treatment.* San Diego, CA: Singular.

Peña-Brooks, A., Hedge, M. N. (2007). *Assessment and treatment of articulation and phonological disorders in children* (2nd ed.). Austin, TX: PRO-ED.

Porch, B. E. (2001). *Porch index of communicative ability.* Austin, TX: PRO-ED.

Schuell, H. (1965, 1972). *The Minnesota test for differential diagnosis of aphasia.* Minneapolis: University of Minnesota Press.

Seikel, J. A., Douglas, W. K., & Drumright, D. G. (2005). *Anatomy and physiology for speech, language, and hearing* (3rd ed.). Clifton Park, NY: Cengage Thomson Learning.

Silver, J. M., McAllister, T. W., & Yudofsky, S. C. (2005). *Textbook of traumatic brain injury.* Arlington, VA: American Psychiatric Publishing.

Simmons-Mackie, N. (2008). Social approaches to aphasia intervention. In R. Chapey (Ed.), *Language intervention strategies in aphasia and related neurogenic communication disorders* (5th ed., pp. 290-318). Philadelphia: Lippincott Williamns & Wilkins.

Srikanth, S., & Nagaraja, A. V. (2005). A prospective study of reversible dementia: Frequency, cause, clinical profile, and results of treatment. *Neurology India, 53*(3), 294-296.

Tompkins, C. A. (1995). *Right hemisphere communication disorders: Theory and practice.* San Diego, CA: Singular.

Turkstra, L. S. (2001). Treating memory problems in adults with neurogenic communication disorders. *Seminar in Speech and Language, 22*(2), 147-155.

Yorkston, K. M., Beukelman, D. R., Strand, E. A., & Bell, K. R. (1999). *Management of motor speech disorders in children and adults* (2nd ed.). Austin, TX: PRO-ED.

Zemlin, W. R. (1998). *Speech and hearing science: Anatomy and physiology* (4th ed.). Englewood Cliffs, NJ: Prentice Hall.

11

Introduction to Communicative Disorders

언어병리학에서 특수한 주제

뇌성마비

자폐범주성장애

특정 유전성 증후군

지적장애

보완대체 의사소통 전략

언어치료전문가는 의사소통 문제를 포함하여 여러 장애가 중복된 다양한 환자군을 다룬다. 이러한 환자는 지속적인 의학 및 교육 서비스를 통해 꾸준히 기술이 향상되더라도 장애가 계속되는 경우가 대부분이므로 평생교육이 필요하다.

이 장에서는 의사소통장애가 동반될 가능성이 높은 특수한 다섯 집단의 아동 및 성인에 대해 대략적으로 살펴볼 것이다. 이들의 초기 진단은 뇌성마비, 자폐범주성장애, 몇몇 유전성 증후군, 지적장애인 경우가 많다. 또한 다양한 신체장애로 효과적인 구어 의사소통이 제한되어 보완대체 의사소통이 필요한 특수집단이 있다.

뇌성마비

뇌성마비(cerebral palsy)는 유아기의 뇌손상으로 마비가 생기고 신체 발달, 움직임, 의사소통, 감각에 문제가 나타나는 것이 특징이다. 그러므로 뇌성마비는 뇌손상 때문에 신경학적 문제를 보이는 집단을 일컫는 말이다. 뇌성마비는 주로 2세 전 유아기에 진단되고, 실제로 출생 전 혹은 선천적 요인으로 생길 수 있다. 뇌성마비는 진행성은 아니지만 만성적으로 지속된다(Mecham, 2002). 그러나 어떤 뇌성마비 아동은 나이가 들면서 상태가 호전되기도 한다. 뇌성마비는 질병 이름이라기보다 연쇄적으로 나타나는 일들의 결과를 일컫는 용어다.

뇌성마비를 이해하려면 말소리의 신경 운동 조절에 대한 기본적인 내용을 기억해야 한다. 뇌성마비와 연관된 중요한 구조로 운동피질, 추체로 및 추체외로의 운동체계, 소뇌를 들 수 있다(Love, 2000).

뇌성마비의 발병률은 1,000명당 1~6명 정도로 다양하게 추산된다. 미국에는 적어도 75만 명이 뇌성마비를 앓고 있다. 그리고 대부분은 21세 미만이다(Love, 2000; Mecham, 2002). 뇌성마비 아동은 광범위한 재활을 필요로 한다. 〈읽을거리 11-1〉에서는 뇌성마비 아동 재활의 초기 역사를 엿볼 수 있다.

뇌손상의 몇 가지 원인

아동의 뇌손상에는 많은 원인이 있다. 뇌손상은 임신 중(출생 전), 분만 중(출생 중), 또는 출산 직후(출생 후)에 발생할 수 있다. **출생 전** 뇌손상의 주된 원인은 임산부 감염이다. 특히 임신 초기에 산모가 풍진, 이하선염, 독감에 걸리면 태아의 뇌에 손상

읽을거리 11-1

Marie Killilea가 쓴 뇌성마비 실화

Marie Killilea가 쓴 *Karen, A True Story Told by Her Mother*(1952)와 *With Love from Karen*(1983)은 뇌성마비 아동과 그 가족 이야기를 그린 유명한 책이다. Karen이 1940년대에 태어났기 때문에 첫 번째 책에는 부모의 관점에서 본 뇌성마비 아동의 재활 역사를 살펴볼 수 있다.

Killilea 부부가 딸에게 이상이 있다고 느꼈을 때 해결책을 찾아보았지만 1940년대 초였던 그 당시로서는 쉽지 않았다. 소아과 의사는 Karen이 한 살이 될 때까지 부모에게 아무 말도 하지 않았다. 부모가 질문을 하자 그제야 Karen이 뇌성마비일 수 있다고 대답하였고, "뇌성마비는 절대 일어서거나 손을 사용하거나 걸을 수 없다."고 하였다(Killilea, 1952, p. 27). 의사는 의과대학에서 뇌성마비에 대해 많이 배우지 못했다고 털어놓았다. 가슴이 무너졌던 부모는 의사의 말을 받아들이지 못하고 해결책을 찾아 여러 전문가를 만나고 여러 나라를 방문하였다. 첫 번째 만난 전문가는 뇌성마비 아동은 '지적 능력'이 전혀 없다고 말했다. 또 다른 전문가는 Karen을 '큰 규모의 보험계약'을 맺은 기관에 맡기라고 조언하였다. Karen이 30개월이 되었을 때 '답을 알고 있다'는 전문가를 만났다. 그의 대답은 무엇이었을까? 아마 그 부모는 Karen을 데리고 산꼭대기로 올라가 그곳에 버릴까 생각했을지도 모른다.

그러나 오늘날 뇌성마비 아동의 부모는 전문가에게 더 희망적인 조언을 들을 수 있다.

을 야기할 수 있다. 엄마의 빈혈은 태아에게 무산소증(산소 공급 감소)과 뇌손상을 일으킬 수 있다.

병에 걸린 산모가 많은 양의 방사선이나 마취제에 노출되어도 태아에게 뇌손상을 줄 수 있다. 임신 중 산모가 사고를 당한 경우도 태아 뇌손상의 주요 원인이 된다. 감염으로 인한 태아의 뇌손상 발생률은 매년 감소하는 반면, 사고로 인한 발병률은 매년 증가하고 있다.

출생 중 뇌손상의 원인으로는 오랜 분만 시간, 잘못된 분만(잘못된 태아 위치), 너무 이른 분만, 집게 사용으로 발생하는 구조적 뇌손상 등이 있다. 어떤 이유이건 간에 태아의 뇌출혈은 혈전을 만들기 때문에 결국 뇌혈류의 자유로운 흐름을 막아 뇌의 일부분을 손상시킨다. 정상 출산아보다 미숙아에게 더 쉽게 뇌손상이 생길 수 있다.

출생 후 뇌손상으로 뇌성마비가 생기는 경우도 매우 많다. 주된 원인은 자동차 사고다. 다른 원인으로 성홍열, 홍역, 백일해, 뇌수막염, 뇌염 등의 감염이나 질병이 있다. 뇌수막염(meningitis)이란 뇌를 보호하는 막의 염증이고, 뇌염(encephalitis)이란 뇌세포의 염증으로, 둘 다 뇌손상을 일으킨다.

태아가 출생 직후 숨을 쉬지 않아 생기는 출생 직후 무산소증도 빈번한 뇌손상의 원인이다. 대뇌의 혈류 공급이 감소하는 혈관장애도 같은 이유로 뇌세포에 손상을 줄 수 있다. 납과 수은을 포함한 많은 독성 물질도 중요한 뇌손상의 원인이다.

뇌성마비의 주요 유형

뇌성마비는 여러 방법으로 분류할 수 있다. 한 가지 방법은 마비된 신체 부분에 따른 분류다. 신체의 왼쪽이나 오른쪽 반만 영향을 받은 경우 편마비(hemiplegia), 다리만 영향을 받은 경우 하지마비(paraplegia), 사지 중 한쪽 팔 다리만 영향을 받은 경우 단마비(monoplegia), 다리 또는 팔 중 하나만 영향을 받은 경우 양측마비(diplegia), 사지 모두 영향을 받은 경우 사지마비(quadriplegia)라고 부른다.

뇌성마비는 일반적으로 경직형, 무정위운동형, 운동실조형으로 분류한다. 이것은 신경학적 증상을 기반으로 한 것이다.

경직형

뇌성마비 아동의 약 60% 정도가 경직형이다. 이 유형의 주요 증상은 근육의 경직이다. **경직성**(spasticity)은 근육의 긴장도나 강직성이 증가되어 갑작스럽고, 뻣뻣하고, 느리고, 힘이 들어가는 움직임을 나타낸다. 팔, 허벅지, 발은 안쪽으로 돌아가고 팔은 목쪽으로 위로 뻗칠 수 있다. 이들의 비정상적인 걸음걸이는 허벅지가 안쪽으로 움직이고 다리가 약간 교차되어 보이는 경향이 있기 때문에 '가위걸음' 이라고도 한다. 발가락 끝으로 걷는 것도 흔히 볼 수 있다.

경직성의 원인은 **추체운동신경로**(pyramidal motor pathways)의 손상이나 운동 조절 피질 중추의 손상이다. 상위 중추가 손상되면 뇌간과 척수 같은 하위 중추에서 생성된 자극을 조절할 수 없다. 일반적으로 하위 중추는 근육 긴장도를 담당한다. 상위 중추의 규제가 없으면 하위 중추로 과도한 자극을 보내어 뻣뻣하고, 굳어 있고, 갑작스러운 움직임을 유발한다.

무정위운동형

무정위운동형 뇌성마비의 주 증상은 **무정위운동**(athetosis)으로, 이는 일련의 느리고, 무의식적이고, 꿈틀거리는 움직임이다. 아동이 조용히 앉아 있으면 불수의적인 움직임이 가라앉아서 정상으로 보인다. 그러나 물건을 집거나 이야기하는 등의 어떤 행동을 하려고 하면 불수의적이고 정돈되지 않은 움직임이 목적이 있고 협응된 연속적인 움직임을 눌러 버린다. 이 유형의 뇌성마비는 발은 안쪽으로 돌아가고 손가락은 바깥쪽으로 과도하게 뻗는 특징을 보인다. 머리는 뒤로 젖히고 입은 벌어져 있어 침을 흘릴 수 있다.

무정위운동의 원인은 **추체외운동신경로**(extrapyramidal motor pathways), 특히 기저신경절 손상이다. 기저신경절은 넓게 퍼져 있는 경로 연결망을 통해 움직임 패턴의 계획과 운동 피질 자극의 변형을 돕는다. 기저신경절이 손상되면 피질 자극이 변형되지 못하여 무정위운동을 야기한다.

운동실조형

운동실조(ataxia)의 두 가지 주 문제는 균형과 움직임의 흐트러짐이다. 그래서 이들은 걸음걸이가 아주 이상하다. 아동은 쉽게 흐트러지는 균형을 유지하기 위해 다리를 넓게 벌려 서고 걷는다. 걸을 때 아동의 목은 앞으로 내밀어지고 두 팔은 뒤로 젖혀 마치 새 같은 자세를 취한다.

운동실조 아동은 어설프고, 서툴고, 잘 협응되지 않고, 방향이 잘못된 움직임을 보인다. 아동의 근육은 축 늘어지고 약해서 적절한 긴장도가 없다(**긴장과소증,** hypotonia). 긴장과소성 근육은 움직일 때 충분한 힘과 속도를 제공하지 못하기 때문에 필요한 방향성을 유지하지 못한다.

운동실조의 원인은 **소뇌**(cerebellum) 손상이다. 소뇌는 두 가지 중요한 기능을 담당한다. 첫째, 소뇌는 내이의 반고리관과 함께 신체 균형을 유지한다. 소뇌가 손상되면 내이에서 온 자극을 조정할 수 없기 때문에 균형이 깨진다. 둘째, 소뇌는 **운동감각**(kinesthetic)이나 **고유수용감각**(proprioceptive)을 통해 움직임을 협응시킨다. 운동감각을 통해 근육 긴장도, 신체 자세, 신체 일부의 운동 방향, 움직임의 속도와 힘을 지속적으로 점검한다. 우리는 소뇌에서 점검되는 운동감각 덕분에 발끝을 정확한 방향으로 움직여 신발 안에 넣을 수 있다. 소뇌가 손상되면 신체 부위의 공간적 정렬에 대한 자동적인 감각이 손상된다. 이러한 손상이 운동실조가 있는 사람에게 발견되는 여러 유형의 운동 문제를 야기한다.

뇌성마비의 말 및 언어 문제

뇌성마비 환자의 기본적인 말 문제는 마비말장애다. 임상가들은 성인과 뇌성마비 아동의 마비말장애를 구분하기 위해 **발달성 마비말장애**(developmental dysarthria)라는 용어를 사용한다. 뇌성마비의 원인은 운동체계의 손상이기 때문에 언어 문제는 없어야 한다. 그러나 병소가 뇌의 언어 중추까지 퍼져 있다면 언어 문제도 생길 수 있다.

어떤 뇌성마비 아동은 언어 습득이 느리다. 어떤 아동은 결코 정상 수준의 언어 행동에 도달하지 못한다. 그러나 이러한 언어 지체나 장애는 뇌성마비와 함께 나타나는 지적장애와 청각장애 등의 다른 요인 때문일 수 있다.

뇌성마비 아동의 발달성 마비말장애는 조음, 호흡, 음성, 유창성, 운율 문제를 야기한다. 일반적으로 아동은 말소리를 정확하게 조음할 수 없다. 특히 혀끝 움직임의 어려움 때문에 혀끝에서 만들어지는 소리(/s/, /z/, /l/, /r/, 한국어의 경우 /ㅅ/, /ㅆ/, /ㄹ/)는 더 까다롭다. 뇌성마비 아동의 말소리는 느리고 힘이 들어간다. 억양의 결함으로 단조롭게 들린다. 심한 경우에는 입술, 혀, 연구개, 턱 근육의 약화 때문에 알아들을 수 없기도 하다.

많은 뇌성마비 아동은 호흡이 비정상적이다. 예를 들면, 이들은 폐활량(깊게 숨을 들이마신 후 폐에서 내보낼 수 있는 공기의 전체 양)이 감소되어 정상 아동보다 가쁘게 숨을 쉰다. 이러한 비정상적인 호흡은 뇌성마비 아동의 음성 문제를 야기하기도 한다. 부드럽게 음성을 시작하는 것이 어렵고 발성을 유지하는 것이 불가능하다. 기류가 일관되지 않아서 음성의 높낮이와 크기가 갑자기 바뀐다.

뇌성마비 아동의 말은 부자연스럽고 쉽게 흘러나오지 않는다. 즉, 유창하지도 못하고 전형적인 운율 특징도 나타나지 않는다. 비유창하고 리듬이 없을 뿐만 아니라 근육의 불협응으로 구가 짧고 말이 자주 끊긴다.

관련된 문제

뇌성마비 아동은 신체, 지능, 감각, 그 밖의 여러 문제와 연관될 수 있다. 관련 문제 중에서 지적장애, 청각장애, 시각장애, 행동장애, 간질이 특히 중요하다.

뇌손상의 결과로 오는 **지적장애**는 뇌성마비 아동의 약 50%에서 발견된다. 장애의 정도는 뇌손상의 범위에 따라 다르다. 그러나 정상 혹은 뛰어난 지능을 가지고 있는 뇌성마비 아동도 많다.

뇌성마비 아동에게 **청각장애**도 빈번한데, 다른 유형보다 무정위운동형에서 특히 더 빈번하다. 뇌성마비 아동의 말과 언어 문제 중 일부는 청력손실 때문일 수 있다.

시각장애도 뇌성마비 아동과 연관되는 경향이 있다. 흔히 언급되는 문제는 눈의 초점이 모아지지 않는 **사시**(strabismus)다. 또 다른 일반적인 시각 문제는 한쪽이나 양쪽 눈 모두 시야 절반의 시력이 손상되는 **반맹증**(hemianopsia)이다. 그리고 뇌성마비 아동은 그들의 다양한 불수의적인 움직임 때문에 시각적인 집중을 유지하는 데 어려움이 있다.

다양한 종류의 **행동장애**도 흔히 뇌손상과 연관된다. 뇌성마비 아동은 매우 산만하여 학습에 문제를 유발할 수 있다. 강하고 때로는 부적절한 감정적 반응을 보이며 짜증을 낸다고 하는 사람도 있다. 아동은 사회적인 상호작용을 즐기지 못하고 뒤로 물러설 수도 있다. 어떤 아동과 청소년은 자신에게 비현실적인 목표를 세우는 반면, 어떤 아동과 청소년에게는 동기를 부여하기가 어렵다.

간질(epilepsy)은 뇌성마비를 포함하여 뇌손상이 있는 사람에게 자주 발견되는 발작성 장애다. 간질을 촉진하는(직접적인) 원인은 **간질 부위**(epileptic focus)라고 불리는 뇌세포 그룹의 과도한 전기적 방출이다. 이러한 비정상적인 자극이 신체에 연속적인 경련을 일으킨다.

뇌성마비 아동의 재활

뇌성마비 아동의 재활에는 여러 전문가의 노력이 필요하다. 그러므로 이들의 재활은 일반적으로 재활의학과가 있는 병원에서 시행된다. 전문가 팀은 뇌성마비 아동의 신체, 감각, 심리, 행동, 의사소통의 문제 및 가능성을 평가하고 재활 프로그램을 계획하며 각자 자신이 맡은 프로그램을 실시한다.

아동은 의학전문가와 비의학전문가 모두의 서비스를 필요로 한다. 뇌성마비를 가장 먼저 발견하는 전문가는 아마 소아과 의사일 것이다. 뇌성마비를 발견한 소아과 의사는 그 유형을 진단하기 위해 아동을 신경과에 의뢰한다. 정형외과 의사는 균형과 움직임을 향상시키기 위해 수술과 보장구 같은 서비스를 제공한다. 이비인후과의사는 귀의 이상을 치료하고, 청각사는 청력을 평가하거나 청력재활 프로그램을 제안한다. 또한 아동의 근육기능을 향상시키기 위해 물리치료사의 서비스가 필요하고, 지능을 평가하기 위해 심리사의 서비스가 필요하며, 시력 문제를 다루기 위해 시력

전문가(안과전문의)의 서비스가 필요하다. 사회복지사는 아동과 가족을 위한 서비스를 조정한다. 아동이 학교에 들어가면 정규 교실의 여러 선생님과 특수교육전문가가 아동의 학습을 돕는다.

말 및 언어 서비스

뇌성마비 아동의 말과 언어 문제는 약간의 조음 오류에서 거의 전혀 말을 못하는 상태까지 다양하다. 뇌성마비 아동 중 일부는 정상적인 말과 언어를 구사하지만, 대다수는 말장애, 언어장애, 혹은 두 장애 모두에 대한 치료가 필요하다. 두 종류의 치료를 모두 받는 사람은 치료 기간이 길어진다.

제5장과 제6장에서 각각 설명한 **말**과 **언어치료**의 기법이 뇌성마비 아동에게도 적용될 수 있다. 말 훈련에서는 음절, 단어, 대화에서 말소리의 정확한 산출을 가르친다. 어떤 경우는 느린 속도로 말하도록 가르치면 말명료도가 향상된다. 언어치료에서는 발달 초기에 사용되는 쉽고 기능적인 단어(예를 들면: 엄마, 아빠, 우유, 주스, 신발, 차, 트럭, 고양이, 인형)를 가르치고 체계적으로 언어 기술을 확장시켜 구와 문장, 그리고 의사소통을 가르친다. 뇌성마비 아동의 치료에서 구별되는 점은 근육 움직임 등의 추가적인 목표를 생각해야 하고, 더 나은 말소리 산출을 위해 움직임 패턴을 만들어 주어야 하며, 비정상적인 여러 움직임을 조정하게 해야 한다는 것이다.

언어치료전문가(SLP)는 말소리 근육의 조절을 치료할 때 물리치료사와 긴밀하게 협력해야 한다. 일부 임상가는 '반사억제 자세'의 개발을 지지한다. 반사적이고 조절되지 않는 사지의 움직임을 억제하도록 자세를 가르치는 제일 유명한 방법은 **보바스기법**(Bobath method)이다(Bobath & Bobath, 1967). 이 기법에서는 아동에게 특정 반사를 억제하는 자세를 만들어 주고 그대로 유지하게 한다. 예를 들면, 팔꿈치와 무릎이 구부러지고 몸쪽으로 향해 있는 아동이라면 바닥에 복부를 평평하게 대고 엎드려 팔을 양쪽 귀에 대고 머리까지 충분히 뻗게 한다. 이 자세는 몸 전체를 쭉 펴기 때문에 굽은 몸과 완전히 반대가 된다. 한편 전형적인 반사가 뻗는 아동이라면 굽은 자세를 유지하게 만든다. 예를 들면, 무릎을 구부리고 앉게 한다. 이런 식의 반사억제 자세는 아동의 전형적인 비정상 자세를 극복하도록 도와준다. 몇몇 자세는 호흡을 개선하고 이완을 유도하여 말소리와 음성 훈련을 촉진한다.

매우 심한 형태의 뇌성마비가 있는 아동에게 말과 언어를 가르치는 일은, 불가능하지는 않다고 해도 극히 어렵다. 이런 아동에게 말소리 산출에 필요한 성대, 연구개, 혀, 입술의 복잡한 움직임에 숙달하도록 하는 것은 비현실적인 목표일 수 있다. 이들에게는 이 장의 뒷부분에 설명할 '보완대체 의사소통 전략'이 더 적절하다.

자폐범주성장애

또 하나의 특수집단은 자폐범주성장애 또는 전반적 발달장애로 알려져 있으며, 보통 유아기에 진단된다. **자폐범주성장애**(autism spectrum disorders)는 사회적 행동의 결함, 특이하고 고정된 행동, 의사소통 문제가 특징인 장애군이다. 이 장애는 경한 정도부터 심한 정도까지 그 범위가 다양하기 때문에 자폐범주성이라 부른다. 일부 아동은 어느 정도까지 정상적으로 사회적인 의사소통기술을 학습하였다가 어느 날 갑자기 이러한 기술이 현저하게 악화된다. 나머지 아동은 처음부터 의사소통기술 습득에 어려움을 보이고 이상한 행동이 관찰되지만 중재를 통해 호전된다.

자폐범주성장애에는 임상적으로 네 가지 질환이 포함된다. 자폐증, 아스퍼거 증후군(장애), 레트 증후군(장애), 그리고 소아기 붕괴성 장애가 그것이다. 앞으로 설명하겠지만, 이 장애들은 어떤 측면에서는 서로 다르지만 몇 가지 공통된 특징이 있다. 〈읽을거리 11-2〉는 자폐범주성장애가 모두 오스트리아와 연관되었음을 알려 준다.

자폐증

오스트리아의 정신과 전문의인 Leo Kanner는 자폐증을 엄마-아동 유대감의 심각한 문제 때문에 생기는 유아기의 감정적이고 정신적인 장애로 표현하였지만, 이는 지금은 받아들이지 않는 관점이다. 아직 그 원인이 완전히 밝혀진 것은 아니지만 자폐증은 발달장애이지, 더 이상 정신적이거나 감정적인 장애라고 믿지 않는다(American Psychiatric Association, 2000). 이제 대부분의 전문가는 자폐증이 어릴 때 관찰되므로 모자지간의 정서적인 유대관계 형성의 실패는 자폐증의 결과이지 원인이 아니라고 생각한다. 자폐증은 중증도가 다양하다. 어떤 사람은 매우 경미하지만 어떤 사람은 매우 심각하다.

정신과 전문의란 정신 및 행동 장애를 다루는 의학전문가다.

아동에게 ① 사회적 상호작용의 결함(예를 들면: 부모, 형제, 또래와의 정서적 분리), ② 의사소통의 결함(예를 들면: 언어기술의 부족), ③ 반복적이고 정형화된 행동, 관심,

읽을거리 11-2

자폐범주성장애: 오스트리아와의 관련성

흥미롭게도 자폐범주성장애에 포함된 네 질환—자폐증, 아스퍼거 증후군, 레트 증후군, 소아기 붕괴성 장애—은 모두 오스트리아에서 알려졌다. 1908년 오스트리아의 특수교사였던 Theodor Heller는 아동기 치매라고 하는 것을 처음으로 밝혔는데, 지금은 이를 소아기 붕괴성 장애라고 한다. 이 장애는 헬러 증후군이라고도 알려져 있다. Heller는 그가 연구했던 아동들의 경우 정상적으로 습득했던 기술이 손실된다고 기록하였다.

그리고 1943년 오스트리아의 정신과전문의였던 Leo Kanner는 특이하고 상동적인 행동을 나타내는 아동들을 말하면서, 이 장애를 자폐증이라고 불렀다. 그 다음 해(1944)에 또 다른 오스트리아의 정신과전문의였던 Hans Asperger는 Kanner가 말한 아동과 비슷한 특징을 지닌 아동들에 대한 논문을 발표하였다. Asperger는 Kanner의 활동을 몰랐으며, 이 장애를 자폐성 정신병이라고 불렀다.

1955년 오스트리아의 소아과전문의였던 Andreas Rett는 진료를 기다리면서 반복적으로 손 씻는 행동을 하는 두 소녀를 관찰하였다. 그러나 그는 1965년이 되어서야 독일에서 논문을 발표하였다. Rett가 1977년에 영어 논문을 냈지만, 1983년에 한 스웨덴 의사가 유명한 영어 논문지 *Annals of Neurology*에 레트 증후군에 대한 논문을 발표하고 나서 이 장애가 세상에 알려지기 시작하였다.

Kanner가 영어로 논문을 발표하고 미국으로 자리를 옮기면서 급속하게 자폐증이 세상의 주목을 받기 시작하였다. 자폐범주성장애 중 자폐증과 아스퍼거 증후군이 다른 장애보다 더 일반적이다.

활동이 나타날 때 자폐증으로 진단한다(American Psychiatric Association, 2000). 자폐증 중 약 절반은 최소한의 말만 할 수 있다.

자폐증의 발병률에 대해서는 현재 약간의 논쟁이 있다. 여러 나라에서 논쟁이 있지만 미국, 특히 캘리포니아에 많은 관심이 집중되어 왔다. 몇몇 사람은 자폐증이 놀라운 속도로 증가하고 있다고 믿지만 과거보다 자폐증 아동이 증가했음을 제시하는 명백한 증거는 없다. 서비스 요구의 증가가 반드시 발병률의 증가를 의미하는 것은 아니다. 최근 자폐범주성장애 아동에게 많은 연구 자금이 제공되고 있다. 이에 따라 장애에 대한 부모 인식이 증가하였고, 특히 최근에는 아스퍼거 증후군에 대한 인식이 증가하였다. 또한 학교와 지역에서 더 많은 교육적이고 임상적인 서비스가 가능해졌다. 과거에는 알지 못했던 아동이 이제는 아스퍼거 증후군으로 진단받게 되었다. 이런 모든 요인이 서비스를 찾는 아동과 가족을 극적으로 증가시키는 원인이 되었다.

역사적으로 자폐범주성장애의 발병률은 과소평가되어 왔다(Hegde & Maul, 2006). 일반적으로 발병률 추정에 아스퍼거 증후군은 포함되지 않았다. 지금도 레트 증후군과 소아기 붕괴성 장애의 추정은 믿을 만하지 못하다. 2007년 자폐범주성장애(다른 자폐증과 아스퍼거 증후군만 포함)의 발병률 추정치는 만 명당 66명이었다(약 152명 중 1명, Centers for Disease Control and Prevention, 발행 연도 불명). 아스퍼거 증후군만 무려 만 명당 36명이 넘게 발병할 수 있다.

자폐증의 이론

과학자들은 아직 자폐증의 원인을 분명하게 밝히지 못하였다. 그런데 인기 잡지나 인터넷에서는 원인에 대한 잘못된 이론이 많이 있다. 그러한 이론들은 과학적 연구 증거가 부족하다. 예를 들면, 자폐증을 아동기의 예방접종(홍역, 유행성 이하선염, 풍진), 음식에 있는 살충제, 대기 오염, 비타민 부족, 음식 알러지, 칸디다 알비칸스 질염 탓으로 돌린다. 이는 모두 과학적 증거가 아닌 일화에 근거한 일반인의 생각일 뿐이다. 특히 53만 7,303명의 아동을 대상으로 한 덴마크의 대규모 연구에서 예방접종과 자폐증 사이의 상관관계가 확인되지 않았다(Madsen et al., 2002).

자폐증이 어쩌면 유전에 기초했을 수 있다는 과학적 증거들은 있다. 이 가설은 다음의 관찰로 뒷받침된다. ① 자폐증의 가계 발병률은 일반 인구 발병률보다 높다, ② 여성보다 남성에게 자폐증이 더 많다, ③ 일반 형제보다 일란성 쌍생아에게 자폐증이 더 많다, ④ 일반인보다 '취약 X 증후군'(뒤에서 설명할 것임)이라는 유전성 증후군에서 자폐증이 더 많다. 아직 자폐증의 원인으로 발견된 특별한 유전자는 없지만, 연구자들이 이 장애의 원인이 되는 유전자를 찾고 있다(Hegde & Maul, 2006).

자폐증이 있는 사람은 뇌에서 의사소통, 사회적 상호작용, 운동기술을 조절하는 부분이 정상적으로 발달하지 않는다는 증거가 제시되기도 하였다(Sokol & Edwards-Brown, 2004). 머리 둘레의 발달이 일반적이지 않다는 보고도 있었다. 대개 출생 시에 정상아보다 작았던 머리 둘레가 출생 후 비정상적으로 빠르게 커진다고 한다(Aylward, Minshew, Field, Sparks, & Singh, 2002).

자폐증은 많은 다른 장애와도 연관되어 있다. 예를 들면, 전통적으로 자폐증은 IQ가 70 이하인 아동에게만 진단되었는데, 이는 지적장애가 자폐증의 한 부분이라는 것을 의미한다. 또한 서툰 운동 협응, 비정상적인 신체 자세, 춥거나 덥거나 시끄럽거나 아픈 것 등의 감각 자극에 민감도가 증가되거나 감소됨, 청력손실, 경기는 자폐증이 없는 아동보다 자폐증이 있는 아동에게 더 빈번하다. 좋은 과학적 이론이라면 이 모든 연관성을 설명할 수 있어야 한다.

자폐증의 행동 특성

전형적으로 자폐증은 생후 3년 내에 증상이 나타난다. 자폐증 유아가 보이는 비언어적 · 언어적 행동의 주요 특성은 그들이 부모를 포함한 타인과 접촉하려는 의지가 놀라울 정도로 부족하다는 점이다. 정상 아기는 엄마의 얼굴과 웃는 모습을 보고 즐거워하는 반면, 자폐증 아기는 엄마의 귀걸이나 열쇠고리 등의 사물에 시선을 고정시킨다. 엄마가 안으면 아기는 괴로워하고 낯선 사람이 안으면 경직된다. 혼자 있을 때 행복해하며, 사람과 떨어져 사물을 향해 곧장 다가간다.

자폐증 아동은 사회적 접촉보다 고독을 더 좋아한다. 한 엄마는 자신의 딸 Elly에 대해 다음과 같이 말하였다.

> 늘 밀폐된 장소를 찾아다녔고 놀이용 울타리를 쳐다보고 들어가려고 애를 썼어요. 자신과 세상 사이에 물리적인 벽이 없으면 벽을 하나 만들었지요. 그 아이가 사람을 쳐다볼 때면 마치 유리창을 통해 밖을 내다보듯이 멍하니 바라봅니다. 집단에 속해 있어도 늘 혼자였고, 다른 사람과의 대화 중에도 마찬가지였어요 (Park, 1982, pp. 4–5).

자폐증 아동의 이상한 행동은 모든 면에서 곧 명백해진다. 자신이 좋아하는 특정 물건을 가지고 늘 혼자 있고 싶어 한다. 물건을 가리키거나 도움을 청하는 일도 없고 타인에게 얻으려는 것도 거의 없다. 주로 자신에게 몰입하고 의미 없는 신체적 활동에 푹 빠져 버린다. 장난감 블록을 같은 방식으로 쌓다가 무너뜨리는 행동을 백 번쯤 하면서 구석에서 몇 시간을 보내기도 한다. 몇 시간 동안 자기 손을 얼굴 앞에 가져가서 뱀이 움직이는 흉내를 내기도 한다. 오전 내내 마룻바닥에서 앞뒤 구르기를 하기도 한다.

어떤 자폐증 아동은 지속적으로 자해 행위를 한다. 머리를 벽에 부딪치고, 머리카락을 뽑고, 손가락을 씹고, 팔을 물어뜯기도 하며, 얼굴에 생채기를 내기도 한다. 자해하는 자폐증 아동은 대개 병원에 입원하여 정신병 환자를 위한 병실(벽이 부드러운 담요

따위로 되어 있는 방)에 있게 된다. 이런 아동은 자기 힘으로 벗을 수 없는 두꺼운 장갑을 끼게 되며, 몇몇은 심각한 자해 행위를 막기 위해 신체적 제한을 받기도 한다.

자폐증 아동은 일상의 변화를 굉장히 싫어한다. 매일 모든 것이 똑같아야 한다. 침실의 옷장이 한 발짝만 다른 위치로 옮겨지더라도 아동은 극도로 불안해하며, 그것이 제 자리로 옮겨질 때까지 계속 화를 낸다. Park(1982)는 자신의 딸 Elly의 '자의적 질서' 라는 욕망에 대해 생생한 일례들을 많이 들어주었다. Elly의 언니 Sara가 어느 날 저녁 집에 없었다. 그때 Elly는 6명이 아닌 5명만 저녁을 먹어야 한다는 사실에 매우 분노했다. Elly가 Sara의 식탁 의자에 인형 하나를 앉힌 후에야 모든 가족이 조용히 저녁을 먹을 수 있었다.

자폐증의 말 및 언어 특성

심각한 말과 언어장애는 자폐증의 주요 특성 중 하나다. 말과 언어 둘 다 발달이 지체될 수 있다. 자폐증 아동은 말소리를 정확히 산출하지 못할 수 있다. 그들의 말은 단조롭거나 억양에 높낮이가 거의 없으며, 너무 약하게 말해서 속삭이는 듯하거나 너무 크게 말하기도 한다. 자폐증 아동은 비정상적인 억양으로 말을 산출하기도 한다.

처음에 부모는 아기가 음성이나 말소리에 반응하지 않기 때문에 청력 문제를 의심하게 된다. 자폐증 아동은 말소리에는 관심을 보이지 않지만 인간의 음성이 아닌 소리에는 즉각적으로 반응한다. 큰 소리로 이름을 불러도 아무 반응을 보이지 않던 아동이 장난감 자동차가 내는 작은 '붕붕' 소리를 듣고는 재빨리 그쪽으로 몸을 돌린다. 곧 부모는 아동이 청각에 문제가 있는 것은 아니지만 말소리보다 물건이 내는 소리나 잡음을 더 좋아한다는 사실을 깨닫게 된다.

대부분의 자폐증 아동은 정상적인 속도로 언어를 학습하지 못한다. 또한 자신이 학습한 것이 무엇이건 간에 그것을 다른 사람과 의사소통하기 위한 목적으로는 사용하지 않는다. 그들은 단어 습득이 매우 늦다. 만 5세 자폐증 아동이 25개의 단어만을 구사할 수도 있다. 이는 24개월 아동이 구사할 수 있는 단어 수보다도 적다. 자폐증 아동은 개념, 사람, 인간관계를 나타내는 단어보다 사물을 가리키는 단어를 더 잘 배우며, 동사보다 명사를 선호한다. 특이한 점은 몇몇 어려운 단어를 '쉬운' 단어보다 빨리 학습한다는 것이다. 예를 들면, 'oak' 'maple' 'square' 'triangle' 과 같은 단어는 바르게 사용하지만 'love' 'hate' 'home' 'sister' 'mommy' 는 사용하지 않는다(Park, 1982). 'hexagon' 을 말할 수 있는 아동이 정상 아동이 쉽게 하는 "What's that?" 같은 질문은 못할 수 있다.

자폐증 아동은 특히 감정을 표현하는 단어의 학습이 늦다. 이들은 인간관계를 기피하기 때문에 'love' 'hate' 혹은 'want' 라는 단어도 사용할 필요가 없다고 여긴다. 이들이 'good' 이나 'bad' 라는 단어를 사용하지만, 여기에는 감정적인 어조가 완전히 빠져 있을 수 있다(Park, 1982).

자폐증 아동이 학습한 단어는 제한된 맥락에서 제한된 의미로만 사용된다. 그 아동에게 'ball' 이라는 단어는 자신이 가진 중간 크기의 빨간색 공만을 의미하며, 더 작거나 크거나 또는 파란 공은 절대로 'ball' 이 아니라고 생각한다. 이러한 자폐증 아동의 학습 형태를 **맥락 구속적**(context bound)이라고 설명한다. 즉, 자폐증 아동은 배운 것을 적절한 다른 맥락이나 상황 혹은 자극에 일반화시키지 않는다.

자폐증과 관련된 초기 언어 문제 중 하나는 **반향어**(echolalia), 즉 앵무새처럼 남의 말을 그대로 흉내 내는 것이다. 어떤 반향어는 들은 것을 자동적으로 반복한 것일 수 있지만, 어떤 것은 자폐증 아동의 의사소통일 수 있다. 질문에 대한 답이 반향어에 포함되어 있는 경우는 의사소통임이 분명하다. "What do you want?" 라는 질문에 아동이 "What do you want candy." 라고 답하는 경우를 예로 들 수 있다.

자폐증 아동의 언어에서 또 하나 두드러지는 현상이 **대명사 전환**(pronoun reversal)이다. 자폐증 아동은 주로 자기 자신을 'you' 혹은 'he' 나 'she' 로 나타내고, 다른 사람을 'I' 로 표현한다. 어떤 자폐증 아동은 6세가 될 때까지도 'I' 를 바르게 사용하지 못한다. 대명사 전환의 원인에 대해서는 많은 의견이 있다. 대부분의 전문가는 이 현상을 자폐증 아동이 지속적으로 사용하는 반향어 때문이라고 생각한다. 아동은 자신을 항상 'I' 가 아닌 'you' 로 부른다. 왜냐하면 사람들은 아동을 'I' 가 아닌 'you' 로 표현하기 때문이다. 자폐증 아동은 다른 사람의 말을 그대로 흉내 내기 때문에 'you' 는 'I', 'I' 는 'you' 가 된다. 반향어가 줄어들면 대명사를 바르게 사용하는 횟수가 증가한다.

자폐증 아동은 일반적으로 짧고 간단한 문장으로 말한다. 그들은 접속사와 전치사 같은 다양한 문법 요소를 생략하는 경향이 있다. 특히 자폐증 아동은 조동사 'is' 와 현재진행형 'ing' (the boy is running)의 학습을 어려워한다. 복수형 's' 와 과거시제 'ed' 같은 형태소 활용도 어렵기는 마찬가지다. 자폐증 아동이 종종 단어의 경계를 이해하지 못하는 이유는 문장 전체를 학습하기 때문이다. 예를 들면, "Going to the store." 라는 문장을 학습한 아동은 아마 언제 어디서나 이 문장을 엄격하게 반복할 것이다.

자폐증 아동의 문장은 어순이 틀릴 수 있다. "Table on hat." "Is running boy."

"Put toy it in." 이라고 말한다(Park, 1982; Wing, 1972). 또한 통사적으로 맞지 않는 단어를 사용할 수 있다. "Good girls don't wet your pants." 혹은 "I want a water."라고 말한다(Wing, 1972). 정상 아동이나 지체 아동은 이러한 실수를 거의 하지 않는다.

자폐증 아동은 사회적(화용적) 의사소통기술이 부족한 경향이 있다. 그들은 대화의 주제를 개시하지 못하고, 갑자기 주제를 바꾸고, 상대방을 방해하고, 누군가를 이해하지 못했을 때 어떻게 다시 설명을 요구하는지 모른다. 다른 사람의 말을 명료화하기 위해 질문한다면 자폐증 아동은 상대방이 말한 것을 그대로 따라할 것이다. 이들의 사회적인 말은 시간, 장소, 상황에 부적절한 경우가 많다(Hegde & Maul, 2006).

몇몇 자폐증 아동은 특별한 재능을 갖고 있다. 그들의 지적 수준은 정상보다 낮지만 수학, 음악, 글쓰기에서 뛰어날 수 있다. 자세한 내용은 〈읽을거리 11-3〉을 보기 바란다.

아스퍼거 증후군

오스트리아의 의사였던 Hans Asperger는 자폐증과 유사한 장애를 보고하였다. 많은 연구자는 이것을 경한 자폐증이라고 믿었다. Asperger(1991) 자신도 이것을 자폐증의 한 형태로 간주하였다. **아스퍼거 증후군**(Asperger Syndrome: AS)으로 진단된 아동과 성인은 많은 면에서 자폐증과 유사하지만, 몇 가지 차이점이 있다.

읽을거리 11-3

특별한 재능과 자폐증

몇몇 자폐증 아동은 IQ가 평균 이하지만 특정 영역에서 특별한 재능을 갖고 있다. 특별한 기술에 대한 많은 보고들이 검증된 것은 아니지만, 몇몇 아동이 놀라운 음악적 · 수학적 · 예술적 · 문학적 기술을 나타낸다는 관찰의 예는 넘쳐난다.

아마도 가장 유명한 기술은 과거나 미래의 몇 연도의 며칠이 무슨 요일인지 알아맞히는 능력일 것이다. 이 능력을 지닌 아동은 많은 연도의 날짜와 요일을 기억하는 것처럼 보인다. 또 다른 아동은 계산기의 도움 없이 주어진 긴 숫자들을 재빨리 더하거나 뺄 수 있다. 심지어 컴퓨터보다 빨리 수학 계산을 한다. 또 다른 아동은 간단한 의사소통조차 유지할 수 없지만 이야기나 시를 쓴다. 그림, 조각, 그 밖의 다른 예술 능력도 보고된 적이 있다.

일반적으로 아스퍼거 증후군은 전형적인 자폐증보다 말과 언어 기술이 훨씬 더 좋다. 아스퍼거 증후군과 연관된 가장 중요한 문제는 사회적 상호작용의 심각한 손상이다. 아스퍼거 증후군인 아동과 성인은 사회적인 기술이 완전히 부족하기 때문에, 아무에게나 아무 말을 할지도 모른다. 자폐증 아동처럼 아스퍼거 증후군 아동도 반복적이고 상동적인 행동을 보일 수 있다. 이들은 사람들이 잘 모르거나 또는 알아야 하는 것도 아닌 주제에 대해 편협되지만 열정적인 관심을 나타내는 경향이 있다. 기차나 비행기의 일정, 뱀, 그 밖의 이상한 주제에 대해 끝없이 이야기한다. 이들은 청자가 관심 있어 하는지 지루해하는지에 대해 민감하지 않고, 대화에 참여하기보다 현학적인 말을 한다. 자폐증 아동과는 달리 아스퍼거 증후군은 친구를 사귀려고 시도하지만 특이한 사회적 행동 때문에 실패한다.

자폐증 아동과 달리 아스퍼거 증후군 아동은 다른 면에서 정상이거나 거의 정상에 가깝다. 자폐증은 보통 IQ가 70 이하인 아동에게 진단되는 반면, 아스퍼거 증후군은 IQ가 정상인 아동에게 진단된다. 이들 중 일부는 IQ가 아주 높기도 하다.

다른 자폐범주성장애

레트 증후군(Rett syndrome)은 여아에게만 영향을 미치는 유전에 기초한 신경학적 장애다. 이 증후군은 X염색체와 관련된 장애로, X염색체의 긴 가지에 MeCP2 유전자의 돌연변이로 인해 발생한다. 이 문제를 가지고 태어난 아동은 생후 6~18개월 동안은 정상으로 보이다가 이후에 이 장애의 초기 증상이 나타난다. 이 아동은 목적 있는 손의 움직임을 조절하지 않고 계속적으로 손을 비비거나 '손을 씻는' 동작을 반복하기 시작한다. 보행장애를 경험하거나 머리 성장이 늦을 수 있다. 장애가 시작되기 전에 습득했던 언어 행동을 잃을 수도 있다. 레트 증후군 아동은 나이가 들면서 몇몇 의사소통기술을 회복하기도 하지만 신경학적 증상은 더 나빠진다.

소아기 붕괴성 장애(Childhood Disintegrative Disorder: CDD)는 적어도 생후 2년간은 정상 발달을 한 후에 학습기술에 퇴행이 뒤따르는 것이 특징이다. 이 장애는 보통 3~4세에 진단된다. 병명처럼 아동의 사회성, 구어, 자조, 운동기술, 대소변 조절이 모두 붕괴될 수도 있다. 자폐증과 유사한 소아기 붕괴성 장애의 증상은 손 흔들기와 같은 특정 관심, 활동, 반복적인(상동적인) 행동에 집착을 보인다는 점이다. 이 장애의 원인은 알려져 있지 않다.

자폐범주성장애 아동의 치료

최근 자폐범주성장애 아동의 교육이 주목을 받고 있다. 그러나 많은 교육 및 의사소통 치료 관련 연구는 자폐증 아동에게만 집중되어 있다. 어떤 범주의 장애 아동이건 간에 일반적인 중재 전략은 비슷하다. 단, 아스퍼거 증후군은 예외다. 보통 이들에게는 말과 언어 기술의 향상을 위한 집중적인 중재가 아니라 사회적으로 적절한 기술을 가르치는 중재가 필요하다. 그러나 아스퍼거 증후군인 사람은 사회적인 기술과 바람직한 의사소통기술을 배울 필요가 있다.

자폐증 아동은 말 및 언어를 위한 광범위한 치료와 바람직하지 못한 상동적인 행동을 통제하기 위한 폭넓은 중재가 필요하다. 응용행동분석(applied behavior analysis)이라고 해서, 바람직한 행동에는 긍정적인 강화를 주고 바람직하지 못한 행동에는 다양한 형태의 교정 피드백을 주는 방법이 자폐증 아동의 교육에 특히 효과적이다(Koegel, Koegel, & Dunlap, 1996; Maurice, Green, & Luce, 1996). 바람직하지 않은 행동의 감소는 이들의 치료에서 우선시해야 할 것 중 하나다. 자폐증이나 다른 장애가 있는 아동이 언어로 원하는 것을 표현하도록 배우면, 좀 더 적절하게 행동하기 시작한다.

언어치료전문가는 제5장의 말소리 산출 가르치기와 제6장의 언어기술 가르치기에 설명한 치료 절차를 사용한다. 처음에는 독립된 시행에서 반복적인 모델링, 긍정적인 강화, 정반응을 위한 유도, 오반응에 대한 교정 피드백으로 기술을 가르친다. 말과 언어 기술의 증진뿐만 아니라, 부정적인 행동을 감소시키고 바람직한 행동을 촉진시키는 전략에 대한 부모교육도 자폐증 아동의 교육에 중요한 부분이다(Hegde & Maul, 2006)

자폐증의 수많은 이론은 대부분 확고한 과학적 증거는 없지만 대다수가 다양한 중재로 연결된다. 그러나 자폐증 아동의 재활 시도가 항상 성공하는 것은 아니다. 어떤 아동은 평생을 시설에서 보내기도 하고 어떤 아동은 다양한 정도의 진전을 보이기도 한다. 대부분의 아동은 체계적이고 지속적인 행동치료로 행동과 의사소통기술이 향상된다. 어떤 아동은 약간의 자폐적 이상 행동이 계속 나타나기는 하지만 정상인에 가까운 언어 능력을 지니기도 한다. 자폐범주성장애 아동을 위한 행동주의적 중재방법의 효과가 더 많은 연구로 확대될 필요가 있다.

특정 유전성 증후군

언어치료전문가는 다양한 의학적 증후군을 갖고 태어난 아동을 많이 접한다. 이들은 감각의 문제(청각과 시각 문제), 신체장애 및 지적장애, 성장 결함, 행동 문제, 구개열이나 의사소통장애와 연관된다. 만약 아동이 머리나 얼굴의 구조와 성장에 영향을 미치는 **두개안면기형**(craniofacial anomalies)으로 태어났다면 말, 언어, 듣기 기술에 영향을 받을 것이다. 수백 개의 증후군이 아동의 말과 언어 발달에 영향을 미치므로, 이 장에서는 몇 개의 일반적인 증후군만 논의하겠다.

구개안면기형인 **구개열**에 대한 더 많은 정보는 제9장을 참고하라.

증후군(syndromes)이란 임상적으로 문제가 되는 여러 증상의 집합체다. 증후군이라는 용어는 많은 경우 유전 문제를 말할 때 사용하지만, 꼭 유전이 아니라 배아 성장에서의 문제를 의미할 수도 있다. 한편, 임상적으로 문제가 되지만 유전성 증후군이 아님을 나타내기 위해 환경성 증후군이라는 용어를 사용하기도 한다. 유전성 증후군은 다양한 염색체 이상 때문이다. 〈읽을거리 11-4〉에 몇몇 유전 관련 용어와 염색체 이상에 대해 간단하게 설명하였다.

읽을거리 11-4

염색체, 유전자, 유전성 증후군

- 인간의 신체 세포는 각각 23쌍의 상염색체와 2개의 성염색체(여성은 XX, 남성은 XY)를 가지고 있다.
- 염색체는 유전자를 담고 있다. 유전자란 암호가 적혀 있는 단백질로, 기관과 유기체의 청사진이다. 염색체는 두 개의 가지를 가지고 있는데, 짧은 가지를 p, 긴 가지를 q라고 부른다.
- 다음과 같은 다양한 염색체 이상이 여러 유전성 증후군과 연관된다.
  - 결실: 한 부분이 없어진 염색체
  - 중복: 일부분 또는 전체가 중복된 염색체
  - 역위: 일부가 끊어진 다음 거꾸로 배열된 염색체
  - 모자이크: 염색체 수가 다른 세포들이 존재함(정상은 염색체 수가 동일함)
  - 고리 형성: 두 끝이 붙어서 고리 모양이 된 염색체
  - 전좌: 다른 염색체의 끊어진 일부가 붙은 염색체

아퍼트 증후군

아퍼트 증후군(Apert syndrome)은 10번 염색체의 유전성 돌연변이로 발생하며, 배아단계에서 두개골의 서로 다른 뼈가 너무 일찍 융합될 때 나타난다. 이 증후군의 신체적 특징은 안면 중앙의 발육 부진으로 얼굴이 길고 납작하다. 그 밖의 신체적 특징으로는 튀어 나온 앞이마, 안장이나 매부리 모양의 코, 너무 멀리 떨어진 두 눈, 붙어 있는 손가락을 들 수 있다.

아퍼트 증후군 아동의 구개는 전형적으로 높고 좁기 때문에 파열된 인상을 준다. 이 증후군 아동의 약 30%에서 연구개열이 있으나 경구개열은 드물다. 또한 아퍼트 증후군 아동은 전도성 난청의 발병률이 높다. 또한 아퍼트 증후군 아동은 섭식장애가 있을 가능성도 높다. 말소리는 과대비성이나 과소비성을 나타낼 수 있다. 말소리 습득이 지체되고 조음과 언어 모두에 문제가 있을 수 있다.

다운 증후군

다운 증후군(Down Syndrome)은 어떤 신체적 특성과 지적장애와 연관된 잘 알려진 유전성 증후군이다. 이 증후군은 신생아 1,000명 당 1명꼴로 발병한다. 산모의 연령이 증가함에 따라 다운 증후군의 위험 요인도 증가하고 있다. 가장 빈번하게 보고되는 이 증후군의 원인은 염색체 수의 이상이다. 정상 아동은 46개(23쌍)의 염색체를 가지고 있는 반면, 다운 증후군 아동은 47개의 염색체를 가지고 있다. 그러나 다운 증후군 아동의 유전적 이상은 다양하게 나타난다. 어떤 아동은 염색체의 위치가 바뀌어 있고 어떤 아동은 정상적인 세포와 비정상적인 세포를 모두 가지고 있다.

정신지체란 용어를 지적장애로 바꾸었다.

다운 증후군의 신체적 특징은 짧은 구강 및 인두강, 좁고 높은 아치 모양의 구개, 상대적으로 크고 주름진 혀, 근 긴장도의 부족, 목 뒤의 접힌 피부와 짧은 목이다. 보통 안면의 중앙이 충분히 발달하지 않아 얼굴 옆모습이 편평하다. 다운 증후군인 사람은 말년에 알츠하이머병이 생길 가능성이 높다.

다운 증후군 아동은 일반적으로 언어 발달이 느리지만, 지적장애의 정도에 따라 다양한 언어 수준을 나타낸다. 구개열과 청력손실이 흔히 이 증후군과 연관된다.

취약X 증후군

취약X 증후군(Fragile X Syndrome)은 지적장애 및 의사소통장애와 관련되는 또 다른 유전성 증후군이다. 취약X 증후군은 남성에게 가장 빈번히 발병하는 지적장애의 원인이다. 이 증후군을 가진 사람은 X염색체의 긴 가지에 손상되기 쉬운 부분이 있기 때문에 이런 이름이 붙여졌다. 그러므로 이 증후군은 지적장애를 일으키는 X염색체 관련 증후군 중 하나다. 이상이 있는 염색체는 어머니에게서 유전된다. 그러나 염색체 이상이 있는 여성은 1/3만이 가벼운 지적장애와 약간의 학습장애를 보이며, 이 증후군은 가족 중 남성에게서 발병하는 경향이 있다.

구개열의 형성은 제9장을, 실행증과 마비말장애에 대한 정보는 제10장을 참고하라.

취약X 증후군 아동은 크고 길고 변형된 귓바퀴(외이의 가장 잘 보이는 부분), 큰 턱, 이례적으로 큰 머리라는 신체적 특징을 갖는 경향이 있다. 또한 이들은 점막하구개열이 있을 수 있다. 이 증후군 아동은 지적장애와 함께 현저한 언어 지체, 주의집중장애, 과다행동장애, 자폐적 행동(상하로 손 흔들기, 손 물기, 반향어 등)과 눈 마주침을 회피하는 특징을 보인다. 어떤 아동은 혼잣말하기(단조로운 음성으로)를 하고, 말할 때 동반되는 전형적인 몸짓이 빠질 수 있다. 말실행증이나 마비말장애와 비슷한 말장애도 관찰할 수 있다.

프래더-윌리 증후군

유전 물질의 결실이란 어떤 염색체의 부재나 결손을 의미한다.

대부분의 아동에게 지적장애를 유발하는 또 다른 유전성 증후군으로 **프래더-윌리 증후군**(Prader-Willi syndrome)을 들 수 있다. 이 증후군은 아버지의 15번 염색체에서 긴 가지가 결실되면 나타난다. 어머니의 15번 염색체에서 긴 가지가 결실되면 앤젤만 증후군(Angelman syndrome)이라는 다른 증후군이 나타난다.

프래더-윌리 증후군은 안면 기형(얇은 윗입술과 위로 올라간 아몬드 모양의 눈), 저하된 근 긴장도, 작은 손, 지적장애가 특징이다. 처음에는 저하된 근 긴장도로 섭식장애(빨기의 어려움)를 보이지만 점차 강박적으로 폭식을 하여 비만이 될 수 있다.

이 증후군은 현저한 말과 언어의 지체를 가져온다. 이 증후군 아동은 말소리 산출에 필요한 구강 움직임을 실행하는 데 어려움을 보이는 것 같다. 어떤 아동은 거의 정상에 가까운 언어 능력을 보이지만, 어떤 아동은 4년 이상의 지체를 보인다. 일부 아동의 말에는 과대비성이나 과소비성이 나타나기도 한다.

앤젤만 증후군

앞에서 말했듯이 **앤젤만 증후군**(Angelman syndrome)은 프래더-윌리 증후군과 유전적으로 똑같이 15번 염색체에 긴 가지의 이상으로 생긴다. 프래더-윌리 증후군은 아버지로부터 결함이 유전되는 반면, 앤젤만 증후군은 어머니로부터 결함이 유전된다.

소두증(microcephaly, 비정상적으로 머리 둘레가 작음), 큰 입과 턱, 혀를 내밀고 입을 벌린 모습 등의 구개안면기형이 앤젤만 증후군 아동의 특징이다. 일부 유아는 빨기에 어려움(섭식장애)을 나타낸다. 대부분의 앤젤만 증후군 아동은 저하된 근 긴장도와 경기 같은 신경계장애가 있다. 균형 문제(운동실조)가 있는 경우가 많으며, 이 문제는 점점 더 나빠진다. 웃음이 조절되지 않고, 팔을 흔들며, 심각한 지적장애가 있는 것도 이 증후군의 특징이다.

앤젤만 증후군은 현저한 청력손실이 특징이 아님에도 불구하고 신경계장애와 지적장애 때문에 의사소통기술이 심각하게 제한된다. 많은 아동이 제한적인 발성을 아무렇게나 산출하는 것 이외에 의미 있는 말을 하지 못한다.

태아 알코올 증후군

태아 알코올 증후군(fetal alcohol syndrome)은 어머니가 만성 알코올 중독자인 경우에 발견된다. 어머니의 알코올 중독에 기인하기 때문에 환경성 증후군이며, 다운 증후군처럼 유전성 증후군이 아니다. 특히 임신 초기 3개월 동안의 알코올 섭취가 태아에게 위험하다. 주로 안면 부위의 성장에 악영향을 미쳐 소두증(작은 두개골)과 **소하악증**(micrognathia, 작은 턱)이 나타난다. 구순열은 흔히 태아 알코올 증후군과 관련이 있다. 안면 중앙의 발육 부진, 짧은 코, 얇은 입술도 특징이다. 지적장애는 태아 알코올 증후군과 자주 연관된다. 과잉행동, 운동불협응(눈-손 협응 문제 등), 소근육 조절 문제도 나타날 수 있다.

태아 알코올 증후군 아동의 80% 이상이 말, 언어, 음성, 유창성에 문제를 보인다. 이들은 음운, 의미, 형태, 화용 모든 측면에 결함이 나타난다. 또한 과잉행동, 주의력 결핍, 학습장애 등의 뇌손상으로 인한 행동 징후도 있다.

묘성 증후군

묘성(Cri-du-chat)이라는 말은 불어로 고양이 울음소리라는 뜻으로, 이 증후군 아동은 태어날 때 고양이가 우는 것처럼 아주 높은 음성으로 우는 경향 때문에 이런 이름이 붙었다. 이 증후군의 유전 이상은 5번 염색체의 결실이다. 묘성 증후군 아동은 저체중아로 태어나서 신체적 성장이 느리다. 머리가 작고(소두증), 눈 사이가 넓으며, 귀가 아래에 있고 기형이며, 구개열이 있을 수 있다. 이들은 손가락이나 발가락이 붙어 있기도 하다.

묘성 증후군 아동은 때때로 자폐증 아동과 유사한 행동 징후가 있다. 이들에게 자해 행동, 반복적이고 상동적인 움직임, 소리에 대한 과민반응, 사물에 대한 강박적인 집착이 눈에 띄게 나타날 수 있다.

묘성 증후군에는 흔히 지적장애가 연관된다. 이에 따라 말소리와 언어 학습이 심하게 손상될 수 있다. 이 증후군 아동의 음성은 일반적인 음질이 아닐 수 있다. 또한 묘성 증후군 아동에게는 전도성 난청이 매우 흔하다.

투레트 증후군

투레트 증후군(Tourette' s syndrome)은 틱(갑작스럽고 빠른 반수의적 움직임)을 특징으로 하는 유전성 증후군이다. 이 증후군은 여성보다 남성에게 더 많이 발병한다. 투레트 증후군과 관련된 특별한 유전성 기형은 없다고 확인되었다. 이 증후군의 원인이 신경학적 결함은 아니지만 주 증상(틱)은 신경학적인 것 같다. 운동성 틱으로 눈 깜빡이기, 안면 경련, 어깨 들썩이기, 얼굴 찡그리기가 나타날 수 있다. 이 장애의 독특한 특징은 음성 틱이다. 음성 틱의 예로 킁킁거리기, 웅웅거리기, 고함치기, 괴성 지르기, 가래 뱉는 소리내기, 개 짖는 소리내기, 충동적으로 욕을 하고 완전히 외설스러운 말하기를 들 수 있다.

투레트 증후군인 사람은 행동장애를 나타내기 쉽다. 어떤 사람은 우울증을 앓으며, 어떤 사람은 충동적이고 불안해한다. 또한 부주의, 공격 행동, 성장애가 나타날 수도 있다.

투레트 증후군은 음성 틱 이외에 자신의 발화를 반복하거나(동어반복증) 다른 사람의 말을 반복할(반향어) 수 있다. 투레트 증후군의 대다수에서 유창성장애인 말더듬이 발견된다. 마비말장애의 한 형태(과다운동형)도 이 증후군과 연관된다. 투레트 증후군인 사람은 서로 다른 역할을 가정하면서 혼잣말을 하며 혼자서 의사소통을 하기도 한다.

윌리엄스 증후군

윌리엄스 증후군(Williams syndrome)은 7번 염색체 이상이 원인이다. 작은 골격의 신체, 긴 윗입술, 큰 입술, 넓은 입, 작은 턱, 위로 향한 콧구멍, 주먹코가 이 증후군의 두드러진 신체적 특징이다. 윌리엄스 증후군에게는 일반적으로 지적장애가 나타난다. 그러나 자폐증 아동과 유사하게 음악과 언어에 특별한 재능이 있을 수 있다. 이들은 매우 사교적이고 친절하며 대체로 호의적이다.

윌리엄스 증후군 아동의 언어 능력은 그들의 지적 수준에 상응한다. IQ가 낮을수록 언어 능력이 낮다. 주목할 만한 그들의 사회적 의사소통 특징은 강박적으로 사람들에게 인사를 하고 낯선 사람과 대화하려는 경향이 있다는 것이다. 윌리엄스 증후군 아동은 신체 발달이 느릴 수 있고, 학습장애, 주의력 결핍, 유아기에 과민함, 그리고 다양한 공포증이 있을 수 있다.

지적장애

지능검사에서 정상 이하의 점수를 받은 아동을 설명하는 용어에는 논쟁이 있어 왔다. 전문용어가 바뀐 역사적 배경은 〈읽을거리 11-5〉를 참조하기 바란다. 이 용어도 미래에 바뀔 수 있지만 최근 선호되는 용어는 지적장애다(American Association on Intellectual and Developmental Disabilities, 2008).

이전에 정신지체로 불렸던 **지적장애**(Intellectual Disability: ID)는 아동(또는 성인)이 지적기능의 한계, 사회적 행동이나 기술의 결함, 일상생활 기술의 부족을 경험할 때 진단된다. 이들은 의사소통, 자조기술, 가정생활기술, 자기관리, 대인관계에서의 행동, 학업적이고 개념적인 학습, 그리고 안전성에 명백한 제한이 있을 수 있다(American Psychiatric Association, 2000). 일반적으로 지적장애의 정도는 IQ 검사로 측정하는데, IQ가 70 이하일 때 지적장애로 진단한다.

지적장애는 IQ가 50~55에서 70까지의 범위를 경도로 분류한다. 대다수의 아동이 이 범주에 속하는 지적장애로 진단되는데, 이들의 결함은 학교에 들어갈 때까지 읽을거리 11-5 **이름에는 어떤 의미가 있을까?**

지능검사(IQ 점수)에서 정상 이하의 점수를 받은 아동은 다양한 방법으로 이름이 붙고 분류되어 왔다. 초기의 많은 용어는 해당 개인과 그들의 가족 그리고 그들을 도와주는 전문가에게 모욕적이었다. 오랫동안 사용되어 온 용어는 정신지체다. 정신지체라는 용어가 함축하고 있는 부정적인 이미지에도 불구하고, 이들과 관련된 가장 유명한 전문기구도 최근까지 '미국 정신지체협회' 였다. 어떤 사람은 이 용어의 대안으로 발달장애를 선호하였고 이는 상당한 동의를 얻었다. 그러나 발달장애는 지능이 정상인 아동도 포함한다. 한때는 인지장애로 불렸지만, 이 용어는 신경학적 병이나 심한 뇌 외상을 입은 성인에게서 나타나는 발병 초기의 장애를 설명할 때 더 자주 사용된다. 최근 '미국 정신지체협회' 는 '미국 지적장애 및 발달장애 협회' 로 이름을 변경하였다. 요즘 선호되는 용어는 지적장애다. 그러나 이 용어가 다른 용어가 생기기 전까지 얼마나 오랫동안 사용될지는 알 수 없다.

명백히 드러나지 않을 수도 있고, 말-언어 기술이 지체되어 중재가 필요할 수도 있다. 중등도의 지적장애는 IQ가 35~40에서 50~55까지의 범위에 속하는 눈에 띄는 아동이다. 이들은 유아기에 의사소통기술을 습득하기도 하지만 상당한 양의 말-언어 중재가 필요할 수도 있다. 심도의 지적장애는 IQ가 35~40 이하인 아동에게 진단한다. 이들은 말과 언어의 기술 그리고 학습이 심각하게 제한된다. 이 그룹에 속하는 아동과 성인은 광범위한 중재와 평생 보살핌과 감독이 필요할 것이다.

지적장애와 관련된 요인

지적장애와 상관(관련)있는 원인 요인은 매우 다양하다. 앞에서 말했듯이, 많은 **유전성 중후군**(genetic syndrome)은 지적장애와 연관되어 있다. 게다가 여러 출생 전, 출생 중, 출생 후 요인이 지적 기술의 발달을 제한한다. **출생 전 요인**으로 어머니의 납이나 수은 중독, 어머니의 무산소증(산소 결핍), 임신 중 빈혈이나 혈관장애, 조산과 저체중아 출산, 어머니의 약물 남용이 지적장애의 원인이 될 수 있다. 지적장애와 연관된 **출생 중 요인**에는 태아의 무산소증, 산소 결핍, 뇌손상이 포함된다. 예방접종 후 뇌염, 광견병 백신, 납이나 수은 중독은 지적장애로 연결되는 **출생 후 요인**이다.

다양한 종류의 유전성 또는 선천성 두개 기형은 지적장애와 연관된다. **무뇌증**(anencephaly, 두개골에 결손이 있음), **대두증**(macrocephaly, 머리 둘레가 큼), **소두증**, **뇌수종**(hydrocephaly, 뇌실에 뇌척수액이 쌓여 머리가 커짐)이 여기에 속한다. 이러한 두개 기형 아동은 지적 기술이 제한된다. 어떤 외적 요인이 지적장애의 원인이 되어 이전에 습득한 기술을 잃어버릴 수도 있다. 예를 들면, **외상 뇌손상**(traumatic brain injury)은 어느 연령에서든지 지적 기능에 손상을 주는 원인이 될 수 있다.

지적장애인의 의사소통장애

지적장애 아동과 성인은 다양한 의사소통 문제를 경험한다. 그러나 문제의 심각성은 장애의 정도에 따라 다르다. 장애의 정도가 심할수록 의사소통 문제도 심각해진다.

일반적으로 지적장애 아동은 비정상적이거나 독특한 형태의 언어를 사용하지 않는다. 그들의 언어는 어린 아동의 언어와 비슷하다. 지적장애 아동은 비록 진전 속도는 느리지만 정상 발달 아동과 언어 발달 단계가 같다. 그러나 심한 지적장애를 보이거나 시설에 수용되어 있는 아동은 **반향어**(들은 말의 반복)나 **자르곤**(jargon, 의미 없이 단어를 나열한 발화)을 보이기도 한다. 특히 다운 증후군으로 인한 지적장애 아동은 자신의 지능 수준에 맞는 언어 능력을 발휘하지 못한다. 어떤 지적장애 아동의 경우 비언어적 활동에서는 실제보다 더 높은 언어기술을 가정할 수 있는 지적 수준을 나타낸다. 경도의 지적장애 아동은 조음에서만 몇 가지 오류가 나타나는 반면, 중등도와 심도의 지적장애 아동은 말소리 산출 학습에 가장 큰 어려움을 보이는 경향이 있다. 일단 말소리 산출을 학습하더라도 많은 조음 오류를 나타내기 쉽다. 이들은 말소리를 생략, 대치, 또는 왜곡한다. 지적장애 아동의 조음이나 음운 오류 패턴은 정상 지능 아동이 보이는 것과 비슷하다.

조음음운장애를 복습하려면 제5장을 참고하라.

지적장애의 중증도에 따라 구어가 극히 제한되는 아동도 있다. 심도의 장애 아동은 단지 간단한 단어만 학습하고, 연결된 말과 대화기술은 부족하다. 지적장애가 있는 대부분의 아동은 특히 복잡하고 추상적인 내용일 때 구어를 이해하지 못하는 경향이 있다. 일반적으로 언어의 모든 측면에 결함이 나타난다. 지적 수준이 정상인 아동과 비교할 때, 지적장애 아동은 첫 단어를 말하는 시기가 늦고 몇 개 안 되는 단어를 계속 사용한다. 일반적으로 이들의 어휘는 매우 제한적이고 다양성이 부족하며 대부분 사실적인 용어다. 속담과 관용구 등 추상적 언어의 이해와 표현은 특히 더 어렵다.

지적장애 아동은 다른 언어장애 아동에 비해 형태적 결함이 매우 두드러진다. 이들은 복수, 규칙적인 과거시제, 소유 대명사의 변형, 전치사, 조동사와 연결동사, 관사와 같은 문법 형태소를 생략하는 경향이 있다.

지적장애 아동에게는 구문적 어려움이 두드러질 수도 있다. 이들은 정상 발달 아동보다 단어를 조합하여 구나 문장을 구성해 내는 것이 늦고 문장 구조도 간단한 형태로 제한된다. 그리고 습득한 제한된 언어조차 사회적 문맥에서 자유롭게 표현하지 못하기 때문에 이들의 대화나 이야기 기술은 극히 제한적이다. 이들은 스스로 대화를 개시하지 않으며 긴 시간 동안 동일한 주제를 유지하지 못한다. 지적장애 아동은 화자의 말을 이해하지 못하였을 때 명료화를 요구하지 못하거나 청자의 명료화 요구에 반응하지 못한다.

지적장애 아동은 말과 언어 훈련 프로그램을 통해 큰 효과를 볼 수 있다. 언어장애 아동에 대한 치료 효과의 초기 연구는 대부분 지적장애 아동을 대상으로 이루어졌다(Hegde, 1998; Hegde & Maul, 2006). 제5장의 조음장애와 제6장의 언어장애에 설명된 일반적인 중재 과정이 지적장애 아동에게 말-언어 기술을 가르치는 데 유용하다. 광범위한 언어기술을 단순한 기술들로 쪼개어 쉬운 단계부터 가르친 후 이것들을 결합하여 더 복잡한 형태를 가르친다면 도움이 될 것이다.

보완대체 의사소통 전략

기능적인 말이 불가능하고 구어 및 언어 중재에 효과가 없는 아동과 성인이 많이 있다. 이들에게는 특별한 의사소통방법이 필요하다. 한 통계에 따르면 1,000명 중 약 12명이 구어로 의사소통을 하지 못하기 때문에 특별한 의사소통방법이 필요하다고 한다(Light, Beukelman, & Reichle, 2003). 심한 지적장애가 있는 사람은 구어 및 언어 훈련에 효과를 보지 못한다. 말이나 언어 산출에 문제가 있는 신경학적 장애가 있는 사람도 장애의 중증도에 따라 구어 의사소통이 비효율적일 수 있다. 전반실어증(가장 심각한 실어증 유형)이 있는 사람과 심한 마비말장애나 실행증이 있는 사람(말을 하더라도 대부분 불명료한 사람)도 다른 의사소통방법이 필요하다. 심한 뇌성마비 아동 또한 구어와 언어 훈련으로 효과를 얻지 못한다. 심각하거나 광범위한 외상 뇌손상이 있는 모든 연령대의 사람도 구어 의사소통기술을 배우는 데 성공하지 못한다. 암 때문에 혀와 후두를 제거한 사람에게도 비구어 의사소통방법이 필요하다.

그리고 제14장에 나오겠지만, 대부분 쉽게 수화(비구어)라는 의사소통 수단을 습득하는 청각장애인에게도 구어 의사소통 수단은 비실용적이다. 임상가는 최소한의 말밖에 할 수 없는 사람, 그리고 말과 언어치료의 성공 가능성이 매우 낮은 사람에게 보완적이고 대체적인 의사소통 방식을 고려할 수 있다.

비구어 의사소통 수단이 어떤 사람에게는 일시적으로 필요하지만, 어떤 사람에게는 영구적으로 필요하다. 예를 들면, 외상 뇌손상 환자가 외상 초기에 명확하게 말하지 못하거나 전혀 말하지 못한다면 비구어 의사소통방법이 필요하다. 그러나 외상에서 회복되면 구어적인 말과 언어를 다시 배울 수 있다. 심각한 마비말장애가 있는 몇몇 사람에게는 비구어 의사소통방법이 영구적으로 필요할 수 있다. 이미 언급했듯이 전혀 듣지 못하는 많은 청각장애인도 비구어 의사소통방법인 수화로 영구히 의사소통을 한다.

완전히 비구어적이지는 않지만, 심각한 구어 의사소통 결함이 있는 아동과 성인을 **최소한의 구어만 사용하는**(minimally verbal) 또는 **비구어적**(nonverbal)이라고 한다. 현재의 구어기술을 보충해 주는 비구어 의사소통 전략을 **보완**(augmentative)이라고 한다. 보완 전략으로 의사소통을 하는 사람은 비구어 행동뿐만 아니라 구어도 산출한다. 만약 이들에게 비구어를 보완하는 행동이 없다면 이들의 말은 대부분의 상황에서 비효율적이 될 것이다. 한편, 의미 있는 구어가 없어서 비구어 의사소통 전략이 주된 의사소통 수단이 되면 **대체**(alternative)라고 한다. 대체 전략은 구어 의사소통을 대신하는 반면, 보완 전략은 제한된 구어기술을 증진시키고 확장시킨다. 의사소통의 보완 또는 대체 형식은 구어가 제한된 사람뿐만 아니라 말을 산출할 수는 있지만 신경학적 장애(예: 심각한 마비말장애)로 의사소통이 손상되어 말명료도가 심각하게 저하되는 사람에게도 사용할 수 있다. 의사소통의 비구어(보완 또는 대체) 전략을 사용하는 사람을 이해하려면 청자가 그 전략을 알거나 배워야 한다.

마비말장애에 대한 자세한 설명은 제10장을 참고하라.

보완대체 의사소통의 유형

제한된 구어만 사용하는 사람은 다양한 보완대체 의사소통(Augmentative and Alternative Communication: AAC) 방법을 이용할 수 있다. 대부분의 보완대체 의사소통 방법은 비도구체계 또는 도구체계 중 하나로 분류된다. **비도구 AAC 체계**(unaided system)는 외부 장치나 기기에 의존하지 않고, 의사소통을 대신하거나 보충하는 신호, 몸짓, 얼굴 표정으로 의사소통을 한다. **도구 AAC 체계**(aided system)는 그림책, 알파벳이나 의사소통 판, 컴퓨터, 사용자에게 맞게 고안되어 만들어진 특별한 기구 등의 외부장치나 기기에 의존한다.

일반적으로 말소리 산출 또는 명료한 말소리 산출에 심각한 어려움이 있을수록 도구 AAC 체계가 더 필요하다. 그러나 예외가 있다. 구어 산출이 가장 어려운 심도의 청각장애인은 손을 사용하는 의사소통 방식, 특히 **미국 수화**(American Sign Language: ASL)의 사용을 선호한다. 제14장에 설명한 것처럼 미국 수화는 완벽한 비도구 의사소통 수단이다. 이 수화체계는 때때로 손가락 철자(finger spelling)와 함께 사용된다. 수화를 하거나 수화를 해석할 때 전자기기나 다른 종류의 기구는 필요하지 않다.

비도구 AAC체계

심한 청각장애가 있는 사람은 수화, 손가락 철자, 지화(cued speech), 그리고 다양한 영어 수화 의사소통 체계를 사용한다. 그러나 이 체계는 청각장애인에게만 국한되지 않는다. 예를 들면, 어느 정도 운동 조절이 가능한 지적장애 혹은 자폐증이 있는 아동과 나이든 학생에게 미국 수화를 포함하여 **수화 형식의 의사소통방법**(manual modes of communication)을 가르칠 수 있다. 언어 지체가 있는 유아에게도 공식 또는 비공식 수화체계를 가르친다. 수화의 사용은 유아의 구어를 촉진시켜서, 수화를 배운 유아는 후에 말하기도 학습할 수 있다.

미국 수화나 다른 수화 의사소통 방식에 대한 더 자세한 내용은 제14장을 참고하라.

수화와 손가락 철자는 빠르고 연속된 손의 움직임을 필요로 한다. 그러므로 손 움직임을 제한하는 중요한 신경 근육 문제가 있는 사람은 이를 사용할 수 없다. 이들은 다른 비도구 의사소통 체계를 사용해야 한다. 예를 들면, 심한 신체장애가 있는 사람은 기본적인 의사소통을 위해 다음과 같은 **몸짓**을 사용할 수 있다.

- 머리 움직임(예: '예'는 고개를 위아래로, '아니요'는 양옆으로 흔든다.)
- 눈 움직임(예: '예'는 위로 올리고 '아니요'는 아래로 내린다. '예'는 깜박이지 않고, '아니요'는 두 번 깜박인다.)
- 손 움직임(예: '예'는 엄지손가락을 위로 들고, '아니요'는 엄지손가락을 아래로 내린다.)
- 발 움직임(예: '예'는 오른발을 움직이고, '아니요'는 왼발을 움직인다.)
- 원하는 사물을 가리킨다.
- 원하는 사물, 장소, 활동을 위해 누군가를 데리고 간다.
- 몸짓을 사용한다.

완전히 발달된 수화(예를 들면: 미국 수화나 영어 수화)를 제외하면, 비도구 AAC 체계는 그 범위가 제한적이다. 신체적인 움직임으로 기본적인 의사소통은 충족시킬 수 있어도 복잡한 생각은 표현할 수 없다.

도구 AAC 체계

기술의 발달로 도구 AAC 체계를 필요로 하는 사람의 선택권이 넓어지게 되었다. 그러나 모든 도구체계가 첨단기술에 기초한 것은 아니다. 그러므로 도구 의사소통 장치는 보통 노테크(no-tech), 로우테크(low-tech), 하이테크(high-tech)로 분류된다.

간단한 노테크 AAC 체계는 연필과 종이를 사용한다. 환자는 메시지를 써서 의사소통 상대방에게 보여 준다. 환자가 첫 글자를 쓰면 의사소통 상대방이 문맥에 맞는 단어를 추측해서 의사소통을 할 수도 있다.

좀 더 진보되었지만 여전히 노테크나 로우테크에 해당하는 도구 AAC 체계가 **의사소통 판**(communication board)이다. 이것은 알파벳, 단어, 다양한 기호를 포함한 손으로 만든 판이다. 글을 읽을 수 있는 환자가 판에 있는 '어머니(mother)' '배고프다(hungry)' '목욕탕(bathroom)' 등의 단어를 가리킨다. 구나 문장을 만들기 위해 환자가 단어를 순서대로 가리키면, 의사소통 상대방이 환자가 가리킨 단어를 읽고 메시지를 이해한다. 환자는 손가락이나 손에 든 막대기로 단어나 기호를 가리킬 수 있다.

그림교환 의사소통방법(Picture Exchange Communication System: PECS)은 효과적인 로우테크 도구 AAC 체계다. 이 체계에서 아동은 그림을 뽑아 치료사, 선생님, 또는 보호자에게 건네준다. 아동은 선생님이나 보호자에게 동작을 나타내는 카드(예를 들면: '화장실에 가고 싶어요.')를 주어 허락을 받거나 활동을 할 수도 있다. 본질적으로 여기서 아동은 의사소통 상대방과 그림을 교환함으로써 의사소통을 한다(Bondy & Frost, 2001). 이 기술은 심도의 자폐증과 지적장애 아동에게 효과적이다. 처음에 그림교환으로 의사소통을 배운 아동은 이후에 더 많은 자발적인 말을 산출할 수도 있다(Charlop-Christy, Carpenter, Le, LeBlanc, & Kellet, 2002).

의사소통 판을 사용해야 하는 몇몇 환자들은 읽지 못하기 때문에 단어보다 **기호**(symbols)가 더 실용적이다. 널리 알려진 두 세트의 기호가 있다. 하나는 다소 추상적인 모양이고 기하학적이다. 다른 하나는 사실적인 기호로 구성되어 있는데, 단어는 사물이나 사람을 나타내는 그림으로 제시된다. 그림이나 기호가 나타내고자 하는 사물과 비슷하면 **아이콘적**(iconic)이라고 하고, 추상적인 기하학 모양으로 사람이나 사물을 나타내면 **비아이콘적**(noniconic)이라고 한다. 아이콘적 기호는 직접적이고 쉽게 이해되어 보는 즉시 그 뜻을 알 수 있다. 그러나 추상적인(임의적인) 비아이콘적 기호는 미리 정해진 의미를 알고 있어야 의미 파악이 가능하다.

행동심리학자인 David Premack(1971)은 침팬지에게 언어를 가르치면서 기하학적인 기호 세트를 개발하였다. 침팬지가 그 사용법을 익히고 새로운 조합들을 만들어 내면서, 제한적이기는 하지만 Premack과 약간의 '이야기'를 할 수 있었다. 나중에 이 기호는 말을 하지 못하는 사람에게 비구어적인 말을 가르치는 데 도입되었고, **캐리어 기호**(Carrier symbols)라고 불리게 되었다(Carrier & Peak, 1975). 캐리어 기호는 가장 기하학적이고 추상적인 비아이콘적 기호체계다. 그러나 마치 문장을 만들기 위해 단어들을 재배치하듯이, 이 기호의 모양을 물리적으로 이리저리 바꾸고 재배치할 수 있다. 기호를 움직일 수 없는 뇌성마비 아동은 기호를 가리켜서 의사소통을 할 수 있다.

Charles K. Bliss가 개발한 또 다른 기호체계는 국제적 언어로도 제안되었다(Bliss, 1965). **블리스 기호**(Blisssymbolics)로 알려진 이 체계는 뇌성마비 아동에게 비구어 의사소통을 가르치는 데 사용되었다. 블리스 기호는 반(semi)아이콘적이고 추상적인 기호들의 조합이다. 의사소통 판에 기호가 써 있고, 각각의 기호 아래에 해당하는 단어가 써 있다. 환자가 기호를 가리킬 때 청자는 그 아래 단어를 읽으면서 이해한다.

캐리어 기호와 블리스 기호에 비하면 **리버스 체계**(rebus system)는 좀 더 그림 같다. 리버스라는 단어가 사물이나 사람을 나타내는 그림을 뜻하므로 이 체계를 리버스 체계라고 이름붙였다. Charlotte Clark와 그녀의 동료들은 말을 할 수 없는 사람에게 비구어 의사소통을 가르치며 연구한 818개의 리버스 세트를 발표하였다(Clark, David, & Woodcock, 1974). 리버스는 아이콘적이므로 다른 비아이콘적이거나 덜 아이콘적인 체계보다 쉽게 배울 수 있다(Clark, 1981). [그림 11-1]에서 블리스 기호, 캐리어 기호, 리버스 기호의 예를 제시하였다.

하이테크 AAC 체계는 전자 컴퓨터기술을 이용하며 시스템 운용 소프트웨어가 포함된다. 사용자가 시스템에 저장되어 있는 그림, 기호, 메시지를 선택하면 이것이 전자 스크린에 표시된다. 환자는 저장된 메시지를 불러오기 위해 다양한 방법으로 스위치를 작동시킬 수 있다. 손이 마비된 경우에는 '포인터'를 머리나 발에 고정시켜 사용할 수 있다. 눈의 움직임이나 이마에 고정된 기계장치에서 나오는 광선을 통해 전자 의사소통 판에 신호를 보낼 수도 있다. 환자는 화면에 표시된 다양한 메시지(메시지들의 '메뉴')를 훑어본 후 하나를 선택할 수 있다. 보완적인 방법으로 환자가 맞는 메시지를 찾을 때까지 의사소통 상대방이 메시지를 하나씩 차례로 제시할 수도 있다. 이 전략은 아동에게 물건을 차례로 제시하면서 '예'라고 대답할 때까지 아동

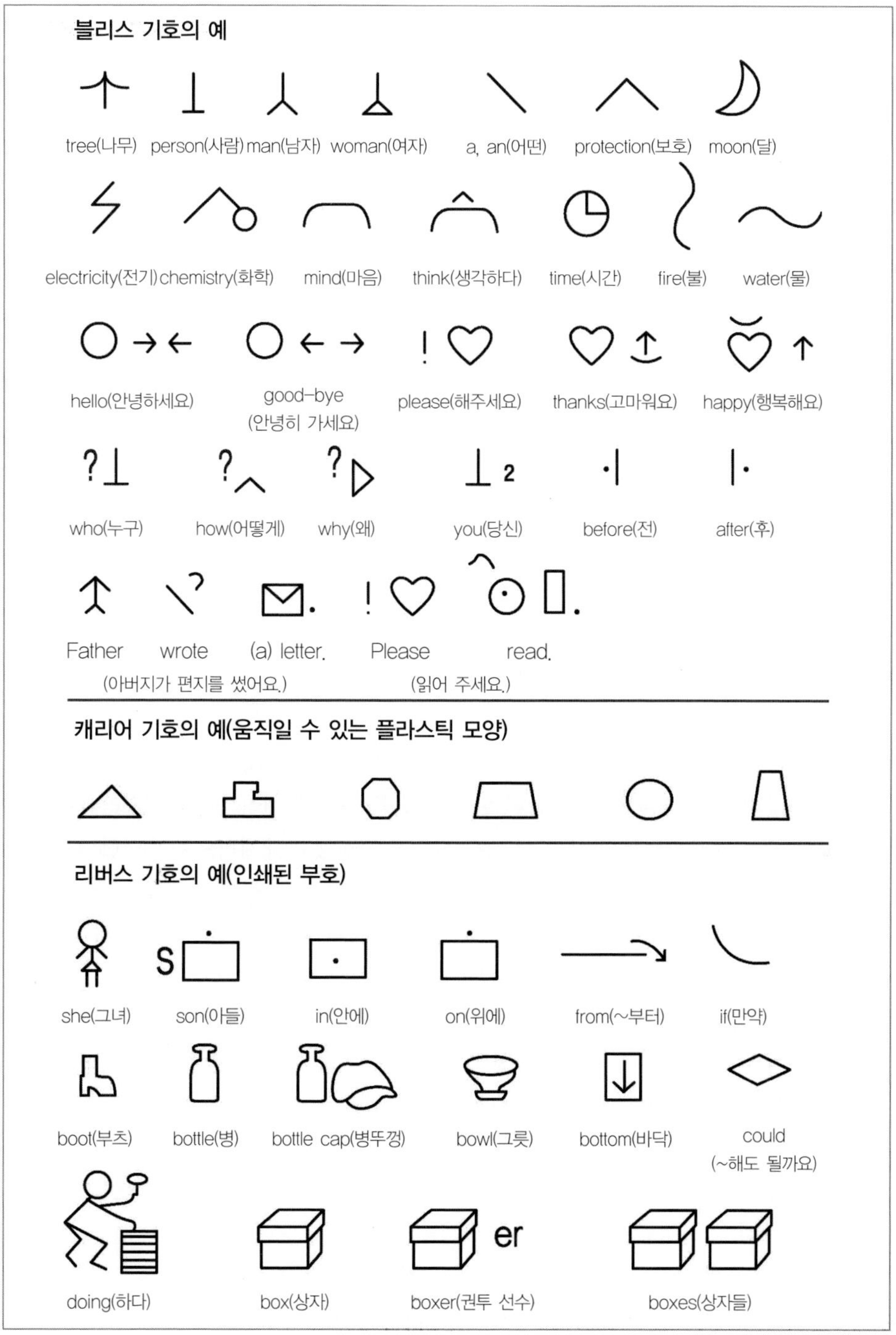

[그림 11-1] 블리스 기호, 캐리어 기호, 리버스 기호의 예

이 무엇을 원하는지 물어보는 것과 비슷하다.

인쇄된 결과나 말소리가 나오는 더 복잡하고 컴퓨터화된 하이테크 도구 AAC 장치도 있다. 특별히 고안되고 프로그램화된 AAC 장치를 사용하여 글을 말로 바꾸고 청자에게 전달한다. 어떤 AAC 장비는 합성된 말을 만들어 내고, 어떤 AAC 장비는 디지털화된 말을 만들어 낸다. AAC 사용자가 글을 입력하거나 이미 저장된 글을 불러오면, 장치가 글에 해당하는 디지털 말 신호를 생성하고 이 신호를 아날로그 말소리 파동으로 바꾸어 청자에게 메시지를 전달한다. 이러한 말소리 유형을 합성된 말소리(저장된 글을 통해 말소리가 만들어진다)라고 한다. 반면에 디지털화된 말은 디지털-아날로그 변환기가 포함된 AAC 장비에 말소리가 녹음되고 디지털로 저장된다. 이러한 장비에서 나온 말은 처음에 녹음한 자연스러운 말과 유사하다(Beukelman & Mirenda, 2005). 〈읽을거리 11-6〉은 의사소통을 위해 특별히 고안하여 제작한 컴퓨터를 사용하는 유명한 수학자이자 물리학자의 이야기다.

읽을거리 11-6 스티븐 호킹 교수의 감격적인 이야기

유명한 수학자이자 물리학자인 영국 케임브리지(Cambridge) 대학의 Stephen Hawking 박사는 대학생 때 근육위축가쪽경화증(ALS) 진단을 받았다. 그러나 그는 수학으로 박사학위를 받기 위해 계속 학문에 정진했고 세계적으로 유명한 과학자가 되었다. ALS는 운동신경을 침범하는 퇴행성 질환으로 근육의 기능이 소실되고 말명료도에도 영향을 미친다(마비말장애의 한 유형). Hawking 박사는 자신의 말을 다른 사람이 거의 알아들을 수 없게 되자 AAC 장치를 이용하기 시작했다. 한동안 그는 철자 카드에 철자를 하나씩 쓰기 위해 누군가가 철자를 가리켜야 했다. 그리고 Hawking 박사가 맞는 글자를 찾아내면 눈썹을 치켜 올렸다. 이는 분명 의사소통에 많은 시간이 걸렸을 것이다. 몇 년이 지난 지금, 호킹 박사는 말소리 합성기를 장착한 컴퓨터를 사용하여 전 세계에 강의도 하고 글도 쓴다. 컴퓨터와 말소리 합성기가 그의 휠체어에 붙어 있다. Hawking 박사는 손 스위치를 이용하거나 눈이나 손의 특정한 움직임으로 말소리를 내고 과학 논문을 쓴다. 그는 이 장치의 유일한 문제점으로 말 합성기가 캘리포니아에서 만들어졌기 때문에 '미국 악센트가 나온다'는 점을 꼽았다. 그의 책 『시간의 역사(A Brief History of Time)』는 유명하다. 그의 웹사이트 http://www.hawking. org.uk를 방문하여 이 특별한 과학자가 그에게 닥친 많은 역경을 어떻게 헤쳐 나갔는지 살펴보기 바란다.

AAC 평가 및 중재 시 고려사항

AAC를 고려해야 하는 사람을 완벽하게 평가하려면 다분야의 전문가 팀이 필요하다. 여기에는 AAC 사용자와 상호작용하면서 새로운 기술을 배워야 하는 가족 구성원이 반드시 포함된다. 평가의 목적은 개인과 가족 구성원이 효율적으로 사용할 수 있는 AAC 체계를 선택하는 것이다. 평가에서는 개인과 그 가족 구성원에게 충족되지 않는 의사소통 관련 요구사항을 확인해야 하고, 선택된 AAC 체계는 이러한 요구사항을 충족시켜야 한다.

다분야 평가와 중재 팀에는 언어치료전문가, 심리학자, 물리치료사, 작업치료사, 재활의학전문의, 특수교사가 포함된다. 다분야 팀은 적합한 AAC 체계를 선택하기 위하여 다음 질문의 답을 찾아야 한다.

- 환자의 지능, 행동, 정서에 장애와 한계가 있는가? 심리전문가가 이와 관련한 질문에 답한다.
- 환자가 현재 표현하고 이해하는 의사소통기술은 무엇인가? 어떤 종류의 의사소통 요구가 충족되지 못하는가? 언어치료전문가가 이와 관련한 질문에 답한다.
- 환자에게 신체적인 운동 능력(예를 들면: 손과 발의 사용, 운동 협응, 힘, 운동 범위)이 있는가? AAC 체계 선택에 영향을 미치는 환자의 제한점은 무엇인가? 물리치료사가 이와 관련한 질문에 답한다.
- 환자의 일상생활 기술은 무엇인가? 환자에게 어떤 종류의 작업 요구가 필요하며, 어떻게 해야 이 요구를 충족시킬 수 있는가? 작업치료사가 이 질문에 답하도록 도와준다.
- 환자의 현재 교육적 성취는 무엇인가? 더 나은 수행으로 나아가는 데 어떤 장벽이 있는가? 어떻게 해야 이 장벽을 제거하고 수행과 참여를 증진시킬 수 있는가? 교육자와 특수교사가 환자를 평가하여 이와 관련한 질문에 답한다.

환자의 능력을 신중하게 평가한 후, 팀은 환자를 위해 하나의 AAC 체계를 추천하고 환자와 그 가족이 함께 이를 논의한다. 팀, 환자 그리고 그 가족 구성원이 특정 AAC 체계에 동의해야 선택된 체계를 이용한 중재 프로그램을 시작할 수 있다. 중재의 초기단계에서는 선택된 시스템이 환자와 그 가족에게 최선의 선택인지를 확인하는 데 주력한다. 어떤 경우에는 시험적인 중재를 통해 초기에 선택된 것보다 더 유용한 다른 체계로 바꿀 수도 있다.

주요한 중재 과제는 선택한 체계를 사용하기 위해 환자와 그 가족 구성원을 훈련시키는 것이다. 아무리 하이테크 장치를 선택했더라도 중재는 기능적 의사소통, 사회와 학업에의 참여, 편안하고 쉬운 사용과 관련된다. 더욱 효과적이고 사용하기 쉬운 전자장치에 대한 연구가 가속화되고 있다. 첨단 기술의 발달로 제한된 구어 능력을 지닌 많은 사람이 이제 효과적인 의사소통자가 될 수 있다.

요 약

- 뇌성마비는 유아기에 발병하는 장애로, 뇌손상으로 복잡한 신경 근육과 의사소통에 문제가 생긴 것을 말한다.
- 다양한 출산 전, 출산 중, 출산 후 요인들이 뇌성마비와 연관된다.
- 뇌성마비는 경직형(강직성 근육이 특징임), 무정위운동형(느리고 무의식적인 움직임이 특징임), 운동실조형(흐트러진 균형이 특징임)으로 분류된다.
- 언어 지체, 조음장애, 왜곡된 운율, 음성 문제가 모두 뇌성마비와 연관된다. 청각 문제, 시각 문제, 행동장애, 간질이나 기타 다른 문제도 뇌성마비와 연관된다.
- 뇌성마비 아동은 신경과전문의, 정형외과전문의, 물리치료사, 이비인후과전문의, 청각전문가, 언어치료전문가, 심리전문가, 사회사업가 등 많은 전문가의 도움이 필요하다.
- 언어치료전문가는 두드러진 조음장애를 포함한 다양한 의사소통 문제를 치료한다.
- 주로 유아기에 진단되는 장애군으로 자폐범주성장애 또는 전반적 발달장애가 있다. 이들은 사회적 행동의 결함, 특이하고 고정된 행동, 의사소통 문제가 나타나는 것이 특징이다. 자폐범주성장애에는 임상적으로 자폐증, 아스퍼거 증후군(장애), 레트 증후군(장애), 소아기 붕괴성 장애의 네 가지 질환이 포함된다.
- 심각한 말-언어장애는 자폐증의 중요한 특징 중 하나다. 자폐증과 관련된 초기 언어 문제는 들은 것을 앵무새처럼 반복하는 반향어다. 그리고 가장 눈에 띄는 자폐적 언어는 대명사 전환이다. 자폐증 아동은 일반적으로 다른 아동보다 짧고 간단한 문장으로 말한다.
- 아스퍼거 증후군인 사람은 전형적인 자폐증보다 말-언어 기술이 훨씬 좋다. 이 증후군 아동과 성인은 대체로 사회적인 요령이 부족하여, 아무에게나 아무 말이나 할 수 있다. 일반적으로 자폐증은 IQ가 70 이하인 아동에게 진단되는 반면, 아스퍼거 증후군은 IQ가 정상인 아동에게 진단된다.
- 레트 증후군은 여아에게만 영향을 미치는 유전에 기초한 신경학적 장애다. 이 증후군은 X염색체 관련 장애로, X염색체의 긴 가지에 MeCP2 유전자의 돌연변이로 생긴다.

- 소아기 붕괴성 장애는 적어도 처음 2년간은 정상 발달을 한 후에 학습기술에 퇴행이 뒤따르는 특징이 있다. 이 장애는 보통 3~4세에 진단된다.
- 바람직한 행동에는 긍정적인 강화를 주고 바람직하지 못한 행동에는 다양한 형태의 교정 피드백을 주는 응용행동분석이 자폐범주성장애 아동의 교육에 효과적이다.
- 언어치료전문가는 다양한 의학적 증후군을 갖고 태어난 아동을 많이 접한다. 증후군이란 임상적으로 문제가 되는 여러 증상의 집합체를 말한다. 증후군은 유전적으로 물려받거나(예: 다운 증후군) 환경적으로 유발될(예: 태아알코올 증후군) 수 있다.
- 증후군은 증상들의 집합체로, 많은 증후군이 말, 언어 및 청각장애와 연관된다.
- 이전에 정신지체로 불렀던 지적장애는 아동(또는 성인)이 지적 기능의 한계, 사회적 행동이나 기술의 결함, 일상생활 기술의 부족을 경험할 때 진단된다.
- 지적장애는 경도(IQ 50~55에서 70까지), 중등도(IQ 35~40에서 50~55까지), 심도(IQ 35~40이하)로 분류된다.
- 다양한 유전적, 출생 전, 출생 중, 출생 후 요인이 아동의 지적 기술의 발달을 제한한다. 무뇌증(두개골에 결손이 있음), 대두증(머리 둘레가 큼), 소두증(이례적으로 머리 둘레가 작음), 뇌수종(뇌실에 뇌척수액의 증가로 머리가 커짐)과 같은 두개 기형이 지적장애와 연관된다.
- 지적장애 아동은 일반적으로 비정상적이거나 독특한 형태의 언어를 사용하지 않는다. 이들의 언어는 어린 아동의 언어와 비슷하다. 언어 지체, 제한된 어휘, 형태론과 구문론의 결함이 지적장애 아동의 언어 특징이다.
- 심한 구어 의사소통에 결함이 있는 아동과 성인을 '최소한의 구어만 사용하는' 또는 '비구어적'이라고 한다. 이들은 구어와 언어 중재가 비효율적이다. 이들에게는 보완대체 의사소통이라고 부르는 특별한 의사소통방법이 필요하다.
- 현재의 구어기술을 보충해 주는 비구어 의사소통 전략을 보완이라고 하며, 일차적 의사소통이 비구어 의사소통 전략이고 이것이 구어를 대체할 때 대체라고 한다.
- AAC 방법은 비도구체계 또는 도구체계 중 하나로 분류된다. 비도구 AAC 체계는 외부 장치나 기기에 의존하지 않고, 의사소통을 대신하거나 보충하는 신호, 몸짓, 얼굴 표정으로 의사소통을 한다. 도구 AAC 체계는 그림책, 알파벳이나 의사소통 판, 컴퓨터, 사용자에게 맞게 고안되어 만들어진 특별한 기구 등의 외부 장치나 기기에 의존한다.
- 전문가 팀이 환자를 평가하여 AAC 장치를 찾고, 비구어나 최소한의 구어를 사용하는 사람을 위해 중재 프로그램을 고안한다. 개인마다 다양한 종류의 수화, 기호, 의사소통 판, 하이테크 컴퓨터가 선택될 수 있다.
- 선택한 체계의 성공을 위해서는 환자와 가족의 중재 프로그램이 필수다. 어떤 경우는 시험적인 치료 기간에 체계가 바뀔 수도 있다.

연구문제

1. 뇌성마비와 관련된 의사소통장애를 외상 뇌손상과 관련된 의사소통장애와 구분하시오.
2. 뇌성마비의 원인을 요약하시오. 신경 근육 원인과 말-언어 결과를 서술하시오.
3. 아스퍼거 증후군 아동이 자폐증 아동과 다른 점은 무엇인가? 의사소통 특징을 포함하여 구별되는 모든 특징을 서술하시오.
4. 레트 증후군과 소아기 붕괴성 장애를 개략적으로 설명하시오.
5. 응용행동분석이 무엇인가? 자폐증 아동 치료의 요점을 기술하시오.
6. 지적장애를 설명하시오. 이 장애군의 특징을 모든 언어 측면에서 설명하시오. 이 장애는 어떻게 분류하는가?
7. 비정상적이거나 이상한 의사소통 행동을 보이는 지적장애 아동이 있는가? 그의 말-언어 특성을 요약하여 의사소통이 비정상적임을 증명하시오.
8. 보완과 대체 의사소통 전략을 구분하시오. 정상적인 의사소통기술을 가진 사람도 보완 의사소통을 사용하는지 의견을 제시하시오.
9. 비도구 및 도구 AAC 체계의 개요를 설명하시오. 그리고 각 체계에 알맞은 사람의 기본적인 특성을 서술하시오.
10. 로우테크 AAC 체계와 하이테크 AAC 체계의 예를 드시오.

인터넷 자료

American Association on Intellectual and Developmental Disabilities(formerly American Association on Mental Retardation; http://www.aaidd.org)

Asperger' s syndrome(http://www.aspergers.com)

Autism Society of America(http://www.autism-society.org)

International Rett Syndrome Foundation(http://www.rettsyndrome.org)

Mayo Clinic(http://www.mayoclinic.com)

National Institutes of Health, U.S. Department of Health(http://www.nih.gov)

참고문헌

American Association on Intellectual and Developmental Disabilities. (2008). *Definition of intellectual disabilities*. Retrieved April 18, 2008, from http://www.aaidd.org.

American Psychiatric Association. (2000). *Diagnostic and statistical manual of mental disorders* (4th ed., text rev.). Washington, DC: Author.

Asperger, H. (1991). "Autistic psychopathy" in childhood [Translated and annotated by U. Frith]. In U. Frith (Ed.), *Autism and Asperger syndrome* (pp. 37-92). Cambridge, UK: Cambridge University Press. (Original paper published 1944)

Aylward, E. H., Minshew, N. J., Field, K., Sparks, B. F., & Singh, N. (2002). Effects of age on brain volume and head circumference in autism. *Neurology, 59*, 175-183.

Beukelman, D. R., & Mirenda, P. (2005). *Augmentative and alternative communication: Supporting children and adults with complex communication needs* (3rd ed.). Baltimore: Brookes.

Bliss, C. (1965). *Semantography*. Sydney, Australia: Semantography Publications.

Bobath, K., & Bobath, B. (1967). The neuro-developmental treatment of cerebral palsy. *Journal of American Physical Therapy Association, 47*, 1039-1041.

Bondy, S. A., & Frost, L. A. (2001). The picture exchange communication system. *Behavior Modification, 25*, 725-744.

Carrier, J. K., Jr., & Peak, T. (1975). *Non-SLIP (Non-speech language initiation program)*. Lawrence, KS: H & H Enterprises.

Centers for Disease Control and Prevention. (n.d.). *Autism*. Retrieved from http://www.cdc.gov/ncbddd/autism.

Charlop-Christy, M. H., Carpenter, M., Le, L., LeBlanc, L. A., & Kellet, K. (2002). Using the picture exchange communication system (PECS) with children with autism: Assessment of PECS acquisition, speech, social communicative behavior, and problem behavior. *Journal of Applied Behavior Analysis, 35*, 213-231.

Clark, C. R. (1981). Learning words using traditional orthography and the symbols of rebus, Bliss, and Carrier. *Journal of Speech and Hearing Disorders, 46*, 191-196.

Clark, C. R., Davies, C. O., & Woodcock, R. W. (1974). *Standard rebus glossary*. Circle Pines, MN: American Guidance Service.

Hegde, M. N. (1998). *Treatment procedures in communicative disorders* (3rd ed.). Austin, TX: PRO-ED.

Hegde, M. N., & Maul, C. A. (2006). *Language disorders in children: An evidence-based approach to assessment and treatment*. Boston: Allyn & Bacon.

Killilea, M. (1952). *Karen: A true story told by her mother*. New York: Dell.

Killilea, M. (1983). *With love from Karen*. New York: Dell.

Koegel, L. K., Koegel, R. L., & Dunlap, G. (Eds.). (1996). *Positive behavior support: Including people with difficult behavior in the community*. Baltimore: Brookes.

Light, J., Beukelman, D., & Reichle, J. (2003). *Communicative competence for individuals who use AAC: From research to effective practice*. Baltimore: Brookes.

Love, R. J. (2000). *Childhood motor speech disability* (2nd ed.). Boston: Allyn & Bacon.

Madsen, K. M., Hviid, A., Vestergaard, M., Schendel, D., Wohlfahrt, J., Thorsen, P., et al. (2002). A population-based study of measles, mumps, and rubella vaccination and autism. *The New England Journal of Medicine*, *347*, 1477-1482.

Maurice, C., Green, G., & Luce, S. (1996). *Behavioral intervention for young children with autism*. Austin, TX: PRO-ED.

Mecham, M. J. (2002). *Cerebral palsy* (3rd ed.). Austin, TX: PRO-ED.

Park, C. C. (1982). *The siege: The first eight years of an autistic child*. Boston: Little, Brown.

Premack, D. (1971). Language in chimpanzee? *Science*, *172*, 808-822.

Sokol, D. K., & Edwards−Brown, M. (2004). Neuroimaging in autistic spectrum disorders (ASD). *Journal of Neuroimaging*, *14*, 8-15.

Wing, L. (1972). *Autistic children*. New York: Bruner-Mazel.

Wing, L. (1991). The relationship between Asperger' s syndrome and Kanner' s autism. In U. Frith (Ed.), *Autism and Asperger' s syndrome* (pp. 93-123). Cambridge, UK: Oxford University Press.

12

Introduction to Communicative Disorders

문식성과 언어치료전문가

언어치료전문가(SLP)들의 임상 영역은 날로 넓어지고 있다. 제10장에서는 언어치료전문가들이 삼킴장애(dysphagia)라는 삼킴장애의 진단과 치료전문가로 인정받고 있다는 점을 언급하였다. 최근에 이와 비슷한 임상 영역의 확장 사례가 또 생겨났는데, 이번에는 아동의 읽고 쓰는 능력에 대한 언어치료전문가들의 전문지식이 인정을 받게 되었다. 공립학교 등에서 일하는 언어치료전문가들의 경우 아동의 읽기와 쓰기 문제를 진단하고 치료하는 데 점차 많은 역할을 수행하고 있다. 미국 언어청각협회(ASHA)는 협회의 입장을 밝힌 성명서(2001a)에서 아동의 문식성 평가와 조정을 언어치료전문가의 임상 영역의 일부라고 선언하였다. 언어와 언어기반 기술에 대한 전문성으로 언어치료전문가들은 아동의 읽기와 쓰기 능력을 향상시키는 데에 상당한 기여를 할 수 있는 능력이 있는 것이다.

문식성(literacy)이라 함은 읽기와 쓰기 능력 모두를 포함한다. 문식성과 관련된 다른 용어들을 살펴보면 다음과 같다.

- **초기 문식성**(emergent literacy)이란 아직 읽고 쓰지 못하는 취학 전 아동의 읽고 쓰기와 관련된 초기 능력을 가리킨다. 여기에는 알파벳 글자를 인식하는 능력, 인쇄된 단어를 가리키는 능력, 책을 올바르게 잡는 능력 등이 포함된다.
- **문식성**(literacy)이란 읽기와 쓰기를 말한다. 초기 문식성과 비교할 경우 전통적 문식성(conventional literacy)이라고도 불린다.
- **파닉스**(phonics)란 (단어를 소리 내어 말하면서) 글자-소리 대응 관계를 이용하여 아동에게 읽기를 가르치는 방법론의 하나다.
- **음소**(phoneme)란 의미의 차이를 유발하는 구두언어의 최소 요소다.
- **문자소**(리)란 문자언어의 최소 요소로서 알파벳 단일 글자나 글자의 조합으로 표시된다.
- **음운 의식**(phonological awareness)이란 개별 음소, 음절, 음절 두음, 단어, 운이 맞는 단어에 대한 의식과 이들 모두를 이용하는 능력을 말한다.
- **음절**(syllable)이란 단일 모음이나, 하나 혹은 여러 개의 자음을 갖고 있는 모음으로 구성된 말소리의 단위다.
- **두음**(onset)이란 (dog의 d처럼) 음절이나 단어의 첫 자음 혹은 자음군을 가리킨다.
- **운 맞추기**(rhyming)란 둘 혹은 그 이상의 단어들의 끝에 비슷한 소리를 두어(예, walk와 talk) 말할 때 운이 맞도록 하는 것이다.
- **낭독**(reading [oral])이란 인쇄 자극으로 유발된 구술 행위의 일종이다. 또한 글로

쓰인 자료의 구술적 연출(oral rendition of written material)이라고도 하고, 인쇄된 단어나 문장의 '해독(decoding)'이라고도 한다.

- **글쓰기**(writing)란 인쇄 자료를 산출하는 구술 행위의 일종이다. 또한 인쇄나 시각적 형태를 통한 언어 표현이라고도 한다.

언어치료전문가들은 읽기와 쓰기 문제가 있는 아동을 치료하는 데 핵심적인 역할을 할 수 있는데, 그 이유는 대개 그런 아동의 경우 언어 능력이 부족하기 때문이다(ASHA, 2001b). 따라서 언어병리학의 한 전문 분야로서 문식성의 진단 및 치료는 그 범위가 확대되고 있다(Justice, 2006; Pence, 2007). 언어치료전문가들은 여러 가지 방식으로 문식성의 진단 및 치료에 주요한 역할을 할 수 있다. 예를 들면, 임상가들은 다음의 임무를 수행하게 된다.

- 취학 전 혹은 취학 연령의 아동에게 읽기와 쓰기 문제가 생길 위험성이 있는지 검사하여 신속한 치료 행위를 수행한다.
- 부모와 상담을 통하여 아동의 문식성 문제를 예방하는 방법을 알려 주고, 언어 습득과 초기 문식성 기능을 향상시킬 수 있는 가정 환경을 조성하도록 한다.
- 언어 진단 시간이나 혹은 별도의 시간을 통해 읽기와 쓰기 문제를 파악한다.
- 문식성 조정 프로그램을 개발하는 교내 전담부서의 일원으로 일한다.
- 언어치료의 일부로써 혹은 별도로 문식성 조정 활동을 한다.
- 읽기와 쓰기 조정 프로그램의 결과로 향상된 문식성 기능을 문서화한다.
- 교사, 부모, 특수교육전문가들에게 언어장애와 문식성 문제와의 관계에 대하여 상담가로서의 역할을 수행한다.
- 가정과 학교에서 문식성에 관한 올바른 관행이 형성될 수 있도록 지원한다.
- 해당 분야의 지식을 심화시키기 위하여 문식성 진단과 조정에 관한 체계적인 자료 수집을 수행한다.

구두언어장애를 치료하면서 언어치료전문가들은 아동의 장래 문식성 능력의 기초를 다지게 되는 것이다. 언어치료전문가들은 부모, 교사, 특수교육전문가들과 공조하면서 학교의 문식성 교육 프로그램에 상당한 기여를 한다.

말하기, 읽기, 쓰기: 유사점과 차이점

말하기, 읽기, 쓰기는 서로 연관되어 있는 능력인데, 그 이유는 문식성 능력(literacy skill)이 기본적으로 언어 능력이기 때문이다. 올바른 구두언어 능력을 갖추는 일은 읽기와 쓰기의 선행 요건이라 할 수 있다. 올바른 구두언어 능력을 갖추지 못하면 성인이든 아동이든 읽고 쓰기를 잘할 수 없다. 말하기, 읽기, 쓰기 능력 사이에는 유사점과 차이점이 있다. 이 능력을 진화의 관점에서 보면, 말하기가 읽기나 쓰기보다 먼저 생겨났다. 인간은 말하기를 제일 먼저 배웠을 가능성이 가장 크며, 그 후 오랫동안 읽거나 쓰지 않고 말을 해왔을지도 모른다. 인간 개개인으로 보아도 읽기나 쓰기보다 말하는 능력이 먼저 생긴다.

말하기와 문식성 능력이 연관되어 있긴 하지만, 구두언어 능력이 좋다고 문식성 능력이 저절로 좋아지는 것은 아니다. 말은 잘해도 글을 잘 못 쓰는 사람도 많다. 문식성이 거의 없거나 아예 없어도 구두언어 능력이 뛰어난 사람들이 많은 문화권에 존재하고 있다. 최근에서야 글자를 개발한 사회[예를 들면, 동남아시아의 흐몽족(Hmong)의 사회]도 있다.

하지만 말하기와 쓰기 모두 타인에게 영향을 미치기 위한 의도로 쓰인다. 타인에게 실제로 영향을 미치게 되는 경우라도, 쓰기보다는 말하기가 좀 더 직접적이다. 말하기가 좀 더 효과적인 이유는 화자와 청자가 직접 접촉을 하기 때문이다. 그러나 작가와 독자는 일반적으로 직접적인 접촉을 하지는 않는다. 그래서 글이 독자와 같은 타인들에게 영향을 미치려면 며칠, 몇 달, 몇 년이 걸리기도 한다. 글은 말하기보다 좀 더 폭넓은 영향을 미칠 잠재력을 지니고 있다. 작가와 직접적인 접촉을 하지 않은 사람들도 작가의 글 영향을 받을 수 있고, 이러한 영향은 작가의 사후에도 지속될 수 있다.

외형, 형상, 모양과 느낌이 다른 행위들은 **형태학적으로 다르다(topographically different)**고 한다.

말하기와 문식성 능력은 형태학적으로 다르다. 말은 입과 목의 움직임으로 만들어지지만, 쓰기는 손, 주로 손가락의 움직임으로 완성된다. 글쓰는 행위를 수행할 때 발성기관이 자기도 모르게 가볍게 움직일 수도 있다.

자기도 모르는 (covert) 발성기관의 움직임은 관찰하기 어려우나, 기구를 통해 측정할 수는 있다.

읽기는 말하기나 쓰기와 다르다. 읽기의 두 가지 방식인 묵독(silent reading)과 낭독(oral reading)도 서로 다르다. 이 두 종류의 읽기는 순전히 인쇄된 자극의 영향을 받는다. (말하기, 쓰기, 읽기의) 세 가지 능력 중에서 묵독의 경우가 몸의 움직임이 제일 적은데, 옆에서 지켜보면 눈이 움직이거나 가끔 책장을 넘기는 손의 움직임이 있을 뿐이다. 묵독은 형태학적으로 말하기와는 다르지만, 읽는 도중에 구강 구조가 자신도 모르게 약간 움직일 수는 있다. 묵독은 독자에게만 직접적인 효과를 발휘한다고 할 수 있다. 묵독은 독자에게 관찰 가능한(observable) 직접적인 효과를 가질 수도 있고 그렇지 않을 수도 있다. 얼마의 시간이 지난 후에, 독자는 읽은 것에 대해 이야기할 수도 있고, 작가에게 회답을 할 수도 있고, '읽기 때문에 뭔가를 배울 수도 있다.' 이는 읽기로 독자의 행위가 어떤 면에서 변화하였다는 것을 의미한다.

낭독을 할 때에는 발성기관이 눈에 띄게 움직인다. 형태학적으로 말해, 청자들 앞에서 하는 낭독은 다른 사람에게 말하기를 하는 것과 유사하다. 물론 낭독도 읽기이기 때문에 말하기에서는 발견되지 않는 인쇄된 자극에 좌우되기는 한다. 사람들 앞에서 행하는 낭독은 말하기와 마찬가지로 청자에게 영향을 미치려는 의도로 행해진다.

문식성 능력은 구두언어 능력보다는 좀 더 심도 있고 명시적인 훈련이 필요한 것으로 보인다. 수년간 정식 훈련을 받고도 문식성 능력이 부족한 아동도 일부 있다. 말하기의 경우 둘 이상의 사람들 사이에 자유로운 사회적 상호작용이 있어야 하고, 읽기나 쓰기보다는 좀 더 직접적인 사회적 보상을 받는다. 이러한 상호작용과 보상작용이 풍부하기 때문에 아동이 더 쉽게 말하기를 배우는 것이다. 읽기와 쓰기도 일단 숙달이 되면 따로따로 수행할 수 있고, 직접적인 사회적 보상이 없어도 계속 유지될 수 있다.

제6장에서 언급했듯이, 아동은 구두언어를 비교적 쉽게 습득한다.

일상생활에서 문식성은 상당히 중요하다. 문식성은 다른 사람을 변화시킬 수 있는 힘을 주기도 하고, 또 자신이 긍정적으로 변화될 수 있는 수단이기도 하다. 효과가 좀 더 지속적인 쓰기나 읽기에 반해, 구두언어의 효과는 오래가지 않을 수도 있다. 문식성 능력이 좋은 사람은 앞서 간 사람들이 쓴 글을 통해 새롭고 유용한 것을 배울 수도 있다. 문식성 능력은 현대 세계에서 개인적 · 사회적 · 직업적 · 정치적 삶을 성공적으로 이끌기 위해 반드시 필요하다.

언어장애로 인한 문식성 문제

아동의 구두언어 능력에 문제가 있으면, 읽기와 쓰기 능력이 좋을 수가 없다는 것은 충분히 짐작할 수 있는 일이다. 전술했듯이 구술 능력이 뛰어난 사람이라도 문식성 능력이 결여될 수 있다. 그러나 그 반대의 경우는 극히 예외적이다. 읽기와 쓰기 능력이 아주 뛰어난 사람도 최소한의 정상적인 구두언어 능력을 갖고 있는 경우가 대부분이다. 구두언어 능력은 좋지 않지만 쓰기 능력이 좋거나 뛰어난 사람도 있는데, 자폐증을 가진 사람들 일부에서 발견된다. 하지만 일반적인 경우에 취학 전 아동의 구두언어 능력이 부족하다면 나중에 문식성에 문제가 생긴다.

읽기장애(reading disability)는 언어장애를 가진 아동의 거의 60% 정도에서 발견된다(Lewis, O' Donnell, Freebairn, & Taylor, 1998). 구두언어 능력에 문제가 있을 때 읽기와 쓰기 능력에도 문제가 나타나는 경우가 거의 대부분이기 때문에 실제 수치는 이보다 훨씬 높을 것으로 예상된다. 읽기 능력이 결여되어 있는 경우 이를 치료하기가 쉽지 않은데, 1학년 때 읽기 문제가 있는 아동은 고학년에서도 마찬가지다. 이들은 지속적으로 언어 문제를 가지게 된다(Catts, Fey, Tomblin, & Zhang, 2002; Flax et al., 2003; Whitehurst & Fischel, 2000).

초기 문식성: 읽기와 쓰기의 시초

초기 문식성이라는 개념은 비교적 최근에 등장했는데, 이는 가장 초기에 관찰되는 능력과 행동을 가리키며, 이것이 후에 읽기와 쓰기 능력으로 틀을 갖추게 된다. 과거에는 전문가들이 읽기 준비(reading readiness)에 관심을 가졌었다. 아동이 배울 준비가 되어 있는지의 여부가 문식성 전문가들의 주요 관심사였다. 이 개념에 따르면 아동의 정신연령이(IQ 검사를 통해) 최소한 6.5세에 이르러야 문식성 교육을 받을 준비가 되어 있다고 보았다. 또한 (손의 조정과 같은) 운동 능력과 청각 능력이 문식성 능력을 배우기 위한 선행 요건이라고 보았다(Erickson, 2000).

당연한 얘기지만, 초기 문식성 능력과 읽기 및 쓰기 능력은 서로 상관성이 있다.

읽기 준비 개념은 타당성이 결여되었음에도 불구하고 널리 받아들여졌다. 이로 인해 어린 아동에게 문식성 교육을 불필요하게 늦추는 교육적 관행이 나타나게 되었다. 많은 취학연령 아동의 문식성 능력 습득이 지연되거나 결여된 것도 일부 이러한 연유 때문이었다. 대체로 정신연령과 실제 연령이 일치한다는 가정 아래, 6.5세가 되지 않은 아동에게는 문식성 능력을 가르치지 않았다. 이러한 상황에서는 지적 능력에 약간만 문제가 있어도 문식성 교육을 받기 위해 지나치게 오랜 기간을 기다려야 했다. 취학 전 아동 중 지적 능력이나 언어 능력이 뛰어난 경우에도 정신연령이 6.5세에 이르지 못했다는 이유로 문식성 교육을 하지 않았던 것이다(Erickson, 2000).

읽기 준비 개념과 달리, 최근의 초기 문식성 개념은 궁극적으로 읽기와 쓰기로 발전할 수 있는 아동의 행동과 능력을 감안하는 견해다. 취학 전 아동에게서 관찰할 수 있는 이러한 초기 능력이 후에 문식성 능력의 기초가 된다(Justice, 2006). 부모에게 이러한 초기 능력을 발견하고 그 능력을 잘 키울 수 있도록 가르칠 수도 있는데, 실제로 많은 부모가 그렇게 하고 있다. 취학 전 아동들을 맡고 있고 교육자나 언어치료전문가들도 이러한 초기 문식성 능력을 키울 수 있다. 따라서 초기 문식성 개념은 문식성 개발 프로그램을 조기에 개발하는 데에도 중요하고, 이를 통해 나중에 생길 수 있는 문식성 문제를 최소화 또는 예방하는 데 도움을 줄 뿐 아니라 정상적으로 발육하는 아동에게도 문식성 능력을 길러 주는 데 도움을 준다.

초기 문식성 능력

초기 문식성 능력이란 가장 원시적인 형태의 읽기와 쓰기 능력을 말한다. 이에 반해, 제대로 발육된 읽기와 쓰기 능력은 전통적 문식성 능력(conventional literacy skill)이라 불리기도 한다. 아동마다 개인차가 있긴 하지만, 대부분의 취학 전 아동의 경우 초기 문식성 능력으로 볼 수 있는 다양한 행동을 보이는데, 예를 들면 아직 읽고 쓰기를 못하는 5세 이하의 아동이라도 다음과 같은 행동을 보인다.

- 좋아하는 시리얼 같은 낯익은 제품의 상표나 그림을 보고 반응한다(로고를 보고 제품 이름을 말한다).
- 여러 표지판을 알아본다(길거리의 멈춤 표시를 보고 "멈춰!"라고 말하거나, 출구 표지를 보고 "저기 가자."라고 말한다).
- 인쇄된 알파벳을 읽는다(대부분의 아동이 1학년에 들어가기 훨씬 전에 알파벳 글자를 하나하나 읽을 줄 안다).
- 주변의 그림 표지를 알아본다(독극물 표지가 뭔가 나쁜 것이라는 것을 알아차린다).
- 책을 읽기 훨씬 전에 책을 들고 볼 수 있다(취학 전 아동은 그림이 있건 없건 글이 인쇄되어 있는 책을 들고, 책장을 넘기고, 책을 본다).
- 성인처럼 책상에 앉아 글을 쓰는 척하거나, 책을 보기 전에 부모의 독서용 안경을 쓴다.
- 펜이나 크레용을 갖고 종이나 칠판에 낙서하거나 그림을 그린다.
- 운이 맞는 단어들로 소리 내며 장난한다.
- 단어 안에 있는 말소리를 알아차리기 시작하고, 말소리를 섞기도 하고, 단어를 구성하는 소리를 구분하기 시작한다—이러한 능력들을 음운 의식(phonological

awareness)이라고 한다.

일부 아동은 1학년에 입학하기 전에 이미 1학년 수준 혹은 그 이상의 수준의 책을 읽기도 한다. 쓰기 능력에서도 비슷한 두각을 나타내는 아동이 있다. 하지만 초기 문식성 능력이 부족한 아동도 있다. 이러한 차이는 주로 가정환경 때문이다. 취학 전 아동에게 적극적으로 문식성 능력을 가르치는 부모도 있고, 그렇지 않고 학교 교육자들에게 맡겨 두는 부모도 있다.

문식성 강화 가정

문식성 강화 가정(literacy-enriched home)이란 읽기와 쓰기를 장려하는 환경을 말한다. 이런 환경의 부모들은 가정에 아동이 필요로 하는 다양한 문식성 용구와 교구를 비치해 놓는다. 또 아동이 읽기와 쓰기에 진척을 보이면 한 단계 높은 책들을 구입해 주고, 지속적으로 문식성 용구를 추가로 확보해 간다. 집에는 아동과 성인 모두가 볼 수 있는 다양한 책과 잡지가 있다. 이야기 책, 큰 글자가 있는 책, 그림과 그 밑에 글자가 있는 책 등 아동은 갖고 있는 책의 양이 계속 늘어나게 된다. 그리고 큰 글자가 아동의 방을 비롯하여 집안 곳곳에 있고, 알파벳이나 요일이 표시된 도표와 국내 지도, 세계지도가 부착되어 있으며, 큰 글 신문도 구독하고, 아동이 쉽게 접근할 수 있는 곳에 인쇄물이 놓여 있기도 한다. 또한 아동이 보이는 곳에 펜이나 연필, 크레용, 종이, 색칠 그림책 등이 놓여 있고, 아동용 책상과 의자도 있다.

다양한 종류의 교육용 완구도 문식성 강화 가정환경의 특징이라고 할 수 있다. 아동이 배울 수 있는 완구에는 알파벳 글자가 쓰인 나무블록, 수를 세는 법을 배울 수 있는 구슬, 일련 번호가 쓰인 퍼즐 등이 있고, 또 말하는 완구는 아동이 글자나 단어를 배우는 데 도움을 준다. 이러한 문식성 용구를 충분히 제공하여 문식성 강화 가정을 조성하는 부모도 있고, 이러한 용구가 부족하거나 아예 제공하지 않아 문식성 결여(literacy-impoverished) 가정을 만드는 부모도 있다.

부모로서의 본보기와 직접 가르치기

문식성 용구만 있다고 해서 아동의 초기 문식성 능력이나 전통적 문식성 능력이 증진되는 것은 아니다. 가정에 있는 문식성 용구의 양보다도 부모의 대처가 훨씬 더 중요할 것이다. 문식성과 관련된 부모의 활동도 가정마다 차이가 있다. 일부 부모는 문식성의 본보기를 직접 보여 주고, 좀 더 효과적으로 아동에게 문식성 능력을 가르친다. 이러한 부모들의 활동 차이로 1학년에 입학할 즈음에는 아동의 문식성 능력에 많은 편차가 생긴다.

문식성 능력의 본보기(role-modeling of literacy skill)란 가정에서 부모들(그리고 형제자매들)이 행하는 다양한 문식성 관련 활동을 말한다. 부모나 자신들을 돌보는 사람, 혹은 형제자매들이 읽고 쓰는 것을 주기적으로 보게 되는 아동은 가정에서 문식성 본보기를 갖고 있다고 할 수 있다. 그러한 아동은 아주 이른 나이에도 읽거나 쓰기를 하고 싶어 하거나 심지어 문식성 교육을 받고 싶어 할 가능성이 높다. 집에서 부모들이 종종 독서를 하거나 글을 쓰는 경우, 일부 미취학 아동들은 읽거나 쓰는 흉내를 내면서 부모와 '경쟁'을 하기도 한다. 부모가 친절히 지도하고 긍정적으로 격려하면, 이러한 아동은 곧 알파벳 글자를 읽고 쓰기도 하고, 눈으로 문장을 읽기도 하며, 즐겨 보는 이야기 책에 있는 그림을 보면서 이야기를 '읽어내기도' 한다. 〈읽을거리 12-1〉에 있는 경쟁심이 강한 '아기 학자'의 이야기를 보자.

부모는 자녀가 주변에 있을 때 직접 자신들이 읽고 쓰기를 수행하거나 자녀에게 이야기를 읽어 줌으로써 문식성 본보기를 제공해 줄 수 있다. 주기적으로 이야기를 들어온 아동은 그런 경험이 없는 아동에 비해 문식성에 더 큰 관심을 보인다. 일부 부모는 아직 준비가 되어 있지 않을 것이라는 가정하에 아주 어린 아동에게는 이야기 읽기를 하지 않고 미루기도 한다. 하지만 읽어 주는 문장을 이해하지 못하는 유아

읽을거리 12-1

아기 학자 이야기

3세 아동의 아버지가 어느 날 과학저널 한 부를 갖고 퇴근했다. 거실에 있는 부인을 보자, 그는 저널의 한 면을 펼쳐 보이며, "내 논문 한 편이 여기 실렸다오!"라고 말했다. 거실에서 놀고 있던 아들이 이 말을 듣고 아버지의 서재로 달려갔다. 얼마 후 거실로 나오는 아동의 손에는 아버지가 가져온 저널의 다른 호가 들려 있었다. 그러고는 저널을 펼치더니 자신이 쓴 글자와 단어, '도표' 같은 낙서가 휘갈겨진 종이를 넣은 부분을 가리키며 어머니에게 "엄마, 내 논문도 실렸어요!"라고 말했다. 이 일화를 통해서 알 수 있는 것은, 부모가 읽고 쓰기를 수행하는 문식성 강화 가정은 자녀에게 많은 본보기를 제공해 줄 수 있다는 것이다.

들조차, 얼굴 표정과 억양 변화와 몸짓을 크게 하면서 읽어 주면 미소도 짓고 눈을 크게 뜨고 관심을 보인다. 이야기 책 읽기를 해 주면 초기와 전통적 문식성 능력뿐 아니라 아동의 구두언어 능력도 자극하게 된다. 주기적으로 이야기를 들어온 아동의 구두언어 능력은 그렇지 못한 아동보다 훨씬 뛰어나다(Snow, Burns, & Griffin, 1998; Whitehurst & Lonigan, 1998). 문식성 강화 가정의 아동은 고급 어휘나 추상 어휘 등 좀 더 다양한 어휘를 구사하는 경향이 있다. 이러한 아동은 통사적 능력도 더 뛰어나서, 문식성 용구가 결여되어 있는 가정의 아동보다 좀 더 일찍 완전한 문장으로 말하기 시작할 수도 있다(Teale & Sulzby, 1986; Whitehurst & Lonigan, 1998).

또한 문식성이 강화된 가정환경을 제공하는 부모는 취학 전 아동에게 읽기나 쓰기를 직접 가르치려고도 한다. 이러한 부모는 아동의 읽기와 쓰기 능력을 긍정적으로 길러줄 수 있다. 부모가 직접 가르치려고 할 때쯤이면, 아동은 이미 읽고 쓰는 것을 하고 싶어 하고, 때로는 가르쳐 달라고 요구하기도 한다. 그렇게 되면, 부모는 아동의 요구를 들어주게 되는 것이다. 부모는 강요하는 방식을 피하고, 스스로 모범이 되는 방식으로, 또는 말로 칭찬을 하는 등 긍정적인 보상을 주는 방식으로 교육하여 아동의 학습이 즐거운 경험이 되도록 한다.

문식성이 강화된 가정환경, 부모로서의 본보기, 읽기와 쓰기 조기학습 장려 등을 통해 아동은 후에 전통적 문식성 능력을 배우기 위한 좋은 기초를 마련하게 된다. 또한, 이러한 기초가 있는 아동은 초등학교에서 문식성 능력을 쉽고 즐겁게 배운다(Hart & Risley, 1995, 1999; Whitehurst & Fischel, 2000).

초기 문식성 능력 습득

취학 전 아동들이 배우고 초등학교 초기에 습득하게 되는 초기 문식성 능력에는 크게 두 가지가 있다. 하나는 활자 의식(print awareness)이고 다른 하나는 음운 의식(phonological awareness)이다. 취학 전 아동들이 이러한 능력을 배우는 데에는 개인차가 있다. 어떤 아동은 좀 빠르기도 하지만, 대부분 일반적인 순서가 있다. 문식성이 강화된 가정환경을 제공하거나, 부모가 본보기로 읽고 쓰거나, 초기 혹은 전통적 문식성 능력을 아동에게 가르친 경우에는 이러한 학습 절차를 가속시킬 수도 있어서 연령 기준이 바뀔 수도 있다.

초기 문식성 능력을 학습하는 일반적인 순서를 보면, 대부분의 아동이 보다 간단한 능력을 복잡한 능력보다 먼저 배운다는 것을 짐작할 수 있다. 하지만 항상 그런 것은 아니다. 일부 아동의 경우 간단한 능력보다 복잡한 능력을 먼저 배우는 것으로 나타났다(Schuele, Skibbe, & Rao, 2007). 결국 전문가들이 생각하는 능력의 간단함과 복잡함은 아동의 학습 과정에서는 그렇지 않을 수도 있다는 것이다. 따라서 개인차가 크다는 것 외에도, 일반적인 학습 순서는 집단으로서 적용된다는 말이지, 개개의 아동에게 적용되지 않을 수도 있다는 가능성을 임상가들은 고려해야 한다. 결국 임상가는 아동을 평가할 때 모든 기준 정보를 주의 깊게 해석해야 한다.

활자 의식의 습득

활자 의식이란 인쇄된 자료와 관련하여 취학 전 아동들이 배우는 일련의 능력을 말한다. 비록 의식이라는 용어를 쓰지만 이는 아동이 인쇄된 자료를 보고 나타내는 일련의 반응(reaction)과 시간이 흐르면서 습득하게 되는 능력(skill)의 복합체라고 할 수 있다. 따라서 측정 가능한 행동이다. 일반적으로 활자 의식은 알파벳 지식(alphabet knowledge)과 활자 지식(print knowledge)으로 구성된다(Justice & Ezell, 2004; Whitehurst & Lonigan, 1998).

알파벳 지식

읽기와 쓰기는 알파벳 지식과 더불어 시작되며, 이것이 없으면 문식성도 없다고 할 수 있다. 취학 전 아동에게서 문식성의 조짐이 보이는 경우는 알파벳 글자의 이름을 말하는 경우에서 찾아볼 수 있다. 대부분의 3세 아동들은 설사 글자 이름을 몰라도 알파벳이 무엇인지는 의식하고 있다. 18개월 아동 중 일부의 경우 알파벳 글자 몇 개를 의식하고 있는 경우도 있다. 자신의 이름에 있는 글자를 가장 일찍 알게 되기도 하는데, 이름을 써 놓고 글자를 가리켜 보라고 하면 그렇게 하기도 한다.

알파벳 글자를 인식할 수 있는 취학 전 아동은 곧 글자를 쓰기 시작한다. 일반적으로 알파벳 앞부분의 글자를 배워 쓰기 시작하고, 점차 나머지 글자도 쓰게 된다. 하지만 예외도 많다. 일부 부모의 경우 알파벳 전체를 가르치기에 앞서서 단순한 특정 단어를 쓰도록 유도하기도 한다. 예를 들어, 아동의 이름, 가족의 이름, 애완동물 이름 등을 먼저 배우면 알파벳 학습 순서는 순차적이지 못할 수 있다. 물론 결과는 마찬가지다.

알파벳 글자를 배워 쓰는 데에는 대략적인 순서가 있을 수 있다. 알파벳 소리와 이름이 같은 글자를 먼저 배워 쓰게 되는데, 예를 들어, 'b'의 이름은 /bi/이고 'd'의 이름은 /di/다. 즉, 이름과 발음이 똑같은 것이다. 이름과 발음이 다른 글자는 배우는 데 시간이 좀 걸릴 수도 있다. 한 예로 글자 'x'는 발음이 /ɛks/이고 'f'는 발음이 /ef/다. 이런 글자는 배워 쓰는 데 시간이 좀 걸린다.

말소리 학습과 알파벳 쓰기는 서로 연관되어 있다. 예를 들면, 아동은 특정 자음들을 다른 자음보다 빨리 발음하게 되는데, 이러한 경향은 알파벳 쓰기에 어느 정도 반영이 되어 있다고 본다. 조기에 습득한 말소리에 해당하는 알파벳 글자는 그렇지 못한 글자보다 빨리 배워 쓴다. 예를 들면, /m/과 /b/는 비교적 조기에 습득하는 말소리인데 반해, /t/, /r/, /z/는 늦게 습득하는 말소리다. 따라서 취학 전 아동은 'm'과 'b'를 't, r, z' 보다 빨리 쓰게 된다.

활자 지식

인쇄된 책을 접하는 경우에 아동은 다양한 방식으로 반응하고 그 책을 다루게 된다. 인쇄된 자료에 대한 반응이나 책을 다루는 방식을 **활자 지식** 혹은 **활자 의식**(print awareness)이라고 한다(Whitehurst & Lonigan, 1998). 알파벳 지식도 활자 의식의 일부로 볼 수 있다. 아동이 여러 가지 능력을 습득하는 순서를 보면 활자 지식도 알아낼 수 있는데(Justice & Ezell, 2004), 대부분 3~5세 사이에 이러한 능력을 습득한다.

인쇄물에 관심을 보인다면, 이는 아동이 읽기와 쓰기에 호기심을 갖고 있다는 전조 증상이다. 아동은 책이나 인쇄물을 집거나 찢어서 입으로 씹는 등 다양한 방식으로 다루게 된다. 대체로 인쇄물을 보면서 관심을 갖는데, 즉 활자 지식 초기의 아동에게는 그림이나 사진이 특히 흥미로울 수 있다. 이러한 인쇄물을 꽤 오래 쳐다보기도 하고, 활자 지식이 증가하면서 책을 찢거나 집어던지는 경우는 줄어든다.

그러면서 아동은 **활자 순서**(print sequence)에 대한 지식을 보이게 된다. 왼쪽에서 오른쪽으로 읽는 것과 같은 것이 활자 순서를 나타낸다. 아동은 사람들이 인쇄물을 볼 때 그런 순서 혹은 방향으로 읽는다는 것을 이해하기 시작하고, 읽는 흉내를 낼 때 손가락으로 왼쪽에서 오른쪽으로 줄을 긋듯이 움직이기도 한다.

활자 지식과 관련된 행동으로 책 다루기(book handling)를 들 수 있다. 예를 들면, 아동이 책을 똑바로 세워 들고 책을 읽는 흉내를 내는 경우다. 왼쪽에서 오른쪽으로 책을 보며 책의 마지막 장까지 넘겨 보기도 한다. 또 한 면의 맨 윗부분이나, 책의 표지 혹은 책 뒷면을 가리키기도 한다.

이후에 아동에게 나타나는 능력은 **활자 요소**(print element)라고 불리는데, 이는 인쇄된 단어나 문장의 구성 요소를 지칭하는 말이다. 활자 요소를 완전히 습득한 아동은 책에 있는 글자, 단어나 문장을 올바르게 가리킬 수 있다. 그 후에는 이러한 활자 요소들이 어떻게 결합하여 글이 되는지 이해하는 능력이 생긴다. 아동은 글자가 결합하여 단어가 되고 단어들이 결합하여 문장이 만들어진다는 것을 이해하게 된다.

마침내, 3세 혹은 그 이전에 초기 글쓰기의 징조를 보이기 시작한다. **초기 글쓰기**(emergent writing)란 무엇이든 쓰려고 하는 초보적인 노력을 보이는 것을 말한다. 낙서를 하거나 이러저러한 모양을 그리기도 하는 등 종이에 여러 종류의 표시를 하기도 한다. 이런 표시 중 일부는 알파벳 글자를 닮기도 한다. 낙서를 왼쪽에서 오른쪽으로 하며 글쓰기에 필수적인 방향성을 보이기도 한다. 아직은 조직적이지 못한 이러한 노력이 나중에 알파벳부터 시작해서 궁극적으로는 단어나 구, 문장을 쓰게 되는 시작이 될 수도 있다. 단어나 구, 문장을 쓰기 시작하고 긴 글을 읽기 시작한 아동은 초기 문식성 단계를 벗어나 (좀 더 심화된 읽기와 쓰기의) 전통적 문식성 능력을 배우는 단계에 이르렀다고 볼 수 있다.

음운 의식의 습득

음운 의식(phonological awareness)이란 말소리와 관련된 일련의 능력을 지칭하는데, 여기에는 말소리, 즉 음소를 어떻게 결합해야 의미 있는 단어, 구와 문장이 만들어지는가를 이해하는 능력이 포함된다(Roberts & Slater, 1997). 여느 능력과 마찬가지로, 아동은 비교적 단순한 음운 의식 능력을 습득한 다음 좀 더 복잡한 능력을 터득한다. 아동은 말소리와 이 말소리가 단어나 문장에서 차지하는 위치 등에 대한 다양한 능력을 대략적인 순서에 따라 습득한다(Pence & Justice, 2008; Schuele et al., 2007).

초기에 나타나는 음운 의식은 단어 안의 음절을 통해서 알 수 있다. 적절하게 지도와 독려를 하면, 아동은 단어의 음절이나 말소리에 따라 손뼉을 맞출 수도 있다. 대부분 2~3세 정도면 가능하다.

운이 맞는 단어들에 대한 지식은 음운 의식의 중요한 부분이라 할 수 있다. 경우에 따라 2세 아동도 일부 단어들에 비슷한 말소리가 있다는 사실을 알아차린다. 이 때문에 운이 맞는다는 사실을 이해하기도 한다. "hat과 rat이 운이 맞니?"라는 질문에 올바른 대답을 하기도 한다. 운이 맞는 단어를 말해 보라고 하면 제대로 말하기도 한다. 예를 들어, "Tim이라는 단어와 운이 맞는 단어를 말해 볼래?"라고 하면, "Jim."이라 말할 수도 있다. 3~4세 아동 대부분이 이러한 운이 맞는 단어에 대한 질문에 제대로 대답한다.

단어 안의 여러 위치에 있는 말소리를 인식하는 데, 아동은 우선 단어 첫소리를 구별하기 시작한다. "Mommy라는 단어의 첫소리가 뭐지?" 라는 질문이나, "이름 첫소리가 cat처럼 시작하는 그림을 찾아볼래?" 라는 질문에 제대로 대답을 한다. 취학 시기에 가까워진 아동들은 첫소리 의식을 보이며, 이들은 곧 단어 끝소리도 구별하기 시작한다. 그래서 "bats하고 cats하고 끝소리가 같니?" 혹은 "dog하고 mat하고 끝소리가 같니?" 라는 질문에 대답도 할 수 있다. 취학 시기에 가까워진 아동들과 초기 유치원생들은 단어 끝소리에 대한 질문에 옳게 대답을 할 수 있다.

초기 유치원생들은 소리 섞기(sound blending) 지식도 보이기 시작한다. 음소들을 결합하여 단어를 만들어 내기도 한다. 예를 들어, 성인이 단어 철자(b-a-t)를 말해 주면 그들은 "bat" 이라고 말하기도 한다. 하지만 단어를 구성 소리들로 나눌 수 있는 시기는 유치원 중반부터 후반 정도의 시기다. 이러한 능력을 습득한 아동은 성인이 단어를 말하면 그 단어를 구성하는 소리를 낼 수 있다. 예를 들어, "Mommy에는 어떤 소리가 두 개가 있지?" 라고 물어보면 "ma-mi" 라고 말하는 것이다.

음운 의식 능력은 초등학교 시기에 연마되어, 기존의 단어에서 소리를 탈락시키거나(예, still → till), 다른 소리로 바꾸면(예, hat → mat) 새 단어를 만들 수 있다는 것을 배우게 된다. 이렇게 음소를 다루는 능력은 대개 초등학교 아동에게서 나타난다.

초기 문식성 능력 부족으로 인한 문식성 문제

초기 문식성 능력 습득에 실패하면 나중에 문식성 문제(전통적 읽기와 쓰기 능력)가 생기게 된다. 문식성을 강조하지 않는 가정에서 이런 실패가 생기기 쉽다. 즉, 부모가 ① 본보기로 읽기와 쓰기를 하지 않았거나, ② 문식성이 강화된 가정환경을 제공하지 않았거나, ③ 아동이 쓰기나 읽기, 그리기 등에 관심을 갖거나 시도하려 했을 때 긍정적인 보상을 주지 않았거나, ④ 아동에게 규칙적으로 이야기책을 읽어 주지 않았거나, ⑤ 글자를 가르치거나 읽고 쓰도록 가르치지 않았을 가능성이 높다.

대개 (초기 언어 습득을 포함한) 의사소통 능력의 정상적인 습득을 방해하는 요소가 생기게 되면, 이로 인해 초기 문식성 능력의 학습이 늦어질 가능성이 높다. 이 외에도 일부 아동은 정상적인 말, 언어, 문식성 능력의 학습을 방해하는 질병을 갖고 있을 수도 있다. 즉, **지적장애**(intellecutal disability)가 있는 아동은 정상보다 느린 학습 속도를 보이게 되는데, 이들은 초기 문식성 능력뿐 아니라 구두언어 학습에도 문제가 있다.

초기 문식성 능력의 습득을 방해하는 또 다른 질병으로 뇌성마비(cerebral palsy) 같은 **선천성 신경운동 장애**(congenital neuromotor disorder)가 있다. 손의 움직임이나 조절에 문제가 있는 아동은 초기 쓰기 능력을 습득하는 데 문제가 있을 가능성이 있다. 이 밖에도 **다양한 유전 증후군**(various genetic syndrome), **신체 성장 장애**(physical growth problem), **청각장애**(hearing impairment), **시각장애**(visual problem), **자폐성장애**(autism spectrum disorder), **외상뇌손상**(traumatic brain injury), 빈번하고 심각한 **신체 질병**(physical illness) 등으로 초기 문식성 능력 습득에 문제가 생길 수 있다.

한 아동이 여러 질병을 갖고 있는 경우, 아무리 문식성이 강화된 가정환경이라 할지라도, 기초적인 문식성 능력은 말할 것도 없고 구두언어를 습득하는 것도 훨씬 어려울 수 있다. 예를 들어, 신경운동 장애와 지적장애가 모두 있는 아동은 초기 문식성 능력을 습득하는 것이 훨씬 어렵다. 지적장애와 청각 장애, 자폐증, 혹은 이 세 가지 모두를 갖고 있을 수도 있다. 이렇게 여러 장애가 동시에 있다면 초기 문식성 능력의 습득이 가장 힘들다.

초기 문식성 능력에 문제가 있는 상태에서 초등학교에 입학하는 아동은 읽기와 쓰기 능력을 학습하는 데 어려움을 겪을 가능성이 높다. 이들이 효과적인 치료를 즉각적으로 받지 못하면 다른 아동에 비해 읽기와 쓰기를 비롯한 학업 능력이 계속 뒤처지게 될 것이다.

학령기 아동의 읽기와 쓰기

초기 문식성 능력이 좋은 아동은 초등학교 초기에 정식으로 받는 문식성 수업도 잘 받아들인다. 이들은 전통적 읽기와 쓰기 능력도 비교적 쉽게 또 어느 정도 즐기면서 습득한다. 연구에 의하면 전통적 읽기와 쓰기 능력을 습득하는 데 대략적인 발단 단계가 있다고 한다. 어떤 이들은 아동의 읽기 능력의 발달을 다음과 같은 단계로 구분하기도 한다(Bear, Invernizzi, Templeton, & Johnson, 1996; Chall, 1983).

- 어표 단계(logographic stage): 아동은 인쇄된 단어를 알아보기 시작한다. 이 단계는

읽기 이전 단계로서(취학 전부터 1학년, 나이로는 6개월에서 6세까지), 읽는 척하기도 하고, 이야기 책의 그림을 보고 이야기를 재연하기도 하고, 알파벳 글자의 이름을 말하기도 하고, 주변 환경의 흔한 표지판을 알아보기도 하고, 자신의 이름을 쓰기도 하고, 책이나 연필 혹은 크레용을 갖고 놀기도 한다.

- **알파벳 단계**(alphabetic stage): 아동은 말과 철자법(인쇄된 글자나 단어의 올바른 철자)의 관계를 이해한다(초등학교 1~2학년, 나이로는 6~7세). 말한 단어의 철자를 쓰기도 하고, 빈도수가 높은 단어들이 들어 있는 간단한 문단을 읽기도 하고, 단음절어를 소리 내어 말하기도 하고, 짧은 이야기를 읽기도 하고, 단어의 철자를 소리 나는 대로 혹은 지어낸 글자로 쓰기도 한다(이 장의 후반부 '초기와 후기 쓰기 능력의 평가' 부분 참조).
- **철자법 단계**(orthographic stage): 아동은 좀 더 유창하게 읽기 시작한다(초등학교 2~3학년, 나이로는 7~8세). 낯익은 짧은 이야기를 상당히 유창하게 읽고, 새로운 단어도 별로 주저하지 않으면서 읽고, 어떻게 읽는지보다는 단어의 의미에 집중하기 시작한다. 또한 쓰는 양도 늘어나기 시작한다.

읽기 발달 단계나 각 단계에서 나타나는 능력이 무엇이냐에 대해서는 학자들마다 의견이 다르다. 구두언어 발달에서와 마찬가지로, 개인차가 상당히 크므로 언어치료전문가들이나 특수교육전문가들은 아동에게 문식성 능력을 가르치고 평가할 때 이 점을 분명하게 고려해야 한다.

읽는 법 배우기와 배우기 위해 읽기

아동은 우선 소리 내어 읽고, 읽은 것을 이해하는 법을 배운다. 아동이든 성인이든 읽는다고 해서 읽은 것을 모두 이해하는 것은 아니다. 학습을 통해서 배운 대로 단어를 구성하고 있는 말소리를 순서대로 발음하면 단어를 읽을 수는 있지만, 의미를 이해하는 것은 별개의 문제다. 의미의 이해가 없는 읽기는 별로 유용하지 못하다. 따라서 뭔가 도움이 되는 읽기를 하려면 읽은 것을 이해해야 한다. 읽기장애가 있는 아동에게는 읽기 능력과 읽은 것을 이해하는 능력 모두에 결함이 생길 수 있다.

아동은 우선 읽는 법을 배우고(learn to read), 그 후에는 배우기 위해 읽는다(read to learn)고 한다(Snow, Scarborough, & Burns, 1999). 학년이 올라가면서 늘어나는 학습 부담도 읽기 능력이 좋아야만 감당할 수 있다. 아동이든 성인이든 새로운 지식을 습득하는 주된 수단은 읽기다. 읽는 방법을 터득하지 못한 사람은 새로운 지식을 습득하는 강력한 수단을 이용하지 못하는 것이다.

두말할 나위 없이 읽기는 활자 지식에서 시작하는데, 이는 전술한 초기 문식성 능력을 말한다. 아동은 우선 모든 알파벳 글자의 이름을 익히고, 각 글자의 소리를 내는 법을 배운다. 그러고 나서 자신의 언어에 나타나는 전형적인 소리 순서(phonetic sequence)를 배운다. 아직 모국어 말소리와 글자의 연관성을 완벽하게 파악하지 못하고, 단어 전체를 단일한 자극으로 보아 그에 반응하는 법을 배우지 못한 아동은, 단어 내의 글자를 하나하나 소리 내면서 읽는다. 초등학교 초기 아동은 **파닉스**(phonics)를 통해 읽는 법을 배우는데, 이는 글자와 소리의 대응 관계를 강조하는 방법이다. 학습 관점에서 보면, 이는 아동이 글자나 글자의 순서에 반응하도록 가르친다는 것이다. 단어를 구성하는 글자를 소리 내어 읽는 아동은 글자라는 자극에 반응하는 것이지, 단어라는 자극에 반응하는 것이 아니다.

말소리와 글자의 관계를 거의 혹은 완벽하게 터득하면, 마침내 글자를 소리 내지 않고도 단어를 읽기 시작한다. 이러한 능력은 다양하고 새로운 음성 연속(phonetic sequence)을 전반적으로 학습하는 것에 좌우되기도 한다. 그 결과 읽기가 더욱 유창해진다. 음성 연속의 전반적인 학습이 되면, 아동은 이제 단어의 개별 글자가 아닌 단어 전체를 자극으로 여겨 반응하기 시작한다. 개별 글자를 소리 내서 읽는 단계에서 벗어나 단어 전체를 읽는 단계로 옮겨가는 것은, 이렇게 단어 전체를 단일 자극으로 여겨 반응하는 법을 배우는 것으로만 가능하다. 이러한 학습을 통해 다양한 인쇄물을 소리를 내든 내지 않든 유창하게 읽을 수 있다. 하지만 모르는 단어를 접하면 때때로 글자 단위로 소리 내어 읽기도 한다. 아동이 점차 글자나 음절, 단어나 단어의 결합(구나 문장)에 적절하게 반응하기 시작하면, 훨씬 유창하게 글을 읽을 수 있다. 새로운 단어나 새롭고 긴 구문을 터득하게 되면서, 읽기도 유창해지고 이해 능력도 계속 향상된다. 이러한 측면에서, 문식성과 구두언어 능력은 서로 연관되어 있다고 할 수 있다.

쓰는 법 배우기와 말하기 위해 쓰기

읽기와 쓰기는 밀접하게 연관되어 있지만, 전술한 바와 같이 서로 다른 능력이다. 초기에 학계에서는 읽기 능력이 쓰기 능력보다 훨씬 더 주목을 받았다. 하지만 문식성의 시작으로 읽기 능력보다는 기초적인 쓰기 능력을 취학 전 아동에게 가르치는 것도 가능하다. 또 쓰면서 읽는 것(write-to-read)도 할 수 있다. 간단한 단어 읽기를 배운 아동은 저절로 그 단어를 쓰지는 못한다. 그러나 단어 쓰기를 배운 아동은 동시에 읽기도 가르칠 수 있다. 어찌 보면, 쓰기는 읽기에 필수적인 능력을 담고 있다고 할 수 있다. 반면 읽기는 쓰기에 필수적인 능력을 담고 있지는 않다. 이전에 언급한 것처럼 쓰기를 하려면 글자를 만들어 내기 위하여 손과 손가락이 정확한 패턴으로 움직이는 법을 배워야 하는데, 이 능력은 읽기의 일부로 볼 수 없다. 그래서 일부 성인들 중에는 읽는 것은 잘하는데 쓰기를 못하는 사람이 있기도 하지만, 글을 잘 쓰면서 읽지 못하는 사람은 없는 것이다. 예외라면, 낙서를 할 줄 알지만 글을 읽을 줄은 모르는 취학 전 아동 정도가 되겠다. 이런 예외가 생기는 것은 단지 아동을 돌보는 사람이 두 가지 능력을 동시에 가르치지 않은 탓이다. 이 시기의 쓰기는 읽기와는 무관하고 원시적이기 때문이다. 쓰기 능력을 완전히 터득하고 나면 읽기와 무관할 수는 없다. 더욱이 자신의 쓰기 능력을 다듬기 위해서는 자신이 쓰는 것을 읽어야만 가능하다.

아동은 우선 쓰기를 배운다. 무엇인가 쓰고자 하면 아동을 돌보는 사람의 주의를 쉽게 끌긴 하지만, 뭔가를 말하고자 하는(telling) 것으로 볼 수는 없을 수도 있다. 아동의 낙서가 별 의미는 없을 수 있지만, 이런 낙서를 체계적이고 선별적으로 보상해 줌으로써 좀 더 격식을 갖춘 쓰기 능력이 형성될 수 있기 때문에 이러한 행위를 장려해 줄 필요가 있다. 기초적인 쓰기 능력을 터득한 아동은 이제 뭔가를 말하기 위해(흔한 표현을 빌리자면, 의사소통을 하기 위해) 글을 쓰기 시작한다. 우수한 읽기 능력이 새로운 지식을 습득하는 수단이 되는 것처럼 우수한 쓰기 능력은 더 많은 사람에게 뭔가를 말해 줄 수 있는 수단이 된다. 결국, 초기의 낙서가 정식 쓰기 능력을 가르칠 수 있는 기초를 제공하며, 일단 제대로 자리를 잡으면 정식 쓰기 능력이 계속 유지되는데, 이는 글이 다른 사람들에게 갖는 효력 때문이다.

쓰기를 배우고자 하는 아동의 노력은 우선 **필기도구**(writing utensil)를 만지고 다루는 것에서 시작한다. 필기도구에는 크레용, 연필, 펜, 지우개, 분필, 붓과 종이 등이 있다. 이러한 노력은 **문자 이전 쓰기 단계**(preliterate stage of writing)에 포함된다고 할 수 있다. 칠판이나 흰 벽조차도 필기도구에 해당할 수 있다. 아동의 그림은 쓰기 능력과 관련될 수 있는데, 그 이유는 아동의 낙서가 대부분 알파벳 글자가 아니라 여러 가지 다양한 모양(예를 들면, 수평선, 수직선, 원, 별, 여러 가지 도형)이기 때문이다. 알파벳 글자를 쓰기 이전에 아동은 사람이나 동물 얼굴을, 몸통은 없이 눈과 입을 두드러지게 그리기도 한다. 나중에는 직선과 동그라미로 이루어진 단순한 '자화상'을 그리기도 한다.

알파벳 글자 쓰기(printing of the letters of the alphabet)는 아동이 터득해야 할 가장 기본적인 쓰기 능력이다. 이 능력은 쓰기 발달 단계의 두 번째에 해당한다. 하지만 일부 아동은 알파벳 글자 전체를 쓰기 이전에 몇몇 단어를 먼저 쓰기도 한다. 부모의 권유로 자신의 이름, '*Mommy*' '*Daddy*' '*Grandma*' '*Grandpa*'와 같은 단어, 형제 자매의 이름이나 애완동물의 이름 등을 쓰는 경우가 있다(Bartlett, 1982). 글자나 단어를 아동이 얼마나 빨리 쓰게 되느냐 하는 것은 해당 가정의 문식성 환경이나 부모가 얼마나 긍정적으로 가르치느냐에 달려 있다. 일부 아동은 다른 아동보다 훨씬 빠른 시기에 글을 쓰기 시작하는데, 부모가 아동이 좋아하는 긍정적인 보상을 해 주면, 결과도 긍정적이지만, 부모의 요구가 지나치고 처벌 위주면 결과는 부정적이다. 따라서 초기에 일반적인 순서나 기준이 긍정적인 가르침에 따라 완전히 바뀔 수도 있다. 〈읽을거리 12-2〉에서 실제 예를 살펴보자.

알파벳 글자를 꾸준히 학습한 아동은 단어 쓰기도 더 쉽게 배울 수 있다. 쓰기 발달 3단계에서 아동이 습득하는 능력은 **올바른 철자쓰기**(correct spelling)다. 이 시기의 아동은 글자와 소리를 짝짓기 시작하는데, 글자 이름과 글자의 소리가 항상 일치하지는 않아서 혼동을 하기도 한다. 때로는 글자를 소리 나는 대로 쓰기도 한다. 예를 들면, 영어 알파벳 Y는 'wai'로 발음되기 때문에 Y를 W로 쓰기도 한다. 이렇게 표음식 철자법(phonetic spelling)을 이용하면 다음과 같은 경우가 생기기도 한다.

읽을거리 12-2 아기 글쓰기 대장

어느 일요일 아침, 아직 세 살이 안 된 한 아이가 서재에서 뭔가 열심히 쓰고 계시던 아빠를 끌고 나왔다. 자신의 조그만 책상 앞의 의자에 앉고 나서는 "아빠, 나도 글을 쓰고 싶어요."라고 말하면서 "저도 가르쳐 줘요."라고 했다. 기분이 좋아진 아빠는 글쓰기 프로그램을 만들었는데, 영어 글자를 점으로 찍어 표기했다가 점차 줄여 나가는 형식이었다. 아이는 며칠도 안 되어 알파벳 쓰기를 다 배웠다. 그 후 아이의 읽기와 쓰기 능력은 가속이 붙었고, 1학년이 되었을 때 문식성 능력이 아주 뛰어나서 선생님이 일주일도 안 되어 아이를 2학년으로 진급시켰다. 이는 문식성이 강화된 가정환경에서 긍정적인 자극과 영감이 얼마나 중요한지를 일깨워 주는 일례라 할 수 있다.

caught를 KOT로

Mommy를 MAMI로

make를 MAK로

noise를 NOYS로

wall를 WAL로

be를 B로

dogs를 DAWGZ로

stopped를 STOPT으로

아동은 일부 글자를 생략해서 전보문같이 단어를 쓰기도 한다. /m/나 /n/ 같은 비음이 특히 잘 생략된다(Read, 1986). 예를 들어, 'don' t' 를 'DOT' 로, 'jump' 를 'JUP' 로 쓰는 것이다. 이처럼 단축된 형태의 단어 예를 좀 더 살펴보면, 'bed' 를 'BD' 로, 'when' 을 'WN' 으로, 'ship' 을 'SP' 로, 'drive' 를 'JRF' 로 쓰는 경우다. 때로는 단어의 첫음절이나 마지막 음절을 생략한 형태로 쓰기도 하고, 단어 사이에 빈칸 없이 붙여 쓰기도 한다(Bear et al., 1996).

1학년 아동들의 쓰기(와 읽기) 능력은 천차만별이다. 알파벳 모든 글자를 터득한 아동도 있고, 문장 전체를 쓸 줄 아는 아동도 있으며, 또 글자 쓰기를 아직 배워야 하는 아동도 있다. 일반적으로 쓰기 능력은 남자 아동이 여자 아동보다 뒤처지는 경향이 있다(Persky, Daane, & Jin, 2003). 초등학교 초기를 거치면서 아동은 글을 좀 더 바르고 제대로 써 가기 시작한다. 3학년 아동은 올바른 문장 부호 쓰기와 함께 필기체 쓰기도 배운다.

아동(혹은 성인)이 쓰는 글의 종류는 **글의 형식 혹은 장르**(forms or genres of writing)로 나뉜다. 초등학교에 다니면서 감상문, 해설문, 설명문, 설득문, 학술문 등 다양한 형식의 글을 쓰기 시작한다(〈읽을거리 12-3〉 참조). 이러한 글은 공식이든 비공식이든 어느 정도의 훈련이 필요하다. 글의 기법이 필요할수록 정식 훈련이 더 요구된다. 아동은 초등학교에서 여러 장르의 글을 쓰기 시작하지만, 이러한 능력은 대학교로 진학하면서 꾸준히 발전한다. 장르에 상관없이, 쓰기 능력은 평생 지속적으로 향상된다. 쓰는 양이 많으면 많을수록 더욱 발전하게 되는 것이다.

읽을거리 12-3 **글의 장르**

- 감상문(expressive writing)이란 개인의 경험, 기호, 견해 등을 묘사하는 글이다. 견해뿐 아니라 감정적인 반응을 담고 있기도 하다. 예를 들면, 아동이 쓴 짧은 글도 감상문일 수 있다. 3학년 학생들의 경우 개인적이고 감상적인 짧은 이야기나 에세이를 쓰기도 한다.
- 해설문(expository writing)이란 감상문보다 좀 더 객관적인 형식의 글이다. 교육과 정보 전달의 목적으로 역사적 혹은 사회적 사건을 묘사한다. 주제에 대한 분석을 담고 있는 에세이도 여기에 해당된다. 쓰이는 언어도 감상문보다는 좀 더 복합적이기도 하다. 5학년 학생 정도면 대체로 해설문을 쓸 수 있다.
- 설명문(narrative writing)이란 사건이나 경험의 객관적인 기술이다. 항상 정보 전달을 하며 때로 즐거움을 주기도 한다. 설명문에서 개인적인 스타일이 좀 더 두드러지게 나타난다. 5학년 학생들 중 설명문을 잘 쓰는 학생들이 많다.
- 설득문(persuasive writing)이란 논쟁거리에 대한 토론을 하는 글이다. 글쓴이는 주제에 대한 어떤 입장을 취하고, 자신의 입장을 정당화하기 위하여 사실이나 관찰, 증거를 제시한다. 3학년 학생이면 설득문을 쓰기 시작한다.
- 학술문(scientific writing)이란 글 중에서 가장 객관적인 형식이며, 정식 훈련이 필요하다. 학술문에는 설득문적인 요소가 어느 정도 있는데, 두 장르 모두 사실과 관찰을 바탕으로 하기 때문이다. 학술문의 문체는 좀 더 형식적이며 논리와 격식 면에서 일정한 규칙을 따라야 한다. 초등학생보다 고등학생이 좀 더 격식을 갖춘 학술문을 쓸 수 있지만, 대학생도 숙달이 필요한 형식이다.

초기 문식성 능력의 평가

언어치료전문가는 자신들이 개발한 절차와 표준검사를 통해 취학 전 아동들의 초기 문식성 능력을 평가한다. 언어치료전문가가 치료하는 아동의 문식성 문제는 주로 구두언어 문제다. 따라서 대부분의 경우 언어치료전문가는 문식성 능력을 언어 평가의 일부로 평가한다. 문식성 평가를 좀 더 제대로 하기 위하여 필요할 경우에는 해당 아동에 대한 평가 시간을 추가로 잡기도 한다. 하지만 사정이 여의치 않으면, 여러 시기에 걸쳐서 아동의 말이나 언어장애를 치료하면서 문식성 평가를 수행하기도 한다. 임상가는 대체로 음운 의식, 활자 의식, 문식성 가정환경을 조사한다.

음운 의식 평가

전술한 바와 같이, 문식성뿐 아니라 말과 언어 능력도 음운 의식과 상관관계가 있다(Schuele et al., 2007). 마찬가지로 문식성 문제뿐 아니라 말-언어장애도 음운 의식 결여와 관계가 있다. 그렇다고 해서 음운 의식 결여가 말-언어, 문식성 문제의 원인이라는 말은 아니다. 하지만 임상가는 음운 의식을 평가한다.

임상가는 음운 의식을 평가하기 위하여 몇 가지 표준검사를 이용한다. 이들은 음운 의식을 알아보기 위해서 즉석에서 몇 가지 항목을 쓰기도 하는데, 대부분의 평가에는 다음과 같은 사항이 포함된다(Peña-Brooks & Hegde, 2007).

- 운 맞추기(rhyming): 운이 맞는 단어들에 대한 지식을 평가하기 위해 "cat과 운이 맞지 않는 단어는 무엇인가요?" 나 "Jim과 운이 맞는 단어 세 개만 말해 보세요." 등의 질문을 한다.
- 두운(alliteration): 단어의 첫소리나 끝소리가 특정 소리인지를 아는 능력을 확인하기 위해 "l 소리로 끝나는 단어 세 개만 말해 보세요." 나 "sh 소리로 시작하는 단어 세 개만 말해 보세요." 등의 질문을 한다.
- 음소 찾기(phoneme isolation): 단어 내의 여러 위치에 있는 음소를 알아내는 능력을 확인하기 위해 "b가 bus의 첫소리인지, 중간 소리인지 아니면 끝소리인지 말해 보세요." 나 "단어 pan에서 끝소리는 무엇인가요?" 등의 질문을 한다.
- 음소 조작(phoneme manipulation): 단어 안의 소리 하나를 탈락시키거나 추가하거나 대치시켜서 다른 단어를 만들 수 있는 능력을 알아보기 위해 "단어 bus에서 b를 빼면 어떻게 되나요?" 나 "단어 fat과 at을 말해 보세요. 두 번째 단어에서 무슨 소리가 빠졌나요?", 혹은 "단어 hat을 말해 보세요. 첫 소리의 h 대신 b를 넣어 말해 보세요." 등의 질문을 한다.
- 소리와 음절 합치기(sound and syllable blending): 둘 이상의 소리를 합치는 능력을 파악하기 위해 "잘 들어보세요. tea-cher는 무슨 단어인가요?" 나 "잘 들어보세요. h-a-t이 무슨 단어인가요?" 등의 질문을 한다.
- 음절과 소리 파악(syllable and sound identification): 단어의 음절 수나 말소리 수가 얼마인지를 알아보는 능력을 파악하기 위해 "단어 hotdog에 음절(박자) 수가 얼마나 되나요?" 나 "단어 cat에 말소리가 몇 개인가요?" 등의 질문을 한다.
- 소리 나누기(sound segmentation): 단어를 구성하는 말소리로 나누는 능력을 알아보

기 위해 "단어 dog를 구성하는 말소리 세 개는 무엇인가요?" 나 "단어 house에 어떤 말소리들이 있나요?" 등의 질문을 한다.

알파벳과 활자 지식 평가

임상가는 자신들이 고안한 절차나 표준검사를 통해 알파벳 지식이나 활자 지식을 평가하고, 이러한 절차를 언어 평가에 접목하기도 한다. 예를 들면, 아동이 언어를 사용하게끔 그림을 보여 주기도 하고, 동시에 인쇄된 글자나 단어, 문장을 보여 주어 문식성 능력을 평가하기도 한다.

임상가는 아동의 알파벳과 활자 지식을 평가하기 위해 다음과 같은 요구를 하기도 한다(Hegde & Pomaville, 2008).

- 알파벳 글자 하나하나를 가리키도록 하거나(예를 들면, "이 면에서 s를 가리켜 볼까?"), 단어 안에 있는 특정 글자를 가리키도록 한다(예를 들면, "이 단어에서 t가 어디 있지?").
- 가리키는 알파벳 글자의 이름을 말하도록 한다(예를 들면, 글자 a를 가리키면서, "이게 뭐지?").
- 특정 단어를 가리키도록 한다(예를 들면, "이 면에 단어 cat이 어디 있지?").
- 지정한 알파벳을 소리 내어 읽게 한다(예를 들면, 글자 s를 가리키며, "이 글자는 어떤 소리를 낼까?").
- 아동의 이름 첫소리와 같은 글자를 가리키도록 한다(예를 들면, "네 이름 첫소리와 같은 글자가 어디 있는지 말해 볼래?").
- 알파벳을 암송하도록 한다(예를 들면, "a-b-c-d 할 수 있니?", "z까지 계속해 볼래?").
- 이야기 책을 잡게 하고, 책의 방향을 제대로 잡는지 확인하고, 책의 면을 넘겨보도록 하고, 책의 위, 아래, 앞, 뒤를 가리키도록 한다.
- 책의 특정 면의 단어나 문장, 문단을 가리키도록 한다(예를 들면, "이 면 안에 있는 단어를 가리켜 볼래? 문장도? 문단도?").
- 면 안의 특정 문장부호를 가리키도록 한다(예를 들면, "이 면에 마침표가 어디 있지?").

가정의 문식성 환경과 실생활 행동 평가

언어치료전문가는 가정의 문식성 환경을 평가하여 아동의 문식성 능력 결여의 원인을 알아낸다. 원인에는 문식성 교구의 결여도 있을 수 있고, 부모의 본보기가 부족한 경우, 조기에 직접 가르치지 못한 경우, 혹은 이 모든 것이 복합되어 있을 수도 있다. 임상가는 부모와 아동을 대상으로 면접을 실시하여 문식성 교구나 문식성에 대한 부모의 태도를 조사하고, 이러한 것들이 아동의 초기 문식성 능력이나 전통적 문식성 능력에 도움이 되거나 해가 되는지를 파악한다. 상황이 허락한다면, 직접 아동의 가정을 방문하여 어떤 문식성 교구들이 있는지 직접 평가하기도 한다.

이러한 평가 중 중요한 부분은 해당 가족이 언어나 문식성 능력에 대하여 어떤 견해를 가지고 있는지, 문식성 능력의 중요성을 얼마나 인정하고 있는지, 또 학업 면에서 아동에게 어떤 기대를 하고 있는지를 이해하는 것이다. 부모도 문화적 · 교육적 배경에 따라서 자신과 아동의 언어나 문식성 능력에 대해서 기대치가 다를 수 있기 때문이다. 미국 원주민 종족 같은 문화의 경우 문식성 관행보다는 구두 의사소통 관행이 더 강하다(Kay-Raining Bird & Vetter, 1994). 그런 문화에서 자란 아동은 문식성 능력보다는 구두언어 능력이 더 좋을 것이라고 예상할 수 있다. 또한 인종 문화 집단의 종류에 관계없이, 가정 소득이 극도로 적으면 아동에게 문식성 자료를 충분히 제공할 수 없을 것이다(Koppenhaver, Evans, & Yoder, 1991; Marvin & Mirenda, 1993).

가정 방문, 면접, 설문 등을 통해, 임상가는 아동이 집에서 어떤 종류의 문식성 교구에 접할 수 있는지 알 수 있다. 다양한 이야기 책이 있는지, 과학 관련 서적이 있는지, 아동용 백과사전, 사전, 다른 자료가 있는지 알 수 있는 것이다. 또한 주의를 기울여야 할 것은 아동이 교육용 완구를 갖고 노느냐 하는 것이다. 아동에게 글을 쓸 수 있는 장소나 필기도구 등이 있는지도 살펴보아야 한다. 마지막으로 부모들이 규칙적으로 읽고 쓰는지, 적극적인 노력으로 아동에게 문식성 능력을 가르치려고 하는지를 평가해야 한다(Pence, 2007). 제한된 환경에서도 아동에게 전통적 읽기와 쓰기뿐 아니라 초기 문식성 능력을 잘 가르치는 부모도 있다. 또한 자료가 충분하면서도 아동에게 문식성 능력을 키워 줄 만한 체계적인 노력을 기울이지 못하는 부모도 있다. 따라서 아동에게 주어진 것의 양보다는 아동이 무엇을 배웠는지를 평가하는 것이 더 중요하다고 할 수 있다(Hegde & Maul, 2006)

읽기와 쓰기 평가

문식성 문제 때문에 언어치료전문가에게 의뢰되는 대부분의 아동은 말과 언어장애도 갖고 있다. 말과 언어장애가 있는 아동은 또한 문식성 능력이 결여되어 있기도 하다. 취학연령 아동의 전통적 읽기와 쓰기 능력을 평가하기 위하여 언어치료전문가는 대체로 두 가지 전략을 취한다. 하나는 말과 언어 평가의 일부로써 문식성 능력을 평가하는 것이다. 다른 하나는 문식성 능력 평가를 별도로 수행하는 것인데, 말과 언어 평가가 이미 완료되었거나 말-언어 평가 시 문식성 평가를 할 여유가 없었던 경우다.

임상가는 몇 가지 표준화된 검사를 통해 취학연령 아동의 읽기와 쓰기 문제를 진단한다. 학내 읽기전문가가 이미 그러한 검사를 시행하였다면, 언어치료전문가는 그 결과를 받아서 언어 및 문식성 평가 결과에 이를 추가하면 된다.

일반적으로 전통적 문식성 능력은 유치원 기간에 평가가 된다(American Speech-Language-Hearing Association, 2001b). 문식성 능력은 아동의 학습 단계나 연령 수준에 따라 겹칠 수 있으므로, 대체로 취학 전 연령 아동에게서 평가되는 일부 능력은 유치원 아동에게서도 평가된다. 예를 들면, (알파벳 지식으로 알려진) 글자 맞추기(letter identification)는 초기 문식성 능력의 하나인데, 유치원이나 취학 전 아동, 심지어 이런 능력이 결여되어 있는 일부 1학년생을 대상으로 평가할 수 있다. 마찬가지로, 일부 전통적 읽기와 쓰기 능력은 능력이 뛰어난 유치원생을 대상으로 평가할 수도 있는데, 이런 평가는 주로 학급 교사가 수행한다. 일반적으로 언어치료전문가는 (뛰어난 능력이 아니라) 문식성 능력의 결여 여부를 주로 평가하게 되는데, 이는 의뢰받은 환자들이 주로 구두언어 질환을 갖고 있고 동시에 문식성 문제를 갖고 있기 때문이다.

초기와 후기 읽기 능력의 평가

(성인뿐 아니라) 일부 아동은 이해 못하는 글을 읽기도 한다. 따라서 연령과 능력 수준에 상관없이, 읽기와 읽은 것을 이해하는 것, 즉 독해(reading comprehension)를 동시에 평가하는 것이 중요하다. 언어치료전문가는 몇 가지 표준화된 읽기 검사를 통해 이를 평가한다. 또한 등급별 문장을 이용하여 낭독(oral reading), 묵독(silent reading), 독해를 평가한다. 한 가지 중요한 것은 아동의 등급에 맞는 문장을 제공하는 것 외에도, 한 단계 높거나 낮은 것도 제공해야 한다는 것이다. 점차 어려워지거나 쉬워지는 읽기 문장을 제공해야만 읽기 능력 수준을 제대로 파악할 수 있기 때문이다.

유치원생부터 1학년 아동에게서 보이는 초기 읽기 능력은 간단한 세 글자 단어를 소리 내어 말하는 것이다. 이 능력을 평가하려면, 정해진 길이의 단어를 써놓고 아동에게 철자를 말하고 읽어 보도록 한다(예를 들면, 아동에게 m–a–t라고 쓰고 "mat" 이라고 말하도록 한다).

아동이 문장을 묵독 혹은 낭독으로 읽고 나면, 언어치료전문가는 몇 가지 질문을 하여 아동이 방금 읽은 내용을 이해하는지 평가한다. 낭독의 경우, 임상가는 아동이 얼마나 유창하게 읽는지, 실수(예를 들면, 단어 빼먹기, 단어 발음 오류, 단어 내 소리 전치)가 있는지, 문장부호에서 적절하게 쉬는지 등을 평가한다. 읽지 못하는 지점(breakdown)이 문장 수준뿐 아니라 단어 수준에서도 생길 수 있다. 문장이 길어질수록 제대로 읽고 이해하는 데 어려움이 생길 수 있으므로 문장의 길이도 중요한 요소가 된다. 아동이 구두언어를 이해하는 데 어려움이 있다면 독해에도 어려움이 있다고 예측할 수 있다. 구두언어 중 이해 못하는 단어는 읽기 중에도 이해를 하지 못할 것이다.

4학년 이후 아동의 읽기 능력 평가를 하기 위해서는 검사 문장도 복잡하고 다양해야 한다. 이 시기의 아동은 배우기 위해서 읽는 것에 능통하다고 여겨지기 때문에 읽기 능력을 평가하기 위해 좀 더 다양한 읽을거리를 이용해야 한다. 언어치료전문가는 추상적인 용어나 비유(예를 들면, 속담, 관용어, 직유, 은유), 학술 과학적 용어(예를 들면, 기술, 토론, 추론, 가설, 평가, 결론, 비평), 단편소설, 수필, 시 등을 담고 있는 문장을 제시하여 고급 읽기 능력을 평가한다. 독해를 평가하기 위해서는 전문용어를 정의해 보도록 한다. 나이가 많은 아동에게는 읽기 평가 시에 읽은 내용에 대해 비판을 해 보도록 한다.

초기와 후기 쓰기 능력의 평가

언어치료전문가는 자신들이 개발한 간단한 절차를 통해 유치원생부터 초등학교 3학년 아동까지의 초기 쓰기 능력을 평가한다. 간단한 쓰기 임무 수행은 말과 언어 평가, 특히 유치원생부터 1학년 아동의 초기 쓰기 능력을 평가하는 데 한 부분을 차지한다. 예를 들면, 말과 언어 평가 시에 임상가는 아동에게 점들을 연결해서 알파벳 글자를 만들어 보라고 하기도 하고, 종이에 흐리게 쓰인 알파벳 글자를 써 보라고 하기도 하며, 또 직접 알파벳 글자를 써 보라고도 한다. 혹은 이야기 책에 있는 몇 단어를 베껴 써 보라고도 하고, 얼굴이나 꽃 등 여러 물체를 그리도록 한다. 이 외에도 자신의 이름이나 주소, 전화번호, 가족 구성원들의 이름을 쓰도록 한다. 짧은 문단을 쓰게 할 수도 있다. 능력 수준에 따라 아동은 자발적으로 무언가를 쓰거나 아니면 주어진 주제에 관해 글을 쓰기도 한다.

쓰기 능력을 평가하는 실질적인 방법 중 하나는 부모에게 아동이 쓴 글의 샘플을 가져오도록 하는 것이다. 임상가는 시기에 따른 변화를 알아보기 위해 시기적으로 간격을 두고 쓴 샘플을 가져오도록 요구한다.

언어치료전문가는 4학년 이상 아동의 고급 쓰기 능력을 평가하기 위해 해설문을 요구하기도 한다. 담당교사에게 아동의 학술문 샘플을 요구할 수도 있다. 보다 다양한 글, 예를 들면 기술문, 수필, 짧은 이야기, 사적인 글, 인과 분석, 비교 대조글 등을 요구하기도 한다. 혹은 아동에게 직접 간단한 글이나 가족 행사(예를 들면, 생일잔치나 놀이공원 방문)에 대한 글을 쓰라고도 한다.

평가를 통해 다양한 쓰기 문제가 발견될 수 있다. 주어진 임무에 대한 집중력 부족, 긴 글을 쓸 때의 계획력의 결여, 글자 모양 이상, 철자 오류, 부적절한 단어 사용, 문장 구조 이상, 형태론적 요소 이상이나 결여(예를 들면, 규칙 · 불규칙 복수, 소유격 표지, 과거형 어미 변화), 문장 종류 이상 등이 그것이다. 장문의 글을 쓸 때에는 이 외의 추가적인 오류가 발견될 수 있다. 즉, 여백 부여 실패, 단정치 못한 글씨체, 대문자 적용 오류, 문장부호 오류나 결여, 문단 사이의 전환 부족, 일관적이지 못한 글, 애매한 표현 등이 그것이다.

다른 분야의 전문가들과는 달리, 언어치료전문가는 아동의 구두언어 문제와 문식성 문제 사이의 연관성을 보다 더 잘 이해할 수 있다. 따라서 이들은 구두언어 문제와 문자언어 문제를 동시에 치료할 수 있는 문식성 조정 프로그램을 고안하는 데 보다 효과적으로 도움을 줄 수 있다.

문식성 조정

문식성 조정(literacy intervention)의 직접 목표는 등급에 맞는 읽기와 쓰기 능력을 가르치는 것이다. 이 외 다른 목표도 마찬가지로 중요하다고 할 수 있다. 읽기와 쓰기 능력은 일단 형성되면 일생을 통해 발전해야 하는데, 이는 문식성 능력이 좋아야 학업 능력도 좋아지기 때문이다. 그래서 언어치료전문가와 교육자들이 문식성 문제를 극복하고 아동이 학업적으로도 성공할 수 있도록 노력하고 있는 것이다. 마지막으로 문식성이 있는 아동은 이성적이고 책임감 있고, 똑똑한 시민으로 성장할 수 있다. 그렇게 해야 민주사회가 성공할 수 있는 것이다.

언어치료전문가는 몇 가지 서비스 연계 모델(service delivery model)을 통해 효과적인 문식성 조정 프로그램을 제공한다(Hegde & Maul, 2006). 우선, 부모와 협력하여 문식성이 강화된 가정환경을 제공하여 아동의 언어 발달을 자극하고, 구두와 문자 언어의 발달에 도움을 준다. 둘째, 아동의 학교 교사나 독서전문가와 공조(collaborate)하여 구두언어와 문자언어 능력을 향상시키고 학업 성취도를 증진시킨다. 셋째, 아동과 직접 협력하기도 한다. 그러한 경우, 처음에는 문식성 활동과 말-언어치료를 병행할 수도 있지만, 별다른 효과가 없으면 아동에게 직접 읽기와 쓰기를 가르치는 프로그램을 고안할 수도 있다. 직접 가르치는 방법은 가장 힘든 일이기도 한데, 학내 언어치료전문가의 경우 말, 언어, 음성, 유창성 장애가 있는 아동이 아주 많아 업무량이 과다하기 때문이다. 구두 의사소통장애를 치료할 수 있는 전문가는 언어치료전문가뿐이기 때문에 대체로 이들 장애에 우선순위를 두는 경향이 강하다. 대부분의 공립학교는 아동의 문식성 문제를 치료할 수 있는 읽기 · 쓰기 전문가들을 두고 있다.

아동의 가족과의 협력

6세 이하 아동의 경우, 언어치료전문가는 아동의 말-언어 능력과 초기 문식성 능력을 평가하고 또 가능한 경우 가정 조정 프로그램을 계획할 수도 있다. 6세 이하 아동이 언어치료전문가에 의뢰될 경우 말장애나 언어장애 혹은 두 가지 모두를 갖고 있을 수도 있다. 따라서 취학 이전 아동 대상의 조기 조정 프로그램의 초점은 주로 말과 언어 능력에 맞추어져 있다. 하지만 얼마 지나지 않아 초기 문식성 문제가 생길 수도 있고, 이 경우 언어치료전문가는 심각한 상황을 방지하기 위해 가정 조정 프로그램을 계획하기도 한다(Hegde & Maul, 2006).

언어치료전문가는 부모나 형제자매 등 아동을 돌보는 사람들과 상담을 하여 구두 의사소통장애와 문식성 문제와의 연관성을 알아보기도 한다. 어려서부터 읽고 쓰는 것을 강조한 분위기에서 자란 아동은 그렇지 못한 아동에 비해 초등학교 입학 때부터 문식성 능력이 충분하거나 혹은 두각을 나타낸다는 사실을 알려 주기도 한다. 가정의 문식성 환경을 조사한 후에 언어치료전문가는 가정환경을 강화하기 위해 조언을 할 수도 있다. 부모나 형제들에게 아동 앞에서 쓰거나 읽기를 할 것을 권하기도 하고, 간단한 문식성 활동(예를 들면, 장 볼 품목 쓰기, 요리법 소리 내어 읽기, 소풍 갈 곳 지도에서 찾기 등)을 아동과 함께할 것을 요청하기도 한다.

언어치료전문가는 부모가 아동에게 규칙적으로 이야기 책을 읽어 주는 것이 문식성 능력을 향상시킬 수 있는 효과적인 전략이라고 강조한다. 이야기 책 읽기는 또한 아동의 구두언어 능력을 향상시키기도 한다(Whitehurst et al., 1988). 부모에게 효과적으로 이야기 책을 읽어 주는 방법에 관한 상담도 필요하다(Justice & Ezell, 2000; Lonigan & Whitehurst, 1998). 예를 들면, 읽어 주는 책의 그림과 글을 아동이 정면에서 볼 수 있도록 앉히는 것이 중요하다. 아동을 무릎에 앉히고 책을 앞에 들고 읽어 주면, 아동의 흥미를 끌 수 있을 뿐 아니라 글자나 단어에 주의를 기울이게 할 수도 있다. 읽는 글자나 단어, 문장을 손으로 가리키면서 읽은 내용에 대해 질문을 할 수도 있다.

가정의 문식성 환경이 경제적인 이유로 강화될 수 없는 처지라면, 그 지역의 문식성 교구를 활용할 수 있다. 예를 들어, 저자가 직접 아동들에게 책을 읽어 주는 서점으로 데리고 간다든지, 지역도서관으로 데리고 가서 책을 빌리거나 몇몇 가정이 문학동아리를 만들어 서로 책을 교환할 수도 있을 것이다.

교사와의 공조

학내 교사와 문식성 전문가와의 공조는 언어치료전문가가 아동의 문식성 문제를 해결하는 효과적인 방법이다. 구두 의사소통장애를 지닌 아동을 치료하는 업무가 과다한 경우, 언어치료전문가는 시간을 효율적으로 할애하여 이러한 장애를 치료하여야 하고, 학생들의 학업 성취도에 나쁜 영향이 미치지 않도록 해야 한다.

이러한 공조 노력을 하는 목적은 ① 교사와 읽기 전문가의 상담역으로서 구두언어 능력과 문식성 능력의 밀접한 관계가 있음을 알려 주는 것이고, ② 교사들이 아동의 말이나 언어장애를 가능한 한 조기에 파악하여 재빠른 치료를 하도록 도와 나중에 생길지도 모르는 문식성 문제를 방지 혹은 최소화하는 것이고, ③ 교사나 특수교육 전문가들의 조언을 통해 학내 지원이 가능한 말-언어치료 목표를 설정하게 하고, ④ 아동의 구두언어와 문자언어 능력을 향상시키기 위한 교내 통합 말-언어 프로그램을 고안하는 것이다.

이 외에도 교사와 다른 교육 인력 간의 공조로 달성하려는 목표는 서로에 대한 상호 지원이다. 교사, 언어치료전문가, 읽기전문가들 모두가 부모에게 주는 동일한 메시지는 문자 의사소통뿐 아니라 구두 의사소통의 경우에도 조기 조정이 중요하다는 것과 문식성이 강화된 가정환경과 문식성 문제에 대한 직접적인 조정이 매우 중요하다는 사실이다. 이렇게 언어치료전문가의 말 혹은 언어치료 프로그램에 교사가 원하는 학업에 관련된 어휘를 포함시킬 수 있다. 또한 교사는 언어치료전문가가 정한 치료 목표에 해당하는 말-언어 능력을 집중적으로 가르칠 수도 있다.

아동과의 협력

전술한 바와 같이, 시간을 효율적으로 쓰기 위해 언어치료전문가는 말-언어 훈련 프로그램에 문식성 능력 훈련을 통합할 수도 있다. 예상만큼의 효과가 없을 경우 별도의 문식성 능력 훈련 시간을 잡을 수도 있다.

말과 언어치료 절차에 대한 자세한 내용은 제5장과 제6장을 참고하라.

문식성 능력 훈련을 말-언어치료에 통합하는 경우는 아동의 언어 문제가 크지 않고 문식성 문제도 약하거나 보통일 때 권장할 수 있다. 아동에게 말-언어 능력을 가르칠 때 언어치료전문가는 주로 인쇄된 시각 자극을 이용한다. 예를 들면, 발음 혹은 음운장애 아동에게 말소리의 올바른 발성법을 가르칠 때 언어치료전문가는 주로 자극 그림(stimulus picture)을 이용한다. 단어 첫소리인 /s/의 올바른 발음을 가르칠 때 임상가는 sun, sink, sock, soap, seed 등의 그림을 보여 준다. 규칙 복수형 형태소 s의 올바른 발음을 가르칠 때는 cups, books, hats, mats, nuts 등의 그림을 보여 준다. 이러한 말-언어 훈련과 문식성 훈련을 통합하는 경우 임상가는 그림 밑에 해당 단어를 써 놓기도 한다. 치료 시간에 언어치료전문가는 단어를 가리키며, 아동에게 특정 글자를 가리키게 하거나 소리 내어 읽도록 하기도 하고, 글자 소리를 내주면서 아동이 단어를 읽도록 도와주기도 한다. 쓰기 능력 연습을 위해 같은 단어를 써 보라고도 한다.

대체로 임상가는 말과 언어 능력을 가르칠 때 단어 단계에서 구 단계로, 그다음 문장 단계로 옮겨 간다. 각 단계에서 그림 자극(pictorial stimulus) 말고도 글 자극(written stimulus)을 이용한다. 아동에게 인쇄된 구나 문장을 읽고 쓰도록 하기도 한다.

언어치료 심화 단계에서 언어치료전문가는 언어장애가 있는 아동의 구두 설명 능력(oral narrative skill)을 목표로 하기도 한다. 설명 능력을 가르치기 위해서는 임상가가 아동에게 이야기를 해주고 다시 그 이야기를 하도록 하거나, 개인적인 경험을 말하도록 하거나, 듣거나 읽은 이야기를 다시 이야기하게끔 시키기도 한다. 이런 모든 언어치료 시간에서, 아동의 구두 설명 능력이 큰 진척을 보이면 임상가는 아동에게 설명한 이야기를 글로 써 보도록 한다. 설명문 작성 실력을 향상시키기 위해서는 즉각적인 피드백을 주어야 한다.

언어치료전문가는 시간이 허락한다면, 문식성 능력은 별도의 목표로 설정하는 것이 좋다. 대부분의 교내 언어치료전문가의 경우 아동에게 읽기와 쓰기 능력을 가르칠 만한 충분한 시간이 없긴 하지만, 일부 언어치료전문가의 경우는 문식성 훈련을 전문적으로 시행하고 업무 지원을 받기도 한다. 그런 경우 치료 시간을 통째로 읽기와 쓰기 능력을 가르치는 데 할애하거나, 해당 전문가들과 공조를 할 수도 있다. 구두 의사소통 능력을 가르치는 데 효과적인 기법은 대부분 읽기와 쓰기 능력을 가르치는 데에도 효과가 있다. 단순한 것에서부터 점차 복합적인 읽기와 쓰기 능력을 선별하고, 모델링과 자극 주기(prompting)를 자주 하고, 긍정적인 보상을 강화하며, 단계적인 능력 형성을 장려하면 좋은 결과를 얻을 수 있다. 부모가 가정에서도 비슷한 절차를 따라하도록 하고, 교사와 상의하여 보다 나은 방법과 결과가 나올 수 있게끔 할 수도 있다. 구두언어와 문자언어 능력을 터득하게 되면 아동은 학업 성취도가 증가할 것이고, 이러한 아동의 성공과 잠재력은 부모, 언어치료전문가, 교사 모두에게 크나큰 만족을 가져다줄 것이다.

요 약

- 언어치료전문가가 아동의 문식성(읽기와 쓰기) 문제의 진단과 치료에 점차 깊이 관여하게 되는 것은 문식성 능력이 언어 능력이기 때문이다.
- 구두언어 능력이 부족한 아동은 문식성 문제를 갖고 있을 가능성이 높다. 언어장애를 갖고 있는 아동 중 거의 60% 정도가 읽기장애를 보인다.
- 아직 읽거나 쓰지 못하는 어린 아동에게서 나타나는 초기 문식성 능력에는 활자 의식과 음운 의식이 있다.
- 일부 가정은 문식성이 강화되어 있는 반면, 문식성이 상대적으로 결여되어 있는 가정도 있다.
- 읽기 발달 단계에는 어표 단계, 알파벳 단계 그리고 철자법 단계가 있다.
- 아동은 대체로 읽는 법을 배우고 난 다음 배우기 위해 읽는다고 한다. 또한 쓰면서 읽기도 한다.
- 아동은 종이에 낙서를 하면서 쓰기를 배우기 시작하고, 그 후에는 알파벳 글자를 쓰다가 결국 단어 철자를 정확하게 쓰게 된다.
- 조정 프로그램을 만들기 전에 언어치료전문가는 우선 음운 의식, 활자 의식과 가정의 문식성 환경

을 평가한다.

- 문식성 문제가 있는 아동을 치료하기 위한 문식성 조정 절차를 만들기 전에, 언어치료전문가는 자신이 고안한 절차와 표준검사를 통해 아동의 초기 문식성 능력과 전통적 읽기와 쓰기 능력을 평가한다.
- 문식성 문제를 제거하기 위해, 언어치료전문가는 부모와 함께 문식성이 강화된 가정환경을 만들기 위해 노력하고, 교사나 읽기전문가와 공조하기도 하고, 말-언어치료에 문식성 조정 과정을 통합하기도 하고, 또 가능할 경우 직접 문식성 능력을 가르치기도 한다.

연구문제

1. 아동의 문식성 문제를 진단하거나 치료할 때 언어치료전문가가 가담해야 하는 이유는 무엇인가?
2. 구두언어 능력, 정상적인 문식성 능력, 구두언어장애, 읽기와 쓰기 문제 사이의 관계를 설명해 보시오.
3. 초기 문식성 능력이란 무엇인가? 이 능력이 관찰 가능한 연령 집단은?
4. 활자 의식과 음운 의식을 정의하시오. 후에 나타날 아동의 문식성 발달을 이해하는 데 각각이 어떠한 중요성을 갖는가?
5. 문식성이 강화된 가정과 문식성이 결여된 가정을 대조하여 폭넓게 설명하시오.
6. 초기 쓰기 발달의 어표, 알파벳, 철자법 단계를 구별하시오.
7. 읽는 법을 배우는 것과 배우기 위해서 읽는 것은 무슨 말인가?
8. 읽기와 쓰기는 어떻게 다른가? 쓰기가 읽기 위한 수단이 될 수 있는가? 그렇다면 어떻게 그런가?
9. 언어치료전문가가 사용하는 문식성 평가 절차를 간략히 설명하시오.
10. 언어치료전문가는 문식성 문제를 예방하기 위해 아동 및 부모와 어떻게 협력하는가? 이 장에서 설명한 모든 전략을 간략히 설명하시오.

참고문헌

American Speech-Language-Hearing Association. (2001a). *Scope of practice for speech-language pathologists*. Retrieved September 1, 2007, from http://www.asha.org/docs/html

American Speech-Language-Hearing Association. (2001b). *Roles and responsibilities of speech-language pathologists with respect to reading and writing for children and adults: Practice guidelines.* Retrieved September 1, 2007, from http://www.asha.org/docs/html

Bartlett, C. (1982). Learning to write: Some cognitive and linguistic components. In R. Shuy (Ed.), *Linguistics and literacy series* (No. 2). Washington, DC: Center of Applied Linguistics.

Bear, D. R., Invernizzi, M., Templeton, S., & Johnson, F. (1996). *Words their way: Word study for phonics, vocabulary, and spelling.* Columbus, OH: Prentice Hall.

Catts, H. W., Fey, M. E., Tomblin, J. B., & Zhang, X. (2002). A longitudinal investigation of reading outcomes in children with language impairments. *Journal of Speech, Language, and Hearing Research, 45*(6), 1142-1157.

Chall, J. S. (1983). *Stages of reading development.* New York: McGraw-Hill.

Erickson, K. A. (2000). All children are ready to learn: An emergent versus readiness perspective in early literacy assessment. *Seminars in Speech and Language, 21*(2), 193-203.

Flax, J. F., Realpe-Bonilla, T., Hirsch, L. S., Brzustowicz, L. M., Bartlett, C. W., & Tallal, P. (2003). Specific language impairment in families: Evidence for co-occurrence with reading impairments. *Journal of Speech, Language, and Hearing Research, 46*(3), 530-543.

Hart, B., & Risley, T. (1995). *Meaningful differences in the everyday experiences of young American children.* Baltimore: Brookes.

Hart, B., & Risley, T. (1999). *The social world of children learning to talk.* Baltimore: Brookes.

Hegde, M. N., & Maul, C. A. (2006). *Language disorders in children: An evidence-based approach to assessment and treatment.* Boston: Allyn & Bacon.

Hegde, M. N., & Pomaville, F. (2008). *Assessment of communication disorders in children: Resources and protocols.* San Diego, CA: Plural.

Justice, L. M. (Ed.). (2006). *Clinical approaches to emergent literacy intervention.* San Diego, CA: Plural.

Justice, L. M., & Ezell, H. K. (2000). Enhancing children' s print and word awareness through home-based parent intervention. *American Journal of Speech-Language Pathology, 9,* 257-269.

Justice, L. M., & Ezell, H. K. (2004). Print referencing: An emergent literacy enhancement technique and its clinical applications. *Language, Speech, and Hearing Services in Schools, 35,* 185-193.

Kay-Raining Bird, E., & Vetter, R. S. (1994). Story telling in Chippewa-Cree children. *Journal of Speech and Hearing Research, 37*(6), 1369-1380.

Koppenhaver, D., Evans, D., & Yoder, D. (1991). Childhood reading and writing experiences of literate adults with severe speech and motor impairments. *Augmentative and Alternative Communication, 7*, 20-23.

Lewis, B. A., O' Donnell, B., Freebairn, L. A., & Taylor, H. G. (1998). Spoken language and written expression--Interplay of delays. *American Journal of Speech-Language Pathology, 7*(3), 77-84.

Lonigan, C. F., & Whitehurst, G. J. (1998). Relative effi cacy of parent and teacher involvement in a shared reading intervention for preschool children from low-income backgrounds. *Early Childhood Research Quarterly, 13*(2), 269-290.

Marvin, C., & Mirenda, P. (1993). Home literacy environment of preschoolers enrolled in Head Start and special education programs. *Journal of Early Intervention, 17*, 351-367.

Peña-Brooks, A., & Hegde, M. N., (2007). *Assessment and treatment of articulation and phonological disorders in children* (2nd ed.). Austin, TX: PRO-ED.

Pence, K. L. (Ed.) (2007). *Assessment in emergent literacy*. San Diego, CA: Plural.

Pence, K. L., & Justice, L. M. (2008). *Language development from theory to practice*. Upper Saddle River, NJ: Merrill Prentice Hall.

Persky, H., Daane, M., & Jin, Y. (2003). *The nation' s report card: Writing 2002*. Washington, DC: U.S. Department of Education (NCES 2003-529).

Read, C. (1986). *Children' s creative spelling*. London: Routledge & Kegan Paul.

Roberts, D., & Slater, W. (1997). *The phonological awareness test*. East Moline, IL: LinguiSystems.

Schuele, C. M., Skibbe, L. E., & Rao, P. K. S. (2007). Assessing phonological awareness. In K. L. Pence (Ed.), *Assessment in emergent literacy* (pp. 275-325). San Diego, CA: Plural.

Snow, C. E., Burns, M. S., & Griffin, P. (1998). *Preventing reading diffi culties in young children*. Washington, DC: National Academy Press.

Snow, C. E., Scarborough, H. S., & Burns, M. S. (1999). What speech-language pathologists need to know about early reading. *Topics in Language Disorders, 20*(1), 48-58.

Teale, W. H., & Sulzby, E. (Eds.). (1986). *Emergent literacy: Writing and reading*. Norwood, NJ: Ablex.

Whitehurst, G. J., Falco, F., Lonigan, C. J., Fischel, J. E., De Baryshe, B. D., Valdez-Menchaca, M. C., & Caulfield, M. (1988). Accelerating language development through picture-book reading. *Developmental Psychology, 24*, 552-558.

Whitehurst, G. J., & Fischel, J. E. (2000). Reading and language impairments in conditions of poverty. In D. V. M. Bishop & L. B. Leonard (Eds.), *Speech and language impairments in children: Causes, characteristics, intervention and outcome* (pp. 53-71). Philadelphia:

Psychology Press.

Whitehurst, G. J., & Lonigan, C. J. (1998). Child development and emergent literacy. *Child Development, 69*(3), 848-872.

13

Introduction to Communicative Disorders

청각학: 청각과 청각질환

우주는 아마도 침묵의 세계일지 모른다. 그러나 우리가 살고 있는 세상은 소리로 가득 차 있으며, 설사 인간이 이 세상에 살고 있지 않다고 할지라도 상황은 바뀌지 않을 것이다. 소리는 물리적 세계에서 일어나는 자연현상이다. 모든 생명체가 음원을 찾는 것은 극히 자연스러운 것이며, 이를 통해 각 개체들은 생명 유지에 필요한 다양한 정보를 수집한다. 비록 젖먹이일지라도 소리가 들리는 방향을 향해 고개를 돌리는 능력을 가지고 있다. 일반적으로 우리를 둘러싸고 있는 소리 세계는 우리 존재의 한 부분이다. 소리가 없으면 우리는 상실감에 빠질 수 있고, 당황스러워할 수 있으며, 일시적으로 시·공간적 감각을 잃을 수도 있다. 아울러 일상적인 경험들이 생소해진다거나 매사가 짜증스럽고 때로는 두려워할 수도 있다. 시간과 계절에 따른 다양한 소리는 매 순간 다르게 느낄 수 있으며, 소리만으로도 우리는 시간과 계절을 실감할 수 있다. 소리는 현실을 실감하는 데 매우 유용하다. 가끔씩 우리는 소란스럽지 않은 한적한 곳이나 고요한 정적이 맴도는 곳이 주는 편안함을 찾기도 한다. 그러나 마치 청력손실이 있는 경우처럼 우리에게 고요와 정적을 생물학적으로 강요받는다면 인간은 전적으로 달라진다.

이 장은 **고요와 정적이 주는 생물학적인 측면**(biologically imposed silence and quiet)에 대하여 살펴보고자 한다. 청각기관의 손상으로 나타나는 고요와 정적을 **청력손실**(hearing impairment)이라고 한다. 고요함과 정적은 소리를 통한 구체적 형상화에 어려움을 겪거나 상황 설명에 지장을 초래하기도 한다. 태어날 때부터 난청을 가진 사람들은 소리 세계를 완전히 경험하지 못한다. 따라서 이들은 자신들이 듣지 못해서 놓친 것들을 표현하는 데 어려움을 겪는다. 그러나 여기에도 특별한 예외가 있다. 난청 또는 전농을 가진 이들이 글로써 전하는 잔잔한 감동이 그것이다. 예를 들면, 전농이면서 전혀 볼 수도 없었던 시인 Robert Smithdas(1966)의 시 「고요(Silence)」가 바로 그것이다.

고요함이란 어디에도 없다.
꼬리를 무는 생각과
헤아릴 수 없는
긴 여정의 고뇌와 같은 것
고요함은 죽음도 부여잡고
그 어느 한가로운 곳에 머물든
변함없는 내 생각의 방황일 뿐

There never was a silence
as deep as this one is:
A silence filled with circling thoughts
and spanless distances.
Death never had a stillness
like this one that I know.
Where space and time stand idle
and my brain rocks to and fro !

청각음향학: 소리 알아보기

물리학의 한 줄기로 볼 수 있는 **음향학**(Acoustics)은 청각기관이 듣는 소리를 물리적 현상의 하나로 연구하는 학문이다. 또 존재하는 소리를 듣는 것을 심리학적으로 연구하기도 하는데, 이러한 분야를 학문적으로는 **심리음향학**(Psychoacoustics)이라 한다.

물리적 현상을 추상적으로 표현한 소리라고 하는 것은 청각을 통해 경험할 수 있다. 이러한 현상은 과학적인 장치를 이용하지 않는다면 절대 볼 수 없다. 소리의 기본 요소는 다음과 같다.

- 음원은 특정한 물체의 기계적 진동이다.
- 진동은 기체나 액체 또는 고체의 분자를 운동시켜 파장을 만든다.
- 파장은 기체나 액체, 고체 등의 매질을 통해 진행한다.
- 매질은 소리를 전달하기 위해서 반드시 탄성이 있어야 한다.

소리는 비록 듣는 사람이 없어도 존재하지만 흔히 우리가 생각하는 소리라는 청각기관을 통한 소리의 경험이 있을 때 소리로 인식하는 것이다. 학문적으로는 소리를 인간이 듣는 것과 그 과정을 연구하는 것까지 포함하여야 하며, 이를 근거로 소리는 '음원 진동으로 소리가 매질을 통해 전달되고 잠재적으로 들을 수 있는 것' 으로 정의할 수 있다(Raphael, Borden, & Harris 2007, p. 37). 그러나 인간의 청각적 감각이 일어나지 않아 소리를 청취할 수 없다고 해도 매질 분자의 운동이 있다면 소리임은 분

읽을거리 13-1

누가 무엇을 들을 수 있는가?

젊고 건강한 성인이 들을 수 있는 주파수 범위(가청 음역)는 20~20,000Hz다. 대부분 성인은 나이가 들거나 소음에 노출되거나 또는 청각을 포함한 전신 건강, 그리고 기타 여러 가지 요인으로 청각기관이 퇴행하면서 이 주파수 범위를 잘 들을 수 없다. 말은 100~5,000Hz 주파수 범위에 있다. 인간이 들을 수 없는 20,000Hz 이상의 주파수 소리는 초음파(ultrasonic)라 하며, 가청 음역보다 낮은 주파수의 소리는 초저음파(subsonic)라 한다.

박쥐가 내는 소리는 20,000~100,000Hz의 초음파로 인간은 들을 수 없다. 개는 45,000Hz 이상의 소리를 내는 개 전용 호루라기 소리를 들을 수 있고, 고양이는 100~65,000Hz 범위의 소리를 들을 수 있다. 박쥐는 100,000Hz까지의 초음파를 들을 수 있으나 돌고래는 150,000Hz까지 들을 수 있다. 다른 한편으로 코끼리는 5~10Hz 범위의 초저음파를 진동의 형태로 들을 수 있다. 코끼리의 이런 청각적 능력은 지진을 조기에 알아차리는 데 유용하다.

명하다. 일부 동물의 경우 인간이 들을 수 없는 소리를 들을 수 있으며, 모든 생명체가 들을 수 없다고 해도 소리의 정의는 바뀌지 않는다. 이렇게 들을 수 없는 소리들은 특별히 고안한 장치를 이용하여 기록하고 증폭시켜 들을 수 있다. 따라서 보다 객관적으로 소리를 정의하면 다음과 같다. 즉, 매질의 운동이 존재한다면 인간이나 다른 생명체들이 반드시 들어야 하는 것은 아니다. 인간과 동물의 청취 능력 차이에 대해서는 〈읽을거리 13-1〉을 참고하라.

음 원

탄성이 있는 물체의 **진동**(vibrations)을 음원이라 하며, 기타의 현이나 북, 성대, 손바닥, 그리고 낙엽 등이 있다. 소리굽쇠의 진동은 음원을 가장 간단하게 설명할 수 있다. 소리굽쇠를 두드리면 소리굽쇠가 가지고 있는 단일 주파수의 진동이 일어난다. 단일 주파수의 소리를 **순음**(pure tone)이라고 하며, 이때 **주파수**(frequency)는 1초 동안 반복해서 진동하는 주기의 수를 말한다.

진동은 **주기**(cycle)가 있다. [그림 13-1]에서 보는 것처럼 진동하는 소리굽쇠의 주

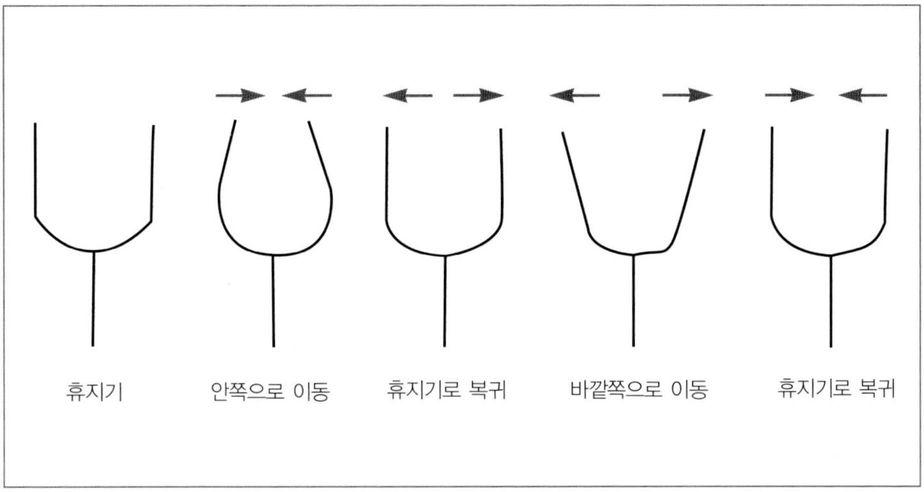

[그림 13-1] 소리굽쇠의 단주기 진동

기는 소리굽쇠의 두 기둥이 앞뒤로 움직이는 것을 말한다. 하나의 주기는 소리굽쇠의 두 기둥이 중앙으로 모아졌다가 원상태로 회복한 후, 멀어졌다가 원래의 모양으로 되돌아오기까지를 말하며, 다시 중앙으로 모아지는 순간부터 또 다른 주기가 시작된다. 따라서 한 주기의 끝은 또 다른 주기가 시작되는 것을 의미한다. 즉, 일정하게 반복하는 운동의 형태를 주기라 하며, 매 초 단위로 주기의 수를 측정할 수 있다. 소리굽쇠의 진동은 일정한 주기의 진동이 반복하여 순음을 만들기 때문에 **단순조화음운동**(simple harmonic motion)이라고 한다.

우리는 일상생활에서 소리굽쇠와 같이 단순한 소리를 듣기란 것이 매우 힘들고, 주파수가 서로 다른 수많은 소리를 함께 듣는다. 우리 주변에는 매우 다양한 음원에서 발생한 소리들이 복잡하게 섞여 있기 때문이다. 만약 주파수가 같은 두 개 또는 그 이상의 소리가 서로 섞이면 순음이 되지만 주파수가 서로 다른 두 개 또는 그 이상의 소리가 섞이면 소리는 복잡해진다. 이렇게 서로 **다른 주파수**(differing frequencies)의 순음이 두 개 이상 합쳐졌을 때 이 소리를 **복합음**(complex sound)이라 한다.

복합음의 진동은 주기적일수도 있고 비주기적일수도 있다. [그림 13-2]에서 보는 것처럼 **주기적**(periodic)인 진동 양상은 일정한 간격으로 반복되며, **비주기적**(aperiodic)인 진동은 일정한 간격의 규칙성이 없다. 비주기적 복합음은 매우 다양한 신호들이 혼합된 것을 말하며, 대부분의 잡음이 여기에 속한다. 또 이들 복합음은 마음을 불편하게 한다.

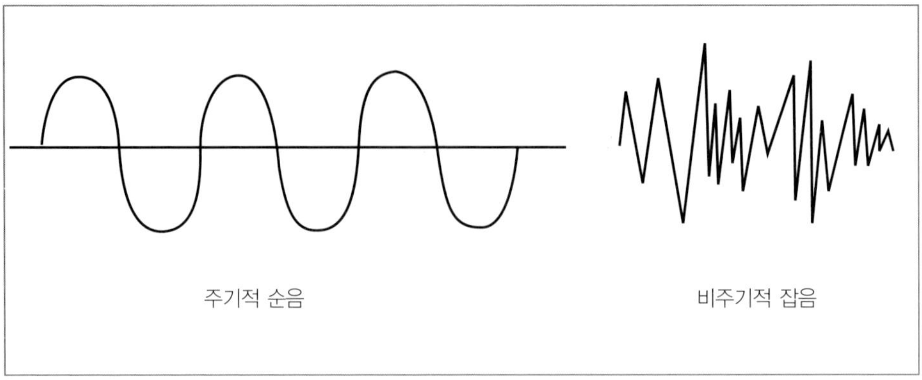

[그림 13-2] 주기적 음파와 비주기적 음파

음 파

소리굽쇠의 기둥이 앞뒤로 움직이면, 주변의 공기 분자들도 소리굽쇠 기둥을 따라 앞뒤로 운동을 한다. 이 운동의 영향으로 소리굽쇠 기둥 주변의 공기 분자 운동은 나란히 배열된 인접한 공기 분자에 영향을 미쳐 분자 운동을 일으킨다. 소리는 이와 같은 방법으로 음원에서 멀리 있는 공기 분자까지 운동을 전달한다. 이렇게 물체의 진동(음원)을 공기나 물과 같은 매질을 통해 멀리 더 멀리 전달하는 것을 **음파**(sound wave)라고 한다.

기억할 것은 소리굽쇠 주변의 분자 진동을 A 지점이라고 하면 A 지점의 진동이 멀리 떨어져 있는 B 지점으로 직접 전달하지 않는다는 것이다. 즉, 소리의 전달은 물리적인 이동이 아니며, 분자가 어느 곳에 있던 그네처럼 진자가 앞뒤로 움직이면서 인접한 분자로 그 에너지를 전달하고 또 다른 분자로 전달하는 일련의 과정을 차례로 반복하면서 소리를 전달하는 전달 에너지다.

공기 분자의 전후 운동은 가까이 있는 공기 분자와 한데 모아지기도 하고(압축), 다시 흩어지기도 하면서(희박) 압력의 변화가 생긴다. 따라서 공기 분자는 앞뒤로 진자 운동을 하면서 한 번은 한쪽으로 모아졌다가 한 번은 다시 흩어지는 것을 반복하기 때문에 공기 압력도 압축하였다가 희박하는 과정을 교대(alternation)로 반복한다. 다시 말하면, 1**주기**(cycle)는 [그림 13-3]에서 보는 것처럼 공기가 **압축**(compression)되었다가 다시 **희박**(rarefaction)해지는 과정이 1초 동안 각각 한 번씩 반복하는 것을 말한다. 초당 주기의 수(cycle per second: cps)는 전자기파를 연구한 독일 물리학자 Heinrich Hertz의 이름을 따서 헤르츠(Hertz)로 표현하며, 약자 Hz로 표시한다. 예를

압축은 분자가 밀집한 상태를, 희박은 분자가 드물게 분포한 상태를 의미한다.

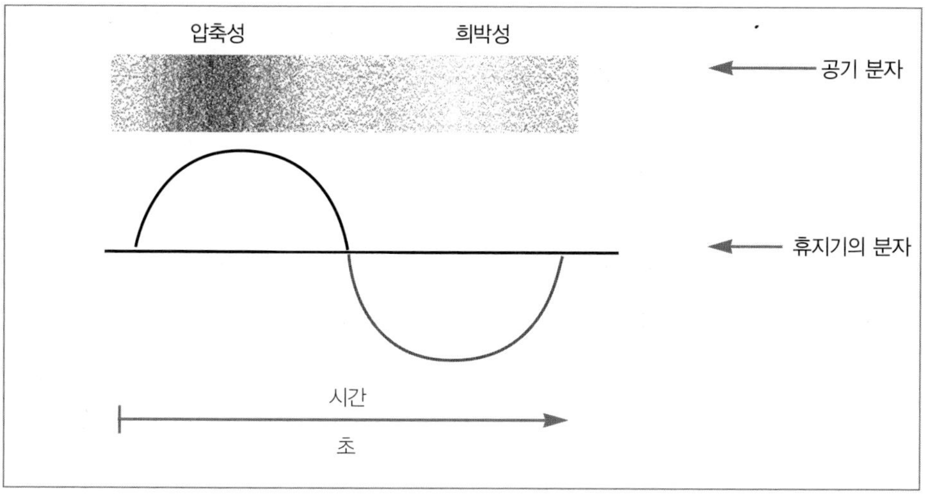

[그림 13-3] 1초 동안 공기 분자가 각각 한 번씩 압축되고 희박되는 1Hz(1cps) 소리

들면, 100Hz는 1초 동안에 압축과 희박이 각각 100번 반복하는 100주기를 말하며, 100cps로도 표시할 수 있다.

주파수와 소리의 높낮이(음도)

진동 주기가 서로 다른 주파수의 소리는 서로 다른 높이의 소리로 인식된다. 만약 주파수가 변하면 우리가 듣는 소리의 높이도 달라진다. 따라서 소리의 높고 낮음, 즉 **음도**(pitch)는 주파수 변화를 **감각적으로 다르게 느끼는 것**(perceptual correlate)이라 정의할 수 있다. 감각적으로 다르게 느낀다는 것은 소리를 다르게 듣게 되는 것과 청취 환경 변화에 다르게 대응하는 것을 모두 말한다. 여기서 특히 주파수는 물리적 특성을 상징하지만 소리의 높낮이는 진동 주기를 의미하는 주파수 변화에 대한 반응을 의미한다. 고주파수의 소리는 높은 소리(higher pitch)로 느끼고, 저주파수의 소리는 낮은 소리(lower pitch)로 느끼는데, 인간은 언어적이든 비언어적이든 자극 변화에 대해 서로 다른 행태로 반응할 수 있다.

주파수 변화는 소리의 높낮이 변화와 완벽하게 일치하지는 않는다. 그러나 1,000Hz까지 순음에서는 주파수 변화와 소리의 높낮이 변화가 비례한다. 만약 1,000Hz보다 높은 주파수라면 주파수 변화가 작을 경우 높낮이 변화를 느끼지 못할 수 있다. 이것은 인간의 청각기관이 1,000Hz보다 낮은 저주파수에서 보다 민감

소리의 높낮이(pitch)는 mel 이라는 단위를 사용하여 주관적으로 평가한다.

성대 진동의 높낮이에 대해서는 제8장을 참고하라.

하다는 뜻이며, 고주파수의 경우 인간이 소리의 높낮이를 느끼기 위해서는 주파수 변화가 커야 한다는 것을 뜻한다.

음 강도와 소리의 크기

소리는 다양한 주파수가 있는 것은 물론 소리 강도 또한 매우 다양하다. 소리 강도는 앞뒤로 운동하는 분자의 운동 폭을 뜻하는 **진폭**(amplitude)과 관계가 깊다. 분자의 진자 운동 폭이 크면 소리의 진폭이 크고, 소리의 진폭이 크면 소리 강도도 높다. 스피커로 진폭을 설명한다면 스피커 중앙에 있는 얇은 막(박막)을 예로 들 수 있다. 만약 음량 조절기를 높이면 박막은 음량이 낮았을 때보다 더 크게 볼록해진다. [그림 13-4]는 주파수마다 서로 다른 진폭을 표현하고 있다.

소리의 물리적 특성인 강도는 사람들이 느끼는 소리의 크고 작은 정도를 결정하는데, 심리학적 측면에서 이를 **크기**(loudness)라 한다. 따라서 소리 강도는 물리학적 개념으로, 소리 강약은 수용 감각적 개념으로 각각 사용한다. 다시 말하면, 강약은 음도와 같은 개념으로 소리의 크기에 대한 느낌을 표현할 때 사용하며, 소리 강도가 높으면 큰 소리로 느끼게 되고, 서로 다른 소리 크기에 대한 느낌은 서로 다른 여러 가지 반응으로 관찰할 수 있다.

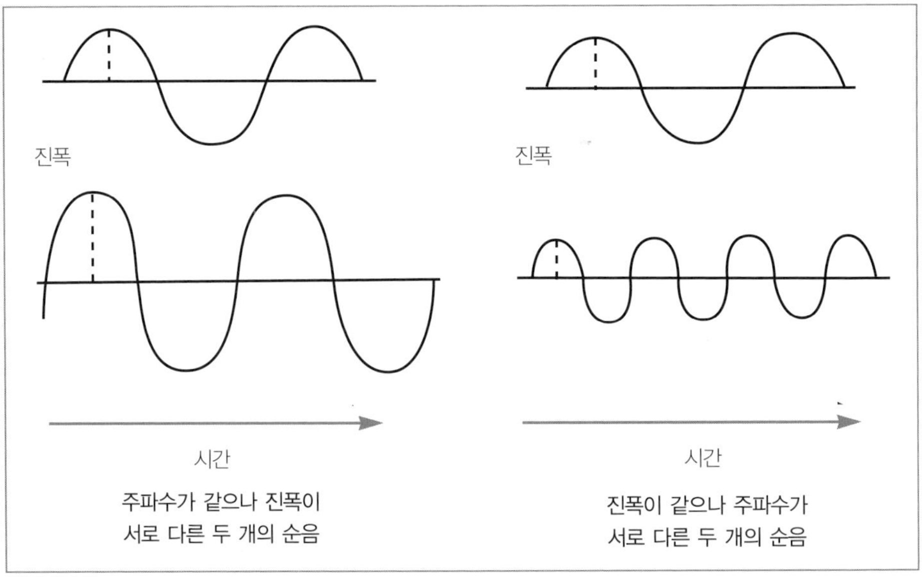

[그림 13-4] 주파수마다 서로 다른 진폭

인간의 귀는 매우 넓은 범위의 소리 강도를 느낄 수 있다. 만약 정수 단위(**선형척도**, **linear scale**)로 측정하면 인간의 귀는 10조 단위의 소리 강도를 느낄 수 있는데, 이렇게 수의 단위가 커지면 매우 귀찮을 뿐 아니라 주체하기도 어려울 정도다. 이를 개선하기 위해 대수척도(logarithmic scale)로 환산하여 사용하는데, 이 단위를 사용하면 인간의 귀는 130단위의 소리를 느끼게 되고, **데시벨**(desiBel: dB)로 나타낸다. 데시벨은 벨(Bel)의 1/10에 해당하며, 미국의 발명가이자 농교육자인 **Alexander Graham Bell**을 기념하며 만든 단위다.

성대 진동의 크기에 대해서는 제8장을 참고하라.

음압 단위와 가청 단위

데시벨은 특정한 소리 강도를 기준 소리 강도와 비교하여 결정하는 상대 척도로서, 단위 면적에 가해지는 소리의 압력을 **음압**(sound pressure)이라 한다(Behrmann, 2007). **음압** 값은 단위 면적에 가해지는 힘(power)을 **Watts** 단위로 측정한 값이다. 압력의 측정은 유압장치를 연구한 프랑스 과학자 Blaise Pascal의 이름을 따서 만든 **pascals(Pa)** 단위를 이용한다. 음압을 측정하는 또 다른 방법으로 **dynes**를 이용하기도 한다. 결론적으로 소리 강도는 음압으로 측정하며 데시벨 **음압 단위**(sound pressure level: SPL)로 표시한다. 예를 들면, '보통 말소리 강도는 약 50~70dB SPL 정도' 로 표현할 수 있다. 또 아주 강렬한 소리인 잔디 깎는 기계에서 나는 소리는 100dB SPL 이상이고, 록 음악 공연 중일 때의 소리 강도는 115~120dB SPL에 이르며, 140dB SPL의 소리 강도는 통증을 일으킨다.

음압 단위는 반드시 **가청 단위**(hearing level: HL)와 구분하여야 한다. 가청 단위는 청각기관 자극에 필요한 가장 낮은 소리 강도를 말한다(Bess & Humes, 2008; Martin & Clark, 2008). 이미 말한 것처럼 청각기관은 모든 주파수의 소리를 같은 음의 강도로 느끼지 않는다. 인간의 청각기관은 1,000~4,000Hz의 소리에 민감하며, 이 주파수 범위의 소리는 이보다 낮거나 높은 주파수보다 소리 강도가 낮아도 들을 수 있다. 이렇게 주파수마다 들을 수 있는 소리 강도가 다른 점은 청각평가에 불필요한 혼란을 초래할 수 있다. 이런 혼란을 극복하기 위하여 건강한 사람을 대상으로 청각기관을 자극하는 데 필요한 가장 낮은 소리 강도를 주파수마다 구한 후, 이들 주파수마다의 소리 강도(**dB SPL**)를 **0dB HL**로 정했다. 실제로 젊고 건강하며, 청력이 정상인 경우 **0dB HL**은 **250Hz**에서 **25.5dB SPL**, **1,000Hz**에서 **7dB SPL**을 보인다. 청력검사기로 청력을 평가하는 경우, **250Hz**의 음압(**dB SPL**)이 **1,000Hz**보다 높지만 이들 소리 강도를 청력검사기의 각 주파수마다 음의 강도의 눈금 '0'은 소리가 없다는 것을 의미하지 않는다는 것을 명심하라.

0dB HL의 기준으로 정한 후 검사를 시행한다. 청력검사기의 모든 검사 주파수는 이와 같은 방법으로 0dB HL에 해당하는 음압을 구한 후 검사한다. 같은 방법으로 모든 검사 주파수에서의 청력검사기의 '0', 즉 정상인 청각기관을 자극할 수 있는 음압을 구하여 시행한다.

청각 해부와 생리

이미 기술한 것처럼 음파는 공기나 액체 또는 고체 등의 매질을 통해 운동한다. 그러나 이렇게 운동하는 소리는 생리적 기능을 하는 기관이 없다면 들을 수도 없고, 소리에 반응할 수도 없다. 만약 청각기관이 해부학적 구조 이상, 질병, 노화 등으로 생리적 기능을 하지 않거나 둔화되었다면 청력손실이 발생하기도 한다.

청각은 말을 배우는 데 필수 요소다. 정상 청력과 청력손실 모두를 바르게 이해하기 위해서는 청각기관에 대해 알아야 한다. 청각기관은 말초기관과 중추기관으로 구성된다. **말초청각기관**(peripheral auditory system)은 귀와 관련되는 해부학적 구조물로 구성되며, **중추청각기관**(central auditory system)은 뇌와 뇌간으로 구성된다. 이 장에서는 말초와 중추 청각기관에 대해서 간략하게 기술하고자 한다.

귀

인간의 귀는 소리와 말에 대하여 일차적으로 반응하는 해부학적 구조물로, 외이(external ear), 중이(middle ear) 그리고 내이(inner ear)의 세 부분으로 나뉜다. [그림 13-5]는 세 부분의 주요 구조물을 보여 준다.

외이

눈으로 볼 수 있는 **이개**(auricle or pinna)와 **외이도**(external auditory meatus)는 외이를 구성하고 있다. 외이의 청각적 역할은 상대적으로 적지만, 연골로 이루어진 이개는 깔때기 모양의 구조가 소리를 모아 외이도로 전달하며 소리의 방향을 구별하는 데 도움이 된다. 외이도는 끝이 외이의 마지막 부분인 고막에 연결되어 있다.

외이도는 안으로 들어갈수록 약간 오르막 경사를 유지한다. 성인의 경우 외이도 길이는 2~3cm 정도다. 외이도는 상피세포를 통해 귀지 생산과 관련한 액체

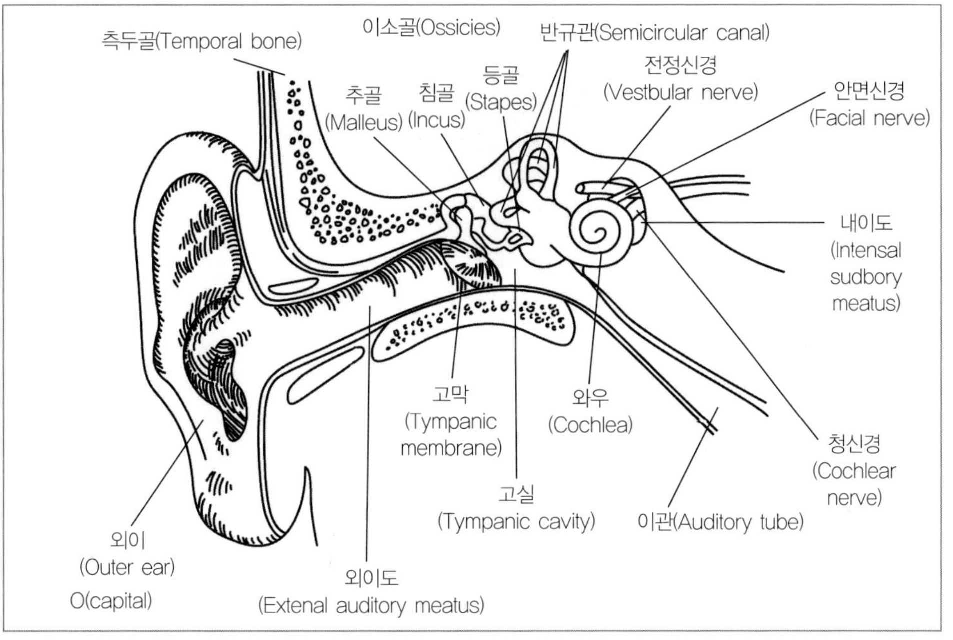

[그림 13-5] 인간의 귀

(cerumen)를 분비하여 귀지를 만드는데, 작은 벌레들이 중이 쪽으로 침입하는 것을 방어하거나 먼지를 걸러 주는 역할도 한다. 또한 한쪽이 열린 동굴의 형태를 하고 있어서 소리를 높여 주는 공명기 역할을 하는데, 공명은 주로 고음역의 소리를 증강한다.

중이

중이를 구성하는 해부학적 구조물로는 고막을 포함하여 인체에서 가장 작은 뼈들인 이소골 연쇄와 이관 등이 있다. 이 구조물들은 두개골의 측두골이 감싸고 있다.

중이는 공기로 가득 찬 공간으로, 매우 얇고 탄력이 있으며 고깔 모양의 **고막**(eardrum or tympanic membrane)이 외이와 중이를 구분한다. 고막은 매우 질기면서도 유연하여 음압 변화에 아주 예민하게 대응한다. 고막은 소리 주파수에 따라 다소 다르게 움직이는데, 낮은 음은 고막 전체가 높은 음은 고막의 일부분이 움직인다.

고막은 쉽게 손상되는데, 머리핀과 같은 날카로운 것에 찔리거나 폭발이나 갑작스러운 압력을 받으면 파열될 수 있다. 고막의 손상은 자연스럽게 회복되기도 하지만 손상이 반복되어 흉터가 생기면 유연성이 떨어져 고막의 운동성을 둔화시킬 수 있다. 고막은 [그림 13-6]에서 A를 참조한다.

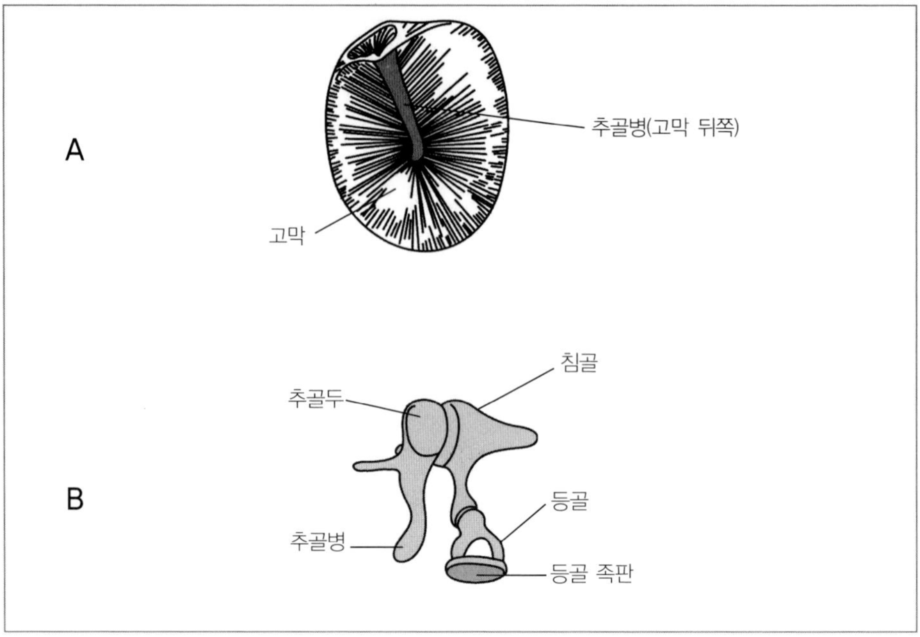

[그림 13-6] 중이에서 고막(A)과 이소골 연쇄(B)

고막의 안쪽에는 중이에서 매우 중요한 구조물이며, [그림 10-6]의 B에 소개한 것처럼 세 개의 뼈로 구성된 **이소골 연쇄**(ossicle chain)가 있다. 이소골 중에서 가장 크고 바깥쪽에 있는 뼈는 망치 모양으로 된 **추골**(malleus)이며, 추골의 한쪽 끝은 고막에 닿아 있어서 고막의 진동을 받아들인다.

추골은 이소골 중에 하나인 끌 모양으로 된 **침골**(incus)에 연결되어 있고, 계속해서 세 번째 뼈로 말안장의 발고정기인 등자 모양으로 된 **등골**(stapes)이 연결되어 있다. 등골의 다른 쪽 끝은 내이로 연결되는 창문 역할을 하는 난원창(oval window)에 붙어 있다.

이소골 연쇄는 소리의 왜곡을 낮추면서도 약 30dB 정도 증폭한 후, 증폭된 소리를 액체로 가득 찬 내이 안으로 효과적으로 전달하는 역할을 한다. 중이가 공기로 가득 차 있고 내이가 액체로 가득 차 있기 때문에, 이렇게 매질이 서로 다른 청각기관을 통과하는 과정에서 소리의 손실을 보상하는 데 매우 중요한 역할을 한다. 만약 이소골 연쇄에서 소리의 증폭이 일어나지 않는다면 공기로 가득 찬 중이에서 액체로 가득 찬 내이로 전달하는 과정에 에너지 손실이 커져서 내이에서 듣는 소리는 매우 약하게 된다.

중이에서 또 하나의 중요한 구조물은 중이와 목의 뒷부분 비강과 인두 사이에 있는 **비인두**(nasopharynx)를 연결하는 **이관**(eustachian tube or auditory tube)이다. 이관은 중이 안의 공기 압력이 외부와 같도록 조정하는 역할을 한다. 이관의 비인두쪽 개구부는 하품이나 침 삼킴 동작 등을 할 때 열려 신선한 공기가 중이 안으로 들어가게 한다. 다시 언급하겠지만 이관은 감염이 중이로 파급되는 경로가 되기도 하며, 청력 손실의 원인이 되기도 한다.

내이

내이는 귀의 세 부분 중에서 가장 복잡한 해부학적 구조를 가지고 있다. 단단한 뼈로 둘러싸인 내이의 작은 창인 **난원창**(oval window)에서 시작하는데, 이 난원창은 등골을 통해 기계적 진동인 소리를 받아들인다.

내이는 측두골 내부에 있으며, **미로**(labyrinths)라고 불리는 작은 터널 구조물이다. 이 터널은 **외림프**(perilymph)로 차 있으며, 크게 두 가지 기능적 구조로 구분한다. 그 중 하나는 세 개의 **반규관**(반고리관, semicircular canals)을 포함하는 **전정계**(vestibule)로 균형과 체위 그리고 운동 등을 담당한다. 이 단원에서는 전정계에 대해서는 논의하지 않는다. 내이의 또 다른 기능적 구조물은 청각을 담당하는 **와우**(달팽이관, cochlea)이며, 반규관과 와우의 해부학적 구조는 [그림 13-7]을 참조한다.

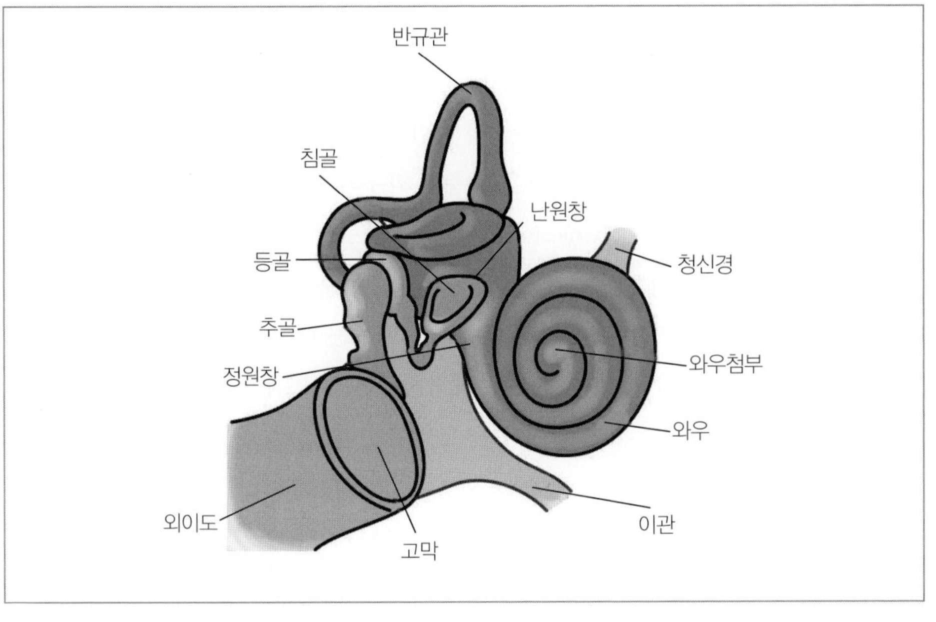

[그림 13-7] 반규관과 와우

*출처: Scientific Learning Corp. 제공

내이는 서로 무관한 청각과 균형의 기능을 담당한다.

와우는 달팽이 모양을 하고 있으며, 꽈리 모양의 관 내부는 또 다른 체액 중의 하나인 내림프(endolymph)로 차 있다. 와우관 바닥에는 기저막(basilar membrane)이 있고, 기저막 위로는 **코르티기관**(Corti's organ)이 있다. 코르티기관에는 소리에 반응하는 수천 개의 **유모세포**(hair cell)가 내림프에 잠겨 있다. 소리가 등골의 기계적 운동으로 내이에 도달하면 림프액이 출렁이는데, 이 출렁거림은 기저막으로 파급된다. 와우 기저막 운동 부위는 소리의 주파수에 따라 가장 적절한 부분이 반응한다. 기저막은 기저회전부가 첨단회전부보다 더 얇고 좁으며, 탱탱한 탄력이 있고, 이와 반대로 첨단회전부는 더 두껍고 넓으며, 느슨한 구조다. 이러한 구조상 특징으로 주기가 짧은 고주파수 소리는 기저회전부에서, 주기가 긴 저주파수 소리는 첨단회전부에서 각각 수용한다. 어떤 주파수 소리든 액체의 파동을 일으키고, 이 파동은 기저막을 운동시킨다.

코르티기관은 소리의 에너지 형태를 액체의 파동인 기계적 에너지에서 생체 전기 에너지로 변환하여 청신경과 뇌로 보낸다.

말초 및 중추 청신경계

청신경(acoustic nerve)은 몸의 균형을 담당하는 **전정신경분지**(vestibular branch)와 와우의 수많은 유모세포와 연결되어 소리의 전달을 담당하는 **청신경분지**(auditory or acoustic branch) 두 개의 경로를 갖는 뉴런 다발이다. 이 두 신경은 와우에서 대뇌까지 생체 전기신호를 전달하는 역할을 한다.

내이도의 도(meatus)는 굴(tunnel)을 뜻한다.

청신경은 두개골 안에 있는 뇌신경 중의 하나로 여덟 번째 신경이라 하여 **제8뇌신경**(cranial nerve VIII)이라고도 한다. 좌우 양측의 와우와 연결된 청신경 말단은 측두골에 있는 **내이도**(internal auditory meatus)를 통해 뇌간으로 진행한다. 청신경은 뇌간 영역에서 일부만 같은 방향으로 주행하고, 나머지 대부분은 서로 반대 방향으로 교차하여 주행한다. 이러한 과정은 소리의 방향을 식별하는 데 유용하다.

청신경은 뇌간 상부에서 소리의 최종 목적지인 대뇌 측두엽으로 투사한다. 대뇌 측두엽에는 1차 청각 영역이 있으며, 이곳에서 말소리, 잡음, 환경음 등의 다양한 소리를 체계적으로 수용하고 해석한다. 측두엽에 있는 1차 청각 영역은 [그림 13-8]에 나타냈다. 측두엽에는 말-언어를 이해하는 베르니케 영역도 있다. 측두엽에 있는 대뇌의 1차 청각 영역과 베르니케 영역은 말소리나 잡음 또는 환경음 등 다양한 소리 중에서 무엇을 들었는지 최종적으로 해석하는 역할을 한다.

베르니케 영역 (Wernicke's area)은 제4장을 참고하라.

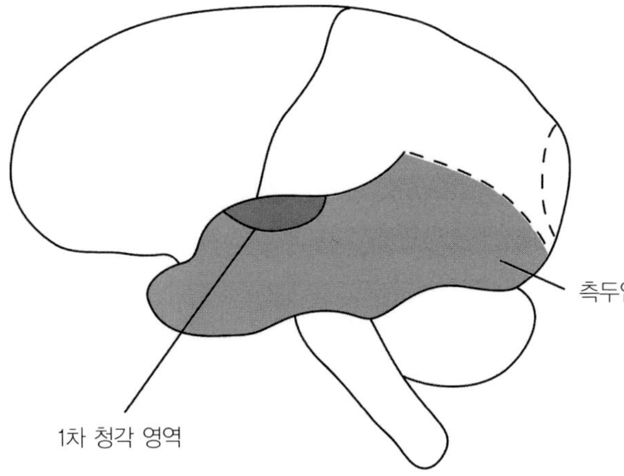

[그림 13-8] 측두엽과 1차 청각 영역

정상 청력

신경생리학적 측면에서 정상 청력은 귀와 청신경 그리고 대뇌의 청각 영역 등의 정상적인 기능을 통해서만 가능하다. 또한 이들 기관들의 발달시기 등 매우 복잡한 요인에 영향을 받기도 한다. 아울러 정상 청력은 기도와 골도의 두 가지 전달방식을 모두 포함하는데, 이 장에서는 기도와 골도 청력을 포함한 청각 발달에 대하여 기술하고자 한다.

아동의 청각 발달

청각 발달의 징후는 태아기부터 나타난다. 20주된 태아에게 어머니의 배를 통해 소리를 들려주면 심장 박동 수가 빨라지며, 이러한 변화는 태아가 침묵 속에서 성장하는 것이 아니라 소리를 들으면서 성장한다는 것을 뜻한다. 태아가 듣는 어머니의 맥박 소리는 약 72dB 정도이며, 이렇게 큰 소리를 태어나기 수개월 전부터 지속적으로 들으면서 성장한다(Bench, 1968). 태아는 어머니의 태반과 복벽으로 보호받고 있지만 외부의 소리를 듣는 데는 지장이 없으며, 신생아는 소리의 다양한 음도와 크기에 따라 서로 다른 반응을 보인다. 저음역의 소리를 들려주면 차분해지고, 고음역의 소리를 들려주면 동작이 많아진다. 또 작은 소리를 들려줄 때보다 큰 소리를 들려줄 때 심장 박동 수가 많아진다.

신생아는 소리나 말소리가 다르다는 것을 구분하고 소리에 대한 반응을 다양하고도 명확하게 표현할 수 있다. 예를 들면, 아기가 쉬고 있을 때 소리를 들려주면 눈을 깜빡이거나 눈을 크게 뜨기도 하며, 팔다리를 급하게 움직이는 경악반사를 보이기도 한다. 이와 반대로 소리를 들려주면 계속해서 움직이던 팔다리의 활동이나 울음을 멈추기도 한다.

유아의 말소리 명료도는 제5장을 참조한다.

생후 3, 4개월경에는 소리 나는 방향으로 고개를 돌리기 시작하는데, 이러한 음원 방향 찾기는 6, 7개월경에 정확해진다. 생후 3개월 유아는 다른 사람의 음성이나 말소리보다 어머니의 음성이나 말소리에 일관된 반응을 보이기 시작한다. 또 유아는 카세트와 같은 음향기기의 스위치를 켤 수 있으며, 생후 8, 9개월 시기에 이르면 이들 장치를 켜고 여기에서 나오는 소리나 음성 또는 음악 등을 빠르게 학습할 수 있다(Friedlander, 1970). 이후 시기부터는 청각적 자극에 대해 보다 정확한 반응이 가능해지는데, 소리 방향 확인이나 소리 이해 능력이 향상된다.

정상 청력을 가진 건강한 영유아는 성인보다 청력이 좋다. 이것은 인간이 성장할수록 청각기관이 근무 환경의 소음이나 일상적 소음 그리고 다양한 질병 등의 영향을 받아 청력이 서서히 감퇴되기 때문이다.

소리의 기도 전도와 골도 전도

정상 청력의 경우 소리는 기도 전도와 골도 전도의 두 가지 경로를 통해 내이로 전달된다. 이미 언급한 것처럼 소리는 고막에 부딪친 후, 이소골 연쇄를 지나 액체로 가득 찬 내이로 전달된다. 이렇게 전달된 소리의 운동은 와우의 기저막을 진동시키는 원인이 되고, 기저막의 진동은 유모세포를 자극한다. 유모세포는 다시 기저막의 진동을 통해 전달되어 온 소리 정보를 신경을 통해 대뇌로 전달한다. 대부분의 소리 전달은 이러한 과정으로 진행되며, 소리의 운동이 공기를 매질로 전달되기 때문에 **기도 전도**(air conduction)라고 한다.

내이는 두개골이 감싸고 있으며, 내이에 가득 찬 액체(내림프)는 중이에 있는 이소골 연쇄를 통해 전달된 진동으로 소리를 받아들인다는 것을 이미 알고 있다. 이와 비슷한 이치로 매우 큰 뼈인 두개골은 공기 중 소리에 의해 진동이 일어나며, 이 진동은 이소골 연쇄가 내림프에 영향을 미치는 것처럼 내이에 영향을 주어 소리가 전달된다. 이렇게 두개골의 진동을 통해 소리가 전달되는 것을 **골도 전도**(bone conduction)

라고 한다. 정상적으로 기도와 골도 전도는 동시에 일어나는데, 청력손실의 유형별로 서로 다른 양상을 보인다.

정상 청력을 가진 사람들은 자신의 음성을 기도와 골도 전도 모두를 통하여 듣는다. 그러나 기도와 골도 전도를 분리하여 들어볼 수 있다. 만약 자신의 음성을 카세트 녹음기에 녹음하여 듣는다면 항상 들었던 자신의 음성과는 차이가 있다는 것을 느낄 수 있다. 이것은 카세트 녹음기에 녹음되는 음성은 기도 전도되는 소리만을 녹음하고, 녹음된 소리를 재생하면 기도 전도된 음성만을 청취하기 때문에 일상적으로 들었던 자신의 음성과는 차이를 보이는 것이다. 즉, 녹음된 음성은 자신이 듣고 있는 음성에서 골도 전도되는 음성을 뺀 기도 전도 음성만 녹음되어 재생하기 때문이다.

짤막하게 언급하면 기도와 골도의 차이를 구별하는 것은 청력손실의 원인을 진단하는 데 매우 중요하다.

청각질환

모든 연령층에서 청력손실은 신체 전반의 건강과 교육적 측면에서 아주 중요하며, 심각한 사회 부적응의 문제를 야기할 수 있다. 노년층의 청력손실은 흔하게 볼 수 있는데, 이것은 나이가 많아지면서 청력손실도 증가하기 때문이다. 소아와 청소년층의 경우 교육적 측면에서 지장이 있을 수 있고, 성인의 경우 직업 선택이나 근로의 제한이 따를 수 있다.

국립 난청 및 의사소통 질환 연구소(National Institute on Deafness and Other Communication Disorders: NIDCD; http://www.nidcd.nih.gov/health/statistics/hearing.htm)와 미국 언어청각협회(American Speech-Language-Hearing Association: ASHA; http://www.asha.org/public/hearing/disorders/children.htm)는 다음과 같이 추산하고 있다.

- 청력손실은 여자보다 남자가 흔하다.
- 미국인 중 약 2천8백만 명 정도가 청력손실을 가지고 있다.
- 1,000명 중 2~3명 정도가 청력손실을 가지고 태어나며(NIDCD), 6명까지 높게 보기도 한다(ASHA).
- 18세 미만 아동 1,000명 중 약 17명 정도가 청력손실이 있다.

- 아동의 약 1.2% 정도는 청력손실 때문에 특수교육 서비스를 받고 있다.
- 미국 아동의 약 15%는 한 귀 또는 두 귀의 저음역 또는 고음역에서 최소 16dB HL 이상의 청력손실이 있다.
- 고도 난청 아동 대부분의 부모는 정상 청력이다(10명 중 9명).
- 미국의 경우 특별한 원인도 없이 한 귀에서 새롭게 발생하는 돌발성 난청은 연간 4,000명 정도로 보고되었다.
- 나이가 들어가면서 청력손실은 증가하는데, 65세 이상 성인 1,000명 중 314명이 청력손실을 가지고 있다.
- 75세 이상 성인의 경우 거의 50%가 청력손실이 있다.
- 미국 인구 중 3천만 명 이상이 청력손실을 유발할 수 있는 소음에 노출되어 있고, 약 천만 명 정도가 소음으로 청력손실을 가지고 있다.

경도 난청을 가진 아동과 성인은 의사소통에 특별한 문제가 없을 수 있으나 청력손실이 심해질수록 말-언어의 이해와 산출에 심각한 문제가 발생할 수 있다. 청력손실 정도의 분류는 미국 언어청각협회와 미국 이비인후과학회(American Academy of Otolaryngology, http://www.entnet.org)에서 약간씩 차이가 있으나, 아동의 정상 청력 범위는 15dB HL로 보는 점에서는 거의 일치하며, **90dB HL**을 초과하면 전농으로 본다. 청력손실 정도에 따른 난청 분류는 〈표 13-1〉과 같다.

〈표 13-1〉 청력손실에 따른 난청 분류

15dB HL 이하	아동은 정상 청력 범위 성인은 25dB HL까지 정상 범위
16~40dB HL	경도 난청: 소리를 멀리서 듣는 것처럼 흐릿하게 청취하며, 아동의 경우 언어 발달이 지연될 수 있다. 성인의 경도 난청은 25~40dB HL
41~55dB HL	중등도 난청: 말-언어의 습득이 지연되고, 말소리 산출이 명료하지 않으며, 따라하기 담화에도 어려움을 느낀다.
56~70dB HL	중등고도 난청: 큰 소리로 말했을 때와 보청기를 사용했을 때만 들을 수 있다.
71~90dB HL	고도 난청: 큰 소리로 말하거나 보청기를 사용하더라도 언어 청취에 어려움이 따르며, 학습 발달 지연이 나타나고, 산출한 말명료도가 현저히 저하된다.
90dB HL 이상	농: 말-언어의 이해와 산출 및 학습 발달에 청각의 기여도가 매우 낮다.

주) HL= hearing level; dB= decibels

청력손실(hearing impairment)이라는 용어는 듣는 데 지장이 있거나 전혀 들을 수 없는 농을 모두 포함한다. 듣는 데 **지장**(hard of hearing)이 있다는 것은 아동의 경우 청력이 16~75dB HL 범위에 있을 때를 말한다. 청력이 이 범위에 있는 대부분의 아동은 말과 언어의 습득 및 구어 능력에서 다양한 차이를 보인다. 보청기를 사용하거나 기타 청능훈련 및 청각재활을 위한 여러 가지 도구를 사용해야 한다. 성인이 듣는 데 지장이 있다는 것은 청력이 **25~75dB HL** 범위에 있을 때를 말한다.

농은 아동과 성인 모두 일상적인 조건에서 보통 말소리 대화를 듣지도 이해하지도 못하고, 청력손실이 **75dB HL**을 초과하는 경우를 의미하기도 하며, 대체로 **90dB HL**을 초과하는 경우를 말한다. 농의 경우 구화언어의 습득에 심한 손실이 있어서 수화나 표정 등을 통한 의사소통에 더 친밀할 수 있다. 농인 난청자는 말소리와 구화언어 산출 능력에 많은 문제이 나타나는데, 이에 대해서는 다음 장에서 논의하기로 한다.

청력손실: 난청의 성질과 원인

청력손실은 그 원인에 따라 종류를 서로 다르게 분류하며, 전음성, 감음신경성 그리고 혼합성 난청으로 분류한다. 이 외에도 특별한 분류로 청각처리질환(중추성 난청)이 있다.

전음성 난청

전음성 난청(conductive hearing loss)은 중이 또는 내이로 전도된 소리가 약해진 경우를 말한다. 전음성 난청은 외이도 문제나 고막 또는 이소골 연쇄의 비정상 등이 흔한 원인이다.

순수한 전음성 난청은 내이와 청신경 그리고 대뇌의 청각 중추기능들이 모두 정상이기 때문에 골도 전도 청력은 정상 또는 거의 정상 범위다. 참고로 골도 전도 청력이 정상이라고 하는 것은 중이의 뼈인 이소골 연쇄는 포함하지 않고 두개골의 진동을 통한 소리 전달 특성만을 이야기한다. 즉, 이소골 연쇄를 통해 소리가 전달되지 않는다고 하더라도 두개골을 통해서는 잘 전달된다는 뜻이다. 따라서 전음성 난청은 골도 전도를 통한 소리 전달이 정상적으로 이루어지기 때문에 난청 정도가 결코 농에 이르지는 않으며, 청력손실에도 불구하고 골도 전도 청력은 남아 있다. 이러한 소리 전달 특성 때문에 전음성 난청자는 청력손실에도 불구하고 자신의 음성을 잘 들을 수 있다. 이런 까닭에 전음성 난청자의 음성은 그리 크지 않은데, 특히 배경 잡음이 있는 곳에서 분명하게 확인할 수 있다. 그 이유는 기도 청력손실로 배경 잡음을 듣지 못하거나 약하게 듣고, 자신의 음성은 골도 전도를 통해 잘 들리기 때문이다.

구개열(cleft palate) 및 이와 관련된 문제는 제9장을 참고하라.

전음성 난청의 원인은 출생 시 청각기관의 결손이나 중이질환 및 외이도 이물 등 매우 다양하다. 선천성 장애로는 구개열(cleft palate)이나 다른 안면 및 두경부 결손에 의해 외이도가 완전히 막히는 **외이도 폐쇄**(aural atresia) 등이 있다. 또 다른 선천적 장애로는 외이도가 지나치게 좁아지는 **외이도 협착증**(stenosis)이 있다. 이들 기형에서는 소리의 전부 또는 대부분이 고막까지 도달하지 못한다.

외이도 피부 감염은 비교적 흔하게 볼 수 있으며, 이를 **외이도염**(external otitis)이라 하고 전음성 난청의 원인이 되기도 한다. 외이도염은 수영 후 자주 나타나며, 염증 때문에 외이도 피부가 부어 외이도를 좁게 하고, 기도 전도 능력을 떨어뜨리기도 한다.

그 예는 드물지만 외이도 골부가 성장하는 **신생골증**(bony growths)이 있으며, 이러한 증상이 있으면 소리 전달이 차단되기도 한다. 또 외이도에서 종양이 자라는 경우도 소리 전달이 차단될 수 있다.

중이염은 10세 이하 소아의 5% 정도가 앓는다.

전음성 난청의 가장 일반적인 원인은 중이염과 이경화증이다. **중이염**(otitis media) 중에서 중이가 감염되어 중이 내에 분비물이 고이는 **삼출성 중이염**(middle ear effusion)이 많은데, 이 질환은 상기도 감염(감기)이 가장 흔한 원인이다. 아동에게 빈발하지만 성인은 드물게 나타나고, 신생아도 발병한다. 중이염은 이외에도 장액성, 급성 그리고 만성으로 분류한다.

장액성 중이염(serous otitis media)은 중이에 염증이 생기고, 이로 인해 중이강과 비인두를 연결하는 이관이 막혀 맑거나 혼탁한 액체가 중이에 고이는 질환이다. 이관은 보통 막혀 있다가 침을 삼키거나 하품을 하면 열려서 중이강 내부에 신선한 공기를 주어 깨끗이 정화한다. 그러나 중이염으로 이관이 막혀 열리지 않으면 중이강은 공기가 통하지 않는 밀실이 되며, 중이강 내의 공기량이 점차 감소되면서 압력이 낮아진다. 그렇게 되면 외부 압력과의 차이로 고막이 안쪽으로 빨려 들어가고 운동성도 떨어져서 소리에 대해 효과적으로 진동하지 못하게 된다. 고막 운동성 저하는 기도 청력이 손실되는 전음성 난청을 유발한다. 장액성 중이염은 약물 또는 수술적 처치를 통해 치료할 수 있는데, 수술적 처치는 작은 환기용 관을 고막에 넣어 주면 중이강이 환기되고 고막 운동성도 좋아져서 청력도 곧바로 정상으로 회복된다.

급성 중이염(acute otitis media)은 감염에 의하여 갑자기 발병하는데, 심한 통증과 함께 발열 및 중이 내 저류가 생기며 어지럼증이 함께 나타나기도 한다. 또 중이강의 압력이 크게 증강되면 고막이 파열되기도 하며, 고막이 파열되면 증상이 갑자기 완화되지만 천공된 부위로 농이 배출될 수 있다. 급성 중이염도 약물 및 수술적 처치를 통해 치료하는데, 약물은 감염을 완화시키고 수술적 처치는 고막에 작은 구멍을 내어(**고막 절개술**, myringotomy) 중이강 압력을 조정한다.

만성 중이염(chronic otitis media)은 고막이 영구적으로 천공되며, 중이 내 염증성 질환이 동반되거나 그렇지 않은 경우도 있다. 대개 통증은 없으나 귀에서 냄새나는 진물이 나온다. 고막이 천공된 부위와 크기에 따라 정도가 다른 전음성 난청이 발생한다. 감염이 있는 만성 중이염의 경우 항생제를 복용하여야 하며, 손상된 고막을 수술로 복원시키는 **고실성형술**(myringoplasty)을 포함한 외과적 치료를 받아야 한다.

중이염의 정도가 경미하고 비재발성인 경우에는 영구 난청을 일으키지 않는다. 그러나 만성인 경우 영구 난청을 일으키고, 비록 상태가 경미하더라도 중이 감염이 지속되어 변동성 전음성 난청이 있는 아동의 경우 명확한 근거가 부족하여 논쟁의 여지는 있지만 말-언어 발달에 영향을 미칠 수 있다(Shriberg, Friel-Patti, Flipsen & Brown, 2000). 다양한 원인의 중이염이 단독 또는 함께 나타날 경우 아동에게 심각한 안면 손상이 발생할 수도 있다. 중이염의 역학적 측면에 대해서는 〈읽을거리 13-2〉에 소개한다.

읽을거리 13-2

아동 중이 감염에 따른 일반적인 문제점: 이러한 문제들이 증가하고 있는가?

적어도 한 번 이상 중이 감염을 앓았던 아동은 95%에 달하며, 많은 아동은 반복적으로 앓는다. 특히 말과 언어 학습에 중요한 생후 2년 동안 감염이 많으며, 여자보다 남자가 많고, 계절적으로는 겨울과 봄에 빈발한다. 미국에서 출생한 아동과 다운 증후군 또는 구개열이 있는 아동에게 특히 중이 감염이 많으며, 중이 감염으로 의사를 찾은 수가 1975년 1천만에서 1990년 2천4백50만으로 이 기간에 150%가 증가한 것으로 보고되고 있다. 이러한 증가의 원인 중 하나로 일과 중 놀이방, 유아원 등 집단생활의 시간이 많아진 것을 들 수 있다. 집단생활을 하는 아동의 경우 가정에서 돌보는 아동보다 감염 빈도가 높다(Bess & Humes, 2008).

전음성 난청을 유발하는 또 다른 원인인 **이경화증**(otosclerosis)은 이소골 질환으로 난원창과 연결된 등골의 족판 골화와 관련된 질병이다. 대부분 남자보다 여자에게 많으며 유전된다. 이경화증은 임신 중에 악화되어 증상이 나타나는 것으로 느끼기도 하며, 등골이 딱딱하게 굳어지면 등골의 족판이 움직이지 않게 되고, 이로 인해 소리 압력파가 내이 림프액으로 전달되지 않는다. 등골에는 이경화증과 반대로 뼈가 너무 부드러워져서 효과적으로 진동하지 못하는 **이해면화증**(otospongiosis)도 있다. 이경화증은 골화된 등골을 제거하는 **등골 절제술**(stapedectory)로 치료하고, 제거된 등골을 대신하여 철제나 테프론 등으로 만든 보형물을 넣는다. 이렇게 보형물을 넣으면 청력은 개선된다.

감음신경성 난청

중이가 소리를 내이로 보내더라도 와우 유모세포나 청신경이 손상되었다면 신경 발화가 일어나지 않아 소리가 뇌로 전달되지 않는다. 이러한 경우를 **감음신경성 난청**(sensorineural hearing loss)이라고 한다. 유모세포나 청신경은 손상되면 회복되지 않아서 감음신경성 난청은 영구적인 난청이며, 경도부터 농까지 아주 다양한 정도의 청력손실을 보인다. 내이가 손상되면 두개골의 진동이 청신경 및 뇌로 전달되지 않는 골도 전도 손실이 생긴다. 따라서 난청자는 다른 사람들의 말소리는 물론, 자신의 음성도 들을 수 없다. 이러한 특징으로 감음신경성 난청자는 전음성 난청자보다 말소리가 매우 큰 경향을 보인다.

감음신경성 난청의 청력손실 정도는 모든 주파수의 최소 가청역치가 같지 않고 서로 다르게 나타나는데, 일반적으로 저음역보다 고음역의 손실이 더 크다.

감음신경성 난청은 말-언어 습득과 조음 및 언어에 심각한 영향을 미치며, 난청 정도가 심할수록 그 영향이 크다. 특히 농인 경우 매우 심각한 영향을 끼친다.

감음신경성 난청의 원인은 매우 다양하다. 태아기에 발생하는 난청의 일부는 산모로부터 영향을 받는 경우가 많은데, 특정한 약물을 임신 6~7주 사이에 산모가 복용할 경우 태아의 와우 손상 위험이 매우 높다. 이들 특정 약물은 아동이 복용하여도 와우의 유모세포나 청신경 섬유의 손상을 일으킬 수 있다. 이렇게 청각에 유해한 영향을 미치는 독성이 있는 약물을 **이독성**(ototoxic) 약물이라고 한다. 스트렙토마이신(streptomycin), 카나마이신(kanamycin), 네오마이신(neomycin)과 같은 마이신(mycin) 계통 항생제의 이독성이 강하다. 강력한 항생제는 환자의 생명을 위협하는 심각한 감염 등이 있을 때만 처방하고 있는데, 불행하게도 이들 약물은 심각한 감음신경성

이독성은 독물이 귀에 영향을 미치는 것을 뜻한다.

난청을 일으킬 수 있는 이독성에도 불구하고 감염 치료를 위해 사용되고 있다.

소음(noise)은 감음신경성(소음성) 난청을 일으킬 수 있는 유해 요인 중의 하나다. 항공기 이 · 착륙이 잦은 활주로 주변에서 들을 수 있는 강한 소음에 지속적으로 노출되면 유모세포가 영구 손상된다. 이 외에도 강렬한 음악 소리나 장난감 소음과 폭죽, 폭발물의 파열음 등이 감음신경성 난청을 일으킬 수 있으며, 그렇게 되면 **3,000~6,000Hz** 음역의 최소 가청역치가 급격하게 나빠진다.

다양한 종류의 **감염들**(infections)도 감음신경성 난청을 일으킬 수 있다. 이제는 발병 빈도가 그다지 높지 않은 모성 풍진도 태아의 와우를 손상시키는 선천성 감음신경성 난청의 원인이며, 영유아기 감염이나 수막염도 감음신경성 난청을 일으키는 원인이다. **수막염**(뇌수막염, meningitis)은 바이러스 등의 감염에 의한 뇌막의 염증성 질환이다. **뇌막**(meninges)은 뇌와 척수 등에 있는 얇은 막으로써 혈관과 영양분을 공급하는 통로가 되는데, 바이러스나 세균 등에 감염되면 염증이 내이도를 통해 내이까지 쉽게 침입한다. 이 장 서문에 소개한 시 「고요」를 쓴 시인도 5세 때 수막염을 앓은 후 농이 되었다.

출생시 기형(birth defects)도 감음신경성 난청의 원인이 된다. 와우나 청신경 등이 정상적으로 발달하지 않거나 내이 기형으로 출생하여도 감음신경성 난청이 나타난다.

선천성 매독(syphilis)도 출산 과정에서 내이 손상이 일어날 수 있으며, 분만 과정에서 산소 공급이 중단되는 **무산소증**(anoxia)도 내이 손상의 원인이 될 수 있다.

그 예는 드물지만 청신경에 발생한 **종양**(tumor)도 감음신경성 난청을 일으킬 수 있다. 청신경에 발생한 종양은 **청신경 종양**(acoustic neuroma)이라고 하며, 뇌로 전달되는 신경의 흥분 전달을 방해한다.

노화도 감음신경성 난청의 원인 중 하나다. 노년기에 발생하는 난청을 **노인성 난청**(presbycusis)이라고 하며, 이러한 난청은 질병이 아닌 신체적 노화가 원인이다. 그러나 노인성 난청은 청력손실과 노화 또는 환경 소음 및 이외 여러 가지 다양한 요인 사이의 관계를 명확하게 구분할 수 없다. 노인성 난청은 개인에 따라 발생 시기가 서로 다르고, 청력손실의 정도 또한 다르다.

메니에르병(Meniere' s disease)은 변동성 감음신경성 난청을 일으키는 원인 중 하나다. 이 병은 대부분 성인에게 나타나며 청력손실은 한쪽 귀에서 나타난다. 증상은 메스꺼우면서 어지럽거나(dizziness) 주위가 빙빙 돌면서 어지럽고(vertigo) 청력손실과 귀에서 여러 가지 성가신 소리가 들리는 **이명**(tinnitus) 등이 있으며, 때로 귀가 막히는 듯한 느낌(이충만감, earfullness)도 있다. 이러한 증상은 사라지기도 하고, 다시 나타나기도 하는데, 명확한 치료법은 없다.

감음신경성 난청은 일부가 약물 및 수술적 치료가 가능하지만 대부분의 경우 치료법이 없다. 따라서 대부분 감음신경성 난청은 보청기 사용과 조기교육 및 언어치료가 필수적이며, 이에 대해서는 다음 장에서 언급하기로 한다.

혼합성 난청

혼합성 난청은 중이와 내이에서 기능적 손실이 있을 때 발생한다. 즉, 전음성 요인과 감음신경성 요인이 함께 있는 경우를 말하는데, 기도 전도와 골도 전도 모두 손실이 되지만 골도 전도 청력이 기도 전도 청력보다 항상 좋다.

청각처리 질환

청력손실이 외이나 중이 또는 청신경을 제외한 내이 영역에서 발생하는 난청을 **말초성 난청**(peripheral hearing problem)이라고 한다. 그러나 청각기관의 문제는 청신경 말단부터 청각 정보를 뇌의 청각 영역에 투사하기 직전까지의 뇌간 영역 그리고 뇌의 청각 처리 영역 등의 원인으로 나타날 수도 있다. 청각적 자극을 해석하는 이들 고위 처리 과정에서의 문제는 청각 신호를 전달하는 고위 신경경로와 뇌의 구조적 · 기능적 문제 때문에 나타날 수 있기 때문이다. 이렇게 **중추청각계통**(central auditory system)에 문제가 있는 경우 얼마 전까지 **청각중추처리질환**(central auditory processing disorders)이라는 용어를 사용하였으나, 근래에는 청각 처리라는 개념 속에 신경과 뇌의 중추기능의 의미를 함축하고 있어서 **청각처리질환**(auditory processing disorders)으로 사용한다. 이 질환은 중추청각계통에서의 병변이 원인이 될 수 있으나 중추 청각의 질병이나 신경병리 등이 있는 아동의 많은 경우에서도 명확하게 나타나지 않기도 한다.

청각처리질환은 종양, 다양한 뇌손상, 중추청각계통의 다양한 퇴행성 질환 등으로 발생하는데, 성인이나 노령층에서 종종 보고되기도 한다.

청각처리질환의 진단의 정의와 기준은 아직 명확하게 확립되어 있지 않다. 미국언어청각협회(2005)는 청각(중추)처리질환을 '중추청각계통에서 청각 정보의 수용과 처리에 어려움이 있는 경우' (p. 2)로 정의하였다. 이 정의에서 수용과 처리의 어려움이라는 것은 어떤 소리를 듣고 그 소리를 이해하는 데 어려움이 있는 것을 말한다. 그러나 대다수 아동의 경우 소리를 듣고 이해하지 못할 수 있으며, 이러한 현상을 특정한 청각 신경병리와 연계하기 어렵기 때문에 진단에 어려움이 따른다.

흥미로운 사실은 청각처리질환의 경우 유의할 만한 말초성 청력손실이 없을 수 있어서 순음청력검사만으로는 어떤 문제도 발견되지 않을 수 있다는 점이다. 물론 일부 사례의 경우 말초 및 중추성 청력손실이 함께 있을 수 있으나 청각처리질환을 감별하기 위해서는 특별한 검사가 필요하다. 이는 실제 무슨 내용을 듣고 이해하였는지를 확인할 수 있어야 하고, 중추처리질환 환자들이 이명과 비정상적인 청각적 감각이 있다고 표현하는 점도 고려하여야 한다.

중추처리질환은 아동의 2~3%, 성인의 5~15%가 있을 것으로 추산하고 있다. 아동의 경우 자폐(autism), 학습장애(learing disabilities), 뇌 손상 그리고 주의력 결핍 및 과잉행동장애(attention deficit/ hyperactivity disorder) 등과 부분적으로 일치하기도 하지만 중추처리질환은 연관되는 추가 문제들이 나타나지 않는다. 아직까지 아동의 청각처리질환 원인은 밝혀지지 않고 있다. 뇌의 해부학적 차이, 청신경계통의 발육 지연 등이 원인으로 거론되고 있지만 아직 확인되지 않았다. 성인의 경우 뇌졸중, 뇌종양, 다발성 경화증, 알츠하이머 질환, 외상 뇌손상, 노화 등 다양한 요인이 관련된다(Bess & Humes, 2008).

중추처리질환은 아동에게 학습장애 문제를 일으킬 수 있음을 유념한다.

중추처리질환은 청각적 수행력에 복합적인 영향을 미치며, 이 때문에 중추성 난청 대신 중추처리질환이라는 용어를 사용한다. 일반적으로 중추처리질환이 있으면 음원의 방향을 인지하는 데 어려움을 느끼기도 하고, 복잡한 환경에서 청각적 지시를 수행하는 데 곤란을 겪기도 하며, 음향학적으로 비슷한 말소리의 구분을 어려워하기도 한다. 또 특정한 환경에서 들었던 말소리를 이해하는 데 어려움을 겪는데, 일례로 잡음이 있는 곳일 경우 말을 거의 알아듣지 못하기도 한다. 왜곡 음성 이해 곤란은 또 다른 주 증상 중 하나다. 대부분의 사람은 녹음 상태가 좋지 않은 음성(왜곡 음성)일지라도 이해할 수 있지만 중추처리질환이 있는 경우 이러한 음성을 듣고 이해하는 것을 매우 어려워한다. 또한 소리의 양상(pattern)이나 경쟁 자극이 있을 때 특정 소리에 대한 집중 등을 매우 어려워하는 특징이 있다.

청력손실의 평가

청력손실은 다양한 분야 전문가들이 함께 관심을 가지고 연구한다. **이과 의사**(otologist)는 귀의 질병을 진단하고 약물 및 수술적 처리를 통해 치료하는 의학 분야 전문가이며, **청각전문가**(audiologist)는 청력손실 평가를 위한 진단 청각학적 평가를 시행할 수 있도록 고도의 훈련을 받은 전문가다. 이 장에서는 청각과 청력손실은 물론 청각학과 청각전문가에 대하여 논의하고자 한다.

청각학과 청각전문가

청각학과 언어병리학은 전문 학문 분야에서 서로 쌍둥이며, 두 학문 분야의 전문가들인 **청각전문가**(audiologist)와 언어병리학전문가는 난청자를 돕기 위해 서로 밀접하게 연관된 전문적 서비스를 제공한다. **청각학**(audiology)은 청각과 청각질환 및 청력손실을 연구하며, 청각학적 평가 그리고 청력손실을 체계적으로 관리하는 학문이다.

청각전문가는 청력손실을 가진 난청자의 청각을 평가하고 재활을 담당할 수 있도록 체계적이고 특별한 교육을 받은 전문가를 말한다. 이들은 정밀 검사 결과를 이용하여 청각질환과 근본적인 병인에 대하여 가장 구체적이고 정확하게 분석할 수 있어야 한다. 청각전문가와 언어병리학전문가들은 일반적으로 대학의 같은 학과에서 교육받는데, 세부 전공을 선택하기 전까지는 이수과목이 공통된 것이 많다. 이 장에서는 청각전문가들이 난청자들을 위하여 수행하여야 할 청각평가에 대하여 기술하기로 하며, 다음 장에서는 이에 대해 보다 상세하게 공부할 것이다. 미국 언어청각협회(1996)는 청각전문가의 역할과 책임에 대하여 상세한 정보를 제공하고 있으며, 홈페이지(http://www.asah.org)에는 청각전문가와 청각학적 서비스 그리고 전문적 서비스를 제공하기 위해 꼭 필요한 학력 및 실습 조건 등을 소개하고 있다.

병력 청취

정확한 청력손실의 평가는 청각재활 방향을 결정하기 위하여 반드시 필요하며, 청각평가의 시작은 병력을 청취하는 것이다. 이것은 매우 중요하고, 전반적인 상황을 판단하는 데 필수적이다. 따라서 아동 또는 성인 난청자의 병력을 주의 깊게 청취하여 청력손실을 이해하여야 한다. 병력의 청취는 다음과 같은 정보를 탐색하여야 한다.

- 언제 청력손실을 인지하였는가? (예를 들면, 선천성 또는 후천성)
- 청력손실이 발생한 시기에 앓지는 않았는가? (예를 들면, 귀질환, 고열, 소음 폭로)
- 난청 가족력은 없는가?
- 청력손실을 발견하고 부모나 가족은 무엇을 했는가?

- 청력손실을 이유로 학업 수준이나 사회생활 또는 직업에 제한을 받았는가?
- 이전에 의학적 진단이나 청각학적 평가를 받았는가, 그렇다면 그 결과는 어떠한가?
- 특수교육 또는 청각재활을 받았는가?
- 만약 청각재활 등을 받았다면 그 결과는 어떠한가?

병력 청취는 난청자와 그 가족 또는 모두 함께 일대일 면접방식으로 접근하여야 하며, 여기서 얻은 정보는 추가 검사 등에 대한 단서가 된다. 아울러 청취한 병력 정보와 면담 기록은 청각평가 및 의학적 보고서에 반드시 첨부되어야 한다.

청각학적 평가는 여러 가지 방법이 있으며 성인 또는 아동과 같이 대상자에 따라서 다양하다. 청각학적 평가는 일반적으로는 대상자 연령과 관계없이 전기음향학적 또는 전기생리학적 방법보다 주관적 반응에 의존한다. 이제 다양한 주파수의 소리를 들려주고 청취 여부를 확인하는 순음청력검사부터 논의하기로 한다. 순음청력검사는 소리를 들은 피검자가 손을 들거나 하는 동작으로 청취 여부를 반드시 표현하여야 하는 주관적 검사다.

순음청력검사

청력을 평가한다는 것은 ① 청력손실의 정도를 확인하고, ② 전음성 또는 감음신경성과 같은 청력손실의 성질을 기술하여야 하며, ③ 중이 감염이나 신경의 손상 등 난청의 원인이나 가능성이 높은 병변 부위를 판단하여야 하고, ④ 청력손실이 사회적 활동에 지장을 받고 있는지에 대하여 평가하고, ⑤ 난청자나 그 가족을 위한 청능훈련이나 청각 재활 프로그램을 설계하는 데 유용하여야 한다(Bess & Humes, 2008). 좋은 청각평가는 아동 난청자의 학업 수행력은 물론 언어 및 읽기와 쓰기 학습, 의사소통에 필요한 사회적 욕구 개선 등을 포함한 전문가의 치료 계획 설계에 유용하다. 또 성인 난청자들에게는 개인적 · 사회적 · 직업적 욕구를 개선하는 데 도움이 된다. 만약 난청자에게 의학적 중재가 필요하다면 정확한 평가 결과는 중재의 종류나 중재의 효과를 결정하는 데도 필수적이다.

개개인의 청각평가의 첫 번째 단계는 특정 주파수를 갖는 소리인 **순음**(pure tone)에 대한 반응을 보는 것이다. 청각전문가들은 **청력검사기**(audiometer)라고 하는 장치를 이용하여 청력과 청력손실을 평가한다. 청력검사기는 청력을 검사하기 위하여 순음과 잡음 그리고 다른 여러 가지 자극을 발생시키고 증폭시키는 전자장비이며, 성능이 향상된 청력검사기는 모두 컴퓨터화되었다. 청력검사기는 여러 주파수(Hz)의 순음을 발생시키는데, 청력평가 과정에서 청각전문가는 필요한 주파수와 다양한 크기의 음 강도를 결정하고 그 소리를 개인의 한쪽 귀 또는 양쪽 귀에 자극한다.

청력은 특별히 설계된 방음실에서 평가한다. 이 방음실은 청력검사기와 관련 장비를 배치하는 공간과 검사를 받는 피검자가 들어가는 공간이 분리된 두 개의 방으로 구성되어 있으며, 검사실 주변 환경 잡음이 검사에 영향을 미치지 않도록 잡음을 효과적으로 차단할 수 있어야 한다. 기도전도검사는 피검자에게 헤드폰 또는 귀꽂이형 수화기를 착용시켜 자극음을 귀로 직접 전달하고, 피검자는 수화기를 통해 소리를 들으면 손에 들고 있는 스위치를 눌러 청취 여부를 표시한다. 피검자가 소리를 듣고 스위치를 누르면 청력검사기에 있는 반응 표시등이 켜진다. 이 외에도 피검자가 손을 들어 청취 여부를 표시할 수도 있다. [그림 13-9]는 청각학 전공 학생이 청각전문가의 지도·감독하에 성인의 청력을 평가하고 있는 모습이다.

순음청력검사는 선택한 주파수의 가청역치를 찾는 과정이다. **가청역치**(threshold)는 피검자가 최소한 50%를 청취할 수 있는 가장 낮은 음 강도를 말하며, 가청역치를 결정하기 위하여 들려주는 각각의 소리는 한 번 이상 들려준다. 검사 주파수는 기본적으로 가장 쉽게 청취할 수 있는 1,000Hz를 먼저 들려준다. 다음으로 2,000과

[그림 13-9] 청각학 전공 학생이 청각전문가의 지도·감독을 받으면서 성인의 청력검사를 시행하는 모습

4,000Hz 그리고 8,000Hz의 순서로 검사한 후, 다시 1,000과 500Hz 그리고 250Hz를 검사한다. 기도전도검사에서 125Hz는 모든 청력검사기에서 소리를 발생시킬 수 있지만 반드시 시행하지는 않는다(Bess & Humes, 2008). 순음청력검사에서 이 주파수들을 검사하는 것은 인간의 말소리가 100~8,000Hz 범위에 있기 때문이다.

한 귀씩 두 귀를 모두 검사하며, 피검자에게 아주 작은 소리라도 듣게 되면 듣자마자 바로 반응 스위치를 누르도록 하고, 최초의 자극 음 강도는 일반적으로 30dB HL로 들려준다. 만약 들려준 자극 음을 듣지 못하여 반응하지 않으면 피검자가 반응할 때까지 음 강도를 단계적으로 올린다. 일반적으로 음 강도의 조절은 피검자의 반응이 나타날 때까지 5dB 단위로 올린다. 그러나 첫 번째 자극에서 반응을 보이면 반응이 없어질 때까지 음 강도를 내리는데, 이때는 10dB 단위로 내린다. 음 강도 조절은 피검자의 반응이 일치하는지 다시 한 번 확인하여야 한다. 이렇게 음 강도를 피검자의 가청역치보다 내렸다가 올리는 과정을 반복하면서 가청역치를 구한다(Bess & Humes, 2008). 청각전문가에 따라 다소 다른 방법을 사용하여 가청역치를 구하기도 하지만 기본적인 원칙은 같다.

골도 전도 청력은 청각기관의 감음과 신경 전달 능력을 평가하기 위하여 검사한다. 이 검사는 골도수화기를 전두부나 귀 뒤 유양돌기 부위에 착대하여 소리를 들려주며, 이렇게 들려준 소리는 두개골을 진동시킨다. 두개골의 진동은 두 귀의 내이에 있는 림프액을 동시에 자극하게 되므로 어느 쪽으로 듣고 어느 쪽으로 듣지 못하는지 판단하기 어렵다. 이러한 한계를 극복하기 위하여 검사하지 않는 귀에 헤드폰을 착용시켜서 잡음을 들려주는데, 이러한 과정을 차폐(masking)라고 한다. 차폐에 사용하는 잡음은 반대 귀의 검사음을 들을 수 없을 만큼 강해야 한다. 기도전도검사에서도 두 귀의 청력에 현저한 차이가 있다면 차폐를 하여야 한다. 차폐는 청력이 나쁜 귀를 검사할 때 좋은 귀로 잡음을 들려주어 검사 신호음이 좋은 귀로 듣지 못하게 하는 것을 말한다. 피검자에게는 검사 신호음이 잡음과 함께 나쁜 귀로 들으면 청각전문가에게 알리도록 교육한다.

어음청력검사

순음청력검사 결과는 피검자가 말을 어느 정도 잘 변별하여 듣는지에 대한 정보는 얻을 수 없다. **어음청력검사**(speech tests)는 이러한 점을 확인하기 위하여 시행한다. 어음청력검사도 대부분 피검자가 말소리를 듣고 따라서 말해야 하는 주관적인 검사다.

어음청력검사는 먼저 **어음청취역치**(speech reception threshold)를 구한다. 어음청취역치는 단어를 불러 주고 50%를 알아들을 수 있는 가장 낮은 어음 강도를 말한다. 이때 사용하는 단어는 '생일' '야구' 등 **이음절어**(spondees)로, 표준화된 목록을 사용한다. 검사 어음을 들려주는 방법은 청각전문가가 육성으로 직접 불러 주는 방법이나 CD와 같은 재생장치를 사용하는 방법 모두 사용할 수 있다. 두 경우 모두 피검자가 헤드폰을 통해 들은 단어를 따라서 말하게 하거나 받아쓰게 하면서 50%를 정확하게 이해한 가장 낮은 어음 강도(dB), 즉 이음절어 역치가 어음청취역치다.

어음청력검사의 또 다른 하나는 피검자가 낱말을 얼마나 잘 변별하는가를 평가하는 것이며, 여기서 얻은 결과를 **어음이해도**(word discrimination 또는 word recognition)라고 한다. 어음이해도는 '귀' '힘' 등 일음절 낱말을 바르게 따라 말하는 정도를 말한다. 이 검사의 목적은 단순히 청취역치를 구하기 위한 것이 아니라 피검자가 가장 편안하게 느끼는 크기의 소리로 들려준 낱말을 어느 정도 이해할 수 있는가를 보기 위한 것이다. 이 검사에서 피검자가 바르게 따라 말한 백분율을 어음이해도라고 한다. 이 어음이해도는 말을 어느 정도 크기까지 들을 수 있는가가 아닌 어느 정도 이해할 수 있는 가를 확인하는 데 유용하다. 감음신경성 난청자의 경우 어음이해도가 낮을 수 있다. 청각처리질환의 경우 앞서 언급한 것처럼 왜곡 어음을 사용하는 등 보다 복잡한 어음청력검사를 시행한다.

중이 이미턴스 청력검사

지금까지는 피검자가 소리를 들었을 경우 이를 알려 주어야 하는 주관적 방법으로 적극적인 참여와 협조가 필요한 청각평가 방법에 대해서 기술하였다. 그러나 이러한 협조가 필요없는 검사들이 있으며, 이들 검사들은 소리 자극이 말초 또는 중추 청각계통의 반응을 자동으로 유발하여 기록한다. 이러한 검사 중 하나로 청력을 전기음향적(electroacoustic) 특성을 이용하여 검사하는 이미턴스(Acoustic Immittance)가 있다.

이미턴스는 소리 에너지 변환과 관련한 용어다(Bess & Humes, 2008; Martin & Clark, 2009; Peterson & Bell, 2008). 외이도에 도달한 소리는 고막을 진동시키고, 여기서 에너지 변환이 생긴다. 고막과 중이 구조물들은 소리 에너지에 대해 저항으로 작용하고, 이 저항이 **impedance**가 된다. impedance에 반대되는 용어가 admittance로, **admittance**는 소리 에너지가 청각기관으로 전달되는 에너지 총합이다. 만약 impedance가 매우 높거나 낮아도 청각기관의 병리가 있음을 의미하는데, 이소골 연쇄가 탈구 또는 골절된 경우에는 impedance가 낮고, 등골의 족판이 골화된 경우에는 impedance가 비정상적으로 낮다.

이미턴스는 impedance meter나 impedance bridge 같은 전기음향장비로 검사한다. 이들 장비는 외이도 입구를 막고 밀봉된 외이도에 소리를 들려주었을 때 나타나는 중이 이후의 청각기관으로 전달된 소리 에너지의 변화를 측정한다. 여기에 밀봉된 외이도 내부의 압력을 양압과 음압으로 바꾸어 주면 고막의 탄성 변화에 따른 음향 에너지 변화를 측정할 수 있으며, 이 검사를 **고막운동성 계측**(tympanometry)이라 한다.

이미턴스 검사기는 등골과 연결된 등골근의 반응을 간단히 측정할 수 있다(**등골근 반사**, acoustic reflex). 등골근 반사는 비교적 큰 소리를 한쪽 귀에 주면 양쪽 귀의 등골근이 모두 수축하는 것을 말하며, 이러한 반사는 이소골 연쇄를 강직시켜 청각기관 상부로 강한 소리가 전달되는 것을 차단하면서 청각을 보호한다. 등골근 반사 검사는 청력손실 유무에 관계없이 중이 질환 유무를 확인하는 데 매우 유용하다.

이음향 방사

이음향 방사(otoacoustic emissions)는 특별하게 고안한 장비를 외이도에 두고 기록한 매우 작은 크기의 음향 신호다. 이 음향 신호는 와우의 건강한 유모세포에서 발생하는 것으로, 만약 유모세포가 손상되었다면 이음향 방사는 기록되지 않는다. 이음향 방사의 기록을 위해서 중이는 반드시 정상이어야 하며, 중이기능에 문제가 있을 경우 유모세포에서 발생한 음향 신호가 외이도에 도달할 수 없어서 이음향 방사도 기록할 수 없다.

와우기능이 정상인 경우 외부에서 소리를 자극하지 않아도 50% 정도는 방사음이 나타나는데, 이를 자발 이음향 방사(spontaneous otoacoustic emissions)라고 한다. 최근 자발 이음향 방사는 임상적으로 활용하지 않으며, 임상적으로 활용도가 높은 검사는 **유발 이음향 방사**(evoked otoacoustic emissions)다. 이 검사는 주로 'click' 이나 'tone burst' 와 같은 소리를 자극하여 이음향 방사를 유발시킨다. 유발 이음향 방사는 소리를 자극하고 아주 낮은 전기적 잡음으로 방사음을 기록할 수 있는 송화기가 내장된 부드러운 재질의 귀꽂이를 외이도에 꽂고 측정한다. 이때 소리는 80~85dB

pe SPL(peak equivalent sound pressure level)의 강도로 반복해서 들려주며, 이 자극으로 유발된 방사음은 증폭과 여과(filter) 그리고 평균 가산하여 기록한다. 유발 이음향 방사의 임상적 유용성은 만약 이음향 방사가 기록되었다면 유모세포와 중이기능이 정상으로 가청역치는 30dB HL보다 좋다는 것으로 예상할 수 있다.

이음향 방사는 와우의 상태를 평가하는 데 매우 유용하다. 특히, 이독성 약물을 복용 중인 환자의 와우 상태 점검에 효과적이며, 신생아 및 영아의 청각선별에도 활용도가 높다. 또 아동들에게 주관적 청각평가와 함께 사용하기도 한다(Bess & Humes, 2008).

전기생리학적 청력검사

청각의 기능적 상태 평가에 이용되는 또 다른 객관적인 도구는 전기생리학적 청력검사다. 와우 이후, 청신경과 뇌의 청각 중추 영역에서 소리에 대한 반응은 신경 흥분파에 의한 생체 전기 신호이며, 이 생체 전기 활동 변화는 측정이 가능하다. 이들 신경 흥분파는 뇌의 전기 활동 변화로 기록할 수 있으며, 이 중 소리를 자극하여 기록한 전기적 변화를 **청성 유발 전위**(auditory evoked potentials)라고 한다. 만약 비정상적인 청성 유발 전위가 기록되었다면 청력손실이 있다는 것을 의미한다.

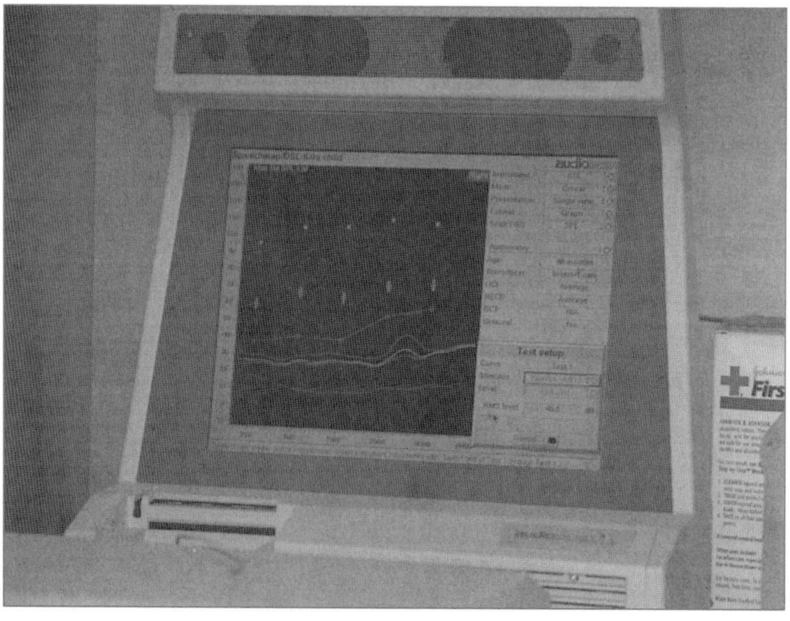

[그림 13-10] 컴퓨터화된 청성 뇌간 유발 반응 검사기

소리 자극에 대한 와우의 전기 활동을 기록한 것을 **와우 전기 반응**(electrocochleography)이라 하며, 뇌간과 청각피질 영역의 청신경에서의 전기 활동을 기록한 것을 **청성 뇌간 유발 반응**(auditory brainstem response)이라 한다([그림 13-10] 참조). 이 검사는 신경학적 기능 평가는 물론 청력을 평가하는 데 유용하며, 특히 고위험 신생아의 청력손실 감별에 유용하다. 아울러 뇌간 병변을 감별 · 진단하는 데에도 매우 유용한 검사도구다.

이들 전기음향학적 · 전기생리학적 도구들은 청각과 관련된 신경계를 포함한 청각계통 전반을 평가하는 데 크게 도움이 된다는 점을 반드시 기억해야 한다. 이들 검사는 순음청력검사와 어음청력검사만으로는 난청의 성질이나 청력손실의 정도를 평가하는 데 제한이 있을 경우 유용하다.

청각처리질환의 평가

청각처리질환의 평가는 하나의 검사만으로는 포괄적인 문제를 밝히기 어렵기 때문에 보다 특화된 청각학적 여러 가지 평가도구를 사용한다. 특히 아동에 대한 완벽한 평가는 청각전문가는 물론 심리전문가, 언어병리학전문가 그리고 특수교육전문가 등 다양한 분야의 전문가들이 함께 서로의 역할을 수행하는 것이 중요하다. 다양한 전문가로 구성된 팀은 여러 측면에서 아동의 문제점을 평가할 수 있기 때문이다.

중추 청각을 평가하는 도구 중에서 어음은 주기적으로 소리를 끊어 주거나 잡음으로 차폐하거나 압축하거나 작은 크기로 들려주거나 또는 특정한 주파수 성분을 걸러내거나 하여 사용한다. 다양한 방법으로 말을 왜곡시키면 누구나 원래의 말소리를 이해하는 데 약간의 어려움이 따른다. 그러나 청각처리질환이 있는 사람은 그 어려움의 정도가 매우 커진다. 만약 한쪽 뇌의 측두엽에 병변이 있다고 가정하면, 특정 주파수 성분을 걸러 낸 말소리 검사(filtered speech test) 성적에서 손상된 쪽의 귀보다 반대쪽의 성적이 나쁘게 나타날 수 있다.

이 외에도 여러 가지 특화된 도구가 청각처리질환 진단에 이용된다. 이들 평가도구들은 일반적으로 청각학 심화 과정에서 학습하고 있기 때문에 여기에서는 논의하지 않았다. 다만, 두 가지 방법만 짧게 소개하고자 한다. 그중에 하나는 **이분청취검사**(dichotic listening test)다. 이 검사는 양쪽 귀에 서로 다른 숫자나 낱말, 구 또는 문장을 들려준다. 이때 피검자에게 양쪽 귀에 각각 동시에 들린 소리 중 한쪽 귀로 들었던 소리가 무엇이었고, 나머지 귀로 들었던 소리가 무엇이었는지 말하게 한다. 만약 청각처리질환이 있는 사람이라면 이분 청취 성적이 정상 범위보다 낮게 나타난다.

양이통합검사(binaural integration test)는 중추처리질환을 평가할 수 있는 또 다른 도구다. 이 검사는 여러 개의 음절로 된 단어에서 일부 음절은 한쪽 귀에 나머지 음절은 다른 쪽 귀에 들려주어 양쪽 귀로 들었던 음절을 합쳐 완성된 단어를 말하게 한다. 두 개의 청각적 자극을 통합하는 능력을 보는 검사로서, 낮은 성적을 보인다면 마찬가지로 청각처리질환을 의심할 수 있다.

신생아 및 영유아의 청각학적 평가

신생아는 자의적 반응을 보이지 않기 때문에 일반적인 청력검사는 시행할 수 없다. 그러나 조기 중재는 언어 습득에서 청력손실이 주는 부정적 효과를 낮출 수 있다. 따라서 신생아 난청의 조기 발견은 매우 중요하다. 조기 발견과 조기 중재를 성공적으로 수행하기 위해서 청각전문가들은 신생아 및 영유아를 검사할 수 있는 여러 가지 평가도구를 고안하고 있다.

신생아 및 영유아의 청각을 평가하기 위하여 폭넓게 활용되고 있는 방법은 행동관찰 청력검사(Behavioral Observation Audiometry: BOA), 시각강화 청력검사(Visual Reinforcement Audiometry: VRA) 그리고 유희청력검사(conditioned play audiometry) 등이다. 이들 검사는 소리 자극에 대한 무조건 반응이나 조작 반응을 모두 이용하여 평가한다.

행동관찰 청력검사는 아이들이 충분히 관심을 가질 수 있는 가청역치보다 큰 소리를 들려주기 때문에 가청역치를 측정하지 않는다.

행동관찰 청력검사는 영유아가 소리 자극에 대하여 보여 주는 반사성 반응을 관찰하는 검사로, 생후 6개월까지 적용할 수 있다. 검사방법은 문 두드리는 소리, 아이 이름 부르기, 딸랑이나 장난감 자동차 바퀴 소리와 같은 잡음을 들려주고 소리에 대한 반응을 관찰하는데, 청력손실의 유무만을 간단하게 판단할 수 있다. 또 여러 가지 주파수의 잡음을 발생시킬 수 있는 메가폰을 이용하여 소리를 들려주고 순간적으로 보이는 반응을 관찰하기도 한다. 이 경우에도 비록 여러 가지 주파수의 자극 소리를 사용하지만 해당 주파수의 청력 판단 기준으로는 고려하지 않는다(Peterson & Bell, 2008). 소리 자극에 대한 무조건 반응을 관찰하는 검사에는 **이안검 반사**(auropalpebral reflex)와 **경악 반사**(startle reflex) 그리고 **각성 반응**(arousal) 등이 있다. 이안검 반사는 소리를 들려주고 빠르게 눈을 감거나 눈꺼풀을 깜빡이는 동작을 나타내는지 관찰하며, **Moro 반사**(Moro reflex)로도 알려진 경악 반사는 소리에 대하여 뛰듯이 발을 움직이면서 몸 전체를 갑자기 움직이는 동작이 있는가를 관찰한다. 각성 반응은 큰 소리를 들려주면 갑자기 모든 동작을 멈추거나 조용하던 아이가 활발하게 움직이는지를 본다.

신생아기를 지난 영유아들은 행동관찰 청력검사를 이용한 **방향성 검사**(directional audiometry)를 적용할 수 있다. 이들은 소리 나는 쪽으로 머리를 돌리는 동작을 할 수 있어서 서로 다른 방향에서 소리를 들려주고 방향에 맞게 반응하는지를 관찰한다.

일반적인 청력검사들은 지적장애나 과잉행동과 같은 증세가 있는 영유아의 가청역치를 판단하는 데 종종 어려움이 따른다. 이들을 검사할 때는 통상적인 청력검사를 응용해서 이용하는 것이 좋다. 그중에 하나가 행동조작(operant conditioning)검사의 일종인 **시각강화 청력검사**(Visual Reinforcement Audiometry: VRA)다. 이 검사는 행동심리학자인 스키너가 개발한 행동 조작의 기본 틀을 이용하는 것으로, 소리 자극을 준 뒤 소리 자극에 대하여 일관되게 적절한 반응을 보이면 칭찬(강화)하여 소리 자극에 대해 반응할 수 있도록 조건화시키는 것이다.

행동관찰 청력검사(BOA)가 소리 자극에 대하여 조건화되지 않은 무의식적인 반응을 보는 것인 데 반해서 시각강화 청력검사(VRA)는 학습을 통해 소리 자극에 대한 반응을 조건화시켜 자의적인 반응을 할 수 있도록 가르친다. 이 검사는 약 6~30개월 정도의 영유아를 대상으로 시행한다. 시각강화 청력검사에서 반응의 관찰은 45~90° 위치에 스피커를 두고 소리가 나는 쪽으로 머리를 돌리게 하는 방법을 흔히 사용하는데, 아동은 보호자의 무릎에 앉은 상태로 검사를 받는다. 이때 시각적 강화도구는 일반적으로 움직이는 장난감이 들어 있는 어두운 판도라 상자를 이용하는데, 소리 자극에 올바른 반응을 보여 주면 스피커 가까이 둔 어두운 판도라 상자의 전등을 켜서 움직이는 장난감을 보여 준다. 이 외에도 악기 등을 짊어진 움직이는 장난감을 아동의 바로 앞에 두고 이용하기도 하고, 최근에는 컴퓨터 화면이나 프로젝션 장치들을 두고 소리에 잘 반응하면 애니메이션 만화 등을 보여 주기도 한다(Peterson & Bell, 2008).

음원 쪽으로 머리를 돌리게 하기 위한 첫 번째 소리 자극은 검사자의 말소리를 육성으로 들려주거나 비교적 강한 소리 또는 잡음을 사용한다. 이때 잡음을 들려준 스피커 쪽에 있는 판도라 상자의 전등을 자동으로 켜지게 하면 아동이 소리를 듣고 불빛과 움직이는 장난감을 보면서 시각적으로 강화된다. 또 악기 등을 짊어진 움직이는 장난감을 아동의 정면에 두었다면 스위치를 켜서 아동이 관심을 갖고 시선을 끌게 한다. 그러나 소리 자극에 대해 반응을 보이지 않으면 이들 장난감을 작동시키지 않는다. 만약 아동이 조건화되어 소리 자극 방향으로 일관되게 머리를 돌리는 동작을 보여 주면 소리 자극 강도를 달리하면서 가청역치를 구한다. 소리 자극의 강도는 조건화된 반응을 보이지 않을 때까지 점차 낮춘다. 그런 다음 다시 조건화된 반응이 보일 때까지 소리를 크게 하면서 해당 주파수의 대략적인 가청역치를 평가하며, 이 때 반응에 일관성이 있는지를 함께 평가하여야 한다.

6개월부터 30개월 정도의 아동이 헤드폰을 착용할 수 있다면 순음을 사용하여 검사하기도 한다. 그러나 여전히 아무런 반응을 보여 주지 않는다면 반응을 보일 수 있도록 검사방법을 다양하게 변형한다. 또 다른 행동조작검사로 **유희청력검사**(conditioned play audiometry)가 있다. 이 검사는 블록이 든 장난감 바구니를 이용하거나 주판알 또는 줄에 매달린 장난감 등을 이용한다. 만약 소리를 들을 수 있다면 아동이 즐기면서도 유용한 결과를 얻을 수 있는데, 이 과정에서 소리 자극에 신속하게 잘 반응을 한다면 과장된 칭찬과 격려를 해주는 것이 좋다. 그러나 소리를 들려주지 않았는데도 도구들을 움직인다면 재빨리 아동의 손에서 장난감을 돌려받고 바르게 수행하지 않았음을 알려 주어야 한다. 이 검사는 자극에 대한 반응의 조건화가 잘되면 본격적으로 가청역치를 구하면 된다.

청각선별검사

성인이나 아동 등 모든 대상자에서 청력손실이 있을 것으로 의심된다면 이를 확인하는 것은 무엇보다 중요하다. 그러나 청각을 평가하기 위해 기본적으로 시행되는 검사 항목들은 시간이 많이 소요된다. **청각선별**(hearing screening)은 청력손실을 일차적으로 얼마나 빠르게 발견할 수 있는가를 목표로 하는 것을 말한다. 국립 난청 및 의사소통 질환 연구소(National Institute on Deafness and Other Communication Disorders: NIDCD, 1993)와 영유아 난청 공동위원회(Joint Committee on Infant Hearing: JCIH, 2000)는 신생아를 대상으로 한 포괄적인 청각선별(Universal Newborn Hearing screening: UNHS)을 권고하고 있다. JCIH의 위원들은 청각에 관련된 청각전문가, 이과의사, 소아과의사 그리고 농교육자 등 다양한 분야의 전문가들로 구성되어 있으며, 미국 언어청각협회(1997)는 아동의 청각선별을 위한 특별 지침을 마련해 두고 있다. 또 미국의 모든 주와 공립학교 또한 청각선별에 대한 독자적인 정책이 마련되어 있으며, 최근 많은 주에서 신생아 청각선별 프로그램에 참여하고 있다. 이것은 난청에 대한 조기 중재가 가급적 빠를수록 좋기 때문에 더욱 중요하다.

청각선별은 대상 아동의 나이 때문에 순음청력검사보다는 이미턴스(acoustic immittance)나 청성 뇌간 유발 반응과 같은 전기생리학적 평가도구를 이용한다. 대체로 생후 6개월까지는 전기생리학적 평가를, 생후 7개월부터 2세까지는 전기생리학적 평가나 시각강화 청력검사를 청각선별에 이용할 수 있다. 학령 전기나 학령기 아동은 유희청력검사나 순음청력검사를 이용할 수 있는데, 이 검사는 500, 1,000, 2,000 그리고 4,000Hz의 주파수의 20이나 25dB HL의 소리만을 들려주어 반응 유무를 확인한다. 때때로 500Hz의 소리는 생략하기도 한다. 이러한 청각선별검사는 조용한 방에서 시행하여야 한다. 만약 청각선별검사에서 통과하지 못한 아동이 있다면 약 2주일 정도의 시간을 갖고 2차 검사를 시행한다. 2차 검사에서도 통과하지 못한다면 정밀 검사를 받도록 한다(Peterso & Bell, 2008).

만약 청각선별을 모든 대상 아동에게 시행할 수 없다면 난청 위험요인이 있는 아동은 반드시 시행하도록 한다. 난청 위험요인들로는 중이 감염, 구개열, 악안면 기형, 난청 가족력, 만성 귀질환, 놀이방이나 유아원 등에서 집단생활을 하는 경우, 그리고 인종적 특성으로 중이 감염이 잦은 경우 등이다(Peterson & Bell, 2008).

청각학적 평가 결과의 이해

청각전문가는 모든 평가 항목에서 얻은 정보와 결과를 주의 깊게 분석하고, 청력손실이 있다면 해당 난청자에게 가장 적합한 청각재활에 관한 권고안을 만들어야 한다. 이때 평가 결과는 한 가지 결과보다 여러 가지 결과를 종합하여야 의미 있게 수용할 수 있는데, 과거 병력, 교육 및 사회 그리고 직업적 측면, 이과전문의 의견을 포함한 의학적 의견, 면접 과정에서 획득한 대화방법에 대한 정보 등을 종합적으로 분석하여야 한다.

난청의 정도는 미세 난청(16~25dB HL), 경도 난청(26~40dB HL), 중등도 난청(41~55dB HL), 중등고도 난청(56~70dB HL), 고도 난청(71~90dB HL), 그리고 농(91dB HL 이상)으로 분류한다. 또 청력손실이 한쪽 귀에 국한된 **편측성**(unilateral)과 양쪽 귀 모두 난청이 있는 **양측성**(bilateral)이 있을 수 있고, 난청 정도도 양쪽 귀가 모두 같은 대칭성(symmetry)과 서로 다른 비대칭성(asymmetry)이 있을 수 있다.

기도전도검사와 골도 전도 검사의 결과를 그래프상에 기록한 것을 **순음청력도**(audiogram, [그림 13-11] 참조)라고 한다. 순음청력도에는 기도와 골도의 가청단위의 dB(dB Hearing Level: dB HL)과 주파수가 표시되어 있다. [그림 13-11]의 순음청력도에서 좌측 귀 기도 최소 가청역치는 250, 500, 8,000Hz에서 35dB HL, 1,000Hz에서 40dB HL, 그리고 2,000과 4,000Hz에서 45dB HL이며, 골도 최소 가청역치는 모든 주

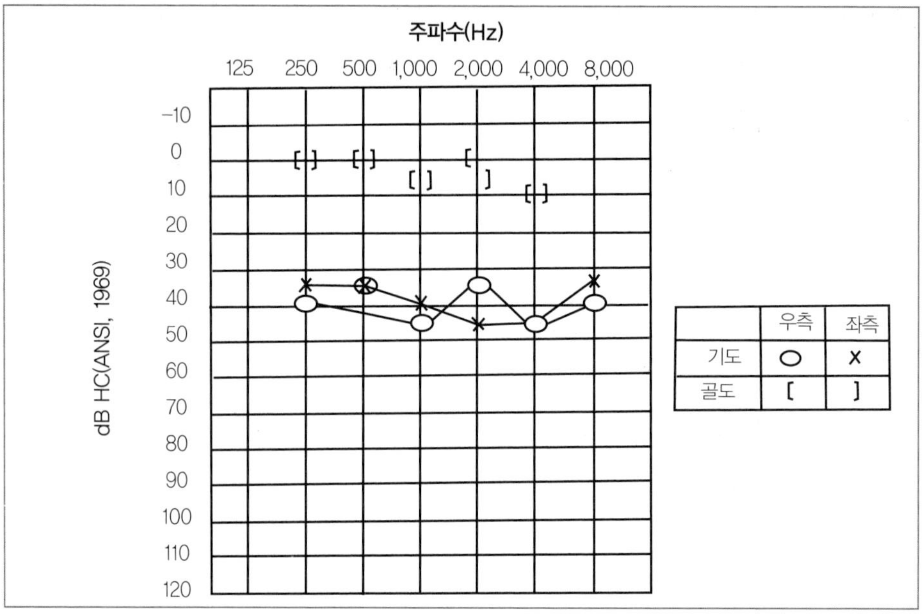

[그림 13-11] 전음성 난청을 보이는 순음청력도

골도 전도 가청역치는 정상이고, 기도 전도 가청역치에서 청력손실을 보이므로 감음과 신경 전달은 정상임을 알 수 있다.

파수에서 정상 범위에 있어서 청력손실이 그다지 심하지 않다는 것을 알 수 있다. 만약, 소리를 내이로 직접 전달한다면 청력손실이 없지만 외이를 통해 전달한다면 청력손실이 있다는 것을 의미한다. 이 청력을 가진 피검자의 경우 말-언어의 이해와 산출에 경미한 문제는 있을 수 있지만 심각한 수준은 아니라고 할 수 있다.

[그림 13-12]는 감음신경성 난청을 보이는 순음청력도다. 감각신경성 난청은 기도 전도와 골도 전도에서 모두 청력손실이 있으며, 양쪽 귀의 최소 가청역치 차이가 유의할 정도로 크지 않다면 차폐가 필요하지 않다는 점을 기억할 필요가 있다. 따라서 이 순음청력도에는 양쪽 귀 모두 차폐를 하지 않은 골도 전도 결과만 표시되어 있다. 순음청력도에서 최소 가청역치는 저음역이 좋고 고음역이 나쁘게 나타나는데, 이러한 차이는 감음신경성 난청의 특징이다. 이 사례의 양쪽 귀 난청 정도는 서로 비슷하다. 이 정도의 감각신경성 난청은 다른 사람이 무슨 말을 하였는지 이해하는 데 어려움을 느끼며, 말소리를 왜곡하여 듣기 때문에 자신은 물론 다른 사람의 말에 대한 어음 인지도가 정상보다 낮다. 또한 발화 어음 명료도도 정도의 차이는 있지만 낮게 나타난다.

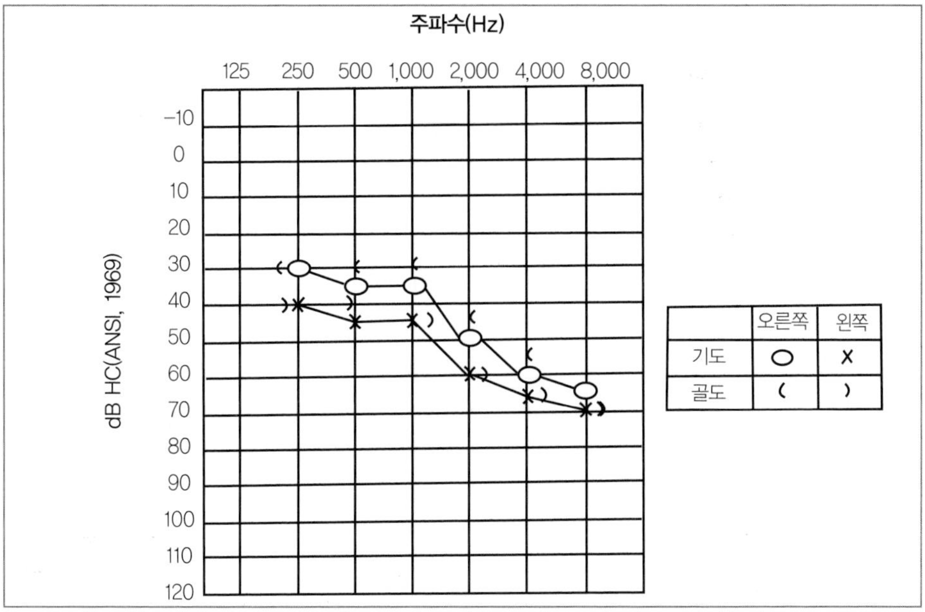

[그림 13-12] 감음신경성 난청을 보이는 순음청력도

기도 전도와 골도 전도 가청역치가 모두 정상 범위를 벗어났다.

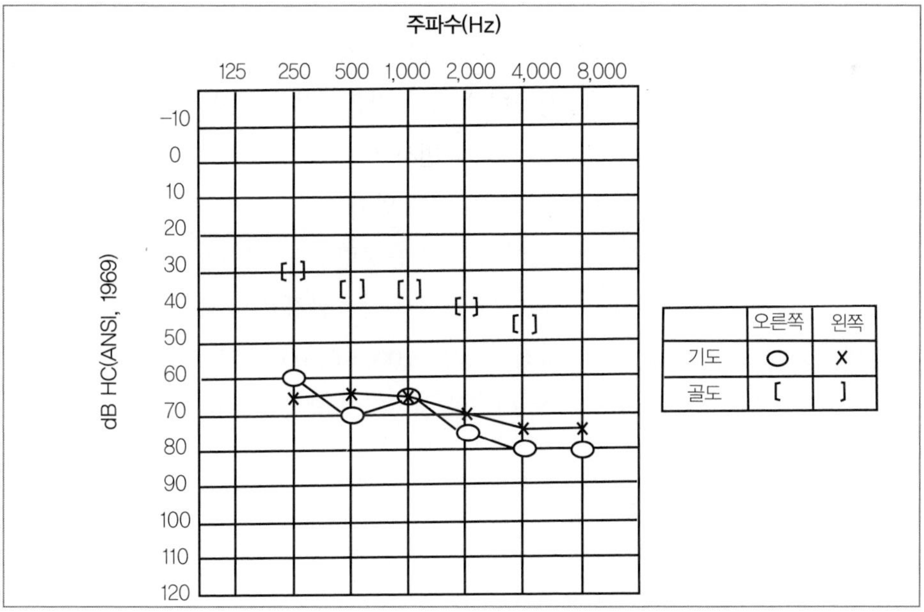

[그림 13-13] 혼합성 난청을 보이는 순음청력도

기도 전도와 골도 전도 모두 정상보다 높은 가청역치를 보이지만 기도 전도보다 골도 전도 가청역치가 좋은 것을 알 수 있다. 이것은 전음성 난청과 감음신경성 난청이 모두 있다는 것을 의미한다.

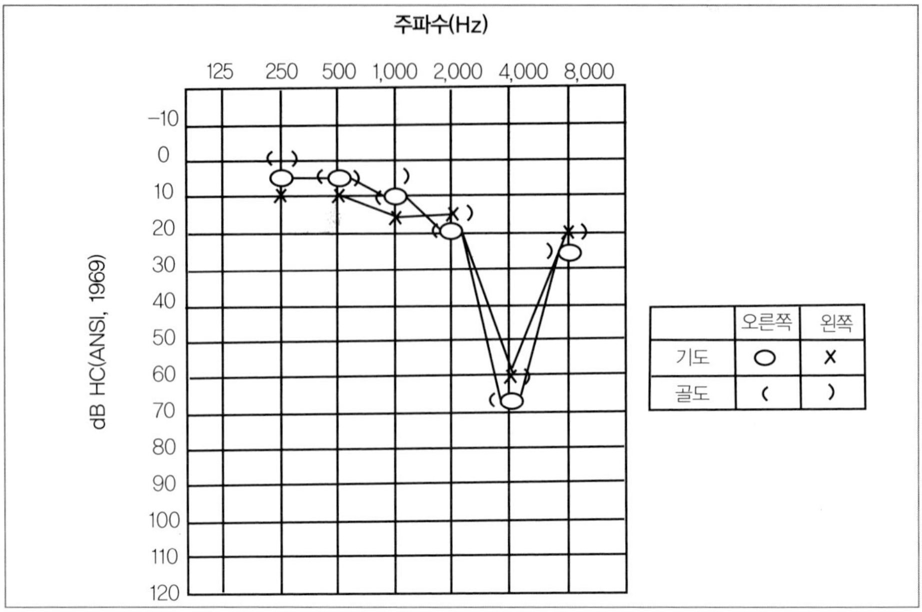

[그림 13-14] 소음성 난청을 보이는 순음청력도

3,000~6,000Hz 가청역치가 유의하게 낮은 감음신경성 난청을 보이고 있다.

[그림 13-13]은 혼합성 난청의 순음청력도다. 가청역치는 와우에 직접 소리를 들려주는 골도 전도 가청역치가 정상보다 높아서 감음신경성 난청 요인도 있으며, 기도 전도 가청역치 또한 정상 범위를 벗어나면서 기도 전도와 골도 전도의 가청역치가 차이를 보이는 전음성 난청 요인도 나타나고 있다.

[그림 13-14]는 소음성 난청을 보여 주는 순음청력도다. 이러한 유형의 순음청력도는 기도와 골도 청력의 차이가 없다는 점에서 감음신경성 난청이다. 소음성 난청 진단에서 가장 중요한 진단 청각학적 특징은 3,000~6,000Hz 영역의 최소 가청역치가 크게 낮아지는 것인데, 이 사례는 이러한 전형적인 양상을 보여 주고 있어서 소음성 난청으로 진단할 수 있다.

청각과 말 그리고 언어

아동이 정상 청력이 아닐 경우 손짓이나 몸짓, 얼굴 표정, 동작 그리고 다른 여러 가지 방식의 의사소통을 쉽게 배울 수 있다. 또 말을 배우게 되더라도 정확한 산출에는 어려움을 겪는다.

청력은 적어도 2세 이전에 말과 언어를 습득하고 산출하는 데 크게 도움이 된다. 먼저, 청각적 자극은 환경이나 말소리에 관심을 갖게 하며, 또한 구화언어를 이해할 수 있게 만든다. 만약 청각적 자극이 제공되지 않은 상태에서 특별한 도움을 제공하지 않는다면 듣거나 말을 이해할 수 없고 산출하지 못할 수도 있다.

다음으로, 말과 언어 산출 과정에서 자기감시는 필수적인 요소다. 우리는 자신의 음성을 듣고 어떻게 말하였는지, 무엇을 말하였는지를 점검할 수 있다. 이러한 자기감시를 통하여 말을 정확하게 산출할 수 있고, 적절한 구조의 문장을 활용할 수 있으며 음성을 적당한 크기로 조절할 수 있다. 그러나 자신의 말소리를 들을 수 없거나 청력손실이 있다면, 특히 전농이라면 말과 언어 그리고 음성 산출에 대한 자기감시를 할 수 없다.

난청자의 의사소통장애

청력손실이 말, 언어 및 음성에 미치는 부정적 영향은 매우 다양하며, 청력손실의 발생 시기와 지속 기간 등은 매우 중요하다. **선천성**(congenital) 난청은 성인기에 발생한 난청보다 더욱 심각한 영향을 주며, 말과 언어를 습득하고 청력손실이 발생한 아동은 언어를 습득하기 전부터 난청이 발생한 아동보다 여러 가지 조건에서 좋다.

선천성 질환은 태어날 때 또는 태어나자마자 인지한다.

청력손실은 그 정도에 따라 말-언어 습득에 보다 심각한 영향을 줄 수 있기 때문에 중요한 요인이다. 언어 습득 이전부터 고도 난청이 있었다면 말소리 산출 과정에 미치는 영향은 더욱 심각하다. 당연한 결론이지만 가장 심각한 의사소통장애는 언어 습득 이전부터 농(prelingually and profoundly deaf)이 된 아동이다.

이들 난청 아동은 청각과 언어 전문가들로부터 얼마나 빨리 도움을 받았는가와 이들의 가족 또는 주 양육자가 난청 아동 보호자들을 위한 교육을 받았는가에 따라서도 의사소통 능력에 차이를 보인다. 조기에 포괄적이며 전문적 서비스를 받은 아동의 말과 언어 능력은 그렇지 않고 뒤늦게 서비스를 받은 아동보다 좋다. 말할 것도 없이 서비스 수준 차이도 의사소통 능력에 영향을 주는 요인이다. 가정에서 시행하는 재활 교육에 대하여 교육받은 부모가 있는 아동의 수행력은 그렇지 않은 경우보다 앞선다. 마지막으로 맹이나 지적장애 또는 뇌손상과 같은 장애가 중복된 경우 청력손실만 있는 경우보다 말-언어 습득에 어려움이 많다.

언어 습득 이전 난청이나 전농 아동은 구화언어 학습을 힘들어하지만 반드시 의사소통장애가 동반되는 것은 아니다. 미국의 경우 많은 농 아동이 부모나 보호자 또는 농교육전문가들로부터 수화를 배우고 있으며, 수화의 사용은 효과적인 의사소통방식이 될 수 있다. 이 외에도 여러 나라에서 자생적인 형태의 수화를 사용하기도 하지만 의사소통 도구로써 효율성을 높이기 위해서는 수화를 표준화하는 과정이 필요하다.

말과 음성 그리고 공명 질환

난청자들의 경우 여러 가지 **말장애**가 나타난다. 아동은 청력손실 때문에 간단한 말소리 학습에도 어려움을 느낀다. 이것은 청력손실이 특정한 말소리를 탈락시키며, 이로 인해 난청 아동은 말소리를 왜곡한 상태로 듣기 때문에 특정한 소리를 다른 소리로 대치하게 된다. 따라서 현저한 청력손실이 있는 난청자들은 모든 말소리를 분명하게 청취하지 못할 수 있다는 점을 기억해야 한다.

말소리 산출 과정에서의 문제들은 제5장 조음장애를 참고하라.

난청 아동의 말소리 산출은 시각적 단서에 의존하는 경우가 많은데, 구강 안쪽에서 발화되는 소리는 시각적 단서가 적거나 없기 때문에 산출에 어려움이 따른다. 이들은 중성이나 종성보다 초성 탈락이 자주 나타난다. 또 발성할 때 어음의 강도가 약한 종성은 난청 아동들이 듣지 못하여 놓치는 경우가 많다. 예를 들면, 영어 낱말 'most' 에서 종성 /t/는 약하게 발성하기 때문에 'mos' 로 들을 수 있다.

두 개 이상의 음소가 함께 있는 경우 하나의 음소를 탈락시키는 현상 또한 난청자의 발성에서 흔하게 나타난다. 예를 들면, 영어 낱말 'strike' 에서 /s/만을 왜곡시킨 상태로 'sike' 로 말하기도 하고, 음소 /s/와 /t/를 함께 놓쳐서 'ike' 로 말하기도 한다.

전농인 난청자들의 경우 거의 모든 자음을 왜곡하며, 불필요한 비음을 종종 사용하기 때문에 모음의 일부조차 왜곡하여 산출한다. 또 이미 언급한 것처럼 /ʃ/ (sh), /tʃ/ (ch), /f/ 그리고 /θ/ (무성자음 th) 등으로 잘못 조음한다.

특정 음소를 탈락시키는 것도 난청자의 말소리에서 흔하게 관찰할 수 있다. 전농 난청자들의 경우 유성 자음을 무성 자음으로, 무성 자음을 유성 자음으로 대치하는 현상이 가장 두드러진다. 예를 들면, /p/와 /t/는 성대가 진동하지 않는 무성 자음이지만 /b/와 /d/는 성대가 진동하는 유성 자음이다. 전농 난청자들은 흔히 /p/를 /b/로, /b/를 /p/로, /t/를 /d/로, /d/를 /t/로 대치한다. 즉 'pat' 을 'bat' 으로, 'bat' 을 'pat' 으로 들을 수 있고, 'time' 도 'dime' 으로, 'dime' 도 'time' 으로 들을 수 있다.

구강에서 발생하는 소리를 비음으로, 또 비음을 구강 소리로 대치하는 것도 대치

현상의 한 형태다. 구강음인 /b/를 비음인 /m/로 청취할 수 있는데, 'boat'를 'moat'로 대치하는 것을 그 예로 들 수 있다. 또 비음인 /m/를 구강음인 /b/로 청취하는 예는 'mother'를 'bother'로 청취할 수 있다는 것이다.

전농 난청자들은 **음성**(voice)과 **리듬**(rhythm) 그리고 **공명**(resonance)이 독특하다. 음성의 특징은 목을 단순하게 공명시켜 내는 소리로 쉰 음성으로 발성하는 거친 기식음이며, 감미로움을 느끼게 해 주거나 높고 낮은 억양 특성이 없어서 매우 단조롭다. 음색은 비교적 높고 소리 크기는 매우 다양한 특징을 보인다. 이것은 성대를 너무 심하게 또는 너무 약하게 긴장시키기 때문인 것으로 추정된다.

리듬도 비정상적인 양상을 보이는데, 난청자는 "나도 / 해수욕장에 / 가고 / 싶어."와 같이 낱말 사이를 끊어서 발음하는 것처럼 듣기 때문에 문장을 이어서 말할 수 없으며, 각각의 낱말을 가능한 한 또렷하게 조음하려 하기 때문에 리듬이 없는 특징을 나타낸다.

구화언어 질환

많은 언어 습득 전 난청 아동은 구화언어 학습을 어려워한다. 이미 주지한 것처럼 이들에게는 수화를 포함한 적절한 교육적 · 전문적 서비스를 제공해야 한다. 최근 경향은 인공와우(제14장 참고)를 이식받은 아동의 구화언어 습득이 그렇지 않은 아동보다 좋게 나타나고 있다.

고도 이상의 난청자들의 글쓰기는 구화언어에서 발견되는 특징과 비슷하다.

인지할 수 있는 정도의 청력손실을 가진 아동의 구화언어 이해가 어렵다는 것은 쉽게 이해할 수 있을 것이다. 그러나 이보다 중요한 것은 이러한 난청을 가진 아동은 언어의 산출이 정상 청력을 가진 경우보다 느리다는 것이다. 옹알이가 늦어지거나 자음과 모음으로 구성된 음절에서 음소 구별을 어려워하기도 한다. 전농 난청 아동이 새로운 낱말을 획득하는 것도 정상보다 늦어질 수 있으며, 연령에 관계없이 비슷한 연령의 정상 청력자보다 사용하는 어휘의 수도 적다(Hedge & Maul, 2006; Lee, 2005).

고도 이상의 난청 아동은 문법적 활용이나 문장 구조 이해 등 다양한 요소에서 활용과 학습에 현저한 어려움을 겪는다. 문장은 불완전할 수 있고 문법은 맞지 않을 수 있다. 복잡한 문장의 산출과 합성 그리고 수동형 문장의 학습에 어려움을 겪기도 하며, 다양한 문법 형태소나 복수형 's' 및 소유격 's', 현재진행형인 'ing' 과거형의 표시, 보조용언, 연결접속사, 접속어 그리고 전치사 등을 탈락시키는 경향을 보인다. 또 관사와 여러 가지 문법적 요소를 놓치기도 한다. 물론 이렇게 복수형 's'와 같은 사소한 문법적 요인들은 언어에서 그다지 중요하지 않을 수 있다. 또한 고도 이상의 난청자들은 이들 요인들이 강세로 나타날 때는 들을 수 없을지도 모른다(Hegde & Maul, 2006; Lee, 2005).

청력손실을 충분히 인지하는 난청자들은 읽고 쓰기와 학업 능력에도 문제가 나타난다. 고도 이상의 청력손실을 가진 아동의 읽고 쓰기 능력과 학업 성적은 현저히 낮은 경향이 있다. 숙어와 비유 등 함축된 언어를 읽고 이해하는 것을 매우 어렵게 느끼며 쓰기 과정에서 철자와 문법적인 오류가 많아서 이들이 작성한 문장은 기본적인 문장기술 능력에 한계를 보이면서 이야기하듯이 쓰는 등 다양한 실수를 범하기도 한다(Hedge & Maul, 2006; Lee, 2005)

'구화언어장애' 를 가졌으며, 고도 이상의 청력손실을 가진 난청자라고 해서 모두가 의사소통을 할 수 없다고 예단해서는 안 된다. 이들은 수화와 같은 비구화적인 방법으로 능숙한 의사소통이 가능하며, 난청자 또는 수화를 습득한 정상 청력자들과는 효과적으로 의사소통을 할 수 있다. 이러한 사실은 많은 난청자의 구화언어 손실을 장애로 생각하는 것이 잘못된 것이라는 점을 강조한다. 이들은 다만 구화언어를 대신하여 수화와 같은 보완대체 의사소통 수단을 사용하는 것일 뿐이다. 비교적 널리 사용되고 있는 보완대체 의사소통 도구로는 수화-구화 및 구화-수화 통역기 'Translate' 가 있으며, 이 장치들은 난청자와 난청자 사이의 의사 전달을 효과적으로 도와주고 있다.

사람들은 일단 청력손실을 진단받으면 상담과 아동의 경우 특수교육, 보청기, 인공와우 등 언어의 획득과 재활 프로그램을 권유받는다. 이들 주제에 대해서는 다음 장에서 다루기로 한다.

요 약

- 음향학(Acoustics)은 음원의 진동이 매질로 전달되는 소리를 연구하는 학문이다. 음원의 진동은 주기로 표현되며, 1초 동안 반복되는 주기의 수는 주파수라고 한다. 주파수는 이미 알고 있는 것처럼 헤르츠(Hz)로 표시한다. 심리음향학(Psychoacoustics)은 심리적 측면에서 소리를 감각하는 것(느끼는 정도)을 연구하는 학문이다.
- 소리의 높낮이(음도, pitch)는 진동의 주파수를 어느 높이로 감음하고 있는가를 의미하며, 크기(loudness)는 음 강도를 어느 정도의 크기로 감음하고 있는가를 의미한다. 사람이 어느 정도 크기의 소리를 들을 수 있는가 하는 정도는 데시벨(deciBel: dB) 이라는 단위를 사용하여 평가한다. 이

렇게 사람이 듣는 정도를 표시할 때 사용하는 데시벨 단위에는 가청단위(hearing level: HL) 라고 하는 표시를 하여야 한다.

- 사람의 귀는 외이, 중이 그리고 내이의 세 부분으로 나뉜다. 이개와 외이도는 외이를 구성하는 해부학적 구조물이며, 고막과 이소골 연쇄는 소리를 내이로 전달한다. 내이를 구성하는 반규관(반고리관)은 균형 감각을 관장한다. 와우에는 소리를 수용하는 유모세포가 있는 코르티(Corti)기관이 포함되어 있으며, 코르티기관은 청각을 관장하는 부분으로 내이 구조물 중에서 가장 중요하다. 소리로 발생한 신경의 흥분을 뇌로 전달하는 청신경은 유모세포들과 연결되어 있다. 소리는 뇌에서 수용하고 해석하는데, 특히 측두엽의 일차 청각 피질에서 그 역할을 담당한다.
- 청력손실은 개인마다 듣기 어려워하는 정도가 경도부터 전농까지 다양하다. 듣기 어려운 정도의 청력손실이 있는 사람들은 청각이 구화언어의 습득에 어느 정도 도움이 있을 수 있다. 그러나 전농인 경우에는 언어를 통한 일상적 대화를 듣거나 이해할 수 없다.
- 청력손실은 전음성, 감음신경성 또는 혼합성 등으로 그 성질이 나뉜다. 전음성 난청은 흔히 중이 감염이 원인이며, 이로 인해 외이나 중이가 내이로 소리를 전달하는 능력이 떨어진다. 감음신경성 난청은 와우의 유모세포나 청신경 또는 이 두 부분 모두에서 적절한 생리학적 기능을 수행하지 못하여 뇌가 소리를 수용하지 못한다. 이독성 약물, 감염, 소음 등 여러 가지 요인이 감음신경성 난청을 일으킬 수 있다. 혼합성 난청은 전음성 난청과 감음신경성 난청 요인이 함께 있는 경우다.
- 청각전문가(Audiologist)는 청력손실을 평가하고 청각재활 프로그램을 계획하고 수행하는 전문가를 말하며, 청력과 이에 관련되는 질환을 여러 가지 방법과 다양한 절차를 거쳐 평가하게 된다. 청력은 청력검사기를 이용하여 여러 개의 주파수와 해당 주파수의 소리를 다양한 크기의 음 강도로 들려주면서 가청역치를 구하는데, 가청역치는 소리를 여러 번 들려주어 적어도 50%를 들을 수 있는 가장 낮은 음 강도를 말한다.
- 순음청력검사는 기도 전도와 골도 전도를 모두 검사한 후, 청력의 손실을 전음성, 감음신경성, 혼합성 등으로 나누어 그 성질을 평가한다. 여러 가지 어음 자극을 이용하여 어음청취역치(speech reception threshold)와 어음이해도(speech discrimination scores)를 구한다.
- 이 외에도 청각전문가는 여러 가지의 많은 평가도구를 이용하여 청각기관을 평가한다. 음향저항(acoustic immittance)은 소리가 고막과 중이로 전달되는 과정에서 나타나는 저항의 총합을 구하며, 전기생리학적 평가는 내이에서 소리에 의해 변환된 전기적 흥분과 이 전기적 흥분이 청신경 그리고 뇌의 청각 중추 등으로 전도되는 것을 평가한다.
- 의사소통장애의 정도는 청력손실의 정도와 밀접하게 관련되어 있다. 전농의 경우 가장 심각한 '구어' 의사소통의 문제를 갖지만 수화와 같은 체계적인 비구어적 의사소통 수단을 효과적으로 사용한다면 의사소통은 가능하다.

연구문제

1. 음파와 순음에 대하여 간략하게 설명하고, 음원과 음향학(acoustics)을 정의하시오.
2. 주파수(frequency)와 음 강도(intensity/amplitude)를 구별하고, 이와 관련된 용어인 소리의 높낮이(pitch)와 크기(loudness)를 설명하시오.
3. 데시벨(deciBel)과 가청단위(hearing level: HL)를 구분하여 정의하시오.
4. 이소골 연쇄를 구성하는 뼈의 이름을 쓰고, 이소골 연쇄의 기능을 설명하시오.
5. 반규관(반고리관)의 기능을 설명하시오.
6. 코르티(Corti)기관은 해부학적으로 어느 부위에 있으며, 여기에 속한 구조물로 소리의 청취에 중요한 것은 무엇인가? 또 코르티기관에서는 소리가 어떤 형태의 에너지로 변환되는지 설명하시오.
7. 기도 전도와 골도 전도를 구별하여 설명하시오.
8. 난청의 성질에 대하여 간략하게 기술하고, 이들 각 난청의 주된 원인을 기록하시오.
9. 고막절개술(myringotomy)와 등골절제술(spapedectomy)에 대해 기술하시오.
10. 중추처리질환은 무엇이며, 이것이 말초 청각기관의 손상에 의한 청력손실과 어떻게 다른지 설명하시오.
11. 청각학(audiology)은 어떤 학문이며, 청각전문가(audiologists)들의 역할은 무엇인지 설명하시오.
12. 청력검사기에 대해 간단하게 기술하시오.
13. 가청역치(hearing threshold)와 어음청취역치(speech reception threshold)를 구분하시오.
14. 골도 전도 검사는 무엇을 평가하는지 설명하시오.
15. 등골근 반사는 무엇인지 설명하시오.
16. 전기생리학적 평가는 무엇인지 설명하시오.
17. 청각전문가들은 신생아의 청력을 어떤 방법으로 평가하는지 두 개 이상의 평가방법을 기술하시오.
18. 청각선별은 무엇이며, 이를 시행하는 목적은 무엇인지 기술하시오.
19. 청력도(audiogram)는 무엇이며, 무엇을 보여 주는지 기술하시오.
20. 난청자의 말과 언어장애에 대해 요약하시오.

참고문헌

American Speech-Language-Hearing Association. (1996). Scope of practice in audiology. *Asha, 38*(Suppl. 16), 12-15.

American Speech–Language–Hearing Association Audiologic Assessment Panel 1996. (1997). *Guidelines for audiologic screening.* Rockville, MD: Author.

American Speech–Language–Hearing Association. (2005). *(Central) auditory processing disorders.* [Online] http://www.asha.org./membersdeskref-journals//deskref/default

Behrman, A. (2007). *Speech and voice science.* San Diego, CA: Plural.

Bench, R. J. (1968). Sound transmission to the human fetus through the maternal abdominal wall. *Journal of Genetic Psychology, 113,* 85-87.

Bess, F. H., & Humes, L. E. (2008). *Audiology: The fundamentals* (4th ed.). Philadelphia, PA: Lippincott Williams & Wilkins.

Friedlander, B. Z. (1970). Receptive language development in infancy. *Merrill-Palmer Quarterly, 16,* 7-51.

Hegde, M. N., & Maul, C. A. (2006). *Language disorders in children: An evidence-based approach to assessment and treatment.* Boston: Allyn & Bacon.

Joint Committee on Infant Hearing. (2000). Year 2000 position statement: Principles and guidelines for early detection and intervention programs. *Audiology Today,* special issue.

Lee, K. (2005). Language and children with auditory impairments. In V. Read (Ed.), *An introduction to children with language disorders* (3rd ed., pp. 276-300). Boston: Allyn & Bacon.

Martin, F. N., & Clark, J. G. (2008). *Introduction to audiology* (10th ed.). Boston: Allyn & Bacon.

National Institute of Deafness and Other Communication Disorders. (NIDCD). (1993). *National Institutes of Health Consensus Statement: Early identification of hearing impairment in infants and young children.* Bethesda, MD: Author.

Peterson, M. E., & Bell, T. S. (2008). *Foundations of audiology: A practical approach.* Columbus, OH: Merrill Prentice Hall.

Raphael, L. J., Borden, G. J., & Harris, K. S. (2007). *Speech science primer: Physiology, acoustics, and preception of speech* (5th ed.). Baltimore: Lippincott Williams & Wilkins.

Shriberg, L. D., Friel-Patti, S., Flipsen, Jr., P., & Brown, R. L. (2000). Otitis media, fluctuating hearing loss, and speech-language outcomes: A preliminary structural equation model. *Journal of Speech, Language, and Hearing Research, 43,* 100-120.

Smithdas, R. J. (1958). *Life at my fingertips.* New York: Doubleday.

14

Introduction to Communicative Disorders

청각학적 재활과 교육

성인 및 아동 난청자에 대한 청력손실의 평가와 진단은 청각학적 중재 프로그램을 위한 첫걸음에 불과하다. 중재 프로그램은 그 대상에 따라 세부적으로 다르게 설계하여야 한다. 비교적 최근에 청력손실이 발생한 성인의 경우 청각전문가는 난청자 개인적으로나 사회적 그리고 직업적 측면을 고려하여 의사소통을 핵심 의제로 정해야 한다. 이에 비하여 아동 난청에서는 선천성 또는 후천성 여부에 따라 다른 접근이 필요하다. 이들은 말과 언어의 습득에 한계가 있기 때문에 언어 발달을 촉진할 수 있는 중재 프로그램이 필요하다. 그러나 교육적 배려가 당면한 최대 현안이라고 할지라도 난청 아동의 개인적 · 사회적 환경을 무시해서는 안 된다.

일반적으로 아동의 경우 '습득 (habilitate)'으로, 성인의 경우 '재활(rehabilitate)'로 사용한다.

청각학적 중재 프로그램은 일부에서 그 용어를 **청각학적 재활**(audiological rehabilitation)과 **청각학적 습득**(audiological habilitation)으로 분류하기도 하지만(Peterson & Bell, 2008; Schow & Nerbonne, 2002), 대부분의 전문가는 두 용어를 모두 사용하고 있다. 하지만 청각전문가와 여러 관련 분야 전문가들은 재활(rehabilitation)을 과거에 청력이 정상이었다가 최근 나빠져서 도움이 필요한 때 적절하게 사용할 수 있는 용어로 보고 있다. 즉, 성인들은 노화와 약물 등 여러 가지 원인으로 난청을 경험하고, 청력손실이 있는 성인들은 잃어버린 청력을 회복하기 위하여 재활 방법을 찾아 나선다. 여기에서 최근에 청력을 손실한 성인들은 말을 산출하는 것이 주 관심사가 아니고, 과거에 들었던 소리를 다시 듣고 이해하는 것이 목적이다. 이에 반해서 습득(habilitation)은 난청 아동에게 듣지 못하는 조건들이 주는 영향을 최소화시키고 가능한 한 더 많이 듣게 해주어 청력손실에도 불구하고 청각적 능력을 극대화시켜 주는 것을 말한다. 이 정의를 선천성 난청 아동에 적용해서 해석한다면 난청 아동의 청력은 처음부터 없었으므로 이전의 청력으로 다시 회복시키는 것으로 볼 수 없고, 교정 청력과 의사소통 능력을 가급적 최대한 극대화시키는 것으로 볼 수 있다. 따라서 이들의 경우 다른 사람들이 말하는 것을 이해할 수 있게 배우는 것이 주된 관심사다.

재활 관련 분야의 많은 전문가들은 습득과 재활이라는 용어를 혼돈하여 사용하는 경향이 있다. 하지만 전문적으로는 확실하게 구분하여야 한다. 이것은 이들 용어가 다른 분야에서는 또 다른 전문성을 띤 용어로 특화되는 경향이 있기 때문이다. 이것은 청력(hearing), 귀(aural) 그리고 청각학(audiological)이 같은 뜻을 가진 전문용어지만 서로 다르게 특성화된 것과 같다. 이 책의 임상관리(clinical management)는 성인 또는 아동에게 적절한 전문용어를 선택하고 이를 올바르게 이용하는 것에 대하여 기술한다.

난청자를 위한 임상관리

난청자를 위한 임상관리의 가장 중요한 목표는 청각적 능력을 개선하고, 의사소통을 통한 사회적 능력을 개선하는 것이다(Kelly, Davis, & Hegde, 1994). 난청자의 청각재활은 다양한 분야 전문가들의 서비스가 필요하다. 이 서비스는 청력손실의 정도가 심하지 않아서 필요성이 낮을 수도 있고, 고도 이상의 농으로 청력손실이 심해서 다양하고도 집중적으로 필요할 수 있다. 그러나 청력손실의 경중에 관계없이 이들은 모두 의학적 · 비의학적 그리고 교육적 서비스가 필요하다. 이과의사는 귀의 전반적 건강 상태를 점검하여 필요하다면 중이 질환에 대한 의학적 처방을 하거나 고막성형술(myringoplasty)이나 등골절제술(stapedectomy) 같은 수술적 처치를 시행할 수 있다.

청각전문가는 청력손실의 평가와 의사소통 욕구 평가, 보청기 장착과 조절, 보청기가 가장 효율적으로 이용될 수 있도록 훈련시키고 난청자와 그 가족 및 보호자에 대한 상담과 교육 등을 포함한 청각재활에 책임이 있다(Bess & Humes, 2008; Kelly, Davis, & Hegde, 1994; Peterson & Bell, 2008). 대부분 성인 난청자는 적절한 보청기 조절과 재활상담으로 많은 도움을 받고 있다.

일부 난청자들의 경우 보청기를 통해 듣게 되는 말소리를 이해하고 변별하기 위해서 추가로 청취훈련을 받기도 하고, 간혹 보청기 사용 여부와 관계없이 발화자의 입술과 표정을 가까이서 보고 읽는 독화(speechreading)훈련이 필요할 수 있다. 또 극히 일부는 텔레비전 시청과 전화 통화 등을 위해 보조 청각장치(assistive listening devices)가 필요할 수 있다.

독화는 발화자의 조음하는 모양을 보고 말을 이해하는 것을 말하며, 이에 대해서는 다시 기술한다.

난청 아동의 경우 말과 언어 능력 개선 및 말, 음성 그리고 리듬 등을 교정하기 위하여 언어병리학전문가의 도움이 필요하다. 공립학교 등에서는 농교육을 담당하는 특수교육전문가가 학업 수행, 의사소통기법, 수화 등을 가르친다. 또 장애를 전담으로 하는 재활 지원 분야의 직업상담전문가는 난청자가 적절한 직업을 선택하고 취업할 수 있도록 도움을 준다. 이들 모든 전문적 서비스는 청력손실의 평가와 난청의 성질 및 청력손실의 정도 등에 대한 청각학적 재활을 마친 후에 진행한다.

증 폭

난청자가 말소리와 환경 소리를 들을 수 있게 하는 증폭은 청각학적 훈련과 청각학적 재활에서 반드시 선행되어야 하는 서비스다. 다른 대부분의 청각학적 훈련 또는 청각학적 재활의 단계는 청력손실 보상에 적절한 보청기를 선택한 후 제공한다. 증폭 기술은 최근 수년 동안 눈부신 발전을 거듭했고, 난청자들도 다양한 최선의 선택을 할 수 있다.

말과 소리에 대한 기계적인 증폭은 난청자를 위한 초기 청각학적 재활에서 가장 기본이다. 물론 이러한 기계적인 증폭은 난청자에게 말할 때 큰 소리로 말하는 방법 등으로 이미 사용되고 있었다. 그러나 큰 소리로 말하는 증폭방법은 사람들이 난청자와 의사소통하는 방법으로 항상 만족스러운 것은 아니었다. 기계적 증폭방법의 유용성은 장치를 소형화하면서부터 높아졌고, 이후 난청자들은 다른 사람들의 말과 소리를 듣고 효과적으로 의사소통을 하는 데 도움을 얻게 되었다.

보청기

보청기는 말과 소리를 증폭하는 개인용 장치로서 가장 보편화되었다. 대부분 보청기는 기도 전도 방식이며, 골도 전도 방식의 보청기도 사용하고 있다. 여기에 일부 보청기들은 유양골이나 중이 또는 와우에 이식하기도 한다. 이 외에도 교실이나 공공장소 또는 집단 치료실 등에서 사용할 수 있는 증폭장치 등이 있다.

현대적 보청기의 개발은 청력손실로 나타나는 교육 및 사회적 제한을 크게 낮추는 계기가 된다. 가장 보편적인 보청기는 증폭한 소리를 외이도 안으로 전달시키는 방식으로, 사용자가 쉽게 장착하고 제거할 수 있다. 최근 개발되는 전자식 보청기들은 크기가 점점 작아져서 보청기를 사용하고 있다는 것을 알아차릴 수 없을 정도다.

최근까지 대부분의 보청기는 음향 신호를 전기 신호로 바꾼 후, 이 신호를 디지털로 바꾸지 않고 전기적 진폭만을 크게 하는 아날로그 방식이었다. 디지털 회로를 채용한 보청기들은 1990년대에 등장했고, 보급이 지속적으로 증가하였다. 최근 판매되는 보청기의 95% 이상은 디지털 방식이며, 아날로그 방식은 점차 사라지고 있다(Bess & Humes, 2008). 디지털 신호 처리기는 음향 신호를 이진수로 변환시킨다. 이러한 처리방식은 배경 소음을 줄여 쾌적하게 소리를 청취할 수 있게 하고, 소리의 질을 전반적으로 향상시켜 준다.

보청기의 기본 구성

보청기는 크기와 관계없이 모두 기본적으로는 송화기(microphone)와 증폭기(amplifier), 수화기(receiver) 그리고 전원(batteries)으로 구성되어 있다. 대부분의 보청기에는 음량 조절기(volume control)가 있어서 사용자가 조절할 수 있으며, 일부 보청기는 음질 조절기를 리모컨으로 조절할 수도 있으나 사용자를 고려하여 동작하지 않도록 프로그램할 수도 있다(Schow & Nerbonne, 2002).

송화기는 사용자 주변의 소리를 받아들이고, 수화기는 보청기의 소리를 귀로 전달한다. **변환기**(transducers)는 이 두 장치의 신호 형태를 다른 형태로 바꾸는 역할을 한다. 송화기에서는 음향 신호를 전기 신호로, 수화기에서는 전기 신호를 음향 신호로 바꾸어 성능이 좋은 스피커를 통해 **귀꽂이**(earmold)라고 하는 틀로 소리를 보낸다. 많은 보청기에서 사용하는 선택사양 중에 하나는 **지향성 송화기**(directional microphone)다. 이것은 보청기 사용자의 여러 방향에서 오는 잡음을 최소화시키고 앞쪽의 발화자의 말소리만 직접 듣는 데 유용하다.

증폭기는 전기 신호에서 음 강도를 증강시켜 크게 만든 소리를 수화기로 보낸다. 디지털 보청기를 디지털 신호처리장치(digital signal processing unit)라고도 하는데, 이 장치는 아날로그를 디지털로 변환하는 부분(Analog-to-Digital: A/D)과 신호를 처리하는 부분(Digital Signal Processor: DSP), 그리고 디지털을 아날로그로 변환하는 부분(Digital-to-Analog converter: D/A)의 세 부분으로 되어 있다. 신호 처리는 환경 소음을 줄여 주며, 지나치게 강한 소리를 자동으로 제한하고, 사용자를 괴롭게 하는 음향 궤환(소리의 되돌림 현상, feedback)을 감소시켜 준다. 디지털 보청기에서 DSP는 소형 컴퓨터로 보면 된다. 청각전문가들은 자신의 컴퓨터에 보청기 제조회사들이 제공하는 프로그램을 설치한 후, 난청자 개개인의 청력손실 특성을 고려하여 보청기 음향 특성을 결정하고 조절한다. 또 시간이 흐르면서 청력손실 특성이 바뀔 수도 있는데, 이때는 새로운 청력손실 특성에 맞게 더 잘 들을 수 있도록 다시 조절한다. 이러한 조절의 유연성은 디지털 보청기의 장점 중 하나다.

보청기는 이 외에도 여러 가지 특징이 있는데, 그중 **음질 조절기**(tone control switches)는 스테레오 음향기기에서 볼 수 있는 저음 조절기(bass)와 고음 조절기(treble) 같은 기능을 한다. 출력제한장치(output limiter)는 귀로 출력되는 음의 강도를 제한하는 것으로, 보청기 사용자가 불쾌하게 큰 소리를 듣지 않도록 한다. 이 밖에 매우 유용한 것 중의 하나인 **유도코일**(telecoil)이 있다. **유도코일**은 전화 통화를 더 잘 할 수 있는 전자회로다. 이 장치는 사용자가 켜고 끌 수 있다. 보청기 사용자가 전화를 걸거나 받기 전 스위치를 유도코일 방식으로 전환하면 보청기 송화기는 자동으로 작동하지 않으며, 휘파람 소리와 같은 고음의 매우 날카로운 소리가 들리는 음향 궤환을 막을 수 있다. 유도코일은 전화기 수화기의 음성만을 받아들여 증폭기 또는 신호 처리부로 보낸다.

사회적 환경을 고려하면 보청기는 작을수록 좋다.

보청기 품질은 보청기 기술의 전반적인 향상으로 급격하게 향상되었다. 작으면서도 고감도이며, 지향성 송화기를 채용할 수 있고, 왜곡이 거의 없으며, 사용자 외이도 모양에 맞추어 제작한 귀꽂이를 만들어 편안하게 보청기를 사용할 수 있게 되었다.

보청기의 종류

보청기는 ① 상자형(body), ② 안경형(eyeglass), ③ 귀걸이형(Behind-The-Ear: BTE), ④ 외이형(In-The-Ear: ITE), ⑤ 외이도형(In-The-Canal: ITC), ⑥ 비노출 외이도형(Complete-In-the-Canal: CIC) 등 최소 여섯 가지 종류가 사용되고 있다. 상자형

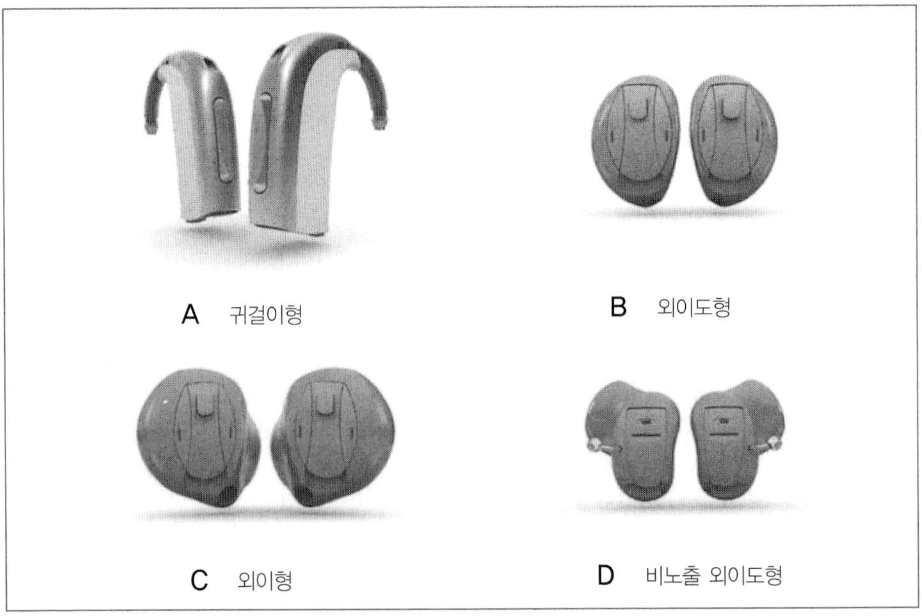

[그림 14-1] 보청기

*출처: Oticon, U.S.A. 제공

보청기는 가장 오래된 것으로서 크기가 가장 크고, 비노출 외이도형은 가장 최신 종류로 크기가 가장 작다. 이상의 여섯 가지 보청기 중에서 마지막 네 종류가 최근에 널리 사용되고 있다. [그림 14-1]은 (A) 귀걸이형, (B) 외이도형, (C) 외이형, (D) 비노출 외이도형 보청기다.

상자형 보청기는 사용자의 상의 호주머니에 넣어 사용할 수 있는데, 현재는 거의 사용하지 않는다. 안경형 보청기는 1960년대 인기가 있었던 종류로 보청기의 주요 구성인 송화기, 증폭기, 수화기 등이 안경테에 내장된다. 최근에는 미용상 욕구를 감안하여 귀나 외이도에 넣을 수 있는 작은 보청기들을 더욱 선호한다.

귀걸이형 보청기는 귀 위와 뒤로 걸 수 있도록 굴곡이 진 모양을 가진 작은 보청기다. 주문형 귀꽂이는 귀에 넣을 수 있으며, 유연한 플라스틱 관을 사용하여 보청기가 출력한 증폭음을 외이도 안으로 보낸다. 보청기는 청력손실 특성에 따라서 한쪽 또는 양쪽에 사용하기도 하며, 최근에는 대부분 디지털로 조절한다. 보청기는 여러 개의 조절 내용을 저장할 수 있어서 조용한 환경, 복잡한 환경과 같이 서로 다른 환경에 맞는 프로그램을 각각 만들어 따로 저장한다. 귀걸이형 보청기도 외이도 안쪽으로 넣을 수 있는 작은 보청기들을 선호하는 추세에 따라 점차 사용이 줄고 있다. 그러나 최근에는 향상된 기술의 적용이 쉬운 귀걸이형 보청기의 사용이 다시 늘고 있다. 새로운 귀걸이형 보청기들은 귀꽂이의 착용감을 개선하기 위하여 '개방형 귀꽂

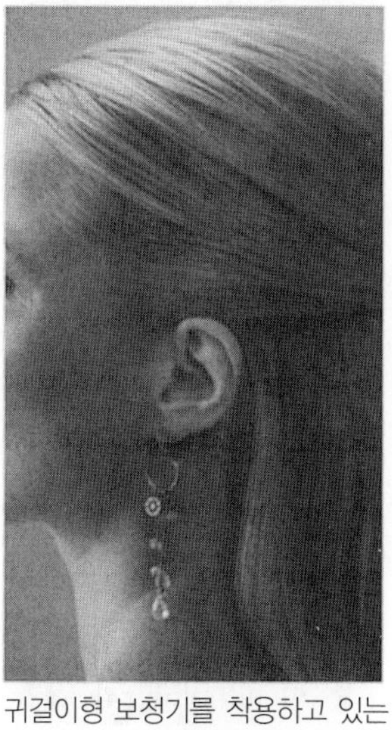

A 귀걸이형 보청기를 착용하고 있는 여성의 모습

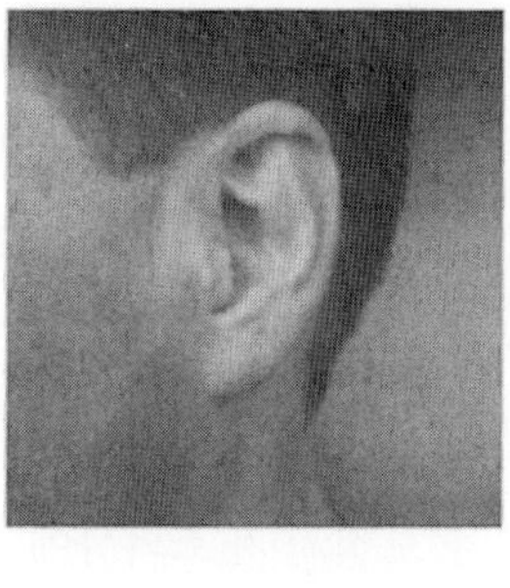

B 외이형 보청기를 착용하고 있는 남성의 모습

[그림 14-2] 두 가지 서로 다른 보청기를 착용하고 있는 모습

이(open-fit)' 를 사용하고 지향성 송화기를 채용한다(Bess & Humes, 2008). 일반적으로 귀걸이형 보청기들은 크기가 작은 다른 보청기보다 조절의 폭이 넓고 고도 이상의 청력손실 보상이 용이하다. 최근에는 귀걸이형 보청기들도 노출을 최소화할 수 있도록 소형화되는 추세다. [그림 14-2]는 두 가지 보청기를 착용하고 있는 사용자의 모습이다.

이개는 외이도로 소리를 모아 주는 것으로 깔때기 모양이다.

귀걸이형보다 더 작은 보청기는 외이형으로 외이의 이개 안쪽 공간에 착용한다. 외이형은 이개강을 충분히 채우므로 노출되는 경향이 있다. 그러나 귀걸이형과 같은 눈에 띄는 관은 없다. 외이도형이나 비노출 외이도형에 비하여 회로가 커서 크기가 크며, 더 다양한 조절이 가능하다. 고도 이상의 전농 난청자를 제외한 대부분의 청력손실 보상에 이용할 수 있다.

외이형보다 더 작은 보청기는 외이도형이다. 이 보청기는 외이도 안쪽으로 더 깊이 넣고 사용하기 때문에 덜 보이고 미용상으로도 유리하다. 외이도형은 경도부터 중등도 난청에 대부분 사용되지만 크기가 작아서 유도코일이나 지향성 송화기의 내장이 어려울 수 있고, 다른 조절기의 수가 적으며 조절기 크기도 작다. 따라서 손 동작이 무딘 노령층 난청자가 외이도형을 착용하거나 제거할 때, 음향을 조절하여야 할 때는 불편할 수 있다.

크기가 가장 작은 보청기는 비노출 외이도형으로, 착용하였을 때 거의 보이지 않는다. 고막에 가장 가깝게 착용하지만 눈에 보이지 않는 투명한 줄을 달아 외이도 내부로 삽입하고 제거하기 용이하다. 음향 궤환이 적고 송화기에 부딪히는 바람소리의 영향이 적으며, 크기가 매우 작아서 전화 사용이 자유롭다. 그러나 보청기에 조절기를 달기 어렵고 장착 범위가 경도 및 중등도에 한정되며, 고도 이상의 난청자나 외이도 크기가 작은 난청자는 사용이 어려울 수 있다.

상자형과 귀걸이형은 사용자의 외이도 크기와 모양에 맞추어 제작한 귀꽂이가 필수적이지만 외이형이나 외이도형은 사용 중 편안하도록 부드러운 플라스틱 등의 재질로 된 틀을 만들어 보청기를 내장한다. 치과에서 제작하는 모형과 마찬가지로 귀꽂이나 틀도 난청자 개개인의 외이도 모양을 모형으로 제작하여 만든다. 이렇게 제작한 모형을 보청기 제조회사에 보내서 귀꽂이 또는 보청기를 제작한다.

보청기 선택

보청기를 구입하기 위해서는 의학적 · 청각학적 자문을 구해야 한다. 이비인후과 의사는 중이 감염이나 치료가 선행되어야 하는 질환의 유무를 확인하여 증폭기 사용에 문제가 없는지를 검사한다. 청각전문가는 청력손실 특성을 정확하게 파악하기 위한 다양한 청각학적 진단평가를 시행하고, 보청기 종류나 추가로 필요한 사항 등을 결정한다. 감음신경성 난청자는 전음성 난청자보다 더 유용하게 보청기를 사용할 수 있다. 일반적으로 경도 난청(약 25dB HL 정도)과 고도 이상 전농 난청자의 경우 보청기 도움이 적고, 고도 이상의 난청자들이 가장 강력한 증폭이 필요하다. 41~85dB HL 범위에 속하는 난청자들이 가장 좋은 증폭의 효과를 얻을 수 있다. 하지만 보청기의 이득은 개인에 따라 서로 다르며 의사소통에 지장을 많이 느끼는 난청자일수록 보청기 사용 가능성이 높은 경향을 보인다(Bess & Humes, 2008).

청각전문가는 적절한 보청기를 선택하고 평가하는 역할을 담당한다. 평가는 서로 다른 회사와 모델 중에서 어떤 보청기를 선택할 것이지 결정하고, 가장 최선의 보청기를 난청자에게 장착시키는 과정이다. 이렇게 장착한 보청기는 가청역치와 어음청취역치를 개선하고, 어음이해도를 향상시킨다. 또 증폭 음향은 난청자가 쾌적하게 청취할 수 있는 강도여야 하고, 잡음과 음향 궤환이 적어야 한다. 청각전문가의 이러한 결정은 난청자가 충분히 수용하여야 하고, 다양한 사회적 환경에서 지속적으로 사용할 수 있어야 한다. 보청기에 대한 사회적 통념은 안경에 미치지 않으며, 〈읽을거리 14-1〉은 보청기 사용자가 아직도 죄책감에 빠져 있음을 보여 준다.

읽을거리 14-1 **사람들은 보청기도 안경처럼 거부감 없이 착용을 하는가?**

대답은 아마도 '아니다' 일 것이다. 사람들은 보청기보다 안경을 더 쉽게 받아들인다. 시력이 나쁜 일부 사람들은 콘텍트 렌즈나 레이저 수술과 같은 방법을 통해 안경 사용을 기피하기도 하는데, 안경 사용에 대해서는 대체로 망설임이 없다. 그러나 보청기에 대해서는 그렇지 않다. 일부, 특히 경도 난청자들은 자신의 청력 상태를 알지 못할 수도 있고, 설사 알더라도 보청기 사용을 기피하기도 한다. 또 일부는 비용 문제, 정보의 부족, 해직에 대한 두려움 등으로 구입을 가급적 미루려 한다. Bess와 Humes(2008)는 "보청기는 아직도 멍에다."(p. 257)라고 했다. 저자들은 난청자들이 보청기 사용을 부정적 시각으로 바라보는 것을 보청기 굴레 효과(hearing aid effect)라고 기술하면서 이들은 보청기를 사용하지 않는 것보다 사용하는 것을 더 부정적으로 바라본다고 했다.

보청기는 다양한 경로로 구입이 가능하다. 일부의 청각전문가들도 보청기를 공급하기도 하지만, 또 다른 일부는 특별한 기종의 보청기를 처방하여 청각전문가가 없더라도 체계가 잘 갖추어진 보청기 전문 판매점에서 구입할 수 있도록 한다. 하지만 이러한 방법으로 구입한 보청기는 반드시 청각전문가에게 다시 방문하여 보청기를 적절히 구입하였고, 구입한 보청기가 청력손실 특성에 가장 합리적으로 조절되었으며, 사용법을 잘 알고 있는지에 대해 확인 절차를 밟는 것이 바람직하다. 하지만 여전히 청각전문가에게 적절한 전문 서비스를 받지 않고 보청기 판매점에서 적당히 구입하기도 한다.

이식형 보청기

일반적인 보청기는 사용자 개인이 착용하고 제거할 수 있다. 그러나 이식형 보청기는 보청기 기본 구성의 일부를 몸의 한 부분에 외과적으로 이식하기 때문에 스스로 제거할 수 없다.

장착과 제거가 가능한 일반 보청기는 기도 전도 방식으로 소리를 전달하며, 이들 기도 전도 방식의 보청기들은 외이도가 없는 기형(atresia)이나 만성 중이 질환이 있으면 사용이 어렵다. 이들은 기도 전도를 배제하고 소리를 정상적으로 기능하는 와우에 직접 전달하면 충분히 들을 수 있다. 이러한 청취방식은 골도 전도를 통해 가능하며, 골도 전도는 소리를 와우에 직접 전달한다. 이 골도 전도를 통해 소리를 와우로 직접 전달하는 장치를 골도 **이식형 보청기**(Bone Anchored Hearing Aid: BAHA)라고 한다. 골도 이식형 보청기는 진동하는 부분을 유양골(mastoid bone)에 이식하여 진동을 측두골(temporal bone)에 직접 전달한다(osseointegrates). 이식한 장치는 작고 오목한 함몰이 있는 부분을 피부 밖으로 노출시켜 어음처리기(speech processor)의 볼록한 부분과 맞추어 단추처럼 고정한다. 어음처리기에는 송화기와 증폭기 그리고 조절장치 들이 내장되어 있으며, 사용자가 착용하거나 제거할 수 있다.

유양골(mastoid bone)은 귀 뒤에 있는 측두골(mastoid bone)이다.

또 다른 형태의 이식형 보청기는 중이 구조물이 정상인 감음신경성 난청자들도 이식받을 수 있는 중이 이식기(middle ear implant)다. 주로 만성 외이 및 중이 감염 등이 있는 감음신경성 난청자로 기도 전도 방식의 보청기를 사용하기 어려울 때 이식 대상자가 될 수 있다. 이 장치는 일부를 중이강 내부로 이식하고 나머지 일부는 외부에서 착용하도록 되어 있다. 이식한 부분은 중이강 안에 있는 이소골의 한 부분과 연결되며, 외부 장치에는 송화기, 증폭기 그리고 전달장치 등이 내장되어 있다. 증폭된

중이에는 추골 (malleus), 침골(incus), 등골(stapes)이라고 하는 작은 뼈들이 서로 연결되어 있으며, 이 연결을 통해 소리를 내이로 전달한다.

소리가 이식한 부분으로 전달되면 이소골 연쇄를 진동하고, 이소골 연쇄의 진동이 내이에 전달된다.

인공와우

인공와우(cochlear implants)는 청취 능력을 향상시킬 수 있도록 설계된 이식형 장치의 하나로, 다른 이식형 보청기보다 세심한 연구와 노력을 기울인 것이다. 이 장치는 전농 아동과 언어 수용 능력이 있는 모든 연령층의 전농 난청자들에게 구화언어 발달을 촉진시키는 데 유용하게 사용할 수 있다. 많은 고도 이상 전농 난청자들은 현재 시판되고 있는 고출력의 보청기를 사용하더라도 충분한 효과를 기대하기 어렵다. 이들 전농 난청들은 와우 손상이 난청의 원인이다. 보청기는 증폭한 소리를 와우에 전달하는데, 이렇게 전달된 소리는 정상 기능이 아닌 와우를 통해 청신경으로 들어가야 하기 때문에 의도한 소리가 전달되지 않을 수 있다. 따라서 고도 이상 전농 청력 손실을 가진 감음신경성 난청자들에게는 보청기가 효과적일 수 없다. 따라서 이들은 중이와 손상된 와우를 통과하지 않고 소리를 청신경으로 곧바로 전달해야 한다. 이에 부합하는 장치가 인공와우다.

인공와우는 소리를 청신경 말단으로 직접 자극하기 위하여 외과적 처치를 통하여 전자장치를 와우 안으로 이식하는 것이다. 장치의 명칭으로 보면 모든 장치를 와우 안쪽에 넣어 주는 것이지만 실제는 그렇지 않다. 인공와우는 내부 장치와 외부 장치로 구성되어 있으며, 주요 구성으로는 송화기, 어음처리기, 외부 송신장치, 내부 수신장치의 네 가지가 있다.

> 인공와우는 청각학적 재활에서 선택 가능한 방법 중 하나다.

최근의 인공와우들은 송화기와 받아들인 신호를 전기 신호로 변환하고 이를 부호화하는 어음처리기를 하나로 합쳐서 출시하고 있다. 이러한 소형 어음처리기(microphone-processor)는 눈에 보이는 외부 장치를 귀걸이형 보청기와 같은 방법으로 착용한다. 이 밖에 어음처리기는 작은 상자 안에 외부 장치가 담겨 있고, 호주머니에 넣거나 허리끈에 매어 두고 사용한다. 장치의 작동은 건전지로 동력을 얻어 사용하며, 잡음을 억제하고 필요한 말소리 정보만을 선택할 수 있어서 언어의 이해에 유용하다. 이러한 여러 가지 소리와 말소리는 외부 송신장치로 보내게 되는데, 외부 송신장치는 귀 뒤쪽의 머리 피부 쪽에 부착하는 유도 코일 뭉치와 자석을 말한다. 이 장치는 같은 부위의 피부 바로 아래 이식되어 있는 내부 송신장치의 자석과 서로 연결된다. 이렇게 두피를 사이에 두고 연결된 두 장치는 FM 무선 주파수를 이용하여 외부 송신장치의 음향 정보를 전달한다. 내부 수신장치는 유양골 부위에 외과적으로 이식한 유도 코일과 자석을 말하며, 외부 송신장치의 정보를 받는다. 이 장치는 무선으로 전달된 신호를 전기 신호로 바꾸어 와우 안에 이식된 전극으로 보낸다. 와우 안에 이식된 전극은 여러 개로 나누어져 있으며, 이들 각각의 전극들이 와우 안에서 청신경을 자극하면 청신경은 소리를 뇌에 전달한다. 인공와우는 와우 안에 이식된 전극을 근거로 명명되었다.

초기에 개발된 인공와우는 활동 전극이 하나뿐인 하나의 채널로 되어 있었지만 최근 대부분의 인공와우는 여러 개의 전극 또는 채널을 가지고 있으며, 이들 전극들이 청신경섬유를 각각 자극한다. 전극의 수가 많으면 넓은 범위의 청신경섬유를 자극할 수 있고, 이식받은 사람은 다양한 주파수의 말과 소리를 들을 수 있다. [그림 14-3A]는 인공와우의 구성을, [그림 14-3B]는 외부 장치를 착용한 모습을 보여 주고 있다.

인공와우 이식 대상자를 결정하기 위해서는 집중적인 평가가 필요하다. 평가에는 이과의사, 청각전문가, 언어병리학전문가 그리고 심리전문가 등 다양한 분야 전문가들이 팀을 구성하여 함께 참여하는 것이 바람직하다. 이 과정에서 난청자는 물론 그 가족이나 재활 담당 전문가들도 좋은 조언을 할 수 있다. 또 보청기를 최소한 3~6개

인공와우로 소리를 수용하는 단계

1. 송화기가 소리를 받아들인다.
2. 송화기의 소리가 어음처리기로 이동한다.
3. 어음처리기가 유용한 소리를 선택하여 부호화한다.
4. 부호화된 신호가 외부 송신장치로 이동한다.
5. 외부 송신장치의 부호화된 신호가 두피를 지나 내부 수신장치로 이동한다.
6. 내부 수신장치가 부호화되어 있는 신호로 변환한다.
7. 전기 신호가 와우 내부에 이식되어 있는 전극을 통해 청신경섬유를 자극한다.
8. 청신경이 보내 온 정보는 뇌에서 소리로 인지한다.

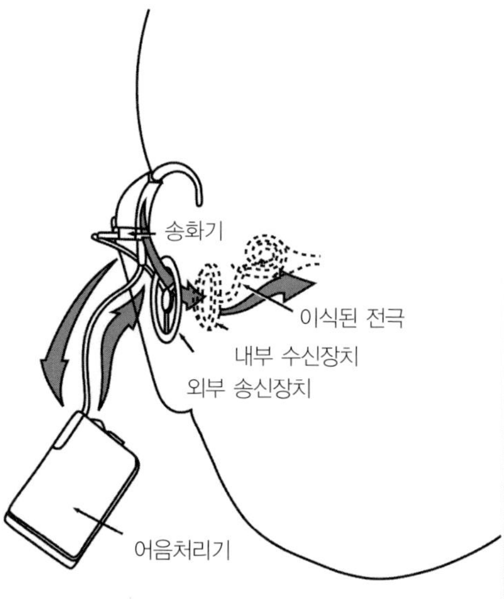

[그림 14-3A] 다채널 인공와우

*출처: Cochlear Corporation 그림 제공

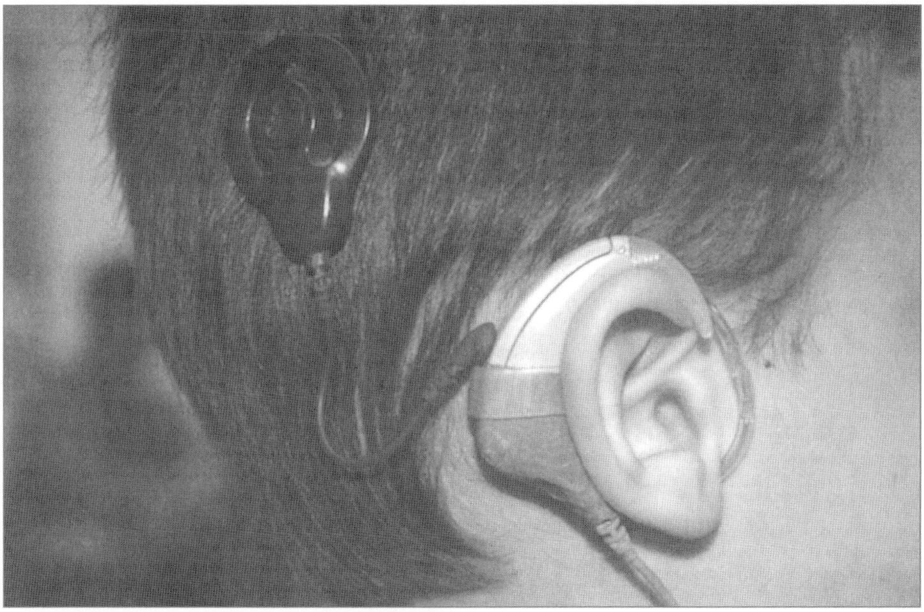

[그림 14-3B] 인공와우 외부 송신장치를 착용한 모습

월 정도 사용하고도 유의할 만한 효과가 없거나 적다면 인공와우 이식을 고려할 수 있다. 이들은 중이 질환이나 청신경의 기형 등이 없어야 한다. 초기 인공와우는 언어를 습득한 후 전농의 청력손실이 생긴 청소년과 성인에게만 권고하였다. 그러나 최근에는 조기에 고도 이상의 청력손실이 발생한 영유아 및 소아들에게도 적합한 청각학적 재활도구로 사용되고 있다. 인공와우 이식은 생후 12~18개월인 유아들에게도 시술한다(Chute & Nevins, 2006). 80세 이상의 고령 성인들도 인공와우 이식이 가능하며(Peterson & Bell, 2008), 최근 인공와우를 이식받는 사람들이 지속적으로 증가하고 있다.

인공와우는 전농 아동에게 말과 언어를 사용할 수 있는 가능성을 제공하는 새로운 청각학적 재활 기술이다. 그러나 인공와우를 이식받은 모든 사람이 똑같은 효과를 보는 것은 아니다. 적게는 지금까지 전혀 들을 수 없었던 환경 소리를 듣는 정도에 그칠 수 있다. 비록 이들이 말과 언어의 산출을 배우지 못하더라도 독화(speechreading) 능력은 이식받지 못한 경우와 비교하여 음성과 발성 시간 등에서 좋아진다(Bess & Humes, 2008).

조기에 인공와우를 이식받은 아동은 말과 언어 습득의 향상 정도가 다양하다. 주로 조기에 음성 발달을 촉진할 수도 있고(Ertmet, Young, & Nathani, 2007), 말과 언어의 산출 능력 및 말의 이해 능력이 향상되기도 한다(American Speech-Language-Hearing Association, 2004). 인공와우 이식 시기가 빨라질수록 아동의 말과 언어 능력에 긍정적인 효과가 많아진다. 정규 학교에서 훌륭한 말하기 및 읽기 능력을 발휘하고 있는 성공적인 이야기들이 종종 보고되고 있다. 물론, 이들 이식자들의 말과 언어 능력을 정상 청력을 가진 아동과 비교할 수는 없다. 그러나 보청기만을 사용하고 있는 난청 아동의 구어 능력과는 차이가 있다(Chin, Tsai, & Gao, 2002). 모든 인공와우 이식 아동에게 좋은 수행력을 얻기 위해서는 청능훈련과 특화된 말-언어 중재가 필요하다(Etmer et al., 2002). 이렇게 인공와우를 이식받은 아동은 수화 등 다양한 의사소통 수단(total communication)을 사용하는 아동보다 전체적으로 좋은 수행력을 보인다(Geers, Spehar, & Sedey, 2002).

특히, 인공와우 이식 초기단계에서 사용자들의 주장을 고려하지 않은 데 따른 약간의 불안 요인이 있었다(Tyler, 1993). 전농 난청자 모임에서는 인공와우에 대하여 최근에 다소 풀어지기는 했지만 반대 입장을 고수하였다. 이들 단체와 회원들은 수화를 의사소통 방식으로 한 자신들만의 자연스러운 문화가 있음에도 구어 의사소통을 가르치려는 시도 자체가 불만스러웠기 때문이다. 이러한 입장 차이에도 불구하고 인공와우 이식을 받는 사람들은 해마다 증가하고 있다. 이렇게 증가하는 경향을 보이는 이유 중의 하나는 인공와우 대상이 되는 난청자 부모의 약 90%가 정상 청력을 가지고 있다는 것과 이 부모들이 구어 의사소통 능력을 어렸을 때부터 배우기를 희망하기 때문이다.

청능훈련

보청기의 구입이나 이식기의 삽입 등은 난청자의 청각학적 재활에서 시작단계에 불과하다. 아동은 물론 성인도 보청기나 이식기 장치를 처음 작동시키면 증폭한 소리 중에서 의미를 알 수 있는 부분이 그다지 많지 않기 때문에 훈련이 필요하다. 난청자들은 듣지 못하는 것이 많기도 하지만 청각적으로는 조용하거나 고요함 속에서 생활해 왔다. 그러나 보청기나 인공와우를 사용하면 모든 환경이 급격하게 변하기 때문에 최고급의 보청기나 인공와우일지라도 들려오는 소리들이 너무나 많아서 성가실 수 있으며, 특히 스위치를 켜고 처음으로 경험하는 소리는 혼란스럽기도 하고 짜증날 수 있다. 따라서 이에 대한 상담이나 **청능훈련**을 하지 않는다면 비싸게 구입한 보청기들을 단 한 번만 사용하고 다시는 사용하지 않을 수도 있다. 인공와우 또한 최대 효과를 도출하지 못할 수 있다.

청능훈련은 난청자들이 증폭음을 듣고, 그 소리의 뜻을 이해하며, 여러 소리를 서로 분간할 수 있도록 훈련하는 것을 목표로 한 청각학적 재활 프로그램이다. 성인 난청자의 청능훈련은 보청기 사용과 관리를 교육하는 착용 지도에서 시작한다. 보청기 착용 지도는 스위치를 어떻게 켜는지, 음량은 어떻게 조절하는지, 그리고 건전지는 어떻게 교환하는지 등 아주 기본적인 것부터 시작한다. 또한 어떻게 하면 여러 다양한 음향 환경에서 말소리를 잘 듣고, 이를 변별할 수 있는지 등에 대해서도 알려 주어야 한다. 서로 다른 말소리를 듣고, 이를 변별하는 것은 청능훈련의 가장 중요한 과제 중의 하나다.

영유아의 청능훈련은 교육 환경이나 치료 환경에서 제공하는 프로그램과 나누어 진행할 수도 있다. 언어를 습득하기 전부터 청력손실이 있는 경우의 청능훈련은 고도로 집중하고 시간을 최대한 연장할 필요가 있다. 이때의 청능훈련은 아동의 잔존 청력을 활용하는 것이 도움이 된다. 또 몇 명의 아동과 함께 시행하는 것도 도움이 되며, 이 훈련은 농교육자나 교육청각전문가 또는 언어병리학전문가가 주관할 수 있다.

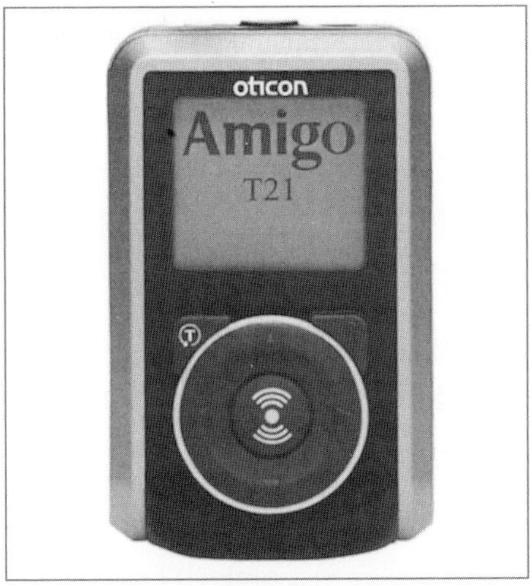

[그림 14-4A] 청각 신호를 수신기로 보내 주는 무선 FM 송신기

*출처: 그림 Oticon 제공

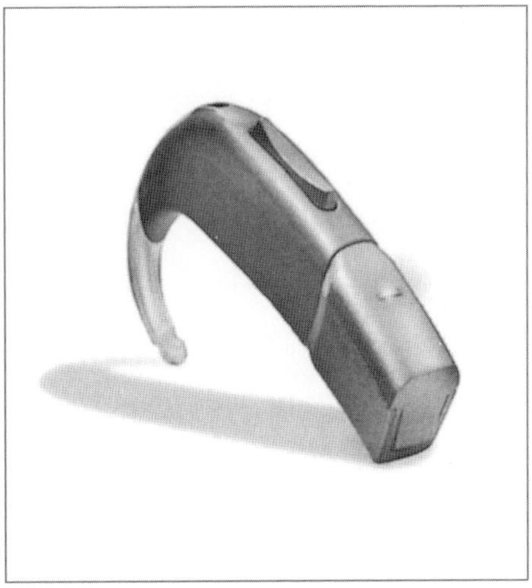

[그림 14-4B] 무선 FM 수신기가 장착된 귀걸이형 보청기

*출처: 그림 Oticon 제공

청능훈련에는 무선을 이용하는 **주파수 변조 보청기**(frequency modulated-FM auditory trainer) 등도 사용할 수 있다([그림 14-4] 참조). 이러한 장치들은 개인이나 집단 치료에 사용한다. FM 보청기는 송화기 및 FM 송신기([그림 14-4A] 참조)와 귀걸이형 보청기처럼 생긴 FM 수신기([그림 14-4B] 참조)로 구성되어 있다. 청능훈련을 주관하는 전문가는 송신기를, 난청 아동은 수신기를 각각 착용한 채 듣고 말할 수 있다. 이 과정에서 전달되는 신호는 라디오 주파수의 반송파(carrier wave)에 실려 무선으로 전달되므로 주관 전문가나 아동의 행동을 제한하지 않는다.

청능훈련에서는 어떤 종류의 기계장치를 사용하더라도 그 방법은 같다. 난청 아동이 보청기를 사용하고 있거나 인공와우를 사용하고 있거나 이들 모두 소리의 차이를 배우는 것부터 시작하는 것이다. 먼저 가장 흔하고 자주 접할 수 있는 소리를 들려주는 것부터 시작한다. 예를 들면, 벨소리, 호루라기 소리, 나팔 소리, 동물 소리, 자동차 소리, 장난감 소리, 전화벨 소리, 주방용품 소리 등이다. 주관 전문가는 들려줄 소리에 대해 설명하고 소리를 들려준 다음 관련 그림을 보여 준다. 다시 분명한 차이가 있는 두 개의 소리를 들려주어 비교하게 하고, 다시 비슷한 소리를 비교하게 한다. 이러한 과정은 각각의 소리 자극에 대해 서로 다르게 반응하는 것을 익히도록 해 준다.

청능훈련에서 말소리들의 차이를 변별하는 것을 가르치는 것은 중요하다. 처음에는 아주 다른 두 개의 말소리를 비교하게 하고, 다음에는 비슷한 말소리를 비교하게 한다. 다음 단계에서는 한 쌍의 서로 다른 소리와 단어를 비교하는 연습을 시도한다. 예를 들면, /s/와 /p/ 또는 /s/와 /a/는 빠르게 배울 수 있다. 이때 비교 대상 소리 또는 낱말 쌍은 음향학적으로 달라야 하고, 조음방법이 시각적으로도 다르게 볼 수 있어야 한다. 그러나 /s/와 /ʃ/ 또는 /t/와 /d/의 차이는 시각적 단서가 그다지 크지 않고 난청 아동들에게 음향학적 특성이 다르게 들리지 않아서 배우기 어렵다. 비슷한 맥락에서 name/tame, time/dime, sock/shock 또한 변별에 어려움을 느낀다. 이들 소리와 단어의 쌍을 통해서 청각적 대비를 구별하는 훈련을 한다.

담당 전문가는 모든 유형의 감각 자극 통로를 이용하여 소리 또는 단어에 적절하게 대응하고 이 둘의 차이가 어떻게 다른가를 이해하도록 만들어야 한다. 이를 위해 기본적으로 사용할 수 있는 것들로는 거울, 차트, 필름, 그림, 사진 등이 있고, 소리나 낱말을 형상화시킬 수 있는 여러 가지 시각적 도구들도 있다. 아동은 혀나 입술 그리고 턱 움직임의 차이를 보고 다르게 들을 수 있고, 또 말소리를 다르게 느낄 수 있다. 말할 때 목에 손가락을 대고 /z/와 같은 유성음을 발성해 보기도 하고, /s/와 같은 무성음을 발성해 보기도 하면서 손가락으로 목의 변화를 느끼게 한다.

계속해서 청능훈련의 단계를 낱말과 구 등으로 높여 간다. 또 전문가가 말하는 것을 따라하게 하거나 받아쓰게 하여 틀린 부분을 바로 수정해 주거나 정확하게 이해하면 칭찬해 준다. 처음에는 비교적 간단한 구나 문장을 사용하다가 체계적인 단계를 밟아서 점차 복잡한 구나 문장을 사용한다.

독 화

설사 난청자가 잔존청력을 최대한 활용하더라도 증폭은 일반적인 말소리를 모두 들을 수 없다. 이것은 난청자가 사람들과 함께 있다고 하더라도 모든 대화를 들을 수 없어서 늘 혼자인 것과 같은 고립감을 느끼게 되는 가장 큰 원인으로 볼 수 있다. 이런 느낌을 계속 가지게 되면 사람들과의 만남을 기피할 수 있다. 그러나 난청자가 말소리를 잘 알아들을 수 있게 되면 사람들에게 능숙하게 얘기하지는 못하더라도 사람들과 어울려 얘기하는 것을 즐기게 된다. 따라서 난청자들은 말을 이해하는 방법 중의 하나로 발화자를 바라보면서 대화하는 것이 아주 중요하다.

예전까지 독순(lipreading)이라고 잘 알려진 독화는 말소리가 전혀 들리지 않더라도 발화자의 얼굴을 보고 말을 이해하는 것을 말한다. 이것은 청각적 단서에 시각적 단서를 더해서 구화언어를 더욱 잘 이해하게 한다. 조음 형태 및 혀와 입술의 움직임, 얼굴 표정, 감정적 표현 그리고 손동작 등 눈으로 볼 수 있는 신체의 모든 움직임이 시각적 단서가 되고, 이 단서는 난청자가 다른 사람들의 말을 이해할 수 있도록 해준다. 따라서 난청자는 발화자의 움직임을 가급적 많이 살피는 것이 좋다. 모든 난청자들에게 독화는 청력손실의 경중에 관계없이 도움이 되며, 이것은 보청기 또는 인공와우 사용 여부와 관계없다.

말소리 중에서는 독화가 쉽기도 하고 어렵기도 한 것들이 있다. 어떤 소리들은 조음 운동의 모습을 분명하게 관찰할 수 있으며, 이들 소리는 독화가 쉽다. 조음의 모습을 관찰하기 쉬운 소리와 그렇지 않은 소리로 나눌 수 있는데, 대체로 혀끝과 입술의 움직임을 분명하게 볼 수 있는 것들이 독화하기 쉽다. 영어의 경우 얼굴을 통해 볼 수 있는 소리들은 30% 미만이다. 가장 잘 보이는 소리들로는 /p/, /b/, /m/, /f/, /v/ 등의 양순음(labials)으로, 이들 소리를 조음할 때 입술의 모양을 가장 분명하게 볼 수 있다. 그러나 불행히도 /p/, /b/, /m/와 같은 소리들은 입술 모양이 비슷하게 보여서 독화할 때 혼란을 주기도 한다.

이 외의 소리들은 조음할 때 관찰할 수 있는 움직임이 적고 서로 비슷해서 독화가 매우 어렵다. 예를 들면, /t/와 /d/, /s/와 /z/는 관찰할 수 있는 조음 동작이 적고 아주 비슷하며, /k/와 /g/ 그리고 /ŋ/ (ng) 도 서로 비슷하고 조음 동작은 보이지 않는다.

전농 난청자들은 단순한 낱말 30~60% 정도를 독화로 이해할 수 있으나 일상적으로 하는 말은 이 정도로 이해하기 어렵다. 이것은 보통 대화 음성에서 나타나는 강세, 억양, 리듬 등은 독화로 이해하기 어렵기 때문이다. 또 말을 매우 빠르게 하거나 입의 움직임을 최소화하면서 말할 때, 턱수염이나 콧수염이 있는 사람들이 말할 때, 그리고 흐릿한 조명에서 말할 때는 독화로 이해하기 어렵다. 따라서 난청자들과 대화할 때 천천히 분명하게 말한다면 난청자들의 독화에 도움이 된다. 〈읽을거리 14-2〉는 난청자들과 대화를 위한 몇 가지 방법을 조언한다.

일부 난청자들은 독화 능력이 없을 수도 있다. 노인이나 시력이 약한 난청자들 또한 독화가 힘들 수 있으며, 산만하여 말소리를 듣거나 발화자에게 집중하는 데 어려움이 있는 사람들도 독화를 못할 수 있다. 독화 교육에 대한 연구들도 난청자 개인마

읽을거리 14-2 어떻게 하면 난청자들과 격의 없이 편하게 대화할 수 있을까?

정상 청력자들은 난청자들과 만났을 때 어떻게든 도움을 주고 싶어 한다. 그러나 전농 난청자들과 만나서 대화할 때 어떻게 하는 것이 좋을지 당황하기도 한다. 이러한 상황에 도움이 될 수 있게 몇 가지 방법을 조언한다.

- 난청자에게 말할 때는 얼굴을 바로 본다. 옆방이나 뒤에서 큰 소리로 말하는 것을 피하고, 말할 때 손이나 다른 물건이 입술을 가리지 않도록 하며, 밝은 곳에서 마주 보고 말하여 난청자가 말하는 모습을 똑바로 볼 수 있도록 한다.
- 큰 소리로 말하지 말고, 손으로 주의를 환기시켜 말하겠다는 뜻을 전한다.
- 텔레비전, 라디오, 음향기기 등을 끄고 조용한 곳에서 말한다.
- 입술 모양이나 조음 동작을 과장하는 것보다 보통 크기로 자연스럽게 천천히 말한다.
- 같은 말을 지나치게 반복하는 것보다 같은 뜻을 가진 다른 단어로 말한다.
- 음식을 입에 넣은 채 또는 껌을 씹거나 담배를 피우면서 말하는 것을 피한다. 이렇게 말하면 난청자들이 이해하기 어렵다.
- 대화 중 갑자기 주제를 전환하지 않는다. 주제를 바꿀 때는 항상 사전에 정보를 준다.

다 독화 능력의 한계가 있다는 것과 서로 상반된 결과가 도출된다는 것을 보고하고 있다. 또 독화기술은 정상 청력자들도 학습할 수 있으며(Blumsack, Bower, & Rose, 2007), 정상 청력자와 난청자의 독화 교육 효과를 비교하면 두 집단 모두 큰 차이 없이 낮게 나타난다(Bernstein, Auer, & Tucker, 2001; Gagne, Dinon, & Parsons, 1991). 이 때문에 일부 전문가들은 전농 난청자들에게 독화를 가르치는 것이 시간 낭비라며 회의적인 시각을 갖기도 한다. 그러나 일부 난청자들은 독화를 스스로 배우고 말소리를 이해하는 데 큰 도움을 받고 있는 것도 사실이다. 따라서 이러한 사실들은 독화 교육 프로그램의 설계와 실행 그리고 그 효과에 대한 추가 연구가 필요하다는 것을 시사한다.

지 화

독화는 가장 최상의 조건에서도 말을 듣는 데 효과적이지 않다. **지화**(cued speech)는 독화 능력을 높여 주기 위해 말할 때 말과 함께 몇 가지 손동작을 추가한 것이다.

지화는 여덟 개 손가락으로 자음과 네 개의 모음을 표시하는 것으로서, 수화와는 다르다(Cornett, 1967). 또한 지화는 난청자를 위해 정상 청력자가 말할 때 사용한다. 난청자에게 말하면서 특정 자음 또는 모음을 의미하는 손동작을 함께 보여 주면서 자신이 말한 것을 난청자가 이해하도록 하는 것이다.

발화자가 지화를 사용하여 말하면 난청자의 말 이해 능력은 높아진다. 선행연구에 의하면, 지화를 사용하지 않았을 때 음절 이해도는 30%였지만 지화를 사용하고 말하면 음절 이해도가 84%에 이르렀다(Nicholls & Ling, 1982).

지화의 단점은 발화자가 반드시 지화를 배워서 말할 때 지화를 동시에 사용하여야 한다는 것이다. 이러한 단점을 보완하기 위해 지화를 동시 번역하여 보여 주는 기계가 개발되었고, 그중 하나가 Upton Eyeglass다. 이 장치는 지화가 빛으로 보이는 특별히 고안된 안경으로 말소리에 따라 서로 다른 빛이 켜진다(Upton, 1968). 예를 들면, 무성음을 말하였는지 유성음을 말하였는지에 따라 다른 불빛이 켜지게 하는 것이다. 그러나 체계적인 연구가 진행되지 않아서 청각학적 재활도구로 폭넓게 사용되지는 않았다.

촉각 보청기

전농 난청자들의 일부는 잔존청력이 없어서 보청기를 이용한 청각 자극이 유용하지 않을 수 있다. 만약 이들 난청자들이 시각적 손실이 동반되었다면 독화도 활용할 수 없다. 촉각 보청기는 이와 같은 사람들에게 유용한 의사소통 도구로 사용될 수 있다.

촉각 보청기(Tactile speech-communication aids)는 말의 이해를 체성감각(촉각)을 통해서 이해를 돕는 장치다. 따라서 이 장치는 청각을 촉각(피부를 접촉하는 감각)으로 대치하는 것이다. 사람은 피부로 소리를 느끼게 되는 경우 서로 다른 주파수들에 대하여 올바르게 반응하지 못한다. 따라서 진동장치는 서로 다른 말소리를 상징할 수 있는 양상의 자극을 발생시킬 수 있어야 한다.

촉각 보청기는 **진동 촉각 보청기**(vibrotactile aids)나 **전기 진동식 어음처리기**(electrotactile speech processors)로 이미 알려져 있다(Alcantara, Cowan, Blamey, & Clark, 1990). 단순 진동식 촉각 보청기는 하나의 채널만으로 음향 신호를 피부를 자극하기 위한 기계적 진동 신호로 변환한다. 이런 촉각 보청기는 환경의 소리가 있다는 정도나 초보적인 수준의 소리 정보만 제공할 수 있다. 보다 복잡한 자극이 가능한 것은 여러 대의 진동장치를 몸의 곳곳에 달고 사용하는 다채널 촉각 보청기다. 예를 들면, 팔과 복부에 두 대를 달은 후 소리 특성에 따라 다른 부위를 자극할 수도 있고, 하나는 기계적으로 진동하고 또 다른 하나는 전기적으로 자극하는 방식도 있다(electrotactile speech processors).

Tickle Talker는 임상 연구를 통해 상용화한 전기 진동식 어음처리기다.

시력 손실이 없는 전농 난청자의 경우 촉각 보청기는 때로 독화에 방해가 되기도 한다는 보고도 있지만(Bernstein et al., 2001), 독화에 좋은 보조 정보가 될 수도 있다. 앞을 볼 수 없는 전농 난청자는 독화를 할 수 없어서 촉각 보청기가 도움을 줄 수 있다. 전농 난청 아동에게 단일 채널 촉각 보청기를 장착시킬 경우 그렇지 않은 아동과 비교하여 더 많은 발성을 하고 낱말을 더 빨리 배운다는 연구 결과가 이를 뒷받침해 준다(Proctor & Goldstein, 1983).

일부 진동 촉각 보청기는 교실에서 FM 보청기와도 연결하여 증폭한 소리를 진동으로 느끼게 할 수 있으며, 내장된 텔레코일(T) 기능을 이용하여 전화 소리를 느끼게 할 수도 있다. 이런 학습을 통해 말소리나 전화 음성을 또 다른 양상의 진동으로 느끼는 훈련을 할 수 있으며, 이 훈련은 말을 이해하는 능력을 향상시키는 데 도움이 될 수 있다. 흥미로운 사실은 지난 수년 동안 진동 촉각 보청기에 대한 연구가 증가하였다는 점이다(Alcantara et al., 1990; Galvin, Cowan, Sarant, Blamey, & Clark, 1990).

지금까지 밝혀진 연구들은 진동 촉각 보청기가 언어 인지 훈련을 받는 난청 아동에게 효과가 있으며, 보청기 효과의 중간 정도와 비슷하다는 것이다(Weisenberger, 1989). 일반적으로 진동 촉각 보청기는 보청기와 함께 사용하면 구어 산출보다 단어 인지에 더 도움이 된다(Proctor, 1990).

시각 · 청각 손실자를 위한 타도마법

고도 이상의 난청자가 시력을 거의 상실하면 보청기 활용에 한계가 있고, 독화도 어렵기 때문에 의사소통은 매우 힘들다. 이들은 청각과 시각이 상실되어 있어서 말을 이해하고 산출하는 가장 대표적인 두 가지 감각기관을 통한 자기 제어기능을 사용할 수 없다. 다행스러운 점은 이들을 위한 의사소통기법이 있다는 것이다. Helen Keller는 가장 널리 알려진 농맹(deafblind)이며, 이 외에도 이와 같은 많은 사람들이 의사소통방법을 배웠고, 그들만의 방법으로 좋은 결과를 얻었다. 농맹으로 성공적인 삶을 영위했던 사람들의 일부를 〈읽을거리 14-3〉에 소개하였다.

농과 맹을 가진 사람들은 발화자의 얼굴을 만져서 발화자가 말할 때의 얼굴 움직임과 진동을 통해 의사소통하는 방법을 배울 수 있다. 이런 방법으로 발화자가 하는 말을 이해하는 의사소통방법을 **타도마(Tadoma)법**이라고 한다.

1890년대 노르웨이 Hofgaard가 처음 사용한 방법으로, 호프가드법이라고도 한다(Norton et al., 1977). 1920년대 미국인 교사인 Alcorn이 이 방법으로 Tad Chapman과 Oma Simpson의 농맹 아동 두 명을 교육하였는데, 이들의 이름을 따서 타도마법이라고 명명했다(Alcorn, 1932). 이 방법은 청력손실만 있는 난청자들도 사용할 수 있다. 이 방법의 유용성에 관한 여러 보고가 있는데(Chomsky, 1986; Reed et al., 1985, 1992), 대부분의 연구가 언어 이해에 유용한 것으로 보고하고 있다.

타도마법은 농맹아가 자신의 손을 발화자의 얼굴에 대고 말을 듣는 의사소통방법으로 정의한다. 손의 위치는 엄지손가락을 발화자 입술에 가볍게, 집게손가락을 아래턱에 각각 대고, 나머지 손가락들을 성대의 진동을 직접 느낄 수 있도록 목에 부채처럼 펼쳐서 댄다. 이렇게 한 손을 대는 방법도 있지만 두 손 모두를 사용할 수 있으며, 두 손을 사용하는 경우에는 오른손을 입술과 턱에, 왼손을 목에 대고 발성기관의 움직임과 진동을 느낀다.

제13장에서 인용한 시의 저자이자 농맹인 Robert Smithdas도 타도마법으로 의사소통을 한다.

타도마법은 발화자의 음성을 듣는 것뿐만 아니라 말소리 산출 교육에도 이용할 수

읽을거리 14-3

농과 맹을 가진 사람들, 그들은 삶을 포기하지 않았다!

보지도 듣지도 못했던 사람들 중에서 가장 유명한 사람은 Helen Keller(1880~1968)다. 미국 앨라배마 주 터스컴비아에서 태어난 그녀는 생후 약 18개월이 되었을 때 청각과 시각을 모두 잃었다. 그녀는 헌신적인 Anne Sullivan 선생님의 지도로 그녀의 손을 발화자 얼굴에 대고 말을 이해하고 말하는 방법을 배웠다. Helen Keller는 래드클리프에서 공부했고, 10여 권의 책을 저술했으며, 세계를 돌며 강의하였고, 가장 영예로운 미국인상(American Medical of Freedom)을 수상하였다.

이 외에도 농과 맹을 가진 많은 사람이 놀랄 만한 삶을 영위했다.

- Robert Smithdas(1925~). 시인, 최초로 석사학위와 세 개의 대학에서 명예학위 취득. 한 권의 시집과 두 권의 책을 저술했다.
- Laura Bridgman(1829~1889). Helen Keller보다 앞서 농과 맹을 가진 사람들의 교육에 한 평생을 바쳤다.
- Georgia Griffith(1931~). 의회 도서관에서 점자 악보 교정 일을 했다. 9곡의 베토벤 교향곡을 점자로 완성했고, 10개 국어를 배웠다.
- John J. Boyer(1936~). 전산학으로 석사 학위를 취득한 후, 특별히 신체적 어려움을 가진 사람들을 위한 소프트웨어 개발 회사를 설립했다.
- Khaled Alvi(1963~). 인도 태생으로 영국에서 유학한 화가. 유화, 수채화, 파스텔 등 다양한 재료를 사용하여 현대의 삶, 풍경, 야생, 입체화, 정물화 등 다양한 작품을 발표했다.

있다. 이때는 교사가 아동의 손을 자신의 얼굴에 댄 후, 간단한 낱말을 발성하여 아동이 발성하는 방법을 배우고 이를 따라하게 한다. 예를 들면, 교사가 아동의 손을 자신의 얼굴에 대고, 어떤 사물의 낱말을 말한 다음, 곧바로 아동의 손을 말했던 물체에 대게 한다. 이 동작을 여러 번 반복하여 교사가 말할 때 아동이 느꼈던 진동을 사물과 연계시켜 의미를 알게 하는 것이다. 그러나 이 방법으로는 환경 소리를 청취할 수 없는 단점이 있고, 언어 수용 능력 향상을 위해서는 촉각 보청기를 함께 사용하는 것이 도움된다(Reed et al., 1992).

언어적 의사소통훈련

보청기, 독화, 인공와우, 청능훈련, 촉각 보청기 그리고 타도마법 등은 모두 일차적으로 난청자가 말소리를 이해하는 것에 도움을 준다. 그러나 효과적으로 의사소통을 하기 위해서는 난청자가 자신의 의사를 말로 표현할 수 있어야 하며, 이를 위해서는 특별한 훈련이 필요하다. 이들에 대한 구어 의사소통 교육은 일상적으로 이루어지고 있지만 이에 대해서는 아직 논쟁의 여지가 많다.

이 분야 전문가들은 고도 이하의 난청자들에게 구어 의사소통을 위한 교육에 공감하고 있으나 전농 난청자들에 대한 교육에는 공감대를 형성하지 못했다. 일부 전문가들은 구어 의사소통 교육에 앞서 비구어적 의사소통에 대한 교육을 선행하여야 한다는 견해를 가지고 있으며, 이들 전문가들은 언어 교육은 조기에 집중적인 노력이 필요하다고 주장한다. 농교육에서 이러한 방법을 **구어적 접근법**(oral approach)이라고 한다.

한편으로는 선천성 전농 아동에게 구어 의사소통은 비현실적이라는 견해도 있다. 이들은 구어 의사소통보다는 비구어적 의사소통 방법을 더 빠르게 배우고 유용하다고 생각한다. 따라서 농 사회에서 수화는 의사소통의 표준이며, 농 문화의 일부이기 때문에 가급적 조기에 수화를 가르쳐야 한다고 주장한다. 이 방법은 **수화 접근법**(manual approach) 농교육이라고 한다.

또 의사소통에서 구어적인 방법과 비구어적인 방법을 모두 가르칠 것을 주장하는 전문가들도 있으며, 이들의 주장은 **통합 의사소통법**(total communication)이라고 한다.

의사소통 교육에 대한 자세한 논쟁의 역사는 생략한다. 임상적으로나 교육적 측면에서 어떤 방법이 더 좋다는 결론을 내리지 못하고 있다. 이것은 마치 닭이 먼저냐 계란이 먼저냐 하는 것과 같다. 대부분의 청각 및 언어병리학전문가들은 비구어적 의사소통방법을 교육하기 전 구어 의사소통 교육기회를 반드시 제공해야 한다는 문제를 두고 논의하는 경향이 있다. 비구어적 의사소통법은 전농 난청자들을 소리와 함께 살아가는 일반적인 사람과는 또 다른 세계에서 살아가게 하는 측면이 있다. 이것은 정상 청력을 가진 난청자의 가족이 비구어적 수단인 수화를 배우지 않는다면 가족과도 격리된다는 것을 의미한다. 이미 언급한 것처럼 대부분의 난청자는 정상 청력을 가진 부모에게서 태어났고, 그들 부모는 자녀가 정상적으로 대화하기를 원한다는 점을 고려하여야 한다.

청각 및 언어병리학전문가들은 전농 난청 아동에 대한 의사소통 교육을 구어적으로 할 것인지 비구어적으로 할 것인지에 대한 결정을 주로 그 가족에게 맡기는데, 특히 선천성인 경우 더 심하다. 난청자나 그 가족에 의한 판단은 전문가들의 판단에 의존하는 것보다 흔한 일이다. 난청 아동에 대한 구어 또는 의사소통 교육은 언어병리학전문가들이 난청자 또는 그 가족의 요구가 있을 때만 시행하기도 한다.

구화언어 훈련

난청 아동의 구화언어 훈련은 가급적 빨리 시작해야 하는데, 선천성 전농 아동의 언어 자극은 동시에 신생아기부터 조기에 시작해야 하고, 가정과 재활센터 또는 교육시설 등에서 함께 시행한다. 언어 자극 훈련은 언어병리학전문가, 청각전문가, 농교육자 등이 팀을 구성하고, 재가 치료를 위해 부모도 함께하여야 하며, 부모의 교육은 언어병리학전문가가 담당한다.

전농 난청 신생아의 부모는 아동에게 말하거나 노래를 불러 주거나 음악을 들려주거나 또는 장난감의 소리들을 들려주는 것이 무슨 소용이 있겠는가 하고 생각할 수 있지만, 실질적으로는 이러한 소리들을 더 자주 많이 들려주어야 한다. 이러한 자극과 함께 칭찬을 많이 해 주어 아동이 세상과 격리되지 않도록 노력하여야 한다. 또 목욕시키기, 수유하기 그리고 아이와 함께 놀기, 가족 구성원 이름 불러주기, 동작 묘사 등을 통해 끊임없이 말을 해 주어야 한다. 이때 부모는 가급적 쉬운 단어를 사용한 짧은 문장을 느리고 자연스럽게 해야 한다.

시각적 자극은 청각적 자극과 통합하여 처리한다. 부모들이 이름 대기와 함께 물체를 보여 주고, 특정한 움직임과 동작을 하면서 이에 대해 설명하는 것도 중요하다. 만약, 아동이 이러한 동작을 보고 작은 소리라도 낸다면 미소를 보여 주거나 쓰다듬어 주거나 안아 주거나 뽀뽀해 주거나 살짝 간질여 주면서 칭찬해 주는 것이 좋다. 이렇게 부모나 다른 보호자들이 보여 주는 동작 하나하나는 밝은 곳에서 아동과 눈을 맞춘 채로 하고, 조음 동작의 경우 좀 과장된 듯 크게 보여 준다.

언어병리학전문가들은 좀 더 공식적인 언어를 사용하여 치료 프로그램을 제공하여야 한다. 쉬운 낱말과 어려운 낱말 사용, 문법적 특징, 문장 구조 그리고 적절한 상황에 맞는 언어 사용 등으로 치료 단계를 조심스럽게 진행하여야 한다. 증폭 장치와 청능훈련, 언어치료 과정 등에 대해서는 제5장에서 기술한 내용을 응용하기 바란다.

말, 음성, 리듬 훈련

청력손실, 특히 전농 난청 아동에게 음소의 탈락과 대치, 높은 음색의 발성, 과비음 그리고 비정상적인 리듬의 발성이 있다면, 언어병리학전문가에게 보다 전문적이 추가 서비스를 받아야 한다.

증폭기, 청능훈련 그리고 언어 자극 등은 더 나은 조음체계로 언어를 산출할 수 있게 한다. 조음 산출 훈련은 청각적 변별을 가르치는 모든 훈련 과정을 말한다. 예를 들면, 아동이 'chalk'와 'shock', 'time'과 'dime', 'goat'와 'coat'의 낱말 쌍 산출을 배웠다면 이 과정에서 탈락이나 왜곡을 동반하는 소리에 대한 산출 훈련도 해야 한다. 전반적인 조음 훈련 과정은 제5장에서 언급한 내용을 수정해서 적용한다. 모든 단계의 치료 과정에서 증폭과 조음 동작에 대한 시각적 단서도 함께 사용하여야 한다.

증폭장치의 사용 여부에 관계없이 난청 아동의 음성 및 리듬의 문제도 치료해야 한다. 이 과정에서는 음성의 질을 관찰할 수 있는 생체자기감시(biofeedback) 장치나 성대 진동수를 의미하는 기본주파수 관찰장치 등도 활용할 수 있다. 이들 장비의 활용은 전문가가 부드럽고 편안하게 말하여 얻은 결과를 보여 주고, 난청자가 발음하는 동안 호흡을 적절하게 유지하면서 낱말을 자연스럽게 연결하여 끊어지지 않도록 유도한다.

비언어적 의사소통훈련

많은 전농 난청자들은 언어적 의사소통을 위해 최선의 노력을 다했음에도 불구하고 실패할 수 있다. 이러한 결과는 난청자에게 힘겨운 시간을 주고 수화 사용을 결정하는 계기가 될 수 있다. 이때 비언어적 의사소통은 언어적 의사소통 획득에 실패한 난청자들이 수화를 배우지 않았더라도 의사소통의 대안이 될 수 있다(Moores, 1978). 아울러 부모들도 난청 아동에게 가장 자연스러운 의사소통의 수단으로 비언어적 훈련방법을 선택하고, 훈련받기를 희망할 수 있다. 미국의 경우 많은 전농 난청 아동이 비언어적 의사소통법을 배웠고, 잘 사용하고 있으며, 만족해하고 있다.

비록 대부분의 정상 청력자들과 의사소통을 할 수 없다고 할지라도, 수화 사용은 수화나 비언어적 방법으로 의사소통이 가능한 사람들과 대화를 할 수 있으며, 훈련받은 통역사들을 통해 수화를 구화로, 구화를 수화로 번역해 주는 서비스를 제공받아 정상 청력자들과 의사소통을 할 수 있다. 이런 서비스는 일반화되어 있어서 난청자와 정상 청력자들이 서로의 대화방식을 배우지 않고서도 의사소통에 지장을 받지 않는다.

비구어적 의사소통법의 교육은 일반적으로 청각전문가나 언어병리학전문가보다 농교육자들이 주로 선호하며, 이들은 다양한 측면에서 포괄적으로 교육하고 있다.

미국 수화

미국 수화는 많은 대학에서 다른 외국어처럼 필수 과목 중의 하나로 취급한다.

수화는 여러 가지 비언어적 의사소통법 중에서 가장 대표적이다 (Bornstein, 1990). 다양한 언어가 있는 것처럼 수화도 여러 가지가 있다. 이 중 미국(American Sign Language: ASL)의 수화가 가장 널리 알려져 있고 미국과 캐나다에서 널리 사용되고 있다. 미국 수화는 표준화가 덜 되어 있고, 여러 가지 방언이 있다(Moores, 1978), 영국 수화도 미국 수화에서 파생된 방언이다. 미국 수화는 프랑스 수화에서 영향을 받았으나 여러 형태로 변형되었으며, 영어의 한 축으로 볼 수 없고 언어의 하나로 대접하고 있다.

미국 수화는 낱말과 개념을 기호로 표현한다. 기호는 손과 손가락을 이용하여 다양한 모습으로 보여 주는데, 미국 수화의 경우 6,000개 이상의 기호가 있다. 다양한 신호는 여러 가지 낱말을 계속해서 말하는 것처럼 서로 다른 기호를 빠르고 연속적으로 만들어 표현한다. 각각의 신호의 가장 큰 특징은 손 모양(hand configuration)과 위치(location), 움직임(movement) 그리고 방향(orientation)의 네 가지다. 이 외에도 다음과 같은 특징을 통해 효과적으로 의사소통을 한다.

- 일부 신호는 '몸(body)' '남자(man)' 그리고 '여자(woman)'와 같은 하나의 낱말을 표현한다.
- 일부 신호는 '내 잘못이 아니야(not my fault)' '관심 없어(doesn' t matter)' '화났어(blow one' s top)' '조금 전(a while ago)'과 같은 개념을 표현한다.
- 일부 개념은 두 개의 신호를 조합하여 표현한다. 손가락으로 '부드럽다(soft)'고 표현한 후 곧바로 '마음(heart)'을 표현하면 '친절한(bighearted)'을 의미하고, '편한(fancy)'과 '방(room)'을 이용하면 '거실(living room)'을 의미한다.
- 일부 개념은 특정한 손동작과 지문자를 조합하여 표현한다. '미래(future)'는 손 모양을 철자 'f'로 만든 채 몸에서 멀어지게 한다.

- 일부 개념은 두 개 또는 그 이상의 지문자로 표현하기도 한다. '고등학교(high school)'는 지문자 'h'와 's'로 표현한다.
- 일부 신호는 대부분의 사람이 사용하는 자연스럽고 친숙한 몸동작으로 표현한다. 파도치는 손동작은 '잘 가' 또는 '안녕(good-bye)'을 표현한다.
- 대부분의 신호는 사람들이 이미 알고 있는 상징성 있는 동작으로 표현한다. 두 손으로 아동을 안거나 흔들어 주는 동작은 '아기(baby)'를 의미한다.
- 일부 기호는 '그리고(and)' '그러나(but)'와 같은 문법적 특성을 표현한다.

미국 수화에 모든 영어 낱말이 있는 것은 아니며, 수화의 순서가 미국어 규칙과 일치되지 않는 경우도 있다. 미국어 문법적 규칙의 일부는 수화에서 사용하지 않기도 하며, 실지로 수화만의 어휘와 구문이 존재한다. 수화에는 억양과 같은 말의 운율적 특성은 없지만 표정과 고개 및 몸의 움직임 그리고 눈으로 바라보면서 운율적 특성에 대한 단서를 줄 수 있다. 미국 수화의 이러한 특징은 영어가 아닌 독립된 언어이기 때문에 어순이나 문법적 특징 등이 다를 수밖에 없다.

영어 수화 기호와 방언

수화화한 영어(영어 수화 기호, Manually Coded English: MCE)는 구어체와 문어체 영어와 비슷한 또 다른 형태의 수화다. MCE는 미국 수화와 달리 영어 어순을 따르고, 구문이 영어와 비슷하다. 이 방법은 미국에서 학업 성취와 구직에 필수적인 구어체 및 문어체 영어체계를 기초로 한 것이다. 기호는 지문자, 몸동작 또는 이를 조합해서 영어 어순과 구문에 가깝게 활용하고 있다. MCE는 다양한 영어 어순을 따라하기 위해 여러 가지로 변형한다.

변형 MCE의 하나로 **영어 혼성 기호**(Pidgin Sign English: PSE)가 있다. 이것은 서로 다른 언어를 사용하고 있어서 서로를 이해하지 못하는 두 사람이 의사소통하는 방식을 말한다.

언어와 의사소통의 다양한 혼성 형태는 언어학적으로 상이한 사람들이 여행이나 교역 등을 목적으로 상호작용이 필요한 때 사용한다. 마찬가지로 정상 청력자들도 청력손실을 가진 사람들과 관계를 원할 때 수화는 사용하지 못해도 흔히 PSE는 사용한다. 이러한 경우 정상 청력자들은 영어 어순에 따라 기호를 사용하고, 이 기호는 손가락과 의미 전달이 가능한 다양한 형태의 기호를 조합하여 사용할 수 있다.

변형 미국 수화들로 **수화 영어**(Signed English: SE), 필수 시각 영어(Seeing Essential English: SEE I), 고급 영어 수화(Signing Exact English: SEE II) 등이 있다. 이들 변형된 형태들도 모두 수화(sign systems)로 정의한다. SE는 영어 어순과 수화 및 지문자를 조합하여 사용하는데, 처음에는 학령 전기 아동들을 위해 개발되었다. SE에는 약 3,500개의 단어가 있고, 의미도 표준 영어 사전에 있는 단어의 뜻과 일치한다. SE에 포함되는 특별한 기호는 복수와 같은 영어의 다양한 형태학적 특징을 포함하기 때문에 PSE나 미국 수화보다 영어에 가깝다.

SEE I는 수화 구조를 영어 구조와 같게 하기 위하여 초기에 개발한 것이다. SEE I은 단어가 5,000개 정도이고 어휘가 SE보다 많으며, 영어에서 사용되는 복합어, 어근, 접두사, 접미사 등을 표현할 수 있다. SEE II는 SEE I과 비슷하지만 의미에 따라서 기호를 달리하거나 혼용한다. 이들 모든 수화는 일부 형태소 특징을 추가해서 미국 수화의 기호를 사용하며, 정상 청력의 난청자 부모와 가족, 교육자 그리고 난청자들이 사용한다.

지문자

지문자는 미국 수화와 다른 또 다른 방식의 의사소통기법이다. 미국 수화는 손의 모양과 움직임을 합쳐서 낱말과 생각을 표현한다. 지문자는 각 낱말의 철자를 손가락으로 허공에 쓰는 것으로, **수화 철자**(manual alphabet)를 이용해서 이야기하는 것이다. 영어 단어의 각 철자는 손가락으로 표현할 수 있으며, 손가락으로 표현한 영어 철자들은 [그림 14-5]에 소개하였다. 'j' 와 'z' 를 제외한 모든 철자는 손의 모양으로 표현한다. 'j' 는 손의 모양이 'i' 와 같으나 손을 'j' 자 모양으로 움직여야 하고, 'z' 도 'z' 자 모양으로 손을 움직여서 완성한다. 낱말에 사용되는 지문자의 각 철자들은 적절하게 움직이면서 완성하는데, 지문자의 단어를 영어 어순에 따라 배열할 수 있는 반면, 대화를 위해 많은 노력이 필요하고 시간이 많이 걸리는 단점이 있다.

지문자는 다른 방식의 수화 사용 중에도 사용할 수 있다. 예를 들면, 미국 수화 사용자들은 이름이나 용어를 적절하게 표현할 수 없는 경우가 흔한데, 이때 이들은 지문자의 한 방법인 로체스터(Rochester)법을 주로 사용한다. 이것은 구어가 지문자와 혼합된 형태로, 기호는 사용하지 않고 구어적인 측면의 영어 철자를 말하듯이 그대로 허공에 쓰는 방식이다. 여러 농학교에서 이 방법을 사용하고 있다.

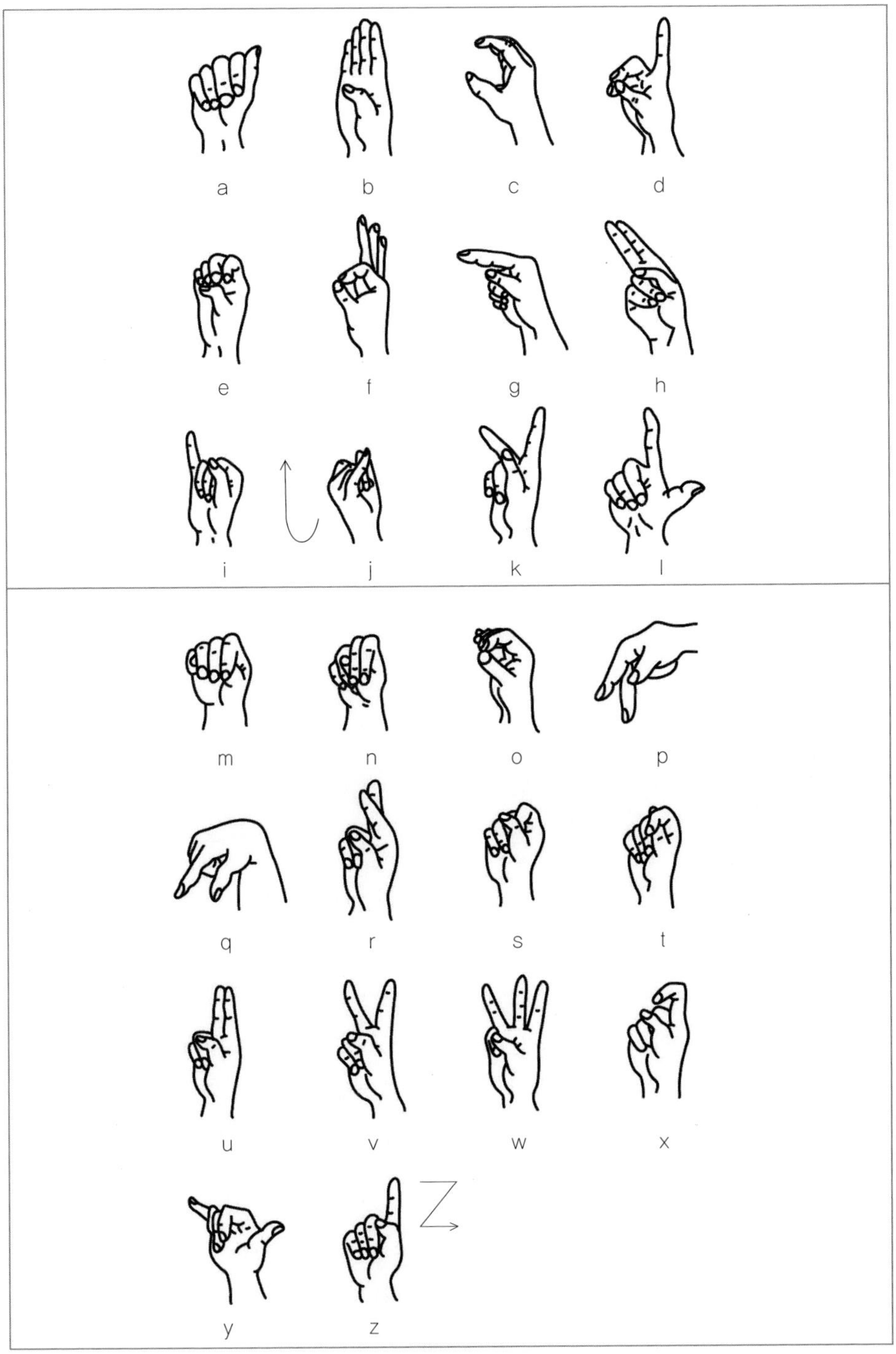

[그림 14-5] 수화 철자

주) *From Edmark Reading Program Signing Manual* (pp. 4-5), by M. Hunt and D. Metcalf, revised by M. A. Trower and E. Jones, 2001, Austin, TX: PRO-ED. Copyright 2001 by PRO-ED, Inc.의 허락하에 인용함.

변형 수화 철자는 촉각에 의존하는 농맹의 의사소통 과정에서 필요하여 만들어졌으며, 이 때문에 농맹용 수화 철자(deafblind manual alphabet)라고도 한다. 농맹의 의사소통 과정에서 낱말의 철자는 발화자가 농맹의 왼손 바닥에 쓰면서 대화한다. 이들이 사용하는 농맹용 수화 철자는 전농 난청자들이 사용하는 수화 철자와 손과 손가락 모양이 다르다. 예를 들면, 'a' 는 난청자용의 경우 엄지를 제외한 모든 손가락을 쥐지만 농맹용의 경우 철자 'a' 나 모음 'a' 는 엄지손가락 끝으로 살짝 스쳐준다.

비언어적 의사소통법은 난청자들이 별도의 모임에서 자신들만의 특별한 기호를 제한된 목적이나 특별한 경우에 한정하여 사용하기도 하기 때문에 우리가 이미 알고 있는 것보다 더 많다. 〈읽을거리 14-4〉는 별도의 단체가 자신들만을 위해 사용하는 수화에 대해 소개한다.

읽을거리 14-4 수화 사용자는 어느 곳에나 있다!

수화 대화는 난청자나 농맹자에게만 한정된 것은 아니다. 실제로는 우리가 알고 있는 것보다 더 많은데, 다음과 같은 경우다.

- 같은 언어를 구사하는 대부분의 사람들은 서로에게 말할 때 동작이나 기호를 사용하지 않으며, 서로 다른 언어를 구사하는 무역업자들은 초기 형태의 혼성어를 사용한다.
- 장기 침묵 피정 중일 때는 의사소통에 필수적인 것만 신호 언어를 사용한다.
- 학생들이 손을 들어 신호하고 "질문 있습니다." 또는 "드릴 말씀이 있습니다."라고 말한다.
- 잠수부는 물속에서 "내려가자."라는 뜻으로 엄지손가락을 아래로 향하는 수신호를 하거나 "산소가 떨어졌다."는 뜻으로 목을 흔들어 신호를 보낸다.
- 대부분의 사람은 먼 곳에 있는 사람들과 약간의 기호를 섞어 대화한다. 항공기를 지상관제하는 정비사, 선박을 유도하는 도선사, 응급구조원들도 아주 많은 신호를 사용한다.
- 소음이 많은 제재소, 증권사, 시장, 경마장 등에서도 신호로 정보를 나눈다.
- 전투 상황의 군인, 사냥꾼들도 신호를 사용한다.
- 게임 중인 선수에게 작전을 지시할 때도 신호는 필수다.

통합 의사소통

통합 의사소통(total communication)은 말과 수화 그리고 지문자 등을 동시에 모두 사용하는 것을 말한다. 전농 난청자들은 수화(미국의 경우 미국 수화)와 함께 말과 언어를 배운다. 이론상이나마 이상적이라고 할지라도 임상에서 통합 의사소통은 구화보다 수화에 가깝다. 통합 의사소통 수단으로 말한 것을 수화를 모르는 사람이 듣는다면 이해할 수 없다. 수화를 모르는 정상 청력자와 통합 의사소통을 사용하는 수화 사용자 사이에서 이들이 효과적인 의사소통을 하기 위해서는 대체로 수화 통역사가 필요하다.

앞서 언급한 지화도 비구어적 의사소통 수단이지만 정상 청력자가 전농의 상대방과 대화할 때 사용한다. 일차적으로는 난청자가 좀 더 잘 알아들을 수 있도록 도와줄 때 사용한다.

청각 보조장치

최근 수년간 난청자를 위한 기술은 비약적으로 발전했다. 청각 보조장치는 앞서 개인 휴대용 보청기에서 잠시 언급했었다. 이 장치들은 보청기를 대치할 수 있는 필수적인 장치라기보다는 보청기가 갖는 한계를 다소 극복하여 난청자의 삶의 질을 향상시키는 데 도움을 줄 수 있다(Bess & Humes, 2008; Peterson & Bell, 2008; Schow & Nerbonne, 2002).

개인 휴대용 보청기는 신체 일부처럼 착용하고 가까이 있는 누군가와 대화를 해야 할 때 가장 효과적이다. 만약 대화 상대방이 거리상으로 멀어지면 멀어진 거리만큼 소리는 작아지고, 보청기 사용자 주변의 환경 잡음 때문에 보청기 효과는 급격하게 낮아진다. 또 텔레비전을 시청하거나 강의를 듣거나 대강당에서 강연을 들을 때도 보청기 효과는 현저히 낮아진다. 여기에 일상적 사회활동에서 보청기 사용의 필요성을 느끼지 않는 사람이라면 좀 특별한 장치가 필요하다. 예를 들면, 경도 난청자의 경우 보청기는 필요하지 않을 수 있으나 텔레비전 방송을 시청할 때는 도움이 필요할 수 있다. 일부 사람들도 이러한 장치가 필요할 때가 있다.

난청자의 다양한 의사소통 환경에서 도움을 줄 수 있는 장치들을 **청각 보조장치**(Assist Listening Devices: ALDs)라고 한다. 이들 장치의 일부는 발화자 입에서 청취자의 귀로 직접 전달하기도 하여 보청기의 한계를 지원해 주기도 한다. 대부분 청각 보조장치는 송화기를 본체와 분리하여 음성이나 음원 가까이 둘 수 있다. 이렇게 하면 신호를 청취자가 착용하고 있는 보청기의 증폭기나 수화기로 직접 전달한다. 송화기에서 증폭기까지 신호를 전달하는 데는 세 가지 방법이 있다. 먼저, 가장 익숙한 전기 코드와 전선을 통해 신호를 직접 전달하는 방법이다. 이 방법은 송화기와 증폭기 사이의 거리가 상대적으로 짧다. 두 번째 방법은 송화기가 받아들인 전기 신호를 FM 라디오 전파로 변환하여 수화기나 증폭기로 전송하는 것이다. 세 번째 방법은 송화기의 전기 신호를 눈에 보이지 않는 적외선으로 변환하여 광선으로 수화기에 전송하는 것이다. 텔레비전 리모컨과 같은 원격조절장치의 대부분이 적외선으로 신호를 전송한다. 물론, FM과 적외선으로 전송하는 방법은 선이 없어서 편리하다. 이러한 유형의 장치들은 텔레비전 시청이나 난청자를 위한 경보장치 등에서 이용되며, FM 전파와 적외선을 이용한다.

전화기를 위한 청각 보조장치

전화 수화기에서 발생하는 전자기파를 추출하는 유도파 회로(telecoil circuit)가 내장되지 않은 보청기를 사용 중인 난청자가 통화를 하기 위해서는 수화기를 보청기에 바짝 대야 한다. 이렇게 하면 보청기 송화기와 전화 수화기가 너무 밀착되어 음향 되돌림 현상이 생기게 되는데, 이때 보청기 사용자는 몹시 짜증스러운 '삐' 소리를 들을 수 있다. 아울러 통화음 청취에 어려움을 겪는다.

이미 앞서 언급한 것처럼 일부 보청기는 이러한 문제를 해결하고자 유도코일을 내장하여 수화기 통화음을 직접 받아들인다. 이런 보청기 사용자는 통화를 하기 직전 스위치를 유도코일 기능으로 전환할 수 있고, 스위치를 전환하면 유도코일이 신호를 추출하고 증폭기 또는 디지털 신호 처리기로 보내기 때문에 원하지 않는 음향의 되돌림을 제거할 수 있다. 휴대전화기도 처음에는 유도코일 회로가 내장되지 않았으나 지금 미국에서는 사양에 포함하여야 한다. 그러나 불행하게도 유도파 추출 정도는 전화기마다 달라서 일부 전화기의 경우 이 기능이 제대로 작동하지 않기도 한다.

보청기를 사용하지 않지만 전화 통화에 어려움을 겪는 사람들을 위한 전화 증폭기도 시판되고 있으며, 이 장치는 유도코일 기능이 없는 보청기를 사용하고 있거나 추출할 수 있는 유도파 강도가 낮은 전화기 사용자에게도 유용하다. 휴대가 가능한 전화 증폭기는 전화 수화기 위에 바로 달아서 사용할 수 있다. 일부 전화기는 증폭기를 내장하고 있는데, 이것은 음량 조절기를 조절해서 난청자가 자신에게 맞는 크기를 선택할 수 있다. 미국의 경우 등록된 청각전문가나 의사가 증폭 전화기의 필요성을 인정하면 전화회사에서 무료로 공급한다.

전농 난청자를 위한 원격대화기(Telecommunication Devices for the Deaf: TDDs)는 청력손실이 고도 이상으로 보청기를 통해 충분한 효과를 얻지 못하는 난청자를 위하여 특별히 개발된 전화기다. TDDs는 자판과 화면이 부착되어 있어서 자신의 용건을 자판으로 쳐서 전달하고, 자신에게 전달된 용건은 화면에 표시된다. 이러한 기능적 측면 때문에 문자 전화기(text telephones)라고도 한다. 미국의 경우 모든 주에서 TDDs 사용자와 정상 청력자 사이의 통화를 위해 중계제도가 운용되고 있다. 이 중계제도는 정상 청력자가 중계소에서 문자를 읽고 말해 주거나 말을 문자로 옮겨 주는 방식이며, 원한다면 누구라도 중계소에 전화를 걸어 TDDs 사용자와 통화할 수 있다.

휴대전화의 문자 전송기능도 효과적인 의사소통 수단으로 사용할 수 있다. 만약 통화를 원하는 사람 모두 휴대전화를 가지고 있다면 중계소를 거칠 필요가 없다. 인터넷의 대화방이나 전자우편 또한 또 다른 형태의 의사소통 수단이다.

텔레비전 시청을 위한 청각 보조장치

난청자들은 특히 텔레비전 시청에 어려움을 느낀다. 일반적으로 정상 청력자들은 음량을 높여 시청할 수 있다. 난청자들도 음량을 높이면 소리는 크게 들을 수 있지만 커진 소리를 듣고도 이해하기가 어렵기 때문에 도움이 되지 않는다. 또 비록 크게 해서 듣고 이해할 수 있다고 하더라도 소리가 너무 커서 정상 청력의 가족 구성원과 마찰이 생길 수 있다.

청력손실이 있는 아동의 언어 교육에 사용되는 FM 보청기는 개인용 텔레비전 시청용 증폭기로 활용할 수 있다. FM의 송화기를 텔레비전 외부 수화기 단자에 연결하면 텔레비전의 음성 신호가 난청자에게 직접 전달된다. 이렇게 전달된 소리는 실내 잡음에 영향을 받지 않고, 텔레비전을 함께 시청하는 정상 청력의 가족 구성원들과의 문제도 일으키지 않는다. FM 수신기는 개인용 보청기와도 직접 연결할 수 있어서 보청기를 통해서도 텔레비전을 시청할 수 있다.

적외선 장치도 개인용 FM 수신기를 대체할 수 있다. 이미 말한 것처럼 적외선 장치는 발신기를 통해 눈으로 볼 수 없는 광선으로 신호를 보내면 수신기가 이를 받아

음향 신호로 복원한다. 가정에서 텔레비전을 시청하거나 음악을 감상할 경우 시판되고 있는 작은 송신기만으로도 충분하다. 교실이나 소규모 강당, 공연장 등에서는 부피가 큰 적외선 발신기를 사용한다.

적외선 발신기는 텔레비전 스피커 가까이 두거나 외부 음원 단자에 꽂고 사용할 수 있다. 발신기는 스피커에서 출력되는 소리를 받아들여 적외선으로 신호를 보내고, 적외선 수신기는 이 신호를 받아 사용자에게 소리를 전달한다. 적외선 수신기는 다양한 모양으로 출시되고 있으나 머리띠를 턱 아래에서 쓴 형태가 보편적으로 쓰이고 있다. 이 수신기에는 사용자가 소리를 들을 수 있는 귀꽂이 수화기와 음량을 조절할 수 있는 음량 조절기 등이 내장되어 있다. 적외선 장치도 보청기를 통해서 들을 수 있으며, [그림 14-6]은 적외선 수신기의 모습이다.

사용자는 중앙 부분을 턱 바로 아래 가슴 위에 올려 두고 삽입형 수화기를 귀에 꽂아서 사용하며, 충전식 전원으로 작동한다.

전농인 사람들은 FM이나 적외선 장치로 효과를 보지 못할 때 자막의 도움을 받을 수 있다. 자막 방송을 시청하기 위해서는 자막 변환장치(closed-captioned decoders)가 필요하며, 이 장치는 말과 배경음악이나 여러 소리에 대한 정보를 글자로 제공한다. 자막 변환장치는 텔레비전 화면이 13인치 이상이어야 설치할 수 있다.

[그림 14-6] 송신기와 연결되어 있는 적외선 수신기

*출처: Sennheiser에서 그림 제공

환경음 경보장치

가정과 직장에서 난청자에게 다양한 종류의 환경음을 알려 주는 장치를 환경음 경보장치(environmental adaptations)라고 한다. 이 장치는 전화벨이나 초인종 소리 혹은 연기 등을 감지하여 난청자에게 알려 줌으로써 상황 판단이나 위험에 대처할 수 있게 해 준다. 물론 화재나 도난 등의 경고음은 충분히 크기 때문에 들을 수도 있지만 전화벨 소리 등은 전농 난청자가 듣기에는 그 크기가 충분하지 않다. 난청자에게 주변 상황을 알려 주어야 하는 경우 반짝이는 섬광이 효과적이다. 화재 및 도난 경보기뿐 아니라 아기가 울 때, 초인종이 울릴 때, 그리고 다양한 경보음이 울릴 때 등 여러 가지 환경 정보는 섬광등의 점멸을 통해 난청자를 각성시킬 수 있다. 이들 다양한 환경 상황의 변화는 섬광의 반짝이는 양상을 통해 전화벨, 초인종 등으로 구분할 수 있다. 이 외에도 일부 장치는 난청자에게 진동으로 다양한 환경 변화를 알려 주기도 하는데, 진동 침대를 예로 들 수 있다.

시력 손실자에게 안내견이 도움이 되는 것처럼 훈련된 도우미 동물도 기계장치를 대신할 수 있다.

상 담

난청자의 재활과 교육은 상담이 매우 중요하다. 청력손실을 가진 아동이나 성인은 각자 개인의 사정에 맞는 서비스를 제공받는다. 따라서 청각훈련 또는 청각재활 프로그램을 권유할 때는 사회적 · 교육적 조건, 직업 그리고 개인별 의사소통 욕구 등에 대해서 난청자 개인뿐만 아니라 모든 가족 구성원의 사정을 반드시 고려하여야 한다. 만일 개인적 욕구, 보청기, 인공와우, 보조 청각장치 그리고 기타 장치를 난청자와 그 가족 구성원의 상황에 맞지 않게 구매한다면 서비스 제공에 관여하는 모든 사람이 만족하지 못하는 결과를 얻게 될 수 있다. 이러한 상황은 청각전문가와 여기에 관여하는 모든 전문가의 책임이며, 이때는 난청자와 그 가족을 포함한 모든 팀 구성원이 모여 훈련 또는 재활에 필요한 모든 측면을 다시 검토하여야 한다. 이 과정에서 팀의 목표는 문제점을 난청자와 그 가족 구성원이 이해할 수 있도록 도와야 하고, 문제 해결 방안, 대안의 문제점 그리고 최선의 대책을 결정하는 것이다. 팀의 목표는 상호작용의 과정을 통해서 달성할 수 있으며, 이러한 과정을 상담(counseling)이라고 한다. 상담은 청각학적 습득 및 재활 그리고 교육에서 매우 중요한 과정이다.

상담은 청각전문가가 난청자와 그 가족 구성원에게 청력손실의 평가로 얻은 결과, 재활의 목표 그리고 재활 과정 등에 대해서 전문가로서 의견을 주는 것에서 시작한다. 면접과 병력을 청취하는 동안, 고객과 보호자는 청력손실의 원인, 난청의 정도, 청력손실이 사회적 활동이나 학업 성취 및 직업 선택의 폭을 어느 정도 제한할 것인가 등 수많은 질문을 할 수 있는데, 이 과정에서 이들이 부정적 감정을 갖지 않게 하거나 이미 그렇다면 최소화시켜야 한다. 특히, 청력손실을 처음으로 확인한 영유아의 보호자는 말과 언어 발달, 특수교육 시행 여부, 자녀와 효과적인 의사소통을 위한 적절한 의사소통 수단, 자녀의 미래 직업 선택 등 앞으로 해야 할 많은 것에 대해 염려하고 질문할 수 있다. 아동과 성인은 사회적 활동에 지장이 없을 것인가에 대해서도 크게 염려한다. 또 직장인의 경우, 특히 직장에서 업무 수행에 문제가 없을 것인지에 대해서 염려한다. 청각전문가는 이 질문에 대해 충실하게 답변하고, 올바른 방향을 제시해야 한다.

보청기나 인공와우 또는 기타 장치의 선택, 의사소통방법 선택, 교육적 지원의 필요성 등은 난청의 성질과 청력손실의 정도 등 충분한 청각평가를 마쳐야 상담할 수 있다. 상담은 난청자의 나이와 청력손실의 특성에 크게 영향을 받는다. 신생아와 영아 난청자의 경우 청각전문가는 개인 휴대용 보청기, 인공와우, 학습용 FM 보청기 등 가능한 최선의 방안을 선택하고 부모들이 자녀의 언어 발달을 위해서 어떻게 청각을 자극할 것인가에 대해서도 상담하여야 한다. 또한 난청자를 위한 언어 및 의사소통 발달 분야가 전문이면서, 적절한 치료 대책을 수립할 수 있고 가정 치료를 지원하는 프로그램을 가진 언어병리학전문가에 대한 정보도 제공하여야 한다. 아울러 구화 또는 수화의 적용과 장단점 등에 대해 설명하고 보호자의 선호도도 파악하여야 한다. 만약 중이 감염 등의 의학적 도움이 필요하다면 이과의사에게 의뢰하여야 한다.

학령전기에 난청을 발견한 경우, 청각전문가는 이미 기술한 구어, 수화, 통합 그리고 기타 필요한 의사소통 방안을 상담하여야 한다. 만약 특수학교나 정규학교 특수학급이 필요하다면 특수교사 및 농교육자의 역할에 대해서, 정규학교에 남아도 된다면 학급에서 좌석 배치, 학습 도우미의 지원, FM 보청기 등 향후 나타날 수 있는 전반적인 문제에 대해서 상담하여야 한다.

학령기 아동의 경우에는 학업 성취도와 또래 아동들과 적절하게 어울리고 있는가에 초점을 맞추어 상담을 하고, 필요하다면 도움을 주어야 한다. 또한 대학 진학과 학과 선택 그리고 난청 학생에 대한 학교 당국의 지원 및 학습 기자재 준비 정도, 교정의 편의시설 등에 대해서도 의논할 수 있어야 한다.

직장인과 은퇴한 난청자에 대한 상담은 다른 각도에서 접근해야 한다. 직장인 난청자는 자신의 근무지 환경 개선이나 근무 시간 조정 또는 별도의 도움 등이 필요할 수 있다. 은퇴한 난청자는 주로 개인, 가정 그리고 지역사회에 대한 관심의 정도가 높은 경향이 있다. 모든 경우에서 청각전문가는 상담 과정에서 난청자 개개인이 보였던 모든 의문과 관심사에 대하여 충분히 언급하고, 이를 기초로 재활 프로그램을 설계하여야 한다.

요 약

- 난청 성인과 아동의 실질적인 사회적 역량을 향상시키기 위한 노력을 넓은 의미로 청각 습득(aural habilitation)이라 한다.
- 청각전문가는 청각평가를 마치고 적절한 보청기 사용 여부 결정, 인공와우를 포함한 이식형 보청기의 이식 가능성 평가, 보청기 선택과 평가 및 조절, 보조 청각장치 권유 등 청각학적 습득과 재활을 시작한다.
- 보청기 종류 중에서는 귀걸이형과 외이형이 가장 널리 사용되고 있고, 최근 보청기들은 대부분 디지털 기술을 사용한다.
- 전농 난청자의 일부는 보청기 효과가 없다. 이들은 와우 내 청신경 말단을 직접 자극하는 인공와우 이식 대상자가 될 수 있다.
- 난청자들은 보청기 장착 또는 이식형 보청기 이식 후 청각적 훈련과 의사소통장애에 대한 치료 프로그램이 필요할 수 있다. 치료 프로그램으로는 다음과 같은 것들이 있다.
  - 청능훈련(auditory training)은 증폭기 사용을 결정하고 결정한 증폭기를 가장 적절하게 사용할 수 있도록 돕는 것이다.
  - 독화(speechreading)훈련은 발화자의 얼굴을 보고 말을 이해하는 것을 배운다.
  - 지화(cued speech)훈련은 말소리가 뜻하는 수화 신호를 함께 사용하여 말하는 것을 배운다.
  - 촉각 보청기 사용 훈련은 피부를 진동하는 느낌으로 말을 이해하는 것을 배운다.
  - 농맹을 위한 타도마법은 발화자 얼굴에 손을 대고 말을 이해하는 것을 말한다.
- 구어 의사소통훈련에서는 말과 언어, 음성, 공명, 리듬 등의 문제를 증폭기의 도움을 받아 치료한다.
- 전농 난청자를 위한 비구어적 의사소통은 미국 수화, 지문자, 여러 가지 형태의 영어 수화 기호 등이 있다.
- 통합 의사소통은 구어, 수화, 지문자 등을 모두 사용한다.

- 난청 아동 및 성인들은 FM 보청기, 적외선 장치, 환경음 경보장치, 문자 전송기(TTs) 그리고 전농 난청자를 위한 원격대화기(TDDs) 등 여러 가지 보조 청각장치를 통해 도움을 받을 수 있다.
- 청각학적 습득과 청각학적 재활은 난청자 및 그 보호자를 대상으로 하여 의사소통 능력 향상에 도움을 줄 수 있는 다양한 선택과 접근방법 등에 대한 청각전문가의 상담이 매우 중요하다.

연구문제

1. 청각학적 습득(audiological habilitation)과 재활(rehabilitation)을 구분하시오.
2. 보청기의 구성을 기술하고, 각각의 역할을 설명하시오.
3. 유도 코일의 기능은 무엇이고, 누구에게 필요한지 설명하시오.
4. 여러 가지 보청기를 종류별로 구분하고, 각각의 장단점을 요약하시오.
   이식형 보청기는 무엇이며, 현재 시술되고 있는 종류는 무엇인지 설명하시오.
5. 인공와우의 구성을 서술하고, 인공와우로 가장 큰 효과를 볼 수 있는 대상은 누구인지 설명하시오.
6. 청능훈련은 무엇이며, 왜 필요하고, 어떻게 수행하는지 설명하시오.
7. 독화(speechreading)와 지화(cued speech)를 구별하고, 각각의 장단점을 요약하시오.
8. 촉각 보청기에 대해 설명하고, 가장 적당한 대상자에 대해 설명하시오.
9. 타도마법은 무엇이고, 명칭은 어디서 유래하였으며, 왜 이 방법이 개발되었는지 설명하시오.
10. 경중도 난청과 고도 이상 전농 난청 아동에 대한 구어 의사소통훈련의 차이를 설명하고, 각 방법의 장단점을 요약하시오.
11. 미국 수화는 구어체 영어처럼 완벽하게 구사할 수 있다(a full-fledged language)고 보는가?
12. 청각 보조장치(assistive listening devices)를 정의하고, 이 장치의 여러 가지 종류와 사용자 관점에서 종류별 유용성에 대하여 기술하시오.

참고문헌

Alcantara, J. I., Cowan, R. S. C., Blamey, P. J., & Clark, G. M. (1990). A comparison of two training strategies for speech recognition with an electrotactile speech processor. *Journal of Speech and Hearing Research, 33,* 195-204.

Alcorn, S. (1932). The Tadoma method. *Volta Review, 34,* 195-198.

American Speech-Language-Hearing Association. (2004). *Cochlear implants* [Technical

Report]. Available from http://www.asha.org/docs/html/TR2004-00041.html

Bernstein, L. E., Auer, E. T., Jr., & Tucker, P. E. (2001). Enhanced speech reading in deaf adults: Can short-term training/practice close the gap for hearing adults? *Journal of Speech, Language, and Hearing Research, 44,* 5-18.

Bess, F. H., & Humes, L. E. (2008). *Audiology: The fundamentals* (4th ed.). Philadelphia: Lippincott Williams & Wilkins.

Blumsack, J. T., Bower, C. R., & Rose, M. E. (2007). Comparison of speechreading regimens. *Perceptual Motor Skills, 105* (3 Pt 1), 988-996.

Bornstein, H. (1990). *Manual communication: Implications for education.* Washington, DC: Gallaudet University Press.

Chin, S. B., Tsai, P. L., & Gao, S. (2002). Connected speech intelligibility of children with cochlear implants and children with normal hearing. *American Journal of Speech-Language Pathology, 12,* 440-451.

Chomsky, C. (1986). Analytic study of the Tadoma method: Language abilities of three deaf-blind subjects. *Journal of Speech and Hearing Research, 29,* 332-347.

Chute, P., & Nevins, M. E. (2006). *School Professionals working with children with cochlear implants.* San Diego, CA: Plural.

Cornett, R. O. (1967). Cued speech. *American Annals of the Deaf, 112,* 3-13.

Ertmer, D. J., Young, N., Grohne, K., Mellon, J. A., Johnson, C., Corbett, K., & Saindon, K. (2002). Vocal development in young children with cochlear implants: Profiles and implications for intervention. *Language, Speech, and Hearing Services in Schools, 33,* 184-195.

Ertmer, D. J., Young, N., & Nathani, S. (2007). Profiles of vocal development in young cochlear implant recipients. *Journal of Speech, Language, and Hearing Research, 50,* 393-407.

Gagne, J. P., Dinon, D., & Parsons, J. (1991). An evaluation of CAST: A computer-aided speech training program. *Journal of Speech, Language, and Hearing Research, 34,* 213-221.

Galvin, K. L., Cowan, R. S., Sarant, J. Z., Blamey, P. J., & Clark, G. M. (1990). Use of a multi-channel electrotactile speech processor by profoundly hearing impaired children in a total communication environment. *Journal of the American Academy of Audiology, 2*(4), 214-225.

Geers, A., & Spehar, B., & Sedey, A. (2002). Use of speech by children from total communication programs who wear cochlear implants. *American Journal of Speech-Language Pathology, 11,* 50-58.

Hunt, M., & Metcalf, D. (2001). *Edmark reading program signing manual* (rev. ed.). Austin, TX: PRO-ED.

Kelly, B., Davis, D., & Hegde, M. (1994). *Clinical methods and practicum in audiology.* San Diego, CA: Singular.

Moores, D. F. (1978). *Educating the deaf.* Boston: Houghton Mifflin.

Nicholls, G. H., & Ling, D. (1982). Cued speech and the reception of spoken language. *Journal of Speech and Hearing Research, 25,* 262-269.

Norton, S. J., Martin, M. C., Reed, C. M., Braida, L. D., Durlach, N. I., Rabinowitz, W. M., & Chomsky, C. (1977). Analytic study of the Tadoma method: Background and preliminary results. *Journal of Speech and Hearing Research, 20,* 574-595.

Peterson, M. E., & Bell, T. S. (2008). *Foundations of audiology: A practical approach.* Columbus, OH: Merrill Prentice-Hall.

Proctor, A. (1990). Oral language comprehension using hearing aids and tactile aids: Three case studies. *Language, Speech, and Hearing Services in Schools, 21,* 37-48.

Proctor, A., & Goldstein, M. H. (1983). Development of lexical comprehension in a profoundly deaf child using a wearable, vibrotactile, communication aid. *Language, Speech, and Hearing Services in Schools, 14,* 138-149.

Reed, C. M., Rabinowitz, W. M., Duriach, N. I., Braida, L. D., Conway-Fithian, S., & Schultz, M. C. (1985). Research on the Tadoma method of speech communication. *Journal of the Acoustical Society of America, 77*(1), 247-257.

Reed, C. M., Rabinowitz, W. M., Duriach, N. I., Delhorne, L. A., Braida, L. D., Pemberton, J. C., Mulcahey, B. D., & Washington, D. L. (1992). Analytic study of the Tadoma method: Improving performance through the use of supplementary tactual displays. *Journal of Speech and Hearing Research, 35,* 450-465.

Schow, R. L., & Nerbonne, M. A. (2002). *Introduction to audiologic rehabilitation* (4th ed.). Boston: Allyn & Bacon.

Tyler, R. S. (1993). Cochlear implants and the deaf culture. *American Journal of Audiology, 2*(1), 26-31.

Upton, H. W. (1968). Wearable eyeglass speech-reading aid. *American Annals of the Deaf, 113,* 222-229.

Weisenberger, J. M. (1989). Evaluation of the Siemens Miniphonator vibrotactile aid. *Journal of Speech and Hearing Research, 32,* 24-32.

15

Introduction to
Communicative
Disorders

교육과 관련 단체

미국 언어청각협회
전문가에 대한 주 정부 규제
전문가가 되는 길

인간의 의사소통에 관한 연구는 오랜 역사를 통하여 지속되었으나, 의사소통장애에 관한 전문직업이 체계화된 것은 최근의 일이다. 인간의 의사소통은 언어와 사고의 본질에 관해서 추론을 했던 철학자, 언어의 근원에 관하여 연구했던 인류학자, 그리고 언어의 구조와 기능 및 활용에 관하여 탐구한 심리학자와 언어학자의 연구 대상이었다. 그렇지만 의사소통장애에 관한 전문직업은 20세기가 되어서야 출현하였다.

20세기 초 미국에서는 전문적으로 교육받은 언어치료전문가나 청각전문가들이 없었으며, 이를 위한 교육과정이나 전문 훈련과정도 없었다. 유럽에서 언어장애 치료는 의학의 영역에 포함되어 있었다. 미국에서는 공립학교가 의사소통장애가 있는 아동을 위한 특수교육과정을 제공하는 데 주도적 역할을 했다. 1910년이 되어서야 시카고 공립학교가 언어장애가 있는 아동을 가르치기 위하여 전문가를 고용하기 시작했다. 이들을 언어교정교사(speech correction teacher)라고 불렀으며(Paden, 1970), 주로 말을 더듬거나 발음에 장애가 있는 아동들을 가르쳤다. 다른 의사소통에 관련된 장애는 훨씬 이후에야 다루기 시작하였다.

1920년대 초 위스콘신 대학교(University of Wisconsin)와 아이오와 대학교(University of Iowa)가 언어장애를 전공하는 박사학위 과정을 개설하였으며, 곧이어 미국의 다른 대학들도 언어장애 박사학위 과정을 설치하였다.

수년 동안 의사소통장애 전문가의 교육은 커다란 변화를 경험하였다. 이러한 변화는 의사소통과 의사소통장애에 관련된 연구가 급속하게 증가하였기 때문이다. 의사소통장애 전문가 단체가 전문가의 교육과 미래를 결정하는 데 중요한 역할을 수행하였다.

미국 언어청각협회

현재 많은 의사소통장애 전문가들이 소속된 단체는 **미국 언어청각협회**(American Speech-Language-Hearing Association: ASHA)다. 하지만 이 단체는 과거에는 다른 명칭으로 불렸다. 1925년 몇 명의 아이오와 대학교 출신이 창립했을 당시의 명칭은 **미국 언어교정학회**(American Academy of Speech Correction; Paden, 1970)였고, 회원 자격은 언어장애의 과학적 연구와 치료에 관하여 관심을 가진 사람으로 하였다.

이 전문가 단체는 여러 차례에 걸쳐 명칭을 변경하였다. 1927년에는 **미국 언어장애연구회**(American Society for the Study of Speech Disorders), 1934년에는 **미국 언어교

정협회(American speech Correction Association), 1947년에는 **미국 언어청각협회**(American-Speech-Hearing-Association)로 각각 변경하였다. 명칭에 청각(hearing)이라는 단어가 추가된 것은 중요한 사건이었다. 당시 언어병리학과 한 쌍을 이룬 전문분야인 청각학도 많이 알려지기 시작했을 뿐만 아니라 언어와 청각이 너무나도 밀접하게 관련이 있어 이 두 영역의 전문가들은 공통된 지식과 전문적 관심을 나누게 되어 같은 단체에 소속하게 되었다.

1978년에는 또다시 명칭을 변경하였다. 의사소통장애를 치료하는 전문가들은 지속적으로 언어 연구 및 아동과 성인의 언어장애 치료에 참여하여 왔으며, 이러한 참여가 1960년대와 1970년대에 더욱 깊이 있고 집중적으로 이루어졌다. 의사소통장애에 관한 전문가들은 언어와 언어장애에 관련되어 있음을 더 정확하게 반영하고자 협회의 명칭을 **미국 언어청각협회**로 변경하였다. 그러나 협회의 약자인 ASHA는 바꾸지 않았다.

전문가들의 호칭도 여러 차례 바뀌었다. 언어치료전문가를 예전에는 언어교정교사(speech correction teacher), 언어교정사(speech correctionist), 언어치료사(speech therapist), 언어교사(speech teacher), 언어치료전문가(speech pathologist) 그리고 언어임상가(speech clinician)라고 했다. 현재 언어치료사라는 말을 보편적으로 사용하지만 이 호칭은 전문가 자신이나 전국협회에서 선호하지 않는다. 치료사라는 말은 물리치료사의 경우처럼 의사의 감독하에 일을 한다고 보기 때문이다. 현재 미국 언어청각협회가 선호하는 호칭은 **언어치료전문가**(Speech-Language Pathologist)이며, 임상 전문가를 나타내는 **언어임상가**(Speech-Language Clinician)도 인정한다. 이 책에서는 이 두 가지 호칭 모두를 사용한다.

한편, 청각과 청각장애 및 청각장애자의 평가와 재활에 관심을 가진 사람들은 **청각전문가**(audiologist)라고 불렀다. 교육기관에서(예, 공립학교) 일하는 전문가는 **교육청각전문가**(educational audiologist), 산업 분야에서 일하는 사람들은 **산업 청각전문가**(industrial audiologist)라고 부른다.

성장하는 전문직

ASHA는 최근 수십 년 동안 급속하게 성장해 왔다. 1935년에는 회원이 100명이 되지 않았지만 1980년대 중반에 이르러서는 4만 명 이상으로 늘어났다.

2009년 회원 수는 약 13만 5,000명으로, 언어치료전문가, 청각전문가, 언어 및 청각과학자 그리고 해외 자매 회원까지 있다. 회원의 89%는 언어치료전문가이며, 94%는 여성이고 6%는 남성이다. 또한 7%가 소수민족이다. ASHA 회원으로 등록되지 않은 전문가가 4만 명에 달하며, 주로 공립학교에 근무하는 것으로 추정된다.

전문 서비스 및 전문기관의 영역은 모두 계속해서 늘어나고 있다.

ASHA 회원의 54%는 교육기관에 종사하는데, 50%는 공립학교에 근무하고 나머지 4%는 대학에서 근무한다. 회원의 40%는 의료시설에서 근무하며, 15%는 다른 기관에 고용되거나 시간제 혹은 전일제로 사설 치료실을 운영한다(American Speech-Language-Hearing Associaion, 2008).

전문직 중 빠르게 성장하는 분야는 사설 치료실이다. 청각전문가의 45%가 개인병원과 사설 치료실을 포함하여 비거주 의료시설에서 근무하고, 청각전문가의 25%는 병원과 협력관계를 가지는 사설 치료실을 운영한다. 청각전문가와 언어치료전문가 모두 대학, 언어 및 청각연구실험실과 정부기관에서 일한다. 청각전문가는 또한 산업분야, 교정시설 및 국방관련 기관에서도 근무한다.

미국 언어청각협회의 임무

워싱턴 D. C. 부근(메릴랜드의 록빌 시)에 위치한 ASHA는 학문 연구와 전문가를 위한 전국적인 단체다. ASHA의 회원은 의사소통 행동 및 장애를 연구하는 과학자와 임상가로 구성되었다. ASHA의 여러 가지 목적은 다음과 같은 분야에 조직적인 노력을 경주하는 데 있다.

- 일반인에게 양질의 말, 언어 그리고 청각 서비스를 제공하고,
- 의사소통장애자를 위한 말, 언어 그리고 청각 서비스의 발달을 촉진하며,
- 의사소통의 기본 과정, 의사소통 및 의사소통장애의 치료에 관한 과학적 연구를 장려하며,
- 출판물, 대규모 회의(ASHA Convention), 평생교육 활동을 통하여 연구 정보와 전문적 정보의 교환을 도모한다.
- 적절한 법규와 규제의 보호와 지원을 통해 소비자와 전문가 양자의 이해를 보호하는 데 연방 및 주 정부기관과 협력한다(http//www.asha.org).

일반인에게 질적으로 우수한 서비스를 보장하는 방법 중 하나는 언어치료전문가

와 청각전문가들이 과학적이고 전문적인 교육을 적절하게 받게 하는 것이다. 다른 방법은 전문가가 치료를 할 때 윤리기준을 준수하도록 요구하여 회원이 양질의 서비스를 일반 대중에게 제공하도록 확신하는 것이다. ASHA는 이러한 두 가지 분야에서 중요한 역할을 한다. 또한 ASHA는 언어병리학 및 청각학 석사과정이 개설된 대학 학과를 인증하는 공인기관이다.

교육기준

ASHA는 언어병리학과 청각학에 대한 과학적이고 전문적인 교육기준을 수립하였다. 이 기준에는 개설해야 할 학과 과목의 종류와 다양성 및 학생들이 이수해야 할 임상실습의 양과 질 등이 포함된다. ASHA는 **교육인증위원회**(Council on Academic Accreditation: CAA)를 통하여 최저 수준을 충족하는 언어병리학과 청각학 석사과정을 인증한다. 석사과정을 개설한 대학 학과가 ASHA에 인증을 요청하면 이를 담당하는 CAA가 해당 학과에 전문가 팀을 보낸다.

이 팀은 해당 학과가 ASHA 기준의 충족 여부를 파악하기 위하여 교과과정의 우수성과 범위, 교수진의 자격, 임상을 지도할 사람의 자격 여부, 도서관 및 기타 후원 체계 등을 포함한 학위과정의 모든 면을 평가한다. 팀은 학과가 충족한 기준과 충족하지 못한 기준을 분석하여 CAA에 보고하며, 기준이 충족되면 CAA(결국은 ASHA)가 공식적으로 인증한다.

고려하고 있는 프로그램이 ASHA에서 인증을 받은 것인지 학과나 ASHA에 알아본다.

학생들이 대학의 의사소통장애 과정을 선택하는 데 ASHA가 인증한 과정인지 확인하는 절차가 필요하다. ASHA의 인증은 해당 프로그램이 전국적 기관이 설정한 교육 수준을 충족한다는 것을 뜻하며, 또한 언어병리학 또는 청각학 석사학위를 부여받으면 ASHA가 주는 전국 임상자격증을 받을 수 있다는 뜻이다. ASHA가 인증하지 아니한 과정을 마친 학생은 자격증을 받지 못한다. 임상자격증에 대해서는 추후에 설명한다.

전문직과 관련된 일과 연구 발표

ASHA는 일반 대중과 정부의 의사소통장애에 관한 인지도를 높이는 데 중요한 역할을 한다. 전문적이고 과학적 탐구기관으로서 ASHA는 미국 의회와 연방정부의 많은 기관에 로비 활동을 벌여 언어와 청각 서비스에 대한 연구비와 인식 제고를 위한 자금 지원, 임상 서비스의 소비자에 대한 보호 증진을 도모한다. ASHA는 언어병리 전문직업과 일반인이 받는 임상 서비스에 영향을 미치는 다양한 법률을 심의하는 의회의 위원회에 의견을 전달하려고 노력한다.

ASHA는 과학적 연구, 임상 연구, 학구적 논문 그리고 당면한 전문적 문제에 관한 토론 등 여러 가지 저널을 발간하고 있다. 가장 대표적인 연구 저널은 *Journal of Speech and Hearing Research*이며, *The American Journal of Speech-Language Pathology*와 *American Journal of Audiology*는 임상에 관련된 전문 저널이다. *Language, Speech, and Hearing Services in Schools*은 주로 공립학교에서 제공하는 임상 서비스를 다룬다.

또한 ASHA가 출판하는 *Asha Leader*는 전문직업에 영향을 미치는 규제 상황, 고용 기회에 대한 정보 및 조직의 지배 활동에 영향을 미치는 전문적인 당면 문제, 정부 및 입법기관에 관한 논문과 뉴스를 다룬다. 보다 높은 수준의 언어병리학이나 청각학의 과목을 수강하면 이러한 저널의 논문들을 읽기 시작한다. ASHA의 다른 유용한 발간물로 *The Guide to Graduate Education in Speech-Language Pathology and Audiology*가 있는데, 이는 미국에서 대학원 과정을 선택하려는 학생들에게 도움이 된다.

미국 언어청각협회(ASHA) 회원

현재 ASHA 회원 자격 조건은 언어병리학 또는 청각학 전공 **석사학위**(master's degree) 보유자다. 또한 임상 서비스를 제공하거나 임상 서비스를 감독하는 회원은 ASHA의 임상 자격증 조건을 만족했거나 그 과정에 있어야 한다. 임상 서비스를 제공하지 않거나 이를 감독하지 않은 회원은 임상 자격증 없이 ASHA 회원 자격을 유지할 수 있다. 예를 들면, 말, 언어 및 청각에 관하여 연구하며 교육요건을 충족하는 학자들은 임상 자격증 없이 ASHA의 회원이 될 수 있다.

언어병리학이나 청각학을 전공하는 학생들은 ASHA가 인정하는 **전국 학생언어청각협회**(National Student Speech-Language-Hearing Association: NSSLHA)의 회원이 될 수 있다. ASHA와 밀접하게 연관된 NSSLHA의 회원 자격은 학생들에게 유용하다. ASHA 회원들이 내는 회비의 1/4가량 되는 저렴한 회비를 부담하면 NSSLHA의 학생회원들은 대학원생이나 학부학생에게 중요한 학문적·전문적 정보원천이 되는 ASHA의 모든 정기간행물을 받아 볼 수 있다. 또한 NSSLHA는 *Contemporary Issues in Communi-*

*cation Sciences and Disorders[CICSD]*라는 저널을 발간하여 회원에게 배포한다.

또 다른 좋은 점이 있다면, 학생 회원은 매년 개최되는 전국회의(convention)에 저렴한 참가비로 등록할 수 있다. 많은 대학의 의사소통장애 관련 학과에는 NSSLHA의 지역 지부가 있으며, 지역 지부는 초빙 강연을 후원하고, 주 또는 지역 회의에 참석할 수 있도록 기금을 조성하며, 많은 전문적인 행사를 주관한다. 또한 지역 지부는 다른 학생들이나 교수진과 더욱 친숙해질 수 있는 기회를 제공하는 사교적 행사도 개최한다.

미국 언어청각협회의 임상 자격증

ASHA는 일반 대중에게 우수한 양질의 말, 언어 그리고 청각 서비스를 제공하기 위해서, 교육기준과 임상기준을 충족한 회원에게 발급하는 두 가지 임상 자격증을 마련하였다.

ASHA는 언어치료전문가와 청각전문가에게 별도로 자격증을 부여한다. **언어치료전문가 자격증**(The Certificate of Clinical Competence in Speech-Language Pathology: CCC-SLP)은 언어병리학 석사학위를 보유하거나 그와 동등한 학위를 가지고 있고, 임상실습 및 임상 회원(fellowship)의 요건을 충족하면서 언어치료전문가 국가고시에 합격한 사람에게 발급한다. 임상실습 요건을 충족하기 위해 인증받은 전문가의 감독하에 최저 25시간 임상 서비스를 관찰하여야 하며, 모든 연령의 환자를 대상으로 전문가의 감독을 받으며 350시간의 임상 서비스를 제공하여야 한다.

임상 회원 기간(CFY)은 대학원 교육 수료 후에 감독을 받고 수행한 추가적 임상경험을 포함한다. CFY는 ASHA 인증 언어치료전문가의 감독하에서 보수를 받고 수행한 9개월간의 정규직 전문 경험을 포함할 수 있고, 36개월에 걸쳐 주당 15~19시간의 시간제로 전문 경험을 이수할 수도 있다.

청각전문가 자격증(The Certificate of Clinical Competence in Audiology: **CCC-A**)은 청각에 대하여 언어치료전문가와 유사한 교육과정 이수, 임상실습과 실무실습의 요건 충족 및 청각학 국가고시에 합격한 사람에게 발급한다.

대학원생은 석사학위 종합시험에 응시하는 때를 전후하거나 그 이후 언제나 **'언어병리학과 청각학 국가시험**(National Examination in speech-Language Pathology and Audiology: **PRAXIS**)' 에 응시할 수 있다. ETS(Educational Testing Service)가 PRAXIS를 전국적으로 관리하며, 응시자는 면허를 담당하는 기관과 ASHA에 시험 성적을 통보

한다. 예를 들면, 언어치료전문가와 청각전문가의 면허를 교부하는 주 정부 기관에 시험 성적을 통보한다.

ASHA의 자격증은 주 정부의 자격증과 같은 법률상의 공식 라이센스는 아니지만 미국 어느 병원, 클리닉, 대학교와 같은 곳에서 인정하고 있다. 많은 주의 전문면허에 관한 법률은 ASHA의 요건을 모델로 하여 제정한 것이다.

미국 언어청각협회의 윤리기준

ASHA의 회원증과 임상 자격증을 보유한 사람은 높은 수준의 임상 서비스를 제공할 의무가 있다. 의사소통장애자를 치료하는 것은 윤리적이고 사회적으로 책임 있는 행동이므로 ASHA의 자격증을 보유한 언어치료전문가와 청각전문가는 ASHA의 윤리기준(code of ethics)을 준수하여야 한다.

ASHA **윤리기준**(American Speech-Language-Hearing Association, 1994)은 다음 네 가지 **윤리원칙**(ethics principle)을 포함하고 있으며, 이들은 언어치료전문가와 청력전문가의 전문적 행동을 지시하고 규제한다.

① 언어치료전문가 혹은 청각전문가는 그들의 전문 서비스를 제공받는 사람의 복리를 최우선으로 삼아야 한다는 책임을 진다.
② 언어치료전문가나 청각전문가는 가장 우수한 전문 능력을 갖추고 유지하여야 할 책임을 진다.
③ 언어치료전문가나 청각전문가는 전문직에 대한 일반 대중의 이해를 제고하고, 일반 대중의 미충족된 요구를 수행하도록 설계된 서비스의 개발을 지원하며, 전문 서비스에 관련된 모든 의사소통에 정확한 정보를 제공함으로써 일반 대중에 대한 책임을 진다.
④ 언어치료전문가나 청각전문가는 전문직 및 동료나 학생 및 관련 전문기관 회원과의 관계에 대한 책임을 진다. 또한 전문인의 자율과 긍지를 지키며, 전문 영역 간뿐만 아니라 동일 전문 영역 내부의 관계도 조화롭게 유지하고, 전문 분야가 스스로 정한 기준을 준수한다.

또한 윤리기준은 개별 원칙에서 다양한 윤리원칙을 제시하고 있으며, 그 예를 들면 다음과 같다. 전문가는 서비스를 제공하기 위해서 올바르게 숙련되어야 하며, 필요할 때 다른 전문가에게 환자를 의뢰한다. 인종, 종교, 성, 나이, 국적 그리고 성 경향에 따라 환자를 차별해서는 안되며, 치료 절차의 결과를 보장해서는 안 된다. 또한 타당성이 의문시되는 치료를 권하지 않으며, 환자의 비밀을 보장해야 한다. 그리고 일반인에게 자신의 전문 영역을 허위로 알리지 않는다.

이런 윤리원칙은 전문가가 언어와 청각장애 및 서비스에 관한 일반인의 지식을 증진시킬 의무가 있음을 명시하고 있다. 또한 연구와 학문 활동을 통하여 전문가는 전문 영역의 지식을 확장하고 동료들과 이런 정보를 공유하도록 노력해야 한다.

윤리기준은 중요한 문서로서 전문가 활동의 모든 분야를 규제한다. 윤리기준의 위반은 임상 자격증의 회수와 ASHA 회원증의 취소와 같은 심각한 결과를 초래한다.

전문가에 대한 주 정부 규제

주 정부는 언어치료전문가와 청각전문가의 과업에 영향을 미치는 법률을 제정하고 있다. 대부분의 주는 공립학교에서 근무하는 언어치료전문가와 청력전문가에게 주 교육부가 발행하는 **자격 증명서**(credential)를 교부하면서 공립학교에서 근무하는 언어치료전문가와 청각전문가의 교육훈련과 임상실습에 영향을 미치는 구체적 요건을 제정하고 있다. 또한 자격 증명서를 교부하기 위하여 주 교육부는 ASHA가 요구하는 대부분의 학위과정과 임상실습 경험을 요구하고 있다. 학교에서 근무하는 언어치료전문가에게 특정한 교육방법과 실무에 익숙해지도록 교육학 몇 과목을 이수하도록 요구하는 주 교육부도 있으며, 교사 자격증과 언어치료전문가자격증을 결합하여 발급하는 주 정부도 있다. 교사 자격증과 결합하여 발행하는 경우에는 교사이면서 언어치료전문가이기 때문에 일반교육학과 특수교육학 과목을 더 많이 이수하여야 한다.

주 교육부가 발급하는 자격 증명은 해당 주의 공립학교에서만 적용된다. 주 교육부 자격 증명으로는 사설 치료실을 운영하거나 병원이나 치료실에서 일하거나, 대학 언어-청각센터의 임상실습 감독자로 일할 수 없다. 공립학교 이외의 전문 관련 장소에서 일하기 위해서는 ASHA의 자격증이나 주 허가증이 필요하다. ASHA가 인증한 대학의 언어병리학과 청각학 프로그램의 임상교수는 ASHA 자격증과 주 허가증 두 가지 모두를 가지고 있어야 한다. 대부분의 주는 언어치료전문가와 청각전문가의 **면허**(licensure)를 규제하는 법률을 가지고 있다.

면허에 관련된 법규가 없는 주는 등록이나 자격증 교부로 언어치료전문가와 청각

주 정부가 면허를 규제하는 법률을 가지고 있는지 소속 학과에 알아본다.

전문가를 규제한다. 청각전문가는 규제하지만 언어치료전문가는 규제하지 않는 주도 있다. 주 면허는 주 교육부가 발급하는 자격 증명과는 다르지만, 두 가지 모두 유사한 학위과정과 임상실습을 요구한다. 대부분의 주 정부 면허 법률은 ASHA가 제시하는 요건에 근거를 두고 있으므로 ASHA의 조건을 충족하면, 대부분 주의 대학원생은 언어치료전문가나 청각전문가로서 실무에 임할 수 있는 면허의 요건을 충족하게 된다. ASHA 자격증과 주 면허 간의 중요한 차이점은, 면허는 법의 강제력을 가지고 있으나 자격증은 전문기관에서 발행되고 전국적으로 인정을 받는다는 것이다.

주 면허는 법률에 따라 설립된 위원회가 담당하며, 주마다 위원회가 소속되는 부서가 보건부, 교육부, 상공부, 소비자 부서 등 다양하다.

면허 법률이 있는 주에서 공립학교 이외의 환경에서 근무하는 언어치료전문가와 청력전문가는 적절한 면허를 소지하여야 한다. 언어치료전문가와 청각전문가가 근무하는 공립학교 이외의 환경에는 병원, 클리닉, 기타 보건시설, 사설 치료실, 재활기관, 대학 클리닉 등이 있다. 또한 공립학교에서 일하려면 면허나 ASHA 자격증으로 충분하지 않으며 주 교육부의 자격증명을 소지하여야 한다. 대부분의 주에서는 공립학교 언어치료전문가로 일하는 데 면허나 ASHA 자격증은 필요하지 않고 주 교육부의 자격증만 있으면 된다.

전문가가 되는 길

전문기관과 정부기관 및 규제에 관한 정보는 지나치게 많다고 할 수 있다. 학생들은 교육을 받아 가면서 규제와 요건들에 관하여 배우게 된다. 학생들은 특정 주의 자격증명, 면허 및 ASHA 자격증을 선택하여 이 세 가지 모두를 획득하는 데 필요한 요건이 무엇인지 파악하여야 한다. 대학의 언어병리학과가 학생들이 요건을 충족하고 서류를 작성하는 데 도움을 줄 것이다.

모든 자격증, 자격증명, 면허증, 기타 규정 및 윤리기준은 공익을 보호하기 위해서 만든 것이다. 서비스를 제공받는 사람은 면허나 자격증 또는 자격증명을 가지고 있는 전문가가 해당 서비스를 제공할 자격이 있으며, 또한 전문인으로서의 윤리기준에 맞고 책임감이 있는 서비스를 제공할 것으로 믿는다.

또한 중요한 것은 이런 규제가 학생을 비롯해 전문가로 실무에 종사할 사람들에게 도움이 된다는 것이다. 학문과 교육요건을 충족함으로써 학생은 사회 구성원에게 가치 있는 서비스를 제공하는 능력 있고, 자신감 있고, 독립적인 전문가가 될 것이라는 확신을 갖는다. 적절한 학위와 자격증 및 면허증에는 명예, 전문인이라는 지위, 그리고 경제적 혜택이 뒤따른다. 더 많은 교육을 받고 더 능력 있는 임상가는 제대로 준비되지 못한 임상가보다 더 많은 도전을 극복하고 전문 영역에 더 중요한 공헌을 할 수 있다. 이러한 임상가는 일에서 더 많은 만족을 이끌어 낸다. 따라서 규정과 조건들은 소비자뿐만 아니라 전문가들에게도 도움을 준다.

앞에서 ASHA의 요건, 주 교육부의 요건 및 주 면허위원회의 요건 등 세 가지를 설명하였다. 또한 대학이 의사소통장애에 관한 학사학위나 석사학위를 부여하기 위하여 프로그램의 일부로 요구하는 조건이 있다. 대부분의 대학은 학생이 전공 분야에 대한 전문적이고 과학적인 공부를 하기 전에 폭넓은 분야의 교육과목 이수를 요구하므로, 대학의 처음 2년 동안 대부분의 학부학생은 일반 교육과목을 수강한다. 일반적으로 1~2학년에서는 의사소통과 장애에 관한 원론 과목과 기초 과목을 이수하고, 3~4학년에서는 전공에 더 전문화된 과목들을 수강한다.

미국의 대부분 대학은 정부와 전문기관의 요건을 충족하도록 대학원과 학부과정을 편성한다. 예를 들면, 캘리포니아의 ASHA 인증 대학의 프로그램은 당연히 ASHA의 요건을 만족시키며, 캘리포니아 주 면허위원회의 요건을 만족시킬 가능성이 대단히 높으며, 주 교육부의 요건들을 만족시킬 가능성도 높다. 따라서 캘리포니아의 ASHA 인증 프로그램에서 의사소통장애 관련 석사학위를 취득하고 졸업한 학생의 대부분은 동시에 주 면허, ASHA 자격증 및 주 교육부 자격증명을 획득할 수 있을 것이다(Hegde & Davis, 2010). 다른 주의 ASHA 인증 프로그램도 이와 같다.

전문적인 교육과 실습 전반에 대한 정보는 ASHA 웹사이트(www.asha.org)를 방문하라.

자기가 진학하려는 대학의 프로그램이 자신의 전문적 목표를 달성하는 데 필요한 면허나 자격증의 요건을 충족하는지 확인하는 것은 학생의 책임이다. 앞서 언급한 『언어병리학 및 청각학전문교육요람(The Guide to Professional Education in Speech-Language Pathology and Audiology)』은 미국 전역에 있는 인증되지 않은 프로그램뿐만 아니라 인증된 프로그램 목록을 모두 제시하고 있다. 이 안내서는 의사소통장애와 관련된 대학원 과정을 선택할 때 일차로 사용할 수 있다. 하나 이상의 과정을 선택한 후에 학생은 그 학과의 지도교수와 교육적·직업적 목표에 관해서 상담하면서 선택한 학교의 과정이 자기의 목표와 일치하는 것을 확신할 수 있다. 학생은 지도교수의 도움을 받아 교육과 임상 프로그램을 계획하고, 교과과정 내내 지도교수와 접촉을 유지하면서 필요 시 교과과정을 수정하여야 한다. 지도교수와의 정기적 접촉은 학생을 올바른 길로 인도하고, 교육적이고 전문적인 자격 요건을 충족하는 데 도움이 된다.

전형적인 학부과정

지도교수로부터 의사소통장애에서 필수와 선택 과목들의 목록을 받아서 이를 ASHA의 요구사항과 비교해 본다.

미국의 학부과정은 **의사소통장애 프로그램**(program in communicative disorders: 언어병리학 및 청각학)과 **언어청각과학 프로그램**(program in speech and hearing sciences) 두 유형이 있다. 두 가지 종류의 프로그램은 공통된 수강과목이 많으며, 주된 차이점은 의사소통장애 프로그램에서는 몇 개의 임상과목을 개설하고 한정된 임상실습 경험을 제공한다는 것이다. 의사소통장애 프로그램에서 학부학생은 자격증이 있고 면허를 받은 언어치료전문가나 청각전문가의 지도 아래 의사소통장애가 있는 아동이나 성인을 상대한다.

언어청각과학 프로그램은 말, 언어 및 청각의 정상적 과정에 초점을 두고 있다. 언어청각과학 과정에서는 의사소통장애에 관한 임상과목이 강의되는 경우가 적으며, 이러한 임상과목의 수강이 임상실습의 전제조건이 되므로 언어청각과학 프로그램에 있는 학부학생은 의사소통장애자를 다룰 수 없다.

학부과정에서 학생들은 보통 청각학을 전공하지 않으며, 청각전문가나 언어치료전문가가 되려는 학생 모두가 공통된 기초과목을 수강한다. 청각학 전공과 언어병리학 전공은 대학원과정에서 분리되지만 대학원에서도 두 분야에 공통되는 과목이 많다.

학부과정에서는 몇 개의 기초과목이 개설된다. 학부의 의사소통장애 프로그램도 임상과목과 임상실습을 수강하기 전에 이수하여야 할 몇 개의 필수과목들이 있기 때문에 한정된 임상실습의 기회만을 제공한다. 예를 들면, 말(speech)과 청각(hearing)을 가능하게 하는 신체적 메커니즘의 구조와 기능을 학습해야 하는데, 이는 말과 청각에 관련된 해부학과 생리학 과목을 수강하는 것을 의미한다. 그다음에 학생들은 말소리의 산출과 지각을 다루는 음성학 과목을 수강할 수 있다. 또한 대부분의 과정은 말과 청각에 관한 기초과목을 개설하고 있는데, 이는 음향학(소리에 관한 학문), 인간의 성대체계가 소리를 생성하는 방법, 소리가 말소리로 변형되고 발음되는 방법 및 듣는 사람이 말소리를 지각하는 방법을 포함한다.

그다음에 수강하는 과목들은 발음과 언어에 관련된 과목들로 발음과 발음장애의 기초가 별도의 과목으로 개설되며, 언어의 개념과 아동의 언어 학습에 초점을 둔 과목이 개설된다. 이런 과목들 외에 학생은 언어장애, 유창성장애 및 음성장애 각각 별도의 과목을 수강할 수도 있다. 또한 학부 의사소통장애 프로그램의 대부분은 병력, 면담, 표준검사, 언어 표본 추출과 검사 및 기타 진단 절차를 다루는 언어장애의 평가과목을 포함한다. 대부분의 학부과정은 청각학, 청각과학, 청력측정과 장애에 관하여 한 과목 이상을 개설하며, 또한 소리의 물리학, 생리학 및 심리학을 연구하는 청각과학을 별도 과목으로 개설할 수도 있다.

말과 청각을 전공하는 학생들에게는 관련 학문 분야의 많은 과목을 수강하도록 권장하는데, 아동심리, 학습 이론, 행동분석 이상심리 및 언어심리 등의 심리학 과목은 의사소통과 발달 과정 및 장애에 관하여 유용한 정보를 제공하며, 의사소통에 대한 관점을 넓혀 준다. 마찬가지로 유전학과 신경생리학, 연구방법론, 통계학, 언어학 등도 선택과목으로 추천된다. 말과 청각에 대한 연구와 임상 작업에 컴퓨터를 이용하는 빈도가 높아지고 있기 때문에 전자공학 및 컴퓨터공학 과목을 수강하는 것도 유용할 것이다. 학생이 정식 컴퓨터과학 과목을 수강하지 않아도 컴퓨터 활용에 관한 고도의 기술 습득은 유용하며, 그러한 기술을 요구하는 교육 프로그램도 있다.

전형적인 대학원과정

석사학위는 언어병리학과 청각학이 별도로 수여되지만 두 학위 과정에 공통되는 과목들이 몇 가지 있다. 예를 들면, 대부분의 프로그램은 과학적 방법론과 연구과정이 포함된다. 임상 및 연구방법과 통계학 및 언어청각치료의 관리에 관한 과목, 기타 전문적 과목들도 또한 두 학위과정 모두에서 개설되기도 한다. 많은 언어병리학 전공학생들은 청각학 과목을 하나 이상 수강하며, 청각학 전공학생들도 언어병리학 과목을 수강한다. 이 외에는 각자 자기 전공의 전문과목을 수강한다.

학부과정에서 수강한 과목과 일치되는 대학원 과목이 있지만 학생들은 보다 높은 수준의 대학원 과목을 통하여 다양한 의사소통장애의 진단과 치료 및 연구에 대해 보다 많은 것을 배우게 된다. 일반적으로 대학원생은 발음, 언어, 유창성 및 음성에 관련된 보다 높은 수준의 과목들을 수강하고, 의사소통의 네 가지 기본 측면에 대하여 정상적 과정과 비정상적 과정 모두를 공부한다. 또한 다른 특수한 장애에 대하여 별도 세미나에서 공부한다. 예를 들면, 성인과 아동의 삼킴장애, 구음장애, 운동신경장애, 실어증 및 구개열과 관련 장애에 대한 별도의 세미나가 많은 대학원 과정에 개설되어 있다. 마지막으로 진단이나 치료방법에 대한 상위 과목도 개설된다. 아동의 읽고 쓰는 능력 개발과 해당 능력에 문제가 있는 경우의 치료 등 새로운 전문 분야 과목도 개설될 수 있다.

청각학 전공 학생들은 청각, 청각장애, 평가 및 재활 등 여러 분야에 대한 세미나를 수강한다. 고급 청각학 세미나에서는 청각과 언어지각을 검사하는 복잡한 기법을 배우며, 소아청각학 세미나에서는 아동의 청력과 청력평가에 관한 특별한 문제를 다룬다. 또한 산업근로자의 청각장애와 평가, 청력검사나 평가에서 사용되는 전자도구, 청각재활, 보청기, 인공와우 및 기타 문제들을 다루는 세미나도 개설된다.

의사소통의 특정한 장애나 특정한 연구 분야 혹은 전문 분야를 전공하려는 학생들은 추가적으로 좀 더 난이도가 높은 과목을 수강할 수 있다. 이러한 선택과목 교육은 교수의 감독하에 이루어지며, 개별 학생의 요구를 충족할 수 있도록 맞추어져 있다.

교수의 지도를 받으면서 전공 관련 논문이나 서적을 읽고 자율연구를 통하여 학생은 특정한 분야나 주제를 더 깊게 공부할 수 있다.

많은 대학원과정, 특히 박사과정이 있는 대학원과정은 말, 언어 및 청각 장애나 이와 관련된 주제에 대하여 하나 이상의 세미나를 개설한다. 예를 들면, 말더듬이나 구개열, 발성 혹은 청각장애평가 기법에 관하여 각각 두세 개의 세미나를 개설할 수도 있다. 이런 장애 중의 하나를 전공하려는 학생은 선택과목을 활용할 수 있다.

학위논문(thesis)을 모든 학생에게 요구하는 대학원과정도 있고, 선택사항으로 하는 과정도 있다. 지도교수는 학생들이 연구를 계획하고 수행하는 것을 도와주며, 학위논문의 작성을 감독한다. 세 명 이상으로 구성된 교수심사위원회가 논문을 심사하며, 학생이 학위논문을 발표하고 이를 설명하는 구두시험을 시행한다. 심사위원회는 석사학위 요건의 일부를 충족하는 논문의 통과를 건의한다. 논문을 쓰는 학생들은 전공의 특정한 분야에 대한 자기 스스로의 연구를 통하여 얻는 지식 때문에 논문을 대단히 값진 것으로 생각한다.

학위논문을 쓰지 않는 학생은 종합시험을 보는데, 필수과목과 선택과목 대부분을 이수한 학생이 종합시험을 본다. 종합시험은 언어병리학 전반을 다룬다. 종합시험 후에 구두시험을 보는 경우도 있다. PRAXIS와 종합시험을 준비하는 학생들이 이용할 수 있는 정보 원천이 있다(Payne & Anderson, 1991; Roseberry-McKibbin & Hegde, 2006).

임상실습

의사소통장애를 가진 아동과 성인에 대한 치료를 조바심을 가지고 기다리는 학생이 있는 반면, 약간 겁을 먹고 있는 학생도 있다. 또한 실제로 실습에 닥쳐서야 생각하는 학생이 있는 반면, 항상 실습을 생각하고 있는 학생도 있다. 그렇지만 대부분 학생들은 임상실습을 통하여 자기가 선택한 전문 분야의 기법을 배우게 된다(Hegde & Davis, 2010; Kelly, Davis, & Hegde, 1994). 한편, 학부학생에게는 임상실습을 제공하지 않는 프로그램이 많다.

음성학, 언어발달, 발음장애, 언어장애 및 진단방법론과 같은 과목을 수강한 학부학생은 임상실습을 할 수 있다. 대학원생은 임상실습에 필요한 필수과목 모두를 수강하게 되므로 보통 첫학기에 임상실습을 시작할 수 있다.

대부분의 의사소통장애 프로그램은 학교 내에 언어청각클리닉을 시행하고 있으며, 학생들에게 임상실습의 기회를 제공하는 것을 주요한 목적으로 한다. 물론 이러한 과정에서 클리닉은 지역사회에 유용한 언어청각 서비스를 제공한다. 또한 대학의 관련 학과는 학교 밖의 클리닉도 임상실습을 할 수 있는 기관으로 인정해 준다. 이에는 지역의 다양한 언어청각클리닉이 포함된다.

학생의 임상실습은 언어병리학이나 청각학 석사학위 이상을 가진 임상감독관의 직접 감독을 받아 이루어진다. 감독관은 언어병리학이나 청각학에 대한 ASHA 자격증을 가지고 있으며, 주 면허도 보유하고 있다.

감독관은 의사소통장애자를 치료하는 학생이 치료할 장애에 관한 학과과목을 수강하였는지 확인해야 한다. 예를 들면, 발음장애에 관한 수업은 듣고 말더듬에 관한 과목을 수강하지 않은 학생에게는 발음장애자를 치료하게 할 수는 있지만 말더듬는 사람을 치료하게 할 수는 없다. 대부분의 학생은 두세 명의 환자를 치료하며, 각 환자들은 일주일에 두 번씩 치료받는다. 치료 시간은 한 번에 50~60분이다. 임상감독관은 일방경(one-way mirror)을 통하여 학생이 치료하는 과정을 관찰하고, 학생 임상가와 의사소통장애자 사이의 대화 내용을 설치된 오디오 시스템을 통해서 듣는다.

감독관은 학생이 각 의사소통장애자에 대하여 승인을 받은 치료 계획에 따라 치료하는지 확인한다. 학생은 미리 치료 계획의 전부나 일부를 작성하여 감독관의 승인을 받아야 한다. 학생과 감독관은 치료 계획의 세부사항을 토의하고 필요하면 수정을 가한다. 학기 내내 학생과 감독관은 치료 경과를 같이 검토하고 학생의 치료를 토의 평가하는 시간을 갖는다. 감독관은 학생의 치료에 대해 개선 방안을 제시한다.

감독관은 특정한 치료 절차를 보여 주고, 시행하는 치료 절차의 타당성을 설명하며, 장애자와의 상담을 위해 제한적 범위 내에서 치료 절차에 참여할 수 있다. 또한 학생이 부적절한 절차를 사용하거나 치료 절차가 비효과적인 것으로 판명되면 치료 과정에 개입할 윤리적 책임을 가지고 있다.

임상실습은 학생에게 필수 불가결한 학습 경험의 장이다. 학생이 실수를 저지르는 것은 당연하며, 이를 통하여 배운다. 효과적인 치료 절차를 적용한 학생 임상가는 의사소통장애자의 행동에 체계적인 변화를 볼 수 있다.

• 말을 더듬고 말을 하기 위하여 애를 써야 하며 말이 막히던 장애자가 비교적 유

창하게 말을 하게 되고, 지금까지 살면서 피해 왔던 상황도 이제는 마주하기 시작한다. 환자는 처음으로 상사에게 유창하게 말할 수 있었으며, 스스로를 자랑스럽게 생각한다고 클리닉에 와서 보고한다.

- 말을 못하던 아동이 말을 하기 시작하여 처음으로 '엄마'라는 말을 한다. 자녀가 '엄마'라고 하는 말을 처음으로 들었을 때가 얼마나 기쁨과 만족의 순간인지를 모든 어머니는 이야기한다.
- 부인의 이름을 말할 수 없던 실어증 환자가 갑자기 부인의 이름을 부르기 시작했을 때 두 사람의 얼굴에 기쁨의 눈물이 보인다.

이런 때에 임상가는 자기가 얼마나 가치 있고 보람 있는 서비스를 제공하고 있는지 인식하게 되며, 또한 전문가로서의 만족감을 느낀다.

치료는 의사소통장애자의 인생을 보다 긍정적으로 변화시키며, 이러한 변화가 그와 함께 살고 일하는 사람들의 인생에도 긍정적 영향을 미친다. 언어치료전문가와 청각전문가는 이러한 긍정적 변화를 유도하는 도구이며, 많은 사람의 인생에 영향을 미치는 능력이 의사소통장애 전문직의 핵심이다.

졸업과 전문가로서의 출발

대학의 언어청각센터에서 얼마간의 임상 경험을 쌓은 후, 학생은 다른 임상 환경에서 감독을 받으며 한 학기 동안 전임으로 일하게 된다. 이러한 **임상 인턴십**(clinical internship 혹은 externship)은 실습 경험 요건을 만족하기 위하여 요구되며, 인턴십으로 일하는 곳은 공립학교, 병원, 의료 클리닉, 사설 언어청각 클리닉 및 재활시설 등이다. 임상 인턴십 요건은 학생들에게 다양한 환경에서 임상 경험을 하도록 기회를 주기 위한 것으로, 전임으로 참여하게 되는 인턴십은 학생이 앞으로 전문가로 일하는 데 도움을 준다. 인턴십은 대학원 2년차 마지막 해에 채택한다.

공립학교 임상 인턴십과 의료기관 임상 인턴십 두 가지를 선택할 수 있는데, 두 환경의 임상 경험은 완전히 다르다. 공립학교 인턴십은 의학적 문제가 적거나 거의 없는 아동의 의사소통장애를 평가하고 치료하는 경험을 하기 좋으며, 의료기관 임상 인턴십, 특히 성인재활시설에서의 인턴십은 다른 의학적 문제(뇌졸중, 후두암)가 수반되는 노인 및 성인의 의사소통장애를 평가하고 치료하는 경험을 하기 좋다.

학위논문을 선택한 한 학생은 2년차에 연구를 실시하여 논문을 쓰고, 구술시험에서 논문 심사를 받는다. 학위논문을 선택하지 않은 학생은 의사소통과 장애의 여러 관점에 대한 포괄적 필기시험과 구술시험을 선택할 수 있다. 학과와 대학의 요구 조건을 모두 충족하면 학생은 언어병리학 또는 청각학 석사학위를 받는다.

대부분의 주가 교부하는 면허와 ASHA가 발급하는 자격증을 취득하기 위해서는 석사학위와 그에 따르는 임상실습 시간뿐만 아니라 전국적으로 실시되는 언어병리학이나 청각학에 대한 종합시험에서 합격 점수 이상을 받아야 한다. 이 시험은 미국 교사시험 프로그램의 일환으로 ETS(Educational Testing Service)에서 운영하며, 대부분 학생은 대학원 2년차에 시험을 친다. 이 시험은 졸업 후에 볼 수도 있다.

신규로 석사학위를 취득한 사람이 주 면허와 ASHA 자격증을 얻기 위해서는 9개월 동안의 전임 유급 전문직 경험이 필요하다. ASHA는 이를 **임상 회원 기간**(Clinical fellowship year)이라 하며, 이 기간에 신규 졸업생은 자격증을 소지한 임상가의 감독을 받으며 일한다. 감독관이 면허를 가진 경우에는 이 기간의 임상 경험이 주 면허의 조건을 만족시킬 수도 있다.

임상 회원 기간이 끝나면 석사학위 소지자는 ASHA 자격증과 주 면허를 신청할 자격이 생긴다. 공립학교에서 일하려는 사람은 대학 졸업과 동시에 학교 자격증명을 받는다. ASHA 자격증과 주 면허를 받은 석사학위 소지자는 언어치료전문가나 청각전문가로서 독립적으로 실무를 할 수 있다.

이상에서 의사소통장애에 관한 교육과 임상 훈련에 대하여 기초적이고 일반적인 내용을 설명하였다. 그러나 학교마다 또 주마다 규정이 다소 다르다. 또한 전문직에 영향을 미치는 ASHA 지침과 주 법률도 자주 변경되며, 대학도 절차와 교육 및 임상 요건을 수시로 변경한다. 따라서 앞서 지적했듯이 학생들은 그들의 지도교수와 지속적인 교류를 해야 하며, 지도교수는 학생에게 최신 정보를 제공하는 동시에 학생들이 자신의 교육적 · 직업적 목표를 달성할 수 있도록 지도해야 한다.

의사소통장애 관련 학문과 전문직은 미래가 밝으며 크게 발전하는 역동적인 분야다. 비교적 새로운 분야로서 아직 발전을 계속하고 있기 때문에 많은 도전과 장래성이 있고, 이 분야의 학자와 전문 임상가 모두 고무적인 도전을 받고 있다. 최근 몇 년 동안 의사소통장애 분야의 연구 정보가 폭발적으로 증가하고 있으며, 지속적인 기초 및 임상 연구를 통하여 의사소통장애 치료에 대한 보다 체계적인 지식을 얻고, 보다 효과적인 치료 절차를 시행할 수 있게 되었다. 학생들은 이러한 발전을 이룩하는 지도자가 될 수 있다. 무엇보다도 의사소통장애 관련 학문과 전문직은 사람의 삶을 변화시키는 특별하고 도전적이며 보람찬 기회를 제공한다. 성공적인 의사소통장애의 치료는 장애자에게 사회적 활동과 의사소통 능력이라는 인간 존재의 본질을 회복시켜 준다.

요 약

- 청각학과 언어병리학은 미국에서 시작된 20세기 산물이며, 청각전문가와 언어치료전문가는 미국과 다른 나라에서 급속히 발전하고 있다.
- 1920년대 설립된 ASHA는 이름이 몇 번 변경되었고, 교육인증위원회(Council on Academic Accredition)를 통해 청각학과 언어병리학에 관한 교육 및 임상 훈련 프로그램을 인증한다.
- ASHA의 정식 회원이 되려면 ASHA가 인증한 교육기관에서 석사학위를 받는 것이 필수적이며, 석사학위를 수료하기 위하여 교과목의 이수와 임상실습이 필요하다.
- 의사소통장애 교육과정에 있는 학생은 NSSLHA회원이 될 수 있다.
- ASHA는 언어병리학이나 청각학에 관한 국가시험(PRAXIS)에 합격한 적격자에게 청각학이나 언어병리학의 임상전문가 자격증(CCC)을 교부한다.
- 전문직에 종사하기 위해서는 종사할 주의 주 면허와 CCC를 획득하는 것이 필수다.
- 공립학교에 종사하는 임상전문가도 주 교육담당부서에서 특수교육 면허를 받는다.
- ASHA 회원은 윤리기준을 준수하여야 한다.

연구문제

1. ASHA는 무엇의 약자인가?
2. 현재 ASHA라고 알려진 전문기관은 언제 설립되었는가?
3. 의사소통장애자에게 말과 언어 서비스를 제공하는 사람을 무엇이라고 부르는 것이 좋은가?
4. 청각과 청각장애를 전문으로 다루는 사람을 무엇이라고 부르는가?
5. ASHA의 두 가지 목적을 제시하시오.
6. ASHA는 어떻게 말과 언어와 청각 프로그램에 있는 학생들이 적절한 훈련을 받도록 유도하는가?
7. ASHA는 어떻게 미국 내 언어청각클리닉이 일반인에게 우수한 서비스를 제공하도록 유도하는가?
8. 학생들이 ASHA가 인증한 의사소통장애 대학 프로그램을 선호해야 하는 이유는 무엇인가?
9. ASHA 회원이 되기 위한 현재의 자격 조건은? 1994년의 자격 조건은?
10. NSSLHA란 무엇을 의미하는가?
11. CCC-SLP란 무엇을 의미하는가?
12. CCC-A란 무엇을 의미하는가?

13. 언어병리학과 청각학의 전문직에 대한 주 정부의 규제를 설명하시오.
14. 공립학교의 언어치료전문가는 누구에게 자격증이나 자격증명을 받아야 하는가?
15. 언어치료전문가나 청각전문가로 일할 수 있는 면허는 누가 발급하는가?

참고문헌

American Speech–Language–Hearing Association. (1994). Code of ethics. *Asha, 36*(3) (March Suppl.), 1-2.

American Speech–Language–Hearing Association. (2008). *Membership profile: Highlights and trends.* Retrieved July 5, 2008, from http://www.asha.org/about/membership-certification/member-counts.htm

Hedge, M. N., & Davis, D. (2010). *Clinical methods and practicum in speech-language pathology* (5th ed.). Clifton Park, NY: Cengage Learning.

Kelly, B. R., Davis, D., & Hedge, M. N. (1994). *Clinical methods and practicum in audiology.* San Diego, CA: Singular.

Paden, E. P. (1970). *A history of the American Speech and Hearing Association, 1925-1958.* Rockville, MD: American Speech-Language-Hearing Association.

Payne, K. T., & Anderson, N. (1991). *How to prepare for the N.E.S.P.A.: National examination in speech-language pathology and audiology.* San Diego, CA: Singular.

Roseberry-McKibbin, C., & Hedge, M. N. (2006). *An advanced review of speech-language pathology: Preparation for PRAXIS and comprehensive examination* (2nd ed.). Austin, TX: PRO-ED.

용어 설명

AIDS 치매 복합체(AIDS dementia complex) 후천성 면역결핍증후군(AIDS)과 관련된 치매의 한 형태로 진행성 지적 · 행동적 퇴행을 보임

FM 보청기/청능훈련기(Frequency modulated auditory trainer) 송신기와 수신기의 두 부분으로 구성된 증폭장치이며, 교실에서 난청자의 수업에 유용하게 사용

가속/감속 손상(Acceleration/deceleration injuries) 외부로부터 가해진 힘에 의해 두개골 내부에서 뇌가 급격하게 움직임으로써 손상이 초래되는 것

가청 비누출(Audible nasal emission) 코로 누출되는 분출기류의 소음

간뇌(Diencephalon) 뇌간의 한 구조. 시상과 시상하부를 포함함

간접 후두경(Indirect laryngoscopy) 후두 구조를 관찰하기 위해 이비인후과 의사가 목구멍 안에 넣어 사용하는 작은 거울

간질(Epilepsy) 손상된 또는 비정상적인 뇌세포에서 발생한 과도한 전기적 방출에 의해 몸에 경련이 일어나는 발작 장애

감각신경(Sensory nerves) 감각기관에서 뇌까지 감각정보를 전달하는 뇌신경

감각신경성 난청(Sensorineural hearing loss) 달팽이관의 손상된 모세포나 대뇌신경 VIII 청신경 부분의 손상에 의한 청력 감소. 전음성 난청(conductive hearing loss) 참조

강(腔, Cavity) 신체 내 빈 공간. 다른 조직을 보유하는 신체 내의 한 조직

강도(Intensity) 소리의 크기. 큰 소리로 지각되는 소리는 강도도 큼

강직증(Ankylosis) 질환 때문에 관절의 움직임에 나타나는 장애

강화제(Reinforcer) 반응 후의 상황을 통하여 미래에 같은 반응이 나타날 확률을 높임

거친 소리(Hashness) 목소리의 거침. 주로 성대의 불규칙적인 진동에서 기인하는 불쾌한 목소리

격리(타임아웃, Time-out) 오류 반응의 빈도를 감소시키기 위한 절차. 오류 반응을 할 때마다 짧은 기간 강화가 없거나 침묵함

격리증(Hypertelorism) 얼굴의 나머지에 비해서 두 눈이 많이 떨어져 있음

격막(중격, Septum) 비강을 나누는 조직

경구개(Hard palate) 입의 천장과 코의 바닥 부분

경악반사(Startle reflex) 큰 소리에 자동적으로 반응하는 아기의 반응. 점프하는 반응과 갑작스러운 움직임

경직성 마비(Spastic paralysis) 상위 운동뉴런(신경)상의 손상에 의한 마비의 형태로 경직된 근육을 특징으로 함

경직성(Spasticity) 근육의 긴장 또는 강직성의 증가

계사(연결사, Copula) 'be' 혹은 'seem'의 형태를 취하는 동사. 종종 한 개인의 특징 혹은 태도 등을 표현하는 문장에 사용됨(예, she is nice, he was good)

계획된 학습(Programmed learning) 작동의 조건화 원리를 사용하여 다양한 기술을 습득하는 방법

고막 긴장근(Tensor tympani) 고막을 긴장시키는 중이의 근육

고막 성형술(Myringoplasty) 구멍난 고막을 고치는 수술

고막 절개술(Myringotomy) 급성 중이염으로 생긴 압력을 고막에 작은 절개를 내어 덜어 주는 수술

고막(Tympanic membrane) 소리에 매우 민감한, 얇고 반투명의 원뿔 모양 중이(고막)

골전도(Bone conduction) 뼈의 진동을 통해 소리가 전도되는 과정

공기전도(Air conduction) 공기를 매개로 하여 전달되는 소리. 공기를 통해 전도된 소리는 외이 및 중이를 통해 와우에 전달됨

공명(Resonance) 소리의 원천과 관련 있는 구조물에 가해진 진동. 하 후두 및 상 후두 강의 진동(소리의 원천)

과립공포 변성(Granulovacular degeneration) 과립 파편이 포함된 액체로 가득 찬 작은 공간으로 인해 신경세포가 퇴화되는 것

관통 뇌손상(Penetrating brain injuries) 두개골이 골절되고 뇌막이 찢어진 뇌손상

교감신경의(Sympathetic) '도망가기 또는 싸우기'를 위해 몸을 동원하는 자율신경계의 일부를 지칭함. 부교감신경성의(parasy mpathetic) 참조

교련섬유(Commissural fibers) 뇌의 두 반구를 연결하는 섬유

교정 피드백(Corrective feedback) '아닙니다' '틀렸어요' 등으로 말하여, 환자에게 요구된 반응이 바르게 산출되지 않았음을 알려 주는 것

교차하다(Decussate) 교차함. 한쪽 귀에서 시작되는 많은 청신경 섬유들이 뇌의 반대편으로 교차됨

구 반복(Phrase repetition) 비유창성의 하나. 문법적으로 완전한 문장이 아닌 말을 반복

구 첨가(Phrase interjection) 추가적 의미를 갖지 못하거나 말 내용면에서 볼 때 관계없는 구절의 삽입

구(고랑, Sulcus) 뇌 표면의 얕은 골. 뇌에는 많은 구가 있음. 열구(fissures) 참조

구(Phrase) 문법적으로는 불완전한 말

구강 실행증(Oral apraxia) 비구두적인 행동을 위해 구강기관의 근육을 움직일 수 없는 증상

구강단계(Oral phase) 정상 삼킴의 한 단계로, 삼키기 위해 음식덩이를 삼킬 준비를 하는 혀의 동작이 주된 활동

구강안면검사(Orofacial examination) 의사소통장애를 초래할 수 있는 안면과 입의 심각한 구조적 문제가 아니라는 사실을 파악하는 검사

구강준비단계(Oral preperatory phase) 정상 삼킴의 한 단계로, 삼키기 위해 음식덩이를 입 안에 위치시킴

구개 긴장근(Tensor palatini) 연구개를 늘려 주는 근육 한 쌍

구개 올림근(Levator palatini) 연구개를 위로 움직이는 한 쌍의 근육

구개골(Palatine bone) 경구개의 한 부분

구개돌기(Palatine process) 상악골의 중앙부 접시 모양의 부분. 이차적 구개로서 태아기에 형성되어 입과 경구개의 천장 부분을 형성함

구개설근(Palatoglossus) 연구개를 내리는 근육

구개수(목젖, Uvula) 작고 원추 모양을 한 연구개의 끝 부분

구개수열(Bifid uvula) 목젖이 갈라진 것으로, 입천장을 덮는 조직 속에 갈라진 틈이 있다는 것을 암시함

구개열(Clefts of the palate) 전상악골이 상악골과의 융합을 이루지 못하거나 구개돌기가 중앙에서 융합을 이루지 못한 것

구개인두근(Palatopharyngeus) 연구개를 내리는 근육

구도(구와, Stomodeum) 태내기 발육 세 째 주에 생성되는 원시적인 입과 코

구두언어(Oral language) 의미를 가진 낱말과 문장을 구성하는 말소리의 산출

구륜근(Orbicularis oris) 입술을 형성하는 근육들

구심성(Afferent) 세포체로 향하는 정보의 흐름

구어 실행증(Verbal apraxia) 마비 또는 말소리 근육의 불협응이나 약화가 없으면서도 말하는 데 필요한 움직임을 시작하거나 실행하는 데 어려움이 있음. 뇌의 손상된 운동 계획성 때문에 일어나는 것으로 짐작됨

구어 착어증(Verbal paraphasia) 실어증 환자들에게 나타나는 낱말 대치. 대치된 단어는 올바른 단어들과 유사한 의미를 가짐

구어전 행동(Preverbal behaviors) 낱말과 구를 말하기 전의 의사소통 행동. 그중 옹알이가 가장 중요함

국제음성기호(International Phonetic Alphabet: IPA) 각 음성기호가 하나의 말소리만 의미하는 음성기호체계

굴곡성 내시경법(Fiberoptic endoscopy) 내시경(endoscopes) 참조

규준(Norms) 대표적 집단의 검사나 측정 결과

근기능 치료(Myofunctional therapy) 혀 내밀기를 수정하기 위한 치료

근전도검사(Electromyography) 근육의 전기적 활동을 감지, 증폭 또 기록하는 기술

긍정적 강화(Positive reinforcement) 반응을 하자마자 무언가를 제시함으로써 강화를 하는 절차. 흔히 사용하는 긍정적 강화제로는 구두칭찬이 있음

기관(Trachea) 폐와 연결된 연골고리로 이루어져 있는 관

기능 단위(Functional unit) 공유하는 구두반응의 집합 또는 군. 모두 유사한 자극 조건과 결과

기본주파수(Fundamental frequency) 성대가 진동하는 평균 빠르기, 혹은 복합음을 구성하는 가장 낮은 주파수

기저막(Basilar membrane) 코르티기관 및 코르티기관 내에 있는 소리에 반응하는 수천 개의 모세포 및 이를 포함하는 달팽이관의 기저

기저신경절(Basal ganglia) 운동자극(충돌)의 통합을 돕는 뇌 안의 심층구조

기질적 음성장애(Organic voice disorders) 발성기제의 구조적 문제로 나타나는 음성장애

기질적 의사소통장애(Organic disorders of communication) 말의 신경심리체계의 결함에 의한 장애

기초선(Baselines) 환자에게 목표행동을 가르치기 전에 환자의 목표행동을 측정한 것

길항운동 반복비율(Diadochokinetic rate) 화자가 선택된 음절(예, pa-ta-ka)을 반복할 수 있는 속도

난원창(Oval window) 내이의 일부로서 내이 방향으로 열려 있는 구멍

난청(Hard of hearing) 25~75dB까지의 청각손상. 난청을 가진 사람은 어느 정도의 잔존청력을 가지고 있음

내림프(Endolymph) 달팽이관을 채우는 유액의 한 종류

내시경(Endoscopes) 입이나(구강내시경) 코로(비강내시경) 삽입된 얇은 섬유경을 통하여 기관에서 기관까지 빛을 전도하여 내부의 기관을 조명(설명)하고 검사하는 데 사용하는 기계장치

내이도(Internal auditory meatus) 청신경이 내이를 빠져나가는 구멍

노인성 난청(Presbycusis) 노인들에게서 나타나는 감음신경성 청력손실의 유형

노인성 치매(Senile dementia) 치매(dementia) 참조

농(Deaf) 보통 70dB 이상의 청력손실자로 정상적인 상황에서 담화 시 말을 듣거나 이해할 수 없는 사람

뇌 반구(Cerebral hemispheres) 뇌의 반쪽 부분

뇌간(Brainstem) 연수, 뇌교, 중뇌, 간뇌 그리고 망상체로 이루어짐

뇌교(Pons) 소뇌의 두 반구를 연결하는 조직

뇌동맥경화증(Cerebral arteriosclerosis) 대뇌동맥의 경화, 점점 두꺼워짐

뇌막염(Meningitis) 뇌를 덮고 있는 막의 층을 파괴하는 전염성 질병

뇌성마비(Cerebral palsy) 태아기나 유아기 동안 뇌손상, 그리고 그 결과 발생하는 마비와 신체 성장, 움직임, 의사소통, 감각 결함의 문제

뇌신경(Cranial nerves) 두개골 기저공(통로)으로부터 나오는 신경들. 말소리 산출에 중요한 역할을 함

뇌척수액(Cerebrospinal fluid) 대뇌를 둘러싸고 완충작용을 하는 액체

뉴런(Neurons) 세포체, 수상돌기와 축색돌기 세 부분으로 구성되어 있는 신경세포

늑간근(Intercostal muscles) 늑골 사이의 근육

다운증후군(Down syndrome) 지적장애를 유발하는 유전병

다중언어 사용자(Polyglot) 두 언어 이상 가능한 사람

다중언어(Multilingual) 세 개 이상의 언어를 뜻하며, 다언어 사용자는 세 개 이상의 언어를 사용

단마비(Monoplegia) 한쪽 사지에만 발생된 마비

단순언어장애(Specific language impairment) 다른 동반된 임상적 증상 없이 언어 기술에만 제한을 보이는 장애

단어 일부 반복(Part-word repetitions) 비유창성의 유형. 낱말의 첫소리나 첫음절의 반복

단어 전체 반복(Whole-word repetitions) 비유창성의 유형. 하나의 낱말을 반복하여 발성함

단어 전체 삽입(Whole-word interjection) 비유창성의 유형. 말에 상관없는 단어를 첨부

단일언어 사용자(Unilingual) 하나의 언어만을 사용하는 사람

단층촬영술(Tomography) 신체의 3차원 X-ray를 찍는 컴퓨터기술

달팽이관(와우, Cochlea) 청각상의 가장 중요한 내이 구조. 달팽이 껍질처럼 생겼고 내림프(endolymph)라 불리는 액체로 채워져 있음

대뇌(Cerebrum) 말, 언어 및 청각에서 가장 중요하고, 또한 가장 큰 중추신경체계

대두증(Macrocephaly) 머리 둘레가 크고 지적장애와 관련된 질환

대마비(Paraplegia) 다리에만 발생한 마비

대명사 전환(Pronoun reversal) 자기 스스로를 '너, 그, 그녀'로 지칭하고 타인을 '나'로 지칭하는 자폐증 아동의 특성

대치(Substitution) 올바른 소리 대신 잘못된 소리가 나타남

대화 말차례 주고받기(Conversational turn-taking) 사회적 상황에서 적절한 방식으로 말하기와 듣기를 주고받는 것. 화용 기술 중 하나

대후두공(Foramina) 열린 것 또는 구멍

데시벨(Decibel) 소리의 강도를 측정하는 기본 단위로 Bell의 1/10. 알렉산더 그레이엄 벨(Alexander Graham Bell)의 이름을 본땀

도구 AAC체계(Unaided system of AAC) 외부장치나 기기에 의존하지 않는 비구어 의사소통 전략(예: 몸짓과 기호)

도수법(Manual guidance) 환자에게 올바른 대답을 얻기 위해 언어치료사가 손이나 손가락을 사용하는 절차

독화(Speechreading) 화자의 얼굴을 보고 말을 이해하는 방법. 청력장애자가 말을 이해하는 데 사용하는 기술

동맥류(Aneurysm) 약화된 혈관의 벽이 부풀어져 생긴 주머니 같은 것. 터지면 뇌출혈을 일으킬 수 있음

동시이중언어(Simultaneous bilingualism) 동시에 두 개의 언어를 배움

동측(Ipsilateral) 신체의 동일측면. 반대측(contralateral) 참조

두개안면 기형(Craniofacial anomalies) 두개골과 안면의 선천적 기형

두운(Alliteration) 단어의 첫소리나 끝소리가 같은 글자인지 아닌지 알아보는 능력

두정엽(Parietal lobe) 대뇌 피질상에 있는 네 개의 엽 중 하나. 전두엽 뒤에 있으며, 통증과 접촉 또는 온도와 같은 신체감각을 통합함

뒤반지모뿔근(후윤상피열근, Posterior cricoarytenoid muscle) 반지연골(윤상연골)과 모뿔연골(피열연골)을 뒤쪽에서 잇는 근육, 성대를 외전시키는 근육(외전근)

등골 절제술(Stapedectomy) 질환이 있거나 고착되어 있는 등골을 제거하는 수술. 보철장치가 뼈를 대신함

등골(등자뼈, Stapes) 중이의 이소골 연쇄 세 개의 뼈 중 하나. 침골(incus)과 추골(Malleus) 참조

등골근(Stapedius muscle) 중이의 등골에 접해 있는 작은 근육. 큰 소리가 났을 경우 통 근육을 수축해서 이소골 연쇄를 경직시킴

레트증후군(Rett syndrome) 여아에게만 나타나는 유전에 근거한 신경학적 장애. 자폐범주성 장애 중 하나

로체스터기법(Rochester method) 손가락 철자법과 구두언어를 결합시키는 의사소통방법

리버스 기호(Rebus) 사물 또는 사람의 그림. 비구어 의사소통에서 사용되는 손으로 그린 그림

마비(Palsy) 마비(paralysis)

마비말장애(Dysarthria) 중추 또는 말초 신경 손상에 의한 말소리 근육상의 마비, 약화, 또는 불협응에서 초래된 말소리장애

마찰음(Fricatives) 구강을 크게 수축시켜 공기를 힘주어 밀어내어 산출시킨 말소리의 한 범주

만성 중이염(Chronic otitis media) 중이질환을 동반하기도 하고 동반하지 않기도 함

말(음성, Speech) 음소의 산출. 조음된 소리와 음절. 언어(Language) 참조

말더듬(Stuttering) 지나친 비유창성, 긴장 및 노력 그리고 이와 관련 있는 행위를 특징으로 하는 유창성 장애

말빠름장애(Cluttering) 빠른 말과 혼란스러운 조음이 특징인 유창성장애로, 정리되지 않는 생각도 관련이 있을 수 있음

말소리 연장(Sound prolongation) 비유창성의 유형. 낱말의 첫소리를 길게 연장함

말소리의 부드러운 시작(Gentle initiation of sound) 말더듬에서 벗어나는 말로 향상시키고자 말더듬 환자에게 가르치는 목표 행동 중 하나. 말소리는 부드럽고, 쉬운 양식으로 시작함

말운동장애(Jargon) 유창하나 의미가 없는 말. 일부 실어증 환자에서 나타남

말초 청각 문제(Peripheral hearing problems) 외이, 중이 또는 내이 속(청각신경은 제외됨)의 질병에 의한 청력 저하

말초신경계(Peripheral nervous system) 두개와 척수 밖에 있는 신경계. 뇌신경, 척수신경 또는 자율신경 부분을 포함함

망상체 활성화계(Reticular activating system) 중뇌, 뇌간 또는 척수 위쪽 부분의 조직. 주의집중이나 의식을 조절하는 주요 메커니즘

맨드(Mand) 언어행동분석에서 자신의 강화제를 지정

하는 한 무리의 언어행동들. 혐오자극이나 박탈 조건 하에서 나타남. 요청, 명령, 요구, 질문들과 유사

메니에르 질환(Meniere' s disease) 어지럼증이나 현기증, 일측성 청력손실과 이명(귀에서 나는 다양한 잡음)을 포함한 내이 질환

멜로디 억양치료(Melodic intonation therapy) 실어증 환자에게 운율적 억양에 따라 가르치는 구두재활의 한 방법

명칭실어증(Anomia) 물건, 사물과 사람의 명칭을 말하는 데 나타나는 어려움. 많은 실어증 환자에게서 나타남

모뿔사이근(피열간근, Interarytenoid muscles) 모뿔연골(피열연골) 사이의 근육들. 성대를 모이게 함, 즉 내전(adduct)

모뿔연골(피열연골, Arytenoid cartilages) 성대의 다양한 움직임을 일으키는 피라미드 모양의 2개의 작은 연골. 성대는 피열연골에 부착되어 있기 때문에 피열연골 움직임에 따라 움직임

목뿔뼈(설골, Hyoid bone) 턱 아래에 부유하고 있는 U자형의 뼈. 혀의 근육 및 두개골, 후두, 턱의 다양한 근육이 이 뼈와 연결되어 있음

목쉰 소리(Hoarse) 기식성과 거친 소리 모두를 포함하고 있는 음성

무뇌증(Anencephaly) 두개골의 결손. 지적장애를 유발하는 질환

무산소증(Anoxia) 산소의 부족 또는 결핍. 뇌손상의 원인이 될 수 있음

무성증(발성불능, Aphonia) 음성의 상실

무음성 비강누출(Silent nasal emission) 비강음이 아닌 말소리 산출 시 코를 통해 공기가 소리 없이 새는 것

무정위운동(Athetosis) 느리고, 불수의적이며, 비트는 듯하고, 지렁이 같은 움직임이 특징인 신경학적 장애

묵음 연장(Silent prolongations) 비유창성의 유형 유성음이 없는 상태에서 조음상태를 긴장된 자세로 연장하는 것

묵음 휴지(Silent pause) 비유창성의 유형. 말 중간에 비정상적으로 긴 휴지상태

문법형태소(Grammatic morphemes) 복수어미 's' 와 현재 진행형의 'ing' 와 같은 문법요소. 구속형태소이기도 함

문식성 능력(Literacy skills) 읽기 쓰기 능력. 초기 문식성 능력을 참조

문자 전화기(Text telephones) 고도 이상의 난청자가 읽을 수 있도록 작은 화면에 글자를 표시하는 전화기

미국 수화(American Sign Language: ASL) 손과 손가락 움직임을 사용하여 생각과 개념을 표현하는 미국의 비구어적 의사소통 체계

미주신경(뇌신경 10번, Vagus nerve X) 후두, 인두, 혀의 기반 및 외이를 포함하여 많은 기관들과 연결된 뇌신경

반고리관(Semicircular canals) 균형 유지(평형 상태)의 역할을 하는 내이의 조직

반대측(Contralateral) 반대편 측을 지칭하는 말. 동측(ipsilateral) 참조

반맹증(Hemianopsia) 한쪽 또는 양쪽 눈에서 시야의 반을 볼 수 없음

반응비용(Response cost) 올바르지 않은 반응이 일어날 때마다 아동에게서 강화물을 빼앗아 그 반응을 감소시키는 절차

반지모뿔관절(윤상피열관절, Cricoarytenoid joint) 모뿔연골(피열연골)을 반지연골(윤상연골)에 연결하는 연접부(관절)로 순환성 및 활주형 움직임을 허용

반지방패관절(윤상갑상관절, Cricothyroid joint) 윤상연골과 갑상연골을 잇는 관절. 앞뒤의 운동을 허용함

반지방패근(윤상갑상근, Cricothyroid muscle) 성대를 늘이고 긴장시키는 근육

반지연골(윤상연골, Cricoid cartilage) 후두 및 기관의 가장 위쪽 윤골을 포함하는 연골

반충 손상(Contrecoup injury) 외상 뇌손상에 의해 초래된 뇌조직의 손상으로 반대편 두개골에 영향을 받게 됨

반향어(Echolalia) 들은 것을 앵무새처럼 반복함. 자폐증의 초기 증상

반향의, 메아리(Echoic) 모방적인 구두 반응. 자극과 반응의 소리가 같음

발달성 말실행증(Developmental apraxia of speech: DAS) 뇌손상이 원인인 듯한 조음상의 장애

발달성 실어증(Developmental aphasia) 아동기 실어증으로 알려진 것으로, 언어 습득에 실패하는 것임. 뇌손상의 원인이 된다고 추정함

발생가능률(Incidence) 지금은 정상이나 앞으로 12개월 내에 장애 또는 질병이 생길 수 있는 사람의 수. 발생률(prevalence)과 대조되는 개념

발생률(Prevalence) 일정 기간 동안 한 인구 집단 내에서 어떤 질병에 걸려 있는(이환되어 있는) 환자의 수, 발생가능률(incidence)에 대조

발성에 관한 근탄력성-공기역학 이론(Myoelastic-aerodynamic theory of phonation) 공기압, 압력의 양성·음성 간 차이, 또 근육의 탄력성으로 성대 진동을 설명하는 이론

발성장애(부전실성증, Dysphonia) 음성의 장애를 의미하는 일반적인 용어

발음보조장치(폐쇄기, Obturator) 경구개열을 덮고(막고) 연인두 폐쇄가 잘 이루어지도록 돕는 보철장치

발화실수(스프너리즘, Spoonerism) 문장에서의 소리의 우발적인 상호교환

방사선 영화촬영술(Cineradiography) 연인두 메커니즘이나 성대와 같은 내부기관을 방사선 필름을 통해 촬영하는 방법

방언(Dialect) 특정 언어의 말소리 변이. 각각의 방언은 자신의 독특한 음운적·의미적·형태적·통사적 또 실용적 특성을 가질 수 있음

방패모뿔근(갑상피열근, Thyroarytenoid muscle) 성대의 일부를 형성하는 내 후두근. 성대 주름을 짧게 하고 긴장시킴

방패연골(갑상연골, Thyroid cartilage) 후두의 앞쪽과 옆쪽 벽을 형성하는 커다란 나비모양의 연골

벌(Punishment) 특정 행동의 빈도를 줄이기 위해 즉각적인 결과를 제시하는 절차

베르누이 효과(Bernoulli effect) 기체나 액체가 수축된 통로를 통과할 때 속도가 증진되고 압력이 감소하는 것

베르니케 실어증(Wernicke' s aphasia) 유창성실어증의 한 유형으로 환자는 유창하게 이야기하지만 발

화 내용이 의미가 거의 없음. 뇌의 베르니케 영역의 손상으로 인함

베르니케 영역(Wernicke' s area) 말소리의 이해와 생성 모두와 관련 있다는 측두엽의 중앙부

변별 자극(Discriminative stimuli) 강화된 반응을 촉진시키는 사람, 사물, 또 물리적 환경. 따라서 반응은 변별 자극에 의해 나타날 확률이 더 많음

변별 자질(Distinctive features) 한 음소가 다른 음소와 구별되는 고유한 특징

변이음(Allophones) 환경에 따라 다양하게 변하는 음소(형태)

변형(Transformation) 언어학에서 변형은 심층 및 표면 구조를 연결시키고 다른 형태의 문장을 생성시키는 작용임. 문장 형태를 바꾸기 위한 낱말들의 배열 및 재배열

병인학(Etiology) 질환과 장애의 원인에 대한 연구

보-바르딜-킬너 수술(Veau-Wardill-Kilner procedure) 구개열을 닫고 구개를 늘리는 수술

보상적 조음(Compensatory articulation) 조음 구조에 장애를 가진 아동이 보통과 다른 조음방법을 통해 정확하거나 현저히 올바른 말소리를 산출함

보완대체 의사소통(Augmentative and Alternative Communication: AAC) 구어기술을 보충해 주거나(보완) 구어기술 대부분을 대체하는(대체) 의사소통 전략

보조운동피질(Supplementary motor cortex) 의미 있는 말소리의 운동계획과 관련 있다고 생각되는 전두엽 영역

보조청각장치(Assistive listening devices) 다양한 의사소통 환경에서 난청자가 유용하게 사용할 수 있는 장치

보철(Prosthesis) 결핍된, 혹은 기형의 조직을 대신하기 위한 장치

보철전문의(Prosthodontist) 구강 구조의 기능을 증진시키는 장치를 설계하고 장착하는 전문의

복합음(Complex tone) 주파수가 다른 두 개 이상의 소리

본랑겐벡 수술(Von Langenbeck operation) 구개열을 닫는 수술로써 구개가 닫히도록 점막성골막의 피판을 들어올려 중앙선을 향하여 밀어 넣고 봉합하여 구개의 열을 닫는 수술 절차

볼근(Buccinator) 뺨의 대부분을 형성하는 크고 편평한 근육

부교감신경의(Parasympathetic) 몸을 이완시키는 자율신경체계의 한 부분. 교감신경의(sympathetic) 참조

부신경 11번(Accessory nerve XI) 뇌신경으로 분류됨. 인두, 구개열, 머리와 어깨근육들을 지배하는 뇌신경이자 척수신경이기도 함

부정교합(Malocclusions) 상악과 하악골의 모양과 규모, 각 치아의 위치 및 두 턱 사이의 관계에 나타나는 결함

부호 변환(Code switching) 담화 시 한 언어에서 다른 언어로 바꾸는 것

불완전 구개열(Incomplete palatal cleft) 경구개상의 구개가 부분적으로 융합되어 있는 것

불완전 단어(Broken word) 비유창성의 형태. 단어 내의 휴지기(분절)

브로카 영역(Broca' s area) 뇌의 전두엽 내에서 말운

동을 관장하는 센터

블리스 기호(Blissymbolics) Carles Bliss에 의해 개발된 일련의 기호들. 비구어 의사소통에 사용됨

비가속 손상(Nonacceleration brain injuries) 머리가 고정되어 있는 상태에서 물체에 부딪쳐 발생한 뇌손상

비관통 뇌손상(Nonpenetrating brain injuries) 외부 물질이 뇌를 관통하지 않은 형태로 두개골은 손상이 있을 수도 있는 닫힌 머리손상

비구어 의사소통(Nonverbal communication) 구어 의사소통이 제대로 이루어지지 않는 경우에 몸짓, 기호, 그 외 수단을 통해 이루어지는 의사소통

비디오투시검사술(Videofluoroscopy) X-선을 통해 내부기관이나 체계의 기능을 촬영하는 방법

비디오투시조영검사(Videofluoroscopy) 삼키는 과정을 활동 X-ray사진으로 찍는 검사로 비디오녹화가 가능

비비음화(非鼻音化, Denasalization) 비음을 구강음으로 대치하는 것(예, 'man' 을 'mad' 로 대치하는 것). 조음장애의 하나

비유창성(Dysfluencies) 말의 유창한 흐름을 저해하는 장애

비음(Nasals) 비강 공명이 나타나는 말소리. 연인두문이 열린 상태에서 발성

비인두(Nasopharynx) 비강 바로 뒤에 있는 인두 부분

비주기적(Aperiodic) 소리의 진동 등이 규칙적인 간격으로 반복되지 않는 것. 비주기적 소리는 소음으로 지각

사시(Strabismus) 두 눈 중 한쪽이 코 쪽이나 혹은 그 바깥쪽으로 벗어나 두 눈의 협응 움직이 결여되는 증상

사지 실행증(Limb apraxia) 사지를 움직이라는 말을 듣고도 자유롭게 움직이지 못하는 증상

사지마비(Quadriplegia) 모든 사지의 마비

삼차신경 5번(Trigeminal nerve V) 안면의 구조와 연결된 뇌신경. 턱과 혀의 움직임을 조절함

삼킴장애(Dysphagia) 음식이나 음료를 삼키는 것의 장애

상악골 절제술(Maxillectomy) 위턱을 제거하는 수술

상악골(Maxillae) 경구개의 주요 부분과 위턱을 형성하는 커다란 한 쌍의 안면골

상악돌기(Maxillary processes) 태아 성장기의 3주째에 발달되는 수많은 융기들 중 두 개. 얼굴, 입, 볼 또는 윗입술의 가장자리를 형성함

색전(Embolus) 혈류 속에 쐐기 모양의 방해물을 만들게 되는 혈의 덩어리, 지방 물질, 또는 기포(색전증). 색전은 뇌졸중을 일으킬 수도 있음

생득설(Nativism) 많은 인간 지식은 선천적으로 습득된다는 철학

생략(Omission) 낱말 위치에 필요한 소리가 나타나지 않음

선별검사(Screening) 더 자세한 평가 여부를 받아야 하는지를 결정하기 위한 간단한 절차

선천성 농(Congenitally deaf) 출생 시부터 농인 사람을 지칭하는 말

선천성 장애(Congenital disorder) 출생 시나 바로 그 후에 발견되는 장애

선행행위(Antecedent event) 목표 반응을 산출시키거

나 시도하게 하기 전에 제시되는 자극

설 절제술(Glossectomy) 입의 바닥과 혀를 제거하는 수술

설경구개음(Linguapalatal sounds) 혀를 치조부위 뒤쪽 경구개에 대어 내는 소리

설연구개음(Linguavelar sounds) 혀를 연구개에 대어 내는 소리

설유착증(Ankyloglossia) 비정상적으로 혀의 소대가 짧아 혀끝 움직임이 자유롭지 못한 것. 설소대 단축증이라고도 함

설인두 신경 9번(Glossopharyngeal nerve IX) 혀와 인두에 관련된 대뇌신경

설측음(Laterals) 혀의 측면으로 공기를 배출하여 내는 소리. 영어의 /l/이 그 예임

설치음(Linguadental sounds) 혀를 윗니에 대어 내는 소리

설치조음(Lingua-alveolar sounds) 혀끝을 앞니 바로 뒤의 치조돌기에 대고 내는 소리

설하신경 12번(Hypoglossal nerve XII) 혀와 연결된 대뇌신경

성대(Vocal cords) 후두에 있는 한 쌍의 얇은 근육. 그 진동이 발성의 근원(source)이 됨

성대결절(Vocal nodules) 성대에 발생된 작은 혹으로, 보통 양측성이며 세포면 주위로 불거져 나옴. 성대 남용이나 오용으로 발생

성대근(Vocalis muscles) 성대의 진동 부분. 방패모뿔근(갑상피열근)이라고 함

성대프라이(Vocal fry) 매우 낮은 음도에서 느리게, 불연속성의 파열로 나는 음성의 음질

성문(Glottis) 성대를 외전시켰을 때 나타나는 성대의 열린 상태

성문음(Glottals) 성대를 열어 그곳을 통해 공기를 통과시킴으로써 발성하는 소리. 소음이 마찰되기 때문에 성문음을 또한 마찰음이라고도 함

성문하압(Subglottic air pressure) 성대 아래의 공기 압력

성별어(Genderlect) 화자의 성에 의해 영향을 받는다고 생각되는 말소리의 특징적 형태

소뇌(Cerebellum) 평형감각, 몸자세 또는 소근육 운동의 협응을 조절하는 뇌 아래쪽과 뇌간 뒤쪽의 구조

소두증(Microcephaly) 과도하게 작은 두개골. 지적장애와 관련된 선천적 결함

소리 나누기(Sound segmentations) 단어를 구성하는 음절을 알아보거나 단어 안의 음절수를 세는 것을 말하며, 초기 문식성 능력의 일부

소리(음, Sound) 사물의 진동에 의해 생성된 기체, 액체 또는 고체의 분자가 동요하는 파장. 청각 기제가 감지한 진동의 감각

소리와 음절 합치기(Sound and syllable blending) 단어를 구성하는 음절을 나누었다가 다시 합쳐서 단어를 재구성하는 능력을 말하며, 초기 문식성 능력의 일부

소아 붕괴성 장애(Childhood disintegrative disorder) 자폐범주성 장애 중 하나로 생후 2년간은 정상 발달을 보이나 이후 자조기술 및 의사소통을 포함한 거의 대부분의 기술에서 퇴행을 보임

소하악증(Micrognathia) 비정상적으로 작은 턱

속도(Velocity) 움직임의 빠르기

손가락 철자(Finger spelling) 손가락을 가지고 허공에

단어의 철자를 쓰는 상징언어 형태

수두증(Hydrocephaly) 뇌 안의 공간에 뇌척수액이 축적되어 머리가 커진 것으로 지적 장애를 동반할 수도 있음

수용 언어(Receptive language) 말에 대한 이해

수행의 기준(Criterion of performance) 치료 시 가르쳐야 할 목표 행동의 산출에서 정확도 수준(예, 90% 정반응 수행)

순음(Pure tone) 단일 주파수의 음조(음색)

순치음(Labiodental sounds) 입술과 치아에 의해 나는 소리

숨 새는 소리(기식음, Breathiness) 약간 열린 성대 부분에서 공기가 새면서 나는 목소리의 음질

숨조절(Modified airflow) 말더듬을 벗어나게 하기 위해 말더듬에게 가르치는 목표행동. 말하기 전에 충분히 흡기하고 소량만을 호기하여 충분한 공기를 남긴 뒤 이를 발화 시 적절하게 내뱉음

쉬베켄디엑 절차(Schweckendiek procedure) 경구개의 열을 닫기 이전에 연구개의 열을 닫는 수술 방법

습관적 음도(Habitual pitch) 각 사람의 일반적인 음성 높이. 가장 낮은 음조와 가장 높은 음조의 범주 내에서 변함

시각 강화반응 패러다임(Visually reinforced head-turn paradigm) 영유아의 말 지각을 연구하는 방법

시각 실인증(Visual agnosia) 사물을 보고 인식하는 데 어려움이 있음. 시각 실인증을 가진 실어증 환자는 사물을 인식하기 위해서 직접 만져 보거나 소리를 들어야 함

시상(Thalamus) 뇌간에 있는 간뇌의 부분. 시상은 감각 정보를 통합하고 대뇌피질의 다양한 부분에 정보를 전달함

시상하부(Hypothalamus) 뇌간 내의 한 조직. 자율신경체계의 활동 통합과 정서상의 경험을 조절하도록 도움

식도(Esophagus) 음식이 위장에 이르게 하는 유동적 관

식도단계(Esophageal phase) 정상 삼킴의 한 단계로 불수의적임(반사적이며 의식적인 조절하에 있지 않음)

식도창냄술(Esophagostomy) 삼킴장애 환자에게 급식 튜브를 삽입하기 위해 식도에 구멍을 내는 수술적 방법

신경계(Nervous system) 구조적 · 공간적 또는 기능적 원리에 의한 신경조직

신경섬유 매듭(Neurofibrillary tangles) 알츠하이머병과 관련된 두꺼워지고, 꼬이고, 고리모양이 된 뇌의 신경섬유

신경섬유(Neurofibrils) 신경세포의 몸체, 수상돌기, 축삭돌기의 필라멘트 같은 구조들

신경염 플라크(Neuritic plaques) 알츠하이머병과 관련된 피질 혹은 피질하 조직의 퇴화된 작은 영역

신경전문의(Neurologist) 신경계의 장애를 진단하고 치료하는 전문의

신경증(Neurosis) 경미한 정신 또는 심리장애. 공포증(두려움증)과 불안

신조어(Neologism) 청자에게는 의미가 없는 낱말을 말함. 실어증 환자에게 나타남

실독증(Alexia) 뇌손상에 의한 읽기장애

실문법증(Agrammatism) 실어증 환자의 주요 특징, 문

법적 요소가 생략되어 전보체 말이 나타남

실서증(Agraphia) 실어증이나 다른 신경학적 원인의 장애와 관련된 쓰기장애

실어증(Aphasia) 뇌손상이나 질환에 의한 언어장애. 언어의 형성, 표현 또는 이해의 어려움

실인증(Agnosia) 실어증 환자가 감각 정보(시각, 청각, 촉각, 느낌)를 통해 일상 사물을 인식하는 데 겪는 어려움. 청각 구어 실인증(auditory verbal agnosia) 및 시각 실인증(visual agnosia) 참조

실행증(Apraxia) 근육 약화나 마비 없이 순서대로 몸을 움직이지 못하는 장애. 구두 실행증(oral apraxia), 사지 실행증(limb apraxia), 구어 실행증(verbal apraxia) 참조

심리음향학(Psychoacoustics) 소리를 듣기의 심리적인 경험으로서 보아 연구하는 학문

심리치료(Psychotherapy) 약물의 사용 없이 심리적 증상의 치료, 환자가 일반적으로 치료 회기 동안 자신의 사적·감정적 대인관계에 대한 문제를 이야기함

심실(Ventricles) 뇌척수액으로 채워진 대뇌의 작은 공간

심인성 실성증(Psychogenic aphonia) 신체적·신경학적 원인이 없는 갑작스러운 음성의 상실

심층 구조(Deep structure) 언어학적 이론에서, 심층 또는 D-구조는 문장 형성의 규칙들을 포함함

아동기 말실행증(Childhood apraxia of speech) 신경학적 문제 때문에 생기거나 그렇게 의심되는 혹은 이유를 모르는 경우도 있음. 이전에는 발달성 말실행증이라고 했음

아스퍼거 증후군(Asperger' s syndrome) 자폐범주성 장애의 한 장애로, 자폐성 장애와 마찬가지로 부적적한 사회적 기술과 의사소통기술을 보이나 지능지수는 70 이상으로 정상적인 인지능력을 보임

아이콘 기호(Iconic symbol) 나타내는 대상과 유사한 그림이나 기호

아퍼트 증후군(Apert syndrome) 태아기 동안 두개골이 미숙하게 융합하여 초래되는 두 개안면 기형

아프리카미국영어(African American English: AAE) 영어 방언의 한 종류로 자신만의 음운론적·통사론적·의미론적·화용론적 규칙을 갖고 있으며 아프리카계 미국 문화유산의 일부로 볼 수 있음

악관절(Temporomandibular joint) 턱과 측두골 사이의 연접부

안면신경 7번(Facial nerve VII) 다양한 표정과 안면 움직임을 조절하는 대뇌 신경

알츠하이머 치매(Dementia of the Alzheimer' s Type) 알츠하이머병과 관련된 지적 행동적 퇴화. 신경섬유매듭, 신경염 플라크, 과립공포변성과 같은 신경병리에 의해 초래

알파벳 단계(Alphabet stage) 읽고 쓰고 배우기의 한 단계로 인쇄 글자나 단어를 알아보거나, 단어의 올바른 철자법에 대한 지식을 말함

압력(Pressure) 특정 영역에 퍼져 있는 힘

앞니(Incisors) 상악골의 중간악골 부분에 위치하고 있는 네 개의 위쪽 앞니

애둘러 말하기(Circumlocution) 간접적으로 불필요하게 길게 말하는 방식. 둘러말하는(말하기 두려워하는 낱말을 회피하기 위해) 특정 낱말을 더듬는 것 을 극복하기 위해 말더듬이의 전략

양순의(Bilabial) 양 입술과 관련된, 양순음은 주로 입

술 두 개로 소리를 냄

양측마비(Diplegia) 다리나 팔의 마비

양측의(Bilateral) 양측의, 양측성 구개파열은 코의 양측으로 입술이 갈라져 있는 것을 말함

어근 형태소(Root morphemes) 다른 형태소를 추가하는 것을 제외하고 단어 뜻의 파기(파괴) 없이 더 작은 단위로 쪼갤 수 없는 낱말

어음청취역치(Speech Reception Threshold: SRT) 낱말의 50%를 이해하는 청력의 최하위 수준

어표단계(Logographic stage) 인쇄된 단어를 알아보는 아이의 능력을 말하며, 읽기 쓰기 학습 단계에서 읽기 전 단계를 가리킴

언어 능력(Linguistic(language) competence) Chomsky의 이론적 개념. 보편적 문법 규칙에 대한 선천적이고 완벽한 지식

언어 수행(Linguistic(language) performance) Chomsky의 이론적 개념. 언어의 산출

언어 이전의(Prelingual) 언어 습득 이전의 시기. 언어 습득 이전의 농

언어 차이(Language differences) 말이나 언어 사용에 있어서의 차이를 말하는데, 이는 개인적인, 역사적인, 혹은 사회적인 요소(예를 들면, 같은 언어의 방언들)로 인해 생기게 되며, 말장애나 언어장애와 혼동하면 안 됨

언어(Language) 의사소통할 때 사용되어지는 상징 및 부호 체계. 구두 공동체가 만들고 유지하는 사회적 행동의 한 형태

언어병리학(Speech-language pathology) 의사소통과 장애, 평가 및 치료를 연구하는 학문

언어습득장치(Language Acquisition Device: LAD) 아동의 언어습득을 촉진한다고 간주되는 선천적 메커니즘

언어치료사(언어장애전문가, Speech-language pathologist) 말 언어(의사소통)장애의 연구, 평가 또는 치료를 담당하는 전문가

언어평가(Language assessment) 환자의 언어 행동에 대한 관찰 과정 및 측정. 일반적으로 언어치료 프로그램의 개발에 선행

언어표본표집(Language sampling) 비교적 자연스러운 상태에서 사람의 언어 행위를 기록하는 절차. 가능한 담화를 하면서 기록함. 언어평가의 일부분

언어학(Linguistics) 언어, 언어 구조와 그 구조에 관한 규칙을 연구하는 학문

언어학자(Linguists) 언어학 전문가

얼굴인식불능증(Prosopagnosia) 친숙한 얼굴을 인지하지 못함. 우뇌손상증후군의 증상

엄마말(Motherese) 어머니가 아이에게 하는 말. 어머니의 말투는 성인을 상대로 하는 말투보다 좀 더 간단하고, 음의 높낮이가 다양하고 반복적이며, 좀 더 유창함

연골(Cartilage) 물렁뼈

연구개(Soft palate) 구인두와 비인두의 접합부에 있는 유연성을 가진 근육 조직. 연인두문을 열기 위해 내릴 수 있고 닫기 위해 올릴 수 있음

연구개(Velum) 연구개 부분. 들어 올리거나 내리는 것을 돕는 근육으로 형성됨

연수(Medulla) 척수의 위쪽 대부분으로, 그것은 뇌강(cranial cavity)으로 들어감. 호흡과 신체의 기타 생명 유지기능을 조절함

연인두문(Velopharyngeal port) 구두와 비강을 연결시키는 조직(구강과 비강이 연결되어 있는 구조). 다양한 근육 활동에 의해 닫히거나 열림

연접 간격(Synaptic cleft) 두 개의 신경 사이의 작은 간격

연차적 이중언어(Sequential bilingualism) 첫 번째 언어의 습득 후 두 번째 언어를 습득

연축발성장애(Spastic dysphonia) 성대의 과도한 폐쇄(내전)로 나타나는 음성장애로서 억누른 듯하거나, 쥐어짜는 듯하거나, 고르지 못하거나, 거친 기식성의 음성을 특징으로 함

연합근육 운동행동(Associated motor behaviors) 말더듬 증상에서 나타나는 과도한 긴장, 얼굴 찡그림 또는 손이나 발 혹은 다른 신체 일부의 움직임

연합섬유(Association fibers) 두 개의 반구에 위치하는 뇌의 다른 부분들을 연결시키는 신경섬유

열구(고랑, Fissures) 대뇌의 광범위한 구역들을 나누어 주는 뇌의 상대적으로 깊은 골. 회(Gyrus) 참조

예견투쟁 이론(Anticipatory struggle theory) 말더듬은 긴장과 말이 조각으로 나타나는 데 대한 반응이라는 이론

예후(Prognosis) 어떤 단계를 거치거나 치료하지 않았을 경우 장애의 진척에 대한 설명

오실로스코프(Oscilloscope) 전기신호(예를 들면, 말이 형성한 신호)를 모니터 화면에서 눈으로 볼 수 있는 양식으로 전환시키는 전자장치

오토클리틱(Autoclitics) 일차적 구두 반응의 원인을 알아내는 데 도움이 되는 이차적 구두 반응

옹알이(Babbling) 5~7개월 된 아기가 배부르거나, 쾌적하거나, 즐거울 때 내는 발성 놀이

완전 구개파열(Complete cleft of the palate) 경구개의 두 개 구개판이 완전히 분리됨

왜곡(Distortions) 말소리의 부정확한 산출

외림프(Perilymph) 내이 속에 있는 관을 채우는 액체

외상 뇌손상(Traumatic brain injury) 머리에 가해진 외부적인 힘이나 신체적 외상에 의해 발생한 뇌손상

외상성 후두염(Traumatic laryngitis) 성대의 남용으로 후두 조직이 상처를 받거나 부어오름. 음성장애와 연관됨

외이도 폐쇄증(Aural atresia) 완전히 폐쇄된 외이도

외이도(External auditory meatus) 청각기관에서 소리를 받아들이는 관으로 공명기

외이도염(External otitis) 외이도의 표피상의 염증

외전된(Abducted) 열린, 떼어 놓인, 예를 들면 외전된 성대. 내전된(adducted) 참조

우뇌손상증후군(Right hemisphere syndrome) 뇌의 오른쪽 반구의 손상으로 인한 신경, 행동적 장애

우연적 교수(Incidental teaching) 자연스럽게 발생되는 의사소통 중에 언어를 가르치는 절차

운 맞추기(Rhyming) 운이 맞는 단어들이나 그러한 단어를 알아보는 아이들의 능력을 말한다.

운동-근육 방법(Moto-kinesthetic method) 말소리의 올바른 발성을 가르치는 절차. 언어치료사는 대상자에게 운동-근육 피드백을 제공하고자 조음기관을 손으로 움직임

운동기능 감소증(Hypokinesia) 근육 운동의 제한된 범위나 힘

운동기능 과다증(Hyperkinesia) 증가된(과장되어 있는)

몸의 운동

운동성 말장애(Motor speech disorders) 신경학적인 말장애로도 알려짐. 중추 또는 말초 신경계의 손상에서 기인됨

운동신경(Motor nerves) 뇌에서 근육까지 운동 충동을 전달하는 신경섬유

운동실조(Ataxia) 소뇌의 손상으로 자세의 불균형과 비정상적인 보행

운동실조성 마비말장애(Ataxic dysarthria) 운동실조증과 연관된 말소리장애. 마비말장애(dysarthria) 참조

운율(Prosody) 연속되는 말에서 속도, 음도, 강도, 강세, 억양 및 운율의 변동

원심성 신경(Efferent nerves) 중추신경계에서 말초기관까지 자극을 전도하는 신경

위창냄술(Gastrostomy, G-tube) 삼킴장애 환자에게 급식튜브를 삽입하기 위해 배에 구멍을 내는 수술적 방법

위치(Loci) 말더듬 위치는 비유창성이나 이와 관련된 행동이 나타나는 말의 특정한 위치를 의미함

유도 반응(Elicited responses) 자극에 의해 발생하는 반사적 반응. 예를 들면, 빛에 반응하여 동공이 확대됨 유발 반응(evoked reponses) 참조

유두종(Papillomas) 성대를 포함한 공기 통로와 후두 구조의 종양

유모세모(Hair cells) 코르티오관 상에서 발견되는 머리카락 같은 조직(섬모). 소리 진동에 반응함

유발 반응(Evoked responses) 모방이나 반사적인 것이 아닌 학습된 반응, 다양한 변별 자극에 따라 발생. 변별 자극(discrimative stimuli)과 유도 반응(elicted responses) 참조

유성성(Voicing) 말소리를 낼 때의 성대 진동

유음(Liquids) 구강을 가장 적게 압축해서 내는 말소리. 반모음이라고도 함. 영어의 /r/과 /l/이 유음임

유창성(Fluency) 말의 특징 중 하나. 유창한 말이란 쉽고 매끄럽게 흐르며, 애쓰지 않고 나오는 말로 과도한 비유창성이 없음을 뜻함

음/음절 삽입(Sound or syllable interjections) 비유창성의 유형. 말의 상관없는 소리나 음절이 첨가됨

음도(Pitch) 소리 진동의 주파수에 의한 감각. 지각되는 음도가 높을수록 주파수는 더 높음

음성과학(Speech science) 말의 해부학적 · 생리학적 기초, 말소리에 대한 형성과 발성하는 말의 지각과 이해에 관한 학문

음성학(Phonetics) 조음방법, 조음 장소, 유무성 자질에 근거한 소리의 산출과 분류에 관한 학문

음소 배치법(Phonetic placement method) 올바른 소리 발성을 보여 주기 위해 거울 앞에서 시연해 주고 설명하여 목표 소리를 가르치는 교육방법

음소 조작(Phoneme manipulation) 단어 안에 있는 특정 음소를 없애거나 추가하거나 대체시킬 수 있는지를 알아보는 능력을 말함

음소 착어증(Phonemic paraphasia) 실어증 환자에게 발견되는 낱말 대치 증상. 원래의 낱말소리와 유사한 소리로 대치함

음소(Phoneme) 의미의 차이가 없이 동일하다고 지각되는 말소리 집합

음소찾기(Phoneme isolation) 단어 안에 있는 음소를

찾아낼 수 있는 아이의 능력을 말하며, 예를 들면 어떤 음소(예로 /l/)가 단어의 처음이나 마지막에 있는지를 알아낼 수 있는지를 말함

음압수준(Sound pressure level: SPL) 소리의 압력치 측정. 특정 소리의 압력치로서 데시벨로 표시되는 소리의 강도

음역(성역, Register) 특정한 말 상황에 따른 언어의 변이

음운 의식(Phonological awareness) 개별 음소, 음절, 단어, 운이 맞는 단어들에 대한 아이의 의식과 이들을 조작할 수 있는 능력을 말함

음운과정(Phonological processes) 생략이나 대치로 어려운 소리의 발성을 단순화하는 양식이나 방법

음운론(Phonology) 말소리, 말소리 양식 또는 그 소리로 낱말들을 생성하는 규칙을 연구하는 학문

음운장애(Phonological disorders) 양식과 자음군을 이루는 많은 음소들의 오류

음절(Syllable) 자음과 모음이 결합된 것

음향 이미턴스(Acoustic immittance) 청각 에너지의 전이. 이미턴스는 임피던스(impedance, 고막에 의해 전달된 소리 에너지 흐름에 대한 저항)나 어드미턴스(admittance, 소리가 고막을 통해 흐르는 수월함)로 측정될 수 있음

음향반사(Acoustic reflex) 큰 소리와 소음에 의한 촉발된 고막 긴장근과 등골근의 반사적 수축

음향학(Acoustics) 소리를 연구하는 학문. 물리학의 한 분야

응용행동분석(Applied Behavior Analysis: ABA) B. F. Skinner가 개발한 실험적 행동 분석의 원리에 근거한 기법으로 임상적 · 개인적 · 사회적 문제를 해결하는 데 사용됨. 언어치료전문가가 사용하는 대부분의 치료는 ABA 범주에 속함

의미론(Semantics) 언어의 의미를 연구하는 학문

의미성분(Semantic component) 단어, 구와 문장이 나타내는 의미를 지칭

의미의 참조 이론(Referent theory of meaning) 단어의 의미는 바로 그 단어가 지칭하는 사물, 사람 또는 사건이라는 견해

의사소통(Communication) 사회적 행동의 한 형태. 정보를 교환하는 것

의사소통용 보조기(Aided system of communication) 개인 휴대용 보청기와는 별도로 그림책이나 칠판 또는 컴퓨터와 같은 장치를 이용하여 의사소통에 도움이 되는 장치들이다. 이들 장치들은 구어 의사소통에 한계가 있을 때 추천함

의사소통의 기능적 장애(Functional disorders of communication) 기질적이나 신경적 원인을 가지고 있지 않은 장애

의존 형태소(Bound morpheme) 그 형태소 자체로는 의미를 전달할 수 없는 형태소. 예를 들면, 'books'라는 낱말 중의 's' 라고 하는 복수접미사

이개(귀바퀴, Pinna) 이개(auricle)를 참조할 것

이개(Auricle) 외이 중 눈에 가장 잘 띄는 부분. 귓바퀴로 알려져 있음

이경화증(Otosclerosis) 중이 등골에 나타난 해면상골의 성장이 등골의 움직임을 감소시키고 전음성 난청을 초래하는 질환

이과전문의(Otologist) 귀의 질환을 치료하는 전문의

이관(유스타키오관, Eustachian tube) 청각적 튜브(관)로도 알려짐. 비인두와 중이를 연결하고 중이 안

팎의 공기압의 균형 유지를 도움

이란성 쌍둥이(Dizygotic twins) 두 개의 분리된 수정란에서 발생되는 쌍둥이, 일반적으로 보통 형제처럼 서로 다른 특징을 가짐

이름대기장애(Anomia) 사물이나 사람의 이름을 말하는 것의 어려움

이비인후과의사(Otorhinolaryngologists) 귀와 코와 목의 질병을 치료하는 의학 분야 전문가

이소골 연쇄(Ossicular chain) 중이에 나타나는 세 개의 작은 뼈들(추골, 침골, 등골). 연쇄골은 내이로 소리를 전달함

이안검반사(Auropalpebral reflex) 큰 소리를 들었을 때 재빨리 눈을 감아 버리는 유아의 반사 반응. 이미 눈을 감고 있었다면 눈꺼풀을 꽉 감게 됨

이완성마비(Flaccid paralysi) 너무 부드럽고 무기력해진 근육. 하위 운동신경의 손상으로 유발됨

이음향방사(Otoacoustic emissions) 건강한 내이의 외유모세포에서 발생한 매우 작은 음향신호이며, 외이도에 장치하는 정밀한 측정 장치를 통해 기록할 수 있음

이중모음(Diphthong) 두 가지 모음의 결합

이중언어의(Bilingual) 두 개의 언어 사용의, 흔히 두 개의 언어를 구사할 수 있는 사람을 지칭한다.

이중음성(Diplophonia) 진동 주파수가 다른 양쪽 성대가 동시에 진동하는 결과로 생기는 두 음조의 음성

이차구개(Secondary palate) 경구개와 같은 의미

이차운동피질(Primary motor cortex) 전두엽 내의 영역. 자발적인 움직임을 조절함

이해면화증(Otospongiosis) 이경화증과 동일함

인공와우 이식술(Cochlear implant) 청각장애자의 달팽이관이나 기타 귀의 다른 부분에 전자장치를 수술로 삽입함. 전자장치는 달팽이관에서 직접 청신경 말단까지 소리를 전달함

인공후두(Artificial larynx) 수술로 후두가 적출된 환자가 말소리를 조음할 수 있도록 소리를 발생하게 하는 기계장치

인두 피판술(Pharyngeal flap operation) 짧은 구개수(목젖)에 의한 과비성을 줄이기 위한 수술. 인두 후벽에서부터 근육 판을 들어올려 연구개와 연결함(짧은 연구개 때문에 나타나는 과다비성을 줄이기 위한 수술, 인두 후벽에서 근육피판을 들어 올려 연구개와 연결함)

인두(Pharynx) 목구멍(throat)

인두단계(Pharyngeal phase) 정상 삼킴의 한 단계로, 음식덩이가 구개기둥에 닿고 이를 통과하기 시작할 때 삼킴이 유발됨

인두성형술(Pharyngoplasty) 연인두 기제의 기능을 증진시키는 수술로서 인두벽을 부풀리기 위해 다양한 물질(테프론 포함)을 삽입함

일란성 쌍둥이(Monozygotic(identical) twins) 하나의 수정란이 둘로 나누어져 형성된 두 사람, 동일한 유전자 특성을 가짐

일반화(Generalization) 비슷한 행동의 훈련 뒤에 나타나는 훈련받지 않은(새로운) 행동이나 훈련 중 사용하지 않았던 새로운 자극을 제시하였을 때 보이는 훈련된 행동

일차구개(Primary palate) 윗입술과 치조돌기로 발전될 태아기 조직

일차청각피질(Primary auditory cortex) 청력과 관계되는 측두엽 내 영역

임상심리전문가(Psychologist(clinical)) 심리학적 또는 행동적 방법을 통해 행동장애를 치료하는 전문의. (정신병, 정신이상) 시간, 장소, 및 사람에 대해 혼동하는 심각한 정신 또는 행동장애. 환상과 망상을 가질 수도 있음

자기반응발화(Intraverbals) 이전의 화자 자신의 구두 반응에 자극받은 자신의 구두반응들의 집합(군)

자립 형태소(Free morphemes) 홀로 사용되고 의미를 가지는 형태소. 의존 형태소(bound morpheme) 참조

자소(Grapheme) 알파벳 혹은 문자 조직의 글자

자율신경계(Autonomic nervous system) 신체의 다양한 불수의적인 기능들을 조절하는 교감 및 부교감 신경계로 나뉘는 신경 시스템

자음 탈락(Consonant deletion) 낱말의 초성 또는 종성 자음의 생략을 설명하는 음운 과정. 조음장애의 한 종류

자음군 축소(Cluster reduction) 일련의 자음군에서 한 개 이상의 자음들을 생략(예, 'strong'을 'tong'으로 하는 것)

자폐증(Autism) 사람에 대한 반응 결함과 의사소통장애를 특징으로 하는 심각한 정서 및 행동장애

장액성 중이염(Serous otitis media) 중이가 염증을 일으켜 진한 유액으로 채워지는 질환

저작(Mastication) 씹는 행위

적외선 보청기(Infrared listening systems) 적외선 광선을 이용하여 음성정보를 송신하고 수신하는 장치이며, 수신기를 통해 전달된 음성정보는 난청자의 귀로 직접 전달한다. 공연장과 같은 대규모 청취환경에서도 유용하게 사용할 수 있음

전도성 난청(Conductive hearing loss) 외이도, 고막, 또는 중이의 이소골 연쇄가 기형이어서 중이나 내이까지 소리의 전도가 감소됨

전두엽(Frontal lobe) 말소리 산출에 특히 중요한 일차적 운동 영역 및 브로카 영역을 포함하는 대뇌의 4엽 중 가장 큰 부분

전반적 발달장애(Pervasive developmental disorders) 자폐성장애, 아스퍼거증후군, 레트증후군, 그리고 소아붕괴성 장애를 포함한 복합장애. 자폐범주성 장애와 유사한 개념

전보체 말(Telegraphic speech) 관사, 전치사, 또 접속사와 같은 문법적 요소가 없는 전보와 같은 말

전비돌기(Frontonasal process) 태아기 3주째 발달되는 다양한 융기 중 하나. 코, 윗입술의 중앙 부분과 일차 구개로 성장함

전상악골(Premaxilla) 상악골의 앞쪽 부분

전설음화(Fronting) 조음장애의 한 형태. 입의 뒤쪽 소리가 입의 앞쪽에서 나는 소리로 대치됨. 조음상의 한 문제(예, 'come'을 'tome'으로 발성)

전자달팽이관 검사(Electrocochleography) 소리에 반응하는 달팽이관의 전기적 활동을 측정하는 기법

전정계(Vestibular system) 세 개의 반고리관을 포함한 내이 구조. 전정계는 균형감각, 몸 자세, 움직임과 관련이 있음

전정청각신경(뇌신경 8번, Vestibular acoustic nerve VIII) 두 개의 분지를 가지고 있는 뇌신경. 전정 분지는 균형 감각, 청각 분지는 소리전달과 관련이 있음

점막성 골막(Mucoperiosteum) 경구개를 덮는 두터운 표피층

점막하 구개열(Submucous cleft) 점막으로 덮여진 구개 구멍

접두사(Prefix) 기본 형태소 앞에 첨가된 형태소

접미사(Suffix) 낱말의 끝에 부가된 형태소

접촉성 궤양(Contact ulcers) 성대의 뒤쪽 끝의 한쪽 또는 양쪽에 나타나는 궤양

접합부, 연접(Synapse) 신경세포들이 서로 연락하는 접합점

정신과전문의(Psychiatrist) 정신 및 행동 장애를 다루는 의학 전문가

정신병(Psychosis) 정신 혹은 행동의 심각한 장애. 사건, 장소, 시간에 대한 방향 상실의 특성을 나타내고 환각과 착각을 일으키기도 함

정신분석(Psychoanalysis) 프로이트 및 그의 제자 등이 개발한 정신과 행동을 연구하는 학문. 심리적 증상으로 나타나는 무의식적이고 억제된 성적 충동을 분석하여 신경증을 치료하는 방법

제1영어방언(Primary English dialect) 영어를 제1언어나 유일한 언어로 사용하는 사람들이 구사하는 영어 방언을 말함

제1형 부정교합(Class I malocclusion) 두 개의 악궁은 정상적인 배열로 되었으나 치아 몇 개가 비뚤어진 것

제2영어방언(Secondary English dialect) 제1언어가 영어가 아닌 이중 혹은 다중언어 사용자들이 사용하는 방언을 가리킴

제2형 부정교합(Class II malocclusion) 상악이 돌출되고 하악이 수축되거나 뒤로 물러나 있는 상태

제3형 부정교합(Class III malocclusion) 상악이 수축되어 있고 하악이 돌출된 형태

조동사(Auxiliary) 주동사를 보조하는 조동사. 예를 들면, 주동사 'walking'은 조동사 'is'가 선행한다. 다른 조동사로 'was' 'has' 'have' 'will' 'can' 등이 있음

조음 위치(Place of articulation) 자음을 분류하는 데 사용하는 세 가지 요소 중 하나. 조음상의 접촉이나 압축 위치

조음(Articulation) 말을 위한 움직임. 말소리를 산출하기 위한 구어 메커니즘의 움직임

조음방법(Manner of articulation) 특정 말소리를 낼 때의 성도의 압축 정도나 유형

조음장애(Articulation disorder) 말소리 산출의 문제

조작(Operant) 결과를 제시함으로써 증가 또는 감소시킬 수 있는 행동

조작적 조건화(Operant conditioning) 자극 조건과 직접적 결과에 의하여 행동을 유도하거나 증가 또는 감소시키는 절차

조작적 청력검사법(Operant audiometry) 소리 자극에 대한 자발적 반응을 유도하여 청력역치를 측정하는 방법

종단 열구(Longitudinal fissure) 좌우 반구로 대뇌를 양분하는 열

종단적 연구방법(Longitudinal method) 특정한 측면의 변화를 설명하기 위해 한명 혹은 소수의 대상자를 장시간 연구하는 방법. 아동의 언어습득을 종단적으로 연구할 수 있음. 횡단적 방법(cross-sectional method) 참조

좌측무시(Left neglect) 환자가 왼쪽 부분을 무시하거나 잊는 경향으로, 우뇌손상증후군의 하나의 증

상임

주기적 진동(Periodic vibrations) 정규적으로 반복되는 진동

주의 환기 장치(Signaling devices) 전화벨 소리나 화재 경보 등 다양한 음향신호를 섬광 등을 이용하여 난청자의 주의를 환기시켜 주는 장치

주제 유지(Topic maintenance) 적절한 시간 동안 같은 문제에 대해 대화를 계속함

주파수(Frequency) 소리에 관한 용어로서, 1초에 반복되는 진동 주기 횟수

중뇌(Midbrain) 중뇌(mesencephalon)라고도 하며, 교 위에 놓여 있는 좁은 조직으로 뇌의 상위 센터를 하위센터와 연결시킴

중이염(Otitis media) 중이의 염증. 아동의 전음성 청력 손실의 주요한 원인이 됨

중추신경계(Central nervous system) 뇌와 척수

중추청각장애(Central auditory disorders) 중추청각체계 내의 병소에 의한 복잡한 언어 처리 문제

지화(Cued speech) 말소리를 나타내도록 조작된 단서를 활용하여 산출된 말소리. 말하기-읽기를 보충하거나 증진시킴

진단기인론(Diagnosogenic theory) 부모가 자기 자녀의 정상적인 비유창성에 대해 잘못 진단하는 이후부터 말더듬는 것이 시작된다고 하는 Wendell Johnson의 이론

진폭(Amplitude) 소리 파장 움직임의 크기나 범주. 진폭이 클수록 더 큰 소리로 지각됨

집단보청기(Hardwire devices) 보조청각장치의 하나, 송화기와 증폭기 그리고 수화기가 전선으로 연결되어 있어서 발화자와 수화자의 동선을 제한

착어증(Paraphasia) 유창하게 문법적으로 말할 수 있는 실어증 환자에게 발견되는 낱말 대치 문제

창자창냄술(Jenunostomy) 공장(작은 창자의 한 부분)에 급식튜브를 삽입하는 수술적 방법

철자법 단계(Orthographic stage) 읽기학습의 한 단계로서, 좀 더 전통적인 방식으로 읽기 시작하는 단계를 말함

첨가(Addition) 조음오류의 형태. 낱말과 무관하게 참가된 소리. (컵 대신에 '컵아' 라고 말함)

청각 구어 실인증(Auditory verbal agnosia) 사물이 없을 때 사물 이름을 말하면 구어의 뜻을 인식하기 어려움

청각 뇌간반응 청력검사(Auditory brain stem response audiometry) 다양한 소리 자극에 반응하는 청신경과 전기적 뇌간의 활동을 기록하는 방법

청각과학(Hearing science) 청각, 청각 해부 및 생리, 청각의 지각과 인지. 그리고 의사소통과 청각의 관계에 관한 학문

청각유발전위(Auditory evoked potentials) 소리에 반응하여 뇌의 달팽이관, 청신경 그리고 청각센터에서 발생된 전기적 자극

청각재활(Aural rehabilitation) 청각장애자의 의사소통 능력을 증진시키기 위한 교육과정. 청능 훈련, 상담, 언어치료를 포함함

청각전문가(Audiologist) 청력에 관한 연구와 청력 손상에 대한 재활과 평가를 하는 전문가

청각학(Audiology) 정상청각, 청각장애 및 청각장애인의 재활을 연구하는 학문

청능훈련(Auditory training) 청각손상이 있는 사람이 증폭된 소리를 듣고 소리의 의미를 인식하며, 또한 다른 소리와 구별할 수 있도록 하는 재활과정

청력 수준(Hearing level) 청각체계를 자극하는 데 필요한 최소한의 소리 크기

청력 역치(Threshold of hearing) 소리를 희미하게 50% 이상을 들을 수 있는 강도 수준

청력도(Audiogram) 청력검사의 결과를 보여 주는 그래프

청력선별검사(Hearing screening) 면밀히 검사를 받아야만 하는 사람(청력손상이 있으리라고 의심되는)으로부터 정상 청력을 가진 사람을 분리시키는 간단한 검사 절차

청신경 종양(Acoustic neuroma) 청각신경에 발생하는 종양으로 감각신경성 난청을 일으킴

청신경(Acoustic nerve) 8번 대뇌신경이라고도 함. 소리를 달팽이관(cochlea)에서 뇌의 청각센터까지 전도하는 신경

초기 문식성 능력(Emergent literacy skills) 전통적인 읽기 및 쓰기 능력 이전에 나타나는 능력으로 취학 전 아동들이 글자를 알아보거나 눈으로 단어를 읽는 능력 등을 가리킴

촉각 의사소통 보조기구(Tactile speech-communication aids) 접촉에 의해서 말소리의 이해를 증진시키는 기구(도구) 또는 방법

최적 음도(Optimal pitch) 사람에게 가장 편안하고, 적절하며, 적합하다고 판단되는 음도

추골(망치뼈, Malleus) 중이에 위치한 이소골 연쇄의 첫 번째 뼈로 고막에 부착되어 있음. 침골(incus)과 등골(stapes) 참조

추체계(Pyramidal system) 운동피질에서 유래하는 신경섬유 다발로 뇌간까지 이르고 있음. 자발적인 움직임에 대한 충동을 전달하기 위한 기본 경로임(직접적인 체계라고도 함). 추체외계(extrapyramidal system) 참조

추체외로체계(Extrapyramidal system) 몇몇의 중간 지점을 거쳐 두뇌로부터 여러 근육까지 운동 자극을 전달하는 신경로(간접적인 체계라고도 함). 추체로 체계(pyramidal system) 참조

취약 X 증후군(Fragile X syndrome) X염색체의 돌연변이로 야기되는 유전성 증후군

측두골(Temporal bone) 중이 조직을 유치하는 두개(골격) 부분

측두골상의 미로(Labyrinth(of the temporal bone)) 내이 조직을 이루고 있는 연결관과 통로로 연결된 액체로 메워진 체계

측두엽(Temporal lobe) 대뇌 피질의 네 가지 엽의 하나. 일차적 청각피질 및 베르니케 영역을 포함함

측윤상피열(Lateral cricoarytenoid) 성대를 모이게 하는 근육. 내전근(adductor)

치과교정전문의(Orthodontist) 특정한 장치로 구강 구조물을 움직이는 치과 전문의

치과교정학(Orthodontics) 치과적 구조의 결함을 치료하고 연구하는 학문

치매(Dementia) 때때로 노인성 치매로 설명되는 것으로서, 노인에게서 나타나는 신경체계의 진행성 질환 몇 개를 일컫는 총체적 용어

치조궁(Alveolar arch) 아래턱 치아를 담고 있는 하악의 일부분

치조돌기(Alveolar process) 대구치, 소구치 또는 견치

를 유치하는 상악골(위턱)의 바깥 가장자리

침골(모루뼈, Incus) 중이에 있는 이소골 연쇄상 이차 및 중간골. 추골(malleus) 및 등골(stapes) 참조

캐리어 기호(Carrier symbols) 비구어 의사소통 수단의 하나로, 서로 다른 단어로 의사소통하고 문장을 만들기 위해 비아이콘적 플라스틱 기호(칩)를 사용함

코르티기관(Organ of Corti) 청각 중 내이의 조직. 소리에 반응하는 모세포를 포함하고 있음

코위(튜브)급식(nasogastric(tube)feeding) 삼킴장애 환자에게 영양을 공급하기 위해 코와 인두, 그리고 식도를 통해 튜브를 삽입하는 것

콧소리과다증(과다비음, Hypernasality) 비음이 아닌 말소리에 과도한 비성(비강) 공명

콧소리과소증(과소비음, Hyponasality) 언어의 비음에 있어서 비강 공명이 거의 없음

크기(Loudness) 소리의 지각되는 특성. 강도는 소리 신호의 세기로 결정됨. 발성이나 말소리의 강도는 성문하압에 의해 결정됨

타도마(Tadoma) 보지도 듣지도 못하는 사람이 화자의 얼굴에 손을 갖다 대고 떨림과 감촉을 통하여 말을 이해하는 방법

탐색(Probes) 습득한 목표행동이 임상 및 임상 외 환경에서 임상가의 피드백 없이도 일어났는지 여부를 파악하는 절차

태아 알코올증후군(Fetal alcohol syndrome) 만성적인 알코올 중독 어머니가 출산한 아동에게서 나타나는 증후군. 이 증후에는 뇌손상, 감각장애, 정신지체, 그리고 말-언어 지체가 포함됨

통사론(Syntax) 의미 있는 문장들을 형성하기 위한 낱말의 배열. 문법의 한 부분

통사적 문제(Syntactic problems) 문장을 만드는 데의 어려움

통합 의사소통(Total communication) 말, 수화 또는 손가락 철자법을 동시에 사용하는 의사소통방법

투사섬유(Projection fibers) 뇌간과 척수로 구성된 한 쪽과 감각 운동영역으로 구성된 다른 쪽 영역을 서로 연결시키는 신경로

파닉스(Phonics) (단어를 소리내어 말하면서) 글자-소리의 대응관계를 이용하여 아이들에게 읽기를 가르치는 방법의 하나를 말함

파스칼(Pascal, Pa) 소리 압력의 단위

파열음(폐쇄음, Stops) 공기를 완전히 폐쇄해서 발성하는 말소리. 폐쇄-파열음이라고 함

파찰음(Affricates) 파열음과 마찰음의 특성을 가지는 자음 군

파킨슨병(Parkinson's disease) 서서히 진행되는 신경학적 질환으로, 뇌 줄기 안의 신경세포 핵이 퇴화되고 뇌 전두엽 영역의 고랑이 넓어지며, 뇌의 도파민 생성이 감소함

파킨슨씨병(Parkinsonism) 자세의 경직, 손 떨림 또는 말장애(저긴장성의 마비성 구음장애) 등의 증상을 나타내는 신경계의 퇴행성 질환

편마비(Hemiplegia) 몸의 좌측 또는 우측 한편의 마비

편측성의(Unilateral) 한 측면의

편측파열(편측 열, Unilateral cleft) 치조 돌기와 입술 한 쪽이 파열됨(한쪽 치조와 입술에 열이 있는 것)

평가(Assessment) 임상적인 어려움을 발견하고 설명하는 과정

평균 발화 길이(Mean Length of Utterance: MLU) 화자의 다양한 문장 발화를 형태소로 측정한 평균 길이

폐색(Occlusion) 상하 치궁이 서로 부딪치는 방식

표면 구조(Surface structure, the s-structure) 통사의 순서에 입각한 낱말의 배열; 문자나 구어상의 구절과 문장

표준이음절어(스폰디, Spondees) 말의 지각역치를 결정하기 위해 만들어진 동일한 강세를 가진 두 음절의 표준화된 낱말들

표준이음절역치(스폰디역치, Spondee threshold) 스폰디 낱말 중 50%를 정확하게 인식할 수 있는 최소한의 청력 수준

표현언어(Expressive oral language) 말하기. 화자가 쓰는 언어. 수용언어(receptive language) 참조

피진(Pidgin) 공통의 언어가 없는 두 집단이 상호 소통을 하는 과정에 발달하는 간단하고 제한된 말 형태, 두 언어 요소들이 결합되는데(지역 언어와 외래 언어의 전형적 결합) 한 언어의 요소가 지배적 역할을 담당

하악골 절제술(Mandibulectomy) 질환 있는 턱을 제거하는 수술 절차

하악골(Mandible) 입의 바닥을 형성하고 아랫니를 수용하고 있는 아래턱

하악돌기(Mandibular processes) 태아 성장기 3주째에 발달되는 많은 융기 중 두 개. 하악, 아랫입술 또는 뺨을 형성함

행동원리(Behavioral principles) 조작적 조건화 및 학습의 개념과 절차

행동치료(Behavioral treatment) 특정 자극을 보여주고, 목표 반응을 구체화한 후, 강화 또는 교정 피드백이라는 서로 다른 형태의 결과를 제공하여 의사소통과 기타 행동 문제를 치료함. 응용행동분석과 동일

헌팅톤병(Huntington' s disease) 뇌의 전두엽과 측두엽 영역의 신경세포 손상을 동반하는 퇴행성 신경학적 질환으로 사지와 목, 머리, 얼굴 근육에 불수의적이고 불규칙적이며 연축적 움직임과 같은 증상을 보임

헤르츠(Hertz, Hz) 초당 주기를 일컫는 보다 현대적인 용어

혀 밀어내기(Tongue thrust) 올바르지 못한 삼키기 습관으로 혀가 치아를 밀어냄

혈전증(Thrombosis) 혈류를 방해하는 부동의 혈괴가 형성되는 증상. 뇌졸중의 원인

협착증(Stenosis) 신체의 관이 좁아진 증상

형태론(Morphology) 낱말 구조를 연구하는 학문

형태소(Morpheme) 언어의 가장 작은 의미 단위

혼합성 난청(Mixed hearing loss) 청력손실의 성질 중의 하나로, 청력손실의 원인이 중이와 내이에 동시에 있는 경우

혼합신경(Mixed nerves) 운동 충동뿐만 아니라 감각 충동도 전달하는 섬유들

화용론(Pragmatics) 사회적 상황에서 언어의 사용을 지배하는 규칙을 연구하는 학문

확장(Expansions) 아동이 말을 더 많이 하게 하거나 문법적으로 맞게 하기 위해서 정교하게 고치는 것

환경 반응 발화(Tacts) 화자 주변의 물건과 사건에 대해 설명하고 의견을 말하는 구두 반응

활동전위(Action potentials) 활성화된 신경세포의 전기

적 방전

활음(Glides) 조음점의 모양을 점차적으로 변화시켜서 발성하는 소리의 한 종류

회, 대뇌 이랑(Gyrus) 대뇌 피질상의 융기. 대뇌 피질에는 많은 회(gyri)를 가짐

회귀성 후두신경(Recurrent laryngeal nerve) 뇌신경 10번 중 한 가닥(미주신경). 흉강으로 내려오다 다시 후두 부위로 올라감. 많은 내후두근을 자극하여 활동시킴

횡격막(Diaphragm) 흉곽으로부터 위장을 분리시키는 둥근 천장과 같은 모양의 두터운 근육

횡단적 연구방법(Cross-sectional method) 다양한 연령층에서 선택된 많은 실험 대상을 상대적으로 단기간, 동시에 연구하는 연구방법. 종단적 연구방법(longitudinal method) 참조

후두(Larynx) 목에 있는 튜브와 같이 생긴 조직으로 성대, 연골, 막과 다양한 근육들을 포함함

후두내근(Intrinsic muscles of the larynx) 후두 내에서 시작하고 끝나는 근육들로 갑상피열근, 윤상갑상근, 후윤상피열근과 측윤상피열근을 포함함. 후두외근(extrinsic muscles of the larynx) 참조

후두염(Laryngitis) 후두의 막에 생긴 염증

후두엽(Occipital lobe) 두뇌피질의 네 가지 엽 중 하나. 소뇌 바로 위의 머리 뒤쪽 아래에 위치함. 시각과 주로 관련이 있음

후두외근(Extrinsic muscles of the larynx) 후두 이외의 다른 조직에 최소한 한 개의 연루를 가진 후두 근육들. 후두내근(intrinsic muscles) 참조

후두외상(Laryngeal trauma) 자동차나 오토바이 사고 등으로 생긴 후두 손상의 모든 유형

후두전문의(Laryngologist) 목의 질병을 치료하는 전문의

후두절제 환자(Laryngectomee) 후두절제술을 받은 사람

후두절제술(Laryngectomy) 질환이 있는 후두의 부분 또는 전체의 제거

후두횡격막(Laryngeal web) 엇갈리게 자라나서 성대주름 일부 혹은 전부를 닫는 얇은 막

후인두(Laryngopharynx) 후두 위쪽과 구강인두 아래쪽의 조직

후천성 농(聾, Acquired deafness) 정상 청력을 갖고 태어난 사람이 다양한 원인으로 농이 된 상태

후천성 의사소통장애(Acquired communicative disorders) 유전적이거나 선천성 장애가 아닌 정상적인 의사소통 시기를 거친 이후에 발생하는 후천적 장애

흉곽(Rib cage) 흉곽(thoracic cage)이라고도 하며, 심장과 폐를 포함하여 생명 유지기관을 감싸고 있는 실린더 모양의 열두 개의 갈비뼈 구조

흡인(Aspiration) 삼킴장애와 관련된 문제로 음식물이 기도로 들어가는 것

찾아보기

저자 소개

M. N. Hegde는 캘리포니아 주립대학교(Fresno)의 '의사소통과학과 장애학과(communicative sciences and disorders)' 교수다. 그는 인도의 마이소르(Mysore) 대학교에서 실험심리학 분야로 석사 학위를 받았으며, 인도 방갈로르(Bangalore) 대학교에서 임상심리학 분야로 석사 후 자격증(post-master's diploma)을 취득하였다. 언어병리학 박사학위는 미국 카번데일(Carbondale)에 있는 남일리노이(Southern Illinois) 대학교에서 취득하였다.

Hegde 박사는 의사소통장애 영역에서, 연구방법론, 유창성장애, 언어장애, 그리고 치료 절차에 관한 전문가로 의사소통장애의 다양한 주제에 대해 미국 및 미국외 청중을 대상으로 한 전문적이고 과학적인 발표를 많이 해 왔다. 이외에도 다수의 연구 논문을 게재하였으며 몇몇 미국 저널과 국제 저널의 편집위원으로도 활동하였다. 남일리노이 대학교의 의사소통장애과학과로부터의 저명동창상을 비롯하여 미국 언어청각협회(ASHA) 회원상, 그리고 캘리포니아 주립대학교로부터 받은 우수교수상 등을 수상하였다.

역자 소개

성철재 충남대학교 언어학과

이숙향 원광대학교 영어영문학과

윤규철 영남대학교 영어영문학과

김선희 김선희 언어연구소

김수진 나사렛대학교 언어치료학과

이윤경 한림대학교 언어청각학부

이혜란 우송대학교 언어치료-청각재활학부

김재옥 강남대학교 교육대학원 언어치료교육전공

이은경 나무야 언어치료실, 연세대학교 대학원 언어병리학협동과정

권미선 울산대학교 의과대학 서울아산병원 신경과

김민정 서초아동발달연구소, 연세대학교 대학원 언어병리학협동과정

허승덕 동아대학교병원 이비인후과, 고신대학교 보건대학원

의사소통장애

Introduction to Communicative Disorders (4th ed.)

2011년 9월 15일 1판 1쇄 발행
2025년 1월 20일 1판 10쇄 발행

지은이 • M. N. Hegde
옮긴이 • 성철재 · 이숙향 · 윤규철 · 김선희 · 김수진 · 이윤경 · 이혜란
김재옥 · 이은경 · 권미선 · 김민정 · 허승덕 공역
펴낸이 • 김 진 환
펴낸곳 • (주) 학지사
04031 서울특별시 마포구 양화로 15길 20 마인드월드빌딩 5층
대표전화 • 02) 330-5114 팩스 • 02) 324-2345
등록번호 • 제313-2006-000265호
홈페이지 • http://www.hakjisa.co.kr
인스타그램 • https://www.instagram.com/hakjisabook

ISBN 978-89-6330-724-4 93370

정가 25,000원

역자와의 협약으로 인지는 생략합니다.
파본은 구입처에서 교환하여 드립니다.